中国语言资源保护工程

中国语言资源集·广东　编委会

主　编
庄初升　贝先明

副主编
徐国莉

委　员
（按姓名音序排列）

陈李茂	陈卫强	陈云龙	陈淑环	董光柱
郭小春	侯小英	侯兴泉	黄高飞	黄　敏
黄燕旋	黎　意	李冬香	李洁玲	李立林
李　宁	李莉亚	梁嘉乐	林华勇	林　晴
林朝虹	刘大伟	刘立恒	刘燕婷	马蔚彤
彭咏梅	秦绿叶	邱春安	容慧华	邵慧君
石佩璇	王茂林	魏慧斌	吴碧珊	向　柠
谢润姿	谢小丽	徐馥琼	徐红梅	姚琼姿
叶从容	余　鹏	张　舸	张静芬	张　倩
赵　越	郑　媛	郑卓睿	钟蔚苹	朱华飞

教育部语言文字信息管理司　　指导
广 东 省 教 育 厅

中国语言资源保护研究中心　　统筹

中国语言资源保护工程

中国语言资源集

广东

语音卷

1

庄初升
贝先明 主编

徐国莉 副主编

中国社会科学出版社

审图号：粤 S（2022）049 号

图书在版编目（CIP）数据

中国语言资源集.广东.语音卷：全 2 册 / 庄初升，贝先明主编.—北京：中国社会科学出版社，2022.12

ISBN 978-7-5227-0851-5

Ⅰ.①中…　Ⅱ.①庄…　②贝…　Ⅲ.①汉语方言–方言研究–广东　Ⅳ.①H17

中国版本图书馆 CIP 数据核字（2022）第 166219 号

出 版 人	赵剑英
责任编辑	宫京蕾
责任校对	韩天炜
责任印制	郝美娜

出　　　版	中国社会科学出版社
社　　　址	北京鼓楼西大街甲 158 号
邮　　　编	100720
网　　　址	http://www.csspw.cn
发 行 部	010-84083685
门 市 部	010-84029450
经　　　销	新华书店及其他书店

印刷装订	北京君升印刷有限公司
版　　　次	2022 年 12 月第 1 版
印　　　次	2022 年 12 月第 1 次印刷

开　　　本	787×1092　1/16
印　　　张	64.75
字　　　数	1378 千字
定　　　价	378.00 元（全 2 册）

广东省中国语言资源保护工程调查点分布及方言系属图

审图号：粤S（2022）049号　2022年5月

图 例

●	粤方言调查点
■	客方言调查点
▲	闽方言调查点
★	土话调查点
回	省级行政中心（香港、澳门同）
◎	地级行政中心
○	县级行政中心

省级行政区界
特别行政区界
地级行政区界
县级行政区界

比例尺 1:3 500 000

注：本图界线不作为权属争议的依据。

广东省地图院 编制　注：本图专题资料（方言调查点）时间从2016年3月始至2019年12月止。

南 海
东 沙 群 岛

总　序

　　教育部、国家语言文字工作委员会于 2015 年 5 月发布《教育部 国家语委关于启动中国语言资源保护工程的通知》（教语信司〔2015〕2 号），启动中国语言资源保护工程（以下简称语保工程），在全国范围开展以语言资源调查、保存、展示和开发利用等为核心的各项工作。

　　在教育部、国家语委统一领导下，经各地行政主管部门、专业机构、专家学者和社会各界人士共同努力，至 2019 年底，语保工程超额完成总体规划的调查任务。调查范围涵盖包括港澳台在内的全国所有省份、123 个语种及其主要方言。汇聚语言和方言原始语料文件数据 1000 多万条，其中音视频数据各 500 多万条，总物理容量达 100TB，建成世界上最大规模的语言资源库和展示平台。

　　语保工程所获得的第一手原始语料具有原创性、抢救性、可比性和唯一性，是无价之宝，亟待开展科学系统的整理加工和开发应用，使之发挥应有的重要作用。编写《中国语言资源集（分省）》（以下简称资源集）是其中的一项重要工作。

　　早在 2016 年，教育部语言文字信息管理司（以下简称语信司）就委托中国语言资源保护研究中心（以下简称语保中心）编写了《中国语言资源集（分省） 编写出版规范 （试行）》。2017 年 1 月，语信司印发《关于推进中国语言资源集编写的通知》（教语信司函〔2017〕6 号），要求"各地按照工程总体要求和本地区进展情况，在资金筹措、成果设计等方面早设计、早谋划、早实施，积极推进分省资源集编写出版工作。""努力在第一个'百年'到来之际，打造标志性的精品成果。"2018 年 5 月，又印发了《关于启动中国语言资源集（分省）编写出版试点工作的通知》（教语信司函〔2018〕27 号），部署在北京、上海、山西等地率先开展资源集编写出版试点工作，并明确"中国语言资源集（分省）编写出版工作将于 2019 年在全国范围内全面铺开。"2019 年 3 月，教育部办公厅印发《关于部署中国语言资源保护工程 2019 年度汉语方言调查及中国语言资源集编制工作的通知》（教语信厅函〔2019〕2 号），要求"在试点基础上，在全国范围内开展资源集编制工作。"

　　为科学有效开展资源集编写工作，语信司和语保中心通过试点、工作会、研讨会等形式，广泛收集意见建议，不断完善工作方案和编写规范。语信司于 2019 年 7 月印发了修订后的《中国语言资源集（分省）实施方案》和《中国语言资源集（分省）编写出版规范》（教语信司函〔2019〕30 号）。按规定，资源集收入本地区所有调查点的全部字词句语料，并列表对照排列。该方案和规范既对全国作出统一要求，保证了一致性和可比性，也兼顾各地具体情况，保持了一定的灵活性。

各省（区、市）语言文字管理部门高度重视本地区资源集的编写出版工作，在组织领导、管理监督和经费保障等方面做了大量工作，给予大力支持。各位主编认真负责，严格要求，专家团队团结合作，协同作战，保证了资源集的高水准和高质量。我们有信心期待《中国语言资源集》将成为继《中国语言文化典藏》《中国濒危语言志》之后语保工程的又一重大标志性成果。

语保工程最重要的成果就是语言资源数据。各省（区、市）的语言资源按照国家统一规划规范汇集出版，这在我国历史上尚属首次。而资源集所收调查点数之多，材料之全面丰富，编排之统一规范，在全世界范围内亦未见出其右者。从历史的眼光来看，本系列资源集的出版无疑具有重大意义和宝贵价值。我本人作为语保工程首席专家，在此谨向多年来奋战在语保工作战线上的各位领导和专家学者致以崇高的敬意！

曹志耘

2020 年 10 月 5 日

序

　　广东省地处五岭之南和南海之滨，是全国汉语方言最为复杂的省（区）之一，全省分布着粤、客、闽三大方言和一群归属未明的土语。粤方言主要分布在珠江三角洲地区和粤西、粤北部分县市的部分地区；客家方言主要分布在粤东和粤北山区，粤西的部分地区和珠江三角洲的一些地方也有客家方言；闽方言主要分布在粤东沿海的潮汕地区和海陆丰地区，以及粤西的雷州半岛。归属未明的土话分布在粤北地区的十几个县（市、区），《中国语言地图集》称之为"韶州土话"。此外，粤北乐昌、连州两市与湖南省交界的部分地区，还通行西南官话；粤东陆丰、海丰和惠东等县市也散布着军话方言岛。

　　历史上对广东境内方言的关注可能始于两汉之交扬雄的《方言》，但是唯有只言片语。《方言》卷六有一条与粤北连州一带的方言直接相关的记载："南楚瀑洭之间母谓之媓，谓妇妣曰母姟，称妇考曰父姟。"郭璞注："洭水在桂阳。"西汉初年（公元前206）立县的桂阳县在今连州市一带。时至今天，连州、乐昌乃至湘南的一些土话都还保留"姟"的用法，称外祖父为"姟公"，称外祖母为"姟婆"。而后一千多年来，广东方言鲜少见诸记载。到了明末清初，屈大均《广东新语·卷十一·文语》有"土言"一节专门介绍广东方言，但都是用传统"小学"的方法来记音和释义，今天看来具有一定的参考价值，但远非语言学意义上的研究。

　　若是从成书于1824—1828年的马礼逊《广东省土话字汇》（*Vocabulary of the Canton Dialect*）算起，利用现代语言科学的方法调查研究广东方言的历史已经接近两百年。现代本土的语言学者调查研究广东方言，则始于20世纪20年代末。1929年《国立中山大学语言历史学研究所周刊——方言专号》面世，收录了林语堂《闽粤方言之来源》等15篇文章和一篇《方言书目》，这或许可以视为广东现代方言学的起点。罗常培先生在这本专号的"卷头语"中写道：

　　　　这本专号的诞生，离它预定的出版日子已经愆期一年了！所以愆期的原故：因为原定的编辑计划，纵的方面，想把中国旧来关于方言的材料……都结集起来，作一番方言学史的研究。横的方面，想把现代各大方言区的方言——至少如闽语、粤语、吴语、官话四大系——都征求一篇比较精确而有系统的介绍，使留心方言学的人们，对于中国现代方言的分布状况有一番约略的认识。然而计划尽管这样计划，事实上殊难如愿以偿！因为粤中的同志，只有很少的几个人，大家如果把契约上所规定的职责认真的做到，已经忙得日不暇给，对于上面所说，需要充分的时间和工力的纵的研究，如果没有几个助理替搜集材料，在极短的期间内实在只有心余力绌！至于横的研究，尤其比较困难。因为这件事不是一两个人所能做的，必须联合代表各方言区的同志们通力合作，然后可有点儿结果。

罗常培先生的理想可谓宏大，但在那个年代显然无法实现。赵元任先生曾于1928年1月至1929年2月在广东、广西调查方言，大量材料并无发表（仅是1948年发表了《中山方言》一文）。此后的近100年来，特别是改革开放以来，广东省汉语方言调查研究的广度和深度都有了长足的进步。研究者们挖掘了许多新的材料，出版了许多新的论著，提出了许多新的看法，对广东方言的整体认识水平空前提高。特别是广州和多个区域中心城市的方言，如潮州、汕头、梅州、惠州、中山、阳江等，其调查研究已经有了很好的基础。

诚然，当前广东方言调查研究仍然存在如下几个突出的问题：第一，尽管已经有了一些区域性的调查报告，如珠三角、粤北、粤西的粤方言，粤北的土话，粤西的闽方言和客家方言，东江流域的"本地话"等，但是更多的成果还是局限于单个方言点或方言片区，至今还没有出现覆盖全省代表性方言点的方言调查报告，这对于比较研究是非常不便和不利的。第二，一些重要的方言点，如兴宁、平远、大埔、和平、揭西、陆河、饶平、翁源、南雄等地的客家方言很有类型上的价值，但语料很不完整，至今连个同音字汇都还没有正式发表；广东粤方言区、闽方言区也存在同样的问题。第三，尽管已经有了一些概述性的著作，如李新魁《广东的方言》（1994），《广东省志·方言志》（2004），但从材料、方法到结论显然已经不能适应时代的要求，在许多重大问题上，如粤方言的分区，客家方言的内涵、外延和分区，粤东、粤西闽方言的历史联系和现实关系，粤北土话的归属，粤客闽方言的接触与演变等等，缺乏深入系统的理论探讨，时至今天都还存在较大分歧。

2015年5月25日，教育部、国家语言文字工作委员会发布《教育部 国家语委关于启动中国语言资源保护工程的通知》（教语信司〔2015〕2号），启动中国语言资源保护工程（以下简称语保工程）。2016年5月10日语保工程广东项目启动仪式在中山大学中文堂举行，教育部语信司司长田立新、广东省教育厅副厅长王创等领导同志莅临指导，并发表讲话，揭开了广东语言资源保护和汉语方言调查研究的新篇章。随后，广东省教育厅、广东省语言文字工作委员会制定了《中国语言资源保护工程广东项目实施方案》和《中国语言资源保护工程广东项目建设规划》，明确提出："广东省2016—2019年期间完成70个汉语方言点的调查。2016年和2017年各完成20个汉语方言点的调查，2018年和2019年各完成15个汉语方言点的调查。濒危汉语调查纳入语保工程广东项目整体规划，其中2016年启动4个濒危方言点的调查。"受上级部门的委托，语保工程广东项目先后在中山大学、暨南大学、广东财经大学等单位举办了业务培训班，从专业与技术上确保了语保工程的质量。

从 2016 年启动，到 2019 年全面结束，四年内共有上百位的负责人和成员投入到广东项目之中。这些负责人和成员，大多有方言学的专业背景。他们严格按照语保工程的建设规划和技术要求开展工作，一共完成了 73 个方言点的实地调查、纸笔记录、音像摄录和语料整理。罗常培先生 1929 年曾经感叹从事方言调查研究的"粤中的同志"只有很少的几个人。今非昔比，广东省凡有中文系的高校都有方言学的师资，广东省的方言学可谓人才济济！下面是广东项目四年实际完成的 73 个方言点及负责人姓名：

2016 年 20 个方言点，包括荔湾区（郑媛）、增城区（郑卓睿）、从化区（陈卫强）、禅城区（马蔚彤）、廉江市（林华勇）、封开县（侯兴泉）、台山市（邵慧君）、高州市（朱华飞）、江城区（容慧华）、佛冈县（贝先明）、莞城区（李宁）、石岐镇（张舸）12 个粤语点，南雄市（李莉亚）、惠城区（陈淑环）、梅江区（侯小英）、源城区（刘立恒）4 个客家方言点，南澳县（林春雨）、海丰县（严修鸿）、湘桥区（林朝虹）、榕城区（姚琼姿）4 个闽方言点。

2017 年 21 个方言点，包括番禺区（王茂林）、香洲区（黎意）、三水区（向柠）、顺德区（谢小丽）、赤坎区（张静芬）、广宁县（侯兴泉）、新会区（梁嘉乐）、阳山县（余鹏）8 个粤语点，龙岗区（魏慧斌）、始兴县（张倩）、新丰县（徐国莉）、博罗县（李立林）、大埔县（侯小英）5 个客家方言点，金平区（钟蔚苹）、澄海区（林晴）、陆丰市（李洁玲）、饶平县（徐馥琼）、普宁市（黄燕旋）、惠来县（谢润姿）6 个闽方言点，以及乐昌皈塘、东莞疍家 2 个濒危方言点。

2018 年 21 个方言点，包括宝安区（郭小春）、南海区（彭咏梅）、吴川市（赵越）、四会市（向柠）、怀集县（刘燕婷）、恩平市（黄敏）、化州市（陈李茂）、阳春市（容慧华）、连山壮族瑶族自治县（李冬香）、新兴县（李立林）、郁南县（徐国莉）等 11 个粤语点，翁源县（吴碧珊）、兴宁市（魏慧斌）、五华县（张倩）、陆河县（叶从容）、龙川市（刘立恒）、揭西县（邱春安）等 6 个客家方言点，潮阳区（张静芬）、雷州市（黄高飞）、电白区（陈云龙）等 3 个闽方言点，以及乳源桂头 1 个濒危方言点。

2019 年 11 个方言点，包括斗门区（李宁）、高明区（向柠）、高要区（董光柱）、德庆县（李洁玲）、开平市（郭小春）、罗定市（秦绿叶）等 6 个粤语点，仁化县（徐红梅）、龙门县（李冬香）、丰顺县（赵越）、连平县（石佩璇）等 4 个客家方言点及连州市（魏慧斌）一个粤北土话点。

以上 73 个方言点，除了东莞疍家之外（考虑到东莞市已有莞城区 1 个方言点），其他 72 个的字、词、句和部分口头文化，都编入《中国语言资源集·广东》之中。

需要补充说明的是，语保工程濒危汉语方言调查项目早在 2015 年就启动了，广东省共有连南石蛤塘土话、电白旧时正话、惠东平海军话 3 个方言点获得课题立项，负责人分别是庄初升、陈云龙、丘学强；2016 年，另有潮安畲话、雷州客家话、浈江"虱嫲话"、连南军声 4 个方言点获得课题立项，负责人分别是黄婷婷、赵越、黄年丰和丁沾沾。这些课题的成果，有的已经正式出版，有的正纳入出版计划之中。这次编写《中国语言资源集·广东》，并没有把这些濒危方言点的材料纳入其中。

《中国语言资源集·广东》编写工作启动迄今，已经两年有余。编写组除了林伦伦、甘于恩、庄初升、严修鸿和贝先明等几位专家组专家之外，还有徐国莉、林春雨和林宸升等几位助手。为了保证原始语料的准确性和一致性，需要与各课题组不断地接洽；为了实现不同方言点之间的可比性，需要反复斟酌一些字词的音义关系；为了编排美观大方的字音、词汇和语法对照表，需要花费大量的时间和精力，可以说，贝先明、徐国莉、林春雨和林宸升付出了极大的努力，做出了卓越的贡献。此外，丁沾沾、林晴、冯冬梅、李颖四位曾先后在广东省教育厅挂职的年轻教师，也提供了一些协助。这两年间，在广东省教育厅、广东省语委办的组织下，编写组分别在广州、中山、珠海召开一次线下会议，也多次在腾讯会议上进行研讨，事无巨细，大的方面如编排体例等，小的方面如方言用字等，都进行了深入细致的讨论。

衷心感谢中国语言资源保护研究中心的各位专家和工作人员，感谢 2016 年下半年以来四年中莅临广东参加广东项目中检、预验收和验收的省外专家！因为有你们的共同努力，各个方言点先后顺利通过验收；因为有你们的专业指导，各个方言点的调查质量得以提高。

衷心感谢广东省教育厅、广东省语委办相关领导，组织坚强有力，指导高屋建瓴，在宏观把控的同时，又在业务上提出了具体的指导意见，为语保工程广东项目的完成验收以及《中国语言资源集·广东》的编写出版付出了辛苦的劳动，做出了积极的贡献。2020 年 3 月，广东省语委办被教育部、国家语委授予"中国语言资源保护奖"先进集体称号；2022 年 12 月，广东省语委办再次被教育部、国家语委授予"国家通用语言文字推广普及先进集体"称号，可谓实至名归。此外，中山市人民政府南区办事处和珠海市教育局也为编写组的工作会议提供了诸多方便，在此一并致谢！

语言是人类文明的结晶，也是我们的精神家园，值得好好珍惜与保护。《中国语言资源集·广东》是第一部覆盖广东省各主要方言点的大型调查报告，它的出版只是语保工作的重要一步，未来的路还很漫长。希望社会各界共同努力，共同把我们的精神家园维护好、建设好，广东省的汉语方言一定会有一个更加美好的前景！

庄初升　甘于恩

2022 年 12 月于广州

语音卷目录

第1册目录

概　　述

本卷内容为广东省汉语方言 72 个调查点的语音部分。根据《中国语言资源调查手册·汉语方言》（以下简称《调查手册》）和《中国语言资源集（分省）编写出版规范（2021 年修订）》进行编排。

一　本卷内容

本卷共两章。

第一章为"各地音系"，每个调查点独立成节，依次介绍每个调查点的"概况、声韵调、连读变调、异读（新老异读、文白异读、其他异读）、儿化和小称音、其他主要音变"等内容。

其中，"壹　概况"介绍调查点和发音人。首先介绍调查点的地理、民族、人口、方言种类、地方曲艺等情况；再介绍方言老男、方言青男、口头文化发音人的姓名、出生年月、出生地、文化程度、家庭背景、个人经历等情况。"贰　声韵调"用无线表列出方言老男的声母、韵母和声调，并说明声韵调的数量。"叁"至"陆"的内容分别为"连读变调""异读""儿化和小称音""其他主要音变"，各调查点根据实际情况选择部分或全部进行介绍。其中"肆　异读"部分将介绍方言老男和方言青男的读音差异，如果口头文化发音人与方言老男存在读音差异，也一并说明。

"附录"及"参考文献"根据各调查点实际情况附在各点音系之后。"附录"包括发音合作人名单（含方言发音人和口头文化发音人的姓名、性别、出生年月、文化程度等信息），调查点、调查人和协助调查者名单，调查设备和调查时间等方面内容。

第二章为"字音对照"。本章为各调查点方言老男的 1000 个单字音。

二　编排方式

本卷各调查点排列方式根据"方言大区—方言区—方言片—方言小片"排序，其中"方言区"一级按"粤方言—客方言—土话—闽方言"依次编排。地位相同或属于同一小片的，再按地理位置和音序依次排列。

72 个调查点排列顺序如下：

1	广州荔湾	19	中山石岐	37	茂名高州	55	韶关仁化
2	广州番禺	20	肇庆端州	38	茂名化州	56	韶关南雄
3	广州增城	21	珠海香洲	39	梅州梅江	57	韶关乐昌皈塘
4	广州从化	22	珠海斗门	40	梅州兴宁	58	韶关乳源桂头
5	惠州龙门	23	江门新会	41	梅州五华	59	清远连州
6	东莞莞城	24	江门台山	42	梅州大埔	60	潮州湘桥
7	深圳宝安	25	江门开平	43	梅州丰顺	61	潮州饶平
8	佛山禅城	26	江门恩平	44	揭阳揭西	62	汕头金平
9	佛山南海	27	肇庆四会	45	汕尾陆河	63	汕头澄海
10	佛山顺德	28	肇庆广宁	46	河源龙川	64	汕头潮阳
11	佛山三水	29	肇庆怀集	47	河源源城	65	汕头南澳
12	佛山高明	30	肇庆德庆	48	河源连平	66	揭阳榕城
13	清远佛冈	31	肇庆封开	49	深圳龙岗	67	揭阳普宁
14	清远阳山	32	阳江江城	50	惠州惠城	68	揭阳惠来
15	清远连山	33	阳江阳春	51	惠州博罗	69	汕尾海丰
16	云浮新兴	34	湛江赤坎	52	韶关新丰	70	汕尾陆丰
17	云浮罗定	35	湛江吴川	53	韶关翁源	71	茂名电白
18	云浮郁南	36	湛江廉江	54	韶关始兴	72	湛江雷州

在《中国语言资源集·广东》各卷中，上表72个调查点的简称依次是：

1	广州	19	石岐	37	高州	55	仁化
2	番禺	20	肇庆	38	化州	56	南雄
3	增城	21	香洲	39	梅州	57	皈塘
4	从化	22	斗门	40	兴宁	58	桂头
5	龙门	23	新会	41	五华	59	连州
6	莞城	24	台山	42	大埔	60	潮州
7	宝安	25	开平	43	丰顺	61	饶平
8	佛山	26	恩平	44	揭西	62	汕头
9	南海	27	四会	45	陆河	63	澄海
10	顺德	28	广宁	46	龙川	64	潮阳
11	三水	29	怀集	47	河源	65	南澳
12	高明	30	德庆	48	连平	66	揭阳
13	佛冈	31	封开	49	龙岗	67	普宁
14	阳山	32	阳江	50	惠州	68	惠来
15	连山	33	阳春	51	博罗	69	海丰
16	新兴	34	赤坎	52	新丰	70	陆丰
17	罗定	35	吴川	53	翁源	71	电白
18	郁南	36	廉江	54	始兴	72	雷州

三　凡例

1. 音系。按照方言学界惯例排列，声母按发音部位分行，按发音方法分列。韵母按四呼分列，按韵尾分行，同类型的韵母按主要元音开口度的大小分行。声调标调值。声母、韵母的排列方式参照北京大学中国语言文学系语言学教研室编《汉语方音字汇》（语文出版社，2003 年）。

2. 字音对照表。各点语料以表格形式排列，体例基本仿照北大《汉语方音字汇》（2003）。每页横排字目，竖排调查点。字目顺序及释例基本依据《中国语言资源调查手册·汉语方言》。每个表格均排 8 个字目。字目列出中古音（举平声以赅上去），如"0003 大~小"字下列"果开一去歌定"。一个字有多种读音时，按常用度由高到低排序。例字的白读音、文读音、动词、名词等属性和词例均使用小字的形式注明。部分词例在冒号之后解释词义。读音若不超过两个且释例较简单时，直接以小字列在音标之后；读音若超过两个且释例较复杂时，一般以脚注形式列在当页表下。

3. 记音、用字规范、参考文献、附录格式要求参照《中国语言资源调查手册·汉语方言》执行。

4. 字音对照表示例如下：

	0001 多	0002 拖	0003 大~小	0004 锣	0005 左	0006 歌	0007 个	0008 可
	果开一平歌端	果开一平歌透	果开一去歌定	果开一平歌来	果开一上歌精	果开一平歌见	果开一去歌见	果开一上歌溪
广州	tɔ⁵³	tʰɔ⁵³	tai²²	lɔ²¹	tʃɔ³⁵	kɔ⁵⁵	kɔ³³	hɔ³⁵
番禺	tɔ⁵³	tʰɔ⁵³	tai²²	lɔ³¹	tʃɔ³⁵	kɔ⁵⁵	kɔ²²	hɔ³⁵
增城	tɔ⁴⁴	tʰɔ⁴⁴	tai²²	lɔ²¹	tsɔ³⁵	kɔ⁴⁴	kɔi³³	hɔ³⁵
从化	tɔ²³	tʰɔ⁵⁵	tai³¹	lɔ²²	tsɔ⁴⁵	kɔ⁵⁵	koi²³	hɔ⁴⁵
龙门	tɔ⁴²	tʰɔ⁴²	tai⁵³	lɔ²¹	tsɔ³⁵	kɔ⁵⁵	kɔi²³	hɔ³⁵
莞城	tɔ²³	tʰɔ²³	tai⁴⁴	ŋɔ³¹	tʃɔ³⁵	kɔ²³	kɔ⁴⁴	hɔ³⁵

第一章　各地音系

第一节　广州方音

壹　概况

一　调查点概况

调查点为广州市荔湾区。2005 年广州市的行政区划调整为"十区二市",即越秀区(原东山区并入)、荔湾区(原芳村区并入)、海珠、天河、白云区、黄埔区、番禺区、花都、萝岗区、南沙区、增城市、从化市,全市总面积 7434.4 平方公里,其中市区面积 3843.43 平方公里,市区建成面积 785.44 平方公里。2014年 2 月 12 日,国务院同意撤销黄埔区、萝岗区,设立新的黄埔区;撤销县级从化市、增城市,设立从化区、增城区,至此广州市一共管辖 11 个区。越秀区、荔湾区、海珠区、天河区、白云区、黄埔区属于广州市的中心城区,其中越秀区、荔湾区、海珠区是老城区(广州市的老四区包括 2005 年并入越秀区的东山区)。

荔湾区是广州市的老三区之一,拥有"一街、二路"、上下九商业步行街,康王路和中山七、八路三个重要的商业地带,清朝时曾是著名的外贸商埠——十三行所在地。东部与越秀区相连,西北部与白云区水陆相通,西部与佛山市南海区接壤,地理坐标为北纬 23°02′～23°09′,东经 113°10′～113°15′,陆地面积 59.1 平方公里,水陆面积 62.4 平方公里。辖金花街道、西村街道、南源街道、逢源街道、多宝街道、龙津街道、昌华街道、岭南街道、华林街道、沙面街道、站前街道、彩虹街道、桥中街道、石围塘街道、花地街道、茶滘街道、冲口街道、白鹤洞街道、东漖街道、东沙街道、中南街道、海龙街道共 22 个街道,186 个社区居委会。常住人口 89.82 万,户籍人口 71.02 万。

荔湾区主要使用广州话,属于粤方言广府片。一般认为,荔湾区西关一带的广州话是粤方言广府片的代表。就区内而言,如多宝、逢源、龙津、金花等街道与西村、泮塘、南岸等街道有细微差别。荔湾区用方言说唱的曲艺形式丰富多彩,有粤剧、粤讴、龙舟、木鱼歌、讲古仔等。粤剧是广东传统戏曲之一,列入世界非物质文化遗产名录。荔湾区素以"粤剧粤曲之乡"著称,历史悠久,人才辈出,各种唱腔、流派众多,不少粤剧名伶和粤曲唱家聚居于此。粤剧行业组织——八和会馆就坐落在荔湾西关恩宁路。

二　方言发音人概况

方言老男发音人周参，1949 年 10 月生于广州市荔湾区，文化程度为大专，父母均为荔湾区人。主要经历为 1958—1964 年就读于广州市医灵前小学，1964—1967 年就读于广州市第十一中学（现广州市南海中学），1967—1969 年就读于广州市第一中学，后获得大专文凭。毕业后先后在广州市第三十二中学、第四十三中学当老师，1984 年调到广州市招生考试委员会办公室工作直至退休。

方言青男发音人张德君，1981 年 10 月生于广州市荔湾区，文化程度为本科，父母均为荔湾区人。主要经历为 1988—1994 年就读于广州市纸行路小学，1994—1997 年就读于广州市第三十八中学，1997—2000 年就读于广州市第二十四中学，2000—2003 年就读于广州南华工商学院西院。2004—2007 年就读于中央广播电视大学。大学毕业后参加工作，从事保险行业。

方言老女发音人罗佩容，1954 年 2 月生于广州市荔湾区，文化程度为高中，父母均为荔湾区人。主要经历为 1963—1968 年就读于广州市荔湾区明兴里小学，1968—1970 年就读于广州市第二十四中学，1970—1972 年就读于广州市第八十六中学。毕业后在荔湾区饮食服务公司工作直至退休。

口头文化发音人张德君，与"青男发音人"为同一人，详细情况见上文，提供的调查材料为自选条目 0031 至 0050。

口头文化发音人罗佩容，与"老女发音人"为同一人，详细情况见上文，提供的调查材料为歌谣 0009 至 0011。

口头文化发音人程新容，女，1960 年 7 月生于广州市荔湾区，文化程度为大专，职业为职工，已退休，提供的调查材料为歌谣 0001 至 0004。

口头文化发音人黎少颜，女，1965 年 6 月生于广州市荔湾区，文化程度为高中，职业为统计员，已退休，提供的调查材料为歌谣 0005 至 0008。

口头文化发音人贾志坤，男，1954 年 11 月生于广州市天河区，自小在荔湾区成长和生活，文化程度为大专，职业为公务员，已退休，提供的调查材料包括规定故事《牛郎和织女》和其他故事 0022 至 0024。

口头文化发音人张炽生，男，1944 年 6 月生于广州市荔湾区，文化程度为初中，职业为管理人员，已退休，提供的调查材料为自选条目 0051。

贰　声韵调

一　声母（15 个，包括零声母在内）

p 八布兵病	pʰ 派片爬抱	m 麦明味问	f 飞风苦灰
t 多东毒短	tʰ 讨淡甜托		l 脑南老蓝
tʃ 早字借谢	tʃʰ 草坐全斜		ʃ 丝山想船

k 高九共举　　　kʰ 权舅盖溪　　　ŋ 熬安眼我　　　h 开轻好响

ø 热月活温

二　韵母（86个，包括自成音节的 m、ŋ 在内）

	i 丝试戏二	u 苦古富乌	y 猪雨遇裕
a 茶牙爬家	ia 廿	ua 瓜话夸挂	
ɛ 借写车蛇	iɛ 爷野夜		
œ 靴朵			
ɔ 多歌坐饿		uɔ 果过祸	
ai 大排鞋快	iai 踹	uai 怪拐怀坏	
ɐi 矮米世鸡	iɐi 曳	uɐi 鬼桂葵卫	
ei 戏飞皮四			
øy 女去对类	iøy 锐		
ɔi 开改菜海		ui 赔背煤灰	
au 饱靠抄交			
ɐu 头豆走酒	iɐu 油有右休		
ou 宝高毛老	iu 表笑桥照		
am 贪南蚕三	im 盐点剑闪		
ɐm 林心深暗	iɐm 阴饮任		
an 山兰间颜		uan 关还弯顽	
ɐn 根贫新银	iɐn 人恩引印	uɐn 滚困云温	
øn 春轮邻进	iøn 闰润		
ɔn 安干看汉	in 年便前扇	un 半官宽碗	yn 短权寸完
aŋ 棒硬冷猛		uaŋ 横梗白	
ɐŋ 灯朋层肯		uɐŋ 轰	
ɛŋ 病平镜声白	iɛŋ 赢		
eŋ 升星兄劲	ieŋ 影迎形认	ueŋ 荣永	
œŋ 两响双张	iœŋ 样让		
ɔŋ 糖床讲网		uɔŋ 王光黄狂	
oŋ 东同风穷	ioŋ 用翁容		
ap 塔鸭甲立	ip 接贴叶折		
ɐp 盒十急吸	iɐp 入		
at 法辣八达		uat 刮滑挖	
ɐt 笔七袜佛	iɐt 一日	uɐt 骨橘	
øt 出栗卒律			
ɔt 割渴	it 跌舌热节	ut 活阔拨末	yt 月脱夺缺
ak 白握贼刻		uak 画或划	

ɐk 北墨得塞

ɛk 尺锡剧

ek 直色逼力　　　　　iek 益　　　　　　　uek 隙

œk 脚雀桌着　　　　　iœk 药弱约

ɔk 托壳学薄　　　　　　　　　　　　　　uɔk 郭国

ok 谷六局粥　　　　　iok 肉育玉褥

m 唔

ŋ 五午

三　声调（9个）

阴平 53　东该风通开天春	阳平 21　门龙牛油铜皮糖红
55　灯车瓜猪	
阴上 35　懂古鬼九统苦讨草	阳上 13　买老五有
阴去 33　冻怪半四痛快寸去	阳去 22　动罪近ᵥ后卖路硬乱洞地饭树
上阴入 5　谷急哭刻	阳入 2　六麦叶月毒白盒罚
下阴入 3　百搭节拍塔切	

说明：

阴平有两个变体：高降 53 和高平 55。

叁　连读变调

广州话没有一般意义上的连读变调，但是有特殊的高平变调和高升变调两种，这两种变调有的不改变词义，有的产生词汇意义或语法意义的变化。

一　高平变调

1. 当阴平字（高降调 53）在阴平字（高平调 55 或高降调 53）之前，常常会变调为高平调 55，如：

烧 ʃiu⁵³：烧鸡 ʃiu⁵⁵kɐi⁵⁵；春 tʃʰøn⁵³：春天 tʃʰøn⁵⁵tʰin⁵³

2. 当阴平字（高降调 53）在上阴入字（调值 5）之前，常常会变调为高平调 55，如：

高 kou⁵³：高级 kou⁵⁵kʰɐp⁵；心 ʃɐm⁵³：心得 ʃɐm⁵⁵tɐk⁵

3. 当阳平字（调值 21）作为后一个音节时，有时变调为高平调 55，如：

姨 i²¹：阿姨 a³³ː⁵⁵；蝇 ieŋ²¹：乌蝇 u⁵⁵ieŋ⁵⁵（苍蝇）

4. 当阴上字（调值 35）作为后一个音节时，有时变调为高平调 55，如：

姐 tʃɛ³⁵：家姐 ka⁵⁵tʃɛ⁵⁵；己 kei³⁵：自己 tʃi²²kei⁵⁵

5. 当阳上字（调值 13）作为后一个音节时，有时变调为高平调 55，如：

尾 mei¹³：第尾 tɐi²²mei⁵⁵（最后）

6. 当阳去字（调值 22）作为后一个音节时，有时变调为高平调 55，如：

妹 mui^{22}：靓妹 lɛŋ^{55}mui^{55}；耐 lɔi^{22}：冇几耐 mou^{13}kei^{35}lɔi^{55}（没多久）

7. 还有的情况是前一个音节变调为高平调 55，如：

派 p^{h}ai^{33}：派头 p^{h}ai^{55}t^{h}ɐu^{21}

二　高升变调

1. 当阳平字（调值 21）作为后一个音节时，有时变调为阴上 35，如：

桃 t^{h}ou^{21}：杨桃 iœŋ^{21}t^{h}ou^{35}；鱼 y^{21}：水鱼 ʃøy^{35}y^{35}

2. 当阳上字（调值 13）作为后一个音节时，有时变调为阴上 35，如：

母 mou^{13}：老母 lou^{13}mou^{35}（妈妈）；李 lei^{13}：南华李 nam^{21}ua^{21}lei^{35}

3. 当阴去字（调值 33）作为后一个音节时，有时变调为阴上 35，如：

片 p^{h}in^{33}：鱼片 y^{21}p^{h}in^{35}；太 t^{h}ai^{33}：太太 t^{h}ai^{33}t^{h}ai^{35}

4. 当阳去字（调值 22）作为后一个音节时，有时变调为阴上 35，如：

话 ua^{22}：电话 tin^{22}ua^{35}；蛋 tan^{22}：鸡蛋 kɐi^{53}tan^{35}

5. 当下阴入字（调值 3）作为后一个字音节时，有时变调为阴上 35，如：

雀 tʃœk^3：禾花雀 hɔ^{21}fa^{55}tʃœk^{35}；鸽 kap^3：白鸽 pak^{2}kap^{35}

6. 当阳入字（调值 2）作为后一个音节时，有时变调为阴上 35，如：

褥 iok^2：被褥 p^{h}ei^{13}iok^{35}；局 kok^2：教育局 kau^{33}iok^{2}kok^{35}

7. 在前缀"老""阿"后面的姓氏是阳平字（调值 21）、阳去字（调值 22）时，姓氏的声调变调为阴上 35，如：

陈 tʃ^{h}ɐn^{21}：老陈 lou^{13}tʃ^{h}ɐn^{35}；凤 foŋ^{22}：阿凤 a^{33}foŋ^{35}

8. 还有的情况是前一个音节变调为高声调 35，如：

房 foŋ^{21}：房门 foŋ^{35}mun^{21}；绳 ʃɛŋ^{21}：绳仔 ʃɛŋ^{35}tʃɐi^{35}

肆　异读

一　新老异读

广州话近数十年来随着社会的快速发展，居民的频繁流动，外地人口的大量迁入，产生了一些变化。老一辈的广州人还较完好地保留着地道的广州话，青年一代受到普通话的影响，与老一辈人的语音有一些差别。

1. 阴平调的读音。老一辈人阴平调的两个变体高降调 53 和高平调 55 区分比较明确，部分青年人则将一部分原本读高降调 53 的字读作高平调 55，如"该"老年人读 kɔi^{53}，有的青年人读 kɔi^{55}；"灰"老年人读 fui^{53}，有的青年人读 fui^{55}；"尖"老年人读 tʃim^{53}，有的青年人读 tʃim^{55}。

2. 老一辈人能够明确区分"光 kuɔŋ^{53}"和"刚 kɔŋ^{53}"，"郭 kuɔk^3"和"各 kɔk^3"，部分青年人将介音 u 丢失，"光"和"刚"都读作 kɔŋ^{53}，"郭"和"各"都读作 kɔk^3。荔湾调查点的老年男性发音人能够明确区分"光"和"刚"、"郭"和"各"读音的不同，而青年男性发音人觉得"光"可两读，即 kuɔŋ⁵³ 和 kɔŋ⁵³ 都可以，且更习惯读作 kɔŋ⁵³，"郭 kuɔk³" 和 "各 kɔk³" 能够区分，与老男发音人相同。

3. 古泥母字和古来母字的读音。老一辈人一般能够明确区分声母 n 和 l，如"年 nin²¹" 和 "连 lin²¹"、"南 nam²¹" 和 "蓝 lam²¹"、"你 nei¹³" 和 "李 lei¹³"，如荔湾调查点的老年女性发音人。实际上也有老年人声母 n 和 l 不分，泥母字声母都读作 l，如荔湾调查点的老年男性发音人；青年人大多不区分声母 n 和 l，都读作 l，如荔湾调查点的青年男性发音人，"年"和"连"都读作 lin²¹，"南"和"蓝"都读作 lam²¹，"你"和"李"都读作 lei¹³。

4. 古疑母字和古影母字的读音。有一部分人把疑母字（开口呼）读 ŋ 声母，影母字读零声母；有一部分人把疑母字（开口呼）读零声母，丢掉了 ŋ 声母，与影母字只有声调不同，如荔湾调查点的青年男性发音人，"牙 a²¹"、"牛 ɐu²¹"、"硬 aŋ²²"；还有一部分人把影母字（开口呼）也读作 ŋ 声母，如荔湾调查点的老年男性发音人，"爱 ŋɔi³³"、"矮 ŋɐi³⁵"、"屋 ŋɔk⁵"。

二　文白异读

1. 古梗摄字

（1）一部分古梗摄字二等阳声韵以 ɐŋ 为文读音，以 aŋ 为白读音，如：

争₍文₎ tʃɐŋ⁵³：战争　　　　　争₍白₎ tʃaŋ⁵³：争交（吵架）

生₍文₎ ʃɐŋ⁵³：生命　　　　　生₍白₎ tʃaŋ⁵³：生仔（生孩子）

行₍文₎ hɐŋ²¹：行为　　　　　行₍白₎ haŋ²¹：行街（逛街）

（2）一部分古梗摄三、四等字以 eŋ、ek 为文读音，以 ɛŋ、ɛk 为白读音，如：

领₍文₎ leŋ¹³：带领　　　　　领₍白₎ lɛŋ¹³：衫领（衣服领子）

青₍文₎ tʃʰeŋ⁵³：青春　　　　青₍白₎ tʃʰɛŋ⁵³：青菜

惜₍文₎ ʃek⁵：可惜　　　　　惜₍白₎ ʃɛk³：惜晒你（最疼你）

2. 古全浊上声字有一部分以阳去调、声母不送气为文读音，以阳上调、声母送气为白读音，如：

断₍文₎ tyn²²：判断　　　　　断₍白₎ tʰyn¹³：断咗（断了）

重₍文₎ tʃoŋ²²：重要　　　　　重₍白₎ tʃʰoŋ¹³：重量

近₍文₎ kɐn²²：附近　　　　　近₍白₎ kʰɐn¹³：远近

3. 一些唇齿音字以读双唇音为白读音，如：

浮₍文₎ fɐu²¹：浮动　　　　　浮₍白₎ pʰou²¹：浮头

埠₍文₎ fɐu²²：游埠　　　　　埠₍白₎ pou²²：埠头（码头）

伏₍文₎ fok²：埋伏　　　　　伏₍白₎ pok²：伏低（趴下）

4. 一些古疑母细音字以读零声母为文读音，以读 ŋ 声母为白读音，如：

吟₍文₎ iɐm²¹：呻吟　　　　　吟₍白₎ ŋɐm²¹：吟沉（絮叨）

仰₍文₎ iœŋ¹³：仰慕　　　　　仰₍白₎ ŋɔŋ¹³：仰起个头

研₍文₎ in²¹：研究　　　　　研₍白₎ ŋan²¹：研碎（磨碎）

伍　小称音

广州话没有儿化。在表达小称时，可以在名词之后加上"仔 tʃɐi³⁵"，相当于北京话的"小……子"或"小……儿"；还可以通过变调的方式表达小、少的意义，或引申出微小、次要、轻视、亲昵等意义。

1. 部分名词变调，表示小的意思，如：

妹 mui²²：靓妹 lɛŋ⁵⁵mui⁵⁵

尾 mei¹³：手指尾 ʃɐu³⁵tʃi³⁵mei⁵⁵（小拇指）

2. 重叠式亲属称谓的后一个音节，变调为高平调 55 或者阴上 35，如：

爸 pa²¹：爸爸 pa²¹pa⁵⁵

姐 tʃɛ³⁵：姐姐 tʃɛ²¹tʃɛ⁵⁵

妹 mui²²：妹妹 mui²²mui³⁵

3. 儿语叠音词的变调，叠音的第二个音节变调为高平调 55 或阴上 35，原字本调多是阳平 21，如非阳平字，第一音节也要变为阳平 21，如：

盲 maŋ²¹：摸盲盲 mɔ³⁵maŋ²¹maŋ⁵⁵（捉迷藏）

觉 kau³³：瞓觉觉 fɐn³³kau²¹kau⁵⁵（睡觉）

虫 tʃʰoŋ²¹：虫虫 tʃʰoŋ²¹tʃʰoŋ³⁵（小虫子）

儿童名字也可用叠音变调来称呼。

婷 tʰeŋ²¹：婷婷 tʰeŋ²¹tʰeŋ³⁵

4. 用变调为高平调 55 或阴上 35 来表示大小、长短等的变小、变短，如：

大 tai²²：咁大 kɐm³³tai³⁵（这么大而已）、kɐm³³tai⁵⁵（这么小）

长 tʃʰœŋ²¹：咁长 kɐm³³tʃʰœŋ³⁵（这么短而已）、kɐm³³tʃʰœŋ⁵⁵（这么短）

5. 有的形容词重叠，叠音的第二个音节变调为阴上 35，且常与"哋"配合使用，表示程度减弱，如：

慢 man²²：慢慢 man²²man³⁵

麻 ma²¹：麻麻 ma²¹ma³⁵（一般，不太好）

红 hoŋ²¹：红红哋 hoŋ²¹hoŋ³⁵tei³⁵（有点儿红）

旧 kɐu²²：旧旧哋 kɐu²²kɐu³⁵tei³⁵（有点儿旧）

6. 有的表示状态的动词重叠，叠音的第二个音节变调为阴上 35，且常与"哋"配合使用，表示程度低，如：

怕 pʰa³³：怕怕哋 pʰa³³pʰa³⁵tei³⁵（有点儿怕）

似 tʃʰi¹³：似似哋 tʃʰi¹³tʃʰi³⁵tei³⁵（有点儿像）

第二节　番禺方音

壹　概况

一　调查点概况

调查点为广州市番禺区沙头街道。番禺区位于广州市南部、珠江三角洲中部河网地带，地处北纬 22°26′～23°05′，东经 113°14′～113°42′之间。东临狮子洋，与东莞市隔洋相望；西及西南以陈村水道和洪奇沥为界，与佛山市南海区、顺德区和中山市相邻；北隔沥滘水道，与海珠区相接；南濒珠江出海口，与南沙区接壤。番禺区总面积 529.94 平方公里。辖市桥街道、沙头街道、东环街道、桥南街道、小谷围街道、大石街道、洛浦街道、石壁街道、钟村街道、大龙街道和南村镇、新造镇、化龙镇、石楼镇、沙湾镇、石碁镇，区人民政府驻市桥街道。截至 2017 年末，番禺区常住人口 171.93 万人，城镇化率为 89.07%。年末户籍人口 93.45 万人。

番禺区主要讲番禺话，属粤方言广府片，番禺话内部又可分为三个小片。市桥小片：位于北部，含市桥、大石、新造、石楼、石基等街镇，使用人口约 89.2 万人。沙湾小片：位于西部，含沙湾、钟村、潭洲等街镇，使用人口约 34.6 万人。沙田小片：位于南部，含榄核、鱼窝头、东涌、横沥等镇，使用人口约 40.3 万人。目前一些年轻人已经放弃说番禺话，改说广州话。

番禺为秦置古县，是岭南文化的重要发祥地之一，民间艺术多姿多彩。粤剧、广东音乐与岭南画派被称为"岭南三秀"。广东音乐作为第一批国家级非物质文化遗产名录，是岭南文化的杰出代表。番禺沙湾正是广东音乐的发祥地，2008 年国家文化部授予沙湾镇"中国民间艺术（广东音乐）之乡"的称号。此外，番禺的鳌鱼舞、飘色、乞巧、醒狮、广绣等民间艺术和传统技艺源远流长，至今仍然长盛不衰。番禺是粤菜的发源地之一，美食文化久负盛名，素有"食在广州，在番禺"的说法。

二　方言发音人概况

老男发音人龚但家，1955 年 4 月生于广州市番禺区沙头街汀根村，汉族，大专学历，教师。1955 年 4 月至 1964 年 9 月在当地生活；1964 年 9 月至 1969 年 8 月在广州市番禺区沙头街汀根小学学习；1969 年 9 月至 1971 年 8 月在广州市番禺区沙头街汀根中学学习；1971 年 9 月至 1973 年 6 月在广州市番禺区沙头中学学习；1973 年 9 月至 1995 年 9 月在广州市番禺区东环街农美小学工作；1995 年 9 月至 1998 年 9 月在广州市番禺区沙头街汀根小学工作；2004 年 9 月至 2015 年 6 月在广州市番禺区沙头街德兴小学工作；2015 年 6 月至今在当地生活。老男发音人说番禺话、普通话，父母和妻子都是番禺区沙头街汀根村人，说番禺话，家庭语言是番禺话。

　　青男发音人郭瀚炫，1991 年 10 月生于广州市番禺区市桥街德胜路，汉族，本科学历，政府机关文秘。1991 年 10 月至 1998 年 8 月在当地生活；1998 年 9 月至 2003 年 8 月在广州市番禺区市桥富都小学学习；2003 年 9 月至 2010 年 8 月在广州市番禺区市桥侨联中学学习；2010 年 9 月至 2014 年 8 月在广州市广州大学人文学院学习；2014 年 10 月至今在广州市番禺区政府工作。青男发音人说番禺话、普通话、英语，父母都是番禺区市桥街人，说番禺话和普通话，家庭用语是番禺话和普通话。

　　老女发音人王雁容，1960 年 7 月生于广州市番禺区沙头街沙头村，汉族，职业为教师，大专学历。1960 年 7 月至 1969 年 8 月在当地生活；1969 年 9 月至 1974 年 8 月在广州市番禺区沙头村小学学习；1974 年 9 月至 1976 年 8 月在广州市番禺区沙头中心小学学习；1976 年 9 月至 1978 年 8 月在广州市番禺区市桥沙头中学学习；1978 年 8 月至 1993 年 7 月在广州市番禺区沙头中心小学工作；1993 年 8 月至 2015 年 7 月在广州市番禺区北城小学工作；2015 年 8 月至今在当地生活。老女发音人说番禺话、普通话，父母和丈夫都是番禺区市桥街沙头村人，说番禺话，家庭用语是番禺话。

　　青女发音人余咏诗，1989 年 11 月生于广州市番禺区沙头街汀根村，汉族，职业为外贸跟单员，本科学历。1989 年 11 月至 1996 年 9 月在当地生活；1996 年 9 月至 1998 年 9 月就读于番禺区沙头街汀根小学；1998 年 9 月至 2002 年 9 月就读于市桥北城小学；2002 年 9 月至 2005 年 9 月就读于番禺区市桥星海中学；2005 年 9 月至 2008 年 9 月就读于番禺区番禺中学；2008 年 9 月至 2012 年 8 月就读于广州大学华软软件学院；2012 年 8 月至今在当地生活。青女发音人说番禺话、普通话、英语，父母和丈夫都是番禺区汀根村人，说番禺话和普通话，家庭语言是番禺话和普通话。

　　口头文化发音人黄树楠，男，1961 年 8 月生于广州市番禺区沙头街横江村，汉族，职业为教师，本科学历。提供的材料为歌谣、粤剧、故事。

　　口头文化发音人龚但家，与"老男发音人"为同一人，详细情况见上文，提供的材料为其他词条。

　　口头文化发音人郭瀚炫，与"青男发音人"为同一人，详细情况见上文，提供的材料为故事。

贰　声韵调

一　声母（14 个，包括零声母在内）

p 八兵病　　　　pʰ 派片爬　　　　　m 麦明味问　　f 飞副肥灰

t 多东毒　　　　tʰ 讨天甜　　　　　　　　　　　　　　　　　　l 脑南老蓝

tʃ	资谢张争纸	tʃʰ	刺贼抽茶床车		ʃ	丝事山手十
k	高九共	kʰ	权		h	开轻好响
∅	热熬活王用					

说明：

①tʃ、tʃʰ、ʃ的发音部位往往受后面韵母的影响而发生变化，在前、高元音前接近舌面音 tɕ、tɕʰ、ɕ，在其他的元音前则接近 ts、tsʰ、s。

②m 偶有读为 ŋ，可以自成音节，成为声化韵母。

③l 声母有时读为 n，但是 n、l 不对立。

二 韵母（79 个，包括自成音节的 m 在内）

		i	师丝试二	u	苦	y	猪雨
a	茶牙瓦			ua	瓜		
ɛ	写	iɛ	爷				
œ	靴						
ɔ	歌坐过			uɔ	祸		
ai	排鞋快			uai	怪		
ɐi	米			uɐi	鬼		
ei	戏飞			ui	赔		
œy	雨对						
ɔi	开						
au	饱						
ɐu	豆走	iɐu	油				
ou	宝	iu	笑桥				
am	南	im	盐				
ɐm	心深	iɐm	音				
ɛm	□lɛm³⁵:舔						
an	山			uan	关		
ɐn	根新	iɐn	因	uɐn	滚云		
øn	春	iøn	闰				
ɔn	安	in	年	un	半官	yn	短权寸
aŋ	硬争	iaŋ	病	uaŋ	横		
ɐŋ	灯争						
eŋ	升星兄	ieŋ	迎	ueŋ	荣		
œŋ	响双	iœŋ	让				
ɔŋ	糖床讲			uɔŋ	王		
oŋ	东	ioŋ	用				
ap	盒塔鸭	ip	接贴				

ɐp	十急	iɐp	入				
at	法辣八			uat	刮		
ɐt	七	iɐt	一	uɐt	骨橘		
øt	出						
ɔt	渴	it	热节	ut	活	yt	月
ak	北白	iak	尺锡	uak	或		
ɐk	特						
ɛk	□ɛk5：折断						
ek	直色	iek	益				
œk	脚	iœk	药				
ɔk	托郭壳学国						
ok	谷六绿局	iok	肉				
m̩	五						

说明：

①a 是长元音，ɐ 是短元音。与 a 比较，ɐ 舌位高些后些。

②œ 在 œy 中部位偏高偏后，接近于央元音 ɵ。

③复韵母 ei 中的 e 实际音值是 e，韵母 eŋ、ieŋ、ueŋ、ek、iek 中的 e 实际音值为 ɪ。在番禺话中，e、ɪ 并不构成音位对立，故合并为一个音位。

④番禺话有鼻韵尾-m、-n、-ŋ 和塞音韵尾-p、-t、-k，塞音韵尾-p、-t、-k 只有闭塞而没有爆破。主要元音的时长在这两类韵尾前也有差别，例如 am、an、aŋ 的 a 比 ap、at、ak 的 a 要略微长些。

⑤ø 的圆唇有弱化趋势，有时舌位也比较低。

⑥y 的舌位较后，双唇突出程度也较小。

三　声调（9个）

阴平	53	东该风通开天春	阳平	31	门龙牛油铜皮糖红
	55	灯			
阴上	35	懂古鬼九统苦讨草	阳上	23	买老五有近白
阴去	33	冻怪半四痛快寸去	阳去	22	卖路硬乱洞地饭树动罪近文后
上阴入	5	谷急哭刻	阳入	2	六麦叶月毒白盒罚
下阴入	3	百搭节拍塔切			

说明：

①入声音节收-p、-t、-k 尾，时值比较短促。上阴入一般以 ɐ、o、e、ø 为主要元音，下阴入音一般以 a、ɔ、œ、i、u、y 为主要元音。按音高来说，上阴入的音高相当于阴平，下阴入的音高相当于阴去，阳入的音高相当于阳去。

②阴平调有两个变体，可以念 53，也可以念 55。55 调的调高较 53 调的高点略低。

③阳去调音高最低，记为 22，但有时给人的听感是下降的，调值像 21。

④古全浊上声字，部分以读阳去调、声母不送气为文读音，以读阳上调、声母送气为白读音。

⑤少数清去字以外的字（如喊、杉、伞等）也读 33 调。

叁　连读变调

番禺方言两字组连读变调规律很简单，主要表现为阴平字在阴平 53 或 55 调字、上阴入 5 调字之前时，均念为 55 调，如：天光 $t^hin^{53-55}koŋ^{53}$、初一 $tʃ^hɔ^{53-55}iɐt^5$。

肆　异读

一　新老异读

1. 声母异读

（1）有些泥娘母字声母存在异读，老派读 l，新派读 n，如"奴""闹"。

（2）个别云母字声母也有异读，老派读 h，新派读零声母，如"雨"。

（3）个别清母字声母也有异读，老派读 $tʃ^h$，新派读 $tʃ$，如"糙"。

（4）个别日母字声母也有异读，老派读 k^h，新派读零声母，如"绕"。

（5）个别溪母字声母也有异读，老派读 h，新派读 k^h，如"筐"。

（6）个别并母字声母也有异读，老派读 p，新派读 f，如"缚"。

2. 韵母异读

（1）有些深摄字韵母存在异读，老派读 ap，新派读 ɐp，如"立"。

（2）有些寒韵字韵母也存在异读，老派读 ɔn，新派读 ɔŋ，如"岸"。

（3）有些唐韵字韵母也存在异读，老派读 ɔŋ，新派读 uɔŋ，如"光"。

（4）有些宕摄字韵母也存在异读，老派读 ɔk，新派读 uɔk，如"郭"。

（5）有些阳韵字韵母也存在异读，老派读 ɔŋ，新派读 uan，如"筐"。

（6）个别阳韵字韵母也存在异读，老派读 ɔk，新派读 u，如"缚"。

（7）个别江摄字韵母也存在异读，老派读 aŋ，新派读 an，如"棒"。

（8）有些曾摄字韵母也存在异读，老派读 ɐŋ，新派读 ɐn，如"灯"。

（9）有些曾摄入声字韵母也存在异读，老派读 ak，新派读 ɐk，如"北"。

（10）有些梗摄开口二等字韵母也存在异读，老派读 aŋ，新派读 an，如"棚"。

（11）有些梗摄开口三等字韵母也存在异读，老派读 iaŋ，新派读 ɛŋ，如"病"。

（12）有些梗摄入声字韵母也存在异读，老派读 iak，新派读 ɛk，如"尺"。

（13）个别梗摄开口四等字韵母也存在异读，老派读 ieŋ，新派读 ɐŋ，如"形"。

二　文白异读

坐 $tʃ^hɔ^{23}$（白），$tʃɔ^{22}$（文）

雨 hœy²³（白），y²³（文）

鸟 tiu³⁵（白），liu²³（文）

浮 pʰou³¹（白），～头；fɐu³¹（文），～动

妇 pʰou²³（白），新～；fu²³（文），～女

淡 tʰam²³（白），咸～；tam²²（文），冷～

近 kʰɐn²³（白），好～；kɐn²²（文），远～

出 ʧʰøt⁵（白），ʧʰyt⁵（文）

生 ʃaŋ⁵³（白），～子；ʃɐŋ⁵³（文），～命

争 ʧaŋ⁵³（白），ʧɐŋ⁵³（文）

平 pʰiaŋ³¹（白），便宜；pʰɐŋ³¹（文），和～

命 miaŋ²²（白），好～；mɐŋ²²（文），～运

名 miaŋ³⁵（白），起～；mɐŋ³¹（文），～利

领 liaŋ²³（白），衫～；lɐŋ²³（文），～袖

井 ʧiaŋ³⁵（白），～水；ʧɐŋ³⁵（文），～～有条

声 ʃiaŋ⁵³（白），大～；ʃɐŋ⁵³（文），～明

城 ʃiaŋ³¹（白），入～（进城）；ʃɐŋ³¹（文），～市

轻 hiaŋ⁵³（白），好～；hɐŋ⁵³（文），～视

惜 ʃiak³（白），疼爱；ʃek⁵（文），可～

零 liaŋ³¹（白），十～人；lɐŋ³¹（文），～分

青 ʧʰiaŋ⁵³（白），好～；ʧʰɐŋ⁵³（文），～年

壁 piak³（白），石～；pek⁵（文），墙～

伍　小称音

番禺话有 35 和 55 小称变调，其词汇、语法意义与广州话相同，如：蚊 mɐn⁵⁵、碌柚 lok⁵jɐu³⁵、石榴 ʃiak²¹lɐu³⁵、蚕豆 ʧʰam³¹tɐu³⁵、马蹄 ma²³tʰɐi³⁵。

陆　其他主要音变

1. 同化，如：唔好（不好）m²²hou³⁵→m²²mou³⁵。
2. 合音，如：乜嘢（什么）mɐt⁵iɛ²³→mɛ²³。

第三节　增城方音

壹　概况

一　调查点概况

调查点为广州市增城区荔城街道。增城区位于广东省中东部、广州市东部，东江下游北岸，罗浮山西面；东与惠州市接壤，南与东莞市隔江相望，西与黄埔区毗邻，北与本市从化区和惠州市龙门县接界，地理坐标在北纬 23°19′55″，东经 113°46′12″。本区面积 1616.47 平方公里，下辖 7 个镇 6 个街道。2015 年户籍人口 87.25 万人，其中汉族占绝大多数，另有畲族 396 人，说畲话（山瑶话），居住在正果镇畲族村，畲话使用人数逐年减少，90%以上畲族人也会说增城本地话。本次调查的方言点为增城区政府所在的荔城街道。

增城区的方言种类包括：

1. 增城话，属粤方言广府片，分布在增江两岸及南、中部平原或自然地理条件较好的地区。使用人口占总人口 59.39%，按口音分为本地话和新塘话两类。其中本地话分布在荔城镇（标准口音）沙庄、沙埔、增江、三江、石滩、仙村、中新、朱村以及宁西、永和、福和、小楼、正果、派潭的部分地区，青年人口音向广州话靠拢。新塘话分布在新塘镇和永和镇。近年来青年人口音向广州话靠拢。

2. 客家方言，主要分布于山区和丘陵地带，占总人口的 39.61%，按口音分为长宁口音和程乡口音两类。其中，前者分布于小楼、派潭；后者分散于荔城、增江、朱村、宁西、仙村、永和、福和、三江、中新等。

当地曲艺包括用增城口音表演的粤剧，以及竹板山歌和客家山歌。

二　方言发音人概况

老男发音人陈世亮，1959 年 9 月生于荔城街道红旗街，初中文化程度，退休企业职工。1969 年至 1973 年，就读于增城镇第一小学；1973 年至 1974 年，在增城县增城中学读初中；1976 年至 1979 年，在增城县青年农场务农；1980 年至 1995 年，在增城县三江镇三江粮所工作；1995 年内退。1995 年至 2010 年到东莞樟木头工作。2010 年退休回到增城。会说增城话、普通话，平时主要说增城话。父母均为增城荔城人，说增城话；妻子为增城新塘人，说增城话。

青男发音人赖俊杰，1983 年 6 月生于增城荔城街，大学本科学历，企业秘书。1990 年至 1996 年，在增城市第二小学读书；1996—1999 年，在增城中学读初中；1999 年至 2002 年，在增城郑中钧中学读高中；2002 年至 2006 年，在中国人民解放军体育学院中英文秘书专业就读；2007 年至 2009 年，在增城市发改委和改革局工作；2009 年至今，在增城新好景集团工作。会说增城话、广州话、普通话、英语，平时主要说增城话、普通话。父母和妻子均为增城荔城人，说增城话、普通话。

老女发音人黄桂英，1957 年生于增城荔城街，初中文化程度，公司财务。1965 年至 1967 年，在增城镇职工子弟学校读书；1967 年至 1970 年，在增城县第三小学读书；1970 年至 1973 年，在增城县增城中学读初中；1975 年至 1979 年，在增城县三江公社务农；1980 年至 2005 年，在增城县水果开发公司工作（其中 1999 年至 2001 年，在广州市会计成人中专学校函授）；2006 年下岗，2007 年退休。会说增城话、普通话，平时主要说增城话。父亲和丈夫均为增城街人，说增城话；母亲是增城增城西山村人，说增城话。

青女发音人列镜竹，1990 年生于增城荔城街，大学本科学历，个体户。1996 年至 2001 年，在增城区荔城镇天恩小学读书；2001—2002 年，在番禺区执信中学初中部就读；2002 年至 2003 年，在增城区荔城镇英华中学初中部就读；2004 年至 2008 年，在增城区增城中学就读，2009 年至 2012 年，在珠海市北京理工大学珠海分院就读；2012 年至今，先后工作于增城荔城街的手袋厂、鞋店，经营糖水店、宾馆。会说增城话、广州话、普通话、英语，平时主要说增城话。父母均为增城荔城人，说增城话、普通话，丈夫是增城小楼镇人，说增城话，客家方言。

口头文化发音人黄桂英，女，汉族，与"老女发音人"为同一人，详细情况见上文。提供的材料为 0001—0018 歌谣，0031—0100 自选条目。

口头文化发音人黄炜彬，1988 年 11 月出生，男，汉族，职业为银行职员，大专文化程度。提供的材料为 0021 规定故事。

口头文化发音人唐燕梅，1964 年 11 月出生，女，汉族，职业为保险经纪人，高中文化程度。提供的材料为 0022 其他故事，0023 其他故事。

口头文化发音人陈世亮，男，汉族，与"老男发音人"为同一人，详细情况见上文。提供的材料为 0024 其他故事。

贰　声韵调

一　声母（14 个，包括零声母在内）

p 帮兵病	pʰ 派片爬	m 麦明味问	f 飞副肥灰
t 多东甜毒	tʰ 讨天			l 脑南老蓝
ts 资谢竹纸	tsʰ 刺贼抽抄		s 事船书丝
k 高九共	kʰ 权曲穷	ŋ 熬额	h 开轻好响
∅ 热月县活			

说明：

①塞擦音 ts、tsʰ、s，舌尖接触上齿背，无舌叶色彩。

②n、l 不分，古泥母在增城话中基本读为 l，偶有读 n，记为 l，n 可视作 l 音

位的变体。

③仍有类似广州话中带有唇化色彩的舌根声母，但有弱化趋势，记为介音 u。

④以 i 开头的韵母实际发音略带摩擦成分，但不明显，记为零声母。

二　韵母（80 个，包括自成音节的 m 在内）

		i	猪雨师丝试	u	苦
a	茶牙瓦			ua	话
ɛ	写	iɛ	爷		
œ	靴	iœ	锥		
ɔ	歌坐过			uɔ	祸
ai	排鞋快			uai	怪
ɐi	米	iɐi	曳	uɐi	鬼
ei	戏二飞			ui	回
ɔi	开赔对				
au	饱	iau	挠		
ɐu	豆走	iɐu	油		
ɛu	笑桥	iu	腰		
ou	宝				
am	南	im	盐		
ɐm	心深	iɐm	音		
ɛm	点				
an	山			uan	弯
		in	烟	un	官
ɐn	根新春	iɐn	恩	uɐn	滚云
aŋ	硬争			uaŋ	横
ɐŋ	灯				
ɛŋ	年病	iɛŋ	赢		
eŋ	升星兄东用	ieŋ	用	ueŋ	永
œŋ	半短权寸响双	iœŋ	样		
ɔŋ	糖床讲			uɔŋ	王
ap	塔鸭	ip	叶		
ɐp	盒十急	iɐp	入		
ɛp	接贴				
at	法			uat	刮
		it	热月	ut	活
ɐt	七出橘	iɐt	一	uɐt	骨
ak	辣八白			uak	画

ɐk	北				
ɛk	节尺锡				
ek	直色	iek	益	uek	域
œk	决	iœk	药		
ɔk	托郭壳学国				
ok	谷六绿局	iok	玉		
m̩	五				

说明：

①没有撮口呼韵母，广州话的 y（遇摄）在增城话中读为齐齿的韵母 i；广州话的 yn 韵母分别读为 in 和 œŋ，广州话的 yt 韵母分别读为 it 和 œk。

②m̩ 是自成韵母的鼻音韵，对应广州话的 ŋ̍，如：五、吴。

③与广州话相同，有鼻音韵尾-m、-n、-ŋ 和塞音韵尾-p、-t、-k，但配对不整齐，如没有与韵母 uk 相应的 uŋ 韵母，广州话的 uŋ 韵母在增城话中读为 eŋ。

④广州话中带唇化色彩的 kw、kʰw 声母，在增城话中唇化色彩稍弱，因而声母仍记作 k 和 kʰ，把 w 记作介音 u，因而韵母相应增加了 ua、uɔ、uai、uɐi、uan、uɐn、uaŋ、uɔŋ、ueŋ、uat、uɐt、uak，此外还有一个 uek，如"领域"的"域 uek"（调查手册里未出现相关的例字）。广州话里的稍带摩擦色彩的 w 声母，在增城话中记作以 u 开头的零声母。

⑤广州话中的 j，在增城话中摩擦成分弱化，记为零声母，韵母相应增加了 iɐ、iœ、iu、iɐi、iau、iɐu、im、iɐm、iɐn、ieŋ、iɐŋ、iœŋ、iɐp、iɐt、iek、iœk、iok；

三　声调（9个）

阴平	44	东该灯风通开天春	阳平	21	门龙牛油铜皮糖红
阴上	35	懂古鬼九统苦讨草	阳上	13	买老五有近
阴去	33	冻怪半四痛快寸去	阳去	22	卖路硬乱洞地饭树动罪后
上阴入	5	谷急哭刻	阳入	2	六麦叶月毒白盒罚
下阴入	3	百搭节拍塔切			

说明：

①阴平调类本调调值为 44，但在词语连读或表示小称时变调为微升的 45。

②阳平调是低平略降，调值记为 21，实际起点略低于 2。

③阴上调值为中升调，终点高于 4 但略低于 5，记为 35。

④阳上调值记为 13，起点略高于 1。

⑤阴去 33、阳去 22，均为平调，阳去略短于阴去。

⑥入声分三类：上阴入最短促，调值记为 5；阳入和下阴入均略长于阴入。

叁　连读变调和语法变调

增城话变调现象较复杂，具体如下：

一　词语两字连读变调

两字组前一音节为阴平、阳平、上声时，常变为 45 调（阴平）和 51（阳平、上声），如：天光 $t^hɛŋ^{44-45}koŋ^{44}$、山谷 $san^{44-45}kok^5$、新历 $sɐn^{44-45}lek^2$、床单 $ts^hɔŋ^{21-51}tan^{44}$、水背 $sœ^{35-51}pɔi^{33}$、火水 $fɔ^{35-51}sœ^{35}$。

二　动词变调

动词本身变调或助词变调，表示动作的已然（完成）。

动词原调是阴平的，变调为 45，变调后加助词"阿"，"阿"相当于普通话的"了"、广州话的"咗"，读音较短，调值也不固定，随前面动词或语气发生变化，如：偷阿 $t^hɐu^{45}a^3$、通阿 $ts^hɐŋ^{45}a^2$。

动词原调为阳平、阴上、阳上的，变调为 51，变调后加助词"阿"，如：来阿 $lɔi^{51}a^2$、走阿 $tsɐu^{51}a^3$、买了 $mai^{51}a^4$。

动词原调为阴去、阳去，入声字，动词不变调，但需后加变调的助词"阿"，如：卖阿 $mai^{22}a^4$、冻阿 $teŋ^{33}a^4$、哭阿 huk^5a^3、切阿 $ts^hɛk^3a^4$、罚阿 fak^2a^3。

三　动宾结构中动词变调

平声和上声的动词，在动宾结构中，前面的动词读变调，阴平变为 45，阳平、阴上、阳上变为 51，如：煲汤 $pou^{45}t^hɔŋ^{44}$、停车 $t^hɛŋ^{51}ts^hɛ^{44}$、洗菜 $sɐi^{51}ts^hɔi^{33}$、买米 $mai^{51}mɐi^{13}$、煮饭 $tsi^{51}fan^{22}$。去声和入声的动词不变调。

四　人称代词变调表示复数和所有格

	第一人称		第二人称		第三人称	
	普通话	增城话	普通话	增城话	普通话	增城话
单数	我	$ŋɔi^{13}$	你	lei^{13}	他	$k^hœ^{13}$
复数	我们	$ŋɔi^{51}$	你们	lei^{51}	他们	$k^hœ^{51}$
单数所有格	我的	$ŋɔi^{51}$	你的	lei^{51}	他的	$k^hœ^{51}$
复数所有格	我们的	$ŋɔi^{51}$	你们的	lei^{51}	他们的	$k^hœ^{51}$

肆　异读

一　新老异读

新派与老派的读音差异在声母、韵母、声调等方面均有体现：

1. 声母异读

（1）有些影疑母字声母存在异读，老派读零声母，新派读 ŋ，如"哑、眼、颜、屋、恩"。

（2）个别溪晓母字声母有异读，老派读 h，新派读 kʰ，如"筐、孔、歇"。

（3）个别日母字声母有异读，老派读 ŋ，新派读零声母，如"儿、耳"。

（4）还有些零星的差异，如"知"，老派读 ts，新派读 t；"闹"，老派读 l，新派读 n；"杉"，老派读 s，新派读 tsʰ；"贫"，老派读 p，新派读 pʰ；"桌"，老派读 tsʰ，新派读 ts；"僧"，老派读 ts，新派读 s。

2. 韵母异读

新老派发音人在韵母数量上存在差别：老派共有 74 个韵母，新派韵母数量比前者多出了 y、yn、yt。除此之外，还有些小差异：

（1）个别假摄麻韵字韵母存在异读，老派读 i，新派读 iɛ，如"野"。

（2）部分遇止摄合口三等字韵母存在异读，老派读 œ，新派读 œy，如"女、吕、垂"；另有个别字新老派韵母读法恰好相反，老派读 œy，新派读 œ，如"取"。

（3）个别蟹摄齐韵字韵母也存在异读，老派读 ei，新派读 ɐi，如"犁"。

（4）个别止摄支韵字韵母也存在异读，老派读 i，新派读 ei，如"刺"。

（5）个别效摄豪韵字韵母也存在异读，老派读 ou，新派读 au，如"熬"。个别效摄宵韵字韵母也存在异读，老派读 ɛu，新派读 au，如"猫"；另一些宵萧韵字和流摄幽韵字韵母也存在异读，老派读 iu，新派读 ɛu，如"焦、箫、丢"；另有个别字新老派韵母读法恰好相反，老派读 ɛu，新派读 iu，如"小"。

（6）个别咸摄覃韵字韵母也存在异读，老派读 an，新派读 am，如"蚕"；另一些覃谈韵字韵母也存在异读，老派读 ɐm，新派读 am，如"感、甘"；还有个别字新老派韵母读法恰好相反，老派读 am，新派读 ɐm，如"含"。个别入声合韵字老派读 ap，新派读 ɐp。个别咸摄咸韵字韵母也存在异读，老派读 aŋ，新派读 am，如"赚"。个别入声洽韵字老派读 ɛp，新派读 ap，如"夹"。个别咸摄盐韵字韵母也存在异读，老派读 ɛm，新派读 im，如"尖"。个别入声洽韵字老派读 ip，新派读 ɛp，如"接"。个别入声帖韵字老派读 ɛp，新派读 ip，如"协"，恰与前者相反。

（7）个别深摄侵韵字韵母也存在异读，老派读 iɐm，新派读 ɐm，如"音"。

（8）个别山摄仙韵字韵母也存在异读，老派读 eŋ 或 œŋ，新派读 in 或 yn，如"缠、全、劝"。入声屑韵字韵母也存在异读，老派读 ɛp，新派读 ip，如"捏"，另一些入声屑韵和薛韵字韵母也存在异读，老派读 it 或 œk，新派读 yt，如"绝、雪、血、决、缺"；入声末韵字韵母也存在异读，老派读 œk，新派读 ut，如"泼、拨"。

（9）个别江摄字韵母也存在异读，老派读 œŋ，新派读 un，如"胖"。

（10）有些曾摄入声字韵母也存在异读，老派读 ak，新派读 ek，如"贼、测"。

（11）个别梗摄庚韵字韵母也存在异读，老派读 aŋ，新派读 uaŋ，如"梗"；另一些字老派韵母读 ieŋ，新派读 ueŋ，如"荣"。个别入声昔韵字韵母也存在异读，老派读 iek，新派读 ek，如"益"。

（12）个别通摄钟韵字韵母也存在异读，老派读 ieŋ，新派读 eŋ，如"用"。另一些通摄入声字韵母也存在异读，老派读 iok，新派读 ok，如"褥、浴"。

3. 声调异读

（1）部分古平声字存在异读，老派读 45 调，新派有些读 44 调，有些读 21调，如"猫、疮、蚊"（以上新派读 44 调）和"挑、棋、锤"（以上新派读 21 调）。"鱼""兰""杉"等字较为特殊，其中"鱼"老派读 44 调，新派读 21 调；"兰"老派读 21 调，新派读 11 调；"杉"老派读 44 调，新派读 33 调。

（2）部分古次浊上声字存在异读，老派读 13 调，新派读 35 调，如"女、吕、野、五、武、蚁"。

（3）部分古清上字和浊去字存在异读，老派读 35 调，新派多数读 13 调，也有个别读 22 调和 44 调，如"引、毯、鸟、摆；会、画名词"（以上新派读 13 调）和"袋"（新派读 22 调）、"表"（新派读 44 调）。

（4）部分古清去字存在异读，其中"糙"老派读 22 调，新派读 33 调；"转"老派读 33 调，新派读 35 调。

（5）部分古全浊去声字存在异读，老派读 22 调，新派读 35 调，如"寺、豆"。

（6）"妹""姨"两个表亲属称谓的字存在异读，其中前者老派有 22 调、44调两读，新派仅读 22 调；后者老派有 21 调、44 调两读，新派仅读 44 调。

（7）入声字"罚、劈、吃"等存在异读，其中"罚"老派读 3 调，新派读 2调；"劈"老派读 3 调，新派读 5 调；"吃"老派读 2 调，新派读 3 调。

二　文白异读

1. 声母方面：部分口语常用的古全浊上声字文读为不送气声母，白读为送气声母，如"松、淡、近"。

2. 韵母方面：部分梗摄开口三四等字文读主元音为 e，白读主元音为 ɛ，如"城、青、席"。另外，山摄先韵字"肩"文读韵母也为 eŋ，但其白读韵母为 an。

3. 声调方面：浊上字"淡、近"文读为 13 调，白读为 22 调；浊去字"料"文读为 35 调，白读也为 22 调。

伍　小称音

增城话没有儿化现象，名词表示小称有两种方法。

一　变调

不管名词本调如何，表小称时常变调为 45，如：灯 teŋ^{44}—teŋ^{45}，名 meŋ^{21}—meŋ^{45}，耳 ŋei^{13}—ŋei^{45}

二 名词后加变调的"仔 tsei⁵¹"

"仔"是最常见的名词后缀，如：凳仔 teŋ³³tsei⁵¹、盒仔 hep²tsei⁵¹、屋仔 ŋok⁵tsei⁵¹。

陆 其他主要音变

增城话有少数合音词，如：未曾 mei²²tsʰeŋ²¹—meŋ²¹、唔好 m²¹hou³⁵—mou¹³、唔系 m¹¹hei²²—mei²²。

第四节 从化方音

壹 概况

一 调查点概况

调查点为广州市从化区街口街道。从化区位于广东省中部，广州市东北面。地理坐标北纬 23°22′～23°56′，东经 113°17′～114°04′。东临龙门县，南与广州增城区、白云区接壤，西与广州花都区、清远市相连，北与佛冈县、新丰县毗邻。全区总面积 1974.5 平方公里。1994 年，从化撤县建市，成为广州市辖县级市，2014年 1 月，撤销从化市，设立广州市从化区。2018 年，从化区设太平、温泉、良口、吕田、鳌头 5 个镇及街口、城郊、江埔 3 个街道。区人民政府驻街口街。2018 年，从化区户籍总人口 634893 人，绝大部分为汉族。

从化的汉语方言主要有粤方言和客方言两种。从化粤方言属粤方言广府片，使用人口约占总人口的 4/5。从化粤方言以中部地区的方言为代表，俗称"从化话"，是境内分布范围最广，使用人口最多的粤方言，主要分布于从化中部的街口街、城郊街、江埔街以及周边的温泉镇、良口镇、鳌头镇和太平镇等地。从化话内部比较统一，各镇街差别不大。另外，南部太平镇的太平话，北部吕田镇的吕田话，西北部鳌头镇的龙潭话与中部粤方言差别较大，各具特色。

客家方言约有 1/5 的人口在使用。从化除街口街外的各镇街均有客家人聚居的村落，客家人比较集中的地区有北部山区的吕田镇，客家人口约占全镇人口的40%，此外城郊街、温泉镇、江埔街、太平镇、鳌头镇、良口镇的丘陵山区地带也有纯客村或客粤混居村。客家人大多能使用客粤双方言，对内交流说客家方言，对外交流说粤方言。

从化明代置县时，原县署所在地为横潭（今花都新华），后迁至马场田（今从化街口城内）。从化老县城（今从化街口城内）自明代至民国都是县署所在地，是从化县的政治、文化和经济中心。从化县城话受广州话影响比较大，形成俗称的"㖭口音"。"㖭口音"主要分布于老县城及附城的团星、城南、雄锋、街口、城郊等几个村庄，与广大农村地区的"撒口音"相区别。"㪁口音"与"撒口音"得名于效摄一等韵的读音区别，"㪁口音"将其读为 ou，"撒口音"将其读为 au。"㪁口" lem²³heu⁴⁵ 意为嘴巴聚拢，ou 相较于 au 开口度较小，故有"㪁口"之名。"撒口" sa²³heu⁴⁵ 意为嘴巴张开，au 相较于 ou 开口度较大，故有"撒口"之名。两者效摄开口一等韵读音情况如下：从化街口"㪁口音"读为 ou，从而一、二等有别，如：毛 mou²² ≠ 茅 mau²²，早 tsou⁴⁵ ≠ 找 tsau⁴⁵，高 kou⁵⁵ ≠ 交 kau⁵⁵。从化农村地区"撒口音"读为 au，从而一、二等混同，如：毛＝茅 mau²²，早＝找 tsau⁴⁵，高＝交 kau⁵⁵。

本次方言调查点为从化城内团星村，方言类型属于从化粤方言的"㪁口音"。

二　方言发音人概况

老男发音人黄灿添，1958 年 8 月生于从化街口团星村，农民。1970—1975 年就读团星小学；1975—1976 年就读城郊中学；1976—1978 就读从化中学；1978 年至今，当地务农务工。

青男发音人黄劲宗，1983 年 11 月生于街口团星村，农民。1990—1996 年就读团星小学；1996—1999 年从化二中读初中；1999—2002 年就读从化农业中专；2012—2015 年就读广州电大从化分校；毕业后在街口务工。

口头文化发音人黄灿添，与"老男发音人"为同一人，详细情况见上文。

口头文化发音人黄栋荣，1956 年 12 月生于从化街口团星村，文化程度大专，一直在当地工作，调查时任团星村委会书记。

贰　声韵调

一　声母（16 个，包括零声母在内）

p 巴布包笔薄	pʰ 趴派喷彭拍	m 妈美买舞万	f 花富快欢福
t 打等斗段夺	tʰ 他透塘谈秃	n 糯泥难男纳	l 拉来兰楼辣
ts 渣精丈猪竹	tsʰ 权柴秋程七		s 沙醒三山杀
k 家贵旧件急	kʰ 卡亏权琴吸	ŋ 牙牛耳岸岳	h 哈兄开吓洽
∅ 安华和英玉			

说明：

①ts、tsʰ、s 声母实际发音部位接近舌叶，但 s 声母在"死、师、屎、事"等字是比较典型的舌尖音，如：屎 si⁴⁵。

②k、kʰ声母拼细音时，实际音值为 c、cʰ，如：己 ci⁴⁵，企 cʰi²³。

③ŋ 声母拼细音时，实际音值为 ȵ，如：耳 ȵi²³。

二　韵母（66 个，包括自成音节的 m 在内）

i 师丝试戏二	u 苦路	y 猪雨
a 茶牙瓦	ua 瓜	

ɛ 写姐　　　　　　　　iɛ 夜爷

œ 靴

ɔ 歌坐过　　　　　　　uɔ 祸

ai 排鞋快　　　　　　　uai 怪

ɐi 米飞　　　　　　　　uɐi 鬼

oi 开赔　　　　　　　　uoi 回会

œy 对

au 饱

ɐu 豆走　　　　　　　　iɐu 油

ou 宝　　　　　　　　　iu 笑桥

am 南　　　　　　　　　im 盐

ɐm 心深　　　　　　　　iɐm 任音

ɐn 根新春　　　　　　　iɐn 恩人　　　　　　uɐn 滚云

　　　　　　　　　　　　in 年　　　　　　　　un 安半官　　　　　　yn 短权寸

aŋ 山硬争　　　　　　　　　　　　　　　　　uaŋ 关横

ɛŋ 病　　　　　　　　　iɛŋ 赢

eŋ 灯升星兄　　　　　　ieŋ 认　　　　　　　ueŋ 荣

œŋ 响双　　　　　　　　iœŋ 让

ɔŋ 糖床讲　　　　　　　　　　　　　　　　　uɔŋ 王

oŋ 东　　　　　　　　　ioŋ 用

ap 盒塔鸭　　　　　　　ip 接贴

ɐp 十急　　　　　　　　iɐp 入

ɐt 出　　　　　　　　　iɛt 一　　　　　　　uɐt 骨橘

　　　　　　　　　　　　it 热节　　　　　　　ut 活渴　　　　　　　yt 月

ak 法辣八七白　　　　　　　　　　　　　　　uak 刮划

ɛk 尺锡

ek 北直色　　　　　　　iek 益

œk 雀　　　　　　　　　iœk 药

ɔk 托郭壳学国

ok 谷六绿局　　　　　　iok 育

m̩　五吴

说明：

①韵母 au 主要元音的实际音值为 ʌ；aŋ、ak 韵母中的 a 元音位置偏后，实际音值接近 ɑ。

②某些字如"师、屎、事"等 s 声母后面的 i 元音带摩擦色彩，发音接近舌尖元音。

三 声调

从化方言的声调系统有两个层次，一个是白读层次，一个是文读层次。

1. 白读声调系统（6 个声调）：

调类	阴平	阳平	上声	去声	阴入	阳入
调值	23	22	45	31	3	2
例字	高猪寸	油糖平	好写米	定漏罪	急接百	白入熟

2. 文读声调系统（8 个声调）：

调类	阴平	阳平	上声	阴去	阳去	上阴入	下阴入	阳入
调值	55	22	45	23	31	5	3	2
例字	高猪专	油糖平	好写丑	寸带买	定漏罪	急湿泣	接百约	白入熟

说明：

①白读声调系统清平字与清去字合归阴平，部分次浊上字保留白读音，与清上字合归上声，清入字只有一类。

②文读声调系统基本以古清浊声母分阴阳两类。清上字归上声，部分浊上字归入阴去，部分浊上字归入阳去。清入分两类。

叁 连读变调

从化方言的连读变调现象并不复杂，主要是读作 45 调的上声字作为前字时在语流中常常变为 55 调，如：水桶 sœy$^{45-55}$tʰoŋ^{45}、洗面 sai$^{45-55}$min^{23}、手巾 sɐu$^{45-55}$kɐn^{55}、娶老婆 tsʰu$^{45-55}$lou$^{45-55}$pʰɔ^{23}、指甲 tsi$^{45-55}$kap^2、韭菜 kɐu$^{45-55}$tsʰoi^{23}。

肆 异读

一 新老异读

1. 声母方面，老派泥来母从分，泥母读 n，来母读 l。新派泥来母合流，泥母读同来母 l。

2. 韵母方面，老派保留本地方言原有读音特点，新派读音趋同于广州话，本地读音特点基本消失。韵母的差别主要有以下几点：

（1）蟹摄开合口一等字老派一律读为 oi，新派开口字读为 ɔi，合口字读为 ui。

	台	开	菜	杯	煤	灰
老派	tʰoi^{22}	hoi^{23}	tsʰoi^{23}	poi^{55}	moi^{22}	foi^{23}
新派	tʰɔi^{22}	hɔi^{55}	tsʰɔi^{23}	pui^{55}	mui^{22}	fui^{55}

（2）止摄和遇摄三等见系字以及遇摄一等唇音和舌齿音字老派读作单元音韵母 i、u 和 y，新派读为复元音韵母。

	几	戏	渠	许	布	租
老派	ki^{45}	hi^{23}	k^hy^{22}	hy^{45}	pu^{23}	tsu^{55}
新派	kei^{35}	hei^{23}	$k^hœy^{22}$	$hœy^{35}$	pou^{23}	$tsou^{55}$

（3）止摄帮、端、泥来组字老派读为 ɐi，读同蟹摄字，新派读为 ei，与蟹摄字 ɐi 有别。

	皮	眉	地	李	飞	尾
老派	$p^hɐi^{22}$	$mɐi^{22}$	$tɐi^{31}$	$lɐi^{45}$	$fɐi^{55}$	$mɐi^{31}$
新派	p^hei^{22}	mei^{22}	tei^{21}	lei^{23}	fei^{55}	mei^{23}

（4）山摄开口一等见系字老派读为 un/ut，新派读为 ɔŋ/ɔk。

	肝	汗	岸	安	割	渴
老派	kun^{55}	hun^{31}	$ŋun^{31}$	un^{55}	kut^3	hut^3
新派	$kɔŋ^{55}$	$hɔŋ^{21}$	$ŋɔŋ^{21}$	$ɔŋ^{55}$	$kɔk^3$	$hɔk^3$

（5）山摄合口一等帮组字和见系字老派读为 un/ut，新派读为 uŋ/uk。

	半	满	官	欢	碗	阔
老派	pun^{23}	mun^{23}	kun^{55}	fun^{55}	un^{45}	fut^3
新派	$puŋ^{23}$	$muŋ^{23}$	$kuŋ^{55}$	$fuŋ^{55}$	$uŋ^{35}$	fuk^3

（6）臻摄字韵母老派一律读为 ɐn/ɐt，新派有 ɐn/ɐt—œn/œt 之别。

	吞	根	进	镇	吉	出
老派	$t^hɐn^{55}$	$kɐn^{55}$	$tsɐn^{23}$	$tsɐn^{23}$	$kɐt^5$	$ts^hɐt^5$
新派	$t^hɐn^{55}$	$kɐn^{55}$	$tsœn^{23}$	$tsɐn^{23}$	$kɐt^5$	$ts^hœt^5$

（7）曾摄开口一等字韵母老派读为 eŋ/ek，念同三等字，新派部分字变读为 ɐn/ɐt，一、三等字读音有别。

	灯	能	北	征	力	逼
老派	$teŋ^{55}$	$neŋ^{22}$	pek^5	$tseŋ^{55}$	lek^2	pek^5
新派	$teŋ^{55}$	$lɐn^{22}$	$pɐt^5$	$tseŋ^{55}$	lek^2	pek^5

3. 在声调方面，老派有文白读两个层次，新派白读层基本消失，如阴平字老派文读为 55 调，白读为 23 调，新派一概读为 55 调；上阴入字老派文读为 5 调，白读为 3 调，新派一概读为 5 调；次浊上字老派一般读 23 调，部分字有文白读之分，文读为 23 调，白读为 45 调。新派多读为 23 调，只有个别字保留 45 调白读音。

二　文白异读

1. 声母方面

（1）部分口语常用的古全浊上声字文读为不送气声母，归入去声调，白读为送气声母，归入阳上调（"在"例外，白读归入阳平调），如：重 $tsoŋ^{31}/ts^hoŋ^{23}$、近 $kɐn^{31}/k^hɐn^{23}$、在 $tsoi^{31}/ts^hoi^{22}$、淡 tam^{31}/t^ham^{23}。

（2）部分口语常用的非组字文读为唇齿声母 f，白读为双唇声母 p^h，如：浮 fou^{22}/p^{h}u^{22}、妇 fu^{23}/p^{h}u^{31} 新~（媳妇）。

2. 韵母方面

（1）梗摄开口二等字文读为 eŋ，白读为 aŋ，如：行 heŋ^{22}~为/haŋ^{22}~路。

（2）梗摄开口三四等字文读为 eŋ，白读为 ɛŋ，如：命 meŋ^{31}/mɛŋ^{31}、轻 heŋ^{55}/hɛŋ^{55}。

3. 声调方面

从化方言的声调系统有两个层次，一个是文读层次，一个是白读层次。文读层应是受广州话的声调系统影响而产生的，而白读层则保留了从化方言的本地特色。因此，声调的文白读差异并不以语音条件来区别，而是体现在语体、词汇及社会层面的差别上。在词汇上，一般来说，书面词和新词多文读，口语词和土俗词多白读。当地人在念单字时，倾向于使用文读音，而在平时的口语当中，则会使用白读音。在地域及年龄上，市区居民多使用文读音，农村居民多使用白读音。年轻人多使用文读音，上年纪的人多使用白读音。从化方言声调的文白异读情况具体表现如下：

（1）古清声母平声字、古清声母入声字可读文读音 55/5 调和白读音 23/3 调，如：高 kau$^{55/23}$、天 t^{h}in$^{55/23}$、一 iet$^{5/3}$、七 ts^{h}ak$^{5/3}$。单字调、书面语词和新词使用文读音，口语词、俗词使用白读音，例如（音标所示为下加横线字，下同）：

书面词　手机 ki^{55}　汽车 ts^{h}ɛ^{55}　学生 saŋ^{55}　面包 pau^{55}　天气 t^{h}in^{55}　颜色 sek^5

口语词　心机 ki^{23}　风车 ts^{h}ɛ^{23}　生仔 saŋ^{23}　包住头 pau^{23}　好天 t^{h}in^{23}　色水 sek^3

在口语词中，古清平字和古清入字只读白读音，例如：车衫 ts^{h}ɛ^{23}（用缝纫机缝制衣服）、朝早 tsiu^{23}（早上）、打交 kau^{23}（打架）、姐夫 fu^{23}、肩头 kin^{23}（肩膀）、手巾 ken^{23}（毛巾）、起身 sen^{23}（起床）、劏鸡 t^{h}ɔŋ^{23}kei^{23}（宰鸡）、烧烟花 siu^{23}in^{23}fa^{23}（放烟火）、担泥 tam^{23}（挑泥巴）、天黑 t^{h}in^{23}hek^3、街口 kai^{23}（地名）、煨 ui^{23}、番薯 faŋ^{23}、阿公 koŋ^{23}（爷爷，背称）。

（2）古次浊声母上声字一般读为文读音 23 调，例如：冷 laŋ^{23}、我 ŋɔi^{23}、马 ma^{23}、雅 ŋa^{23}、野 iɛ^{23}、雨 y^{23}、奶 nai^{23}、有 iɐu^{23}。而在口语中，某些次浊声母上声字读为白读音 45 调，如：米 mei^{45}、眼 ŋaŋ^{45}、五 m^{45}、耳 ŋi^{45}、瓦 ŋa^{45}、藕 ŋɐu^{45}、网 mɔŋ^{45}、瘾 iɐn^{45}、老 lau^{45}、蚁 ŋɐi^{45}、满 mun^{45}、咬 ŋau^{45}、软 yn^{45}、远 yn^{45}、两 lœŋ^{45}等等。这些读白读音的次浊上字与清上字相混同。

伍　小称音

从化方言没有儿化现象，但变调比较复杂。从化方言的变调普遍发生在名词上，尤其是口语常用词。变调的功能并不表小，而是用于表特指以区分不同事物。

变调主要表现为四种形式，分别为低降调、中升调、高平调和高升调。低降调调值为 31，中升调调值为 23，高平调调值为 55，高升调调值为 45。

一　低降变调

低降变调在口语常用名词中非常普遍，在以下调类中都有不少例子：

1. 白读阴平和文读阴去字本调为 23，变调为 31。如：衫 sam²³⁻³¹、疮 tsʰɔŋ²³⁻³¹、痂 ka²³⁻³¹、蔗 tsɛ²³⁻³¹、转 tsyn²³⁻³¹（头发旋儿）、凳 teŋ²³⁻³¹、盖 koi²³⁻³¹、碓 toi²³⁻³¹、窦 teu²³⁻³¹（窝）、瓮缸 oŋ²³⁻³¹、黄蜂 foŋ²³⁻³¹、火砖 tsyn²³⁻³¹（砖头）、担杆 kun²³⁻³¹（扁担）、粪箕 ki²³⁻³¹、竹篙 kau²³⁻³¹、圳筒 tsen²³⁻³¹、蒜 syn²³⁻³¹、手臂 pei²³⁻³¹。

2. 部分读 23 调的浊上字，读为低降变调，如：猪尾 mei²³⁻³¹、舅仔 kʰeu²³⁻³¹、老母 mu²³⁻³¹、新妇 pʰu²³⁻³¹、被 pʰei²³⁻³¹（被子）、柿仔 tsʰi²³⁻³¹、山岭 leŋ²³⁻³¹、年卅晚 maŋ²³⁻³¹。

3. 阳平字本调为 22，变调为低降调 31，如：痕 hen²²⁻³¹（划痕、伤痕）、茄仔 kʰœ²²⁻³¹、枱 tʰɔi²²⁻³¹（桌子）、锄头 tʰeu²²⁻³¹、面盆 pʰun²²⁻³¹、面前 tsʰin²²⁻³¹、热头 tʰeu²²⁻³¹。

4. 阴入字老派读音本调为 3，读低降变调时，调值与阳入相同，如：谷 kok³⁻²、屎窟 fet³⁻²（屁股）、罨窟 fet³⁻²（胳肢窝）、狗虱 set³⁻²、煲粥 tsok³⁻²、果碌 lok³⁻²（柚子）、角仔 kɔk³⁻²（油角）、爆拆 tsʰak³⁻²（皲裂）、头发 fet³⁻²、手指甲 kap³⁻²、垃圾 sep³⁻²、背脊 tsɛk³⁻²。

二　中升变调

从化方言的中升变调读为 23 调，在阳平、阳去和阳入等调类中较多见，如：鹅 ŋɔ²²⁻²³、电筒 tʰoŋ²²⁻²³、鱼 y²²⁻²³、老婆 pʰɔ²²⁻²³、钱 tsʰin²²⁻²³、出年 nin²²⁻²³、火柴 tsʰai²²⁻²³、豆 teu³¹⁻²³、庙 miu³¹⁻²³、个内 noi³¹⁻²³（里面）、面 min³¹⁻²³、样 iœŋ²³、翼 iek²⁻³、猪肉 iok²⁻³、额 ŋak²⁻³、木 mok²⁻³、篛 lek²⁻³、前日 iet²⁻³。

三　高平变调

高平变调调值为 55 调，多数高平变调的词语与广州话相同，例如：窗 tsʰœŋ²³⁻⁵⁵、樽 tsen²³⁻⁵⁵（瓶子）、遮 tsɛ²³⁻⁵⁵（伞）、冷衫 sam²³⁻⁵⁵（毛衣）、包 pau²³⁻⁵⁵（包子）、云吞 tʰen²³⁻⁵⁵（馄饨）、烟 in²³⁻⁵⁵（烟草）、钉 tɛŋ²³⁻⁵⁵、墟 hy²³⁻⁵⁵（集市）、后尾 heu³¹⁻⁵⁵ mei²³⁻⁵⁵（末尾）、孖辫 ma²²⁻⁵⁵ pin³¹⁻⁵⁵（双辫子）、妹仔 moi³¹⁻⁵⁵、乞儿 i²²⁻⁵⁵。也有部分从化本地的词语，如：阿伯 pak³⁻⁵（伯父）、听日 iet²⁻⁵（明天）、双孖角 kɔk³⁻⁵（双胞胎）。

四　高升变调

从化方言的高升变调给人以高扬的听感，比广州话 35 调的起点要高，调值为 45 调，如：阿嫲 ma²²⁻⁴⁵（奶奶）、圳筒 tʰoŋ²²⁻⁴⁵（灌溉渠）、道士 si³¹⁻⁴⁵、老襟 kʰem²³⁻⁴⁵（连襟）。

第五节 龙门方音

壹 概况

一 调查点概况

调查点为惠州市龙门县龙城街道。龙门县位于广东省中部,行政区域位于北纬 23°20′06″~23°57′50″,东经 113°48′26″~114°24′58″。2019 年全县户籍总人口 35.9 万人,其中,汉族 35 万,瑶族约 0.9 万。龙门县的瑶族主要分布在蓝田镇瑶族乡,是明朝前从当时的韶州(今韶关)搬迁到蓝田的,今已汉化,使用当地汉语方言蓝田话(本地话中的一种)。

龙门县的汉语方言主要有粤方言和客家方言,此外,还有极少数人使用闽方言。粤方言主要分布在县城龙城街道、龙田、龙潭、龙华、沙径、麻榨、永汉等镇,使用人口约 16 万人,属广府片。客家方言主要分布在龙潭、永汉、麻榨、龙华、平陵、龙江、地派等镇,使用人口约 16 万人。闽语主要分布在龙门县龙潭镇的一个村落——丁坑,是一个典型的闽方言岛,使用人口约 100 人。此外,龙门县内广泛分布着一种内部颇为一致的方言土语,以此为母语者一般以"本地人"自居,并称这种土语为"本地话"。本地话主要分布在龙门北部的蓝田瑶族乡、西北部的地派、东部偏南的平陵和龙江以及路溪(现属龙江镇)等。关于本地话的归属,学术界目前还有不同的看法。本地话使用人口约 3 万。

龙门县各地都流行唱山歌的习俗。平日,劳动人民常用山歌抒发感情和表达对生活的热爱。特别是每年中秋节前后的晚上,人们多集结于山脚、河岸或草坪,边唱或边听山歌边赏月。龙门山歌大致可分为三类:一类为流行于龙门县城周围、左潭、铁岗的本地山歌,用龙门话演唱;一类为流行于平陵、龙江、永汉、麻榨、南昆、地派等客家地区的客家山歌,又可细分为用当地客家方言演唱的客家山歌和兴梅地区流入的客家山歌(包括五句板);一类为流行于蓝田瑶族乡的瑶族山歌,不过,当地瑶族人已经汉化,不会说瑶语了,他们的山歌是用本地话演唱的。龙门山歌内容丰富,有劳动歌、时政歌、仪式歌、情歌、季节歌、猜字歌、劝郎歌等,其中尤以情歌最为丰富。龙门山歌迄今仍盛唱不衰。1980 年中秋节,县文化局在东较场组织"中秋山歌演唱会"。此后,每年中秋节都组织山歌对唱、会唱。

二 方言发音人概况

老男发音人刘国超,1958 年 6 月出生于惠州市龙门县龙城街道甘香村委会坪湖村,高中文化。父母亲和配偶都是本村人,只会说龙门话,家庭用语是龙门话。刘国超个人经历如下:出生至 1966 年 8 月一直生活在本村;1966 年 9 月至 1971 年 7 月就读于甘香小学;1971 年 9 月至 1973 年 7 月就读于龙城一中;1973 年 9

月至 1975 年 7 月就读于龙门中学；1975 年 9 月至 1990 年任甘香村委会会计；1990 年后至今在本地从事建筑业等。

青男发音人刘志辉，1985 年 9 月出生于惠州市龙门县龙城街道甘香村委会，大专文化。父母亲都是本村人，配偶是龙城街道林村人；母亲和配偶只会说龙门话，父亲还会说客家方言；家庭用语是龙门话。刘志辉个人经历如下：出生至 1993 年 8 月一直在本村生活；1993 年 9 月至 2000 年 7 月就读于甘香小学；2000 年 9 月至 2003 年 7 月就读于龙城一中；2003 年 9 月至 2006 年 7 月就读于龙门技工学校；2006 年 8 月至 2016 年断断续续在龙门、河源等地工作；2017 年开始至今在甘香村村委会工作，在此期间，2017 年 9 月至 2019 年 9 月就读于龙门开放大学。

口头文化发音人刘国超，与"老男发音人"为同一人，详细情况见上文。

口头文化发音人廖美霞，女，1988 年 9 月出生于惠州市龙门县龙城街道沙塘村委会，中专文化。父亲是龙城街道林村人，会说龙门话、广州话；母亲是龙田镇沙塘村人，只会说龙门话；配偶是龙城街道甘香村人，会说龙门话、广州话。家庭用语为龙门话。廖美霞个人经历如下：出生至 1996 年 8 月一直在沙塘村生活；1996 年 9 月至 2003 年 7 月就读于龙田镇沙塘小学；2003 年 9 月至 2006 年 7 月就读于龙城镇第三中学；2006 年 9 月至 2008 年 7 月就读于惠州市纺织服装学校；2008 年 8 月至 2017 年 10 月，断断续续在广州和龙门工作；2017 年 11 月至今就职于龙门县中国人寿保险股份有限公司。

贰　声韵调

一　声母（18 个，包括零声母在内）

p 八兵病	pʰ 派爬片	m 麦明味问	f 飞蜂肥饭灰	v 活温王
t 多东毒	tʰ 讨天甜			l 脑南年老 蓝连
ts 资酒字谢 张争纸	tsʰ 刺寸贼坐 祠抽拆茶柱 床春	n̠ 耳二	s 丝酸事山双 船书十城	z 用
k 高九共	kʰ 权	ŋ 熬	h 开轻响	
ʔ□ʔiau⁴² 叫				
Ø 安热软月县药				

二　韵母（43 个，包括自成音节的 ŋ 在内）

	i 师丝试戏二飞	u 苦宝	y 猪雨
a 茶牙瓦名词	ia 写		

ɔ 歌坐过~来 c ‖ cɔ 靴

ai 排鞋快

ɐi 米鬼

ɔi 开赔对

au 饱

ɐu 豆走油 ‖ iɐu 笑桥

am 南 ‖ iɛm 盐

ɐm 心深

an 山 ‖ iɛn 年 ‖ yɐn 软县短权寸

ɐn 根新滚春云~彩

on 半官

aŋ 硬争横 ‖ iaŋ 病星白

ɐŋ 灯

eŋ 升星文兄

ɔŋ 糖床王双讲 ‖ iɔŋ 响

oŋ 东用

ap 盒塔鸭法 ‖ iɛp 接贴

ɐp 十急

at 辣八刮 ‖ iɛt 热节 ‖ yɐt 月

ɐt 七一骨出橘

ot 活

ak 白 ‖ iak 尺锡白

ɐk 北

ek 直色锡文

ɔk 托郭壳学国 ‖ iɔk 药

ok 谷六绿局

ŋ 五

三　声调（8个）

阴平 42	东该灯风通开天春	阳平 21	门龙牛油铜皮糖红
上声 35	懂古鬼九统苦讨草		
阴去 23	买老五有冻怪半四痛快寸去	阳去 53	动罪近后前~卖路硬乱洞地饭树
上阴入 5	谷急哭刻	阳入 43	六麦叶树~月毒白盒罚
下阴入 23	百搭节拍塔切		

叁　异读

一　新老异读

1. 声化韵老派读 ŋ、新派读 m，如：五 ŋ³⁵老派/m³⁵新派、吴 ŋ²¹老派/m²¹新派。

2. 老派读小称的字比新派多，一些非常用字老派读小称的，新派读本调，如：磨名词 mɔ⁵⁵老派/mɔ⁵³新派、粽 tsoŋ⁵⁵老派/tsoŋ⁵³新派、柿 tsʰi⁵⁵老派/tsʰi⁵³新派、样相貌 iɔŋ⁵⁵老派/iɔŋ⁵³新派。

二　文白异读

1. 浊上白读归阴去，文读归阳去；逢塞音、塞擦音时，白读读送气音，文读读不送气音，如：老 lɐu²³～鼠/lu³⁵～公、厚 hɐu²³白/hɐu⁵³文、淡 tʰam²³白/tam⁵³文、坐 tsʰɔ²³、菌 kʰɐn²³、重 tsʰoŋ²³轻~，近 kɐn⁵³、舅 kɐu⁵³。

2. 梗摄开三四阳声韵常用字或白读读 iaŋ，非常用字或文读读 eŋ。入声韵常用字或白读读 ak，声调为下阴入；非常用字或文读读 ek，声调为上阴入，如：病 piaŋ⁵³、领 liaŋ²³白/leŋ²³文、青清 tsʰiaŋ⁴²白/tsʰeŋ⁴²文、星 siaŋ⁵⁵白/seŋ⁵⁵文、轻 hiaŋ⁴²白/heŋ⁴²文、庆 heŋ²³、尺 tsʰiak²³、壁 piak²³白/pek⁵文、锡 siak²³白/sek⁴⁵文、积 tsek⁵。

肆　小称音

龙门话有高平调的小称，主要见于平声，且字数较多，如：星 siaŋ⁵⁵~~、钉 tiaŋ⁵⁵名词、墟 hy⁵⁵、灰 fɔi⁵⁵颜色、花 fa⁵⁵、葱 tsʰoŋ⁵⁵、街 kai⁵⁵、樽 tsɐn⁵⁵瓶子、羹 kaŋ⁵⁵汤匙、梳 sɔ⁵⁵名词、遮 tsia⁵⁵雨伞、编 piɛn⁵⁵辫子、茄 kʰɔi⁵⁵、钱 tsʰiɛn⁵⁵、蚊 mɐn⁵⁵、鱼 y⁵⁵、猫 miɐu⁵⁵、鹅 ŋɔ⁵⁵、枱 tʰɔi⁵⁵桌子、糍 tsʰi⁵⁵年糕。上声、去声也发现极少数字读变调，如：磨 mɔ⁵⁵名词、纽 lɐu⁵⁵扣子、粽 tsoŋ⁵⁵、样 iɔŋ⁵⁵相貌、兔 tʰu⁵⁵、燕 iɛn⁵⁵、柿 tsʰi⁵⁵、枣 tsu⁵⁵。此外，来自上声、去声的小称调值不稳定，有时低于 55。

第六节　莞城方音

壹　概况

一　调查点概况

调查点为东莞市莞城街道。莞城自唐朝至德二年（757 年）以来已有 1260 多年历史，明洪武十七年（公元 1384 年）始称"东莞城"，是历代东莞县县治，新中国成立前称莞城镇，2002 年改为莞城街道。莞城街道是广东省东莞市四个街道之一，地处东莞市北部偏西，位于北纬 22°39′～23°09′，东经 113°31′～114°15′。东、北与东城街道接壤、南与南城街道接壤、西与万江街道相接，面积 11.16 平方公里。莞城街道下辖共 8 个社区：东正社区、市桥社区、西隅社区、北隅社区、罗沙社区、兴塘社区、博厦社区、创业社区。截至 2020 年末，莞城街道户籍人口 20.66 万人，外来暂住人员 7.61 万人。辖区内通行粤方言莞城话，只有一个 300 多人的罗沙上岭村讲客家方言。

东莞粤方言有的认为属于广府片，有的认为属于莞宝片，内部差异显著，大体上可以分为丘陵片、水乡片和疍家话三类口音，每种口音内部也有差别。莞城话属于东莞粤方言中的丘陵片，但中青年的口音急剧地向广州话靠近。莞城的方言曲艺主要有粤剧，早期的木鱼歌已经濒临失传。

二　方言发音人概况

老男发音人何洪高，1959 年 6 月生于莞城北隅，现为退休职工，高中学历，父母及配偶均为莞城人。1966 年至 1975 年依次就读于西隅小学、莞城二中和莞城一中；1975 年于万江金泰学校担任数学教师；1976 年至 1981 年于南城学校担任数学教师；1981 年至 2002 年于工厂担任财务工作；2002 年至今从事个人投资工作。

青男发音人张国强，1983 年 3 月生于莞城西隅，现为办事员，大学本科学历，父母及配偶均为莞城人。1989 年至 2007 年依次就读于阮涌小学、东莞中学、莞城二中、东华中学、东莞理工学院。2007 年下半年担任餐厅经理。2007 年末至今在东莞市社保局任办事员。

口头文化发音人何洪高，与"老男发音人"为同一人，详细情况见上文。

口头文化发音人邓庆联，女，1951 年 1 月生于莞城西隅，现为退休教师，中专学历，提供的调查材料为故事。

口头文化发音人范志明，男，1957 年 11 月生于莞城北隅，现为商人，小学学历，提供的调查材料为自选条目。

口头文化发音人陈淑娟，女，1958 年 7 月生于莞城市桥，现为商人，中专学历，提供的调查材料为自选条目。

口头文化发音人范嘉华，男，1985 年 8 月生于莞城北隅，现为职员，研究生学历，提供的调查材料为自选条目。

口头文化发音人李丽君，女，1983 年 10 月生于莞城西隅，现为职员，本科学历，提供的调查材料为自选条目。

贰　声韵调

一　声母（共 15 个，包括零声母在内）

p 八兵病　　　　　　pʰ 派片爬　　　　　　m 麦明味问　　　f 飞风副蜂肥饭开灰

t 多东毒　　　　　　　tʰ 讨天甜　　　　　　n 脑南年泥

tʃ 资早租酒字谢张　　　tʃʰ 刺草寸清贼坐全　　　　　　　　　ʃ 事山双船顺手书十城
　竹争装纸主　　　　　　祠抽拆茶柱抄初
　　　　　　　　　　　　床车春

k 高九共　　　　　　　kʰ 权曲穷　　　　　ŋ 老蓝连路熬　　h 轻好响

∅ 热软月活县安温
　王云用药

说明：

　①声母 f 有时接近 ɸ。

　②tʃ、tʃʰ、ʃ 三个声母分别有自由变体 ts、tsʰ、s。

　③声母 ŋ 有时带有一定的塞音化倾向，接近 g。

二　韵母（共 61 个，包括自成音节的 m 在内）

	i 猪雨开师试二	u 苦
a 茶牙瓦塔鸭	ia 也	ua 瓜
ɛ 靴写法八尺锡白	iɛ 夜	uɛ 刮
ɔ 歌坐托壳		uɔ 过郭国
ə 赔对		
ai 排鞋快		uai 怪
ɐi 丝戏飞		
ɔi 米	iɔi□ iɔi³¹: 质量差	uɔi 鬼
		ui 改
au 饱豆走	iau 油	
ɐu 宝	iu 笑桥	
ɐm 心深	iɐm 音	
ɐn 根新春灯梗文	iɐn 人	uɐn 滚云
ɵn 权寸短	iɵn 完	
	in 盐年	un 半官
aŋ 南		
ɛŋ 山硬争横		uɛŋ 梗白
əŋ 升星文兄	iɐŋ 形	uɵŋ 永
œŋ 响双病星白	iœŋ 让	
ɔŋ 糖床王讲		uɔŋ 光
oŋ 东	ioŋ 用	
ɵt 脱	iet 月	
	it 接贴热节	ut 活
ak 盒七出北	iak 一	uak 骨橘

ɛk 辣白　　　　　　　　iɛk 药　　　　　　　　　　　uɛk 画

ək 直色锡ᵥ　　　　　　　iək 益

ɔk 十急学　　　　　　　iɔk 入　　　　　　　　　　uɔk 镬

ok 谷六绿局　　　　　　iok 肉

m̩ 五

说明：

①韵母 ɔ 舌位偏高。韵母 uɔ 中的主元音 ɔ 舌位偏高。

②韵母 ɛ、ɛk 与声母 tʃ、tʃʰ、ʃ 相拼时，韵母 iɛ、iɛk 与 Ø 相拼时，有时带有轻微的圆唇色彩。

③韵母 ɛŋ、ɛk 中的 ɛ 发音时有动程，实际发音为 ɛaŋ、ɛak。

④韵母 œŋ、œk 中的元音 œ 偏高。

⑤韵母 əŋ、ək 中的元音偏后。

⑥韵母 m̩ 有自由变体 ŋ̍。

⑦i 及 i 开头的韵母，带有较强烈的摩擦，接近 j。

⑧u 及 u 开头的韵母，带有较强烈的摩擦，接近 w，有的甚至接近 v。特别是 ui，其实际音值为 vi。

三　声调（共 7 个）

阴平	23	东该灯风通开天春	阳平	31	门龙牛油铜皮糖红
阴上	35	懂古鬼九统苦讨草	阳上	34	买老五有近ᵇ拍
去声	44	动罪后近ᵥ冻怪半 四痛快寸去卖路硬 乱洞地饭树百搭塔			
阴入	5	谷急哭刻	阳入	3	节切六麦叶月毒白盒罚

叁　连读变调

1. 阴平字出现在其他字之前时，有时似由 23 变为 33，但不常见，且难以分辨，如：清淡 tʃʰəŋ²³⁻³³tʰaŋ³⁴、花布 fa²³⁻³³pɐu⁴⁴。

2. 阴上字出现在其他字前时，有时由 35 变为 55，较为常见，如：闪电 ʃin³⁵⁻⁵⁵tin⁴⁴、好天 hɐu³⁵⁻⁵⁵tʰin²³。

3. 阳上字出现在其他字前时，有时由 34 变为 44，与去声调同，如：买菜 mai³⁴⁻⁴⁴tʃʰθ⁴⁴。

肆　异读

一　新老异读

1. 莞城话老派口音在不同发音人之间存在差异。主要表现在：

（1）古来母字有人读 l，有人读 ŋ，有人 l 和 ŋ 自由变读。

（2）有的人音系中存在 i 和 y 韵母的对立，如：师 ʃi²³≠书 sy²³；存在 ɛ 和 œ 的对立，如杀 ʃɛ³⁴≠社 ʃœ³⁴；存在 ɛk 和 œk 的对立，如削 ʃœk³≠石 ʃɛk³。有的人不存在上述三组对立，但合并后的 i、ɛ、ɛk 三个韵母中的元音往往带有一定的圆唇色彩，尤其是韵母 ɛ、ɛk 与声母 ʧ、ʧʰ、ʃ 相拼时，韵母 iɛ、iɛk 与 ∅ 相拼时。存在上述对立的人，也显示出不同程度的相混倾向。

（3）有的人去声调末尾有轻微下降，调值可记为 443。

2. 新派口音在不同发音人之间也有一定差异，与老派相比，其特点是向广州话靠近。本次调查青男发音人与老男发音人的语音差异主要是：青男发音人古泥、来母混同，只有 l，没有 n，老男发音人则古泥母读 n，古来母读 ŋ；青男发音人有 y 韵母，老男发音人则没有。

二　文白异读

古梗摄字存在较为系统的文白异读，其主元音白读 œŋ，文读 əŋ，如：命 mœŋ⁴⁴/məŋ⁴⁴、星 ʃœŋ²³/ʃəŋ²³。

伍　小称音

莞城话没有儿化现象，但有两个小称变调：55 和 35，以前者为常见，如：星 ʃœŋ⁵⁵（天上的星星）、中间 ʧɔŋ²³kɛŋ⁵⁵、油麻 iau³¹ma⁵⁵（芝麻）、屎片 ʃi⁵⁵pʰin³⁵（尿片）、雪条 ʃɵt³tʰiu³⁵（冰棍儿）、藠 kʰiu³⁵（藠头）。

第七节　宝安方音

壹　概况

一　调查点概况

调查点为深圳市宝安区西乡街道河西社区。宝安区地处深圳市西部，西临珠江口，总面积 397 平方公里，下辖 10 个街道。根据第七次人口普查数据，截至 2020 年 11 月，宝安区常住人口为 4476554 人。宝安区居民全部为汉族人，区内有两种汉语方言分布，即客家方言和粤方言。其中，客家方言的分布区域包括西乡（一半左右）、航城、石岩等街道，人口 14 万（1985 年，找不到最新的数据）；粤方言则分布在福永、福海、沙井、新桥、松岗、燕罗、新安等街道，人口约 11 万（1985 年，找不到最新的数据）。粤方言又有三种口音，沙进、福永等地为一种，共明、松岗等地为一种，南头、西乡、蛇口等地又为一种，均属于广府片。

当地地方文化主要有粤剧、客家山歌等。

二　方言发音人概况

方言老男发音人黄茂彬，汉族，1949 年 12 月出生于深圳市宝安区西乡街道河西社区，在西乡街道金碧花园物业管理处工作。该发音人的受教育程度为初中，会说普通话和宝安粤语，日常交流主要用宝安粤语。其父母和妻子均为深圳宝安人，说宝安粤语。该发音人的个人经历如下：1949 年至 1956 年在河西成长，1957 年至 1964 年就读于西乡中心小学，1964 年至 1967 年就读于南头中学，1968 年至 1975 年于西乡生产大队务农，1975 年至 1981 年于西乡人民公社当会计，1981 年至 1996 年自由职业，1996 年至今受聘于西乡金碧花园物业管理处当主任。

方言老女发音人梁凤莲，汉族，1958 年 4 月出生于深圳市宝安区西乡街道共乐村，现退休在家。该发音人的受教育程度为小学，会说普通话和宝安粤语，日常交流主要用宝安粤语。其父母和丈夫均为深圳宝安人，说宝安粤语。该发音人的个人经历如下：1958 年至 1965 年成长于西乡下村，1965 年至 1970 年就读于下村小学，1970 年至 1975 年在家务农，1975 年至 1988 年于李松朗生产队从事农业劳动，1988 年至 1990 年于薄棉工厂工作，1990 年至 2013 年于共乐居委会从事保洁工作，2013 年至今退休。

方言青男发音人郑海聪，汉族，1989 年 4 月出生于深圳市宝安区西乡街道乐群社区，在宝安西乡街道乐群社区工作站工作。该发音人的受教育程度为大学本科（自考），会说普通话和宝安粤语，日常交流主要用宝安粤语。其父母均为深圳宝安人，说宝安粤语和普通话。该发音人的个人经历如下：1989 年至 1995 年成长于西乡乐群，1995 年至 2010 年依次就读于共乐小学、西乡中学、清华实验学校，2012 年就读于深圳大学，2010 年在北方汽车有限公司任销售顾问，2011 年至 2012 年在泛德电子（深圳）有限公司担任总务，2012 年至今在乐群社区工作站做办公文员。

方言青女发音人，张玉萍，汉族，1994 年 9 月出生于深圳市宝安区西乡街道乐群社区，在西乡街道乐群社区工作站工作。该发音人的受教育程度为大学本科（自考），会说普通话和宝安粤语，日常交流主要用宝安粤语。其父母和丈夫均为深圳宝安人，说宝安粤语。该发音人的个人经历如下：1994 年至 2001 年成长于宝安西乡社区，2001 年至 2007 年就读于深圳市共乐小学，2007 年至 2010 年就读于深圳市西乡中学，2010 年至 2013 年就读于深圳市西乡高级中学，2013 年至 2016 年就读于深圳市职业技术学院，2016 年至今于深圳市宝安区西乡街道乐群社区工作站就职。

口头文化发音人黄茂彬，与"方言老男"为同一人，详细情况见上文。提供的调查材料为传说、歌谣、谚语、谜语。

口头文化发音人梁凤莲，与"方言老女"为同一人，详细情况见上文。提供的调查材料为歌谣。

贰　声韵调

一　声母（共 15 个，包括零声母在内）

p 帮兵病	pʰ 派片爬	m 麦明味问	f 飞风副蜂肥饭灰
t 多东毒	tʰ 讨天甜	n 脑南年泥	l 老蓝连路
ʧ 资早租酒字全谢张竹争装纸主	ʧʰ 刺草寸清贼坐祠抽拆茶柱抄初床车春		ʃ 丝三酸想事山双船顺手书十城
k 高九共	kʰ 权	ŋ 熬	h 开轻好响
Ø 县安用药活温王云			

说明：

①部分 m 的实际音值为 mᵇ，个别 ŋ 的实际音值为 ŋᵍ。

②ʧ、ʧʰ、ʃ 在齐齿呼和撮口呼前多为 tɕ、tɕʰ、ɕ 变体。

③零声母合口呼字有较明显摩擦，接近 v。

二　韵母（共 53 个，包括自成音节的[m]在内）

	i 师丝试戏二飞	u 苦	y 猪雨
a 茶牙瓦		ua 瓜	
	iɛ 写		
ɔ 歌坐过		uɔ 祸	
œ 靴			
ai 排鞋快		uai 块	
ɐi 米		uɐi 鬼	
au 饱豆走	iau 休油		
ɔu 宝	iu 笑桥		
oi 对开		ui 赔	
aŋ 南山硬		uaŋ 横	
ɐŋ 心深根春灯争兄	iɐŋ 蝇	uɐŋ 云滚	
ɔŋ 糖床讲		uɔŋ 王	
oŋ 东	ioŋ 用		
œŋ 响双	iœŋ 让		
ɛŋ 病	iɛŋ 星		

| | iŋ 盐年 | uŋ 半官 | yŋ 短权寸 |

aʔ盒塔鸭法辣八白　　　　　　　　　　　uaʔ刮

auʔ立习十急　　　iauʔ入

ɐiʔ七出北直　　　iɐiʔ一　　　　uɐiʔ骨橘

ɔʔ托郭壳学国

oʔ谷六绿局　　　ioʔ玉

oiʔ泼末阔活

œʔ雀　　　　　　iœʔ药

ɛʔ息色　　　　　iɛʔ尺锡

　　　　　　　iʔ接贴热节　　　uiʔ佛　　　　yʔ月

m 五

说明：

　①ɔ 的舌位较高，接近 o。

　②iu 中的韵腹是 i，韵尾是 u。

　③ui 中的韵腹是 u，韵尾是 i。

三　声调（8个）

阴平 55	东灯风通开天春	阳平 31	门龙铜糖红
阴上 25	懂古鬼九统苦讨草	阳上 23	买老五有该沙
阴去 33	冻怪半四痛快寸去	阳去 22	卖路硬乱洞地饭
	茶牛油皮		树动罪近后
阴入 5	谷急哭刻百搭节拍塔切	阳入 3	六麦叶月毒白盒罚

说明：

　①阴平实有 55 和 23 两个自由变体。

　②阳平实有 31 和 33 两个自由变体。

　③23 接近 24，33 接近 44。

叁　连读变调

方言老男两字组连读变调规律如下：

1. 阴平字出现在其他字前时，有时由 55 变读为 53，如：猪公 tʃy$^{55-53}$koŋ^{23}。

2. 阳平字出现在其他字前时，多由 31 变为 22，如：前年 tʃʰiŋ$^{31-22}$niŋ^{25}。

3. 阴上字出现在其他字前时，有时由 25 变为 44，较为常见，如：狗嬷 kau$^{25-44}$na^{25}。

4. 阳上字出现在其他字前时，多由 23 变为 44，如：马蹄 ma$^{23-44}$tʰei^{25}。

肆　新老异读

一　声母异读

例字	新		老	
	声母	声韵调	声母	声韵调
鸭	ŋ	ŋap³	∅	a²⁵
愁	ʃ	ʃɐu³¹	tʃʰ	tʃʰau³¹
渴	h	hɔʔ³	f	fuiʔ⁵
柿	tʃʰ	tʃʰi²⁵	ʃ	ʃɐi²⁵
垫	tʃ	tʃin³³	t	tiŋ²²
移	∅	i³¹	ŋ	ŋi³¹
壶	∅	u³¹	f	fu³³
浓	l	loŋ³¹	∅	ioŋ³³

二　韵母异读

例字	新		老	
	韵母	声韵调	韵母	声韵调
戏	ei	hei²²	i	hi³³
测	ak	tʃʰak⁵	aʔ	tʃʰaʔ⁵
隔	aʔ	kaʔ³	aʔ	kaʔ³
百	ɐk	pɐk³	aʔ	paʔ⁵
暗	am	ŋam³³	ɐŋ	ɐŋ³³
平	eŋ	pʰeŋ³¹	iɛŋ	pʰiɛŋ³³
搭	ap	tap³	aʔ	taʔ³
鸭	ap	ŋap³	a	a²⁵
集	ɐp	tʃɐp³	ɐʔ	tʃauʔ²
及	ɐp	kʰɐp³	au	kʰauʔ³
达	ak	tak³	aʔ	taʔ³
赌	ou	tou²⁵	u	tu²⁵

续表

例字	新		老	
	韵母	声韵调	韵母	声韵调
宝	ou	pou^{25}	ɔu	$pɔu^{25}$
抖	ɐu	$tɐu^{25}$	au	tau^{25}
恩	iɐn	$iɐn^{55}$	iɛŋ	$iɛŋ^{55}$
休	iɐu	$iɐu^{55}$	iau	iau^{55}
谱	ou	p^hoy^{25}	u	p^hu^{25}
暖	yn	lyn^{23}	yŋ	$nyŋ^{23}$
浓	oŋ	$loŋ^{31}$	ioŋ	$ioŋ^{33}$
武	ou	mou^{23}	u	mu^{23}
女	ɵy	$lɵy^{23}$	y	ny^{23}
垂	ʃɵy	$ʃɵy^{31}$	iɔ	$ʃiɔ^{31}$
全	yn	$tʃ^hyn^{31}$	œŋ	$tʃ^hyŋ^{31}$

三　声调异读

例字	新		老	
	声调	声韵调	声调	声韵调
爬	31	p^ha^{31}	33	p^ha^{33}
茶	31	$tʃa^{31}$	33	$tʃ^ha^{33}$
台	31	$t^hɔi^{31}$	23	$t^hɔi^{23}$
顽	31	uan^{31}	22	$uaŋ^{22}$
鸽	31	kap^{31}	25	ka^{25}
踏	31	tap^{31}	3	$taʔ^3$
汁	31	$tʃɐp^{31}$	5	$tʃauʔ^5$
沙	55	$ʃa^{55}$	23	$ʃa^{23}$
花	55	fa^{55}	23	fa^{23}
姨	55	i^{55}	31	i^{31}
嫁	22	ka^{22}	33	ka^{33}
休	22	$iɐu^{22}$	55	iau^{55}
爷	22	$iɛ^{22}$	31	$iɛ^{31}$

续表

例字	新		老	
	声调	声韵调	声调	声韵调
天	22	tʰin²²	23	tʰiŋ²³
弱	22	iœk²²	3	iœʔ³
一	22	iɐt²²	5	iɐiʔ⁵
剥	25	mɔk²⁵	5	mɔʔ⁵
国	25	kɔk²⁵	3	kɔʔ³
制	25	tʃɐi²⁵	33	tʃiɐi³³
尾	25	mei²⁵	23	mi²³
骑	25	kʰɛ²⁵	31	kʰɛ³¹
池	25	tʃʰi²⁵	33	tʃʰi³³
迟	23	tʃʰi²³	33	tʃʰi³³
指	23	tʃi²³	25	tʃi²⁵
二	23	i²³	22	i²²
迎	23	iɐŋ²³	31	iɛŋ³¹
赢	23	iɐŋ²³	33	iɛŋ³³
入	23	iɐp²³	3	iauʔ³
熊	31	hoŋ³	31	hoŋ³¹
许	25	høy²⁵	25	hy²⁵
柱	23	tʃʰøy²³	23	tʃʰy²³
句	33	køy³³	33	ky³³
吹	55	tʃʰøy⁵⁵	55	tʃʰɔi⁵⁵
垂	31	tʃʰøy³¹	31	ʃɔi³¹
类	22	løy²²	22	lɔi²²
醉	33	tʃøy³³	33	tʃɔi³³
追	23	tʃøy²³	23	tʃɔi²³
水	25	ʃøy²⁵	25	ʃɔi²⁵
还	33	uan³³	33	uaŋ³³
刮	3	kuak³	5	kuaʔ⁵

伍　小称音

老男发音人有两个小称变调 55 和 25，如：河仔 hɔ²²tʃei⁵⁵、池塘 tʃʰi²²tʰɔŋ⁵⁵、前年 tʃʰiŋ²²liŋ²⁵、半夜 puŋ³³iɛ²⁵、旧阵时 kau²²tʃɐŋ²²ʃi²⁵。

第八节　佛山方音

壹　概况

一　调查点概况

调查点为佛山市禅城区祖庙街道办事处塔坡居委会。禅城区是佛山市五个行政辖区之一，是佛山市的政治、经济、文化中心。禅城区地理位置为北纬22°35′01″～23°02′24″，东经 113°0′41″～113°05′40″，被南海区三面环绕，东南、南面与顺德区毗邻。至 2016 年底，禅城区户籍人口 63.30 万，常住人口 113.43 万。禅城区本土居民为汉族，少数民族常住人口约 2.4 万人，有壮族、土家族、苗族、瑶族、布依族、回族、侗族、藏族、白族、满族等 43 个少数民族。

禅城区的本土方言是佛山话，属粤方言广府片，有老派和新派的区别。中年人以及年轻人受广州话的影响较为明显，发音多向广州话靠拢，而较多的中年人（40—60 岁）则在老派与新派佛山话之间摇摆，一字多音的现象比较多。

佛山禅城区是粤剧、粤曲的发祥地之一。粤剧是佛山的一个重要剧种，但是用广州话演唱。用方言演唱的曲艺还有南音，这是一种在龙舟、木鱼的基础上发展而成的说唱文学，本地已基本失传，但在澳门、香港两地得以承传。

二　方言发音人概况

老男发音人麦德佳，1961 年 7 月生于佛山市禅城区祖庙街道办事处塔坡居委会。主要经历：1961 年 7 月出生于佛山市禅城区普君墟福宁路，一直在禅城区生活学习工作，初中学历。1969—1974 年，在佛山市第二十九小读小学。1974—1977 年，在佛山市第三中学读初中。1977—1979 年，在佛山禅城深村务农。1979—1985 年，就职于佛山市电器厂。1985 年至今，自由职业者。平时主要说佛山话，会说一点儿地方普通话。父母均为佛山市禅城区普君墟人，配偶为佛山市禅城区简村人，都说佛山话。

青男发音人冯锦新，1983 年 6 月生于佛山市禅城区祖庙街道办事处塔坡居委会。主要经历：1983 年在禅城区普君区出生，基本上在禅城区生活学习工作，大专学历。1990—1996 年，佛山市第七小学读小学。1996—1999，佛山市第四中学读初中。1999—2002 年，佛山市第十中学读高中。2002 年 9 月—2005 年 7 月，华南师范大学（增城分校）读书。2005 年至今，在阳光雨露信息技术服务（属北京）有限公司工作。职业为公司职员，工程师，主要说佛山话，工作中会使用广州话、普通话、英语。父母均为佛山市禅城区人，说佛山话。配偶为佛山市南海区叠滘人（原属于禅城区区域），主要说佛山话，会说广州话、普通话。

　　口头文化发音人麦德佳，与"老男发音人"为同一人，详细情况见上文，负责提供全部的调查材料。

贰　声韵调

一　声母（15 个，包括零声母在内）

p 八冰病	pʰ 派片爬	b 麦明味问	f 飞凤副峰肥
			饭灰

t 多毒东	tʰ 讨天甜		l 脑南年泥老
			蓝连路

ʧ 资早租酒字坐	ʧʰ 刺草寸清贼		ʃ 丝三酸想事
谢张竹争装纸	坐全祠抽拆茶		山双船顺手
主	柱抄初床车春		书十城
	船		

k 高九共	kʰ 权琴	g 熬安	h 讨天开轻好响

Ø 活温王云热软
　月县用药

说明：

　　①泥母、来母都发声母 l，没有舌尖前鼻音声母 n，如：农＝龙、奴＝卢、年＝连。

　　②b 的实际读音为 ᵐb，g 的实际读音为 ᵑg。

　　③精庄章组字都读舌叶音 ʧ、ʧʰ、ʃ，个别字的发音接近舌尖前音。

　　④透母字和定母平声字有 h、tʰ 两读，多读 h。

二　韵母（共 94 个，包括自成音节的 m、ŋ 在内）

	i 试二	u 苦	y 猪雨师丝
a 茶牙瓦		ua 瓜华	
ɛ 写	iɛ 爷白野夜		
œ 靴坐白			
ɔ 歌坐文		uɔ 过	
ai 排鞋快白		uai 快文	
ɐi 米蚁		uɐi 鬼	

ɔi 开

ei 戏飞　　　　　　　　　ui 赔

œy 对

au 饱文

ɐu 豆走　　　iɐu 油

ɛu 饱白

ou 宝　　　　iu 笑桥

am 南咸文减文　　im 盐

ɐm 心深　　　iɐm 任音

ɛm 咸白减白

om 甘敢白

an 山　　　　　　　　　uan 关文弯文惯文

ɐn 根新　　　iɐn 恩人白引　　uɐn 滚云

ɛn 见白捏白眼白　　　　　uɛn 关白弯白惯白

ɔn 安旱　　　in 年　　　un 半官　　　　yn 短权寸

œn 铲白

øn 春　　　　iøn 闰

en 升声兄　　ien 认蝇形　　uen 荣永

aŋ 硬争白　　　　　　　uaŋ 横

ɐŋ 灯争文　　　　　　　uɐŋ 轰宏

ɛŋ 病星白　　iɛŋ 赢

œŋ 响双　　　iœŋ 让秧痒

ɔŋ 糖床讲　　　　　　　uɔŋ 王

oŋ 东　　　　ioŋ 用

ap 鸭塔　　　ip 接贴

ɐp 盒文十急　iɐp 入

ɛp 插白夹白

op 盒白鸽白

at 法辣八文　　　　　　uat 刮文挖滑文

ɐt 七　　　　iɐt 一　　　uɐt 骨橘

ɛt 八白　　　　　　　　uɛt 刮白

ɔt 渴割　　　it 热节　　ut 活　　　　yt 月

œt 栗术

øt 出

ak 北白　　　　　　　　uak 或划

ɐk 侧得特

ɛk 尺锡

ek 直色　　　　　iek 益　　　　　　uek 隙域

œk 雀脚桌　　　　iœk 药

ɔk 托壳学　　　　　　　　　　　　uɔk 郭国

ok 谷六绿局　　　iok 肉褥玉

m 唔

ŋ 五

说明：

①四呼齐全，合口呼 u 介音不明显。

②韵尾 i 收音较松接近 ɪ。

③梗摄、曾摄字，eŋ 舌根鼻韵尾 ŋ 已经变读为舌尖前鼻韵尾 n，记作 en。

④m、ŋ 自成音节，m 读音不稳定，有时读为 ŋ。

三　声调（9个）

阴平	55	灯歌针班圈		阳平	42	门龙牛桐皮糖
	53	东该风通开春				
阴上	35	懂古鬼统苦草		阳上	13	买老五有
阴去	24	冻怪半痛快去		阳去	12	动罪卖路洞地
上阴入	5	谷急哭刻		阳入	23	六麦月毒白盒
下阴入	34	百搭节拍塔切				

说明：

①阴平分为 55 与 53 两种，一般来说不构成对立，部分可以自由变读，但有时也有区分词义、词性与小称的作用，如：钩名 ɐu⁵³≠钩动 ɐu⁵⁵、龟 kuɐi⁵⁵≠归 kuɐi⁵³。

②阴上 35、阳上 13、阴去 24、阳去 12、下阴入 34、阳入 23 六种调类的调型都是升调，如：射 ʃɛ¹²≠社 ʃɛ¹³≠舍宿~ʃɛ²⁴≠舍舍~ʃɛ³⁵。

③阴上 35、阳上 13、阴去 24、阳去 12 的实际调值升幅更明显，阴上接近 25、阳上接近 14 且调尾略降、阴去接近 14、阳去接近 13，仍按照上声与去声各分阴阳处理。

④下阴入 34、阳入 23 比上阴入 5 时长稍长，入声字的小称变调多读 35。

叁　连读变调

佛山话中两字连读变调现象只出现在阴平的 53 调和 55 调之间，通常可以自由变读，也可以认为不发生变调。

中 ⁵³：中 ⁵⁵秋 ⁵⁵、中 ⁵³间 ⁵⁵、中 ⁵³午 ¹³、中 ⁵³药 ³⁵

天 ⁵³：天 ⁵⁵星 ⁵⁵、天 ⁵³光 ⁵³、天 ⁵³虹 ⁴²、天 ⁵³狗 ³⁵

山 ⁵³：山 ⁵⁵岗 ⁵⁵、山 ⁵³沟 ⁵⁵、山 ⁵³谷 ⁵

公 ⁵⁵：鸡 ⁵³公 ⁵⁵、贼 ²³公 ⁵⁵、伯 ³⁴爷 ⁵⁵公 ⁵⁵、盲 ⁴²公 ⁵⁵、聋 ⁴²公 ⁵³

冬 ⁵³：冬 ⁵⁵菇 ⁵⁵、冬 ⁵³至 ²⁴

肆　异读

一　新老异读

佛山话有老派和新派之分，新派佛山话声韵调受广州话的影响明显，有的年轻人的发音与广州话几乎无异，新老异读是根据老男发音人与青男发音人的发音情况进行比较得出的。

1. 声母异读

（1）老派佛山话有双唇鼻冠音 ^{m}b 和舌根鼻冠音 ^{ŋ}g；新派佛山话则读双唇鼻音 m 和舌根鼻音 ŋ，双唇鼻音 m 在部分高元音及少数入声韵前面，也有近似双唇鼻冠音 ^{m}b 的现象，但仍记作 m，如：煤 mui^{21}、满 mun^{13}、末 mut^2、庙 miu^{22}、棉 min^{21}、蔑 mit^2、目 mok^2。

（2）老派佛山话精庄知章组字都读舌叶音 ʧ、ʧ^h、ʃ（个别字发音也接近舌尖前音），而新派佛山话精庄知章组字都读舌尖音 ts、ts^h、s。

（3）老派佛山话透母字和定母平声字有两读 h、t，多读 h；新派佛山话只有 t 一种读法。

2. 韵母异读

老派佛山话韵母共 94 个，新派佛山话韵母共 85 个，开齐合撮四呼齐全。新老派的主要区别：

（1）老派佛山话部分止摄字有 y、i 两读，多读为 y；新派佛山话读为 i，如师 ʃy 老—师 ʃi 新，丝 ʃy 老—丝 ʃi 新。

（2）老派佛山话咸摄韵母多有 om/op、ɐm/ɐp 两种读音，新派则读为 ɐm/ɐp，如：甘 kom^{53}/kɐm^{53} 老—甘 kɐm^{53} 新、鸽 kop^{34}/ kɐp^{34} 老—鸽 kɐp^3 新。

（3）老派佛山话含元音 ɛ 的韵母很丰富，且多为白读音；新派的文白异读现象较少。

（4）梗摄、曾摄三等字，老派佛山话舌根鼻韵尾已经变读为舌尖前鼻韵尾，而新派佛山话读为舌根后鼻韵尾。

（5）老派佛山话 m ŋ 自成音节，读音不稳定，有时读为 m，有时又读为 ŋ。

3. 声调异读

老派佛山话与新派佛山话的声调都是 9 个，平上去入均分阴阳，阴入又分为上阴入和下阴入，但老派与新派的调值有较大的区别。新派佛山话的声调已经受广州话的影响，与广州话的调值一致。

调类	调值（老派）	调值（新派）	例字
阴平	55	55	灯
	53	53	东风通开
阳平	42	21	门龙铜红
阴上	35	35	懂九通讨

阳上	13	13	买老五有
阴去	24	33	冻半痛去
阳去	12	22	卖硬洞树
上阴入	5	5	谷急哭刻
下阴入	34	3	百节拍塔
阳入	23	2	六月白盒

二 文白异读

佛山话的文白异读现象主要有以下几种情况。

1. 古梗摄二等字以韵腹 ɐ 为文读，以韵腹 a 为白读。如：

争：争 tʃɐŋ⁵³ ~取—争 tʃaŋ⁵³ ~交：吵架

生：生 ʃɐŋ⁵³ ~长—生 ʃaŋ⁵³ ~熟

朋：朋 pʰɐŋ⁴² ~友—朋 pʰaŋ³⁵ 老~：好朋友

2. 古梗摄三四等字以韵腹 e 为文读，以韵腹 ɛ 为白读。如：

名：名 ben⁴² ~望—名 bɛŋ³⁵ 出~：有名气

平：平 pʰen⁴² ~均—平 pʰɛŋ⁴² 好~：便宜

声：声 ʃen⁵⁵ ~音—声 ʃɛŋ⁵⁵ ~气：消息、音信

轻：轻 hen⁵³ ~重—轻 hɛŋ⁵³ ~飘飘

领：领 len¹³ ~袖—领 lɛŋ¹³ ~口

惜：惜 ʃek⁵ ~可——惜 ʃɛk³⁴ ~一啖：亲一口

3. 古效摄、古山摄、古咸摄二等字以韵腹 a 为文读，以韵腹 ɛ 为白读。如：

包：包 pau⁵³ ~裹—包 pɛu⁵³ ~住

罩：口罩 tʃau²⁴ 口~—罩 tʃɛu²⁴ ~住

抄：抄 tʃʰau⁵³—抄 tʃʰɛu⁵³

眼：眼 gan¹³—眼 gɛn¹³

奸：奸 kan⁵³—奸 kɛn⁵³

咸：咸 ham⁴²—咸 hɛm⁴²

八：八 pat³⁴—八 pɛt³⁴

4. 部分古浊上声字，以阳去声、声母不送气为文读，以阳上声、声母送气为白读。如：

坐：坐 tʃɔ¹² ~下—坐 tʃʰɔ¹³ ~车

重：重 tʃoŋ¹² ~要—重 tʃʰoŋ¹³ 轻~

近：近 kɐn¹² 附~—近 kɐn¹³ ~路

淡：淡 tam¹² ~泊—淡 tʰam¹³/ham¹³ 清~

5. 有本调与语素性变调的字，以本调为文读，以变调为白读。如：

银：银 gɐn⁴² ~行—银 gɐn³⁵ ~仔：硬币

名：名 ben⁴²—名 bɛŋ³⁵

月：月 yt²³ ~亮—月 yt³⁵ 坐~：坐月子

绸：绸 tʃʰɐu⁴² 丝~—绸 tʃʰɐu³⁵ 红~

鹤：鹤 hɔk²³—鹤 hɔk³⁵

笛：笛 tɛk²³—笛 tɛk³⁵

6. 古止摄三等字以复元音韵母为文读，以单元音韵母为白读。如：

记：记 kei²⁴—记 ki²⁴

几：几 kei³⁵—几 ki³⁵

气：气 hei²⁴—气 hi²⁴

飞：飞 fei⁵³—飞 fi⁵³

地：地 tei¹²—地 ti¹²

伍 小称音

佛山话有小称变调 35 和 55，变调后词义有区分事物大小的作用，表示动作的轻微、数量的微少、程度的减少，或表达喜爱、亲切、婉转或轻蔑态度等，如：袋 tɔi³⁵ 衣~、后尾₍后来₎ hɐu⁴²mei⁵⁵、绳 ʃen³⁵、鹿 lok³⁵。

陆 其他主要音变

1. 名词性变调。佛山话词语变调主要是名词性变调。名词习惯性用升调 35，或以变调作为手段实现词性的转换，变调后一般是名词，调值为 35，如：样 iœŋ¹²-iœŋ³⁵、庙 biu¹²-biu³⁵、楼 lɐu¹²-lɐu³⁵、犯₍动₎ fan¹²-犯₍名₎ fan³⁵、玉 iok²³-iok³⁵、夹₍动₎ kap³⁴-夹₍名₎ kap³⁵、夹₍动₎ kɛp³⁴-夹₍名₎ kɛp³⁵。

2. 叠音词音变。佛山话的叠音词一般会有音变，也可以不变，如：尾尾₍排位最后₎ bei⁵⁵bei⁵⁵-尾尾（后来）bei¹³bei⁵⁵、排排坐 pʰai⁴²⁻²¹pʰai⁴²⁻⁵⁵tʃʰɔ²⁴、婆婆₍外婆₎ pʰɔ⁴²⁻²¹pʰɔ⁴²⁻³⁵、嫲嫲 ba⁴²ba⁴²、刚刚 kɔŋ⁵⁵kɔŋ⁵⁵。其中，不变调的如：尾尾₍排位最后₎ bei⁵⁵bei⁵⁵、嫲嫲 ba⁴²ba⁴²、刚刚 kɔŋ⁵⁵kɔŋ⁵⁵，而受广州话的影响，阳平调 42 读为 21 的如：排排坐 pʰai⁴²⁻²¹pʰai⁴²⁻⁵⁵tʃʰɔ²⁴、婆婆₍外婆₎ pʰɔ⁴²⁻²¹pʰɔ⁴²⁻³⁵。

3. 合音，如：乜嘢 bɐt⁵⁵iɛ¹³—咩 bɛ⁵³、二十 i¹²ʃɐp²³—廿 ia¹²、三十 ʃam⁵³ʃɐp²³—卅 ʃa⁵³、长一长 tʃʰœŋ⁴²iɐt⁵tʃʰœŋ⁴²—长长 tʃʰœŋ³⁵tʃʰœŋ⁴²。

4. 减音，如：五十六 ŋ¹³ʃɐp²³lok²³—ŋ¹³a¹²lok²³。

第九节 南海方音

壹 概况

一 调查点概况

调查点为佛山市南海区桂城街道叠滘。南海区位于北纬 22°50′~23°19′，东经 112°51′~113°15′，东连广州市区，西邻三水区、高明区，南接顺德区，与江门市蓬江区、鹤山市隔西江相望，北濒广州市花都区，中南部与禅城区接壤，辖区总面积 1071.55 平方公里，截至 2016 年底常住人口 262.19 万，其中户籍人口 122.51 万。

南海区除和顺镇鲁岗管理区北洲村（温姓、麦姓）、猛冲村（麦姓），松岗镇唐联管理区燕溪村（黄姓、邓姓）及显子岗管理区大坑庄（黄姓、蔡姓），总数不足一千人操客家方言以外，其余所操南海话都属粤方言广府片。南海话可分为 5 小片：

（1）桂城片，位于南海中部。含桂城镇、狮山镇小塘社区（狮北、狮西、狮中、罗洞除外）、西樵镇、丹灶镇金沙、丹灶社区等，还包括罗村管理区的之南小片、禅城南庄镇的罗格围小片以及九江镇的大同小片、河清小片等。另外，南海丹灶赤坎村有一百多人懂得用"盲公话"交流。

（2）大沥片，位于南海东部，该片方言与广州方言比较接近。其中包含平洲、大沥镇的黄岐、盐步社区，大沥、桂城街道凤鸣社区等，还包括罗村管理区的西隆小片，里水管理区的中、南部地区，官窑管理区的七甫洲中，里水管理区以北地区等。

（3）官窑片，位于南海北部，与佛山三水区、广州花都区、白云区接壤。包含里水镇和顺社区，以及北部地区；狮山镇的狮北、狮西、狮中、罗洞、塘头、穆院，以及狮山镇的官窑、兴贤社区等。

（4）九江片，位于县境南端，东北面与顺德县接壤，西南面与鹤山、新会隔江相望。九江方言内部基本统一，但不同区域尚存一些语音差异，可再细分为九江、河清、海寿三个方言小片。其中九江小片包括城区和上东、下东、大谷、南方、上西、下西、下北、新龙、沙嘴、墩根、梅圳、文昌、横矶等 13 个行政村，使用人口超过 4 万；河清小片包括河清、镇南、烟南 3 个行政村，使用人口 9000 人；海寿小片位于西江中的海寿行政村，使用人口 3000 人。

（5）沙头片，位于南海西南部偏东地区，南邻九江镇，东临顺德区龙江镇。含九江镇沙头村委会的大部分地区（寨边村、新村、朝阳村除外，它们讲西樵话），九江镇的富贤，以及禅城区南庄镇的东西围小片都说沙头话。使用人口 5 万多人。

广州话对南海话的影响越来越大，年轻人所说的南海话都在向广州话靠拢。

南海话中一些有特色的土音日渐消磨，形成了新、老派的显著差异。

清中叶至民国期间，曾流行过木鱼这种民间曲艺，另外粤讴也曾是南海极具代表性的民间说唱形式，但两者现已式微。如今南海区地方传统戏剧为粤剧，粤曲私伙局发展红火，但皆用广州音演唱。

本次调查选点为桂城叠滘。叠滘别名双溪，曾称叠溪、叠水，位于南海中部，历来是南海县辖区内的一个乡。叠滘人依溪建村，小桥流水串连着生机盎然的万户千家。叠滘历史文化积淀深厚，扒龙船的民俗久负盛名，并拥有国家非遗项目"茶基十番"。

二　方言发音人概况

老男发音人伦镇，1958 年 5 月生于南海区桂城街道叠北潭头村，初中文化程度，职业为建筑师。会说南海话和普通话，现在主要说南海话。父亲是南海桂城叠北潭头村人，说南海话；母亲是南海桂城叠南人，说南海话；配偶是南海桂城叠北潭头村人，说南海话。1958—1965 年在叠北潭头村生活；1965—1971 年在叠北小学读书；1971—1973 年在叠北小学读初中；1973—1995 年在家乡从事建筑工作；1996—2013 年，自营沙场；2013 年至今开贸易公司，经营至今。

青男发音人何兆彬，1988 年 10 月生于南海区桂城街道叠南茶基村，大专文化程度，职业为社工。会说粤方言、普通话、英语，现在主要说粤方言。父母均为南海区桂城叠南茶基村人，说粤方言，懂普通话。1992—1995 年在叠南幼儿园读书；1995—2001 年在叠滘小学读书；2001—2004 年在叠滘中学读书；2004—2007 年在南海信息技术学校读书；2007—2010 年在广东农工商职业技术学院读书；2011—2012 年任南海美思内衣人事专员；2012—2014 年任南海兴辉业五金厂行政专员；2014—2018 年在南海桂城街道流动人口出租屋管理服务局工作；2018年至今在佛山市春晖社工服务中心工作。

老女发音人卢绮霞，1953 年 9 月生于南海区桂城街道叠南圣堂村，初小文化程度，现为家庭主妇。会说粤方言和普通话，现在主要说粤方言。父母及配偶均为南海区桂城叠南圣堂村人，说粤方言。1962—1968 年就读叠滘小学；1968—1986年在叠南藤厂工作；1986—2017 年在佛南联营针织厂工作；2017 年 4 月至今在家做家庭主妇。

青女发音人萧婉仪，1988 年 10 月生于南海区桂城街道叠北东胜村，大学本科文化程度，职业为外贸业务员。会说普通话、粤方言、英语，现在主要说粤方言。父亲是南海区桂城叠北东胜村人，母亲是南海区桂城叠北潭头村人，均说粤方言。1995—2000 年在叠北小学读书；2001—2003 年在叠滘中学读书；2004—2006 年在南海九江中学读书；2007—2011 年在广东警官学院读书；2012—2013年从事红酒贸易工作；2014 年至今在广东省粤山进出口有限公司工作。

口头文化发音人庞活玲，女，1970 年 6 月生于南海区桂城街道叠北村头村，初中文化程度，职业为文员。提供的调查材料包括歌谣和其他故事。

口头文化发音人伦镇，与"老男发音人"为同一人，详细情况见上文。提供的调查材料包括规定故事和歇后语。

贰 声韵调

一 声母（16个，包括零声母在内）

p 八兵病	pʰ 派片爬	m 麦明味问	f 飞风副蜂肥 饭灰
t 多东毒	tʰ 讨天甜	n 脑南年泥	l 老蓝连路
ts 资早租酒字 谢张竹争装 纸主	tsʰ 刺草寸清贼 坐全抽拆茶 柱抄床车春	s 丝三酸想事 山双船顺手 书十城	
k 高九共	kʰ 权曲穷	ŋ 熬	h 开轻好响
Ø 热软月活县 安王云用药			

说明：

①n 是舌尖前浊鼻音，与北京话的 n 相比，鼻音成分要弱些，但 n、l 有别。

②ts、tsʰ、s 在不同的元音前发音部位不同。在前、高舌面元音 i、y 前，舌位较后，接近舌面音 tɕ、tɕʰ、ɕ；在其他元音前则舌位较前，是舌尖音。现一律记作 ts、tsʰ、s。

③旧时叠滘南海话有 ŋ 声母。凡广州话读 ŋ 声母者，叠滘南海话也大多读作 ŋ 声母。古疑母洪音字大多念 ŋ 声母，如：牙 ŋa³¹、饿 ŋɔ²²、牛 ŋɐu³¹；影母开口一、二等字声母为零声母，如：亚 a³³、爱 ɔi³³ 等。现在年轻人受广州话的影响，ŋ 声母字有向零声母演变的趋势，如"熬、牙"。

④叠滘南海话古船母字存在念塞擦音、擦音并举的情况，如"唇"，既有读 tsʰøn³¹，也有读 søn³¹；"绳"，既有读 tsʰeŋ³¹，也有读 seŋ³¹。其中白读为塞擦音，文读为擦音。

二 韵母（93个，包括自成音节的 m 和 ŋ 在内）

		i	试二	u	苦	y	猪雨师丝
a	茶牙瓦						
ɛ	茄	iɛ	写爷				
œ	靴						
ɔ	歌			ɔu	过		
ai	排鞋快			uai	怪		
ɐi	米			uɐi	鬼		
ei	戏飞						

øy	去	iøy	锐				
ɔi	开			ui	赔背		
au	靠						
ɐu	豆走	uɐi	油				
ɛu	拗	iɐi	猫饱				
ou	宝	iu	笑桥				
am	南杉	im	盐				
ɐm	心深	iɐm	任				
		iɛm	减咸				
om	暗						
an	山文兰			uan	顽		
ɐn	根新	iɐn	人	uɐn	滚云		
ɛn	闩山白	iɛn	捏扁	uɐn	还白		
œn	铲白						
øn	春	iøn	闰				
ɔn	安	in	年	un	半官	yn	短权寸
aŋ	硬争白			uɐn	横		
ɐŋ	灯争文						
iɛŋ	病白星白						
eŋ	升病文星文	iɐŋ	影	uɐŋ	永荣		
œŋ	双	iœŋ	响				
ɔŋ	糖床讲			uɔŋ	王		
oŋ	东	ioŋ	用				
ap	塔鸭夹文	ip	接贴				
ɐp	十急	iɐp	入				
		iɛp	夹白插				
op	盒						
at	法辣			uat	刮文		
ɐt	七笔	iɐt	一	uɐt	骨橘		
ɛt	八	iɛt	篾	uɛt	刮白		
œt	卒						
øt	出						
ɔt	渴	it	热节	ut	活	yt	月
ak	白			uak	画白		
ɐk	北						
		iɛk	尺锡白				
ek	直色	iek	益				

œk	脚	iœk	药		
ɔk	托壳学			uɔk	郭国
ok	谷六绿局	iok	肉		
m̩	唔				
ŋ̩	五				

说明：

①由 ɛ 构成韵腹的韵母比广州话丰富许多，广州话里有 ɛŋ、ɛk，但叠滘南海话里有 ɛu、iɛu、iɛm、ɛn、iɛn、uɛn、iɛŋ、iɛp、ɛt、iɛt、uɛt、iɛk 等韵母。其中效摄开口二等字韵母口语念 iɛu，如：饱 piɛu³⁵、炒 tsʰiɛu³⁵、咬 ŋiɛu¹³；咸摄开口二等字韵母口语念 iɛm、iɛp，如：斩 tsiɛm³⁵、咸 hiɛm³¹、夹 kiɛp³；山摄开口二等字韵母口语念 ɛn、ɛt，如：眼 ŋiɛn¹³、八 pɛt³。

②本音系零声母可以搭配开、齐、合三呼韵母，以 i、u 为介音并只搭配 Ø 的有 30 多个韵母，如：iɛ、iɐu、iɛu、iɐm、iɛm、iɐn、iɛn、iɐŋ、iɛŋ、iœŋ、ioŋ、iɛp、iɐt、iɛt、iɐk、iɛk、iœk、iok；uɔ、uɐi、uan、uɐn、uɛn、uaŋ、uɐŋ、uɔŋ、uat、uɛt、uɐt、uak、uɔk 等。

③老派叠滘南海话假摄开口三等字，部分效摄、咸摄开口二等字，部分山摄开口二、四等字，以及个别山摄合口二等字都存在明显的 i 介音，有 iɛ、iɛu、iɛm、iɛp、iɛn、iɛt 等，如：

（假摄开口三等）姐 tsiɛ³⁵、借 tsiɛ³³、写 siɛ³⁵、斜 tsʰiɛ³³、谢 tsiɛ²²、车 tsʰiɛ⁵¹、蛇 siɛ³¹、爷 siɛ²²、野 iɛ³¹、夜 iɛ²²；

（效摄开口二等）包 piɛu⁵¹、饱 piɛu³⁵、猫 miɛu⁵⁵、罩 tsiɛu³³、抄 tsʰiɛu⁵¹、交 kiɛu⁵¹、敲 hiɛu⁵¹；

（咸摄开口二等）减 kiɛm³⁵、咸 hiɛm³¹、插 tsʰiɛp³、夹 kiɛp³⁵；

（山摄开口二、四等）间 kiɛn⁵¹、眼 ŋiɛn¹³、奸 kiɛn⁵¹、扁 piɛn³⁵、篾 miɛt²、捏 niɛn³⁵；

（山摄合口二等）刷 tsʰiɛt³。

另外，大部分宕摄三等、梗摄三四等也存在 i 介音，有 iœŋ、iœk、iɛŋ、iɛk 等，其中 iɛŋ、iɛk 等，ɛ 的发音后体现了些 a 的音色，如：

（宕摄开口三等）娘 niœŋ³¹、两 liœŋ³⁵、亮 liœŋ²²、浆 tsiœŋ⁵¹、抢 tsʰiœŋ³⁵、匠 tsiœŋ²²、想 siœŋ³⁵、像 tsiœŋ²²、张 tsiœŋ⁵¹、长 tsʰiœŋ³¹、霜 siœŋ⁵¹、章 tsiœŋ⁵¹、唱 tsʰiœŋ³³、伤 siœŋ⁵¹、尝 siœŋ³¹、上 siœŋ¹³、让 iœŋ²²、姜 kiœŋ⁵¹、响 hiœŋ³⁵、向 hiœŋ³³、秧 iœŋ⁵¹、痒 iœŋ¹³、样 iœŋ²²、雀 tsiœk³、削 siœk³、着 tsiœk²、弱 iœk²、脚 kiœk³、约 iœk³、药 iœk²；

（梗摄开口三等）柄 piɛŋ³³、病 piɛŋ²²、命 miɛŋ³³、镜 kiɛŋ³³、迎 iɛŋ³¹、影 iɛŋ³⁵、剧 kʰiɛk²、饼 piɛŋ³⁵、名 miɛŋ³⁵、领 liɛŋ¹³、井 tsiɛŋ³⁵、声 siɛŋ⁵¹、城 siɛŋ³⁵、轻 hiɛŋ⁵¹、赢 iɛŋ³¹、惜 siɛk³、席 tsiɛk²、尺 tsʰiɛk³、益 iɛk⁵；

（梗摄开口四等）钉 tiɛŋ⁵⁵、顶 tiɛŋ³⁵、厅 tʰiɛŋ⁵⁵、听 tʰiɛŋ⁵¹、星 siɛŋ⁵⁵、形 iɛŋ³¹、

劈 p^{h}iɛk^3、踢 t^{h}iɛk^3、笛 tiɛk^2、锡 siɛk^3、吃 hiɛk^3。

④eŋ、ek 中的 e，实际音色接近前、次高、不圆唇音 ɪ，但略开，现记作 e。

⑤ø 与 œ 元音在叠滘南海话中有对立，如：蠢 ts^{h}øn^{35}≠铲 ts^{h}œn^{35}。

⑥iu 韵母中的 i 是主要元音，音程长，u 是韵尾。ui 韵母中的 u 是主要元音，音程长，i 是韵尾。

⑦古咸摄开口一等见系字韵母为 om、op，如：敢 kom^{35}、暗 om^{33}、鸽 kop^3、盒 hop^2。

⑧古止摄开口三等精庄组字韵母念 y，与遇摄合口三等字同，而与同摄知、章组字韵母异，后者韵母为 i，如：紫＝主 tsy^{35}，不等于纸 tsi^{35}；丝＝书 sy^{51}，不等于诗 si^{55}；次＝处 ts^{h}y^{33}，不等于翅 ts^{h}i^{33}。

⑨老派叠滘南海话里念 œ 韵的字比广州话丰富。部分古果摄合口一、三等字，以及部分遇摄合口三等字念 œ 韵，如：螺 lœ^{35}、坐 ts^{h}œ^{13}、靴 hœ^{51}、锄 ts^{h}œ^{31}、锯 kœ^{33}，主要体现在白读音上。

⑩老派叠滘南海话果摄开口一等字"我 ŋɔi^{13}""个 kɔi^{33}"韵母为 ɔi。

三　声调（10 个）

上阴平	51	东该风通开天春		阳平	31	门龙牛油铜皮糖红
下阴平	55	灯虾龟				
阴上	35	懂古鬼九统苦讨草		阳上	13	买老五有近白
阴去	33	冻怪半四痛快寸去		阳去	22	卖路硬乱动罪近文后洞地饭树
上阴入	5	急哭刻		阳入	2	六麦叶月毒白盒罚
下阴入	3	谷百搭节拍塔切				

说明：

①阴平调有两个调值：上阴平 51 和下阴平 55。单字调大多念上阴平 51，少数固定念 55，如：衫 sam^{55}，它们基本上是名词。上阴平 51 和下阴平 55 两个调值有辨义作用，如：衫 sam^{55}≠三 sam^{51}。

②阳平为中降调，调值为 31，与佛山禅城基本相同，但与广州相异。

③除上述声调外，与佛山话一样，有两个变调：高平变调 55，高升变调 35。

叁　连读变调

叠滘南海话连读变调比较简单，主要是高降调的阴平字出现在另一阴平字或阴入字之前变为高平调。

1. 高降调在高平调之前变为高平调：51＋55→55＋55，如：蒸糕 tseŋ^{51}kou^{55}→tseŋ^{55}kou^{55}。

2. 高降调在高降调在之前变为高平调：51＋51→55＋51，如：飞机 fei^{51}kei^{51}→fei^{55}kei^{51}。

3. 高降调在阴入之前变为高平调：51＋5（阴入）→55＋5（阴入），如：公

益 $koŋ^{51}iek^5 \rightarrow koŋ^{55}iek^5$。

肆 异读

一 新老异读

1. n 是舌尖前浊鼻音，与北京话的 n 相比，鼻音成分要弱些。老一辈 n、l 有别，但年轻一辈已出现 n、l 相混的情况，不少 n 声母字现已读作 l 母，如"南"。

2. 年轻人受广州话的影响，ŋ 声母字有向零声母演变的趋势，如"熬"。

3. 受广州话的影响，某些音节里的 i、u 介音，在年轻一辈的口语里开始脱落，如"写""国"等。

4. 老派古止摄开口三等精庄组字韵母念 y，新派已将部分韵母念为 i，如"丝""子"等。

5. 老派古遇摄合口三等字韵母念 y，新派已将部分韵母念为 øy，如"除"。

6. 老派果摄开口一等字"我 $ŋɔi^{13}$""个 $kɔi^{33}$"韵母读作 ɔi，新派向广州话韵母靠拢念 ɔ。

7. 老派古咸摄开口一等见系字"敢"韵母为 om，新派读作 ɛm。

8. 老派话部分古果摄合口一等字，以及部分遇摄合口三等字以 œ 为白读音韵母；新派的遇摄合口三等字 œ 白读音韵母已经消失，如将"锄头"的"锄"韵母读作 ɔ。

二 文白异读

叠滘南海话的文白异读现象一般有规律可循，下面进行说明：

1. 部分古果摄合口一等字，以及部分遇摄合口三等字以 ɔ 为文读音，以 œ 为白读音，如：

螺 $lɔ^{31}$~蛳　　　　　　　$lœ^{35}$田~

坐 $tsɔ^{22}$~井观天　　　　　$ts^hœ^{13}$~低

锄 $ts^hɔ^{31}$~强扶弱　　　　$ts^hœ^{31}$~头

2. 部分古效摄二等字以 au 为文读音，以 ɛu 为白读音，如：

包 pau^{51}~揽　　　　　　　$piɛu^{51}$~粽

交 kau^{51}~通　　　　　　　$kiɛu^{51}$~租

3. 部分古咸摄开口二等字舒声以 am 为文读音，以 ɛm 为白读音；入声以 ap 为文读音，以 ɐp 为白读音，如：

减 kam^{35}削~　　　　　　　$kiɛm^{35}$加~

咸 ham^{31}老少~宜　　　　　$hiɛm^{31}$~菜

插 ts^hap^3~叙　　　　　　　$ts^hiɐp^3$~秧

4. 部分古山摄二、四等字以 an、in 为文读音，以 ɛn 为白读音，如：

山 san^{51}高~　　　　　　　$sɛn^{51}$佛~

间 kan⁵⁵ 午~　　　　　　　　kien⁵¹ 下~

烟 in⁵¹ ~花　　　　　　　　　ŋɛn⁵¹ 好多~

5. 古梗摄字

（1）部分古梗摄二等阳声韵字以 ɐŋ 为文读音，以 aŋ 为白读音，如：

争 tsɐŋ⁵¹ 斗~　　　　　　　tsaŋ⁵¹ ~交

生 sɐŋ⁵¹ ~命　　　　　　　　saŋ⁵¹ ~仔

梗 kɐŋ³⁵ 桔~　　　　　　　kʰuaŋ³⁵ ~菜~

行 hɐŋ³¹ ~动　　　　　　　　haŋ³¹ ~街

（2）部分古梗摄三、四等字以 eŋ、ek 为文读音，以 ɛŋ、ɛk 为白读音，如：

命 meŋ²² ~名　　　　　　　miɛŋ³³ 好~

名 meŋ³¹ ~姓　　　　　　　miɛŋ³⁵ 有~

领 leŋ¹³ ~袖　　　　　　　liɛŋ¹³ 白~

声 seŋ⁵¹ ~望　　　　　　　siɛŋ⁵¹ 出~

城 seŋ³¹ ~市　　　　　　　siɛŋ³⁵ 入~

轻 heŋ⁵¹ ~松　　　　　　　hiɛŋ⁵¹ 体重~

惜 sek⁵ ~珍　　　　　　　siɛk³ ~疼

席 tsek² ~主　　　　　　　tsiɛk² ~草

顶 teŋ³⁵ ~替　　　　　　　tiɛŋ³⁵ ~山

听 tʰeŋ³³ ~聆　　　　　　　tʰiɛŋ⁵¹ ~话

青 tsʰeŋ⁵¹ ~年　　　　　　　tsʰiɛŋ⁵¹ ~头仔

星 seŋ⁵¹ ~夜　　　　　　　siɛŋ⁵⁵ ~天

壁 pek⁵ ~墙　　　　　　　piɛk³ 烂泥扶唔上~

6. 古全浊上声字。有一部分以变阳去声、声母不送气为文读音，以读阳上声、声母送气为白读音，如：

断 tyn²² ~判　　　　　　　tʰyn¹³ ~拗

坐 tsɔ²² ~连　　　　　　　tsʰœ¹³ ~低

重 tsoŋ²² ~要　　　　　　　tsʰoŋ¹³ ~轻

近 kɐn²² ~附　　　　　　　kʰɐn¹³ ~好

7. 有的唇齿音字以读双唇音为白读音，如：

浮 fɐu³¹ ~沉　　　　　　　pʰou³¹ ~面

8. 古船母字存在念塞擦音、擦音并举的情况。其中白读为塞擦音，文读为擦音，如：

唇 søn³¹ ~齿相依　　　　　　tsʰøn³¹ ~嘴

绳 seŋ³¹ ~准　　　　　　　tsʰeŋ³¹ 绳（单念）

9. 一些古疑母细音字以念 ŋ 声母为白读音，如：

吟 iɐm³¹ ~咏　　　　　　　ŋaɐm³¹ ~嚕

仰 iœŋ¹³ ~慕　　　　　　　ŋɔŋ¹³ ~高头

研 in³¹ ~究　　　　　　　　　ŋiɛn³¹ ~碎

10.一些字有念本调（与古音相对应的）与语素性变调的，往往前者为文读，后者为白读音。

楼 lɐu³¹ ~房　　　　　　　　　lɐu³⁵ 起~

李 lei¹³ 桃~满天下　　　　　　　lei³⁵ 一斤~

女 nœy¹³ ~装　　　　　　　　　nœy³⁵ 仔~

妹 mui²² 姊~　　　　　　　　　mui³⁵ 细~

伍　小称音

叠滘南海话没有儿化，但存在小称变调，如：姐、姨、妹，在小称词汇里变成 35 或 55 调，如：姐（大姐³⁵、家姐⁵⁵），姨（阿姨⁵⁵、姨⁵⁵仔），妹（细妹³⁵、妹⁵⁵仔）等等。另外，个别词的小称调已经固化使用，取代了本调，如"螺"本调 31，现许多叠滘人已读作"螺³⁵"。

陆　其他主要音变

叠滘南海话习惯变调有两类，一是高平变调，一是高升变调。

1. 高平变调。有少数非阴平、阴入的字，在某些特定场合或表示一定意义时要读作高平调，如：

　　A 阳平变读高平调的：人（一个人，仅仅一个人），栏（果栏），娘（缠脚娘）

　　B 阴上变读高平调的：己（自己）

　　C 阳上变读高平调的：晚（挨晚）

　　D 阴去变读高平调的：派（派头）

　　E 阳去变读高平调的：耐（冇几耐）

　　F 阳入变读高平调的：落（角落）

2. 高升变调。在口语里，遇到阳平、阳上、阴去、阳去、阳入、下阴入的字有时要变读高升变调。

　　A 阳平读高升变调的：牌（一块牌）、棋（象棋）、年（往年）、头（日头）

　　B 阳上读高升变调的：里（三元里）、揽（揽住）

　　C 阴去读高升变调的：架（衣架）、粽（包粽）、对（对对）

　　D 阳去读高升变调的：犯（人犯）、庙（寺庙）、夜（半夜）

　　E 阳入读高升变调的：局（邮局）、褥（被褥）

　　F 下阴入读高升变调的：夹（报纸夹）、角（纸角）

以上列举的高升变调的字词，是多数人比较一致的，还有不少字词往往有可变可不变或因人而异的现象。一般而言，使用高升变调听起来使人有轻松、生动、地道的感觉。

第十节 顺德方音

壹 概况

一 调查点概况

调查点为佛山市顺德区大良街道。顺德区位于北纬 22°43′~23°06′，东经 113°06′~113°21′之间，毗邻广州、中山、江门三市，面积 806 平方公里，下辖 4 个街道、6 个镇，205 个村（社区）。根据第七次人口普查数据，截至 2020 年 11 月 1 日，全区常住人口 3229090 人，还有旅居海外的人口约 50 万。人口构成相对比较单纯，大都是讲粤方言的汉族人，没有少数民族聚居。顺德区原为佛山地区顺德市，于 2003 年 1 月并入佛山市，成为佛山市辖区。2011 年 2 月，确定为广东省首个省直管县试点。

顺德话属于粤方言广府片。顺德话可以分为 5 种代表性的口音：大良话、陈村话、桂洲话、龙江话和均安话。大良镇是区政府所在地，所以大良话被认为是顺德话的代表。

本地流行的方言曲艺和地方戏种类比较丰富，影响力较大的有两种：咸水歌和龙舟说唱，都进入了非物质文化遗产名录。咸水歌是疍家民歌，因为疍家人以在水上打鱼为生，故称之为咸水歌。咸水歌以粤方言唱念，流传于番禺、顺德、中山一带，顺德咸水歌代表点是大良街道新滘村。龙舟说唱发源于顺德龙江，流行于珠三角地区，2005 年被批准为国家非物质文化遗产。

二 方言发音人概况

老男发音人冯国亮，1953 年 5 月生于佛山市顺德区大良街道隔岗万福里，初中文化程度，当地居委会退休干部。本人会说顺德话和普通话（较差），现在主要说顺德大良话。其母亲及妻子都是顺德区大良街道本地人（父亲已去世），说顺德大良话。冯国亮一直在顺德生活，1960—1966 年就读于顺德鉴海小学；1966—1973 年在家待业，下乡劳动；1973 年应召入伍，去湖南当兵，1977 年转业，回到家乡并进入顺德石油公司工作，2004 年调至顺德区文秀居委会，2013 年退休。

青男发音人郭汝深，1982 年 10 月生于佛山市顺德区大良街道云路北街。初中文化程度，当地环保科技公司职员。其父母及妻子都是顺德区大良街道本地人，都说顺德大良话，妻子还会说普通话。郭汝深一直在顺德生活，1990—1996 年就读于顺德鉴海小学；1996—1999 年就读于顺德大良罗定邦中学（初中）；1999—2002 年就读于顺德大良梁銶琚中学（高中）；2002—2005 年就读于广东科技干部学院珠海校区（大专）。2005 年大专毕业，回到顺德进入环保科技公司工作至今。

本方言调查点的口头文化发音人共有四位：

　　口头发音人杜敏玲，女，1960 年 10 月生于佛山市顺德区大良街道文秀路，高中文化程度，国营工厂退休工人。提供的材料包括歌谣 0001—0002，故事 0021—0023，自选条目 0031—0032。

　　口头发音人黄银彩，1953 年 11 月生于佛山市顺德区大良街道新滘四街。识少量字，可以书写自己的名字，职业为农民。提供的材料包括歌谣 0003—0006，并与黄福彩合唱歌谣 0007、0008、0012、0013。

　　口头发音人黄福彩，1946 年 9 月生于佛山市顺德区大良街道近良村，不识字，只会写自己的名字，职业为农民。提供的材料包括歌谣 0009—0011，并与黄银彩合唱歌谣 0007、0008、0012、0013。

　　口头发音人冯国亮，与"老男发音人"为同一人，详细情况见上文。提供的材料包括自选条目 0033—0047。

贰　声韵调

一　声母（14 个，包括零声母在内）

p 八兵病	pʰ 派片爬	m 麦明味问	f 飞风副蜂肥饭 灰活王
t 多东甜毒	tʰ 讨天		l 脑南年泥老 蓝连路
tʃ 资早租酒字 谢张竹茶争 装床纸主船	tʃʰ 刺草寸清贼 坐全祠抽拆 柱抄初车春		ʃ 丝三酸想事山 双顺手书十城
k 高九共	kʰ 权箍渠		h 开轻好响县药
∅ 热软熬月安 温云用			

说明：

　　①顺德话没有声母 n，古泥、来母全部读为 l。

　　②声母 tʃ、tʃʰ、ʃ 发音部位处于舌尖音 ts、tsʰ、s 与舌面前音 tɕ、tɕʰ、ɕ 之间。

　　③顺德话老年男性除了有舌根声母 k、kʰ 外，还有一套略带唇化色彩的声母 kw、kʰw。根据有关要求，一律以介音 u 来代替唇化成分 w。

　　④古疑母字和古影母字都读零声母，因此顺德话中没有 ŋ 声母。

二　韵母（87 个，包括自成音节的 m 和 ŋ 在内）

		i	试戏二	u	苦	y	猪雨师丝
a	茶牙瓦			ua	瓜		
ɛ	写						
ø	靴						

ɔ	歌坐宝			uɔ	过		
ai	排鞋			uai	怪快		
ɐi	米	iɐi	曳	uɐi	鬼		
ei	飞			ui	赔		
ɔi	开						
au	闹						
ɐu	豆走	iɐu	油				
ɛu	饱	iu	笑桥				
ou	布						
yɔ	对						
am	南	im	盐				
ɐm	心深	iɐm	任音				
ɛm	咸馅						
om	甘敢						
an	山			uan	关		
ɐn	根新云	iɐn	人恩	uɐn	滚		
ɛn	眼			uɛn	惯		
en	升星兄	ien	认	uen	荣		
øn	春	iøn	闰				
ɔn	半	in	年	un	官	yn	短权寸
aŋ	硬争			uaŋ	横		
ɐŋ	灯						
ɛŋ	病	iɛŋ	影				
øŋ	响双	iøŋ	让				
ɔŋ	糖床王讲			uɔŋ	光		
oŋ	东	ioŋ	用				
ap	塔鸭	ip	接贴				
ɐp	十急	iɐp	入				
ɛp	夹						
op	盒						
at	法辣						
ɐt	七橘	iɐt	一	uɐt	骨		
ɛt	八直色锡~矿			uɛt	刮		
et	逼力	iet	益				
øt	出						
ɔt	割渴喝	it	热节	ut	活	yt	月
ak	北白			uak	或		

ɛk	尺锡无~		
øk	药	iøk	约
ɔk	托壳学	uɔk	郭国
ok	谷六绿局	iok	肉
m̩	唔五		
ŋ̍	吴		

说明：

①主要有 a、ɐ、ɛ、ø、ɔ、i、u、y 8 个元音音位，除 ɐ 外的 7 个元音都可以单独做韵母，i、u、y 可以做韵尾。

②ø 发音舌位稍微靠后，考虑到音位系统的整体性，单独做韵母及与鼻音韵尾-n、-ŋ 结合时，仍处理成 ø。

③完整保留了-m、-n、-ŋ 鼻音韵尾和-p、-t、-k 塞音韵尾，鼻音韵尾与塞音韵尾相配基本整齐，如 am/ap、an/at、aŋ/ak。但是也有些元音的组合出现变化，比如 ek 组基本上被 et 代替，没有 eŋ 韵母，与 ɛŋ 相配构成文白异读的是 en。

④将 i、u 开头的音节处理成零声母，音节开头的介音 i、u 带有摩擦色彩。

⑤有两个自成音节的辅音韵母 m̩、ŋ̍，不能与其他声母相拼，但是读 ŋ̍ 的音节正在消失，如"五"，老男发音人有时读 m̩。

三 声调（9 个）

阴平	53	东该风通开天春		阳平	42	门龙牛油铜皮红
	55	灯				
阴上	24	懂古鬼九统苦讨草糖		阳上	13	买老五有近白
阴去	32	冻怪半四痛快寸去动		阳去	21	卖路硬乱洞地饭树
		罪近文后				
上阴入	5	谷急哭刻		阳入	2	六麦叶月毒白盒罚
中阴入	3	百搭节拍塔切				

说明：

①用"衣、移、意、异"和"优、油、幼、友"两个四字组进行反复比对，发音人确定四字调值各不相同，最后确定顺德话中四个降调，调值分别为 53、42、32、21。

②阴平基本调值为高降调 53，但有一个变体高平调 55。读单字时大多是 53 调，进入语流后两种调值兼有，有少量字只有高平调 55，如"针"。

③阴去 32 有下降，但趋势并不是特别明显。

叁 连读变调

顺德话存在大量变调现象，根据音节出现的位置来定。有的变调不改变词义，有的在变调的同时产生词汇意义或语法意义的变化。一般为高平变调 55 和高升变调 24 两种。

一　高平变调

顺德话声调中，阴平调原调值为 53，读单字的时候基本上是原调，进入语流后，部分词语里调值变为 55。

阴平 53	阴平变体 55	阴平 53	上阴入 5
阴平 53	53　　55 55 春　　天	53　　53 55 飞　　机	53　　5 55 高　　级

二　高升变调

在顺德话中，居于音节末尾的多个声调都会产生调值为 24 的高升变调，如：

1. 两个音节相连，后一个音节为阳平 42，变调为 24，如"杨桃""烧鹅""水鱼""腊肠"。

2. 后一个音节为阳上 13，变调为 24，如"老友""老母""乖女""南华李"。

3. 后一个音节为阴去 32，变调为 24，如"鱼片""小贩""影相""太太"。

4. 后一个音节为阳去 21，变调为 24，如"电话""鸡蛋""姊妹""少林寺"。

5. 后一个字音节为下阴入 3，变调为 24，如"禾花雀""请帖""九宫格"。

6. 后一个音节为阳入 2，变调为 24，如"和田玉""教育局""被褥"。

另外，前缀"老""阿"＋姓氏时，姓氏的声调变调为 24，如"老陈""老李""阿凤"。

肆　异读

一　新老异读

1. 古浊声母平声字今读不送气清声母，如"赔、头、甜"等，新老派大体一致。但是因为受到广州话的影响；年轻人在一些口语常用词中会发成送气清声母，如"头 t^{h}eu^{42}~啖汤"。

2. 古匣母字中的一部分，顺德老年男性将声母读作清擦音 f，如"壶 fu^{42}"，与晓母字"玩、换"声母相同；年轻人受到广州话的影响，读作零声母，如"狐、户"等。

3. 古云母、以母部分字的读音，顺德老年男性将声母读作 h，如：雨 hy^{13}、远 hyn^{13}、盐 him^{42}；年轻人受到广州话的影响，部分与老年人相同，如：雨 hy^{13}，部分按照广州话音读，如：远 yn^{13}。

4. 老年人更多字读单元音韵母 y、i、ɔ，如：居 ky^{53}、奇 k^{h}i^{42}、毛 mo^{42}；年轻人向广州话靠近，读作复元音韵母，如：居 køy^{53}、奇 k^{h}ei^{42}、毛 mou^{42}。

二 文白异读

整体表现是文读向标准粤方言靠近，如：

个：kɔi^{32}白、kɔ^{32}文　　姨：hi^{42}白、i^{55}文

包：pɛu^{53}白、pau^{55}文　　缠：tʃin^{42}白、tʃʰin^{42}文

见：kɛn^{32}白、kin^{32}文

伍 小称音

顺德话无儿化，但有小称变调，其表现是：

1. 重叠式亲属称谓的后一个音节，变调为高平调 55，如"爸爸""姐姐""婆婆""弟弟"。

2. 重叠式亲属称谓的后一个音节，变调为 24，如"妹妹""弟弟"。

3. 叠音音变，对儿童说话多用叠音，如"船船""宝宝"等，后一音节都变为 55 调。

4. 变调 55 表示"小""少"的意思，或者表示次要或者微不足道，如：一个人（表示孤单一个人）中的"人"由 42 变 55，"二奶"的"奶"由 13 变 55。

陆 其他主要音变

顺德话很少用广州话表时态的"咗"，而是用变调来表示时态，即经常将动词的调值变为升调 24 来表示广州话"咗"的语法意义，如"食饭"，将"食"的调值变成 24，表示已经吃了饭。

第十一节 三水方音

壹 概况

一 调查点概况

调查点为佛山市三水区西南街道。三水区因西江、北江、绥江三江在境内汇流而得名。三水区位于北纬 22°58′～23°34′，东经 112°46′～113°02′，东邻广州市花都区，东南与佛山市南海区相连，西北与肇庆四会市交界，北接清远市清城区和清新区，西南与肇庆市鼎湖区、高要区、佛山市高明区隔西江相望。三水区总面积 827.69 平方千米，下辖西南、云东海 2 个街道和白坭、乐平、芦苞、大塘、南山 5 个镇，71 个行政村（社区），774 个自然村。根据第七次人口普查数据，截至 2020 年 11 月 1 日，三水区常住人口为 803226 人。全区无呈区域分布的少数民

族语言，绝大部分区域汉族人讲广府片粤方言，唯有南山镇六合村民讲客家方言，约占 3%。三水用方言说唱的曲艺有粤剧。

二　方言发音人概况

老男发音人李瑞昭，1950 年 4 月生于三水区西南街道，三水区西南街道宝南大街月桂居委会人。1960—1966 年就读于原西南第三小学，1966—1971 年在三水中学读初中、高中。1971 年在三水硫铁矿工作，1980 年在三水食品厂工作，2000 年开始从事自由职业。高中文化程度，工人。会说三水话、普通话，平时主要说三水话。父母及配偶均为三水西南人，说三水话。

青男发音人陆达鸿，1990 年 9 月生于三水区西南街道，三水区西南街道张边居委会人。1997—2003 年就读于西南第七小学，2003—2006 年在原西南第六中学读初中，2006—2009 年在三水实验中学读高中，2009—2012 年在南海东软学院读大学。工作期间通过继续教育，于 2016 年取得了湘南学院网络工程专业毕业证和工学学士学位。2012 年至今在广东财经大学三水校区从事网络管理工作。本科文化程度，网络工程师。会说西南话、普通话和英语，平时主要说三水话、普通话。父亲为三水金本人，母亲为三水西南人，父母均说三水话和普通话；配偶为广东江门新会人，说广州话、新会话、普通话和英语。

老女发音人刘慧勤，1950 年 11 月生于三水区西南街道，三水区西南街道云秀居委会人。1957—1962 年就读于原西南第三小学，毕业后一直在原三水西南棉织厂工作。2000 年退休。小学文化程度，工人。会说三水话和普通话，平时主要说三水话和普通话。父母及配偶均为三水西南人，说三水话和普通话。

青女发音人谭锦玲，1989 年 8 月生于三水区西南街道，三水区西南街道云秀居委会人。1996—2002 年就读于西南第一小学；2002—2005 年就读于健力宝中学，2005—2008 年就读于三水理工学校。2008 年至今在云秀社区从事社区计生工作。大专文化程度，社区工作人员。会说三水话和普通话，平时主要说三水话和普通话。父母及配偶均为三水西南人，说三水话和普通话。

口头文化发音人刘慧勤，与"老女发音人"为同一人，详细情况见上文。提供的材料为歌谣 0001—0011，0021 牛郎织女的故事，自选条目 0056 叹歌，0041—0046 夸人的话，0047—0055 骂人的话。

口头文化发音人陈颖欣，1997 年 6 月出生，三水区西南街道文锋西居委会人。本科文化程度，学生。提供的材料为 0022 其他故事，自选条目 0031—0040 农谚。

口头文化发音人陆达鸿，与"青男发音人"为同一人，详细情况见上文。提供的材料为自选项目 58—67 隐语。

贰　声韵调

一　声母（15个，包括零声母在内）

p	八兵病	pʰ	派片爬	m	麦明味问	f	飞风副蜂肥饭灰
t	多东毒	tʰ	讨天甜			l	脑南年泥老蓝连路
ts	资早租酒字谢张竹争装纸主	tsʰ	刺草寸清贼坐全祠抽拆茶柱抄初床车春			s	丝三酸想事山双船顺手书十城
k	高九共	kʰ	权箍渠	ŋ	熬安	h	开轻好响
Ø	热软月活县温王云用药						

说明：

①声母 ts、tsʰ、s 拼齐齿呼、撮口呼接近 tɕ、tɕʰ、ɕ；拼圆唇元音（撮口呼除外），音值接近 tʃ、tʃʰ、ʃ；拼其他韵母，音值为 ts、tsʰ、s。本书统一记为 ts、tsʰ、s。

②声母 m 带有 mb 色彩，如"麦"的声母。

二　韵母（80个，包括自成音节的 m 和 ŋ 在内）

		i	试二	u	苦	y	猪雨师丝
a	茶牙瓦			ua	瓜		
		iɛ	写				
ɵ	靴						
o	歌坐过			uo	祸		
ai	排鞋快			uai	怪		
ɐi	米对戏			uɐi	鬼		
ei	飞			ui	赔		
ɔi	开						
au	饱文走白						
ɐu	豆走文	iɐu	油				
ou	宝	iu	饱白笑桥				
ɔy	女						
am	南	im	盐				
ɐm	心深	iɐm	任				
om	甘文敢白						
an	山文			uan	弯		

ɐn	根新滚ᵥ春	iɐn	人	uɐn	滚ᵦ云		
en	见ᵦ			uen	惯ᵦ		
ɔn	旱	in	山ᵦ年	un	半官	yn	短权寸
aŋ	硬争ᵦ	iaŋ	病	uaŋ	横		
ɐŋ	灯争ᵥ						
eŋ	升星兄	ieŋ	影	ueŋ	荣		
ɔŋ	糖床讲	iɔŋ	响双	uɔŋ	王		
oŋ	东	ioŋ	用				
ap	塔鸭	ip	接贴				
ɐp	盒ᵦ十急	iɐp	入				
op	盒ᵥ						
at	法辣八ᵥ			uat	刮ᵥ		
ɐt	七出橘	iɐt	一	uɐt	骨		
et	八ᵦ			uet	刮ᵦ		
ɔt	割	it	热节	ut	活	yt	月
ak	白	iak	尺锡	uak	划		
ɐk	北						
ek	直色	iek	益				
ɔk	托郭ᵥ壳学	iɔk	药	uɔk	郭ᵦ国		
ok	谷六绿局	iok	肉				
m̩	唔						
ŋ̍	五						

说明：

①韵母 a、ɐ 的音值偏后。
②韵母 ɔi 中 ɔ 的舌位略高，时长较长，i 的时长较短。
③韵母 ɔy 中 ɔ 的舌位略前，时长较短，y 的时长较长。
④韵母 iu 中的 i 是主元音（韵腹），时长较长，u 的时长较短。
⑤韵母 ui 中的 u 是主元音（韵腹），舌位略低，时长较长，i 的时长较短。
⑥uɔŋ 中的 u 短而弱。
⑦韵母 iɛ 中 i 的时长较短。
⑧鼻尾的时长较短，发音较为模糊（ɐn、iɐn、eŋ、ieŋ、ueŋ、ɔŋ、iɔŋ 除外）。

三　声调（9个）

阴平	53	该风通开天春	阳平	31	门龙牛油铜皮糖红
	55	东灯			
阴上	25	懂古鬼九统苦讨草	阳上	23	买老五有
阴去	44	冻怪半四痛快寸去	阳去	33	动罪近后卖路硬乱洞地饭树

上阴入　5　　　谷急哭刻　　　　　　阳入　　3　　　六麦叶月毒白盒罚

下阴入　4　　　百搭节拍塔切

说明：

①阴平有 53、55 两种调值。

②阴去 44 部分字近阳去 33，但在连读组中区别明显。

叁　连读变调

两字组连读变调规律：阳平 31 位于两字组前字的位置，常读如 22。

肆　异读

一　新老异读

1. 老男发音人有声母 ŋ 而青男发音人没有。疑母老男发音人今读音多为 ŋ，青男发音人今读音为 Ø，如"牛""银"。

2. 老男发音人有韵母 o、uo、ɵ、ou、om、en、uen、eŋ、ieŋ、ueŋ、iɔŋ、op、et、uet、ek、iek、iɔk、uɔk、ŋ 而青男发音人没有，青男发音人有韵母 ɔ、uɔ、ɛ、œ、ɔu、ɛŋ、iɛŋ、uɛŋ、œŋ、iœŋ、ɛk、iɛk、œk、iœk 而老男发音人没有。整体上青男发音人的音系跟广州话更为接近。老男发音人青男发音人的韵母差异很多只是元音高低前后有些差异，在音韵对应规律上还是相对一致的。下面是老男发音人青男发音人韵母发音相对差异大的几个体现。

（1）果摄的今读音，老男发音人多为 o，青男发音人多为 ɔ，如"多"。

（2）假开三的今读音，老男发音人多为 iɛ，青男发音人多为 ɛ，如"姐"。

（3）止开三的部分今读音，老男发音人为 y，青男发音人为 i，如"字"。

（4）效开一、遇合一的今读音，老男发音人多为 ou，青男发音人多为 ɔu，如"帽""步"。

（5）宕开三阳声韵的今读音，老男发音人多为 iɔŋ，青男发音人多为 œŋ，如"亮"。

（6）曾开三入声的今读音，老男发音人多为 ek，青男发音人多为 ɛk，如"色"。

（7）梗开三、梗开四阳声韵的白读音，老男发音人多为 iaŋ，青男发音人多为 ɐŋ，如"平"。

二　文白异读

三水话的文白异读主要是韵母不同，声母、声调不同的较少。如：

汉字	白读	文读	备注
浮	pʰou³¹	fɐu³¹	声母、韵母不同
生	saŋ⁵³	sɐŋ⁵³	韵母不同

梗	kʰuaŋ²⁵	keŋ²⁵	声母、韵母不同
行	hɐŋ³¹	haŋ³¹	韵母不同
争	tsaŋ⁵³	tsɐŋ⁵³	韵母不同
平	pʰiaŋ³¹	pʰeŋ³¹	韵母不同
命	miaŋ³³	meŋ³³	韵母不同
名	miaŋ²⁵	meŋ³¹	韵母、声调不同
领	liaŋ²³	leŋ²³	韵母不同
井	tsiaŋ²⁵	tseŋ²⁵	韵母不同
声	siaŋ⁵³	seŋ⁵³	韵母不同
城	siaŋ³¹	seŋ³¹	韵母不同
赢	hiaŋ³¹	iaŋ³¹	声母不同
席	tsiak³	tsek³	韵母不同
顶	tiaŋ²⁵	teŋ²⁵	韵母不同
青	tsʰiaŋ⁵³	tsʰeŋ⁵³	韵母不同
去	hɔi⁴⁴	hi⁴⁴	韵母不同
胎	tʰɔi⁵³	tʰɐi⁵⁵	韵母、声调不同
来	lɔi³¹	lei³¹	韵母不同
使	sɐi²⁵	sy²⁵	韵母不同
交	kau⁵³	kiɐu⁵³	韵母不同
敲	hau⁵³	hiɐu⁵³	韵母不同
妇	pʰou²⁵	fu²⁵	声母、韵母不同

伍 小称音

三水话没有儿化，名词带有"喜爱"或"小"的语义时，不管原调调值如何，常读为小称调 25，有时调尾比五度值的 5 还高，如：蚕 tsʰam²⁵、虾蟛蟝蟹 ha⁵³la²⁵、巷胡同 hɔŋ²⁵。若入声变读为 25，时长没有舒声调长，仍记为 25。有的小称调已经没有表小的意义，如：年头 lin³¹tʰɐu²⁵、木头 mok³tʰɐu²⁵、石榴 siak³lɐu²⁵、番茄 fan⁵⁵kʰiɛ²⁵。

第十二节　高明方音

壹　概况

一　调查点概况

调查点为佛山市高明区明城镇。高明区位于北纬 22°38′～23°01′，东经 112°22′～112°55′，东南和南面与鹤山市交界，西南与新兴县相连，西北与肇庆市高要区接壤，东北隔西江与三水区、南海区相望。全区总面积 938 平方公里，下辖 1 个街道、3 个镇，区政府驻荷城街道。根据第七次人口普查数据，截至 2020 年 11 月 1 日，高明区常住人口为 469038 人。高明区以汉族为主，汉族人口大约占 98%，无呈区域分布的少数民族语言。

高明境内主要通行粤方言，以明城话为代表，属广府片。高明粤方言内部大致分为 3 片：（1）以明城话为代表的中、西部方言，包括明城、新墟、更合等镇；（2）以西安话为代表的北部方言，通行于西安、三周、富湾各镇；（3）以人和、杨梅为主的南部方言。此外，在合水镇西部官山、鹿田少数乡村，有约三四千人使用客家方言。高明使用方言说唱的曲艺主要是粤剧。

二　方言发音人概况

老男发音人谭超雄，汉族，1952 年 7 月出生，高明区明城镇七社村人。在明城镇读幼儿园，1959 年就读于明城小学，后又在更合三小学习。1967—1970 年在明城镇生产队工作，1981—1992 年在明城市场内做生意，1992—2000 年在明城镇文昌塔附近当三轮车夫，2000—2014 年在荷城街道多地当保安，2014 年后退休在家。小学文化程度，自由职业者。会说高明话和广州话，平时主要说高明话。父母及配偶均为高明明城人，说高明话。

青男发音人严俊，汉族，1990 年 4 月出生，高明区明城镇明西村人。1996—2002 年就读于荷城街道沛明实验小学，2002—2005 年就读于荷城街道沧江中学，2005—2008 年就读于南海艺高，2009—2013 年就读于韶关学院。2013—2016 年在公安局工作，后到西安实验小学工作，2016 年至今在明城镇明城小学工作。本科文化程度，教师。会说高明话、广州话、普通话和英语，平时主要说高明话和广州话。父母均为高明明城人，说高明话；配偶为台山市人，说粤方言台山话。

老女发音人罗洁珍，汉族，1954 年 1 月出生，高明区明城镇七社村人。1954—1961 年在明城镇里江村生活，1961—1968 年就读于明城镇里江小学，1968—1970 年就读于明城镇里江小学附中。1970—1979 年在里江生产队做辅导员，1979—1981 年在明城镇市场做生意，1981—2000 年在明城镇内开杂货店，2001—2014 年在荷城街道做生意。初中文化程度，自由职业者。会说高明话，平时主要说明城话。父母及配偶均为高明明城人，说高明话。

青女发音人杨文燕，汉族，1987 年 6 月出生，高明区明城镇罗格村人。1987—1993 年在明城镇罗格村居住，1993—1999 年就读于明城镇罗格小学，1999—2002 年就读于明城镇东洲中学，2002—2006 年就读于荷城街道高明四中，2006—2009 年就读于广州交通职业技术学院。2010 年在荷城街道外贸公司工作，2011 年至今在明城镇宣传文体办工作。本科文化程度，政府工作人员。会说高明话、广州话、普通话和英语，平时主要说高明话和广州话。父母及配偶均为高明明城人，说高明话。

口头文化发音人杨文燕，与"青女发音人"为同一人，详细情况见上文。提供的调查材料为歌谣、故事传说，提供的调查材料是 0001 歌谣、0006 歌谣和 0021 牛郎和织女。

口头文化发音人严建明，男，汉族，1964 年 3 月出生，高明区明城镇潭边村人。初中文化程度，自由职业者。提供的调查材料为 0031 自选条目至 0069 自选条目（口彩、禁忌语、歇后语）。

口头文化发音人谭晓荣，男，汉族，1984 年 9 月出生，高明区明城镇水镇村人。本科文化程度，社工。提供的调查材料为 0002 歌谣至 0005 歌谣，0022 其他故事，0070 自选条目至 0089 自选条目（谚语）。

口头文化发音人谢浩基，男，汉族，1939 年 10 月出生，高明区明城镇江头村人。中学文化程度，退休审判员。提供的调查材料为 0023 其他故事。

贰　声韵调

一　声母（16 个，包括零声母在内）

p 八兵病	pʰ 派片爬	m 麦明味问	f 飞风副蜂 肥饭灰
t 多东毒	tʰ 讨天甜	n 脑南年泥	l 老蓝连路
tʃ 资早租酒字 谢张竹争装 纸主	tʃʰ 刺草寸清贼坐 全祠抽拆茶柱 抄初床车春		ʃ 丝三酸想 事山双船 顺手书十 城
k 高九共	kʰ 权	ŋ 熬	h 开轻好响
Ø 热软月活县 安温王云用 药			

说明：

①m、n、ŋ 带有明显的鼻冠音色彩，有时候塞音成分比鼻音成分还明显，实际音值为 ᵐb、ⁿd、ᵑg。

②声母 ʧ、ʧʰ、ʃ 拼齐齿呼、撮口呼音值接近 tɕ、tɕʰ、ɕ，拼其他韵母音值接近 ʧ、ʧʰ、ʃ，本书统一记为 ʧ、ʧʰ、ʃ。

二　韵母（87个，包括自成音节的 m 和 ŋ 在内）

		i 师丝试二		u 苦		y 猪雨
a 瓦				ua 瓜花		
ɛ 写		iɛ 野爷				
œ 靴茶白牙白						
ɔ 歌坐				uɔ 过		
ai 排鞋				uai 快		
ɐi 米		iɐi □iɐi³¹：差		uɐi 鬼		
ei 戏飞				ui 赔对		
œy 女取						
ɔi 开						
au 饱		iau 猫白				
ɐu 豆走		iɐu 油				
ɔu 宝						
ou 布武		iu 笑桥				
am 南		im 盐				
ɐm 心深		iɐm 音任				
ɛm 闪		iem 敛				
ɔm 含白						
an 山				uan 关弯		
ɐn 根新春		iɐn 恩人		uɐn 云滚		
ɵn 劲		iɛn 认				
ɔn 看安		in 年		un 半官		yn 短权寸
aŋ 硬争				uaŋ 横		
ɐŋ 灯						
ɛŋ 蝇苍~		iɛŋ 病				
eŋ 升星兄		ieŋ 影营		ueŋ 永荣		
œŋ 响双		iœŋ 样秧				
ɔŋ 糖床讲				uɔŋ 王		
oŋ 东		ioŋ 用				
ap 盒塔鸭		ip 接贴				
ɐp 十急		iɐp 入				
ɔp 鸽						
at 法辣八				uat 刮		

ɐt	七橘	iɐt	一	uɐt	骨		
œt	出律卒						
ɔt	割渴	it	热节	ut	活	yt	月
ak	白			uak	或画		
ɐk	北	iɐk	锡				
ɛk	直	iɛk	尺				
ek	色	iek	益				
		iœk	药				
ɔk	托郭壳学国						
ok	谷六绿局	iok	肉玉				
m̩	五						
ŋ̍	午						

说明：

①œy 中 y 的圆唇度不强。

②ei 中的 e 较低，实际音值约为 ɛ。

③ɐp、iɐp 的舌位略低，接近 ap、iap。

④œt 中的 œ 偏后，实际音值接近 ɵt。

⑤ɔp 中的 ɔ 略高，介于 o、ɔ 之间。

⑥ɛk 中的 ɛ 略高。

⑦iœk 中的 œ 较高，介于 ø、œ 之间。

三 声调（7个）

阴平	55	东该灯通开天春	阳平	31	门龙牛油铜皮糖红动罪
	45	风			近后卖路硬乱洞地饭树
上声	24	懂古鬼九统苦讨草			
去声	33	冻怪半四痛寸去买老五有			
上阴入	5	谷急哭刻	阳入	2	六麦叶月毒白盒罚
下阴入	3	百搭节拍塔切			

说明：

①阴平有 55、45 两个变体。

②去声 33 调值稍高，接近 44。

③上阴入调值 5 稍低，接近 4。

叁 连读变调

两字组连读变调规律非常简单，唯有阳平 31 位于两字组前字的位置时，多读如 22。

肆　异读

一　新老异读

高明老男发音人与青男发音人的差异主要在韵母，声调和声母的差别较小。

1. 老男发音人、青男发音人的阴平均有 44 和 45 两个变体，老男发音人念 45 和念 55 的字数差不多，青男发音人念 45 的字大致是念 55 的 2 倍。

2. 老男发音人有韵母 iai、iau、iɛm、ɔm、ɔp、uat 而青男发音人没有，青男发音人有韵母 iou、om、œn、uɐn、op、ɐp、uk、œk、ŋ 而老男发音人没有。但不少韵母所涉及的字数很少，例如老男发音人的 iau，在单字部分只涉及"猫"一个字。以下是两条涉及字数较多的音韵差异。

（1）效开一的今读音，老男发音人多为 ɔu，青男发音人多为 ɐu，如"高"。

（2）部分止开三、止合三的今读音，老男发音人多为 ei，青男发音人多为 i，如"李""飞"。

二　文白异读

高明话的文白异读现象不多，举例如下：

汉字	白读	文读	备注
除	tʃy²⁴	tʃʰœy³¹	声母、韵母、声调不同
话	ua³¹	ua²⁴	声调不同
近	kʰɐn³³	kɐn³¹	声母、声调不同
命	miɛŋ³¹	meŋ³¹	韵母不同
名	miɛŋ²⁴	meŋ³¹	韵母、声调不同
领	liɛŋ³³	leŋ³³	韵母不同
声	ʃiɛŋ⁴⁵	ʃeŋ⁵⁵	韵母、声调不同
轻	hiɛŋ⁴⁵	heŋ⁵⁵	韵母、声调不同
席	tʃiek²	tʃek²	韵母不同
顶	tiɛŋ²⁴	teŋ²⁴	韵母不同
青	tʃʰiɛŋ⁴⁵	tʃʰeŋ⁴⁵	韵母不同

伍　小称音

高明话没有儿化现象，小称音变的规律：名词带有"喜爱"或者"小"的语义时，不管原调调值如何，常读为 24，有时更高，为 45 或者 55，本书统一记为 24。若入声变读小称变调，则时长变长。

第十三节　佛冈方音

壹　概况

一　调查点概况

调查点为清远市佛冈县石角镇。佛冈县位于北纬 23°39′～24°07′，东经 113°17′～113°47′，东北与新丰县交界，东南与广州市从化区接壤，西南与清城区 毗邻，西北与英德市相连，全县面积 1302 平方公里下辖石角、汤塘、迳头、水头、高岗、龙山 6 个镇、90 个村（居委会）。根据第七次人口普查数据，截至 2020 年 11 月 1 日，佛冈县常住人口为 315502 人，无呈区域分布的少数民族语言。

佛冈县通行粤方言佛冈话，属广府片，当地人称之为"蛇话"，其得名于句末 语气词"蛇"（同音）的频繁使用，不过此词使用频率日少。此外，佛冈县还有客 家方言，迳头、高岗两镇为纯客家方言地区，四九镇多讲粤方言佛冈话，其他镇 粤、客二者并存。全县粤客人口比约为 7:3。

佛冈县的民间非遗有客家山歌、舞狮、舞龙、赛龙舟等。

二　方言发音人概况

老男发音人李巨文，汉族，1955 年 8 月出生，高中文化程度，佛冈县石角镇 三八村人。小学分别就读于下里小学、三八小学、上里小学。初中就读于下里初 中，高中就读三八高中。高中毕业之后主要在家务农，偶尔进行建筑方面的工作。 1993—2010 年在村委工作，2015 年从村委退休。会说佛冈粤方言和普通话，平时 主要说佛冈粤方言。父亲为佛冈人，说佛冈粤方言；母亲为佛冈人，说佛冈粤方 言；配偶为佛冈人，说佛冈粤方言和普通话。

青男发音人宋健文，汉族，1992 年 9 月出生，中专文化程度，佛冈县石角镇 三八村人。1998 年入读三八上里小学，2004 年入读三八中学，2007 年入读金显 龙职业技术学校。2010 年毕业后从事快递行业。2015 年至今从事汽车销售。会说 佛冈粤方言和普通话，平时主要说佛冈粤方言和普通话。父母均为佛冈人，说佛 冈粤方言；配偶为佛冈人，说佛冈粤方言和普通话。

老女发音人黄金常，汉族，1958 年 1 月出生，高中文化程度，佛冈县石角镇 三八村人。小学分别就读于二七小学、象山小学，初中就读于二七中学、高中就 读于三八中学。1976 年毕业回家务农，在村生产队当记分员、辅导员。会说佛冈 粤方言、普通话，平时主要说佛冈粤方言。父母及配偶均为佛冈人，说佛冈粤方 言。

青女发音人易素萍，汉族，1985 年 10 月出生，大专文化程度，佛冈县石角 镇人。1992 年就读一小，1998 年就读佛冈一中，2000 年就读佛冈职业学校。2008

年在奥园公司工作。2015 年至今在明珠花园工作。会说佛冈粤方言和普通话，平时主要说佛冈粤方言和普通话。父母及配偶均为佛冈人，说佛冈粤方言。

口头文化发音人宋丽萍，女，汉族，1980 年 6 月出生，佛冈县石角镇人。本科文化程度，教师。提供的调查材料为 0001 歌谣。

口头文化发音人何俊聪，男，汉族，1996 年 8 月出生，佛冈县石角镇人。本科文化程度，学生。提供的调查材料为 0002 歌谣。

口头文化发音人黄嘉裕，女，汉族，1996 年 12 月出生，佛冈县石角镇人。大专文化程度，教师。提供的调查材料为 0021 牛郎和织女。

口头文化发音人黄焜文，男，汉族，1941 年 12 月出生，佛冈县石角镇人。高中文化程度，佛冈县文化局退休干部。提供的调查材料为 0022 其他故事、0023 其他故事。

口头文化发音人曾少俊，男，汉族，1982 年 5 月出生，佛冈县石角镇人。本科文化程度，教师。提供的调查材料为 0024 其他故事、0025 其他故事。

口头文化发音人黄建军，男，汉族，1982 年 7 月出生，佛冈县石角镇人。本科文化程度，教师。提供的调查材料为 0026 其他故事。

口头文化发音人李子良，男，汉族，1975 年 9 月出生，佛冈县石角镇人。大专文化程度，文化馆工作人员。提供的调查材料为 0031 自选条目。

贰　声韵调

一　声母（20 个，包括零声母在内）

p 八兵病	pʰ 派片爬	m 麦明味问	f 飞凤副蜂肥饭灰	
t 多东毒	tʰ 讨天甜	n 脑南年泥	ɬ 丝事	l 老蓝连路
ts 资字纸主	tsʰ 刺		s 书	
tʃ 早租酒谢张竹争装	tʃʰ 草寸清贼坐全祠抽拆茶柱抄初床车春		ʃ 三酸想山双船顺手十城	
k 高九共	kʰ 权	ŋ 熬	h 开轻好响	
∅ 热软月活县安温王云用药				

说明：

①tʃ、tʃʰ、ʃ 在齐齿呼前接近 tɕ、tɕʰ、ɕ，在开口呼、合口呼前接近 tʃ、tʃʰ、ʃ。

②齐齿呼前的零声母多为 j，合口呼前的零声母多为 w，可以设立 j、w 声母，本书统一归入零声母。

③ts 组只拼 ʅ，与 ʧ 组互补，可以从合，只设一组；也可以从分，设两组，本书从分。

二　韵母（64 个，包括自成音节的 m 在内）

ʅ	猪试	i	雨师丝戏二	u	苦
a	茶牙瓦	ia	□ia³⁵：挠痒	ua	瓜华
e	靴写	ie	野夜		
o	歌坐过			uo	祸
ai	排鞋快			uai	怪怀
ɐi	米飞			uɐi	鬼
				uei	开赔对
au	宝饱	iu	笑桥		
ɐu	豆走	iɐu	油		
am	南	im	盐		
ɐm	心深	iɐm	任音		
an	山			uan	关弯
ɐn	根新春	iɐn	人引	uɐn	滚云
		in	年短权寸	un	半官
aŋ	硬争	iaŋ	病	uaŋ	横
ɐŋ	灯升星兄	iɐŋ	营影	uɐŋ	荣永
ɔŋ	糖床双讲	iɔŋ	响	uɔŋ	王
oŋ	东	ioŋ	用		
ap	盒塔鸭				
ɐp	十急	iɐp	入		
		ip	接贴		
at	法辣八			uat	刮
ɐt	七出	iɐt	一	uɐt	骨
		it	热节月	ut	割活
ak	白	iak	尺锡	uak	划
ɐk	北				
ɛk	直色	iɛk	翼		
ɔk	托郭壳学国	iɔk	药	uɔk	镬
ok	谷六绿局	iok	肉玉		
m	五				

说明：

①零声母后的 i 略后，介于 i、ɨ 之间，且有摩擦。

②o 略低，介于 ɔ 与 o 之间。

③uei 中的 e 较短、较弱，舌位靠后，接近 ə。

④ɔŋ、iɔŋ 的鼻尾较弱，主要元音鼻化色彩浓。

三　声调（7个）

阴平	33	东该灯风通开天春冻怪半四痛快寸去	阳平	22	门龙牛油铜皮糖红
阴上	35	懂古鬼九统苦讨草	阳上	23	买老五有
去声	31	卖路硬乱洞地饭树动罪近后			
阴入	3	谷百搭节急哭拍塔切刻	阳入	2	六麦叶月毒白盒罚

说明：

①阳平略降。

②阳入调尾略降。

叁　异读

一　新老异读

1. 老男发音人上声分阴阳，阴上为 35，如"把"，阳上为 23，如"老"。青男发音人上声不分阴阳，调值为 35。

2. 老男发音人有 iɔŋ、ot、ɐk、iɔk 而青男发音人没有，青男发音人有韵母 y、ø、yn、øŋ、iøŋ、ɔt、øt、iøt、yt、øk、iøk 而老男发音人没有。青男发音人很多韵母都是受广州粤方言影响而产生的。

3. 老男发音人、青男发音人主要的音韵特征差异有：

（1）部分遇合三和止开三阳声韵老男发音人念 i，青男发音人多念 ɿ，少数念 uei，如"衣""句"。

（2）宕开三阳声韵老男发音人主要念 iɔŋ，青男发音人主要念 øŋ，少数念 iøŋ，如"想"。

（3）山合一和山合三阳声韵老男发音人主要念 in，青男发音人主要念 yn，如"权""短"。

（4）山开三、山开四、山合三部分入声，老男发音人念 it，青男发音人念 yt，如"血"。

二　文白异读

佛冈话的文白异读现象不多，主要表现在声调、韵母方面。如：

汉字	白读	文读	备注
舅	$k^hɐu^{33}$	$k^hɐu^{31}$	声调不同
肩	kan^{33}	kin^{33}	韵母不同

公	koŋ³³	koŋ³¹	声调不同
名	miaŋ³¹	mɛŋ³¹	韵母不同
姓	ʃiaŋ³³	ʃɛŋ³³	韵母不同
声	ʃiaŋ³³	ʃɛŋ³³	韵母不同
顶	tiaŋ³⁵	tɛŋ³⁵	韵母不同
初	tʃʰo³³	tʃʰɔ²²	声调不同
料	liu³⁵	liu³¹	声调不同
淡	tʰam³³	tam³¹	声调不同
近	kʰɐn³³	kɐn²²	声母、声调不同
母	mu³⁵	mu²²	声调不同
胎	tʰuei³³	tʰai³³	韵母不同
盆	pʰɐn²²	pʰun²²	韵母不同

肆　小称音

一部分名词带有"喜爱"或"小的"语义时，声调变为 35，甚至比阴上的 35 还略高，本书统一记为 35，如名词"包"读 pau³⁵。

第十四节　阳山方音

壹　概况

一　调查点概况

调查点为清远市阳山县阳城镇通儒村。阳山县位于东经 112°22′～东经 113°02′、北纬 23°58′～24°56′之间，东接乳源县、英德市，南连清新、广宁县，西界怀集、连南县，北与连州及湖南省的宜章县接壤，全县面积 3418 平方公里，辖 12 个镇、1 个民族乡。人口 45.03 万（据 1990 年人口普查数据）。根据第七次全国人口普查结果，截至 2020 年 11 月 1 日，阳山县常住口为 367175 人。主要少数民族语言是瑶语，主要分布于秤架乡，使用人口大约 3000 人。

该县汉语方言的种类、分布、人口和使用情况如下。其一，阳山白话，属于粤方言勾漏片，使用人口 26.6 万，占比 55%，分布于阳城、江英、青莲、大崀、岭背、黄坌、小江、杨梅等镇。其二，客家方言，使用人口不到 20 万，分布于黎埠、七拱、太平、杜步等镇。其三，土话，不足 1000 人，分布于阳城镇的元江、七拱镇的新圩、大崀镇的沙田，人称"燕子声"或"猫仔声"，自称"乐昌声"。其四，湖广话，数千人，分布于阳城镇焦迳村、塘下村、齐头坑村等。

二　方言发音人概况

老男发音人黄环，1956 年 7 月出生于阳山县阳城镇通儒村，中专文化，退休教师。会说阳山粤方言、阳山普通话。父母、配偶都是阳山县阳城镇通儒村人，都只会说阳山粤方言。1966—71 年读小学。1971—73 年读初中，1973—75 年读高中。1975—78 年在阳城镇通儒大队企业工作。1978 年做民办教师，到 1982 年都在阳城镇东方红小学工作（今二小）。1985 年转正为公办教师，在高村墩背小学工作，1991 年起任校长，2008 年退休。

青男发音人毛武健，1988 年 7 月出生于阳山县阳城镇畔水村，高中文化，销售员。会说阳山粤方言、普通话、广州话。会说阳山粤方言、普通话、广州话，日常主要说阳山粤方言。父亲是阳山县阳城镇畔水村人，母亲是阳山县阳城镇水口范村人，都只会阳山粤方言；调查时无配偶。1995—2001 年在阳城镇畔水小学就读，2001—04 年在阳城镇中学读初中，2004—07 年在阳山县第二中学读高中。2008—10 年，在阳城镇阳山电器商场，做电器销售员。2010—2012 年，在阳山阳城镇做手机销售员。2012 年至今，在阳山阳城镇做快消品业务销售。

老女发音人李细好，1955 年 9 月出生于阳山县阳城镇塔坑村，初中文化，职业是个体户兼农民。会说阳山粤方言、普通话。父亲是阳山县阳城镇高峰人，母亲是阳山县阳城镇水口范村人，配偶是阳山县阳城镇人，都只会说阳山粤方言。

青女发音人黄斯华，1981 年 7 月出生于阳山县阳城镇通儒村，大专文化，职业是幼师。会讲阳山粤方言、普通话、广州话，平时主要讲阳山粤方言。父亲是本调查的老男发音人，为阳山县阳城镇通儒村人，说阳山粤方言、阳山普通话。母亲、配偶也是阳山县阳城镇通儒村人，二人都只会说阳山粤方言。

口头文化发音人由老男发音人黄环先生兼任，详细情况见上文，提供所有口头文化材料。

贰　声韵调

一　声母（15 个，包括零声母在内）

p 八兵爬病	pʰ 派片	m 麦明味问	f 飞凤副蜂
			肥饭灰
t 多东甜毒竹	tʰ 讨天		l 脑南年泥
			老蓝连路

ʧ	资早租酒字坐全 祠张茶柱纸主争 装床	ʧʰ	刺草寸清贼 抽拆抄初车 春		ʃ	丝三酸想 谢事山双 船顺手书 十城
k	高九共权	kʰ	契靴箍	ŋ 熬	h	开轻好响
Ø	热软月活县安温 王云用药					

说明：

①只有一套塞音塞擦音声母 ʧ、ʧʰ、ʃ。该套声母有多个部位不区别意义的变体：ts、tsʰ、s，ʧ、ʧʰ、ʃ 和 tɕ、tɕʰ、ɕ。

②零声母音节中，音节开头存在同部位的浊摩擦，合口呼摩擦较重，齐齿呼、撮口呼摩擦较轻。

二　韵母（77 个，包括自成音节的 m 在内）

		i	师试戏二	u	苦猪	y	雨
a	茶牙			ua	瓦		
e	写	ie	爷夜				
œ	靴						
ɔ	歌坐			uɔ	过		
o	宝						
ai	排鞋米快			uai	怪块怀		
ɐi	丝飞			uɐi	鬼		
ɔi	猪						
oi	开对	ioi	锐	ui	赔		
au	豆走	iau	右幼				
eu	饱	iu	笑桥				
ɐu	土做流牛	iɐu	油				
am	南	im	黏				
ɐm	心深	iɐm	音任				
em	添						
an	懒板饭	in	盐钳浅	un	官	yn	短权寸
en	山年			uen	关弯		
ɐn	根新春	iɐn	人印闰	uɐn	滚云		
on	半						
eŋ	硬争			ueŋ	横		
œŋ	糖床讲	iœŋ	响双				

ɐŋ	灯升	iɐŋ	蝇	uɐŋ	轰弘宏
		iɵŋ	病星兄	uiɵŋ	荣永
oŋ	东	ioŋ	用	uoŋ	王
ap	盒塔鸭接贴法十				
ɐp	急	iɐp	入		
at	辣	it	热节	ut	活	yt	月
et	八			uet	刮
ɐt	七出橘	iɐt	一	uɐt	骨
ot	割泼				
ek	白	ik	色	uɐk	或划
œk	托郭壳学	iœk	药		
ɐk	北直			uɐk	域
		iɵk	尺锡		
ok	谷六绿局	iok	肉玉浴	uok	国
m̩	五				

说明：

①ɔ、uɔ 中的 ɔ 发音部位偏央。

②ik 的实际音值是 ɪk。

③iɵŋ/iɵk 韵中，i 较长，是主元音；ɵ 较短，是滑音，因此 iɵŋ 不宜与 iɐŋ 合并，后者的主元音是 ɐ。

④eŋ、ueŋ、ek 的 e 后有一个滑音 ᵊ，即实际音值是 eᵊŋ、ueᵊŋ、eᵊk。

⑤iœŋ、iœk 的实际音值是 iøŋ、iøk，而且 i 介音较长。

⑥uok 中的 o 实际音值是 ɔ，ok、iok 的音值都是标准的 o。

三　声调 9 个

阴平	51	东该灯风通开天春	阳平	241	门龙牛油铜皮糖红
阴上	55	懂古鬼九统苦草	阳上	224	罪近买老五有
阴去	34	冻怪半四痛快寸去讨	阳去	214	卖路硬乱洞地饭树动后
上阴入	5	谷急哭刻	阳入	23	六麦叶月毒白盒罚
下阴入	34	百搭节拍塔切			

说明：

①阴平 51 的最高点比阴上 55、阴入 5 的最高点略高。

②阳上 224 有变体 24。

③上阴入 5、阳入 23 都是短入，严格来说应分别标为 55、23；下阴入 34 是长入。三个入声调的时长，上阴入 5＞阳入 23＞下阴入 34。

叁　连读变调

阳山话两字组连读变调规律如下：

①两字组只有前字变调，没有后字变调。

②阴平51、阴上55、阳上224、阴去34在两字组前字位置时变为33，但重音在前字时阴平字可不变调。

③下阴入34、上阴入5在两字组前字位置变为3。

④阳平调241、阳去调214在两字组前字位置时变为21调。

⑤阳入调23在两字组前字位置时变为2。

变调规律如下表所示（～表示不变调）：

后字／前字	阴平51	阳平241	阴上55	阳上224	阴去34	阳去214	上阴入5	下阴入34	阳入23
阴平51	33＋～ 开天	～＋～ 先年 33＋～① 砖头	33＋～ 柑果	33＋～ 开朗	～＋～ 冬到 33＋～① 天气	33＋～ 干净	33＋～ 收执	33＋～ 亲戚	～＋～ 先日 33＋～① 今日
阳平241	21＋～ 年初	21＋～ 池塘	21＋～ 苹果	21＋～ 莲藕	21＋～ 油菜	21＋～ 银杏	21＋～ 毛笔	21＋～ 磁铁	21＋～ 农历
阴上55	33＋～ 水沟	33＋～ 水田	33＋～ 滚水	33＋～ 纸鹞	33＋～ 礼拜	33＋～ 左面	33＋～ 狗虱	33＋～ 水饺	～＋～ 整日 33＋～① 打脉
阳上224	33＋～ 牡丹	33＋～ 马蹄	33＋～ 暖水	33＋～ 老母	～＋～ 肚痛 33＋～① 上晏	33＋～ 旱地	33＋～ 冇得	(无)②	33＋～ 每日
阴去34	33＋～ 菜刀	33＋～ 晏头	～＋～ 散纸 33＋～	33＋～ 做嘢	33＋～ 去世	33＋～ 做饭	33＋～ 课室	33＋～ 裤脚	33＋～ 吃药
阳去214	21＋～	21＋～ 旧年	33＋～	(无)	33＋～	21＋～	33＋～	33＋～	21＋～
上阴入5	3＋～	3＋～	3＋～	3＋～	3＋～	3＋～	3＋～	3＋～	3＋～
下阴入34	3＋～ 结婚	3＋～ 鲫鱼	3＋～ 赤水	(无)	3＋～ 角菜	3＋～ 吃夜	(无)	3＋～ 作恶	3＋～ 发热
阳入23	2＋～ 月光	2＋～ 热头	2＋～ 蚀本	2＋～ 落雨	2＋～ 入去	2＋～ 热闹	2＋～ 麦骨	(无)	2＋～ 白翼

注释：

①采取哪种变调格式，取决于词重音位置，重音在前则不变调。

②标注"(无)"者表示未调查到相关词语。

肆　异读

一　新老异读

老男发音人的音系属于老派，青男发音人属新派。与老派相比，新派的音值、音类分合均有向广州话靠拢的趋势，如：

1. 老派阴去调值 34，阳去调值 214，新派阴去和下阴入调值 33、阳去调值 22，都与广州话相同。

2. 流摄开口一等字，老派读 au 韵母，新派、广州话都读 eu 韵母。

此外，咸摄三、四等今读韵尾，老派读-p/-m，而新派读-t/-n，不能视为广州话影响的结果。如此一来，老派的 im、em，新派读 in、en。新派比老派少了 im、em 这两个韵母。

二　文白异读

知组三等字，白读为 t 组，文读为 tʃ 组，例如：知 tɐi^{51}白/tʃi^{51}文、重 toŋ^{224}白/tʃʰoŋ^{224}文。

三　其他异读

祸 uɔ^{214}闯～，阳去/uɔ^{51}～国殃民，阴平

徐 tʃɔi^{241}白/tʃy^{241}文

如 y^{224}比～/y^{241}～果

熬 ŋo^{241}～夜/ŋau^{241}煎～

抄 tʃʰeu^{51}白/tʃʰau^{51}文

妇 pu^{224}白，新～：儿媳妇/fu^{214}文，～女

甲 ket^{34}白/kap^{34}文

郭 kœk^{34}白/kuok^{34}文

烘 hoŋ^{241}～～地：火力很足的样子/hoŋ^{34}～干

伍　小称音

阳山话没有儿化现象，其小称形式是高平调 55（与阴上调值相同）、升调 224（与阳上调值相同），前者如：墩 ten^{55}柱子、尾 mɐi^{55}、两 liœŋ^{55}，后者如：猪润 tɔi$^{51-33}$iɐn$^{34-224}$猪肝、男民佬 lam$^{241-21}$mɐn$^{241-224}$lo^{55}、聋儿佬 loŋ$^{241-21}$i$^{241-224}$lo^{55}。

第十五节　连山方音

壹　概况

一　调查点概况

调查点为清远市连山壮族瑶族自治县吉田镇。连山壮族瑶族自治县位于北纬24°10′25″~24°51′15″，东经 111°55′15″~112°16′，东邻连南瑶族自治县，西接广西壮族自治区贺州市八步区，南毗怀集县，北临湖南省江华瑶族自治县。2017年底，辖吉田、太保、禾洞、永和、福堂、小三江、上帅 7 个镇及 48 个行政村、4个社区，省属广东连山林场位于县内。全县除汉族外，主要有壮族和瑶族。2017年末，全县户籍总人口 123383 人。其中，汉族人口约 4.45 万人，约占 36%；少数民族人口约 7.85 万人，约占 64%，其中壮族约 5.85 万人、瑶族约 1.9 万人。

本县少数民族语言主要有壮语和瑶语。壮语属汉藏语系壮侗语族壮傣语支，是县境南部永丰、福堂、小三江、加田、上帅等地壮族居民使用的主要语言。连山壮语与广西宜山、柳江、八步区南乡及本省怀集下帅的壮语基本相通。瑶语属汉藏语系苗瑶语族瑶语支。县内瑶语有两个支系，其中居住在三水的过山瑶，自称为"勉"方言；居住在大旭新寨的八排瑶，自称"邀勉"方言。两者在语音和词汇方面有差别，但语法结构基本相同。壮语和瑶语主要通行在壮族和瑶族聚居地区。很多少数民族居民会说当地的汉语方言，对外也多使用汉语方言。

本县汉语方言主要有粤方言和客家方言。客家方言主要分布在南部小三江、加田、上帅、福堂等镇，使用人口约 1 万。南部当地少数民族对外也多使用客家方言。粤方言有两种口音，一种是县城城区的粤方言，口音与广州话基本相同，使用人口约 1 万。县城本地人对外也多使用广州口音的粤方言。另一种就是当地的连山话，使用人口约 3.45 万。连山话是县内北部吉田、永和、太保、禾洞等地的基本方言，属于勾漏片。其中，永和与吉田的口音相同，太保与禾洞的口音相同，但前两者的口音与后两者略有不同。北部少数民族对外也多使用连山话。

本县用方言说唱的曲艺种类主要有连山山歌。连山山歌是连山境内劳动人民生产劳动时用连山话演唱的歌谣。当地人常以山歌传授生产知识，表达自己内心喜怒哀乐之情，素有"出门三步歌声起"之誉。连山山歌尤以上草、永和、大富、禾洞、太保、吉田等地广为流传，有"禾洞箩，上草歌，沙田上吉好娇娥"的民谚。山歌内容大体上包括叙事歌、劳动歌、知识歌、礼仪歌和情歌等。其歌曲格式分为三句吟、四句撑、十二衬、五句板，其中以五句板的歌曲居多。三句吟格式歌谣多数是叙事歌，四句撑格式歌谣多为猜物、猜数、猜字歌；十二衬格式歌谣多用在自怨自唱；五句板格式的歌谣歌词结构严谨，且十分讲究韵律。

二　方言发音人概况

老男发音人郭成军，1953 年 11 月出生于清远市连山壮族瑶族自治县吉田镇高莲村委会布田村，中专文化。父母亲都是本村人，只会说连山话；配偶本村人，会说连山话、广州话和普通话，家庭用语是连山话。郭成军个人经历如下：自出生至 1960 年 8 月一直生活在本村；1960 年 9 月至 1965 年 7 月就读于吉田中心小学；1965 年 8 月至 1996 年在家务农，在此期间，1970 年至 1971 年在连州兵工厂工作；1997 年起至今担任高莲村委会村干部，在此期间，1998 年至 2000 年在连山壮族瑶族自治县委党校进修。

青男发音人邓德强，1984 年 5 月出生于清远市连山壮族瑶族自治县吉田镇高莲村委会布田村，初中文化。父母亲都是本村人，会说连山话、广州话和普通话；配偶广西梧州人，会说梧州话、连山话、广州话和普通话，家庭用语是连山话。邓德强个人经历如下：自出生至 1991 年 8 月一直生活在本村；1991 年 9 月至 1998 年 7 月就读于连山县城小学；1998 年 9 月至 2001 年 7 月就读于连山慈祥希望中学；2001 年 8 月至 2004 年，在家务农；2005 年至 2013 年断断续续在顺德等地工作；2014 年起至今在连山县城做生意。

口头文化发音人郭成军，与"老男发音人"为同一人，详细情况见上文。

口头文化发音人邓美平，女，1991 年 5 月出生于清远市连山壮族瑶族自治县吉田镇高莲村委会邓屋村，大专文化。父母亲都是本村人，会说连山话、广州话和普通话；配偶是本县永和镇宝盖岭村人，会说连山话、广州话、普通话，家庭用语为连山话。邓美平个人经历如下：自出生至 1998 年 8 月一直生活在本村；1998 年 9 月至 2003 年 7 月就读于连山甲科小学；2003 年 9 月至 2004 年 7 月就读于连山县城小学；2004 年 9 月至 2007 年 7 月就读于连山民族中学；2008 年 8 月至 2012 年，在家务农，在此期间，2009 年 3 月至 2011 年 7 月就读于广东广播电视大学附属职业技术学校网校；2013 年至 2016 年，断断续续在佛山幼儿园工作，在此期间，2014 年 3 月至 2015 年 2 月就读于江门幼儿师范学校网校，2014 年 3 月至 2016 年 7 月就读于福建师范大学网校；2017 年至今在家务农。

贰　声韵调

一　声母（21 个，包括零声母在内）

p 爬病肥白 饭白	pʰ 派片	b 八兵	m 麦明味问	f 飞凤副蜂肥文 饭文灰	v 活温王云~彩
t 甜毒资早 租酒	tʰ 讨天刺草 寸清	d 多东	n 脑南年泥	θ 字贼坐全丝三 酸想祠谢	l 老蓝连路
ʧ 张量竹争 装纸主九	ʧʰ 抽拆抄初 车~辆春		ȵ 热软月	ʃ 茶柱事床山双 船顺手书十城	

k 高共权　　　kʰ课婚刻婚　　　　　　ŋ 熬　　　　　h 开轻好~坏响

ø 县安用药

二　韵母（62 个，包括自成音节的 m 在内）

	i 师丝试戏二飞	u 苦	y 猪雨
a 茶牙瓦名	ia 写	ua 瓜	
ε 也			
ɔ 个		uɔ 过	
ø 歌坐			
o 宝			
ai 排鞋快白	iai□iai²⁴¹：（东西）差	uai 快文	
εi 卫围		uεi 鬼	
ɔi 米		ui 赔对	
øi 开			
au 饱	iau 了□ȵiau⁵⁵：爪子		
ɔu 豆走	iɔu 油		
	iu 笑桥		
an 南山		uan 关惯	
ɔn 心深根新春云~彩	iɔn 音隐润	uɔn 滚	
øn 肝含暗	in 盐年	un 半短官寸	yn 权
aŋ 灯硬争横~竖	iaŋ 响痒	uaŋ 梗	
εŋ 升病星兄	iεŋ 荣形营		
ɔŋ 王		uɔŋ 光	
øŋ 糖床双讲			
oŋ 东	ioŋ 用		
at 塔鸭法辣八	iat□iat³⁵：眨（眼睛）	uat 刮	
ɔt 十急七出橘	iɔt 一	uɔt 骨	
øt 盒	it 接贴热节	ut 活	yt 月
ak 白客画获	iak 药		
εk 直色尺锡			
ɔk 北墨		uɔk 郭国	
øk 托壳学			
ok 谷六绿局	iok 肉		
m̩ 五			

三　声调（9 个）

阴平 51　　东该灯风通开天春　　　　阳平 241　　门龙牛油铜皮糖红

阴上 55	懂古鬼九统苦讨草	阳上 15	买老五有动罪近后_{前~}
阴去 35	冻怪半四痛快寸去	阳去 215	卖路硬乱洞地饭树
上阴入 5	谷节急哭切刻	阳入 215	六麦叶_树~月毒白盒罚
下阴入 35	百搭拍塔		

阴上 55 懂古鬼九统苦讨草　　　阳上 15 买老五有动罪近后前~

阴去 35 冻怪半四痛快寸去　　　阳去 215 卖路硬乱洞地饭树

上阴入 5 谷节急哭切刻　　　　阳入 215 六麦叶树~月毒白盒罚

下阴入 35 百搭拍塔

叁　连读变调

两字组连读变调中，后字一般不变调，变调的主要是前字。具体情况如下表：

后字 前字	清平 51		浊平 241		清上 55		浊上 15		清去 35		浊去 215		清入 55/35		浊入 215	
清平 51	33	51	31	241	33	55	31	15	33	35	31	215	33	55/35	31	215
浊平 241	22	51	22	241	22	55	22	15	22	35	22	215	22	55/35	22	215
清上 55	33	51	22	241	22	55	31	15	22	35	31	215	33	55/35	31	215
浊上 15	22	51	22	241	22	55	22	15	22	35	22	215	22	55/35	22	215
清去 35	33	51	31	241	33	55	31	15	31	35	31	215	33	55/35	31	215
浊去 215	22	51	22	241	22	55	22	15	22	35	22	215	22	55/35	22	215
清入 55/35	33	51	33	241	33	55	33	15	33	35	33	215	33	55/35	33	215
浊入 215	22	51	22	241	22	55	22	15	22	35	22	215	22	55/35	22	215

需要说明的是，无论是阴调类还是阳调类，处在前字时都有不变调的例外情况，尤其是阳上处在前字时。阴调类处在前字不变调的如：朝 $tʃiu^{51}$~头、晏 an^{35}~头、半 pun^{35}~夜、杉 $tʃʰan^{35}$~木、身 $ʃɔn^{51}$~热、保 bo^{55}~佑、准 $tʃɔn^{55}$~备、火 $fuɔ^{55}$~热、气 hi^{35}~味。阳调类处在前字不变调的如：夜 ia^{215}~头、共 $kɔŋ^{215}$~埋₌、暖 $nɔn^{15}$~水、晚 man^{15}~头、后 $ɔu^{15}$~年、眼 $ŋan^{15}$热~。此外，阴调类变为降调时的调值不固定，有时为 31，有时为 41，有时为 32，我们统一记为 31；阳调类处在前字时极少数略降，但降幅很小，我们仍然记为 22。

肆　异读

一　新老异读

新老差异主要表现在古帮端母的读音上，老男发音人音系中的 b、d 声母实际音值有时为内爆音 ɓ、ɗ，有时为鼻冠爆音 ᵐb、ⁿd，有时为普通浊音 b、d；青男发音人则基本上读为普通浊音 b、d。

二　文白异读

非组部分常用字白读重唇音、文读轻唇音，如：肥 pi^{241} 白/fi^{241} 文、浮 pou^{241} 白/fou^{241}

文、妇 pu^{15} 白/fu^{15} 文、饭 pan^{215} 白/fan^{215} 文、房 pɔŋ^{241} 白/fɔŋ^{241} 文。

伍 小称音

小称音主要有两个，一个读 51，与阴平合流；一个读 35，与阴去合流。归阴平的既出现在少数常用单音节词中，也出现在常用词语的后一个音节中。归阴去的暂时只发现见于单音节词。

归阴平的主要有"儿"缀，如：妹仔儿 ȵi^{51}、细子儿 ȵi^{51}、男佬儿 ȵi^{51}、雀儿 ȵi^{51}；亲属称谓中的后一音节，如：吾蒙 mɔŋ^{51}、姄翁蒙 mɔŋ^{51}、吾爸 ba^{51}、吾娘 niaŋ^{51}；时间词语中的后一音节"年"，如：嗰年 nin^{51}、明年 nin^{51}、后年 nin^{51}；其他常用词语中的后一音节，如：汗龙 lɔŋ^{51}、岭凹 au^{51}、粪篮 lan^{51}、核桃 to^{51}、喉咙 lɔŋ^{51}。此外，也有一些常用的单音节词归阴平，如：窿 lɔŋ^{51}、梨 li^{51}、笋 lø^{51}、忙 møŋ^{51}、文 mɔn^{51}。

归阴去的暂时只发现以下几个单音节词，如：猫 mau^{35}、杉 tʃʰan^{35}、伞 θan^{35}、钢 køŋ^{35}、柄 bɛŋ^{35}。

第十六节 新兴方音

壹 概况

一 调查点概况

调查点为云浮市新兴县新城镇。新兴县地处北纬 22°22′～22°50′，东经 111°57′～112°31′，毗邻珠江三角洲，东与佛山高明区、鹤山市交界，东南与江门开平市接壤，南邻江门恩平市，西南连阳江阳春市，西北为云安区、云城区，东北接肇庆高要市，总面积 1523 平方公里，县城为新城镇。2018 年调研时，户籍人口 49.18 万，常住人口 45.46 万，其中汉族人口 489844；少数民族人口 1956。

新兴县主要有粤方言和客家方言两种方言，客家方言主要集中在河头镇和簕竹镇，具体情况如下：河头镇的五个村（居）委会一共 14300 人讲客家方言，包括湾中村（4200 人）、楼下村（3200 人）、湾边村（3300 人）、河仔口村（2300 人）、河头居委会（1300 人）；簕竹镇的八个村（居）委会共 8603 人讲客家方言，包括云龙村（2473 人）、红光居委会（500 人）、非雷村（1000 人）、榄根村（2300 人）、六联村（582 人）、大坪村（950 人）、永安村（198 人）、五联村（600 人）。新城镇及大部分镇街均讲粤方言，即新兴话，使用人口 46 万余人，属广府片。新兴话在县内各镇也有所差异，大致可分为以下口音：县城话（新城镇、车岗镇、太平镇、集成镇、东成镇、大江镇和簕竹镇良洞村、里洞圩附近地区等），稔村话

（稔村镇南部），水台话（水台镇），梧洞话（里洞镇南部地区），天堂话（天堂镇
和河头旧街附近）。

　　新兴县的曲艺主要有粤剧，多用广州话演唱。

二　方言发音人概况

　　老男发音人方健强，1951 年 5 月出生于新城镇侍郎村，文化程度高中。其父
为新城镇侍郎人，说新兴话；其母新城镇仓夏人，说新兴话；其妻为新城镇侍郎
人，说新兴话。方健强先生 1958 年就读于环城西小学，1965 年就读于新兴第一
中学，1968 年就读于新兴第一中学高中部，1970 年 7 月高中毕业，入职构建厂，
1977 年至 2000 年在水务局工作，2000 年退休，常住新城老城区，主要讲新兴话，
会讲广州话和地方普通话。

　　青男发音人叶剑锋，1991 年 11 月出生于新城镇北街，文化程度大专。其父
新城镇北街人，说新兴话，其母新城镇塘背村人，说新兴话，调研时未婚。叶剑
锋 1998 年就读于环城小学，2004 年就读于实验中学初中部，2007 年就读于新兴
第一中学高中部，高中毕业后于 2011 年就读于新兴中药学校，2013 年毕业后到
中山工作，一年后到珠海工作，2015 年回新兴工作，供职于新兴中药饮片厂，2017
年始供职于中国人寿保险公司，常住新城老城区，主要讲新兴话，会讲广州话和
地方普通话。

　　口头文化发音人叶剑锋，与"青男发音人"为同一人，详细情况见上文。提
供的调查材料为规定故事《牛郎和织女》。

　　口头文化发音人方健强，与"老男发音人"为同一人，详细情况见上文。提
供的调查材料为自选条目（歇后语）。

　　口头文化发音人曾炳辉，出生于 1973 年 3 月，新城镇塘背村人，文化程度大
专，新兴县广播电视台知名主持人、记者，曾主持多档新兴方言节目，对当地历
史文化、方言非常了解。提供的调查材料为歌谣。

贰　声韵调

一　声母（16 个，包括零声母在内）

p	八兵病	pʰ	派片爬	m	麦明味问	f	飞风副蜂肥 饭灰
t	多东毒	tʰ	讨天甜	n	脑南年泥	l	老蓝连路
ts	资早租酒字 谢张竹争装 纸主	tsʰ	刺草寸清贼 坐全祠抽拆 茶柱抄初车 春	s	丝三酸想事 床山双船顺 手书十城
k	高九共	kʰ	权	ŋ	熬	h	开轻好响

Ø　软热月活县

　　安温王云用

　　药

说明：

　　①声母 ts、tsʰ、s 在撮口呼韵母前发音近 tʃ、tʃʰ、ʃ，因无对立，且差别不明显，故均处理为 ts、tsʰ、s。

　　②以 i 开头的零声母带有轻微摩擦，近于 j；以 u 开头的零声母舌位较前较展，近于 w。

二　韵母（65 个，包括自成音节的 m 在内）

		i	师丝试戏二飞鬼	u	苦	y	猪雨
a	茶牙瓦辣	ia	夜	ua	华		
		iɛ	写爷野				
œ	靴						
o	厕			uo	歌坐过祸		
ai	排鞋快			uai	坏		
ɐi	米			uɐi	胃		
oi	开赔对			uoi	回会		
				ui	围		
au	饱	iau	□iau⁴⁵：挠(痒)				
ɐu	宝豆走	iɐu	休优				
		iu	笑桥				
		iʊ	油				
am	南	im	盐				
ɐm	心深	iɐm	音				
an	山	in	年	uan	还弯	yn	寸
ɐn	根滚白春病星兄	iɐn	人迎	uɐn	云滚文		
ɵn	半官短权			uɵn	碗换		
ɐŋ	灯硬争			uɐŋ	横		
ɔŋ	糖床双	iɔŋ	□iɔŋ³⁵~发冷；患疟疾	uɔŋ	王讲		
		iaŋ	响				
oŋ	东五	ioŋ	用				
ap	塔鸭	ip	接贴				
ɐp	十急盒	iɐp	□iɐp⁴⁵：眨（眼）				
at	法八刮	it	热节	uat	滑挖	yt	月
ɐt	七出橘直色尺锡	iɐt	一	uɐt	屈		
ɵt	割拨			uɵt	活		

ɐk	北白		uɐk	或
ɔk	托壳学		uɔk	郭国
		iak		药
ok	谷六绿局	iok		玉肉
m̩	唔			

说明：

①uo 中的 o 实际发音舌位稍低，介于 o 与 ɔ 之间，有时介音 u 不明显，近于 ᵘo。

②iɛ 中的 ɛ 实际发音舌位稍高，近于 ɐ，介音 i 发音舌位稍低，近于 ɪ。

③iu 中的 i 时值较长且舌位稍低，为主元音，u 的时值较短，为韵尾，来自效摄三、四等字；iʊ 实则亦为 iu，但 i 是介音，u 时值较长，是主要元音，来自流摄三等字。因不能使用附加符号，若统一记为 iu，则容易误将两个不同的音合为一个，为了区别，我们将 i 是介音 u 是主元音的流摄字记为 iʊ，iu 与 iʊ 存在音位对立，如：姚 iu²¹≠有 iʊ²¹。

④ɵn 与 yn 存在对立，如：安 ɵn⁴⁵≠渊 yn⁴⁵，yn 中 y 到 n 有一个动程，近于 yɵn。

⑤im 中 i 到 m 有一个动程，中间略有流音，近于 iem，in 亦如此，实际发音近于 ien。

⑥带 u 介音的韵母一般只出现在零声母音节中，但有时会出现在见组 k、kʰ 声母之后，如"滚"发音人时而读 kɵn³⁵，时而读 kuɵn³⁵，发音人称很难分清（发音人经常听不出两者之区别）。

⑦来自曾摄三等和梗摄三四等的 ɵn、ɐt 韵母，在语法和口头文化中个别字老男发音人会读成新派口音 eŋ、ek。

三　声调（8 个）

阴平	45	东该灯风通开天春	阳平	21	门龙牛油铜皮糖红买老五有近白
上声	35	懂古鬼九统苦讨草			
阴去	443	冻怪半四痛快寸去	阳去	52	卖路硬乱洞地饭树动罪后近文
上阴入	<u>45</u>	谷百急哭拍刻	阳入	<u>52</u>	六麦叶月毒白盒罚
下阴入	4	搭节塔切			

说明：

①阴平 45 前半段较平，后半段略有升幅，实际音值接近 445。

②阳平调部分字读为 221，以平为主，尾部略降，部分字读 21，统一记为 21。

③上声 35 实则为阴上，均来自古清声母上声字，因无阳上对立，故名上声，其起点比阴平低，升幅较大，部分字起点微降，调值略有曲折，近 325。

④阴去以平为主，末尾缓降，故记为 443。

⑤上阴入 45 为短调，调型、音高与阴平一致。阳入 52 亦为短调，调型、音高与阳去一致。

叁　连读变调

新兴话存在连读变调的现象，其中两字组连读变调主要体现为前字变调，作为前字，不论后字字调如何，均存在以下变调：阴平 45 变 33，阳平 21 变 31，上声 35 变 24，阴去 443 变 31，阳去 52 变 21，上阴入 45（短调）变为 4（短调），下阴入 4（短调）变 32（短调），阳入 52（短调）变 21（短调，有时介于 21—31 之间）。

新兴话两字组连读变调前字变调如下表所示：

后字 前字	阴平 45		阳平 21		上声 35		阴去 443		阳去 52		上阴入 45		下阴入 4		阳入 52	
阴平 45	33	45	33	21	33	35	33	443	33	52	33	45	33	4	33	52
阳平 21 阴去 443	31	45	31	21	31	35	31	443	31	52	31	45	31	4	31	52
上声 35	24	45	24	21	24	35	24	443	24	52	24	45	24	4	24	52
阳去 52	21	45	21	21	21	35	21	443	21	52	21	45	21	4	21	52
上阴入 45	4	45	4	21	4	35	4	443	4	52	4	45	4	4	4	52
下阴入 4	32	45	32	21	32	35	32	443	32	52	32	45	32	4	32	52
阳入 52	21	45	21	21	21	35	21	443	21	52	21	45	21	4	21	52

新兴话 90% 以上的两字组词语为前字变调，小部分词语为后字变调，如：上去 $\text{sian}^{21}\text{hy}^{443\text{-}31}$、落来 $\text{lok}^{52}\text{loi}^{21\text{-}31}$、后年 $\text{heu}^{52}\text{nin}^{21\text{-}31}$、二十 $\text{i}^{52}\text{sep}^{52\text{-}21}$，后字变调的调值和前字变调后的调值一致，后字变调并非受到前字音节声调的制约而变调，而是与词语本身的结构构成有关，应是一种后字轻读的现象。个别词语前字后字均不变调，如：清明 $\text{ts}^\text{h}\text{en}^{45}\text{men}^{21}$、棉花 $\text{min}^{21}\text{fa}^{45}$、饺子 $\text{kau}^{35}\text{tsi}^{35}$、口水 $\text{heu}^{35}\text{sy}^{35}$、菩萨 $\text{p}^\text{h}\text{u}^{21}\text{sat}^{4}$。

肆　异读

一　新老异读

1. 老男发音人与青男发音人声调均为 8 个，但调值上有所区别：青男发音人阴平调值 45，升幅比老男发音人稍明显；老男发音人阴去调值为 443，青男发音人阴去调值为 55。

2. 老男发音人与青男发音人声母均为 16 个，基本无区别，只是个别字的声母读音有所不同，如"床"老男发音人读为 son^{21}，青男发音人读为 $\text{ts}^\text{h}\text{uon}^{21}$。

3. 果摄一等字老男发音人除个别字读为 o 之外，绝大部分字带 u 介音，读为

uo；青男发音人发音则近广州话 ɔ，实际发音介于 o 与 ɔ 之间，非零声母字无 u 介音，如：

例字	多	坐	个	果	祸	屙
老男发音人	tuo⁴⁵	tsʰuo²¹	kuo⁴⁴³	kuo³⁵	uo⁵²	o⁴⁵
青男发音人	tɔ⁴⁵	tsʰɔ²¹	kɔ⁵⁵	kɔ³⁵	uɔ⁵²	ɔ⁴⁵

4. 假摄三等字老男发音人带短 i 介音，记为 iɛ，青男发音人则无 i 介音（零声母字除外），记为 ɛ，如：

例字	姐	斜	蛇
老男发音人	tsiɛ³⁵	tsʰiɛ²¹	siɛ²¹
青男发音人	tsɛ³⁵	tsʰɛ²¹	sɛ²¹

5. 蟹摄合口三四等、止摄合口三等见组、晓组、影喻母字，老男发音人多读为 i 或 ui，个别为 ei 或 uei；青男发音人则基本读为 uɐi，近广州话，只有少数字保留新兴话老派韵母 i，如：

例字	卫	桂	位	围	规	柜	鬼
老男发音人	ui⁵²	ki⁴⁴³	ui⁵²	ui²¹	kʰɐi⁴⁵	ki⁵²	ki³⁵
青男发音人	uɐi⁵²	kuɐi⁵⁵	uɐi⁵²	uɐi²¹	kʰuɐi⁴⁵	ki⁵²白 kuɐi⁵²文	ki³⁵白 kuɐi³⁵文

6. 流摄三等字老男发音人部分保存早期读音，韵母为 u（零声母为 iʊ），部分字为 ɐu；青男发音人则大多读为 ɐu 韵母，个别口语常用字保留 u（iʊ）韵母，如：

例字	酒	抽	手	舅	有	右	油
老男发音人	tsu³⁵	tsʰɐu⁴⁵	su³⁵	kʰu²¹	iʊ²¹	iʊ²¹	iʊ²¹
青男发音人	tsɐu³⁵	tsʰɐu⁴⁵	su³⁵	kʰɐu²¹	iʊ²¹	iʊ⁵²	iɐu²¹

7. 宕摄一三等、江摄二等今读 ts、tsʰ、s 声母的字，老男发音人不带 u 介音，而青男发音人则有 u 介音，如：

例字	仓	索	装	床	霜	双	桌
老男发音人	tsʰɔŋ⁴⁵	sɔk⁴	tsɔŋ⁴⁵	sɔŋ²¹	sɔŋ⁴⁵	sɔŋ⁴⁵	tsɔk⁴
青男发音人	tsʰuɔŋ⁴⁵	suɔk⁴	tsuɔŋ⁴⁵	tsʰuɔŋ²¹	suɔŋ⁴⁵	suɔŋ⁴⁵	tsuɔk⁴

8. 梗摄三四等字老男发音人基本无文白异读，与曾摄三等、臻摄三等合流，读为 ɐn、ɐt；青男发音人则受广州话影响，部分梗摄三四等字增生 eŋ、ek 两个韵母，与 ɐŋ、ɐt 韵母构成文白异读，部分字甚至只有 eŋ、ek 读音，老派口音 ɐn、ɐt 韵母在新派中正逐渐被 eŋ、ek 替代，如：

例字	静	程	姓	星	惜	顶	荣
老男发音人	tsɐn⁵²	tsʰɐn²¹	sɐn⁴⁴³	sɐn⁴⁵	sɐt⁴⁵	tɐn³⁵	uɐn²¹
青男发音人	tsɐn⁵²白 tseŋ⁵²文	tsʰɐn²¹白 tsʰeŋ⁵²文	sɐn⁵⁵白 seŋ⁵⁵文	seŋ⁵⁵	sɐt⁴⁵白 sek⁴⁵文	tɐn³⁵白 teŋ³⁵文	uɐn²¹白 ueŋ²¹文

二 文白异读

老男发音人基本上没有成系统的文白异读现象，只有个别字存在文白异读，如：使 sɐi^{35}白/si^{35}文、鸟 tiu^{35}白/niu^{21}文、州 tsu^{45}白/tsɐu^{45}文、淡 tʰam^{21}白/tam^{52}文、近 kʰɐn^{21}白/kɐn^{52}文。青男发音人除了以上字存在文白异读外，梗摄三四等字存在文白异读现象，如：

例字	静	程	姓	惜	顶	影	荣
青男发音人	tsɛn^{52}白	tsʰɐn^{21}白	sɛn^{55}白	sɛt^{45}白	tɛn^{35}白	iɛn^{35}白	uɛn^{21}白
	tsɛŋ^{52}文	tsʰɐŋ^{52}文	sɛŋ^{55}文	sɛk^{45}文	tɛŋ^{35}文	iɛŋ^{35}文	uɛŋ^{21}文

伍 小称音

新兴话无儿化音，小称音变也较少，少数词有高平 55 或高升 45 小称变调，如：水氹 sy^{24}tɐm^{55}、新娘 sɐn^{33}niaŋ^{55}、乌蝇 u^{33}iɐn^{45}。

陆 其他主要音变

新兴话偶尔存在连读音变，如词语前字以鼻音韵尾结尾、后字以零声母开头时，后字会受前字韵尾影响而带上近似于 n̠ 的鼻音声母，如：今日 kɐm^{33}iɛt^{52}，语流中近于 kɐm^{33}n̠iɛt^{52}，鉴于发音人慢读时不发 n̠ 声母，且听辨时认可本音，词汇表中暂记本音。

第十七节 罗定方音

壹 概况

一 调查点概况

调查点为云浮罗定市罗城街道办北区居委会。县级罗定市位于北纬 21°25′11″～211°57′34″，东经 110°03′08″～111°52′44″，东邻云安区，东南接阳江阳春，西南靠茂名信宜，东北连郁南县，西部与广西梧州岑溪交界，全市总面积 2327.5 平方公里，辖 17 个镇，4 个街道和 1 个农场。全市总人口为 1290108 人（2018 年云浮统计年鉴），主要为汉族，占总人口的 99.74%，另有壮族、苗族、侗族、瑶族等 24 个少数民族，主要分布在加益、泗纶、船步、罗平、龙湾等镇，占全市人口的 0.36%。罗定市境内的汉语方言有粤方言、客家方言和闽语。粤方言口音有白话与"能古话"，白话使用人口 80 万，"能古话"使用人口约 30 万，分布在全市 21 个镇，其中"能古话"分布在 9 个镇；客家方言分布在 16 个镇，使用人口约 16 万；

闽方言分布在太平、罗平、船步和满塘 4 个镇，使用人口约 1 万。调查点罗城街道的口音接近广州话。

罗定市传统曲艺有粤剧，与广州粤剧曲目种类相同。

二 方言发音人概况

老男发音人江志刚，汉族，1962 年 1 月出生在云浮罗定市罗城街道北区居委会，高中学历，公务员，讲罗城话、普通话。父母、妻子都是罗城人，讲罗城话。他从小在罗城长大；1968—1973 年在罗城镇东区小学读小学；1973—1975 年在罗城二中读初中；1975—1978 年在罗定中学读高中。1978—1981 年自谋职业；1982—2007 年在东区居委会工作；2008 年至今在罗城街道工作。

青男发音人张才洪，汉族，1987 年 3 月出生于云浮罗定市罗城街道北区居委会，大专学历，个体经营者。讲罗城话、普通话。父母都是罗城人，讲罗城话；妻子是罗城人，会讲罗城话和普通话。他从小在罗城长大；1993—1999 年在罗城城东小学读书；1999—2005 年在罗城附城一中读初中和高中；2005—2008 年在罗定职业技术学院读大专；2008—2009 年在罗定巡警大队做临时工；2010 年至今从事个体经营。

口头文化发音人陈大远，男，汉族，1944 年 6 月出生于云浮罗定市罗城街道北区居委会，高中学历，公务员（退休）。提供的语料为歌谣 0001—0006 及其他故事 0022—0024。

口头文化发音人陈煜辉，男，汉族，1999 年 10 月出生于云浮罗定市罗城街道北区居委会，大学学历，学生。提供的语料为其他故事。

口头文化发音人江志刚，与"老男发音人"为同一人，详细情况见上文。提供的语料为规定故事《牛郎和织女》。

贰 声韵调

一 声母（16 个，包括零声母在内）

p 八兵病	pʰ 派片爬	m 麦明味问	f 飞风副蜂肥饭灰
t 多东毒	tʰ 讨天甜	n 脑年南泥	l 老蓝连路
ts 资早字贼张争装纸	tsʰ 刺草祠抽拆茶柱抄初床车春		s 丝三事山船顺手书十
k 高九共	kʰ 权	ŋ 熬	h 开轻好响
∅ 热软月活安温王用药			

说明：

①零声母字在实际发音时，字韵头部分摩擦较为明显，"热、软"等字声母接

近 j、"王、云"等字声母接近 w。

②塞擦音只有一套 ts、tsʰ、s，在部分音节如"猪、书"前有舌叶色彩，而在细音前有舌面音色彩。

二 韵母（81个，包括自成音节的 m、ŋ 在内）

	i 师丝试二	u 苦	y 猪雨
a 茶牙瓦		ua 瓜	
ε 写	iε 爷		
œ 靴			
ɔ 歌坐过		uɔ 祸	
ai 排鞋快		uai 怪	
ɐi 米		uɐi 鬼	
ei 戏飞			
ɔi 开			
øi 赔对			
au 饱			
ɐu 豆走	iɐu 油		
ɛu 拗	iɛu 猫白		
ou 宝	iu 笑桥		
am 南	im 盐		
ɐm 心深	iɐm 任音		
om 含	iɛm 钳		
an 山	iɛn 扁白	uan 关	
ɐn 根新春	iɐn 人	uɐn 滚云	
ɔn 汗	in 年	un 半官	yn 短权寸
aŋ 硬			
ɐŋ 争灯		uɐŋ 横	
eŋ 升星文兄	ieŋ 迎	ueŋ 荣	
	iɛŋ 病星白		
oŋ 东	ioŋ 用		
ɔŋ 糖床双文讲		uɔŋ 王	
œŋ 双白响	iœŋ 让		
ap 塔鸭	ip 接贴		
ɐp 十急	iɐp 入		
op 盒	iɛp 夹白		
at 辣八法		uat 刮	
ɐt 七出	iɐt 一	uɐt 骨橘	

ɔt 渴　　　　　　　it 热节　　　　　　ut 活　　　　　　　yt 月

ak 白墨　　　　　　　　　　　　　　uak 划

ɐk 北

ek 直色　　　　　　　　　　　　　iek 益

ɛk 尺锡

ok 谷六绿局　　　　　　　　　　　iok 肉

ɔk 托郭壳学国

œk 雀　　　　　　　　　　　　　iœk 药

ŋ 五

m 唔

说明：

①韵母 œ、œŋ、œk 主元音实际发音时开口度在 ø 与 œ 之间。

②韵母 øi 的主要元音舌位偏后，接近 oi（如"赔"），有时候舌位偏后偏高，接近 ui（如"梅"）。

③韵母 ou 元音舌位偏低，在 o 与 ɔ 之间。

④韵母 yn、yt 主元音舌位偏低，在 y 与 ɵ 之间。

⑤韵母 ɐŋ、ɐk 在主要元音舌位略前略低，在 ɐ 与 ɑ 之间。

⑥韵母 eŋ、ieŋ、ueŋ 主要元音开口度比 e 大，舌位稍微靠后且接近央元音 ə（如"荣"）；ek、iek 主元音开口度比 e 小，舌位在 i 与 e 之间。

⑦韵母 ien、iem、ieŋ、iep 主要元音开口度比 ɛ 小，介音 i 舌位稍微低，接近 e（如"钳"）；韵母 ɛu、ɛk 主元音开口度比 ɛ 大。

⑧部分入声字（如"鸭、十、北、尺、锡"）韵尾在词汇或自然语流中偶尔变读为 -ʔ，但 -ʔ 与 -t、-k、-p 不存在对立。

三　声调（8个）

阴平	55	东该灯风通开天春	阳平	21	铜皮龙牛油大饿骂
阴上	35	懂古鬼九统苦讨草	阳上	13	买老五有近
去声	33	冻怪半四痛快寸去			
上阴入	5	谷急哭刻	阳入	2	六麦叶月毒白盒罚
下阴入	3	百搭节			

说明：

①阴平 55 部分字调尾后半部分下降，接近 553。

②阴上 35 高升调，调头实际调值略低，接近 25。

③去声 33 调尾略平，接近 331，去声读为 331 调时区别于阳平调 21，如"铜≠痛"。

④阴入分上下两调，上阴入 5 为短促调，高而短促；下阴入 3 相对上阴入较

平且舒缓；阳入 2 调低且短促。

叁　连读变调

存在两字组连读变调，规律是：

1. 阳平 21 调在前字调时，接近 22 调，如"河基"21＋55，变为 22＋55。

2. 阴上 35 调在前字调时，接近 13 调，如"可以"35＋13，变为 13＋13。

肆　异读

一　新老异读

1. 声调差异

老男发音人青男发音人的声调系统没有差别，只在个别调类的发音上有细微的差异，多是由于发音个体差异而致。

（1）阳上调，老男发音人青男发音人皆记为 13。青男发音人阳上调中段略有曲折，接近 213，老男发音人的阳上调中段没有出现曲折的情况。青男发音人 213 与 13 调不构成意义区别，归类为 13。

（2）阴上调，青男发音人部分阴上字起调后先平后升，实际调值接近 335，老男发音人部分阴上字调头实际调值略低，接近 25。335、25 与 35 调皆不构成意义区别，老男发音人青男发音人阴上调皆归类为 35。

（3）去声调，老男发音人的部分去声字调尾略低，接近 331，青男发音人的部分去声字调则接近降调 31。331、31 与 33 调不构成意义区别，老男发音人青男发音人去声调皆归类为 33。

2. 声母差异

老男发音人与青男发音人声母个数与类型一致，只在个别字的读法上有区别。

（1）少数古全浊声母字，老男发音人读送气声母，青男发音人读不送气声母，如邪母字"寺"，老男发音人读 $tsʰi^{21}$，青男发音人读 tsi^{21}。

（2）少数来母字，老男发音人读 l，青男发音人读 n，如"弄"，老男发音人读 $loŋ^{13}$，青男发音人读 $noŋ^{13}$。

（3）少数疑母字，老男发音人读 ø，青男发音人读 n，如"验"，老男发音人读 im^{21}，青男发音人读 nim^{21}。

3. 韵母差异

（1）老男发音人有自成音节的韵母 ŋ，青男发音人没有，如"五""吴"，老男发音人读 ŋ，青男发音人读 m。

（2）老男发音人有韵母 aŋ、uaŋ，青男发音人没有，如"棒"，老男发音人读 $pʰaŋ^{35}$，青男发音人读 $pʰɐŋ^{35}$。"梗"，老男发音人读 $kuaŋ^{35}$，青男发音人读 $kuɐŋ^{35}$。

（3）少数咸摄开口一等字，老男发音人读 ɐm，青男发音人读 om，如"暗"，老男发音人读 $ɐm^{33}$，青男发音人读 om^{33}。

（4）少数山摄字韵尾老男发音人读-p，青男发音人读-t，如"折"，老男发音人读 tsip³，青男发音人读 tsit³。

（5）曾摄开口一等入声字老男发音人读 ak，青男发音人读 ɐk，如"北"，老男发音人读 pak⁵，青男发音人读 pɐk⁵。

（6）梗摄开口入声三四等字，老男发音人读 ek/ɐk，青男发音人读 iɛt，如"笛"，老男发音人读 tek²，青男发音人读 tiet²。

4. 其他差异

（1）老男发音人与青男发音人的文白读不完全一致，如"清""城"青男发音人只有文读音，没有白读音。"猫"青男发音人只有白读音，没有文读音。

（2）老男发音人与青男发音人的字变调读法不完全一致，如"鹅"老男发音人读本调 21，青男发音人读变调 35。

（3）有些字老男发音人能读出来，而青男发音人则无法读出其读音，如"勺""蹲""瞎"。

二　文白异读

1. 文白异读表现主要表现在韵母上，韵母文白异读表现主要是白读音有 i 介音，i 音舌位比较靠前。韵母的文白异读集中分布在古梗摄开口三四等字，这些字的文读层是 eŋ，白读层是 ieŋ，如：

清 tsʰieŋ⁵⁵/tsʰeŋ⁵⁵	钉 tieŋ⁵⁵/teŋ⁵⁵
井 tsieŋ³⁵/tseŋ³⁵	顶 tieŋ³⁵/teŋ³⁵
命 mieŋ²¹/meŋ²¹	定 tieŋ²¹/teŋ²¹

2. 在其他的韵摄也存在韵母文白异读的现象，但是比较分散，字数也较少，如：

例字	白读	文读	中古音韵
来	lei²¹	lɔi²¹	蟹开一平咍来
猫	mieu⁵⁵	mau⁵⁵	效开二平肴明
母	mu¹³	mou¹³	流开一上侯明
夹	kiep³	kap³	咸开二入洽见
扁	pien³⁵	pin³⁵	山开四上先帮
片	pien³³	pin³³	山开四去先滂
霜	sœŋ⁵⁵	sɔŋ⁵⁵	宕开三平阳生
双	sœŋ⁵⁵	sɔŋ⁵⁵	江开二平江生

伍　小称音

词汇中存在名词小称变调 35 和 55，主要出现在声调为阳平调的名词中，35 高升变调如：螺（动物）21—35；鱼（动物）21—35；凤（人名，如陆小凤）21—55；55 高平变调如：蝇（乌蝇，即苍蝇）21—55；蚊（蚊帐）21—55。个别变调已凝固，单字音不再读本调，如：蚊 mɐn⁵⁵。

陆　其他主要音变

语流音变，在词汇和语流中个别字韵母因相邻音节或者因素的影响，读音发生变化，如"日"字的字音为 iɐt²，"天狗食日"的"日"字韵尾为-k，而"天ᵁ日明天"的"日"字声母为 n，可见"日"字读音的变化与其相邻音节有关。

第十八节　郁南方音

壹　概况

一　调查点概况

调查点为云浮市郁南县都城街道新生居委会。郁南县位于北纬 22°48′～23°19′，东经 111°21′～111°54′，东接云安区，南邻罗定市，西界广西梧州苍梧县、岑溪市，北与肇庆封开、德庆两县隔江相望，总面积 1966.2 平方公里，辖 15 个镇。根据第七次人口普查数据，截至 2020 年 11 月 1 日，郁南县常住人口为 371661 人，本地居民基本上都是汉族。

郁南县的汉语方言包括粤方言、客家方言和闽方言三种，以粤方言为主。据《郁南县志》（1997—2000）记载，粤方言分为西北和东南两片，西北片靠近广西，口音较"土"，包括建城、平台、桂圩、罗顺、通门、宝珠等乡镇，以建城话为代表；东南片交通方便，"土味"较轻，日益接近广州话，包括千官、河口、连滩、东坝、宋桂、大湾、南江口等镇，以连滩话为代表。另有与德庆县隔江相望的罗旁、南江口镇的个别村，口音接近德庆话，以上迖话为代表。县城都城镇的口音比较接近广州话。客家方言分布在宋桂、东坝、平台等镇的少数村，使用人口 2.05 万人。闽方言分布在连滩镇西坝、东坝，使用人口约 0.24 万人。

郁南县的曲艺或地方戏主要有连滩镇的禾楼舞、茅龙舞和连滩山歌。禾楼舞历史悠久，特色鲜明，于 2008 年 6 月入选第二批国家级非物质文化遗产代表作名录。

二　方言发音人概况

老男发音人陈卫华，1962 年 8 月出生于郁南县都城街道新生居委会，文化程度高中毕业，会说粤方言（都城话）、普通话。父母、配偶均为郁南县都城街道人，主要说粤方言（都城话）。1969 年 9 月—1974 年 7 月在郁南县都城镇中心小学就读；1974 年 9 月—1976 年 7 月在郁南县都城中学就读；1976 年 9 月—1978 年 7 月在郁南县西江中学就读；1978—1980 年在家待业；1980 年 5 月—1997 年 7 月郁南县表带厂工人；1997 年 7 月—2003 年 3 月在都城镇经营早餐店；2003 年 3

月—2004 年 12 月在深圳市经营餐厅；2004 年 12 月回到郁南县工作，一直在郁南县永光电池有限公司工作至今，先后为工人、车间主任。

　　青男发音人李星辉，1993 年 2 月出生于郁南县都城街道新生居委会，文化程度大专毕业，会说粤方言（都城话、广州话），普通话，英语。父亲为郁南县宝珠镇人，母亲为郁南县桂圩镇人，都会说粤方言、普通话。1999 年 9 月—2005 年 6 月在郁南县都城镇中心小学就读；2005 年 9 月—2008 年 7 月在郁南县实验中学就读；2008 年 9 月—2011 年 7 月，在郁南县蔡朝焜纪念中学就读；2011 年 9 月—2014 年 6 月在广东水利水电职业学院就读；2014 年 7 月—2016 年 3 月在佛山市南海区桂城镇汇丰环球客户服务公司工作；2016 年 4 月至今回郁南县都城镇，先后在郁南县总工会、郁南县人民检察院工作。

　　口头文化发音人李星辉，与"青男发音人"为同一人，详细情况见上文。提供的调查材料为"其他故事"。

　　口头文化发音人李章汉，男，1962 年 1 月出生于郁南县都城街道夏袭村，文化程度高中毕业，农民，从未离开过郁南县都城镇生活，提供歌谣、其他故事、自选条目（谚语、歇后语、其他故事）等调查材料。

　　口头文化发音人欧淑明，女，1955 年 12 月出生于郁南县都城街道建设居委会，文化程度高中毕业，会计，从未离开过郁南县都城镇生活，提供规定故事《牛郎和织女》调查材料。

　　口头文化发音人杨健，男，1992 年 4 月出生于郁南县都城街道北郊居委会，硕士研究生毕业，教师，提供"其他故事"调查材料。

贰　声韵调

一　声母（16 个，包括零声母在内）

p	八兵病	pʰ	派片爬	m	麦明味问	f	飞凤副蜂肥饭灰
t	多东毒	tʰ	讨天甜	n	脑南年泥	l	老蓝连路
ʧ	资早租酒字谢张竹争装纸主	ʧʰ	刺草寸清贼坐全祠抽拆茶柱抄初床车春			ʃ	丝三酸想事山双船顺手书十城
k	高九共	kʰ	权	ŋ	熬	h	开轻好响
∅	热软月活县安温王云用药						

说明：

　　①只有一套塞擦音为舌叶音 ʧ、ʧʰ、ʃ，有的字音听感上接近舌尖音 ts、tsʰ、s。

　　②m、n、ŋ 声母带有轻微的浊塞音成分，实际音值为 mᵇ、nᵈ、ŋᵍ。

③个别零声母字在词汇中有时声母为 ŋ，二者为自由变体关系，如"屋、晏"等字。

二　韵母（79 个，包括自成音节的 m 和 ŋ 在内）

开口	齐齿	合口	撮口
	i 师丝试二	u 苦	y 猪雨
a 茶牙瓦		ua 瓜华	
ɛ 写车	iɛ 爷夜		
ø 靴			
ɔ 歌坐过初		uɔ 祸	
ai 排鞋快街	iai □iai^{35}:踩	uai 怪	
ɐi 米鸡		uɐi 鬼	
ei 戏飞			
ɔi 开			
oi 赔对女		uoi 回会	
au 饱			
ɐu 豆走	iɐu 油		
ou 宝步	iu 笑桥		
am 南三	im 盐		
ɐm 心深	iɐm 音任		
ɛm 钳			
an 山		uan 关还	
ɐn 根新春	iɐn 人闰	uɐn 滚云	
ɐn 扁又,圆~	in 年扁又,~担	un 半官	yn 短权寸
ɔn 安			
ɐŋ 灯硬争		uɐŋ 横~竖	
ɛŋ 病星白	iɛŋ 赢		
eŋ 升星文兄	ieŋ 认形	ueŋ 荣永	
øŋ 响双	iøŋ 让样		
ɔŋ 糖床讲		uɔŋ 王	
oŋ 东	ioŋ 用		
ap 塔鸭	ip 接贴		
ɐp 十急盒	iɐp 入		
at 法辣八		uat 刮	
ɐt 七出橘	iɐt 一	uɐt 骨	
ɛt □做点 net^{2}net^2:捉迷藏	it 热节	ut 活	yt 月
ɔt 渴割			

ɐk	北百白			uɐk	或划
ɛk	尺锡席草~				
ek	直色席主~	iek	益亦		
øk	雀脚	iøk	药		
ɔk	托郭壳学国			uɔk	镬
ok	谷六绿局	iok	肉玉		
m̩	唔				
ŋ̍	五				

说明：

①oi、uoi、oŋ、ioŋ、ok、iok 等韵母中的元音 o 实际开口度略小，在唇音声母字中实际发音为 u，在非唇音声母字中介于 o 与 u 之间。

②oi 韵的韵尾实际发音接近圆唇音 y。

③含 ɛ 元音的韵母在主元音前有流音 e，听感上接近有 -i 介音，如 ɛŋ 实际发音为 ᵉɛŋ，ɛk 为 ᵉɛk。

④蟹效流咸深山臻摄韵母的主元音存在 a 与 ɐ 的对立，如 ai 与 ɐi、au 与 ɐu、am 与 ɐm、an 与 ɐn。曾梗摄韵无 aŋ 与 ɐŋ 和 ak 与 ɐk 的对立，发音人认为有的字是同音字，但实际发音主元音有时为 a 有时为 ɐ，统一记为 ɐ，如发音人认为"墨"与"麦"同音，统一记为 ɐk。

⑤øŋ、ɔŋ、oŋ 韵母中的韵尾 ŋ 有些弱化或主元音带鼻化色彩。

⑥"五"等字读为自成音节的 ŋ，但有时为 m，二者为自由变体关系，单字中仍记为 ŋ，词汇和语法例句中按实际记音。

三　声调（8个）

阴平	55	东该灯风通开天春	阳平	21	门龙牛油铜皮糖红卖路硬乱洞地饭树近近视
阴上	35	懂古鬼九统苦讨草	阳上	13	买老五有动罪近远近后
去声	33	冻怪半四痛快寸去			
上阴入	5	谷急哭刻	阳入	2	六麦叶月毒白盒罚
下阴入	3	百搭节拍塔切			

说明：

①阴平为高平调 55，有自由变体尾部略降，调值为 554，仍记为 55。

②阳平为低降调 21，古浊去并入阳平，有自由变体低平调，调值为 22，仍记为 21。

③下阴入比上阴入略长。

叁　异读

一　新老异读

青男发音人与老男发音人的语音差别总体较小，主要是个别韵母有差别。

1. 青男发音人比青男发音人多一个韵母 ɐp（仅一个例字"夹~子"）。

2. "五、吴"等字老男发音人读 ŋ，青男发音人读 m。

3. 青男发音人"果、过、光、狂、国、郭"等见组字有 u 介音，老男发音人不带 u 介音；"割渴"等字主元音老男发音人开口度明显小于青男发音人，听感上像有 u 介音，青男发音人发音则较松。

4. 相较而言，青男发音人读音文读音色彩较浓，有些字如"星、浮、浓"等，老男发音人有文白两读，青男发音人则只有文读音一读；有些字如"井"字，青男发音人有文白两读，老男发音人则只有白读音一读。

二　文白异读

文白异读词较少，如：

例字	白读	文读	例字	白读	文读
平	$p^hɛŋ^{21}$	$p^heŋ^{21}$	使	$ʃɐi^{35}$	$ʃi^{33}$
近	$k^hɐn^{13}$	ken^{21}	鸟	tiu^{35}	niu^{13}
淡	t^ham^{13}	tam^{21}	浮	p^hou^{21}	$fɐu^{21}$
梗	$k^huɐŋ^{35}$	$keŋ^{35}$	妇	p^hou^{13}	fu^{13}
席	$tʃɛk^{2}$	$tʃek^{2}$	浓	$ioŋ^{21}$	$noŋ^{21}$

肆　小称音

名词有小称变调 35 调或 55 调，如：

名词本调	变读 35 调	变读 55 调
阳平 21	禾 $uɔ^{35}$，头日~$t^hɐu^{35}$	蚊 $mɐn^{55}$，儿乞~i^{55}
阴上 35		姐家~$tʃɛ^{55}$，晚挨~man^{55}
阳上 13	被 p^hei^{35}，砚墨~in^{35}	尾穑~mei^{55}

少数名词只有小称变调读音，如"猫"字有 $miɐu^{55}$ 和 mau^{55} 两读，均为小称调；"院"字无论在"院士"还是"大院"等词中均只读 yn^{35}。

伍　其他主要音变

少数词有语流音变现象，如"新妇"一词中，"新"受后字"妇" p^h 声母影响，-n 韵尾变读为 -m 尾，"新妇"读为 $ʃem^{55}p^hou^{35}$。

有少量合音词，如"二十"读 ia^{21}，"三十"读 $ʃa^{554}$。

第十九节　石岐方音

壹　概况

一　调查点概况

调查点为中山市石岐区山背街。石岐区位于北纬 22°30′7″～22°33′59″，东经 113°21′51″～113°24′，地处市城区中心，东至起湾道与东区街道接壤，南到白石涌与南区街道毗邻，西临石岐河与西区街道相望，北至东明北路的横河与港口镇相连，总面积 22.72 平方公里，辖 19 个社区。至 2014 年末，石岐区常住人口 20.39 万人，户籍人口 17.09 万人（基本上都为汉族）。

石岐区没有呈区域分布的少数民族语言，居民主要使用石岐话。石岐话属于粤方言香山片，主要分布在中山市的石岐区、南区和南朗镇。石岐话在石岐区的使用人口约 20 万，在南区和南朗镇的使用人口共约 17 万。南区和南朗镇的石岐话受周边闽方言、客家方言影响，在语音上与石岐区的石岐话上存在一些差异，主要表现有以下三点：第一，没有撮口呼韵母；第二，ɐŋ、ɐk 分别与 eŋ、ek 相混；第三，œn、œt 分别与 ɐn、ɐt 相混。

石岐区流行粤剧。据记载，早在清同治以前，本地已有粤剧演出。1949 年以后陆续组建过多个国营或私营的粤剧团，演出场次逐年增多。近年，粤剧在民间非常活跃，每个街道、社区都有粤剧爱好者自发组织的排练或演出活动。

二　方言发音人概况

老男发音人欧广潮，汉族，1950 年 7 月生于中山市石岐区山背街。职业为经理、助理经济师，高中文化程度。会说石岐话、广州话、普通话，现在主要说石岐话。父亲、母亲及配偶均是中山石岐人，会说石岐话。小学就读石岐烟墩中心小学，初中就读石岐员峰中学，高中就读石岐一中。高中毕业后上山下乡到中山五桂山龙圹山区工业连，后分配到中山县二轻局物资公司工作（现更名中山市广明家用电器物资公司），直至退休。

青男发音人黄瑞威，汉族，1986 年 11 月生于中山市石岐区南江街南下村，职业为会计，大专文化程度。会说石岐话、广州话、普通话，现在主要说石岐话。父亲和母亲均是中山石岐人，会说石岐话；配偶亦为中山石岐人，会说石岐话、广州话、普通话。1993 年至 1998 年就读于石岐区南下小学，1998 年至 2004 年就读于石岐区仙逸中学，2004 年至 2006 年就读于中山市职业技术学院，2006 年至今在中山市参加工作。

口头文化发音人欧广潮，与"老男发音人"为同一人，详细情况见上文。提供的调查材为歌谣和其他故事。

　　口头文化发音人杨美娟，女，汉族，1955年7月生于中山市石岐区太平路，职业为行政人员，中专文化程度。会说石岐话、广州话、普通话，现在主要说石岐话。父亲、母亲及配偶均是中山石岐人，会说石岐话。1962年至1968年在太平小学读书；1969年至1971年在中山市一中读书；1971年起在中山市食品进出口有限公司工作；1980年获在职中专文凭；2005年在中山市食品进出口有限公司退休。提供的调查材料包括歌谣和规定故事《牛郎和织女》。

　　口头文化发音人黄小燕，女，汉族。自由职业，小学文化程度。会说石岐话、广州话、普通话，现在主要说石岐话。父亲、母亲及配偶均是中山石岐人，会说石岐话。1961年11月生于中山市石岐区后山大街。提供的调查材料为其他故事。

贰　声韵调

一　声母（16个，包括零声母在内）

p 八兵病	pʰ 派片爬	m 麦明味问	f 飞肥饭	
t 多东毒	tʰ 讨天甜	n 脑南年泥		l 老蓝连路
ts 资早租酒字谢 　 张竹争装纸主	tsʰ 刺草寸清贼坐 　 全祠抽拆茶柱 　 抄初床车春		s 丝三酸想事山 　 双船顺手书十 　 城	
k 高九共	kʰ 权	ŋ 热软熬月	h 风副蜂开轻好 　 灰响	

Ø 活县安温王云
　 用药

说明：

　　①声母 m、n、ŋ 在高元音前往往带同部位的浊塞音，实际发音为 mᵇ、nᵈ、ŋᵍ，但与同部位的鼻音不构成对立。按音位归纳原则，分别处理为同部位鼻音的音位变体，记音时不做标记。

　　②以非高元音起首的零声母音节，发音时带声门清塞音ʔ。以高元音 i、u、y 起首的零声母音节，高元音做主要元音时，发音时带声门清塞音ʔ；高元音做介音时，偶尔发为擦化元音。由于ʔ和元音擦化与零声母都不构成音位对立，记音时均忽略不计，如"晏"的实际读音为ʔan³³，记音时按语保项目规范要求记作 an³³。

二　韵母（81个，包括自成音节的 m、ŋ 在内）

	i 师丝试戏二飞	u 苦		y 猪雨
a 茶牙瓦	ia 爷野夜	ua 瓜		
ɛ 写				
œ 靴				

ɔ 歌坐过	iɔ 哟	uɔ 禾	
ai 排鞋快		uai 怪怀坏拐	
ɐi 米	iɐi 曳	uɐi 鬼	
ɔi 开		ui 赔对	
œy 水	iœy 锐		
au 饱	iau 掉嘹		
ɐu 豆走	iɐu 油		
ou 宝	iu 笑桥		
am 南	im 盐		
ɐm 心深	iɐm 音		
an 山		uan 关	
ɐn 根新	iɐn 人	uɐn 滚云	
œn 春			
ɔn 安	in 年	un 半官	yn 短权寸
aŋ 硬争白	iaŋ 病星白	uaŋ 横	
ɐŋ 灯争文		uɐŋ 宏	
eŋ 升星文兄	ieŋ 影	ueŋ 永	
œŋ 响双			
ɔŋ 糖床讲	iɔŋ 秧	uɔŋ 王	
oŋ 东	ioŋ 用		
ap 塔鸭	ip 接贴		
ɐp 盒十急	iɐp 入		
at 法辣八		uat 刮	
ɐt 七	iɐt 一	uɐt 骨橘	
œt 出			
ɔt 割	it 热节	ut 活	yt 月
ak 白	iak 尺锡白	uak 画	
ɐk 北			
ek 直色锡文		uek 役	
œk 脚			
ɔk 托郭壳学国	iɔk 药		
ok 谷六绿局	iok 肉		
m̩ 五			
ŋ̩ 吴			

说明：

①元音音位共有 9 个：a、ɐ、œ、e、ɔ、o、i、u、y，其中 ɐ、o 是短元音，只出现在复韵母中，其余 7 个均既可做单韵母，亦可出现在复韵母中。

②e 单独做韵母时，实际音值接近 ɛ。石岐话中 e 与 ɛ 不对立，根据音位归纳原则将 e 与 ɛ 归入同一音位，单独做韵母时记作 ɛ，在复韵母中记作 e。

③i、u、y 单独作韵母时的舌位分别比标准元音 i、u、y 略低。

④œ 在复韵母中舌位接近央半高圆唇元音 ɵ。

三　声调（6 个）

阴平	55	东该灯风通开天春	阳平	51	门龙牛油铜皮糖红
上声	213	懂古鬼九统苦讨草买老五 有近_白			
去声	33	冻怪半四痛快寸去卖路硬 乱洞地饭树动罪近_文后			
阴入	5	谷急哭刻	阳入	3	六麦叶月毒白盒罚百搭 节拍塔切

说明：

①阴平、阴入为高平调，其中阴平的调值略低于 55。为与去声（调值 33）、阳入（调值 3）作明显区分，阴平、阴入的调值均定为 55（阴入记作 5）。

②阳平为全降调，起点为 5，终点在句中通常未降到 1，从调位系统的结构考虑，调值记作 51。

③上声按古声调来源，包括全部的阴上和次浊阳上，不分阴阳。调型为降升调，调值接近普通话的上声，但终点未到 4，记作 213。

④去声按古声调来源，包括全部的阴去和阳去，以及全部的全浊阳上，不分阴阳。调值与广州话的阴去相同，记作 33。

⑤入声分阴阳，均为短促调。阳入（调值 3）比阴入（调值 5）时长稍长，但比阴去（调值 33）短。

叁　连读变调和语法变调

1. 上声在任何音节前都变读为 21，只有在句末或停顿处读本调（调值 213），如：雨水 y²¹sœy²¹³。

2. 阳平（调值 51）在阴平、阴入、阳平前变读为 53，如：行雷 haŋ⁵³lui⁵¹。

3. "一"后面的非阴平和非阴入的时间名词、量词重叠，第一个时间名词、量词变读为 35，如：一年年 iɐt⁵nin³⁵nin⁵¹，一个个 iɐt⁵kɔ³⁵kɔ³³。

4. 非阴平和非阴入的单音节形容词重叠，前一音节变读为 35，表示程度加深，如：红红 hoŋ³⁵hoŋ⁵¹。

5. 非阴平和非阴入的单音节动词重叠，或非阴平和非阴入的单音节动词后接一个"吓"，前一音节变读为 35，有"尝试一下"的意思，如：学学 hɔk³⁵hɔk³。

6. 非阴平、阴入的单音节动词变读为 35，表示动作已经完成，如：我喫囉 ŋɔ²¹iak³⁵lɔ³³。

肆 异读

一 新老异读

1. 声母异读

（1）古非敷奉母合口三等字，老男发音人读 h，青男发音人读 f，如"风"老男发音人读 hoŋ⁵⁵，青男发音人读 foŋ⁵⁵。

（2）古泥母字，老男发音人读 n，青男发音人读 l，如"南"老男发音人读 nam⁵¹，青男发音人读 lam⁵¹。

（3）少数古溪母字，老男发音人读 kʰ，青男发音人读 h，如"敲"老男发音人读 kʰau⁵⁵，青男发音人读 hau⁵⁵。

2. 韵母异读

（1）古山摄开口三等元韵见组字，老男发音人读 yn，青男发音人读 in，如"建"老男发音人读 kyn³³，青男发音人读 kin³³。

（2）部分古臻摄字，老男发音人读 ɐn，青男发音人读 œn，如"笋"老男发音人读 sɐn²¹³，青男发音人读 sœn²¹³。

二 文白异读

1. 古全浊上声字清化后，白读声母送气，声调读作上声；文读声母不送气，声调读作去声，如"淡"白读为 tʰam²¹³，文读为 tam³³。

2. 古梗摄开口二等字白读为 aŋ，文读 ɐŋ；三四等字白读为 iaŋ 或 iak，文读为 eŋ 或 ek，如"生"白读为 saŋ⁵⁵，文读为 sɐŋ⁵⁵；"领"白读为 liaŋ²¹³，文读为 leŋ²¹³；"星"白读为 siaŋ⁵⁵，文读为 seŋ⁵⁵。

伍 其他主要音变

1. 阳平（调值 51）在句末偶尔变读为 21，这是受广州话影响而产生的一种音变，尚处于未定型阶段，如：奖十文鸡畀渠 tsœŋ²¹sɐp³mɐn⁵⁵kɐi⁵⁵pi²¹³kʰy²¹。

2. 语气词"啊"有 a³³、ia³³、ua³³、na³³、ŋa³³ 等音变形式，文字一律写作"啊"，如：玩水啊 uan²¹sœy²¹ia³³。

第二十节　肇庆方音

壹　概况

一　调查点概况

调查点为肇庆市端州区。端州是原高要县的老县城（1988 年高要县县城迁到西江对岸的南岸镇），20 世纪 80 年代将端州与高要分开，现在是肇庆市的政治、经济、文化中心。端州区南临西江，北靠北岭山，东邻鼎湖山和肇庆市鼎湖区，西与高要区小湘镇接壤，面积 152 平方公里，下辖城东、城西、黄岗、睦岗 4 个街道。2020 年，端州区常住人口 60.45 万人，汉族人口占总人口的 98.77%。回族居民在城西街道办有少数聚居，并没有自己的民族语言。其他少数民族都没有呈区域分布的少数民族语言，大多使用肇庆话或广州话交流。

端州区居民主要使用广州话和肇庆话，老年人以老肇庆话为主，年轻人以新肇庆话为主，其中语音和词汇向广州话靠拢；外出工作的端州年轻人以广州话为主。

地方曲艺方面，端州区以唱粤剧为主，主要在老年人群体中流行，肇庆市粤剧团和民间组织私伙局为主要活动团体。

二　方言发音人概况

老男发音人欧宏基，1959 年 4 月出生在端州区（原高要县老县城），1980 至 1989 年于端州区大冲小学任教，1989 至 1998 年于肇庆实验小学任教，1998 至 2009 年任肇庆端成小学校长，2009 至 2015 年任端州区睦岗小学党总支书记，2015 至 2016 年任端州区东区小学党总支书记，2016 年退休。

青男发音人李结泉，1992 年 7 月出生在端州区（原高要县老县城），1999 至 2005 年于睦岗镇下窑小学学习，2005 至 2011 年于肇庆第十二中学习，2011 至 2015 年于肇庆学院学习，2015 至 2019 年于肇庆市第十六小学任教，2019 年至今于肇庆市鼎湖第一实验学校任教。

老女发音人高洁，1960 年 4 月出生在端州区（原高要县老县城），1968 至 1973 年于端州区东区小学学习，1973 至 1978 年于肇庆中学学习，1979 至 1999 年于肇庆第十七小学任教（其中 1981 至 1983 年于肇庆师范学校在职学习），1999 至 2015 年于肇庆市百花小学任教，2015 年退休。

青女发音人赵慧伦，1990 年 2 月出生在端州区（原高要县老县城），1998 至 2004 年于睦岗镇中心小学学习，2004 至 2010 年先后于肇庆中学、田家炳中学学习，2010 至 2013 年于肇庆罗定职业技术学院学习，2013 至 2015 年于肇庆高要华侨实验学校任教，2016 年至今于肇庆新区实验学校任教。

口头文化发音人杨燕平，1973 年 12 月出生在端州区（原高要县老县城），现居住在黄岗街道沙湖管理区，现是一名小学老师，本科学历，主要负责《牛郎和织女》《包公掷砚化渚洲》的录制。

口头文化发音人高洁，同时是老女发音人，主要负责《上西门买盆》《七星岩的传说 1》《七星岩的传说 2》《石洞捞米》及歌谣三条的录制。

贰　声韵调

一　声母 16 个（包括零声母在内）

p 帮八兵病	pʰ派片	m 麦明味问	f 飞凤副蜂肥饭
t 多东毒	tʰ讨天甜	n 脑南年泥	l 老蓝连路
ʧ 资早租酒张竹 争装纸主字谢	ʧʰ刺草寸清贼坐 全抽拆茶柱抄 初车春祠床		ʃ 丝三酸想山双 船顺手书十城 事
k 高九共	kʰ权	ŋ 安熬	h 开轻好灰响
Ø 热软活县王云 月温			

说明：

①ʧ ʧʰ ʃ 是一组舌叶音。当后接高、前元音时位置靠前，接近 ts tsʰ s。

②Ø 在开口呼前，略带喉塞色彩；在细音前，摩擦较强，有半元音 j 变体；在合口呼前，通常会带半元音 w，有时候会读作唇齿半元音 υ。

二　韵母 79 个（含自成音节的 m）

	i 师丝试二	u 苦	y 猪
a 茶牙瓦		ua 瓜	
ɛ 写	iɛ 爷野		
œ 靴			
ɔ 歌坐		uɔ 过	
ai 排鞋快		uai 怪	
ɐi 米	iɐi□iɐi¹³: 顽皮	uɐi 鬼	
ei 戏飞		ui 开赔对	
œy 雨许徐雷			
au 饱			
ɐu 豆走	iɐu 油		
ou 毛好母	iu 笑桥		
am 南	im 盐		
ɐm 心深	iɐm 阴饮任		

an 山		uan 关	
ɐn 根新春云	iɐn 人任印引	uɐn 滚	
ɔn 安	in 年	un 官	yn 短权半寸
aŋ 硬争横		uaŋ 框	
ɐŋ 更			
ɛŋ 病	iɛŋ 赢		
eŋ 灯升星兄五	ieŋ 影迎	ueŋ 荣永	
œŋ 响双	iœŋ 让秧痒样		
ɔŋ 糖床王讲		uɔŋ 光	
oŋ 东用	ioŋ 熊拥		
ap 塔鸭	ip 接贴		
ɐp 盒十急	iɐp 入		
at 法辣八		uat 刮	
ɐt 七出橘	iɐt 一日	uɐt 骨	
ɔt 渴	it 热节	ut 活	yt 月
ak 白刻测百拆	iak 喫	uak 画	
ɐk 黑刻			
ɛk 北墨尺握		uɛk 或	
ek 直色		uek 益	
œk 雀削脚桌	iœk 药		
ɔk 托郭壳学		uɔk 国	
ok 谷六	iok 肉玉	uok 屋	
m̩ 唔			

三 声调（10个）

阴平 45	东该灯风通开天春	阳平 21	门龙牛油铜皮糖红
阴上 24	懂古鬼九统苦讨草	阳上 13	买老五有
阴去 33	冻怪半四痛快寸去	阳去 52	卖路硬乱洞地饭树
上阴入 5	谷急哭刻	上阳入 2	极特贼入局
下阴入 3	百搭节拍塔切	下阳入 <u>42</u>	六麦叶月毒白盒罚

说明：

①老派阴平 45 略微有升势，听感较为明显，故定为 45。

②在单字环境中，阴上调实际上是一个曲折调，实际调值为 324。

③在单字环境中，阳上调实际上是一个曲折调，实际调值为 213。

④少数下阴入字读为曲折调 213，如：渴 hɔt²¹³、杰 kit²¹³。

⑤下阳入调定为 42，但有自由变体 43、32 两个自由变体。

叁　连读变调

没有典型的二字组连读变调规律，仅有因为协同发音带来的语流音变，主要表现为前字调域变窄，即升、降调变化幅度变小，如：阳上 42 + 后字→阳上 43 + 后字。

肆　异读

一　新老异读

老派区分下阴入 3 与下阳入 <u>42</u>，即"百≠白"；新派发音中不区分，即"白=百""窄=泽""约=药"。

二　文白异读

文白异读情况较少，多为梗摄开口三四等字，如：

例字	白读	文读	例字	白读	文读
命	men^{52}	men^{52}	名	men^{21}	men^{21}
声	$\int en^{45}$	$\int en^{45}$	城	$\int en^{21}$	$\int en^{21}$
轻	hen^{45}	hen^{45}	青	$t\int^{h}en^{45}$	$t\int^{h}en^{45}$
席	$t\int ek^{42}$	$t\int ek^{3}$	近	$k^{h}en^{13}$	ken^{52}

三　其他异读

少数字有异读，不区别意义，如"杉~木"可读作 $\int am^{33}$ 或 $t\int^{h}am^{33}$，"墩"可读作 tan^{45} 或 ten^{24}，"摸"可读作 $mɔ^{45}$ 或 $mɔ^{24}$。

伍　小称音

肇庆话中无儿化，但有小称音变。小称音变包括高升变调和中升变调两类：

1. 高升变调。此类变调一般发生在最后一音节，如：

和尚 $uɔ^{21}\int œn^{52-45}$ 、猪润 $t\int y^{45}iɐn^{52-45}$ 猪肝

也有两个音节同时变调的，如：

扯鹞 $t\int^{h}ɛ^{24-45}iu^{24-45}$ 风筝

2. 中升变调。此类变调一般发生在最后一音节，如：

蚕豆 $t\int am^{21}tɐu^{52-24}$ 、黄蚓 $uɔn^{21}iɐn^{13-24}$ 蚯蚓、水鱼 $\int ui^{24}y^{21-24}$ 甲鱼

第二十一节　香洲方音

壹　概况

一　调查点概况

调查点为珠海市香洲区前山街道造贝村。香洲区是珠海市中心城区，是全市政治、经济、文化、交通和金融中心，又是联系内地与港澳台地区，以及对外贸易、国际交往的重要口岸。香洲区西连珠海市斗门区和金湾区，南接壤澳门，北靠中山市，面积 555.29 平方公里，辖 9 个街道、6 个镇共 145 个社区、7 个行政村。根据第七次人口普查数据，截至 2020 年 11 月 1 日，香洲区常住人口 1124126 人，绝大部分为汉族，无呈区域分布的少数民族语言。

香洲区方言以粤方言为主，另有客家方言和闽方言。粤方言多集中在前山街道、拱北街道和南屏镇。客家方言和闽方言呈零星分布。据《广东方言的分布》（甘于恩、简倩敏，《学术研究》2010 第 9 期），讲粤方言的人口约 47 万，讲客家方言和闽方言的人口分别为 3.5 万和 1.1 万。

香洲区的地方戏主要有粤剧。本地专业的粤剧团珠海市粤剧团成立于 1962 年，1979 年正式建团，保留剧目有《搜书院》《帝女花》《打金枝》《伶仃洋》等。民间传统艺术自明清一直沿袭至今，包括陆地龙舟、飘色、凤鸡舞、沙田民歌、客家山歌等多种艺术形式，多在节日、婚丧或劳作时上演。

二　方言发音人概况

老男发音人冯康玉，汉族，1949 年 9 月出生于珠海市香洲区前山街道造贝村，职业为工人，高中文化程度。会说珠海市香洲区粤方言、广州话、普通话，现在主要说珠海市香洲区粤方言。父亲、母亲及配偶均是本村人，会说珠海香洲区粤方言、广州话。从出生至高中毕业一直生活在造贝村。小学、初中、高中均就读于珠海市香洲区本地学校；高中毕业后应征入伍；三年后退伍还乡，在珠海市香洲区前山街道企业单位工作直至退休。

青男发音人李伟光，汉族，1983 年 5 月出生于珠海市香洲区前山街道造贝村。从事餐饮业，大专文化程度。会说珠海市香洲区粤方言、广州话、普通话，现在主要说珠海市香洲区粤方言、广州话、普通话。父亲、母亲均是本村人，会说珠海香洲区粤方言、广州话。配偶是广东省江门市人，会说粤方言、普通话。从出生至 2002 年一直生活在造贝村。1990 年至 1996 年就读于珠海市香洲区前山街道造贝小学；1996 年至 1999 年就读于珠海市香洲区前山中学；1999 年至 2002 年就读于珠海市第三职业中学；2002 年至 2005 年就读于广州博雅学院；2005 年至今在珠海市香洲区从事餐饮业。

口头文化发音人冯康玉，与"老男发音人"为同一人，详细情况见上文。提供的调查材料包括歌谣，其他故事，自选条目。

口头文化发音人肖洁霞，女，汉族，1950 年 10 月出生于珠海市香洲区前山街道造贝村职业为农民，文化程度为小学肄业。会说珠海市香洲区粤方言、普通话，现在主要说珠海市香洲区粤方言。父亲、母亲及配偶均是本村人，会说珠海香洲区粤方言。从出生至今一直生活在造贝村。1959 年至 1962 年就读于珠海市香洲区前山街道造贝小学；1962 年小学肄业后在珠海市香洲区前山公社造贝大队东三队务农，直至退休。提供的调查材料包括歌谣和规定故事《牛郎织女》。

贰 声韵调

一 声母（16 个，包括零声母在内）

p 八兵病	pʰ 派片爬	m 麦明味问	f 飞肥饭
t 多东毒	tʰ 讨天甜	n 脑南年泥	l 老蓝连路
ts 资早租酒字坐 文谢张竹争装纸主	tsʰ 刺草寸清贼坐 白全祠抽拆茶柱抄初床车春		s 丝三酸想事山双船顺手书十城
k 高九共	kʰ 权	ŋ 热软熬月	h 风副蜂开轻好灰响
Ø 活县安温王云用药			

说明：

①声母 m、n、ŋ 在高元音前往往带同部位的浊塞音，实际发音为 mᵇ、nᵈ、ŋᵍ，但与同部位的鼻音不构成对立。根据音位归纳原则，分别处理为/m/、/n/、/ŋ/的变体，记音时按音位记音。

②声母 p、t 在低元音和半低元音前读为同部位的浊塞音，实际发音分别为 b、d。其中 p 基本都变读为 b，t 只有部分变读为 d。声母 k 在同样语音环境下未发生浊化。由于清、浊塞音不构成对立，根据音位归纳原则，b、d 分别处理为/p/、/t/的变体，记音时按音位记音。

③以非高元音起首的零声母音节，发音时带声门清塞音ʔ。以高元音 i、u、y 起首的零声母音节，高元音做主要元音时，发音时带声门清塞音ʔ；高元音做介音时，不带声门清塞音。由于ʔ与零声母都不构成音位对立，记音时均忽略不计，如："衣"的实际读音为ʔi²¹，记音时按语保项目规范要求记作 i²¹。

二 韵母（67 个，包括自成音节的 m 在内）

i 师又读丝试戏二飞	u 苦	y 猪雨师又读
a 茶牙瓦	ua 华画话	

ɛ 写　　　　　　　iɛ 爷野夜

œ 靴

ɔ 歌坐过　　　　　　　　　　　　uɔ 祸

ai 排鞋快　　　　　　　　　　　uai 坏怀歪

ɐi 米鬼　　　　　　　　　　　　uɐi 卫位围

　　　　　　　　　　　　　　　ui 开赔对

au 饱

ɐu 豆走　　　　　iɐu 油

ou 宝　　　　　　iu 笑桥

am 南　　　　　　im 盐

ɐm 心深　　　　　iɐm 任音

an 山　　　　　　　　　　　　　uan 还弯

ɐn 根新滚春　　　iɐn 恩　　　　uɐn 云

ɔn 肝　　　　　　in 年　　　　un 半官　　　　yn 短权寸

aŋ 硬争白　　　　iaŋ 病星白影白　uaŋ 横

ɐŋ 灯升争文星文兄　iɐŋ 影文　　uɐŋ 荣永

œŋ 响双　　　　　iœŋ 羊

ɔŋ 糖床讲　　　　　　　　　　　uɔŋ 王

oŋ 五东　　　　　ioŋ 用

ap 塔鸭　　　　　ip 接贴

ɐp 盒十急　　　　iɐp 入

at 法辣八刮　　　　　　　　　　uat 滑挖

ɐt 七骨出橘　　　iɐt 一

ɔt 割　　　　　　it 热节　　　　ut 活　　　　yt 月

ak 白　　　　　　iak 尺锡　　　uak 或划

ɐk 北直色

œk 雀　　　　　　iœk 药

ɔk 托郭壳学国

ok 谷六绿局　　　iok 肉

m 唔

说明：

①元音音位共有 9 个：a、ɐ、ɛ、œ、o、ɔ、i、u、y，其中 ɐ、o 是短元音，只出现在复韵母或带辅音韵尾的韵母中，其余 7 个均既可作单韵母，亦可出现在

复韵母或带辅音韵尾的韵母中。

②u 在韵母 ui 中舌位略低，接近 o。

三　声调（6个）

阴平　21　东该灯风通开天春　　　　　　阳平　343　门龙牛油铜皮糖红

上声　35　懂古鬼九统苦讨草买老五有近_白

去声　33　冻怪半四痛快寸去卖路硬乱洞地饭树动罪近_文后

阴入　21　谷百搭节急哭拍塔切刻　　　　阳入　3　六麦叶月毒白盒罚

说明：

①阴平调型为低降，调值记作 21。

②阳平调型为升降，其中以升为主，调尾略降，调值记作 343。

③上声按古声调来源，包括全部清声母的上声和全部次浊声母的上声，不分阴阳。调型为高升，调值记作 35。

④去声按古声调来源，包括全部清声母的去声和全部浊声母的去声，以及全部全浊声母的上声，不分阴阳。调型为中平，调值记作 33。

⑤入声分阴阳，均为短促调。阴入调值同阴平，记作 21。阳入调值同去声，记作 3。

叁　连读变调

1. 阴平（调值 21）在前音节位置时调值有两读，老派发音多读本调，新派发音变读为 55，在句末或停顿处也读本调，如：正月 tsɐŋ²¹ŋyt³，天星 tin⁵⁵siaŋ²¹。

2. 阳平（调值 343）和上声（调值 35）在前音节位置时调值有两读，多数变读为 31，少数不变调，如：前便（前边）tsʰin³¹pin³³，点心 tim³¹sem²¹，以后 i³⁵heu³³。

3. 后音节位置的非入声在重读时，调值变为 55，如：髋亲（髋住了）kaŋ³⁵tsen⁵⁵，男人 nan³⁴³ien⁵⁵，右手 ieu³³seu⁵⁵，我哋（我们）ŋɔ³⁵ti⁵⁵。

4. 阴入（调值 21）在前音节位置时调值有两读，多数变读多为 5，少数不变调，如：屋企（家里）ok⁵kʰi³⁵，出去 tsʰet²¹hy³³。

上述两字组连读变调规律可表述如下表：

调类（调值）	变调条件	变调后调值	例子
阴平（21）	位于前音节，且为新派发音	55	天星 tin⁵⁵siaŋ²¹
阳平（343）、上声（35）	位于前音节	31	前便（前边）tsʰin³¹pin³³ 点心 tim³¹sem²¹
阴平（21）、阳平（343）、上声（35）、去声（33）	位于后音节，且为重读音节	55	髋亲（髋住了）kaŋ³⁵tsʰen⁵⁵ 男人 nan³²³ien⁵⁵ 右手 ieu³³seu⁵⁵ 我哋（我们）ŋɔ³⁵ti⁵⁵
阴入（21）	位于前音节	5	屋徛（家里）ok⁵kʰi³⁵

肆　异读

一　新老异读

1. 声调异读

（1）阴平调值，老男发音人读 21，青男发音人读 55，如"多"老男发音人读 to^{21}，青男发音人读 to^{55}。

（2）阳平调值，老男发音人读 343，青男发音人读 35，与上声合并，如"爬"老男发音人读 p^ha^{343}，青男发音人读 p^ha^{35}。

（3）③阴入调值，老男发音人读 21，青男发音人读 5，如"八"老男发音人读 pat^{21}，青男发音人读 pat^5。

2. 声母异读

（1）古非敷奉母合口三等字，老男发音人读 h，青男发音人读 f，如"凤"老男发音人读 $hoŋ^{33}$，青男发音人读 $foŋ^{33}$。

（2）古泥母字，老男发音人读 n，青男发音人读 l，如"暖"老男发音人读 nyn^{35}，青男发音人读 lyn^{35}。

（3）少数古溪母字，老男发音人读 k^h，青男发音人读 h，如"孔"老男发音人读 $k^hoŋ^{35}$，青男发音人读 $hoŋ^{35}$。

（4）部分古匣母合口字，老男发音人读 h，青男发音人读零声母，如"户"老男发音人读 hu^{33}，青男发音人读 u^{33}。

3. 韵母异读

（1）古山摄开口三等元韵见组字，老男发音人读 yn，青男发音人读 in，如"建"老男发音人读 kyn^{33}，青男发音人读 kin^{33}。

（2）古梗摄开口三四等白读层，老男发音人读 iaŋ 或 iak，青男发音人读 εŋ 或 εk，如"镜"老男发音人读 $kiaŋ^{33}$，青男发音人读 $kεŋ^{33}$；"石"老男发音人读 $siak^{33}$，青男发音人读 $sεk^{33}$。

二　文白异读

1. 古全浊上声字清化后，白读声母送气，声调读作上声；文读声母不送气，声调读作去声，如"淡"白读为 t^ham^{35}，文读为 tam^{33}。

2. 古梗摄开口二等字白读为 aŋ，文读 εŋ；三四等字白读为 iaŋ 或 iak，文读为 eŋ 或 ek，如"生"白读为 $saŋ^{21}$，文读为 $sεŋ^{21}$；"领"白读为 $liaŋ^{35}$，文读为 $leŋ^{35}$；"星"白读为 $siaŋ^{21}$，文读为 $seŋ^{21}$。

伍　其他主要音变

语气词"啊"有 a^{33}、ia^{33}、ua^{33}、na^{33}、$ŋa^{33}$ 等音变形式，文字一律写作"啊"，如：答应渠啊 $tap^3 ɐŋ^{33} k^hy^{31} ia^{33}$。

第二十二节　斗门方音

壹　概况

一　调查点概况

调查点为珠海市斗门区斗门镇。斗门区原为斗门县，1965 年 7 月由中山、新会划出部分镇村建县，1983 年 7 月归属珠海市管辖，2001 年 4 月撤县建区。斗门区位于北纬 21°59′～22°25′，东经 113°1′～113°25′，东连中山市，北倚江门市，与澳门水域相连，面积 674.8 平方公里，辖井岸、白蕉、斗门、乾务、莲洲 5 个镇及白藤街道，有 101 个行政村、28 个社区居委会。根据第七次人口普查数据，截至 2020 年 11 月 1 日，斗门区常住人口 608899 人，绝大部分为汉族，无呈区域分布的少数民族语言。

斗门区内主要有三种汉语方言，即斗门话、水上话和客家方言。斗门话是斗门区的强势方言，使用人口约 23 万，其次是水上话，再次是客家方言。斗门话被水上人称为"村话""村佬话""岸上话"，又称"四邑话""五邑话"。方言曲艺包括粤剧（使用广州话）、咸水歌（使用水上话）和客家山歌（使用客家方言）。

二　方言发音人概况

老男发音人周荣中，1955 年 8 月生于斗门区斗门镇新乡村沥歧二队，农民，高中学历，父母及配偶均为斗门人。1964 年 9 月—1972 年 7 月，在新乡小学上小学和初中；1972 年 9 月—1974 年 7 月，在斗门中学上高中；高中毕业后一直在生产队务农，从事种养殖业；1990 年后进入井岸镇，做过废品收购、运输等工作。

青男发音人邝永乐，1989 年 5 月生于斗门区斗门镇，公务员，大学本科学历，父母及配偶均为斗门人。1996 年 9 月—2002 年 7 月，就读于斗门实验小学；2002 年 9 月—2005 年 7 月，就读于斗门实验中学；2005 年 9 月—2008 年 7 月，就读于珠海市第一中学；2008 年 9 月—2012 年 7 月，就读于西华师范大学；2012 年至今任珠海渔政支队检查员。

口头文化发音人梁伟文，1948 年 2 月生于斗门区斗门镇，退休职工，大专学历。提供的调查材料包括歌谣 0002、0003、其他故事 0022～0089。

口头文化发音人黄丽贤，1962 年 8 月生于斗门区斗门镇，退休职工，高中学历。提供的调查材料包括歌谣 0001 及 0004～0007、规定故事《牛郎和织女》。

口头文化发音人周荣中，与"老男发音人"为同一人，详细情况见上文，提供的调查材料为歌谣 0008～0013。

贰　声韵调

一　声母（15个，包括零声母在内）

p 八兵病　　　　pʰ派片爬　　　　m 麦明味问　　f 飞风副蜂肥
　　　　　　　　　　　　　　　　　　　　　　　　饭灰

t 多东毒　　　　tʰ刺草寸清贼　　n 脑南年泥　　　　　　　　　l 老蓝连路
　　　　　　　　　坐全抽拆茶柱
　　　　　　　　　抄初床车春

ts 资早租酒字　　　　　　　　　　　　　　　　　s 丝三酸想祠
　谢张竹争装　　　　　　　　　　　　　　　　　　事山双船顺
　纸主　　　　　　　　　　　　　　　　　　　　　手书十城

k 高九共　　　　kʰ权　　　　　　ŋ 熬月　　　　　h 讨天甜开轻
　　　　　　　　　　　　　　　　　　　　　　　　好响

Ø 活县安温用
　药王云

说明：

①m、n、ŋ 三个鼻音声母很多时候带有同部位的塞音色彩，可记为 mᵇ、nᵈ、ŋᵍ。有时鼻音成分占优势，即 m、n、ŋ；有时塞音成分占优势，音值接近 b、d、g。三者不构成对立。

②ts、s 两个声母与细音相拼时接近 tʃ、ʃ。

③tʰ声母有的人存在自由变体 tsʰ。tsʰ的出现频率老派很低，新派很高。

二　韵母（62个，包括自成音节的 m、ŋ 在内）

ɿ 师丝　　　　　　　i 猪雨试二　　　　　u 苦
a 阿　　　　　　　　iɐ 靴写　　　　　　uɐ 歌坐过
ɒ 茶牙瓦　　　　　　　　　　　　　　　uɒ 话
ə 嗰
ɒi 排鞋快　　　　　　　　　　　　　　　uɒi 怪
ɐi 米　　　　　　　　　　　　　　　　　uɐi 鬼
ei 戏飞　　　　　　　　　　　　　　　　ui 开赔对
ɒu 饱
ɐu 豆走　　　　　　　iɐu 油
ou 宝　　　　　　　　iu 笑桥
ɒm 南　　　　　　　　im 盐
ɐm 心深　　　　　　　iɐm 阴
ɒn 山　　　　　　　　　　　　　　　　uɒn 关

ɐn 根新春云	iɐn 人	uɐn 滚
	in 年权	un 半短官寸
aŋ 灯硬争	iaŋ 病	uaŋ 横
ɔŋ 糖床王	iɔŋ 响	uɔŋ 往
əŋ 升星兄	iəŋ 影	
oŋ 东	ioŋ 用	
ɒp 盒塔鸭	ip 接贴	
ɐp 十急	iɐp 入	
ɒt 法辣八		uɒt
ɐt 七骨出橘	iɐt 一	
	it 热节月	ut 活
ak 北白	iak 尺锡₁	uak 或
ɔk 托郭壳学国	iɔk 药	
ək 直色锡₂	iək 益	
ok 谷六绿局	iok 浴	
m 唔		
ŋ 五		

说明：

①ɒ 元音的实际音值舌位偏高、偏前，稍圆唇。新派发成 ɔ。

②ŋ 较松，新派发成 u。

③uɐ 中的 u 为主元音，且发音较松。

④uɐ 和 iɐ 两个韵母中的 ɐ 偏高，是韵尾，与 ei、ɐn、ɐm、ɐt、ɐp 中的 ɐ 不同。

⑤əŋ、iəŋ、ək、iək 等韵母中的 ə 有的人发音偏前、偏高，接近 e。有的 əŋ、iəŋ 非常接近 ən、iən。

⑥u 与零声母相拼时带有唇齿摩擦色彩，接近 vu。

三　声调（8个）

阴平 34	东该灯风通开天春冻怪半四痛快寸去	阳平 22	门龙牛油铜皮糖红
阴上 45	懂古鬼九统苦讨草老五	阳上 21	买有近白
去声 42	卖路硬乱洞地饭树动罪近文后		
上阴入 5	谷节急塔	阳入 3	六麦月毒白罚
下阴入 34	百搭拍切		

说明：

①上阴入调值为短促的 5，但有时带有轻微的上扬，接近 45。

②阳入调实际音值带有一定的下降色彩，接近 42。

③语法中的一些虚成分如"啊""啦"等实际音值为 33，但统一处理为音值较为接近的 34。

④下阴入 34 较阴平 34 短促，为入声韵。

⑤有一些字只读变调，见下文相关变调说明。

叁　异读

一　新老异读

1. 老派 t^h 声母有的人存在自由变体 ts^h；老派读 t^h 声母的字，新派基本读 ts^h。

2. ɒ 元音，老派有的接近于 a，新派则发成 ɔ。

3. 老派 ɻ 与 u 韵母对立，新派二者并为 u 韵母。

4. 老派的 uɐ，新派读为 uə。

5. 老派的 iɒŋ、iɔk，新派读为 øɔŋ、øɔk。

6. 老派有两个自成音节的韵母 mŋ，新派只有 m。

7. 新派的阳平调较高，为 33。

8. 新派阴上调 45 的起点略低，接近 35。

二　文白异读

古梗摄字存在较为系统的文白异读，白读 iaŋ、iak，文读 əŋ、ək，如：命 miaŋ^{42}/məŋ^{42}。

肆　其他主要音变

部分名词或名词性成分存在如下几种变调形式：

1. 舒声变调

（1）21，如：半 pun^{34} ～日/ pun^{21} 一～、公 koŋ^{34} 月～/ koŋ^{21} 老～/ koŋ^{21} 猪～、婆 p^{h}uɐ^{22} 家～/ p^{h}uɐ^{21} 老～/ p^{h}uɐ^{21} ～鳢

（2）224，如：家 kɒ^{34} ～庭/ kɒ^{224} 大～、时 si^{22} ～间/ si^{224} 几～

（3）45，如：哥 kuɐ^{34} ～斯达黎加（文读）/ kuɐ^{45} 阿～哥哥

（4）42，如：翻 fɒn^{34} ～馆上学/ fɒn^{42} ～来回来

2. 入声变调

（1）21，如：叶 ip^3 姓～/ ip^{21} 树～、月 ŋit^3 ～份/ ŋit^{21} ～公

（2）24，如：日 ŋet^3 节～/ ŋet^{24} 前～

（3）5，如：日 ŋet^3 节～/ ŋet^5 后～

三种入声变调形式（21、24、5）基本与三种舒声变调形式（21、224、45）相对应，舒声变调 42 暂时仅发现一例，入声变调 24 暂时仅发现一例。其中，舒声变调多，入声变调少。又以 21 变调（包括舒、入）最为多见，224 次之，其余则很少见。

有的字已难觅本调，只有变调，如：鹿 lok^{21}、衫 sɒn^{21}、街 kɒi^{21}、藕 ŋɐu^{224}。

有些常用词中的字，其本字难明，只读为变调，如：偓 ŋok^{21} 我们、偌 niak^{21} 你

们、屐 =kʰiak²¹ 他们、□kʰuɐ²¹ 这、□nəŋ²¹ 那、□kʰou²²⁴ 这样、边 =pin²²⁴ 哪里。

另外，个别阴上字的完成体变为 51 调，如：走（啊）啦、死（啊）啦等。

第二十三节　新会方音

壹　概况

一　调查点概况

调查点为江门市新会区会城镇。新会区地理坐标为北纬 22°5′15″～23°35′01″，东经 112°46′55″～113°15′43″，东与中山、南与斗门相邻，北与江门、鹤山，西与开平、西南与台山接壤，濒临南海，毗邻港澳，土地面积 1354.71 平方千米，辖会城街道和大泽、司前、沙堆、古井、三江、崖门、双水、罗坑、大鳌、睦洲 10 个镇。根据第七次人口普查数据，截至 2020 年 11 月 1 日，新会区常住人口 909277 人，绝大部分为汉族，无呈区域分布的少数民族语言。

新会话属粤方言四邑片的一种，区内广播、电视等也通用广州话。新会话以会城话为代表，据粗略统计，全区流行会城话的有会城、三江、大泽、双水、罗坑、古井、沙堆等镇的大部分地区。此外，区内部分地区还流行司前话、沙田区话、双水话以及客家话等。

本土的方言曲艺主要有大鳌镇咸水歌，属江门市级非物质文化遗产。

二　方言发音人概况

老男发音人谭瑞祺，1956 年 6 月生于江门市新会区会城镇，高中学历。父母、配偶为江门市新会区会城镇人，讲会城话。1964—1969 年在会城人仁小学读小学；1969—1971 年在会城人仁小学读初中；1971—1973 年在新会一中读高中；1973—1975 年无固定单位做临时工；1976—1981 年在新会农机一厂工作；1981—1987 年在新会红酒厂工作；1987—2011 年在新会机械厂工作；2011—2015 年在新粮实业有限公司工作；2015 年至今退休。

青男发音人许永祥，1983 年 9 月生于江门市新会区会城镇，中专学历。父母、配偶为江门市新会区会城镇人，讲会城话。1991—1996 年在会城平山小学读小学；1996—2000 年在会城河南中学读初中；2000—2003 年在会城冈州中学读中专；2003—2006 年从事计算机行业工作；2006 年至今从事酒楼工作。

口头文化发音人范秀芳，1950 年 6 月生于新会区会城镇，高小学历。父母、配偶为江门市新会区会城镇人，讲会城话。1958—1960 年在新会葵业工人子弟学校读小学；1960—1964 年在会城河南小学读小学；1964—1965 年无固定单位做临时工；1965—1974 年在荷塘丝厂工作；1974—1987 年在新会纺织厂工作；1987—2005 年在新会新盛纺织厂工作；2005 年至今退休。提供的调查材料包括歌谣、民间故事、歇后语。

口头文化发音人袁丽荷，1951 年 7 月生于江门市新会区会城镇，高小学历。提供的调查材料为歌谣。

贰　声韵调

一　声母（15 个，包括零声母在内）

p	八兵病	pʰ	派片爬	m	麦明味问	f	飞风副蜂肥饭灰
t	多东毒			n	脑南年泥	l	老蓝连路
ts	资早租酒字谢张竹争装纸主	tsʰ	刺草寸清贼坐全祠抽拆茶柱抄初床车春			s	丝三酸想事山双船顺手书十城
k	高九共	kʰ	权	ŋ	热软熬月	h	讨天甜开轻好响
∅	活县安温王云用药						

二　韵母（57 个，包括自成音节的 m 在内）

		i	猪雨师丝试二	u	苦
a	茶牙瓦	ia	靴写	ua	瓜
ɔ	歌坐过			uɔ	祸
ai	排鞋米快			uai	怪
εi	戏飞			uεi	鬼
				ui	开赔对
au	饱豆走	iau	油		
ou	宝	iu	笑桥		
am	南心深	iam	阴		
		im	盐		
an	山根新寸春	ian	恩	uan	滚云
ɔn	旱	in	年权	un	半短官
aŋ	灯硬争	iaŋ	病星白	uaŋ	横
εŋ	升星文兄	ieŋ	影	ueŋ	永

əŋ	东	iəŋ	用		
œŋ	响	iœŋ	赢		
ɔŋ	糖床双讲			uɔŋ	王
ap	盒塔鸭十急	iap	入		
		ip	接贴		
at	法辣八七出	iat	一	uat	刮骨橘
		it	热节月	ut	活
ak	北白	iak	尺锡₁	uak	或
ek	直色锡₂	iek	翼		
ək	谷六绿局	iək	育		
œk	脚	iœk	药		
ɔk	托郭壳学国			uɔk	锅
m̩	五				

三　声调（共8个）

阴平	23	东该灯风通开天春冻怪四痛快寸去	阳平	22	门龙牛油铜皮糖红
阴上	45	懂古鬼九统苦讨草老五	阳上	21	买有半
去声	32	卖路硬乱洞地饭树动罪近后			
上阴入	45	谷节急哭塔	阳入	2	六麦叶月毒白盒罚
下阴入	23	百搭拍切刻			

叁　连读变调

两字组连读变调规律：

1. 阳平 22＋阴平 23 变调为阳平 22＋阳上 21，如：黄瓜 uɔŋ^{22}kua^{21}。
2. 阴上 45＋阴平 23 变调为阴上 45＋阳上 21，如：韭菜 kau^{45}tsʰui^{21}。
3. 去声 32＋阳入 2 变调为去声 32＋阴上 45，如：后日 hau^{32}ŋat^{45}。

肆　异读

一　新老异读

1. 老派阴平调部分字调头略低，接近 13。
2. 老派去声调值为 32，新派为 42。

二　文白异读

梗摄开三四等部分字白读为 iaŋ，文读为 eŋ，如"命、名、领"等。

伍　小称音

新会话无儿化，但有小称音变，规律如下：

1. 部分阴平 23 字会变调为阳上 21，如：虾 ha²¹。
2. 部分阴上 45 字会变调为阳上 21，如：茄 kʰia²¹。
3. 部分阳上 21 字会变调为阴上 45，如：眼 ŋan⁴⁵。

第二十四节　台山方音

壹　概况

一　调查点概况

调查点为江门市台山市（县级）台城街道。台山市位于北纬 21°34′~22°27′，东经 112°18′~113°03′，东邻珠海特区，北靠江门新会区，西连开平、恩平、阳江三市，南临南海，陆地总面积 3286 平方公里，辖台城街道以及大江、水步、四九、都斛、赤溪、冲蒌、斗山、广海、川岛、端芬、海宴、汶村、三合、北陡、深井、白沙等 16 个镇。2016 年年末全市户籍总人口 97.05 万人，绝大部分为汉族，无呈区域分布的少数民族语言。

台山市汉语方言主要有台山话，属于粤方言四邑片，分布在台山各乡镇，使用人口 90 多万，大体上可以分为台北腔、西南腔、东南腔、川岛腔等不同腔调。另外还有客家方言，主要分布在赤溪镇。台山市的电视节目基本都是用广州话或者普通话播音。

台山市的地方曲艺主要有台山民歌和粤剧、粤曲。

二　方言发音人概况

老男发音人李德裕，1953 年 8 月出生于台山市台城镇板岗大队浪波村，文化程度高中，职业工人。1959—1968 年在台城第三小学读小学，1968—1972 年在台山一中读初中和高中，1972—1993 年就职于台山钢铁厂，2001—2015 年就职于台山供电所。父亲系浪波村人，只会讲台城话；母亲台山附城洋亨村人，在桂水村长大，只会讲台城话；妻子祖籍阳江，出生于台城，讲台城话。

青男发音人邝羡超，1988 年 8 月出生于台山市台城镇仓下旧村，文化程度高中，职业个体商户。1995—2001 年在道昌小学读小学，2001—2007 年在培正中学读初中和高中，2007 年 9 月至今在台城个体经商。父亲台城镇仓下旧村人，讲台山话，也会普通话；母亲四川内江人，1987 年嫁入台山，讲四川话，也会台山话。妻子台城大亨村人，会讲台山话、广州话及普通话。

　　口头文化发音人李剑昌，1943 年 5 月生于台山市台城镇板岗管理区浪波村，文化程度大专，职业干部。提供的调查材料包括谚语和曲艺《梅菊姐送别》。

　　口头文化发音人谭美英，1951 年 12 月生于台山市台城镇永华村，文化程度小学，职业个体户。提供的调查材料包括歌谣《台山是个好地方》、童谣、规定故事《牛郎和织女》、其他故事《石花山》《梅菊姐》、曲艺《侨乡赛歌会》《梅菊姐送别》。

贰　声韵调

一　声母（19 个，包括零声母在内）

p 八兵病	pʰ 派片爬	m 麦明味问	f 飞风副蜂 肥饭灰	ʋ 活温王云
t 资早租酒 字谢	tʰ 草寸清贼 坐全	n 脑南年泥		l 老蓝连路
ts 张竹争装 纸主	tsʰ 抽拆茶柱抄 初床车春		s 山双船顺 手书十城	
			ɬ 刺丝三酸 想祠事	
k 高九共	kʰ 权	ŋ 热软熬月	h 讨天甜开 轻好响	
Ø 多东毒安店				j 县用药

说明：

　　①声母 ts、tsʰ、s 在与 i 或以 i 为介音的韵母相拼时近 tʃ、tʃʰ、ʃ。

　　②半元音声母 j 带浊音摩擦，有些甚至伴随较明显的舌面浊擦音 ʑ 的音色，实际读音近 ʑj-，主要出现在影组、日母、喻母字中。与来自端组、精组带 i 介音的零声母字构成对立，后者为零声母不带摩擦，如"店"iam，其开头的 i 介音舌位略低，近 ɪ 或 e。

　　③鼻音声母有些带有浊塞音成分，以 ŋᵍ 最为常见，mᵇ 和 nᵈ 比较少见。另 ŋ 在 i 介音前个别发音靠前，近 ȵ。

　　④h 声母有时擦音气流不明显，尤其是词汇或者语流中有时读音近零声母。

二　韵母（50 个，包括自成音节的 m 在内）

	i 试猪雨	u 苦师丝
a 茶牙瓦		

e 靴写   ie 爷

o 歌坐过

ai 排鞋米快   iai □jiai²² 质量差

ei 戏二飞鬼   ui 对

ɔi 开赔

eu 豆走   iu 油

ɔu 宝饱   iɔu 笑桥表

am 南   iam 盐

em 杉含   im 心深

an 山

en 年升兄星文   ien 营

ɔn 半短官   iɔn 圆

                          in 根新   un 权寸滚春云

                          iun 匀

aŋ 灯硬争横   iaŋ 响病星白

ɔŋ 糖床王双讲

ɤŋ 东   iɤŋ 容用

ap 盒塔鸭   iap 接贴

ep 叠   ip 十急

at 法辣八刮

et 热节直色   iet 益

ɔt 割   iɔt 越

                          it 七一橘   ut 活月骨出

ak 北白   iak 药尺锡

ɔk 托郭壳学国

ɤk 谷六绿局   iɤk 育

ə?的

m̩ 五

说明：

①韵母 o、e 收尾时带后滑音ᵚ，其实际音值分别接近 oᵚ、eᵚ。

②ɔi 的韵尾收音较松接近 ɪ 或 e。

③eu 的韵尾音色较弱，且圆唇音色不很明显，实际音值为 eꭟ。这一韵母在台山年轻人中读为典型的 eu 韵。

④以 ɔ 为主要元音的 ɔn、ɔt 韵母，主元音 ɔ 前带滑音 u，实际读音是ᵘɔn、ᵘɔt。

⑤ui、un、ut 的主元音实际舌位略低，近 ʊ，实际读音分别为 ʊi、ʊn、ʊt。

⑥ɤŋ、iɤŋ、ɤk、iɤk 韵母中，主元音到辅音韵尾之间存在一定的滑动过程，实际音值为 ɤᵘŋ、iɤᵘŋ、ɤᵘk、iɤᵘk。

三　声调（8个）

阴平	33	东该灯风通开天春冻怪半四痛快寸去买近

阳平　22　门龙牛油铜皮糖红

阴上	55	懂古鬼九苦草老五剑向

阳上　21　动罪后有

去声	31	卖路硬乱洞地饭树
上阴入	5	谷百节急塔刻
下阴入	3	搭哭拍切

阳入　31　六麦叶月毒白盒罚

说明：

①去声31实际读音略高，介于42和31之间。

②古清平字和古清去字今声调合并，记作阴平33，也包括个别古浊上字。

叁　异读

一　新老异读

1. 音类差异

老派音系共50个韵母，而新派音系仅45个韵母，其中iai、em、ep、iun、ɔʔ在新派音系中没有出现，这5个韵母大多由词汇调查补出，或仅个别例字，因此新派音系无。

2. 音值差异

（1）老派韵母e和ie在新派读音中开口度略大，主元音介于e与ɛ之间。

（2）老派韵母ɤŋ、iɤŋ在新派中舌位略低，读作əŋ、iəŋ；但其对应的入声韵仍舌位较高，为ɤk、iɤk；其主元音与辅音韵尾之间，老派和新派都存在一定的滑动过程。

（3）老派阴上读高平55，而新派则略带高升，读455。

（4）老派上阴入读55，而新派则经常出现尾端上扬，读45，与55不构成对立。

3. 变调差异

老派和新派台山话均有升变调和降变调，老派升变调读225，新派则较多读作凹调325。此外，老派和新派的变调字并不完全一致，组词时是否变调，或怎样变调存在不统一的情况，并无绝对的规律，总体上老派的降变调字明显多于新派。

二　文白异读

古梗摄开口三四等字存在文白异读，白读为iaŋ或iak，文读为en或et，如：声，白读为siaŋ[33]，文读为sen[33]；尺，白读为tsʰiak[33]；积，文读为tet[55]。

肆　小称音

台山方言单字有三类语素变调，一类是升变调，一类是降变调，还有一类是高平变调。升变调分两种情况，一种是舒声升变调，调值前段略平甚至有的稍降，尾部上扬升高，读作 225 或 215，如：会 ʋɔi^{225}。另一种是入声升变调，由于声调短促而读作急升 35 调，如：渴 hɔt^{35}。台山话升变调类似习惯变调，有些词语变或不变均可。台山方言词汇中的升变调，实际调值经常读得偏低，近 213，为保持词汇和字音的统一，仍记作 225。

降变调调值为 21，在舒声和入声字中都存在，如：沙 sa^{21}、叶 jiap^{21}。降变调多出现于名词语素，亦可视作小称变调。

高平变调为 55，与广州话接近，如"恤衫、冷衫"中"衫"读 sam^{55}。

第二十五节　开平方音

壹　概况

一　调查点概况

调查点为江门市开平市（县级）赤坎镇。开平市位于北纬 21°56′～22°39′，东经 112°13′～112°48′，东北连新会区，正北靠鹤山市，东南近台山市，西南接恩平市，西北邻新兴县，总面积 1659 平方公里，下辖三埠、长沙 2 个街道，月山、水口、沙塘、苍城、大沙、马冈、龙胜、赤坎、塘口、百合、蚬冈、金鸡、赤水等 13 个镇和 1 个省级产业转移工业园。根据第七次人口普查数据，截至 2020 年 11 月 1 日，开平市常住人口 748777 人，绝大部分为汉族，无呈区域分布的少数民族语言。

开平市有粤方言和客家方言两种汉语方言，大体可分三个片区：东北部的水井地区属客家方言，使用人口约 5200 人；西北部大沙、龙胜等地因靠近新兴县，属粤方言广府片，使用人口约 6 万人；其余地区基本属粤方言四邑片，使用人口约 61 万人。除水井地区外，其余两个片的方言由于地域不同、姓氏不同，在语音上虽有差别，但能够沟通。沿潭江北岸，从东到西，分别有泮村话、沙冈话、长沙话、赤坎话、蚬冈话；从县城向西北方向而去，则有沙塘、苍城、马冈、张桥等话，随后连接大沙、龙胜等地区。而潭江南岸的荻海地区则讲台山话，金鸡讲蚬冈话，赤水、东山接近赤坎话。赤坎镇位于开平市中部，研究开平方言通常以赤坎话为开平粤方言代表点。地方文化主要是开平民歌、粤剧等。

二　方言发音人概况

老男发音人关锦旋，汉族，1964 年 12 月生于开平市赤坎镇五龙管区环溪村，现居开平市赤坎镇，初中文化程度。日常生活中他使用开平粤方言和普通话交流，主要说开平话。其父母均为赤坎镇五龙村人，说开平话；配偶也是赤坎镇人，说开平话。他 1964—1971 年成长于赤坎镇五龙管区环溪村，1971—1976 年就读于四联小学，1976—1978 年就读于五龙中学，1978—1984 年从事自由职业，1984—1994 年自营泥水，1995—2008 年自由职业，2008 年至今于陶瓷厂工作。

　　老女发音人司徒丽雅，汉族，1963 年 2 月生于开平市赤坎镇，现居开平市赤坎镇，高中文化程度。日常生活中她使用开平粤方言和普通话交流，主要说开平话。其父母及配偶均为赤坎镇人，说开平话。1963—1972 年在赤坎镇成长，1972—1979 年就读树溪小学（小学初中共 7 年），1979—1981 年就读于开平六中，1981—2000 年从事自由职业，2000—2015 年于瓷砖工厂当质检员，2015 年至今于城乡小食店当厨师。

　　青男发音人关华康，汉族，1989 年 6 月生于开平市赤坎镇，现居开平市赤坎镇灵源管区，中专文化程度。日常生活中他使用普通话和开平粤方言交流，主要说开平话。其父母均为赤坎镇人，说开平话。1993—1999 年成长于赤坎镇，1999—2006 年就读于五龙小学，2006—2009 年就读于五龙中学，2009—2012 年就读于吴汉良理工学校，2012—2018 年从事自由职业，2018 年至今自营建材店。

　　青女发音人司徒巧贤，汉族，1985 年 11 月生于开平市赤坎镇，现居开平市赤坎镇，中专文化程度。日常生活中她使用普通话和开平粤方言交流，主要说开平话。其父母及配偶均为赤坎镇人，说开平话。1985—1992 年成长于赤坎镇，1992—1999 年就读树溪小学，1999—2002 年就读于光裕中学，2002—2005 年就读于开平广播电视大学，2005—2006 年于广州服装店工作，2006—2011 年于开平长沙镇润颜坊工作，2011—2013 年从事自由职业，2013—2014 年于塘口镇水边路五金厂工作，2014 年至今于交流渡景湖天地小区物业公司工作。

　　口头文化发音人张巨山，男，汉族，1944 年 10 月生，现居开平市三埠街道，非遗传承人，初中文化程度。提供的调查材料包括开平民谣、谚语、民间故事。

　　口头文化发音人梁淑苗，女，汉族，1981 年 11 月生，现居开平市三埠街道，教师，本科文化程度。提供的调查材料包括开平民歌及谚语。

贰　声韵调

一　声母（19 个声母，零声母包括在内）：

p	爸巴驳	pʰ	爬派片扑	m	明魔马问	f	飞风肥火法	v	温王兵病活
t	尖子	tʰ	清翠	n	南女	ɬ	司锁	l	林吕
ʧ	渣仕	ʧʰ	叉撤			ʃ	沙舌	j	余野
k	哥谷	kʰ	夸曲	ŋ	鱼牙	h	河拖破哭		
∅	亚独								

说明：

①赤坎话的声母数目虽然与台山台城话一样，但从历史音韵的角度看，仍有差别，主要是帮母多读双唇擦音 v（少数读双唇塞音），如：斑 van³³、别 vit²、八 vat³；滂母除读送气双唇塞音之外，有部分读 h，如：匹 het⁵、破 hu³³，少数读 v，如：品 vɛn⁵⁵；并母平声也有读 h 的，如：平 hɛn¹¹、蟛 haŋ¹¹，仄声则多读 v，如：步 vu³¹、白 vak²。

②m、n、ŋ 三个辅音声母都带有塞的成分，严格标写可作 mᵇ、nᵈ、ŋᵍ，但两组没有音位的对立，故从简记为一组。

③ʧ、ʧʰ、ʃ 在一定条件下（如 i 为主元音或介音）时，音质接近 ts、tsʰ、s，这两组同样没有音位对立，故从简记为一组。

二　韵母（46 个，包括自成音节的 m 在内）

	i 猪雨试	u 歌坐苦师丝
a 茶瓦牙	ia 靴写	
e(ə)诶嘅		
ɔ 宝毛傻过		
ai 街鸡	iai□iai¹¹:(质量)差	
ei 奇四		
ɔi 台爱		ui 徐鱼锐轨
au 交欧够亩	iu 雕刁照有	
eu 流秀		
am 森南陷		
ɛm 衔锦闪	iɛm 盐	
	im 音尖深甚	
an 山丹范		uan 肝暖端
ɛn 升根新星兄	iɛn 延	
	in 年权联	un 春寸云滚
aŋ 灯硬争横	iaŋ 响病	
ɔŋ 糖王床讲双		
oŋ 东功众	ioŋ 用	
ap 鸭盒塔		
ɛp 急磕	iɛp 叶	
	ip 贴接十	
at 辣八刮法		uat 活抹割
ɛt 色直七	iɛt 日	
	it 热节月一	ut 骨出

ak 北白脉　　　　　iak 药锡雀

ɔk 托郭学壳国

ok 谷绿局六　　　　iok 育褥浴

m 唔_不

ŋ 五

说明：

①以 ɔ 为主要元音的 ɔ、ic、ɔŋ、ɔk 等韵，ɔ 的实际音值是 ᵘɔ，ɔ 前的 u 属于过渡音，由于受 u 的影响，主要元音 ɔ 发得较广州话的 ɔ 为闭，接近 o。为简明起见，文中韵母一律省略 ᵘ。

②在部分赤坎人中，自成音节的鼻音 m 和 ŋ 混为 m，即"吴"读为 m^{11}。

③ə是 e 的变体，多在语流中出现，有的语法功能标记也往往弱化为 ə，由于不能独立，我们没有将之处理为独立的韵母。

三　声调（8个）

阴平	33	东该灯风通开春冻怪四痛快寸去半买有	阳平 11	门龙牛油铜皮糖红

阴平　33　东该灯风通开春冻怪四痛快寸去半买有　　阳平 11　门龙牛油铜皮糖红

阴上　45　懂古鬼九统苦老五讨草　　　　　　　　阳上 21　以里

去声　31　卖路硬乱洞地饭树动罪近后

上阴入 5　谷百搭节急塔刻　　　　　　　　　　　阳入 2　六麦叶月毒白盒罚

下阴入 3　拍切哭

说明：

①阴上的调值 45 接近 55，但略有升势。

②阳入 2 的调值有略降，实际调值接近 32。

叁　变调

开平话无系统的连读变调，但有三种常见的形态变调形式，分别为低调、升调和高调，下面依次介绍。

（一）低调：低调变调实际上是与名词（名词性成分）联系在一起的，非名词性的成分少有读低调变调的（阳上 21 调的性质不同，那是本调，而非变调），而且低调变调也不限于阴平（阴去）字。为了说明问题，我们按例词声调来源的不同，详细列出几个表来，同时标明变调的语言条件。

表1　　　　　　　　　　　　阴平

方言点 ＼ 例词	包	盖	架	带
开平赤坎	vau^{33} 动词— vau^{21} 量词	kɔi^{33} 动词— kɔi^{21} 盖子	ka^{33} 动词— si^{33} ka^{21} 书~	ai^{33} 动词— ai^{21} 带子

　　阴平调有名动对立的例子不太多，较多的只属于名词，如"街柑虾衫桑裤婿凳"等，调查时发音对象容易只读低调的读法，这可能给人造成低调即是本调的印象。其实不然。

表 2　　　　　　　　　　　　　　　　阳平

例词 方言点	鱼	房	婆	枇	蚊
开平赤坎	liaŋ¹¹ŋui¹¹ 鲮~— tak⁵ ŋui²¹ 鲴~	fɔŋ¹¹~屋— fɔŋ²¹~间	a³³hu¹¹ 阿~— fei¹¹hu¹¹ 肥~— tip⁵saŋ³³hu²¹⁵ 接生~	hɔi²¹~面 — hɔi²¹⁵ 枇（单说）	mun²¹⁵

　　阳平的本调皆为 11，但在 11 之外，还有其他读法，有 21 低调读法的，也有215（低）升调读法的，这些都涉及词义的区别。

表 3　　　　　　　　　　　　　　　　去声

例词 方言点	窦一窦	弟	舅	下
开平赤坎	vei³¹au³¹ 鼻~— kau⁴⁵au²¹ 狗~	ai³¹ 单字或"兄弟"— kʰai³³ ai³¹⁵ 契~（骂人语）— a³³hai²¹ 阿弟（弟弟）— hai²¹⁵（弟弟）	keu³¹fu³¹~父（书面语）— a³³kʰeu¹¹ 阿~（口语）	siaŋ³¹ha³¹ 上~— ŋa⁴⁵ha²¹ 瓦~（下面）

　　"窦鸡~:鸡窝"开平做量词时读低调，当是变调无疑；"弟"字读单字时为零声母，成词时读 h-母，但若明了其间的演变关系，其实就不难理解：单字的"弟"属于较早的文读层，定母仄声多丢失塞音读成零声母，平声则多读 h（相当于广州话的 tʰ），"弟"是浊上字，照理应读零声母才是，不过浊上的白读层粤语往往读送气，如广州话"肚腹肚"读 tʰou¹³，开平的"弟"读 hai 正合其例，属于白读层次。

表 4　　　　　　　　　　　　　　　　入声

例词 方言点	夹	擦	拍	叶	席	脚
开平赤坎	kap³ 动词— kap²¹ tu⁴⁵ 夹子	tsʰat³ŋa¹¹ 刷牙— ŋa¹¹tsʰat²¹ 牙刷	pʰak³kʰiu¹¹ 拍球— kʰiu¹¹pʰak²¹ 球拍	jɛp² 姓— jɛp²¹ 叶子	tɛt² 主席— tiak²¹ 席子	kiak³ 脚— hit⁵kiak²¹ 瘸脚

　　入声读 21 调的，从调类看，有阴入调（如"夹擦拍脚"），也有阳入调（如"叶

席"）；从功能看，既有区分词性的（动词—名词），也有区分词义的（本义—引申义）。入声低调的本质，其实与舒声低调的本质没有任何差别：都是通过声调的低化，与原调区分开来，达到辨义的作用。

（二）升调：四邑话变调除了低调形态外，还有一种重要的升调形态，也带有浓厚的屈折色彩，但较为复杂，包括几个变体(含曲折升调)。以下逐一列举例子：

表5　　　　　　　　　　　　　　215 变调

例词 方言点	包	梳	盖	沙
开平_{赤坎}	vau³³动词— vau²¹量词— pau²¹⁵包子	su³³动词— su²¹⁵梳子	kɔi³³动词— kɔi²¹盖子— kɔi²¹⁵笔~	sa³³长~— sa²¹沙子

表6　　　　　　　　　　　　　　315 变调

例词 方言点	面	裕	妹	料
开平_{赤坎}	mɛn³¹— hɔi¹¹ mɛn³¹⁵柏~	fu³³ i³¹富~— a³³ i³¹⁵阿~	mɔi³¹姐~— a³³ mɔi³¹⁵阿~（小妹妹）	i³¹liu³¹预~— ka³³liu³¹⁵加~

（三）高调：四邑话的高调变调，往往相应于广州话的高平变调（但有部分相应于广州话的其他变调），数量并不太多。如：

表7　　　　　　　　　　　　　　55 或 45 变调

例词 方言点	姨	公	渣
开平_{赤坎}	ai:³¹i¹¹大~(比母亲大)— a³³ i¹⁵⁵阿~(比母亲小)	ka³³koŋ³³家~— vak²koŋ²¹白~(祖宗)— vak²koŋ²¹⁵白~(曾祖父或同辈)— vak⁵jɛ⁵koŋ⁴⁵老大爷	tsa²¹渣~瓦 ŋa⁴⁵tsa⁴⁵瓦渣(碎瓦片)

肆　小称音

一　新老异读

1. 声母异读

老男发音人、青男发音人声母的异读表现在：擦音化现象的分歧，老派滂、并（平）、透、定（平）读 h 声母的情况，新派部分读为 pʰ、tʰ送气音；帮母老派通常读 v 声母，而新派有时读 p；精组读法也存在分歧，老派一般都 t、tʰ（心母则读边擦音），而新派则有读 ʧ、ʧʰ 声母的现象。如：

例词	青		老	
	声母	声韵调	声母	声韵调
皮	pʰ	pʰei¹¹	h	hei¹¹
藤	tʰ	tʰaŋ¹¹	h	haŋ¹¹
近	kʰ	kʰɛn³¹	k	kɛn³¹
该	k	kɔi³³	kʰ	kʰɔi³³
刺	ʧʰ	ʧʰi³³	ɬ	ɬu³³
萧	l	liu³³	ɬ	ɬiu³³
僧	t	taŋ⁴⁵	ɬ	ɬaŋ³³
坟	f	fun¹¹	m	mun¹¹
岸	h	huan³¹	ŋ	ŋuan³¹
顽	v	van¹¹	ŋ	ŋan¹¹
迎	∅	iɛn¹¹	ŋ	ŋɛn¹¹
资	ʧ	ʧi³³	t	tu³³
鸟	n	niu⁴⁵	t	tiu⁴⁵
贝	p	pɔi³³	v	vɔi³³

2. 韵母异读

老男发音人青男发音人韵母的异读表现在：果摄老派多读 u，而新派可见 ɔ 的读法；止摄开口三等，老派的主元音有时读 u，但新派则与广州话一样读为 i；有时新派的读法则趋向普通话，如"胎"的读法。还有就是文白读的错位，如"钉"老派读文读 ɛn，新派则读白读 iaŋ。总之，新派接受了广州话和普通话的影响，而以广州话尤其明显。详见下表：

例词	青		老	
	韵母	声韵调	韵母	声韵调
婆	ɔ	hɔ¹¹	u	hu¹¹
刺	i	ʧʰi³³	u	ɬu³³
资	i	ʧi³³	u	tu³³
抓	a	ʧa³³	au	ʧau⁴⁵

续表

例词	青		老	
	韵母	声韵调	韵母	声韵调
胎	ai	tʰai⁴⁵	ɔi	hɔi⁴⁵
拉	ai	lai³³	a	la³³
肩	an	kan³³	in	kin³³
恨	aŋ	haŋ³¹	ɛn	hɛn³¹
胖	aŋ	pʰaŋ³¹	ɔŋ	vɔŋ³¹
靠	au	kʰau³³	ɔ	kʰɔ³³
勺	ɔk	hɔk²	iak	ʃiak²
平	ɛn	pʰɛn¹¹	iaŋ	hiaŋ¹¹
震	ɛn	tʃɛn⁴⁵	in	tʃin⁴⁵
骑	ia	kʰia³¹	ei	kʰei¹¹
听	iaŋ	hiaŋ³³	ɛn	hɛn³³
命	iaŋ	miaŋ³¹	ɛn	mɛn³¹
钉	iaŋ	iaŋ³³	ɛn	ɛn³³
迎	iɛn	iɛn¹¹	ɛn	ŋɛn¹¹
添	in	hin³³	im	him³³
零	in	lin¹¹	ɛn	lɛn¹¹
捏	in	nin⁴⁵	it	nit⁵
跌	ip	ip⁵	ɛt	ɛt⁵
削	iu	ɬiu³³	iak	ɬiak⁵
橘	ut	kut⁵	it	kit⁵

二　文白异读

文白异读较多集中于梗摄字，咸摄偶见。如：

单字	白读	例词	文读	例词
淡	ham³³	太～	am³¹	冷～
正	tʃiaŋ³³	正～	tʃɛn³³	～确
顶	iaŋ³³	山～	ɛn³³	～级

第二十六节　恩平方音

壹　概况

一　调查点概况

调查点为江门市恩平市（县级）恩城街道。恩平市位于北纬 21°54′31″～22°29′44″，东经 111°59′51″～112°31′23″之间，东与开平市、台山市接壤，南邻阳江市，西接阳春市，北连云浮市，濒临南海，总面积 1698.6 平方公里，下辖 1 个街道和 10 个镇。截至 2020 年 11 月 1 日，恩平市常住人口为 483907 人。没有少数民族自然村，没有本土少数民族语言。

恩平话属于粤方言四邑片。恩平话主要有 5 种口音，其中恩城口音分布在恩城街道办，约 10 万人使用，使用者多为中老年人，该地区青年人口音趋向于江洲口音；江洲口音分布在沙湖镇、良西镇、君堂镇、东成镇等地，约 30 万人口使用，属强势口音，恩城街道等城区口音日渐与其趋同。洪滘口音分布在洪滘镇、横陂镇，约 4 万人使用，仅活跃于上述两镇，当地青年人口音与强势口音江洲音趋同。那吉口音分布在大槐镇、那吉镇，约 3 万人使用。大田口音分布在大田镇、朗底镇，约 3 万人使用。

当地有用方言演唱的木鱼歌，内容包罗万象，在民间娱乐、丧葬形式中使用。

二　方言发音人概况

老男发音人吴若洪，1951 年 4 月生于恩平市恩城街道办事处中南管区长洲里村，父亲是恩平市恩城街道办长洲里村人，母亲是恩平市恩城街道办新舟村人，配偶是恩平市东成镇方田村人。初中文化，1951—1960 年在长洲里村生活；1960—1965 年在厂前小学读小学；1965—1968 年在恩平一中读初中；1970—1990 年在恩城电站工作；1990 年至今在家务农。

青男发音人吴水金，1991 年 7 月生于恩平市恩城街道办事处塘劳村，父亲是恩平市恩城街道办事处塘劳村委员会人，母亲是恩平市恩城街道办事处三坑村委员会人。大学本科学历，1991—1998 年在恩城塘劳村生活；1998—2004 年在恩城第四小学读小学；2004—2010 年在恩城中学读初中及高中；2010—2014 年在广州大学松田学院读大学本科；2014—2015 年在东莞市晨光学校任教；2015 年至今在恩平市年乐学校任教。

口头文化发音人陈虾女，1958 年 4 月生于恩平市恩城街道办事处东潮街，初中文化，1958—1966 年在恩城东潮街生活；1966—1971 年在恩城镇环城小学读小学；1971—1973 年在恩城镇环城小学读初中；1973—1977 年在家劳作；1977 年在恩平市糖果厂就业；1978 年在恩平市恩城生产队兵团工作；1978 年结婚，至今在家为家庭主妇。提供的调查材料为歌谣 0001—0006、规定故事《牛郎和织女》、其他故事 0022。

　　口头文化发音人冯茵婷，1991 年 11 月生于恩平市恩城街道办事处东潮街，父亲是恩平市恩城街道办事处南兴街人，母亲是恩平市恩城街道办事处东湖街人。大专学历，1991—1998 年在恩城东潮街生活；1998—2004 年在恩城第一学校读小学；2004—2007 年在恩城第二中学读初中；2007—2010 年在恩城中学读高中；2010—2013 年在广州工商学院读大学本科；2013 年至今在恩平市新星房地产信息咨询中心工作。提供的调查材料为歌谣 0009、0010。

　　口头文化发音人陈云燕，1975 年 10 月生于广东省恩平市恩城街道办事处东潮里村，大学本科学历，小学教师。提供的调查材料为其他故事 0023。

　　口头文化发音人岑省军，1954 年 1 月生于广东省恩平市君堂镇李屋塘村，高中文化，电台记者。提供的调查材料为自选条目 0031。

　　口头文化发音人吴水金，与"青男发言人"为同一人，1991 年 7 月生于广东省恩平市恩城街道办事处塘劳村，大学本科学历，职业教师，详细情况见上文。提供的调查材料为歌谣 0007、0008。

贰　声韵调

一　声母（16 个，包括零声母在内）

p 八兵病	pʰ 派片爬	mb 麦明味问	f 飞风副蜂 肥饭灰	v 活温王云
t 多东毒	tʰ 草寸清贼 坐白全抽 拆茶柱抄 初床车春	nd 脑南年泥		l 老蓝连路
ʧ 资早租酒 字坐文谢 张竹争装 纸主			ʃ 刺丝三酸 想祠事山 双船顺手 书十城	
k 高九共	kʰ 权	ŋg 热软熬月	h 讨天甜开 轻好响	
Ø 县安用药				

二　韵母（44 个，包括自成音节的 m 在内）

	i 猪雨试戏二	u 苦师丝
a 茶牙瓦	ia 靴写	ua 歌坐过
ai 排鞋米快	iai 差	uai 开赔

ei 豆走 　　　　　　　　　　　　　　　　　　uəi 对飞鬼

ou 宝饱　　　　iəu 笑桥油

am 南

ɛm 心　　　　　iəm 盐深

an 山　　　　　　　　　　　　　　　　　　uan 半短官

ɛn 根新　　　　iən 年权　　　　　　　　　　uən 寸滚春云

　　　　　　　iuən 匀

aŋ 灯硬争横　　iaŋ 响病星白

eŋ 升星文兄　　ieŋ 蝇

ɔŋ 糖床王双讲

oŋ 东　　　　　ioŋ 用

ap 盒塔鸭

ɛp 急　　　　　iəp 接贴十

at 法辣八刮　　　　　　　　　　　　　　　　uat 活

ɛt 七　　　　　iət 热节月一　　　　　　　　uət 骨出

ak 北白　　　　iak 药尺锡白

ek 直色锡文　　iek 益

ɔk 托郭壳学国

ok 谷六绿局　　iok 育浴

m̩ 五

三　声调（7个）

阴平　33　东该灯风通开天春买有近白	阳平　22　门龙牛油
上声　55　懂古鬼九统苦讨草老五	
去声　21　有康~为动罪近文卖路乱地饭树	
上阴人　5　谷百~无禁忌节急哭塔切急~刻	阳入　2　六麦叶月毒白盒罚
下阴人　3　百一~搭拍切~菜	

叁　异读

一　新老异读

老男发音人精组、知章组的次清声母字读 tʰ，青男发音人就有一套完整的塞擦音和擦音，如"草"，老男发音人读作 tʰou⁵⁵，而青男发音人读成 tʃʰou⁵⁵。

二　文白异读

老男发音人的单字中，有 25 个存在文白异读，其中绝大多数分布在古梗摄开口三四等字，白读为 iaŋ 或 iak，文读为 eŋ 或 ek，如"平"pʰiaŋ²²白 pʰeŋ²²文、"席"

tʃiak² 白 tʃek² 文。个别是古全浊声母字清化后，白读声母送气，文读声母不送气，如"近" kʰɐn³³ 白 kɐn²¹ 文。

肆　其他主要音变

1. 有些名词除高调字（上声 55 调、入声 5 调）保留本调外，在单独使用和充末音节时会变调成 24，在词头或词中间时则保留本调。如：

例字	单独变调	末音节变调（高调字除外）	非末音节不变调
星	ʃeŋ²⁴	金星 kem³³ʃeŋ²⁴	星期 ʃeŋ³³kʰi²²
沙	ʃa²⁴	粗沙 tʃʰu³³ʃa²⁴	沙田柚 ʃa³³hiən²²iəu²⁴
砖	tʃiən²⁴	瓷砖 ʃu²²tʃiən²⁴	砖头 tʃiən³³hei²¹
煤	mbuai²⁴	烧煤 ʃiəu³³mbuai²⁴	煤矿 mbuai²²kʰɔŋ³³
时	ʃi²⁴	几时 ki⁵⁵ʃi²⁴	时间 ʃi²²kan³³
花	fa²⁴	梅花 mbuai²²fa²⁴	花朵 fa³³tua⁵⁵
梨	li²⁴	雪梨 ʃiət⁵li²⁴	梨园 li²²iən²²

2. 有些名词在末音节或前音节会变调为 21，具体规律有待整理。如：

例词	词尾变 21	例词	词头变 21
鲗鱼	tʃak⁵ŋguəi²¹	鱼丸	ŋguəi²¹iən²⁴
韭菜	kei⁵⁵tʰuai²¹	丸仔咸汤圆	iən²¹tʃai⁵⁵
田基	hiən²²ki²¹	桃果	hɔu²¹kua⁵⁵

第二十七节　四会方音

壹　概况

一　调查点概况

调查点为肇庆市四会市（县级）城中街道。四会市位于北纬 23°11′～23°41′，东经 112°25′～112°52′，东与佛山市三水区交界，南与鼎湖区相连，西南与高要区相邻，西北与广宁县接壤，东北与清远市清新区毗邻，辖东城、城中、贞山 3 个街道，龙甫、地豆、威整、罗源、迳口、大沙、石狗、黄田、下茆、江谷等 10

个镇，共 32 个居委会、122 个村委会，总面积 1257.6 平方公里。根据第七次人口普查数据，截至 2020 年 11 月 1 日，四会市常住人口 526457 人，绝大部分为汉族，无呈区域分布的少数民族语言。

四会市有四会话和客家方言两类方言，四会话属于粤方言勾漏片。客家方言零星地分布在迳口、地豆、黄田、邓村等乡镇，以迳口较为集中。此外，全市通行四会话。近年来，四会城区 3 个街道的居民多以广州话为主要通用语，很多年轻人的母语为兼有四会、广州口音的粤方言。

四会用方言说唱的曲艺为粤剧。

二 方言发音人概况

老男发音人欧宏健，汉族，1956 年 8 月生于四会市会城镇（现城中街道），四会市城中街道城南居委会人。1966—1971 年在高观小学（现城东小学）读小学，1971—1973 年在四会中学读初中，1973—1975 年四会中学读高中。1975—1977 年在四会白石塘知青场下乡，1978—1983 年在四会五金交电公司工作，1984—1993 年在四会市企业局工作。高中文化程度，退休工人。会说四会话、广州话和普通话，平时主要说四会话。父母均为四会城中街道人，说四会话；配偶为四会城中街道人，说四会话、广州话和普通话。

青男发音人邵杰，汉族，1986 年 3 月生于四会市会城镇（现城中街道），四会市城中街道沙尾居委会人。1993 年在城东小学读书，1994—1999 年在沙尾小学读书，1999—2002 年在会城中学读初中，2002—2005 年在会城中学读高中，2005—2009 年在肇庆学院（原西江大学）读本科。目前在业余体育学校工作。本科文化程度，游泳指导员。会说四会话、广州话、普通话和英语，平时主要说四会话和广州话。父母均为四会城中街道人，说四会话、广州话和普通话。

老女发音人陈美梅，汉族，1951 年 10 月生于四会市会城镇（现城中街道），四会市城中街道城中居委会人。1961—1965 年在城中小学读小学，1965—1968 年在会城工业中学读初中。1968—1971 年在城南居委会工作，1971—1977 年在清塘河西大队下乡务农，1977—2007 年在城中小学工作，2007 年退休。文化程度为初中，职业为退休教师。会说四会话、广州话和普通话，现在主要说四会话。父母均为四会城中街道人，说四会话；配偶为四会威整镇人，说广州话、客家方言和普通话。

青女发音人黎雪霞，汉族，1981 年 8 月生于肇庆四会市会城镇（现城中街道），四会市城中街道县前街人。1988—1994 年在四会市仲泰小学读小学，1994—1997 年 7 月在四会市华侨中学读初中，1997—2000 年在四会市华侨中学读高中。2000—2003 年在四会市龙城酒店工作。2003—2006 年在广东女子职业技术学院读大学。2006 年至今在四会市东城中心小学工作。本科文化程度，教师。会说四会话、广州话和普通话，平时主要说四会话、广州话和普通话。父母均为四会市城中街道人，说四会话；配偶为四会新江镇人，说广州话、客家方言和普通话。

　　口头文化发音人陈美梅，与"老女发音人"为同一人，详细情况见上文。提供的调查材料为歌谣、其他故事《阮公佛》及口彩、骂人话、谚语、歇后语、谜语。

　　口头文化发音人黎雪霞，与"青女发音人"为同一人，详细情况见上文。提供的调查材料为规定故事《牛郎和织女》。

　　口头文化发音人莫家达，男，汉族，1987 年 3 月出生。四会市城中街道高狮村人。大专文化程度，社工。提供的调查材料为其他故事《贞山故事》和《仙螺故事》、谚语。

　　口头文化发音人林开根，男，汉族，1945 年 1 月出生。四会市城中街道城中居委会人。大专文化程度，退休工程师。提供的调查材料为其他故事《金鸣岗下人家》。

贰　声韵调

一　声母（15 个，包括零声母在内）

p 八兵爬病	pʰ 派片	m 麦明味问	f 飞凤副蜂肥饭灰
t 多东甜毒	tʰ 讨天		l 脑南年泥老蓝连路
ʧ 资早租酒字全祠谢张竹茶争装床纸主九	ʧʰ 刺草寸清贼坐抽拆柱抄初车春		ʃ 丝三酸想事山双船顺手书十城
k 高共	kʰ 权	ŋ 熬	h 开轻好响
∅ 热软月活县安温王云用药			

说明：

　　①ʧ、ʧʰ、ʃ 在齐齿呼、撮口呼前接近 tɕ、tɕʰ、ɕ，在开口呼、合口呼前多为 ʧ、ʧʰ、ʃ。

　　②开口呼前的零声母多为 ʔ，合口呼前的多为 w，个别接近 v，齐齿呼和撮口呼前的多为 j。

二　韵母（76 个，包括自成音节的 m 和 ŋ 在内）

		i 师丝试戏二		u 苦		y 猪雨
a 茶牙瓦				ua 瓜		
ɛ 写		iɛ 爷				
œ 靴						

ɔ	歌坐			uɔ	过
o	宝	iu	饱笑桥		
ai	排鞋			uai	怀
ɐi	米快飞			uɐi	鬼
oi	开			ui	赔对
au	走	iau	油		
ɐu	豆	iɐu	幼		
am	南	im	盐		
ɐm	心深	iɐm	任		
an	单				
ɐn	根新春	iɐn	恩	uɐn	滚云
ɛn	山年			uɛn	关
ɵn	旱	in	肩	un	半官	yn 短权寸
aŋ	硬争			uaŋ	横
ɐŋ	灯升	iɐŋ	蝇		
ɛŋ	兄	iɛŋ	病星	uɛŋ	荣
œŋ	响双	iœŋ	让		
ɔŋ	糖床讲			uɔŋ	王
oŋ	东	ioŋ	用		
ap	盒塔鸭				
ɐp	十急	iɐp	入		
ɛp	夹				
at	法辣				
ɐt	七出橘	iɐt	一	uɐt	骨
ɛt	八			uɛt	刮
ɵt	割	it	接贴热节	ut	活	yt 月
ak	白				
ɐk	北直色	iɐk	翼	uɐk	或
		iɛk	尺锡		
œk	脚	iœk	药		
ɔk	托壳学			uɔk	郭国
ok	谷六绿局	iok	玉		
m̩	唔				
ŋ̍	五				

说明：

①iu 的 i 为韵腹，u 为韵尾。iu 的实际音值接近 e。

②ui 的 u 为韵腹，i 为韵尾。

③o 略高，音值接近 ʊ。

④ɛ 的舌位略高，音值接近 E。

⑤ɔ 的舌位略高。

⑥ɛn、ɛŋ 的音值接近 En、Eŋ。

⑦œŋ、iœŋ、œk、iœk 中的 œ 略高。

三　声调（7个）

阴平	51	东该灯风通开天春	阳平	31	门龙牛油铜皮糖红
上声	33	懂古鬼九统苦讨草 冻怪半四痛快寸去	去声	24	买老五有动罪近后 卖路硬乱洞地饭树
上阴入	5	谷急哭刻			
下阴入	3	百搭节拍塔切	阳入	2	六麦叶月毒白盒罚

说明：

①上声实际上命名为"阴上去"更合适，实际调值接近44；去声实际上命名为"阳上去"更合适。

②下阴入 3 实际调值接近 4。

③阳入 2 实际调值接近 3。

④下阴入调长比上阴入略长。

叁　连读变调

两字组连读变调规律如下表：

前字＼后字	阴平 51	阳平 31	上声 33	去声 24	上阴入 5	下阴入 3	阳入 2
阴平 51	22＋51 天公	22＋51 高粱	22＋55 飞鼠	22＋33 兄弟	22＋5 猪血	22＋35 亲戚	22＋2 今日
阳平 31	24＋51 台风	24＋31 农民	24＋55 苹果	24＋33 朋友	24＋5 牛日	24＋3 人客	24＋2 茶叶
上声 33	33＋51 手巾	33＋31 几时	33＋55 火水	33＋33 可以	33＋5 挨黑	33＋3 颈渴	33＋2 返学
去声 24	24＋51 牡丹	24＋51 有钱	22＋55 老鼠	24＋33 寺庙	24＋5 易得	24＋3 卤鸭	24＋2 旧历
上阴入 5	5＋51 恤衫	5＋31 刷牙	5＋33 粟米	5＋33 粟米	3＋5 苹碌		5＋2 出月
下阴入 3	3＋51 脚鱼	3＋31 捉棋	3＋33 铁锁	3＋33 客栈	3＋5 百一		3＋2 八月
阳入 2	2＋51 月光	2＋51 蜜糖	2＋55 热水	2＋24 实净	2＋5 蜡烛		2＋2 日日

两字组变调以前字变调为主，也有部分的后字变调。前字变调主要有：

1. 阴平 51 大多读作 22，少数读作 33，如："阿爷"中的"阿"，"猫牯"中的"猫"。

2. 阳平 31 变为 24。

3. 阳去有一部分变为 22。

4. 上阴入 5 在 阴平、阳平、上阴入前变为 3。

后字变调主要有：

1. 阳平 31 有时变作 33，有时变作 51。

2. 上声 24 有时变作 33。

3. 去声 33 有时变作 24。

肆　异读

一　新老异读

老男发音人、青男发音人语音差异不大，下面是两条涉及字数较多的音韵差异。

老男发音人有声母 ŋ 而青男发音人没有，疑母今读音老男发音人为 ŋ，青男发音人为 ∅，如"银""眼"。

宕开三的今读音，老男发音人多有 i 韵头，青男发音人多无 i 韵头，如"亮"，老男发音人念 liœŋ²⁴，青男发音人念 lœŋ²⁴。

二　文白异读

四会话的文白异读主要是韵母不同，声母、声调不同的较少。如：

汉字	白读	文读	备注
造	tʃo²⁴	tʃu³³	韵母、声调不同
败	pɐi²⁴	pai²⁴	韵母不同
猪	toi⁵¹	ty⁵¹	韵母不同
妹	mui²⁴	mui⁵¹	声调不同
妇	pɐu²⁴	fu²⁴	韵母不同
找	tʃo³³	tʃiu³³	韵母不同
武	mo²⁴	mu²⁴	韵母不同
使	ʃai³³	ʃi⁵⁵	韵母、声调不同
女	loi²⁴	ly²⁴	韵母不同
子	tʃai³³	tʃɐi³³	韵母不同
寿	ʃɐu³³	ʃɐu²⁴	声调不同

伍 小称音

没有儿化现象。小称变音一般是 35 变调或 55 变调，如：雾水 mu²⁴ʃui⁵⁵、天气 tʰɛn²²hi³⁵。

第二十八节 广宁方音

壹 概况

一 调查点概况

调查点为肇庆市广宁县。广宁县位于北纬 22°22′～23°59′，东经 112°03′～112°43′，东北与清新县交界，东南与四会市相连，西南与德庆县、高要市接壤，西北毗怀集县，北面与阳山县相交，总面积 2458.15 平方公里，辖 1 个街道 14 个镇 178 个村（居）委会 4379 个村民小组。根据广宁县人民政府在官方网站上发布的数据，截至 2019 年，全县户籍人口 58.7401 万人，其中城镇人口 17.8751 万人、乡村人口 40.865 万人，绝大部分为汉族，无呈区域分布的少数民族语言。

广宁县境内以通行粤方言为主，九成以上的人口都讲广宁粤方言。广宁粤方言的口音跟四会粤方言相近，同属于粤方言勾漏片。说广宁粤方言的人主要居住在绥江两岸靠近圩镇及县城周围的广大地区，这些人多是最早到广宁境内定居者的后代。广宁大约还有一成左右的人口说客家方言，其口音跟兴宁、梅县一带的客家口音相近。广宁的客家人大部分都直接或间接地由兴梅、粤东一带迁来，现多居住在较边远、偏僻的山区，主要集中在县东北的排山、江屯、联和、北市等镇。

广宁地区的口传文化主要是民歌、谚语、熟语和民间故事等。以前广宁各地都流行随口而唱的山歌，当地有个歇后语叫做"广宁民歌——无谱"，非常形象地突出了广宁山歌即兴而唱，缘情而歌的特色。根据方言来划分的话，广宁山歌主要有粤方言山歌和客家山歌两大类。新中国成立后在当地文工团的教化下，当地还流行一定数量的革命红歌。喃么歌是当地喃么师傅（道士）做法事时所唱的宗教歌曲，通常会有乐器伴奏。县城有部分粤剧粤曲私伙局，平时也偶有相关的活动。

二 方言发音人概况

老男发音人郑国宗，1946 年 12 月生于广宁县石涧镇横迳村，本科学历，曾先后做过教师、公务员及老板。除大学四年在广州上学外，基本上都在广宁南街读书、工作和生活。母语为广宁石涧话，会说广州话和普通话。父亲系广宁石涧人，母亲系广宁宾亨人，都说广宁话；妻子系广宁宾亨人，说广宁话、广州话及普通话。

老女发音人郑水莲，1955 年 3 月生于广宁县赤坑镇合成居委会西坑新村，小学学历，现在家务农。儿时在赤坑生活，后出嫁到南街林洞山边坑村。本人会说南街话和赤坑客家方言。父母为广宁赤坑人，均会说广宁话和客家方言；丈夫也是广宁人，说广宁话。

青男发音人陈英华，1982 年 5 月生于广宁县南街镇林洞居委会，大专学历，先后从事教师、公务员、歌手等职业。除 1998—2008 年在广州读书、深圳工作外，其余时间都在广宁读书、生活和工作。母语为南街乡下话，会说广州话和普通话。父亲广宁南街林洞人，说广宁话和广州话；母亲广宁赤坑人，说广宁话和客家方言；妻子为河南安阳人，说河南话和普通话。

青女发音人陈韵敏，1987 年 7 月生于广宁县南街镇，本科学历，现为中学教师。除本科四年在广州读书外，其余时间都在广宁读书、生活和工作。母语为南街话，会说广州话和普通话。父母皆为广宁南街人，说广宁话、广州话和普通话。

口头文化发音人郑国宗，与"老男发音人"为同一人，详细情况见上文。提供的调查材料包括民歌、故事、谚语。

口头文化发音人陈英华，与"青男发音人"为同一人，详细情况见上文。提供的调查材料包括民歌和故事。

口头文化发音人郑水莲，与"老女发音人"为同一人，详细情况见上文。提供的调查材料包括民歌和故事。

贰　声韵调

一　声母（16 个，包括零声母在内）

p 兵牌病八北　　pʰ 派片破谱票品　m 麦明味问慢篾　f 非风副蜂妇佛
t 多甜点弟搭毒　tʰ 天讨挺铁脱踢　n 脑年泥暖鸟嫩　　　　　　　　l 老蓝连路亮来
ts 资张祠茶床九　tsʰ 草清贼拆初春　　　　　　　　s 丝事山顺十失
k 高共几钳更急　kʰ 区渠规缺困曲　ŋ 熬饿牙五吴额　h 开轻好响县叶
ø 安热月用活云

说明：

①ts、tsʰ、s 跟 y、ɔ 等圆唇韵母拼合时实际音值为舌叶音 tʃ、tʃʰ、ʃ。

②零声母有三个变体：在开口呼前为喉塞音ʔ，在合口呼前为 w，在细音前为 j。

二　韵母（87 个，包括自成音节的 ŋ 在内）

	i 师试戏二	u 姑苦湖布	y 书鱼雨去
a 茶牙瓦嫁	ia 吔也文	ua 瓜寡挂话	

ɛ 啤咩茄鳙	iɔ 车爷写蔗		
œ 靴粿白朵白唾白			
ɔ 歌何宝错		eə 窝禾果过	
ai 批鞋米快	iai □iai⁴⁴:水果拽	uai 威怀鬼怪	
ei 非离死忌		ui 杯回水脆	
øy 猪徐许女			
ɔi 开台泪对	iɔi 锥锐		
au 舟牛跑够	iau 优油有幼		
eu 包条炒孝	ieu 爪皱	ueu 挠	
	iu 标桥小照		
ou 模图祖鲁	iou 幼文又文		
am 贪南斩鉴	im 粘兼钳敛		
ɐm 泵林枕暗	iɐm 音淫饮任		
an 班兰铲间		uan 玩文幻文	
ɐn 宾尘准信	iɐn 因人隐印	uɐn 君云滚困	
en 边田斩见		uen 关还皖惯	
øn 铲白闩			
ɔn 肝汗岸安	in 煎棉健厌	un 半官宽碗	yn 短权寸乱
aŋ 硬争猛坑		uaŋ 横梗	
ɐŋ 灯朋曾肯	iɐŋ 蝇应鹰	uɐŋ 轰宏	
eŋ 撑兴	ieŋ 病星兄	uieŋ 荣永	
øŋ 响双娘抢			yøŋ 洋养样
ɔŋ 糖床讲江		uɔŋ 光广王放	
oŋ 东粽凤红	ioŋ 翁容拥用		
ap 盒塔鸭盒	ip 箧涩褶		
ɐp 十立急汁	iɐp 入		
at 法辣擦发			
ɐt 七笔出橘	iɐt 一日	uɐt 骨核	
et 贴八插甲	iet 掖	uet 刮滑挖	
øt □søt³²: ~鞋带			
ɔt 割渴	it 接热节铁	ut 活	yt 月脱绝雪
ak 白册格客			
ɐk 北直色墨	iɐk 益翼	uɐk 划计~或	
ek 额窄滴	iək 尺锡石历	uiək 隙	
øk 约雀脚			yøk 药弱

ɔk 托薄壳学　　　　　　　　　　　　uɔk 郭国

ok 谷六绿局　　　iok 玉肉

ŋ 五

说明：

①y 的实际音值偏央偏下，a 的实际音值为 ᴀ。

②uə 的实际音值为 uᵊᵒ，iə 的实际音值为 iᵉᵒ。

③韵腹为 ɔ、ɛ、œ 的实际音值一般都是中间位置的元音。

④ou 的实际音值为 ʊu。

三　声调（9个）

阴平　51　东该灯风通开天春　　阳平　31　门龙牛油铜皮糖红

阴上　44　懂古鬼九统苦讨草

阴去　33　冻怪半四痛快寸去　　阳去 323　买老五有动罪近后卖路硬乱洞地饭树

上阴入 5　谷急哭刻　　　　　　上阳入 32　六麦毒罚

下阴入 43　叶月白盒　　　　　　下阳入 323　百搭节拍塔切

说明：

①阴平 51 调有 52 变体；阳平 31 有 21 变体；阴上 44 强调时可以读作 55；古浊上与古浊去合流为阳去调，调值 323 的调头比调尾略高，有 23 变体。

②上阴入 5 调型略升，听感是个高短调；下阴入 43 是个高降的短调，有 33 变体；上阳入 32 有 22 和 21 等变体，都是短调；下阳入 323 的调尾比调头略高，有 324、223、23 等变体。

叁　连读变调

广宁方言的双音节词在发音时有明显的连读变调现象，整体上以前字变调为主，也有部分的后字变调。

一　前字变调

发生前字变调的调类及其主要规律为：

1. 阴平 51 变 32/22。

2. 阳平 31 变 (3)23。

3. 阴上 44 变阴去 33。

4. 来自古浊上的阳去调，323 多变 32；来自古浊去的阳去调，则不变调。

5. 上阴入 5 变 43 或 3。

6. 下阳入 323 变 32。

前字变调规律具体如下表所示：

后字 前字	阴平 51	阳平 31	阴上 44	阳上去 323	阴去 33	上阴入 5	下阴入 43	上阳入 32	下阳入 323
阴平 51	32+51 鸡公	32+31 清明	32+44 飞鼠	32+323 衫袖	32+33 衫裤	32+5 包粟	32+43 亲戚	32+32 今日	32+323 正月
阳平 31	323+52 台风	323+31 蟛蜞	323+44 苹果	323+323 莲藕	323+33 油菜	323+5 人屋	323+43 菩萨	323+32 萝卜	323+323 茶叶
阴上 44	33+51 姐夫	33+31 枕头	33+44 口水	33+ 323/33 姊妹	33+33 (5) 水圳	33+5 屎窟	33+ 43/24 水壳	33+32 苦荬	33+323 手袜
阳去 323	32+51 牡丹	32+31 老婆	32+44 老鼠	32+ 323/223 舅父	32+33 礼拜	32+5 晚叔	32+43 动作	32+32 后日	32+323 满月
阴去 33	33+51 粪缸	33+31 剃头	33+44 冻水	33+ 323/33 算命	33+33 炮仗	33+5 细叔	33+43 裤脚	33+32 建立	33+323 菜叶
阳去 323	323+51 地交	323+31 电筒	323+44 面粉	323+ 323/33 豆腐	323+33 (5) 饭店	323+5 电笔	323+43 办法	323+32 谢日	323+323 旧历
上阴入 5	43+51 出山	43+31 鲫鱼	43+44 屋企	43+323 一万	43+33 喫晏	43+5 荜礤	43+43 竹节	43+32 竹篾	43+323 一直
下阴入 43	43+51 铁钉	43+31 隔篱	43+44 雀仔	43+ 323/33 客栈	43+33 恶意	43+5 隔壁	43+43 八角	43+32 阔落	43+323 作业
上阳入 32	32+51 月光	32+31 热头	32+44 白果	32+323 学校	32+33 药店	32+5 白鸽	32+43 历法	32+32 石蜡	32+323 热烈
下阳入 323	32+51 木梳	32+31 日头	32+44 蜜仔	32+ 323/223 木耳	32+33 日记	32+5 墨笔	32+43 木格	32+32 日历	32+323 木叶

二　后字变调

发生后字变调的调类主要是阴去 33、下阴入 43、阳上去 323、阳平 31 和下阳入 32，其主要规律为：

1. 阴去 33 在后字多变作 335，如"香蕈"。

2. 下阴入 43 经常变作 335 或 435，如"磁铁"。

3. 阳去 323 和阳平 31 经常变作 33，如"泥涾""含脓""嘴唇"；上阳入 32 经常变作 33 或 3，如"旧历""度月坐月子"。

肆　异读

一　新老异读

广宁方言新老派在声母读音上并无多少差异，新老异读主要出现在韵母和声调的读音上。

1. 韵母异读

（1）ei-ɐi。止摄帮系和端系字如"非、离、死"等，老派多读作 ei，而新派多读作 ɐi。

（2）au-ɐu。流开一三"走、候、牛、就"等，老派多读 au，新派有 au 和 ɐu 两读，在较为正式的场合如朗读时多读作 ɐu。

2. 声调异读

（1）31-21。单字阳平调老派多读作 31，新派多读作 21。

（2）323-212。单字阳去调和下阳入调老派单读时多读作 323，其主要变体为 23；新派这两个调单读时多为 212，其主要变体为 12，也可以读作 23。

（3）43-3。下阴入老派多读作微降短调 43；新派多读作中平短调 3。

（4）32-2。上阳入老派多读作微降短调 32；新派多读作中低短调 2。

二　文白异读

1. 声母的文白异读

（1）古全浊塞音、塞擦音今读的差异。白读无论平仄都读不送气清音；文读平声送气，仄声不送气，如"锤、权、锄"等。

（2）非组今读重唇与否。非组有些常用字如"浮、缚"，白读为 p，文读为 f。

2. 韵母的文白异读

（1）ai/ɐi-i。止开三知系个别常用字如"知、使"等字，白读老派为 ai，新派为 ɐi；文读新老派都读 i。

（2）øy-y。遇合三个别字如"猪、渠、渠他"等，白读为 y，文读为 øy。

（3）et-ap。咸开二有些入声常用字如"插"，在新派里白读为 et，文读为 ap。

（4）en/t-in/t。咸开四和三开四帮、端、见系有些常用如"片""垫""牵"和"跌""篾"，在新派里白读为 en/t，文读为 in/t。

（6）øn-an。山合二庄组有些常用字如"闩"，在新派里白读为 øn，文读为 an。

（7）ek-ak。梗开二陌韵有些常用字如"窄、额"，在新派里白读为 ek，文读为 ak。

伍　小称音

广宁方言没有儿化现象，一般用后加词缀"仔"表示小称，如"狗仔""手巾仔""桃仔""烟仔"。有时候也用小称变音来表示"小"或"亲昵"，通常是把原调变作高平调或高降调，如"妹"读 mui$^{32/21}$，"小妹"读 mui^{51}；又如头发"毛"读 mɔ$^{32/21}$，小称义"寒毛"的"毛"读 mɔ^{51}。

陆　其他主要音变

表完成的结构助词"诶 ɛ"经常会受到前字韵尾的影响，发生顺同化，如"吃诶 hiək kɛ"。在快速语流当中，表完成的结构助词"诶 ɛ"还经常会失落元音，但其声调会依附前一个动词的声调之上，如"王先生去得医院做（诶）只手术做得好成功"，其中的动词"做"的声调由"33"变为"353"。

第二十九节　怀集方音

壹　概况

一　调查点概况

调查点为肇庆市怀集县怀城镇河南居委会，所调查方言为怀集下坊话。怀集县地处北纬 23°28′07″～24°23′30″，东经 110°52′09″～112°30′49″之间，东接阳山县、广宁县，南连德庆县，西界封开县和广西贺州市，北邻连山县、连南县，总面积 3554.07 平方公里，辖 2 街道 16 镇 1 民族乡。根据第七次全国人口普查数据，截至 2020 年 11 月 1 日，怀集县常住人口为 805177 人。其中汉族人口占比 99.1%，壮族占比 0.65%，瑶族占比 0.25%（2000 年）。

本县有少数民族语言。一是标话，主要分布在诗洞镇、永固镇，另外梁村、大岗、桥头的部分地区也有，使用人口约 16 万；二是壮语，分布于下帅壮族瑶族乡，根据 2012 年统计，使用人口约有 0.6 万人。

本县汉语方言主要有粤方言和客家方言。粤方言主要包括上坊话和下坊话，此外还有桥头粤方言、诗洞的白崖话。上坊话分布于冷坑、梁村、大岗、马宁、岗坪、蓝钟等地，总人口约 31 万。下坊话使用于怀城、坳仔、凤岗、连麦、中州、洽水、甘洒、闸岗、汶朗、下帅等地，总人口约 39.7 万。据调查，使用下坊话的青年人易受广州话影响，口音略有变化。桥头粤方言使用于桥头镇，约占全镇人口 80%，总人口约 4.5 万。白崖话使用于诗洞的金沙、健丰、丰安村，总人口约 0.5 万。客家方言主要分布在蓝钟、闸岗、下帅、诗洞、桥头、冷坑镇，总人口约 0.4 万人。

本县方言说唱的曲艺或地方戏种类及使用情况如下：哭嫁歌，如今已经很少能听到，仅几个老人能回忆起。山歌，桥头镇至今仍有用桥头粤方言演唱的山歌，但只在特定场合唱。戏剧"贵儿戏"，桥头镇特有，饰演者多为老人，年轻一辈会的不多。山歌和"贵儿戏"都急需传承。

二　方言发音人概况

老男发音人吴泽江，汉族，1955 年 6 月生于肇庆市怀集县怀城镇河南居委会石塘街，高中文化程度。父亲是怀城镇河南居委会石塘街人，母亲是怀城镇幸福居委会人，配偶是怀城镇河南居委会人，都说下坊话。吴泽江自幼在出生地长大，1961—1966 年在幸福小学、1966—1967 年在怀城第一小学读小学，1967—1971 年在怀集一中读初中，1971—1973 在怀集一中读高中。1973—1983 年在怀城做裁缝个体户，1984—2004 年在怀城镇做小生意，2005—2008 年在怀城做包工头，2008—2010 年在怀城镇做小生意，2011 年退休至今。现在主要说下坊话，还会说上坊话、广州话、普通话。

青男发音人刘龙明，汉族，1988 年 2 月生于肇庆市怀集县怀城镇城南三角地刘屋村，本科文化程度，小学体育老师。父亲是怀城镇城南三角地刘屋村人，母亲出嫁前在怀城镇城南三角地粮所公司生活，都说下坊话。配偶是怀集县岗坪镇谢屋村人，说上坊话。刘龙明自幼在出生地长大，1996—2001 年在实验小学读小学，2001—2004 年在城南中学读初中，2004—2007 年在肇庆中专读中专，2008—2010 年在怀集广播电视大学读大学。2010 年至今在怀城镇第二小学做老师。现在主要说下坊话，还会说上坊话、广州话、普通话。

老女发音人王雪友，汉族，1963 年 8 月生于肇庆市怀集县怀城镇育秀居委会王屋村，小学文化程度，农民。父母都是怀城镇育秀居委会人，说下坊话，也会普通话。配偶是怀城镇兴贤居委会人，也说下坊话，同时会普通话。王雪友自幼在出生地长大，1971—1975 年在育秀小学读小学，1976 年至今在怀城镇当农民。现在主要说下坊话，还会普通话。

青女发音人周妨英，汉族，1985 年 11 月生于肇庆市兴贤管理区人民路，大专文化程度，案场解说专员。父亲是怀城镇兴贤居委会人，母亲是怀城镇育秀居委会人，都会说下坊话和普通话。配偶也是怀城镇兴贤居委会人，会说下坊话、广州话、普通话。周妨英自幼在怀城长大，1993—1999 年在怀城中心小学读小学，1999—2002 年在怀集一中读初中，2007—2008 年在中天驾驶做业务员；2010—2016 年为兴盛米业老板；2011—2014 年在怀集广播电视大学读大专；2016 年至今为碧桂源玖珑湾讲解员。现在主要说下坊话、广州话和普通话，此外还懂上坊话。

口头文化发音人陈日清，男，汉族，1962 年 10 月生于肇庆市怀集县怀城镇大龙管理区桂花村，大专文化程度，小学语文老师，提供的口头文化材料包括歌谣、故事。

口头文化发音人吴泽江，与"老男发音人"为同一人，详细情况见上文，提供的口头文化材料包括故事和自选条目若干。

口头文化发音人周妨英，与"青女发音人"为同一人，详细情况见上文，提供的口头文化材料为故事。

口头文化发音人王雪友，与"老女发音人"为同一人，详细情况见上文，提供的口头文化材料为自选条目。

口头文化发音人林行弟，女，汉族，1958 年 6 月生于肇庆市怀集县怀城镇平南管理区高车村，小学文化程度，农民，提供的口头文化材料为歌谣。

贰　声韵调

一　声母（17 个，包括零声母在内）

p	八兵爬病	pʰ	派片	m	麦明味问	f	飞风副蜂肥饭灰

p　八兵爬病　pʰ　派片　　　　m　麦明味问　f　飞风副蜂肥
　　　　　　　　　　　　　　　　　　　　　　　饭灰

t　多东甜毒张　tʰ　讨天　　　n　脑南年泥　　　　　　　　l　老蓝连路
　量，白竹

ʧ　资早租酒字　ʧʰ　刺草寸清贼　n̠　热软月药　θ　丝三酸想事
　坐文全祠谢　　　坐白抽拆抄　　　　　　　　山双顺手书
　张量，文茶　　　初车春　　　　　　　　　十
　柱争装床纸
　主船城九

k　高共权　　　kʰ　靠　　　　ŋ　熬　　　　h　开轻好响

Ø　活县安温王
　云用

说明：

①有部分字读喉塞音声母ʔ，如：烟ʔεn⁴²、县ʔun²²⁵，但是ʔ与Ø不区别意义，统一处理为零声母；

②θ发音部位稍后，舌尖没有完全抵至门齿之间；

③n̠与Ø对立，如：言≠盐，延≠炎，儿≠姨，但有的字两可，比如"痒""叶"。

二　韵母（93 个，包括自成音节的 m 在内）

		i	师丝试戏二	u	苦	y	雨
a	茶牙瓦	ia	夜	ua	画		
		iɐ	写				
ε	茄	iε	□n̠ieu⁴⁵n̠iε⁵⁴：皱巴巴	ɜu	□ue⁵⁴：挖（耳屎）		
œ	靴						
ɔ	歌坐			cu	过		
o	宝						
ai	排鞋米快	iai	□iai⁴²：肮脏	uai	鬼		
ɐi	飞						
ɔi	开对	iɔi	锐	ui	赔		
œy	猪						
au	豆走	iau	油				
εu	饱	iεu	□n̠ieu⁴²痒：挠痒	uεu	□uεu⁵⁴：叫，喊		
ɐu	做	iɐu	又				

		iu	笑桥				
am	南						
ɐm	心深	iɐm	任				
an	班	ian	□ian⁴⁵：大声喊	uan	幻		
ɐn	根新春	iɐn	引	uɐn	滚云		
ɛn	山年			uɛn	关		
œn	短寸	iœn	软				
on	半	in	盐	un	官权		
ɐŋ	硬争	iɐŋ	□脚 iɐŋ⁴²：脚跟	uɐŋ	横		
ɐŋ	灯升	iɐŋ	蝇	uɐŋ	宏		
		ieŋ	病星兄				
œŋ	响	iœŋ	张	uœŋ	荣		
ɔŋ	糖床双讲	iɔŋ	□iɔŋ⁴⁵：一串	uɔŋ	王		
oŋ	东	ioŋ	用				
ap	盒塔	iap	□iap⁴⁵：与锄头相似，但刀面比锄头宽的一种农具，无齿				
ɐp	十急	iɐp	入				
at	法辣	iat	□iat⁴⁵：跑				
ɐt	七出	iɐt	一	uɐt	骨橘		
ɛt	鸭贴八	iɛt	□ȵiet⁴⁵：（挽）袖子	tɐt	刮		
œt	□œt⁴⁵：活结						
ot	割	it	接热节	ut	活	yt	月
ɛk	白			uɐk	滑		
ɐk	北直色	iɐk	尺锡	uɐk	或		
ek	息	iek	液	uek	疫		
œk	脚	iœk	药				
ɔk	托壳学			uɔk	郭国		
ok	谷六绿局	iok	肉				
m̩	五						

说明：

①œn、œŋ、œt 主元音的实际音值接近 ø，与单元音 œ 配套统一处理。

②on 逢见系声母主元音开口度稍大，介于 o 与 ɔ 之间。

③ɛŋ 的实际是 ɛᵃŋ，主元音和韵尾之间有后滑音 a。

④阳声韵逢阴上调因声调短促，韵尾变弱，听感上接近同部位的入声韵尾，如：产、扁、板。

⑤阳声韵配阳上调鼻音韵尾有时变弱，听感接近同部位入声韵尾，如：满、网、旱。

⑥自成音节的 m 存在自由变体形式 ŋ。

三　声调（9个）

阴平	42	东该灯风通开天春	阳平	231	门龙牛油铜皮糖红
阴上	54	懂古鬼九统苦讨草	阳上	24	买老五有动罪近后
阴去	45	冻怪半四痛快寸去	阳去	225	卖路硬乱洞地饭树
上阴入	5	谷节急哭切刻	阳入	24	六麦叶月毒白盒罚
下阴入	45	百搭拍塔			

说明：

①阴平 42 和阴上 54 都是降调，阴平调较长，阴上调较短，听感上十分短促。

②阳上调 24 和阳去调 225 主要靠缓急作为区别特征，前者急，后者缓。

③阴去调 45 实际调值有时是 545，如：破、猫。

④阳去调中间有时略带曲折，前降后升。

⑤上阴入 5 较下阴入 45、阳入 24 更为短促。

叁　连读变调

怀集下坊话有连读变调。这里介绍两字组连读变调规律：

1. 阴平、阳平、阴去、阳去字作为词汇前字时，一般变调为22；

2. 阴上、阳上、上阴入、下阴入、阳入字作为词汇前字时，变调为2；

3. 以上两条变调为一般情况，但不是强制性变调。

前字 ＼ 后字	阴平 42	阳平 231	阴上 54	阳上 24	阴去 45	阳去 225	上阴入 5	下阴入 45	阳入 24
阴平 42	22 42 香菇	22 231 清明	22 54 莴笋	22 24 正月	22 45 屙屁	22 225 听话	22 5 包粟	22 45 猪脚	22 24 中药
阳平 231	22 42 牛公	22 231 顽皮	22 54 年尾	22 24 莲藕	22 45 油菜	22 225 城镇	22 5 毛笔	22 45 菩萨	22 24 蝴蝶
阴上 54	2 42 酒罂	2 231 水塘	2 54 水果	2 24 起重	2 45 韭菜	2 225 姊妹	2 5 狗虱	2 45 打铁	2 24 小学
阳上 24	2 42 马骝	2 231 有钱	2 54 老虎	2 24 蚂蚁	2 45 断气	2 225 马路	2 5 染色	2 45 卤鸭	2 24 满月

续表

后字 前字	阴平 42	阳平 231	阴上 54	阳上 24	阴去 45	阳去 225	上阴入 5	下阴入 45	阳入 24
阴去 45	22 42 唱歌	22 231 臭狐	22 54 猫牯	22 24 戒奶	22 45 背脊	22 225 地豆	22 5 课室	22 45 裤脚	22 24 放学
阳去 225	22 42 后生	22 231 电筒	22 54 下午	22 24 上午	22 45 夜斗	22 225 味道	22 5 第一	22 45 自杀	22 24 二十
上阴入 5	2 42 结婚	2 231 鲫鱼	2 54 橘果	2 24 虱嫲	2 45 折扣	2 225 雪豆	2 5 缺德	2 45 一世	2 24 结实
下阴入 45	2 42 发烧	2 231 客人	2 54 铁锁	2 24 吃药	2 45 发震	2 225 吃面	2 5 百一	2 45 八月	2 24 发力
阳入 24	2 42 辣椒	2 231 木头	2 54 白果	2 24 木耳	2 45 白菜	2 225 热闹	2 5 白鸽	2 45 十八	2 24 十月

肆　异读

一　新老异读

1. 声母方面

（1）老男发音人 n—l 对立，泥母字声母读 n，来母字读 l。青男发音人 n—l 也对立，整体上仍是泥母读 n，来母读 l，但所管辖的一部分字与老男发音人稍有不同，如"脑"读 l，规律暂时不明。

（2）老男发音人声母读 θ 的字，青男发音人读 ʃ。

（3）老男发音人声母 ȵ 与 ∅ 对立，如：言≠盐、延≠炎、儿≠姨，但有的字两可，比如"痒""叶"。青男发音人没有 ȵ 声母，老男发音人读 ȵ 声母的字，青男发音人一律读 ∅。

2. 韵母方面

老男发音人和青男发音人的韵母系统整体同多异少。根据调查，差异有以下两点：

（1）就曾摄开口三等入声字而言，老男发音人音的韵腹主要是 ɐ，如：逼 pɐk⁵、力 lak²⁴、侧 tʃɐk⁵、色 θɐk⁵，有个别字的韵腹是 e，如"息"字大多数时候读 θek⁵，只在"重孙"义的词语中读 θɐk⁵，老男发音人认为 θɐk⁵ 是旧的读音。青男发音人的曾摄开口三等入声字韵腹主要是 e，例如：逼 pek⁵、力 lek²⁴、色 θek⁵，有少部分字的韵腹 ɐ，如：侧 tʃɐk⁵、席 tʃiɐk²⁴。

（2）老男发音人有 uek 韵母，青男发音人没有该韵母，相应的字读 iek 韵母。

3. 声调方面

老男发音人、青男发音人的声调系统一致，没有明显的系统性差异。

二　文白异读

文白异读以老男音为例，如：

例字	文读	白读
知	tʃi⁴²	tɐi⁴²
鸟	niu²⁴	tɛu⁵⁴
浮	fau²³¹	pu²³¹
妇	fu²⁴	pu²⁴
领	liɐŋ²⁴	ȵiɐŋ²⁴

伍　小称音

怀集下坊话没有儿化音。

小称方面，未发现独立的小称变调，小称可以用"仔"缀，如：蚊仔 mɐn² tʃai⁵⁴（蚊子）、猪仔 tœy²² tʃai⁵⁴（猪崽）、手巾仔 θau² kɐn²² tʃai⁴²（手绢）、耳仔 ȵi² tʃai⁵⁴（耳朵）、手仔 θau² tʃai⁵⁴（手指）、银仔 ŋɐn²² tʃai⁵⁴（硬币）、公仔书 koŋ²² tʃai² θy⁴²（连环画）。

陆　其他主要音变

1. 语流中的同化现象，如"屋"单字音声母是零声母，在词语"人屋 iɐn²² nok⁵（别人）"中，"屋"的声母被"人"的韵尾同化为鼻音声母。

2. 一些合音现象，如"二十 ȵi²² θɐp²⁴"合音为"<u>二十 ȵia²²⁴</u>"，"三十 θam⁴² θɐp²⁴"合音为"<u>三十 θa⁴²</u>"。

第三十节　德庆方音

壹　概况

一　调查点概况

调查点为肇庆市德庆县德城镇。德庆县位于北纬 23°04′～23°30′，东经 111°32′～112°17′，东接高要区，西、西北与封开县毗邻，北连怀集县，东北界广宁县，南临西江与云浮市郁南县、云安区隔江相望，总面积 2258 平方公里，辖德城街道，新圩、官圩、马圩、高良、莫村、永丰、武垄、播植、凤村、九市、悦城、回龙等 12 个镇。根据第七次人口普查数据，截至 2020 年 11 月 1 日，德庆县常住人口 331438 人。当地主要民族为汉族，无呈区域分布的少数民族语言。

德庆县境内主要通行方言为德庆话，属于粤方言勾漏片。德庆话主要分布在德城及其近郊、马圩河流域、悦城河中上游流域、悦城下游西江沿岸和绿水河流域，各区域方音有差异，一般以德城方音作为当地话代表。另外，悦城镇等有个别客家人聚居点，通行客家方言。其中德庆话为全县共同交际语言。

据地方志记载，德庆县曾经流行的曲艺有龙舟、木鱼、白榄、粤讴，但现今未见流传。当地现主要流传用广州话演唱的粤剧、粤曲。

二　方言发音人概况

老男发音人温伟康，1963 年 11 月出生于德庆县德城镇，中师文化。父母都出生于德庆县德城镇，主要讲德庆话；配偶出生于德庆县新圩镇，主要讲德庆话。该发音人 1972 年 9 月—1977 年 6 月在东风小学（今镇二小）就读小学，1977 年 9 月—1980 年 7 月在香山中学就读初中，1980 年 9 月—1983 年 7 月在广宁师范学校就读中师，1983 年 7 月—1990 年在新圩中心学校教学，1990 年 4 月—1996 年在德庆搬运公司开车，1996—2002 年在德庆官圩自己开加油站，2002—2006 年赋闲在家；2007 年至今，在德庆县南方日报发行站工作。

青男发音人王宇劲，1991 年 6 月出生于德庆县德城镇，中专文化，未婚。父母都出生于德庆县德城镇，主要讲德庆话。该发音人 1997 年 9 月—2003 年 6 月在德城镇镇三小就读小学，2003 年 9 月—2006 年 6 月在德城二中就读中学，2009 年 9 月—2012 年 6 月在新兴中药学校就读中专，2013—2016 年在家待业，2016 年至今在德庆人民医院工作。

老女发音人温莲英，1962 年 2 月出生于德庆县德城镇，初中文化。父母和配偶都出生于德庆县德城镇，主要讲德庆话。该发音人 1970 年 9 月—1975 年 6 月在东风小学（今镇二小）就读小学，1975 年 9 月—1978 年 6 月在朝阳中学（今德城中学）就读初中；1979—1987 年在德庆鱼塘做工，1993—2003 年在德庆服装厂打工，2004 年至今在当地市场做个体户。

青女发音人戴鸿晶，1992 年 5 月出生于德庆县德城镇，本科文化，未婚。父母都出生于德庆县德城镇，主要讲德庆话。该发音人 1999 年 9 月—2005 年 6 月在镇一小就读小学，2005 年 9 月—2008 年 6 月在香山初级中学就读初中，2008 年 9 月—2011 年 6 月在香山中学就读高中，2011 年 9 月—2014 年 6 月在广州读大学，2015 年至今在德庆人民医院工作。

口头文化发音人温伟康，与"老男发音人"为同一人，详细情况见上文。提供材料为规定故事《牛郎和织女》0021、其他故事 0023、自选条目 0048—0056。

口头文化发音人谢尚荣，男，1962 年 3 月出生于德庆县德城镇，初中文化。提供材料为歌谣 0001—0004、自选条目 0031—0047。

口头文化发音人王宇劲，与"青男发音人"为同一人，详细情况见上文。提供材料为歌谣0005—0009、其他故事0022。

贰　声韵调

一　声母（17个，包括零声母在内）

p 八兵爬病	pʰ 派片	m 麦明味问	f 飞风副蜂肥饭灰
t 多东甜毒	tʰ 讨天	n 脑南年泥	l 老蓝连路
ts 资早租酒字全谢祠白张竹茶白争装床白纸主	tsʰ 刺草寸清贼坐祠文抽拆茶文柱抄床文车春		s 丝三酸想事山双船顺手书十城
		n̠ 热软月	
k 高九共权	kʰ 区	ŋ 熬	h 开轻好响
∅ 活县安温王云用药			

二　韵母（71个，包括自成音节的 m、ŋ 在内）

		i 师丝试戏二飞	u 苦	y 猪雨
a 茶牙瓦			ua 华	
œ 靴				
ɛ 写响白		iɛ 野		
ɔ 歌坐过糖白床白双白讲白			uɔ 王白	
ai 排鞋快			uai 怪	
ɐi 米			uɐi 鬼	
oi 开赔对				
au 饱		iau 猫又		
ɐu 豆走		iɐu 油		
ou 宝		iu 笑桥		
am 南		im 盐		
ɐm 心深		iɐm 音		
om 甘				
an 山			uan 关	
ɐn 根新春		iɐn 恩		uɐn 滚云

on	汉	in	年	un	半短官权寸
		iun	冤		
ɐŋ	灯硬争			uɐŋ	横
ɛ̃ŋ	响文	iɛŋ	让		
eŋ	升病星兄	ieŋ	赢	ueŋ	永
ɔŋ	糖文床文双文讲文			uɔŋ	王文
oŋ	东	ioŋ	用		
ap	塔鸭盒文				
ɐp	十急	iɐp	入		
op	盒白				
		ip	接贴		
at	法辣八			uat	刮
ɐt	七出橘	iɐt	一	uɐt	骨
ot	割	it	热节	ut	活
		iut	月		
ɐk	北白			uɐk	或
ɛk	直	iɛk	药		
ek	色尺锡	iek	益		
ɔk	托郭壳学国				
ok	谷六绿局	iok	育		
m̩	母又				
ŋ̍	五				

说明：

　　①韵母 iau 只出现在"猫"miau 一词中，带有摹声色彩，故不列入韵母系统。

　　②韵尾 n 实际音值为前偏央。

三　声调（9 个）

阴平	454	东该灯风通开天春	阳平	242	门龙牛油铜皮糖红
阴上	45	懂古鬼九统苦讨草	阳上	23	老五有近
阴去	53	冻怪半四痛快寸去	阳去	31	卖路硬乱洞地饭树买动罪后
上阴入	5	谷百节急哭拍切刻	阳入	2	六麦叶月毒白盒罚
下阴入	53	搭塔			

说明：

　　①阴平字为升降调，老男发音人调值不稳定，偶尔读为高平调，此处统一记作 454。

　　②阳平字为升降调，调型以上升部分为主，此处记为 242；调头有时略有极

短下折，但不明显；部分阳平字存在嘎裂声，如"柴""蛇"等。

③阴去和上阴入音高相同，区别在于阴去为舒声调，上阴入为短促调。

叁　连读变调

德庆话两字组连读的主要规律为前字变调，一般变为平调或降调。具体如下：

1. 阴平字和阴上字作前字时，一般变为 33 或 53。

2. 阳平字和阳上字作前字时，一般变为 22 或 21。

3. 阴去字作前字时通常不变调，如果变调，一般变为 33。

4. 阳去字作前字时通常不变调，如果变调，一般变为 22。

以上变调为一般情况，但不是强制性变调。

后字＼前字	阴平 454	阳平 242	阴上 45	阳上 23	阴去 53	阳去 31	上阴入 5	下阴入 53	阳入 2
阴平 454	33＋454 天光 53＋454 青瓜	33＋242 番茄 53＋242 高粱	33＋45 朝早 53＋45 番薯	53＋23 阿母	33＋53 天气 53＋53 香信＝	53＋31 松树	33＋5 冰雹	—	53＋2 今日
阳平 242	21＋454 台风	22＋242 茅寮	22＋45 年尾 21＋45 鼻水	22＋23 莲藕	21＋53 成世	22＋31 时候 21＋31 皮蛋	22＋5 啼哭 21＋5 菩萨	—	22＋2 蝴蝶
阴上 45	33＋454 点心	53＋242 枕头	33＋45 饺子	53＋23 水氹	33＋53 煮餸	53＋31 煮饭	33＋5 狗虱	—	33＋2 眼核
阳上 23	21＋454 养猪	22＋242 鲤鱼	21＋45 老虎	—	21＋53 坐厕	22＋23 舅父	—	—	—
阴去 53	33＋454 过冬 53＋454 菜干	—	—	—	33＋53 晏昼	53＋31 晏夜	—	33＋53 裤脚	53＋2 放学
阳去 31	—	22＋242 旧年	22＋45 大水	—	—	—	—	—	—

另外，阳去字作后字时，有时读为 23 调，如"舅父""乡下""扫地""衫袖""衫袋""师父"等。

肆　异读

一　新老异读

1. 声调差异

（1）阴平调老男发音人多为升降调，记为 454；青男发音人多为平调，记为 55。

（2）阳平调老男发音人多为升降调，记为242；青男发音人多为升调，记为14。

2. 声母差异

老男发音人比青男发音人多一个声母 ȵ。老男发音人读为 ȵ 声母的字，青男发音人皆读为零声母，如"鱼、义"等。

3. 韵母差异

（1）老男发音人有自成韵母的 ŋ，青男发音人没有。老男发音人读为 ŋ 韵母的字，青男发音人读为 m，如"五、吴"等。

（2）老男发音人音系中的 iun、iut 韵母，青男发音人分别读为 yn、yt。

（3）青男发音人有韵母 œk（仅见于"削 sœk^5"一字，未列入青男发音人音系），老男发音人没有这一韵母。

4. 其他差异

青男发音人文读色彩相对较浓。有些字老男发音人有文白两读，青男发音人只有文读音，如"桃、轿、舅"等；有些字老男发音人只有白读音，青男发音人有文白两读，如"图、排、程"等。

二　文白异读

1. 宕、江两摄存在较为规律的文白异读，白读 ŋ 韵尾脱落，文读反而带有 ŋ 韵尾，如：

例字	白读	文读
糖	tɔ^{242}	tɔŋ^{242}
王	uɔ^{242}	uɔŋ^{242}
匠	tsɛ^{31}	tsɛŋ^{31}
样	iɛ^{31}	iɛŋ^{45}

2. 古浊音声母今读塞音、塞擦音的字存在较多的文白异读，白读声母不送气，文读声母送气，如：

例字	白读	文读
茶	tsa^{242}	tsʰa^{31}
盘	pun^{242}	pʰun^{31}
轿	kiu^{31}	kʰiu^{31}

3. 其他文白异读如：

例字	白读	文读
柿	sai^{23}	si^{23}
使	sɐi^{45}	si^{45}
鸟	tiu^{45}	niu^{45}
妇	pu^{23}	fu^{45}
舅	tsɐu^{23}	kʰɐu^{23}
含	hom^{242}	ham^{242}

盒	hop^2		hap^2
蝇	heŋ^{242}		ieŋ^{242}
翁	oŋ^{454}		ioŋ^{454}

伍　儿缀和小称音

1. "儿 n̩i^{31}" 做儿缀时读为 454 调，如：河儿 hɔ^{22}n̩i^{454}、窿儿 loŋ^{33}n̩i^{454} 窟窿、雀儿 tsʰɛk^{2}n̩i^{454} 鸟儿、麻甩儿 ma^{21}lek^{2}n̩i^{454} 麻雀。

2. "妹 moi^{31}""弟 ti^{31}" 在"妹妹""弟弟"中可读为 45 调，似是小称音。

陆　其他主要音变

1. 部分带 u 介音的字，u 介音有时会脱落，如：挂 kua^{53}/ka^{53}。

2. 声母 n̩ 在语流中有时读为零声母，如：日 n̩iet^2/iet^2。

第三十一节　封开方音

壹　概况

一　调查点概况

调查点为肇庆市封开县江口镇。封开县位于广东西北部，西江中游，北纬 23°13′～23°59′，东经 111°2′～112°2′之间，东临怀集，东南、西南分别与德庆、郁南接壤，西、北与广西梧州、苍梧和贺县（现改称贺州）交界，总面积 2723.43 平方公里，辖 1 个街道和 15 个镇，设 178 个村委会和 21 个居委会（县城区辖 5 个居委会）。根据第七次人口普查数据，截至 2020 年 11 月 1 日，封开县常住人口 374848 人。

封开县城通行带地方口音的广州话，下面各镇主要通行的汉语方言属于粤方言勾漏片，南部个别镇（如平凤、江川、七星和渔涝的部分乡村）有数千人讲客家方言。封开县内的粤方言可按原辖区分为开建话和封川话两种（开建话主要分布在县境北部各镇；封川话则主要分布在南部），两种方言差别较大，不能直接通话。封开境内讲开建话的人数和讲封川话的人数大致相同，都是 20 多万。除了汉语方言外，封开北部跟怀集县交界的长安、金装等镇约有 7000 多人讲标话（属于壮侗语族侗水语支）。封开标话长期跟周围的开建话接触交融，80%以上的词语都借自开建话。本次调查记录的是封开县城郊区的封川话。

封开县与方言相关的非物质文化遗产包括：

1. 民歌

封开民歌历史悠久，据《封开县志》（1998：778）记载，早在唐代武德元年（618），开建一带的群众便有祭社习歌的风俗。说明唐代封开民歌已经非常兴盛。封开境内的民歌种类众多：若依地域区分，则有开建山歌、文德山歌、罗董山歌、泗科（今大洲）山歌、都平山歌、平凤山歌等；若按语言来分，则有标话山歌、粤方言山歌、客家山歌等；若按内容来分，则有送鸡歌、鸾凤歌、新娘歌（出嫁歌）、新屋歌、古人歌、何物歌、交情歌、哭丧歌、故事歌、采茶歌等；若以音乐形式来分，则有音乐伴唱的喃么歌以及清唱的各地山歌等。

2. 采茶戏

封开采茶戏是在民间灯彩歌舞的基础上形成并用当地方言演唱，糅合粤剧的一些板腔与当地民歌相结合而形成的具有鲜明特色的地方剧种。封开采茶戏受粤剧和其他剧种的影响，吸收了粤剧一些锣鼓和表演程式，剧本分场次，以铺陈故事为主，形式简朴，道白、动作形同日常生活。传统剧目以本地传说、日常劳动生活和男女相悦等故事的连台本戏为主，俗称"连戏"。舞台背景固定为家堂景、中堂景、庙堂景等几种，并将其类似挂历一样连接起来，演出时可根据剧情需要将其翻动就可变动背景。唱腔音乐则以山歌小调为主，唱腔分为采茶调、小调两大类，共有 42 种曲牌（常用的 16 种）；根据感情色彩，又可分为喜、怒、哀、乐四类。曲体结构为七字句式和四字句式，演员根据唱词内容自由处理唱腔的情绪和节奏，唱时有打击乐和弦乐伴奏。伴奏乐器分左、右场，左场为二胡、扬琴、琵琶、三弦、唢呐、笛子等管弦乐，右场为锣、鼓、镲、钹、木鱼等打击乐。角色行当分生、旦、丑三行，表演比较粗疏，只有简单的步法和手法，以唱述故事情节为主。演出时生、旦、丑三行全体先出场引唱，致祝福词和介绍剧情提要，接着正戏开场，终场再全体礼唱拜别。封开采茶戏形成的历史并不长，只有 160 多年的历史，主要通过家族和师徒之间传承。

二　方言发音人概况

老男发音人李钦泉，1948 年 6 月生，封开县江口镇封川胜利村黄岭生产队人，世居本地，无外出经历。农民，小学五年级文化水平，平时主要讲封川话。父母和配偶皆为封川本地人，平时交流都以封川话为主。

青男发音人刘钦添，1986 年 2 月生，封开县江口镇封川居委会六村人，曾在深圳打工 6 年，前几年回乡务农。高中文化，农民。会说普通话和广州话，平时以讲封川话为主。父母皆为封川本地人，只会说封川话。配偶为江苏人，会讲普通话和江苏海门话。

老女发音人林彩凤，1939 年 1 月生，封开县江口镇封川居委会六村人，现住封开县封川城门楼边第二间。世居本地，无外出经历。农民，初中文化，只会讲封川话。父母以及配偶都是封川本地人，只会讲封川话。

青女发音人邓惠，1987 年 7 月生，封开县江口镇封川五村五队人。16 岁前在封川读书；16 岁到江口镇江口中学读高中，19—23 岁到广州读大学，24 岁回到封川中学教书。教师，大学本科文化，会讲封川话、普通话和广州话，上课以普通话为主，平时多讲封川话和广州话。父母都是封川本地人，只会讲封川话，配偶为广东罗定人，会讲罗定话、广州话和普通话。

口头文化发音人梁草蝉，女，1931 年 2 月生，封开县大洲镇大播村委会百吉村人。农民，文化程度为文盲，提供材料为山歌。

口头文化发音人莫祀华，男，1948 年 8 月生，封开县大洲镇垢塘村委会广涌口村人。退休干部，大专文化，提供材料为山歌。

口头文化发音人李旭均，男，1963 年 6 月生，封开县大洲镇垢塘村人，农民，高中文化，提供材料为山歌。

口头文化发音人陈月莲，女，1964 年 8 月生，封开县江口镇大和村人，农民，小学文化，提供材料为山歌。

口头文化发音人莫亚土，男，1967 年 1 月生，封开县大洲镇泗科村委会石段村人，农民，初中文化，提供材料为嗬么歌。

口头文化发音人陈楚源，男，1957 年 7 月生，封开县江口镇封川居委会人，除了外出读书外，其余时间都在本地学习、生活和工作。公务员，大专文化，会说封川话、广州话和带有浓重地方口音的普通话。父母和配偶都是本地人，只会讲封川话。提供材料为童谣。

贰　声韵调

一　声母（16 个，包括零声母在内）

p 帮爬兵病	pʰ 派片铺劈	m 明麦味问	f 蜂副饭灰	
t 多甜早节	tʰ 讨天草清	n 脑男年泥	ɬ 字全酸想	l 老蓝连路
ʧ 张柱装床纸船城九	ʧʰ 抽初车春	ȵ 热软月柔	ʃ 事山顺手十	
k 高共权芥	kʰ 规吸筐窍	ŋ 熬眼牙额	h 好响开轻	
Ø 县活安王药				

说明：

①封川话的 p、t、k 是较紧的清爆破音。p、t 跟高调配合时有较弱的浊内爆音变体，跟低调配合时有的时候听起来有浊感。封开南部离县城较远的罗董、杏花、渔涝等镇的方言帮端母今读是较为明显的内爆音，并定母今读的浊音感也要比封川话明显。

②封川话的 ʧ、ʧʰ、ʃ 跟齐齿呼相拼时实际音值为舌面前的 tɕ、tɕʰ、ɕ。

③零声母有 j、w、ʔ等变体：在齐齿呼前多为 j，在合口呼前为 w，在开口呼前为ʔ。

二　韵母（82 个，包括自成音节的 ŋ 在内）

	i 师试戏飞	u 租苦付壶	y 猪许住数
a 茶牙瓦化	ia 廿	ua 瓜华挂话	
ɛ 车写借谢	iɛ 爷野夜	uɛ 挂_白	
œ 靴躲			
ɔ 歌鹅坐破	iɔ 哟皱	uɔ 果过祸	
ai 排鞋快解	iai 搓	uai 拐怪坏	
ʌi 翳计细	iʌi □iʌi⁵⁵：乞求	uʌi 鸡米鬼贵	
	iui 乳蕊	ui 开赔罪对	
au 抄饱校闹	iau 爪		
ɛu 焦_白撬_白	iɛu 撩猫尿_文绞_白		
əu 刀宝造号	iu 焦桥鸟笑		
ʌu 偷楼走豆	iʌu 休油有右		
am 贪男减杉			
	iɛm 钳点		
əm 甘含敢暗	im 尖盐险剑		
ʌm 心琴林浸	iʌm 音饮任淫		
an 山弹产烂	iɛn 扁片_白撚_白	uan 弯关还惯	
ʌn 根紧	iʌn 人隐印闰	uʌn 分民困君	
	in 鲜年剪战		
on 肝旱寒案	iun 冤园软院	un 端全暖半	
aŋ 灯层肯硬	iɛŋ 姜尝厂让	uaŋ 横梗	
eŋ 冰绳饼病	ieŋ 蝇形影英	ueŋ 永荣	
ɔŋ 帮糖讲浪		uɔŋ 光慌王旺	
oŋ 东铜孔宋	ioŋ 翁熊拥用		
ap 塔杂	iap 挹眨		
	iɛp 夹镊喋		
əp 鸽盒	ip 接业碟		
ʌp 汁十粒	iʌp 入		
at 八辣抹	iɛt 舌鳖蚀篾	uat 刮滑	
ʌt 失出	iʌt 一日	uʌt 蜜骨	
	it 设热		
	iut 月越	ut 末活	
ak 得握墨贼	iɛk 脚药勺叻	uak 或划	
ek 尺直石	iek 益	uek 域	
ɔk 托鹤嗍		uɔk 国郭	

ok 谷六　　　　　　　iok 叔玉

ŋ 吴五

说明：

①a 系韵母实际音值为央低元音 ɐ。

②ɔ 系韵母的实际读音为六号半元音 o̞；ɛ 系韵母的实际音值为 ɛ。

③ai、uai、uʌi、ui 的韵尾 i 经常发不到位，实际读音为 ɪ 或 e。

④əu、au、ʌu 的韵尾 u 经常发不到位，实际读音为 ʊ 或 o。

⑤合口呼诸韵母的介音或韵腹 u 的实际音值多为 ʊ。

⑥iu、im、in、ip、it 的韵腹 i 的实际音值为 ɪ。

⑦iɛŋ 和 iɛk 韵的 i 介音实际音值为 ɪ 或 e，跟 h、l、ʧ 拼合的时候，i 介音容易脱落；iʌi、iui、iʌu、iʌm、iʌn、iun、iʌp、iʌt、iut 的 i 介音带圆唇色彩。

⑧eŋ 和 ek 的实际音值为 ɯŋ 和 ɯk。

⑨ʌi、ʌu、ʌm、ʌn、ʌp、ʌt 诸韵的主元音前通常带一个前置的圆唇滑音 ɔ 或 o。

⑩韵腹为 ɔ 的韵母与舌叶擦音 ʃ 相拼的时候音值接近 io 或 yɔ。

三　单字调（9 个）

阴平	55	东开天春	阳平	243	牛油铜皮
阴上	334	懂古鬼九	阳上	223	老五有动
阴去	51	冻怪半四	阳去	21	洞地饭树
上阴入	5	谷节急哭	阳入	2	毒白盒罚
下阴入	53	节拍塔切			

说明：

①阴平调 55 单念时有 554 和 44 等自由变体；阳平 243 快读的时候主要读作 24。

②阴上 334 有 34、445、335 等自由变体；阳上 223 有 23、113 等自由变体。

③阴去 51 有 52、41、42 等降调变体；阳去 21 有 31、221 等自由变体。

④上阴入 5 是个高短调，有高升变体（带假声）；下阴入 53 有 43 变体。

⑤由于封川话的上阴入和阴平、下阴入和阴去、阳入和阳去之间并不存在最小的对立（各呈互补对应分布状态），因此封川话的单字调也可以归为 6 个调位：1 调（55/5）、2 调（243）、3 调（334）、4 调（223）、5 调（51/53）、6 调（21/2）。

叁　连读变调

封川话双音节及双音节以上的词语中，通常会出现连读变调现象。封川话的连读变调以前字变调为主，也有后字变调。有些词同时存在前字变调和后字变调，从变调发生的顺序来看，这些词通常是先发生前字变调，后发生后字变调。前字变调可用两条规则来总结：一是前字为阴调（阴平 554、阴上 334、阴去 51、上阴入 5、下阴入 53）时，通常会变作中平调（33/3）或中降调（32/32）；

二是前字为阳调（阳平 243、阳上 223、阳去 21）时，通常会变作低平调 22（阳入调本身已是低平调 2，故不再变调）。各调在双音节词中的前字变调情况如下所示：

1. 阴平＋各调：554＋各调→33/32＋各调，如：

    阴平＋阴平：心胸 $ɬʌm^{554-33}hoŋ^{554}$、鸡公 $kʌi^{554-33}koŋ^{554}$

    阴平＋阳平：新娘 $ɬʌm^{554-32}niɛŋ^{243}$、猫头 $miɛu^{554-32}tʌu^{243}$

    阴平＋阴上：牲口 $ʃaŋ^{554-33}hʌu^{334}$、飞鼠 $p^hi^{554-33}ʃy^{334}$

    阴平＋阳上：猪肚 $ʧy^{554-32}tu^{223}$、鸡肫 $kʌi^{554-32}ʧʌn^{223}$

    阴平＋阴去：青菜 $t^heŋ^{554-32}t^hui^{51-21}$、猪肺 $ʧy^{554-32}fi^{51-21}$

    阴平＋阳去：生病 $ʃaŋ^{554-32}peŋ^{21}$、衫袖 $ɬam^{554-32}ɬʌu^{21}$

    阴平＋上阴入：亲戚 $t^hʌn^{554-33}t^hek^5$、包粟 $pau^{554-33}ɬok^5$

    阴平＋下阴入：三角 $ɬam^{554-32}kɔk^{\underline{53-2}}$、窟甲 $loŋ^{554-32}kap^{\underline{53-2}}$

    阴平＋阳入：桑叶 $ɬoŋ^{554-32}ip^2$、烟盒 $in^{554-32}həp^2$

2. 阳平＋各调：243＋各调→22＋各调，如：

    阳平＋阴平：人家 $ȵiʌn^{243-22}ka^{554}$、同窗 $toŋ^{243-22}ʧ^hiɛŋ^{554}$

    阳平＋阳平：男人 $nam^{243-22}ȵiʌn^{243}$、茶婆 $ʧa^{243-22}pɔ^{243}$

    阳平＋阴上：肥仔 $fi^{243-22}ʧʌi^{334}$、苹果 $peŋ^{243-22}kuɔ^{334}$

    阳平＋阳上：朋友 $paŋ^{243-22}iʌu^{223}$、牛肚 $ŋʌu^{243-22}tu^{223}$

    阳平＋阴去：咸菜 $ham^{243-22}t^hui^{51}$、脾气 $pi^{243-22}hi^{51}$

    阳平＋阳去：门路 $mun^{243-22}lu^{21}$、闲话 $han^{243-22}ua^{21}$

    阳平＋上阴入：毛笔 $məu^{243-22}pʌt^5$、茶渍 $ʧa^{243-22}tek^5$

    阳平＋下阴入：菩萨 $pɔ^{243-22}ɬat^{\underline{53-2}}$、摩擦 $mɔ^{243-22}ʧ^hat^{\underline{53-2}}$

    阳平＋下阳入：同学 $toŋ^{243-22}hɔk^2$、茶叶 $ʧa^{243-22}ip^2$

3. 阴上＋各调：334＋各调→33/32＋各调，如：

    阴上＋阴平：姐夫 $ti^{334-33}fu^{554}$、水瓜 $ʃui^{334-33}kua^{554}$

    阴上＋阳平：火头 $fɔ^{334-32}tʌu^{243}$、口潺 $hʌu^{334-32}ɬan^{243}$

    阴上＋阴上：橄榄 $kəm^{334-33}lam^{334}$、口水 $hʌu^{334-33}ʃui^{334}$

    阴上＋阳上：姐弟 $tɛ^{334-32}tʌi^{223}$、仔女 $tʌi^{334-32}ny^{223}$

    阴上＋阴去：水圳 $ʃui^{334-32}ʧʌn^{51-21}$、宝贝 $pəu^{334-32}pui^{51-21}$

    阴上＋阳去：手链 $ʃʌu^{334-32}lin^{21}$、鬼计 $kuʌi^{334-32}kʌi^{21}$

    阴上＋上阴入：屎窟 $ʃi^{334-32}fuʌt^5$、土鳖 $t^hu^{334-33}piɛt^5$

    阴上＋下阴入：水鸭 $ʃui^{334-32}ap^{\underline{53-2}}$、请客 $ʧ^heŋ^{334-33}hak^{\underline{53}}$

    阴上＋阳入：水栗 $ʃui^{334-32}lʌt^2$、苦荬 $fu^{334-32}mak^2$

4. 阳上＋各调：223＋各调→22＋各调，如：

    阳上＋阴平：舅翁 $ʧʌu^{223-22}oŋ^{554}$、眼圈 $ŋan^{223-22}hun^{554}$

    阳上＋阳平：老婆 $ləu^{223-22}pɔ^{243}$、眼眉 $ŋan^{223-22}mi^{243}$

    阳上＋阴上：耳屎 $ȵi^{223-22}ʃi^{334}$、奶水 $nai^{223-22}ʃui^{334}$

阳上＋阳上：动静 toŋ²²³⁻²²ɬeŋ²²³、淡市 tam²²³⁻²²ʃi²²³

阳上＋阴去：被套 pi²²³⁻²²tʰəu⁵¹、眼盖 ŋan²²³⁻²²kui⁵¹

阳上＋阳去：坐垫 ɬɔ²²³⁻²²tin²¹、耳坠 ȵi²²³⁻²²ʧui²¹

阳上＋上阴入：辨析 pin²²³⁻²²ɬek⁵、道德 tou²²³⁻²²tak⁵

阳上＋下阴入：罪恶 ɬui²²³⁻²²ɔk⁵³、动作 toŋ²²³⁻²²tɔk⁵³

阳上＋阳入：眼核 ŋan²²³⁻²²uʌt²、坐月 ɬɔ²²³⁻²²ȵiut²

5. 阴去＋各调：<u>51</u>＋各调→<u>33/32</u>＋各调，如：

阴去＋阴平：契亲 kʰʌi⁵¹⁻³³tʰʌn⁵⁵⁴、秘书 pi⁵¹⁻³³ʃy⁵⁵⁴

阴去＋阳平：应承 ieŋ⁵¹⁻³²ʧeŋ²⁴³、太婆 tʰai⁵¹⁻³²pɔ²⁴³

阴去＋阴上：对手 tui⁵¹⁻³³ʃʌu³³⁴、细婶 ɬʌi⁵¹⁻³³ʃʌm³³⁴

阴去＋阳上：细舅 ɬʌi⁵¹⁻³²ʧʌu²²³、菜市 tʰui⁵¹⁻³²ʃi²²³

阴去＋阴去：芥菜 kai⁵¹⁻³²tʰui⁵¹⁻²¹、炮仗 pʰau⁵¹⁻³²tieŋ⁵¹⁻²¹

阴去＋阳去：舍妹 ʃe⁵¹⁻³²mui²¹、闭汗 puʌi⁵¹⁻³²hun²¹

阴去＋上阴入：爱妾 ui⁵¹⁻³³tʰit⁵、细叔 ɬʌi⁵¹⁻³³ʃok⁵

阴去＋下阴入：贝壳 pui⁵¹⁻³³hɔk⁵³、政策 ʧeŋ⁵¹⁻³³ʧʰak⁵³

阴去＋阳入：布袜 pu⁵¹⁻³²mat²、菜叶 tʰui⁵¹⁻³²ip²

6. 阳去＋各调：21（不变调）＋各调→22＋各调，如：

阳去＋阴平：荔枝 lʌi²¹⁻²²ʧi⁵⁵⁴、汗斑 hun²¹⁻²²pan⁵⁵⁴

阳去＋阳平：电筒 tin²¹⁻²²toŋ²⁴³、尿壶 niu²¹⁻²²u²⁴³

阳去＋阴上：面粉 min²¹⁻²²fʌn³³⁴、料酒 liu²¹⁻²²tʌu³³⁴

阳去＋阳上：糯米 nɔ²¹⁻²²mʌi²²³、腐乳 fu²¹⁻²²ȵiui²²³

阳去＋阴去：袖套 ɬʌu²¹⁻²²tʰəu⁵¹、内裤 nui²¹⁻²²fu⁵¹

阳去＋阳去：梦话 moŋ²¹⁻²²ua²¹、面具 min²¹⁻²²ky²¹

阳去＋上阴入：饭粒 fan²¹⁻²²nʌp⁵、地磟 ti²¹⁻²²lok⁵

阳去＋下阴入：蛋壳 tan²¹⁻²²hɔk⁵³、办法 pan²¹⁻²²fat⁵³

阳去＋阳入：面食 min²¹⁻²²ʃek²、饭盒 fan²¹⁻²²həp²

7. 上阴入＋各调：<u>55</u>＋各调→<u>33/32</u>＋各调，如：

上阴入＋阴平：着衫 ʧiɛk⁵⁻³ʃam⁵⁵⁴、结婚 kit⁵⁻³fʌn⁵⁵⁴

上阴入＋阳平：拨尘 pʰut⁵⁻³²ʧʌn²⁴³、捉鱼 ʧɔk⁵⁻³²ȵy²⁴³

上阴入＋阴上：一起 iʌt⁵⁻³hi³³⁴、喫苦 hek⁵⁻³fu³³⁴

上阴入＋阳上：褶被 ʧip⁵⁻³²pi²²³、得罪 tak⁵⁻³²ɬui²²³

上阴入＋阴去：激气 kek⁵⁻³hi⁵¹、喫晏 hek⁵⁻³an⁵¹⁻²¹

上阴入＋阳去：瘪鼻 miet⁵⁻³²pi²¹、喫饭 hek⁵⁻³²fan²¹

上阴入＋上阴入：得益 tak⁵⁻³iek⁵、出色 ʧʰʌt⁵⁻³ʃek⁵

上阴入＋下阴入：执法 ʧʌp⁵⁻³fat⁵³、出发 ʧʰʌt⁵⁻³fat⁵³

上阴入＋阳入：结局 kit⁵⁻³²kok²、节俗 tit⁵⁻³²ɬok²

8. 下阴入＋各调：53＋各调→33/32＋各调，如：

下阴入＋阴平：法官 fat⁵³⁻³kun⁵⁵⁴、脚跟 kiɛk⁵³⁻³kʌn⁵⁵⁴

下阴入＋阳平：膊头 pɔk⁵³⁻³²tʌu²⁴³、骆驼 lɔk⁵³⁻³²tɔ²⁴³

下阴入＋阴上：脚颈 kiɛk⁵³⁻³keŋ³³⁴、鸭㜮 ap⁵³⁻³na³³⁴

下阴入＋阳上：脚眼 kiɛk⁵³⁻³²ŋan²²³、搏懵 pɔk⁵³⁻³²mɔŋ²²³

下阴入＋阴去：恶棍 ɔk⁵³⁻³kuʌn⁵¹、嘲气 ʃɔk⁵³⁻³hi⁵¹⁻²¹

下阴入＋阳去：发汗 fat⁵³⁻³²hun²¹、八字 pat⁵³⁻³²ɬi²¹

下阴入＋上阴入：侧肋 tʃʰak⁵³⁻³lak⁵、脚豚 kiɛk⁵³⁻³tok⁵

下阴入＋下阴入：发夹 fat⁵³⁻³niɛp⁵³、八角 pat⁵³⁻³kɔk⁵³

下阴入＋阳入：作业 tɔk⁵³⁻³²nip²、百合 pak⁵³⁻³²həp²

9. 阳入＋各调：22（不变调）＋各调。例子略。

肆　异读

一　新老异读

封川话新老派在声调上的读音基本上是一致的，没有明显的异读。声母的新老异读主要出现在古全浊塞音和塞擦音声母的今读上，老派一般读不送气的清音，新派多受广州话影响读作送气的清音，如"虫、群、勤、前、寻、朝、池、除"。韵母的读音也基本一致，但是新派有跟广州话读音相近的撮口韵 yɵŋ/yɵk 和以 y 为韵尾的 ɵy 韵，老派这些韵母多读作 iɛŋ/iɛk 和 ui。yɵŋ/yɵk 和 iɛŋ/iɛk 的新老异读主要出现在宕开三中，如"匠/雀"等字；ɵy 和 ui 的异读主要出现在蟹开、合一等及蟹合三中，如"开来改对类水"等。

二　文白异读

封川话的文白异读比较零散，而且因人而异，因字而异。文读音基本上都是广州音，主要受广播电视等大众传播影响所致，譬如第三人称"渠"，白读为 ky²⁴³，文读为 kɵy²⁴³。由此可见，上面所说的新老异读，其实也就是同一代人中的文白异读，典型的如古全浊塞音和塞擦音声母今读送气与否，既是新老异读，也是年轻人口中的文白异读。

伍　儿缀和小称音

封川话的小称都是使用后加词缀"儿 ni⁵⁵"来表示，如：窿儿 lɔŋ²¹ni⁵⁵ 窟窿、雀儿 tiɛk³³ni⁵⁵ 鸟儿、沙儿 ʃa³³ni⁵⁵。

第三十二节　阳江方音

壹　概况

一　调查点概况

调查点为阳江市江城区南恩街道。阳江市江城区位于北纬 21°39′35″～21°57′27″，东经 111°47′12″～112°03′12″之间，西接壤阳西县，东接壤阳东区，北接壤阳春市，南面临南海，总面积 437.62 平方公里，下辖南恩、城南、城东、岗列、中洲、城北、城西、白沙等 8 个街道、埠场、双捷等 2 个镇。根据第七次人口普查数据，截至 2020 年 11 月 1 日，江城区常住人口 673984 人，绝大部分为汉族，无呈区域分布的少数民族语言。

包括江城区在内的阳江市共有三种主要的汉语方言，其中以阳江话为主，使用人口约为 110 万，分布在阳江市境内大部分地区。此外，境内西南部的儒洞、上洋、沙扒和新圩等镇相当一部分村庄讲"海话"，属闽南方言，人口约 7 万人；塘口、新圩和东部的新洲等镇也有部分村庄讲"𠊎话"，属客家方言，人口约 2 万多人。

阳江曲艺方面主要有阳江山歌、阳江白榄等。

阳江山歌是一种民间口头说唱艺术，源自当地民间祭祀中的唱说过程，是当地人民在生活、劳动中不断吸收中原文化，特别是唐诗、宋词和元曲等艺术形式，而创造出来的一种民间音乐形式，经祖祖辈辈心口相传下来。现主要流行于阳江地区，尤以阳西的织箦、溪头、上洋、程村一带为盛。阳江人在日常生活、劳动中，或遇传统节日，或迎亲娶嫁、老人生日、小孩满月、男女求爱、乔迁新居以及奔丧哭丧等，都会用唱山歌的形式来表达他们的思想感情和精神诉求。

阳江白榄是流传在广东省阳江市的汉族曲艺曲种，用阳江本地方言来表演，以快板形式呈现。它是阳江地区汉族劳动人民智慧的结晶，它在群众中产生，以身边鲜活的事物为素材，表达人们对生活的热爱、对事物的认识以及对未来的向往。其表现内容多样化，可褒善美、贬恶丑；其语言生动活泼、诙谐幽默，洋溢着浓浓的本土生活气息。阳江白榄剧通俗易懂，老少咸宜，有广泛的群众基础和旺盛的生命力。

二　方言发音人概况

老男发音人张振田，1954 年 9 月生于阳江市江城区南恩街道办，初中文化，会说阳江话、广州话，主要说阳江话。父亲是阳江市江城区南恩街道办人，母亲是阳江市江城区龙津路人，配偶是阳江市江城区禾村仔人，都说阳江话。1954—1962 年在江城南恩街道生活，1962—1970 年在江城第五小学读书直至初中毕业，

1970—1973 年在城里做散工，1974 年在街道前进小刀厂上班，1979 年进入国营小刀总厂工作直到 2004 年退休，现赋闲在家。

青男发音人谭智镇，1986 年 8 月生于阳江市江城区南恩街道办，初中文化，会说阳江话、普通话、广州话，主要说阳江话。父亲是阳江市江城区南恩街道办攀桂巷人，母亲是阳江市江城区南恩街道水运公社人，配偶是阳江市江城区上坑路人，都说阳江话。1986—1993 年江城南恩街道生活，1993—1999 年在阳江七小读小学，1999—2002 年在阳江五中读初中，初中毕业后自主创业，一直在南恩路开店做生意，未长期离开过阳江。

口头文化发音人韩东海，1947 年 8 月生于阳江市江城区南恩街道办南恩居委会北门街，初中文化。父亲是阳江市江城区南恩街道办南恩居委会北门街人，母亲是阳江市江城区南恩街道办南恩居委会人，配偶是阳江市江城区城南街道甘泉路人。1947—1954 年在阳江市江城区南恩街道办南恩居委会北门街生活，1954—1960 年在江城区工人子弟学校读小学，1960—1963 年在塘坪中学读初中，1963 年起一直在阳江工作和生活，未长期离开过阳江。提供所有口头文化调查材料，包括童谣、故事、谚语、谜语、阳江山歌、白榄。

贰　声韵调

一　声母（17 个，包括零声母在内）

p	八兵病巴	pʰ	派片爬坡	m	麦明味问	f	飞副肥灰		
t	多东毒打	tʰ	讨天甜他	n	脑南年泥	ɬ	丝三酸想	l	老蓝连路
k	高九共家	kʰ	权苛茄溪	ŋ	熬牙我危	h	开轻好响		
ts	资字谢张	tsʰ	刺贼祠抽			s	事山船手		
Ø	安挨要委								

说明：

①f 与 u 相拼时有明显的摩擦，与其他韵母拼合中均读轻唇，彼此不形成对立音，仍处理为一个音位。

②ts、tsʰ、s 的舌位稍微偏后。

③以 i、u 开头的韵母不与其他辅音声母相拼时，i、u 的摩擦都较为明显，尤其是 u，有明显的唇齿摩擦色彩，其声母实际应分别为 j、v，现按语保项目的统一要求，通通处理为零声母。

二　韵母（67 个，包括自成音节的 m 在内）

		i	猪雨师试	u	吴苦姑箍
a	茶牙瓦打	ia	呀甘抓	ua	瓜话卦垮
ɛ	靴写车也	iɛ	爷野夜		

ɔ	歌坐过婆	iɔ	哟	uɔ	禾祸
ai	排鞋快介			uai	乖怪拐怀
ɐi	米批体礼	iɐi	兮	uɐi	龟鬼规卫
ei	丝戏飞比	iui	蕊锐	ui	赔对内类
ɔi	开待胎才				
au	饱茅罩抄	iau	猫蓼九求		
ɐu	豆走油牛	iɐu	优有右油		
ou	宝母岛苏	iu	笑桥鸟少		
am	南担三岩	iam	今琴鲶禁		
ɐm	心深林甘	iɐm	任音饮		
		im	盐店甜潜		
		in	年权边船	un	半官寸团
		iun	钻白		
aŋ	班山横朋			uaŋ	关惯逛框
ɐŋ	根新灯争	iɐŋ	人认引闰	uɐŋ	滚坤轰温
		iɛŋ	响养想上		
eŋ	升病星兄	ieŋ	赢形	ueŋ	炯泂荣永
ɔŋ	案			uɔŋ	糖床双讲
oŋ	五东用中	ioŋ	翁熊拥容		
ap	塔鸭杂甲	iap	急镊猎级		
ɐp	盒十立习	iɐp	入		
		ip	接贴腌劫		
		it	热节月铁	ut	活泼阔脱
ɐk	七一墨北	iɐk	日一	uɐk	骨掘屈倔
ek	直色尺锡	iek	翼	uek	疫役
ok	谷六绿局	iok	肉育褥玉		
aʔ	额法辣白			uaʔ	刮掴画滑
ɔʔ	恶			uɔʔ	托郭学国
		iɛʔ	脚略约雀		
m̩	嗯				

说明：

①元音 a 偏央，ɐ 偏高，有长短对立；元音 ɛ 在单韵母中偏高。

②单韵母 ɔ 舌位偏高，口形偏小，在 ɔi、uɔŋ、uɔʔ等几个韵母里，韵腹 ɔ 的动程较长。

③韵头 i、u 发音短促。u 介音在以 a、ɐ 为主要元音的韵母里会有脱落现象，存在自由变体，如"瓜""怪""鬼"发音人有时分别念 kua³³、kuai³⁵、kuɐi²¹，有时会分别念 ka³³、kai³⁵、kɐi²¹。

④舒音字中山摄与梗摄音相混，山摄字带有明显的后鼻音色彩，如"陈"与

层"同音，"真"与"争"同音。

⑤入声字中除臻摄、曾摄、梗摄、通摄音里的 ɐk、ek、ok 是 k 韵尾外，其他主要元音为 a、ɔ、ɛ 的入声字带有喉塞音色彩，记为喉塞音ʔ。

⑥oŋ、ok 实际发音接近 uŋ、uk，记作 oŋ、ok。

三　声调（9 个）

阴平	33	东该通开	阳平	42	门龙铜皮
阴上	21	懂古统苦	阳上	54	动罪卖洞
阴去	35	冻怪痛快			
上阴入	35	谷哭刻	上阳入	54	六麦毒白
下阴入	21	百搭拍塔	下阳入	42	偌

说明：

①阳平 42 接近 43，阴去 35 接近 24。

②阴入 35、21 比阳入 54 时长稍长。

叁　连读变调

1. 两字组合为 42＋54 的词语，前字由 42 变调为 32，如：

蚕豆 tsʰam⁴²⁻³²tɐu⁵⁴　　　　　萝卜 lɔ⁴²⁻³²pɐk⁵⁴

皮蛋 pʰei⁴²⁻³²taŋ⁵⁴　　　　　茶叶 tsʰa⁴²⁻³²ip⁵⁴

2. 双叠式形容词（AA 式），前字要变调，且语音拖长，后音均不变调，如：

轻轻 heŋ³³⁻²²³heŋ³³　　　　　花花 fa³³⁻²²³fa³³

长长 tsʰiɛŋ⁴²⁻²¹³tsʰiɛŋ⁴²　　　红红 hoŋ⁴²⁻²¹³hoŋ⁴²

好好 hou²¹⁻²¹³hou²¹　　　　　老老 lou²¹⁻²¹³lou²¹

靓靓 leŋ³⁵⁻²²⁵leŋ³⁵　　　　　痛痛 tʰoŋ³⁵⁻²²⁵tʰoŋ³⁵

大大 tai⁵⁴⁻²¹³tai⁵⁴　　　　　坏坏 uai⁵⁴⁻²¹³uai⁵⁴

3. 多叠式形容词短语，前字要变调，且语音拖长，后音均不变调，如：

轻轻轻 heŋ³³⁻²²³heŋ³³heŋ³³　　　长长长 tsʰiɛŋ⁴²⁻²¹³tsʰiɛŋ⁴²tsʰiɛŋ⁴²

老老老老 lou²¹⁻²¹³lou²¹lou²¹lou²¹　大大大大 tai⁵⁴⁻²¹³tai⁵⁴tai⁵⁴tai⁵⁴

肆　异读

一　新老异读

1. 以 k、kʰ 为声母的带 u 介音的韵母，老派大部分读圆唇音，少部分两读，年轻人则全部丢掉 u 介音，成了非圆唇音了，如：

瓜 kua³³/ka³³（老）——ka³³（新）

乖 kuai³³/kai³³（老）——kai³³（新）

怪 kuai³⁵（老）——kai³⁵（新）

挂 kʰua³⁵/kʰa³⁵（老）——kʰa³⁵（新）

贵 kuɐi³⁵（老）——kɐi³⁵（新）

柜 kuɐi⁵⁴（老）——kɐi⁵⁴（新）

鬼 kuɐi²¹/kɐi²¹（老）——kɐi²¹（新）

龟 kuɐi³³（老）——kɐi³³（新）

规 kʰuɐi³³（老）——kʰɐi³³（新）

亏 kʰuɐi³³（老）——kʰɐi³³（新）

2. 受影视媒体的影响，年轻人部分音向广州音过渡，如：

块 kʰai³⁵（老）——fai³⁵（新）

顽 ŋan⁴²（老）——uan⁴²（新）

迎 ŋɐŋ⁴²（老）——iɐŋ⁴²（新）

二　文白异读

阳江话有明显的文白异读，即读书音与口语音的区别，具体有如下几种情况：

1. 声母不同，如：

覆：fok³⁵（文）——mok³⁵（白）

捧：foŋ²¹（文）——poŋ²¹（白）

伏：fok⁵⁴（文）——pok⁵⁴（白）

处：tsʰi³⁵（文）——si³⁵（白）

2. 韵母不同，如：

搓：tsʰɔ³³（文）——tsʰai³³（白）

刺：tsʰei³⁵（文）——tsʰek³⁵（白）

蚀：sek⁵⁴（文）——sit⁵⁴（白）

使：si²¹（文）——sɐi²¹（白）

骑：kʰei⁴²（文）——kʰɛ⁴²（白）

毒：tok⁵⁴（文）——tou⁵⁴（白）

储：tsʰi²¹（文）——tsʰou²¹（白）

须：ɬei³³（文）——ɬou³³（白）

艾：ŋai⁵⁴（文）——ŋɔi⁵⁴（白）

吊：tiu³⁵（文）——tiau³⁵（白）

片：pʰin³⁵（文）——pʰiɛŋ³⁵（白）

3. 声调不同，如：

呻：sɐŋ³³（文）——sɐŋ³⁵（白）

斜：tsʰɛ⁴²（文）——tsʰɛ³⁵（白）

下：ha⁵⁴（文）——ha²¹（白）

猫：miau³⁵（文）——miau⁴²（白）

愤：fɐŋ⁵⁴（文）——fɐŋ²¹（白）

林：lɐm⁵⁴（文）——lɐm³⁵（白）

4. 声母和韵母都不同，如：

择：tsak⁵⁴（文）——tuɔʔ⁵⁴（白）

浮：fɐu⁴³（文）——pʰou⁴³（白）

窟：kʰuɐk³⁵（文）——fɐk³⁵（白）

锥：tsui³³（文）——iui³³（白）

研：in⁴²（文）——ŋaŋ⁴²（白）

钻：tsun³⁵（文）——iun³⁵（白）

圈：hin³³（文）——kʰiɛŋ³³（白）

任：iɐm⁵⁴（文）——ŋɐm⁵⁴（白）

浓：noŋ⁴²（文）——ioŋ⁴²（白）

5. 声母和声调都不同，如：

断：tun⁵⁴（文）——tʰun²¹（白）

坐：tsɔ⁵⁴（文）——tsʰɔ²¹（白）

淡：tam⁵⁴（文）——tʰam²¹（白）

似：tsei⁵⁴（文）——tsʰei²¹（白）

在：tsɔi⁵⁴（文）——tsʰɔi²¹（白）

舅：kiau⁵⁴（文）——kʰiau²¹（白）

衔：ham⁴²（文）——kʰam³³（白）

近：kɐŋ⁵⁴（文）——kʰɐŋ²¹（白）

凭：pʰɐŋ⁴²（文）——pɐŋ⁵⁴（白）

重：tsoŋ⁵⁴（文）——tsʰoŋ²¹（白）

6. 韵母和声调不同，如：

舵：tʰɔ⁴³（文）——tʰai²¹（白）

泡：pʰau³⁵（文）——pʰou²¹（白）

编：pʰin³³（文）——pʰiɛŋ²¹（白）

三　其他异读

1. 区分意义，如：

错：做错 tsʰɔ³⁵——错 tsʰuɔʔ²¹ 开

爷：爷 ie⁴² 孙——两仔爷 ie³³

使：使 sɐi²¹ 用——天使 si³⁵

第：门第 tɐi⁵⁴——第 tai⁵⁴ 一

铺：店铺 pʰou³⁵——床铺 pʰou³³

妹：妹 mui⁵⁴ 仔（女孩子）——妹 mui³⁵ 仔（女儿）

捞：捞 lou³³ 世界——捞 lau³³ 上

漏：漏 lɐu⁵⁴ 洞——漏 lɐu³⁵ 都

弹：弹 tʰaŋ⁴² 琴——子弹 taŋ⁵⁴

黏：黏 nim³³ 土——黏 nim⁴² 对

冠：皇冠 kun³³——冠 kun³⁵ 军

还：还 uaŋ⁴² 钱——还 ua⁴² 来

旋：旋 ɬin⁴² 转——旋 tsun⁵⁴ 子

参：参 tsʰam³³ 加——人参 tsʰam³³/sɐm³³

禁：禁 kiam³⁵ 止——禁 kʰiam³³ 受

文：语文 mɐn⁴²——两文 mɐn³⁵

撞：撞 tsuɔŋ⁵⁴ 倒——撞 tsʰuɔŋ³⁵ 着

崩：崩崩 pɐŋ³³ 烂烂——崩 pɐŋ²¹ 牙

横：横 uaŋ⁴² 竖——那条横 uaŋ⁵⁴

中：中 tsoŋ³³ 间——射中 tsoŋ³⁵

2. 意义相同，使用场合不同，如：

哥：哥 kɔ³⁵（直呼）——大哥 kɔ³³

弟：兄弟 tei⁵⁴——小弟 tʰei²¹

做：做 tsou³⁵ 工——做 tsɔ⁵⁴ 菜

猜：猜 tsʰai³³ 谜语——猜猜 tsʰui²¹

猫：一只猫 miau³⁵——猫 miau⁴² 儿

燥：干燥 tsʰou³⁵——燥 tsau³³ 都

栏：栏 laŋ⁴² 杆——猪栏 laŋ³³

闪：闪 sim²¹ 开——闪 sip²¹ 电

娘：夫娘 niɛŋ⁴²——两仔娘 niɛŋ³³

撑：支撑 tsʰɐŋ³³——死撑 tsʰɐŋ³⁵

澄：澄 tsʰɐŋ⁴² 清事实——澄 kʰɐŋ⁴² 清水

霉：发霉 mui⁴²——霉 mui³⁵ 都

3. 意义相同，两读，如：

括：kuaʔ²¹——kʰut²¹

狮：si⁵⁴——si³³

谜：mɐi⁵⁴——mui⁴²

涂：tʰou⁴²——tʰiau⁴²

倒：tou²¹——tʰou³⁵

勾：ŋɐu³³——kɐu³³

腌：im³³——ip²¹

墩：tɐŋ³³——tɐŋ²¹

伍 其他主要音变

阳江话其他音变情况不太多，比较零散，不成系统，如：

1. 名词"自己"：tsei⁵⁴kei²¹ 变为 tsek⁵⁴kei³³（自己）
2. 名词"冷衫" laŋ²¹sam³³ 变为 laŋ³³sam³³（毛衣）
3. 名词"闸坡" tsap⁵²pʰɔ³³ 变为 tsam⁵²pʰɔ³³（地名，隶属海陵开发区）
4. 名词"北惯" pɐk³⁵kuaŋ³⁵ 变为 pɐk³⁵kuɐŋ³⁵（地名，隶属阳东区）
5. 动词"拗事" au²¹si⁵⁴ 变为 au²¹³si⁵⁴（争执、争吵）
6. 形容词"调皮" tʰiu⁴²pʰei⁴² 变为 tʰiu²¹³pʰei⁴²（淘气）

第三十三节　阳春方音

壹　概况

一　调查点概况

调查点为阳春市春城街道。阳春是阳江市代管的县级市，位于广东省西南部，地处云雾山脉、天露山脉的中段与河尾山的八甲大山之间，漠阳江中上游。地理坐标为北纬 21°50′36″～22°41′01″，东经 111°16′27″～112°09′22″之间。阳春市东连恩平市，东南与阳江市相接，东南与电白县相邻，西接信宜、高州市，西北与罗定市相连，北与云浮市、新兴县接壤，是连接江门、茂名市，肇庆及五市、三县的纽带。全市总面积 4054.7 平方公里，是广东省面积第二大的县（市），辖 15 个镇和 2 个街道办事处，市政府驻地春城街道。根据第七次人口普查数据，截至 2020 年 11 月 1 日，阳春市常住人口 875896 人。阳春市有少数民族 35 个，少数民族人口 2.1 万人，约占阳春总人口的 2%。人口最多的少数民族是世居本地的瑶族，有 1.2 万人，大部分居住在瑶族村委会中，全市冠名"瑶族村委会"的村有 10 个：永宁镇的横峒、铁峒、坡楼、马山，河镇的云帘、大竹，春湾镇的三乡、山中间，松柏镇的云容，圭岗镇的小水。

阳春境内方言主要有阳春白话、阳春"侼话"和阳春瑶语三种。这三种方言同属汉藏语系。

1. 阳春白话　粤方言高阳片中的一种次方言。它以春城白话为代表，使用人口占全市总人口的 67.7%。境内不同地域的阳春白话又稍有差异，大致可分为春中白话、春北白话、春西白话和春南白话四种。

春中白话以春城白话为代表，分布地域有春城街道、合水镇、陂面镇、圭岗镇、马水镇，以及阳春话区域的永宁、潭水、三甲三个镇内的部分村庄，基本属唐春州阳春县（包括并入阳春县的流南县）所辖区域。寻根溯源，这一方言的形成，则是历代派至阳春的驻军官兵所操的各种广州音系方言（主要是高州和西江一带的方言），与先后从高要县境迁来的大批移民所操的高要方言互相影响融合的结果。至今，春中白话的发音（尤其是声调）跟高要话的发音依然十分接近。漠阳江流域水上居民也操春中白话。

春北白话以春湾白话为代表，分布区域为春北的春湾镇、松柏镇、河塱镇、石望镇。此区域为唐春州铜陵县境，南朝时属新宁郡。春北地区与新兴县接壤，两地人民来往密切，故其方言与新兴话互相影响，发音相像。

春西白话主要分布区域为春西的八甲镇、双滘镇、三甲镇的部分村庄。春西白话与高州话互相影响也很大，发音也较像高州话。

春南白话以岗美白话为代表，分布区域为春南的岗美镇、河口镇。两镇均与原阳江县境连接，人民交往密切，方言互相影响更大，故春南白话的声调与阳江话的声调基本相同（如上声不分阴阳），但声韵结合则与春中白话相同。

2. 阳春𠊎话　明末清初乃至晚清年间，大批客家人先后从福建、东江和信宜等地迁入阳春聚居，他们所操的客家方言，因说"我"字的音为"ŋai"，故称为"𠊎话"。因客家人迁徙的起点地域和迁入阳春的年代不同，故阳春"𠊎话"中的福建、东江移民话和信宜移民话稍别，但两者只有个别语音和词汇上的差别，福建、东江移民的话接近河源紫金方言，信宜移民的话相当于信宜客家方言。操阳春𠊎话的人口占全市总人口的32%。

3. 阳春瑶语　永宁镇横垌村落群，是阳春至今仅存的一个保留瑶语的瑶胞聚居点。杂居各村的瑶胞均为赵姓家族。今横垌瑶胞对内通用"过山瑶"语，对外则讲白话；铁垌少数麦姓老瑶民则能讲"排瑶"语。境内绝大多数瑶民已不讲瑶语，而改操白话。

阳春当地以前有一些用当地方言唱诵的本地山歌，90年代时会举行一些山歌擂台赛，现在一些农村还有丧葬时唱的哭歌，出嫁的陪嫁歌，因内容比较传统，年轻人都不怎么喜欢。随着老一辈山歌高手的不断老去，以及现代多媒体对年轻一代的影响，唱诵山歌的氛围低落，阳春山歌逐渐偏向冷门，只留存于少数人的记忆中。当地虽然也成立了曲艺协会，但主要以传唱粤剧为主。

二　方言发音人概况

老男发音人张宗广，1957年7月生于阳春市春城镇黎湖村委下漓溪村，初中文化。父亲与母亲均是阳春春城镇黎湖村委下漓溪村人，配偶是阳春市春城镇金坪大队人，都说阳春白话。1957—1969年在春城镇黎湖村委下黎溪村生活，1969—1974年在黎湖小学上学，1974—1976年在黎湖小学读初中，1976—1978年在春城四中读高中，1978—1997年在阳春市春城镇黎湖小学任教，1997年10月至今在阳春市实验小学任教。

青男发音人方亦柱，1990年3月生于阳春市春城镇升平上黄竹村，大学专科文化。父亲是阳春市春城镇升平上黄竹村人，母亲是阳春市春城镇高塱村人，都说阳春话。1990—1997年在升平上黄竹村生活；1997—2003年在阳春市升平小学读书；2003—2006年在阳春第五中学读书；2006—2008年在阳春中等职业技术学校读书；2008 年至今一直在阳春市春城镇工作，未长期离开过阳春。

口头文化发音人严仕珍，1959 年 5 月出生于阳春市春城镇黎湖村委坡仔村，中专文化。父亲是阳春春城镇黎湖村委坡仔村人，母亲是阳春市春城镇黎湖村委下漓溪村人，配偶是阳春市春城街道办事处南门街人。1959—1965 年在春城镇黎湖村生活；1965—1970 年在阳春市黎湖小学上学；1970—1973 年在黎湖小学读初中，1973—1980 年在黎湖坡仔村工作，1980 年结婚后到阳春市春城镇城南大队南门街生活，1994 年在城南村委会工作，1997—1999 年到阳春市中等职业技术学校进修中专学历，现在在城南村委会工作。提供的调查材料为童谣。

口头文化发音人陈建华，中国散文学会会员、广东省民间文艺家协会会员、阳江市作家协会会员，笔名田雨，人称华叔。1958 年 8 月出生于阳春市春城镇新富街，大学专科文化。父母均是春城镇人，配偶是春城镇垌尾村人。1958—1965 年在春城镇生活，1965—1974 年在阳春县城读书，1983—2005 年在阳春广播电视大学当兼职教师；2013—2017 年在阳春市广播电视台主播《阳春话话阳春》节目，2016 年被中共广东省委宣传部授予"广东省基层宣传文化能人"称号；2005—2011 年任阳春市直机关工委副书记，2011—2018 年任阳春市文联主席，现任阳江市文联副主席。提供的调查材料为规定故事《牛郎和织女》及其他故事。

口头文化发音人陈祖湖，1950 年 10 月出生于阳春市春城镇石湖村，研究生学历。父亲是阳春市春城镇石湖村人，母亲是阳春市春城镇南门街人，配偶是阳春市合水镇人。1950—1958 在石湖村生话，1958—1964 在石湖小学读小学，1964—1970 在阳春一中读中学，1971—2007 在阳春轴承厂（后改名为阳春轴承股份有限公司）工作，1984—1986 年在江门五邑大学在职进修，2008 至今在阳春春城镇居住。提供的调查材料为自选条目。

口头文化发音人张升芳，牙科医生，1952 年 8 月出生于阳春市春城溜步街三居委，高中文化。父亲和母亲均是阳春市春城镇溜步街三居委人，配偶是阳春市三甲镇大垌村人。1952—1962 年在阳春市春城镇生活，1962—1971 年在阳春市春城三小读小学和初中，1971—2002 年在阳春市春城镇卫生医院工作，2002 年退休在阳春市春城镇竹园新村生活。提供的调查材料为其他故事。

贰　声韵调

一　声母（18 个，包括零声母在内）

p	八兵病巴	pʰ	派片爬坡	m	麦明味问	f	飞副肥灰		
t	多东毒打	tʰ	讨天甜他	n	脑南年泥	ɬ	丝三酸想	l	老蓝连路
k	高九共家	kʰ	权苟茄溪	ŋ	熬牙我危	h	开轻好响		
ts	资字谢张	tsʰ	刺贼祠抽	n̩	热软月	s	事山船手		
Ø	安县活温								

说明：

①ts、tsʰ、s 发音舌位稍微偏后，与 i、u 相拼时实为 tɕ、tɕʰ、ɕ，不形成对立音，统一记为 ts、tsʰ、s。

②i、u 开头的零声母音节中 i、u 的发音有明显的摩擦色彩。

③ȵ 发音略后，接近 ɲ，仍记为 ȵ。

④n、l 区别明显，但个别读音比较特殊，如"验"读为 nim⁵²，"两"单念读 liaŋ³²³，但在"两个"一词中念 niaŋ³²³。

⑤n、ȵ 对立明显，如"年""言"分别念 nin³¹ 和 ȵin³¹。

二　韵母（72 个，包括自成音节的 m、ŋ）

		i	猪雨试如	u	户苦姑箍
a	茶牙瓦打	ia	呀廿	ua	华画话蛙
e	靴茄写车	ie	写野爷夜		
o	歌坐过婆			uo	禾祸
ai	排鞋快介			uai	怀坏歪淮
ɐi	米鬼梯鸡	iɐi	兮	uɐi	卫位围胃
ei	师丝戏飞			ui	赔对灰回
				uɒi	开台爱外
au	饱闹罩抄	iau	猫鸟球旧		
ɐu	豆走后牛	iɐu	优有右油		
ou	宝母岛草	iu	笑桥要少		
am	南贪喊衫	iam	钳剑金琴		
ɐm	心深甘敢	iɐm	音任饮		
		im	盐店甜潜		
an	山难扮铲	ian	浅扁	uan	还弯环湾
ɐn	根新滚春	iɐn	恩印人闰	uɐn	云温匀运
ən	升病星兄	iən	蝇迎影营	uən	荣永
				uɒn	肝看岸汉
		in	年权边船	un	半短官寸
aŋ	硬朋生耕	iaŋ	响抢上样	uaŋ	横
ɐŋ	灯能僧更	iɐŋ	□ȵiɐŋ³³：拔		
oŋ	五东蓬中	ioŋ	翁熊拥浓		
				uɒŋ	糖床双讲
ap	塔鸭夹杂	iap	急镊猎级		
ɐp	盒十立习	iɐp	入		
		ip	接贴叶歇		
at	法辣八刮			uat	滑挖

ɐt	七骨出橘	iɐt	一日		
et	直色尺锡	iet	益		
				uɒt	渴割
		it	热节月铁	ut	活泼阔脱
ak	白拍客北	iak	药雀脚削	uak	或划
ɐk	墨黑得刻				
ok	谷六屋局	iok	肉育褥玉		
				uɒk	托郭壳学
m	唔				
ŋ	嗯				

说明：

①元音 a 偏央，有时受条件影响，读音偏后；ɐ 偏高，只出现在复合韵母中，有长短对立。

②单韵母中 e 舌位偏后，o 舌位偏前；复韵母 ei 中的 e 舌位稍低，接近 ə，统一记为 e。

③ən 与 ɐt 中的 ə 读音较紧，不是松的自然 ə，舌位较 ə 略高一点，记为 ə。

④uɒi、uɒn 与 tɒu 中的主要元音略高，接近 ɔ，仍记为 ɒ；uɒŋ 与 uɒk 中的主要元音低于 ɔ，记为 ɒ。

⑤ɐp 与 k、kʰ、h 相拼时，主要元音的实际读音略低略后于 ɐ，接近 ɒ，因无对立，仍统一记为 ɐ。

⑥im 中 i 的开口度略大，接近 ɪ，记为 i。

⑦iau、iam、ian、iaŋ、iap、iak 中的主要元音开口度比 ε 大，舌位略高于 a，接近 ɐ，因与 uɐi、iɐm、uɐi、iɐi 等音有对立，统一处理为 a。

⑧iu、ui、un 中有轻微的过渡元音。

⑨与阳江话一样，"刺"字读为入声。

三　声调（9个）

阴平	45	东该通开	阳平	31	门龙铜皮
阴上	324	懂古统苦	阳上	323	买老五有
阴去	33	冻怪痛快	阳去	52	卖路洞罪
上阴入	45	百搭拍哭			
下阴入	3	搭节塔切	阳入	52	六麦毒白

说明：

①平、上、去各分阴阳，阴上阳上发音相近，有合流的迹象。

②阴平尾音 5 有延长，实为 455，记为 45。

③阳平介于阳江话与广州话声调之间，记为 31。

④阴上低点介乎 1～2 间，实际终点没到 4，记为 324。

⑤阳上也是曲折调，实际终点略低于阴上，记为 323。

⑥青男发音人阴上阳上基本合流，记为 323

⑦阳去起始音略有拉长，实为 552，记为 52。

叁　连读变调

阳春话两字组连读变调规律见下表。表中各栏的上一行是单字调，下一行是连读调。例词请参看词汇部分。

后字 前字	阴平 45 上阴入 45	阳平 31	阴上 324	阳上 323	阴去 33 下阴入 33	阳去 52 阳入 52
阴平 45	45　　45 44　　45 天星　天开 通书　猫公 ―――― 45　　45 33　　45 中间　家私 鸡春 ―――― 45　　45 33　　45 包粟	45　　31 44　　31 天时　砖头 今年　清明	45　　324 44　　324 朝早　姜㽒 猪牯　猪㽒	45　　323 44　　323 天旱　跟尾 猪皿　番茄	45　　33 44　　33 边处　花蒂 菠菜　衫裤 ―――― 45　　33 44　　33 虾癫　猪脚	45　　52 44　　52 猪脷　猪项 街巷　衫袖 ―――― 45　　52 44　　52 今日　正月 公历　猪簋
阳平 31						
阴上 324	324　　45 24　　45 左边　狗公 手巾　点心 ―――― 324　　45 24　　45 狗虱　屎忽=	324　　31 24　　31 彩虹　水鱼 睇牛　枕头	324　　324 24　　324 火水　水果 颈仔　左手	324　　323 24　　324 水氹　姅母	324　　33 24　　33 火炭　韭菜 讲笑　裹粽 ―――― 324　　33 24　　33 鬼节　喜鹊 水壳　手甲	324　　52 23　　52 煮饭　保佑 ―――― 324　　52 21　　52 早上 ―――― 324　　52 23　　52 打脉
阳上 323	323　　45 23　　45 牡丹　马骝 尾巴　养猪	323　　31 23　　31 往年　马蹄 里头　肚脐	323　　324 23　　324 暖水　李子 柿子　老鼠		323　　33 23　　33 眼睏　肚痛 断气	323　　52 23　　52 柳树　马汗 ―――― 323　　52 23　　52 老实

续表

前字＼后字	阴平45 上阴入45	阳平31	阴上324	阳上323	阴去33 下阴入33	阳去52 阳入52
阴去33						
阳去52	52　45 43　45 上高　右边 外低　饭煲	52　31 43　31 后年　旧时 大门　面前	52　324 43　324 裂仔　桔子 落水　尿桶	52　323 43　323 后尾	52　33 43　33 大坝　白菜 上昼　饭店	52　52 43　52 大路　度夜 后面　地豆 ——— 52　52 43　52 后日　树叶 饭锅
上阴入45	45　45 44　45 侧边	45　31 44　31 膝头	45　324 44　324 竹仔　虱乸			45　52 柏树 ——— 45　52 44　52 吃药
下阴入33						
阳入52	52　45 43　45 熟烟　辣椒 蜜蜂　木虱	52　31 43　31 石头　木头 石榴　核桃	52　324 43　324 石仔　着火 热水　屋起	52　323 43　323 木耳	52　33 43　33 白鸽　蒲壳 出嫁	52　52 43　52 绿豆 ——— 52　52 43　52 昨日　日日 腊月　旧历

阳春春城话两字组的连调具有如下特点：

1. 阴平调在连读变调中体现为平调，口语化、常用的词会读为33，书面化的词读为44。

2. 阳平、阴去、下阴入等几个调在语流中基本不变，保持原调。

3. 曲折调为前字音时，失去曲折，变调为简单的上扬调，部分阴上调字音变调时与阳上调趋同。

4. 阳春话的后字基本上不变调。

肆　异读

一　新老异读

1. 以 k、kʰ 为声母的带 u 介音的韵母，新派口音中也有介音脱落的现象，如：

瓜：kua⁴⁵（旧）——ka⁴⁵（新）

挂：kʰua³³（旧）——kʰa³³（新）

怪：kuai³³（旧）——kai³³（新）

桂：kuɐi³³（旧）——kɐi³³（新）

跪：kuɐi⁵²（旧）——kɐi⁵²（新）

柜：kuɐi⁵²（旧）——kɐi⁵²（新）

龟：kuɐi⁴⁵（旧）——kɐi⁴⁵（新）

规：kʰuɐi⁴⁵（旧）——kʰɐi⁴⁵（新）

亏：kʰuɐi⁴⁵（旧）——kʰɐi⁴⁵（新）

2. 老派声调为 9 个，阴上与阳上分别读为 324 与 323，部分有合流趋向；年轻人则阴上与阳上合流，统统读为 323，由此导致一些特殊的同音字，如：

例字	老男发音人读音	青男发音人读音
苦	fu³²⁴	fu³²³
妇	fu³²³	
隐	iɐn³²⁴	iɐn³²³
引	iɐn³²³	
谱	pʰou³²⁴	pʰou³²³
抱		
鼠	si̩³²⁴	si̩³²³
市	si̩³²³	

3. 受周边粤方言及影视媒体的影响，年轻人部分音发生变化，如：

刺：tsɵt⁴⁵（老）——tsʰi̩³³/tsɵt⁴⁵（新）

义：n̠i⁵²（老）——i⁵²（新）

靠：kʰou³³（老）——kʰau³³（新）

绕：n̠iu³²⁴（老）——iu³²⁴（新）

剑：kiam³³（老）——kim³³（新）

歇：hip³³（老）——hit³³（新）

蹲：tsun⁴⁵（老）——tun⁴⁵（新）

棒：foŋ³²³（老）——pʰaŋ³²³（新）

迎：ȵiən³¹（老）——iən³¹（新）

挂：kʰa³³（老）——ka³³（新）

二　文白异读

1. 声母不同的，如：

覆：fok⁴⁵（文）——mok⁴⁵（白）

捧：pʰoŋ³²⁴（文）——poŋ³²⁴（白）

伏：fok⁵²（文）——pʰok⁵²（白）

2. 韵母不同的，如：

搓：tsʰo⁴⁵（文）——tsʰai⁴⁵（白）

使：si³²⁴（文）——sɐi³²⁴（白）

毒：tok⁵²（文）——tou⁵²（白）

储：tsʰi³²³（文）——tsʰou³²³（白）

须：ɬei⁴⁵（文）——ɬou⁴⁵（白）

吊：tiu³³（文）——tiau³³（白）

3. 声调不同的，如：

呻：sɐn⁴⁵（文）——sɐn³³（白）

斜：tsʰɛ³¹（文）——tsʰɛ³³（白）

下：ha⁵²（文）——ha³²³（白）

林：lɐm³¹（文）——lɐm⁵²（白）

4. 声母和韵母都不同的，如：

择：tsak⁵²（文）——tuɒk⁵²（白）

浮：fɐu³¹（文）——pʰou³¹（白）

窟：kʰuɐk⁴⁵（文）——fɐk⁴⁵（白）

研：in³¹（文）——ŋan³¹（白）

钻：tsun⁴⁵（文）——iun⁴⁵（白）

圈：hin⁴⁵（文）——kʰin⁴⁵（白）

任：ȵiɐm⁵²（文）——ŋɐm⁵²（白）

浓：noŋ³¹（文）——ioŋ³¹（白）

5. 声母和声调都不同的，如：

断：tun⁵²（文）——tʰun³²³（白）

坐：tso⁵²（文）——tsʰo³²³（白）

淡：tam⁵²（文）——tʰam³²³（白）

似：tsei⁵²（文）——tsʰei³²³（白）

在：tsuɒi⁵²（文）——tsʰuɒi³²³（白）

舅：kiau⁵²（文）——kʰiau³²³（白）

近：kɐn^{52}（文）——k^{h}ɐn^{323}（白）

凭：p^{h}ɐŋ^{31}（文）——pɐŋ^{52}（白）

重：tsoŋ^{52}（文）——ts^{h}oŋ^{323}（白）

6. 韵母和声调不同的，如：

泡：p^{h}au^{45}（文）——p^{h}ɐu^{33}（白）

编：p^{h}in^{45}（文）——p^{h}ian^{323}（白）

腌：im^{45}（文）——ip^{33}（白）

三　其他异读

1. 区分意义，如：

爷：ie^{31}～孙——ie^{45}两仔～

使：sɐi^{324}～用——si^{323}天～

铺：p^{h}ou^{33}店～——p^{h}ou^{45}床～

弹：t^{h}an^{31}～琴——tan^{52}子～

黏：nim^{45}～土——niam^{31}～对

还：uan^{31}～钱——ua^{31}～来

旋：ɬin^{31}～转——tsun^{52}～子

禁：kiam^{33}～止——k^{h}iam^{45}～受

文：mɐn^{31}语～——mɐn^{45}两～

撞：tsuɒŋ^{52}～倒——ts^{h}uɒŋ^{33}～着

崩：pɐŋ^{45}～～烂烂——pɐŋ^{323}～牙

横：uaŋ^{31}～竖——uaŋ^{45}床～

中：tsoŋ^{45}～间——tsoŋ^{33}射～

2. 意义相同，使用场合不同，如：

栏：lan^{31}～杆——lan^{45}猪～

澄：ts^{h}ən^{31}～清——k^{h}ən^{31}～清水

两：liaŋ^{323}斤～——niaŋ^{323}～个

3. 意义相同，两读，如：

谜：mɐi^{52}——mui^{31}

倒：tou^{324}——t^{h}iau^{324}

伍　其他主要音变

阳春话其他音变情况主要体现为受周边方言（如广州话和阳江话）的影响，如老男发音人与口头文化发音人在话语中不知不觉中会出现广州话或阳江话的语音。

一　广州话的影响

1. 你吃饭呢华=系吃馒头？nəi²³hɐt⁴⁴fan⁴³ua³¹hɐi²²hɐt⁴⁴man²²tʰɐu³¹（老男发音人《语法》0004）

2. □用乜嘢车从南京跟果=处运家私好呢？ŋʊɐk⁴³iɔŋ²²mut⁴³ie²³tsʰe⁴⁴tsʰoŋ³¹nam³¹kən⁴⁴kɐn⁴⁴ko²⁴tsʰi³³uɐn²²ka³³ɬei³³hou³¹ni⁴⁴（老男发音人《语法》0040）

阳春话单字调没有 22 调值，"系"与"馒"两字在阳春话单念应分别为 hɐi⁵² "man⁵²"，"用"与"运"单念应分别为 iɔŋ²²、uɐn²²。根据音变规律，也应是变调为 43，而不是 22，很明显，此处是受广州话的影响。

3. 过去阳春农民呢 ko³³hei³³iœŋ³¹tsʰɐn⁴⁴nɐŋ³¹mɐn³¹ni⁴⁵（选自《自选条目》0031）

阳春话没有韵母 iœŋ，此处很明显也把"阳"字读如广州话字音了。

二　阳江话的影响

1. 渠□下来，至=回都=屋。kʰei²³ia⁴⁴ha³³lʊɐi³¹tsi³³ui³¹tou³³ok⁴⁵（选自《牛郎和织女》0021）

阳春话表完成通常用"布="，此处口头文化发音人读为 tou³³，其实是读成阳江话表完成的助词"都="了，这不单单是音变的问题，还涉及用词的问题。

第三十四节　赤坎方音

壹　概况

一　调查点概况

赤坎调查点的行政区划及名称主要以老男发音人的出生地为介绍对象。调查点位于广东省湛江市赤坎区北桥街道新景社区，北纬 21°1′～21°19′，东经 110°20′～110°21′。

赤坎区为湛江市中心城区，东与坡头区隔海相望，南与霞山区紧密相连，西与麻章区届铁路相接，北与遂溪黄略镇相邻，1984 年成为新建制的湛江市辖县级区，是湛江市委、市政府所在地，陆地面积 58.55 平方公里。根据第七次人口普查数据，截至 2020 年 11 月 1 日，赤坎区常住人口 390300 人。赤坎下辖寸金、中华、民主、中山、北桥、南桥、沙湾、调顺 8 个街道办事处，44 个村（社区）。

湛江市有三大方言，即闽方言、粤方言和客家方言，而赤坎区的原住居民则仅会说粤方言，当地人称湛江白话、赤坎白话，而赤坎周边农村居民多说闽语（雷州话）。本区无呈区域分布的少数民族语言。当地流行粤剧，但基本上使用广州音。

二　方言发音人概况

老男发音人陈华福，1951 年 11 月生于湛江市赤坎区北桥街道办新景社区，初中文化程度，日美包机公司司机（已退休）。祖籍地湛江市赤坎区北桥街道办新景社区，现主要说赤坎白话，还会说普通话。父母均是赤坎当地人，妻子也是赤坎当地人，父亲和妻子只会说赤坎白话，母亲除了会说赤坎白话外，还会说雷话。陈华福个人主要经历如下：1951 年 11 月出生在湛江赤坎区；12 岁以前均在赤坎区居住；1970 年（19 岁）在湛江市一中初中毕业后离开赤坎区，到韶关冶炼厂工作，1976 年回到赤坎，后一直居住在赤坎，曾自己做生意，后进入日美包机公司当司机，直至 2011 年退休，退休后一直居住在赤坎区。

青男发音人陈永聪，1990 年 5 月生于湛江市赤坎区寸金一横路，大学本科文化程度，语言文字工作志愿者，从事表意文字信息化处理。祖籍地是广东省湛江市赤坎区，现主要说赤坎白话，还会说普通话。父母均是赤坎当地人，说赤坎话。陈永聪个人主要经历如下：1990 年出生于湛江市赤坎区，7 岁以前均在赤坎生活；1997—2003 年就读于湛江市逸夫小学（十六小）；2003—2009 年在湛江市岭南师范学院附属中学读初中和高中；2009—2013 年就读于肇庆学院。2013 年本科毕业后回湛江工作，2016 年至今辞职在家准备考研，并从事表意文字信息化处理的相关志愿者工作。

老女发音人吴媛，1960 年 2 月生于湛江市赤坎区光复路，初中文化程度；祖籍地是湛江市赤坎区，现主要说赤坎白话，还会说普通话。父亲、母亲、丈夫均是赤坎区本地人，父亲会说赤坎白话及雷话，母亲和丈夫会说赤坎白话及普通话。吴媛个人主要经历如下：1960 年出生于湛江市赤坎区光复路建行宿舍，1965—1968 年就读于赤坎市一幼；1968—1973 年就读于湛江市八小；1973—1976 年在湛江一中读初中；1976 年初中毕业后到糖果厂做临时工，一年多后到罐头厂当临时工，1979 年 1 月进入家用电器厂当学徒，一直到 2010 年退休。

青女发音人谢晓媚，1992 年 10 月生于湛江市赤坎区北桥街道东山管区，大学本科文化程度；祖籍地是湛江市赤坎区北桥街道，现主要说赤坎白话和普通话。父亲、母亲均是湛江赤坎区人，说赤坎白话。谢晓媚个人主要经历如下：1992 年出生于湛江市赤坎区，七岁以前均在赤坎区生活；1999—2005 年就读于湛江第十九小学；2005—2011 年在湛江第一中学读初中、高中；2011—2015 年在珠海市读本科；2016 年回到湛江市参加工作至今。

口头文化发音人吴媛，与"老女发音人"为同一人，详细情况见上文。提供的调查材料包括歌谣及自选条目（祭祀语、笑话）。

口头文化发音人陈华福，与"老男发音人"为同一人，详细情况见上文。提供的调查材料包括歌谣、规定故事《牛郎和织女》以及其他故事。

口头文化发音人陈永聪，与"青男发音人"为同一人，详细情况见上文。提供的调查材料为其他故事。

口头文化发音人邹树养，出生年月为1957年10月，出生地为湛江市赤坎区北桥街道丰厚村，大专文化程度，为小学数学教师，家庭主要用语为当地赤坎白话。提供的调查材料为歌谣。

口头文化发音人曹思伟，出生年月为1981年11月，出生地为湛江市赤坎区创业路，本科文化程度，从事影视制片，家庭主要用语为当地赤坎白话。提供的调查材料包括歌谣和其他故事。

贰　声韵调

一　声母（18个，包括零声母在内）

p 八兵病	pʰ 派片爬	m 麦明味问	f 飞风副峰肥饭	
t 多东毒	tʰ 讨天甜	n 脑南年泥	ɬ 三酸想	l 老蓝连路
ts 资早租酒字 谢张竹争装 纸主	tsʰ 刺草寸清贼 坐全祠抽拆 茶柱抄初床 车春	ȵ 热软月	s 丝事三双船顺 手书十城	
k 高九共	kʰ 权	ŋ 熬	h 开轻好灰响	
∅ 安活温王云 县用药				

说明：

①老男发音人古心母字读为边擦音 ɬ，这个特点在新派已丢失，新派读为 s。

②日母、疑母部分字读为舌面鼻音 ȵ，并且与舌尖中鼻音有对立，如：暖 niŋ≠软 ȵiŋ≠远 iŋ。

③ȵ 这个声母搭配韵母 i 或者是以 i 为韵头的韵母，如：任 ȵiem^{21}，与 ȵ 搭配的有如下六个齐齿呼韵母：iɐm、iɐi、ieŋ、iɐk、ioŋ、iok。

④零声母可搭配开、齐、合三呼韵母，有三个变体，在开口呼前为前喉塞，在齐齿呼前为半元音 j，在合口呼有半元音 w，其中以 i、u 作为介音并只搭配零声母的共七个韵母，如：iɛ、uai、uɐi、iek、uɔ、uɔu、ueŋ。

⑤晓匣母字读音比广州话存古一些，如"休"读 hɐu^{45}，广州话读 jɐu^{55}。

二　韵母（64个，包括自成音节的 ŋ 在内）

	i 猪雨师丝试二	u 苦
a 茶牙瓦	ia 抓又	ua 瓜

ɛ 靴写　　　　　　　　iɛ 爷

ɔ 歌坐过　　　　　　　　　　　　　　uɔ 祸

ai 排鞋快　　　　　　iai 㨤又　　　　　　uai 怪

ɐi 米　　　　　　　　　　　　　　　　uɐi 鬼

ei 戏飞

ɔi 开　　　　　　　　　　　　　　　ui 赔对

au 饱猫文　　　　　　iau 猫白

ɐu 豆走　　　　　　　iɐu 油

ou 宝　　　　　　　　iu 笑桥

am 南　　　　　　　　iam 钳

ɐm 心深　　　　　　　iɐm 任

　　　　　　　　　　　im 盐

aŋ 山硬争　　　　　　iaŋ 病　　　　　　　uaŋ 横

ɐŋ 根新春灯　　　　　iɐŋ 人　　　　　　　uɐŋ 滚云

eŋ 升星兄　　　　　　ieŋ 认　　　　　　　ueŋ 荣

　　　　　　　　　　　iøŋ 响

ɔŋ 糖床双讲　　　　　　　　　　　　　　　uɔŋ 王

oŋ 东　　　　　　　　ioŋ 用

　　　　　　　　　　　iŋ 年短权寸　　　　　uŋ 半官

ap 塔鸭　　　　　　　iap 夹

ɐp 盒十急　　　　　　iɐp 入

　　　　　　　　　　　ip 接贴

ɐk 七出橘北　　　　　iɐk 一　　　　　　　uɐk 骨

ek 直色　　　　　　　iek 益

ok 谷六绿局　　　　　iok 玉

aʔ 法辣八白　　　　　iaʔ 尺锡　　　　　　uaʔ 刮

　　　　　　　　　　　iøʔ 药

ɔʔ 托郭壳学国

　　　　　　　　　　　iʔ 热节月　　　　　　uʔ 活

ŋ̍ 五

说明：

①韵母 ei 若来自中古遇摄，往往会有自由变体 ui 或 ɔi，如"渠"有三个读音，发音人在比较自然的讲述中倾向于用本方言的 ei。

②入声韵里，长元音所跟的韵尾往往是喉塞音，短元音的韵尾则是塞音尾 k。

三　声调（7个）

阴平	45	东该灯风通开天春	阳平	21	门龙牛油铜皮糖红动罪
					近文后卖路硬乱洞地饭树
上声	13	懂鬼统草买五有近白妇			
去声	33	冻怪半四痛快寸去			
上阴入	5	谷急哭刻	阳入	2	六麦叶月毒白盒罚
下阴入	3	百搭节拍塔切			

说明：

①阴平高微升，升幅很小，记为 45。

②古浊平、部分全浊上、浊去发生合并，均读为 21，某些字有时会读成 22 调。阳平 21 起点介于 2 度与 3 度之间，比去声的 33 略低。

③上声开头先降后升，升的终点大致在 4 度与 5 度之间，比阴平低，实际调值更接近 214。

④入声是促声调，长元音后的韵尾听感上是喉塞尾-ʔ，短元音搭配-k 尾。

叁　异读

一　新老异读

赤坎方言老派（老男发音人）有 18 个声母、64 个韵母，7 个单字调；新派（青男发音人）有 17 个声母，64 个韵母，7 个单字调。新老派异读的表现主要有：

1. 老男发音人古心母字读为边擦音 ɬ，如"三、酸、想"，青男发音人则全部读为舌尖前擦音 s。

2. 老男发音人韵母 ei 若来自中古遇摄，往往会有自由变体 ui 或 ɔi，如"渠"有三个读音，发音人在比较自然的讲述中倾向于用本方言的 ei；青男发音人遇摄的读音与老男发音人不同，不读为 ei，而是读 ui，偶尔会有 ɔi 变体，如"渠、去"等。

二　文白异读

下面将同时依据老男发音人的单字系统对声母、韵母、声调的文白异读进行讨论。

1. 声母的文白异读

（1）奉母字白读为 pʰ，文读 f，如：浮 pʰou²¹/fɐu²¹ | pʰou¹³/fu¹³。

（2）定母字白读为 tʰ，文读为 t，如：淡 tʰam¹³/tam²¹。

（3）群母白读为 kʰ，文读 k，如：近 kʰeŋ¹³/keŋ²¹。

（4）船母字白读 ts，文读为 s，如：剩 tseŋ²¹/seŋ²¹。

（5）晓母字白读为 h，文读为零声母，如：休 hɐu⁴⁵/iɐu⁴⁵。

2. 韵母的文白异读

（1）梗摄开口三等庚韵、清韵，四等青韵，白读为 iaŋ，文读为 eŋ 或 ieŋ，如：平 pʰiaŋ²¹/pʰeŋ²¹ ∣ 命 miaŋ²¹/meŋ²¹ ∣ 领 liaŋ¹³/leŋ¹³ ∣ 名 miaŋ²¹/meŋ²¹ ∣ 声 siaŋ⁴⁵/seŋ⁴⁵ ∣ 轻 hiaŋ⁴⁵/heŋ⁴⁵ ∣ 赢 iaŋ²¹/ieŋ²¹ ∣ 钉 tiaŋ⁴⁵/teŋ⁴⁵ ∣ 顶 tiaŋ¹³/teŋ¹³ ∣ 零 liaŋ²¹/ leŋ²¹ ∣ 青 tsʰiaŋ⁴⁵/tsʰeŋ⁴⁵。

（2）止开三支韵白读为 ɛ，文读为 ei，如：骑 kʰɛ²¹/kʰei²¹。

（3）流摄开口三等尤韵白读为 ou，文读为 ɐu 或 u，如：浮 pʰou²¹/fɐu²¹ ∣ 妇 pʰou¹³/fu¹³。

3. 声调的文白异读

全浊上声字白读读同阴上 13，文读读同阳平 21，如：近 kʰɐŋ¹³/kɐŋ²¹。

肆　小称音

湛江赤坎方言没有儿化，但有少量的小称变调，如"姐、妹、姨"等词均可以在小称的词汇环境中读为 45 高平调（同阴平）。个别词如"鹅"则没有本调，只能念小称音 ŋɔ⁴⁵。

第三十五节　吴川方音

壹　概况

一　调查点概况

调查点为湛江市吴川市（县级）梅菉街道。吴川市位于广东省西南部，北纬 21°15′～21°39′，东经 110°28′～110°58′，市政府所在地为梅菉镇。吴川东邻茂名市电白区，南濒南海，西接廉江市，西南连湛江市坡头区，北与化州市、茂名市茂南区接壤，区域总面积 858.1 平方公里。截至 2019 年，吴川市共辖 5 个街道、10 个镇。根据第七次人口普查数据，截至 2020 年 11 月 1 日，吴川常住人口为 907354 人，主要为汉族。

吴川市境内方言有吴川白话、东话、海话。白话有吴阳口音、梅菉口音、塘㙍口音等，吴阳口音人口较多，有四十多万，梅菉和塘㙍口音人数约二十多万。讲东话的人口近十万。海话人口数不明。此外，分布在覃巴镇吉兆村的 50 岁以上村民所讲的吉兆话，有学者认为更接近少数民族语言，与汉语方言差异显著，操吉兆话的人口不超过一千。

地方曲艺主要是木鱼歌，仍有民间艺人传唱，其中比较著名的传唱人为康华生先生。

二　方言发音人概况

老男发音人李观胜，高中文化，退休前为吴川县电视台职员。1952 年 6 月出生于吴川梅菉街道洗太街；1960—1965 年，吴川实验小学读书；"文革"期间无书读。1970—1974 在吴川二中读了两年初中和两年高中。1974 年 1 月开始在梅菉日杂公司上班；1985 年调到吴川县电视台工作，直至 2012 年退休。父母均讲吴川梅菉话，家庭语言为吴川梅菉话，配偶是吴川梅菉人，讲梅菉话。李观胜先生还担任了本调查的口头文化发音人。

青男发音人白淞升，高中文化，吴川电视台职员。1993 年 8 月出生在梅菉街道长寿路；2000—2006 年就读于吴川梅岭小学；2009 年吴川一中初中毕业；2012 年吴川一中高中毕业。后待业。2015 年起在吴川电视台工作至今。父母均为梅菉人，讲梅菉话，家庭语言亦为梅菉话，无配偶。

口头文化发音人李观胜，与"老男发音人"为同一人，详细情况见上文。提供的调查材料包括童谣、规定故事《牛郎和织女》以及谚语。

口头文化发音人陈海，大学文化，1968 年 11 月出生于吴川市竹栏街，吴川市教育局干部。提供的调查材料包括是其他故事《凱狗六爹的故事》。

口头文化发音人康华生，初中文化，1945 年 9 月出生于吴川市梅菉街道，退休前为中药师。提供的调查材料是自选条目《木鱼歌》。

贰　声韵调

一　声母（18 个，包括零声母在内）

ɓ 八兵病	pʰ 派片爬	m 麦明味问	f 飞凤副蜂肥饭灰
ɗ 多东毒	tʰ 讨天甜	n 脑南年泥	ɬ 三酸想　　　　l 老蓝连路
ʧ 资早租酒字谢	ʧʰ 刺草寸清贼坐全	n̠ 热软月	ʃ 事山双船顺手
张竹争装纸主	祠抽拆茶柱抄初		书十城丝
	床车春		
k 高九共	kʰ 权	ŋ 熬	h 开轻好响
∅ 活县安温王			
云用药			

说明：

①声母为 ɓ 和 ɗ 的字主要来自古帮母、端母及并定母仄声，如"板、钉、病、袋、碟"等，但浊音色彩较弱，不如吴川吴阳粤方言明显，也没有新派的典型。"八、多"等字清化度较高，接近声母 p、t。

②声母为 n 的字主要来自古泥（娘）母，声母为 n̠ 的字多来自古日母和疑母。个别细音前的泥（娘）母字读 n，与 n̠ 有对立，如：娘 nian³¹≠让 n̠ian³¹、暖 niŋ²⁴≠软 n̠iŋ²⁴。个别疑母字读 n，如：验＝念＝嫩 n̠iŋ³¹。

③声母为边擦音 ɬ 的字都来自古心母。

二　韵母 53 个（包括自成音节的 ŋ 在内）

		i	猪雨师丝试二	u	苦
a	茶牙瓦排鞋快			ua	瓜怪
ɛ	靴写	iɛ	爷嘢		
o	歌坐过开			uo	禾和~尚
ɐi	米			uɐi	鬼
ei	戏飞	iu	笑桥	ui	赔对
au	饱	iau	猫		
ɐu	豆走	iɐu	油		
ou	宝				
om	含暗				
aŋ	南山硬争	iaŋ	响	uaŋ	横
ɐŋ	心深根新春灯	iɐŋ	音恩人	uɐŋ	滚云
eŋ	升病星兄	ieŋ	蝇影形	ueŋ	荣永
		iŋ	盐年短权寸		
ɔŋ	糖床双讲			uɔŋ	王
				uŋ	半官
oŋ	东	ioŋ	用		
ap	鸭				
op	盒乂				
aʔ	盒塔法辣八白	iaʔ	药	uaʔ	刮
ɐʔ	十急七出橘北	iɐʔ	一	uɐʔ	骨
		iɛʔ	粒		
eʔ	直色尺锡	ieʔ	益		
		iʔ	接贴热节月	uʔ	活
ɔʔ	托郭壳学国			uɔʔ	镬
oʔ	谷六绿局	ioʔ	肉玉浴育		
ŋ	五				

说明：

①ɛ 在舌叶声母后往往带上流音 i。ɛ 与 iɛ 互补分布，iɛ 只以零声母形式出现。

②o 开口小，唇形微圆，舌位偏低。

③蟹摄开口一、二等字读 a、o 韵，与新派不同；合口一、二等字多数读 ui 韵，少数常用字失掉韵尾-i，读 u 或 a 韵，如"灰 fu^{55}"，"快 fa^{33}"，新派则一律保留-i 尾。止摄合口三等的"水"单字音的韵母为 ui，但在"滚水壶、洗面水"等词汇中及在语流中如"快落水 ɗei^{31}"中常失掉韵尾-i，读为 u，但发音人并未觉察。

④本方言中古咸、深、山、臻摄阳声韵字的韵尾几乎都为-ŋ，中古咸、深、

山、臻摄入声韵字的韵尾也几乎全变为-ʔ（-m、-p 仅在口语里极个别字中保留，如"含、暗"两字的韵尾为-m；"盒"字的白读韵尾为-p，"鸭"字韵尾为-p 尾）。

⑤韵母为 iaŋ 的字主要来自古宕摄开口三等字。与韵母 ieŋ 相比，韵母 iaŋ 的主要元音的开口度比 a 小、比 e 大。

三　声调（8 个）

阴平	55	东该灯风通开天春	阳平	31	门龙牛油铜皮糖红动罪后路硬乱洞地饭树买
阴上	35	懂古鬼九统苦讨草	阳上	24	老五有近卖
去声	21	冻怪半四痛快寸去			
上阴入	5	谷急哭刻	阳入	31	搭拍塔切六麦叶月毒白盒罚
下阴入	3	百节			

说明：

①阴平调为高平调，偶尔调尾略降，实际调值为 553。

②上阴入调值高而短促；下阴入调值相对上阴入较平且舒缓；阳入调值 31，短促，调头低于上阴入，收尾时有降调趋势。

叁　异读

一　新老异读

本调查点老男发音人和青男发音人的读音差异非常小，仅在个别字的读音上有小异，主要体现为个别词的读音老男发音人或青男发音人会受到普通话的影响。下面具体做一说明。

1. 音系的差别

（1）声母

老男发音人音系声母 18 个，包括零声母在内。青男发音人同此，与老男发音人没有差别。但在具体发音上新老差异有些微体现，如两派读声母 ɓ 和 ɗ 的字都主要来自古帮母、端母及并定母仄声，如"板、钉、病、袋、碟"等，但老男发音人的浊音色彩较弱，不如吴川吴阳粤方言明显，也没有新派的典型。青男发音人此二声母的浊音色彩比老派发音人明显得多。不过，新老这类字都有少数清化为声母 p、t 了，如老派的"八、多"等字，新派的"多、冬、凳"等。

（2）韵母

老男发音人音系韵母 52 个，包括自成音节的 ŋ 在内。青男发音人音系韵母 49 个，包括自成音节的 ŋ 在内。老男发音人有喉塞尾ʔ，青男发音人则一律读 k 尾。老男发音人的 om、ap、op、iaʔ、iɛʔ、uɔ、uʔ韵青男发音人无；青男发音人的 ai、oi、uai、ut 韵老男发音人无。青男发音人的 ut 韵只辖个别字。

蟹摄开口一、二等字老派读 ao 韵，新派读 aioi；老派蟹摄合口一、二等字多数读 ui 韵，少数常用字失掉韵尾-i，读 u 或 a 韵，如"灰 fu^{55}"，"快 fa^{33}"。不过老派此类韵可能正处于变化中，如止摄合口三等的"水"，老派读单字音时韵母为 ui，但在"滚水壶、洗面水"等词汇中及在语流中如"快落水 ɗei^{31}"中常失掉韵尾-i，读为 u，但发音人并未觉察。新派则一律保留-i 尾。

中古咸、深、山、臻摄入声韵字的韵尾老派几乎全变为-ʔ（-m、-p 仅在口语里极个别字中保留，如"含、暗"两字的韵尾为-m；"盒"字的白读韵尾为-p，"鸭"字韵尾为-p 尾）；新派此类字的韵尾几乎都为-k（-t 尾仅存于"拨、泼、末、阔、活"等个别字中）。

（3）声调

老男发音人与青男发音人的声调类别完全一致，调值也无明显差异，均为八个调类，调值分别为：阴平 55，阳平 31，阴上 35，阳上 24，去声 33，上阴入 55，下阴入 33，阳入 31。只在下阴入和阳入的个别字的归类上有点儿出入，如老男发音人"百、节"读下阴入 33，"搭、拍、塔、切、盒"归为阳入；青男发音人"百、搭、拍、塔、盒"读下阴入，"节、切"读阳入。

2. 具体字词读音的差别

因青男发音人书面调查仅限于 1000 个单字，故以下新老读音差异仅限于单字的比对。

（1）有些字老男发音人有两读，青男发音人一读

甘：老男发音人有 keŋ^{55}、koŋ^{55}二读，青男发音人只 keŋ^{55}一读。

（2）有些字的声调不同

延：青男发音人读为阳平 31，老男发音人读为阳上 24。

（3）有些字的文白读不一致

"螺、熬、浮、含、暗、盒、片"等字，老男发音人有文白读，青男发音人则只有一个文读音。

（4）有些字或声母不同，或声调不同，或声韵调都不同

刷：青男发音人读为 tʃʰak^{33}，老男发音人读为 ʃaʔ^{31}。

罚：青男发音人读 fak^{33}，老男发音人读 faʔ^{31}。

剧：青男发音人读 kʰiɐk^{33}，老男发音人读 keʔ^{31}。

（5）有的字的韵母不同

画：青男发音人读 ua 韵，老男发音人读 uaʔ韵。

使：青男发音人读 i 韵，老男发音人读 ɐi 韵。

二　文白异读

文白异读在老男发音人单字中零星存在（青男发音人极少），列举老男发音人文读字如下（先列白读音，再列文读音）：

螺：le^{31}/lo^{31}；熬：ŋa^{31}/ŋou^{31}；浮：pʰou^{31}/fɐu^{31}；妇：pʰou^{24}/fu^{33}；碎：tsʰui^{53}/sui^{53}；含：hom^{31}/hɐŋ^{31}；暗：om^{33}/aŋ^{33}；盒：hop^{31}/haʔ^{31}；片：pʰiaŋ^{33}/pʰiŋ^{33}

肆　小称音

词汇中有一种非连调性质的高平变调 55，主要出现在声调为阳平调的名词中，少数声调为阳上调名词中也会出现，如（-之前是本调，之后是高平变调）：

栏（猪栏，即猪圈）31-55；蝇（尾蝇，即苍蝇）31-55；蚊（蚊帐）31-55；伢（伢仔，即婴儿）；娘（指乳房）31-55；娘（食娘，即吃奶）31-55；尾（屋头尾，即麻雀；尾蝇，即苍蝇）24-55。

有的词的变调已凝固，单字音不再读本调，如：蚊 men⁵⁵、鹅 ŋo⁵⁵。

第三十六节　廉江方音

壹　概况

一　调查点概况

调查点为湛江市廉江市（县级）廉城镇。廉江市为北纬 21°25′～21°55′，东经 109°45′～110°30′，地处广东省西南部，雷州半岛北部，与广西接壤，濒临北部湾，地域总面积 2835 平方公里。2019 年，廉江市辖 3 个街道和 18 个镇。根据第七次人口普查数据，截至 2020 年 11 月 1 日，廉江常住人口为 1363470 人。

廉江的方言主要有白话（粤方言）、𠊎话（属客家方言）、黎话（属闽南方言）3 种。还有"海僚音"（又称海话）和"地僚音"等，与白话相近，属粤方言系统。白话主要分布于南部的廉城、车板、安铺、营仔、石城、平坦、良垌五个镇。新华、吉水、新民部分居民也讲白话，人口约占廉江总人口的 35%。𠊎话主要分布于西部和北部的塘蓬、石颈、和寮、长山、石角五个镇，河唇、石岭、青平、高桥四个镇的大部分乡村，河堤、营仔两个镇的部分乡村，人口约占廉江总人口的 50%。黎话主要分布于横山镇、新民镇两镇，使用人口约 10 万人。

廉江方言曲艺有廉江"鬼仔戏"，属于木偶戏，主要在重大祭祀节日如中元节时表演。

二　方言发音人概况

老男发音人林文昌，1952 年 9 月出生，出生地为廉江市廉城镇小江边村，文化程度高中，父母及配偶均为廉江本地人，讲廉江白话。发音人自幼在廉江长大，从小学到高中均在廉江就读，1974 年高中毕业后至 1988 年，在廉江市新村小学当老师，1988 年至 2013 年在廉江市新华粮食局工作，2013 年从粮食局退休。

青男发音人林剑烽，1980 年 2 月出生，出生地为廉江市青平镇横垭埇村，文化程度本科，父母及配偶均为廉江本地人，讲廉江白话。发音人自幼在廉江长大，小学及初中均在廉江就读。1998—2001 年，就读于湛江市第一技工学校；2001—2003 年就读于湛江幼儿师范学校；2006—2008 年，就读于中央广播电视大学，2008 年至今，在廉江市邮政局工作。

口头文化发音人廖日理，男，1948 年 9 月出生，居住地为廉江新民镇大垌村，文化程度为大专。提供的调查材料包括歌谣 0001—0008，自选条目 0031—0053。

口头文化发音人钟珠，男，1948 年 9 月出生，居住地为廉江廉城镇，文化程度为大专。提供的调查材料包括歌谣 0009—0016，规定故事《牛郎和织女》。

口头文化发音人徐华年，男，1945 年 8 月出生，居住地为廉江城南街道办深水垌村，文化程度为中专。提供的调查材料包括其他故事 0022—0024。

贰　声韵调

一　声母（18 个，包括零声母在内）

p	八兵病笔	pʰ	派片爬盆	m 麦明味问		f 飞副肥灰		
t	多东毒党	tʰ	讨天甜土	n 脑南年泥		ɬ 三酸想锁	l 老蓝连路	
ts	资字谢竹装主	tsʰ	刺坐祠抽茶抄春	n̠ 热软月鱼		s 丝山床十		
k	高九共句	kʰ	权溪茄区	ŋ 硬艺眼鹅		h 开轻好响		
∅	活安温王							

说明：

①当匣母、影母、云母字的韵母为 u 或带-u-介音时，声母的音值有的发音人会带唇齿摩擦，有的没有，此处理为零声母 ∅，如：活 ut²、温 uɐn⁵⁵、云 uɐn²¹。

②当影母、云母、以母字的韵母带-i-介音时，声母的音值带有较为明显的摩擦，带擦音 j-色彩，如"优、邮、爷、用"。

二　韵母（67 个，包括自成音节的 ŋ 在内）

		i	猪二师鱼知文	u	苦户乌芋
a	茶牙排鞋	ia	也	ua	怪坏瓜夸
ɛ	靴写茄写	iɛ	爷夜野		
ɔ	多歌坐过	ɔi	□iɔ⁵⁵：起哄	uɔ	祸
ɐi	米币制西	iɐi	□iɐi²⁵：质量差、小孩顽皮	uɐi	卫鬼季亏
ei	戏飞取皮知白			uei	喂
ɔi	开爱台外			ui	赔对女雷
au	饱靠藕交	iau	□i⁵⁵iau⁵⁵：不正经		
ɐu	豆走九修	iɐu	优有幼右		
ɛu	吼	iɛu	猫		

ou	宝毛嫂刀	iu	笑桥表小		
am	南贪胆监				
ɐm	心深含暗	iɐm	音		
		iɛm	钳		
		im	盐占签厌		
ɐn	根新春灯	iɐn	恩印引匀	uɐn	滚云军温
		in	年权面件	un	半短官寸
aŋ	硬争山晚			uaŋ	横关弯惯
		iɛŋ	卷响病星白		
eŋ	升星文兄定	ieŋ	形影营蝇	ueŋ	永
ɔŋ	糖床双讲			uɔŋ	黄王旺
oŋ	东封红公	ioŋ	荣用翁拥		
ap	塔鸭闸习	iap	□iap²¹手:招手		
ɐp	盒十急立	iɐp	入		
		ip	接贴孽业		
		iɐp	夹		
ɐt	七出橘北	iɐt	一	uɐt	骨
		it	热杰月舌	ut	活夺阔末
ak	法辣八白			uak	刮滑挖或
		iɛk	药尺锡雀		
ek	直色力逼	iek	益	uek	域
ɔk	托壳学国			uɔk	镬
ok	谷六绿局	iok	褥浴		
ŋ	五吴				

说明：

①山摄部分字韵尾读-ŋ/-k，与宕江曾摄同，这部分的韵腹多为-a 或-ɔ，如：山＝生 saŋ⁵⁵、环＝横 uaŋ²¹、八＝百 pak³、肝＝江 kɔŋ⁵⁵、割＝角 kɔk³。

②江曾梗摄（主要是梗摄）部分字韵尾读-n/-t，与臻摄同，这部分字的韵腹多为-ɐ，如：灯＝吨 tɐn⁵⁵、等＝墩 tɐn²⁵、北＝笔 pɐt⁵、麦＝密 mɐt²。

③梗摄字白读为 iɛŋ，文读为 eŋ，如：命 miɛŋ²¹白/meŋ²¹文、轻 hiɛŋ⁵⁵白/heŋ⁵⁵文。

④ɔŋ 和 oŋ、ɔk 和 ok 构成对立，如：光 kɔŋ⁵⁵≠"公"koŋ⁵⁵、缚 fɔk²≠服 fok²。

⑤蟹摄开合口二等字在老男发音人中存在个体差异，有的读 a 开口/ua 合口，有的读 ai 开口/uai 合口，如"排"有两种变体 pʰai²¹、pʰa²¹，"坏"有两种变体 ua²¹、uai²¹。

三　声调（8个）

| 阴平 | 55 | 东该灯风通开天春 | 阳平 | 21 | 门牛铜糖卖洞动罪 |
| 阴上 | 25 | 懂古鬼九统苦讨草 | 阳上 | 23 | 买老五有近 |

去声　　33　　冻怪半四痛快寸去
上阴入　　5　　谷急哭刻　　　　　　　　阳入　　2　　六麦叶月毒白盒罚
下阴入　　3　　百搭节拍塔切

叁　异读

一　新老异读

蟹摄开口二等字在青男发音人中多读 ai，如：排=牌 p^{h}ai^{21}。

二　文白异读

例字	文读	白读	例字	文读	白读
知	tsi^{55}	tei^{55}	声	seŋ^{55}	sieŋ^{55}
鸟	niu^{23}	tiu^{25}动词/tieu^{55}名词	轻	heŋ^{55}	hieŋ^{55}
浮	feu^{21}	p^{h}u^{21}	赢	ieŋ^{21}	ieŋ^{21}
圈	k^{h}in^{55}	k^{h}ieŋ^{55}	席	tsek^2	tsiɛk^2
命	meŋ^{21}	mieŋ^{21}	钉	teŋ^{55}	tieŋ^{55}
名	meŋ^{21}	mieŋ^{21}	听	t^{h}eŋ^{33}	t^{h}ieŋ^{55}
领	leŋ^{23}	lieŋ^{23}	青	ts^{h}eŋ^{55}	ts^{h}ieŋ^{55}
清	ts^{h}eŋ^{55}	ts^{h}ieŋ^{55}	星	ɬeŋ^{55}	ɬieŋ^{55}
姓	ɬeŋ^{33}	ɬieŋ^{33}			

肆　小称音

小称变调 55 存在个别词中，如：乞儿 het^{5}n̠i^{55}、汗儿 hɔŋ^{21}n̠i^{55}、水毛 sui^{25}mou^{55}。

第三十七节　高州方音

壹　概况

一　调查点概况

调查点是高州市潘州街道办。高州市属茂名市代管县级市，位于广东省西南部，鉴江中上游，东连阳春市、电白区，南接茂南区，北邻信宜市，西南与化州市、西北与广西北流市接壤，地理坐标为北纬 21°42′34″～22°18′49″，东经 110°36′46″～110°22′45″。高州全市总面积 3276 平方公里，辖 23 个镇、5 个街道。

高州市地形复杂，境内分布着一江十河，及众多湖泊、山塘，丘陵、盆地、平原交错，地势大体是东北高，西南低。东北部是连绵的山地，中央腹地是起伏的丘陵，西部、南部的台地、小平原，山地及河谷小盆地相互交错，山川纠结。其中，山地面积占总面积十分之一以上。

高州市人口主要是汉族人，没有聚居的少数民族。根据第七次人口普查数据，截至 2020 年 11 月 1 日，高州常住人口为 1328657 人。境内汉语方言种类有高州白话和俗称俚话的客家方言两种。高州白话属于粤方言，分布在高州各乡镇，使用人口约有 150 万，为本地普遍通用的方言，近年来变化较快，正在向广州话靠拢；客家方言人口约有 33 万，大部分分布在根子镇，新垌镇、泗水镇、云潭镇、马贵镇等区域，小部分分布在谢鸡镇、分界镇、古丁镇等区域。

本地用方言说唱的曲艺或地方戏主要是以广州话演唱的粤剧和以高州白话演唱的山歌和木偶戏。

二　方言发音人概况

老男发音人张燕安，男，汉族，1953 年 2 月出生于高州县附城镇东门巷（现属高州市潘州街道办），初中文化程度，只会说高州白话。小学就读于高州市第一小学，初中读于附城中学，1969—1971 在高州县祥山公社（现属石鼓镇）下乡 3 年，1972—1985 年在高州石鼓煤矿工作，1985—1993 年在高州建筑公司工作，1993—2013 年退休一直在高州第五建筑工程公司工作。家庭常住地址是东门巷。父母、妻子都只会说高州白话。父母是东门巷人、妻子是仙桂街人，均属于现在的高州市潘州街道办。

青男发音人马博文，男，汉族，1992 年 11 月出生于高州县高州镇中山路（现属高州市潘州街道办），自考本科文化程度，会说高州白话和普通话。小学就读高州市一小，初中就读高州中学，高中就读高州一中，2011 年 9 月至 2013 年 5 月在茂名高级技工学校就读，2013 年 6 月至 2015 年 1 月在珠海打工。2015 年至方言调查期间在家从事自由职业。父母只会说高州白话。父亲是北直街人，母亲是常平街人，均属于现在的高州市潘州街道办。现在家庭地址位于高凉西路（属高州市潘州街道办）。

口头文化发音人杨健，女，汉族，1954 年 10 月出生于高州县附城镇南关街（现属高州市潘州街道办），初中文化程度，只会说高州白话。小学在南关小学就读，初中在环城中学就读，一直在高州城区生活，以自由职业为主。父母、丈夫都只会说高州白话。父母均是南关街人，丈夫是鉴江一村人，均属于现在的高州市潘州街道办。现在家庭地址位于高凉西路（属高州市潘州街道办）。提供的调查材料为歌谣 0001 至 0020 及规定故事《牛郎和织女》。

口头文化发音人张燕安，与"老男发音人"为同一人，详细情况见上文。提供的调查材料为自选条目 0031 至 0064。

口头文化发音人梁东兴，男，汉族，广东省高州市金山区米糖村人，生于 1945 年 7 月，小学文化程度，木偶戏省级非物质文化传承人。提供的调查材料为自选条目 0065 至 0068。

贰　声韵调

一　声母（18 个，包括零声母在内）

p 八兵病　　　　pʰ派片爬　　　　m 麦明味问　f 飞风副蜂肥饭灰

t 多东毒　　　　tʰ讨天甜　　　　n 脑南年泥　ɬ丝白三酸想事白　l 老蓝连路

tʃ 资早租酒字谢　tʃʰ刺草寸清贼　　　　　　　　　ʃ丝文事文山双船
　张竹争装纸主　　坐全祠抽拆　　　　　　　　　顺书十城
　茶柱抄初床
　车春

　　　　　　　　　　　　　　　　　ȵ热软月

k 高九共　　　　kʰ权　　　　　　ŋ 熬　　　h 开轻好响

ø 安县用药活温
　王云

说明：

①零声母开口呼音节开头带有轻微的喉头闭塞成分，零声母齐齿呼音节带 j 色彩，零声母合口呼音节（除了 uk、uŋ）u 音值接近 ʋ 或者 w。

②声母 k、kʰ 与 u 系韵母相拼会带上唇齿化色彩，实际音值是 kᵛ、kʰᵛ。

③声母 ȵ 发音部位偏后，实际音值接近 ɲ。

④声母 ŋ 自成音节时有变体 m。

二　韵母（73 个，包括自成音节的 ŋ 在内）

	i 猪雨师文丝文试二	u 苦
a 茶牙瓦	ia 抓	ua 瓜
ɛ 坐靴写	iɛ 嘢夜	
ɔ 歌过		uɔ 祸
ai 排鞋快	iai □ȵiai⁵³꞉ 嚷	uai 怪
ɐi 米		uɐi 桂
ɔi 开		
ei 师白丝白戏飞		uei 鬼
	iui 乳锥	ui 赔对
au 饱	iau 爪白	
ɐu 豆走油	iɐu 皱	
	iɛu 猫	
ou 宝	iu 笑桥	
am 南		

ɐm 心深　　　　　iɐm 任

　　　　　　　　　iɛm 钳

　　　　　　　　　im 盐

ɐn 根新春云　　　iɐn 人　　　　　　　　uɐn 滚

　　　　　　　　　iɛn 扁

　　　　　　　　　in 年短权寸　　　　　un 半官

an ŋ 山硬争横　　　　　　　　　　　　　　uan 关

ɐŋ 灯

　　　　　　　　　ieŋ 秧响

eŋ 升病星兄　　　ieŋ 蝇影形　　　　　ueŋ 永

ɔŋ 糖床王双 文 讲　　　　　　　　　　　　uɔŋ 黄

　　　　　　　　　iuŋ 拥用　　　　　　　uŋ 双 白 东

ap 盒塔鸭　　　　iap

ɐp 十急　　　　　iɐp 入

　　　　　　　　　iɛp 夹

　　　　　　　　　ip 接贴

ɐt 七一出橘　　　iɐt 日　　　　　　　　uɐt 骨

　　　　　　　　　iet 剥 白

　　　　　　　　　it 热节月　　　　　　ut 活

ak 法辣八白　　　　　　　　　　　　　　uak 刮

ɐk 北

ɛk 粒　　　　　　iɛk 着药

ek 直色尺锡　　　iek 翼　　　　　　　　uek 域

ɔk 托郭壳学国　　　　　　　　　　　　　uɔk 镬

　　　　　　　　　iuk 肉　　　　　　　　uk 谷六绿局

ŋ 五

说明:

　　①韵母 ɔ 和 ɔi、ɔŋ、ɔk 的主元音舌位实际比 ɔ 略高,介于 o 和 ɔ 之间,且与辅音声母结合时前面会出现流音 u。

　　②个别字韵母是 ɔn,但 ɔn、ɔŋ 已不区别意义,归并为 ɔŋ。

　　③韵母 i、in、it 有时带圆唇色彩或者出现自由变体 y、yn、yt。

　　④韵母 iɐu、iɐm、iɐn、iɐŋ、iɐp、iɐt、iɐk 介音的舌位接近 e,主元音舌位实际比 ɛ 稍低。

　　⑤齐齿呼在声母 n̠ 后面实际比较模糊,并不是很典型的 i 介音

　　⑥韵母 ieŋ、eŋ、iɛk、ek 有时会带圆唇色彩,或出现自由变体 œŋ、œk。

　　⑦韵母 uk、uŋ 的主元音舌位偏低,介于 u 和 o 之间。

　　⑧韵母 iu、ui 前一元音重而长,是主要元音,后一元音短而轻,是韵尾。

⑨iui、uek 是根据《调查手册》之外的语料补充的韵母。

三　声调（9个）

阴平	53	东该灯风通开天春	阳平	21	门龙牛油铜皮糖红
阴上	24	懂古鬼九统苦讨草	阳上	13	老五有近
阴去	33	冻怪半四痛快寸去	阳去	31	卖路硬乱洞地饭树动罪后买
上阴入	5	谷急哭刻	阳入	21	六麦叶月毒白盒罚
下阴入	3	百搭节拍塔切			

说明：

①阴平有调值为 55、553 的自由变体。

②阴上起始阶段有略降现象，个别字接近 324，但主要以升为主。

③阳上实际调值是 223，起始阶段有略降现象，个别字接近 323，但主要以升为主。

④上阴入与短元音配合，下阴入与长元音调配合，下阴入 3 比上阴入 5 时长稍长，但比阴去 33 短。

⑤阳入实际调值音高比阳平 21 略高，时长比阳平 21 略短，有调值为 22 的自由变体。

⑥语流中的弱读调值标记为 0。

叁　异读

一　新老异读

1. 音系差异

老男发音人和青男发音人音系的差异主要体现在韵母。老男发音人的韵母有 73 个，方言青年的韵母是 78 个。方言青年比老男发音人多了 y、yn、yt、ɔn、ɔt 等 5 个韵母。老男发音人的 y、yn、yt、ɔn、ɔt 等几个韵母与 i、in、it、ɔŋ、ɔk 形成自由变体，不区别意义，故归并为 i、in、it、ɔŋ、ɔk。青男发音人在这两组声母上面区别明显，例如在"资 tʃi^{53}—猪 tʃy^{53}、烟 in^{53}—冤 yn^{53}、热 nit^{21}—月 nyt^{21}、肝 kɔn^{53}—江 kɔŋ^{53}、渴 hɔt^{3}—壳 hɔk^{3}"形成区别对比，故分立为两组韵母。

2. 其他读音差异情况

（1）读音数目不相同

①有的字老男发音人有两种读音，青男发音人只有一种读音，如：

（老）梗 kʰuaŋ^{24}/keŋ^{24}——（青）keŋ^{24}

（老）磨动 mɔ^{21}/mɔ^{31}——（青）mɔ^{21}

（老）杰 kit^{3}/kit^{2}——（青）kit^{2}

（老）丝 ɬei^{53}/ʃi^{53}——（青）ʃi^{53}

（老）亏 fei^{53}/kʰuɐi^{53}——（青）kʰuɐi^{53}

（老）师 ɬei⁵³/ʃi⁵³——（青）ʃi⁵³

（老）降（投降）kɔŋ³³/hɔŋ²¹——（青）hɔŋ²¹

②有的字老男发音人只有一种读音，青男发音人有两种读音，如：

（老）派 pʰai²⁴——（青）pʰai²⁴/pʰai³³

（老）浓 n̠iuŋ²¹——（青）nuŋ²¹/n̠iuŋ²¹

（2）有的字声韵调存在不同

①声母不同

（老）厌 im³³——（青）n̠im³³ （老）及 kɐp²——（青）kʰɐp²

（老）延 im²¹——（青）n̠im²¹ （老）孽 nip²——（青）n̠ip²

（老）歇 hit³——（青）kʰit3 （老）憋 pɐi³³——（青）mɐi³³

（老）弄 luŋ³¹——（青）nuŋ³¹ （老）均 kʰɐn⁵³——（青）kɐn⁵³

②韵母不同

（老）肺费 fei³³——（青）fɐi³³ （老）含 hɐm²¹——（青）ham²¹

（老）立 lɐp²——（青）lap² （老）栗 lɐk²——（青）lak²

（老）荣 ieŋ²¹——（青）ueŋ²¹ （老）熬 ŋou²¹/ŋou³¹——（青）ŋau²¹

（老）烘 hɔŋ²¹——（青）huŋ²¹

③声母和韵母都不相同

（老）僧 ɬɐŋ⁵³——（青）tʃɐŋ⁵³ （老）参 tʃʰam⁵³——（青）ʃɐn⁵³

④声调不同

（老）祸 uɔ¹³——（青）uɔ³¹ （老）背背诵 pui³³——（青）pui³¹

（老）协 hip²¹——（青）hip³ （老）杉 tʃʰam¹³——（青）tʃʰam³³

（老）柿 ʃi³³——（青）ʃi¹³

二 文白异读

调查条目	白读	文读	调查条目	白读	文读
磨动词	mɔ³¹	mɔ²¹	斜	tʃʰɛ³³	tʃʰɛ²¹
武	u¹³	mou¹³	弟	tʰɐi¹³	tɐi³¹
回	uɐn²¹	ui²¹	知	tei⁵³	tʃi⁵³
梨	lei²¹	lɐi²¹	丝	ɬei⁵³	ʃi⁵³
师	ɬei⁵³	ʃi⁵³	事	ɬei³¹	ʃi³¹
亏	fɐi⁵³	kʰuɐi⁵³	抄	tʃʰau³³	tʃʰau⁵³
熬	ŋou³¹	ŋou²¹	舅	kɐu³¹	kʰɐu¹³
鸟	tiɛu⁵³	niɛu²⁴	点	tiɛm²⁴	tim²⁴
浮	pʰou²¹	fɐu²¹	双	ʃuŋ⁵³	ʃɔŋ⁵³
杰	kit³	kit²¹	剥	miɛt⁵	mɔk³
塞	ɬɐt⁵	ɬɔi³³	劈	pʰiɛk³	pʰek⁵
梗	kʰuaŋ²⁴	kɐŋ²⁴			

在 23 组存在文白异读的调查条目中,有 20 组条目的文读与广州话读音一样,可见文读主要受广州话影响产生,体现高州话向广州话靠拢的一个趋势。

三 其他异读

有小部分词因为词性不同而出现异读,如:

墩(名词)tɐn^{24}——墩(量词)tɐn^{53}

打(动词)ta^{24}——打(量词)ta^{53}

间(量词)ŋaŋ^{53}——间房~(名词语素)kaŋ^{53}

画(动词)uak^{21}——画(名词)ua^{31}

肆 小称音

1. 小称音变主要表现为变调

表示小称意义时所有声调都可以变调为高升上扬调,调尾高出 55 许多,记作 46,如:鸡 kɐi$^{53-46}$。

2. 小称可以加"儿"尾再变调

表示事物的幼小或形体小可以加儿尾,"儿"由阳平 21 变调为 55,如:牛儿 ȵi$^{21-55}$、手指儿 ȵi$^{21-55}$。"儿"词尾也可以进一步变调为高升上扬调 46,如:牛儿 ȵi$^{21-46}$、手指儿 ȵi$^{21-46}$。

3. 变调的同时也有变韵现象

(1)单元音韵母一律在后面增加韵尾-n,如:猪 tʃi^{53}-tʃin^{46}。

(2)入声韵尾-p、-t、-k 一律变为同部位的-m、-n、-ŋ,例如:鸭 ap^3-am^{46}、篾 mit^2-min^{46}、脚 kiɛk^3-kiɛŋ^{46}。

(3)复元音韵母韵尾-i、-u 和鼻音尾韵母的韵尾-m、-n、-ŋ 维持不变,如:女 nui^{23}-nui^{46}、猫 miɛu^{53}-miɛu^{46}、篮 lam^{21}-lam^{46}、官 kun^{53}-kun^{46}、床 tʃʰɔŋ^{21}-tʃʰɔŋ^{46}。

伍 其他主要音变

1. 词语中有非连读性质的高平变调,如:"蚊 mɐn$^{21-53}$"。

2. 阳平字位于词尾在部分名词中会变读为阴平,如:猪栏 laŋ$^{21-53}$、玻璃 lei$^{21-53}$、阿姨 i$^{21-53}$。

3. 部分阳平字量词可以变读为阴平,如:条 tʰiu$^{21-53}$。

4. 量词"只"经常由下阴入变调为上阴入。

5. 副词"都"、助词"个="和"到"的韵母在语流中会弱读为 ə。

6. 数词"一"在语流中会变读为 ak^3、ɐk^3 或 a^{33}。

第三十八节　化州方音

壹　概况

一　调查点概况

调查点是化州市河西街道。化州市是茂名市代管的县级市，位于北纬 21°66′，东经 110°64′附近区域，位于鉴江中游，北与广西北流市交界，南与广东省吴川市接壤，东与高州市和茂名市茂南区相连，西与广西省陆川县及广东省廉江市毗邻。全市总面积 2354.2 平方千米，下辖 6 街道 17 镇。本调查点的老男发音人、青男发音人、老女发音人、青女发音人等发音人选于化州老城区河西街道。

根据第七次人口普查，截至 2020 年 11 月 1 日，化州市常住人口 1291668 人，大多数为汉族。化州市境内常住居民主要存在两种方言：粤方言和客家方言。其中粤方言分布最广，使用人口最多，市区、同庆镇、杨梅镇、长岐镇、良光镇、丽岗镇、林尘镇、那务镇、播扬镇、宝圩镇、江湖镇等镇当地居民主要讲粤方言。新安镇、中垌镇等镇不少居民讲客家方言。化州的粤方言又可按口音分为两类：一是上江话，主要分布在良光镇、丽岗镇等；二是下江话，主要分布在同庆镇、长岐镇等。

化州地方戏曲艺主要有单人木偶戏、跳花棚等，其中单人木偶戏，为一个人扮演。从木偶的动作、语言、出场等各个环节均由一个人完成，表演时，需用薄布遮掩表演者面部。目前，单人木偶戏已很少演出，呈式微趋势。跳花棚，则更为少见。

二　方言发音人概况

老男发音人黄振超，汉族，1957 年 11 月出生于化州市河西街道，土生土长，初中文化。其于 1962—1969 年读化州县第一小学，1969—1970 年读化州市附城中学，1970 年起在化州市皮革厂、畜牧局劳动所等单位工作至退休，退休后一直在化州。其主要讲化州河西白话，还会说普通话及一些广州话。父母都是化州河西街道办人，说化州河西白话；妻子是化州河西街道（长堤）人，说化州河西白话，也说一些普通话。

青男发音人黄榆琪，汉族，1986 年 11 月出生于化州市河西街道，土生土长，大学文化。其于 1995—2002 年就读于化州市第二小学，2001—2007 年就读于化州市第四中学（初中、高中），2007 年起在嘉应学院读书，毕业后一直在化州市工作。其主要讲化州河西白话、普通话，还会说一些广州话。父亲是化州河西人，讲化州河西白话；母亲也是化州河西人，讲化州河西白话和一些普通话；妻子也是化州河西人，讲化州河西白话、广州话和一些普通话。

老女发音人曾琼容，汉族，1955 年 8 月出生于广东省化州市河西街道，土生土长，中师文化。其于 1963—1968 年就读上山里小学，1969—1970 年在联盟学校读初中，1971—1972 年在联盟学校读高中，高中毕业后在家。1979—1984 年 7 月在河西坡石小学教书，1984 年 8 月至 2011 年 7 月在当地小学教书至退休，一直在化州工作、生活。其主要讲化州河西白话、普通话。父母和丈夫都是化州河西人，都只会讲化州河西白话。

青女发音人颜微微，汉族，1986 年 11 月出生于广东省化州市河西街道，土生土长，大学文化。其于 1994—2000 年在化州市第一小学就读，2000—2006 年在化州市一中就读，2006 年起就读于岭南师范学院，毕业后一直在化州市工作。其主要讲化州河西白话、普通话。父母都是化州河西人，都讲化州河西白话。

口头文化发音人庞琼东，男，汉族，1956 年 3 月出生于广东省化州市，土生土长，中师文化，退休教师，现居住于化州市河西街道。发音人提供的调查材料包括：歌谣"打掌仔，博咸鱼"；自选条目 0031、0039、0040 等。

口头文化发音人宋昌标，男，汉族，1948 年 9 月出生于广东省化州市，土生土长，初中文化，单人木偶戏传承人，现居住于化州市河西街道。发音人提供的调查材料包括：歌谣 0003～0007；规定故事《牛郎和织女》；自选条目 0032～0038 等。

贰 声韵调

一 声母（20 个，包括零声母在内）

ɓ 八兵病		pʰ 派片爬	m 麦明味问	f 风飞副蜂	v 活温王云
ɗ 多东毒	t 资早租酒字谢	tʰ 讨天甜寸草清坐全祠	n 脑南年泥	ɬ 丝白三酸想	l 老蓝连路
	ʧ 争装纸主张量词	ʧʰ 抽拆茶春	ȵ 热软月	ʃ 事山双船顺手书十城丝文	
	k 高九共文	kʰ 共白权	ŋ 熬	h 开轻响	
∅ 县安用药					

说明：

①发音人发 ɓ、ɗ 两个浊塞音声母时，开始阶段有一个 m 音段，鼻子有往里吸气的动作。

②精组塞化而来的塞音为清塞音 t、tʰ，塞音音色明显。

③ɬ 声母发音时，气流从喉咙发出，经舌头两边冲出，音色明显，是典型的清边擦音。

④ȵ 与 n 声母有对立。ȵ 发音时，舌头抵口腔前下部，同时发鼻音，主要对

应古日母等声母。

⑤tʃ、tʃʰ、ʃ 组声母，在洪音韵母前，实际音值近 ts 组；在细音韵母前，实际音值近 tɕ 组。

⑥零声母的个别字有喉塞音色，但不构成对立，统一处理为零声母。

二　韵母（68 个，包括自成音节的 ŋ 在内）

	i 猪雨师试	u 苦
a 茶牙瓦	ia 廿	ua 瓜
ɛ 靴	iɛ 野夜	
o 歌坐过		uo 祸
ai 排鞋快	iai 踩	uai 怪
ɐi 米		uɐi 鬼
ei 戏飞		ui 赔对
oi 开		
au 跑	iau 猫	
ɐu 豆走	iɐu 油	
ou 宝	iu 笑桥	
am 南	iam 钳	
ɐm 心深	iɐm 音	
	im 盐	
an 山	ian 扁	uan 关
ɐn 根新春云	iɐn 引	uɐn 滚
ɔn 安		
	in 年短权	un 半官
aŋ 硬争讲	iaŋ 响	uaŋ 横
ɐŋ 灯		
eŋ 升病星兄	ieŋ 蝇	ueŋ 荣永
ɔŋ 糖床双		uɔŋ 王
oŋ 东	ioŋ 用	
ap 塔鸭	iap 夹	
ɐp 十急	iɐp 入	
	ip 接贴	
	it 热节月	ut 活
ɐk 北		
ek 直色		
ok 谷六绿局	iok 育	

aʔ辣八　　　　　iaʔ药　　　　　uaʔ刮

ɐʔ七出　　　　　iɐʔ一　　　　　uɐʔ骨橘

ɔʔ托郭国　　　　　　　　　　　uɔʔ镬

ŋ五

说明：

①o、oi 韵母韵腹开口度较 ɔ 小，较 u 时大，故记为 o。此外，oi 韵母的韵尾 -i 在听感上较松。

②ɛ、iɛ 韵母韵腹的实际音值开口度略小，近 e。

③eŋ 韵母韵腹的实际音值开合度小于 e。eŋ 韵母韵尾 -ŋ 的发音部位略靠前。

④m 可作为自成音节韵母，发音时表现为明显的双唇紧闭，同时发鼻音。

⑤ap 韵母的韵尾 -p 不明显，表现为合口的动作和音色均不大明显，实际音值为 aᵖ，接近 aʔ，按照语保资源集要求，仍记为 ap。

三　声调（8 个）

阴平　53	东该灯风通开天春	阳平　13　门铜皮龙牛油糖红老五有
上声　35	懂古鬼九统苦讨草	
阴去　33	半四冻怪痛去快寸	阳去　31　路硬地饭卖乱洞地动罪后前~
上阴入　5	谷急刻哭	阳入　31　六麦叶树~月毒白盒罚
下阴入　3	百搭节拍塔切	

说明：

①阴平调高降态势明显，降至的最低点实际音值应在 3 度以下，不过为了与广州话对应，仍处理为 53。

②阳平调是一个低升调，调值定为 13 或 24 均可，不过听感上与广州粤方言 13 调较为接近，故处理为 13。

③上声调在前段和中段略有降幅，不过总体上与广州粤方言 35 调相似，故处理为 35。本方言点里的上声字，主要剩下阴上字。因为阳上字中的次浊部分与阳平调混同，除个别字外，如"买"字声调误读为 31，在本方言点"买、卖"两字同音，均读 31 调。阳上字中的全浊部分与阳去 31 调混同，除个别字外，如"近"字。

④阴去调形呈平稳态势，调值高度为中等，故处理为 33。

⑤阳去是较为明显的中降调。

⑥上阴入音高最高，主要与短元音相配。

⑦下阴入音高中等，主要与长元音相配。

叁　连读变调

两字组连读变调规律表如下：

后字 前字	阴平 53	阳平 13	上声 35	阴去 33	阳去 31	上阴入 5	下阴入 3	阳入 31
阴平 53	53 53 医生 飞机	53 13 高楼 今年	53 35 山顶 甘草	53 33 交货 青菜	53 31 山路 车站	53 5 山谷 筋骨	53 3 充血 清洁	53 31 中学 阴历
阳平 13	13 53 22 时间 棉花	13 13 22 明年 年头	13 35 22 禾草 年底	13 33 22 来信 咸菜	13 31 22 蚕豆 陈旧	13 5 22 油漆 潮湿	13 3 22 豆角 时刻	13 31 22 禾麦 明白
上声 35	35 53 火星 水车	35 13 火炉 海洋	35 35 水果 举手	35 33 写信 讲价	35 31 姐妹 保护	35 5 粉笔 表叔	35 3 口渴 想法	35 31 手续 坦白
阴去 33	33 53 教师 菜单	33 13 菜园 半年	33 35 气体 痛苦	33 33 兴趣 世界	33 31 退步 快慢	33 5 教室 庆祝	33 3 顾客 爱国	33 31 汉族 岁月
阳去 31	31 53 22 电灯 夏天	31 13 22 面条 自然	31 35 22 外省 队长	31 33 22 调配 代替	31 31 22 外貌 地洞	31 5 22 地质 字帖	31 33 22 问答 电压	31 31 22 艺术 树叶
上阴入 5	5 53 北方 竹竿	5 13 出门 一齐	5 35 屋顶 吃苦	5 33 尺寸 吸气	5 31 识字 出汗	5 5 积德 识得	5 3 骨折 出血	5 31 笔墨 竹席
下阴入 3	3 53 必须 接收	3 13 国旗 发球	3 35 作品 发表	3 33 百货 切菜	3 31 革命 法院	3 5 插曲 接触	3 3 剥削 八百	3 31 角落 铁勺
阳入 31	31 53 白天 石灰	31 13 白糖 石头	31 35 白纸 月饼	31 33 白菜 学费	31 31 力量 日夜	31 5 白色 蜡烛	31 3 及格 活泼	31 31 植物 日月

化州粤方言两字组连读变调有以下特点：

"阳平 13＋后字"时，阳平调值由 13 变读为 22，如"茶 tɕʰa¹³"：茶叶 tɕʰa²²ip³¹、饮茶 ȵiɐm³⁵tɕʰa¹³；"媒 mui¹³"：媒人 mui²²ȵiɐn¹³、做媒 tʃou³³mui¹³。而在"前字＋阳平 13"时，阳平调值不变，仍读为 13，如"柴 tʃʰai¹³"：柴火 tʃʰai¹³fo³⁵、火柴 fo³⁵tʃʰai¹³。绝大多数上述情形发生此变调，不过亦存在个别例外现象，如"言 ȵin¹³"：方言 faŋ⁵³ȵin¹³、言语 ȵin¹³ȵi¹³，无论置于前字还是后字均不变调。

"阳去 31＋后字"时，阳去调值由 31 变读为 22，如"面 min³¹"：面条 min²²tʰiu¹³、见面 kin³³min³¹。

其他调类两字组连读未见此变调现象。

肆　异读

一　新老异读

1. 自成音节的声化韵有所不同，老派只有一个声化韵 ŋ，而新派有两个声化韵 ŋ 与 m，如：ŋ 二、m 吴五；或有些 ŋ 音被 m 取代，如"如"字，老派有两读，读为 ŋ^{31}、n̠i^{31}，新派也有两读，读为 m^{31}、n̠i^{31}。

2. 新派个别字的读音呈复音化趋势，如"大~小"，老派读 da^{31}，新派读 dai^{31}。

3. ŋ 声母存在脱落的趋势，如"遇"，老派读 ŋui^{31}，新派则有两读 ŋui^{31}、i^{31}，产生了一个新的读音，声母 ŋ 脱落。

4. 有一些字的声母，老派读送气音，新派读同部位不送气音，如"该"，老派读 kʰoi^{53}，新派则读 koi^{53}。

5. 小称音多用来表小，如：鸡儿 kɐi^{53}ŋ^{53}→kɐi↗（"↗"表示超高调，无法用五度制标写）。老派读音当中，kɐi^{53}ŋ^{53} 与 kɐi↗ 两读均可，然而新派多用 kɐi↗，很少用 kɐi^{53}ŋ^{53} 来表示，这表明小称音在新老派上的演变趋势。

二　文白异读

1. 精组字声母不少字存在文白异读，文读为 ʧ、ʧʰ，白读为 t、tʰ，如"姐"字文读为 ʧie^{13}，白读为 tie^{13}；"紫"字文读为 ʧei^{35}，白读为 tei^{35}；"集"字文读为 ʧɐp^{31}，白读为 tɐp^{31}。

2. 个别全浊声母字有异读，白读为送气音，文读为不送气音，如"弟"文读为 tʰɐi^{13}，白读为 tɐi^{31}。

3. 心母不少字有异读，白读声母为 ɬ，文读韵母为 ʃ，如"丝"文读为 ʃi^{53}，白读为 ɬei^{53}，声母及韵母同时产生了异读。

4. 江摄开口二等见系声母不少字有异读，白读韵母为 aŋ，文读韵母为 ɔŋ，如"江"文读为 kɔŋ^{53}，白读为 kaŋ^{53}，类似的还有"讲、虹"等字；而相应的入声字，则主元音为 a，而非 ɔ，如"角"文读为 kɔʔ^{3}，白读为 kaʔ^{3}。

三　其他异读

本方言点口头文化发音人是本地的非物质文化遗产传承人。口头文化发音人与老男发音人存在个别读音差异，如"兄"字，口头文化发音人有 feŋ^{53}、heŋ^{53} 两读，而老男发音人读为 heŋ^{53}；"二"字，口头文化发音人读为 n̠i^{31}，而老男发音人发音有两读：ŋ^{31}、n̠i^{31}。

伍　小称音

1. 存在小称变调，均为超高调，无法用五度制标调法标写，故以"↗"表示，特此说明。小称音一般用来表示小，多为"名词＋儿"组成的词快读而成的合音，如：猪儿 ʧi⁵³ŋ⁵³→ʧiŋ↗。且表示"小猪"义时，既可以用 ʧiŋ↗来表示，也可以用 ʧi⁵³ŋ⁵³来表示，两种说法均可，不过新老派使用有所区别。小称多为超高变调，未见变韵现象。

2. 老派读音里小称音不能用来表达对特定某人的喜爱或厌恶等态度，而新派则可以。小称音用来表达对特定某人的喜爱或厌恶等时，表褒义时用超高变调，表贬义时用本调。

3. 并非所有名词均有小称音，如大青蛙说 kɔʔ³，小青蛙说 kɔʔ³iɛ³⁵。

第三十九节　梅州方音

壹　概况

一　调查点概况

调查点为梅州市梅江区西郊街道。梅江区为梅州市市辖区，是梅州市委、市政府所在地，位于广东省东北部、梅州市中部，地理位置介于北纬 23°27′～23°95′，东经 115°72′～115°97′之间。东边、北边和西边与梅县区环接，南边与丰顺县相邻。现在辖长沙镇、三角镇、城北镇、西阳镇 4 个镇和西部街道、金山街道、江南街道 3 个街道。土地面积 570.61 平方公里。根据第七次全国人口普查数据，截至 2020 年 11 月 1 日，常住人口为 435616 人，主要为汉族。

梅江区境内通行的方言仅客家方言一种，使用人口约 42 万，属粤台片。区内客家方言一致性高，目前较稳定，未有明显的新老派差异。当地方言曲艺主要有客家山歌、五句板、山歌剧。其中山歌和五句板为梅江区非物质文化遗产，在民间尤其老年人中较受欢迎，一些公园等休闲场所可见山歌爱好者对唱。

二　方言发音人概况

老男发音人为彭丰元，1951 年出生于梅江区西郊街道马石居委会市塘唇彭屋。文化程度为初中。父母均为梅江区城关人，妻子为梅江区三角镇人。小学就读梅城镇梅光小学，中学就读于梅县联合中学，毕业后在梅县供销社工作五年，之后调至梅县电子公司工作，1992 年调至梅江经济实业发展公司，2011 年退休。

青男发音人为罗志欣，1979 年出生于梅江区西郊街道马石居委会。文化程度为大专。父亲为西郊街道人，母亲为梅江区金山街道人。1985—1991 年就读于梅州师范附属小学，1991—1994 年在梅州中学读初中，1994—1997 年在联合中学读高中，1997—2000 年在嘉应学院读大专，2000 年至今在梅江区乐育中学教书。

　　老女发音人为古琪琪，1958 年出生于梅江区金山街道水巷居委会，小学就读于梅江区光远小学，中学就读于梅江区乐育中学，1974 年上山下乡至梅县隆文镇，两年后到梅县土产公司，2002 年下岗。高中文化，会说梅城话、普通话。父亲为梅江区城北镇人，说梅城话。母亲为梅江区城关人，说梅城话。配偶为梅江区城关人，说梅城话。

　　青女发音人为温莉芬，1981 年 6 月出生于梅江区江南街道梅南居委，1988—1994 年就读于梅江区江南育才小学，1994—2000 年就读于梅县高级中学，2000—2004 年就读于梅州嘉应学院，2004 年至今任教于梅江区学艺中学。本科文化，会说梅城话、普通话。父亲为梅江区金山街道人，说梅城话。母亲为梅江区江南街道人，说梅城话。配偶为梅县区程江镇人，说梅县话。

　　口头文化发音人 1 为杨谊，女，1963 年 2 月出生于梅江区金山街道东厢村。文化程度为高中。提供语料为客家山歌。

　　口头文化发音人 2 由青女发音人温莉芬兼任。提供语料为童谣、故事、绕口令。

　　口头文化发音人 3 为陈昭典，男，1943 年 9 月出生于梅江区金山街道福场管理区。文化程度为初中。提供语料为曲艺五句板。

　　口头文化发音人 4 由老男发音人兼任。提供语料为谚语、歇后语。

贰　声韵调

一　声母（17 个，包括零声母在内）

p 八兵飞白	pʰ 派片爬病肥	m 麦明味问	f 飞文风副蜂饭 灰活	v 温王
t 多东	tʰ 讨天甜毒	n 脑南泥		l 老蓝连路
ts 资早租酒张 竹争装纸主	tsʰ 刺草寸清贼坐 全祠谢抽拆茶 柱抄初车春床		s 丝三酸想山 双船顺手书 十城字事	
k 高九	kʰ 共权开轻	ŋ 熬月热软 年	h 好响	
∅ 用药安云县				

说明：

　　①v 的摩擦较轻，实际音值接近 ʋ。

　　②k、kʰ、ŋ、h 逢非韵核的 i 介音时龈腭化，实际音值为舌面前音 c、cʰ、ɲ、ç。

二　韵母（74 个，包括自成音节的 m、ŋ 在内）

ɿ	师丝试	i	戏二飞	u	苦猪
a	茶牙瓦	ia	写	ua	瓜

ɛ	鸡洗	iɛ	□ie⁵²:撒（肥料）	uɛ	□kʰue⁵²:碗碎
ɔ	歌坐	iɔ	靴	uɔ	过
ai	排鞋	iai	解~放	uai	快
ɔi	开赔	iui	锐	ui	对
au	宝饱	iau	笑桥		
ɛu	豆走	iu	油		
am	南	iam	盐		
ɛm	参人~				
əm	深	im	心		
an	山半	ian	年权	uan	关惯
ɛn	灯争文星文根文	iɛn	变天前	uɛn	耿
ɔn	短	iɔn	软	uɔn	官
ən	升	in	根白新		
		iun	云	un	寸滚春
aŋ	硬争白星白横	iaŋ	病	uaŋ	梗白
ɔŋ	糖床王讲	iɔŋ	响	uɔŋ	光
		iuŋ	兄用	uŋ	东双
ap	盒塔鸭法	iap	接贴		
ɛp	粒涩				
əp	十	ip	急		
at	辣八活	iat	热月	uat	刮
ɛt	食得踢	iɛt	切跌	uɛt	国
ɔt	脱				
ət	直	it	七一橘		
		iut	屈文	ut	骨出
ak	白尺	iak	锡白	uak	□kuak⁵:死
ɔk	托	iɔk	药	uɔk	郭
		iuk	六绿局	uk	谷
m̩	唔				
n̩	五				

说明：
①元音 i 略松，做韵尾时偏低，为 ɪ。
②元音 u 舌位略低，近 ʊ，在声母 k、kʰ 后唇齿化为 ʋ。
③元音 a 发音部位略后，实际音值近 ɑ。
④元音 ɛ、ɔ 作单韵母时舌位略高，近 e、o。
⑤韵母 ɛu 与声母 ŋ 相拼时，声母和韵母之间有较为明显的过渡音 i。

三　声调（6个）

阴平 44　东该灯风通开天春买有动白罪白近白后白　　阳平　21　门龙牛油铜皮糖红

上声 31　懂古鬼九统苦讨草老五

去声 52　冻怪半四动文罪文近文后文

阴入　2　谷百搭节急哭拍塔切刻　　　　　　　　阳入　5　麦叶月毒白盒罚

说明：

①阳平 21 低降，有时降幅不明显，近低平。

②去声 52 有时读 51。

③阴入 2 为短促调，实际调值为 31。

④阳入 5 为短促调。

叁　连读变调

两字组结构中，阳平、阴入、阳入不论做前字还是后字，均不变调，阴平、上声、去声仅在作前字时发生变调。具体变调规则为：

1. 阴平在阳平、上声、阴入前调值由 44 变 35；

2. 上声在阳平、上声、阴入前调值由 31 变 33；

3. 去声在阳平、上声、去声、阴入前调值由 52 变 55。

两字组连调表如下：

	阴平 44	阳平 21	上声 31	去声 52	阴入 2	阳入 5
阴平 44	44+44	44+21 35	44+31 35	44+52	44+2 35	44+5
阳平 21	21+44	21+21	21+31	21+52	21+2	21+5
上声 31	31+44	31+21 33	31+31 33	31+52	31+2 33	31+5
去声 52	52+44	52+21 55	52+31 55	52+52 55	52+2 55	52+5
阴入 2	2+44	2+21	2+31	2+52	2+2	2+5
阳入 5	5+44	5+21	5+31	5+52	5+2	5+5

注：表中各栏上一行是单字调，下一行是连读调。例词请参看词汇部分。

肆　异读

异读主要表现为文白异读（"—"前为白读音，后为文读音）。

（一）系统文白异读

1. 梗摄部分字的韵腹有 a—i/ε 之别，如：

争 tsaŋ^{44}—tseŋ^{44}　　整 tsaŋ^{31}—tseŋ^{31}　　正 tsaŋ^{52}—tseŋ^{52}　　生 saŋ^{44}—seŋ^{44}

星 saŋ^{44}—seŋ^{44}　　更 kaŋ^{44}—keŋ^{44}　　命 miaŋ^{52}—min^{52}　　明 miaŋ^{21}—min^{21}

平 p^{h}in^{21}—p^{h}iaŋ^{21}　　轻 k^{h}iaŋ^{44}—k^{h}in^{44}　　清 ts^{h}iaŋ^{44}—ts^{h}in^{44}　　顶 taŋ^{31}—tin^{31}

锡 siak² —sit²　　　　惜 siak² —sit²　　　　格 kak² —kɛt²

2. 阴平—去声之别，如：

坐 tsʰɔ⁴⁴ —tsʰɔ⁵²　　市 sɿ⁴⁴ —sɿ⁵²　　下 ha⁴⁴ —ha⁵²　　后 hɐu⁴⁴ —hɐu⁵²
犯 fam⁴⁴ —fam⁵²　　近 kʰiun⁴⁴ —kʰiun⁵²　　淡 tʰam⁴⁴ —tʰam⁵²　　丈 tsʰɔŋ⁴⁴ —tsʰɔŋ⁵²
动 tʰuŋ⁴⁴ —tʰuŋ⁵²　　重 tsʰuŋ⁴⁴ —tsʰuŋ⁵²

3. 轻重唇之别，如：

飞 pi⁴⁴ —fi⁴⁴　　扶 pʰu²¹ —fu²¹　　翻 pʰɔn⁴⁴ —fan⁴⁴　　发 pɔt² —fat²
分 pun⁴⁴ —fun⁴⁴　　房 pʰiɔŋ²¹ —fɔŋ²¹　　放 piɔŋ⁵² —fɔŋ⁵²

4. 溪母是否擦化（f—kʰ）之别，如：

苦 fu³¹ —kʰu³¹　　肯 hen³¹ —kʰɛn³¹　　口 hɔu³¹ —kʰɔu³¹　　去 hi⁵² —kʰi⁵²

5. 阴平—上声之别，如：

野 ia⁴⁴ —ia³¹　　引 in⁴⁴ —in³¹　　绕 ŋiau⁴⁴ —ŋiau³¹

（二）其他文白异读

话 va⁵² —fa⁵²　　换 vɔn⁵² —fɔn⁵²　　拖 tʰai⁴⁴ —tʰɔ⁴⁴　　弟 tʰai⁴⁴ —tʰi⁵²
在 tsʰɔi⁴⁴ —tsʰai⁵²　　事 sɛ⁵² —sɿ⁵²　　岁 sɛ⁵² —sui⁵²　　季 ki⁵² —kui⁵²
罪 tsʰɔi⁴⁴ —tsʰui⁵²　　骑 kʰa²¹ —kʰi²¹　　解 kɛ³¹ —kiai³¹　　鸟 tiau⁴⁴ —ŋiau⁴⁴
肩 kin⁴⁴ —kian⁴⁴　　轮 lin²¹ —lun²¹　　老 lau⁵² —lau³¹　　染 ŋiam⁵² —ŋiam³¹
贴 tiap² —tʰiap²　　扮 pʰan⁵² —pan⁵²　　目 muk² —muk⁵

伍　其他主要音变

一　同化

（一）名词后缀"子 ɛ³¹"受前一音节韵尾的影响有不同读音

当前一音节以 i、ɛ、u、m、n、ŋ 结尾时，"子"发生同化增音现象，如：李子 li³³lie³¹、鸡子 kɛ³⁵ie³¹、兔子 tʰu⁵⁵ve³¹、蚕子 tsʰam²¹me³¹、鱼子 n²¹ne³¹、羊子 iɔŋ²¹ŋe³¹；当前一音节以 ɔ 结尾时，"子"受前一音素圆唇特点的同化，读 ve31，如：歌子 kɔ³⁵ve³¹；其他情况如：前一音节以 p 结尾时，"子"读 pe³¹ 或 ve³¹；以 t 结尾时，读 le³¹ 或 ɛ³¹；以 ɿ 结尾时，读 ze³¹ 或 ɛ³¹；以 a 或 k 结尾，则一般仍读 ɛ³¹。

类似情况还见于助词"个 kɛ⁵²/ɛ⁵²"（名词性标记）、"欸 ɛ²¹"（做状态形容词标记、体貌助词或语气助词），如：大个 tʰai⁵⁵ie⁵²、苦个 fu³¹ve⁵²、甜个 tʰiam²¹me⁵²、香个 hiɔŋ⁴⁴ŋe⁵²、狭个 hap⁵ve⁵²；苦苦欸 fu³³fu³³ve²¹、酸酸欸 son⁴⁴son³⁵ne²¹、狭狭欸 hap⁵hap⁵ve²¹/pe²¹；去欸 hi⁵⁵ie²¹、看欸 kɔn⁵⁵ne²¹、倒欸 tau³¹ve²¹、食欸 sɛt⁵le²¹。

（二）否定词"唔 m²¹"常作用于后一音节，使其发生音变

如：唔爱不要 m²¹ɔi⁵² ＞m²¹mɔi⁵²、唔系不是 m²¹hɛ52＞m¹¹me⁵²、唔好不好；别 m²¹hau³¹＞m²¹mau³¹。

二 合音

人称代词单数领格 ηa^{44}、ηia^{44}、kia^{44} 分别是人称代词单数"我 ηai^{21}""你 n^{21}""渠 ki^{21}"与"家"的合音。

第四十节 兴宁方音

壹 概况

一 调查点概况

调查点为梅州兴宁市兴田街道。兴宁市位于北纬 23°50′～24°37′，东经 115°30′～116°，东连梅州市梅县区，南邻丰顺县，西接五华县、龙川县，北界平远县及江西省寻乌县，面积 2105 平方公里，辖 17 个镇和兴田、福兴、宁新 3 个街道。兴田街道为历代县治所在地。2018 年人口 118.3 万，其中汉族 118 万，少数民族人口极少。当地汉语方言是客家方言，大致分为两种：上山话，主要包括罗岗、罗浮、大坪、岗背、黄槐等乡镇；下山话，分布在上述之外的其他乡镇（含城区）。另外，石马、水口等乡镇方言带子尾比较特别。当地方言曲艺主要有客家山歌、竹板歌、杯花舞和马灯舞。

二 方言发音人概况

老男发音人罗亮宏，住兴宁市兴田街道城东居委会，初中文化，煤矿退休工人。1951 年 10 月出生于兴宁市，在本地长大。1966 年毕业于兴宁第一小学，1969 年初中毕业于兴民中学；1970 年去矿务局工作，从事井下作业及天面运输等；1996 年提前退休返乡，在家开小店铺，卖茶烟酒等。会说客家方言、普通话。父亲、母亲、配偶均为兴宁人，会说当地兴宁客家方言。

青男发音人罗科，住兴宁市宁新街道东风居委会榆树下小组，大学本科文化，中学教师。1983 年 10 月出生于东风村，在本地长大。1990—1996 年在东风小学读书，1996—2004 年在宁新中学读初中、高中，2004—2008 年在广东教育学院读大学；2008 年 7 月至今，在兴宁市兴民中学任教。会说客家方言、普通话和英语。父亲、母亲、配偶均为兴宁人，会说当地客家方言。

老女发音人黄小娟，女，高中文化，面点师。1964 年出生于兴宁市福兴街道五里村，在本地长大。1972—1977 年在兴宁市五里小学读书，1977—1980 年在兴宁市华侨中学读初中，1980—1982 年在华侨中学读高中；1982 年以后进过工厂，做过生意；1990 年以后做面点师。会说客家方言、粤方言和普通话。父母均为兴宁人，会说本地客家方言。

青女发音人谢倩，女，大专文化，幼儿园教师。1987 年出生于兴宁市兴田街道容光巷，在本地长大。1994—1999 年在兴城镇五小读小学，1999—2002 年在沐彬中学读初中，2002—2004 年在英才学校读大专；2004—2014 年从事幼教行业，其中 2004—2008 年在东莞市任教，2008 年后在兴宁市任教。会说客家方言、粤方言、普通话和英语。父母和配偶均为兴宁人，会说本地客家方言、普通话。

口头文化发音人 1 由老男发音人罗亮宏兼任。提供材料 0001 歌谣、0002 歌谣、0021～0023 故事、0031～0060 自选条目。

口头文化发音人 2 由老女发音人黄小娟兼任。提供材料 0003 歌谣、0004 歌谣。

口头文化发音人 3 由青女发音人谢倩兼任。提供材料 0005 歌谣。

口头文化发音人 4 为钟伟华，男，艺名"大声古"，初中文化，当地民间艺人，山歌大师。1958 年 3 月出生于兴宁市径南镇章岗村，会说客家方言、普通话。提供材料 0007 歌谣、0061 自选条目、0062 自选条目、0063 自选条目。

口头文化发音人 5 为黄秋霞，女，高中文化，当地民间艺人。1978 年 3 月出生于兴宁市罗岗镇霞岚村，会说客家方言和普通话。提供材料 0006 歌谣、0007 歌谣，0061 自选条目。

贰　声韵调

一　声母（21 个，包括零声母在内）

p 八兵飞_白	pʰ 派片爬病肥	m 麦明味问	f 飞_文风副蜂饭灰活	v 温王横
t 多东	tʰ 讨天甜毒	n 脑南年泥热软月		l 老蓝连路
ts 资早租酒争装	tsʰ 刺草寸清贼坐全祠谢抄初拆茶床		s 丝三酸想字事山双响	
tʃ 张竹纸主	tʃʰ 车春抽柱深鼠		ʃ 手书十城船顺	
k 高九	kʰ 开轻共权	ŋ 熬	h 好学后	ʒ 用药县云一烟影

Ø 安矮

说明：

①有一套舌叶音 tʃ、tʃʰ、ʃ，与舌尖前的 ts、tsʰ、s 对立，舌叶音偶尔也有卷舌变体。

②k、kʰ、h 逢细音时发音同化为硬腭，实际音值接近 c、cʰ、ç。

③ts、tsʰ、s 在细音前有舌面音的变体。

二　韵母（46 个，包括自成音节的 m、n 在内）

ɿ	师丝柿	i	戏二飞米	u	苦猪抽
ʅ	雨试世文	iu	豆走油		
a	茶牙瓦	ia	写		
ɔ	歌坐过靴	iɔ	头		
ae	排鞋快拖白	ɪe	世白洗契系白		
ɑɔ	宝饱	iɑɔ	笑桥		
ɔe	开赔对白				
ei	对文雷			ui	鬼
an	山半				
ɔn	短官				
en	战扇	ɪen	年权根文灯		
in	升	in	根白新		
øin	云寸春民门滚				
aŋ	硬争白横南盐	iaŋ	病		
ɔŋ	糖床王响讲	iɔŋ	两白含白		
ɯŋ	双	iuŋ	心用	uŋ	东深兄
at	辣八活刮				
ɔt	渴割脱夺刷				
et	舌设	ɪet	节热月北色国		
it	一直	it	七橘锡文		
øit	出笔骨				
ak	塔鸭法盒	iak	接贴锡白		
ɯk	族	iuk	绿六白局	uk	谷六文十
ɔk	托郭壳学药	iɔk	脚		
m	唔				
n	五				

说明：

①ʅ 不是典型的舌尖元音，而是只与 ʧ 组相拼的舌叶元音。

②ɑɔ 韵在单字及作为前字时比较明显，作为后字时有演变为单元音 ɔ 的倾向；ae 韵在单字及作为前字时比较明显，作为后字时有演变为单元音 æ 的倾向。

③ui 韵在非 k、kʰ 后时，韵腹发音为 ø。

④ɔn 韵，有时有 ɔen 变体，在舌根音声母后有 o 过渡音，一部分 ɔn 韵母带有 u 韵头。

⑤øin、øit 有时是 ɵin、ɵit，青男发音人则变为 uin。

三　声调（6个）

阴平 24　东该灯风通开天春买有动_白近_白　　　　阳平 13　门龙牛油铜皮糖红

上声 31　懂古鬼九统苦讨草老五

去声 51　冻怪半四痛快寸去卖路硬乱洞
　　　　　地饭树罪后动_文近_文

阴入 2　谷百搭节急拍塔切刻六　　　　　　　阳入 4　麦叶月毒白盒罚

说明：

①阴平调中升 24 为主，录音时也常见平调 44 或者微升的 34 的变体。

②阳平以低升 13 为主，也偶有 12、22、21 等变体。

③上声是个低降调 31，偶尔有 42 变体。

④去声是个全降调，偶尔也有 53 变体。

⑤阴入实际是短促的低降调 31。

⑥阳入是 4，偶尔有短促的 45、34 等微升的变体。

叁　连读变调

两字组变调规则如下：

1. 阴平+阴平，阴平+阳入，前字调值变为 44；

2. 阴平+阳平，阳入+阳平，后字调值变为 21；

3. 阳平+阳平，上声+阳平，去声+阳平，阴入+阳平，后字调值变为 22；

4. 去声+阴平，阳入+阴平，后字调值变为 44；

5. 去声+上声，去声+去声，去声+阴入，前字调值变为 55。

两字组连调表如下：

后字／前字	24	13	31	51	2	4
24	44+24 飞机、开车	24+21 高楼、开门	科长、加减	青菜、开会	清洁、心急	44+4 风俗、开学
13	床单、磨刀	13+22 银行、团圆	团长、长短	回信、奇怪	颜色、留客	传达、人物
31	好心、洗衫	31+22 酒瓶、点名	水果	考试、狗吠	紧急、请客	好药、解毒
51	51+44 汽车、唱歌	51+22 菜园、算钱	55+31 要紧、放手	55+51 变化、见面	55+2 顾客、性急	化学、放学
2	北方、接生	2+22 竹床、发球	结果、发表	发票、切菜	八百、出血	笔墨、出力
4	4+44 学生、读书	4+21 石头、值钱	局长、罚款	白菜、力大	蜡烛、突击	直达、入学

肆　异读

一　新老异读

韵母方面，老男发音人的 øin/øit，变体是 ɵin/ɵit，青男发音人则读为 uin。

二　文白异读

（一）声母文白异读

1. 送气的变化，如：贴，白读 tiak²，文读 tʰiak²；扮，白读 pʰan⁵¹，文读 pan⁵¹。
2. 匣母的 v/f，如：还，白读 van¹³，文读 fan¹³；换，白读 vɔn⁵¹，文读 fɔn⁵¹。
3. 一部分声母变化反映古无轻唇音，如：发，白读 pɔt²，文读 fat²；分，白读 pøin²⁴，文读 føin²⁴；房，白读 pʰɔŋ¹³，文读 fɔŋ¹³；晚，白读 man²⁴，文读 van³¹。
4. 个别有 n，l 两读，如：浪，白读 nɔŋ⁵¹，文读 lɔŋ⁵¹；两，白读 niɔŋ²⁴，文读 liɔŋ³¹。
5. 溪母擦音与塞音的两读，如：去，白读 ʃ̩⁵¹，文读 kʰi⁵¹；肯，白读 hɪen³¹，文读 kʰɪen³¹。

（二）韵母文白异读

主要表现在梗摄，如：生，白读 saŋ²⁴，文读 sɪen²⁴；平，白读 pʰiaŋ¹³，文读 pʰøin¹³；惜，白读 siak²，文读 sit²。

（三）声调文白异读

主要表现为古全浊上字阴平 24 与去声 51 两读，如：户，白读 fu²⁴，文读 fu⁵¹；弟，白读 tʰae²⁴，文读 tʰi⁵¹。

第四十一节　五华方音

壹　概况

一　调查点概括

调查点为梅州市五华县水寨镇。五华县位于广东省东部，地处北纬 23.9°，东经 115.8°。该县人口 152.3719 万，汉族为主，少数民族主要有苗族。该县为纯客县，全县通行客家方言。该县客家方言按口音主要分为三片：（1）水寨话，分布在县城及其附近即安流以北的水寨、大坝、河东、油田、平南、横陂、锡坑、小都、郭田、转水、潭下、长布、大田、周江、中兴、文葵、大都、双华等地；（2）华城话，分布在北部近兴宁的华城、新桥、岐岭、双头 4 镇；（3）上山话，类似揭西和海陆丰的客家方言，分布在安流以南的棉洋、桥江、梅林、华阳、龙村、硝芳、登畲等。水寨话、华城话合称下山话，属客家方言粤台片兴华小片，上山话属客家方言漳潮片。该县有竹马舞、采茶戏、山歌等方言曲艺，现从事这类地方戏的人员已纳入事业编制。

二　方言发音人概况

老男发音人邓俊枢，汉族，高中文化程度，水寨镇莲洞村人。1956年9月出生于水寨镇莲洞村；1963—1972年就读于莲洞学校（小学、初中）；1972—1974年就读于水寨中学；1974年高中毕业后从事建筑工业，直到1996年休工。会说五华客家方言、普通话。其父为水寨镇莲洞村人，只会说五华话；其母为水寨镇大湖村人，只会说五华话；其妻为水寨镇澄湖村人，只会说五华话。

青男发音人曾文宾，汉族，大专文化程度，水寨镇水寨大道北人。1992年7月出生于梅州市五华县水寨镇澄湖村；1999—2005年就读于五华县第三小学；2005—2008年就读于五华县兴华中学；2008—2011年就读于五华县城镇中学；2011—2014年就读于河源职业技术学院；2014—2018年就职于东莞市宏程教育；2018年6月至今就职于五华县盐务局。会说五华客家方言、普通话。其父为水寨镇澄湖村人，只会说五华话；其母为水寨镇大布村人，只会说五华话；其妻为水寨镇澄湖村人，主要说五华话。

口头文化发音人1由老男发音人邓俊枢兼任。提供材料歌谣、民间故事。

口头文化发音人2为曾添友，汉族，初中文化程度，水寨镇莲洞村人。1960年出生于梅州市五华县水寨镇莲洞村；1967—1976年就读于五华县大湖学校（小学、初中），毕业后一直在当地务农至今。只会说五华客家方言。其父为水寨镇莲洞村人，只会说五华话；其母为水寨镇莲洞村人，只会说五华话；其妻为水寨镇莲洞村人，只会说五华话。提供材料童谣、谚语。

口头文化发音人3为张伯成，汉族，大专文化程度，五华县长布镇人。1971年6月出生于长布镇大田中心村。1979—1984年就读于五华县大田中心小学；1984—1987年就读于五华县大田中学；1987—1990年就读于五华县成人中专音乐职业学校；2013—2015年就读于中央广播电视大学现代文员班；2018年在星海音乐学院进修。1990—2013年，在五华县采茶剧团工作并担任主要演员（其间，2008年1月至2013年3月任该剧团副团长）。2013—2018年，调任五华县转水任文化站站长、文教体育服务中心主任。2018年10月至今，在中共五华县委办公室工作。会说普通话、粤方言、五华话，主要说五华话。其父为五华县长布镇大田中心村人，只会说五华话；其母为五华县潭下镇锡坪村人，只会说五华话；其妻为五华县长布镇大田中心村人，会说普通话和五华话，主要说五华话。提供材料五华山歌、五句板。

贰　声韵调

一　声母（21个，包括零声母在内）

p	八兵飞白	pʰ 派片爬病肥	m 麦明味问	f 飞文风灰活 蜂饭副	v 温王
t	多东	tʰ 讨天甜毒	n 脑南泥		l 老蓝连路
ts	资早租酒 争装	tsʰ 刺草寸清拆 茶初贼坐全 祠谢抄床		s 字丝三酸想 事山双	
tʃ	张竹纸主	tʃʰ 抽柱车春	ȵ 热软月年	ʃ 船顺手书十 城响	
k	高九	kʰ 开轻共文权	ŋ 熬	h 好	
Ø	县安云用药				

说明：

①v 的摩擦较轻，实际音值接近 ʋ。

②tʃ 的实际音值较短，有时接近塞化的舌叶塞音。

二　韵母（46个，包括自成音节的 ŋ 在内）

ɿ	师丝	i	雨米试戏二飞	u	苦猪
a	茶牙瓦	ia	写		
ɛ	个	iɛ	你个 ȵiɛ44：你的		
ɔ	歌坐过靴				
ai	排鞋快				
ɔi	开赔			ui	对鬼
au	宝饱	iau	笑桥		
ɛu	呕醪稠	iu	油豆走		
an	山半				
ɛn	灯权根文	iɛn	盐		
		in	心深新根白升星		
ɔn	短官	iɔn	软		
ɿn	寸	iun	云	un	滚春
aŋ	南硬争横~竖	iaŋ	盐病		
ɔŋ	糖床王讲响	iɔŋ	养		

| ȵ | 双 | | iuŋ | 用 | | uŋ | 东兄 |

ait	辣八活刮
ɛt	节北色国		iɛt	热月
			it	十急七一直
ɔt	脱夺刷
ɿt	卒					uit	骨出
ak	盒塔鸭法白尺		iak	接贴锡
ɔk	托郭壳学		iɔk	药
ɿk	缩~丝: 皮筋		iuk	六局绿		uk	谷
ŋ̍	五

说明:

①自成音节的 ŋ 有时会读成 m,自成音节的 ŋ 和 m 无对立。

②ȵn、ȵŋ、ɿt、ɿk 只与 ts、tsʰ、s 相拼,只存在老年人口音当中。

三 声调(6个)

阴平 44 东该灯风通开天春买有动_白近_白　　阳平 212 铜皮糖红门龙牛油

上声 31 懂古鬼九统苦讨草老五动_文
　　　　近_文罪后卖路硬乱洞地饭树

去声 51 冻怪半四痛快寸去

阴入 2 谷百搭节急哭拍塔切刻六　　阳入 5 麦叶月毒白盒罚

说明:

阴入的实际调值是 21,阳入的实际调值是 45。

叁 连读变调

两字组连读变调规律如下:

	阴平 44	阳平 212	上声 31	去声 51	阴入 2	阳入 5
阴平 44	44　44 飞机 风车	44　212 24　21 今年 猪皮	44　31 44　51 风水 冷水	44　51 车票 青菜	44　　2 24　51 今日 猪脚 ——— 44　　2 24　　5 飞鸽 生日	44　5 山药 阴历

续表

2＼1	阴平 44	阳平 212	上声 31	去声 51	阴入 2	阳入 5
阳平 212	212　44 梅花　床单	212　212 44　44 牛羊　前门	212　31 44　44 鞋底　红枣 ―――― 212　31 212　51 松树　皮蛋	212　51 21　51 油菜　棉裤	212　2 21　2 牛骨　颜色 ―――― 212　2 212　5（51） 前日　菩萨	212　5 21　5 农历　茶叶
上声 31	31　44 水沟　剪刀	31　212 酒瓶　火蛇	31　31 水果　举手	31　51 韭菜　小气	31　2 粉笔　打铁	31　5 狗肉　草药
去声 51	51　44 菜单　信封	51　212 44　212 裤头　算钱	51　31 44　31 半碗　算命	51　51 种菜　看戏	51　2 44　2 贝壳　半尺	51　5 半日　放学
阴入 2	2　44 竹竿　结婚	2　212 割禾　膝头	2　31 屋顶　竹板	2　51 博士　瞎眼	2　2 八百　出血	2　5 竹叶　出力
阳入 5	5　44 5　21 学生　读书	5　212 5　21 白糖　石头	5　31 5　51 白纸　绿豆	5　51 择菜　学校	5　2 及格 ―――― 5　2 2　<u>51</u> 蜡烛	5　5 学习　特别

肆　异读

一　新老异读

（一）系统新老异读

1. 流摄开口一、三等在新派（青男发音人）口音中保持分立，如：楼 leu^{212}≠流 liu^{212}、走 tseu^{31}≠酒 tsiu^{31}、狗 keu^{31}≠九 kiu^{31}。在老派（老男发音人）口音中基本合流，只在个别口语字中保留分立，如：楼＝流 liu^{212}、走＝酒 tsiu^{31}、狗＝九 kiu^{31}；呕 eu^{31}≠右 iu^{31}、醥 neu^{212}≠牛 ȵiu^{212}。

2. 在新派（青男发音人）口音中，un、uŋ、ut、uk 可以和 ts、tsʰ、s 相拼；因此新派口音中没有韵母 ɿn、ɿŋ、ɿt，但有韵母 ɿk，目前只发现两个字：缩~丝：橡皮筋 sɿk^2、捉 tsɿk^2。在老派（老男发音人）口音中，un、uŋ、ut、uk 和 ts、tsʰ、s 相拼时，分别变成 ɿn、ɿŋ、ɿt、ɿk。

（二）其他新老异读

例字	老派	新派	例字	老派	新派
截	tsɛt²	tsʰɛt⁵	扎	tsat²	tsait² tsa⁴⁴
刮	kait²	kat⁵	尝	ʃɔŋ²¹²	tʃʰɔŋ²¹²
迎	ȵiaŋ²¹²	iaŋ²¹²	畜	ʃuk²	tʃʰuk²
冲	tʃʰuŋ⁴⁴	tʃʰuŋ⁵¹	缝	pʰuŋ⁵¹	fuŋ⁵¹
缩	sɿk²	sɿk²～丝橡皮筋 suk²～头乌龟			

二　文白异读

例字	白读	文读	例字	白读	文读
拖	tʰai⁴⁴～藤	tʰɔ⁴⁴～鞋	下	ha⁴⁴楼～	ha⁵¹天～
苦	fu³¹～瓜	kʰu³¹辛～	弟	tʰai⁴⁴老～	tʰi³¹兄～
飞	pi⁴⁴鸟～	fi⁴⁴～机	敲	kʰau⁵¹～门	kʰau⁴⁴～锣打鼓
口	hiu³¹开～	kʰiu³¹出～	关	kʰan³³～门	kan³³开～
淡	tʰaŋ⁴⁴	tʰaŋ³¹	结	kit²打死～	kɛt²～果
肯	hɛn³¹	kʰɛn³¹	根	kin⁴⁴	kɛn⁴⁴
近	kʰiun⁴⁴	kʰiun³¹	像	tsʰiɔŋ⁵¹好～	siɔŋ⁵¹头～
生	saŋ⁴⁴	sɛŋ⁴⁴	择	tʰɔk⁵～菜	tsʰak⁵选～
平	pʰiaŋ²¹²	pʰun²¹²	明	miaŋ²¹²	mun²¹²
命	miaŋ³¹	mun³¹	领	liaŋ⁴⁴衫～	liaŋ³¹～导
清	tsʰiaŋ⁴⁴～明	tsʰin⁴⁴	整	tʃaŋ³¹～车:修车	tʃin³¹完～
席	tsʰiak³～子	sit⁴⁵主～	动	tʰuŋ⁴⁴不要	tʰuŋ³¹运～
重	tʃʰuŋ⁴⁴轻～	tʃʰuŋ³¹～要			

伍　其他主要音变

其他主要音变现象如下：

1. "了""个结构助词"以及"唔曾"的"曾"在语流中经常丢失声母。

2. "你个""渠个"有时会合音为 ȵiɛ⁴⁴、kɛ⁴⁴，结合其他客家方言，加上是阴平调来推论，有可能是来自"家"。

第四十二节　大埔方音

壹　概况

一　调查点概况

调查点为梅州大埔县湖寮镇。大埔县位于广东省东北部，居韩江中上游，地处北纬 24°01′～24°41′，东经 116°18′～116°56′之间，东北紧靠福建省漳州市平和县和龙岩市永定区，东南连接潮州市饶平县，西依梅县区、梅江区，南邻丰顺县和潮州市潮安区。大埔是典型的山区县，全县区域面积 2467 平方公里，县城建成区面积 7 平方公里。本县有"三区六乡"（三区：中央苏区、革命老区、边远山区，六乡：文化之乡、华侨之乡、世界长寿乡、中国青花瓷之乡、中国名茶之乡、中国蜜柚之乡）之称。2018 年，全县总人口约 56.47 万，常住人口 38.6 万人，县城人口约 10 万人。全县人口主要为汉族，兼有少量少数民族居民。

全县以使用客家方言为主，个别地方如光德镇九社、高陂镇埔田等村间分别讲漳州话、潮州话。县内客家方言主要可分三片：北部、中部和南部，当地人有相应的"硬声、中间声、软声"之说。其中北部茶阳、西河、长治等镇为一片，口音近永定客家方言；南部大东、高陂、光德、枫朗、双溪等镇为一片；中部湖寮、百侯等镇兼有北部、南部口音特点。湖寮话是县内最具威望的方言。另外，西部银江等镇口音与梅县相近。

当地用方言说唱的曲艺有客家山歌、五句板，地方戏有山歌剧。山歌腔调各地不尽相同，主要有西河山歌、长治山歌和光德山歌，湖寮腔山歌则唱者、听者都少。总体上目前方言曲艺在本县受众少，日渐式微。

二　方言发音人概况

老男发音人刘千潜，1953 年 8 月出生于大埔湖寮镇新村塘腹小组，文化程度为初中。父亲为湖寮新村人，母亲和配偶均为湖寮古城人。一直在当地生活、学习、工作。1957—1963 年就读于大埔湖寮新村小学，1963—1966 年就读于大埔虎山中学；毕业后在家务农。1968—2011 任湖寮新寨村委干部；2007 年至今，任湖寮镇侨联主席。

青男发音人巫有胜，1981 年 5 月出生于大埔湖寮镇黎家坪村，文化程度为本科。父亲和配偶均为黎家坪村人，母亲为湖寮镇岭下村人。1989—1955 就读于大埔黎家坪小学；1955—1998 就读于大埔华侨第二中学；1998—2001 年就读于大埔虎山中学；2001—2005 年就读于梅州嘉应学院；2005 年 9 月至今，在大埔虎山中学任教。

口头文化发音人 1 为何志文，女，1961 年 2 月出生于大埔湖寮镇双坑村。中专文化，教师。提供歌谣 0001—0004，故事 0021 牛郎和织女。

口头文化发音人 2 为何文君，女，1987 年 9 月出生于大埔湖寮城东居委。本科文化，教师。提供歌谣 0005—0007。

口头文化发音人 3 为蓝圳业，男，1947 年 1 月出生于大埔湖寮镇下沥村。中学文化，农民。提供故事 0022、0023、0025。

口头文化发音人 4 为罗皎明，男，1962 年 10 月出生于大埔湖寮龙岗村。中专文化，文物研究员。提供故事 0024。

口头文化发音人 5 为陈援平，女，1954 年 9 月出生于大埔湖寮莒村。中专文化，文艺工作者。提供自选条目 0031。

口头文化发音人 6 为刘千潜，男，1953 年 8 月出生于大埔湖寮新村。初中文化，人民团体工作人员。提供自选条目 0032—0046。

贰　声韵调

一　声母（21 个，包括零声母在内）

p 八兵飞白	pʰ 派片爬病蜂肥饭	m 麦明味问	f 飞文风副灰活	v 温王活
t 多东	tʰ 讨天甜毒	n 脑南年泥	l 老蓝连路
ts 资早租酒争装	tsʰ 刺草寸清字茶床贼坐全祠拆抄初		s 丝三酸想谢事文山双
ʧ 张竹纸主	ʧʰ 抽柱车春		ʃ 船顺手书十城事白　ʒ 云用药
k 高九	kʰ 开轻共权	ŋ 热软熬月	h 好响县
Ø 安			

说明：

①v 的摩擦较轻，接近 ʋ。

②k、kʰ、ŋ、h 逢齐齿呼时腭化，实际音值接近 c、cʰ、ɲ、ç。因无音位对立，统一记作 k、kʰ、ŋ、h。

③ʒ 摩擦较轻，实际为舌叶无擦通音，有时近 j。

二　韵母（56 个，包括自成音节的 m、n 在内）

ɿ 师丝试		i 米戏二		u 苦猪雨	
a 茶牙瓦		ia 写		ua 瓜挂	
ai 排				uai 快	
ei 鞋				uei □kʰuei⁵² 碗打碎声	

au 饱	iau 靴笑桥条文	
æu 条白		
eu 豆走	iu 油	
		ui 飞鬼
ou 歌坐过宝		
an 山半		uan 官
æn 年		
en 根文灯争文星	ien 权	uen 耿
on 短	ion 软	
	in 心深新升	un 寸滚春云
	iun 根白	
aŋ 南盐硬争白横	iaŋ 病	uaŋ 梗菜~
oŋ 糖床王讲	ioŋ 响	uoŋ 光
	iuŋ 兄	uŋ 东用
at 辣		uat 刮
æt 八贴		
et 北色	iet 热节月	uet 国
ot 脱		
	it 七一橘直锡文	ut 骨出
	iut 绿	
ak 盒塔鸭法白尺	iak 接锡白	
ok 托药壳学	iok 脚	uok 郭
	iuk 六局	uk 谷
m 唔		
n 五		

说明：

①元音ɿ与舌叶声母tʃ、tʃʰ、ʃ、ʒ相拼时，近ɿ，实为舌叶不圆唇元音。

②元音i略松，做韵尾时偏低，为ɪ；与舌叶声母相拼时略后略低，近ɿ，实为舌叶不圆唇元音。

③出于系统经济性考虑，不单设舌叶不圆唇元音音位，结合具体音色表现及历史来源等，将其分别记作ɿ、i（参见以上两点说明）。

④元音o在ou之外的韵母中开口度略大，实际为ɔ。

⑤元音æ见于æu、æn、æt三个韵母，与au、an、at和eu、en、et听感区别较明显，并构成对立。其中æu可自由变读iau，发音人在读单字时倾向于读iau，在词句中则倾向于读æu，æu有被iau完全取代的趋势。

⑥元音u舌位略低，近ʊ。

三　声调(6个)

阴平 34　东该灯风通开天春买有动_白近_白后_白　　阳平 13　门龙牛油铜皮糖红

上声 31　懂古鬼九统苦讨草老五洞

去声 52　冻怪半四痛快寸卖路硬乱地饭

　　　　树动_文罪近_文后_文

阴入 2　谷百搭节急哭拍塔节急　　　　　　阳入 5　毒白盒罚六麦叶月

说明：

①阴平为中升调 34，有时略高近 45；有时升幅不明显，近平调 33。

②阳平为低升调，有时略带曲折，近 213。

③阴入、阳入均为短促调，阴入实际调值为 31。

叁　连读变调

两字组结构中，阴平、阳平、阴入、阳入不论做前字还是后字均不变调，上声、去声仅在做前字时发生变调，变调规则为：

1. 上声 31 在阴平、阳平、去声和阳入前变读 21，在上声和阴入前变读 33。

2. 去声 52 在阴平和阳平变读 31 或 33，在其他声调之前变读 55。

两字组连调情况详见下表：

	阴平 34	阳平 13	上声 31	去声 52	阴入 2	阳入 5
阴平 34	34+34	34+13	34+31	34+52	34+2	34+5
阳平 13	13+34	13+13	13+31	13+52	13+2	13+5
上声 31	31+34 21	31+13 21	31+31 33	31+52 21	31+2 33	31+5 21
去声 52	52+34 31/33	52+13 31/33	52+31 55	52+52 55	52+2 55	52+5 55
阴入 2	2+34	2+13	2+31	2+52	2+2	2+5
阳入 5	5+34	5+13	5+31	5+52	5+2	5+5

注：表中各栏上一行是单字调，下一行是连读调。例词请参看词汇部分。

肆　异读

异读主要表现为文白异读（"—"前为白读音，后为文读音）。

（一）系统文白异读

1. 梗摄部分字韵腹 a 和 i/e 之别，如：

生 saŋ^{34}—sen^{34}　　　争 tsaŋ^{34}—tsen^{34}　　　经 kaŋ^{34}—ken^{34}　　　整 tʃaŋ^{31}—tʃin^{31}

正 tʃaŋ^{52}—tʃin^{52}　　　平 pʰin^{13}—pʰiaŋ^{13}　　　明 miaŋ^{13}—min^{13}　　　命 miaŋ^{52}—men^{52}

清 tsʰiaŋ³⁴—tsʰin³⁴　　格 kak²—ket²　　　　锡 siak²—sit²

2. 声母轻重唇之别，如：

飞 pui³⁴—fui³⁴　　浮 pʰou¹³—feu¹³　　翻 pʰon³⁴—fan³⁴　　分 pun³⁴—fun³⁴

粉 pʰun³¹—fun³¹　　放 pioŋ⁵²—foŋ⁵²　　房 pʰioŋ¹³—foŋ¹³

3. 阴平与去声之别，如：

坐 tsʰou³⁴—tsʰou⁵²　　弟 tʰei³⁴—tʰi⁵²　　后 heu³⁴—heu⁵²　　重 tʃʰuŋ³⁴—tʃʰuŋ⁵²

动 tʰuŋ³⁴—tʰuŋ⁵²　　近 kʰiun³⁴—kʰiun⁵²

（二）其他文白异读

话 va⁵²—fa⁵²　　　换 van⁵²—fan⁵²　　拖 tʰai³⁴—tʰou³⁴　　我 ŋai¹³—ŋou³⁴

世 ʃei⁵²—ʃ̩⁵²　　　事 ʃei⁵²—sɿ⁵²　　岁 sei⁵²—sui⁵²　　罪 tsʰoi³⁴—tsʰui⁵²

肯 hen³¹—kʰen³¹　　条 tʰæu¹³—tʰiau¹³　　跟 kiun³⁴—ken³⁴　　轮 liun¹³—liun¹³

引 ʒin³⁴—ʒin³¹　　　目 muk²—muk⁵

伍　其他主要音变

名词后缀"嘚 tək⁰"，有自由变体 lək⁰，有时也读 let⁰。前字音节末尾为 n 时，可能读 nək⁰。因为是轻声，调值不固定，其中在阴入和上声字后一般调值较高，调高为 5；在其他声调字后，以调高 2 或 3 为常见。

第四十三节　丰顺方音

壹　概况

一　调查点概况

调查点为梅州市丰顺县汤坑镇。丰顺县位于北纬 23°36′～24°13′，东经 115°30′～116°41′，是广东省梅州市管辖的县级市，市政府所在地为汤坑镇，2017 年末户籍人口 745790 人，主要为汉族，约 745430 人，另有畲族人口 360 多，主要分布在潭江镇凤坪村。

丰顺县境内主要通行客家方言和潮州话，此外，东部黄金镇有"漳州福佬话"，汤坑还有咸水（学佬）口音。讲客家方言的人群占总人口的五分之四（80.1%），近 60 万人。丰顺客家主要有半山鹤（汤坑口音）、丰良、大龙华、潭江、潭田、八乡等口音。半山鹤又称半山客，人口约 30 万，是受潮州文化影响较多的客家支系。高然（1995）将丰顺客家方言分为汤坑片、八乡片、丰良片、潭田片、茶背片。丰顺的福佬民系，主要属于潮州系，集中在汤南、留隍（东留镇已并入留隍）两镇，其中汤南镇逾 45000 人，留隍镇近 85000 人（未计入茶背部分，留隍镇茶背片客家较多）。此外在黄金镇、汤坑镇、埔寨农场、丰良镇、潭江镇及留隍镇茶背片等地还有小部分福佬。丰顺的福佬人口比例接近总人口的五分之一（19.8%），近 14 万人。丰顺福佬口音也很复杂，高然（1995）将其分为留隍片、汤南片、黄金"漳州福佬话"。

地方曲艺主要是客家山歌。先辈流传下来为后辈传唱的山歌已极少，现今人们口头所唱多为今人创作的用客家方言唱的流行歌曲。女性传唱得较多，男性较少。

二　方言发音人概况

老年男性发音人徐历靠，初中文化。1949 年生于梅州市丰顺县汤坑镇埔河村埔头寨。1959—1965 年就读于埔河村埔河小学；1965—1968 年就读于县华侨中学；初中毕业后做记分员和生产队副队长；1976 年做民兵副营长；后在埔河小学教书五年，1982 年当选为村支部书记兼主任至 2016 年退休，1998—2008 年当选省人大代表。父母均讲埔河客家方言，家庭语言为埔河客家方言，配偶是汤坑镇富坑村人，讲埔河客家方言。徐历靠先生还担任了本调查的地普发音人。

青年男性发音人徐佳权，大专文化。1994 年出生于梅州市丰顺县汤坑镇埔河村埔头寨。2001—2006 就读于埔头寨侨思小学；2006—2007 年就读于汤坑镇黄屋坝东兴小学；2007—2010 年就读于埔河村东海中学；2010—2013 年就读于汤坑镇华侨中学；2013 年至今在华育幼儿园工作，同时读电大。父母均为埔河村人，讲埔河客家方言，家庭语言亦为埔河客家方言。调研时无配偶。

口头文化发音人 1 为徐美芝，高中文化。1961 年出生于丰顺县汤坑镇埔头寨埔河村。1971—1972 年就读于埔头寨小学；1972—1977 年就读于楼下坝埔河小学；1977—1979 年就读于汤坑中学；1979 年至今务农。父母及配偶均为埔河村人，家庭语言为埔河客家方言。提供了 0003 歌谣，0021 规定故事，0023 其他故事。

口头文化发音人 2 为丁丽琼，高小文化。1955 年出生于丰顺县汤坑镇汤泉村，在汤坑镇长大。父母及配偶均说汤坑客家方言，家庭语言为汤坑客家方言。提供了 0001 歌谣，0002 歌谣。

口头文化发音人 3 为陈秀芝，初中文化。1954 年出生于丰顺县汤坑镇邓屋村，后迁居汤坑镇。父母及配偶均说汤坑客家方言，家庭语言为汤坑客家方言。提供了 0022 其他故事。

贰　声韵调

一　声母（21 个，包括零声母在内）

p 八兵飞　　　　　pʰ 派片爬病蜂肥　　m 麦明味问　　f 风副灰活　　　v 温王饭

t 多东	tʰ 讨天甜毒	n 脑南泥年		l 老蓝连路
ts 资早租酒争装	tsʰ 刺草寸清字贼 坐全祠谢拆茶 抄初	ȵ 热软月	s 丝三酸想事 床山双	
tʃ 张竹纸主	tʃʰ 抽柱车春		ʃ 船顺手书十 城	
k 高九	kʰ 开轻共权	ŋ 熬	h 好响	
∅ 县安云用药				

说明：

①以 i 开头的零声母音节的开头摩擦非常强，有的甚至接近 z，如"姨、叶、烟、油"等，但无对立，不设声母 z。

②n、ȵ、ŋ 有不同的出现条件。n 通常只出现在非疑母洪音韵母前，但个别字如"年"，也读 n 声母；ȵ 只出现在细音韵母前；ŋ 在疑母洪音韵母前读 ŋ，在细音韵母前读 ȵ，与 ȵ 无对立，如"染＝念＝验"。

③tʃ、tʃʰ、ʃ 后面的 i 韵母舌位偏央，如"纸、制、池"等。

④部分见系字遇细音有腭化倾向，如"气、吸、寄、权、球、显、休、凶"等，但发音人认为"权≠钱、显≠线"，仍将此类字声母记为 k、kʰ、h。

二　韵母（63 个，包括自成音节的 m、ŋ 在内）

ɿ	师丝	i	雨米试戏二	u	苦猪
a	茶牙	ia	写	ua	瓦
e	鞋			ɯ	去
o	歌坐宝	io	靴	uo	过
ai	排			uai	快
oi	开赔	iu	油	ui	对飞鬼
au	饱	iau	笑桥		
eu	豆走	ieu	摇腰		
am	南	iam	盐		
em	参	im	心深		
an	山半	ian	年权	uan	官
en	根灯争星	in	新升		
on	短	ion	软		
		iun	云	un	寸滚春
aŋ	硬横	iaŋ	病	uaŋ	梗
oŋ	糖床王讲	ioŋ	响	uoŋ	光
		iuŋ	兄用	uŋ	双东

ap	盒塔鸭法	iap	接贴		
		ip	十急		
at	辣八活	it	七一橘直击	uat	刮
et	北色择踢	iet	热节月	uet	国
ot	割脱	iut	屈	ut	骨出
ak	白尺	iak	锡	uak	划
ok	托壳学	iok	药	uok	郭
		iuk	六绿局	uk	谷

m　唔

ŋ　五

说明：

①词汇和语法调查时出现单韵母 ɯ，发音部位略偏央，只辖第三人称代词和"去"二字，但此二字使用频率高，故单列一韵。

②ŋ 只出现在舌尖前声母后，也只辖止摄开口三等少数字，如"紫、资、师、丝、事"等。

③u 无论是作为主要元音还是作为介音，唇形都较松，与-ŋ 尾组合时更接近 o，如"东、龙"等。

④o 唇形松、扁，在 ion、ot 中的实际音值更接近 ɔ。

⑤元音 a 在 iam 和 ian 中略有不同，前者的 a 开口度较大，后者的 a 略小，近于 ɛ。

三　声调（6个）

阴平 44　东该灯风通开天春买有动白近白　　　阳平　24　门龙牛油铜皮糖红

上声 53　懂古鬼九统苦讨草冻怪半四痛

　　　　快寸去树白老五

去声 21　卖路硬乱洞地饭树白动文罪近文后

阴入　2　谷百搭节急哭拍塔切刻六　　　　　阳入　5　麦叶月毒白盒罚

说明：

①阴平是平调，记为 44，比去声的起点低。

②阳平是上扬调，记为 24。

③上声是个高降调，域值差不大。比阴平起点高，记为 53。

④去声记为 21，起点低，尾部略降。

⑤阴入是个短促的低调，但未低到 1，记为 2。

⑥阳入是个短促的高调，与去声高降的起点相近，记为 5。

叁　连读变调

1. 阴平在阴平、阳平和阳入前均变为 53，如：

飞机：44+44——53+44　　　肩头：44+24——53+24

蜘蛛：44+44——53+44　　　亲情：44+24——53+24

猪哥：44+44——53+44　　　鸡婆：44+24——53+24

毛辫：44+44——53+44　　　飞龙：44+24——53+24

姑丈：44+44——53+44　　　姜嫲：44+24——53+24

山窠山谷：44+44——53+44　　　棺樵：44+24——53+24

花名：44+24——53+24　　　三十：44+5——53+5

汤匙：44+24——53+24

2. 阳平在阴平、阳平、阳入前均变为 21，如：

梅花：24+44——21+44　　　爷娭：24+44——21+24

皮肤：24+44——21+44　　　牛羊：24+24——21+24

旁边：24+44——21+44　　　皮鞋：24+24——21+24

尘灰：24+44——21+44　　　茶叶：24+5——21+5

尼姑：24+44——21+44　　　同学：24+5——21+5

鱼鳞：24+44——21+44　　　农历：24+5——21+5

眉毛：24+44——21+44　　　排毒：24+5——21+5

3. 上声在上声前均变为 44，如：

厂长：53+53——44+53　　　水库：53+53——44+53

改稿：53+53——44+53　　　讲价：53+53——44+53

秆扫：53+53——44+53　　　手臂：53+53——44+53

屎桶：53+53——44+53　　　手帕：53+53——44+53

滚水：53+53——44+53　　　炒菜：53+53——44+53

左手：53+53——44+53　　　比赛：53+53——44+53

狗牯：53+53——44+53　　　纽子：53+53——44+53

手指：53+53——44+53　　　细手：53+53——44+53

总统：53+53——44+53　　　世界：53+53——44+53

狗尾：53+53——44+53

肆　异读

一　新老异读

（一）声母新老异读

老男发音人音系声母 21 个，包括零声母在内。青男发音人同此，与老男发音人没有差别。但在具体发音上新老差异有些微体现，如"气、吸、寄、权、球、显、休、凶"等见系字遇细音老男发音人发音有腭化倾向，但发音人认为权≠钱，显≠线；青男发音人则没有这种腭化倾向，见系字与精系字发音区分明显。

（二）韵母新老异读

老男发音人音系韵母 65 个，包括自成音节的 m 和 ŋ 在内。青男发音人音系韵母 63 个，少了 iut 和 m。m 音在青男发音人的讲述和日常说话中亦非常普遍地存在，老男发音人的 iut 韵是在非音系字中出现的，只在"曲折"一词中出现，可能是从普通话折合过来的。因为青男发音人的书面调查只有单字，未出现的上述两个音导致了小异。

（三）声调新老异读

老男发音人与青男发音人的声调类别完全一致，调值也无明显差异，仅在个别字词的文白读上有微异，如老男发音人的"近"有文白二读，分属不同调类，青男发音人只一读；"树"老男发音人有二读，分属不同调类，青男发音人仅一读。

（四）其他新老异读

因青男发音人书面调查仅限于 1000 个单字，故以下新老读音差异仅限于单字的比对。

1. 有些字音青男发音人有，老男发音人无，或者相反

（1）磨：动词读音老男发音人无，因为此动作按老男发音人的读法，应说"砻"，非本字，未录；青男发音人则用普通话读音来折合，认为可读。

（2）箍：老男发音人无此音，青男发音人有，可能是按普通话折合而来。

（3）锄：老男发音人读 tsʅ²⁴，青男发音人读 tʃʰu²⁴，青男发音人可能是折合了普通话的读音。

（4）雨：老男发音人读节气名"谷雨"中的"雨"音 i⁵³，青男发音人无此读。

（5）抖：老男发音人读 teu⁵³，青男发音人无此音。

2. 有些字的文白读不一致

（1）树：老男发音人有文白读，青男发音人则只有一个白读音。

（2）碎：老男发音人有文白读，青男发音人只有文读。

（3）监：老男发音人有文白读，青男发音人只有文读。

3. 有些字的声母不同

（1）埋：青男发音人读为 ne²⁴，老男发音人读为 me²⁴。

（2）愁：青男发音人读 tsʰiu²⁴ 声母，老男发音人读 seu²⁴ 声母。

（3）鸽：青男发音人读 k 声母，老男发音人读 kʰ 声母。

（4）贴：青男发音人读 tʰ 声母，老男发音人读 t 声母。

4. 有的字的韵母不同

（1）刺：青男发音人读 io 韵，老男发音人读 iuk 韵。

（2）敲：青男发音人读 ok 韵，老男发音人读 au 韵。

5. 有些字的声调不同

（1）府：青男发音人读为上声 21，老男发音人读为去声 53。

（2）罩：青男发音人读为上声21，老男发音人读为去声53。

（3）孝：青男发音人读为上声21，老男发音人读为去声53。

二　文白异读

（一）系统文白异读

中古梗摄存在较系统的文白异读。梗摄文读或与曾摄开口一等合流，韵母为en，如：朋＝彭，或与曾摄开口三等合流，韵母为in，如：证＝正正反；梗摄二等韵白读 aŋ/ak，如：更打~kaŋ⁴⁴、耕 kaŋ⁴⁴、白 pʰak⁵、客 kʰak²；三四等韵白读 iaŋ/iak，如：病 pʰiaŋ²¹、镜 kiaŋ⁵³、剧 kʰiak²、名 miaŋ²⁴、轻 kʰiaŋ⁴⁴、惜 siak²、青 tsʰiaŋ⁴⁴、锡 siak²。

（二）其他文白异读

例字	白读	文读	例字	白读	文读
姐	tse²⁴	tsia⁵³	树	ʃu²¹	ʃu⁵³
牌	pʰe²⁴	pʰai²⁴	弟	tʰe⁴⁴	tʰi²¹
碎	tsʰui⁵³	sui⁵³	岁	sai⁵³	sui⁵³
妇	pʰe⁴⁴	fu²¹	浮	pʰo²⁴	feu²⁴
监	kam⁵³	kam⁴⁴	垫	tʰiap²	tʰian⁵³
结	ket²	kiet²	满	men⁴⁴	man⁴⁴
近	kʰen⁴⁴	kʰiun²¹	席	tsʰiak⁵	sit⁵
动	tʰuŋ⁴⁴	tʰuŋ²¹			

第四十四节　揭西方音

壹　概况

一　调查点概况

调查点为揭阳市揭西县河婆镇。揭西县位于北纬 23°18′53″～23°41′13″、东经 115°36′22″～116°11′15″之间，共有 100.86 万人口，汉族 100.86 万人（2015 年）。无呈区域分布的少数民族语言。揭西通行的汉语方言为客家方言和潮汕话。其中说客家方言的有上砂、五云、良田、坪上、河婆、龙潭、南山、灰寨、京溪园、五经富、下砂、大洋、西田共 13 个镇，人口约 57 万，占全县人口 57%；说潮汕话的有棉湖、钱坑、金和、凤江、大溪、塔头、东园共 7 个乡镇，人口约 43 万，占全县人口43%。河婆镇是县城所在地。20世纪50年代，河婆举行过山歌擂台赛，目前河婆镇大约有四五个客家山歌戏团。

二 方言发音人概况

老男发音人张少雄，男，汉族，出生于1957年，高中文化，现为事业单位退休干部。退休前工作单位为揭西县盐务局。1957年在河婆建新居委会出生；1964—1970年在建新小学读书；1970—1972年于建新中学读书；1975—1979年在建新小学教书；1979—1987年任揭西针织厂厂长；1987—1997年任揭西药材公司经理；1997—2017年任揭西盐务局局长。主要说客家方言，能听懂潮汕话。父亲、母亲皆为河婆河山居委会人，都说客家方言；配偶为河婆河山居委会人，说客家方言。

青男发音人张嘉良，男，汉族，出生于1987年，初中文化，现就任于揭西县凤凰新城物业管理处，职业为工人。1987年在东风居委会出生；1994—2000年在建新小学读书；2000—2002年在纪达中学读书；2002—2011年在河婆新城西角村务农；2011年至今，就职于凤凰新城物业管理处。会说客家方言和普通话。父亲是河婆西角村人，说客家方言；母亲为河婆神前村人，说客家方言；配偶为河婆埔尾村人，说客家方言。

老女发音人张雪花，女，汉族，出生于1957年，高中文化水平，现为揭西县河婆镇下滩村委村干部。1957年在岭峰村出生；1965—1970年在下滩小学读书；1970—1974年在河婆中学读书；1974—1980年在岭峰村务农；1980—1985年为下滩村粮食加工厂工人；1985—1991年为下滩村个体户；1991—2017年为下滩村委妇女主任。会说客家方言和普通话。父亲为河婆岭峰村人，说客家方言；母亲为河婆岭峰村人，说客家方言；配偶为河婆下滩村人，说客家方言。

青女发音人蔡嘉嘉，女，汉族，出生于1993年，本科学历，现就职于广东省揭西县河婆基督教堂，职业为传道人。1993年在大同居委出生；1999—2006年在建新小学、大华小学读书；2006—2009年在揭西一中读书；2010—2013年，在广东财经学校读书；2013—2017年在广东协和神学院读书。会说客家方言和普通话。父亲为河婆大同居委人，说客家方言；母亲为河婆大同居委人，说客家方言。调研时无配偶。

口头文化发音人1为刘就得，男，汉族，出生于1954年1月，高中文化，现为个体户。提供的调查材料为歌谣和故事。

口头文化发音人2为张伟耀，男，汉族，出生于1942年7月，初中文化，从揭西县政府办公室退休。提供的调查材料为歌谣和故事。

口头文化发音人3同老女发音人。

口头文化发音人4为黄松喜，男，汉族，出生于1966年2月，初中文化，现为揭西自来水厂职工。提供的调查材料为歌谣。

口头文化发音人5为彭玉娥，女，汉族，出生于1963年6月，高中文化，现为揭西广樱运动服厂职工。提供的调查材料为歌谣。

口头文化发音人 6 为彭成象，男，汉族，出生于 1965 年 5 月，初中文化，现务农。提供的调查材料为歌谣。

口头文化发音人 7 为彭秋燕，女，汉族，出生于 1965 年 4 月，为揭西县五云镇新圩村人，毕业于中等师范学校，现务农。提供的调查材料为歌谣。

贰　声韵调

一　声母（22 个，包括零声母在内）

p	八兵飞白	pʰ	派片爬病蜂肥饭	m	麦明味问	f	飞文风副灰活	v	温王
t	多东	tʰ	讨天甜毒	n	脑南泥			l	老蓝连路
ts	资早租酒争装	tsʰ	刺草寸清字贼坐全祠谢拆茶抄初床			s	丝三酸想事山双		
tʃ	张竹纸主	tʃʰ	抽柱车春	ȵ	年热软月	ʃ	船顺手书十城	ʒ	县云用药
k	高九	kʰ	开轻共权	ŋ	熬	h	好响		
∅	安								

说明：

①舌叶音 tʃ、tʃʰ、ʃ 发音部位偏后。

②ʒ 摩擦较强，v 摩擦较弱。

③k、kʰ、ŋ 在细音前硬腭化，实际音值为 c、cʰ、ɲ。

二　韵母（58 个，包括自成音节的 m 和 ŋ 在内）

ɿ	师丝	i	雨米试戏二	u	苦猪
a	茶牙	ia	写	ua	瓦
ai	排			uai	快
ɛi	鞋			uɛi	□kʰuei³¹:饿
ɔi	开赔对白			ui	对文飞鬼
au	饱	iau	笑桥		
ɛu	豆走	iu	油		
ou	歌坐过宝	iɔu	靴		
am	南盐	iam	点		
ɛm	参	im	心深		
an	山半			uan	官

ɛn	灯争文星	iɛn	年权根文		
ɔn	短	iɔn	软		
		in	根白新升		
		iun	军	un	寸滚春云
aŋ	硬争白横	iaŋ	病	uaŋ	梗白
ɔŋ	糖床王讲	iɔŋ	响		
		iuŋ	兄	uŋ	双东用
ap	盒塔鸭法	iap	接贴		
ɛp	□ɛp5:倒	ip	十急		
at	辣八活			uat	刮
ɛt	北色	iɛt	热节月	uɛt	国
ɔt	割				
		it	七一橘直	ut	骨出
ak	白尺	iak	锡		
ɔk	托药郭壳学	iɔk	脚		
		iuk	六绿局	uk	谷
m	唔不				
n̩	五				

说明：

①ɛi、ɛu 两韵母，在 k、ŋ 声母条件下有较短的 i 介音，此时，iɛi、iɛu 中的主元音 ɛ 发音较紧，接近 e，韵尾 i、u 发音较松。

②iu 韵的 i 较长，实际上是韵腹。

③ui 的韵尾发音较松，实际音值为 ɪ。

④u 作韵尾时发音较松，在 au、iau、ɛu 中实际音值为 ɔ。

⑤介音 u 可与 k、kʰ、ŋ 相拼，在 kʰ声母条件下，发音短促，带辅音性，与主元音结合能力较弱。

⑥介音 i 在 k、kʰ、h 等声母条件下，发音短促，带辅音性，与主元音结合能力较弱。

三　声调（6 个）

阴平 452　东该灯风通开天春买有动白罪白近白　　阳平 24　门龙牛油铜皮糖红

上声 31　懂古鬼九统苦讨草老五动白罪白近白
　　　　　后卖路硬乱洞地饭树

去声 41　冻怪半四痛快寸去

阴入　3　　谷百搭节急哭拍塔切刻六　　　　　　阳入　5　　麦叶月毒白盒罚

说明：

①阴平的实际调值有时接近 552。

②去声的实际调值有时接近 441。

③阴入和阳入是较为急促的短调，阴入的调尾略降。

叁　连读变调

两字组结构存在连读变调，变调规则为：

1. 前字为阴平，后字为阴平、阳入，前字调值一般由 452 变为 44。

2. 前字为阴平，后字为阳平、上声、去声、阴入，前字调值一般由 452 变为 55。

3. 前字为阳入，后字为阴平、阳入，前字调值一般由 5 变为 3。

连读变调例举如下：（1）阴平＋阴平：三千 $sam^{44}ts^hi\epsilon n^{452}$；（2）阴平＋阳平：三年 $sam^{55}\eta i\epsilon n^{24}$；（3）阴平＋上声：三种 $sam^{55}t\int u\eta^{31}$；（4）阴平＋去声：三块 $sam^{55}k^huai^{41}$；（5）阴平＋阴入：三百 $sam^{55}pak^3$；（6）阴平＋阳入：三十 $sam^{44}\int ip^5$；（7）阳入＋阴平：白花 $p^hak^3fa^{452}$；（8）阳入＋阳入：白药 $p^hak^3\varsigma\circ k^5$。

肆　异读

一　新老异读

老男发音人阴平的调尾比青男发音人的略低，老男发音人上声的调头比青男发音人的略高，老男发音人阴入的调值比青男发音人的高一度。青男发音人的 $\underset{\circ}{\eta}$ 韵母，个别例字发生了裂化，实际读音是 $\eta\partial$，如"紫、资、祠"。与老男发音人相比，青男发音人没有 ϵp 韵母。

二　文白异读

（一）声母文白异读

1. 中古知端组声母异读，如：知，白读 ti^{452}，文读 $t\int i^{452}$；追，白读 tui^{452}，文读 $t\int ui^{452}$；鸟，白读 $tiau^{452}/tiau^{31}$，文读 $niau^{452}$。

2. 中古非组声母异读，如：飞，白读 pui^{452}，文读 fui^{452}。

3. 中古匣母异读，如：会，白读 $v\circ i^{31}$，文读 fui^{31}。

（二）韵母文白异读

中古梗摄三等韵异读，如：平，白读 $p^hia\eta^{24}$，文读 p^hin^{24}；明，白读 $mia\eta^{24}$，文读 min^{24}；清，白读 $ts^hia\eta^{452}$，文读 ts^hin^{452}；席，白读 ts^hiak^5，文读 sit^5。

（三）声调文白异读

部分中古浊上字声调异读，白读阴平，文读上声，如：近，白读 k^hiun^{452}，文读 k^hiun^{31}；动，白读 $t^hu\eta^{452}$，文读 $t^hu\eta^{31}$。

第四十五节 陆河方音

壹 概况

一 调查点概况

调查点为汕尾市陆河县河田镇。陆河县位于北纬 23°08′～23°28′，东经 115°24′～115°49′，人口 35.44 万（据《2017 年陆河县国民经济和社会发展统计公报》），无呈区域分布的少数民族语言。本地主要讲客家方言，客家方言分布在陆河各乡镇，使用人口 30 多万。现存于陆河比较有影响的方言曲艺是客家山歌。客家山歌是客家人的口头文学，人们往往触景生情、即兴而作，对唱山歌。陆河客家山歌以南万山歌、吉溪山歌著名，还有如南万吉象歌、吉康嫁歌、五更叹灯等多种形式。清末民初陆河一带曾经流行的提线木偶戏，由五华县传入，又叫柴头戏、柴头鬼，今已少见。

二 方言发音人概况

老男发音人罗新焕，1957 年出生于广东省汕尾市陆河县河田镇河北村委石禾町自然村，中等师范毕业，1964—1974 年在河田公社小学、中学读书；1974—1978 年在农建队社办企业工作；1978—2017 年在河田镇内洞小学教书，2017 年退休。未曾在陆河以外地区常住，直到退休都在陆河县工作。会说陆河客家方言、普通话，父母、配偶均为广东省汕尾市陆河县河田镇人，主要说陆河客家方言。

青男发音人彭少柯，1992 年出生于广东省汕尾市陆河县河田镇河南社区，文化程度高中毕业，1999—2005 年在实验小学就读；2005—2008 年在漳河中学读初中；2008—2011 年在陆河中学读高中；2011 年至今在陆河佳芳照相馆工作。会说陆河客家方言、普通话，调研时未婚，父母均为陆河县河田镇人，说陆河客家方言。

口头文化发音人由老男发音人罗新焕兼任，提供 0001 歌谣～0007 歌谣、0021 牛郎和织女、0022 其他故事～0025 其他故事。

贰 声韵调

一 声母（22 个，包括零声母在内）

p	八兵飞白	pʰ	派片爬病蜂 肥饭白	m	麦明味问	f	飞文风副饭文 灰活	v	温王
t	多东	tʰ	讨天甜毒	n	脑南泥			l	老蓝连路

ts	资早租酒	tsʰ	刺草寸清字			s	丝三酸想事
	争装		贼坐全祠谢				山双
			拆茶抄初床				

ʧ	张竹纸主	ʧʰ	抽柱车春	ȵ	年热软月	ʃ	船顺手书十城	ʒ	县云用药
k	高九	kʰ	开文轻共权	ŋ	熬	h	开白好响		
∅	安								

说明：

①v、ʒ 的摩擦较为轻微，带音不太明显。

②ts 组与 ʧ 组音色差别显著，后者是比较典型的舌叶音，s 带有边擦音色彩，ts、tsʰ 有时也带边擦音色彩，但 ts 组与边擦音不构成音位对立。

③ts 组声母与细音相拼时，有舌面化色彩。

④k、kʰ 与古见组合口字相拼时，唇齿化明显，实际音值应为 kv、kʰv。按照《调查手册》的规定，记作 k、kʰ，唇齿色彩 v 作韵母的 u 介音或 u 韵腹处理。

⑤h 与齐齿呼相拼，成阻部位偏前，实际音值接近 ç。

⑥开口呼零声母音节前带有轻微的喉塞音ʔ，但与零声母不构成对立。

⑦子缀词的"子"轻读，有时读 zɹ⁰，声母是 z（z 与 ts 没有音位对立，词汇一律记为 ts），没有列入声母表。

⑧ȵ 的实际发音部位更接近舌叶鼻音。

二　韵母（65 个，包括自成音节的 m、ŋ 在内）

ɹ	师丝	i	米试戏二	u	苦猪
a	茶牙瓦	ia	写	ua	瓜挂
ɛ	洗世				
ɔ	歌坐	iɔ	靴	uɔ	过
o	雨	io	鱼女许举~起		
ai	排鞋			uai	快
ɔi	开赔	iɔi	艾脆	uɔi	盖
				ui	对飞鬼
au	宝饱	iau	笑桥		
ɛu	豆走	iu	油		
am	南盐	iam	添甜念尖		
ɛm	参人~	im	心深		
an	班圆			uan	关惯文
ɛn	灯	iɛn	年		
ɔn	山半短	iɔn	权	uɔn	官惯白
		in	根文新升		

		iun	根白	un	寸滚春云
aŋ	硬争横梗文	iaŋ	病星	uaŋ	梗白
ɔŋ	糖床王讲	iɔŋ	响	uɔŋ	光
		iuŋ	兄	uŋ	双东用
ap	盒塔鸭法	iap	接贴		
ɛp	涩	ip	十急		
at	八活			uat	刮
ɛt	节北色	iɛt	热月	uɛt	国
ɔt	辣				
		it	七一出量词橘直	ut	骨出
		iut	屈倔		
ak	白尺	iak	锡		
ɔk	托药郭壳学	iɔk	缚脚削		
		iuk	六绿局	uk	谷稻~
m̩	唔不				
ŋ̍	五				

说明：

①iu 韵的 i 较长，实际上是韵腹。

②合口呼韵母中，除部分与 k、kʰ 相拼的带唇齿化色彩的 u 外，u 都是韵腹，如"怪 kuai³¹"的 u 是唇齿化色彩音，不做韵腹。但有例外情况，如"归 kʰui⁵³"实际音值为 kʰvui⁵³，尽管有唇齿化色彩，但 u 仍为韵腹。

三　声调（7个）

阴平　53　东该灯风通开天春买有　　阳平　35　门龙牛油铜皮糖红

动白近白

上声　24　懂古鬼九统苦讨草老五

阴去　31　冻怪半四痛快寸去　　　阳去　33　卖路硬乱洞地饭树罪动文近文后前~

阴入　45　谷稻~百搭节急哭拍塔切刻　阳入　5　六麦叶树~月毒白盒罚

说明：

①上声的实际调值有时接近 224 或 214。

②阴入是一个急促的高升调，调尾比 5 略低。

③所有单字调中阳入的调头最高，短促略降，一律记为 5。

叁　连读变调

两字组结构存在连读变调，连读变调规则如下：

1. 前字为阴平，后字阴平、阳入，前字调值一般由 53 变为 44，如：风差

fuŋ⁴⁴tsʰai⁵³，天旱 tʰɛn⁴⁴hɔn⁵³，樟柑 tʃɔŋ⁴⁴kam⁵³，包白 pau⁴⁴pʰak⁵。

2. 前字为阳平，后字也为阳平，即 35＋35，后字的调头升高，调尾也升高，调型趋平，但本书一律不做标记，如：年头 ȵien³⁵tʰɛu³⁵。

3. 两字组中，当前字为阳平时，音值不太稳定，或为原值 35，或趋平，或升幅变小，此处一律不做标记，仍记作 35。

4. 前字为上声，后字无论是哪一个调类，前字调值一般由 24 变为 33。偶有例外，如：水浸 ʃui²⁴tsim³¹。

5. 前字为阴去或阳去，后字无论是哪一个调类，前后字一般都不变调。

6. 前字为阴入，后字为阴平、阳平、阴去或阳去，前字调值有两种变化形式，一种是前字一般由 45 变为 3，如：结婚 kiet³fun⁵³、出门 tsʰut³mun³⁵、擘喙 mak³tʃɔi³¹、柏树 pak³ʃu³³；另一种是前字不变调，如：脚下 kiɔk⁴⁵ha⁵³、出去 tsʰut⁴⁵hi³¹、媳妇 sit⁴⁵fu³³。前字为阴入，后字为上声、阴入、阳入时，前字调值一般由 45 变为 3，如：竹笋 tʃuk³sun²⁴、瞎目 hat³muk⁴⁵、出月 tʃʰut³ȵiet⁵。

7. 表示时间的词如"今年""往年"，表示方位的词如"落来"、"出来"，代词如"□an³⁵样""一多"，副词如"还好"，均为后字变调，本调为阴平 53 的变为 44，本调为阳平 35 的变为 33 或 44，本调为上声 24 的变为 33。

两字组连调表及例词如下表：

1 2	阴平 53		阳平 35		上声 24		阴去 31		阳去 33		阴入 45		阳入 5	
阴平 53	53　　53 44 天旱　香菇		53　　35 天时　番薯 —— 53　　35 33 今年　往年		53　　24 天狗　冷水		53　　31 下背　衫裤		53　　33 今下　衫袖		53　　45 阿雀　包粟		53　　5 44 包白　安乐	
阳平 35	35　　53 浓烟　朋友 35　　53 44 □an³⁵样		35　　35 年头　牛嫲		35　　24 牛牯　苹果 —— 35　　23 　　　33 还好		35　　31 芹菜　门背		35　　33 城市　时候		35　　45 人客　前日		35　　5 萝卜　茶叶	
上声 24	24　　53 33 水沟　剪刀		24　　35 33 掌牛　火蛇		24　　24 33 滚水　保佑		24　　31 33 韭菜　手帕 24　　31 水浸		24　　33 33 保佑　纸鹞		24　　45 33 水窟　手鈪		24　　5 33 老历　板栗	
阴去 31	31　　53 猫公　菜干		31　　35 对门　面盆		31　　24 戒指　露水		31　　31 种菜　店铺		31　　33 算命　断定		31　　45 做屋　跳索		31　　5 放学　计划	
阳去 33	33　　53 地方　大柑		33　　35 后年　旧年		33　　24 电火　画本		33　　31 路费　上昼		33　　33 豆腐　庇佑		33　　45 豆角　后日		33　　5 内杂　闹热	

续表

1\2	阴平 53	阳平 35	上声 24	阴去 31	阳去 33	阴入 45	阳入 5
阴入 45	45 53 3 屋下 结婚 45 53 脚下 ————— 45 53 3 44 一多	45 35 3 出门 虱麻 45 35 44 出来	45 24 3 发子 竹笋	45 31 3 法=喥 擘喥 45 31 出去	45 33 3 柏树 45 33 媳妇	45 45 3 瞎目 出屋 发颟	45 5 3 出月
阳入 5	5 53 3 辣椒 食朝	5 35 3 核桃 5 35 镂麻 勺嫲 ————— 5 35 33 落来	5 24 石榴 木耳	5 31 食昼 落去	5 33 入殓 绿豆	5 45 扼脉 蜡烛	5 5 食药

肆 异读

一 新老异读

青男发音人与老男发音人的语音差别总体较小。但将二者仔细对比，发现青男发音人的声韵调呈现向粤方言（广州话）或普通话发展的趋势，特别是在新名词或书面语色彩较强的词语中。

（一）声母新老异读

1. 老男发音人读 ʒ 声母的部分字青男发音人读零声母，如"圆、院、铅、云、用、越药"等字声母老男发音人读 ʒ，青男发音人读零声母。

2. ts 组声母老男发音人带有边擦音色彩，青男发音人发音则极少带有边擦音色彩。

3. "船"字声母老男发音人读 ʃ，青男发音人有 tʃʰ、ʃ 两读。

4. "肥"字声母老男发音人读 pʰ，青男发音人有 f、pʰ 两读；"饭"字声母老男发音人有 f、pʰ 两读，青男发音人只读 pʰ。

（二）韵母新老异读

1. 主元音不同，如"鱼、女、许、举~起"等字韵母老男发音人读 io，青男发音人"鱼文、许、女"读 iu，"举~起"读 iɔi；"慢、难、山、半"等字韵母老男发音人读 ɔn，青男发音人则有文 ɔn、白 an 两读。

2. 介音有无的不同，如"雨"字韵母老男发音人读 o，青男发音人读 io；"圆、院、铅"等字韵母老男发音人读 an，青男发音人读 ian；"云"字韵母老男发音人读 un，青男发音人读 iun；"用"字韵母老男发音人读 uŋ，青男发音人读 iuŋ；"越"字韵母老男发音人读 at，青男发音人读 iat；"药"字韵母老男发音人读 ɔk，青男发音人读 iɔk。

3. 韵尾的不同，如"洗"字韵母老男发音人读 sɛ²⁴，青男发音人读 sei²⁴；"世"字韵母老男发音人读 ʃɛ³¹，青男发音人分文白读，白读 ʃei³¹、文读 ʃi³¹。

4. 其他不同，如"权"字韵母老男发音人读 iɔn，青男发音人有文 iɛn、白 iɔn 两读；"根"字韵母老男发音人有文 in、白 iun 两读，青男发音人读 in。

二　文白异读

老男发音人文白异读在青男发音人读音中，常常表现为新老异读，即使在青男发音人的日常口语中，老读音也在渐渐消失。系统的文白异读主要表现在以下几个方面：

1. 中古梗摄三等字的文白异读，如：

例字	白读	文读	例字	白读	文读
平	pʰiaŋ³⁵	pʰin³⁵	命	miaŋ³³	min³³
整	tʃaŋ²⁴	tʃin²⁴	顶	ˈtaŋ²⁴	tin²⁴
惜	siak⁴⁵	sit⁴⁵	席	tsʰiak⁵	sit⁵

2. 中古山摄一二等字的文白异读，主要是青男发音人分文白读，老男发音人只读 ɔn，如：

例字	白读	文读	例字	白读	文读
慢	mɔn³³	man³³	山	sɔn⁵³	san⁵³
奸	kɔn⁵³	kan⁵³	半	pɔn³¹	pan³¹
难	nɔn³⁵	nan³⁵	惯	kuɔn³¹	kuan³¹

3. 部分中古浊上字，白读归阴平，文读归阳去，如：

例字	白读	文读	例字	白读	文读
动	tʰuŋ⁵³	tʰuŋ³³	后	heu⁵³	heu³³
近	kʰiun⁵³	kʰiun³³			

4. 中古溪母开口字的文白异读，如：

例字	白读	文读	例字	白读	文读
客	hak^{45}	k^{h}ak^{45}	开	hɔi^{53}	k^{h}ɔi^{53}
口	hɛu^{24}	k^{h}ɛu^{24}	去	hi^{31}	k^{h}i^{31}

5. 中古知端组字的文白异读，如：

例字	白读	文读	例字	白读	文读
追	tui^{53}	tʃui^{53}	择	t^{h}ɔk^{5}	ts^{h}ɛt^{5}
中	tuŋ^{53}	tʃuŋ^{53}	鸟	tiau^{24}/tiau^{53}	niau^{24}

6. 中古非组三等字的文白异读，如：

例字	白读	文读	例字	白读	文读
饭	p^{h}ɔn^{33}	fan^{33}	飞	pui^{53}	fui^{53}
分动词	pun^{53}	fun^{53}			

三　个体发音差异

有的发音人可能受普通话影响较多，口音与老男发音人音略有差异，如老男发音人罗新焕 ts 组字发音带有边擦音色彩，青男发音人彭少柯则不同，ts 组字带有边擦音色彩的极少。

伍　其他主要音变

其他音变规律主要包括以下几点：

1. 子缀词的"子"常常轻读，调值有 33、44、55、24、35 多种，一律记录为 0，如：蚊子 mun^{53}tsɿ^{0}、罂子 aŋ^{53}tsɿ^{0}。

2. 自然语流中，"子 tsɿ^{0}"声母常发生音变，读作 tŋ^{0}、t^{h}ŋ^{0}、li^{0}。

3. 自然语流中，"就 ts^{h}iu^{33}"声母常发生音变，读作 t^{h}iu^{33}。

第四十六节　龙川方音

壹　概况

一　调查点概况

调查点为河源市龙川县老隆镇。龙川县位于广东省东北部的东江和韩江上游，东连梅州、汕头，西靠韶关，北接江西，南近珠江三角洲，北纬 23°50′57″～24°47′03″，东经 115°03′13″～115°35′18″，全县总面积 3089 平方公里。龙川县辖 24 个镇、315 个行政村和 42 个居民委员会，1397 个自然村，5640 个经济合作社。据 2010 年统计，龙川县总人口 98.66 万人，常住人口 71.32 万人，海外华侨和港澳台同胞 34.1 万人。

龙川县全县通行客家方言，无呈区域分布的少数民族语言。学界把龙川县划到客家方言粤中片。龙川县内的客家方言根据口音可以分为上半县口音和下半县口音，龙川下半县的客家方言属于河源本地话，包括老隆（县城）、佗城、附城、丰稔、义都、四都、鹤市、通衢等镇，人口接近 50 万。但是因受到龙川上半县口音的影响，口音上与河源话相比，也有明显的差异。龙川下半县口音又可以分为两种，一种是老隆土语，包括今老隆（县城）、佗城、附城、义都、丰稔、四都等镇，人口近 40 万；一种是鹤市土语，包括鹤市、登云、黄布、通衢、紫市等镇，人口近 20 万。龙川上半县的客家方言口音接近梅州五华口音，又分为东部铁场土语、中部车田土语和北部麻布岗土语三种。东部铁场土语包括铁场、龙母、石坑、回龙、田心、赤岗等镇，人口接近 15 万；中部车田土语包括车田、枫树坝、龙母、郑马、黎咀、黄石等镇，人口 20 万左右；北部麻布岗土语如麻布岗、细坳、上坪、贝岭、新田、岩镇等镇，人口 15 万左右。调查点老隆镇现辖 14 个村委会、15 个居委会，户籍人口 15.27 万人，总人口约 18 万人。老隆镇各村的村民都讲老隆客家方言，但由于老隆是龙川县城，流动人口较多，改革开放以来，从下面乡镇迁来县城城区定居的人口（主要讲接近梅州五华口音）较多，城区里口音较杂。位于城区中心的老隆村和水贝村处于被包围状态，这两个村较年长的村民们仍然讲着比较地道的老隆话，但是年轻一代的老隆话受到上半县客家方言和普通话的影响，老隆话已经开始发生变化，变得不纯正了。

在龙川，客家山歌是一种传统的民间歌谣，受到普通民众的喜爱。目前经过不断发展，龙川客家山歌已经形成形式多样，内容丰富的体系。2008 年龙川客家山歌被列入河源市第一批非物质文化遗产名录。在龙川主要以亚顶山歌、板塘山歌为代表，有四句板、五句板山歌，龙川的铁场山歌、黎咀山歌、黄布山歌、赤光山歌、佗城山歌、鹤市山歌、贝岭山歌很有特色，内容丰富，形式多样，高亢辽远，情感丰富。龙川县山歌剧团是国有正规的专业艺术表演团体，艺术表演水平较高，阵容齐整，装备完美，现共有演职员 30 人，经常为龙川县内外观众表演山歌剧。

二 方言发音人概况

老男发音人陈兰贵，1954 年 7 月生，龙川县老隆镇老隆村人，初中文化程度，个体户。1954 年出生在龙川县老隆镇老隆村；1960—1966 年在老隆一小读小学；1966—1968 年在老隆一中念初中；1968—1979 年在老隆隆西三队生产队工作；1979 年起经商，做个体经营；1999 年退休在家。父母亲及配偶都说老隆话。

青男发音人苏创，1991 年 1 月生，龙川县老隆镇水上新村人，大学本科文化程度，公务员。1991 年出生在老隆镇水上新村；1998—2004 年在老隆镇维嘉小学读小学；2004—2007 年在老隆镇第二中学读初中；2007—2010 年在龙川县第一中学念高中；2010—2014 年在广州华南农业大学念大学本科；2016 年 9 月至今，在龙川县老隆镇人民政府组织人事办公室工作。父母亲都说老隆话。

老女发音人黄秉英，1959 年 10 月生，龙川县老隆镇水贝村人，高中文化程度，村委会退休干部。1959 年出生在龙川县老隆镇水贝村；1968—1974 年在老隆水南学校念小学和初中；1974—1976 年在龙川一中念高中；1976—1982 年在家务农；1983—1985 年在龙川县妇幼保健院培训进修；1986—2004 年在老隆镇水贝村村委会做计生委员；2004 年退休在家。父母亲及配偶都说老隆话。

青女发音人邹莉文，1983 年生，龙川县老隆镇人，中专文化程度，公司销售代表。1983 年出生在老隆镇老隆村；1990—1996 年在龙川县第一小学读小学；1996—1999 年在龙川县第一中学念初中；1999—2003 年在在河源市卫生学校（龙川校区）读护理专业；2003 年至今，在惠氏营养品（中国）有限公司河源分公司龙川经销部工作；父母及配偶都说老隆话。

口头文化发音人 1 由老男发音人陈兰贵兼任。提供客家童谣、口彩、隐语、脏话、谚语、歇后语。

口头文化发音人 2 由老女发音人黄秉英兼任。提供客家童谣、故事。

口头文化发音人 3 为古乐颂，男，1949 年 9 月生，龙川县老隆镇塔子下人，大专，退休干部。提供故事、谚语。

口头文化发音人 4 为杨圣玉，女，1949 年 1 月生，龙川县老隆镇人，初中，县文化馆退休干部。提供客家山歌。

口头文化发音人 5 为陈德钦，男，1967 年 1 月生，龙川县老隆镇果园新村人，初中，个体户，业余山歌手。提供客家山歌。

口头文化发音人 6 为刘学荣，男，1955 年 1 月生，广东省河源市龙川县老隆镇水贝村人，小学，个体户。提供客家童谣、谚语。

贰 声韵调

一 声母（18个，包括零声母在内）

p	斧兵爸把	pʰ	派片部病	m	麦武味问	f	飞肥饭灰	v	禾围碗滑
t	短肚搭多	tʰ	天甜毒读	n	脑泥南内			l	老蓝连路
ts	早张酒主	tsʰ	草清茶车			s	字三事书		
						ʃ	手十响去		
k	高九古脚	kʰ	轻权柜菊	ŋ(ɲ)	熬月年热	h	开好系学		
Ø	安屋矮云								

说明：

①声母 v 的摩擦成分较轻，实际音值接近 ʋ。

②ŋ 和 ɲ 是同一音位的条件变体：ŋ 只与开口呼、合口呼韵母相拼，ɲ 只与齐齿呼和撮口呼相拼。

③齐齿呼的零声母实际带摩擦，音值为 j。

④小部分 ts、tsʰ、s 在细音前读为舌面音 tɕ、tɕʰ、ɕ。

⑤舌叶音只保留了擦音 ʃ，而且 ʃ 和 s 的对立仅限于细音之前。

二 韵母（56个，包括自成音节的 m 在内）

		i	试戏二李		u	苦猪师丝		y	雨
a	茶瓦牙家	ia	爷野写谢						
ɛ	鄙婆								
ɔ	歌坐过	iɔ	靴						
ai	排鞋快								
ɛi	米	iɛi	□拖拉						
ɔi	开赔对	iɔi	瘰疲倦						
		iui	锐		ui	飞鬼			
au	宝饱								
ɛu	豆走	iɛu	笑桥						
		iu	油						
am	南	im	心深						
ɛm	暗	iɛm	盐						
an	山								
ɛn	根	iɛn	年						
ɔn	半短官	iɔn	权						

		in	星		un	寸滚春
		iun	云			
ɐŋ	硬争横	iaŋ	病			
ɔŋ	糖床王讲	iɔŋ	响			
		iuŋ	用		uŋ	东兄
ap	鸭塔	ip	十急			
ɛp	盒	iɛp	贴接			
at	法辣刮八					
ɛt	北色国	iɛt	热节		yɐt	恤
ɔt	活	iɔt	月			
		it	橘七一		ut	出骨
ak	白尺	iak	锡			
ɔk	托郭壳学	iɔk	药			
		iuk	浴育		uk	谷曲续局
m̩	五					

说明：

①ɛ、ɐi、iɐu 和 ɐn 韵腹舌位略后，开口度较大，音值近 æ。

②i 作韵尾时放松，尤其是在韵母 ɐi 中，舌位较低。

③iɔn、iɔt 音值近撮口呼 yɔn、yɔt。

三　声调（6个）

阴平	33	东灯路树		阳平	51	门龙糖红
上声	24	古九草五				
去声	31	有半去痛				
阴入	13	百节急刻		阳入	3	六月毒白

说明：

阴入单字调低升、短促，但在口语中，做词语后字时，有时不升。

叁　连读变调

两字组结构中，阴平和阳入前字在所有调类前都不变，其他变调情况如下：

1. 阳平 51 在去声 31 前，变读为中降调 31，同时后字去声 31 调变读为 21 调；阳平后接其他调类的字，均变读为低平调 11；

2. 上声前字，大多数情况是无论后接哪一类声调，都变读为高平调 55；偶有一些字组，上声前字不变调，后字变调，或者前字后字均不变调，无明显规律；

3. 去声前字，后面无论接哪一调类的字，均变读为中平调 33；偶有一些字组，前字后字均不变调，或者前字后字均变调，无明显规律；

4. 阴入前字，13 调变读为高调 5；偶有一些字组，前字后字均不变调，无明显规律。

两字组连调情况见下表：

前＼后		阴平 33	阳平 51	上声 24	去声 31	阴入 13	阳入 3
阴平	33	33 33 东　西	33 51 面　盆脸盆	33 24 番　枧肥皂	33 31 蚊　帐	33 13 生　日	33 3 坐 月坐月子
阳平	51	11 33 梅　花	11 51 喉　咙	11 24 禾 秆稻草	31 21 油　菜	11 13 头　发	11 3 萝　卜
上声	24	55 33 老　公 24 33 两 两二两	55 51 纸　钱 24 31 两　人	55 24 口　水 24 31 可　以	55 31 老 妹妹妹	55 13 火 烛失火	55 3 打 脉诊脉 24 3 左 析左边
去声	31	33 33 拜　箕簸箕	33 51 大 娘伯母 31 51 跳　绳 33 31 后　年	33 24 怕 羞害羞 31 24 便 桶马桶	33 31 晏 昼中午	33 13 裤　脚	33 3 大　麦
阴入	13	5 33 国　家	5 51 虱 蟆虱子	5 24 木　耳	5 31 屋 下家里	5 13 一　百	5 3 出 月满月 13 3 识 得认识
阳入	3	3 33 落 殁入殁	3 51 额 门额头	3 24 白 果银杏	3 31 食 □吃奶	3 13 墨 笔毛笔	3 3 □ɛp□tɕɛp脏

肆　异读

一　新老异读

（一）声母新老异读

1. 知三、章组新派读舌叶音 ʧ、ʧʰ、ʃ，老派只保留了部分舌叶音 ʃ，没有舌叶音 ʧ、ʧʰ，如："蛇、输、树、烧、水、船"等字声母老派念 s，新派念 ʃ；"车、除、臭、朝、抽、绸、愁"等字声母老派念 tsʰ，新派念 ʧʰ；"猪、主、照、州、折、针、战、镇、张"等字声母老派念 ts，新派念 ʧ。老派的 ʃ 主要来自溪母、晓母、匣母、禅母、书母、邪母，如："险、器、去、许、协、戏、时、市、喜、气、手、寿、十、扇、善"等字的声母新派大多也念 ʃ，只有个别不同，如："寺、休"，老派念 ʃ，新派念 s。

2. 在新派口语中，n 逢洪音有与 l 相混的迹象，某些常用词 n、l 两读均可，如："奴"字声母老派念 n，新派念 l。

3. 部分溪母合口一等字声母，老派读 kʰ，新派读 f，如"课、块"。

4. 庄组生母无论开合，老派、新派大多读音一致，读 tsʰ或 s，个别字读法有差异，如："杉"字声母，老派读 tsʰ，新派读 s。

5. 匣母合口字声母大多念 f、v、h，但个别新老读音有差异，如："活"字声母，老派读 f，新派读 v；"祸"字声母，老派读 v，新派读 f；"还_{副词}"字声母，老派读 h，新派读 f。

6. 影母大多读零声母，但个别字新老派有差异，如："哑"字声母，老派读零声母，新派读 ŋ；"恩"字声母，老派读 ŋ，新派读零声母。

（二）韵母新老异读

1. 遇摄合口三等韵，大多念撮口呼-y，但有些字新老有差异，新派念撮口呼韵，老派不读撮口呼，而是念-u 或-i 韵，如"徐、猪、书、鼠、渠、住、输、竖、树"。

2. 止摄开口三等韵，一部分新派念舌尖元音 ɿ，老派则念 u，如"子、字、丝、寺、柿、师、资、紫"。

3. 山摄合口三四等韵，新派念撮口呼韵母 yɔn、yɔt，老派则念 iɔn、iɔt，如："全、选、软、卷、圈、权、圆、院、铅、劝、原、园、远"等字韵母，新派念 yɔn，老派念 iɔn；"绝、月、越、决、缺、血、雪"等字韵母，新派念 yɔt，老派念 iɔt。

4. 通摄合口韵，老派念 uŋ、uk、iuk，新派则念 oŋ、ok、iok，舌位较低，开口度较大，如："东、冻、通、动、洞、弄、送、粽、红、公、孔、翁、冬、中、梦、虫、充、终"等字韵母，老派念 uŋ，新派念 oŋ；"木、读、鹿、谷、哭、屋、毒、服、目、六、竹、叔、粥、菊"等字韵母，老派念 uk，新派念 ok；"玉、浴、育"等字韵母，老派念 iuk，新派念 iok。

（三）声调新老异读

新老派声调均有 6 个调类，但是上声和阴入的调值有差异，老派六个调调值分别是阴平 33、阳平 51、上声 24、去声 31、阴入 13 和阳入 3。新派六个调调值分别是阴平 33、阳平 51、上去 214、去声 31、阴入 24 和阳入 3。

此外，有一些字新老派在调类上也有差异，详见下表：

例字	老派	新派	例字	老派	新派
跪	上声	去声	夺	阴入	阳入
危	去声	阴平	园	阳平	上声
抱	阴去	上声	决	阴入	阳入
毛	阴平	阳平	缺	阴入	阳入
熬	去声	阳平	两	去声	上声
表	上声	阴平	痒	去声	上声
藕	去声	上声	降	去声	阳平
夹	阴入	阳入	项	上声	去声
渴	阴入	阳入	握	阴入	阳入
延	去声	阳平	兴	去声	上声
撤	阴入	阳入	永	去声	上声
片	上声	去声	风	阴平	去声
垫	上声	去声	缝	阳平	去声
现	阴平	上声	拥	阳平	阴平
判	上声	去声	浴	阴入	阳入

二　文白异读

梗摄开口有文白异读现象，文读跟曾摄合流，白读主要元音为 a，如：平，白读 pʰiaŋ⁵¹，文读 pʰin⁵¹；命，白读 miaŋ³³，文读 min³³；精，白读 tsiaŋ³³，文读 tsin³³；正，白读 tʃaŋ³³，文读 tʃin³³；成，白读 tsʰaŋ⁵¹，文读 tsʰin⁵¹。

伍　其他主要音变

其他主要音变现象如下：

1. 词尾"欤"读作轻声，前字有的调类变调，有的不变调。

前字是阴平 33 调和阳入 3 调时，一般不变调；前字是阳平 52 调，有时变为低平 11 调，有时不变调；前字是上声 24 调，有时变为高平调 55，有时不变调；前字是去声 31 调，变为中平调 33；前字是阴入 13 调，变为高调 5。"欤"在上声和去声后，念低平 22 调，在其他声调后念低升调 23。受前字韵尾影响，"欤"的发音也会有所不同，在阴声韵后不改变，在阳声韵后可变读为 mei、ŋi、ŋei 等，在入声韵后可变读为 ti、pi 等。

2. 趋向动词"来、去"读作轻声，前字有时变调，有时不变调，无明显规律。

3. 词尾"哩"、时态助词"倒"、人称代词词尾"伲"（们）、语气词"咯"读作轻声，前字一般不变调。

4. 少数词出现同化规律，如：石头 ʃak³kʰɛu⁵¹，"头"本来念 tʰɛu⁵¹，声母受前字韵尾同化，在词组中读成 kʰɛu⁵¹。

第四十七节　河源方音

壹　概况

一　调查点概况

调查点为河源市源城区上城街道。河源又称"槎城"，地处广东省东北部、东江中上游，东接梅州市、汕尾市，南邻惠州市，西连韶关市，北与江西省赣州市交界，地理位置为北纬 23°10′～24°47′，东经 114°14′～115°36′，全市面积 1.5642 万平方公里。河源市辖源城区、东源县、龙川县、紫金县、连平县、和平县，截至 2018 年末，河源市常住人口 309.39 万人。

河源全市汉族人口占绝大多数，使用客家方言。市内还有少量的畲族、壮族和苗族等少数民族人口，市内无呈区域分布的少数民族言。河源市内源城、东源、紫金、龙川、连平、和平等各县区之间的方言腔调不同、口音不一，但均属于客家方言。总的来说，河源市内的客家方言大致可分为两种，一种是老派客家方言，又叫河源本地话、水源音，一种是新派客家方言，即接近梅州五华、兴宁口音的客家方言。说老派客家方言的人口大约 185 万，大致分布在河源市内的东江流域。老派客家方言按口音的不同又可以分为源城片、东源片、连平下半县片、龙川下半县片、紫金西北部片、和平南部片。说新派客家方言的人口大约 170 万，其先民大多后到河源市内定居，被认为是"新客"。其次，河源市内还零星分布着几个闽南语方言岛，东江沿岸还有小部分水上居民（河源本地人称"船家佬"）的"疍家话"，在东源县万绿湖库区还有一种有趣的隐语"双音话"。

调查点源城区处于北纬 23°31′21″～23°51′，东经 114°31′34″～114°45′4″之间，下辖埔前镇、源南镇、上城街道办、东埔街道办、新江街道办、源西街道办和高埔岗街道办，常住人口 39.91 万。源城区总人口接近 40 多万，几乎都讲客家方言。其中上城街道办、埔前镇、源南镇、新江街道办、源西街道办和高埔岗主要讲源城客家方言，又称为"河源本地话"，使用人口在 30 万左右；东埔街道办主要在新市区，这里居住的人主要是由各县区迁来的，虽然大部分也讲客家方言，但口音比较杂，大多接近梅县和五华口音，人口在 10 万人左右。河源本地话近年来变化较快，主要受粤方言和普通话影响。文化程度较高的人所说的本地话的语音和词汇正在向普通话靠拢。源南镇的风光村和埔前镇的泥金村存在闽南语方言岛，这两个村村民的祖先大约在 400 年前由福建漳州迁徙而来，村民至今能说流利的闽南话，但他们的闽南话多多少少受到了周边客家方言的影响和同化。

河源客家山歌 2018 年成为广东省省级非物质文化遗产，但是河源市区普通市民一般不唱，也不会唱。源城区文化馆有客家山歌剧团，有一些民间艺人和爱好者会演唱。

二　方言发音人概况

老男发音人黎爱民，1952 年生，河源市源城区上城人，初中文化，自由职业。1952 年出生在源城区上城北直街；1960—1966 年在上城小学读小学；1966—1968 年在原河源县城镇劳动中学读书；1970—1974 年在河源县造纸厂工作；1974 年到河源县黄村镇下乡；1975—1990 年到河源宾馆工作；1995—2012 年下岗，自由职业；2012 年退休。父母亲及配偶都说河源话。

青男发音人邝羽君，1988 年生，河源市源城区上城人，高中文化，个体户。1988 年 9 月出生在上城区北直街；1994—2000 年在上城小学读书；2000—2008 年在河源中学读初中、高中；2009—2016 年在旅行社当导游；2016 年至今个体户（创业）。父母亲都说河源话。

老女发音人傅雪花，1954 年生，河源市源城区上城人，高中文化，个体户。1954 年出生在上城区北直街；1963—1966 年在源城区下角小学念小学；1967—1969 年在源城区下角中学毕业；1970—1972 年在河源中学念高中；1972—1974 年为源城城镇公社播音员、打字员；1974—1977 年在源城城镇木器加工厂工作；1977—1984 年在源城区城镇食品厂工作；1984 年下岗。父母亲及配偶都说河源话。

青女发音人刘安安，1988 年生，河源市源城区上城人，中专，牙科护士。1988 年 3 月出生在上城区北直街；1994—2000 年在上城小学读小学；2000—2003 年在河源中学念初中；2003—2004 年在源城区光明中学念高一；2005—2008 年在河源市卫生学校读中专；2008—2009 年在河源市东埔社区医院当护士；2009—2010 年在源城区东华口腔医院当护士；2010—2011 年在源城区康华牙科医院当护士；2011 年至今在源城区恒信牙科医院当护士。父母亲及配偶都说河源话。

口头文化发音人 1 由老男发音人黎爱民兼任。提供歌谣 0001、0002，自选条目 0031～0055、0057～0059。

口头文化发音人 2 由老女发音人兼任。提供歌谣 0003、0004。

口头文化发音人 3 由青女发音人兼任。提供歌谣 0009、0010、0011、0012。

口头文化发音人 4 为李文化，男，1969 年 1 月生，河源市源城区上城人，高中，企业退休职工。提供歌谣 0005、0006、0007、0008，自选条目 0096、0097。

口头文化发音人 5 为李龙儿，男，1952 年 5 月生，河源市源城区下角人，高中，事业单位退休干部。提供其他故事 0022。

口头文化发音人 6 为苏瑞国，男，1954 年 2 月生，河源市源城区朱门亭人，高中，企业退休职工。提供歌谣 0013～0019、0021 牛郎和织女，0023 其他故事，自选条目 0056、0060～0095、0098。

口头文化发音人 7 为曾金莲，女，1962 年 8 月生，河源市源城区人，大专，源城区文化馆退休干部。提供源城客家山歌 0020。

贰 声韵调

一 声母（18 个，包括零声母在内）

p 帮八斧扁	pʰ 派病部拔	m 门武味满	f 飞肥灰饭	v 云完围活
t 东肚跌搭	tʰ 兔道汤毒	n 脑南泥难		l 老蓝连路
ts 早租主张	tsʰ 草寸全车		s 事船手书	
k 高九古脚	kʰ 轻权柜菊	ŋ（n̠）熬月年热	h 风学客轻	
ʔ 温一屋呕				
∅ 安药阿友				

说明：

①声母 v 的摩擦成分较轻。

②ŋ 和 n̠ 是同一音位的条件变体：ŋ 只与开口呼、合口呼韵母相拼，n̠ 只与齐齿呼和撮口呼相拼。

③部分零声母齐齿呼字音前存在轻微摩擦，接近 j，如：入 ip³，读音接近 jip³。

二 韵母（52 个，包括自成音节的 m 在内）

		i 丝资二飞	u 苦户芋吴	y 猪雨如女
a 牙瓦花射	ia 借写邪谢			
ɔ 多哥傻果				
		ie 泥世西弟		
ø 茄靴				yø 螺朵
ai 买坏解届				
ɔi 来杯贝灰	iɔi 锐牛			
əi 楼口浮愁	iu 右休臭受			
	iui 乳蕊		ui 吹雷贵沸	
au 老高敲效	iau 表少朝招			
am 南蓝咸馅	iam 添尖盐欠			
əm 森暗含	im 深寻任阴			
an 饭兰等恩	ian 片面天见			yan 全选愿县
ɔn 文欢干看				
		in 斤人孕蒸	un 奔军蚊论	

		iun	韵匀润		
aŋ	盲正省硬	iaŋ	名丁井迎		
ɔŋ	帮网放黄	iɔŋ	姜娘香羊		
		iuŋ	用容浓熊	uŋ	梦东龙聪
ap	答塔夹杂	iap	贴接劫业		
əp	鸽盒	ip	立汁十急		
at	北发挖杀				
		iet	铁节切舌	yet	雪月血越
ɔt	末活脱割				
		it	匹密质七	ut	出骨术律
ak	百麦划摘	iak	历踢剧逆		
ɔk	莫落乐桌	iɔk	雀脚弱约		
		iuk	肉育欲辱	uk	玉曲竹屋
m̩	五唔午				

说明：

①i 在声母 ts、tsʰ、s 后，音值近舌尖元音 ʅ。

②韵母 ɔi、ɔn、ɔt 在发音时有轻微的 u 介音，但发音不清晰，不做介音处理。

③iet、yet 韵腹有时偏低，近 ɛ。

④əm、əp 音值有时近 om、op。

三　声调（7个）

阴平	33	东灯路树	阳平	31	门龙糖红
上声	24	古九草讨			
阴去	212	买老半去	阳去	54	卖路地树
阴入	5	百节急刻	阳入	3	六月毒白

说明：

①阴去 212 中间有曲折，实际调值没有降到 1。

②部分读阳去 54 的字有时会读作 51，如"树、饭、地、洞"等。

③阴上 24 接近 35。

叁　连读变调

两字组连读变调规律主要有两点：

1. 上声、阳去充当前字时，后面无论接哪一调类的字，都变读为中高平 44。

2. 阴去充当前字时，变低平 11 或不变。

肆　异读

一　新老异读

（一）声母新老异读

1. 部分帮组开口字，老派读 p，新派读 pʰ，如：扮、棒。

2. 部分见母字，无论开合口，老派读 kʰ，新派读 k，如：该、滚、均。

3. 部分溪母合口一等字，老派读 f，新派读 kʰ，如：课、宽。

4. 一些字由于新派受普通话影响，读音与老派不同，如：精组邪母合口字"随"，老派读塞擦音 tsʰ，新派读 s；精组从母合口字"蹲"，老派读 ts，新派读 t；从母开口字"匠"，老派读塞擦音 tsʰ，新派读 ts。

5. 日母、疑母字一般来说，老派、新派在洪音韵母前一般分别读 n、ŋ 声母，在细音韵母前则读 ȵ，但是小部分日母、疑母字，无论洪细，新派都读零声母，如：绕、藕、言、迎。

6. 知组澄母字，无论开合，老派、新派大多读音一致，读 tsʰ或 ts，个别字读法有差异，如"传"老派念 tsʰ，新派读 ts。

7. 庄组生母字，无论开合，老派、新派大多读音一致，读 tsʰ或 s，个别字读法有差异，如"刷"老派读 s，新派读 tsʰ。

8. 部分晓母字，无论开合，老派读 k 或 kʰ，而新派读 h 或 f，如"歇"老派读 kʰ，新派读 h；"霍"老派读 kʰ，新派读 f；"降投~"老派读 k，新派读 h。

9. 匣母合口字大多念 f、ʋ、h，但个别新老读音有差异，如匣母合口字一等字"完"，老派读 ʋ，新派读零声母；匣母合口字二等字"怀、或"，老派读 f，新派读 ʋ。

10. 部分云母合口字，新派受粤方言影响，读音与老派有差异，如"荣、熊"老派都念零声母，新派则分别读 v 和 h。

（二）韵母新老异读

1. 遇摄合口三等溪母字，老派读圆唇韵母 y，新派读不圆唇韵母 i，如"去、据"等。

2. 蟹摄开口三等、四等韵、和部分蟹摄合口三等，老派读 ie，新派开口度稍大一些，读 iɛ。

3. 止开三等，老派和新派大多念 i，但小部分有差异，如"儿"老派念 y，新派念 i；"蚁、师、柿、师、事、使"老派念 ie，新派念 iɛ。

4. 大部分的流开一等和小部分的流开三等字，老派念 əi，新派念 ɔi，如：流开一等的"头、豆、走、狗、楼、口"等字，流开三等的"浮、愁、瘦"等字。

5. 咸开一等阳声韵，老派和新派大都念 am 或 əm 韵，但有个别字读音有差异，如"潭"老派念 am 韵，新派念 əm 韵；"蚕"老派念 əm，新派念 am。

6. 深开三等阳声韵，老派和新派大都念 im 或 in，但有个别字读音有差异，如"参"老派念 əm，新派念 im。

7. 山开三等、四等韵，老派和新派读音相近，大部分字只是开口度大小不同，阳声韵老派念 ian，新派开口度稍小一些，念 iɛn，入声韵老派念 iet，新派念 iɛt。小部分山开三等韵存在新老差异，如"孽"老派念 iet，新派念 iap；"建、健"老派念 yan，新派念 iɛn；"歇"老派念 yet，新派念 iɛt。

8. 山合口一等韵，老派、新派念 ɔn/ɔt，只有个别字读音有差异，如"完"老派念 ɔn，新派念 yɛn。山合口三等韵，老派和新派读音相近，大部分字只是开口度大小不同，老派念 yan、an、yet 或 at 韵，对应的字新派则念 yɛn、an、yɛt 或 at 韵。

9. 江开二等字，少部分字新老有差异，如"胖、棒"老派念 ɔn 和 uŋ 韵，新派受普通话影响，均念 aŋ。

（三）声调新老异读

新老派声调均有 7 个调类，调值也相同，只是部分字新老派在调类上有差异，详见下表：

例字	老派	新派	例字	老派	新派
抱	阴平	阴去	截	阳入	阴入
糙	阴去	阴平	传	阳去	上声
闹	阴去	阳去	远	阴去	上声
表	阴平	上声	匠	阳去	阴去
绕	阴去	阳去	缚	阴入	阳去
藕	阴去	上声	胖	阳去	阴去
看	阳去	阴去	降	阴去	阳平
扮	阴去	阳去	握	阳入	阴入
眼	阴去	上声	猛	阴去	上声
孽	阴入	阳入	冷	阴去	上声
憋	阴平	阴入			

二　文白异读

梗摄开口有文白异读现象，白读主要元音为 a，文读与曾摄合流，如：平，白读 pʰiaŋ³¹，文读 pʰin³¹；命，白读 miaŋ⁵⁴，文读 min⁵⁴；精，白读 tsiaŋ³³，文读 tsin³³；正，白读 tsaŋ³³，文读 tsin³³；成，白读 tsʰaŋ³¹，文读 tsʰin³¹。

第四十八节　连平方音

壹　概况

一　调查点概况

调查点为河源市连平县元善镇。连平县位于北纬 24°05′～24°28′，东经 114°14′～114°56′。据 2019 年统计初统计，全县人口 413813 人，其中汉族共 410101 人，畲族共 3041 人，暂未登记 601 人。

连平通行的为客家方言，分布于连平县各乡镇，使用人口约 41 万人，各乡镇语音略有差别，按口音分有以下几类：（1）连平话，主要分布在元善镇，其中分为两种口音：县城口音分布在城北、城西、城东、城南、南湖等 5 个居委会，乡下口音分布在元善镇石龙、增坝等 15 个行政村，略有不同；使用人口约 3.8 万人；（2）上坪话：分布上坪镇，内莞镇，使用人口约 4.5 万人；（3）忠信话：分布在忠信镇，油溪镇、大湖镇、三角镇、绣缎镇，使用人口约 15.2 万人；（4）九连话：主要分布在高莞镇，使用人口约 2.6 万人；（5）隆街话：分布在隆街镇、田源镇、使用人口约 5 万人；（6）陂头话：分布于陂头镇，使用人口约 3.5 万人。

方言说唱主要有连平客家山歌、哭嫁歌、春牛歌、纸马舞歌、医药歌诀、鲤鱼歌、龙歌等，其中连平客家山歌、哭嫁歌流行于全县各乡镇；春牛歌流行于溪山镇、隆街镇；纸马舞歌和医药歌诀流行于陂头镇；鲤鱼歌流行于高莞镇；龙歌流行于元善镇。地方戏主要有连平采茶戏，流行于全县各乡镇。

二　方言发音人概况

老男发音人胡小江，高中文化程度。1957 年 11 月出生于连平县元善镇，1957 年 11 月—1959 年在连平元善镇生活；1959 年，父亲被打为右派离开连平后，跟随外公外婆（连平县元善人）在元善镇生活；1964—1970 年在连平县群新小学读小学；1970—1973 年在连平县红阳镇中学读初中；1973—1975 年在连平中学读高中；1975—1978 年在连平县九连山林场做知青；1978—2017 年先后在连平县汉剧团、连平县博物馆工作；2017 年至今，从连平县博物馆退休后返聘为博物馆顾问。配偶为连平元善镇人，现在连平生活。

青男发音人曾群国，中专文化程度。1985 年 11 月出生于连平县元善镇，1985 年 11 月—1991 年 9 月在元善镇生活，1991 年 9 月—1998 年 7 月在连平县元善镇读小学，1998 年 9 月—2001 年 6 月在连平县连平中学读初中，2001 年 9 月—2004 年 5 月在惠州市体育运动学校读中专，2004 年 11 月至今，先后在连平县溪山中学和连平县职业技术学校任教。配偶为连平元善镇人，现在连平生活。

　　口头文化发音人 1 由老男发音人胡小江兼任。提供 0021 牛郎和织女、0022 其他故事、0023 其他故事。

　　口头文化发音人 2 为梁金凤，初中文化。1955 年 6 月出生于连平县元善镇，1955—1962 年在连平元善镇生活，1962—1967 年在连平县城读小学；1967—1976 年在连平县附城中学；1976—1978 年在连平青年林场插队，回城；1978—2005 年在连平县贵东供销社工作；2005 年从供销社退休。配偶为连平人，现在连平生活。提供 0004～0009 歌谣、0024 其他故事、0025 其他故事。

　　口头文化发音人 3 为黄穗萍，大专文化，连平县博物馆副馆长。1968 年 11 月出生于连平县元善镇，在连平县出生长大、工作、生活。配偶为连平人，现在连平生活。提供 0001～0003 歌谣。

　　口头文化发音人 4 为张秀媚，初中文化，退休工人。1955 年 1 月出生于连平县元善镇，在连平县出生长大、工作、生活。配偶为连平元善镇人，现在连平生活。提供 0013～0016 歌谣。

　　口头文化发音人 5 为谢文书，小学文化，农民。1964 年 8 月出生于连平县元善镇，在连平县出生长大、工作、生活。提供 0010～0012 歌谣、0031～0036 自选条目。

贰　声韵调

一　声母（20 个，包括零声母在内）

p	八兵	pʰ	派片爬病	m	麦明味问	f	飞风副蜂肥饭灰活
t	多东	tʰ	讨天甜毒	n	脑南泥	l	老蓝连路
ts	资早租酒张竹争装纸主	tsʰ	刺草寸清贼坐全祠谢抽拆茶柱抄初床车春			s	字丝三酸想事山双船顺手书十城
ȶ	狗够脚	ȶʰ	轻权桥轿	ȵ	年热软月	ɕ	响显
k	高九	kʰ	共	ŋ	熬	h	开好
∅	县安云用药						

说明：

　　①声母 kʰ 的与 i、in 相拼时，部分例字已演变为 tɕʰ，如"骑、棋、舅、旧、庆"等。由于没有对立，不设立 tɕʰ，仍记录为 kʰ。

　　②晓匣母字与细音相拼时，如果 i 不是韵核而只是介音，就会变化为舌面前的擦音 ɕ，反之则维持 h，但部分例字如"许、戏、喜、希"等实际发音为硬腭擦音 ɕ。

　　③"咸、渴、瞎"声母 h 位置靠前，接近 ɕ。

二　韵母（56个，包括自成音节的 m 和 ŋ 在内）

ɿ	师丝文试	i	雨米丝白戏二	u	苦猪
a	茶牙瓦	ia	写		
ɔ	歌坐过	iɔ	靴		
ai	排鞋快				
ɔi	开赔				
ei	鸡			ui	对飞鬼
au	宝饱桥	iau	笑		
ɛu	豆走				
ɔu	寿手	iu	油		
am	南	iam	盐		
ɛm	深参人~				
əm	针	im	心		
an	山半				
ɔn	短官	iɔn	全		
ɛn	年权根灯	iɛn	田		
ən	升神陈	in	新星	un	寸滚春
		iun	云		
aŋ	硬争横	iaŋ	病		
ɔŋ	糖床王讲	iɔŋ	响		
		iuŋ	兄用	uŋ	双东
ap	盒塔鸭				
ɛp	十	iɛp	接贴		
əp	汁	ip	急		
at	法辣八活刮				
ɔt	渴刷	iɔt	嗍		
ɛt	热月北色贼	iɛt	节		
ət	直织式实	it	七一橘	ut	骨出国
ak	白尺	iak	锡		
ɔk	托郭壳学	iɔk	药		
		iuk	育	uk	谷六绿局
m	五				

说明：

　　①a 实际读音略后。

②ə 实际舌位靠上、靠前。

③韵母 ui 有三个变体，在声母 p、t、ts、s、f 之后实际发音为 øi，如"嘴、随、吹"等；在 k、kʰ 声母后实际发音为 uei，如"桂、龟、季、柜"等；在 w 声母后实际发音为 ei，如"位、围、胃"等。

④韵尾 k 实际接近ʔ。

⑤ɔt、ɔn、ɔi 前面有时出现不太明显的 u 介音，如"赔、背~诵、下煤、妹、灰"。

⑥iɛp 部分例字如"接、叶"等，实际开口度更大一些，更接近 iap。

⑦uŋ 实际发音靠前、靠下，尤其与声母 f 相拼，更接近 əŋ。

⑧"全"iɔn 实际读音更接近 yɔn。

⑨"嗽"iɔt 实际音值更接近 yɔt。

三　声调（6个）

阴平	24	东该灯风通开天春买有近白动白	阳平　21　门龙牛油铜皮糖红
上声	31	懂古鬼九统苦讨草老五	
去声	53	冻怪半四痛快寸去卖路硬乱罪	
		洞地饭树后动文近文	
阴入	3	谷百搭节急哭拍塔切刻六	阳入　5　麦叶月毒白盒罚

说明：

①阳平 21 有时是缓降调 211。

②去声 53 有 453 变体。

③阴入实际音值为略降 32，阳入实际音值为略升 45。

叁　连读变调

连读变调规则主要有如下几点：

1. 两个阴平 24 连读，前字变调为 33，如：星星 sin³³sin²⁴、天光 tʰiɛn³³kɔŋ²⁴、生鸡公 saŋ³³tɕei³³kuŋ²⁴。

2. 去声 53 在后字为 53 时，连读发生变调前字变为 55，如：晏昼 an⁵⁵tsɔu⁵³、半夜 pan⁵⁵ia⁵³。

3. 去声 53 与阴入 5 连读，前字变调为 55，如：树麦豆 su⁵⁵mak⁵tʰɛu⁵。

肆　异读

一　新老异读

系统的新老异读主要包括以下几点：

1. 老派存在 ɛu、əu 对立，新派合并为ʌu。

2. 老派存在 ɛm、əm 对立，新派合并 əm。

3. 老派存在 ɛn、ən 对立，新派合并 ɛn。

4. 老派存在 εp、ɔp 对立，新派合并 εp。

5. 老派存在 ɔt、εt 对立，新派合并 εt。

6. 老派去声音值为 53，新派去声音值为 45。

二　文白异读

（一）系统文白异读

1. 梗摄舒声韵白读音为 iaŋ，文读音韵母为 in，如"命、平、顶"等；入声韵白读音韵母为 iak，文读音韵母为 it，如"惜、席"等。

2. 止摄字白读音为 i，文读为 ɿ，如"丝、知"等。

3. 古浊上字白读阴平 24，文读去声 53，如"近、动、妇、淡"等。

（二）其他文白异读

例字	白读	文读	例字	白读	文读
判	pʰan³¹	pʰan⁵³	满	man²⁴	man³¹
拉	la²⁴	lai²⁴	策	tsʰak³	tsʰεt³
苦	fu³¹	kʰu³¹	休	siu²⁴	ɕiu²⁴
贴	tiεp³	tʰiεp³	含	hεm²¹	ham²¹
肯	hεn³¹	kʰεn³	弟	tʰei²⁴	tʰi⁵³

伍　其他主要音变

其他音变现象主要包括：

1. "今"在词汇中可以自由变读 kim²⁴、kin²⁴。

2. "结" ʨεt³ 在"结婚"一词中声母靠后，接近 k。

3. "手" sɘu³¹ 在"左/右手"中实际发音接近 sεu³¹。

4. "实" sɘt⁵ 在"老实"一词中实际读音为 sεt⁵。

5. "还" han²¹ 在"还过"一词中实际读音为 haŋ²¹。

6. 部分 ɘn 韵如"阵"在实际语流中不太稳定，有时会读为 εn。

7. 部分 εt 韵如"食""贼"实际语流中不太稳定，有时会读成 ɘt。

第四十九节　龙岗方音

壹　概况

一　调查点概况

调查点为深圳市坪山区坪山街道。坪山区原属于深圳市龙岗区，2017 年 1 月

从龙岗区分出。位于北纬 22°27′～22°48′，东经 113°87′～114°37′。2012 年人口
205.77 万人，其中户籍人口 39.66 万，非户籍人口 166.11 万。区内主要民族为汉
族，只有零星迁入个别少数民族人口。汉语方言以客家方言为主，90%当地人对
内讲客家方言，对外讲普通话。此外还有大鹏军话，分布在大鹏镇；"蛇话"是惠
州本土口音的客家话，分布在龙田村、荷坳村和大鹏镇。当地的方言曲艺有龙岗
皆歌，是客家山歌的一种，传承人罗盘颂。

二　方言发音人概况

　　老男发音人为邹水茂，龙岗区坪山街道沙湖村人，大学本科文化，坪山中学
英语教师。1961 年生于沙湖村，8 岁之前在沙湖村生活；8 岁开始在新屋小学读
书；13—16 岁在坪山中学读书，初中、高中各两年；1979—1981 年在广州外国语
学校读中专；1981—1987 年在大鹏华侨中学教书；1984—1987 年在深圳教育学院
英语专业读函授本科；1988 年至今在坪山中学教英语。会说客家方言、白话、普
通话、英语。父亲是坪山镇沙湖村人，会说客家方言、白话；母亲是坪山镇马
峦村人，会说客家方言；配偶是海南文昌人，会说文昌话、客家方言、普通话、
粤方言。

　　老女发音人为黄碧英，龙岗区坑梓镇金沙村人，小学文化，退休职工。
1949—1957 年在出生地度过幼年；1957—1963 年在金沙小学读书；1963—1982
年在本地务农；1982—2000 年到金发公司做后勤；2000 年退休至今。会说客家方
言、白话，偶尔也讲普通话。父亲是金沙村人，会说客家方言；母亲是惠阳人，
会说客家方言、粤方言；配偶是龙岗区龙东人，会说客家方言。

　　青男发音人为张凯诚，龙岗区龙城街道爱联村人，大专文化，龙城街道新联
社区工作站聘员。1990 年出生在爱联村，1996 年以前在爱联村生活；1996—2002
年在爱联小学读书；2002—2005 年在龙岗区实验学校读初中；2005—2008 年在龙
岗区建文中学读高中；2008—2011 年在广州市白云区轻工职业学校读大专；2011
年至今在新联社区工作站工作。会说普通话、客家方言和粤方言。父亲是爱联村
人，会说客家方言；母亲是广州增城人，会说客家方言；配偶是惠州人，会说客
家方言。

　　青女发音人为黄嫚丽，龙岗区坪山镇田头村人，大专文化，龙岗区平南社区
工作人员。1989 年出生于田头村，1989—1995 年在田头村长大；1995—2001 年
在六联小学读书；2001—2004 年在坪山中学读初中；2004—2007 年在布吉中学读
高中；2007—2010 年在深圳职业技术学院读大专；2010—2012 年在深圳福田区媒
体平面媒体广告做设计；2012 年后在社区工作。会说客家方言、白话、普通话、
英语。父亲是坪山镇田头村人，会说客家方言、普通话；母亲是河源市和平县人，
会说客家方言、普通话；配偶是湖南省永州市人，会说永州话、普通话和英语。

　　口头文化发音人 1 由老男发音人邹水茂兼任。提供材料 0021 故事、0022 故
事、0024 故事、0026 故事、0035 自选条目、0039 自选条目。

口头文化发音人 2 由青女发音人黄嫚丽兼任。提供材料 0023 故事。

口头文化发音人 3 为余造荣，男，龙岗区坪山镇碧岭村新沙小组人，初中文化，退休职工。1953 年 7 月出生。提供材料 0001—0004 歌谣。

口头文化发音人 4 由青男发音人张凯诚兼任。提供材料 0031—0038 自选条目。

口头文化发音人 5 由老女发音人黄碧英兼任。提供材料 0025 故事。

口头文化发音人 6 为曾学军，男，坪山镇大万村人，初中文化，个体户，1969 年 4 月出生。提供材料 0040—0045 自选条目。

贰　声韵调

一　声母（17 个，包括零声母在内）

p　八兵	pʰ 派片爬病	mb 麦明味问	f　飞风副蜂肥饭灰红活	v　温王云横
t　多东	tʰ 讨天甜毒			l　老男发音人连路脑南泥
ts 资早租酒张竹纸主争装	tsʰ 刺草寸清贼坐全祠谢抄初茶柱车春深鼠抽拆		s　丝三酸想字事山双船顺十城手书	
k　高九	kʰ 轻	ŋg 年热软熬月	h　好响学后开	z　县用药一烟影

Ø　安矮

说明：

①鼻冠浊塞音 mb、ŋg 逢后接元音开口度小的 i、u、o 的韵母时鼻冠色彩明显，逢 a 开头的鼻冠色彩略弱。

②k、kʰ、h 逢细音时为硬腭音。

③z 在单元音韵母 i 前，在 u、un、ut 前比较明显，其余位置比较弱，为 j。

④n、l 对立消失，变为 l。仅仅在语流中原来 -n 韵尾同化形成的语气词"哪"仍读作 na，又如"咹样"an^{31}nuŋ^{53}，也保留了 n 的声母。

二　韵母（37 个，包括自成音节的 m 和 ŋ 在内）

		i　试戏二米		u　苦猪师丝
a　茶牙瓦		ia 写		
o　歌坐过锄初		io 靴		
ae 排鞋快我		iu 豆走油	ui 飞鬼	
au 宝饱		iau 笑桥		
ɔe 开赔对		iɔe 艾		

		ɪe	世洗契系柿		
an	山半	ɪen	年权灯		
ɔn	短官				
aŋ	硬争横南	iaŋ	病盐		
ɔŋ	糖床王讲	iɔŋ	响		
		in	根新心深	un	云寸春滚
		iuŋ	用兄	uŋ	东双
at	辣八活刮				
ɔt	渴割脱夺刷				
ak	塔鸭法盒白尺拆	iak	接贴锡		
ɔk	托郭壳学	iɔk	药		
it	一七橘十急	ɪet	月热节国北色	ut	骨出
		iuk	局	uk	谷绿
m	五				

说明：

①中古咸摄 -m、-p 韵尾变为 -ŋ、-k，接近兴宁口音。

②舌尖音声母 ts、tsʰ、s、z 与 i 拼合时，部分人读舌尖元音 ɿ。

三　声调（6个）

阴平	33	东该灯风通开天春买有		阳平	21	门龙牛油铜皮糖红

上声　31　懂古鬼九统苦讨草老五

去声　53　冻怪半四痛快寸去卖路硬乱

阴入　2　谷百搭节急拍塔切刻六　　　　　阳入　5　麦叶月

说明：

①整体上看，多数情形而言，阴平单字调是 33 调，间或有一些字偶尔读作 24 或 34 的变体。

②阳平调 21 有 22 的变体。

叁　连读变调

两字组连读变调规律主要有二：

1. 阴平 33 在后字是低调的阳平 21、上声 31、阴入 2 时变为 24 升调。

2. 去声 53 降调，除了后接是平调，其余在非平调及入声前，都变做 55。

肆　异读

一　新老异读

相比老男发音人，青男发音人的声母 z 较弱。

二　文白异读

例字	白读	文读	例字	白读	文读
个	kae²¹	ko⁵³	下	ha³³	ha⁵³
苦	fu³¹	kʰu³¹	开	hɔe³³	kʰɔe³³
世	sɪe⁵³	si⁵³	弟	tʰae³³	tʰi⁵³
对	tɔe⁵³	tui⁵³	外	mbɔe⁵³	ŋgɔe⁵³
怀	vae²¹	fae²¹	肺	pʰui⁵³	fui⁵³
骑	kʰa²¹	kʰi²¹	移	zɪe²¹	zi²¹
子	tsae³¹	tsu³³	柿	sɪe²¹	su⁵³
几	ki³¹	kit²	老	lau⁵³	lau³¹
表	piau³³	piau³¹	鸟	tiau³¹	tiau³³
淡	tʰaŋ³³	tʰaŋ⁵³	贴	tiak²	tʰiak²
捏	lɪet²	ngiak²	结	kit²	kɪet²
完	vɔn²¹	van²¹	罚	fat²	fat⁵
根	kin³³	kɪen³³	近	kʰun³³	kʰun⁵³
分	pin³³	fun³³	问	mbun⁵³	vun⁵³
两	liɔŋ³³	liɔŋ³¹	肯	hɪen³¹	kʰɪen³¹
息	sɪet²	sit²	择	tʰɔk⁵	tsʰak⁵
平	pʰiaŋ²¹	pʰin²¹	命	mbiaŋ⁵³	mbin⁵³
正	tsaŋ⁵³	tsin⁵³	惜	siak²	sit²
席	tsʰiak⁵	tsʰit⁵	顶	taŋ³³	tin³¹
定	tʰaŋ⁵³	tʰin⁵³	历	lak⁵	lit⁵
动	tʰuŋ³³	tʰuŋ⁵³	熊	ziuŋ²¹	hiuŋ²¹
重	tsʰuŋ³³	tsʰuŋ⁵³	共	kʰiuŋ⁵³	kʰuŋ⁵³

第五十节　惠州方音

壹　概况

一　调查点概况

　　调查点为惠州市惠城区桥西、桥东街道。惠城区是广东省惠州市的市辖区，位于广东省东南部，南临南海大亚湾，与深圳、香港毗邻。惠城区总面积 1170.6

平方公里。2018 年年底，惠城区辖桥东、桥西、龙丰、江南、江北、河南岸、小金口、水口等 8 个街道，三栋、汝湖、马安、横沥、芦洲等 5 个镇。8 个街道中，户籍人口最多的是桥西街道，有 15.93 万人，是使用惠州话的居民主要聚居地。

惠城区的居民多为汉族，使用的方言包括惠城客家方言、梅州客家方言、闽方言和粤方言。惠城话分布在城区桥西、桥东、龙丰、河南岸等街道，使用人口约 30%，近年来变化较快，使用人口急剧减少，正在向普通话靠拢。客家方言分布较广，在城区各街道和周边郊区普遍存在。粤方言分布比较零星，移民居多。闽方言在各街道均有，商业地段尤其多。

惠城区的方言曲艺主要有汝湖渔歌。目前在惠州郊区只有很小部分中老年人会唱，用的是惠州方言郊区农村音，与本调查的城区音不同。

二　方言发音人概况

老男发音人曾佛荣，男，汉族，1953 年生，初中文化。惠州市惠城区桥西街道办事处南坛人，个体户，居住在惠州市惠城区水东街 54 号。1962—1968 年在惠州市第十一小学读小学，1968—1970 年在惠州市第一中学读初中，1970—1983 年在惠州市农药厂工作，1983—2013 年在惠州市惠城区物资局工作，2013 年至今在水东街当个体户。本人从未离开过惠州，会讲惠州话、普通话、客家方言、粤方言，主要讲惠州话。父母和配偶均为惠州市惠城区人，只会讲惠州话。

青男发音人郑杰，男，汉族，1991 年 8 月生，学历本科。惠州市城区桥西街道办事处北门居委会居民，现为惠州广播电视传媒集团编导。1998—2004 年就读于惠州市第五小学，2004—2007 年就读于惠州市第一中学，2007—2010 年就读于惠州市实验中学，2010—2012 年就读于广东财经大学华商学院，2012— 2014 年在惠州广电集团各媒体实习，2014 年至今在惠州广电传媒集团当编导。会讲惠州话、普通话、客家方言，主要使用惠州话（家庭）和普通话（工作）。父母均为惠州人，讲惠州话。

老女发音人吴招娣，女，汉族，1951 年 9 月生，小学文化。惠州市惠城区桥东街道办事处菜园墩居民。1961—1966 年在惠州市第八小学（现东坡小学）读小学，1966—1967 年在桥东割草种菜，1967—1979 年在新建路鸡毛厂工作，1980—1985 年在桥东割草做泥水工，1985—2002 年在惠州锦多玩具厂工作，2002—2007 年在桥东做事，2007 年至今在家。会讲惠州话和普通话，主要讲惠州话，父母和配偶均为惠州人，讲惠州话。

青女发音人为胡静雯，女，汉族，1991 年 5 月生，学历大专。惠州市惠城区桥西街道办事处更楼下居民。1998—2004 就读于惠州市第九小学。2004—2007 年就读于惠阳高级中学，2007—2009 年就读于惠州市卫生学校，2010—2011 年就读于江西经济管理干部学院（地点在广州），2011—2014 年在中国电信惠州市上板塘营业厅工作，2014—2015 年在发至法律顾问有限公司工作，2015 年至今在中国人保公司惠州分公司工作。会讲惠州话、普通话和粤方言。主要使用惠州话（家庭）和普通话（工作）。父母均为惠州人，讲惠州话。

口头文化发音人为魏耀平，男，汉族，1944 年 7 月生，初中文化。惠州市惠城区下角街道办事处桥子头居民。提供的调查材料为歌谣 0001～0014、故事 0021～0022，自选条目 0031～0061。

贰　声韵调

一　声母（22 个，包括零声母在内）

p	八兵	pʰ 派片爬病	m 麦明味问	f 飞肥饭灰	w 活王云
t	多东	tʰ 讨天甜毒	n 脑南年泥		l 老蓝连路
ts	资早租竹 争装	tsʰ 草寸清坐拆 茶抄初床春		s 丝三酸想 山双顺	
tɕ ɕ	酒张纸主	tɕʰ 刺字贼全祠 谢抽柱车	ȵ 热软月	ɕ 事船手书 十城	j 县用药
k	高九	kʰ 共权	ŋ 熬	h 风副蜂开 轻好响	

ʔ 安温

说明：

①n 和 ȵ 有对立，如：二 ni³¹≠义 ȵi³¹，因此分列两个音位。

②ts、tsʰ 与 tɕ、tɕʰ 音色明显不同，构成互补，如：早 tsau³⁵≠走 tɕiau³⁵、糟 tsau³³≠邹 tɕiau³³、茶 tsʰa²²≠斜 tɕʰia²²；s 与细音相拼时接近 θ，与 ɕ 有对立，如：西 sie³³≠师 ɕie³³、消 siau³³≠烧 ɕiau³⁵、四 si²³≠试 ɕi²³、死 si³⁵≠屎 ɕi³⁵。

③ʔ（只与阴调相配）与 j、w 明显差异，部分组合有对立，如：衣 ʔi³³≠移 ji²²、印 ʔin²³≠引 jin²³、于 ʔy³³≠如 jy²²、阴 ʔim³³≠□从口袋里掏东西 jim²²、威 ʔui³³≠围 wui²²、温 ʔun³³≠云 wun²²。

④无零声母，均记为ʔ，因为无辅音声母音节开头都有轻微的喉头闭塞。

⑤声母 w 有时有较强的摩擦，接近 v，但两者没有区别意义的作用，故只列 w 声母。

二　韵母（53 个，包括自成音节的 m、ŋ 在内）

		i	丝试戏二飞	u	苦	y	猪雨
a	茶牙瓦	ia	写				
		iɛ	米			yɛ	靴
ɔ	歌坐过						
ai	排鞋快			ui	鬼		
ei	欸						

ɔi	开赔对				
au	宝饱	iau	豆走		
		iɛu	笑桥		
		iu	油		
am	南	iam	暗		
		iɛm	盐		
		im	心深		
an	山	iɛn	年根	yen	权
ɔn	半短官寸				
ən	升星文兄	iən	荣	un	滚春云
		in	新		
aŋ	硬争横	iaŋ	灯病星白		
ɔŋ	讲床王	iɔŋ	响		
əŋ	双东	iəŋ	用		
ap	塔鸭	iap	盒		
		iɛp	接贴		
		ip	十急		
at	辣八刮	iɛt	热节	yɛt	月
ɔt	活				
		it	七一橘	ut	骨出
ət	直	iət	益		
ak	色白	iak	国尺锡		
ɔk	托郭壳学	iɔk	药		
ək	谷六绿局	iək	育浴		
ŋ	五				

说明：

①元音 a 在单韵母中靠央，在 aŋ 和 au 中靠后，在 ai 和 an 中靠前。

②元音 ɛ 发音时开口度偏小，舌位偏上。

③韵头 i、u、y 发音不短促，但 iən 韵母和 n̩ 相拼时，介音 i 较短促。

④元音 a 和 ɛ 有对立，如：爷 jia^{22}≠椰 jiɛ^{22}、氹 tiam^{35}≠点 tiɛm^{35}。

三　声调（7个）

阴平	33	东该灯风通开天春	阳平	22	门龙牛油铜皮糖红
上声	35	懂古鬼九统苦讨草老五			
阴去	23	买有近冻怪半四痛快寸去	阳去	31	动罪后
阴入	45	谷百搭节急哭拍塔切刻	阳入	21	六麦叶月毒白盒罚

说明：

①上声调值 35 有时接近 24。

②阴去调值 23，有时有轻微曲折感，接近 212 或者 213。

③阴入 45 有时接近 4。

④阴入 45 有时接近 4。

叁　连读变调

两字组前字的连读变调规律如下：

1. 上声（35）字充当上字，后面无论接哪一调类的字，由上声字充当的上字调值都由高升 35 变为高平 55。

$35+33→55+33$　　　普通 p^{h}u^{35}t^{h}əŋ^{33}—p^{h}u^{55}t^{h}əŋ^{33}

$35+22→55+22$　　　表扬 piɛu^{35}jiɔŋ^{22}—piɛu^{55}jiɔŋ^{22}

$35+35→55+35$　　　口水 hiau^{35}sui^{35}—hiau^{55}sui^{35}

$35+23→55+23$　　　改正 kɔi^{35}tsən^{23}—kɔi^{55}tsən^{23}

$35+31→55+31$　　　古代 ku^{35}t^{h}ɔi^{31}—ku^{55}t^{h}ɔi^{31}-

$35+45→55+45$　　　老屋 lau^{35}ʔək^{45}—lau^{55}ʔək^{45}-

$35+21→55+21$　　　火药 fɔ^{35}jiɔk^{21}—fɔ^{55}jiɔk^{21}

2. 阴去（23）字充当上字，后面无论接哪一调类的字，由阴去字充当的上字调值都由低降升 23 变为中平 33。

$23+33→33+33$　　　听歌 t^{h}iaŋ^{23}kɔ^{33}—t^{h}iaŋ^{33}kɔ^{33}

$23+22→33+22$　　　菜园 ts^{h}ɔi^{23}jyɛn^{22}—ts^{h}ɔi^{33}jyɛn^{22}

$23+35→33+35$　　　靓女 liaŋ^{23}ny^{35}—liaŋ^{33}ny^{35}

$23+23→33+23$　　　布告 pu^{23}kau^{23}—pu^{33}kau^{23}

$23+31→33+31$　　　政治 tsən^{23}tɕhi^{31}—tsən^{33}tɕhi^{31}

$23+45→33+45$　　　爱国 ɔi^{23}kiak^{45}—ɔi^{33}kiak^{45}

$23+21→33+21$　　　算术 sɔn^{23}sut^{21}—sɔn^{33}sut^{21}

后字变调有上声变 55，如：左手 tsɔ^{35}ɕiu^{35}—tsɔ^{35}ɕiu^{55}、右手 jiu^{31}ɕiu^{35}—jiu^{31}ɕiu^{55}、男仔 nam^{22}tɕiɛ^{35}—nam^{22}tɕiɛ^{55}、女仔 nv^{35}tɕiɛ^{35}—nv^{35}tɕiɛ^{55}、你先洗 ni^{23}siɛn^{33}siɛ^{35}—ni^{23}siɛn^{33}siɛ^{55}、你先讲 ni^{23}siɛn^{33}kɔŋ^{35}—ni^{23}siɛn^{33}kɔŋ^{55}、你先写 ni^{23}siɛn^{33}sia^{35}—ni^{23}siɛn^{33}sia^{55}、好丑 hau^{35}tɕhiu^{35}—hau^{35}tɕhiu^{55}、好懵 hau^{35}məŋ^{35}—hau^{35}məŋ^{55}、好爽 hau^{35}sɔŋ^{35}—hau^{35}sɔŋ^{55}。

可后变调也可以不后变调的如：屎片 ɕi^{35}p^{h}iɛn^{35}—ɕi^{35}p^{h}iɛn^{55}/ɕi^{55}p^{h}iɛn^{35}、尿片 niɛu^{31}p^{h}iɛn^{35}—niɛu^{31}p^{h}iɛn^{55}/ɕi^{31}p^{h}iɛn^{35}、白酒 p^{h}ak^{21}tɕiu^{35}—p^{h}ak^{21}tɕiu^{55}/p^{h}ak^{21}tɕiu^{35}、硬颈 ŋaŋ^{31}kiaŋ^{35}—ŋaŋ^{31}kiaŋ^{55}/ŋaŋ^{31}kiaŋ^{35}

肆　异读

一　新老异读

（一）声母新老异读

1. 老派 ȵ 和 n 有对立，因此多了一个声母 ȵ。新派对 ȵ 声母的字无论在发音还是听感上都出现互混现象，发音基本都混同于 n，属于自由变体，因此处理为一个音位 n。

2. 老派 s 与细音相拼时，有时音色接近 θ，与 ɕ 对立，如：死 si^{35}≠洗 ɕi^{35}、西 siɛ^{33}≠师 ɕiɛ^{33}、消 sieu^{33}≠烧 ɕieu^{33}。新派 s 与除了单韵母 i 以外的其他细音相拼时读为 ɕ，如：死 si^{35}≠洗 ɕi^{35}、西 siɛ^{33}=师 ɕiɛ^{33}、消 sieu^{33}=烧 ɕieu^{33}。

3. 老派声母 w 有时有较强的摩擦，接近 v，但两者没有区别意义的作用，故只列 w 声母。新派声母 w 没有明显摩擦。

4. 部分声母老派读 ȵ，新派读 j，如：绕 ȵieu^{35}（老）—jieu^{35}（新）、摇 ȵieu^{22}（老）—jieu^{22}（新）、言 ȵyɛn^{22}（老）—jiɛn（新）、原 ȵyɛn^{22}（老）—jyɛn（新）。

5. 有的声母新老派存在送气与否的差异，如：决 kyet^{45}（老）—k^{h}yet^{45}（新）、均 k^{h}un^{33}（老）—kun^{33}（新）、匠 tɕʰiɔŋ^{31}（老）—tɕiɔŋ^{212}（新）。

6. 有的老派有两个读法，新派只有一个读法，如：粪 pun^{23}（大粪）/hun^{23}（化粪池）（老）—hun^{23}（大粪/化粪池）（新）。

7. 有些声母没有系统性差异，如：艺 ȵiɛ^{31}（老）—ŋiɛ^{31}（新）、弄 lɔŋ^{31}（老）—nɔŋ^{31}（新）、孔 k^{h}əŋ^{35}（老）—həŋ^{35}（新）、熊 jiɔŋ^{22}（老）—həŋ^{22}（新）。

（二）韵母新老异读

新老派韵母均为 53 个，除了个别字的读法存在差异，未见系统性差异，如：握 ʔiak^{45}（老）—wɔk^{45}（新）、螺 lyɛ^{22}（老）—lɔ^{22}（新）、五 ʔŋ^{35}（老）—ʔm^{35}（新）、建 kyɛn^{23}（老）—kiɛn^{212}（新）、言 ȵyɛn^{22}（老）—jiɛn（新）、"近"～视 k^{h}in^{31}（老）—k^{h}im^{31}（新）、贞 tɕin^{33}（老）—tsən^{33}（新）。有的老派一个读法，新派两个读法，如：规 k^{h}ui^{33}（老）—kui^{33}（圆规）/k^{h}ui^{33}（规定）、健 k^{h}yɛn^{31}（老）—k^{h}iɛn^{31}（人名）/k^{h}yɛn^{31}（健康）（新）、握 ʔiak^{45}（老）—ŋiak^{45}（握手）/wɔk^{45}（掌握）（新）、额 ȵiak^{45}（老）—niak^{45}（额头）/ŋak^{45}（营业额）、荣 jiən^{22}（老）—荣 wən^{22}（光荣）/jiən^{22}（人名）（新）。有的老派两个读法，新派一个读法，如：品 p^{h}in^{35}（品尝）/p^{h}ən^{35}（品德）（老）—p^{h}in^{35}（品尝/品德）（新）、星 siəŋ^{33}（白）/sən^{33}（文）（老）—sən^{33}（新）。

（三）声调新老异读

新老派均有七个调类，分别是阴平、阳平、上声、阴去、阳去、阴入和阳入。调值上，阴去存在差异。老派发音未见明显曲折，调型为低升，调值为 23。新派调值为 212，有时比较平，但与阳平 22 相比，听感上有明显的曲折感，曲折持续时间很短，接近 22。有时强调的话接近 213。

二　文白异读

梗摄存在文白异读，白读 iaŋ，文读 ən，如：平 pʰiaŋ²² （白）—pʰən²² （文）、命 miaŋ³¹ （白）—mən³¹ （文）、影 jiaŋ³⁵—jiən³⁵ （文）、星 siaŋ³³—sən³³ （文）。

第五十一节　博罗方音

壹　概况

一　调查点概况

调查点为惠州市博罗县罗阳街道。博罗县地处北纬 23°03′50″～23°43′20″，东经 113°49′50″～114°45′50″，县城为罗阳镇。截至 2015 年末，该县常住人口 1023997，户籍人口 883838 人，其中汉族人口 883362 人，畲族 476 人。

博罗县主要有本地话（老客家方言）、客家方言（新客家方言）、粤方言、福（学）佬话等方言，其中，本地话（属客家方言粤中片）分布在罗阳、龙溪、龙华、湖镇、横河等镇；客家方言分布在罗阳、石坝、公庄、观音阁、杨村、柏塘、泰美、长宁、福田等镇；粤方言主要分布在园洲、石湾两镇；福（学）佬话分布在龙溪、泰美、观音阁、杨村等乡镇的部分村落；另外还有一种平婆话（漳州客家方言），分布在长宁、横河、响水等地。

就罗阳镇（老博罗城）而言，主要有本地、客家、福佬三种，其分布与人口大致如下：本地话有三徐（1290 人）、水西（3028 人）、上塘（2125 人）、横江尾（1150 人）、云步(2563 人)、黎村（1465 人）、巷口（2211 人）、大小塘（1100 人）、虾琅（970 人）、浪头（3463 人）、观背（938 人）、东区（12729 人）、西区（8881 人）。新客家方言有新结（2157 人）、梅林（1267 人）、廖洞（992 人）、梅花（2138 人）、寨头（1642 人）、承粮陂（1572 人）、鸡麻地（2175 人）、天上无（1736 人）、涌口（1070 人）、莲湖（2507 人）、赤竹坑（1316 人）、杨梅（1331 人）、田牌（1610 人）、长贵(2881 人)、九村(2800 人)、东坑（1521 人）；横坑、小金、义和本、客均有。福佬话主要分布在翠美园（2848 人）、新角（4682 人）。此外，新村（1923 人）为河源本地移民，水土（2337 人）为惠州本地移民，观园区、观华区、城东区为新区，语言情况复杂。水西村本来都讲福佬话，现均改用本地话，80 岁以上的老人才会讲福佬话。博罗县的畲族使用畲语，分布在博罗横河镇嶂背村，新老之间未出现明显断代，大部分儿童能用简单畲族语进行日常对话。

二　方言发音人概况

老男发音人李永荣，1947 年生于惠州市博罗县罗阳镇西区（下街），文化程度初中。1954—1960 年就读于罗阳一小，1960—1964 年就读于博罗中学，1964 年初中毕业后参加工作，在博罗粮食局（当时为粮站）上班，一直到退休。主要说罗阳本地话，会说地方普通话。其父为罗阳西区（下街）黄皮园人，说罗阳本地话；其母为罗阳廖洞人，十多岁嫁入黄皮园，会说罗阳本地话、客家方言；其妻为罗阳横江尾人，在下街出生长大，说罗阳本地话。

青男发音人杨飞，1980 年出生于惠州市博罗县罗阳镇东区（上街），文化程度中专。1988—1994 年就读于罗阳中心小学，1994—1997 年就读于罗阳二中，1997—2000 年就读于东莞育才学校（中专），2000 年毕业后自己创业，做个体户。2009 年进入博罗污水处理厂，2013 年进入裕安电力公司工作，2017 年进入博罗明煌电力公司上班，至今常住罗阳城区，主要说罗阳本地话，会说当地客家方言、广州话和地方普通话。其父为罗阳东区人，说罗阳本地话；其母为博罗罗阳东区人，说罗阳本地话；调研时无配偶。

老女发音人蔡月琼，1954 年生于惠州市博罗县罗阳镇东区（上街），文化程度高小。1962—1969 年就读于罗阳中心小学，1969 年小学毕业后下乡到泰美，1975 年开始在罗阳羽毛场上班，1978 年到副食品公司上班。1987 年停薪保职做服装生意，直至退休，主要说罗阳本地话，会说地方普通话。其父为罗阳东区人，说罗阳本地话；其母为罗阳翠美园人，说罗阳本地话；其配偶为罗阳东区铁炉巷人，说罗阳本地话。

青女发音人谢莹，1983 年出生，博罗县罗阳镇西区乌衣巷人。1990—1996 年就读于罗阳一小，1996—1999 年就读于罗阳二中，1999—2001 年就读于博罗师范学校，2001 年师范毕业后就职于当地的一家幼儿园，2005 年辞职做生意，现在待业。会说罗阳本地话、普通话。父亲为罗阳西区（下街）乌衣巷人，会说罗阳本地话。母亲为罗阳东区（上街）米仓巷人，会说罗阳本地话。配偶为罗阳西区（下街）人，会说罗阳本地话。

口头文化发音人 1 由老女发音人蔡月琼兼任，提供 0001 歌谣、0002 歌谣、0003 歌谣、0004 歌谣、0005 歌谣、0033 自选条目。

口头文化发音人 2 为彭天锡，男，1947 年出生，博罗县罗阳镇西区高街巷人，大专文化，教师。提供 0022 其他故事、0023 其他故事、0031 自选条目、0032 自选条目。

口头文化发音人 3 由青男发音人杨飞兼任。提供 0021 牛郎和织女。

口头文化发音人 4 由老男发音人李永荣兼任。提供 0024 其他故事。

贰　声韵调

一　声母（18个，包括零声母在内）

p	八兵	pʰ	派片爬病	mb	麦明味问活			v	飞肥饭灰王云
t	多东	tʰ	讨天甜毒	nd	脑南年泥	ɬ	丝三酸想	l	老蓝连路
ts	资早租酒张竹争装纸主	tsʰ	刺草寸清字贼坐全祠谢抽拆茶柱抄初床车春			s	事山双船顺手书十城	z	软月县用药
k	高九	kʰ	共权	ŋg	熬热	h	开轻好响风副蜂		
Ø	安温								

说明：

①ɬ-声母后接比较高、比较前的元音时，其实际音值为清颤音 r̥，与一般的边擦音略有不同，但与 ɬ 无音位对立，为音位变体；个别字的边擦音色彩开始消退，如"酸、想"等字。

②mb、nd、ŋg 后接洪音韵母时，鼻冠色彩较弱。

③z 在"雨、油"等字中，后接 i 元音时，发音部位靠前，实际音值为 j，j 与 z 无音位对立。

④零声母主要来自古影母字，其实际音值有较为明显的喉部爆破，音值近ʔ，与 z、v 声母有对立。

二　韵母（41个，包括自成音节的 m 在内）

		i	丝试戏二飞猪雨	u	苦五
a	茶牙瓦				
e	写靴				
ɔ	歌坐过				
ai	排鞋快				
ɛi	米师			ui	鬼
au	宝饱	iau	笑桥		
ɔe	开赔对豆走	iu	油		
am	南	iam	盐		
		im	心深		
an	山根灯	iɛn	年权		

ɔn	半短官寸				
		in	新	un	滚春云
aŋ	硬争横	iaŋ	病星白		
		iɛŋ	升兄星文		
ɔŋ	糖床王讲	iɔŋ	响		
œŋ	东用双				
ap	盒塔鸭法	iap	接贴		
		ip	十急		
at	辣八刮北色国	iɛt	热节		
et	直				
ɔt	活月				
		it	七一橘	ut	骨出
ak	白尺	iak	锡		
ɔk	托药郭壳学	iɔk	脚		
ək	谷六绿局				
m̩	唔				

说明：

①œ 的实际音值为 oɐe。

②au 中的 a 发音部位靠后，实为后 ɑ。

③iau 中的 a 发音部位稍后，实为后 ɐ。

④am、ap 中的 a 发音部位靠后，实为后 ɑ。

⑤iam、iap 中的 a 发音部位稍后，实为后 ɐ。

⑥ɔn、ɔt 实际发音有一动程，为 oɐn、oɐt。

⑦遇摄三等相关字韵母 i 在 ts、tsʰ、s 声母后时略带圆唇色彩，近 y，城中其他老人亦有读为 y 的现象。

⑧iɛŋ 韵母在帮、端组等部分声母后面介音 i 不明显。

三　声调（7个）

阴平 44	东该灯风通开天春	阳平 21	门龙牛油铜皮糖红
上声 35	懂古鬼九统苦讨草老五有		
阴去 24	冻怪半四痛快寸去买近白	阳去 41	卖路硬乱洞地饭树动罪近文后
阴入 5	谷百搭节急哭拍塔切刻	阳入 2	六麦叶月毒白盒罚

说明：

①上声为高升调 35，阴去为中升调 24，阴去起点比上声低。

②阳平中的"龙、铜、红"等字降程不明显，调值近 22，与 21 无对立。

③阴入中的"谷、急、哭"等字略有升程，调值近 45，与 5 无对立。

叁　连读变调

没有强制性连读变调，但在自然口语语流中，上声字若作为前字，则通常变为阴平 44，如：手巾 siu³⁵⁻⁴⁴kin⁴⁴、屎片_{屎布} si³⁵⁻⁴⁴pʰiɛn³⁵。但这种变调现象正在消退，读词时完全可以不变调。

肆　异读

一　新老异读

（一）声母新老异读

1. 老男发音人心母字均读为 ɬ-声母；青男发音人只有少数口语常用心母字读 ɬ-声母，如："死、四、丝、三、心"等，且"死、四"等字的声母青男发音人时而读 ɬ-，时而读 s-，可自由变读。青男发音人 ɬ-声母逐渐消退，大多数心母字今读 s 声母，如：

例字	老派	新派	例字	老派	新派
西	ɬɛi⁴⁴	sɛi⁴⁴	死	ɬi³⁵	ɬi³⁵/si³⁵
四	ɬi²⁴	ɬi²⁴/si²⁴	笑	ɬiau²⁴	siau²⁴
三	ɬam⁴⁴	ɬam⁴⁴	索	ɬɔk⁵	sɔk⁵
缩	ɬək⁵	sək⁵			

2. 老男发音人和青男发音人均有 mb、nd、ŋg 声母，但青男发音人其鼻冠色彩较老男发音人弱，日渐消退。青男发音人 z-声母的摩擦性较老男发音人要弱，在"雨""油"等字中，后接 i 元音时实际音值为 j-，j-与 z-无音位对立。

3. 老男发音人全浊声母清化后逢塞音、塞擦音今均读送气音，青男发音人基本如此，但口语中有个别全浊声母字今读不送气，如"住""就"等，可能是受到广州话（或普通话）的影响。

（二）韵母新老异读

1. 青男发音人较老男发音人多一个 ø 韵母，老男发音人果摄三等字读 e，青男发音人今读 ø，如：茄 kʰe²¹（老男发音人）/kʰø²¹（青男发音人）、靴 he⁴⁴（老男发音人）/hø⁵⁵（青男发音人）。

2. 老男发音人无撮口呼韵母，青男发音人则有三个撮口呼韵母 y、yɛn、yɛt。具体差异为：

（1）老男发音人遇摄三等鱼、虞韵字今读 i 韵母，与止摄相混；青男发音人则读为撮口呼 y，与止摄对立，如：主 tsi³⁵（老男发音人）/tsy³⁵（青男发音人）、柱 tsʰi²⁴（老男发音人）/tsʰy²⁴（青男发音人）、书 si⁴⁴（老男发音人）/sy⁴⁴（青男发音人）、句 ki²⁴（老男发音人）/ ky²⁴（青男发音人）、鱼 zi²¹（老男发音人）/ zy²¹（青男发音人）、吕 li²⁴（老男发音人）/ ly²⁴（青男发音人）。

（2）老男发音人山摄合口三四等字无撮口韵，为齐齿呼 ien、iet，与开口三四等字相混；青男发音人则为撮口呼 yen、yet，与开口三四等字对立，如：全 tsʰien²¹（老男发音人）/tsʰyen²¹ 选 ɬien³⁵（老男发音人）/ syen³⁵ 权 kʰien²¹（老男发音人）/ kʰyen²¹（青男发音人）、劝 hien²⁴（老男发音人）/hyen²⁴（青男发音人）、绝 tsʰiet²（老男发音人）/tsʰyet²（青男发音人）、雪 ɬiet⁵（老男发音人）/ syet⁵（青男发音人）、血 hiet⁵（老男发音人）/hyɛt⁵（青男发音人）。

3. 老男发音人止摄开口三等精组个别字读为 u 韵母，青男发音人无此特点，如：紫 tsu³⁵（老男发音人）/tsi³⁵（青男发音人）、子 tsu³⁵（老男发音人）/tsi³⁵（青男发音人）。

4. 老男发音人咸摄合口三等字保留-m/-p，青男发音人读为-n/-t，如：犯 vam⁴¹（老男发音人）/van⁴¹（青男发音人）、法 vap⁵（老男发音人）/vat⁵（青男发音人）。

（三）声调新老异读

老男发音人古清声母平声字均读阴平，不与阳去相混；青男发音人则部分古清声母平声字读入阳去，呈现出阴平与阳去相混的趋势，青男发音人称有时很难分清。

二　文白异读

（一）系统文白异读

系统文白异读现象不多，主要存在于梗摄部分字韵母，老男发音人和青男发音人在哪些字存在文白异读上略有差异，如：

	平	命	名	席	顶	零
老男发音人	pʰiaŋ²¹ 白 pʰiɛŋ²¹ 文	mbiaŋ⁴¹ 白 mbiɛŋ⁴¹ 文	mbiaŋ²¹ 白 mbiɛŋ²¹ 文	tsʰiak² 白 /tsʰet² 文	tiaŋ³⁵ 白 /tiɛŋ³⁵ 文	liaŋ²¹ 白 /liɛŋ²¹ 文
青男发音人	pʰiaŋ²¹ 白 pʰeŋ²¹ 文	mbiaŋ⁴¹ 白 mbeŋ⁴¹ 文	mbiaŋ²¹ 白 mbeŋ²¹ 文	tsʰiak² 白 /tsʰet² 文	tiaŋ³⁵ 白 /teŋ³⁵ 文	liaŋ²¹ 白 /leŋ²¹ 文
	声	城	星	赢	历	
老男发音人	saŋ⁴⁴ 白 sieŋ⁴⁴ 文	saŋ²¹ 白 sieŋ²¹ 文	ɬiaŋ⁴⁴ 白 ɬieŋ⁴⁴ 文	zaŋ²¹	liak² 白 let² 文	
青男发音人	saŋ⁴¹	saŋ²¹	seŋ⁴⁴	zaŋ²¹ 白 zeŋ²¹ 文	let²	

（二）其他文白异读

	妇	分	择	桂	知	近
老男发音人	pu⁴⁴ 白 hu⁴¹ 文	pun⁴⁴ 白 hun⁴⁴ 文	tʰɔk² 白 /tsʰak² 文	kei²⁴ 白 kui²⁴ 文	ti⁴⁴ 白 tsi⁴⁴ 文	kʰin²⁴ 白 kʰin⁴¹ 文
青男发音人	pu²⁴ 白 hu⁴¹ 文	pun⁴¹ 白 hun⁴¹ 文	tʰɔk² 白 tsʰak² 文	kei²⁴ 白 kui²⁴ 文	ti⁴⁴ 白 tsi⁴⁴ 文	kʰin²⁴ 白 /kʰin⁴¹ 文

伍　小称音

无儿化音，小称主要有两种形式，一种是加"仔 e⁵⁵"来表示，如：手巾仔仔 siu⁴⁴kin⁴⁴tsei⁵⁵e⁵⁵，"仔 e⁵⁵"较正常的舒声字音稍微轻短些；一种是变调，变调后的调值根据所在词最后一个字的音来定，大致情况如下：后字为阴平 44、阳去 41 则变为 445，后字为阳平 21 则变为 225，后字为阴去 24 则变为 245，后字为阳入 2 则变为 25，后字为阴入 5 则变为 55，如：葱 tsʰə⁴⁴⁵、搭=袋 tap²tʰɔe⁴⁴⁵、虫 tsʰəŋ²²⁵、粽 tsəŋ²⁴⁵、竹 tsək⁵⁵、劈 lat²⁵。此外，还有一小部分名词变读为 55 或 35 调，如"蠘 hiɛn⁵⁵""厨房 tsʰi²¹vɔŋ³⁵"等。

陆　其他主要音变

其他主要音变现象如下：
1. "唔"与"好"连读时，"好"的声母变为 m。
2. 完成体助词"杯=pɔe⁴⁴"在句中或句末中易弱化为 ɔe⁴⁴ 或 e⁰。

第五十二节　新丰方音

壹　概况

一　调查点概况

调查点为韶关市新丰县丰城街道。新丰县位北纬 23°53′～24°17′，东经 113°42′～114°36′，人口 25.97 万（据 2017 年 11 月 17 日新丰县人民政府网站数据），汉族，无呈区域分布的少数民族语言。本地有两种客家方言，粤台片口音客家方言分布在丰城、马头、沙田、遥田、回龙等乡镇，使用人口约 18.18 万，占 70%；水源客家方言分布在石角、大席等镇，使用人口约 7.79 万人，占 30%。

据说该县使用客家方言有 770 年的历史，近年来变化较快，正在向广州话和普通话靠拢。地方文艺主要是粤北采茶戏、纸马舞。纸马舞在清代从翁源传入，有 170 多年历史，被列入韶关市第三批非物质文化遗产名录，如今在村里已经失去活力，但仍是镇、县保留传统表演节目。

二　方言发音人概况

老男发音人罗卫国，1957 年出生于韶关市新丰县丰城街道横坑村，文化程度高中毕业。1964—1969 年在新丰县第一小学上小学；1969—1971 年在横坑学校上初中，1971—1973 年在城郊中学上高中；毕业后回乡务农，34 岁前未离开过新丰县。34 岁以后除 1991—1995 年间曾在广州居住、1997—2007 年间曾在惠阳淡水打工，其他时间均在新丰本地务农。会说新丰话、广州话、普通话、惠州淡水客家方言，父母、配偶均为韶关市新丰县丰城镇人，主要说新丰话。

青男发音人潘智基，1992 年出生于韶关市新丰县丰城街道，文化程度本科毕业。1998—2004 年新丰县第三小学上小学；2004—2007 年新丰县第三中学上初中；2007—2010 年新丰县第一中学上高中；2010—2014 年惠州学院读本科；2014 年大学毕业后回新丰县工作至今。会说新丰客家方言和普通话，父亲为新丰县沙田镇人，母亲和配偶均为新丰县丰城镇人，说新丰话。

口头文化发音人 1 为老男发音人罗卫国，1957 年 9 月出生于韶关市新丰县丰城街道横坑村，文化程度高中毕业，提供规定故事"牛郎和织女"调查材料。

口头文化发音人 2 潘怡，男，1938 年 8 月出生于韶关市新丰县丰城镇，文化程度中专毕业，退休教师，提供歌谣"月光光""大话歌"，其他故事"出米窿的传说""潘坯古的故事"，曲艺快板"关心下一代""讲做人"等调查材料。

口头文化发音人 3 张红，女，1973 年 10 月出生于韶关市新丰县丰城镇，文化程度大专毕业，演员，文化馆馆长，提供粤北采茶剧"圆梦"选段；曲艺表演唱"丰城环境大提升"等调查材料。

贰　声韵调

一　声母（17 个，包括零声母在内）

p 八兵	pʰ 派片爬病	mb 麦明味问	f 飞凤副蜂肥饭灰	v 活王
t 多东	tʰ 讨天甜毒			l 老蓝连路脑南泥
ts 资早租酒张竹争装纸主	tsʰ 刺草寸清字贼坐全祠谢抽拆茶柱抄初床车春		s 丝三酸想事山双船顺手书十城响	z 县云用药

k 高九　　kʰ 开轻共权　　　ŋg 年热软熬　h 好
　　　　　　　　　　　　　　　　　月

ø 安温

说明：

①鼻冠浊塞音声母 mb、ŋg 逢韵母主元音开口度较大时鼻冠色彩较弱。

②ŋg 声母逢韵母为细音时，受介音 i 影响腭化为 nȡ。

③ts、tsʰ、s、h 逢细音听感上接近腭化音。

④z 在某些字音中弱化，听感上常与零声母混淆。

二　韵母（50 个，包括自成音节的 m 在内）

		i	米师丝试戏二	u	苦	y	猪雨
a	茶牙瓦	ia	写				
ɔ	歌坐过宝	cɔ	靴				
ai	排鞋快						
ɛi	矮低泥			ui	对飞鬼		
ɔi	开赔						
ao	饱	iao	笑桥				
ɛu	豆走	iu	油				
am	南盐	iam	点甜				
ɛm	含潭暗	im	心深				
an	山半	iɛn	年权				
ɛn	根灯星ᵥ	in	新升	un	寸滚春云		
		iun	近军				
ɔn	短官	iɔn	全软				
aŋ	硬争横	iaŋ	病星白				
ɔŋ	糖响床王讲	iɔŋ	娘想				
		iuŋ	浓拥	uŋ	双兄东用		
ap	塔鸭法	iap	接贴				
ɛp	盒	ip	十急				
at	辣八活刮	iɛt	热节月				
ɛt	北色	it	七一橘直	ut	骨出国		
ɔt	割脱						
ak	白尺	iak	锡				
ɔk	托药郭壳学	iɔk	脚削				
		iuk	肉玉	uk	谷六绿局		
m	五						

说明：

①ai、ɔi 的韵尾 i 实际音值接近 e，即 ai 的实际音值为 ae，ɔi 的实际音值为 ɔe。

②i、y 的实际发音开口度略大。

③εu 的主元音 ε 实际发音较松，韵尾 u 接近 o。

④ao、an、at 等韵母中主元音实际音值为 ɑ。

⑤un、iun、uk 中的 u 实际舌位比标准元音 u 舌位略低，介于 u 与 o 之间。

⑥iaŋ、iam、ia、iap 里的 a 舌位略高。

三　声调（6个）

阴平 44　东该灯风通开天春买有动_白近_白　　阳平 24　门龙牛油铜皮糖红

上声 31　懂古鬼九苦草老五动_文罪近_文
　　　　　后卖路硬乱洞地饭树

去声 51　冻怪半四痛快寸去统讨

阴入 2　谷百搭节急拍塔切刻六　　　　阳入 4　麦叶月毒白盒罚

说明：

阴入记为短促调 2，阳入记为 4，但阳入实际时长比阴入略长。

叁　连读变调

两字词中的前字若为上声 31，上声变读为中平调 33。不过，调查时个别词中的上声前字实际音值接近 32，调型略有下降，如"后生、水田、斧仔、现下、煮菜、小气"等，仍记作 33。前字上声（31）两字词变调例词表如下：

后字	例　词	变调规律
阴平 44	水沟、起身、手巾、剪刀、底衫、老公、打狮	33+44
阳平 24	转来、掌牛、枕头、火柴、老婆、本钱、哪人	33+24
上声 31	眼泪、闪电、火水、地方、后背、李仔、秆菇	33+31
去声 51	外背、上昼、韭菜、秆扫、短裤、老妹、女婿	33+51
阴入 2	夜黑、豆角、狗虱、草屋、手鈪、自杀、大伯	33+2
阳入 4	老历、肚胲、眼热、二十、老实、闹热	33+4

肆　异读

一　新老异读

青男发音人与老男发音人的语音差别总体较小。但将二者仔细对比，发现青男发音人的声韵调呈现向粤方言（广州话）或普通话发展的趋势，特别是在新名词或书面语色彩较强的词语中。

（一）声母新老异读

1. 老男发音人读 z 或 ŋg 声母的部分字青男发音人读零声母，如"一、吴、岸、遇、藕、熬"；有些老男发音人读 ŋg 声母的字青男发音人或读 l，如"念、黏"，或读 z，如"迎"。

2. 老男发音人读 kʰ的部分字青男发音人读 h，如"口、敲"。

3. 老男发音人读 tsʰ的一些字青男发音人读 s，如：徐、寺、随（青男发音人有两读）。

4. "粪"字老男发音人读 p，青男发音人读 f。

5. "红"字的声母老男发音人可自由变读 f 或 h，青男发音人只读 h。

（二）韵母新老异读

1. 主元音不同，如："含、潭"等字老男发音人读 em，青男发音人读 am；"冰"老男发音人读 ɛn，青男发音人读 in；"窗"字老男发音人读 tsʰuŋ⁴⁴，青男发音人读 tsʰɔŋ⁴⁴。

2. 介音有无的不同，如："银、肩"等字老男发音人读 ɛn，青男发音人读 iɛn；"菊"老男发音人读 kʰuk²，青男发音人读 kʰiuk²；"筐"字老男发音人读 kʰiɔŋ⁴⁴，青男发音人读 kʰɔŋ⁴⁴。

3. 韵尾的不同，如："法"字老男发音人读 fap²，青男发音人读 fat²。

4. 其他不同，如："季"字老男发音人读 kui⁵¹，青男发音人有 kui⁵¹/ki⁵¹两读；"星"字表示"星星"的白读音老男发音人为 siaŋ⁴⁴，青男发音人为 sin⁴⁴。

（三）声调新老异读

有的字老男发音人读 51 调，青男发音人读 31 调，如"喊"；老男发音人读 31 调，青男发音人读 51 调，如"震"；"优"字青男发音人 iu⁴⁴，老男发音人 iu²⁴。

二　文白异读

系统的文白异读主要有两类。

1. 中古梗摄三等字的文白异读，如：平，白读 pʰiaŋ²⁴，文读 pʰin²⁴；星，白读 siaŋ⁴⁴，文读 sɛn⁴⁴；命，白读 mbiaŋ³¹，文读 mbin³¹；顶，白读 tiaŋ³¹，文读 tin³¹。

2. 中古浊上字声调白读归阴平，文读归上声，如：动，白读 tʰuŋ⁴⁴，文读 tʰuŋ³¹；近，白读 kʰin⁴⁴，文读 kʰin³¹；弟，白读 tʰɛi⁴⁴，文读 tʰi³¹；妇，白读 pʰu⁴⁴，文读 fu³¹。

三　个体发音差异

有的发音人可能受普通话较大影响，口音与老男发音人略有差异。老男发音人罗卫国鼻冠音声母 mb 和 ŋg，口头文化发音人张红分别读为 m 和 ŋ，不带塞音成分，如"茂、人、浓、迎"等字。

伍　其他主要音变

有少数使用频率较高的合音词构成的音节，如"麻个"两个音节合成一个音节 mbai²⁴，"唔曾"合成一个音节 mben²⁴。

第五十三节　翁源方音

壹　概况

一　调查点概况

调查点为韶关市翁源县龙仙镇。翁源县位于广东省的北部，韶关市东南部，北江支流滃江上游。东靠连平，南邻新丰，西接英德、曲江，北依始兴、江西。北纬 24°07′～24°37′，东经 113°39′～114°18′。2018 年末，全县户籍人口共 420457 人。翁源县是韶关市多个民族散居地之一。除汉族外，其他还有瑶族、壮族、满族、回族、蒙古族、黎族、苗族、土家族、侗族、藏族等 21 个民族。2017 年末，全县少数民族户籍人口约为 1884 人。县域世居的少数民族主要有瑶族，有 1 个瑶族村委会，19 个瑶族自然村小组，分别居住在 5 个镇 1 个场：龙仙镇青云村、贵联村、石背村、九曲水林场青山下村和黄屋村；江尾镇蓝坑村、梅斜村；坝仔镇上洞林场乌坭坑村；官渡镇下陂村、镇仔镇娥坑村；翁城镇了坑瑶族村；新江镇东方村、太坪村；铁龙林场龙化村和冷水径。瑶族人大多居住在偏远的山区，保留了瑶族语言和部分传统习俗。其他少数民族主要通过婚姻、劳务、经商、工作调动、参军等迁入，部分居住县城，大多居住在各镇村。

县内少数民族语言以瑶语为主，分布在瑶族聚居地，使用人口一千余人。少数民族大多兼通双语，既讲母语又讲客家方言或者普通话。本县汉语方言为客家方言，讲客家方言的人数占全县总人口的 99.55%，分布在全县 7 个镇 1 个场。当地人按照口音，将翁源县内的客家方言分为上乡话和下乡话。按梁猷刚（1985），翁源县龙仙镇、周陂镇、官渡镇、坝仔镇、江尾镇所操客家方言为上乡话，翁城镇和新江镇所操客家方言为下乡话。但根据对当地人的调查，不同镇上的人对上乡话和下乡话的分区有不同的感知，大致认为东北部的江尾镇和坝仔镇所说的是上乡话，西南至西北部的官渡镇、翁城镇、新江镇所说的是下乡话，而对处于东西交接处的周陂镇和龙仙镇的口音，人们则看法不一，有人认为是上乡话，有人认为是下乡话。

本县的方言曲艺和地方戏有客家山歌和采茶戏。客家山歌有两种腔调：翁北调（又叫龙仙调）和礤下调；采茶戏为翁源老百姓喜闻乐见，各镇采茶剧团常下乡演出。

二　方言发音人概况

老男发音人黎胜建，1959 年在韶关市翁源县龙仙镇民主村黎屋出生，文化程度高中。1967—1974 年就读于龙仙镇民主小学；1974—1976 年就读于龙仙镇八泉中学；1977—1978 年在翁源县参与农村建设；1978—1981 年在广东省汕头市当兵；1981 年至今，在翁源县龙仙镇民主村务农。父母亲和配偶均是翁源县龙仙镇民主村黎屋人，讲客家方言。

青男发音人林冠科，1983 年出生于翁源县龙仙镇长潭村林屋，文化程度初中。1991—1997 年就读于林屋五福小学；1997—2000 年就读于龙仙第二中学；2000—2002 年在深圳工作；2002—2010 年在翁源县龙仙镇工作；2010—2014 年在广州日报印务中心工作；2015 年至今在翁源县龙仙镇工作。父亲是翁源县龙仙镇长潭村林屋人，讲客家方言；母亲和配偶均是翁源县龙仙镇青山村人，讲客家方言。

老女发音人高源花，1952 年在翁源县龙仙镇高陈村出生，文化程度小学。1962—1964 年，就读于龙仙镇高陈小学；1965 年就读于龙仙镇民主小学；1965—1976 年在家务农；1976—1983 年在高陈村生产队工作；1984 年至今在家务农。父亲和配偶均是翁源县龙仙镇高陈村人，讲客家方言；母亲是翁源县龙仙镇青山村人，讲客家方言。

青女发音人何美娟，女，翁源县龙仙镇河口村人，1989 年出生。1997—2003 年就读于河口小学；2003—2006 年就读于龙仙第二中学；2006—2009 年就读于翁源县中等职业学校幼儿教育专业；2009—2012 年在中山市三乡镇工作；2012—2014 年在翁源万豪英文学校工作；2014 年至今任职于翁源县坝仔镇中心幼儿园。本科文化，会讲客家方言、普通话、粤方言、英语。父亲为翁源县龙仙镇河口村人，讲客家方言。母亲为翁源县龙仙镇沙岗下村人，讲客家方言；配偶为韶关市翁源县龙仙镇田心村人，讲客家方言。

口头文化发音人 1 陈福燕，1944 年 10 月出生于韶关市翁源县龙仙镇青云村，文化程度初中。提供歌谣、故事、谚语、山歌等自选条目。

口头文化发音人 2 由老女发音人高源花兼任。提供山歌对唱。

贰　声韵调

一　声母（21 个，包括零声母在内）

p 八兵	pʰ 派片爬病	m 麦明味问	f 飞凤副蜂肥 饭灰活	v 温王
t 多东	tʰ 讨天甜毒	n 脑南泥		l 老蓝连路
ts 资早租酒 争装	tsʰ 刺草寸清贼 坐全祠谢拆		s 字丝三酸想 事山双	

　　　　　　　　　　茶抄初床

| ʧ | 张竹纸主 | ʧʰ | 抽柱车春 | ɲ | 年热软月 | ʃ | 船顺手书十 |

　　　　　　　　　　　　　　　　　　　　　　　　　　城响

| k | 高九 | kʰ | 开轻权共 | ŋ | 熬 | h | 好 |
| ∅ | 县安云用药 | | | | | | |

说明：

　　①声母 ʧ、ʧʰ、ʃ 是发音部位较靠前的舌叶音。

　　②舌根塞音 k、kʰ 在 i 介音和 i 韵腹前，实际音值接近舌面中塞音 c、cʰ。

　　③以 i 开头的零声母音节，在不同的元音韵腹前摩擦的强度不一样，以 a 为韵腹的音节摩擦最强，接近 ʒ；以 ε 为韵腹的音节摩擦较强；以 u 为韵腹的音节摩擦较弱，接近 j，音位上统一处理为零声母。

二　韵母（55 个，包括自成音节的 m 和 n 在内）

ɿ	师	i	米丝试戏二	u	苦	y	猪雨
a	茶牙雨	ia	写				
ai	排鞋快			uai	拐		
ɛi	矮艺低	iɛi	液				
ɔi	开赔						
		iui	乳锐	ui	对飞鬼		
au	饱	iau	笑桥				
ɛu	豆走	iu	油				
ɔu	哥坐过靴宝	iɔu	茄				
am	南	iam	盐				
ɛm	参	im	心深				
an	山半官	iɛn	年权				
ɛn	根灯星	in	新升	un	寸滚春		
		iun	云				
ɔn	短	iɔn	全软				
aŋ	硬争横	iaŋ	病				
ɔŋ	糖响床王讲	iɔŋ	样娘				
		iuŋ	用	uŋ	双兄东		
ap	盒塔鸭	iap	接贴				
		ip	十急				
at	辣八活刮	iɛt	热节月				
ɛt	北色	it	七一直	ut	骨出国		
		iut	域				
ɔt	渴割						

ak	法白尺	iak	锡

ɔk	托郭壳学	iɔk	药

iuk　局　　　　　　　uk　谷六绿

m　五

n　你

说明：

①韵母 y 的实际音值接近 ɤ，发音时唇形偏展，舌位比正则元音 y 略低。

②元音 a 与韵尾 ŋ、k 相拼时，实际音值为 ɑ；与韵尾 n、t 相拼时，实际音值为 a；单独做韵母时，实际音值为 ʌ。

③韵母 un、ut、iun、iut、iuŋ、iuk 中的元音 u，实际音值比正则元音 u 略低，接近 o。

三　声调（6 个）

阴平	22	东该灯风通开天春有	阳平	41	门龙牛油铜皮糖红

上声　31　懂古鬼九统苦讨草买老五动
　　　　　 罪近后卖路硬乱洞地饭树

去声　45　冻怪半四痛快寸去

阴入　31　谷百搭节急哭拍塔切刻六　　　阳入　45　麦叶月毒白盒罚

说明：

①阴入调记为 31，和上声相配，实际音值终点未到 1 度，是短促的中降调。

②阳入调与去声相配，记为 45，是短促的高升调。

叁　异读

一　新老异读

新老派之间存在一定的语音差异，主要体现在声母和韵母上，声调没有差异。

（一）声母新老异读

新老派音系的声母差异主要在于塞擦音的分立与合流。老派有两套对立的塞擦音声母 ts、tsʰ、s 和 tʃ、tʃʰ、ʃ，其中 tʃ、tʃʰ、ʃ 是发音部位较靠前的舌叶音。新派音系的声母在音位上只有一套塞擦音 ts、tsʰ、s，但 ts、tsʰ、s 在不同的语音环境下会产生条件变体：在 i 介音或以 i 为韵腹的韵母前，实际音值为 tɕ、tɕʰ、ɕ；在以 u、y 为韵腹的韵母前，实际音值为偏前的舌叶音 tʃ、tʃʰ、ʃ。因为三套塞擦音在音位上不对立，故处理为一套塞擦音 ts、tsʰ、s，但由于三套塞擦音在听感上有较大差异，在单字记音中按实际音值标注。

（二）韵母新老异读

新老派音系的韵母差异主要在于闭口韵的有无。老派比新派多了 8 个韵母，其中有 7 个是闭口韵，分别是：am、ɛm、ap、iam、im、iap、ip。在新派中，闭口韵丢失，这些闭口韵相应地变成了韵母 aŋ、ɛn、ak、iak、in、iak、it。

　　新老派之间韵母的差异还体现在 u 介音的有无，老派比新派多了韵母 uai。在调查时多次向老男发音人确认"拐"的发音，发音人确定读音为 kuai³¹。不过这个 u 介音，与普通话的 u 介音相比较而言，时长较短，实际音值不是显著的 u。而新派"拐"的读音为 kai³¹。

　　（三）其他派别异读

　　翁源点调查有两个口头发音人，主要口头发音人为陈福燕，男，龙仙镇青云村人。其音系和老男发音人的差异在于声母和韵母。老男发音人有两套对立的塞擦音声母 ts、tsʰ、s 和 tʃ、tʃʰ、ʃ，这一口头发音人的声母和青男发音人一样，两套塞擦音在音位上合流为一套塞擦音 ts、tsʰ、s，但 ts、tsʰ、s 在不同的语音环境下会产生条件变体：在 i 介音或以 i 为韵腹的韵母前，实际音值为 tɕ、tɕʰ、ɕ；在以 u、y 为韵腹的韵母前，实际音值为偏前的舌叶音 tʃ、tʃʰ、ʃ。口头发音人的韵母仍然有闭口韵，但有时在语流中闭口韵尾会丢失。

　　另一个口头发音人为高源花，女，龙仙镇高陈村人，也是老女发音人。其音系和老男发音人大体相同，差别在于老女发音人的闭口韵尾基本丢失，还有少数字读闭口韵。

二　文白异读

例字	白读	文读	异读字	文读	白读
解	kɛi³¹	kai³¹	肯	hen³¹	kʰɛn³¹
弟	tʰɛi²²	tʰi³¹	平	pʰiaŋ⁴¹	pʰin⁴¹
知	ti²²	tʃi²²	命	miaŋ³¹	min³¹
嘴	tʃɔi⁴⁵	tsui³¹	席	tsʰiak⁴⁵	sit⁴⁵
鸟	tiau²²	ɲiau³¹	听	tʰen²²	tʰin⁴⁵
口	hɛu³¹	kʰɛu³¹	历	liak⁴⁵	lit⁴⁵
换	vɔn³¹	fan³¹	近	kʰɛn²²	kʰin³¹

三　其他异读

　　少部分字在不同的语境中有不同的读音，所调查单字中一字多音的情况如下表：

例字	读音（1）	读音（2）	读音（3）
淡	tʰam²²（咸～）	tʰam³¹（冷～）	
像	tsʰiɔŋ⁴⁵（相～）	siɔŋ⁴⁵（头～）	
剩	in³¹（～下）	ʃin³¹（～饭）	
动	tʰuŋ²²（不要～）	tʰuŋ³¹（运～）	
顶	tiaŋ³¹（一～帽子）	tɛn³¹（山～）	tin³¹（～不住）

肆　其他主要音变

其他主要音变现象如下：

1. "嘞 lɛi"的音变

嘞 lɛi，相当于普通话的"了"，表示动作或变化已经完成。在不同的语音环境下，受前后语音同化的影响，实际读音会发生变化，主要变体有：耶 iɛi、喂 uɛi/uɛ、低=tɛi、哎 ŋɛi、呢 nɛi、鸡=kɛi。"嘞 lɛi"及其变体在语流中的实际声调多为中降调，可记为 31 调。

2. "啊 a"的音变

啊 a，语气词。在不同的语音环境下，受前后语音同化的影响，在语流中实际读音会发生变化，主要变体有：呀 ia、吖 ŋa、哪 na。"啊 a"及其变体在语流中的实际声调因语气的不同而不同，有时为降调，有时为升调。

第五十四节　始兴方音

壹　概况

一　调查点概况

调查点为韶关市始兴县太平镇。始兴县位于广东省北部，地处北纬 24°31′～25°60′，东经 113°54′～114°22′。据 2000 年普查数据，该县人口为 236435 人，其中汉族 217841 人，少数民族主要是瑶族（4115 人）和畲族（2781 人）。该县一般被视为纯客县，全县通行客家方言。瑶族人有自己的语言勉语，也说客家方言。该县客家方言口音分布主要为南北差异，县城所在地太平镇及其周边的城南、沈所等口音较为一致，而周边山区的乡镇口音差别较大，尤其是南部的司前、隘子等。

二　方言发音人概况

老男发音人为刘龙林，汉族，1961 年出生于始兴县城太平镇城郊村，高中文化程度，家住太平镇城郊居委会茅坪组。1968—1973 年就读于始兴太平城郊小学（现高峰小学）；1973—1975 年就读于城郊中学（现始兴县职业中学）；1975—2000 年在当地务农；2000—2004 年管理全县护林工作；2004 年至今任城郊村村干部。会说始兴话和普通话，主要说始兴话。其父为始兴太平镇茅坪村人，会说始兴话、普通话、粤方言；其母为始兴沈所镇人，只会说始兴话；其妻为始兴沈所镇人，只会说始兴话。

　　青男发音人为黄德巍，汉族，1988 年出生于始兴县城太平镇，中专文化程度，家住太平镇振兴花园。1996—2002 年就读于始兴实验小学；2002—2004 年就读于墨江中学；2004 年中专毕业于韶关烹饪技术学校；2005 年在深圳工作 1 年；2006—2009 年在广州工作 3 年；2009—2011 年在韶关一家酒吧工作 2 年；2011 年至今在始兴太平县城工作。会说始兴话和普通话，主要说始兴话。其父为太平县城人，会说始兴话、普通话；其母祖籍湖南，在始兴县城出生长大，会说始兴话、普通话；其妻为始兴县沈所镇人，会说始兴话、普通话。

　　口头文化发音人为梁富球，汉族，1951 年出生于太平镇城郊村，初中文化程度，为始兴太平镇镇政府退休干部。1959—1965 年就读于城郊小学；1965—1968 年就读于城郊中学；1968—1971 年在家务农；1971—1974 年调去县里工作，1975 年在江口公社工作；1976—1978 年在六原公社工作；1979—1988 年任顿岗镇副镇长；1989—2005 年任太平镇党委副书记；2005 年退休至今。会说始兴话和普通话，主要说始兴话。其父为太平镇城郊村人，会说始兴话、普通话；其母为太平镇城北村人，只会说始兴话；其夫为太平镇城郊村人，会说始兴话、普通话、粤方言。

贰　声韵调

一　声母（21 个，包括零声母在内）

p	八兵	p^h	派片爬病	m	麦明味问	f	飞凤副灰蜂肥饭活	v	温王
t	多东	t^h	讨天甜毒	n	脑南泥			l	老蓝连路
ts	资早租刺张竹争装纸主	ts^h	草寸清贼坐祠拆茶柱抄车床春			s	字丝三酸书事山双船顺十城		
tɕ	九酒	$tɕ^h$	全谢抽轻共白权	ȵ	热软月年	ɕ	想手响		
k	高	k^h	轻共文	ŋ	熬	h	好开		
Ø	县安云用药								

说明：

　　①ts 组声母只与洪音相拼，tɕ 组声母只与细音相拼，构成互补，但 ɕi 的实际读音是 si，统一处理为 ɕi；ɕiŋ 的实际读音是 siŋ，统一处理为 ɕiŋ；ɕiʔ的实际读音是 siʔ，统一处理为 ɕiʔ；ɕiaʔ的实际读音是 siaʔ，统一处理为 ɕiaʔ。

　　②在新派口音中，见组细音字声母已经腭化。在老派口音中，个别见组细音字声母保留古读，并未腭化，如：金 kiŋ^{22}、吉＝击 kiʔ^{45}、筋 kiŋ^{22}、劲 kiŋ^{33}。

　　③古见组合口字一般读开口呼，有时也读 k^w、k^{hw}，如：瓜 ka^{22}/k^{w}a^{22}、桂 kɛ^{33}/k^{w}ɛ^{33}、

块 kʰai³³/kʰʷai³³。

④个别字的白读层保留古无轻唇的特点，如：妇新~pu²² 儿媳妇、蚊 mũi²²、问 mũi³³、网 mɔŋ³¹。

二　韵母（42 个，包括自成音节的 m 在内）

ɿ	雨师丝试戏	i	米二	u	苦猪
a	茶牙瓦	ia	写		
ɛ	飞鬼				
ɔ	歌坐过	iɔ	靴		
ai	排鞋快				
au	宝饱	iau	笑桥		
ɛu	豆走	iu	油		
ɔe	开赔对				
ãi	南山半官				
ẽi	根灯	iẽi	盐年	yẽi	权
ɔ̃e	短				
		iũi	云	ũi	寸滚春
aŋ	硬争横~竖	iaŋ	病星白兄		
ɔŋ	糖床王双讲	iɔŋ	响		
		iuŋ	用	uŋ	东
		iŋ	升新心深		
		iʔ	十急七一直	uʔ	谷六绿
aʔ	白尺	iaʔ	锡		
ɔʔ	郭托壳学	iɔʔ	药		
aiʔ	盒塔鸭法辣八活刮				
ɛiʔ	北色	iɛiʔ	接贴热节	yɛiʔ	月
		iuʔ	局	uiʔ	骨出国
ɔeʔ	割刷脱				
m	五				

说明：

①ɿ 可以独立构成音节，如：余 ɿ⁵¹、芋 ɿ³³、儿 ɿ⁵¹、椅 ɿ³¹。

②ãi、ẽi、iẽi、yẽi 等 7 个鼻化韵的鼻化色彩不太浓厚，有时带有微弱的鼻音韵尾。

③iʔ、uʔ、aʔ、iaʔ等 13 个喉塞韵的喉塞特征不太典型，有时带有微弱的塞音韵尾。

三　声调（6 个）

阴平　22　东该灯风通开天春动罪近后　　　　阳平　51　门龙牛油铜皮糖红

上声　31　懂古鬼九统苦讨草买老五有

去声　33　冻怪半四痛快寸去卖路硬乱
　　　　　洞地饭树

阴入　45　谷百搭节急哭拍塔切刻六麦　　　　阳入　3　毒白盒罚药

说明：

①阴平 22 有时实际调值是一个平缓的低升调 112。

②阴入 45 是短促调。

叁　连读变调

两字组连读变调比较简单，只有阳平字会发生变调，规则如下：

1. 阳平调字在阳平后面一律变为上声（阳平＋阳平→阳平＋上声），如：鱼塘 $m^{51}t^hɔŋ^{51}$→$m^{51}t^hɔŋ^{31}$。

2. 阳平调字在上声字后面多数情况下不变调，个别情况变调为上声，如：火柴 $fɔ^{31}ts^hai^{51}$→$fɔ^{31}ts^hai^{31}$、斧头 $fu^{31}t^hɛu^{51}$→$fu^{31}t^hɛu^{31}$、可能 $k^hɔ^{31}nɛi^{51}$→$k^hɔ^{31}nɛi^{31}$。

肆　异读

一　新老异读

古见组细音字声母在老派（老男发音人）口音中保留个别古读（如：金 $kiŋ^{22}$、吉＝击 $kiʔ^{45}$、筋 $kiŋ^{22}$、劲 $kiŋ^{33}$），在新派（青男发音人）口音中已全部腭化。此外，还有少部分字存在新（青男发音人）、老派（老男发音人）的差异，见下表：

例字	老派读音	新派读音	例字	老派读音	新派读音
蚁	$ŋe^{33}$（蚁公） $nʑi^{51}$（蚂蚁）	$ŋɛ^{33}$	鹤	$hɔʔ^{3}$	$hœʔ^{3}$
绕	$nʑiau^{51}$	$nʑiau^{31}$	霍	$k^hɔʔ^{45}$	$fɔʔ^{45}$
母	$mɔ^{31}$	mu^{31}	更	$kaŋ^{22}$	$kɛ̃i^{22}$
愁	$ts^hɛu^{51}$	$tɕ^hiu^{51}$	永	$iũi^{31}$	$iuŋ^{31}$

二　文白异读

例字	白读	文读	例字	白读	文读
苦	fu³¹（～瓜）	kʰu³¹（辛～）	明	miaŋ⁵¹	miŋ⁵¹
碑	pi²²（～石）	pɛ²²（墓～）	领	liaŋ²²（衫～）	liaŋ³¹（～导）
蚁	ŋɛ³³（～公）	n̠i⁵¹（蚂～）	清	tɕʰiaŋ²²（～明）	tɕʰiŋ²²
妇	pu²²（新～儿媳妇）	fu²²（～娘媳妇）	声	saŋ²²	ɕiŋ²²
染	n̠iɛi³³（～色）	n̠iɛi³¹（感～）	席	tɕʰiaʔ³（～子）	ɕiʔ⁴⁵（主～）
关	kʰãi²²（～门）	kãi²²（～关）	星	ɕiaŋ²²（～～）	ɕiŋ²²（～期）
匠	ɕiɔŋ³³	tɕiɔŋ³³	兄	ɕiaŋ²²（～弟）	ɕiuŋ²²（弟～）
肯	hɛi³¹	kʰɛi³¹	动	tʰuŋ²²（不要～）	tʰuŋ³³（运～）
生	saŋ²²	sɛi²²	重	tsʰuŋ²²（轻～）	tsʰuŋ³³（慎～）
择	tʰɔʔ³（～菜）	tsei⁴⁵（选～）	共	tɕʰiuŋ³³（～享）	kʰuŋ³³（～产党）
平	pʰiaŋ⁵¹	pʰiŋ⁵¹			

伍　其他主要音变

词尾"哩 lɛ³³"在语流中有时候会丢掉声母 l，读成 ɛ³³；或受前面鼻音韵母影响，声母变成鼻音声母，如：柑哩橘子 kãi²²lɛ³³、大柑哩柚子 tʰai³³kãi²²ɛ³³、菌哩蘑菇 tɕʰiũi²²lɛ³³、竹哩竹子 tsuʔ⁴⁵ɛ³³、鳙哩胖头鱼 ɕiuŋ²²ŋɛ³³、羊哩 ioŋ⁵¹ŋɛ³³、孙哩孙子 sũi²²nɛ³³、棍哩棍子 kũi³³n̩ɛ³³。

第五十五节　仁化方音

壹　概况

一　调查点概况

调查点为韶关市仁化县丹霞街道。仁化县位于北纬 24°56′～25°27′，东经113°30′～114°02′。据 2018 年末统计人口数为 24.47 万，绝大多数为汉族，少数瑶族、畲族、壮族，无呈区域分布的少数民族语言。

仁化县汉语方言主要是仁化客家方言和粤北土话，大致可分为附城话、董塘话、长江话、"虱嫲话"和河源话五种。附城话即仁化城区方言，主要分布在仁化县城及周边村镇，人口约 65000 人，董塘话主要分布在董塘和石塘的大部分地区及红山全部，人口约 57000 人；长江话主要分布在长江、扶溪、城口、闻韶镇等，人口约 5700 人；"虱嫲话"包括董塘及石塘镇一些村子，人口约 9000 人；河源话主要分布在董塘的红星、五四、星光、东升等村，人口约 2000 人。此外，县境内还有通行于县城的"白话"（即粤方言）。讲白话的人少数来自粤方言区，多数则为自觉学习和运用第二方言的本地人。

仁化县曲艺主要是石塘镇的月姐歌，用石塘古村特有的方言唱出，现已被列为"广东省非物质文化遗产"。演唱时间是每年农历八月初一到八月十五，"月姐歌"只在晚上唱，而且，只有妇女唱。地方戏主要是采茶戏，广泛流传于粤北各县客家聚居区，多以旦、生、丑三个角色演出，又称"三脚班"。唱腔以曲牌联体为主，道白和唱词均用粤北客家方言，载歌载舞。

二 方言发音人概况

老男发音人为林有泉，1952 年出生于仁化县仁化镇中心村，高中文化。于出生地长大，1959—1964 年就读于仁化附城小学，1964—1967 年就读于仁化附城初中，1967—1970 年就读于仁化附城农中，高中毕业后一直在仁化县务农兼做小生意。

青男发音人为刘炳辉，1988 年出生于仁化县仁化镇中心村，中专文化。于出生地长大，1994—2000 年就读于仁化县第二小学，2000—2003 年就读于仁化二中，2003—2006 年就读于仁化职中，三所学校均在仁化县城，中专毕业后分配至现在的单位工作。

口头文化发音人 1 由老男发音人林有泉兼任。提供 0001～0006 歌谣、0021 牛郎和织女、0022 其他故事、0023 其他故事。

口头文化发音人 2 为黄利香，1951 年出生于仁化县仁化镇中心村，小学文化。于出生地长大，1959 年就读于当地小学，1962 年小学三年级辍学，随父母在家乡务农，在当地结婚生子。爱好唱山歌、采茶戏。提供 0007～0008 歌谣。

贰 声韵调

一 声母（20 个，包括零声母在内）

p	帮兵	pʰ	派片爬病	m	麦明味问	f	飞凤副蜂肥饭	v	温王
t	多东	tʰ	讨天甜毒	n̩	年热软月			l	脑南泥老蓝连路
ts	资早租酒张竹争装纸	tsʰ	刺草寸清贼坐全祠谢抽拆茶			s	丝三酸想字事山双		

						抄初床车春			顺城响
tʃ	主		tʃʰ	抽柱				ʃ	船手书十
k	高九		kʰ	轻共权		ŋ	熬	x	开好灰活
Ø	县安云用药								

说明：

①v 声母实际音值为 ʋ。

②古知、庄、章、晓组在齐齿呼、撮口呼前读 tʃ、tʃʰ、ʃ，音值与舌面前音 tɕ、tɕʰ、ɕ 接近，与精组 ts、tsʰ、s 对立。

③古知、庄、章、晓组在开口呼、合口呼前少数字读音接近 tʃ、tʃʰ、ʃ，但不与精组字对立，归入 ts、tsʰ、s。

④x 舌根摩擦稍弱，但有别于 h。

⑤开口呼零声母字前有较强的摩擦成分。

二　韵母（40 个，包括自成音节的 m 和 ŋ 在内）

ɿ	使丝试		i	戏二		u	苦	y	猪雨
a	茶牙瓦		ia	写		ua	瓜挂		
o	歌坐过								
ai	排鞋					uai	开赔快		
ei	米					uei	鬼		
au	宝饱		iau	笑桥					
ɛu	豆走		iɛu	油					
			iɛn	盐年权		uan	半短官		
en	心深根新灯升 星文		ien	音印		un	寸滚春	yn	云运闰
aŋ	南山硬争横		iaŋ	病星白					
oŋ	糖响床王双讲		ioŋ	抢想样					
ɐŋ	兄东		iɐŋ	用					
			iʔ	十急七一橘直					
aʔ	塔鸭法辣八白 尺		iaʔ	锡					
oʔ	托郭壳学国		ioʔ	药					
ɛʔ	北色		iɛʔ	接贴热节月					
						uaiʔ	盒活刮		
eiʔ	佛物					ueiʔ	骨出		
ɐuʔ	谷六绿局								
m	五								

说明：

①ai 中的 a 个别字时长略长，如"拉"。

②au、iau 的韵尾实际读音不到 u，开口度略大。

③ei 中的 e 比标准音稍低，en 中的 e 比标准音稍高。

④uai、uan 中的 u 开口度略大，实际音值接近 o。

⑤ieu 的实际音值为 iᵘu。

⑥韵腹或介音 i 出现在零声母前，带有轻微的摩擦。

⑦un 的实际音值为 uᵘn。

⑧o、oŋ、ioŋ 中的 o 开口度略大。

三　声调（5个）

阴平 33　东该灯风通开天春买动罪后卖　　　　阳平 31　门龙牛油铜皮糖红去
　　　　　路硬乱洞地饭树

上声 23　古鬼九统苦讨草

去声 34　冻怪半四痛快寸老五有近

入声 5　　谷百搭节急拍塔切刻六麦叶月
　　　　　毒白盒罚

说明：

①阳平 31 实际起头比 3 略低。

②上声调的字大部分调值为 23，个别调值为 21，且较短促，如"懂"。

③入声为短促调，且有喉塞。

叁　异读

一　新老异读

（一）声母异读

　　老男发音人的古知、庄、章、晓组字在齐齿呼、撮口呼前读 ʧ、ʧʰ、ʃ，音值与舌面前音 tɕ、tɕʰ、ɕ 接近，与精组 ts、tsʰ、s 对立。古知、庄、章、晓组字在开口呼、合口呼前少数字读音接近 ʧ、ʧʰ、ʃ，但不与精组字对立，归入 ts、tsʰ、s。青男发音人的古精组字与知、庄、章、晓组字一样在齐齿呼、撮口呼前读 ʧ、ʧʰ、ʃ，音值与舌面前音 tɕ、tɕʰ、ɕ 接近，在开口呼、合口呼前读 ts、tsʰ、s，如：

例字	新派	老派	例字	新派	老派
借	ʧia³⁴	tsia³⁴	尖	ʧien³³	tsien³³
写	ʃia²³	sia²³	前	ʧʰien³¹	tsʰien³¹
死	ʃi²³	si²³	先	ʃien³³	sien³³
焦	ʧiau³³	tsiau³³	接	ʧieʔ⁵	tsieʔ⁵
小	ʃiau²³	siau²³	浆	ʧioŋ³³	tsioŋ³³
酒	ʧieu²³	tsieu²³	抢	ʧʰioŋ³¹	tsʰioŋ³¹

（二）韵母异读

1. 老男发音人咸摄、山摄开口一、二等字读后鼻音 aŋ，青男发音人咸摄、山摄开口一、二等字读前鼻音 an，如：

例字	新派	老派	例字	新派	老派
贪	tʰan³³	tʰaŋ³³	单	tan³³	taŋ³³
南	lan³¹	laŋ³¹	难	lan³¹	laŋ³¹
感	kan²³	kaŋ²³	伞	san²³	saŋ²³
胆	tan²³	taŋ²³	办	pʰan³³	pʰaŋ³³
三	san³³	saŋ³³	山	san³³	saŋ³³
咸	xan³³	xaŋ³¹	限	xan³³	xaŋ³³

2. 老男发音人山摄合口三、四等字读不圆唇，韵头为 i，青男发音人山摄合口三、四等字读圆唇，韵头为 y，如：

例字	新派	老派	例字	新派	老派
全	tʃʰyɛn³¹	tsʰien³¹	权	kʰyɛn³¹	kʰien³¹
选	ʃyɛn²³	sien²³	圆	yɛn³	ien³¹
转	tʃyɛn²³	tʃien²³	院	yɛn³⁴	ien³⁴
砖	tʃyɛn³³	tʃien³³	绝	tʃyɛʔ⁵	tsʰiɛʔ⁵
船	ʃyɛn³¹	ʃien³¹	雪	ʃyɛʔ⁵	siɛʔ⁵
卷	kyɛn²³	kien²³	月	ȵyɛʔ⁵	ȵiɛʔ⁵

二 文白异读

文白异读的字不多，主要表现在韵母方面，一般是梗摄开口字，白读为 aŋ、iaŋ，文读为 en、ien，如：生，白读 saŋ³³（～仔），文读 sen³³（～活）；平，白读 pʰiaŋ³¹（路～），文读 pʰen³¹（～时）；明，白读 miaŋ³¹（～日），文读 men³¹（～白）；影，白读 iaŋ²³（人～），文读 ien²³（电～）；领，白读 liaŋ³⁴（衫～），文读 lian²³（～导）；顶，白读 tiaŋ²³（屋～），文读 ten²³（～住）；星，白读 siaŋ²³（天～），文读 sen³³（～期）。

其他个别字规律性不强，如：妇，白读 pu³³（新～），文读 fu³³（～女）；苦，白读 fu²³（味～），文读 kʰu²³（艰～）；世，白读 sei³⁴（一～人），文读 sɿ³⁴（～界）；弟，白读 tʰei²³（老～），文读 tʰi³³（兄～）。

肆 小称音

小称变调表现为低短调，调值为 2，如：春（鸡～）33—2；弟（老～），33—2；妹（老～）34—2；葱（～蒜）33—2；豆（绿～）34—2。

第五十六节 南雄方音

壹 概况

一 调查点概况

调查点为韶关市南雄市（县级）雄州镇。南雄市位于韶关市东北部，北纬 24°56′59″～25°25′20″，东经 113°55′30″～114°44′38″，总面积 2326.18 平方公里，辖 18 个镇（街道），232 个村（居）委会。南雄市户籍人口 49 万，其中汉族人口占绝大多数，约 47 万人，少数民族包括畲族、壮族、土家族、苗族、瑶族等，以畲族为主。

南雄境内汉语方言大致可以分为城关话、上方话、下方话和北山话四种，城关话只在南雄市区雄州街道及近郊范围内通行，使用人口约 8 万；上方话在大塘、油山、乌迳、新龙、坪田、孔江、界址等乡镇通行，使用人口约 10 万；下方话在湖口、珠玑、梅岭、水口、江头、主田、古市、全安等乡镇通行，使用人口最多，约 20 万；北山话在百顺、帽子峰、澜河、苍石等乡镇通行，使用人口约 3 万。《中国语言地图集》（第 2 版）把南雄境内的方言划归客家方言粤北片。南雄城关话与南雄境内其他三种汉语方言有较大差别，近年来，随着乡镇人口大量涌入城区和共同语普通话的大力推广，南雄城关话的生存空间受到双重挤压和冲击，使用人口也呈急剧减少的态势。

二 方言发音人概况

老男发音人为王汉兴，1953 年出生于南雄市雄州镇，高中文化，主要说南雄城关话和普通话，会少量广州话和客家方言。常居南雄雄州，无离开雄州超三年以上的经历。母亲世居南雄，父亲 14 岁由广东梅县迁入南雄。1970 年进入南雄雄州某工厂做学徒，1975 年就职于县二轻局，1983 调入南雄卫生局卫生监督所，直至 2013 年退休。

青男发音人为施其亮，1990 年出生于南雄市雄州镇，大专文化，主要说南雄城关话和普通话，会说广州话。常居南雄雄州，除 2005 年 9 月至 2008 年 7 月间前往广州读大学之外，未曾长时间离开雄州。父母皆世居南雄雄州。现任职于南雄市城市管理综合执法大队。

口头文化发音人 1 为姚继美，退休幼师，1966 年 8 月出生于韶关南雄雄州镇，中专文化，世居南雄雄州，主要说南雄城关话，会说普通话，提供的材料主要是歌谣、故事。

口头文化发音人 2 为陈汉新，退休技术员，1953 年 5 月出生于韶关南雄雄州镇，大专文化，世居南雄雄州，主要说南雄城关话，会说普通话，提供的材料主要是俚语、歇后语。

贰　声韵调

一　声母（22 个，包括零声母在内）

p	八兵爬病	pʰ	派片	m	麦明问	f	副蜂肥饭	v	味温王
t	多东	tʰ	讨天	n	脑南年泥			l	老蓝连路
ts	资早租字贼 坐张竹查争 装床纸祠	tsʰ	刺草寸清文 拆抄初车春			s	丝三酸事 山双顺城		
tɕ	酒全柱主九 共白权谢	tɕʰ	清白抽轻	ȵ	软热月	ɕ	想船手书十响		
k	高共文	kʰ	看	ŋ	熬				
ʔ	安					h	开好灰活		
∅	县云用药								

说明：

①v 有时摩擦较弱，音值近 ʋ。

②k、kʰ 与合口呼韵相拼时，带有唇齿摩擦色彩，实际音值为 kv、kʰv。

③ʔ 大部分情况下可自由变读为零声母，但发现"恩 ʔiŋ⁴⁴≠音 iŋ⁴⁴"一例对立，故处理为两个音位。

二　韵母（54 个，包括自成音节的 m 和 n 在内）

ɿ	师丝试	i	米戏二飞	u	苦	y	猪雨鱼文
ɚ	儿						
a	茶牙瓦	ia	写	ua	瓜		
o	歌坐过	io	靴				
ɤ	开陪对	iɤ	油	uɤ	盖		
ai	笑						
ei	走	ie	世	ui	鬼		
au	宝饱	iau	桥				

ɔɑ	排鞋快				
ɔ̃ɑ̃	南山半官				
ãɛ̃	连	iɛ̃	盐		
õ	短	iõ	权		
ỹ	寸春	iỹ	云	uỹ	滚
aŋ	硬争白横	iaŋ	病星白	uaŋ	梗白
ɔŋ	糖床王双讲	iɔŋ	响	uɔŋ	光
ɵŋ	东	iɵŋ	兄用		
		iŋ	心深根新灯升争文星文梗文		
ɤʔ	食	iʔ	热七北色		
aʔ	白尺	iaʔ	锡		
oʔ	托郭壳学	ioʔ	药		
ɔʔ	谷	iɔʔ	局		
ɤʔ	法活出	iɤʔ	月橘绿	uɤʔ	刮骨国
aiʔ	盒塔鸭接贴辣八节			uaiʔ	阔
eiʔ	六豆	ieʔ	十急一直		
m̩	五				
n̩	鱼白				

说明:

①ei、eiʔ二韵两个元音舌位均偏低,实际音值近ɛe、ɛeʔ,韵尾i有时很弱甚至丢失,读作ɛ、ɛʔ;ie两个元音舌位均偏低,实际音值近ɛe;ai、aiʔ二韵的i舌位偏低,实际音值近ae、aeʔ。

②ɤ的舌位略偏高;ɵŋ组的主元音舌位略偏高。

③ɔɑ、ɔ̃ɑ̃二韵的ɔ、ɔ̃音值较长,可看作主元音。

④iŋ主要元音实际音值接近ɪ,鼻尾ŋ有时偏前。

⑤鼻韵母的主元音均带有轻微鼻化色彩。

⑥与42声调相配的ʔ尾韵喉塞色彩较为轻微,与不带ʔ尾且与42声调相配的舒声韵相比,其差异主要体现在长短上。ʔ尾韵有时(以单念居多)会丢失ʔ尾从而与相对应的舒声韵合并,但在语流中,两者尚保持较为系统的对立。

⑦少数几个古流摄开口一等字,如"钩""狗""扣"等,韵母有ie、ɤ两读,以读ie更为常见,存在人际差异,且动词更倾向读ie,名词更倾向读ɤ。ɤ的变读怀疑是受周边乡镇方言的影响所致,根据音位处理原则,不设ɤ韵,统一记为ie。

三　声调(6个)

阴平 44　东该灯风通开天春后　　阳平 21　门龙牛铜皮糖红买有动白近

上声 24　懂鬼九统苦讨草老五

阴去 32　冻怪半四痛快寸　　　　　阳去 42　卖路硬乱洞地饭树罪动文六麦

　　　　　　　　　　　　　　　　　　　　　月毒白盒罚谷拍塔

入声 5　百搭节急哭切木

说明：

①阳平有时读作 22 或 11，自由变体，无音位对立，统一记为 21。

②阴去有时读作 33，自由变体，无音位对立，统一记为 32。

③与喉塞尾韵相拼的 42 是促声，比与非喉塞尾韵相拼的 42 要短促，此处均记为 42，用韵母的喉塞尾相区分。42 调头有时略高，接近 53，但由于整个声调格局中入声 5 调域极高，因此记阳去调为 42 以与入声 5 相区分。带喉塞尾的 42 因为短促，调头更易偏高，但也并非绝对，因人而异。

④入声 5 只与喉塞尾韵相拼，发音实际上常常并不十分短促，其音质的主要特点是频率极高（有些甚至超过 350 赫兹），发音时声带很紧，常带假声音色。

叁　连读变调

两字组连读变调情况主要有以下几点：

1. 阳平 21 与阴去 32 单念时各自存在 22、11 或 33 的自由变读（参见声调说明①②）。在两字组连读中，阳平、阴去做前字时，多读作平调，阳平读作 22 居多，阴去读作 33 居多；阳平、阴去做后字时，多读作降调，即阳平多读 21，阴去多读 32。

2. 两个上声相连，第一个上声 24 比第二个上声 24 要略高。

3. 阴平 44 在两字组中做前字时，调尾有时升高，实际音值为 445。

肆　异读

一　新老异读

老男发音人发音人口音属老派，青男发音人及两名口头文化发音人口音均属新派。新老差异主要表现在韵母上。

1. 古入声字韵尾的异读。老派古入声字今绝大多数读ʔ尾韵，只有极少字在单念时会丢掉ʔ尾从而与相对应的舒声韵合并，因此，今声调同为阳去 42 的古入声韵字与舒声韵字主要通过ʔ尾构成对立，如：石 saʔ^{42}≠射 sa^{42}、辣 laiʔ^{42}≠料 lai^{42}、灭 meiʔ^{42}≠贸 mei^{42}、活 hɤʔ^{42}≠害 hɤ^{42}、食 sɿʔ^{42}≠事 sɿ^{42}。而在新派音系里，老派读ʔ尾韵配阳调 42 的古入声字全部读作舒声韵，ʔ尾丢失，老派读ʔ尾韵配阴调 5 的古入声字韵母则仍带有轻微喉塞色彩。因此，老派与ʔ尾韵搭配的阳去调 42（实际上也可看作阳入调ʔ42，参见声调说明③）和与非ʔ尾韵搭配的阳去调 42 在新派读音中实现了真正意义上的合并，如：石＝射（sa^{42}）、辣＝料（lai^{42}）、灭＝贸（mei^{42}）、活＝害（hɤ^{42}）、食＝事（sɿ^{42}）；同时，虽与阳调 5 相配的韵母仍带有轻微喉塞，但因有声调进行音位区分，故在音系处理时完全可以不另设ʔ尾韵，这使得新派的韵母系统大大简化。

2. 老派具有卷舌音 ɚ，新派则没有，如：儿 ɚ²¹（老派）—儿 ə²¹（新派）。

3. 新派韵母 uo 与老派韵母 ɔɑ 相对应，uo 的 u 音值较长，可看作主元音，o 稍带展唇色彩。

二　文白异读

（一）韵母文白异读

1. 蟹摄开口四等韵白读 ei，文读 i，如：弟佬 tei?⁴²—徒弟 ti⁴²。

2. 戈韵白读 io，文读 ie，如：茄哩 tɕio?⁴²—番茄 kʰie²⁴。

3. 梗摄开口韵白读主元音为 a，文读则与曾摄今读相同，如：生日 saŋ⁴⁴—生意 siŋ⁴⁴，争 tsaŋ⁴⁴—斗争 tsiŋ⁴⁴，平整 piaŋ²¹—和平 piŋ²¹，算命 miaŋ⁴²—命运 miŋ⁴²，领（动词）liaŋ²¹—领导 liŋ²⁴，格子 ka?⁴²—格外 kie?⁵。

4. 遇摄逢泥、疑母白读 n，文读 y，如：鱼哩 n⁴²—大鱼大肉 y²¹，女哩 n²⁴—男女 y²⁴。

（二）声调文白异读

1. 古全浊上声（配擦音声母的除外）白读阳平 21，文读阳去 42，如：近 tɕiɚ̃²¹—近视 tɕiɚ̃⁴²，唔要动 təŋ²¹—运动 təŋ⁴² 等。

2. 古全浊上声（配擦音声母）白读阴平 44，文读阳去 42，如：后日 hei⁴⁴—后生 hei⁴²，下昼 ha⁴⁴—下半年 ha⁴² 等。

3. 古次浊上声白读 44 或 21，文读上声 24，如：晚仔 mõã⁴⁴—早晚 võã²⁴，有 io²¹—无中生有 iɚ²⁴，二两 liɔŋ²¹—两个 liɔŋ²⁴，领（动词）liaŋ²¹—领导 liŋ²⁴。

伍　小称音

有两个小称变音（调）。

变音 1 与阳平 21 重合，和本音相比主要表现为变调。读变音 1 的语素本字多为除入声以外的其他阴调类字，相关例词如：葱哩 tsʰəŋ²¹、猪肝 kõ²¹、黄瓜 kua²¹、兔哩 tʰu²¹、蚊帐 tsɔŋ²¹、线 sãẽ²¹，也有极少数古清入字，如：鸽 kʰie²¹。

变音 2 和本音相比既表现为变调又表现为变韵，声调与阳去 42 重合，韵母带轻微喉塞。读变音 2 的语素本字多为古平、上、去声阳调类字和古入声字，相关例词如：鞋 hɔɑ?⁴²、牛婆 po?⁴²、弟佬 tei?⁴²、绿豆哩 tei?⁴²、芋哩 vu?⁴²、鸭哩 ai?⁴²、叔佬 sə?⁴²（由于变音 2 与配?尾韵的阳去调重合，无法判断古浊入字今韵母带?塞尾、声调读阳去属本音还是小称音，故不举例）；也有极少数古清去字，如：盖哩 kuɚ?⁴²、借村（南雄地名）tɕia?⁴²。同时，由于南雄城关话的?尾韵有喉塞色彩逐步消失而与相对应的舒声韵合并的迹象，有些变音也失去喉塞色彩，仅表现为声调与阳去调 42 重合，如：鱼哩 n⁴²。

陆　其他主要音变

其他主要音变现象如下：

1. 词缀"哩"在阳平、阴去、阳去字后保持原调，相关例词如：橙哩 tsiŋ²²lei²⁴、蒜哩 sõ³³lei²⁴ 柚哩 iɤ⁴²lei²⁴、叶哩 ieʔ⁴²lei²⁴ 等；在阴平、上声、入声字后则发生读音弱化，主要表现为声调变轻、调型趋平甚至微降，当作轻声处理，记为 0，相关例词如：猪哩 tɕy⁴⁴lei⁰、笋哩 sɤ²⁴lei⁰、竹哩 tsɤʔ⁵lei⁰。

2. "啵""哦""个"等虚词在语流中声调也常常弱化，记为 0。

3. 两个阳平调字相叠的亲属叠音词，阳平后字变读为上声 24，相关例词如：婆婆 po²²po²⁴、大大 tɔɑ²²tɔɑ²⁴、嫂嫂 sau²²sau²⁴ 等。

4. 当词缀"哩"前字为鼻尾韵、鼻化韵、声化韵字时，"哩"的声母 l 被同化为 n，相关例词如：绳哩 ɕiŋ⁴²nei²⁴、棍哩 kuɤ²²nei²⁴、女哩 n²⁴nei⁰ 等。

第五十七节　皈塘方音

壹　概况

一　调查点概况

调查点为韶关乐昌市坪石镇皈塘村。乐昌市坪石镇皈塘村位于北纬 24°57′～25°31′，东经 112°51′～113°34′，人口 2238 人（加上周边村，说皈塘话的共约 12000 人），无呈区域分布的少数民族语言。皈塘村委下辖各村小组所有人均说皈塘话。另外，从原皈塘村分出单立的现京口村的全部人，金鸡、新岩下、陈家坪、龙珠、天堂等村的大部分人，三星坪、神步、罗家渡等村各一半左右的人，以及莲塘、肖家湾、灵石坝等村的小部分人也说皈塘话。田头村的人说客家方言，但也会说皈塘话。说皈塘话的总数约有 12000 人，都分布在现坪石镇（上述村均为行政村，部分村原属老坪石镇或罗家渡镇，后此二镇撤销）的丘陵或盆地地带。说皈塘话的村民彼此之间说皈塘话，在坪石镇或其他地方与外人则说坪石话（一种西南官话）或普通话，有的人还会说一点客家方言。有少数老年人会唱花鼓戏（使用湖南衡阳一带的方言）和客家山歌（使用客家方言）。

二　方言发音人概况

老男发音人李圹太，1950 年生于皈塘，农民，小学学历。父亲为皈塘人，说皈塘话；母亲为湖南衡阳人，但在发音人 4 岁时亡故；配偶为皈塘人，说皈塘话。1959 年在皈塘小学学习；1963 年小学毕业后一直在本村务农；农闲时有时做泥瓦工。

青男发音人李全，1986 年 8 月生于皈塘，快递员，初中学历，调研时未婚。父亲为皈塘人，说皈塘话，也会说普通话和客家方言；母亲为黄圃人，说皈塘话，也会说黄埔话和普通话。1993—1999 年就读于皈塘小学；1999—2002 年就读于金鸡中学；2003—2011 年在韶关做装修工作，期间 2004—2006 年在山东威海当兵两年；2011 年至今在坪石做快递员。

口头文化发音人 1 由老男发音人李圹太兼任。提供歌谣、故事、自选条目。

口头文化发音人 2 为李细娥，女，乐昌市坪石镇皈塘村委人，汉族，1957 年 4 月出生，文化程度大专，退休教师。提供语料为歌谣。

贰　声韵调

一　声母（16 个，包括零声母在内）

p 八兵爬病	pʰ 派片蜂白	m 麦明问	f 飞风副蜂文　肥饭
t 多东甜毒竹	tʰ 讨天	n 脑南年泥热　软月	l 老蓝连路
ʧ 资早租酒张　争装纸主	ʧʰ 刺草寸清字贼　坐全抽拆祠谢　茶柱抄初床车　春城		ʃ 丝三酸想事　山双船顺手　书十
k 高九	kʰ 轻共权	ŋ 熬安	h 开好灰响活　县
Ø 味温王云用　药			

说明：

①ʧ、ʧʰ、ʃ 三个声母在洪音前接近于 ts、tsʰ、s，尤其与 ɿ 韵母搭配时，实际音值为 ts、tsʰ、s；在细音前接近于 tɕ、tɕʰ、ɕ。

②n 声母在细音前实际音值为 ȵ。

二　韵母（36 个，包括自成音节的 ŋ）

ɿ 师丝试	i 米戏飞油	u 猪赔对鬼骨	y 雨
a 排鞋南半	ia 山根灯硬争北色白	ua 写瓦开快刮白	ya 横
ɛ 二豆走	ie 盐年接贴热节	ue 活	ye 权月橘国
ɔ 茶牙盒塔鸭法辣　八刮文尺	iɔ 爷	uɔ 话	
	iu 笑桥响		

				uə	苦短官
ai	心深新升病星兄	iai	人银影		
ei	十急七一直锡			uei	胃
au	东出谷六绿局	iau	用		
ɑu	宝饱	iɑu	猫		
ɔu	歌坐过糖床双讲 托郭壳学	iɔu	药	uɔu	王
aŋ	胖	iaŋ	钳	uaŋ	晚
eŋ	寸滚春	ieŋ	云	ueŋ	蚊
ɔŋ	□山谷	iɔŋ	拥		
ŋ	五				

说明：

①u 韵母及以 u 韵母开头的各韵母的 u 元音舌位偏前。

②uə 韵母中的 u 为主元音，ə 为韵尾，且 ə 的舌位偏高。

③ɔ、iɔ、ɔu、uɔu、uɔŋ 韵母中的 ɔ 舌位偏高。

④以 i 开头的韵母，和以 u 开头的韵母在与零声母 ø 搭配时，有时带有轻微的摩擦。因其摩擦并不强烈，此处并不将其处理为声母 j 和 v。

⑤eŋ、ieŋ 韵母中的韵尾 ŋ，实际音值介于 n 和 ŋ 之间。

⑥a、ia、ua、ya 中的 a 实际音值为 ʌ。

三　声调（5个）

阴平	24	东该灯风通开天春	阳平	45	门龙牛油铜皮糖红
上声	33	懂古鬼九统苦讨草买老五有六 麦叶月毒白盒罚近			
去声	21	冻怪半四痛快寸去卖路硬乱洞 地饭树动罪后			
入声	41	谷百搭节急哭拍塔切刻			

叁　连读变调

阳平调值为 45，但在语流中说得较快时，其实际调值有时变为 55。

肆　异读

畈塘话的韵母绝大多数都是开音节，闭音节韵尾只有 -ŋ 一种，且所属的字不多。有的字只有收 -ŋ 尾的读音，如：震 tʃeŋ²¹/tʃeŋ²⁴、云 ieŋ⁴⁵、弯 uaŋ²⁴、晚 uaŋ³³、蚊 ueŋ⁴⁵。有的字既有开音节的读法，又有收 -ŋ 尾的读法，如：产 tʃʰiu³³/tʃʰaŋ³³、铲 tʃʰiu³³/tʃʰaŋ³³。这些收 -ŋ 尾的音，或许不是其土话固有，而可能来自官话。

由于畈塘话属粤北土话中的濒危汉语方言，使用人数很少，且本村人（包括老年人）往往都能说坪石镇话（西南官话的一种）及普通话，所以皈塘话中不可避免地混入了一些官话的语音成分。这种官话成分的混入现象，在受教育程度较高的人（如本次调查的老女发音人）和年轻人（如本次调查的青男发音人、青女发音人）中间更为普遍。能讲不混入官话成分的"纯粹"皈塘土话的多为 60 岁以上的老人，这样的发音人已经很难寻找。本次调查所选定的老男发音人，自小住在本地，极少离开本村，且仍思维敏捷，能说出地道的皈塘土音，能清晰分辨本地土话和官话，是比较理想的发音人。

有些字的读音，到底是本村土话所固有还是借自官话，有时难以断言。在记录时，均依照老男发音人的语感，并综合考虑本村其他人的意见而定。具体处理如下：

1. 像"春、村、云"，发音人并不认为是官话读音，且均只有一个读音，因此予以记录。

2. 像"弯、晚、蚊"，在口语中并不常用，但发音人亦能读出，且对其读音的官话性质没有强烈感觉，因此也予以记录。

3. 像"产、铲"，显然，读音 tʃiu^{33} 是本村土话，读音 tʃʰaŋ^{33} 则借自官话。二者在口语中都存在，发音人亦认可，因此一并予以记录。

4. 像"靴、骂、竖、蚁、危、杯、寻、笛、浴"等字，发音人无法读出，又不认可其可能的官话读法，因此不予记录。

5. 像"艺、味、入"等字，各有新旧两种读法，如：味 $\text{i}^{21}/\text{uei}^{21}$，新说法很可能来自官话。由于该新读法对发音人来说并无强烈的官话感觉，且也被其他村民所认同（不少村民甚至只知道新读法），因此我们一并予以记录，且注明新旧。

第五十八节　桂头方音

壹　概况

一　调查点概况

调查点为韶关市乳源瑶族自治县桂头镇松围村。乳源瑶族自治县介于北纬 24°23′～25°33′，东经 112°52′～113°20′。汉族人口松围村委会共计 4023 人，其中松围村 865 人，无其他少数民族分布。在松围村委会下辖的各村中，分布着粤北土话、客家方言、始兴话、白话等。主要通行粤北土话，集中在松围（865 人）、枧永围（846 人）、下阳陂（260 人）、棉围（330 人）、墨石（250 人）等，合计 2551 人；客家方言主要集中在黑石头（110 人）、樟树下（410 人）、钟屋（120 人）、马屋（210 人）、杨屋（110 人）等，合计 960 人；始兴话主要集中在门前冲（170

人）、茶山坳（222 人）等地，合计 392 人；白话区主要在农场（120 人）。近些年语言发生了很大变化，一是体现在小孩子基本不会说土话，用语主要是普通话；二是周围是客家方言区，语言之间的接触，导致了语言发生变化。当地有的居民可以用客家方言唱客家山歌。

二　方言发音人概况

老男发音人马辉，男，汉族，1954 年出生，广东省乳源瑶族自治县桂头镇松围村委会松围村人。1961—1969 年在松围村小学就读，1969—1971 年在松围小学（初中部）就读，1971—1973 在松围中学（高中部）就读，1975—1977 年就读于乐昌师范学校。1977—1981 年任职于桂头中心小学。1984—1995 年在家务农。1993—1995 年担任松围村村长。1995—2006 年在佛山务工。2006 年至今在家务农。文化程度为中专，曾任教师，现务农，会说粤北土话（当地人称虱婆声），粤方言，客家方言，普通话，现在主要说土话。父亲为松围村人，会讲土话，粤方言，客家方言。母亲为松围村人，会讲土话、客家方言。配偶为松围村人，主要讲土话，会讲粤方言、客家方言、普通话。

青男发音人欧金海，男，汉族，1987 年出生，自由职业者，广东省乳源瑶族自治县桂头镇松围村委会松围村人。1994—2000 年就读松围小学。2000—2003 年在职中读书。2003—2006 年在佛山顺德玻璃厂工作。2007 年回到松围村。2008—2012 年在深圳打工。2012 年回到松围村，从事装修行业至今。文化程度为初中，会说土话、客家方言、粤方言、普通话，现在主要说土话、客家方言。父亲为松围村人，会讲土话，粤方言，客家方言。母亲为田围村人，会讲土话、客家方言、普通话。调研时无配偶。

老女发音人马友凤，女，汉族，1957 年 8 月出生，广东省乳源瑶族自治县桂头镇松围村委会松围村人。1967—1973 年就读于松围小学，1974—1981 年在松围村生产队务农，1982 年结婚，在家务农。1999—2008 年去佛山高明打工。2009 年回到松围村，至今在家务农。文化程度为小学，职业为在家务农。会说土话、客家方言、粤方言、普通话，现在主要说土话、客家方言。父亲为松围村人，会讲土话、粤方言、客家方言。母亲为松围村人，讲土话、客家方言。配偶为松围村人，会说土话、粤方言、客家方言、普通话。

青女发音人邓惠珍，女，汉族，1989 年 10 月出生。1996—2002 年就读于松围小学，2002—2005 年就读于桂头中学，2005—2007 年就读于曲仁技校，2007—2018 年在东莞石排镇做文职，2018 年至今在桂头镇私营企业做文员。文化程度为中专，职业为文员。会说土话、客家方言、普通话，现在主要说土话、客家方言。父母均为松围村人，会讲土话、客家方言。配偶为湖北天门人，会说普通话、天门方言、粤方言。

口头文化发音人 1 由老男发音人兼任，提供的调查资料为 0001～0011 歌谣；0022、0023 其他故事；0031～0069 自选条目。

口头文化发音人 2 欧西阳，男，汉族，1953 年 6 月出生，广东省乳源瑶族自治县桂头镇人，文化程度小学，自由职业者。提供的调查资料为 0021 牛郎织女。

贰　声韵调

一　声母（17 个，包括零声母在内）

p 八兵爬病	pʰ 派片	m 麦明味问	f 飞风副蜂肥 饭灰活	v 温王
t 甜	tʰ 讨天毒柱~头			l 脑南年泥 老蓝连路
ts 资早租酒张量 争装纸主	tsʰ 刺草寸清贼 坐全祠谢抽 拆茶柱~顶抄 初床车~辆春		s 字丝三酸想 事山双船顺 手书十城	
k 高九	kʰ 开轻共权	ŋ 热软月	h 好~坏响	j 县云~彩用药
Ø 多东竹安				

说明：

①l 声母与齐齿呼韵母相拼时，实际音值接近 d。

②ts、tsʰ、s 声母与齐齿呼、撮口呼韵母相拼时，实际音值多为 tʃ、tʃʰ、ʃ。

③m、ŋ 声母有时带有一定的塞音色彩，实际音值分别接近 b、g。

④f 声母与合口呼韵母相拼时，有时接近 ɸ。

⑤j、v 摩擦显著，与 Ø 构成对立，如：一 ji^{21}≠□追 i^{21}。

二　韵母（32 个，包括自成音节的 m 在内）

		i 写师丝试十一白 尺锡	u 过~来苦开赔 盒辣活骨	y 雨出
a	北直色		ua 国	
œ	靴			
o	宝饱			
ai	戏二急七		uai □告	
au	五猪			
ɛi	笑桥接贴热节			
ei	豆走飞	iu 油	uei 鬼	
øy	米对药月			
ɔu	歌坐茶牙瓦名		uɔu 瓜	

ou　　托郭壳学谷稻
　　　~六绿局

|　|　| ie | 排鞋塔鸭法八 | uie | 刮快 |
|　|　| iẽ | 南山 | uiẽ | 关 | yẽ | 权根白 |

an　　盐年
œn　　半短响　　　　　　　　　　　　　　　uœn　官滚白

　　　　　　　in　硬争病横　　　　　　　uin　秆麦秸

əŋ　　心深根文新寸　　　　　　　　　　　uəŋ　滚文
　　　春云~影星灯升

oŋ　　糖床王双讲东
　　　用兄

m　　唔不

说明：

①u 开头的韵母只与 k、kʰ 声母相拼，实际读音接近 kᵛ、kʰᵛ。

②øy 韵母中，ø 有时开口度偏大，更接近 œ。

③an 在听感上近似 ain。

三　声调（5个）

阴平 51	东该灯风通开天春	阳平 45	门龙牛油铜皮糖红去
阴上 324	懂古鬼九统苦讨草	阳上 21	买老五有近百搭节急哭拍切刻
去声 44	冻怪半四痛快寸去动罪近后前~后卖路硬乱洞地饭六毒白罚		

说明：

①阴上 324 接近 24，开头部分下降轻微。

②有的字有本调和变调两种读法，变音是一种短调。有的字只读变调，有的字有变调和其他声调的读法。

叁　异读

一　新老异读

青男发音人与老男发音人的语音差别总体较小，若将二者仔细对比，可发现青男发音人的声韵调呈现向普通话发展的趋势。韵母方面，老男发音人读 øy 的字，青男发音人读 œy，如：米、对、药、月。变调方面，一个字有本音和变音两种读音，青男发音人常读变调音，如：曲，老男发音人读 kʰou²¹ 和 kʰou⁴，青男发音人只读变调音 kʰou⁴。有的单字有一字多音现象，老男发音人兼顾几种读音，青男发音人只有一种读音，如：公，老男发音人读 koŋ⁵¹ 和 koŋ⁴⁴，青男发音人只读 koŋ⁵¹ 一种读音；鸟，老男发音人读 lɛi³²⁴ 和 mɔu⁴⁴，青男发音人只读 lɛi³²⁴ 一种读音。

二　文白异读

存在为数不多的文白异读词，但无明显规律。

例字	白读	文读	例字	白读	文读
去	hau⁴⁵	kʰau⁴⁴	近	kʰyɐ̃²¹	kʰɐŋ⁴⁴
来	lei⁴⁵	lu⁴⁵	握	ŋie²¹	ou²¹
平	pin⁴⁵	peŋ⁴⁵	明	min⁴⁵	mɐŋ⁴⁵

肆　小称音

在桂头土话中，存在一种小称变音，属于促化式，音值为 4，但有些词语，小称义已不明显。有的单字只能读变调 4，本调已经被变调取代。

第五十九节　连州方音

壹　概况

一　调查点概况

调查点为清远市连州市（县级）连州镇上河村连州市位于北纬 24°37′～25°12′，东经 112°07′～112°47′。2016 年人口 38.22 万，境内居民以汉族为主，占 98.7%，此外有 29 个少数民族，其中瑶族有 5500 余人，使用瑶话，主要分布在瑶安镇和三水镇。其余少数民族如壮族、畲族、回族、满族等，约 1100 余人，为零星迁入。

境内汉语方言主要有连州土话、客家方言、粤方言和西南官话等四大方言，此外还有梧州话、潮汕方言岛等。连州土话包括星子话（以星子镇为中心，使用人口 14 万人）、保安话（以保安镇为中心，使用人口 3 万）、连州话（又叫阿 B 声，以连州镇为中心，使用人口 4～5 万）、丰阳话（以丰阳镇为中心，使用人口 5 万，也叫"大蛮声"）、西岸话（以西岸镇为中心，又叫"小蛮声"，使用人口 3 万）等五种；粤方言主要包括四会声（以清水、龙坪为多，使用人口 5 万）、广府话（以连州镇为代表，抗战时随省政府内迁连州而后通行于县城公共场合）等两种；客家方言散布于连州市全境，使用人口约 10 万；西南官话，又称"湖南正字"，分布于县城的鸬鹚嘴、三古滩、翠仙及西江镇的耙田等地。方言曲艺主要有星子山歌与客家方言山歌。星子山歌是用连州土话星子话演唱的，主要分布于连州市星子、大路边这两个乡镇，0001 歌谣～0020 歌谣就是星子山歌。客家山歌多见于客家人比较集中的九陂镇、龙坪镇以及城南一带。

二　方言发音人概况

老男发音人廖有道，连州市慧光中学退休教师，大专文化。1955 年出生在连州上河村。从出生到上小学，期间一直在本地生活。1964—1968 年读小学，一二年级在朱岗、丰阳小学，三四五年级在城西小学。1968—1973 年在五七中学读初中、高中。毕业后在生产队务农两年多。后来去电机厂当工人，在第二小学当教师。1978 年考入连州师范学校，1980 年毕业后分配到高山公社当教师。1985—1993 年，调入西江中学任教。1993—2010 年调回城，在第四中学（后改六中）任教。2010—2012 年在慧光中学任教。2012 年退休，退休后在连州老年大学任教。会说连州土话、粤方言、普通话、四会声，现在主要说连州土话和粤方言。父亲是连州上河村人，会说连州土话、粤方言、普通话、四会声。母亲是连州市保安镇中坳村人，会说粤方言、四会声、连州土话。配偶是连州市保安镇中坳村人，会说粤方言、四会声、连州土话。

青男发音人廖思伟，水泥销售个体户，中专文化。1987 年出生在连州上河村。1993—1998 年在连州市第八小学读书，1998—2001 年在连州二中读初中。2001—2004 年跟随父亲开货车。2005—2007 年在清远高级技工学校读书。目前从事水泥销售代理工作。会说连州土话、粤方言、客家方言、普通话、四会声，现在主要说客家方言、粤方言、连州土话。父亲是连州上河村人，会说连州土话、粤方言、客家方言、普通话、四会声。母亲是连州城北鸬鹚嘴人，会说连州土话、四会声、客家方言、粤方言、湖南话。配偶是连州城东人，会说客家方言、普通话、粤方言、能听懂连州土话。

口头文化发音人 1 由老男发音人廖有道兼任，提供材料是 0021 牛郎和织女故事，0031～0056 自选条目。

口头文化发音人 2 黄传得，男，汉族，1944 年 11 月出生于连州市星子镇赤塘村上马石小组，小学文化，职业农民，提供材料是 0001～0012 歌谣。

口头文化发音人 3 黄记福，男，汉族，1944 年 4 月出生于连州市星子镇赤塘村上马石小组，小学文化，职业农民，提供材料是 0013～0020 歌谣。

口头文化发音人 4 廖雪梅，女，1962 年 9 月出生于连州市连州镇上河村，中专文化，连州市人民医院退休护士，提供材料是 0022 其他故事，0023 其他故事。

贰　声韵调

一　声母（18个，包括零声母在内）

p 八兵爬病	pʰ 派片蜂白	m 麦明味问	f 飞风副蜂文肥	v 活县温王云饭灰
t 多东甜毒	tʰ 讨天	n 脑南年泥用白		l 老蓝连路
ts 资早租酒张竹争装纸主	tsʰ 刺草寸清贼坐全祠文谢抽拆茶柱抄初床车春	ȵ 热月	s 字丝三酸想祠白事山双船顺手书十城	
k 高九	kʰ 共权	ŋ 软熬	h 开轻好想	
Ø 安用文药				

说明：

　　ts、tsʰ、s 在细音前面有腭化色彩。

二　韵母（49个，包括自成音节的 m 和 ŋ 在内）

		i 师丝试二接贴热	u 过苦开盒活	y 雨月
a 写瓦米升硬病横兄白直色尺		ia 爷野蝇迎赢形	ua 块拐梗	
ɛ 东送六绿		iɛ □ȵiɛ⁵³：阿～：妈妈	uɛ □kuɛ⁵³：苍白	
œ □tœ⁵⁵：量词，个				
e 公谷局		ie 荣中终熊竹叔		
ɔ 宝饱		iɔ □ȵiɔ⁵⁵：皱起		
ɵ 糖床王双讲托壳学			uɵ 光郭国	
ɐi 赔戏睿飞梅			uɐi 鬼	
ɛi 响灯脚北		iɛi 让药	uɛi 刮	
ɵi 靴猪锯对		iɵi 乳锐		
ɐu 歌坐茶牙补走		iɐu 笑桥	uɐu 果货瓜挂	
		iu 油牛手		
ou 排鞋快塔鸭法辣八		iou □ȵiou²⁴：捏起	uou 怪筷刮	
ɐn 心深根新寸春云		iɐn 任人认引隐闰	uɐn 滚	
ɵn 权船		iɵn 铅		

ɔŋ	南山半短	iɔŋ	□n̠iɔŋ¹¹：踹	uɔŋ	官
ɐŋ	甜年	iɐŋ	盐	uɐŋ	剑建健卷
ɐt	急七一出橘	iɐt	□iɐt²³：吲吒	uɐt	骨
ɛʔ	十食	iɛʔ	入日	uɐʔ	□kʰuɛʔ²lɛʔ²仔：木屐
œʔ	□œʔ²³：饱嗝				
m̩	五吴				

说明：

①ɐu 韵偶有 ɐɯ 变体。

②iu 韵在 n̠ 声母后是 iu，在零声母后是 iru，在其他声母后是 ru。

③ɐt 韵有 ɐʔ的变体，尤其是逢阳入时。

三　声调（8个）

阴平 31	东该灯风通开天春六 麦叶月毒白合罚	阳平 55	门龙牛油铜皮糖红
阴上 53	懂古鬼九统苦讨草	阳上 24	买老五有近白谷百搭节哭拍塔切
阴去 11	冻怪半四痛快寸去	阳去 33	动罪近文后卖路硬乱洞地饭树
阴入 23	急刻	阳入 2	十密

说明：

①阴平 31 调值有 32 的变体。

②阴上 53 调值有 51 的变体。

③阴去 11 调值有 21 的变体。

④部分阴入字还有-t 韵尾，调值为 23，仍然保留为独立的阴入调类；还有很大一部分丢失-t 尾，变入阳上调类，调值记为 24。

⑤大部分阳入字塞音韵尾已消失，但还有"立、十、入、密"等 16 个字尚有塞音韵尾，发音短促，故将这部分阳入字的调值记为 2，单独一个调类。

叁　异读

一　新老异读

老男发音人、青男发音人韵母的主要区别是 ɵi 变为 ɔy，ou 变为 ɔu，ɛ 变为 æ，ɵ 变为 ʌ，ɐŋ 变为 ɛŋ，iɐŋ 变为 iɛŋ。此外，青男发音人阴平 31 调值有 32 的变体。

二　文白异读

例字	白读	文读	例字	白读	文读
瓦	va⁵³	ŋa⁵³	初	tsʰɵi³¹（～一）	tsʰɐu³¹（～中）
弟	ta²⁴（兄～）	tɐi³³（徒～）	歪	mɛ⁵³	vɐu⁵³

续表

例字	白读	文读	例字	白读	文读
子	tsa⁵³（鸭～）	tsi⁵³（老～）	祠	si⁵⁵	tsʰi⁵⁵
使	sa⁵³（～用）	si⁵³（大～）	气	hei¹¹（～紧）	kʰei¹¹（福～）
浮	piu⁵⁵	feu⁵⁵	晚	mɔŋ²⁴（～姑）	ve²⁴
近	kʰɐn²⁴（很～）	kʰɐn³³（～视）	困	fɐn¹¹（～报）	kʰuɐn¹¹
分	pɐn³¹（～猪：喂猪）	fɐn³¹（～享）	打	tɐi³¹（～人）	tɐu⁵³（～赌）
梗	kua⁵³	ka⁵³	择	tɵ³¹（～菜）	tsɐt²⁴（选～）
兄	fa³¹（～弟）	he³¹（师～）	熊	ie⁵⁵（老～婆）	he⁵⁵（狗～）
蜂	pʰɛ³¹（蜜～）	fɛ³¹（～蜜）	用	ne³³	ie³³

三　其他异读

例字	读音1	读音2	例字	读音1	读音2
过	ku¹¹（～来）	kɐu¹¹（还～：还更）	下	hɐu³³（底～，方位词）	hɐu²⁴（～楼）
拐	kua⁵³（～骗）	va⁵³（～脚）	几	ɐi⁵³（～好，副词）	kɐi⁵³（～个）
表	piɐu³¹（手～）	piɐu⁵³（～哥）	夹	kʰi³¹（～子，名词）	kʰou³¹（～紧，动词）
习	sɐt²³（～惯）	tsʰɐt²（姓～）	滚	kʰuɐn⁵³（～下来，动词）	kuɐn⁵³（～水）
佛	fɐt²（～山）	fɐt²⁴（～像）	上	sɛi²⁴（～去，动词）	sɛi³³（天～，方位词）
窗	tsʰie³¹（光～）	tsʰɵ³¹（～帘）	等	tɐi⁵³（动作）	ta⁵³（平～）
息	sɛi²⁴（曾孙）	sɐt²⁴（气～）	重	tsʰie²⁴（轻～）	tsʰie³³（敬～）

第六十节　潮州方音

壹　概况

一　调查点概况

　　调查点为潮州市湘桥区。湘桥区位于北纬 23°38′～23°46′，东经 116°33′～116°46′，于 1991 年 12 月设立，是潮州市中心城区，地处韩江中下游。截至 2021 年初，湘桥区辖太平街道、西新街道、城西街道、桥东街道、凤新街道等 5 个街道和意溪镇、磷溪镇、官塘镇、铁铺镇等 4 个镇。根据第七次人口普查数据，截至 2020 年 11 月 1 日，湘桥区常住人口为 575795 人。该区主要是汉族，极少量畲族。据湘桥区民族宗教事务局 2021 年 8 月调查的最新数据，湘桥区有畲族 50 户，206 人，其中雷厝村 25 户 127 人，荆山村 11 户 31 人，桂坑村 14 户 48 人，均在意溪镇。

湘桥区是潮文化核心区。潮州"府城"在太平街道，北至北马路、南至"南门古"、东至东门楼、西至西平路，一整圈儿古称"府城"。潮州方言以府城话为代表话。

湘桥区以潮州方言为载体的说唱文艺有潮剧、潮州歌册、潮州歌谣、潮州讲古等。潮剧被列入国家级非物质文化遗产保护项目名录，有国家级代表性传承人。在节日和民俗活动中部分潮人尤其是老人喜欢看潮剧，平时也有一些潮剧票友包括中青年甚至孩子在业余、课余传唱潮剧。属于说唱艺术的潮州歌册也是国家级"非遗"保护项目，目前只有省级代表性传承人。在本地，能传唱潮州歌册的人已经很少很少了，潮州歌册已成为濒危非物质文化遗产。属于民间文学的潮州歌谣是广东省省级"非遗"保护项目，目前有省级代表性传承人。当地部分幼儿园和小学把潮州童谣作为园本/校本课程。潮州讲古是潮州市市级"非遗"保护项目，其实潮州讲古应属于广东省省级"非遗"项目潮汕讲古的范畴。

二 方言发音人概况

老男发音人沈增强，男，汉，1957 年 4 月出生于潮州湘桥区太平街道太平路，全日制中师毕业，本科学历（函授），教师，会说潮州话和普通话。父母和配偶都是潮州市湘桥区人，说潮州话。其个人经历：1964—1970 年在原潮安县西平路小学读书（今湘桥区城南小学）；1970—1972 年在原潮安县红卫学校读书（今湘桥区城南小学）；1972—1974 年在原潮安县红旗中学读书（今潮州金山中学）；1978—1980 年在潮州师范读书；中师毕业后在潮州市归湖中学、绵德中学和潮州师范等学校工作。调查时（2016 年 6～8 月）为韩山师范学院潮州师范分院在职教师，2017 年退休。

青男发音人曾煌，男，汉，1981 年 10 月出生于潮州湘桥区太平街道，全日制中师毕业，自由职业者，会说潮州话和普通话。父母和配偶都是潮州市湘桥区人，说潮州话。其个人经历：1988—1994 年在湘桥区义安路小学读书；1994—1997 年在湘桥区开元中学读书；1997—2000 年在潮州师范读书；2000—2003 年为湘桥区义安路小学教师；2003 年至今做婚纱生意。

老女发音人郑舜珍，女，汉，1956 年 6 月出生于潮州湘桥区太平街道下东平路，初中毕业，退休工人，会说潮州话和普通话，主要说潮州话。父母和配偶都是潮州市湘桥区人，说潮州话。其个人经历：1964—1970 年在湘桥区太平小学读书；1970—1973 年在湘桥区太平中学读书；原潮州塑料一厂工人，现已退休。

　　青女发音人沈翘，女，汉，1987 年 4 月出生于潮州湘桥区太平街道太平路，全日制本科毕业，公务员，会说潮州话和普通话。父母都是潮州市湘桥区人，说潮州话，是老男沈增强之女。其个人经历：1994—2000 年在潮州市绵德小学读书；2000—2003 年在潮州市实验学校读书；2003—2006 年在潮州市金山中学读书；2006—2009 年在韩山师范学院潮州师范分院读书；2009—2011 年在韩山师范学院读书；2011 至今在中共潮州市委党史研究室工作。

　　口头文化发音人 1：潮剧表演者郑舜英，1962 年 7 月生，国家级"非遗"保护项目潮剧国家级代表性传承人。

　　口头文化发音人 2：潮州歌册传唱者林少红，1932 年 3 月生，国家级"非遗"保护项目潮州歌册省级代表性传承人。

　　口头文化发音人 3：潮州歌谣传唱者林朝虹，1970 年 2 月生，广东省"非遗"保护项目潮州歌谣省级代表性传承人。

　　口头文化发音人 4：潮州歌谣传唱者陈欢勤，1973 年 9 月生，潮语歌手。

　　口头文化发音人 5：潮州讲古表演者洪银浩，1986 年 3 月生，潮州讲古艺人。

贰　声韵调

一　声母 18 个（包括零声母在内）

p 八兵爬 病飞_白 肥饭_白	pʰ 派片蜂	b 麦味	m 明问

p 八兵爬　pʰ 派片蜂　b 麦味　　　m 明问
　病飞白
　肥饭白

t 多东甜毒　tʰ 讨天抽　　　　　　n 脑南年　　　　　　　　　　l 老蓝连路
　张竹茶　　拆柱　　　　　　　　泥软

ts 资早租酒　tsʰ 刺草寸　　　　　　　　　　　s 丝三酸想　dz 字热
　坐争装纸　清贼全　　　　　　　　　　祠谢事山
　主船书十　抄初床　　　　　　　　　　双顺城
　　　　　　车春手

k 高九共县　kʰ 开轻权　g 月　　ŋ 熬　　h 飞文风副
　　　　　　　　　　　　　　　　　　饭文好灰
　　　　　　　　　　　　　　　　　　响王白云

ø 活安温
　王文用药

说明：

　　"字热"等字的声母，近于 nʑ。按潮汕方言的记音习惯，统一记录为 dz。

二　韵母 93 个（包括自成音节的 m、ŋ 在内）

	i 米丝试戏二	u 赌
a 饱	ia 靴写瓦白	ua 歌白瓦文
ɛ 茶牙	ie 笑桥	ue 过赔飞白
ɔ 歌文坐宝短		
ɤ 猪师文		
ai 开文排师白		uai 快~乐
ei 欦		uei 喂
oi 鞋		ui 开白对飞文鬼
au 豆走	iu 油	
ou 苦雨	iou 要	
	ĩ 年	
ã 胆	ĩã 兄	ũã 山半官
ɛ̃ 硬争病星	ĩɛ̃ 钓	ũɛ̃ 横
ɔ̃ 毛白		
ãĩ 爱		ũãi 果
õĩ 莲		ũĩ 危
ãũ 毛文	ĩũ 休	
õũ 五	ĩõũ 猫	
	im 心深	
am 南	iem 盐	
om 丼		
	iŋ 新	uŋ 寸滚春云
aŋ 双讲东白	iaŋ 响	uaŋ 王文
eŋ 王白灯升用	ieŋ 便	ueŋ 权
oŋ 东文	ioŋ 荣	
ɤŋ 根糖床		
	ip 急	
ap 盒十	iep 接白贴	
op 嗑		
	ik 七一橘直	uk 骨出
ak 节文壳学文北六	iak 雀	uak 法
ek 色绿局	iek 热文	uek 括
ok 国谷	iok 育	
ɤk 吃		
	iʔ 接文	uʔ 窟

aʔ 塔鸭　　　　　　iaʔ 锡　　　　　　　uaʔ 辣热_白活刮_文

eʔ 白策　　　　　　ieʔ 药尺　　　　　　ueʔ 刮_白月郭

oʔ 托学_白

ɤʔ 乞

aiʔ □kaiʔ⁵：那个人　　　　　　　　　　uaiʔ □huaiʔ⁵：来~去：搞来搞去

oiʔ 八节_白　　　iouʔ 跃

auʔ 乐　　　　　　　iauʔ 雀_白

　　　　　　　　　　iuʔ □kiuʔ²挤（牙膏）

　　　　　　　　　　ĩʔ □hĩ⁵ ~hãĩʔ⁵：比喻有毛病

　　　　　　　　　　　　　　　　　　　ũãʔ_活 口语中的"快活" kʰũã⁵³ ũãʔ⁵

ãĩʔ □hãĩʔ⁵□hĩʔ⁵：比喻有毛病

ãũʔ □hãũ⁵：口感不够松软

　　　　　　　　　　ĩõũʔ □ĩõũʔ²□开：掀开（被子）

　　　　　　　　　　ĩũʔ □~kĩā²：指小孩

m 姆

ŋ 远

mʔ □hmʔ²用棍棒打

ŋʔ □hŋʔ²撑

说明：

　　①潮州府城话 o 有两至三个变体，有的接近 ɔ，有的接近 o，有的介乎两者之间，按照音位归纳原则应是同一音位。在单元音韵母中，它的开口度略大于 o，记录为 ɔ；在其他韵母中开口度较小，记录为 o。

　　②ɛ、e 按音位归纳原则本可归纳为一个音位。在单元音韵母中开口度较大，记为 ɛ；在其他韵母中开口度较小，均记为 e，如 ie、ue、ũẽ、ek 等。

　　③在 am、ap 中的 a 舌位较前，而 aŋ、ak、uaŋ、uak、iaŋ、iak 等中的 a 舌位较后，其余场合的 a 舌位靠中。根据音位归纳原则，为同一音位，记录为 a。

　　④府城话 iɛm、iɛp 中的主要元音比 am、ap 中的 a 开口度小，更接近 ɛ，故记为 iɛm、iɛp。

　　⑤跟鼻音声母搭配的韵母，除塞音韵尾和鼻音韵尾的韵腹不加鼻化符号外，其他韵母统一使用鼻化韵。这样塞音韵尾的韵母跟鼻音声母和非鼻音声母相拼，实际读音前者带鼻化色彩，后者没有，如 mũẽʔ（物）和 kueʔ（郭），但韵母统一不标记鼻化符号，记为 ueʔ。

　　⑥老男发音人音系中已没有 uam（凡）、uap（法）两韵，分别发成 uaŋ、uak（包括单字也包括青男发音人），故本音系归纳表中没有出现 uam、uap。不过，uap 韵会在口头文化的潮州歌册中出现。

三　声调共 8 个

阴平 33	东该灯风通开天春	阳平 55	门龙牛油铜皮糖红
阴上 53	懂古鬼九统苦讨草买老文	阳上 35	五有动罪近后硬乱
阴去 213	冻怪半四痛快寸去	阳去 11	卖路洞地饭树
阴入 2	谷急刻百搭节拍塔切	阳入 5	六麦叶月毒白盒罚

说明：

①潮州府城话平、上、去、入各分阴阳。分阴阳的条件是古清声母为阴，古浊声母为阳。次浊字则是平、去、入多归阳调类，上声归阴调类。

②"浊上变去"是中古以后浊声母清化的现象，但在潮州府城话中，却存在古浊去读归阳上的相反现象。

③阴入调实际读如 21，记录为 2。

叁　连读变调

一　两字组连读变调规律

潮州府城话两个音节连在一起，中间没有停顿，前一个音节往往会依据自身调类改变调值，其中阴上、阴去、阴入三个调类变调还与后一音节调值起点高低有关，而后一个音节则一般不变调（阴上、阴去、阴入之后的阴上字除外）。具体前字变调如下：

阴平 33→23；

阳平 55→21；

阴上 53，在阴上、阳平、阳入之前变为 35，其余变为 23；

阳上 35→21；

阴去 213，在阴上、阳平、阳入之前变为 53，其余变为 31；

阳去 11→11；

阴入 2，在阴上、阳平、阳入之前变为 5，其余为 3；

阳入 5→2。

二　多字组连读变调

潮州府城话多字组连读变调的基本规律与两字组相同，根据语法结构意义划为一定的韵律群，韵律群的末尾一字为后字，不变调，其前面各字均要变调，变调调值与两字组变调相同。有些词组的语法结构层次有不同的划分，变调情况就会有所不同。

三　后字变调

府城话的阴上字，在阴上、阴去、阴入之后变 21 调。变调原因主要是上述三个阴声调类都属于降调，阴去单字调为 213，但前字变调调值为 53，因而起了同化作用，如：紧紧 kiŋ$^{53-35}$kiŋ$^{53-21}$、正手 tsĩã$^{213-53}$tsʰiu$^{53-21}$、织女 tsik$^{2-5}$nɤŋ$^{53-21}$。

肆　异读

一　新老异读

1. 青男发音人 b、g 浊音声母发音有介于清浊之间的现象，如"帽""磨""鹅"，记为浊音。

2. 在塞音声母发音时有一点以喉塞开始，如：ʔt、ʔp，记音仍为塞音 t、p 等。

3. 老男发音人读 m 韵字，青男发音人有时读 m，有时读 ŋ 韵，如"含"白读为 kam^{55}，文读为 haŋ^{55}；"监"读为"kaŋ^{213}（太监）""kam^{33}（坐监）"，均按实际记音。新派与老派这种语音差异现象反映了潮州府城话-m 韵正在逐渐消失。

二　文白异读

潮州府城话的文白异读很丰富，乃至于形成文读和白读两个不同的语音系统，分声、韵、调概述如下：

1. 声母异读

（1）非敷奉母字白读为 p、pʰ 声母，文读为 h 声母，如：飞 pue^{33}/hui^{33}、芳 pʰaŋ^{33}/huaŋ^{33}、妇 pu^{35}/hu^{35}。

（2）知彻澄母字白读为 t、tʰ 声母，文读为 ts、tsʰ 声母，如：知 ti^{33}/tsai^{33}、赚 tʰaŋ^{213}/tsieŋ^{53}、长 tɤŋ^{55}/tsʰiaŋ^{55}。

（3）匣母字白读为零声母或 k 声母，文读为 h 声母，如：下 ε^{35}/hia^{35}。

（4）喻三（云）母字白读为 h 声母，文读为零声母，如：王 heŋ^{55}/uaŋ^{55}。

声母	例字	白读	文读
非母	飞	p	h
敷母	芳	pʰ	h
奉母	妇	p	h
知母	知	t	ts
彻母	趁	tʰ	ts
澄母	长	t	ts
匣母	下	Ø	h
喻三母	王	h	Ø

2. 韵母异读

（1）果摄歌韵字白读为 ua 韵，文读为 ɔ 韵，如：歌 kua³³/kɔ³³。戈韵字白读为 ue 韵，少量读为 ua 韵，文读为 ɔ 韵，如：婆 pʰua⁵⁵/pɔ⁵⁵。

（2）假摄麻韵二等开口字白读为 ɛ 韵，文读为 a 韵，如：马 bɛ⁵³/ma⁵³。

（3）遇摄一等模韵字和三等虞韵字白读为 ou 韵，虞韵字还有少数白读为 iu、iou、ɔ 韵，文读为 u、ɔ 韵，如：布 pou²¹³/pu²¹³、雨 hou³⁵/u⁵³、无 bo⁵⁵/bu⁵⁵。三等鱼韵字分化较复杂，大致普通话读 u 韵字的，白读为 ɤ、iu 韵，文读为 ɔ 韵，如：锄 tɤ⁵⁵/tsʰɔ⁵⁵、初 tsʰiu³³/tsʰɔ³³；普通话读 y 韵字的，白读为 ɤ、iu 韵，文读为 ɤ 韵。

（4）蟹摄开口一、二等咍、泰、皆、佳、夬诸韵字，白读一等咍韵为 i、ɔ、oi 韵，泰韵为 ua 韵，二等皆、佳等韵为 oi、ɛ 韵，文读为 ai 韵，如：戴 ti²¹³/tai²¹³、大 tua²¹³/tai³⁵、界 koi²¹³/kai²¹³。四等齐韵字白读为 oi、ai 韵，文读为 i 韵，如：齐 tsoi⁵⁵/tsʰi⁵⁵、西 sai³³/si³³。合口灰、祭、废等韵字白读为 ue 韵，文读为 ui 韵，泰、皆、佳等字白读为 ue 韵，文读为 uai ua 韵，如：灰 ue³³/hui³³、快 kʰue²¹³/kʰuai²¹³、怪 kue²¹³/kuai²¹³。

（5）止摄开口支脂之微等韵字白读为 ia、ua 韵，少数字为 uai 韵，脂之韵字为 ai 韵，微韵字和脂韵少数字为 ui 韵，文读为 i、ɤ 韵，如：倚 ua⁵³/i⁵³、师 sai³³/sɤ³³、里 lai³⁵/li⁵³、几 kui⁵³/ki³³。合口字白读为 ue 韵，文读为 ui 韵，如：飞 pue³³/hui³³。

（6）效摄一等豪韵、二等肴韵字白读一、二等分明，豪韵为 ɔ 韵，肴韵为 a 韵，白读为 au 韵；文读为 ua 韵，如：草 tsʰɔ⁵³/tsʰau⁵³、罩 ta²¹³/tsau³⁵。三、四等宵萧韵字白读为 ie 韵，文读为 iou 韵，如：少 tsie⁵³/siou²¹³、挑 tʰie³³/tʰiou³³。

（7）流摄一等侯韵字白读为 au 韵，三等尤韵有少数字读 u、iou 韵，文读侯韵字为 ou 韵，尤韵字读为 iu 韵，如：斗 tau⁵³/tou²¹³、九 kau⁵³/kiu⁵³。

（8）咸摄一等谈韵，二等咸、衔韵字白读为 ã 韵，文读为 am 韵，如：三 sã³³/sam³³；三等盐韵、四等添韵字少数白读为 ĩ 韵，文读为 iɛm 韵，如：添 tʰĩ³³/tʰiɛm³³。深摄侵韵字个别白读为 am、ã 或 ĩ 韵，文读为 im 韵，如：林 nã⁵⁵/lim⁵⁵。

（9）山摄白读开口寒韵字为 ũã 韵、删韵字为 õĩ 韵、仙韵字为 ĩ 韵，山韵字为 ũã õĩ 韵、先韵字为 õĩ ĩ 韵，寒、山、删韵字文读为 aŋ 韵，仙、元、先韵字文读为 ieŋ 韵，如：安 ũã³³/aŋ³³、山 sũã³³/saŋ³³、板 põĩ⁵³/paŋ⁵³、变 pĩ²¹³/pieŋ²¹³、天 tʰĩ³³/tʰieŋ³³。白读合口桓韵字读 ũã ɤŋ 韵，仙韵字读 ɤŋ 韵，元韵字读 ŋ 韵，文读桓、山、删韵字读为 ueŋ 韵，仙元韵字大部分读 ueŋ 韵，少部分读 ieŋ 韵，如：断 tɤŋ³⁵/tueŋ³⁵、转 tɤŋ⁵³/tsueŋ⁵³、远 hŋ³⁵/ieŋ⁵³。

（10）宕摄白读唐韵字为 ɤŋ 韵，阳韵字 ĩẽ、ɤŋ 或 eŋ、ŋ 韵；文读开口唐韵字为 aŋ 韵，合口唐韵字为 uaŋ 韵，开口阳韵字为 iaŋ 韵，合口阳韵字为 iaŋ、uaŋ，如：当 tɤŋ³³/taŋ³³、章 tsĩẽ³³/tsiaŋ³³、光 kɤŋ³³/kuaŋ³³、王 heŋ⁵⁵/uaŋ⁵⁵。

（11）梗摄开口白读二等庚、耕韵字主要为 ɛ 韵，三等庚、清韵和四等青韵字

为 ĩã 韵，也有少数字读 ɛ̃ 韵，文读为 eŋ 韵，如：生 sɛ̃³³/ seŋ³³、平 pɛ̃³³/ pʰeŋ⁵⁵、经 kĩã³³/ keŋ⁵⁵。

（12）通摄一等东、冬韵字白读为 aŋ 韵，三等东韵、钟韵一部分白读为 eŋ 韵字，文读一等东、冬韵字、东三、钟韵字为 oŋ 韵，钟韵、东三一部分字读 ioŋ 韵，如：东 taŋ³³/ toŋ³³、松 saŋ³³/soŋ³³、中 taŋ³³/toŋ³³、穷 keŋ⁵⁵/kʰioŋ⁵⁵、涌 eŋ⁵³/ioŋ²¹³。

摄	韵	例字	白读	文读
果	歌	歌	ua	ɔ
	戈	婆	ua	ɔ
假	麻	马	ɛ	ã
遇	模	布	ou	u
	虞	雨	ou	u
	鱼	锄	ɤ	ɔ
		初	iu	ɔ
蟹	咍	戴	i	ai
	泰	大	ua	ai
	皆	界	oi	ai
	齐	齐	õĩ	i
		西	ai	i
	灰（合）	灰	ue	ui
	夬韵（合）	快	ue	uai
	佳韵（合）	怪	ue	uai
止	支	倚	ua	i
	脂	师	ai	ɤ
	之	里	ai	i
	微	几	ui	i
	微（合）	飞	ue	ui
效	豪	草	ɔ	au
	肴	罩	a	au
	宵	少	ie	iou
	萧	挑	ie	iou
流	侯	斗	au	ou
	尤	九	au	iu

续表

摄	韵	例字	白读	文读
咸	谈	三	ã	am
	添	添	ĩ	iɛm
深	侵	林	ã	im
山	寒	安	ũã	aŋ
	山	山	ũã	aŋ
	删	板	õĩ	aŋ
	仙	变	ĩ	iɛŋ
	先	天	ĩ	iɛŋ
	桓（合）	断	ɤŋ	uɛŋ
	仙（合）	转	ɤŋ	uɛŋ
	元（合）	远	ŋ	iɛŋ
宕	唐	当	ɤŋ	aŋ
	阳	章	ĩɛ	iaŋ
	唐（合）	光	ɤŋ	uaŋ
	阳（合）	王	eŋ	uaŋ
梗	庚（二等）	生	ɛ̃	eŋ
	庚（三等）	平	ɛ̃	eŋ
	青	经	ĩã	eŋ
通	东（一等）	东	aŋ	oŋ
	冬	松	aŋ	oŋ
	东（三等）	中	aŋ	oŋ
	东（三等）	穷	eŋ	ioŋ
	钟	涌	eŋ	ioŋ

3. 声调异读

府城话上、去两个调的字有不少可两读。这种两读不是因为这些字本身有两个共时的读音（即多音字），而是一个字两个不同时代读音的共存，其实也是一种文白异读的现象，如：想 sĩɛ³⁵/ siaŋ⁵³、远 hŋ³⁵/ieŋ⁵³、树 tsʰiu¹¹/su³⁵、让 nĩɛ¹¹/dziaŋ³⁵。上述各例反映的现象是：清声母和次浊声母上声白读为阳上 35，文读为阴上 53；浊声母去声字白读是阳去 11，文读为阳上 35。

中古音韵地位	例字	白读	文读
古清声母、次浊声母上声字	想、远	35	53
古浊声母去声字	树、让	11	35

三　其他异读

　　口头文化中歌谣、故事、潮州歌册、潮剧均以潮州府城话为载体演绎，歌谣和故事的发音人与老男发音人在读音上不存在差异。而 80 多岁的潮州歌册演唱者林少红老人唱"做乜胆大不畏法"的"法"是读为 huap²，可见年纪更大的府城人，其读音是有 uam（凡）、uap（法）两韵的。还有，规范的潮剧演唱是有一定读音要求的，本课题录制的国家级代表性传承人郑舜英老师按潮剧音系要求表演的唱段，与老男发音人府城话读音存在以下几组不同音节：

　　（1）恋 luaŋ²¹³（潮剧）/ lueŋ²¹³（府城话）
　　（2）转 tsuaŋ⁵³（潮剧）/ tsueŋ⁵³（府城话）
　　（3）愿 ŋuaŋ³⁵（潮剧）/ ŋueŋ³⁵（府城话）
　　（4）阀 huak⁵（潮剧）/ huek⁵（府城话）
　　（5）坚 kiaŋ³³（潮剧）/ kieŋ³³（府城话）
　　（6）门 mɤŋ⁵⁵（潮剧）/ muŋ⁵⁵（府城话）
　　（7）鸟 tsiau⁵³（潮剧）/ tsiou⁵³（府城话）
　　（8）宵 siau³³（潮剧）/ siou³³（府城话）
　　（9）了 liau⁵³（潮剧）/ liou⁵³（府城话）

　　上述 9 组不同音节实际是 5 组不同韵母：uaŋ 与 ueŋ、uak 与 uek、iaŋ 与 ieŋ、ɤŋ 与 uŋ、iau 与 iou。潮剧唱腔选用的韵母与府城话的不同在于主要元音开口度大小的不同。潮剧的演唱选用潮汕方言中开口度大的韵母，应该是从传唱声音效果考虑的，可让传唱声音更响亮。

第六十一节　饶平方音

壹　概况

一　调查点概况

　　调查点为潮州市饶平县黄冈镇。饶平县地处广东省最东端，县境南北长 95 公里，东西宽 31 公里，东和东北与福建省诏安县、平和县交界，北部与梅州市大埔县接壤，西和西南与潮州市潮安区、湘桥区，汕头市澄海区毗邻，南濒南海，与南澳县隔海相望。地处北纬 23°30′～24°14′，东经 116°41′～117°11′。县城黄冈距广州市 518 公里，距汕头市 54 公里，距潮州市 45 公里，处汕头、厦门两个城市之间。全县总面积 2227.06 平方公里，其中陆域面积 1694.06 平方公里，海域面积 533 平方公里，海（岛）岸线长 136 公里。

根据第七次人口普查数据，截至 2020 年 11 月 1 日，饶平县全县总人口 106.14 万人，常住人口 817442 人；其中汉族人口 815198 人，占总人口的 99.73%；畲族、壮族、苗族、土家族、瑶族、黎族等 22 个少数民族人口 2212 人，占总人口的 0.27%。2020 年，饶平县辖 21 个镇（上饶镇、饶洋镇、新丰镇、建饶镇、三饶镇、新塘镇、汤溪镇、浮滨镇、浮山镇、东山镇、新圩镇、樟溪镇、钱东镇、高堂镇、联饶镇、黄冈镇、所城镇、大埕镇、柘林镇、洪洲镇、海山镇），下设 355 个村民委员会、40 个社区居民委员会。

饶平县的汉语方言有三种：（1）饶平潮汕话，属于闽南方言潮汕片，约 84 万人，包括黄冈、钱东、海山、柘林、高堂、联饶、三饶等，占全县人口的 80%。（2）客家方言，属于客家方言的饶平客家方言，约 20 万人，包括上善、上饶、饶洋、九村、建饶等，占全县人口的 19%。（3）双语区，约 1 万人，占全县人口的 1%：①以潮汕话为主兼说客家方言，包括新丰镇的漖东、漖西等村落；②以客家方言为主兼说潮汕话，包括东山镇的双罗、水美等村落。

潮剧，是一个古老的汉族地方戏曲剧种，其唱腔和宾白都使用潮汕方言土语，是潮汕文化的重要载体。饶平有专门的潮剧保护传承中心，并积极培养年轻传承人。

二 方言发音人概况

老男发音人吴喜胜，1957 年 6 月出生于潮州市饶平县黄冈镇下市，高中文化程度，工人，会说饶平话和普通话。父母和配偶都是饶平黄冈人，说饶平话。其个人经历：1965—1971 年就读于南门小学；1971—1974 年就读于黄冈中学；1974—1976 年就读于饶平二中；高中毕业 1976 年至调查时（调查时间为 2017 年 7 月）在饶平县罐头厂工作。

青男发音人余鹏辉，1982 年 1 月出生于潮州市饶平县黄冈镇下市，初中文化程度，个体经营户，会说饶平话和普通话。父母和配偶都是饶平黄冈人，说饶平话。其个人经历：1988—1994 年就读于黄冈镇镇二小学；1994—1997 年就读于饶平县二中；1997—2007 年在饶平打工；2007 年至调查时（调查时间为 2017 年 7 月）为个体经营户。

老女发音人余惠君，1959 年 4 月出生于潮州市饶平县黄冈镇下市，小学文化程度，退休银行职员，会说饶平话和普通话。其个人经历：1970—1975 年就读于潮州市饶平县黄冈镇石埕小学；1975—1979 年在家待业；1979—2015 年在饶平县人民银行工作；2015 年至今退休在家。

青女发音人余少徽，1983 年 1 月出生于潮州市饶平县黄冈镇下市，本科学历，饶平二中教师，会说饶平话和普通话。其个人经历：1989—1995 年就读于潮州市饶平县黄冈镇寨上小学；1995—2001 年就读于饶平县华侨中学；2001—2006 年就读于韩山师范学院（专科升本科共 5 年）；2006—2012 年在饶平县师范实验中学工作；2012 年至今在饶平二中工作。

口头文化发音人 1 刘树钊，1972 年 12 月出生于潮州市饶平县黄冈镇下市，大专文化程度，县少年宫教师，会说饶平话和普通话，提供的调查材料为布马舞。

口头文化发音人 2 余惠君，1959 年 4 月出生于潮州市饶平县黄冈镇下市，小学文化程度，退休银行职员，会说饶平话和普通话。提供的调查材料为顺口溜、多人对话。

口头文化发音人 3 余少徽，女，1983 年 1 月生于潮州市饶平县黄冈镇下市，本科学历，饶平二中教师，会说饶平话和普通话。提供的调查材料为歌谣、规定故事、多人对话。

贰　声韵调

一　声母 18 个（包括零声母在内）

p	飞白兵	pʰ	蜂白品片	b	眉买	m	明问			
	爬病八		办拍		味麦		每脉			
t	多甜茶	tʰ	天讨退			n	年脑文			l 连脑白
	竹毒		柱拆				领纳			老路立
ts	资早坐	tsʰ	清全草					s 三祠	dz 字惹尿	
	谢白十		寸贼					想事	热	
								杀		
k	高九贵	kʰ	开权考	g	鹅外	ŋ	熬仰	h 飞文风		
	共滑		库壳		月玉		验逆	副王白		
								云		

Ø　安温王
　　文用活

说明：

①鼻音声母 m、n、ŋ 对韵母具有同化作用，出现在声母 m、n、ŋ 后的韵母元音都会带上鼻化色彩。

②声母 m、n、ŋ 和 b、l、g 两套声母在饶平黄冈方言中是互补的，在归纳声母系统的时候可以把它们处理成一套（厦、彰、泉等福建闽南方言就是这么处理的）。但是，这么一来，韵母系统将会非常庞杂，因为跟出现在 b、l、g 声母后面的所有带辅音韵尾、主要元音为口元音的韵母相对应，需要增加一套主要元音带鼻化的阳声韵和入声韵，以跟 b、l、g 声母相配。这样一来，对于已经比较庞大、

复杂的潮汕方言韵母系统来说不实际，也不符合音系归纳的简约、节省原则。因此，本文在归纳韵母系统的时候，对于只出现在 m、n、ŋ 声母后的鼻化韵母，一律处理成非鼻化，跟对应的非鼻化韵母合二为一，在音系中不体现出来。但在给字、词、句注音的时候，鼻音声母 m、n、ŋ 后面的无韵尾韵母和入声韵尾韵母都加上鼻化符号。

③浊音声母 b、l、g 为带有同部位鼻音的鼻冠音，实际音值为 ᵐb、ⁿl、ᵑg。

二　韵母 88 个（包括自成音节的 m、ŋ 在内）

	i 米试	u 五文雨文
a 饱爸	ia 靴瓦白	ua 歌白瓦文
e 茶牙		ue 过飞白
o 歌文坐	io 笑桥	
ɯ 猪师文		
ai 开文师白		uai 坏快~乐
oi 鞋洗		
au 豆走	iau 敲骄	
ou 苦雨白		
	iu 油救	ui 开白飞文
	ĩ 年耳白	
ã 胆三白	ĩã 兄惊文	ũã 快~活官
ẽ 硬争		ũẽ 横关白
õ 遇	ĩõ 张白钓	
ãĩ 爱楷		ũãi 横芒果
õĩ 办间白		
ãũ 好爱~毛文	ĩãũ 猫□hĩãũ²⁵掀	
õũ 虎五文		
	ĩũ 休幼	ũĩ 县跪
	im 心深	
am 南针	iam 盐嫌	uam 幻凡
om 参白□lom²¹⁴涮		
	iŋ 新轻	uŋ 寸滚
aŋ 讲东白	iaŋ 响让文	uaŋ 权王文
eŋ 王白用		
oŋ 公洪文	ioŋ 恭雄文	
ɯŋ 根糖		
	ip 急吸文	
ap 盒十	iap 接文协	uap 法

op □hop⁵ 嘴巴一张一合 □lop⁵
踩（泥巴）

	ik 七直	uk 骨出
ak 节文学文	iak 哲热文	uak 发决
ek 色绿		
ok 国谷	iok 育馥	
uk 乞文		

	iʔ 铁接白	uʔ 嘬
aʔ 塔鸭	iaʔ 锡益	uaʔ 热白刮文
eʔ 白格		ueʔ 刮白月
oʔ 托学白	ioʔ 药白尺	
ɯʔ 乞白		
oiʔ 八节白		

auʔ 落白 □kʰauʔ² 脆　　iauʔ 跃白雀白

iuʔ □kiuʔ²（流质的东西）挤出

□piuʔ² 冒出

ĩʔ □kʰĩʔ⁵ 粘

ĩãʔ □hĩãʔ²~开：掀开

ẽʔ □hẽʔ² 吓，恐吓 □hẽʔ⁵ 兴奋，
高兴

ãĩʔ □kãĩʔ⁵ 用力扔　　　　　　　　　　　ũãĩʔ □hũãĩʔ⁵ 来回转动

ãũʔ □hãũʔ² 张大口咬　　ĩãũʔ □hĩãũʔ² 前后来回摇动

ĩũʔ 孳

m 唔姆

ŋ 黄园

mʔ □hmʔ⁵ 用棍棒猛地捶打

ŋʔ □hŋʔ² 擤

说明：

①o 韵的开口度比标准的 o 稍大，但比 ɔ 开口度小。

②ɯ 韵舌位比标准的 ɯ 稍低，但比 ɤ 高。

三　声调共 8 个

阴平 44	东该灯风通开天春	阳平 55	门龙牛油铜皮糖红
阴上 52	懂古鬼九统苦讨草	阳上 25	老白五白有动罪近后
阴去 214	冻怪半四痛快寸去	阳去 21	卖路洞地饭白树白
阴入 2	谷百搭节急哭拍塔切刻	阳入 5	六麦叶月毒白盒罚

说明：

①阴平44实际音值比44略低。

②阳去21起点比2略高，但没到3。

叁 连读变调

饶平黄冈方言有连读变调现象，其特点是连调必变调，也就是只要超过一个音节连读就必然产生变调。变调包括前变调和轻声两种，"前字变调"指两字组后字保持本调不变、前字发生变化形成的调类。平常的、不强调某种语义或语气的句段一般采用前变调，两字以上的词或词组在不带强调意味的情况下大部分发生前字变调，所以前字变调属于基本的变调方式。"轻声"主要发生在句段中，与前字变调形成对照以表示不同的语义、语法结构，通常带强调意味。也有一些轻声不含强调语气，只表示一般的陈述，大都是常用说法。在之前的研究中，"轻声"也做后变调处理，这里统一处理成轻声。

黄冈方言各字调的"前字变调"和"轻声"都取决于它本身所属的声调，跟前后音节没有关系，后字/前字的声调并不是前字变调/轻声的语音条件。具体情况如下面所示。

一 饶平黄冈方言的前字变调

前字＼后字	阴平 44	阴上 52	阴去 214	阴入 2	阳平 55	阳上 25	阳去 21	阳入 5
阴平 44	44＋44 44 医生	44＋52 44 花蕊	44＋214 44 花布	44＋2 44 花钵	44＋55 44 花园	44＋25 44 花市	44＋21 44 花轿	44＋5 44 花蜜
阴上 52	52＋44 35 火车	52＋52 35 水桶	52＋214 35 火炭	52＋2 35 火烛	52＋55 35 椅条	52＋25 35 火炬	52＋21 35 火候	52＋5 35 火石
阴去 214	214＋44 55 汽车	214＋52 55 放屎	214＋214 55 放屁	214＋2 55 锯铁	214＋55 55 菜头	214＋25 55 放网	214＋21 55 放尿	214＋5 55 放学
阴入 2	2＋44 5 铁钉	2＋52 5 铁桶	2＋214 5 铁架	2＋2 5 隔壁	2＋55 5 铁门	2＋25 5 铁臼	2＋21 5 铁树	2＋5 5 八十
阳平 55	55＋44 22 门骸	55＋52 22 门口	55＋214 22 南澳	55＋2 22 黄色	55＋55 22 门前	55＋25 22 红柿	55＋21 22 门缝	55＋5 22 无力

续表

后字 前字	阴平 44	阴上 52	阴去 214	阴入 2	阳平 55	阳上 25	阳去 21	阳入 5
阳上 25	25+44 22 电灯	25+52 22 两桶	25+214 22 两块	25+2 22 两只	25+55 22 两条	25+25 22 两件	25+21 22 两份	25+5 22 两碟
阳去 21	21+44 22 大山	21+52 22 大水	21+214 22 大盾	21+2 22 大笔	21+55 22 大船	21+25 22 大耳	21+21 22 大树	21+5 22 大石
阳入 5	5+44 2 十斤	5+52 2 十两	5+214 2 十块	5+2 2 十只	5+55 2 十条	5+25 2 十件	5+21 2 十份	5+5 2 十碟

注：表中各栏上一行是单字调，下一行是连读调。

二 饶平黄冈方言的轻声

轻声 单字调	无强调重点的情况	有强调重点的情况	备注
阴平 44	轻声 21 我无叫伊我没叫他	轻声 21 唔是我惊，个伊惊不是我怕，是他怕	
阴上 52	轻声 214 拍几下打上几下	轻声 214 唔是+只本，个许本不是这本，是那本	
阴去 214	轻声 21 唔见去不见了 死去死了	轻声 21 唔是我爱，个伊爱不是我要，是他要	
阴入 2	轻声 2 行出来走出来	轻声 2 唔是只撮，个许撮不是这些，是那些	
阳平 55	轻声 21 后年后年 前年前年	轻声 21 唔是我个，个汝个不是我的，是你的	
阳上 25	轻声 21 拍两下！打两下	轻声 21 唔是我惰，个汝惰不是我懒，是你懒	
阳去 21		轻声 21 唔是我大，个伊大不是我大，是他大	不强调的情况下暂时没找到例子
阳入 5	轻声 2 大后日大后天 寒着受凉	轻声 2 唔是只粒，个许粒不是这颗，是那颗	

说明：上表例句中加粗的是所考察的后字。下标部分为语句的普通话释义。

饶平黄冈方言的变调系统和变调方式具有规律性，一般的词句，或者采用最基本的前字变调模式来表示平常的、非强调的语义，或者使用轻声变调模式以表达或强调不同的语义语气。通常，连读变调以两字组为基础发生变调，多字组连调的基本规律跟两字组一致，两个音节以上的词句，按照其意义和语法结构划分为一定的音段，以音段的最后一字为后字保持不变调，除后字之外的其他字则按照前字变调规律变调。发生轻声变调时，前字保持本调不变，后字变为轻声，词句中的其他字还是按照前字变调的规则发生变调。可见，饶平黄冈方言日常对话中如何运用前字变调/轻声表示各种不同的语义和语气，相当灵活且比较复杂。

肆　异读

一　新老异读

饶平黄冈方言没有明显的新老异读。

二　文白异读

饶平黄冈方言的文白异读现象丰富，声、韵、调都有成系统的文白读。有的字在饶平黄冈方言有三个甚至四个异读音类，从读音的层次来看，不止文白两个层次。文白异读的具体情况如下：

1. 声母异读

（1）帮母字今读不论文白主要都为 p 声母，少数字文读 pʰ 声母，如：谱 pʰou⁵²、标文，~准 pʰiau⁴⁴。非母白读塞音 p 声母，文读 h 声母。并母字已经清化，今读不论文白都既读不送气 p，也读送气 pʰ，但白读不送气的比率较高。奉母白读 p/pʰ 声母，文读 h 声母。明微母字 m/b 既有白读也有文读。

（2）端母不论文白都读 t 声母。透母无论文白大都读 tʰ声母，极少数白读 t 声母。定母不论文白读都既有 t 声母，也有 tʰ声母，如果 t 和 tʰ 形成文白对立，tʰ 为文读音、t 为白读音。泥（娘）母字 n/l 声母既有白读，也有文读。来母白读 n、l 声母，文读主要为 l 声母。

（3）精母文白读都为 ts 声母，少数非常用字文读 tsʰ，如：澡/躁 tsʰau²¹⁴、歼 tsʰiam⁴⁴、雀 tsʰiak²。清母无论文白读都是 tsʰ。从母白读主要为 ts，文读主要为 tsʰ，少数 ts 声母。

（4）庄母不论文白读都主要为 ts。初母不论文白读都主要为 tsʰ。崇母白读主要为 ts，少数 t 声母，文读主要为 tsʰ，其次为 ts。生母白读有 tsʰ、tʰ声母，s 既有文读也有白读。

（5）章母白读有 k 声母，ts 既有白读也有文读。昌母白读有 kʰ声母，tsʰ声母既有白读也有文读。船母白读 ts 声母，文读 s 声母。书母白读 ts、tsʰ和 s，文读 s 声母。禅母白读 ts、tsʰ，文读 s 声母。日母白读有 h、n、l，文读 dz 声母。

（6）见母文白读主要都为 k，少数文读 kʰ。溪母文白读主要都为 kʰ，少数文读 k，如：渴 kuaʔ²、券 kuaŋ²¹⁴。群母不论文白都既读 k，也读 kʰ。疑母少数白读h，Ø、ŋ、g 既有白读也有文读。

（7）影母不论文白主要都为零声母，少数文读 h。晓母不论文白读主要都为 h，少数白读 kʰ。匣母白读 k、h 和零声母，文读 h。云母白读 h，文读零声母。以母不论文白都主要读零声母，少数白读 s 声母。

中古声母	例字	白读	文读
帮母	菠	p（～菠）	p（～菜）
	标	p（招～）	pʰ（商～）
滂母	抛	pʰ（～网）	pʰ（～弃）
並母	拔	p（～刺）	p（～河）
	被	pʰ（～棉）	p（～动）
	平	p（～头）	pʰ（和～）
	皮	pʰ（～肤）	pʰ（调～）
明母	毛	m（头～）	m（～重）
	模	b（鞋～）	m（～型）
非奉母	夫	p（丈 ta⁴⁴～）	h（～人）
敷奉母	泛	pʰ（～心）	h（广～）
端母	抵	t（～手）	t（～挡）
透母	替	tʰ（～补）	tʰ（代～）
	贴	t（～胶布）	tʰ（粘～）
定母	断	t（拗～）	t（决～）
	涂	tʰ（～糕糜）	tʰ（糊～）
	图	t（画～）	tʰ（企～）
泥母	拈	n（～□nueʔ²）	l、n（～轻怕重）
	脑	l（樟～）	n（猪～）
来母	黎	l（姓）	l（～明）
	烂	n（糜～）	l（灿～）
精母	姐	ts（翁～）	ts（大～）
	雀	ts（麻～）	tsʰ（～斑）

续表

中古声母	例字	白读		文读	
清母	草	tsʰ（青～）		tsʰ（～稿）	
从母	齐	ts（～头）		tsʰ（～国）	
	贱	ts（～骨）		ts（～：单用，通常用来形容小孩不娇气，好动，弄伤了也不撒娇。）	
心母	西	s（～䏡）		s（～瓜）	
	岁	h（年～）		s（～月）	
	腥	tsʰ（臭～气 kʰui²¹⁴）		s（～味）	
邪母	辞	s（相～）		s（～典）	
	席	tsʰ（一～）		s（酒～）	
	谢	ts（姓）		s（～～）	
知母	昼	t（中～）		t（白～）	
	罩	t（蚊～）		ts（面～）	
澄母	尘	t（□eŋ⁴⁴～）		t（灰～）	
	长	t（～短）		tsʰ（～期）	
	丈	t（～人）	t（一～）	ts（～夫）	
	陈	t（姓）	tʰ（～列）	tsʰ（老宋～）	
庄母	滓	t（尿～）		ts（渣～）	
初母	初	tsʰ（～一）		tsʰ（～中）	
崇母	状	ts（告～）		ts（～态）	
	锄	t（～头）		tsʰ（～禾日当午）	
生母	数	s（～学）		s（～落）	
	生	tsʰ（～分）		s（～囝）	s（学～）
	筛	tʰ（米～）		s（～选）	
章母	赘	ts（鱼鳞～）		ts（累～）	
	支	k（一～）		ts（～部）	
昌母	穿	tsʰ（～针）		tsʰ（～戴文 tai²¹⁴）	
船母	实	ts（～肉）		s（～在）	

续表

中古声母	例字	白读		文读	
书母	黍	s（～团小米）		s（读书音）	
	水	ts（泉～）		s（"美"）	
	伸	tsʰ（～长 tuŋ⁵⁵）		s（～展）	
禅母	常	s（经～）		s（反～）	
	誓	ts（咒～）		s（发～）	
	树	tsʰ（～木）		s（～立）	
日母	饶	dz（上～饶平地名）		dz（富～）	
	染	n（～色）		dz（沾～）	
	忍	l（吞～）		dz（～受）	
	耳	h（单用）		dz（～朵）	
见母	歌	k（唱 tsʰio²¹⁴～）		k（唱～）	
	挂	k（～起去）		kʰ（牵～）	
溪母	开	kʰ（～门）		kʰ（～始）	
群母	钳	kʰ（～团）		kʰ（～子）	
	穷	k（～侬）		kʰ（贫～）	
	健	k（轻～）		k（～康）	
	忌	kʰ（做～）		k（禁～）	
疑母	颜	ŋ（姓）		ŋ（～色）	
	蜈	g（～蚣 kaŋ⁴⁴）		g（～蚣 koŋ⁴⁴）	
	蚁	h（狗～）		ŋ（蚂～）	
	瓦	h（～饼）		∅（～片）	
	迎	∅（～神）		ŋ（～接）	
影母	挨	∅（～倚 ua⁵²）		∅（～打）	
晓母	呼	kʰ（～猪）		h（～吸）	
匣母	下	k（"低"）	h（～定）	∅（～爿）	h（～面）
	含	kam⁵⁵（～糖）		h（包～）	
	陷	∅（豆～）		h（～饼）	
云母	远	h（～路）		∅（遥～）	
以母	摇	∅（单用）		∅（～摆）	
	翼	s（鸡～）		∅（羽～）	

2. 韵母异读

（1）果摄白读主要为 ua、ue，文读 o、ai。

（2）假摄白读主要为 ue、e，另有 ia、ua 韵母；文读为 ia、a、ua。

（3）遇摄白读音类主要有 ou、iu、ɯ，文读为 u、o 韵母。

（4）蟹摄开口白读主要为 oi、ua，文读主要为 ai、i；合口白读主要为 ue、o，文读主要为 ui、uai，ue 也有文读。

（5）止摄开口白读有 ai、ia、ua、ue、ui、i，文读为 i、ɯ；合口字白读为 ue，文读为 ui。

（6）效摄白读一等为 o，二等为 a，三等和少数四等为 io。文读一、二等主要为 au，三、四等主要读 iau，少数二等字也读 iau，如：稍 tsʰiau⁵²；少数非鼻音声母字读鼻化韵母 ĩõ，属于方言语音自身的演变，跟 io 之间不是文白读关系。

（7）流摄一等白读 au，文读 ou，部分三等韵字跟一等读同；三等白读 u，文读主要为 iu。少数非鼻音声母字读鼻化韵母 ĩõ、ĩũ、õũ，属于方言语音自身的演变，跟相应的非鼻化韵母之间不是文白读关系。

（8）咸摄一、二等白读 ã、aʔ，文读 am、ap，部分二等韵字文读 iam、iap，如：嵌 kʰiam²¹⁴、咸 kiam⁵⁵、狭 hiap⁵、峡 kiap⁵。三、四等白读 ĩ、iʔ，文读 iam、iap，少数四等入声韵白读 iʔ，文读 iak，例如"跌"；少数三等字白读 im，例如"淹"。二、四等入声韵白读 oiʔ。

（9）深摄阳声韵白读主要为 am，极少数白读 ĩ、ã，如：擒 kʰĩ⁵⁵、林 nã⁵⁵；入声韵白读主要为 ap，极少数例字白读 oiʔ，如：笠 loiʔ⁵。深摄文读 im、ip。

（10）山摄开口一、二等白读为 ũã，相应地入声韵为 uaʔ；少数三等韵白读也为 uã、uaʔ；三、四等白读 ĩ、iʔ；二、四等韵另有白读 õĩ，相对应地入声韵为 oiʔ；少数四等韵字白读 aŋ、ak，如：牵 kʰaŋ⁴⁴、别 pak⁵。文读开口一、二等为 aŋ，相应地入声韵为 ak，三、四等文读 iaŋ、iak，少数三、四等入声韵跟一、二等同读 ak。

山摄合口一、三等白读 ɯŋ、ĩ、uŋ；一等白读另有 uã、uaʔ；三、四等白读 iŋ；二、三等入声韵白读 ueʔ。文读一、二、三等韵有 uaŋ、uak；三、四等有 iaŋ，对应的入声韵为 uak；四等"缺"文读 ueʔ。

（11）臻摄白读为 ɯŋ、uŋ、aŋ 和 ak。文读为 uŋ、uk，iŋ、ik、iaŋ、iak 和 ek。

（12）宕摄开口一等阳声韵白读 ɯŋ，入声韵白读 oʔ、uaʔ，另有"落"白读 auʔ；文读主要为 aŋ、ak，入声韵另有文读 ok。开口三等阳声韵白读主要为 iõ，少数为 ɯŋ；入声韵白读 ioʔ、iaʔ。文读主要为 iaŋ、iak，少数阳声韵字文读 uaŋ。

宕摄合口一等阳声韵白读为 ɯŋ、ŋ，入声韵白读 ueʔ；三等阳声韵白读 aŋ、eŋ。一、三等阳声韵文读都为 uaŋ；一等入声韵文读 uak。

（13）江摄白读阳声韵为 ɯŋ，入声韵为 oʔ。文读主要为 aŋ、ak，部分读 uaŋ、uak，入声韵另有文读 ok。

（14）曾摄开口一等白读主要为 aŋ、ak；开口三等白读主要为 iŋ、ik；开口一、三等都有少数白读音 iã。开口一、三等文读主要为 eŋ、ek，另有少数开口三等文读 iak。

（15）梗摄白读阳声韵为 ẽ、iã，入声韵有 eʔ、aʔ、oʔ、ok、iaʔ、ioʔ 等白读音。文读阳声韵为 eŋ，入声韵有 ek、eʔ、iaʔ。

（16）通摄白读阳声韵主要为 aŋ，其次为 eŋ，极少数白读 ɯŋ、uaŋ；入声韵白读 ek。文读主要为 oŋ、ok，ioŋ、iok，绝大多数是三等韵字。

摄	韵	例字	白	文
果摄	歌	歌	ua（唱～）	o（～曲）
		大	ua（～侬）	ai（～小）
		个	ai（一～）	o（～性）
	戈	菠	ue（～菱）	o（～菜）
	麻	沙	ua（～垫）	a（读书音）
		加	e（"多"）	ia（～减）
		把	e（～门）	a（一～）
	麻（合）	瓜	ue（西～）	ua（～分）
		瓦	ia、iã（厝～）	ua（～解）
遇摄	模	模	ou（印～）	õ（～型）
		图	ou（～画）	u（企～）
	鱼	初	iu（～一）	o（～中）
		锄	ɯ（～头）	o（读书音）
		舒	ɯ（～铺）	u（～服）
	虞	珠	iu（目～）	u（～宝）
		数	iau（～字）	u（～落）
蟹摄	咍	开	ui（～门）	ai（～始）
		戴	i（～帽）	ai（爱～）
	皆	挨	oi（～倚）	ai（～打）
	祭	誓	ua（咒～）	i（～言）
	齐	西	ai（东～）	i（～瓜）
		替	oi（～补）	i（代～）

续表

摄	韵	例字	白		文	
蟹摄	灰（合）	推	o（～辞）		ui（～翻）	
		灰	u（火～）	ue（石～）	ui（～色）	
		背	i（～条）		ue（～部）	
	皆（合）	怪	ue（～是）		uai（责～）	
止摄开口	支	皮	ue（～肤）		i（调～）	
		知	ai（唔～）		i（～县）	
		倚	ua（～墙）		i（～仗）	
	脂	师	ai（～父）		ɯ（～生）	
		肆	i（"四"）		ɯ（放～）	
	微	机	ui（布～）		i（～器）	
止摄合口	微	飞	ue（～机）		ui（人名，张～）	
效摄	豪	毛	õ（头～）		ãũ（～重）	
	肴	抛	a（～网）		au（～弃）	
	宵	标	io（招～）		iau（～准）	
流摄	侯	斗	au（～墟）		ou（～争）	
		扣	a（～钱）		au（～押）	
	尤	流	au（～走）		iu（～动）	
		丘	u（一～塍）		iu（～陵）	
咸摄	谈	蓝	ã（姓）		ãm（～色）	
	盐	淹	im（～死）		iam（～没）	
		染	ĩ（～色）		iam（沾～）	
	合	合	aʔ（～伙）		ap（～喙）	
	洽	夹	oiʔ（～紧）		iap（～心）	
	业	接	iʔ（迎～）		iap（嫁～）	
	帖	贴	aʔ（～胶布）		iap（粘～）	
深摄	侵	林	ã（刺～）		im（姓）	
		擒	ĩ（～紧）		im（～拿）	
		饮	am（糜～）		im（～酒）	
	缉	笠	oiʔ（□kueʔ⁵～斗笠）		ip（读书音）	

续表

摄	韵	例字	白	文
山摄开口	寒	丹	ũã（牡~）	aŋ（~心）
	山	间	õĩ（房~）	aŋ（中~）
	仙	变	ĩ（~面）	iaŋ（~化）
	先	先	õĩ（~慢）	iŋ（~生）
		典	õĩ（~当）	iaŋ（~型）
		遍	iŋ（~间）	iaŋ（普~）
	曷	喝	uaʔ（大声~）	ak（~水）
	黠	拔	oiʔ（~刺）	uak（~河）
	薛	别	ak（~人）	iak（分~）
		列	ik（一~）	iak（队~）
	薛	热	uaʔ（天时~）	iak（~闹）
	屑	节	oiʔ（过~）	ak（~约）
		结	ik（~疤）	ak（~婚）
山摄合口	桓	盘	ũã（~碗）	uaŋ（~旋）
		断	ɯŋ（~去）	uaŋ（决~）
	元	远	ŋ（~路）	iaŋ（遥~）
		饭	uŋ（食~）	uam（吃~）
	先	悬	ũi（"高"）	iaŋ（~挂）
		眩	iŋ（~车）	iaŋ（~晕）
	末	沫	uaʔ（泡~箱）	ũãk（泡~）
	鎋	刮	ueʔ（~毛）	uaʔ（搜~）
	屑	缺	ĩʔ（~喙）	ueʔ（~少）
臻摄	真	陈	ãŋ（姓）	iŋ（~述）
		伸	uŋ（~长）	iŋ（~展）
	魂	顿	ɯŋ（一~）	uŋ（停~）
	质	实	ak（~肉）	ik（~在）

续表

摄	韵	例字	白		文	
宕摄开口	唐	郎	uɯŋ（～舅）		aŋ（姓）	
	阳	张	ĩõ（姓）		iaŋ（开～）	
		状	uɯŋ（告～）		uaŋ（～态）	
		央	ŋ（中～）		iaŋ（～求）	
	铎	落	auʔ（□ka⁴⁴～掉下）		oʔ（～实）	
		恶	oʔ（"难"）		ak（罪～）	
	药	药	ioʔ（西～）		iak（芍～）	
宕摄合口	唐	光	uɯŋ（天～）		uaŋ（～明）	
	阳	方	aŋ（四～）	ŋ（地～）	uŋ（姓）	uaŋ（～向）
		王	eŋ（姓）		uaŋ（大～）	
江摄	江	扛	uɯŋ（～轿）		aŋ（读书音）	
	觉	学	oʔ（～样）		ak（～习）	
曾摄	登	曾	aŋ（姓）		eŋ（～加）	
	蒸	应	iŋ（～承）		eŋ（答～）	
		凝	uɯŋ（～冻）		ẽŋ（～结）	
	德	刻	ak（～字）		ek（～录）	
		克	ak（相～）		iok（千～）	
	职	熄	ik（～灯）		ek（～灭）	
梗摄	庚	命	ĩã（性～）		ẽŋ（使～）	
	青	经	ĩã（～典）		eŋ（～常）	
	昔	积	eʔ（～德）		ek（久～）	
		脊	iaʔ（背～）		ik（～椎）	
		易	iaʔ（～经）		ek（交～）	
	锡	劈	oʔ（～开）		ek（开～）	
		剔	ok（～牙）		ek（挑～）	
		历	aʔ（～日日历）		eʔ（日～）	

续表

摄	韵	例字	白	文
通摄	东（一等）	篷	aŋ（～厝）	oŋ（帐～）
		捅	uŋ（～散）	oŋ（～破）
	东（三等）	穷	eŋ（～依）	ioŋ（贫～）
	钟	封	uaŋ（～药）	oŋ（信～）
	烛	浴	ek（洗～）	iok（沐～）

3. 声调异读

饶平黄冈话上声、去声有文白异读现象，全浊上、次浊上白读为阳上，文读为阴上。全清去白读为阴去，文读为阳上。次浊去白读为阳去，文读为阳上。全浊去白读为阳去，文读有阳上和阴上两种。

中古音韵地位	例字	白读	文读
古全浊声母上声字	父	阳上 25（老～）	阴上 52（夸～）
古次浊声母上声字	雨	阳上 25（落～）	阴上 52（谷～）
古全清声母去声字	赘	阴去 214（鱼鳞～）	阳上 25（累～）
古次浊声母去声字	赖	阳去 21（倚 ua^{52}～）	阳上 25（依～）
古全浊声母去声字	字	阳去 21（写～）	阳上 25（杜甫，～子美）
古全浊声母去声字	汗	阳去 21（流～）	阴上 52（大～淋漓）

三　其他异读

（一）训读或避讳造成的异读

训读指用方言口语常用词的读音去读意义相同或相近的字，训读跟文白异读现象不同，但容易跟文白异读混淆。下表列举饶平黄冈方言的一些训读字音。

例字	代	会	稻	看	烟	脚	一	痛
训读字及读音	tʰoi²¹⁴，训"替"	oi²⁵，训"解"	tiu²⁵，训"秞"	tʰõi⁵²，训"睇"	huŋ⁴⁴，训"薰"	kʰa⁴⁴，训"骹"	tsek⁵²，训"蜀"	tʰĩa²¹⁴，训"疼"

（二）词汇扩散式音变造成的异读

词汇扩散式音变造成的异读音类之间，没有层次的不同，它们之间是新旧形式的不同，跟由接触引起的异读音类有本质的区别。饶平黄冈方言主要有以下两类词汇扩散式音变造成的异读：

（1）部分非鼻音声母的古阴声韵字今读鼻化韵。饶平黄冈方言有部分非鼻音声母的古阴声韵字今读鼻化韵，这是本方言内部发生语音演变的结果，由对应的非鼻化韵母通过发音机制扩散和词汇扩散发展而来，它们之间有音变关系，但没有层次对立，属于这里所说的词汇扩散式音变造成的异读音类。

（2）声母 n 和 l 的相混。n、l 相混也属于词汇扩散式音变造成的异读，主要发生在咸、深两摄泥（娘）/来两母的 m 尾韵字中，同一个字声母读 n 或读 l 比较随意，不同人之间也不尽相同。这一音变目前仍在缓慢发展，如（同音字列在一起，用"/"隔开，同一个字两种读音用"、"隔开）：蓝文、~色/淋白、~油 $nãm^{55}$、lam^{55}；揽/览/缆文、~绳/榄文, 乌~$nãm^{52}$、lam^{52}；滥 $nãm^{25}$/lam^{25}；拈文、~轻怕重 $nĩãm^{44}$、$liam^{44}$；粘/廉/镰/帘/鲇 $nĩãm^{55}$、$liam^{55}$；敛/殓 $nĩãm^{52}$、$liam^{52}$；念文、思~$nĩãm^{25}$、$liam^{25}$，念白、数~$nĩãm^{21}$、$liam^{21}$；林文、树~/淋文、~浴/临 lim^{55}、$nĩm^{55}$。

音变的发生往往首先表现在说话人听感上的混淆。现阶段，饶平黄冈方言使用者在听感上对这部分字的声母读 n 或读 l 都可以接受，觉得不区分意义。

第六十二节　汕头方音

壹　概况

一　调查点概况

调查点为汕头市金平区。金平区位于广东省汕头市西北部，地处北纬 23°19′～23°28′，东经 116°33′～116°48′之间，东部与龙湖区相接，北部及西北部分别与潮州市庵埠镇和揭阳市地都镇接壤，南部紧连汕头港、牛田洋，西南部浔洄岛与潮阳区为邻，陆地面积 108.71 平方千米。截至 2019 年，金平区共辖 12 个街道（石炮台、金砂、东方、大华、光华、广厦、岐山、鮀莲、鮀江、月浦、小公园、金东），区人民政府驻石炮台街道金砂路 50 号。根据第七次人口普查数据，截至 2020年 11 月 1 日，金平区常住人口为 777024 人，基本为汉族。金平区是汕头市的政治、文化中心，是汕头经济特区的重要门户。

汕头市金平区内通行的方言属于闽语区闽南片潮汕小片。内部口音略有差别，可以分为老市区、鮀浦和岐山三种。具体分布范围如下：（1）老市区口音，原先通行的范围大致上东至苍陇、大华路一带，北至中山公园北缘、乌桥一带，西至西堤路，南至汕头港北岸；但随着市区的扩建，现在的金平区除鮀莲、鮀江、岐山、月浦等街道外，其他区域均为老市区口音。（2）鮀浦口音，主要覆盖鮀莲和鮀江两个街道。（3）岐山口音，主要覆盖月浦、岐山两个街道。本次调查的是分布范围最广的老市区口音。辖区内的地方戏主要是潮剧，但观众多是中老年人，近年来政府正采取措施，支持其传承与发展。

二　方言发音人概况

　　老男发音人钟勇，1954 年 10 月出生于汕头市金平区吉祥街道海平居委，高中学历。小学、初高中分别就读于金平区商平小学、金平区第九中学，高中毕业后在汕头电力修造厂、汕头热电厂工作，2014 年退休。本人会说汕头话和普通话，日常语言以汕头话为主。父母及配偶均为本地人，说汕头话。

　　青男发音人李锦荣，1986 年 3 月出生于汕头市金平区金厦街道月季居委，大学本科学历。小学、初中、高中分别就读于金平区月季小学、金平区金荷中学、汕头一中，大学就读于华南师范大学（广州），大学毕业后在汕头市东厦中学（金平区）任教至今。本人会说汕头话、普通话、一点广州话和英语，日常语言以汕头话为主。父母均为本地人，说汕头话。

　　老女发音人陈森丽，1954 年 5 月出生于汕头市金平区福合街道万胜居委，小学学历。小学就读于金平区福平二小，先后在汕头服装厂、汕头绣衣厂工作，2009 年退休。本人会说汕头话和普通话，日常语言以汕头话为主。父母及配偶均为本地人，说汕头话。

　　青女发音人郑扬欢，1987 年 10 月出生于汕头市金平区广厦街道珠厦居委，大学本科学历。小学、初中、高中分别就读于金平区外马三小、金平区十二中、汕头华侨中学，大学就读于华南师范大学（广州），大学毕业后在汕头市华侨中学（金平区）任教至今。本人会说汕头话、普通话、一点广州话和英语，日常语言以汕头话为主。父母及配偶均为本地人，说汕头话。

　　口头文化发音人 1 李丽椿，1956 年 5 月出生于汕头市金平区福合街道万胜居委，小学学历，一直在当地生活。本人会说汕头话和普通话，日常语言以汕头话为主。父母及配偶均为本地人，说汕头话。

　　口头文化发音人 2，即老女发音人陈森丽。

贰　声韵调

一　声母 18 个（包括零声母在内）

p 八兵爬　pʰ派片蜂　b 麦味　　　m 明问
病飞白　　白
肥饭

t 多东甜　tʰ讨天抽　　　　　　n 脑文南　　　　　　　　　l 脑白老连
毒张白　　拆柱　　　　　　　年泥蓝　　　　　　　　　路
竹茶　　　　　　　　　　　软

ts 资早租   tsʰ 刺草寸   s 丝三酸   dz 字热
　酒坐谢   　清贼全   　想祠谢
　白张文争   　抄初床   　文事床文
　装纸主   　白车春手   　山双顺
　船书十   　城
k 高九共   kʰ 开轻权   g 月   ŋ 熬   h 飞文风
　县   　副蜂文
                        　好灰响
                        　王白云

Ø 活安温
　王文用
　药

说明：

①p、t 有时音值接近 ɓ、ɗ，属于自由变体。

②浊塞音声母 b、g、dz 前常带有轻微的同部位的鼻冠音，实际音值更接近ᵐb、ᵑg、ⁿdz，ⁿdz 的鼻冠音极弱。

③b、l、g 分别与 m、n、ŋ 有音位对立，如：木 bak⁵≠目 mak⁵，绿 lek⁵≠肉 nek⁵，玉 gek⁵≠逆 ŋek⁵。

④ts、tsʰ、s、z 和齐齿呼韵母相拼时有腭化倾向，但不构成音位对立。

⑤零声母在开口呼韵母前常带有轻微的喉塞ʔ，在齐齿呼和合口呼韵母前常带有相应的半元音 j 或 w，但均不构成音位对立。

二 韵母 88 个（包括自成音节的 m、ŋ 在内）

	i 米丝试戏二	u 五文雨文
a 饱	ia 靴写瓦白	ua 歌白瓦文
e 茶牙		ue 过赔飞白
o 歌文坐宝短	io 笑桥小白	
ɯ 猪师文		
ai 开文排白盖文		uai 快~乐
oi 鞋		ui 开白对飞文鬼
au 豆走	iau 敲小文	
ou 苦雨白	iu 油	
	ĩ 年	
ã 三白	iã 兄	uã 快~活山半官
ẽ 硬争病星		uẽ 果文横关
õ 遇	iõ 张白	
ãĩ 爱		uãĩ 挖

õĩ 办

ãũ 毛文

õũ 五文虎

am 南

om □lom²¹³ 涮

aŋ 双讲东白

eŋ 王白灯升用

oŋ 东文

ɯŋ 根糖床

ap 盒十

op □hop⁵ 嘴巴一张一合

ak 节文壳学文北六

ek 色绿局

ok 国谷

uk 乞文

aʔ 塔鸭

eʔ 白

oʔ 托学白

ɯʔ 乞白

oiʔ 八节白

auʔ 落白

ãʔ □ãʔ² 用微曲的手掌打

ẽʔ □hẽʔ² 吓，恐吓

ãĩʔ □hãĩʔ⁵□hĩʔ² ~：比喻有毛病

õĩʔ □hõĩʔ² 面~~，脸憔悴消瘦的样子

ãũʔ □hãũʔ⁵（莲藕、芋头等）口感不够松软

m 唔姆

ŋ 黄园

ĩãũ 猫

ĩũ 休

im 心深

iam 盐

iŋ 新

iaŋ 响让文

ioŋ 恭

ip 急

iap 接文贴

ik 七一橘直

iak 热文

iok 育

iʔ 接白

iaʔ 锡

ioʔ 药尺

iauʔ 雀白

iuʔ □kiuʔ² 挤（牙膏）

ĩʔ □ĩʔ⁵ 睡觉

ĩãʔ □hĩãʔ² ~开：掀开（被子）

ĩãũʔ □hĩãũʔ² ~开：掀开（被子）

ĩũʔ 孕

ũĩ 县

uŋ 寸滚春云

uaŋ 权王文

uk 骨出

uak 发

uʔ 噎

uaʔ 辣热白活刮文

ueʔ 刮白月郭

ũãĩʔ □hũãĩʔ⁵ 来回动

mʔ　□hmʔ² 用棍棒打

ŋʔ　□hŋʔ² 擤

说明：

①没有撮口呼韵母。

②a 在 ia 中舌位偏前；e 作为单韵母或在 ue 中舌位偏低，接近 ɛ；o 作为单韵母或出现在喉塞韵尾之前舌位偏低，接近 ɔ；u 在 uk 中舌位偏低，但比 o 高；ɯ 作为单韵母时舌位偏低，接近 ɣ。

③i、u 作韵头或韵尾时的实际音值接近 ɪ 和 ʊ。

④鼻音韵尾有-m、-ŋ，无-n；塞音韵尾有-p、-k、-ʔ，无-t。

⑤有丰富的鼻化韵，鼻化成分从韵头贯穿到韵尾。

⑥鼻音声母后的开尾韵，统一加鼻化符号，如 nĩõ；而鼻音声母后的闭尾韵的韵腹，统一不加鼻化符号，如 ŋiam、mak；实际上两者均受声母影响，带鼻化成分。

三　声调共 8 个

阴平 33　　东该灯风通开天春	阳平 55　　门龙牛油铜皮糖红
阴上 51　　懂古鬼九统苦讨草买老_文五_文	阳上 25　　老_白五_白有动罪近后硬乱树_文
阴去 213　　冻怪半四痛快寸去	阳去 31　　卖路洞地饭树_白
阴入 2　　谷急刻百搭节拍塔切	阳入 5　　六麦叶月毒白盒罚

说明：

①阳平 55 的调头有时比阴上 51 的调头略低，实际调值介于 44 和 55 之间。

②阳去 31 的调头比阳上 25 的调头略高，实际调值介于 21 和 31 之间。

③阴去 213 降到最低处时或带有嘎裂，在连续语流中语速较快时后半截的升尾常不出现。

④阴入 2 和阳入 5 均为短促调。

叁　连读变调

汕头话的连读变调基本属于前字变调，后字不变调，前字变调不依赖后字的条件。只要是两字或两字以上的组合，前字基本都要变调。后字发生变调只是个别情况，且不是纯语音层面，同一构词语素，在某些词中变调，在另一些词中又不变调，而且多带有词汇或语法功能，故处理为轻声而非连读变调。具体的两字组连读变调规律见下表：

	阴平 33	阳平 55	阴上 51	阳上 25	阴去 213	阳去 31	阴入 2	阳入 5
阴平 33	33＋33 山骹	33＋55 山头	33＋51 山顶	33＋25 山下	33＋213 山背	33＋31 山路	33＋2 山谷	33＋5 山石
阳平 55	31＋33 茶杯	31＋55 茶壶	31＋51 茶几	31＋25 茶具	31＋213 茶费	31＋31 茶树	31＋2 茶粕	31＋5 茶叶

续表

	阴平 33	阳平 55	阴上 51	阳上 25	阴去 213	阳去 31	阴入 2	阳入 5
阴上 51	24+33 九斤	24+55 九楼	24+51 九死	24+25 九户	24+213 九句	24+31 九袋	24+2 九笔	24+5 九盒
阳上 25	31+33 五筐	31+55 五条	31+51 五种	31+25 五舅	31+213 五四	31+31 五份	31+2 五谷	31+5 五粒
阴去 213	55+33 四双	55+55 四行	55+51 四把	55+25 四妹	55+213 四顿	55+31 四面	55+2 四折	55+5 四十
阳去 31	31+33 地区	31+55 地图	31+51 地主	31+25 地道	31+213 地价	31+31 地洞	31+2 地铁	31+5 地域
阴入 2	5+33 七天	5+55 七年	5+51 七喜	5+25 七妗	5+213 七岁	5+31 七号	5+2 七桌	5+5 七局
阳入 5	2+33 六亲	2+55 六层	2+51 六本	2+25 六倍	2+213 六次	2+31 六座	2+2 六只	2+5 六日

肆 异读

一 新老异读

就调查到的老男发音人和青男发音人的情况来看，音系特点上两位发音人基本相同，区别主要在于：

（1）对于一些不常用的字老男发音人知道读音，青男发音人则不知道，如"抖、瘦、镯"等。

（2）文白异读方面，有些不常用的读音老男发音人知道，青男发音人则不知道，如"慢"的文读音 buaŋ^{25}、"瓶"的白读音 paŋ^{55} 等。

二 文白异读

和其他闽南方言一样，汕头话的文白异读丰富且各成系统，下面分声、韵、调进行归纳：

1. 声母异读

（1）非、敷、奉母字白读为 p、p^h，文读为 h，如：飞 pue^{33}～来/hui^{33}人名、芳 p^{h}aŋ^{33}～味/huaŋ^{33}～香、缝 p^{h}oŋ^{55}～车/hoŋ^{55}裁～、妇 pu^{25}新～/hu^{25}～女。

（2）知、彻、澄母字白读为 t、t^h，文读为 ts、ts^h，如：张 tiõ^{33}姓～/tsiaŋ^{33}～扬、趁 t^{h}aŋ^{213}～烧/tsiaŋ^{25}～机、长 tuŋ^{55}～短/ts^{h}iaŋ^{55}～安、丈 tiõ^{25}～侬/tuŋ^{25}一～/tsiaŋ^{25}～夫。

（3）心母字白读 h、ts^h；文读 s，如：岁 hue^{213}几～/sue^{213}～月、碎 ts^{h}ui^{213}～粉～。邪母字白读为 ts^h、ts，文读为 s，如：席 ts^{h}io?^{5}草～/sia?^{5}宴～、谢 tsia^{31}姓～/sia^{31}感～。

（4）初母、崇母字白读为 t、t^h，文读为 ts^h，如：窗 t^heŋ³³、锄 tɯ⁵⁵~头/ts^ho⁵⁵~禾。生母字白读 t^h、ts^h，文读 s，如：筛 t^hai³³菜~/sai³³~选、生 tsʰẽ³³~果/sẽ³³~活/seŋ³³学~。

（5）章母个别字白读为 k，文读为 ts，如：指 ki⁵¹用手~/tsõĩ⁵¹手~/tsi⁵¹~导。船、书母字白读为 ts、ts^h，文读为 s，如：船 tsuŋ⁵⁵、塍 ts^haŋ⁵⁵"田"的训读、升 tsiŋ³³米~团/seŋ³³~起来。禅母字白读为 ts、ts^h，文读为 s，如：石 tsioʔ⁵~头/sioʔ⁵~榴、树 ts^hiu³¹~顶/su²⁵~立。

（6）日母字白读为 h、n，文读为 dz，如：耳 hĩ²⁵~空/dzɯ⁵¹木~、染 nĩ⁵¹~色/dziam⁵¹感~。

（7）疑母字白读为 h，文读为 ŋ，如：颜 hĩa⁵⁵姓~/ŋuaŋ⁵⁵~色。

（8）晓母字白读为 k^h，文读为 h，如：许 k^hou⁵¹姓~/hu⁵¹~可。匣母字白读为 k 和零声母，文读为 h：糊 kou⁵⁵米~/hu⁵⁵~涂、胡 ou⁵⁵姓~/hu⁵⁵二~。

（9）喻三（云）母字白读为 h，文读为零声母，如：雨 hou²⁵落~/u⁵¹谷~。喻四（以）母字白读为 ts、s，文读为零声母：痒 tsĩõ²⁵耙~/iaŋ⁵¹无关痛~、榕 seŋ⁵⁵~树/ioŋ⁵⁵~江。

声母	例字	白读	文读
非母	飞	p	h
敷母	芳	p^h	h
奉母	缝	p^h	h
	妇	p	h
知母	张	t	ts
彻母	趁	t^h	ts
澄母	长	t	ts^h
	丈	t	ts
心母	岁	h	s
	碎	ts^h	—
邪母	席	ts^h	s
	谢	ts	s
初母	窗	t^h	—
崇母	锄	t	ts^h
生母	生	ts^h	s
	筛	t^h	s

续表

声母	例字	白读	文读
章母	指	k	ts
船母	船	ts	—
船母	塍	tsʰ	—
书母	升	ts	s
禅母	石	ts	s
禅母	树	tsʰ	s
日母	染	n	dz
日母	耳	h	dz
疑母	颜	h	ŋ
晓母	许	kʰ	h
匣母	糊	k	h
匣母	胡	∅	h
喻三（云）母	雨	h	∅
喻四（以）母	痒	ts	∅
喻四（以）母	榕	s	∅

2. 韵母异读

（1）果摄开口一等歌韵字白读为 ua，文读为 o，如：歌 kua^{33} ~册/ko^{33} ~手。合口一等戈韵字白读为 ue、ua，文读为 o，如：火 hue^{51}、婆 pʰua^{55} 老~/po^{55} 蛤~。

（2）假摄开口二等麻韵、开口三等麻韵字白读主要为 e，文读为 a、ia，如：把 pe^{51} ~门/pa^{51} ~握、姐 tse^{51} ~妹/ tsia^{51} 小~。合口二等麻韵字白读为主要为 ue，文读为 ua，如：花 hue^{33} 红~/hua^{33} ~费。

（3）遇摄合口一等模韵字和合口三等虞韵字白读主要为 ou，虞韵字还有少数白读为 iu，文读为 u，如：图 tou^{55} ~片/tʰu^{55} 企~、雨 hou^{25} 落~/u^{51} 谷~、树 tsʰiu^{31} 大~/su^{25} ~立。合口三等鱼韵字白读为 ou、iu，文读为 ɯ、o，如：许 kʰou^{51} 姓~/hɯ^{51} ~诺、初 tsʰiu^{33} 正月~—/tsʰo^{33} ~中。

（4）蟹摄开口一等咍韵白读为 o、i、ui，开口一等泰韵主要为 ua，开口二等皆、佳等韵白读主要为 oi，以上各韵文读主要为 ai，如：代 to^{31} 几~/tai^{213} 交~、戴 ti^{213} ~帽/tai^{213} 爱~、开 kʰui^{33} ~门/kʰai^{33} ~放、大 tua^{31} ~个/tai^{25} 伟~、挨 oi^{33} ~过来/ai^{33} ~打。开口四等齐韵字白读为 oi、ai，文读为 i，如：礼 loi^{51} ~貌/li^{51} 情~、西 sai^{33} ~方/si^{33} ~瓜。合口一等灰韵，合口三等祭、废韵，合口四等齐韵白读为 ue，文读为 ui，如：灰

hue³³ ~水/hui³³ ~色。合口一等泰韵，合口二等皆、佳等韵字白读为 ue，文读为 ua、uai，如：挂 kue²¹³ ~纸/kua²¹³ ~额链/kʰua²¹³ ~心、快 kʰuai²¹³。

（5）止摄开口三等支韵字白读为 ue、ia、ua，开口三等脂、之韵字白读为 ai，微韵字和少数脂韵字为 ui，文读为 i、ɯ，如：皮 pʰue⁵⁵ 牛~/pʰi⁵⁵ 调~、倚 ua⁵¹ ~腰/i⁵¹ ~靠、师 sai³³ ~团/sɯ³³ 老~、利 lai³¹ 刀~/li²⁵ ~益、里 lai²⁵ 厝~/li⁵¹ ~面、气 kʰui²¹³ ~力/kʰi²¹³ 生~。合口三等支、脂、微韵字白读为 ue，文读为 ui，如：葵 kʰue⁵⁵ ~扇/kʰui⁵⁵ ~花、飞 pue³³ ~机/hui³³ 张~。

（6）效摄开口一等豪韵字白读为 o，二等肴韵字为 a，文读为 au，如：倒 to⁵¹ 打~/tau⁵¹ 颠~、孝 ha³¹ 带~/hau²¹³ ~顺。开口三等宵韵、四等萧韵字白读为 io，文读为 iau，如：表 pio⁵¹ ~弟/piau⁵¹ ~示、挑 tʰio³³ ~针/tʰiau³³ ~战。

（7）流摄开口一等侯韵字白读为 au，文读为 ou；三等尤韵字白读为 au，少数读 u，文读为 iu，如：够 kau²¹³ 足~/kou²¹³ 能~、流 lau⁵⁵ ~血/liu⁵⁵ 一~、舅 ku²⁵。

（8）咸摄开口一等谈韵字，二等咸、衔韵字白读为 ã，文读主要为 am，如：蓝 nã⁵⁵ 姓~/nam⁵⁵ ~色、衔 kã⁵⁵ ~树枝/ham⁵⁵ ~接。开口三等盐韵、四等添韵字白读为 ĩ，文读为 iam，如：染 nĩ⁵¹ ~色/dziam⁵¹ 感~、添 tʰĩ³³ ~饭/tʰiam³³ ~丁。开口一等合、盍韵字，二等洽、狎韵字白读为 aʔ，文读为 ap，如：合 haʔ⁵ ~适/hap⁵ ~嗑、插 tsʰaʔ² ~花/tsʰap² ~嗑。开口三等叶韵、四等帖韵字白读为 iʔ，文读为 iap，如：接 tsiʔ² ~收/tsiap² ~枝。

（9）深摄开口三等侵韵字白读为 ã、am，文读为 im，如：林 nã⁵⁵ 深山~里/lim⁵⁵ 树~、饮 am⁵¹ 糜~/im⁵¹ ~品。

（10）山摄开口一等寒韵字白读为 ũã，二等山、删韵字为 ũã、õĩ，三等仙、元韵字为 ĩ、iã，四等先韵字为 ĩ、õĩ，寒、山、删韵字文读为 aŋ，仙、元、先韵字文读为 iaŋ，如：安 ũã³³ ~心/aŋ³³ 公~、间 kõĩ³³ 房~/kaŋ³³ 空~、板 põĩ⁵¹ 球~/paŋ⁵¹ 黑~、变 pĩ²¹³ ~好/piaŋ²¹³ ~化、燃 hiã⁵⁵ ~火/dziaŋ⁵⁵ ~烧、健 kĩã³¹ 轻~/kiaŋ²⁵ ~康、天 tʰĩ³³ ~时/tʰiaŋ³³ ~真、莲 nõĩ⁵⁵ ~花/liaŋ⁵⁵ 人名。开口一等曷韵字白读为 uaʔ，二等黠韵字为 oiʔ，三等薛、月韵字白读为 uaʔ、iʔ、iaʔ，曷、黠韵字文读为 ak，薛、月、屑韵字文读主要为 iak，也有少数为 ak、ik，如：喝 uaʔ² ~七道八/hak² ~彩、八 poiʔ² ~个/pak² 相~、揭 kiaʔ² ~开/kik² ~阳、节 tsoiʔ² ~日/tsak² ~省。合口一等桓韵字白读为 ũã、ɯŋ，二等删韵字为 ũẽ、õĩ，三等仙韵字读 ɯŋ，元韵字读 ɯŋ、ŋ̍，少数为 ũã、õĩ，四等先韵字为 ũĩ；文读桓、山、删韵字读 uaŋ，仙、元、先韵字大部分读 uaŋ，少部分读 iaŋ，如：欢 hũã³³ ~喜/huaŋ³³ ~迎、断 tɯŋ²⁵ ~去/tuaŋ²⁵ 藕~丝连、关 kũẽ³³ ~门/kuaŋ³³ ~系、还 hõĩ⁵⁵ ~钱/huaŋ⁵⁵ 把家~、转 tɯŋ⁵¹ ~厝/tsuaŋ⁵¹ ~换、远 hŋ²⁵ ~路/iaŋ⁵¹ ~方、悬 kũĩ⁵⁵ ~度/hiaŋ⁵⁵ ~挂。合口一等末韵字白读为 uaʔ；二等鎋韵字，三等薛、月韵字，四等屑韵字白读主要为 ueʔ；文读均主要为 uak，如：末 buaʔ⁵ 药~/muak⁵ 期~、刷 sueʔ²。

（11）臻摄开口三等真韵字白读为 ɯŋ、aŋ，文读多为 iŋ，少数为 iaŋ，如：尘 tʰɯŋ⁵⁵ 笼~/tiŋ⁵⁵ 灰~、趁 tʰaŋ²¹³ ~烧/tsiaŋ²⁵ ~机。开口三等质韵字白读为 ak，文读为 ik，如：实 tsak⁵ 密~/sik⁵ 真~。

（12）宕摄开口一等唐韵字白读为 ɯŋ，文读为 aŋ；三等阳韵字为 ĩõ、ɯŋ、ŋ，文读为 iaŋ；合口一等唐韵字白读为 ɯŋ，文读为 uaŋ；三等阳韵字白读为 aŋ、eŋ，文读为 uaŋ，如：唐 tɯŋ^{55} ~依/tʰaŋ^{55} ~朝、香 hĩõ^{33} ~烛/hiaŋ^{33} ~港、光 kɯŋ^{33} 天~/kuaŋ^{33} ~明、王 heŋ^{55} 姓~/uaŋ^{55} 国~。开口一等铎韵字白读主要为 oʔ，文读主要为 ok；三等药韵字白读主要为 ioʔ，文读为 iak，如：索 soʔ^{2} ~道/sok^{2} 勒~、约 ioʔ^{2} ~会/iak^{2} 大~。

（13）江摄开口二等觉韵字白读为 oʔ，文读为 ak，如：学 oʔ^{5} ~好/hak^{5} ~习。

（14）曾摄开口一等登韵字白读为 aŋ，三等蒸韵字主要为 iŋ，文读均为 eŋ，如：等 taŋ^{51} ~车/teŋ^{51} ~级、应 iŋ^{213} 答~/eŋ^{213} ~该。开口一等德韵字、开口三等职韵字白读为 ak，文读为 ek，如：刻 kʰak^{2} ~苦/kʰek^{2} 雕~、tak^{5} 价~/tek^{5} ~日。

（15）梗摄开口二等庚、耕韵字白读主要为 ẽ，三等庚、清韵和四等青韵字白读主要为 ĩã，也有少数字读 ẽ、aŋ，文读均为 eŋ，如：生 tsʰẽ^{33} ~果/sẽ^{33} ~日/seŋ^{33} 学~、命 mĩã^{31} 生~/meŋ^{25} ~令、平 pẽ^{55} ~路/pʰeŋ^{55} ~时、经 kĩã^{33} 诗~/keŋ^{33} ~常、零 laŋ^{55} ~个/leŋ^{55} ~时。开口二等麦韵字白读主要为 eʔ，开口三等昔韵字主要为 eʔ，也有少数读 iaʔ 或 ioʔ，文读均主要为 ek，如：积 tseʔ^{2} ~极/tsek^{2} ~钱、易 iaʔ^{2} ~经/ek^{5} 交~。

（16）通摄合口一等东、冬韵字白读为 aŋ，三等东、钟韵字白读主要为 eŋ；文读主要为 oŋ，三等东、钟韵部分字为 ioŋ，如：东 taŋ^{33} ~风/toŋ^{33} 房~、冬 taŋ^{33} ~天/toŋ^{33} 麦~、中 taŋ^{33} 家~/toŋ^{33} ~国、穷 keŋ^{55} ~依/kʰioŋ^{55} 贫~、重上声 taŋ^{25} ~量/toŋ^{25} ~视、涌 eŋ^{51} 海~/ioŋ^{213} ~现。合口一等屋、沃韵白读为 ak，文读为 ok；三等屋、烛韵白读主要为 ek，文读为 ok、iok，如：沃 ak^{2} ~花：浇花/oʔ^{2} 肥~、陆 lek^{5} ~地/lok^{5} ~丰、畜 tʰek^{2} ~生/tʰiok^{2} 六~。

中古韵摄		例字	白读	文读
果摄	歌开一	歌	ua	o
	戈合一	婆	ua	o
		火	ue	—
假摄	麻开二	把	e	a
	麻开三	姐	e	ia
	麻合二	花	ue	ua
遇摄	模合一	图	ou	u
	鱼合三	许	ou	ɯ
		初	iu	o
	虞合三	雨	ou	u
		树	iu	u

续表

中古韵摄		例字	白读	文读
蟹摄	咍开一	代	o	ai
		戴	i	ai
		开	ui	ai
	泰开一	大	ua	ai
	皆开二	挨	oi	ai
	齐开四	礼	oi	i
		西	ai	i
	灰合一	灰	ue	ui
	佳合二	挂	ue	ua
		快	—	uai
止摄	支开三	皮	ue	i
		倚	ua	i
	脂开三	利	ai	i
		师	ai	ɯ
	之开三	里	ai	i
	微开三	气	ui	i
	脂合三	葵	ue	ui
	微合三	飞	ue	ui
效摄	豪开一	倒	o	au
	肴开二	孝	a	au
	宵开三	表	io	iau
	萧开四	挑	io	iau
流摄	侯开一	够	au	ou
	尤开三	流	au	iu
		舅	u	—
咸摄	谈开一	蓝	ã	am
	衔开二	衔	ã	am
	盐开三	染	ĩ	iam

续表

中古韵摄		例字	白读	文读
咸摄	添开四	添	ĩ	iam
	合开一	合	aʔ	ap
	洽开二	插	aʔ	ap
	叶开三	接	iʔ	iap
深摄	侵开三	林	ã	im
		饮	am	im
山摄	寒开一	安	ũã	aŋ
	山开二	间	õĩ	aŋ
	删开二	板	õĩ	aŋ
	仙开三	变	ĩ	iaŋ
		燃	ĩã	iaŋ
	元开三	健	ĩã	iaŋ
	先开四	天	ĩ	iaŋ
		莲	õĩ	iaŋ
	曷开一	喝	uaʔ	ak
	黠开二	八	oiʔ	ak
	薛开三	热	uaʔ	iak
		舌	iʔ	—
	月开三	揭	iaʔ	ik
	屑开四	节	oiʔ	ak
		铁	iʔ	—
		洁	—	iak
	桓合一	欢	ũã	uaŋ
		断	ɯŋ	uaŋ
	删合二	关	ũẽ	uaŋ
		还动	õĩ	uaŋ
	仙合三	转	ɯŋ	uaŋ

续表

中古韵摄		例字	白读	文读
山摄	元合三	远	ŋ̍	iaŋ
		番	ũã	uaŋ
	先合四	悬	ũĩ	iaŋ
	末合一	末	uaʔ	uak
	鎋合二	刷	ueʔ	—
	薛合三	阅	—	uak
		月	ueʔ	—
臻摄	真开三	尘	uŋ	iŋ
		趁	aŋ	iaŋ
	质开三	实	ak	ik
宕摄	唐开一	唐	ɯŋ	aŋ
	阳开三	香	ĩõ	iaŋ
		妆	ɯŋ	uaŋ
	唐合一	光	ɯŋ	uaŋ
	阳合三	放	aŋ	uaŋ
		王	eŋ	uaŋ
	铎开一	索	oʔ	ok
	药开三	约	ioʔ	iak
江摄	觉开二	学	oʔ	ak
曾摄	登开一	等	aŋ	eŋ
	蒸开三	应	iŋ	eŋ
	德开一	刻	ak	ek
	职开三	值	ak	ek
梗摄	庚开二	生	ẽ	eŋ
	耕开二	争	ẽ	—
		幸	—	eŋ

续表

中古韵摄		例字	白读	文读
梗摄	庚开三	命	ĩã	eŋ
		平	ẽ	eŋ
	清开三	精	ĩã	eŋ
	青开四	经	ĩã	eŋ
		零	aŋ	eŋ
	麦开二	麦	eʔ	—
		革	—	ek
	昔开三	积	eʔ	ek
		易	iaʔ	ek
		惜	ioʔ	—
通摄	东合一	东	aŋ	oŋ
	冬合一	冬	aŋ	oŋ
	东合三	中	aŋ	oŋ
		穷	eŋ	ioŋ
	钟合三	重上声	aŋ	oŋ
		松	eŋ	oŋ
		涌	eŋ	ioŋ
	屋合一	木	ak	—
		谷	—	ok
	沃合一	沃	ak	ok
	屋合三	陆	ek	ok
		畜	ek	iok
		目	ak	—
	烛合三	绿	ek	—
		足	—	ok

3. 声调异读

汕头话在上、去两个调类上会出现文白异读现象。古次浊声母和部分清声母上声字白读为阳上调 25，文读为阴上调 51，如：想 siõ²⁵ ~法/siaŋ⁵¹ 理~、雨 hou²⁵ 落~

/u^{51}谷~。古浊声母去声字白读是阳去调 31，文读为阳上调 25，如：树 ts^{h}iu^{31}~木/su^{25}~立、利 lai^{31}刀~/li^{25}~益。

中古音韵地位	例字	白读	文读
部分古清声母、次浊声母上声字	想、雨	阳上 25	阴上 51
古浊声母去声字	树、利	阳去 31	阳上 25

三 其他异读

汕头话有较丰富的训读，比如把"人"训读为"侬"，"打"训读为"拍"，"高"训读为"悬"，"蛋"训读为"卵"，"田"训读为"塍"，"夜"训读为"暝"，"看"训读为"睇"，"香"训读为"芳"，"嘴"训读为"喙"等。

伍 小称音

汕头话的小称形式一般采用词根加后缀"囝"的形式，"囝"音 kĩã^{51}，词根和"囝"缀按两字组的变调规律变调。在一些动物名词、植物名词、无生命的物体名词、人体器官部位名词、量词及数量短语后还可以"囝""儿"叠床架屋连用。"儿"的读音可为：nĩ^{55}/nĩ^{25}/nĩʔ^5，读 nĩ^{55}在功能上表示比单纯加"囝"缀更小的含义，读 nĩ^{25}则侧重表达亲昵喜爱的感情色彩，读 nĩʔ^{5}则有凸显表小的意味，例如"猫囝儿、桃囝儿、碗囝儿、鼻囝儿、粒囝儿"。个别形容词后可直接加"儿"（读音 nĩ^{55}），表示程度或性状轻微，如"甜儿甜儿有点甜"；或表达一种和缓的语气，如"宽儿慢点儿""轻儿轻点儿"。

陆 其他主要音变

一 轻声

汕头话有些字处于词末或句末时会读轻声。基本规律是轻声音节变成低降调，前一音节不变调。具体如下：

本调	阴平 33	阳平 55	阴上 51	阳上 25	阴去 213	阳去 31	阴入 2	阳入 5
轻声	31	31	213	31	31	31	2	2

轻声可出现在词汇层面，这部分一般约定俗成；还有相当一部分出现在语法层面，用来区别语法结构和某些语义结构、表示某些语气或表达某些语法意义等。

词汇层面：

（1）"年""月""日"的轻声

"年""日"在"前~、后~、大前~、大后~"中读轻声，如：前年 tsõĩ^{55}nĩ^0、

后日 au^{25}dzik^0，但在"今日、□[tsa33]日昨天、（明囝）日明天、今年、明年、旧年去年"中不读轻声。

"年""月""日"前加序数词时读轻声（"正月"也适用），如：九八年 kau^{25}poi^{2}ʔnĩ^0、四月 si^{213}gueʔ^0、三日 sã^{33}dzik^0。

（2）"势""头"用来表示"度""边"之义时读轻声，如：横势宽度 hũẽ^{55}si^0、阔势宽度 kʰuaʔ^{2}si^0、边头 pĩ^{33}tʰau^0/骹头 kʰa^{33}tʰau^0/坪头 pʰĩã^{55}tʰau^0（均义为"旁边"）。

（3）其他如：日旰白天 dzik^{5}kua^0、暝旰夜晚 mẽ^{55}kua^0、伊侬他们 i^{33}naŋ^0。

语法层面：

（1）"来、去、起、落、起来、落去"做趋向或结果补语时读轻声，如：起来 kʰi^{51}lai^0、落去 loʔ^{5}kʰɯ^0、收起 siu^{33}kʰi^0、放落放下 paŋ^{213}loʔ^0、放落去 paŋ^{213}loʔ^{0}kʰɯ^0。

（2）有些句末语气词读轻声，如：好啊 ho^{51}a^0。

（3）"个 kai^{55}"做结构助词时读轻声，如：红个衫红的衣服 aŋ^{55}kai^{0}sã^{33}。

（4）在述宾关系中，宾语是人称代词、量词或数量词时，也为后变调，如：拍伊打他 pʰaʔ^{2}i^0、买张 boi^{51}tĩõ^0。

（5）时态助词"着、了、过"在动词后表示动作行为的状态或结果时读轻声，如：撞着 tsuaŋ^{25}tioʔ^0、走了 tsau^{51}liau^0、去过 kʰɯ^{213}kue^0。

（6）表示人或人的复数的名词后缀"伙"须读轻声，如：后生伙 hau^{25}sẽ^{33}hue^0。

（7）有些动量或数量补语也可读轻声，如：坐蜀下坐一下 tso^{25}tsek^{0}e^0、买滴囝买一点 boi^{51}tiʔ^{0}kĩã^0。

（8）"底""顶"等用于泛指方位时读轻声，如：在锅底在锅里 to^{31}ue^{33}toi^0、在床顶在桌上 to^{31}tsʰɯŋ^{55}teŋ^0。

（9）表示强调，如："只=个"tsi^{51}kai^{0}强调"这个"，"许块"hu^{51}ko^{0}强调"那里"。

（10）一些主谓式词或词组中的述语性语素读轻声，如：腰酸 io^{33}sɯŋ^0、胃痛 ui^{31}tʰĩã^0、头晕 tʰau^{55}hiŋ^0、耳聋 hĩ^{25}laŋ^0、喉炯口渴 au^{55}ta^0、肚困肚子饿 tou^{51}kʰɯŋ^0、侬孬生病 naŋ^{55}mõ^0。

第六十三节　澄海方音

壹　概况

一　调查点概况

调查点为汕头市澄海区。澄海区位于广东省东部，介于北纬 23°23′～23°38′，东经 116°41′～116°54′之间，东北接潮州市饶平县，西北界潮州市，西南毗邻汕头市龙湖区，东南与南澳县隔海相望。行政区域面积 345.23 平方公里。截至 2019

年，澄海区共辖 3 个街道 8 个镇。根据第七次人口普查数据，截至 2020 年 11 月 1 日，澄海区常住人口为 874444 人，基本为汉族。

澄海区内通行澄海话，属闽南方言潮汕片，无呈区域分布的其他汉语方言。澄海话在澄海区内广泛通行，本地居民在日常生活中以使用方言为主，方言保存情况较好。澄海本地的地方戏——潮剧，虽是在潮州地方戏的影响下形成，但本地剧团演唱时使用的都是澄海本地口音。潮剧演出受到澄海本地居民的欢迎，各个乡镇基本都有戏台，逢年过节都有演出活动。

按口音分，澄海话大致可分为 3 个区：（1）县城城区和邻近的上华、隆都镇，人口约 36.7 万；（2）莲上和莲下镇，人口约 17.2 万；（3）东里、莲华、盐鸿和溪南镇，人口约 25.3 万。和第一区相比，第三区大多有-m/-p 韵尾，且阴去调变调调值与第一区不同；第二区与第一区的区别主要在于连调的调值。

二　方言发音人概况

老男发音人陈志强，生于 1954 年 11 月，澄海区凤翔街道，高中学历。从出生至今都在澄海城内生活，无半年以上外出经历。1960—1967 就读于澄海中心小学，1967—1971 年就读于澄海华侨中学，1971—1972 年就读于澄海中学，1982 年起就职于澄海中学，直至退休。退休前职业是中学音乐老师，能说带浓重口音的普通话，父母妻儿都生长于澄海城区。

青男发音人王宇麟，生于 1992 年 8 月，澄海区凤翔街道，本科学历。从出生至 2011 年之前都在澄海城内生活。1999—2005 就读于澄海华侨小学，2005—2011 就读于澄海华侨中学。2011—2014 年在广州读大学，2015 年在深圳工作，2016 年回到澄海城内工作至今。调查时职业为网站营销员。能说略带口音的普通话，父母都生长于澄海城区。

老女发音人黄佩琴，生于 1954 年 3 月，澄海区澄华街道，高中学历。从出生至今都在澄海城内生活，无半年以上外出经历。1961—1967 就读于岭亭小学，1967—1971 就读于华侨中学，1971—1972 就读于澄海中学，1980 年起就职于澄海经纬幼儿园，直至退休。能说略带口音的普通话，父母配偶子女都生长于澄海城区。

青女发音人黄杨，生于 1992 年 8 月，澄海区澄华街道，本科学历。从出生至 2006 年之前都在澄海城内生活。1994—2000 年就读于澄海中心小学，2000—2006 年就读于澄海中学，2006—2009 年在广州读大学，2009 年之后回到澄海城内工作至今，目前为澄海电台方言节目主持人，能说比较标准的普通话，父母都生长于澄海城区。

口头文化发音人叶志浩，生于 1957 年 12 月，生长于澄海区凤翔街道，中专学历，无在澄海之外居住的经历，退休前职业是小学老师，能说带浓重口音的普通话。

贰　声韵调

一　声母（18个，包括零声母在内）

p 八兵爬　　pʰ派片蜂　　b 麦味　　　　m 明问
　病飞白
　肥饭白

t 多东甜　　tʰ讨天抽　　　　　　n 脑南年　　　　　　　　　　l 老连路
　毒张竹　　　拆柱　　　　　　　　泥蓝软
　茶装白

ts 资早租　　tsʰ刺草寸　　　　　　　　　　s 丝三酸　　z 字热
　酒坐谢　　　清贼全　　　　　　　　　想祠谢
　文争装文　　抄初床　　　　　　　　　白事山
　纸主船　　　车春手　　　　　　　　　双顺城
　书十

k 高九共县　kʰ开轻权　　g 月　　　ŋ 熬　　　h 飞文风副
　　　　　　　　　　　　　　　　　　　　饭文好灰
　　　　　　　　　　　　　　　　　　　　响王白云

Ø 活王文安
　温用药

说明：

①带音声母 b、g 分别带有轻微的同部位前鼻冠成分，实际音值分别为 ᵐb、ᵑg。

②声母 z 有 z 和 dz 两种变体，而且也带有轻微的前鼻冠成分，听起来比 b、g 的前鼻冠成分更微弱。

③b、l、g、z 声母不拼鼻化韵，m、n、ŋ 声母不拼元音韵，两套声母在鼻尾韵和入声韵前对立，如：文 buŋ⁵⁵≠门 muŋ⁵⁵，木 bak⁵≠目 mak⁵。但在语音上，这两套声母后的鼻尾韵和入声韵不完全相同：鼻音声母 m、n、ŋ 后的韵母元音带有鼻化色彩。由于鼻尾韵和入声韵中的元音鼻化与否没有构成对立，因此在归纳音系时没有把这一鼻化色彩描写出来。

④ts、tsʰ、s、z 声母拼齐齿呼韵母时腭化。

⑤零声母在开口呼韵母前有时带有轻微的喉头闭塞成分，在齐齿呼和合口呼韵母前常带有相应的半元音。

二　韵母（67个，包括自成音节的 m、ŋ 在内）

		i	米丝试二	u	雨文
a	饱	ia	靴写瓦白	ua	歌白瓦文
e	茶牙	ie	笑桥	ue	过赔飞白

o	歌文坐宝				
ə	猪师				
ai	开文排师白			uai	快文
oi	鞋	iu	油	ui	开白对飞文鬼
au	豆走				
ou	苦五雨	iou	鸟		
		ĩ	年戏		
ã	胆	ĩã	兄	ũã	山半官
ẽ	硬争病星	ĩe	伤	ũẽ	横
õ	毛				
ãĩ	爱				
õĩ	盖	ĩũ	幼	ũĩ	危
ãũ	脑				
õũ	五	ĩõũ	猫		
		iŋ	心深新	uŋ	寸滚春云
aŋ	南双讲东	iaŋ	盐响	uaŋ	权王文
eŋ	王白灯升用				
oŋ	公	ioŋ	凶		
əŋ	根糖床				
		ik	急七一橘直	uk	骨出
ak	盒十节文壳学文北六	iak	接白贴热文	uak	法
ek	色绿局				
ok	国谷	iok	育		
ək	乞				
		iʔ	接文	uʔ	窟
aʔ	塔鸭贴白	iaʔ	锡	uaʔ	辣活热白刮白
eʔ	白	ieʔ	药尺	ueʔ	刮文月郭
oʔ	托学白				
əʔ	乞				
oiʔ	八节白				
		ĩʔ	乜	ẽʔ	脉
m	唔	ŋ	园	ŋʔ	兕

说明:

①元音 a 在 a、ã 和 aʔ 韵中实际音值为央低元音 ɐ，在韵尾 -i 前偏前，在韵尾 -u 前偏后，在韵尾 -n 和 -ŋ 前区别不大，都是央低元音。

②元音 e 在 e、ẽ、eʔ 和 ẽʔ 韵中实际音值为 ε，在其他情况下为 e。

③元音 ə 在 ə 和 əʔ 韵中实际音值略高，接近 ɘ，在其他情况下为 ə。

④元音 o 在 o、õ 和 oʔ韵中实际音值为 ɔ，在其他情况下为 o。

⑤元音 i、u 在作韵头或韵尾时的实际音值分别为 ɪ 和 ʊ。

⑥韵母 iu 的韵腹是 u，韵母 ui 的韵腹是 i。

⑦鼻音韵母 iŋ 中鼻尾的调音部位偏前。

⑧鼻化韵的鼻化成分从韵头贯彻到韵尾。

三　声调（8个）

阴平	33	东该灯风通开天春	阳平	55	门龙牛油铜皮糖红
阴上	53	懂古鬼九统苦讨草买老文	阳上	35	老白五有动罪近后硬乱
阴去	212	冻怪半四痛快寸去	阳去	22	卖路洞地饭树
阴入	2	谷百搭节急拍塔切刻	阳入	5	六麦叶月毒白盒罚

说明：

①阴上 53 在单念或停顿前时调尾降到最低，读成 51，且末尾常带有嘎裂声。

②阴去 212 在降到最低处时有时会变成嘎裂声，有时后半截的升尾不出现，在停顿前且语速较慢时升尾会更明显，读成 213。

③阴入和阳入都是短促调，实际调值略降，分别为 32 和 54。

叁　连读变调

澄海话的连读变调基本属于末重式连读变调，在没有轻声字的情况下，变调域中的末字大多读同单字调，非末字发生变调。多字组的变调规则与两字组的基本相同，非末字（即两字组的前字）8 个调类均发生变调，末字（即两字组的后字）则只限于阴上调会发生变调。具体变调规律如下表所示：

	阴平	阳平	阴上	阳上	阴去	阳去	阴入	阳入
阴平	33＋33＞ 34＋33 三斤	33＋55＞ 34＋55 三楼	33＋53＞ 34＋53 三本	33＋35＞ 34＋35 三倍	33＋212＞ 34＋212 三次	33＋22＞ 34＋22 三袋	33＋2＞ 34＋2 三桌	33＋5＞ 34＋5 三十
阳平	55＋33＞ 12＋33 茶杯	55＋55＞ 12＋55 茶壶	55＋53＞ 12＋53 茶几	55＋35＞ 12＋35 茶具	55＋212＞ 12＋212 茶费	55＋22＞ 12＋22 茶树	55＋2＞ 12＋2 茶粕	55＋5＞ 12＋5 茶叶
阴上	53＋33＞ 34＋33 九斤	53＋55＞ 35＋55 九楼	53＋53＞ 35＋31 九本	53＋35＞ 34＋35 九倍	53＋212＞ 34＋212 九次	53＋22＞ 34＋22 九袋	53＋2＞ 34＋2 九桌	53＋5＞ 35＋5 九十
阳上	35＋33＞ 31＋33 五斤	35＋55＞ 31＋55 五楼	35＋53＞ 31＋53 五本	35＋35＞ 31＋35 五倍	35＋212＞ 31＋212 五次	35＋22＞ 31＋22 五袋	35＋2＞ 31＋2 五桌	35＋5＞ 31＋5 五十

续表

	阴平	阳平	阴上	阳上	阴去	阳去	阴入	阳入
阴去	212+33＞ 42+33 四斤	212+55＞ 53+55 四楼	212+53＞ 53+31 四本	212+35＞ 42+35 四倍	212+212＞ 42+212 四次	212+22＞ 42+22 四袋	212+2＞ 42+2 四桌	212+5＞ 53+5 四十
阳去	22+33＞ 12+33 地区	22+55＞ 12+55 地图	22+53＞ 12+53 地主	22+35＞ 12+35 地道	22+212＞ 12+212 地价	22+22＞ 12+22 地洞	22+2＞ 12+2 地铁	22+5＞ 12+5 地域
阴入	2+33＞ 4+33 七斤	2+55＞ 5+55 七楼	2+53＞ 5+31 七本	2+35＞ 4+35 七倍	2+212＞ 4+212 七次	2+22＞ 4+22 七袋	2+2＞ 4+2 七桌	2+5＞ 5+5 七十
阳入	5+33＞ 2+33 六斤	5+55＞ 2+55 六楼	5+53＞ 2+53 六本	5+35＞ 2+35 六倍	5+212＞ 2+212 六次	5+22＞ 2+22 六袋	5+2＞ 2+2 六桌	5+5＞ 2+5 六十

肆　异读

一　新老异读

在本次澄海调查中，青年男发音人与老年男发音人的发音存在以下几个区别：

1. 在读单字时，老年男发音人的 io、ĩõ、ioʔ韵母青年男发音人分别读为 ie、ĩẽ、ieʔ韵母，例如"票"pʰio²¹²老男发音人/pʰie²¹²青男发音人，"钓"tio²¹²老男发音人/tĩẽ²¹²青男发音人，"药"ioʔ⁵老男发音人/ieʔ⁵青男发音人。在句子中，老年男发音人有时也会把这类韵母的字读成 ie、ĩẽ、ieʔ韵，如语法例句0036。当被问到两种读法有何区别时，老男发音人表示两种读法都可以。调查人询问了另外 5 位在澄海县城土生土长的当地人（包括老年女发音人和青年女发音人在内），其中 3 位读 ie 系列，2 位读 io 系列，且该异读与年龄差异似乎没有直接关系，与发音人所在的街道位置也没有直接关系，分布条件尚不清楚。

2. 青年男发音人读 iu 韵时，中间时常能听到明显的过渡音 ə，老年男发音人的过渡音不明显。

3. 老年男发音人掌握的文白异读音比青年男发音人的较多，如果文白异读中某个音的使用范围很局限，青年男发音人比老年男发音人更经常不知道有该读音存在，例如青男发音人不知道"费"做姓时应该读 pi²¹²。这应该与年轻人的方言使用经验较少有关。

二　文白异读

澄海话的文白异读很丰富，声、韵、调三方面中不少音类都需要区分文读和白读不同的读音层次，有的韵类甚至可以分出三个或以上层次，因此常出现一字多音的现象。在一个字的多个读音中，声、韵、调的文白属性不一定完全匹配，有时会出现"文白杂配"的现象，如果出现文白杂配的现象，在单字表中我们通常以字音出现的词汇语境为判断依据，在日常口语中出现的较为常用的读音定为白读音，在偏书面语语境中使用的读音定为文读音。

下面分声、韵、调三部分分别概述澄海话的文白异读。文白的区分以音韵历时发展的先后为主要判断依据，兼顾出现的词汇语境，因此文白的界定可能与单字表中不同。由于本节讨论的是一字多音的异读现象，在调查中没有出现一字多音的音韵层次区分不予举例说明。

1. 声母异读

（1）非敷奉母字白读为 p、p^h 声母，文读为 h 声母，如：飞 pue^{33}/hui^{33}、芳 p^{h}aŋ^{33}/huaŋ^{33}、妇 pu^{35}/hu^{35}。

（2）知彻澄母字白读为 t、t^h 声母，文读为 ts、ts^h 声母，如：知 ti^{33}/tsai^{33}、长 təŋ^{55}/ts^{h}iaŋ^{55}。

（3）匣母字白读为零声母或 k 声母，文读为 h 声母，如：下 e^{35}/hia^{35}。

（4）喻三（云）母字白读为 h 声母，文读为零声母，如：王 heŋ^{55}/uaŋ^{55}

中古声母	例字	白读	文读
非母	飞	p	h
敷母	芳	p^h	h
奉母	妇	p	h
知母	知	t	ts
澄母	长	t	ts^h
匣母	下	Ø	h
喻三母	王	h	Ø

2. 韵母异读

（1）果摄歌韵字白读为 ua 韵，文读为 o 韵，如：歌 kua^{33}/ko^{33}。戈韵字白读为 ue 韵，少量读为 ua 韵，文读为 o 韵，如：婆 p^{h}ua^{55}/po^{55}。

（2）假摄麻韵二等开口字白读为 e 韵，文读为 a 韵，如：马 be^{53}/mã^{53}。

（3）遇摄一等模韵字和三等虞韵字白读为 ou 韵，如：布 pou^{212}/pu^{212}、雨 hou^{35}/u^{53}。虞韵字还有少数白读为 iu、iou、o 韵，文读为 u 韵，如：树 ts^{h}iu^{22}/su^{35}。三等鱼韵字白读为 ə、iu 韵，文读为 u、o 韵，如：锄 tə^{55}/ts^{h}o^{55}、初 ts^{h}iu^{33}/ts^{h}o^{33}。

（4）蟹摄开口一、二等哈、泰、皆、佳、夬诸韵字，白读一等哈韵为 i、o、oi 韵，泰韵为 ua 韵，二等皆、佳等韵为 oi、e 韵，文读为 ai 韵，如：戴 ti^{212}/ tai^{212}、大 tua²¹²/ tai³⁵。四等齐韵字白读为 oi、ai 韵，文读为 i 韵，如：西 sai³³/ si³³、齐 tsõi⁵⁵/ tsʰi⁵⁵。合口灰、祭、废等韵字白读为 ue 韵，文读为 ui 韵，如：灰 hue³³/ hui³³。合口泰、皆、佳等字白读为 ue 韵，文读为 uai ua 韵。

（5）止摄开口支脂之微等韵字白读为 ia、ua 韵，少数字为 uai 韵，脂之韵字为 ai 韵，微韵字和脂韵少数字为 ui 韵，文读为 i、ə 韵，如：倚 ua⁵³/i⁵³、师 sai³³/ sə³³、里 lai³⁵/ li⁵³、几 kui⁵³/ ki⁵³。合口字白读为 ue 韵，文读为 ui 韵，如：飞 pue³³/ hui³³。

（6）效摄一等豪韵、二等肴韵字白读一、二等分明，豪韵为 o 韵，肴韵为 a 韵，文读为 au 韵，如：草 tsʰo⁵³/ tsʰau⁵³、孝 ha²¹²/ hau²¹²。三、四等宵萧韵字白读为 ie 韵，文读为 iou 韵，如：少 tsie⁵³/ siou²¹²、挑 tʰie³³/ tʰiou³³。

（7）流摄一等侯韵字白读为 au 韵，三等尤韵有少数字读 u、iou 韵，文读侯韵字为 ou 韵，尤韵字读为 iu 韵，如：斗 tau⁵³/ tou²¹²、九 kau⁵³/ kiu⁵³。

（8）咸摄一等谈韵，二等咸、衔韵字白读为 ã 韵，文读为 aŋ 韵，如：蓝 nã⁵⁵/laŋ⁵⁵；三等盐韵、四等添韵字少数白读为 ĩ 韵，文读为 iaŋ 韵，如：添 tʰĩ³³/ tʰiaŋ³³。深摄侵韵字个别白读为 aŋ、ã 或 ĩ 韵，文读为 iŋ 韵，如：林 nã⁵⁵/liŋ⁵⁵。

（9）山摄白读开口寒韵字为 ũã 韵、删韵字为 õĩ 韵、仙韵字为 ĩ 韵，山韵字为 ũã、õĩ 韵，先韵字为 õĩ、ĩ 韵，寒、山、删韵字文读为 aŋ 韵，仙、元、先韵字文读为 iaŋ 韵，如：安 ũã³³/ aŋ³³、板 põĩ⁵³/ paŋ⁵³、变 pĩ²¹²/ piaŋ²¹²、天 tʰĩ³³/ tʰiaŋ³³。白读合口桓韵字读 ũã、əŋ 韵，仙韵字读 əŋ 韵，元韵字读 ŋ、uŋ 韵，文读桓、山、删韵字读为 uan 韵，仙元韵字大部分读 uaŋ 韵，少部分读 iaŋ 韵，如：断 təŋ³⁵/ tuan³⁵、转 təŋ⁵³/ tsuan⁵³、远 hŋ³⁵/ iaŋ⁵³。

（10）宕摄白读唐韵字为 əŋ 韵，阳韵字 ĩẽ、əŋ 或 eŋ、ŋ 韵；文读开口唐韵字为 aŋ 韵，合口唐韵字为 uaŋ 韵，开口阳韵字为 iaŋ 韵，合口阳韵字为 iaŋ uaŋ，如：当 təŋ³³/ taŋ³³、章 tsĩẽ³³/ tsiaŋ³³、光 kəŋ³³/ kuaŋ³³、王 heŋ⁵⁵/ uaŋ⁵⁵。

（11）梗摄开口白读二等庚、耕韵字主要为 ẽ 韵，三等庚、清韵和四等青韵字为 ĩã 韵，也有少数字读 ẽ 韵，文读为 eŋ 韵，如：生 sẽ³³/ seŋ³³、平 pẽ³³/ pʰeŋ⁵⁵、经 kĩã³³/ keŋ⁵⁵。

（12）通摄一等东、冬韵字白读为 aŋ 韵，三等东韵、钟韵一部分白读为 eŋ 韵字，文读一等东、冬韵字、东三、钟韵字为 oŋ 韵，钟韵、东三一部分字读 ioŋ 韵，如：东 taŋ³³/ toŋ³³、中 taŋ³³/toŋ³³、穷 keŋ⁵⁵/kʰioŋ⁵⁵、涌 eŋ⁵³/ioŋ²¹²。

摄	韵	例字	白读	文读
果	歌	歌	ua	o
	戈	婆	ua	o
假	麻	马	e	ã

续表

摄	韵	例字	白读	文读
遇	模	布	ou	u
	虞	雨	ou	u
	鱼	锄	ə	o
		初	iu	o
蟹	咍	戴	i	ai
	泰	大	ua	ai
	齐	西	ai	i
		齐	õĩ	i
	灰（合）	灰	ue	ui
止	支	倚	ua	i
	脂	师	ai	ə
	之	里	ai	i
	微	几	ui	i
	微（合）	飞	ue	ui
效	豪	草	o	au
	肴	孝	a	au
	宵	少	ie	iou
	萧	挑	ie	iou
流	侯	斗	au	ou
	尤	九	au	iu
咸	谈	三	ã	aŋ
	添	添	ĩ	iaŋ
深	侵	林	ã	iŋ
山	寒	安	ũã	aŋ
	山	间	õĩ	aŋ
	删	板	õĩ	aŋ
	仙	变	ĩ	iaŋ

续表

摄	韵	例字	白读	文读
山	先	天	ĩ	iaŋ
	桓（合）	断	əŋ	uaŋ
	仙（合）	转	əŋ	uaŋ
	元（合）	远	ŋ	iaŋ
宕	唐	当	əŋ	aŋ
	阳	章	ĩẽ	iaŋ
	唐（合）	光	əŋ	uaŋ
	阳（合）	王	eŋ	uaŋ
梗	庚（二等）	生	ẽ	eŋ
	庚（三等）	平	ẽ	eŋ
	青	经	ĩã	eŋ
通	东（一等）	东	aŋ	oŋ
	东（三等）	中	aŋ	oŋ
	东（三等）	穷	eŋ	ioŋ
	钟	涌	eŋ	ioŋ

3. 声调异读

澄海话在上、去两个调类上会出现文白异读现象。清声母上声白读为阳上调 35，文读为阴上调 53，如：想 sĩẽ^{35}/siaŋ^{53}、远 hŋ^{35}/iaŋ^{53}。浊声母去声字白读是阳去调 22，文读为阳上调 35，如：树 tsʰiu^{22}/su^{35}、妹 mũẽ^{22}/mũẽ^{35}。

中古音韵地位	例字	白读	文读
古清声母、次浊声母上声字	想、远	35	53
古浊声母去声字	树、妹	22	35

三　其他异读

澄海话中存在一些又读音，两个读音之间没有语义区别，也找不出词汇语境条件，发音人认为两个读音可以自由互换，如：斜 sia^{55}/sia^{33}。许多又读音从音韵层次的角度看其实本质上是文白异读，但对发音人来说已经完全失去了"文"与

"白"的区别，可以自由互换，如：嫂 sau^{53}/so^{53}。

此外，口头文化发音人叶志浩由于对本地方言文化有一定了解，存在"正音"观念，因此在录制口头文化材料时常刻意把澄海城区口音中消失了的-m、-p 尾恢复出来，读成闭口韵。

伍　小称音

澄海话中没有因儿化或小称引起的音变。

澄海话最常见的小称形式为词根后加"囝"字后缀，读单字音 kĩã^{53}，没有变调或轻声，小称组合也不发生合音，词根和"囝"缀按常规的变调规律变调，如"丈夫囝"指小男孩，"猪囝"指小猪，"碗囝"指小碗。除了表年龄小、体型小之外，"囝"后缀还可以用来表数量少、程度浅，以及亲昵、轻蔑的感情色彩，如"滴囝"指一点儿，"一下囝"指一下子，"兄弟囝"指弟兄，"贼囝"指小偷儿。表小的"囝"后缀还可以再加"儿"nĩ^{55} 后缀，进一步加深表小的程度比如"幺囝儿"指婴儿，"滴囝儿"指一点点儿。

陆　其他主要音变

一　轻声

澄海话有些字处于词末或句末时会变成低调且时长缩短，读成轻声。读轻声的字声、韵母基本没有变化。轻声之前的字读同单字调。

读轻声的字包括结构助词"个"、动态助词"着""了""过"，趋向或结果补语"去""起来""落去"。还有一些比较特殊的情况，在语保材料中出现的主要有：

1. 某些时间名词

"年"在纪年序数词和一些特定的时间名词中要读轻声，如"九七年""前年""后年"，但"明年"和"旧年"（去年）不读轻声。

"月"字出现在十二个月的名称中要读轻声，例如"正月"，"八月"；

"日"字出现在一些特定的时间名词中要读轻声，例如"前日""后日"，但"mã^{53}日"（明天）和"早日"（昨天）不读轻声。

2. 一些特定的主谓结构

例如"肚困"（肚子饿）、"肚痛""耳聋"。

3. 一些特定的数量或动量补语

例如"洗一下"中的"一下"都要读轻声。

4. 句末语气词

例如表疑问的"啊""呢"，表建议的"哪"等。

第六十四节 潮阳方音

壹 概况

一 调查点概况

潮阳调查点的行政区划及名称主要以老男发音人的出生地作为介绍对象。调查点位于汕头市潮阳区文光街道平和东居委，旧区划属广东省汕头市潮阳区棉城镇平和东居委。本调查点为北纬 23°16′～23°44′，东经 116°36′～117°03′。根据第七次人口普查数据，截至 2020 年 11 月 1 日，潮阳区常住人口为 1654276 人。

根据潮阳区人民政府门户网站，截至 2020 年 10 月 10 日，汕头市潮阳区下辖文光、城南、棉北、金浦 4 个街道和海门、和平、谷饶、贵屿、铜盂、河溪、西胪、关埠、金灶等 9 个镇，有 272 个村（社区），区域面积 665.74 平方千米。潮阳区这些街道和镇均通行闽南话，其中关埠、金灶口音接近揭阳市榕江区方言，当地称榕江口音，属汕头小片，其他方言是练江口音，属潮普小片（潘家懿、郑守治 2009），当地通称潮阳话。本区也有客家方言的分布，主要分布于小北山的谷饶、金灶镇部分地区及西胪镇的个别村，这些地方属双方言地区，绝大多数客家人既会讲客家方言也会讲潮阳话。本区居民基本上都是汉族，没有其他少数民族聚居区。当地流行潮剧，但基本上使用潮州音（潮州市府城音），无其他用方言说唱的曲艺或地方戏。英歌舞、剪纸、笛套音乐是潮阳文化艺术的"三瑰宝"，列入首批国家级、省级"非物质文化遗产"保护项目。

二 方言发音人概况

老男发音人刘佐坚，1952 年 1 月出生于汕头市潮阳区文光街道，初中文化程度，广东省汕头市潮阳区文光街道平和东小学教师（退休）。1959—1965 年就读于棉城镇镇六小学；1965—1968 年就读于棉城中学；1968—1972 年任棉城镇平东大队宣传员；1972—1978 年就职于棉城镇镇四小学；1978—1979 年为潮阳县师范学校学员；1979—1980 年任教于棉城镇镇六小学；1980—1996 年任棉城中学教师；1996—2006 年任潮阳县文光第一初级中学副校长；2006—2012 年任潮阳区文光平和东小学副校长；2013 年退休至今。发音人妻子也是潮阳文光街道人，家庭用语为棉城话。

青男发音人吴桦，1985 年 6 月出生于汕头市潮阳区文光街道，大学本科文化程度，广东省汕头市潮阳区城南中学教师。1989—1992 年就读于潮阳县育苗幼儿园；1992—1998 年就读于棉城镇镇二小学；1998—2001 年就读于潮阳华侨中学；2001—2004 年就读于潮阳棉城中学；2004—2007 年就读于嘉应学院；2007 年毕业后回潮阳城南中学工作至今。父亲出生地为潮阳区文光街道，母亲出生地为潮阳区棉北街道，妻子出生地为潮阳区棉北街道，家庭主要用语为棉城话。

老女发音人萧碧娟，1959 年 4 月出生于汕头市潮阳区棉北街道，高中文化程度；祖籍地是潮阳区棉北街道。1968—1972 年就读于潮阳区棉北街道东家宫小学；1972—1974 年就读于平南附中；1974—1976 年就读于城郊中学；中学毕业后于 1976 年在棉北街道东家宫小学当老师，后于 1984 年离职，成为全职家庭主妇。父亲出生地为潮阳区棉北街道，母亲出生地为潮阳区棉北街道，配偶出生地为潮阳区文光街道，家庭主要用语为当地棉城话。

青女发音人黄丹妮，1988 年 4 月出生于汕头市潮阳区文光街道，大学本科文化程度；祖籍地是潮阳区棉北街道。1992—1995 年入读幼儿园；1995—2001 年就读于镇二小学；2001—2004 年就读于棉城中学；2004—2007 年就读于潮阳一中；2007 年外出求学，就读于北京师范大学珠海分校，2011 年毕业后回家乡棉城工作至今。父亲出生地为潮阳区文光街道，母亲出生地为潮阳区文光街道，配偶出生地为潮阳区文光街道，家庭主要用语为当地棉城话。

口头文化发音人 1，即老女发音人萧碧娟。

口头文化发音人 2，即老男发音人刘佐坚。

口头文化发音人 3，即青女发音人黄丹妮。

口头文化发音人 4，黄银珍，1958 年 10 月出生于广东省汕头市潮阳区城南街道口美乡，高中文化程度，为全职家庭妇女，家庭主要用语为棉城话。

口头文化发音人 5，即青男发音人吴桦。

贰　声韵调

一　声母 22 个（包括零声母在内）

p 八兵爬病　　pʰ 派片蜂　　　b 麦味问　　m 明
　饭

pf 飞肥　　　　pfʰ 破皮　　　　bv 尾　　　　mŋ 妹

t 多东甜毒　　tʰ 讨天抽拆　　　　　　　　n 脑南年泥　　　　　　　　　　　　　　l 老连路
　张竹茶　　　　柱　　　　　　　　　　　蓝姓氏软

ts 资早租酒　　tsʰ 刺草寸清　　　　　　　　　　　　　s 丝三酸想　　z 字热
　坐谢白争　　　　贼全抄初　　　　　　　　　　　　祠谢文事
　装纸主船　　　　床车春手　　　　　　　　　　　　山双顺城
　书十

k 高九共县　　kʰ 开轻权　　　g 月　　　ŋ 熬　　　h 风副好灰
　　　　　　　　　　　　　　　　　　　　　　　　　　响王白云

Ø 活安温王
　文用药

说明：

①潮阳方言（以老男发音人音系为主），来源于古非组等母字在 u 韵母或以 u 为介音的韵母前读为 pf、pfʰ、bv、mv，如"飞、皮、尾、妹"等，这是粤东闽语潮普小片一个非常显著的特点。

②浊音声母 b、bv 和 g 带有鼻音成分，是鼻冠塞音、鼻冠塞擦音。

二　韵母 77 个（包括自成音节的 m、ŋ 在内）

	i 米丝试戏二文	u 猪雨文师
a 饱	ia 靴写瓦	ua 歌白
e 茶牙		ue 过赔飞
o 歌文坐二白宝	io 笑桥	
ai 开文排		uai 快文
oi 鞋		ui 开白对鬼
au 豆走	iau 绕	
ou 苦雨白	iu 油	
	ĩ 年	ũ 遇
ã 胆	iã 兄	ũã 快白山半官
ẽ 硬争病星		ũẽ 横
õ 讨又	iõ 样	
	iũ 幼	
ãĩ 爱		ũãĩ 挖
õĩ 睇看		ũĩ 危畏
ãũ 脑好喜欢	ĩãũ 猫	
õũ 奴		
	im 心深	
am 南	iam 盐	uam 犯
om 五		
	iŋ 根新	uŋ 寸滚春云
aŋ 双讲东白	iaŋ 响	uaŋ 权王文
eŋ 王白灯升用		ueŋ 荣
oŋ 东文	ioŋ 拥	
	iʔ 接	uʔ 吸白
aʔ 塔鸭贴白	iaʔ 锡	uaʔ 辣热白活刮白
eʔ 白		ueʔ 刮文月郭
oʔ 托学白	ioʔ 药尺	
auʔ □舔	iauʔ 雀白	
oiʔ 八节白		
	ĩʔ 冘	

		ueʔ 物
	ip 急	
ap 盒法	iap 贴_文业	uap 法
	ik 七一橘直	uk 骨出
ak 节_文壳学_文北六目	iak 热_文孽	uak 越
ek 色绿局肉		uek 或
ok 国谷	iok 育	
m 母		
ŋ 糖床黄远		

说明:

潮阳方言有两个自成音节的鼻音韵母 m、ŋ。ŋ 在不同声母后有不同表现:在零声母、喉擦音 h 后没有明显的过渡元音,如"黄远"等;而在塞音 t 组、塞擦音 ts 组后则有一个明显的过渡元音 ə,如"糖床"等。

三　声调共 7 个

阴平 31	东该灯风通开天春	阳平 33	门龙牛油铜皮糖红
阴上 454	懂古鬼九统苦讨草买	阳上/阴去 52	老五有动罪近后冻怪半四痛快寸去硬
		阳去 42	卖路乱洞地饭树
阴入 3	谷百搭节急哭拍塔切刻	阳入 5	六麦叶月毒白盒罚

说明:

①潮阳方言有 7 个单字调,其中古浊上与清去合并,但作为连调前字变调规律不同。来源于古浊去的一部分字读同阳上调,如"硬"等。

②阴平是最低的降调,常常有嘎裂等变体;上声调的曲拱在听感上不太明显,是一个较高的调,有些字明显读为高平调 55,如"赌苦"等;阴去(与阳上合并)是一个时长较短的降调,末尾经常有嘎裂声;阴入是末尾带有嘎裂声的低短促调;阳入是末尾带有张声的高短促调。

③潮阳方言(老男发音人音系)的声调基频走向图如下图所示:

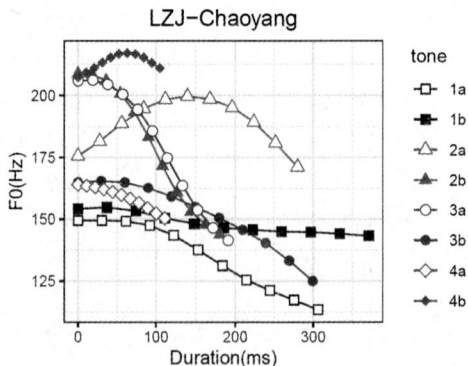

LZJ-Chaoyang

叁　连读变调

潮阳方言两字组连读变调一般是前字变调，后字不变调，前字变调不依赖于后字的条件。由于阳上调与阴去调合并，共有 7 个单字调，但在连读变调时，阳上和阴去的表现即出现分化，阳上作为连调前字读为 31，而阴去作为连调前字则读为 34。具体变调规则如下表：

前字＼后字	阴平 31	阳平 33	阴上 454	阳上 52	阴去 52	阳去 42	阴入 3	阳入 5
阴平 31	31＋31	31＋33	31＋454	31＋52	31＋52	31＋42	31＋3	31＋5
阳平 33	44＋31	44＋33	44＋454	44＋52	44＋52	44＋42	44＋3	44＋5
阴上 454	52＋31	52＋33	52＋454	52＋52	52＋52	52＋42	52＋3	52＋5
阳上 52	31＋31	31＋33	31＋454	31＋52	31＋52	31＋42	31＋3	31＋5
阴去 52	34＋31	34＋33	34＋454	34＋52	34＋52	34＋42	34＋3	34＋5
阳去 42	31＋31	31＋33	31＋454	31＋52	31＋52	31＋42	31＋3	31＋5
阴入 3	5＋31	5＋33	5＋454	5＋52	5＋52	5＋42	5＋3	5＋5
阳入 5	3＋31	3＋33	3＋454	3＋52	3＋52	3＋42	3＋3	3＋5

二字组连读变调中，阴平、阳上、阳去作为前字发生合并，均读为 31 调。阳平作为连调前字读为中平 44 调，阴上作为连调前字则读高降 52 调，阴去读为低微升 34。阴入、阳入的单字调格局是阴低阳高，两者作为连调前字则是阴高阳低。在个别时间名词、趋向动词里，如"后日""起去"等，会发生后字轻声变调的现象，此时前字不变调。

潮阳方言二字组连读变调的基频走势如下图所示：

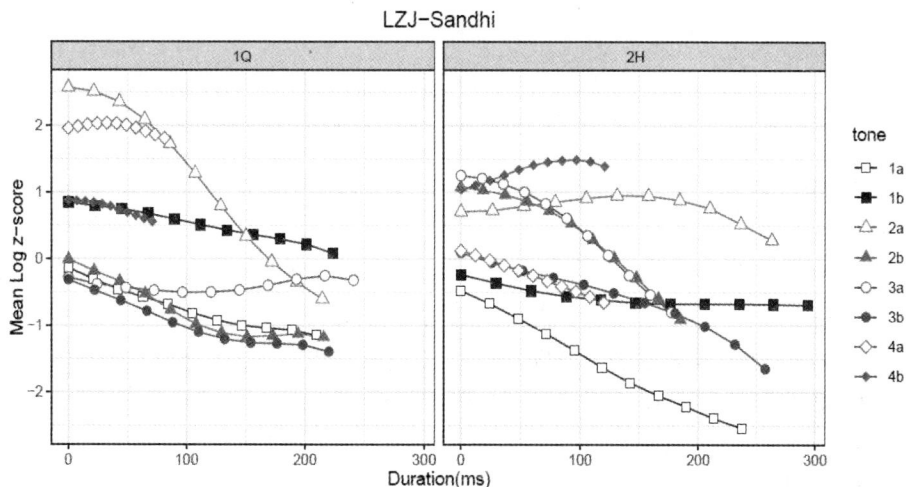

肆　异读

一　新老异读

潮阳方言老派（老男发音人）有 22 个声母、77 个韵母，7 个单字调；新派（青男发音人）有 22 个声母，76 个韵母（auʔ未调查到），7 个单字调。新老派异读的表现主要有：

（1）pf、pfʰ、bv、ɱ，如飞、皮、尾、妹等，青男发音人在念单字时这组声母的摩擦程度较老男发音人有所减弱，有时摩擦不明显，只是在对话及讲述等语流中 pf 等声母摩擦较为明显。

（2）声调上的异读，老派阴上是一个高凸降（高平作为变体），新派的阴上则读为微升（升）调；老派阳去为中降调 42，而新派则读为平调 44，新老派声调的差异如下图所示：

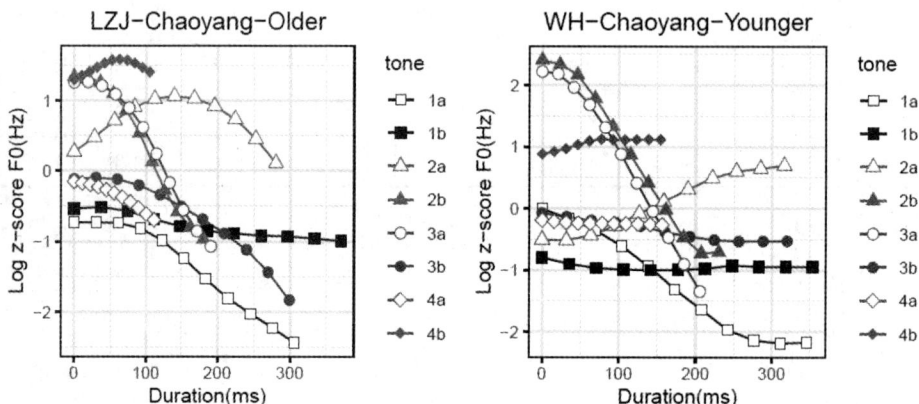

二　文白异读

与其他闽南方言一样，潮阳方言的文白异读也十分丰富，形成了文读与白读两个不同层次，有些字词的读音甚至不止两个，有两个以上的不同层次的读音。

1. 声母异读

（1）帮母、並母字白读不送气，文读送气，如：扁 pĩ⁴⁵⁴/pʰiaŋ⁴⁵⁴｜盘 pfũã³³/pfʰuaŋ³³｜平 pẽ³³/pʰeŋ³³。

（2）非敷奉母字白读为 p、pf、pʰ，文读为 h，如：反 pãĩ⁴⁵⁴/huaŋ⁴⁵⁴｜放 paŋ⁵²/huaŋ⁵²｜方 pŋ³¹/paŋ³¹/hŋ³¹/huaŋ³¹｜分 pfuŋ³¹/huŋ³¹｜妇 pfu⁵²/hu⁵²｜纺 pʰaŋ⁴⁵⁴/huaŋ⁴⁵⁴。

（3）知母、澄母字白读为 t 声母，文读为 ts 声母，如：住 tiu⁴²/tsu⁵²｜锄 tu³³/tso³³。

（4）禅母字白读为 tsʰ，文读为 s，如：树 tsʰiu⁴²/su⁵²。

（5）日母字白读为 n、h，文读为 z，如：二 nõ⁵²/zi⁵²｜染 nĩ⁵²/ziam⁵²｜让 nĩõ⁴²/zian⁵²｜耳 hĩ⁵²/zu⁴⁵⁴。

（6）匣母字白读为零声母，文读为 h，如：学 o?⁵/hak⁵。

（7）晓母字白读为 kʰ，文读为 h，如：许 kʰou⁴⁵⁴/hu⁴⁵⁴。

（8）疑母字白读为 h，文读为 ŋ，如：岸 hũã⁴²/ŋãĩ⁵² ｜ 颜 hĩã³³/ŋuaŋ³³。

（9）云母字白读为 h，文读为零声母，如：雨 hou⁵²/u⁴⁵⁴ ｜ 远 hŋ⁵²/iaŋ⁴⁵⁴ ｜ 王 heŋ³³/uaŋ³³。

（10）以母字白读为 ts，文读为零声母，如：痒 tsĩõ⁵²/iaŋ⁵²。

中古声母	例字	白读	文读
帮母	扁	p	pʰ
并母	平	p	pʰ
	盘	pf	pfʰ
非母	反	p	h
敷母	芳	pʰ	h
奉母	妇	pf	h
知母	知	t	ts
澄母	住	t	ts
禅母	树	tsʰ	s
日母	二	n	z
	耳	h	z
匣母	学	∅	h
晓母	许	kʰ	h
疑母	岸	h	ŋ
云母	王	h	∅
以母	痒	ts	∅

2. 韵母异读

（1）果摄开口歌韵字、合口戈韵字白读为 ua，文读为 o，如：歌 kua³¹/ ko³¹ ｜ 婆歌 pʰua³³/ po³²。

（2）假摄合口麻韵字白读为 ue，文读为 ua，如：化 hue⁵²/ hua⁵²。

（3）遇摄合口三等虞、鱼韵字白读为 iu 或 ou 或 u，文读为 u 或 o，如：树 tsʰiu⁴²/su⁵² ｜ 住 tiu⁴²/tsu⁵² ｜ 雨 hou⁵²/u⁴⁵⁴ ｜ 初 tsʰiu³¹/tsʰo³¹ ｜ 锄 tu³³/tso³³ ｜ 许 kʰou⁴⁵⁴/hu⁴⁵⁴。

（4）蟹摄开口咍韵白读为 ui，文读为 ai，如：开 kʰui³¹/ kʰai³¹；

合口共韵白读为 ũã，文读为 uai，如：快 kʰũã⁵²/ kʰuai⁵²。

（5）止摄开口三等脂韵白读为 ai，文读为 u，如：师 sai³¹/ su³¹；

止摄开口三等支韵白读为 ai，白读为 i，如：知 tsai³¹/ ti³¹；

止摄开口三等之韵白读为 i 或 ĩ，文读为 u，如：子 tsi⁴⁵⁴/ tsu⁴⁵⁴；耳 hĩ⁵²/zu⁴⁵⁴；

止摄开口三等微韵字白读为 ui，文读为 i，如：气 kʰui⁵²/ kʰi⁵²。

（6）效摄开口一等豪韵白读为 o，文读为 au，如：高 ko³¹/ kau³¹ | 草 tsʰo⁴⁵⁴/ tsʰau⁴⁵⁴；

效摄开口二等肴韵白读为 a，文读为 au 或 iau，如：孝 ha⁵²/hau⁵² | 敲 kʰa⁵²/kʰiau³¹；

效摄开口三等宵韵白读 io，文读 iau，如：小 sio⁴⁵⁴/ siau⁴⁵⁴ | 摇 io³³/ iau³³。

（7）流摄开口三等尤韵白读 au，文读 iu，如：九 kau⁴⁵⁴/ kiu⁴⁵⁴；流 lau³³/ liu³³。

（8）咸摄开口三等盐韵、四等添韵白读 ĩ，文读 iam，如：染 nĩ⁴⁵⁴/ziam⁴⁵⁴ | 添 tʰĩ³¹/tʰiam³¹；

咸摄开口三等叶韵白读为 iʔ，文读为 iap，如：接 tsiʔ³/ tsiap³；

咸摄开口四等帖韵白读为 aʔ，文读为 iap，如：贴 taʔ³/ tʰiap³。

（9）深摄开口三等侵韵白读为 ã，文读为 im，如：林 nã³³/lim³³。

（10）山摄开口一等寒韵、合口一等桓韵白读为 ũã，文读为 aŋ 或 uaŋ 或 ãĩ，如：安 ũã³¹/aŋ³¹ | 弹 tũã³³ /tʰaŋ³³ | 烂 nũã⁴²/laŋ⁵² | 岸 hũã⁴²/ŋãĩ⁵² | 盘 pfũã³³ /pfʰuaŋ³³ | 判 pfʰũã⁵²/pfʰuaŋ⁵² | 宽 kʰũã⁵²/kʰuaŋ³¹；

山摄开口二等删韵、开口四等先韵、合口三等元韵字白读为 ãĩ，文读为 aŋ、iŋ 或 uaŋ，如：板 pãĩ⁴⁵⁴/paŋ⁴⁵⁴ | 先 sãĩ³¹/siŋ³¹ | 反 pãĩ⁴⁵⁴/huaŋ⁴⁵⁴；

山摄开口二等删韵、三等元韵仙韵白读为 ĩã，文读为 uaŋ 或 iaŋ，如：颜 hĩã³³/ŋuaŋ³³ | 健 kĩã⁴²/kiaŋ⁵² | 连 hĩã³³/liaŋ³³；

山摄开口三等仙韵、四等先韵白读 ĩ，文读 iaŋ，如：变 pĩ⁵²/piaŋ⁵² | 棉 mĩ³³/miaŋ³³ | 扁 pĩ⁴⁵⁴/pʰiaŋ⁴⁵⁴ | 见 kĩ⁵²/kiaŋ⁵² | 片 pʰĩ⁵²/pʰiaŋ⁵² | 天 tʰĩ³¹/tʰiaŋ³¹；

山摄合口一等桓韵、合口三等元韵、仙韵白读为 ŋ̩，文读为 uaŋ 或 iaŋ，如：算 sŋ̩⁵²/suaŋ⁵² | 远 hŋ̩⁵²/iaŋ⁴⁵⁴ | 卷 kŋ̩⁴⁵⁴/kuaŋ⁵²；

山摄开口三等薛韵白读为 uaʔ，文读为 iak，如：热 zuaʔ⁵/ziak⁵；山摄开口四等屑韵白读为 oiʔ，文读为 ak，如：节 tsoiʔ³/tsak³。

（11）臻摄开口三等真韵白读为 aŋ，文读为 iŋ，如：陈 taŋ³³/tʰiŋ³³；

臻摄开口三等质韵白读为 ak，文读为 ik，如：密 bak⁵/bik⁵。

（12）宕摄开口三等阳韵白读为 ĩõ 或 ŋ̩，文读为 iaŋ 或 uaŋ，如：唱 tsʰĩõ⁵²/tsʰiaŋ⁵² | 让 nĩõ⁴²/ziaŋ⁵² | 向 hĩõ⁵²/hiaŋ⁵² | 痒 tsĩõ⁵²/iaŋ⁵² | 章 tsĩõ³¹/tsiaŋ³¹ | 装 tĩõ³¹/tsuaŋ³¹ | 秧 ŋ̩³¹/iaŋ³¹；

宕摄合口三等阳韵白读为 aŋ 或 eŋ 或 ŋ̩，文读为 uaŋ，如：方 pŋ̩³¹/ paŋ³¹/hŋ̩³¹/ | 放 paŋ⁵²/huaŋ⁵² | 纺 pʰaŋ⁴⁵⁴/huaŋ⁴⁵⁴ | 筐 kʰeŋ³¹/kʰuaŋ³¹ | 王 heŋ³³/ uaŋ³³。

宕摄开口一等铎韵白读为 oʔ，文读为 ak 或 ok，如：作 tsoʔ³/tsak³ | 恶 oʔ³/ak³ | 索 soʔ³/sok³；

宕摄开口三等药韵白读为 ioʔ，文读为 iak，如：约 ioʔ³/iak³。

（13）江摄开口二等觉韵白读为 oʔ，文读为 ak，如：学 oʔ⁵/hak⁵。

（14）曾摄开口一等登韵白读为 aŋ 或 iaŋ，文读为 eŋ，如：等 taŋ⁴⁵⁴/teŋ⁴⁵⁴｜肯 kʰiaŋ⁴⁵⁴/kʰeŋ⁴⁵⁴。

（15）梗摄开口二等庚韵、三等庚韵白读为 ẽ，文读为 eŋ，如：猛 mẽ⁴⁵⁴/meŋ⁴⁵⁴｜生 tsʰẽ³¹/ sẽ³¹/seŋ³¹｜平 pẽ³³/pʰeŋ³³。

梗摄开口三等庚韵、清韵、四等青韵白读为 ĩã 或 aŋ，文读为 eŋ，如：命 mĩã⁴²/meŋ⁵²｜名 mĩã³³/ meŋ³³｜经 kĩã³¹/keŋ³¹｜零 laŋ³³/leŋ³³；

梗摄开口三等昔韵白读为 eʔ，文读为 ek，如：积 tseʔ³/tsek³。

（16）通摄合口一等东韵、冬韵白读为 aŋ，文读为 oŋ，如：东 taŋ³¹/toŋ³¹｜冻 taŋ⁵²/toŋ⁵²｜动 taŋ⁵²/toŋ⁵²｜洞 taŋ⁴²/tʰoŋ³³｜公 kaŋ³¹/koŋ³¹｜通 tʰaŋ⁵²/tʰoŋ³¹｜翁 aŋ³¹/eŋ³¹/oŋ³¹｜脓 naŋ³³/loŋ³³；

通摄合口三等钟韵、东韵白读为 uaŋ 或 eŋ，白读为 oŋ 或 ioŋ，如：封 huaŋ³¹/hoŋ³¹｜用 eŋ⁴²/ioŋ⁵²｜风 huaŋ³¹/hoŋ³¹｜穷 keŋ³³/kʰioŋ³³。

摄	韵	例字	白读	文读
果	歌	歌	ua	o
	戈	婆	ua	o
假	麻	化	ue	ua
	虞	雨	ou	u
		住	iu	u
	鱼	锄	u	o
		许	ou	u
		初	iu	o
蟹	咍	开	ui	ai
	夬	快	ũã	uai
止	支	知	ai	i
	脂	师	ai	u
	之	子	i	u
		耳	ĩ	u
	微	气	ui	i

续表

摄	韵	例字	白读	文读
效	豪	高	o	au
	肴	孝	a	au
		敲	a	iau
	宵	摇	io	iau
流	侯	斗	au	ou
	尤	九	au	iu
咸	谈	三	ã	am
	盐	染	ĩ	iam
	添	添	ĩ	iam
	叶	接	iʔ	iap
	帖	贴	aʔ	iap
深	侵	林	ã	im
山	寒	安	ũã	aŋ
	删	板	ãĩ	aŋ
		颜	ĩã	uaŋ
	仙	变	ĩ	iaŋ
	先	天	ĩ	iaŋ
		先	ãĩ	iŋ
	元	健	ĩã	iaŋ
	桓（合）	盘	ũã	uaŋ
	仙（合）	算	ŋ	uaŋ
	元（合）	反	ãĩ	uaŋ
		远	ŋ	iaŋ
	薛	热	uaʔ	iak
	屑	节	oiʔ	ak
臻	真	陈	aŋ	iŋ
	质	密	ak	ik

续表

摄	韵	例字	白读	文读
宕	唐	秧	ŋ	iaŋ
	阳	让	ĩõ	iaŋ
	唐（合）	光	ŋ	uaŋ
	阳（合）	方	ŋ	aŋ
		王	eŋ	uaŋ
		放	aŋ	uaŋ
	铎	作	oʔ	ak
		索	oʔ	ok
	药	约	ioʔ	iak
江	觉	学	oʔ	ak
曾	登	等	aŋ	eŋ
		肯	iaŋ	eŋ
梗	庚（二等）	猛	ẽ	eŋ
	庚（三等）	平	ẽ	eŋ
		命	ĩã	eŋ
	青	经	ĩã	eŋ
		零	aŋ	eŋ
	昔	积	eʔ	ek
通	东（一等）	东	aŋ	oŋ
	东（三等）	穷	eŋ	ioŋ
		风	uaŋ	oŋ
	冬	脓	aŋ	oŋ
	钟	用	eŋ	ioŋ
		封	uaŋ	oŋ

3. 声调异读

（1）次浊上声字白读读同阳上 52，文读读同阴上 454，如：雨 hou^{52}/u^{454}｜远 hŋ^{52}/iaŋ^{454}。

（2）阳去白读为 42，文读读同阳上调 52，如：树 $\text{ts}^\text{h}\text{iu}^{42}$/$\text{su}^{52}$｜住 tiu^{42}/tsu^{52}｜岸 hũã^{42}/ŋãi^{52}｜健 kĩã^{42}/kiaŋ^{52}｜烂 nũã^{42}/laŋ^{52}｜让 nĩõ^{42}/ziaŋ^{52}｜命 mĩã^{42}/meŋ^{52}｜用 eŋ^{42}/ioŋ^{52}。

中古音韵地位	例字	白读	文读
古次浊声母上声字	雨、远	52	454
古浊声母去声字	树、住、岸、健、烂、让、命、用	42	52

第六十五节　南澳方音

壹　概况

一　调查点概况

调查点为汕头市南澳县后宅镇。南澳是广东唯一的海岛县，也是目前全国（包括台湾岛）14 个海岛县（区）中唯一的全岛域国家 4A 级旅游景区。总面积约 114.74 平方公里，由南澳岛及周边 35 个岛屿组成，其中主岛 111.73 平方公里，海域 4600 平方公里。处于闽、粤、台三地交界海面，距西太平洋国际主航线仅 7 海里，素有"粤东屏障　闽粤咽喉"之称，历来是东南沿海通商的必经泊点和中转站，也是对台和海上贸易的主要通道。自 1950 年至 2017 年，南澳县所属区、乡、公社、镇、村的行政区域先后进行了 26 次调整、撤并和变更。至 2017 年 1 月，南澳县设后宅、云澳、深澳 3 个镇和青澳旅游度假区、黄花山海岛国家森林公园 2 个管委会，有 41 个行政村、5 个居委，共 82 个自然村。根据第七次人口普查数据，截至 2020 年 11 月 1 日，南澳县常住人口为 64429 人。民族以汉族为主，另有极少数土家族、苗族、壮族等少数民族居民。

南澳县地理位置优越，自古以来南澳就是东南沿海一带通商洋的必经停泊点和中转站，是海上贸易的重要通道，有"海上互市之地"之称。南澳出土的距今约 8000 年前"象山文化"是粤东考古发现最早的新石器时代文化遗存。

全县通行闽南话，基本上可细分为三种口音，后宅话、云澳话和深澳话，即不同镇之间口音有所差别。后宅话更接近汕头话，云澳话更接近福建东山话，深澳话则介于两者之间。本次调查以县城所在地后宅镇的后宅话为调查对象。

地方曲艺主要有歌谣、唱歌册和潮剧几种形式，但都不是南澳县所特有的，而是整个潮汕地区都有的艺术形式，只是各地略有差别。南澳舞蹈渊源很长，有车鼓舞、龙舞、狮舞、麒麟舞、蜈蚣舞、鲤鱼舞、宣斑舞等，多是配合常年的游神赛会而进行的，富有地方特色。

二　方言发音人概况

老男发音人曾凯忠，男，汉族人，1951 年 11 月出生于汕头南澳县后宅镇洋屿村，高中学历，职员、文化音乐人，南澳县新华书店职工（退休）。会说后宅话和普通话，父母亲为后宅洋屿人，配偶为后宅人，都说后宅话。主要个人经历：1958 年起在家乡读小学；1964 年起在南澳中学读初中；1968 年起在南澳中学读高中；1970 年起回家务农，在大队任资料员、民办教师；1972 年起在县文宣队当演奏员；1979 年起在县广播站任播音员；1981 年起在县潮剧团任演奏员；1985 年起在县新华书店工作；1990 年起任书店副经理至 2011 年退休，在此期间，兼任县音乐协会副会长（兼秘书长）；1995 年起兼任县音乐协会会长。所作歌曲曾分获中国音乐家协会金、银、铜奖。同时兼任本次调查的口头文化发音人。

青男发音人林欢哲，男，汉族人，1986 年 4 月出生于汕头南澳县后宅镇，大专学历，南澳县后宅镇宾馆员工。会说后宅话、普通话和一点英语，父母亲均为后宅人，都说后宅话。主要个人经历：1994—2000 年在后宅镇中心小学读书；2000—2003 年在南澳县第二中学读书；2003—2006 年在南澳中学读书；2006—2009 年在广东省职业技工学院读书；2009 年以后回到后宅镇成为自由职业者；2015 年至今为后宅镇宾馆员工。

老女发音人何耀仙，女，汉族人，1953 年 10 月出生于汕头南澳县后宅镇山顶村，未接受学校教育，不识字。会说后宅话，父母亲和配偶均为后宅人，都说后宅话。主要个人经历：从小一直在后宅镇山顶村生活、务农，结婚后居住于后宅镇中心，是一名家庭主妇。

青女发音人周玉辉，女，汉族人，1984 年 7 月出生于汕头南澳县后宅镇龙地村，高中学历，无业。会说后宅话、普通话和一点英语，父母亲和配偶均为后宅龙地村人，都说后宅话。主要个人经历：1992—1998 年在后宅龙地小学读书；1998—2001 年在南澳中学读书；2001—2003 年在汕头中训培训学校会计专业读书；2003 年后曾任南澳宾馆员工。

口头文化发音人 1 陈伟名，男，汉族人，1945 年 9 月出生于汕头南澳县深澳镇松柏坑村，大专学历，原县文化馆馆长、文联副主席。

口头文化发音人 2 吴占才，男，汉族人，1945 年 7 月出生于汕头南澳县后宅镇新乡村，高中学历，原县文化局局长、文联主席。

口头文化发音人 3 李少华，男，汉族人，1945 年 7 月出生于汕头南澳县云澳镇莲园村，大专学历，公务员。

口头文化发音人 4 黄克强，男，汉族人，1957 年 11 月出生于汕头南澳县后宅镇城南居委会，大专学历，原县潮剧团副团长、国家三级编剧。

贰　声韵调

一　声母（18个，包括零声母）

p 八兵爬　　pʰ片派蜂_白　b 麦味　　　m 明问
　病飞_白肥
　饭_白

t 东多毒甜　tʰ天讨抽拆　　　n 脑南年　　　　　　　　　l 老路蓝连
　竹张茶　　　柱　　　　　　泥软

ts 早租酒资　tsʰ寸刺草清　　　　s 三想酸丝　dz 字热
　坐谢_{白,姓}　全贼抄初床　　　祠谢_{文,多~}
　争装主　　车春手　　　　　　事山双顺
　纸船书　　　　　　　　　　　城
　十

k 九高共县　kʰ开轻权　g 月　　ŋ 熬　　　h 飞_文风副
　　　　　　　　　　　　　　　　　　蜂_文饭_文好
　　　　　　　　　　　　　　　　　　灰响云王
　　　　　　　　　　　　　　　　　　　_{白,姓}

Ø 活安温王
　_{文,国~用药}

说明：

①g、b 的浊音成分不是很重，声带颤动不十分明显。

②g 在有些音节中有鼻冠音色彩，实际读音为 ŋg，如：岩、验、严、言。

③ts、tsʰ、s 发音部位比普通话的 ts、tsʰ、s 稍后，接近舌尖中；当与齐齿呼的韵母相拼时，听感上接近普通话的舌面前音 tɕ、tɕʰ、ɕ，但还不是很到位。ts、tsʰ、s 和 tɕ、tɕʰ、ɕ并无音位上的对立，因此不必单独设立一套 tɕ、tɕʰ、ɕ声母。

④h 发音部位在喉部稍前，比普通话的 x 稍后，发音时摩擦也较重。

⑤零声母开头略有喉塞成分，因此发音部位归入喉音，更准确的记音应为ʔ。

二　韵母（包括自成音节的 m、ŋ 在内）

		i	米丝二试戏	u	雨_文
a	饱	ia	靴瓦写	ua	歌_白
o	歌_文坐宝短	io	桥笑		
e	茶牙			ue	过赔飞_白
ɤ	猪师_文				
ai	开_文排师_白			uai	快
au	走豆	iau	猫小		

oi	鞋			ui	开白对飞文鬼
ou	苦五雨白	iu	油		
		ĩ	年		
ã	三淡	iã	兄	ũã	官山半
ɛ̃	星争病硬	iõ	张想	ũɛ̃	横
ãĩ	爱			ũãĩ	橥
ãũ	好				
õĩ	前办			ũĩ	县
õũ	虎	iũ	幼		
		im	深心		
am	南	iam	盐	uam	范
om	参				
		iŋ	根新	uŋ	春云滚寸
aŋ	双讲东	iaŋ	响	uaŋ	权王文,国~
eŋ	王白,姓灯升用				
əŋ	床糖				
oŋ	风通	ioŋ	荣永		
m̩	母				
ŋ̍	远黄				
		iʔ	接白	uʔ	呴~薰
aʔ	塔鸭辣白	iaʔ	锡	uaʔ	刮文活辣热白,天时~
oʔ	托	ioʔ	药尺		
eʔ	白			ueʔ	刮白月郭
ɤʔ	□象声词				
aiʔ	□象声词				
auʔ	□卷	iauʔ	□打钩		
oiʔ	八节白,~日				
		iuʔ	□挤牙膏		
		ĩʔ	□象声词		
ɛ̃ʔ	□炫耀				
ãũʔ	□咬				
ŋ̍ʔ	□擤鼻涕				
		ip	急		
ap	盒十	iap	接文贴	uap	法
op	□象声词				
		ik	橘七一直	uk	出骨

ak	节文, ~约壳学北六	iak	热文, ~闹	uak	发决
ek	色局绿				
ək	□稠				
ok	国谷	iok	育		

说明：

①a 实际有 2 个变体，单念和有介音-i-的时候为介于前低至央低元音之间的元音 a；后接-u、-ŋ、-k 韵尾的时候，为后低而稍前的元音的ɑ。

②e 的实际读音可记作前、中、不圆唇元音ɛ。

③o 的实际读音可记作ɔ，io 的实际读音可记作iɔ，ɔ 为后、半低、圆唇元音，从音系处理的角度出发记为 o 和 io。

三　声调

南澳话共有 8 个声调，基本的分化规则为平上去入各分阴阳。具体如下：

阴平	34	东该灯风通开天春
阳平	454	门龙牛油铜皮糖红
阴上	52	懂古鬼九统苦讨草买
阳上	35	老五有动罪近后硬乱
阴去	21	冻怪半四痛快寸去哭
阳去	31	卖路洞地饭树
阴入	2	谷百搭节急拍塔切刻
阳入	5	六麦叶月毒白盒罚

说明：

①阴平为 34 调，略有上升，升幅不明显。因受到周边强势方言 33 调的影响，34 调也有 33 调这样的自由变体。

②阳平为曲折调 454，先升后降，与周边强势方言汕头的 55 调有所区别，曲折明显。

③阴去为低降调 21 调，偶尔出现 213 的变体，有些阴去字降幅不明显。

④阳去调实际调值为 31，起点比阴去高。

⑤后宅话的阴阳去声有合并的趋势。

⑥阴入因短促、戛然而止，所以实际调值也可记作 21。

叁　连读变调

南澳话的连读变调规律有以下几种：

一　两字组连读变调规律

后宅话两字组的连读前变调的具体变调规律如下表。多字组的变调规律也基本跟两字组一样，一般以语法意义为单位，将两个或两个音节以上的词语、短语或句子划分为一个一个的节拍群，每一个节拍群只有最后一个字不变调，其余前面各字按照两字组的变调规律进行变调。

1. 阴平从 34 调变成 33 调，变化幅度不大，可视为不变调，如：

家私	家庭	家长	家电
ke³³si³⁴	ke³³tʰeŋ⁴⁵⁴	ke³³tsiaŋ⁵²	ke³³tian³⁵

家将	家事	家国	家学
ke³³tsiaŋ²¹	ke³³sɤ³¹	ke³³kok²	ke³³hak⁵

2. 阳平从 454 调变成 21 调，如：

茶杯	茶壶	茶水	茶具
te²¹pue³⁴	te²¹hu⁴⁵⁴	te²¹tsui⁵²	te²¹ku³⁵

茶碎	茶树	茶粕	茶叶
te²¹tsʰui²¹	te²¹tsʰiu³¹	te²¹pʰoʔ²	te²¹hioʔ⁵

3. 阴上从 52 调变成 35 调，如：

水波	水流	水管	水利
tsui³⁵po³⁴	tsui³⁵liu⁴⁵⁴	tsui³⁵kuaŋ⁵²	tsui³⁵li³⁵

水费	水位	水塔	水力
tsui³⁵hui²¹	tsui³⁵ui³¹	tsui³⁵tʰaʔ²	tsui³⁵lak⁵

4. 阳上从 35 调变成 21 调，如：

部优	部门	部长	部下
pou²¹iu³⁴	pou²¹buŋ⁴⁵⁴	pou²¹tsiaŋ⁵²	pou²¹e³⁵

部将	部分	部级	部属
pou²¹tsiaŋ²¹	pou²¹huŋ³¹	pou²¹kʰip²	pou²¹sok⁵

5. 阴去从低调 21 调变成高平调 55 调，如：

布衫	布田	布厂	布罩
pou⁵⁵sã³⁴	pou⁵⁵tsʰaŋ⁴⁵⁴	pou⁵⁵tsʰiaŋ⁵²	pou⁵⁵tsau³⁵

布铺	布袋	布匹	布局
pou⁵⁵pʰou²¹	pou⁵⁵to³¹	pou⁵⁵pʰik²	pou⁵⁵kek⁵

6. 阳去作前字时不变调，保持 31 调。

树栽树苗	树头	树顶	树下
tsʰiu³¹tsai³⁴	tsʰiu³¹tʰau⁴⁵⁴	tsʰiu³¹teŋ⁵²	tsʰiu³¹e³⁵

树干	树缝	树窟	树木
tsʰiu³¹kaŋ²¹	tsʰiu³¹pʰaŋ³¹	tsʰiu³¹kʰuk²	tsʰiu³¹bak⁵

7. 阴入从低调 2 调变成高调 5 调，与阳入单字调相同，如：

国家	国民	国产	国粹
kok⁵ke³⁴	kok⁵biŋ⁴⁵⁴	kok⁵sũã⁵²	kok⁵tsui³⁵

国货	国画	国策	国力
kok⁵hue²¹	kok⁵ue³¹	kok⁵tsʰeʔ²	kok⁵lak⁵

8. 阳入从高调 5 调变成低调 2 调，与阴入单字调相同，如：

学风	学名	学府	学校
hak²hoŋ³⁴	hak²mĩã⁴⁵⁴	hak²hu⁵²	hak²hau³⁵

学费	学位	学识	学习
hak²hui²¹	hak²ui³¹	hak²sek²	hak²sip⁵

综上所述，我们将后宅话前字变调的规律列表如下：

调类	阴平	阳平	阴上	阳上	阴去	阳去	阴入	阳入
单字调	34	454	52	35	21	31	2	5
连读前字变调	33	21	35	21	55	不变	5	2

另外，调查对象出现的个别词尾变调的情况，如"月娘 gueʔ²nĩõ³⁵"，并不具有普遍性，应是受到南澳县云澳镇语音（云澳话阳平调调值为 35）的影响。

二　多字组连读变调

南澳话多字组的变调规律也基本跟两字组一样。一般是以语法意义为单位，将两个或两个音节以上的词语、短语或句子划分为一个一个的节拍群，每一个节拍群只有最后一个字不变调，其余前面各字按照上述两字组的变调规律进行变调。此处不再赘述。

肆　异读

一　新老异读

本次调查中，老男发音人和青男发音人的读音整体差异不大，个别字读音有所区别，例如老男发音人"犯法"二字读为 huam³⁵huap²，而青男发音人分别读为 huaŋ³⁵huak²，可以看出受到强势方言汕头话的影响，以 -m/-p 为韵尾的韵母数量逐渐减少，正在向 -ŋ/-k 韵尾过渡。

二　文白异读

南澳话从音节结构上分，有三种文白异读：声母异读、韵母异读和声调异读。下面所列举的例字均有文白两读，属于文白并立的读音。

1. 声母异读

南澳话声母主要的文白读音如下表：

中古声母	例字	白读音	文读音
滂母、並母	漂婆被平盘	p	p^h
明母	马模密	b	m
非母、敷母、奉母	飞分放方夫反妇饭份父	p	h
	纺芳捧缝	p^h	h
定母	图堂唐	t	t^h
来母	淋烂量浪	n	l
日母	染让	n	z
心母、邪母、禅母	鲜腥像树常	ts^h	s
知母、彻母、澄母	张知罩转胀长征丈	t	ts
	长场迟陈姓	t	ts^h
	丑陈~列	t^h	ts^h
船母、书母、禅母	食叔少上	ts	s
匣母	下胡黄学红洪	零声母	h
	寒汗含糊	k	h
云母	王远雨晕	h	零声母

2. 韵母异读

南澳话文白异读更多地体现在韵母异读，韵母文白异读的情况比较复杂。下面分别介绍南澳话韵母文白异读的对应关系，列表如下：

中古韵摄	中古韵母	白读音	文读音	例字
果摄	歌戈过	ua	o	拖歌和磨
	戈果	ue	o	菠锅果
假摄	麻马	e	a	差把马家
	麻	ue	ua	花铧
	马	ia	ua	瓦
	麻马	c	ia	加假下姐

续表

中古韵摄	中古韵母	白读音	文读音	例字
遇摄	模暮鱼虞	ou	u	呼布庐雨
	虞语遇	iu	u	珠黍树
	虞	iau	u	数柱
	模	ou	o	模
	鱼	iu	o	初
蟹摄	怪皆蟹	oi	ai	界疥挨解
	咍代	i	ai	苔戴
	泰	ua	ai	大盖
	齐荠	oi	i	齐底体礼
	齐废	ai	i	西刈
	灰	ue	ui	灰
	怪夬	ue	uai	怪快
止摄	支纸	ia	i	奇企崎豸
	支至之止	ai	i	知利狸里
	至微旨	ui	i	屁机衣几
	纸支未	ue	i	被糜未
	脂至之志	i	ɤ	私肆辞饵
	脂	ai	ɤ	师
	旨微	ue	ui	美飞
效摄	豪皓号	o	au	毛草告好
	肴效	a	au	尻抛校罩
	号	ou	au	靠
	皓	iu	au	稻
	宵小	io	iau	标苗摇小
流摄	厚侯候	au	ou	斗侯后够
	尤有宥	au	iu	流九昼留
	尤有	u	iu	丘有

续表

中古韵摄	中古韵母	白读音	文读音	例字
咸摄	谈衔	ã	am	担蓝三衔
	盐琰添	ĩ	iam	钳染拈添
	洽帖	oiʔ	iap	夹狭挟
深摄	寝侵	am	im	饮淋
山摄	寒	ũã	aŋ	丹弹干安
	删潸	õĩ	aŋ	斑板
	线先霰	ĩ	iaŋ	变天见边
	狝先	õĩ	iaŋ	剪先研
	仙愿	ĩã	iaŋ	燃健
	霰	in	iaŋ	眩
	桓换	ũã	uaŋ	盘宽判换
	换缓仙	əŋ	uaŋ	断管全传
	删阮	õĩ	uaŋ	还反
	曷	uaʔ	ak	撒喝獭
臻摄	震真	uŋ	iŋ	阵伸
	真	aŋ	iŋ	鳞陈
	质	ak	ik	密
宕摄	唐	əŋ	aŋ	当堂唐丧
	阳漾养	ĩõ	iaŋ	张样让上
	阳唐荡	əŋ	uaŋ	庄妆光广
	阳漾	aŋ	uaŋ	方肪芳放
	唐阳	ŋ	uaŋ	荒黄方
	铎	oʔ	ak	作恶
	药	iaʔ	iak	雀勺
江摄	觉	oʔ	ak	学

续表

中古韵摄	中古韵母	白读音	文读音	例字
曾摄	登等蒸	aŋ	eŋ	曾等凝腾
	蒸嶝	in	eŋ	称承应澄
梗摄	庚青	ẽ	eŋ	生更平经
	庚映清青	ĩã	eŋ	行命成听
	昔	iaʔ	ek	易
	昔	iaʔ	ik	脊
通摄	东冬钟	aŋ	oŋ	东松中蜂
	送钟冬	eŋ	oŋ	铳重松
	东用	eŋ	ioŋ	雄躬穷用
	屋沃	ak	ok	族沃
	屋	ek	ok	秃叔陆
	屋	au	ok	哭
	烛屋	ek	iok	浴曲

3. 声调异读

与声母和韵母异读相比，声调异读只是少数。南澳话声调的文白异读最常见的情况出现在上声字和去声字，详见下表。其他调类的文白异读则比较零散，在此不一一列举。

中古声调	白读音	文读音	例字
清声母上声	阳上 35	阴上 52	想
浊声母上声	阳上 35	阴上 52	远雨
浊声母去声	阳去 31	阴上 52	汗
	阳去 31	阳上 35	树妹

伍　小称音

南澳话无儿化现象。

小称也不是太丰富，常用的有两种小称，一种是在词汇末尾加"囝"，读为 kĩã^{52}；也有加"仔"，读为 a^{52} 的情况，"仔"实际上也是来自"囝"。尚未发现小称变调的情况。

陆　其他主要音变

南澳话存在词末、句末轻声的变调现象，轻声发音轻短，调值通常标为 0。轻声与前字的关系不大，多由语义引起，性质与普通话的轻声相似。最常见的例子是结构助词"个""下"，动态助词"着""了""过"，以及疑问句或感叹句末尾的语气词"啊""呢""哪"等。另外，在语保工程的调查中主要还有以下几种轻声情况：

1. 时间名词或词组末字轻声，如：

后年 au^{35}nĩ^0

大后日 tua^{31}au^{35}dzik^0

前日 tseŋ^{454}dzik^0

大前日 tua^{31}tseŋ^{454}dzik^0

农历十二月 loŋ^{21}leʔ^{5}tsap^{2}dzi^{35}gueʔ^0

2. 趋向或结果补语末尾的"来""去""落"等字读轻声，如：

落来 loʔ^{5}lai^0

入去 dzip^{5}kʰɤ^0

出来 tsʰuk^{21}lai^0

出去 tsʰuk^{2}kʰɤ^0

转来 təŋ^{52}lai^0

起来 kʰi^{52}lai^0

放落 paŋ^{21}loʔ^0

3. 数量词组或动量补语末字轻声，如：

洗一下 soi^{52}tsik^{2}e^0

试一下 tsʰi^{55}tsik^{2}e^0

4. 在表示某一类人或一群人的"伙"字结构中，"伙"字读轻声，如：

仙女伙 siaŋ^{33}nəŋ^{52}hue^0（表示一群仙女）

第六十六节　揭阳方音

壹　概况

一　调查点概况

调查点为揭阳市榕城区。揭阳市榕城区位于广东省东北部，北纬 23°53′～

23°54′，东经 116°36′～116°34′。截至 2017 年 4 月，揭阳市辖 2 个区（榕城区、揭东区）、2 个县（揭西县、惠来县）、代管 1 个县级市（普宁市），并设立揭阳产业园、揭阳空港经济区、普宁华侨管理区、大南山华侨管理区和大南海工业区，赋予部分县级管理的职能。全市共有 63 个镇、2 个乡、22 个街道。根据第七次人口普查数据，截至 2020 年 11 月 1 日，揭阳市常住人口为 5577814 人，本地居民都是汉族人。

榕城区本地居民无操少数民族语言者，外来人口有极少数操少数民族语言的。本地通行的方言是闽南方言潮汕话中的揭阳榕城方言。早期有少数客家人讲客家方言，现已无。地方曲艺主要是潮剧，用潮州话演唱。早期还有汉剧，现在没有了。

二 方言发音人概况

老男发音人林建龙，1959 年 4 月出生于揭阳榕城区老城区，父母和配偶都是榕城区老城区本地人。发音人本人先后就读于本地的北滘小学、红旗中学，高中文化，高中毕业后在揭阳电机厂工作，下岗后在本地经商。

青男发音人林泽嘉，1990 年 6 月出生于揭阳榕城区老城区，父母和配偶都是榕城区老城区本地人。发音人本人先后就读于本地的东南小学、城东中学和捷和职业技术学院，高中文化，调查时发音人在本地工作。

老女发音人孙瑶华，1950 年 5 月出生于揭阳榕城区老城区，父亲和配偶都是榕城区老城区本地人。发音人本人就读于本地的北滘小学，小学文化，毕业后在榕城棉织厂工作，已退休。

青女发音人陈晓，1987 年 12 月出生于揭阳榕城区老城区，父母和配偶都是榕城区老城区本地人。发音人本人先后就读于本地的东南小学、榕江中学和揭阳学院附属中学（现第二中学），高中文化，调查时发音人在本地工作。

口头文化发音人 1 孙瑶华，1950 年 5 月出生于揭阳榕城区老城区，就读于北滘小学，小学文化，毕业后在榕城棉织厂工作，婚后居榕城南门，调查时发音人已退休，配偶是榕城老城区本地人。

口头文化发音人 2 孙凌燕，1986 年 4 月出生于揭阳榕城区老城区，大学本科文化，毕业后在揭阳职业技术学院任教。

贰 声韵调

一 声母 18 个（包括零声母在内）

p 八兵爬病 飞白肥饭白	pʰ 派片蜂	b 麦味	m 明问	
t 多东甜毒 张竹茶	tʰ 讨天抽拆 柱	n 脑文南年 泥软		l 脑白老蓝 连路

ts 资早租酒　　tsʰ 刺草寸　　　　　　　　　s 丝三酸　　　z 字热
　坐谢白争　　　清贼全抄　　　　　　　　　想祠谢文
　装船纸主　　　初床车春　　　　　　　　　事山双
　十书　　　　　手　　　　　　　　　　　　顺城
k 高九共县　　kʰ 开轻权　　g 牙　　　　ŋ 熬月　　h 飞文风副
　　　　　　　　　　　　　　　　　　　　　　饭文好灰
　　　　　　　　　　　　　　　　　　　　　　响王白云

ø 活安温王
　文用药

说明：

　　① n、l 有别。

　　②鼻音声母后面的韵母全部鼻化。

　　二　韵母 87 个（包括自成音节的 m、ŋ 在内）

	i 米丝试戏二	u 雨文
a 饱	ia 靴写瓦白	ua 歌白瓦文
e 茶牙		ue 过赔飞白
o 歌文坐宝短号文	io 笑桥	
ɯ 猪师		
ai 开文排		uai 快
oi 鞋		ui 开白对飞文鬼
au 豆走	iau 绕	
ou 苦五雨白	iu 油	
	ĩ 年	
ã 三	ĩã 兄	ũã 山半官
ẽ 硬争病星		ũẽ 横
õ 号白	ĩõ 样	
ãĩ 爱		ũãĩ 㮣
õĩ 底		ũĩ 惯白
ãũ 好爱~	ĩãũ □ ĩãũ²⁵，揭，翻	
õũ 虎	ĩũ 幼	
	im 心深	
am 含	iam 盐	uam 犯
om □ tom²⁵，动词，滴		
		uŋ 寸滚春云
aŋ 双讲东白	iaŋ 响	uaŋ 权王文惯文
eŋ 根新王白灯升用		ueŋ 永白

oŋ 东文　　　　　　　　　ioŋ 凶永文

ɯŋ 糖床

　　　　　　　　　　　　 ip 急

ap 盒十　　　　　　　　　iap 接文贴　　　　uap 法

op □ hop⁵ 吹牛

　　　　　　　　　　　　　　　　　　　　　uk 骨出

ak 节文壳学文北六　　　　iak 切热文　　　　uak 发

ek 七一橘直色绿局　　　　　　　　　　　　　uek 或

ok 国谷　　　　　　　　　iok 育

　　　　　　　　　　　　 iʔ 接白　　　　　　uʔ □ luʔ³ 喝

aʔ 塔鸭辣文　　　　　　　iaʔ 锡　　　　　　uaʔ 辣白热白活文刮文

eʔ 白　　　　　　　　　　　　　　　　　　　ueʔ 刮白月郭

oʔ 托学白　　　　　　　　ioʔ 药尺

ɯʔ □ tsʰɯʔ³ 向前趴下，且着地时受摩擦

iuʔ □ kiuʔ³ 冒

oiʔ 八节白

auʔ 落胶~ka³³lauʔ⁵ 丢失，掉下　　iauʔ □ iauʔ³ 翻

　　　　　　　　　　　　　　　ĩʔ □ hĩʔ³ 擤

　　　　　　　　　　　　　　　ĩãʔ □ hĩãʔ³ 掀开　　　ũãʔ 活白

ẽʔ 吓

　　　　　　　　　　　　　　　ĩũʔ □ ĩũʔ³ 极小

ãĩʔ □ hãĩʔ⁵hĩʔ³~，比喻有毛病

õĩʔ □ hõĩʔ⁵ 面~~，脸憔悴消瘦的样子

ãũʔ□ hãũʔ⁵（莲藕、芋头等）口感不够粉　ĩãũʔ □ hĩãũʔ⁵ 剪　　ũãĩʔ □ hũãĩʔ³ 来回转动

m 唔

ŋ 黄

说明：

　　①鼻化韵的整个韵母都鼻化。

　　②与鼻音声母拼合，整个韵母都鼻化。

　　③部分鼻化入声韵只能与鼻音声母拼合，为了标音的方便，把它们和相应的非鼻化入声韵合并为一个韵母。本表所列鼻化入声韵都可以与 h 或零声母相拼，部分也可以与鼻音声母相拼。为了和其他广东闽方言点保持一致，当它们与鼻音声母相拼的时候，统一省略鼻化符号。

　　④专用于表拟声的韵母不收。

三 声调8个

调值	调类	例字	调值	调类	例字
33	阴平	东该灯风通开天春	213	阴去	冻怪半四痛快寸去
55	阳平	门龙牛油铜皮糖红	22	阳去	卖路洞地饭树白
41	阴上	懂古鬼九统苦讨草买	3	阴入	谷急刻百搭节拍塔切
25	阳上	老文五有动罪近后硬树文乱	5	阳入	六麦叶月毒白盒罚

叁 连读变调

揭阳榕城方言两字组连读变调规律见下表：

单字调	阴平 33	阴上 41	阴去 213	阴入 3	阳平 55	阳上 25	阳去 22	阳入 5
阴平 33	33＋33	33＋41	33＋213	33＋3	33＋55	33＋25	33＋22	33＋5
阴上 41	41＋33 24＋33	41＋41 24＋31	41＋213 24＋213	41＋3 24＋3	41＋55 24＋55	41＋25 24＋25	41＋22 24＋22	41＋5 24＋5
阴去 213	213＋33 42＋33	213＋41 42＋31	213＋213 42＋213	213＋3 42＋3	213＋55 42＋55	213＋25 42＋25	213＋22 42＋22	213＋5 42＋5
阴入 3	3＋33	3＋41 5＋31	3＋213 5＋213	3＋3 5＋3	3＋55 5＋55	3＋25 5＋25	3＋22 5＋22	3＋5 5＋3
阳平 55	55＋33 22＋33	55＋41 22＋41	55＋213 22＋213	55＋3 22＋3	55＋55 22＋55	55＋25 22＋25	55＋22 22＋22	55＋5 22＋5
阳上 25	25＋33 21＋33	25＋41 21＋41	25＋213 21＋213	25＋3 21＋3	25＋55 21＋55	25＋25 21＋25	25＋22 21＋22	25＋5 21＋5
阳去 22	22＋33 21＋33	22＋41 21＋41	22＋213 21＋213	22＋3 21＋3	22＋55 21＋55	22＋25 21＋25	22＋22 21＋22	22＋5 21＋5
阳入 5	5＋33 3＋33	5＋41 3＋41	5＋213 3＋213	5＋3 3＋3	5＋55 3＋55	5＋25 3＋25	5＋22 3＋22	5＋5 3＋5

说明：

①例词请参看词汇部分。

②阴上前变调24有23、24两个变体。后字是阴平、阴去、阴入、阳上、阳去时读23，后字是阴上、阳平、阳入调字时读24。

③阴去前变调42有32、42两个变体。后字是阴平、阴去、阴入、阳上、阳去时读32，后字是阴上、阳平、阳入调字时读42。

④阴入前变调 5 有 4、5 两个变体。后字是阴平、阴去、阴入、阳上、阳去时读 4，后字是阴上、阳平、阳入调字时读 5。

肆　异读

一　新老异读

1. 新派咸摄的韵尾有从双唇向舌根发展的趋势，咸摄合口三等韵老派读 uam/uap，新派读 uaŋ/uak，如：

	老派	新派
犯	huam^{25}	huaŋ^{25}
法	huap^5	huak^5

2. 山摄合口三等元韵、臻摄合口一等魂韵、臻摄合口三等文韵、宕摄合口三等阳韵，唇音声母字白读音老派读 ɯŋ 的，新派读 uŋ，如：

		老男发音人	青男发音人
元韵	饭	pɯŋ^{22}白，huaŋ^{25}文	puŋ^{22}白，huaŋ^{25}文
元韵	晚	mɯŋ^{41}	muŋ^{41}
魂韵	本	pɯŋ^{41}	puŋ^{41}
魂韵	盆	pʰɯŋ^{55}又，pʰuŋ^{55}又	pʰuŋ^{55}
魂韵	门	mɯŋ^{55}	muŋ^{55}
文韵	问	mɯŋ^{22}	muŋ^{22}
阳韵合口	方	hŋ^{33}药~/pɯŋ^{33}姓氏/paŋ^{33}四~/huaŋ^{33}文	hŋ^{33}药~/puŋ^{33}姓氏/paŋ^{33}四~/huaŋ^{33}文

二　文白异读

1. 声母异读

（1）非敷奉母字白读 p/pʰ声母，文读 h 声母，如：飞 pue^{33}/hui^{33}、芳 pʰaŋ^{33}/huaŋ^{33}、妇 pu^{25}/hu^{25}。

（2）知组字白读 t/tʰ声母，文读 ts/tsʰ声母，如：知 ti^{213}/tsai^{33}、长 tɯŋ^{55}/tsʰiaŋ^{55}。

（3）匣母字白读零声母或 k 声母，文读 h 声母，如：学 oʔ^5/haʔ^5、汗 kũã^{22}/haŋ^{51}。

（4）喻三（云）母字白读 h 声母，文读零声母，如：王 heŋ^{55}/uaŋ^{55}。

中古声母	例字	白	文
非母	飞	p	h
敷母	芳	pʰ	h
奉母	妇	p	h
知母	知	t	ts
彻母	畜~生	tʰ	—
彻母	侦	—	ts
澄母	长	t	tsʰ
匣母	学	∅	h
匣母	汗	k	h
喻三（云）母	王	h	∅

2. 韵母异读

（1）果摄开口一等歌韵白读 ua 韵，文读 o 韵，如：歌 kua³³/ko³³。合口一等戈韵白读 ua 韵、ue 韵，文读 o 韵，如：婆 pʰua⁵⁵/po⁵⁵、过 kue²¹³。

（2）假摄开口二等麻韵白读 e 韵、ua 韵，文读 a 韵，如：把 pe⁴¹/pa⁴¹、沙 sua³³/sa³³。开口三等麻韵白读 ia 韵，文读 e 韵，如：姐 tsia⁴¹/tse⁴¹。合口二等麻韵白读 ue 韵，文读 ua 韵，如：花 hue³³、夸 kʰua⁵⁵。

（3）遇摄合口一等模韵白读 ou 韵，文读 u 韵，如：布 pou²¹³/pu²¹³。合口三等鱼韵部分白读 iu 韵、ɯ 韵，文读 o 韵，如：初 tsʰiu³³/tsʰo³³、锄 tɯ²²/tsʰo⁵⁵。合口三等虞韵白读 iau 韵、iu 韵、ou 韵，文读 u 韵，如：数动 siau²¹³/su²¹³、树 tsʰiu²²/su²⁵、雨 hou²⁵/u⁴¹。

（4）蟹摄开口一等咍韵部分白读 o 韵，文读 ai 韵，如：袋 to²²、台 tʰai⁵⁵。开口二等佳韵白读 oi 韵，文读开口 ai 韵，如：买 boi⁴¹、摆 pai⁴¹。四等齐韵白读 ai 韵、oi 韵，文读 i 韵，如：西 sai³³/si³³、礼 loi⁴¹/li⁴¹。合口一等灰韵白读 ue 韵，文读 ui 韵，如：灰 hue³³/hui³³。

（5）止摄开口三等支韵白读 ue 韵、ua 韵、ia 韵等，开口三等脂韵白读 ui 韵、ai 韵，文读 i 韵、ɯ 韵，开口三等之韵白读 ai 韵，这三个韵文读都是 i 韵、ɯ 韵，ɯ 韵相对 i 韵是更晚近的文读层，如：皮 pʰue⁵⁵/pʰi⁵⁵、纸 tsua⁴¹、寄 kia²¹³、此 tsʰɯ⁴¹、屁 pʰui²¹³/pʰi²⁵、师 sai³³/sɯ³³、里 lai²⁵/li⁴¹、子 tsi⁴¹/tsɯ⁴¹。

开口三等微韵白读 ui 韵，文读 i 韵，如：几 kui⁴¹/ki³³。合口三等微韵白读 ue 韵，文读 ui 韵，如：尾 bue⁴¹、妃 hui³³

（6）效摄开口一等豪韵白读 o 韵，文读 au 韵，如：抱 pʰo²⁵/pʰau²⁵。开口二等肴韵白读 a 韵，文读 au 韵，如：饱 pa⁴¹、包 pau³³。开口三等宵韵和开口四等萧韵白读 io 韵，文读 iau 韵，如：小 sio⁴¹/siau⁴¹、挑 tʰio³³/tʰiau³³。

（7）流摄开口一等侯韵白读 au 韵，文读 ou 韵，如：够 kau²¹³/kou²¹³。开口三等尤韵白读 au 韵、u 韵，文读 iu 韵，如：流 lau⁵⁵/liu⁵⁵、舅 ku²⁵。

（8）咸摄开口一等谈韵、开口二等衔韵白读 ã 韵，文读 am 韵，如：三 sã³³/sam³³、衫 sã³³、监 kam³³坐~/kam²¹³~督。开口二等咸韵白读 ã 韵，文读 am 韵、iam 韵，如：馅 ã²²/ham²²、站立 tsam²⁵、咸 kiam⁵⁵。开口三等盐韵、四等添韵白读 ĩ 韵，文读 iam 韵，如：染 nĩ⁴¹/ziam⁴¹、添 tʰĩ³³/tʰiam³³。

（9）深摄开口三等侵韵白读 ã 韵、am 韵，文读 im 韵，如：林 nã⁵⁵/lim⁵⁵、针 tsam³³。

（10）山摄开口一等寒韵和开口二等山韵白读 ũã 韵、ãĩ 韵，文读 aŋ 韵，如：岸 hũã²²/ŋãĩ²⁵、弹动 tũã⁵⁵/tʰaŋ⁵⁵、山 sũã³³、间 kãĩ³³/kaŋ³³。

开口二等删韵白读 ãĩ 韵，文读 aŋ 韵，如：板 pãĩ⁴¹/paŋ⁴¹。开口三等仙韵部分白读 ĩ 韵，文读 iaŋ 韵，如：变 pĩ²¹³/piaŋ²¹³。见组字白读 ĩã 韵，文读 eŋ，如：件 kĩã²⁵、乾 keŋ⁵⁵。开口三等元韵白读 ĩã 韵，文读 iaŋ 韵，如：健 kĩã²²/kiaŋ²⁵。开口四等先韵部分白读 ĩ 韵，文读 iaŋ 韵，如：扁 pĩ⁴¹/piaŋ⁴¹。部分白读 ãĩ 韵，文读 eŋ 韵，如：先 sãĩ³³/seŋ³³。合口一等桓韵白读 ũã 韵、ɯŋ 韵、uŋ 韵，文读 uaŋ 韵，如：盘 pũã⁵⁵/pʰuaŋ⁵⁵、断 tɯŋ²⁵/tuaŋ²⁵、暖 nuŋ³³/nuaŋ⁴¹。合口二等删韵白读 ũẽ 韵、ũĩ 韵、ã 韵、ãĩ 韵，文读 uaŋ 韵，如：关 kũẽ³³/kuaŋ³³、惯 kũĩ²¹³/kuaŋ²¹³、还~有 hã⁴¹/huaŋ⁵⁵、还~原 hãĩ⁵⁵/huaŋ⁵⁵。合口三等仙韵白读 ũã 韵、ɯŋ 韵，文读 uaŋ 韵，如：泉 tsũã⁵⁵、转 tɯŋ⁴¹/tsuaŋ⁴¹。合口三等元韵唇音字白读 ãĩ 韵、ŋ 韵、ɯŋ 韵，文读 uaŋ 韵、iaŋ 韵，如：反 pãĩ⁴¹/huaŋ⁴¹、饭 pɯŋ²²/huaŋ²²、远 hŋ²⁵/iaŋ⁴¹。

（11）臻摄开口三等真（臻）韵白读 aŋ 韵、iaŋ 韵，文读 eŋ，如：肾 siaŋ²⁵、陈 taŋ⁵⁵姓氏/tʰeŋ⁵⁵~列、~旧/tsʰeŋ⁵⁵~皮。合口一等魂韵白读 ɯŋ 韵，文读 uŋ 韵，如：孙 sɯŋ³³/suŋ³³。

（12）宕摄开口一等唐韵白读 ɯŋ 韵，文读 aŋ 韵，如：糠 kʰɯŋ³³、康 kʰaŋ³³。开口三等阳韵白读 io 韵、ĩõ 韵、ŋ 韵、ɯŋ 韵，文读 iaŋ 韵，如：唱 tsʰio²¹³/tsʰiaŋ²¹³、想 sĩõ²⁵/siaŋ⁴¹、秧 ŋ³³/iaŋ³³、长 tɯŋ⁵⁵/tsʰiaŋ⁵⁵。合口一等唐韵白读 ɯŋ 韵，文读 uaŋ 韵，如：光 kɯŋ³³/kuaŋ³³。合口三等阳韵白读 õ 韵、eŋ 韵（见晓组和影组），文读 aŋ 韵、uaŋ 韵，如：望 mõ²²/muaŋ²⁵、放 paŋ²¹³/huaŋ²¹³、筐 kʰeŋ³³/kʰuaŋ³³。

（13）江摄开口二等江韵白读 ɯŋ 韵、eŋ 韵，文读 aŋ 韵、uaŋ 韵，如：窗 tʰeŋ³³、双 saŋ³³、桩 tsɯŋ³³/tsuaŋ³³。

（14）曾摄开口一等登韵白读 aŋ 韵，文读 eŋ 韵，如：等 taŋ⁴¹/teŋ⁴¹。

（15）梗摄开口二庚、耕韵白读 ẽ 韵，文读 eŋ 韵，如：生 sẽ³³/seŋ³³、耕 kẽ³³、橙 tsʰeŋ⁵⁵。开口三等庚、清韵和开口四等青韵白读 ĩã 韵、ẽ 韵，文读 eŋ 韵，如：命 mĩã²²/meŋ²⁵、平 pẽ⁵⁵/pʰeŋ⁵⁵、饼 pĩã⁴¹、井 tsẽ⁴¹、净 tseŋ²⁵、经 kĩã³³/kẽ³³/keŋ³³。合口

三等庚韵白读 ĩã 韵、ueŋ 韵，文读 ioŋ 韵，如：兄 hĩã³³、永 ueŋ⁴¹/ioŋ⁴¹。合口三等清韵白读 ĩã 韵，文读 ueŋ 韵，如：营 ĩã⁵⁵/ueŋ⁵⁵。

（16）通摄合口一等东、冬韵白读 aŋ 韵，文读 oŋ 韵，如：东 taŋ³³/toŋ³³、冬 taŋ³³/toŋ³³。合口三等东韵部分白读 eŋ 韵、ã 韵、aŋ 韵、uaŋ 韵（部分非组字），文读 oŋ 韵、ioŋ 韵，如：中 tã³³/taŋ³³/toŋ³³、风 huaŋ³³/hoŋ³³、穷 keŋ⁵⁵/kʰioŋ⁵⁵。合口三等钟韵白读 eŋ 韵、aŋ 韵、uaŋ 韵（部分非组字），文读 oŋ 韵、ioŋ 韵，如：松 seŋ⁵⁵/soŋ⁵⁵、蜂 pʰaŋ³³、封 huaŋ³³/hoŋ³³、凶 hioŋ³³。

（17）另外，入声字部分字白读 -ʔ，文读 -k、-p，如：节 tsoiʔ³/tsak³、接 tsiʔ³/tsiap³。

摄	韵	例字	白	文
果摄	歌韵	歌	ua	o
	戈韵合口	婆	ua	o
		过	ue	—
假摄	麻韵开口二等	把	e	a
		沙	ua	a
	麻韵开口三等	姐	ia	e
	麻韵合口二等	花	ue	—
		夸	—	ua
遇摄	模韵	布	ou	u
	鱼韵	初	iu	o
		锄	ɯ	o
	虞韵	数动	iau	u
		树	iu	u
		雨	ou	u
蟹摄	咍韵	袋	o	—
		台	—	ai
	佳韵开口	买	oi	—
		摆	—	ai
	齐韵开口	西	ai	i
		礼	oi	i
	灰韵	灰	ue	ui

续表

摄	韵	例字	白	文
止摄	支韵开口	皮	ue	i
		纸	ua	—
		寄	ia	—
	脂韵开口	屄	ui	i
		师	ai	ɯ
	之韵	里	ai	i
		子	—	i/ɯ
	微韵开口	几	ui	i
	微韵合口	尾	ue	—
		妃		ui
效摄	豪韵	抱	o	au
	肴韵	饱	a	—
		包	—	au
	宵韵	小	io	iau
	萧韵	挑	io	iau
流摄	侯韵	够	au	ou
	尤韵	流	au	iu
		舅	u	—
咸摄	谈韵	三	ã	am
	咸韵	馅	ã	am
		站立	—	am
		咸	—	iam
	衔韵	衫、	ã	—
		监	—	am 坐~/am~督。
	盐韵	染	ĩ	iam
	添韵	添	ĩ	iam
深摄	侵韵	林	ã	im
		针	am	—

续表

摄	韵	例字	白	文
山摄	寒韵	弹	ũã	aŋ
		岸	ũã	ãĩ
	山韵开口	间	ãĩ	aŋ
		山	ũã	—
	删韵开口	板	ãĩ	aŋ
	仙韵开口	变	ĩ	iaŋ
		件	ĩã	—
		乾	—	eŋ
	元韵开口	健	ĩã	iaŋ
	先韵开口	扁	ĩ	iaŋ
		先	ãĩ	eŋ
	桓韵	盘	ũã	uaŋ
		断	ɯŋ	uaŋ
		暖	uŋ	uaŋ
	删韵合口	关	ũẽ	uaŋ
		惯	ũĩ	uaŋ
		还~有	ã	uaŋ
		还~原	ãĩ	uaŋ
	仙韵合口	泉	ũã	—
		转	ɯŋ	uaŋ
	元韵合口	反	ãĩ	uaŋ
		饭	ɯŋ	uaŋ
		远	ŋ	iaŋ
臻摄	真（臻）	肾	iaŋ	—
		陈	aŋ 姓氏	eŋ ~列，~旧/eŋ ~皮
	魂韵	孙	ɯŋ	uŋ

续表

摄	韵	例字	白	文
宕摄	唐韵开口	糠	ɯŋ	—
		康	—	aŋ
	阳韵开口	唱	io	iaŋ
		想	ĩõ	iaŋ
		长	ɯŋ	iaŋ
		秧	ŋ̍	iaŋ
	唐韵合口	光	ɯŋ	uaŋ
	阳韵合口	放	aŋ	uaŋ
		望	mõ	muaŋ
		筐	eŋ	uaŋ
江摄	江韵	桩	ɯŋ	uaŋ
		窗	eŋ	—
		双	—	aŋ
曾摄	登韵开口	等	aŋ	eŋ
梗摄	庚韵开口二等	生	ẽ	eŋ
	耕韵开口二等	耕	ẽ	—
		橙	—	eŋ
	庚韵开口三等	命	ĩã	eŋ
		平	ẽ	eŋ
	清韵开口	饼	ĩã	—
		井	ẽ	—
		净	—	eŋ
	青韵开口	经	ĩã/ẽ	eŋ
	庚韵合口三等	兄	ĩã	—
		永	ueŋ	ioŋ
	清韵合口	营	ĩã	ueŋ

续表

摄	韵	例字	白	文
通摄	东韵一等	东	aŋ	oŋ
	冬韵	冬	aŋ	oŋ
	东韵三等	中	ã/aŋ	oŋ
		风	uaŋ	oŋ
		穷	eŋ	ioŋ
	钟韵	松	eŋ	oŋ
		蜂	aŋ	—
		封	uaŋ	oŋ
		凶	ioŋ	—

3. 声调异读

揭阳榕城方言声调文白异读主要有两点：

（1）古次浊上字和部分古清上字白读阳上 25，文读阴上 41，如：雨 hou^{25}/u^{41}。

（2）古浊去字白读阳去 22，文读多数读阳上 25，如：树 ts^{h}iu^{22}/su^{25}。

中古音韵地位	例字	白读	文读
古次浊声母上声字、部分古清声母上声字	想、雨	25	41
古浊声母去声字	树、妹	22	25

三　其他异读

1. 别义异读

例字	读音 1	读音 2	读音 3
谢	tsia^{22}姓氏	sia^{22}多~	sia^{213}花~了
沉	t^{h}im^{55}形	tim^{55}动	tim^{55}形
下 方位	e^{25}椅~	ke^{25}悬~：高低	
监	kam^{33}坐~	kam^{213}~督	
恶 形，入声	ak^{3}凶~	oʔ^{3}困难	
勺	ts^{h}iaʔ^{5}尿~	siaʔ^{5}糜~	
石	tsioʔ^{5}沙~	sioʔ^{5}~榴	

2. 自由变读

例字	读音 1	读音 2
贝	pue²¹³ 又	pue²⁵ 又
递	ti⁵⁵ 又	ti⁵⁵ 又
挂	kʰua²¹³ 又	kua²¹³ 又
蚕	tsʰãĩ⁵⁵ 又	tsʰai⁵⁵ 又
墩	tuŋ³³ 又	tuŋ⁴¹ 又
着火~了	toʔ⁵ 又	tioʔ⁵ 又

伍　小称音

揭阳榕城方言的小称形式主要是使用后缀"囝 kĩã⁴¹",无其他儿化、小称音变规律。

陆　其他主要音变

揭阳榕城方言另有一些非强制性的变调,有些学者认为它们是轻声,变调规律如下表:

单字调	阴平	阴上	阴去	阴入	阳平	阳上	阳去	阳入
本调	33	41	213	3	55	25	22	5
后变调	22	212	21	3	22	21	21	3

说明:在语流中根据要表达意思和韵律的不同,有多种变调组合方式。词汇和语法部分有部分例子。

第六十七节　普宁方音

壹　概况

一　调查点概况

调查点为揭阳市普宁市(县级)流沙东街道。普宁市位于广东省东南部、潮汕平原西缘,地处北纬 23°05′40″～23°31′48″,东经 115°43′10″～116°21′02″之间,北回归线从市境北部通过，东毗汕头市潮南区，南邻惠来县，西南连陆丰市、陆河县，西北接揭西县，东北界榕城区，面积 1620.05 平方公里。全市设 17 个镇、7 个街道、1 个乡、3 个国营农场；1 个普侨区；有 523 个行政村、52 个社区。截至 2020 年 11 月 1 日，根据第七次人口普查数据结果，普宁市常住人口 1998619 人。

普宁市境内通行潮汕方言和客家方言。多数地区通行潮汕方言（属于闽语区闽南片潮汕小片），使用人口约 210 万人，占全县总人口的 84.9%；南阳山区等乡镇通行客家方言，使用人口约 30 万人，占全县总人口的 15.1%。其中潮汕方言分为练江音和榕江音两种口音，练江音通行于流沙、池尾、燎原一带，榕江音通行于与揭阳市区接近的洪阳一带。本次调查的是普宁市区流沙的练江音。

辖区内的地方戏主要是潮剧，但已日渐式微。

二 方言发音人概况

老男发音人陈锡丰，高中学历，1956 年 1 月出生于普宁市流沙东街道新坛村，9—15 岁在流沙新坛学校读小学，15—17 岁在流沙新坛学校读初中，17—19 岁在普宁二中读高中，19 岁至今在家乡从事农业及运输工作。会说普宁话和普通话，日常语言为普宁话。父母及配偶均为本地人，说普宁话。

青男发音人陈耿填，初中学历，1985 年 8 月出生于普宁市流沙东街道新坛村，5 岁上幼儿园，8—14 岁在新坛小学上小学，14 岁至 17 岁在城东中学读初中，17 岁至今在家乡经商。会说普宁话和普通话，日常语言为普宁话。父母及配偶均为本地人，说普宁话。

老女发音人陈惠如，小学学历（三年级），1957 年 10 月出生于普宁市流沙东街道新坛村，9—11 岁在流沙读小学，小学三年级之后辍学在家务农，未离开过本地。只会说普宁话，父母及配偶均为本地人，说普宁话。

青女发音人陈清容，小学学历，1985 年 4 月出生于普宁市流沙东街道新坛村，8 岁至 14 岁在新坛小学读书，14 岁至今一直在服装厂工作。会说普宁话和普通话，日常语言为普宁话。父母及配偶均为本地人，说普宁话。

口头文化发音人 1 即青女发音人陈清容。

口头文化发音人 2 即老女发音人陈惠如。

贰 声韵调

一 声母 22 个（包括零声母在内）

p 八兵爬病 饭白	pʰ 派片蜂	b 麦味	m 明问	
pf 飞白肥	pfʰ 破皮	bv 尾	ɱ 妹	
t 多东甜毒 张竹茶	tʰ 讨天抽拆 柱		n 脑南午泥 软蓝	l 老连路

ts 资早租酒　tsʰ 刺草寸　　　　　　　　s 丝三酸想　z 字热
　坐谢白争　　清贼全抄　　　　　　　　祠谢文事
　装纸船　　　初床车春　　　　　　　　山双顺
　主书十　　　手　　　　　　　　　　　城
k 高九共县　kʰ开轻权　　g 月　　　ŋ 熬　　　h 飞文风副
　　　　　　　　　　　　　　　　　　　　饭文好灰
　　　　　　　　　　　　　　　　　　　　响王白云

Ø 活安温王
　文用药

说明：

① ts、tsʰ、s 在 i 前有腭化倾向。

② 泥母和来母有相混现象，如"蓝"的声母读为 n。

二　韵母 93 个（包括自成音节的 m、ŋ 在内）

	i 米丝试戏二	u 五文雨文猪师
a 饱	ia 靴写瓦	ua 歌白
e 茶牙		ue 过赔飞白快白1
o 歌文坐宝短	io 笑桥	
ai 开文排		uai 快文
oi 鞋		ui 开白对飞文鬼
au 豆走	iau 绕	
ou 苦五白雨白	iu 油	
	ĩ 年	
ã 胆	ĩã 兄	ũã 山半官快白2
ẽ 硬争病星		ũẽ 横
õ 毛	ĩõ 样	
ãĩ 爱		ũãĩ 挖
õĩ 底		ũĩ 畏
ãũ 脑	ĩãũ 猫	
õũ 虎	ĩũ 幼	
	im 心深	
am 南	iam 盐	uam 犯
om 轰		
	iŋ 根新	uŋ 寸滚春云
aŋ 双讲东白	iaŋ 响	uaŋ 权王文
eŋ 王白灯升用		ueŋ 荣
oŋ 东文	ioŋ 凶	

ip 急

ap 盒十　　　　iap 接文贴　　　　uap 法

op □ hop⁵夸大

　　　　　　　ik 七一橘直　　　uk 骨出

ak 节文壳学文北六　iak 热文　　　　uak 越

ek 色绿局　　　　　　　　　　　　uek 或

ok 国谷　　　　iok 育

　　　　　　　iʔ 接　　　　　　uʔ 软

aʔ 塔鸭　　　　iaʔ 锡　　　　uaʔ 辣热白活刮文

eʔ 白　　　　　　　　　　　　ueʔ 刮白月郭

oʔ 托学白　　　　ioʔ 药尺

　　　　　　　iuʔ □ siuʔ³冒

auʔ乐　　　　　iauʔ 雀白

oiʔ 八节白

　　　　　　　ĩp □ nĩp³ □ nĩp⁵拳, 猜拳

ãp 纳　　　　　ĩãp 业

　　　　　　　ĩk 密

ãk 目　　　　　ĩãk 灭　　　　　ũãk 末

ẽk 肉

õk 莫

　　　　　　　ĩʔ □ ĩʔ³ □ ĩʔ³⁻⁵米, 玉米

ãʔ □ nãʔ³大口咬　　　　　　　　ũãʔ 活白

ẽʔ 吓赫　　　　　　　　　　　ũẽʔ 物

õʔ 膜

　　　　　　　ĩũʔ幼

　　　　　　　　　　　　　　ũãĩʔ □ hũãĩʔ³来回转动

ãũʔ □ hãũʔ⁵（莲藕、芋头等）口感
　　不够粉

m 唔

ŋ 黄当汤

说明：

①e 的开口度较大，接近 ɛ，o 的开口度较大，接近 ɔ。

②韵尾 ŋ 是一个发音部位不太靠后的鼻音韵尾。

③由于不会造成混淆，鼻音声母搭配的塞音韵尾和鼻音韵尾的韵腹统一不加鼻化韵符号，如 mak、maŋ。

三　声调共 8 个

阴平 35　东该灯风通开天春	阳平 55　门龙牛油铜皮糖红
阴上 52　懂古鬼九统苦讨草买	阳上 24　老五有动罪近后乱硬树_文
阴去 312　冻怪半四痛快寸去	阳去 31　卖路洞地饭树_白
阴入 3　谷急刻百搭节拍塔切	阳入 5　六麦月毒白盒罚

说明：

阴去曲折调经常读得像降调，曲折部分不明显。

叁　连读变调

两字组连读变调规律见下表：

	阴平 35	阳平 55	阴上 52	阳上 24	阴去 312	阳去 31	阴入 3	阳入 5
阴平 35	33+35 飞机、高低、开通、开车	33+55 高楼、今年、安排、开门	33+52 科长、安稳、中等、加减	33+24 开会、兄弟、轻重、安静	33+312 青菜、相信、通气、交货	33+31 公事、医院、春夏、修路	33+2 猪血、清洁、推托、充血	33+5 金额、风俗、消毒、开学
阳平 55	31+35 床单、名声、存心、磨刀	31+55 羊毛、银行、团员、和平	31+52 来往、骑马、传染、人影	31+24 农具、棉被、皇后、零件	31+312 回信、棉裤、奇怪、迟到	31+31 长寿、神话、犁地、黄豆	31+3 毛笔、颜色、团结、留客	31+5 阳历、传达、人物、磨墨
阴上 52	22+35 好心、洗衫、起风、普通	22+55 酒瓶、可能、九年、点名	22+52 水果、检讨、举手、保守	22+24 考虑、好受、改造、等待	22+312 韭菜、考试、碗筷、写信	22+31 好事、走路、本地、体面	22+3 组织、广阔、紧急、请客	22+5 酒席、好药、解毒、普及
阳上 24	33+35 电灯、健康、后生、重心	33+55 电池、后门、户头、老侬	33+52 市长、稻草、重点、电厂	33+24 顺利、静静、犯罪、厚道	33+312 电线、老少、限制、受气	33+31 冒汗、后面、电路、坐轿	33+3 会客、犯法、负责、道德	33+5 暴力、动物、拒绝、淡薄
阴去 312	55+35 教师、菜单、汽车、吊销	55+55 布头、菜园、证明、算钱	55+52 跳板、驾驶、要紧、放手	55+24 报社、干部、胜负、变动	55+312 正气、世界、变化、降价	55+31 退步、笑话、见面、种树	55+3 教室、顾客、庆祝、送客	55+5 性别、化学、费力、放学
阳去 31	33+35 夏天、漏风、外甥、电灯	33+55 面条、外行、骂人、卖鱼	33+52 字典、豆饼、卖酒、号码	33+24 大雨、地道、上下、运动	33+312 路费、定价、夏至、饭店	33+31 梦话、命运、办事、地洞	33+3 大雪、字帖、问答、炼铁	33+5 闰月、树叶、用药、事业
阴入 3	5+35 北方、菊花、国家、铁丝	5+55 竹床、作文、发球、出门	5+52 铁锁、结果、节省、谷雨	5+24 接受、节俭、博士、铁道	5+312 客气、发票、尺寸、切菜	5+31 法院、失败、铁路、出汗	5+3 铁塔、八百、节约、出血	5+5 节日、笔墨、出力、铁勺
阳入 5	3+35 石灰、学生、木瓜、读书	3+55 石头、入门、值钱、木材	3+52 白纸、局长、历史、罚款	3+24 学校、六倍、落户、赎罪	3+312 白菜、学费、日记、读报	3+31 绿豆、石磨、立夏、学问	3+3 蜡烛、绿色、越级、突击	3+5 六十、独立、直达、入学

普宁方言变调情况如上表，其具体规律为

（1）主谓结构一般不变调；

（2）其他语法组合前字变调，后字不变调：

①阴平 35 作为前字变调为 33；

②阳平 55 作为前字变调为 31；

③阴上 52 作为前字变调为 22；

④阳上 24 作为前字变调为 33；

⑤阴去 312 作为前字变调为 55；

⑥阳去 31 作为前字变调为 33；

⑦阴入 3 作为前字变调为 5；

⑧阳入 5 作为前字变调为 3。

其中，阴上在阴去、阳去、阴入前的变调有稍微上升，类似 23。

肆　异读

一　新老异读

新派咸深两摄的韵尾有从-m/p 演变为-ŋ/k 的趋势，如"犯"老派读为 huam^{24}，新派读为 huaŋ^{24}，"法"老派读为 huap^3，新派读为 huak^3。

二　文白异读

跟其他点的闽南方言一样，普宁流沙话的文白异读现象非常丰富，形成文读和白读两个不同的语音系统，下面分声、韵、调概述如下：

1. 声母异读

（1）非敷奉母字白读为 p/pf、p^h/pf^h 声母，文读为 h 声母，如：飞 pfue^{35}/hui^{35}、芳 p^{h}aŋ^{35}/huaŋ^{35}、妇 pfu^{24}/hu^{24}。

（2）知、澄母字白读为 t、t^h 声母，文读为 ts、ts^h 声母，如：知 ti^{35}/tsai^{35}、长 tŋ^{55}/ ts^{h}iaŋ^{55}。

（3）生母、禅母字白读为 ts^{h}生母，文读为 s 生母，如：生 ts^{h}ẽ^{35}/sẽ^{35}、树 ts^{h}iu^{31}/su^{24}。

（4）匣母字白读为零声母或 k 声母，文读为 h 声母，如：学 oʔ^5/haʔ^5、汗 kũã^{31}/haŋ^{52}。

（5）喻三（云）母字白读为 h 声母，文读为零声母，如：王 heŋ^{55}/uaŋ^{55}。

中古声母	例字	白读	文读
非母	飞	pf	h
敷母	芳	p^h	h
奉母	妇	pf	h

续表

中古声母	例字	白读	文读
知母	知	t	ts
澄母	长	t	tsʰ
生母	生	tsʰ	s
禅母	树	tsʰ	s
匣母	学	∅	h
	汗	k	h
云母	王	h	∅

2. 韵母异读

（1）果摄歌韵字白读为 ua 韵，文读为 o 韵，如：歌 kua³⁵/ko³⁵。戈韵字白读为 ue 韵，少量读为 ua 韵，文读为 o 韵，如：婆 pfʰua⁵⁵/po⁵⁵。

（2）假摄麻韵二等开口字白读为 e 韵，文读为 a 韵，如：把 pe⁵²/pa⁵²。

（3）遇摄一等模韵字和三等虞韵字白读为 ou 韵，虞韵字还有少数白读为 iu、iau、o 韵，文读为 u 韵，如：布 pou³¹²/pfu³¹²、雨 hou³¹²/u⁵²、住 tiu³¹/tsu²⁴、数 siau³¹²/su³¹²。三等鱼韵字分化较复杂，大致普通话读 u 韵字的，白读为 u、iu 韵，文读为 o 韵，如：锄 tu⁵⁵/tsʰo⁵⁵、初 tsʰiu³⁵/tsʰo³⁵。

（4）蟹摄开口一、二等咍、泰、皆、佳、夬诸韵字，白读一等咍韵为 i、o、oi 韵，泰韵为 ua 韵，二等皆、佳等韵为 oi、e 韵，文读为 ai 韵，如：戴 ti³¹²/tai³¹²、大 tua³¹/tai²⁴。四等齐韵字白读为 oi、ai 韵，文读为 i 韵，如：齐 tsoi⁵⁵/tsʰi⁵⁵、西 sai³⁵/si³⁵。合口灰、祭、废等韵字白读为 ue 韵，文读为 ui 韵，泰、皆、佳等字白读为 ue 韵，文读为 uai、ua 韵，如：灰 hue³⁵/hui³⁵、快 kʰue³¹²/kʰuai³¹²。

（5）止摄开口支脂之微等韵字白读为 ia、ua 韵，少数字为 uai 韵，脂之韵字为 ai 韵，微韵字和脂韵少数字为 ui 韵，文读为 i、u 韵，如：师 sai³⁵/su³⁵、里 lai²⁴/li⁵²、几 kui⁵²/ki³⁵。合口字白读为 ue 韵，文读为 ui 韵，如：飞 pfue³⁵/hui³⁵。

（6）效摄一等豪韵、二等肴韵字白读一、二等分明，豪韵为 o 韵，肴韵为 a 韵，文读为 au 韵，如：草 tsʰo⁵²/tsʰau⁵²、孝 ha³¹²/hau³¹²。三、四等宵萧韵字白读为 io 韵，文读为 iau 韵，如：小 sio⁵²/siau³¹²、挑 tʰio³⁵/tʰiau³⁵。

（7）流摄一等侯韵字白读为 au 韵，三等尤韵有少数字读 u、iau 韵，文读侯韵字为 ou 韵，尤韵字读为 iu 韵，如：够 kau³¹²/kou³¹²、九 kau⁵²/kiu⁵²。

（8）咸摄一等谈韵，二等咸、衔韵字白读为 ã 韵，文读为 am 韵，如；三 sã³⁵/sam³⁵；三等盐韵、四等添韵字少数白读为 ĩ 韵，文读为 iam 韵，如：添 tʰĩ³⁵/tʰiam³⁵。深摄侵韵字个别白读为 am、ã 或 ĩ 韵，文读为 im 韵，如：林 nã⁵⁵/lim⁵⁵。

（9）山摄白读开口寒韵字为 ũã 韵、删韵字为 ãĩ 韵、仙韵字为 ĩ 韵，山韵字为 ũã、ãĩ 韵、先韵字为 ãĩ、ĩ 韵，寒、山、删韵字文读为 aŋ 韵，仙、元、先韵字文读为 iaŋ 韵，如：安 ũã³⁵/aŋ³⁵、板 pãĩ⁵²/paŋ⁵²、变 pĩ³¹²/piaŋ³¹²、天 tʰĩ³⁵/tʰiaŋ³⁵。白读合口桓韵字读 ũã、ŋ 韵，仙韵字读 ŋ 韵，元韵字读 ŋ 韵，文读桓、山、删韵字读为 uaŋ 韵，仙元韵字大部分读 uaŋ 韵，少部分读 iaŋ 韵，如：断 tŋ²⁴/tuaŋ²⁴、卷 kŋ⁵²/kuaŋ⁵²、远 hŋ²⁴/iaŋ⁵²。

（10）宕摄白读唐韵字为 ŋ 韵，阳韵字 ĩõ、ŋ 或 eŋ、ŋ 韵；文读开口唐韵字为 aŋ 韵，合口唐韵字为 uaŋ 韵，开口阳韵字为 iaŋ 韵，合口阳韵字为 iaŋ、uaŋ，如：当 tŋ³⁵/ taŋ³⁵、章 tsĩõ³⁵/tsiaŋ³⁵、光 kŋ³⁵/kuaŋ³⁵、王 heŋ⁵⁵/uaŋ⁵⁵。

（11）梗摄开口白读二等庚、耕韵字主要为 ẽ 韵，三等庚、清韵和四等青韵字为 ĩã 韵，也有少数字读 ẽ 韵，文读为 eŋ 韵，如：生 sẽ³⁵/seŋ³⁵、平 pẽ⁵⁵/pʰeŋ⁵⁵、经 kĩã³⁵/keŋ³⁵。

（12）通摄一等东、冬韵字白读为 aŋ 韵，三等东韵、钟韵一部分白读为 eŋ 韵字，文读一等东、冬韵字、东三、钟韵字为 oŋ 韵，钟韵、东三一部分字读 ioŋ 韵，如：东 taŋ³⁵/ toŋ³⁵、松 saŋ³⁵/soŋ³⁵、中 taŋ³⁵/toŋ³⁵、穷 keŋ⁵⁵/kʰioŋ⁵⁵。

摄	韵	例字	白读	文读
果摄	歌韵	歌	ua	o
	戈韵	婆	ua	o
假摄	麻韵	把	e	a
遇摄	模韵	布	ou	u
	虞韵	雨	ou	u
		住	iu	u
		数	iau	u
	鱼韵	锄	u	o
		初	iu	o
蟹摄	哈韵	戴	i	ai
	泰韵	大	ua	ai
	齐韵	齐	oi	i
		西	ai	i
	灰韵（合）	灰	ue	ui
	共韵（合）	快	ue	uai

续表

摄	韵	例字	白读	文读
止摄	脂韵	师	ai	u
	之韵	里	ai	i
	微韵	几	ui	i
	微韵（合）	飞	ue	ui
效摄	豪韵	草	o	au
	肴韵	孝	a	au
	宵韵	小	io	iau
	萧韵	挑	io	iau
流摄	侯韵	够	au	ou
	尤韵	九	au	iu
咸摄	谈韵	三	ã	am
	添韵	添	ĩ	iam
深摄	侵韵	林	ã	im
山摄	寒韵	安	ũã	aŋ
	删韵	板	ãĩ	aŋ
	仙韵	变	ĩ	iaŋ
	先韵	天	ĩ	iaŋ
	桓韵（合）	断	ŋ	uaŋ
	仙韵（合）	卷	ŋ	uaŋ
	元韵（合）	远	ŋ	iaŋ
宕摄	唐韵	当	ŋ	aŋ
	阳韵	章	ĩõ	iaŋ
	唐韵（合）	光	ŋ	uaŋ
	阳韵（合）	王	eŋ	uaŋ
梗摄	庚韵（二等）	生	ẽ	eŋ
	庚韵（三等）	平	ẽ	eŋ
	青韵	经	ĩã	eŋ
通摄	东韵（一等）	东	aŋ	oŋ
	冬韵	松	aŋ	oŋ
	东韵（三等）	中	aŋ	oŋ
	东韵（三等）	穷	eŋ	ioŋ

3. 声调异读

（1）中古清声母上声字白读为阳上 24，文读为阴上 52，如：想 siõ^{24}/siaŋ^{52}、远 hŋ^{24}/iaŋ^{52}。

（2）中古浊声母去声字白读是阳去 31，文读为阳上 24，如：让 nĩõ^{31}/ziaŋ^{24}、命 mĩã^{31}/meŋ^{24}。

中古音韵地位	例字	白读	文读
中古清上	想	24	52
	远	24	52
中古浊去	让	31	24
	命	31	24

伍　小称音

普宁方言的小称形式主要是使用后缀"囝 kĩã^{52}"，无其他儿化、小称音变规律。

陆　其他主要音变

（1）某些词的末尾读轻声，如"前年""后年""后日""大后日"。处所词"□ko^{312}"用于照应时读轻声。

（2）"来""去"做趋向补语时读轻声，如"起来""落去"。

（3）有些句末语气词读轻声，如"好啊"中的"啊"，"我走了"中的"了"。

（4）"个 kai^{55}"做结构助词时经常脱落声母，做量词时也偶尔脱落声母。"了""□ko^{312}"等虚词也经常脱落声母。

第六十八节　惠来方音

壹　概况

一　调查点概况

调查点为揭阳市惠来县惠城镇。惠来县位于广东省东南部，地处北纬 22°53′～23°11′，东经 115°54′～116°34′，陆地面积 1253 平方公里。截至 2020 年 6 月，惠来县共辖 14 个镇。根据第七次人口普查结果，截至 2020 年 11 月 1 日，惠来县常住人口为 1040779 人，多为汉族。惠来县主要方言为潮汕话，主要分布在惠城镇及东、西片；另外，西北部山区一小部分人主要使用客家方言，兼通潮汕话。惠来县流行的戏剧是潮剧，潮剧是用潮汕话演唱的一个古老的传统地方戏曲剧种，以优美动听的唱腔音乐和独特的表演形式融会成极富地方特色的戏曲而享誉海内外。

二　方言发音人概况

老男发音人王和生，1956 年 5 月出生于揭阳市惠来县惠城镇，中专学历，父母、配偶皆为惠来县惠城镇人。小学至高中均在惠城镇读书，中师毕业后先后在惠来县东港中学、葵潭中学、惠城中学工作，现已退休。

青男发音人方逎铮，1983 年 4 月出生于揭阳市惠来县惠城镇，大专学历，父母、配偶皆为惠来县惠城镇人。小学至高中均在惠城镇读书，2003—2006 年在汕头职业技术学院读书，毕业后先后在惠来县襟江中学、兵营学校工作。

老女发音人方瑞英，1960 年 7 月出生于揭阳市惠来县惠城镇，高中学历，父母、配偶皆为惠来县惠城镇人。小学至高中均在惠城镇读书，毕业后到惠来县神泉中心小学代课，1993 年至今在家料理家务。

青女发音人方赛君，1985 年 2 月出生于揭阳市惠来县惠城镇，大专学历，父母、配偶皆为惠来县惠城镇人。小学至高中均在惠城镇读书，2003—2006 年在揭阳职业技术学院读书，毕业后先后在惠来县澳角中学、华侨中学工作。

口头文化发音人 1，即老女发音人方瑞英。

口头文化发音人 2，即青女发音人方赛君。

口头文化发音人 3，即青男发音人方逎铮。

贰　声韵调

一　声母 22 个（包括零声母在内）

p 八兵爬 病肥饭白	pʰ 派片蜂白	b 麦味	m 明问
pf 飞白肥	pfʰ 副	bv 武尾	mɣ 妹满
t 多东甜毒 张竹茶	tʰ 讨天抽 拆柱		n 脑南年 泥软

l 老蓝连路

ts 资早租酒 坐争谢文 装纸主船 书十	tsʰ 刺草寸 清贼全抄 初床车春 手		s 丝三酸想 祠谢白事 山双顺 城　　dz 字热
k 高九共县	kʰ 开轻权	g 月	ŋ 熬　　h 飞文风饭文 好灰响 王白云
ø 活安温 王文用药			

说明：

①唇音声母与合口呼相拼时带有摩擦，如：副 pf^hu^{31}、武 bvu^{53}。

②边音声母 l 在齐齿呼前带有塞音色彩，如：李、料、林。

二 韵母 85 个（包括自成音节的 m、ŋ 在内）

		i 米丝试戏二	u 猪雨文师文
a 饱		ia 靴写瓦	ua 歌白
e 茶牙			ue 过赔快文飞白
o 歌文坐宝短		io 笑桥	
ai 开文排师白			uai 快白
oi 鞋			ui 开白对飞文鬼
au 豆走		iau 柱	
ou 苦五雨白		iu 油	
		ĩ 年	ũ 遇
ã 三白		ĩã 兄	ũã 山半官
ẽ 硬争病星			ũẽ 横
õ 毛		ĩõ 娘	
ãĩ 爱			ũãĩ 挖
õĩ 睇			ũĩ 危
ãũ 熬		ĩãũ 猫	
õũ 虎		ĩũ 幼	
		im 心深	
am 南三文		iam 盐	
om 丼			
		iŋ 根新	uŋ 寸滚春云
aŋ 双讲东白		iaŋ 响	uaŋ 权王文
eŋ 王白灯升用			ueŋ 荣
oŋ 东文			ioŋ 雄
		ip 急	
ap 盒十		iap 接白贴	
		ik 七一橘直	uk 骨出
ak 节文壳学文北六		iak 热文	uak 法辣
ek 色绿局			uek 或
ok 国谷		iok 育	
		iʔ 接文	uʔ 卒
aʔ 塔鸭		iaʔ 锡	aʔ 热白活刮文
eʔ 白			ueʔ 刮白月郭

oʔ　托学白　　　　　　　ioʔ　药尺

oiʔ　八节白

ŋʔ　兀

　　　　　　　　　　　ĩp　吃

ãp　□　　　　　　　　　ĩãp　业

　　　　　　　　　　　ĩk　密

ãk　目　　　　　　　　ĩãk　灭　　　　　　　ũãk　末

ẽk　肉

　　　　　　　　　　　ĩʔ　滴

ãʔ　垃

ẽʔ　乜　　　　　　　　　　　　　　　　　　ũẽʔ　物

õʔ　鹤

m̩　唔不

ŋ̩　糖床

说明：

　　①a 实际音值为 ɐ。

　　②o 实际音值为 ɔ。

　　③ai 中的 i 较低，实际音值为 ɪ。

　　④ou 中的 u 较低，接近 ʊ。

　　⑤oŋ、ok 中的 o 较低，接近 ɔ。

　　⑥eŋ、ueŋ、ek 中的 e 较低，接近 ɛ。

三　声调共 7 个

阴平 34　　东该灯风通开天春　　　　阳平 55　　门龙牛油铜皮糖红

阴上 53　　懂古鬼九统苦讨草买　　　　阳上 25　　老五有动罪近后硬乱饭文树文

去声 31　　冻怪半快寸去卖路地饭白树白

阴入 3　　　谷百搭节急拍塔切刻　　　　阳入 5　　　六麦叶月毒白盒罚

说明：

　　①阴平为微升调，调值多为 34，偶有 35。

　　②阳平调值介于 44 与 55 之间，统一记为 55。

　　③老派阴上 53，新派阴上多为 45，偶有 53。

　　④老派阳上 25，新派阳上多为 22，偶有 25 或 213。

　　⑤收喉塞尾的阴入不太短促，接近 31，统一记为 3；阳入则较短促，记为 5。

叁　连读变调

　　惠来话跟汉语大多数方言一样都有连读变调现象。惠来话两字组连读时，受后字声调的影响前字通常要变调，后字多数情况下保持调值不变。下面举例说明：

1. 阴平为前字时，分两种情况：

（1）后字调值不变，前字调值由 34 变为 33，如：香菇 hiõ³³kou³⁴、清明 tsʰeŋ³³meŋ⁵⁵、花蕾 hue³³lui⁵³、乡下 hiõ³³e²⁵、相信 siaŋ³³siŋ³¹、冬节 taŋ³³tsoiʔ³、冰雹 pĩã³³pʰak⁵。

（2）后字为阳平、阳入时，前字调值由 34 变为 33，后字调值阳平由 55 变为 31，阳入由 5 变为 3，如：边头 pĩ³³tʰau³¹、正月 tsĩã³³ueʔ³。

2. 阳平为前字时，分两种情况：

（1）后字调值不变，前字调值由 55 变为 32，如：棉花 mĩ³²hue³⁴、油麻 iu³²mũã⁵⁵、流产 liu³²sũã⁵³、莲藕 nãĩ³²nãũ²⁵、油菜 iu³²tsʰai³¹、麻雀 mũã³²tsiaʔ³、农历 loŋ³²leʔ⁵。

（2）后字为阳平、去声、阳入时，前字调值保持不变，后字阳平、去声调值均为 31，阳入调值由 5 变为 3，如：前年 tsãĩ⁵⁵nĩ³¹、条豆 tiau⁵⁵tau³¹、前日 tsãĩ⁵⁵dzik³。

3. 阴上为前字时，分两种情况：

（1）后字调值不变，前字调值由 53 变为 24，如：小心 siau²⁴sim³⁴、火油 hue²⁴iu⁵⁵、起火 kʰi²⁴hue⁵³、手电 tsʰiu²⁴tiaŋ²⁵、姊妹 tsi²⁴mũẽ³¹、指甲 tsãĩ²⁴kaʔ³、草席 tsʰau²⁴tsʰioʔ⁵。

（2）后字为阳平、去声时，前字调值保持不变，后字阳平、去声调值均为 31，如：起来 kʰi⁵³lai³¹、起去 kʰi⁵³kʰu³¹。

4. 阳上为前字时，分两种情况：

（1）后字调值不变，前字调值由 25 变为 22，如：被单 pʰue²²tũã³⁴、馒头 maŋ²²tʰau⁵⁵、父母 pe²²bo⁵³、道士 tau²²su⁵³、雨伞 hou²²sũã³¹、第一 toi²²ikʔ³、二十 dzi²²tsap⁵。

（2）后字为阳平、阳入时，前字调值由 25 变为 24，后字阳平调值由 55 变为 31，阳入调值由 5 变为 3，如：后年 au²⁴nĩ³¹、后日 au²⁴dzik³。

5. 去声为前字时，分两种情况：

（1）后字调值不变，前字调值由 31 变为 32，如：如：地方 ti³²hŋ³⁴、面盆 miŋ³²pʰuŋ⁵⁵、地震 ti³²tsiŋ⁵³、大雨 tua³²hou²⁵、尿布 dzio³²pou³¹、射击 sia³²kʰek³、大粒 tua³²liap⁵。

（2）后字调值不变，前字调值由 31 变为 55，如：背心 pfue⁵⁵sim³⁴、算盘 sŋ⁵⁵pfũã⁵⁵、戒指 kai⁵⁵tsi⁵³、放下 paŋ⁵⁵e²⁵、对面 tui⁵⁵miŋ³¹、教室 ka⁵⁵sik³、吊液 tiau⁵⁵ek⁵。

6. 阴入为前字时，分两种情况：

（1）后字调值不变，前字调值由 3 变为 5，如：结婚 kak⁵huŋ³⁴、鲫鱼 tsik⁵hu⁵⁵、桔团 kik⁵ĩã⁵³、腹里 pak⁵lai²⁵、拍算 pʰaʔ⁵sŋ³¹、隔壁 keʔ⁵piaʔ³、发热 huak⁵dziak⁵。

（2）后字为阳平、阳上、去声时，前字调值保持不变，后字调值均为 31，如：出来 tsʰuk³lai³¹、歇下 hiaʔ³e³¹、出去 tsʰuk³kʰu³¹。

7. 阳入为前字时，分两种情况：

（1）后字调值不变，前字调值由 5 变为 3，如：蜜蜂 bik³pʰaŋ³⁴、石榴 tsioʔ³liu⁵⁵、木耳 bak³dzi⁵³、落雨 loʔ³hou²⁵、绿豆 lek³tau³¹、目汁 mak³tsap³、日历 dzik³leʔ⁵。

（2）后字为阳平、去声时，前字调值保持不变，后字调值均为 31，如：落来 loʔ⁵lai³¹、入去 dzip⁵kʰu³¹。

前字＼后字	阴平 34	阳平 55	阴上 53	阳上 25	去声 31	阴入 3	阳入 5
阴平 34	33+34 香菇	33+55 清明 33+31 边头	33+53 花蕾	33+25 乡下	33+31 相信	33+3 冬节	33+5 冰雹 33+3 正月
阳平 55	32+34 棉花	32+55 油麻 55+31 前年	32+53 流产	32+25 莲藕	32+31 油菜 55+31 条豆	32+3 麻雀	32+5 农历 55+3 前日
阴上 53	24+34 小心	24+55 火油 53+31 起来	24+53 起火	24+25 手电	24+31 姊妹 53+31 起去	24+3 指甲	24+5 草席
阳上 25	22+34 被单	22+55 馒头 24+31 后年	22+53 父母	22+25 道士	22+31 雨伞	22+3 第一	22+5 二十 24+3 后日
去声 31	32+34 地方 55+34 背心	32+55 面盆 55+55 算盘	32+53 地震 55+53 戒指	32+25 大雨 55+25 放下	32+31 尿布 55+31 对面	32+3 射击 55+3 教室	32+5 大粒 55+5 吊液
阴入 3	5+34 结婚	5+55 鲫鱼 3+31 出来	5+53 桔团	5+25 腹里 3+31 歇下	5+31 拍算 3+31 出去	5+3 隔壁	5+5 发热
阳入 5	3+34 蜜蜂	3+55 石榴 5+31 落来	3+53 木耳	3+25 落雨	3+31 绿豆 5+31 入去	3+3 目汁	3+5 日历

肆　异读

一　新老异读

1. 老派阴上调值为 53，新派阴上调值多为 45，偶有 53，如：懂，老男发音人读为 toŋ^{53}，青男发音人读为 toŋ^{45}；买，老男发音人读为 boi^{53}，青男发音人读为 boi^{45}。

2. 老派阳上调值为 25，新派阳上调值不稳定，多为 22，偶有 25 或 213，统一记为 22，如：五，老男发音人读为 ŋõũ^{25}，青男发音人读为 ŋõũ^{22}；后，老男发音人读为 au^{25}，青男发音人读为 au^{22}。

3. 轻唇声母与普通话合口呼相拼时，老派发音中带有明显的摩擦，如：单字"0102 武"读为 bvu^{53}、"0347 副"读为 pfʰu^{31}。新派发音有时带有摩擦，如：武 bvu^{53}；有时不带摩擦，如：副 hu^{31}。这反映了带有摩擦的轻唇声母这一特有的闽方言特色正在慢慢消失。

二　文白异读

惠来话的文白异读很丰富，形成了文读和白读两个不同的语音系统，分声、韵、调概述如下

1. 声母异读

（1）非奉母字白读为 p、pf 声母，文读为 h 声母，如：放 paŋ^{31}/huaŋ^{31}、分 pfuŋ^{34}/huŋ^{34}、父 pe^{25}/hu^{25}、妇 pfu^{25}/hu^{25}。

（2）知澄母字白读为 t 声母，文读为 ts、tsʰ 声母，如：罩 ta^{31}/ tsau^{25}、长 tŋ^{55}/ tsʰiaŋ^{55}。

（3）疑母字白读为 h 或 n 声母，文读为 ŋ 声母，如：岸 hũã^{31}/ŋãĩ^{25}、藕 nãũ^{25}/ŋõũ^{53}。

（4）匣母字白读为零声母或 k 声母，文读为 h 声母，如：学 oʔ^{5}/hak^{5}、含 kam^{55}/ham^{55}。

（5）喻母字白读为 h 声母，文读为零声母，如：远 hŋ^{25}/iaŋ^{53}、雨 hou^{25}/u^{53}。

中古声母	例字	白读	文读
非母	放	p	h
奉母	父	p	h
知母	罩	t	ts
澄母	长	t	tsʰ
疑母	藕	n	ŋ
匣母	学	∅	h
喻母	远	h	∅

2. 韵母异读

（1）果摄歌韵字白读为 ua 韵，文读为 o 韵，如：歌 kua^{34}/ ko^{34}。戈韵字白读

为 io 韵，文读为 ia 韵，如：茄 kio⁵⁵/ kia³⁴。

（2）假摄麻韵二等开口字白读为 e 韵，文读为 ã 韵，如：马 be⁵³/ mã⁵³。

（3）遇摄一等模韵字和三等虞韵字白读为 ou 韵，虞韵字还有少数白读为 eiau iu 韵，文读均为 u 韵，如：布 pou³¹/pfu³¹、雨 hou²⁵/u⁵³、父 pe²⁵/ hu²⁵、数 siau³¹/su³¹、树 tsʰiu³¹/ su²⁵。三等鱼韵字白读为 uiu 韵，文读均为 o 韵，如：锄 tu⁵⁵/tsʰo⁵⁵、初 tsʰiu³⁴/ tsʰo³⁴。

（4）蟹摄开口一等咍韵字白读为 ui 韵，泰韵字白读为 ua 韵，文读均为 ai 韵，如：开 kʰui³⁴/kʰai³⁴、大 tua³¹/ tai²⁵。合口二等佳韵、夬韵字白读为 ue 韵，文读为 ua uai 韵，如：挂 kue³¹/ kʰua³¹、快 kʰue³¹/ kʰuai³¹。

（5）止摄开口三等支韵、脂韵字白读为 ai 韵，之韵少数字白读为 ĩ 韵，微韵少数字白读为 ui 韵，文读为 i u 韵，如：知 tsai³⁴/ti³¹、师 sai³⁴/su³⁴、耳 hĩ²⁵/dzi⁵³、气 kʰui³¹/kʰi³¹。合口三等微韵字白读为 ue 韵，文读为 ui 韵，如：飞 pfue³⁴/ hui³⁴。

（6）效摄一等豪韵字白读为 o 韵，二等肴韵字白读为 a 韵，文读均为 au 韵，如：号 ho³¹/hau²⁵、罩 ta³¹/tsau²⁵。三宵韵字、四等萧韵字白读为 io 韵，文读为 iau 韵，如：摇 io⁵⁵/iau⁵⁵、挑 tʰio³⁴/tʰiau³⁴。

（7）流摄一等侯韵字和三等尤韵字白读为 au 韵，文读侯韵字为 ou 韵，尤韵字为 iu 韵，如：够 kau³¹/kou³¹、流 lau⁵⁵/liu⁵⁵。

（8）咸摄一等谈韵字白读为 ã 韵，文读为 am 韵，如：三 sã³⁴/sam³⁴。三等盐韵字少数白读为 iap 韵，文读为 iʔ韵；如：接 tsiap³/tsiʔ³。四等添韵字少数白读为 ĩ 韵，文读为 iam 韵，如：添 tʰĩ³⁴/tʰiam³⁴。

（9）山摄开口寒韵字白读为 ũã 韵、删韵字白读为 ãĩ 韵、仙韵和先韵字白读为 ĩ 韵，文读寒韵、删韵字为 aŋ 韵，仙韵、先韵字为 iaŋ 韵，如：安 ũã³⁴/aŋ³⁴、板 pãĩ⁵³/paŋ⁵³、鲜 tsʰĩ³⁴/ siaŋ⁵³、片 pʰĩ³¹/pʰiaŋ³¹。另外，仙韵和先韵字还有少数白读为 ak 韵，文读为 iak 韵，如：别 pak⁵/piak⁵、结 kak³/kiak³。合口桓韵、仙韵字白读为 ŋ 韵、删韵字白读为 ãĩũẽ 韵、元韵字白读为 ãĩŋ 韵，文读大部分为 uaŋ 韵，少部分为 iaŋ 韵，如：断 tŋ²⁵/tuan²⁵、转 tŋ⁵³/tsuan⁵³、还 hãĩ⁵⁵/huan⁵⁵、关 kũẽ³⁴/ kuan³⁴、反 pãĩ⁵³/ huan⁵³、饭 hŋ³¹/huan²⁵、远 hŋ²⁵/iaŋ⁵³。

（10）宕摄开口唐韵字白读为 ŋ 韵，文读为 aŋ 韵，如：当 tŋ³⁴/taŋ³⁴。阳韵字白读为 ĩõŋ 韵，文读为 iaŋ 韵，如：想 sĩõ²⁵/siaŋ⁵³、长 tŋ⁵⁵/tsʰiaŋ⁵⁵。合口唐韵字白读为 ŋ 韵，文读为 uaŋ 韵，如：光 kŋ³⁴/kuaŋ³⁴。阳韵字白读为 aŋ eŋ 韵，文读为 uaŋ 韵，如：放 paŋ³¹/huaŋ³¹、王 heŋ⁵⁵/uaŋ⁵⁵。

（11）梗摄开口二等和三等庚韵字白读为 ẽ 韵，三等和四等庚韵字白读为 ĩã 韵，文读均为 eŋ 韵，如：生 sẽ³⁴/seŋ³⁴、平 pẽ⁵⁵/pʰeŋ⁵⁵、命 mĩã³¹/meŋ²⁵。

（12）通摄一等东韵字白读为 aŋ 韵，三等东韵、钟韵字白读为 uaŋ 韵字，文读均为 oŋ 韵，如：动 taŋ²⁵/toŋ²⁵、风 huaŋ³⁴/hoŋ³⁴、封 huaŋ³⁴/hoŋ³⁴。

摄	韵	例字	白读	文读
果	歌	歌	ua	o
	戈	茄	io	ia
假	麻	马	e	ã
遇	模	布	ou	u
	鱼	锄	u	o
		初	iu	o
	虞	雨	ou	u
蟹	哈	开	ui	ai
	泰	大	ua	ai
	佳（合）	挂	ue	ua
	夬（合）	快	ue	uai
止	支	知	ai	i
	脂	师	ai	u
	之	耳	ĩ	i
	微	气	ui	i
	微（合）	飞	ue	ui
效	豪	号	o	au
	肴	罩	a	au
	宵	摇	io	iau
	萧	挑	io	iau
流	侯	够	au	ou
	尤	流	au	iu
咸	谈	三	ã	am
	盐	接	iap	iʔ
	添	添	ĩ	iam
山	寒	安	ũã	aŋ
	删	板	ãĩ	aŋ

续表

摄	韵	例字	白读	文读
山	仙	鲜	ĩ	iaŋ
		别	ak	iak
	先	片	ĩ	iaŋ
		结	ak	iak
	桓（合）	断	ŋ	uaŋ
	删（合）	还	ãĩ	uaŋ
		关	ũẽ	uaŋ
	仙（合）	转	ŋ	uaŋ
	元（合）	反	ãĩ	uaŋ
		饭	ŋ	uaŋ
		远	ŋ	iaŋ
宕	唐	当	ŋ	aŋ
	阳	长	ŋ	iaŋ
		想	ĩõ	iaŋ
	唐（合）	光	ŋ	uaŋ
	阳（合）	放	aŋ	uaŋ
		王	eŋ	uaŋ
梗	庚（二等）	生	ẽ	eŋ
	庚（三等）	平	ẽ	eŋ
		命	ĩã	eŋ
通	东（一等）	动	aŋ	oŋ
	东（三等）	风	uaŋ	oŋ
	钟	封	uaŋ	oŋ

3. 声调异读

惠来话阳上、去声两个声调的浊声母字有不少可两读。这种两读不是因为这些字本身有两个共时的读音（即多音字），而是一个字在两个不同时代读音的共存，这也是一种文白异读的现象，如：雨 hou²⁵/u³¹、藕 nãũ²⁵/ŋõũ⁵³、大 tua³¹/tai²⁵、命 mĩã³¹/meŋ²⁵。上述各例反映的现象是：浊声母上声白读为阳上 25，文读为阴上 53；

浊声母去声字白读仍为去声 31，文读为阳上 25。

中古音韵地位	例字	白读	文读
古清声母上声字	雨、藕	25	53
古浊声母去声字	大、命	31	25

伍　小称音

子尾词"团 kĩã⁵³"带有"喜爱"或"小的"语义时，声母 k 脱落，变读为零声母 ĩã⁵³，如：孥团 nãũ³³ĩã⁵³、桔团 kik⁵ĩã⁰。

第六十九节　海丰方音

壹　概况

一　调查点概况

调查点为汕尾市海丰县海城镇。海丰县地处广东省东南部，是潮汕地区中最接近珠江三角洲的县。位于北纬 22°37′～23°14′，东经 114°54′～115°37′。北面与西面与惠东县相邻，东北与陆河比邻，东面是陆丰市，东南与汕尾市连接，西南有梅陇、鲘门、小漠三个镇，东南有一个大湖镇直接面临南海。西距广州 290 公里、距深圳 197 公里、东距汕头 180 公里，水陆交通便捷，是粤东地区陆上交通要津。 海丰取义于"南海物丰"，全县总面积 1750 平方公里，辖 16 个镇。根据第七次人口普查数据，截至 2020 年，海丰县常住人口 736791 人，全县主体民族是汉族，只有少量畲族分布在鹅埠镇上北村红罗。为广东历史文化名城，是中国 13 块红色根据地之一——海陆丰革命老区的重要组成部分。

海丰所见的日常语言有如下 6 种，其中 1 种是少数民族语言：

（1）海丰话：海城、附城、联安、可塘、大湖等镇及莲花山、城东、小漠、鲘门、陶河、赤坑、梅陇、黄羌、鹅埠等镇部分村落讲中片（海丰话的南片就是汕尾市区方言）；公平镇、赤石镇大部和平东镇小部讲东北–西北片（接近陆丰话）。占全县人口 70%。海丰调查点是汕尾市海丰县海城镇龙门村。

（2）客家方言：分布在海丰北部、西部、东北部。占全县总人口 20%。其中西坑镇的全部，黄羌镇的 90%人口，平东镇的 70%；莲花山镇的 60%；赤石镇 50%；鹅埠镇 40%；公平镇 20%；圆墩镇 30%；小漠镇 20%；鲘门镇 10%；赤坑镇 5%说客家方言。梅陇镇只有极少数村庄说客家方言。使用人口 15 万。

（3）占米话（鹅埠话）：是一种兼有白话、客家方言、闽南话特点又自成体系的混合型方言，分布在鹅埠镇的大部分地区及小漠、鲘门、梅陇、赤石镇的部分地区，使用人口约 2 万。

（4）军话：分布在梅陇、公平、平东等镇的个别村落，使用人口 2000 多。

（5）畲语：分布在鹅埠镇上北村红罗，200 人。

（6）白话：分布在鲘门镇区域，鲘门镇居民多数亲戚和朋友都是港澳居民，在鲘门综合市场都可以用白话（粤方言）沟通。

民间的曲艺有西秦正字戏（以戏棚官话演唱）、白字戏（以海丰话演唱）以及客家山歌。

二　方言发音人概况

老男发音人罗志海，1954 年 12 月出生，海丰县海城镇龙门村罗厝围人，海丰县附城中学退休教师。1972 年彭湃中学高中毕业，1978—1979 年就读韩山师范学院中专师范英语，1982—1985 年函授本科。1979 年 12 月—2015 年 1 月，在附城中学教英语和参与学校管理工作。会说海丰话、普通话、英语，父母及配偶都说海丰话。罗老师也是方言爱好者，写作并出版了《海丰方言词典》（2009 年，广东人民出版社）。

青男发音人庄剑彬，1985 年 9 月出生，海城镇河园人。小学至高中在海丰县城读书。2004—2011 在广州中医药大学就读本科及研究生。2011 至今在汕尾市第二人民医院工作。会海丰话、广州话、普通话、英语，父母及配偶都说海丰话。

老女发音人陈晓棠，1963 年 5 月出生，海城第二居委会（龙津社区），海丰县广播电台退休。1971 在海城镇读第二小学（小学、初中一贯），后在彭湃中学读高中。1980 年高中毕业后做车衣工，1982 年进海城镇广播站，1983 年进县广播站，一直到 2014 年。会海丰话、普通话，父母及配偶都说海丰城区方言。

青女发音人吴浩蓝，1983 年 10 月出生于城北居委会，海丰镇桥东小学工作。先后在海城镇中心小学、澎湃中学、陆安师范、汕尾职业技术学院和成都体院广播分院就读，会海丰话、普通话、广州话，父母及配偶都说海丰话。

口头文化发音人 1，为老男发音人罗志海。

口头文化发音人 2，为青男发音人庄剑彬。

口头文化发音人 3，为青女发音人吴浩蓝。

口头文化发音人 4，为老女发音人陈晓棠。

贰　声韵调

一　声母 18 个（包括零声母在内）

p 兵爬病飞　pʰ 派片蜂　　mb 麦味　　m 明问
　肥饭　　　　鼻

t 东甜毒张　tʰ讨天抽拆　　　　　　n 脑南年　　　　　　　　　　l 老蓝连路
　茶　　　　　柱　　　　　　　　　　泥软
ts 租酒坐全　tsʰ寸清贼　　　　　　　　　　s 想祠谢_文事　ndz 字热
　谢_白装争　　抄床车　　　　　　　　山顺书城
　纸主船十　　手
k 高九共县　kʰ开轻权　　ŋg 月　　　ŋ 熬　　h 风副灰响
　　　　　　　　　　　　　　　　　　王云_白

ø 活安温用
　药

说明：

　　①海丰（其实包括更多的闽南、潮汕）的方言有带鼻冠音的浊音声母，分别记录为 mb、ŋg、ndz。

　　②零声母字常带喉塞，如：益 ʔiaʔ²。

二　韵母 70 个（包括自成音节的 m、ŋ）

		i	米二	u	师舅牛
a	饱	ia	靴车	ua	歌沙
o	宝好	io	笑桥		
e	茶坐牙			ue	过飞皮瓜
ai	排知			uai	快怪
ei	鞋洗			ui	对水开气
ou	苦兔	iu	油手		
au	豆走	iau	鸟条		
am	南甘	iam	盐闪	uam	犯
om	森参	im	心深		
		in	根新	un	云滚孙
aŋ	双东_白	iaŋ	权肯	uaŋ	乱端
oŋ	东_文	ioŋ	王		
eŋ	争_文平_文			ueŋ	宏
ã	三担	ĩã	兄兵行_白	ũã	官半汗
ẽ	星病硬			ũẽ	横
õ	毛两	ĩõ	张姜		
ãĩ	千间			ũãĩ	悬县
		ĩ	年天	ũĩ	光酸卵
ãũ	毛脑熬	ĩãũ	猫		
õũ	奴				
ap	盒十	iap	接业	uap	法

		ip	急入		
		it	七一	ut	骨出
ak	北恶	iak	热节	uak	发
ek	色				
ok	谷国	iok	绿局		
aʔ	鸭	iaʔ	歇食	uaʔ	活刮
eʔ	白八			ueʔ	郭月
		iʔ	接		
oʔ	托学	ioʔ	药石		
				ũẽʔ	捏
ŋ	糖方				
m	唔				

说明：

①e、ẽ、eʔ等韵母里面的 e 元音是比较到位，比较紧的。与 ts、tsʰ、s 相拼时，有时出现 ĩẽ、ĩeʔ这种 ĩ 介音的组合，与一般潮汕方言比较松弛的 ɛ（通常记录为 e）的听感不同。ei、eŋ、ek 中 e 的舌位略松。

②o、oʔ、õ/等韵母里面的的 o 元音比较到位，与一般潮汕方言比较松弛的 ɔ（通常记录为 o）的听感不同。oŋ、ok 的 o 舌位略松。

③ai、ãĩ 等，其韵尾比较弱，实际音值为 ae、ãẽ。

④au 中的 u 较低，接近 ʊ。

⑤a 实际音值为 ɑ。

⑥i 做介音时，略微松弛，实际音值为 ɪ。

⑦老男发音人有 ui，而青男发音人为 uei。

⑧老男发音人有 un、in，青男发音人无 in，有 iŋ。

⑨老男发音人有 ut，也有 it；青男发音人无 it，有 ik。

三 声调 8 个

阴平 33	东该灯风通开天春	阳平 55	门龙牛油铜皮糖红
阴上 53	懂古鬼九统苦讨草老五有	阳上 35	买动罪近后硬乱地
阴去 212	冻怪半四痛快寸去	阳去 21	卖路洞饭树
阴入 2	谷百搭节急哭拍塔切刻	阳入 5	六麦叶月毒白盒罚

说明：

①阴入与阳入略有降程。

②阴上的 53 有 52、51 变体。

③阴去 212 后半段升程部分比较明显，时间略长，有 213 变体。

④阳去为 21，有降程，前人一般记 22。

叁 连读变调

阴平 33 作为前字不变调。

阳平 55 作为前字变为 21。

阴上 53 作为前字变调为 212。

阳上 35 作为前字变调为 33。

阴去 212 作为前字变调为 55。

阳去 21 作为前字变调为 33。

阴入 2 作为前字变调为 5。

阳入 5 作为前字变调为 2。

肆 异读

一 新老异读

新老异读比较少见，如："吹"老派读 $tsʰue^{33}$，新派读 $tsʰui^{33}$。

二 文白异读

海丰犹如其他的闽南、潮汕的方言，具有比较丰富的文白层次差异，表现在一个字上，也常常有文白异读，白读多见于本地口语常用词汇，文读则多见于书面语传播的词汇，如下依次从声调、声母、韵母的角度，根据所调查的千字表来总结并举例介绍。

1. 声母异读

非母白读为 p，文读为 h，如：飞 pue^{33}/hui^{33}、分 pun^{33}/hun^{33}、方 $paŋ^{33}$/$hŋ^{33}$、富 pu^{212}/hu^{212}。

敷母白读为 $pʰ$，文读为 h，如：纺 $pʰaŋ^{53}$/$huaŋ^{53}$、蜂 $pʰaŋ^{33}$/$pʰoŋ^{33}$。

奉母白读为 p，文读为 h，如：妇 pu^{35}/hu^{35}、父 pe^{35}/hu^{35}。

知母白读为 t，文读为 ts，如：转 $tũĩ^{53}$/$tsuaŋ^{53}$、张 $tĩõ^{33}$/$tsiaŋ^{33}$。

澄母白读为 t，文读为 $tsʰ$，如：陈 $taŋ^{55}$/$tsʰin^{55}$。

澄母白读为 t，文读为 ts，如：住 tiu^{21}/tsi^{35}。

澄母白读为 $tʰ$，文读为 ts，如：柱 $tʰiau^{35}$/tsi^{35}。

从母白读为 ts，文读为 $tsʰ$，如：全 $tsũĩ^{55}$/$tsʰuaŋ^{55}$。

邪母白读 ts，文读为 s，如：谢 $tsia^{21}$/sia^{21}、席 $tsʰioʔ^5$/$siaʔ^5$

章母白读为 k，文读为 ts，如：指 $kĩ^{53}$/tsi^{53}。

船母白读为 ts，文读为 s，如：食 $tsiaʔ^5$/sit^5。

禅母白读 ts，文读为 s，如：上 $tsĩõ^{35}$/$siaŋ^{35}$。

禅母白读为 $tsʰ$，文读为 s，如：树 $tsʰiu^{21}$/si^{35}。

书母白读为 $tsʰ$，文读为 s，如：试 $tsʰi^{212}$/si^{212}。

书母白读为 ts，文读为 s，如：水 tsui⁵³/sui⁵³、书 tsu³³/si³³。

日母白读为 h，文读为 ndz，如：耳 hĩ³⁵/ndzi⁵³。

日母白读为 n，文读为 ndz，如：让 nĩõ²¹/ndziaŋ³⁵。

日母白读为 l，文读为 ndz，如：闰 lun³⁵/ndzun³⁵。

疑母白读为 h，文读为 ŋ，如：岸 hĩã²¹/ŋaŋ³⁵。

疑母白读为 h，文读为 ø，如：瓦 hia³⁵/ua⁵³。

匣母白读为 k，文读为 h，如：厚 kau³⁵/hou³⁵、含 kam⁵⁵/ham⁵⁵、行 kĩã⁵⁵/heŋ⁵³。

匣母白读为 ø，文读为 h，如：学 oʔ⁵/hak⁵、下 e³⁵/hia³⁵、红 aŋ⁵⁵/hoŋ⁵⁵。

云母白读为 h，文读为 ø，如：王 hioŋ⁵⁵/uaŋ⁵⁵、远 hũi³⁵/iaŋ⁵³。

2. 韵母异读

果摄开口一等歌韵，白读为 ua，文读为 o，如：歌 kua³³/ko³³、婆 pʰua⁵⁵/po⁵⁵。

果摄合口一等戈韵，白读为 ue，文读为 o，如：果 kue⁵³/ko⁵³。

假摄开口二等麻韵，白读为 e，文读为 a，如：把 pe⁵³/pa⁵³、瓜 kue³³/kua³³。

遇摄一等合口模韵，白读为 ou，文读为 u，如：布 pou²¹²/pu²¹²、图 tou⁵⁵/tu⁵⁵。

遇摄三等合口虞韵，白读为 iau，文读为 i，如：柱 tʰiau³⁵/tsi³⁵。

遇摄三等合口虞韵，白读为 iau，文读为 ou，如：数 siau²¹²/sou²¹²。

遇摄三等合口虞韵，白读为 iu，文读为 i，如：取 tsʰiu⁵³/tsʰi⁵³。

蟹摄一等开口咍韵，白读为 ui，文读为 ai，如：开 kʰui³³/kʰai³³。

止摄三等开口支韵，白读为 ai，文读为 i，如：知 tsai³³/ti³³。

止摄三等开口脂韵，白读为 ai，文读为 u，如：师 sai³³/su³³。

止摄三等开口之韵，白读为 ai，文读为 u，如：使 sai⁵³/su⁵³。

止摄三等开口微韵，白读为 ui，文读为 i，如：气 kʰui²¹²/kʰi²¹²

止摄三等合口微韵，白读为 ue，文读为 ui，如：飞 pue³³/hui³³。

效摄一等开口豪韵，白读为 o，文读为 au，如：抱 pʰo³⁵/pʰau³⁵。

效摄二等开口肴韵，白读为 a，文读为 au，如：孝 ha²¹²/hau²¹²、敲 kʰa³³/kʰau³³。

流摄三等开口尤韵，白读为 au，文读为 iu，如：九 kau⁵³/kiu。

咸摄一等开口谈韵，白读为 ã，文读为 am，如：三 sã³³/sam³³、胆 tã⁵³/tam⁵³。

咸摄二等开口洽韵，白读为 aʔ，文读为 ap，如：插 tsʰaʔ²/tsʰap²。

咸摄三等开口盐韵，白读为 ĩ，文读为 iam，如：染 nĩ⁵³/ndziam⁵³、钳 kʰĩ⁵⁵/kʰiam⁵⁵。

咸摄三等开口叶韵，白读为 iʔ，文读为 iap，如：接 tsiʔ²/tsiap²。

咸摄四等开口添韵，白读为 ĩ，文读为 iam，如：添 tʰĩ³³/tʰiam³³。

咸摄四等开口帖韵，白读为 aʔ，文读为 iap，如：贴 taʔ²/tʰiap²。

咸摄四等开口帖韵，白读为 iʔ，文读为 iap，如：碟 tiʔ⁵/tiap⁵。

深摄三等开口侵韵，白读为 iam，文读为 im，如：沉 tiam⁵⁵/tim⁵⁵。

深摄三等开口缉韵，白读为 iap，文读为 ip，如：吸 hiap²/kʰip²。

山摄一等开口寒韵，白读为 ũã，文读为 aŋ，如：单 tũã³³/taŋ³³、看 kʰũã²¹²/kʰaŋ²¹²、安 ũã³³/aŋ³³。

山摄一等开口曷韵，白读为 uaʔ，文读为 ak，如：渴 kʰuaʔ²/hak²。

山摄二等开口山韵，白读为 ũã，文读为 aŋ，如：山 sũã³³/saŋ³³。

山摄二等开口山韵，白读为 ãĩ，文读为 aŋ，如：间 kãĩ³³/kaŋ³³。

山摄二等开口黠韵，白读为 eʔ，文读为 ak，如：八 peʔ²/pak²。

山摄三等开口黠韵，白读为 uaʔ，文读为 ak，如：杀 suaʔ²/saʔ²。

山摄三等开口仙韵，白读为 ĩ，文读为 iaŋ，如：变 pĩ²¹²/piaŋ²¹²。

山摄三等开口仙韵，白读为 ãĩ，文读为 iaŋ，如：连 nãĩ⁵⁵/liaŋ⁵⁵。

山摄三等开口仙韵，白读为 ĩã，文读为 iaŋ，如：件 kĩã³⁵/kiaŋ³⁵。

山摄三等开口薛韵，白读为 uaʔ，文读为 iak，如：热 ndzuaʔ⁵/ndziak⁵。

山摄三等开口元韵，白读为 ĩã，文读为 iaŋ，如：健 kĩã²¹/kiaŋ³⁵。

山摄四等开口先韵，白读为 ĩ，文读为 iaŋ，如：天 tʰĩ³³/tʰiaŋ³³、见 kĩ²¹²/kiaŋ²¹²。

山摄四等开口先韵，白读为 ãĩ，文读为 iaŋ，如：前 tsãĩ⁵⁵/tsʰiaŋ⁵⁵。

山摄四等开口先韵，白读为 aŋ，文读为 iaŋ，如：牵 kʰaŋ³³/kʰiaŋ³⁵。

山摄四等开口屑韵，白读为 eʔ，文读为 ak，如：节 tseʔ²/tsak²。

山摄一等合口桓韵，白读为 ũĩ，文读为 uaŋ，如：算 sũĩ²¹²/suaŋ²¹²。

山摄一等合口末韵，白读为 uaʔ，文读为 uak，如：泼 pʰuaʔ²/pʰuak²、脱 tʰuaʔ²/tʰuak²。

山摄二等合口山韵，白读为 ũẽ，文读为 uaŋ，如：关 kũẽ³³/kuaŋ³³。

山摄二等合口删韵，白读为 ũãĩ，文读为 uaŋ，如：关 kũãĩ²¹²/kuaŋ²¹²。

山摄二等合口黠韵，白读为 ueʔ，文读为 uak，如：挖 ueʔ²/uak²。

山摄二等合口鎋韵，白读为 ueʔ，文读为 ueʔ，如：刮 kueʔ²/kuaʔ²。

山摄三等合口仙韵，白读为 ũĩ，文读为 uaŋ，如：转 tũĩ⁵³/tsuaŋ⁵³。

山摄三等合口仙韵，白读为 ũĩ，文读为 iaŋ，如：卷 kũĩ⁵³/kiaŋ⁵³。

山摄三等合口薛韵，白读为 oʔ，文读为 uak，如：绝 tsoʔ⁵/tsuak⁵。

山摄三等合口元韵，白读为 ãĩ，文读为 uaŋ，如：反 pãĩ⁵³/huaŋ⁵³。

山摄三等合口元韵，白读为 ũĩ，文读为 uaŋ，如：饭 pũĩ²¹/huaŋ³⁵。

山摄三等合口元韵，白读为 ũĩ，文读为 iaŋ，如：远 hũĩ³⁵/iaŋ⁵³。

山摄三等合口月韵，白读为 uaʔ，文读为 iak，如：越 huaʔ⁵/iak⁵。

山摄四等合口屑韵，白读为 iʔ，文读为 iak，如：缺 kʰiʔ²/kʰiak²。

臻摄三等开口真韵，白读为 aŋ，文读为 in，如：陈 taŋ⁵⁵/tsʰin⁵⁵。

臻摄三等开口质韵，白读为 ak，文读为 it，如：实 tsak⁵/sit⁵⁵。

臻摄一等合口魂韵，白读为 ũĩ，文读为 un，如：孙 sũĩ³³/sun³³。

宕摄一等开口唐韵，白读为 ŋ，文读为 aŋ，如：汤 tʰŋ³³/tʰaŋ³³、糠 kʰŋ³³/kʰaŋ³³。

宕摄一等开口铎韵，白读为 oʔ，文读为 ak，如：各 koʔ²/kak²、恶 oʔ²/ak²。

宕摄三等开口阳韵，白读为 ĩõ，文读为 iaŋ，如：张 tĩõ³³/tsiaŋ³³、伤 sĩõ³³/siaŋ³³。

宕摄三等开口阳韵，白读为 io，文读为 iaŋ，如：唱 tsʰio²¹²/tsʰiaŋ²¹²。

宕摄三等开口阳韵，白读为 ŋ，文读为 iaŋ，如：长 tŋ⁵⁵/tsʰiaŋ³³、秧 ŋ³³/iaŋ³³。

宕摄三等开口阳韵，白读为 ŋ，文读为 aŋ，如：霜 sŋ³³/saŋ³³。

宕摄三等开口药韵，白读为 eʔ，文读为 iak，如：雀 tseʔ²/tsʰiak²。

宕摄三等开口药韵，白读为 iaʔ，文读为 iak，如：削 siaʔ²/siak²。

宕摄三等开口药韵，白读为 ioʔ，文读为 iak，如：约 ioʔ²/iak²。

宕摄一等合口唐韵，白读为 ũĩ，文读为 uaŋ，如：光 kũĩ³³/kuaŋ³³。

宕摄三等合口阳韵，白读为 aŋ，文读为 ŋ，如：方 paŋ³³/hŋ³³。

宕摄三等合口阳韵，白读为 aŋ，文读为 uaŋ，如：纺 pʰaŋ⁵³/huaŋ⁵³。

宕摄三等合口阳韵，白读为 ioŋ，文读为 uaŋ，如：王 hioŋ⁵⁵/uaŋ⁵⁵。

江摄二等开口江韵，白读为 oŋ，文读为 aŋ，如：讲 koŋ⁵³/kaŋ⁵³。

江摄二等开口觉韵，白读为 ak，文读为 ok，如：角 kak²/kok²。

江摄二等开口觉韵，白读为 oʔ，文读为 ak，如：学 oʔ⁵/hak⁵。

曾摄一等开口登韵，白读为 aŋ，文读为 eŋ，如：等 taŋ⁵³/teŋ⁵³。

曾摄一等开口登韵，白读为 iaŋ，文读为 eŋ，如：等 kʰiaŋ⁵³/kʰeŋ⁵³。

曾摄一等开口德韵，白读为 ak，文读为 ek，如：刻 kʰak²/kʰek²。

曾摄三等开口职韵，白读为 ak，文读为 ek，如：力 lak⁵/lek⁵。

曾摄三等开口职韵，白读为 iaʔ，文读为 it，如：食 tsiaʔ⁵/sit⁵。

梗摄二等开口庚韵，白读为 ẽ，文读为 eŋ，如：省 sẽ⁵³/seŋ⁵³。

梗摄二等开口庚韵，白读为 ĩã，文读为 eŋ，如：行 kĩã⁵⁵/heŋ⁵³。

梗摄二等开口陌韵，白读为 eʔ，文读为 ek，如：百 peʔ²/pek²。

梗摄二等开口耕韵，白读为 ẽ，文读为 eŋ，如：争 tsẽ³³/tseŋ³³。

梗摄三等开口庚韵，白读为 ẽ，文读为 eŋ，如：平 pẽ⁵⁵/pʰeŋ⁵⁵。

梗摄三等开口庚韵，白读为 ĩã，文读为 eŋ，如：命 mĩã²¹/meŋ³⁵。

梗摄三等开口清韵，白读为 ĩã，文读为 eŋ，如：整 tsĩã⁵³/tseŋ⁵³、程 tʰĩã⁵⁵/tʰeŋ⁵⁵。

梗摄三等开口昔韵，白读为 ioʔ，文读为 iaʔ，如：席 tsʰioʔ⁵/siaʔ⁵。

梗摄四等开口青韵，白读为 ĩã，文读为 eŋ，如：定 tĩã²¹/teŋ³⁵。

梗摄四等开口青韵，白读为 aŋ，文读为 eŋ，如：零 naŋ⁵⁵/leŋ⁵⁵。

梗摄四等开口青韵，白读为 ẽ，文读为 eŋ，如：经 kẽ³³/keŋ³³。

梗摄四等开口锡韵，白读为 ak，文读为 ek，如：踢 tʰak²/tʰek²。

通摄一等合口东韵，白读为 aŋ，文读为 oŋ，如：动 tʰaŋ³⁵/toŋ³⁵。

通摄一等合口屋韵，白读为 ak，文读为 ok，如：木 mbak⁵/mbok⁵。

通摄三等合口东韵，白读为 aŋ，文读为 ioŋ，如：虫 tʰaŋ⁵⁵/tʰioŋ⁵⁵。

通摄三等合口屋韵，白读为 uak，文读为 ok，如：服 huak⁵/hok⁵。

通摄三等合口钟韵，白读为 uaŋ，文读为 oŋ，如：风 huaŋ³³/hoŋ³³。

通摄三等合口钟韵，白读为 aŋ，文读为 oŋ，如：蜂 pʰaŋ³³/pʰoŋ³³。

通摄三等合口钟韵，白读为 aŋ，文读为 ioŋ，如：共 kaŋ²¹/kioŋ³⁵。

3. 声调异读

次浊上白读为 35，文读为 53，如：五 ŋõũ³⁵/ŋõũ⁵³、耳 hĩ³⁵/ndzi⁵³、老 lau³⁵/lau⁵³。

浊去白读为 21，文读为 35，如：树 tsʰiu²¹/si³⁵、雾 mbu²¹/mũ³⁵、二 ndzi²¹/ndi³⁵、豆 tau²¹/tau³⁵。

伍 小称音

一部分名词带有"喜爱"或"小的"语义时，声调变为 35，如：妹 muẽ³⁵阿~、帽 mbo³⁵儿语。"糖"读 35 调时，含义为糖果儿。

陆 其他主要音变

"囝 ã⁵³"后缀随前字韵尾，常常衍生出声母，具体情况如下：

在-t、-n 尾后变为 nã⁵³，如：水窟囝、息囝、孙囝。

在-u 后变为 uã⁵³，如：萧囝。

在-k、-ŋ 后变为 ŋã⁵³，如：竹囝、葱囝。

在-m、-p 后变为 mã⁵³，如：婶囝、霎囝。

第七十节 陆丰方音

壹 概况

一 调查点概况

调查点为汕尾市陆丰市（县级）东海镇。陆丰市位于北纬 22°45′～23°09′，东经 115°25′～116°13′。当地主要民族为汉族，无呈区域分布的少数民族。根据第七次人口普查数据，截至 2020 年 11 月 1 日，陆丰市常住人口 1221634 人。县境内主要有闽南话、客家话和军话三种汉语方言。闽南话使用人口约 95 万，主要分布在中部广汕公路两侧及南部沿海地区；客家话使用人口约 20 万，主要分布在北部山区和半山区；军话使用人口一万余人，主要分布在西南镇的青塘和两军村。其中闽南话为全县共同交际语言和政府主要工作语言。当地主要流行皮影戏、正字戏和白字戏等戏曲艺术形式，沿海地区渔民中则流行渔歌。

二 方言发音人概况

老男发音人颜锦锡，1953 年 1 月出生于陆丰市东海镇，初中文化。父母和配偶都出生于东海镇，主要讲东海话。该发音人 1959—1967 年在东海镇中心小学上小学，二年级因母亲过世留级一年，三年级转学至东海镇第三小学，四年级转学至东海镇向阳小学；1967—1969 年辍学在家；1969—1970 年在东海镇龙山中学上初中；1970—1974 年在东海当建筑小工；1974 年到东海竹工艺厂工作，直至退休。

　　青男发音人陈海佳，1991 年 7 月出生于陆丰市东海镇，初中文化。父母都出生于东海镇，主要讲东海话。该发音人 1997—2003 年在东海镇红卫小学上小学；2003—2006 年在东海镇彭伟中学读初中，后转学至东海一中；2006—2016 年初中毕业后一直在东海镇打零工；2016 年至今在朝坚摄影工作室担任录影师。

　　老女发音人王碧婵，1955 年 1 月出生于陆丰市东海镇，小学文化。父母和配偶都出生于东海镇，主要讲东海话。该发音人 1962—1967 年在东海镇南堤小学上小学，五年级辍学；1967—1972 年赋闲在家；1972—1979 年在东海镇望洋罐头厂工作；1979 年至今为家庭主妇。

　　青女发音人吴雨青，1989 年 4 月出生于陆丰市东海镇，大专文化。父母都出生于东海镇，主要讲东海话。该发音人 1996—2002 年在东海镇中心小学上小学；2002—2005 年在东海镇新龙中学上初中；2005—2008 年在东海镇河图中学读高中；2008—2009 年在自家店里帮忙；2009—2010 年在陆丰市东环小学实习；2011—2015 年在东海镇城南学校工作，期间修习韩师函授大专；2015 年转至东海镇中心小学并工作至今。

　　口头文化发音人 1 颜锦锡，男，1953 年 1 月出生于陆丰市东海镇，初中文化。提供材料为 0021 牛郎和织女、0045～0054 自选条目。

　　口头文化发音人 2 陈海佳，男，1991 年 7 月出生于陆丰市东海镇，初中文化。提供材料为 0001～0005 歌谣，0031～0044 自选条目，0055～0062 自选条目。

　　口头文化发音人 3 陆丰市皮影剧团，位于广东省汕尾市陆丰市东海镇龙山路15 号，提供材料为 0063 自选条目。

贰　声韵调

一　声母 18 个（包括零声母在内）

p 八兵爬病　　 pʰ派片蜂白　　 mb 麦明味　 m 毛
　飞白肥白　　　　　　　　　　　　　　　问
　饭

t 多东甜毒　　 tʰ讨天抽拆　　　　　　　n 脑年白　　　　　　　　　　　　　l 南年文老
　张竹茶　　　　柱　　　　　　　　　　　泥软　　　　　　　　　　　　　　蓝连路

ts 资早租酒　　 tsʰ刺草寸清　　　　　　　　　　 s 丝三酸想祠　 ndz 字热
　坐谢白争　　　贼全抄初　　　　　　　　　　　　谢文事山双
　装纸主船　　　床车春手　　　　　　　　　　　　顺城
　书十

k 高九共县　　 kʰ开轻权　　 ŋg 月　　 ŋ 熬　　 h 飞文风副蜂白
　　　　　　　　　　　　　　　　　　　　　　　　肥文好灰响云

ø 活安温用
　药

说明：

①鼻音 m、n、ŋ 只拼鼻化韵母（除入声韵为简化韵母系统，统一处理为非鼻化韵外）；带鼻冠音浊音声母 mb、ŋg、ndz 只拼非鼻化韵母，两者基本形成互补关系。鉴于听感差异明显，处理为两套声母。

②ts 组声母遇齐齿呼多带有舌面色彩。

③l 在 i 前读为 ld，如：李、立。

二　韵母 65 个（包括自成音节的 m、ŋ 在内）

		i	猪雨文米丝试戏二	u	师文
a	饱	ia	靴写瓦白	ua	歌白瓦文
e	坐茶牙短白			ue	过赔飞白
o	歌文宝	io	笑桥白		
ai	开文排师白			uai	快
au	豆走	iau	桥文		
ei	鞋			ui	开白对飞文鬼
ou	苦五白雨白	iu	油		
ã	三白	ĩa	兄	ũã	山白半官
ẽ	硬争白病星			ũẽ	横
õ	毛白	ĩõ	想张		
		ĩ	年白		
ãĩ	爱			ũãĩ	县
ãũ	毛文脑熬			ĩãũ	猫
õũ	五文				
am	南三文	iam	盐	uam	犯
om	参				
		im	心深		
aŋ	山文双又讲文东白	iaŋ	年文响远文	uaŋ	短文权王文双又
eŋ	灯升争文用文	iŋ	根新~年	uŋ	寸滚春云
oŋ	王白讲白东文	ioŋ	用白		
ap	盒十	iap	接文贴文	uap	法
		ip	急		
ak	八文壳学文问北六节一~电池	iak	热文节~约	uak	罚
ek	色绿局	ik	一橘七直	uk	骨出
ok	国谷	iok	育		
aʔ	塔鸭贴白	iaʔ	锡	uaʔ	辣热白活刮文

e?	八白节过~白		ue?	刮白月郭
o?	托学白	io? 药尺		
		i? 接白		

m　姆

ŋ　糖床

说明：

①ei、ue、ue、eŋ、ek 中的 e 舌位略低。

②ou、oŋ 中的 o 实际音值为 ɔ。

③om 中的 o 实际舌位靠前。

④ŋ 单独做韵母时，有时读为 uŋ。

⑤入声尾的韵母如 iak、ek、uk 等，在鼻音声母 m、n、ŋ 后面带有鼻化色彩。

⑥?尾有时不明显，收?尾的入声字不太短促。

⑦鼻音声母搭配的塞音尾韵和鼻音尾韵，因不会造成混淆，简洁起见，统一不加鼻化韵符号，如 nek、maŋ 等。

三　声调共 7 个

阴平 33	东该灯风通开天春	阳平 13	门龙牛油铜皮糖红
上声 55	懂古鬼九统苦讨草买老		
	文五文有文		
阴去 213	冻怪半四痛快寸去	阳去 22	卖路硬乱洞地饭树老白五白有白动
			罪近后
阴入 2	谷百搭节急拍塔切刻	阳入 5	六麦叶月毒白盒罚

说明：

①阴去调不太稳定，有时曲折不明显，读如 23；有时上扬不明显，读如 22 或 11。

②阴入、阳入都有较为明显的下降，阴入实际调值读如 21，阳入实际读如 54。

③阳平调实际调值比阴去调整体略高，亦可记为 14 或 24。

叁　连读变调

主谓结构一般不变调，其他语法组合前字变调，后字不变调：

1. 阴平 33 作为前字变调为 22。

2. 阳平 13 作为前字变调为 11。

3. 上声 55 作为前字变调为 13。

4. 阴去 213 作为前字变调为 33。

5. 阳去 22 作为前字变调为 21。

6. 阴入 2 作为前字变调为 5。

7. 阳入 5 作为前字变调为 2。

	阴平 33	阳平 13	上声 55	阴去 213	阳去 22	阴入 2	阳入 5
阴平 33	22＋33 飞机 高低 开通 开车 33＋33 花开	22＋13 高楼 今年 安排 开门 33＋13 天晴	22＋55 科长 安稳 中等 加减 33＋55 天冷	22＋213 青菜 相信 通气 交货 33＋213 霜降	22＋22 公事 医院 开会 兄弟	22＋2 猪血 清洁 推托 充血 33＋2 心急	22＋5 金额 风俗 消毒 开学
阳平 13	11＋33 床单 名声 存心 磨刀	11＋13 羊毛 银行 团员	11＋55 来往 骑马 传染	11＋213 回信 棉裤 奇怪 迟到	11＋22 农具 长寿 神话 犁地 13＋22 头大	11＋2 毛笔 颜色 团结 留客	11＋5 阳历 传达 人物 磨墨
上声 55	13＋33 好心 洗衫 起风 55＋33 眼花	13＋13 酒瓶 可能 九年 点名	13＋55 水果 检讨 举手 55＋55 手巧	13＋213 韭菜 考试 碗筷 写信	13＋22 好事 考虑 走路 55＋22 胆大	13＋2 组织 广阔 紧急 请客	13＋5 酒席 好药 解毒 55＋5 体弱
阴去 213	33＋33 教师 菜单 汽车 吊销	33＋13 布头 菜园 证明 算钱	33＋55 跳板 驾驶 要紧 放手	33＋213 正气 世界 变化 降价	33＋22 退步 笑话 见面 种树	33＋2 教室 顾客 庆祝 送客 213＋2 性急	33＋5 性别 化学 费力 放学
阳去 22	21＋213 电灯 夏天 健康 漏风	21＋13 面条 外行 电池 骂人 22＋13 饭凉	21＋55 字典 豆饼 卖酒 号码 22＋55 命苦	21＋213 电线 代替 定价 夏至	21＋22 梦话 命运 办事 冒汗 22＋22 命大	21＋2 大雪 字帖 问答 会客	21＋5 闰月 树叶 暴力 用药 22＋5 面熟

续表

	阴平 33	阳平 13	上声 55	阴去 213	阳去 22	阴入 2	阳入 5
阴入 2	5+33 北方 菊花 国家 铁丝 2+33 雪飞	5+13 竹床 作文 发球 出门	5+55 铁锁 结果 节省 谷雨	5+213 客气 发票 尺寸 切菜	5+22 法院 失败 铁路 出汗	5+2 铁塔 八百 节约 出血	5+5 节日 笔墨 处理 2+5 骨折
阳入 5	2+33 石灰 学生 木瓜 读书	2+13 石头 入门 值钱 5+13 月圆	2+55 白纸 局长 历史 罚款	2+213 白菜 学费 日记 读报	2+22 绿豆 石磨 学校 立夏 55+2 力大	2+2 蜡烛 绿色 越级 突击 5+2 日出	2+5 六十 独立 直达 入学 5+5 日落

肆　异读

一　新老异读

1. 阴去调老男发音人主要为 213；而青男发音人主要为 212，有时调尾较高，读为 213，有时曲折不明显，读为 22。

2. 老男发音人和青男发音人文白异读的整体分布大致相同，但有些字老男发音人有文白两读，青男发音人只有文读音，如"取""沉""变"等；而有一些字老男发音人有文白两读，青男发音人只有白读音，如"肥""渴""山"等。

二　文白异读

1. 声母异读

（1）並母白读为 p 声母，文读为 p^{h}声母，如：瓶 paŋ^{13}/p^{h}iŋ^{13}。

（2）非敷奉母字白读为 p、p^{h}声母，文读为 h 声母，如：飞 pue^{33}/hui^{33}、蜂 p^{h}aŋ^{33}/hoŋ^{33}、妇 pu^{22}/hu^{22}。

（3）透定母白读为 t 声母，文读为 t^{h}声母，如：贴 ta?^{2}/t^{h}iap^2、铜 taŋ^{13}/t^{h}oŋ^{13}。

（4）知澄母字白读为 t、t^{h}声母，文读为 ts、ts^{h}声母，如：罩 ta^{213}/tsau^{22}、陈 taŋ^{13}/ts^{h}iŋ^{13}、传 t^{h}ŋ^{13}/ts^{h}uan^{13}。

（5）船书母白读为 ts 声母，文读为 s 声母，如：实 tsak^5/sik^5、水 tsui^{55}/sui^{55}。

（6）匣母字白读为零声母或 k 声母，文读为 h 声母，如：学 oʔ⁵/hak⁵、厚 kau²²/hou²²。

（7）喻三（云）母字白读为 h 声母，文读为零声母，如：雨 hou²²/i⁵⁵。

中古声母	例字	白读	文读
並母	瓶	p	pʰ
非母	飞	p	h
敷母	蜂	pʰ	h
奉母	妇	p	h
透母	贴	t	tʰ
定母	铜	t	tʰ
知母	罩	t	ts
澄母	陈	t	ts
	传	tʰ	tsʰ
船母	实	ts	s
书母	水	ts	s
匣母	学	Ø	h
	厚	k	h
云母	雨	h	Ø

2. 韵母异读

（1）果摄歌韵白读为 ua 韵，文读为 o 韵，如：拖 tʰua³³/tʰo³³。戈合一白读为 ue、ua 韵，文读为 o 韵，如：果 kue⁵⁵/ko⁵⁵、婆 pʰua⁵⁵/po⁵⁵。

（2）假摄麻韵开口白读为 e 韵（少数读 ua 韵），文读分别 ai、a 韵，如：马 mbe⁵⁵/ma⁵⁵、姐 tse⁵⁵/tsia⁵⁵。麻韵合二白读为 ue、ia 韵，文读为 ua 韵，如：瓜 kue³³/kua³³、瓦 hia²²/ua⁵⁵。

（3）遇摄：模、虞韵白读为 ou 韵（虞韵还有些字白读为 eu、iu 韵），文读为 ui 韵；鱼韵白读为 iu 韵，文读为 o 韵，如：赌 tou⁵⁵/tu⁵⁵、雨 hou²²/i⁵⁵、初 tsʰiu³³/tsʰo³³。

（4）蟹摄咍韵字，白读为 iu 韵，文读为 ai 韵；夬韵合二字白读为 ũã 韵，文读为 uai 韵，如：开 kʰui³³/kʰai³³、快 kʰũã²¹³/kʰuai²¹³。

（5）止摄支、脂、微韵开口白读为 ue、ai、ãĩ 或 ui 韵，文读为 i 韵（少数脂开三韵字为 u 韵），如：皮 pʰue¹³/pʰi¹³、指 tsãĩ⁵⁵/tsi⁵⁵、气 kʰui²¹³/kʰi²¹³。支、脂、微

韵合口白读为 ue 或 u 韵，文读为 ui 韵，如：吹 tsʰue³³/tsʰui³³、龟 ku³³/kui³³、飞 pue³³/hui³³。

（6）效摄豪、肴韵字白读一、二等分明，豪韵为 o 韵，肴韵为 a 韵，文读为 au 韵，如：道 to²²/tau²²、孝 ha²¹³/hau²³¹。宵韵白读为 io 韵，文读为 iau 韵，如：小 sio⁵⁵/siau⁵⁵。

（7）流摄尤韵字白读为 au 韵（少数读 u 韵），文读为 iu 韵，如：流 lau¹³/liu¹³。

（8）咸摄谈韵白读为 ã 韵，文读为 am 韵，如：三 sã³³/sam³³。洽、帖韵白读为 aʔ韵（少数读 iʔ韵），文读为 ap 韵，如：插 tsʰaʔ²/tsʰap²、贴 taʔ²/tʰiap²。盐、添韵白读为 ĩ 韵，文读为 iam 韵，如：染 nĩ⁵⁵/ndziam⁵⁵、添 tʰĩ³³/tʰiam³³。

（9）深摄侵韵白读为 iam 韵，文读为 im 韵，如：沉 tiam¹³/tim¹³。

（10）山摄寒、山韵开口白读为 ũã 韵（少数山韵开口字为 eŋ 韵），文读为 aŋ 韵，如：弹 tũã¹³/tʰaŋ¹³、山 sũã³³/saŋ³³。曷、末韵白读为 uaʔ韵，文读分别为 akuak 韵，如：渴 kʰuaʔ²/hak²、脱 tʰuaʔ²/tʰuak²。仙、先韵开口白读为 ĩ 韵（部分先韵开口字为 ãĩ 韵），文读为 iaŋ（少数先韵字为 eŋ 韵），如：变 pĩ²¹³/piaŋ²¹³、片 pʰĩ²¹³/pʰiaŋ²¹³、莲 nãĩ¹³/liaŋ¹³。薛韵开口白读为 ak、uaʔ韵，文读为 iak 韵，如：别 pak⁵/piak⁵。元韵开口少数字白读为 ĩã 韵，文读为 iaŋ 韵，如：健 kĩã²²/kiaŋ²²。桓韵白读为 ũã 韵（少数为 eŋ 韵），文读为 ŋ 韵，如：欢 hũã³³/huaŋ³³。黠、薛韵合口白读分别为 ueʔ、oʔ韵，文读为 uak 韵，如：挖 ueʔ²/uak²、绝 tsoʔ⁵/tsuak⁵。删韵合口少数字白读为 ũẽ、ũãĩ 韵，文读为 uaŋ 韵，如：关 kũẽ³³/kuaŋ³³。仙韵合口白读为 ŋ 韵，文读为 uaŋ 韵，如：转 tŋ⁵⁵/tsuaŋ⁵⁵。元韵合口少数字白读为 ŋãĩ、uaŋ 韵，文读为 iaŋ 或 uaŋ 韵，如：远 hŋ²²/iaŋ⁵⁵。

（11）臻摄各韵文白异读例字都较少，规律不明显。痕韵如：恨 hiŋ²²/heŋ²²。真韵如：陈 taŋ¹³/tsʰiŋ¹³。质韵如：实 tsak⁵/sik⁵。魂韵如：孙 suŋ³³/sŋ³³。物韵如：物 muk⁵/mueʔ⁵。

（12）宕摄唐韵白读为 ŋ 韵，文读分别为 aŋuaŋ 韵，如：糠 kʰŋ³³/kʰaŋ³³、光 kŋ³³/kuaŋ³³。铎韵开口白读为 oʔ韵，文读为 ak 韵（少数读 ok 韵），如：作 tsoʔ²/tsak²。阳韵开口白读为 ĩõ 韵（少数读 ŋio 韵），文读为 iaŋ 韵（少数读 uaŋ 韵），如：章 tsĩõ³³/tsiaŋ³³。阳韵合口白读为 aŋ 韵（少数读 ŋeŋoŋ 韵）；文读为 uaŋ 韵，如：纺 pʰaŋ⁵⁵/huaŋ⁵⁵。药韵开口白读为 ioʔ、eʔ韵，文读为 iak 韵，如：约 ioʔ²/iak²。

（13）江摄文白异读较少，少数例字如：讲 koŋ⁵⁵/kaŋ⁵⁵ 学 oʔ⁵/hak⁵。

（14）曾摄登韵开口少数字白读为 aŋiaŋ，文读为 eŋ，如：等 taŋ⁵⁵/teŋ⁵⁵。德、职韵开口少数字白读为 ak（德韵开口还有的读 ik 韵），文读为 ek 韵，如：刻 kʰak²/kʰek²、力 lak⁵/lek⁵。

（15）梗摄庚韵、耕韵开口、清韵、青韵开口白读为 ĩãẽ 韵（部分青韵开口字为 aŋ 韵），文读为 eŋ 韵（少数青韵开口字为 iŋ 韵），如：行 kĩã¹³/heŋ¹³、平 pẽ¹³/pʰeŋ¹³、争 tsẽ³³/tseŋ³³、静 tsẽ²²/tseŋ²²、营 ĩã¹³/eŋ¹³、定 tĩã²²/teŋ²²。麦韵少数字白读为 eʔ韵，文读为 oʔ韵，如：隔 keʔ²/koʔ²。昔韵开口少数字白读为 ioʔ韵，文读为 ek、iaʔ韵，如：惜 sioʔ²/sek²。锡韵少数字白读为 ak、iʔ韵，文读为 ek 韵，如：踢 tʰak²/tʰek²。

（16）通摄东、冬韵一等字白读为 aŋ 韵，文读为 oŋ 韵，如：东 taŋ³³/toŋ³³、冬 toŋ³³/toŋ³³。东、钟韵三等字白读为 aŋ 韵（少数读 eŋ 韵），文读为 ioŋ 韵（少数读 oŋ 韵），如：中 taŋ³³/tioŋ³³、共 kaŋ²²/kioŋ²²。屋、烛韵字白读分别为 ak、ek 韵，文读分别为 ok、iok 韵，如：木 mbak⁵/mbok⁵、曲 kʰek²/kʰiok²。

摄	韵	例字	白读	文读
果摄	歌（开一）	拖	ua	o
	戈（合一）	果	ue	o
		婆	ua	o
假摄	麻（开二）	马	e	ã
	麻（开三）	姐	e	ia
	麻（合二）	瓜	ue	ua
		瓦	ia	ua
遇摄	模（合一）	赌	ou	u
	虞（合三）	雨	ou	i
	鱼（合三）	初	iu	o
蟹摄	咍（开一）	开	ui	ai
	夬（合二）	快	ũã	uai
止摄	支（开三）	皮	ue	i
	脂（开三）	指	ãĩ	i
止摄	微（开三）	气	ui	i
	支（合三）	吹	ue	ui
	脂（合三）	龟	u	ui
	微（合三）	飞	ue	ui
效摄	豪（开一）	道	o	au
	肴（开二）	孝	a	au
	宵（开三）	小	io	iau
流摄	尤（开三）	流	au	iu

续表

摄	韵	例字	白读	文读
咸摄	谈（开一）	三	ã	am
	洽（开二）	插	aʔ	ap
	帖（开四）	贴	aʔ	iap
	盐（开三）	染	ĩ	iam
	添（开四）	添	ĩ	iam
深摄	侵（开三）	沉	iam	im
山摄	寒（开一）	弹	ũã	aŋ
	山（开二）	山	ũã	aŋ
	曷（开一）	渴	uaʔ	ak
	末（合一）	脱	uaʔ	uak
	仙（开三）	变	ĩ	iaŋ
	先（开四）	片	ĩ	iaŋ
		莲	ãĩ	iaŋ
	薛（开三）	别	ak	iak
	元（开三）	健	ĩã	iaŋ
	桓（合一）	欢	ũã	uaŋ
	黠（合二）	挖	ueʔ	uak
	薛（合三）	绝	oʔ	uak
	删（合二）	关	ũẽ	uaŋ
	仙（合三）	转	ŋ	uaŋ
	元（合三）	远	ŋ	iaŋ
臻摄	痕（开一）	恨	iŋ	eŋ
	真（开三）	陈	aŋ	iŋ
	质（开三）	实	ak	ik
	魂（合一）	孙	uŋ	ŋ
	物（合三）	物	uk	ueʔ

续表

摄	韵	例字	白读	文读
宕摄	唐（开一）	糠	ŋ	aŋ
	唐（合一）	光	ŋ	uaŋ
	铎（开一）	作	oʔ	ak
	阳（开三）	章	ĩõ	iaŋ
	阳（合三）	纺	aŋ	uaŋ
	药（开三）	约	ioʔ	iak
江摄	江（开二）	讲	oŋ	aŋ
	觉（开二）	学	oʔ	ak
曾摄	登（开一）	等	aŋ	eŋ
	德（开一）	刻	ak	ek
	职（开三）	力	ak	ek
梗摄	庚（开二）	行	ĩã	eŋ
	庚（开三）	平	ẽ	eŋ
	耕（开二）	争	ẽ	eŋ
	清（开三）	静	ẽ	eŋ
	清（合三）	营	ĩã	eŋ
	青（开四）	定	ĩã	eŋ
	麦（开二）	隔	eʔ	oʔ
	昔（开三）	惜	ioʔ	ek
	锡（开四）	踢	ak	ek
通摄	东（合一）	东	aŋ	oŋ
	冬（合一）	冬	oŋ	oŋ
	东（合三）	中	aŋ	ioŋ
	钟（合三）	共	aŋ	ioŋ
	屋（合一）	木	ak	ok
	烛（合三）	曲	ek	iok

3. 声调异读

陆丰话上声调的字存在较为规律的文白异读，即白读为阳去 22，文读为上声 55，如：想 sĩõ²²/siaŋ⁵⁵、瓦 hia²²/ua⁵⁵、像 tsʰĩõ²²/sĩõ²¹³。

伍　其他主要音变

一、陆丰东海方言两字或两字以上的组合，多数为前字变调，后字不变调。某些条件下，后字会读为轻声，此时前字不变调，如"后年""后日""日时""落来"等。此外，句子中有些句末语气词也读为轻声，如：我走喽。

二、词尾"囝 a⁵⁵"在语流中会受前字影响发生音变，一般来说，其在鼻化韵后面会带上鼻化色彩，如"圆囝 ĩ¹¹ã⁵⁵"；在 m 韵尾后面读为 mã⁵⁵，如"颔囝 am²¹mã⁵⁵"；在 ŋ 尾后面读为 ŋã⁵⁵，如"葱囝 tsʰaŋ²²ŋã⁵⁵"；在 p 尾后面读为 mba⁵⁵，如"夹囝 kiap²mba⁵⁵"；在 k 尾后面读为ŋga⁵⁵，如"橘囝 kik⁵ŋga⁵⁵"。

第七十一节　电白方音

壹　概况

一　调查点概况

调查点为茂名市电白县电城镇。电白县位于广东省西南部，地处北纬 21°21′～11°59′，东经 110°54′～111°29′之间，东西长约 65 公里，南北长约 80 公里，海岸线长约 220 公里。县境东部与阳江管辖的阳西县交界，东北部毗邻阳春市，北部及西北部连接高州市，西部紧靠茂名市区，西南部与湛江管辖的吴川市接壤，南部濒临南海。近年来，电白行政区划变动较大。2001 年，国务院批准设立茂名市茂港区，辖原电白之羊角、坡心、七迳、小良、沙院和南海六镇。2003 年，有三个镇撤并，分别是：大衙镇并入林头镇，龙山镇并入博贺镇，爵山镇并入电城镇。2012 年，设广东茂名滨海新区，电白之电城、博贺等沿海镇划入。2014 年，原茂港区和电白县合并设立茂名市电白区。电城是电白旧县城，始建于明成化三年（1467 年），历时 500 余年，隶属于电白县（最近改属茂名海滨新区）。电城位于电白的东南沿海。东边与隶属于阳江市的阳西县接壤，北面是电白县的马踏镇，西面是麻岗镇，南面濒临南海。调查点是电城镇的南坝村，位于电城镇城东。根据第七次人口普查数据，截至 2020 年 11 月 1 日，电白区常住人口 1503737 人，多数为汉族，少数民族占极少数。

电白县有闽、粤、客三种方言。闽语分为海话和黎话。海话主要分布在电城、爵山、马踏等南部镇村；黎话分布在水东、小良、林头等中西部镇村。客家方言叫"倻话"，主要分布在沙琅、观珠、望夫等中北部镇村。粤方言分布在博贺、羊角等镇村。还有"旧时正"（属明代官话）分布在大衙、马踏等地。电城讲海话，内部基本没有差异（新并入的原树仔镇略有不同）。本县有大戏、鬼仔戏等文艺表演，但均用粤方言演唱。

二　方言发音人概况

老男发音人陈朝明，1955 年 2 月出生于茂名市滨海新区电城镇南坝村委会坝头村，1962 年 9 月—1973 年 7 月在电城镇读书，1973 年 9 月—1987 年 7 月在电城坝头村小学任代课教师，1987 年 1 月—2015 年 2 月在电城坝头小学任公办教师，2015 年 3 月至今退休在家。没有长期外出经历。高中学历，教师职业，讲海话、普通话。父母、妻子均为电城镇人，讲海话。

青男发音人陈冠郁，1993 年 7 月出生于茂名电白电城白蕉管区白蕉村，2000 年 9 月—2006 年 7 月在电城读书，2006 年 9 月—2012 年 7 月在电白县水东读中学，2012 年 9 月—2016 年 12 月在广州读大学，2017 年回电城工作生活。大学本科学历，自由职业，说海话、白话（属粤方言）、普通话，父亲是电城镇白蕉村人，讲海话；母亲是电城爵山镇港头村人，讲海话。

老女发音人高定，1953 年 11 月出生于茂名电白电城镇河仔村，1953—1970 年 7 月在电城河望大队读书，务农，1970 年 1 月至今居住在河仔村，在家务农，曾任生产队长。小学学历，农民，讲海话、普通话（不熟练）。父母都是电城人，都讲海话，丈夫是河望大队麻茂子村人，讲海话。

青女发音人李小敏，1984 年 10 月出生于茂名电白电城前岚村，1990 年 9 月—1996 年 7 月在前岚村读小学，1996 年 9 月—1999 年 7 月在爵山镇读初中，1999 年 9 月—2002 年 7 月在水东读中专，2003 年 7 月回电城镇工作。中专学历，自由职业，讲海话、白话、普通话。父母均为电城镇人，讲海话。丈夫为电城镇庄垌村人，讲海话。

口头文化发音人 1，即老男发音人陈朝明，提供讲述、故事、谚语等材料。

口头文化发音人 2，即老女发音人高定，提供歌谣、讲述、地方普通话等材料。

口头文化发音人 3，即青女发音人李小敏，提供讲述、故事等材料

口头文化发音人 4，黄文珍，电城镇南坝村委会坝头村人，汉族，1957 年 8 月生，夜校学历，农民，提供哭夜歌、故事等材料。

贰　声韵调

一　声母（共 20 个，包括零声母在内）

p 帮爬飞饭　pʰ 派片皮蜂　b 麦马无尾　m 麻明网问　　　　　　　　　w 我胃弯汪
t 东甜竹茶　tʰ 讨读拆柱　　　　　　　　n 脑南娘软　　　　　　　　l 老蓝路内

ts 早坐船十 tsʰ草贼床手　　　　　　　　　　s 三山双资　　z 热蛇　　j 尿二羽邮

k 高九共厚　kʰ开轻权期　ɡ 月鹅吴牛　ŋ 藕仪熬安　h 好风年耳云

Ø 碗王药活

说明：

①ts、tsʰ、s 在细音前读 tɕ、tɕʰ、ɕ。

②b 与 m 对立，如：袜 mak² ≠墨 bak²。

③j 声母与零声母在细音前对立，如：二 ji³³ ≠伊 i³³。

④w 声母与零声母在合口呼韵母前对立，如：我 wua²¹ ≠碗 ua²¹。拼写时 w 声母后的 u 介音可以省略。

⑤零声母前有喉塞音ʔ，记音从略。

二　韵母（共 39 个）

		i	米丝试二戏未年接铁	u	图徐箸猪句师资
a	他坝饱猫担散塔鸭	ia	茶牙螺短硬病兄白锡	ua	歌蛇山半官辣热
ɔ	罗鹅宝好托学				
e	坐茄姐昨诶				
ai	泰排派爱戒间眼			uai	关块横悬
		iu	秋油手幼	ui	开对鬼王血
ɔi	过靴赔飞八月节				
au	到老豹豆走偷				
eu	苦五雨租吴	ieu	笑桥柱数药尺		
		im	心深浸婶		
am	南蓝贪舰	iam	盐沉针钳	uam	范凡犯泛
aŋ	盼班恩争东脓	iaŋ	响虹双众龙用	uaŋ	坤滚广～东风
eŋ	灯升情丁	iŋ	宾根新权军凳秤	uŋ	寸笋春分云群
ɔŋ	糖床讲行银～董				
		ip	急竹入恰爵～山		
ap	杂喝盒十	iap	夹贴粒汁		
ak	擦北壳六袜	iak	略弱绿烛	uak	法活刮郭国
ɔk	博托谷局	iɔk	浴旭浴		
ek	逼色积的	ik	别设七一乞翼	uk	泼骨出律佛

说明：

①i 在零声母后舌位偏低。

②u 在零声母后略低略前，实际音值为 ʊ。

③iau、uai、uam、iam、uaŋ、iap、iak 韵母中的 a 开口度比标准音略小。

三 声调（单字调 8 个）

阴平	33	东风开天饭树卖路	阳平	22	铜皮糖红门龙牛油
阴上	21	阴懂古鬼九苦讨买	阳上	442	近后老有洞饭白月
阴去	13	冻怪半四痛寸去哭	阳去	53	剂百搭塔杯堆魔妹
阴入	5	辑急恰浙括笔刻谷	阳入	2	集纳峡盒罚滑六毒

说明：

①阴上调与其他点相比，略低，记为 21。

②阳上调为平降调，记为 442。

③阳去调是高降调，调值为 53。读这个调类的字比较杂，以清入字（如"铁塔"）和清平字（如"杯堆"）居多，还有少数浊平字（如"魔"）、浊去字（如"妹"）。称为阳去调是权宜之计。

叁 异读

一 新老异读

电城海话新老异读可分为系统性异读和零星异读两类。

1. 系统性异读

系统性异读只有声母中的一个现象，就是老男发音人比青男发音人多一个声母 g。老男发音人读 g 声母的字青男发音人读ŋ，如：

以下"老男发音人"可简称"老男"，"青男发音人"可简称"青男"

牙 老男 gia^{22}—青男 ŋia^{22} | 牛 老男 gu^{22}—青男 ŋu^{22}

鹅 老男 gɔ^{22}—青男 ŋɔ^{22} | 月 老男 gɔi^{442}—青男 ŋɔi^{442}

2. 零星异读

（1）老男有文读，青男没有

土 老男 t^{h}u^{21}—青男训读"涂 t^{h}eu^{22}" | 缠 老男 ts^{h}aŋ^{22}—青男无

雾 老男 mu^{442}—青男白读 beu^{33} | 瞎 老男 sia^{33}—青男无

锄 老男 ts^{h}ɔ^{22}—青男无 | 孽 老男 nip^{5}—青男无

歪 老男 wai^{33}—青男训读 ts^{h}ua^{21} | 扁 老男 piŋ^{21}—青男无

飞 老男 hui^{33}—青男无 | 田 老男 t^{h}iŋ^{22}—青男无

抓 老男 tsua^{442}—青男训读 lia^{442} | 年 老男 niŋ^{22}—青男无

叫 老男 kieu^{13}—青男无 | 肩 老男 kiŋ^{33}—青男无

弹 老男 t^{h}aŋ^{22}—青男无 | 见 老男 kiŋ^{13}—青男无

汗 老男 haŋ^{442}—青男无 | 脱 老男 t^{h}uk^{5}—青男训读 tui^{13}

山 老男 saŋ^{33}—青男无 | 顽 老男 ŋuaŋ^{22}—青男无

眼 老男 ŋaŋ^{21}—青男无 | 还副词 老男 huaŋ^{22}—青男训读 tai^{22}

剪 老男 tsiŋ^{21}—青男训读 ka^{33} | 削 老男 siak^{5}—青男训读 p^{h}i^{33}

上　老男 siaŋ⁴⁴²—青男训读 kʰi²¹　　弄　老男 loŋ⁴⁴²—青男无

着　老男 tsʰiak²—青男白读 tieu⁴⁴²　　红　老男 hɔŋ²²—青男无

勺　老男 tsiak⁵—青男无　　翁　老男 ɔŋ³³—青男无

方　老男 huaŋ³³—青男无　　叔　老男 sɔk⁵—青男无

剥　老男 pɔk⁵—青男训读 mia⁵³　　缝　老男 hɔŋ²²—青男训读 lia⁵³

坑　老男 kʰaŋ³³—青男无　　拥　老男 ɔŋ²¹—青男无

耕　老男 kaŋ³³—青男无　　绕　老男 jieu²¹—青男训读 uk⁵

井　老男 tseŋ²¹—青男无　　沉　老男 tsʰim²²—青男无

锡　老男 sek⁵—青男无　　发头发　老男 huak⁵—青男训读 mɔ²²

东　老男 tɔŋ³³—青男无　　坟　老男 muŋ²²—青男无

（2）老男有白读，青男没有

庙　老男 bieu³³—青男 mieu³³　　尝　老男 siŋ²²—青男文读 tsʰiaŋ²²

罩　老男 tsa¹³—青男 tsieu¹³　　秧　老男 ɔŋ³³—青男无

折　老男 tsi⁵³—青男 tsik⁵　　削　老男 sia⁵³—青男训读 pʰi³³

憋　老男 pi⁴⁴²—青男训读 nuŋ²¹　　胖　老男 pʰua¹³—青男无

满　老男 mua²¹—青男文读 muŋ²¹　　塞　老男 tʰak⁵—青男无

卷　老男 kui²¹—青男文读 kiŋ²¹　　升　老男多 tsiŋ³³—青男无

栗　老男 li⁵³—青男文读 luk²　　织　青男 tsʰia⁵³—青男文读 tsek⁵

嫩　老男 nui⁴⁴²—青男训读 iu¹³　　额　老男 ia⁴⁴²—青男无

粪　老男 pun¹³—青男文读 huŋ¹³　　剧　老男 ki⁴⁴²—青男文读 kʰek²

熏　老男 huŋ³³—青男训读 uk⁵　　惜　老男 sieu⁵³—青男无

摸　老男 mɔ⁵³—青男无　　壁　老男 pia⁵³—青男无

各　老男 kɔ⁵³—青男文读 kɔk⁵　　赎　老男 siak²—青男文读 sɔk⁵

像　老男 siŋ⁴⁴²—青男文读 tsiaŋ⁴⁴²　　宫　老男 kiaŋ³³—青男文读 kɔŋ³³

（3）老男文读与青男文读不同

爱　老男读 ŋai¹³—青男 ai⁵³　　钢　老男 kɔŋ¹³—青男 kaŋ³³

怀　老男 uai²²—青男 huai²²　　筐　老男 kʰiaŋ³³—青男 kʰuaŋ³³

丢　老男 tiu³³—青男 tiu⁵³　　绑　老男 paŋ²¹—青男 pɔŋ²¹

叶　老男 iap²—青男 hiap⁵　　浪　老男 lɔŋ⁴⁴²—青男 laŋ⁴⁴²

添　老男 tʰim³³—青男 tʰiam³³　　握　老男 ak⁵—青男 ŋak⁵

擦　老男 tsʰak⁵—青男 tsʰik⁵　　僧　老男 tsaŋ³³—青男 saŋ³³

慢　老男 maŋ¹³—青男 maŋ³³　　织　老男 tsik⁵—青男 tsek⁵

延　老男 jiŋ²²—青男 ŋiŋ²²　　择　老男 tsak²—青男 tsʰak²

万　老男 maŋ³³—青男 maŋ⁵³　　贞　老男 tseŋ³³—青男 tsiŋ³³

远　老男 iŋ⁴⁴²—青男 jiŋ⁴⁴²　　积　老男 tsek⁵—青男 tsik⁵

恨　青男 hɔŋ⁵³—老男 haŋ⁴⁴²　　迎　老男 ŋeŋ²¹—青男 eŋ²¹

忙　老男 maŋ²²—青男 mɔŋ²²　　梦　老男 mɔŋ⁴⁴²—青男 mɔŋ⁵³

爷 老男 jia^{22}—青男 jie^{22}

4. 青男有文读，老男没有

姐 青男 tse^{53}—老男无

箍 青男 k^{h}u^{33}—老男无

契 青男 k^{h}ai^{53}—老男无

配 青男 p^{h}ui^{13}—老男无

姨 青男有 ji^{53}—老男无

浮 青男 hu^{22}—老男无

渴 青男 k^{h}ɔk^2—老男无

篾 青男有 mik^2—老男无

圈 青男 k^{h}eŋ^{53}—老男训读 k^{h}eu^{33}

桌 青男 ts^{h}ɔk^5—老男训读 ts^{h}ɔ^{22}

策 青男 ts^{h}ak^5—老男白读 ts^{h}ia^{53}

谷 青男 kɔk^5—老男训读 ts^{h}iak^5

5. 青男有白读，老男没有

刮 青男 kua^{53}—老男 kuak^5

扎 青男 tsa^{53}—老男无

6. 其他

祸 老男 ua^{442}—青男 hua^{442}

流 老男 lau^{22}—青男 lau^{13}

园 老男 hui^{22}—青男 ui^{22}

隐 老男 iam^{21}—青男 iŋ^{21}

摆 老男 pai^{21}—青男 pai^{22}

二 文白异读

以下文白异读指两个不同的读音层次，可以指一个字同时具有文白读音，也可以指某个读音属于文白不同的层次。如果一个字不是同时具有文白异读，也尽量指出其读音是属于文读层还是白读层。声韵调中非系统的异读（个别少量的不同读音）不列入讨论范围。

1. 声母异读

（1）帮系声母文白异读

並母白读平声多读不送气 p，仄声多读送气 p^h；文读平声多读送气 p^h，仄声多读不送气 p：婆 pɔ^{22}外~—p^{h}ɔ^{22}老~、盘 pua^{22}算~—p^{h}uŋ^{22}~点、被 p^{h}ɔi^{442}~子—pi^{442}~动。明母白读 b，文读 m：模 beu^{22}饼~—mɔ^{53}~范。非敷奉母白读为 p、p^h，文读为 h：飞 pɔi^{33}~起来—hui^{33}人名、分 puŋ^{33}~开—huŋ^{33}~数、番 p^{h}ua^{33}~禺—huaŋ^{33}~薯、符 peu^{22}画~—hu^{22}~号。微母白读 b（个别字清化为 p），文读 m。眉 pai^{22}~毛—mi^{22}~目、雾 beu^{33}—务 mu^{442}。

（2）端组声母文白异读

定母平声白读多不读送气 t，文读多读送气 t^h；仄声白读多读送气 t^h，文读多读不送气 t：弹 tua^{22}~起来—t^{h}aŋ^{22}~琴、读 t^{h}ak^2—独 tak^2。个别字白读 l：耀 lia^{442}。泥母只有"年""尿""脓"等少数字有白读，分别为 h、j、l，文读 n。年 hi^{22}今~—niŋ^{22}姓、尿 jieu^{33}、脓 laŋ^{22}。来母白读 n，文读 l：烂 nua^{53}肉~—laŋ^{53}灿~、领 nia^{21}衣~—liŋ^{21}~导、浪 nɔŋ^{33}波~—lɔŋ^{442}~费。

（3）知组声母文白异读

知母白读 t，文读 ts：转 tui^{21}~家—tsiŋ^{21}~学。彻母白读 t^h，文读为 ts^h：撑 t^{h}ia^{33}~船—ts^{h}aŋ^{33}支~。澄母白读平声多为 t，仄声多为 t^h；文读平声为 ts^h，仄声 ts：长

toŋ^{22}~短—tsʰiaŋ^{22}~安、丈 toŋ^{442}一~—tsiaŋ^{442}~夫、柱 tʰieu^{442}唇~—tsi^{53}中流砥~、锤 tʰui^{22}—tsʰui^{22}、沉 tʰiam^{22}单音动词—tsʰim^{22}~重、陈 taŋ^{22}姓—tsʰaŋ^{22}~旧。

（4）精组声母文白异读

从母平声白读多读不送气 ts、t，文读多读送气 tsʰ或擦音 s；仄声白读多读送气 tsʰ、tʰ，文读多读不送气 ts、s：泉 tsua^{22}~水—tsʰiŋ^{22}黄~、财 tsai^{22}发—tsʰai^{22}~政局、丛 tsaŋ^{22}一~树 tsʰoŋ^{22}树~、净 tʰia^{442}干~—tseŋ^{442}~重。 其他白读字如：层 tiaŋ^{22}、贼 tsʰak^2。其他文读字如：自 su^{442}、字 tsu^{33}。心母白读 tsʰ、h；文读 s：星 tsʰia^{33}天~—seŋ^{33}~期、须 tsʰiu^{33}胡~—si^{33}必~、鲜 tsʰi^{33}海~—siŋ^{33}新~。其他白读字如：鰓 tsʰi^{33}、笑 tsʰieu^{13}、醒 tsʰia^{21}、速 tsʰok^5、岁 hoi^{13}。邪母白读为 tsʰ、ts，文读 s：饲 tsʰi^{22}~猪—su^{22}~料、席 tsʰieu^{442}草~—tsek^{2}主~、象 tsʰiŋ^{442}大~—tsiaŋ^{442}气~、谢 tsia^{33}姓—sia^{442}感~。平声字如：徐 tsʰu^{22}、祠 su^{22}。

（5）庄组声母文白异读

初母个别字读 t，崇母个别字读 tʰ，应是白读层：窗 tʰiaŋ^{33}、锄 tʰu^{22}。生母白读 tsʰ，文读 s：生 tsʰia^{33}不熟—sia^{33}学~—saŋ^{33}~活。

（6）章组声母文白异读

章母个别字白读 k、kʰ；文读 ts：指 ki^{21}用手~—tsi^{21}~导、支枝 ki^{33}、痣 ki^{13}。昌母个别字读 tʰ应为白读；文读 tsʰ：赤 tʰia^{53}、尺 tʰieu^{53}、齿 tsʰi^{21}。船母白读 ts、tsʰ、z 文读为 s：舌 tsi^{442}、船 tsuŋ^{22}、蛇 zua^{22}、塍 tsʰaŋ^{22}、神 siŋ^{22}、顺 suŋ^{442}。"唇"读 tuŋ^{22}应属白读。书母白读为 ts、tsʰ 文读为 s：少 tsieu^{21}多~—sieu^{13}~年、升 tsiŋ^{22}一~—seŋ^{33}~起来、叔 tsip^{5}亲属称谓—sok^{5}社会称谓。其他白读字如：书 tsu^{33}、鼠 tsʰu^{21}。禅母平声白读为 ts，文读为 tsʰ；仄声白读为 tsʰ；文读为 s：成 tsia^{22}做~—tsʰeŋ^{22}~功、树 tsʰiu^{33}松~—si^{442}百年~人。

（7）日母的文白异读

大体上日母字白读为 h、z、n ，文读为 l、j：耳 hi^{33}~团—lu^{33}木~、热 zua^{442}冷~—jik^2~水器、染 ni^{21}~布—niam^{21}污~。其他白读字如：肉 hip^2、软 nui^{33}。其他文读字如：二 ji^{22}、儿 lu^{22}。

（8）见组的文白异读

群母平声白读多读 k，文读多读 kʰ：棋 ki^{22}—期 kʰi^{22}。仄声读 k、kʰ，文白异读分别不明显。仄声字如：徛 kʰia^{442}、舅 ku^{33}、屐 kia^{442}。疑母白读为 g、h、w，文读为 ŋ、j：蚁 hia^{33}~团—ŋi^{53}蚂~、瓦 hia^{442}~片—ŋa^{21}十五~灯泡、艾 hia^{13}~草—ai^{53}姓、岸 hua^{33}田埂—ŋaŋ^{442}口~、外 hua^{33}~面—ŋuai^{442}~国。其他白读字如：我 wa^{21}、牛 gu^{22}。

（9）晓匣母的文白异读

晓母白读为 kʰ，文读为 h：呼 kʰeu^{33}~鸡—hu^{33}~息、欢 kʰuaŋ^{33}喜—hua^{33}~喜。其他白读字如：靴 kʰoi^{33}、吸 kʰip^5。匣母白读为 k 和零声母，文读为 h：悬 kuai^{22}高—hiŋ^{22}~崖、汗 kua^{33}~水 haŋ^{442}~颜、红 aŋ^{22}~包—hoŋ^{22}人名。

（10）云以母的文白异读

云母白读为 h，文读为零声母或 j：远 hui^{33}~近—iŋ^{442}永~、雨 heu^{442}落—ji^{21}谷~。

以母字白读为 s，文读为零声母或 j。翼 sik^{2}鸡~—jik^{2}比~双飞、痒 tsiŋ^{442}。

　　下面所列简表中"例字"栏有两个字，中间用"—"分开，表示音韵地位相同的字。"白读"或"文读"栏"—"表示未发现相应的文读或白读。

声母	例字	白读	文读
並母（平声）	婆	p	p^h
並母（仄声）	被	p^h	p
非母	分	p	h
敷母	番	p^h	h
奉母	符	p	h
明母	眉	p	m
微母	雾—务	b	m
定母（平声）	弹	t	t^h
定母（仄声）	读—独	t^h	t
泥母	年	h	n
来母	烂	n	l
知母	转	t	ts
彻母	撑	t^h	ts^h
澄母（平声）	长	t	ts^h
澄母（仄声）	柱	t^h	ts
从母（平声）	泉	ts	ts^h
从母（平声）	层	t	—
从母（仄声）	净	t^h	ts
心母	星	ts^h	s
心母	岁	h	—
邪母	饲	ts^h	s
邪母	谢	ts	s
初母	窗	t^h	—
崇母	锄	t^h	—

续表

声母	例字	白读	文读
生母	生	tsʰ	s
章母	指	k	ts
昌母	尺	tʰ	—
船母	船	ts	—
	蛇	z	—
	塍	tsʰ	—
	唇	t	—
书母	少	ts	s
禅母	成	ts	tsʰ
	树	tsʰ	s
日母	耳	h	l
	热	z	j
	软	n	—
群母	棋—期	k	kʰ
	徛	kʰ	—
	屐	k	—
疑母	蚁	h	ŋ
	我	w	—
	牛	g	—
晓母	欢	kʰ	h
匣母	悬	k	h
	红	∅	h
云母	远	h	∅
以母	翼	s	j

2. 韵母异读

（1）果摄的文白异读

开口一等歌韵白读为 ua、a，文读为 ɔ：歌 kua³³ 唱~—kɔ³³ ~曲、箩 na²² —罗 lɔ²²。

合口一等戈韵白读为 ua、e、ia、ɔi，文读为 ɔ：磨 ua²²~粉—mɔ²²折~、坐 tse⁴⁴²—座 tsɔ⁴⁴²。其他白读字如：破 pʰua¹³、过 kɔi¹³、课 kʰua¹³、火 hɔi²¹、螺 lia²²、靴 kʰɔi⁵³、茄 kʰe²²。文读字如：魔 mɔ⁵³、颗 kʰɔ⁵³。

（2）假摄的文白异读

开口二等麻韵 ia、ua 为白读，a 为文读：把 pia²¹一~—pa²¹~握、沙 sua³³~团—sa³³长~（地名）、麻 mua²²芝~—ma²²~烦。开口三等麻韵 ua、ieu 为白读，ia 为文读：白读字如：蛇 zua²²、椰 jieu²²、笡 tsʰua²¹。合口二等麻韵 ɔi、ia 为白读，a、ua 为文读：瓦 hia⁴⁴²~片—ŋa²¹十五~灯泡、花 hɔi³³红~—hua³³人名。

（3）遇摄的文白异读

合口一等模韵 eu 为白读，u、ɔ 为文读：布 peu¹³白~—pu¹³~置、都 teu³³~是—tu³³首~、姑 keu³³小~—ku³³尼~、舞 meu⁴⁴²~狮子—mu³³跳~、模 beu²²~子—mɔ⁵³~范、呼 kʰeu³³~鸡—hu³³~息、乌 eu³³黑色—wu³³~龟。合口三等鱼韵白读为 ɔi，文读为 i、u、ɔ：初 tsʰɔi³³~——tsʰɔ³³~中、梳 sɔi³³~头—蔬 sɔ³³~菜。其他文读字如：鼠 tsʰu²¹、去 kʰu¹³、据 ki⁴⁴²。合口三等虞韵白读为 eu、ieu、iu，文读为 i、u、ɔ、ui：雨 heu⁴⁴²落~—ji²¹露、符 peu²²画~:hu²²~号、柱 tʰieu⁴⁴²—tsi⁵³、树 tsʰiu³³松~—si⁴⁴²百年~人。其他白读字如：芋 eu³³、蛀 tsiu¹³、数 sieu¹³。其他文读字如：无 bɔ²²、聚 tsui⁴⁴²。

（4）蟹摄的文白异读

开口一等咍韵白读为 ua、ia、ui、i，文读为 ai：戴 ti¹³~红领巾—tai¹³姓、胎 tʰia³³双胞~—tʰai⁵³轮~。其他白读字如：苔 tʰi²²、鳃 tsʰi³³、袋 tia³³、开 kʰui³³。开口一等泰韵白读为 ua、ia、ɔi，文读为 ai：大 tua³³~小—tai⁴⁴²~仙、艾~草 hia¹³—ai⁵³姓。其他白读字如：带 tua¹³、贝 pɔi³³。开口二等佳韵白读为 ɔi、ia、a，文读为 ai。白读字如：买 bɔi²¹、卖 bɔi³³、债 tsia¹³、钗 tsʰia³³、柴 tsʰa²²。文读字如：排 pai²²、街 kai³³。开口二等皆韵白读为 ua、ia，文读为 ai。白读字如：芥 kua⁵³、斋 tsia³³。文读字如：埋 mai²²、界 kai¹³。开口二等夬韵文读为 ai：败 pai⁴⁴²。开口三等祭韵白读为 ɔi、ia，文读为 i、ai：制 tsɔi³³、誓 sia⁴⁴²。文读字如：世 si¹³、艺 ŋai⁴⁴²。开口四等齐韵白读为 ɔi、ui，文读为 i：第 tɔi³³~——ti³³府~、梯 tʰui³³。

合口一等灰韵白读为 ɔi，文读为 ui：配 pɔi¹³~饭—pʰui¹³分~、妹 mɔi³³小~—mui⁵³北~。合口一等泰韵白读为 ɔi、ua，文读为 uai、ui：外 hua³³~面—ŋuai⁴⁴²~国、会 ɔi⁴⁴²~不~。文读字如：罪 tsui⁴⁴²、绘 kʰui¹³。合口一等灰韵白读为 ɔi，文读为 ui：合口二等佳、皆、夬韵白读为 ɔi：画 ɔi⁴⁴²、话 ɔi⁴⁴²，文读为 uai：拐 kuai²¹、怪 kuai¹³、快 kʰuai¹³。合口三等祭韵白读为 ɔi：岁 hɔi¹³、税岁 sɔi¹³。文读为 ui：鳜 kui¹³。合口三等废韵、四等齐韵文读为 ui：肺 hui¹³、桂 kui¹³。

（5）止摄的文白异读

支韵开口白读为 ɔi、ia、ua，文读为 i、u：被 pʰɔi⁴⁴²~子—pi⁴⁴²~动、糜 mɔi²²吃~—mi²²~烂、蚁 hia³³~子—ŋi⁵³蚂~。其他白读字如：纸 tsua²¹、倚 ua²¹。其他文读字如：儿 lu²²。脂韵开口白读为 ai、ui，文读 i、u：眉 pai²²~毛—mi²²~目、利 lai³³锋~—li⁴⁴²胜~。其他白读字如：屎 sai²¹、狮 sui³³。其他文读字如：资 su³³。之韵开口白

读为 ai，文读为 i、u：里 lai^{442} 厝~—li^{21} 公~。其他白读字如：使 sai^{21}。其他文读字如：子 su^{21}。微韵开口白读为 ui：几 kui^{21} ~个—ki^{33} ~乎。其他白读字如：气 k^{h}ui^{13}。文读为 i：衣 i^{33}、汽 k^{h}i^{13}。

止摄支、脂、微韵合口白读为 ɔi，文读为 ui、i：飞 pɔi^{33} ~机—hui^{33} 人名。其他白读字如：髓 sɔi^{22}、帅 sɔi^{13}、尾 bɔi^{21}。文读字如：炊 ts^{h}ui^{33}、醉 tsui^{13}、辉 hui^{33}、微 mi^{22}。

（6）效摄的文白异读

一等豪韵白读为 ɔ、a，文读 au：讨 t^{h}ɔ^{21} ~饭—t^{h}au^{21} ~论、倒 tɔ^{13} ~水—tau^{21} 颠~、好 hɔ^{21} 人~:hau^{13} 爱~。其他白读字如：尻 k^{h}a^{33}。二等看韵白读为 a，文读为 au、ieu：孝 ha^{13} 带—hieu^{13} ~顺。三等宵韵白读为 iɔ，文读为 ieu：少 tsiɔ^{21} 多~—sieu^{53} ~年。四等萧韵未见白读字。

（7）流摄的文白异读

开口一等侯韵文白读均为 au：厚 kau^{33} ~薄—hau^{442} 忠~。个别字 ɔ 为白读，u 为文读：母 bɔ^{21} 老—mu^{21} 父~。三等尤、幽韵白读 au、ieu、u，文读为 iu、eu：昼 tau^{13} 日~—tsiu^{442} ~夜。其他白读字如：偷 t^{h}au^{33}、敨 t^{h}au^{21}、豆 tau^{33}、漏 lau^{33}、九 kau^{21}、臭 sieu^{13}、浮 p^{h}u^{22}、有 u^{442}、牛 gu^{22}、舅 ku^{442}、久 ku^{21}、旧 ku^{33}。其他文读字如：柳 leu^{21}、丢 tieu^{33}。

（8）咸摄的文白异读

开口一等覃、合、谈、盍韵白读为 a（覃韵未见白读字），文读为 am、ap，如：担 ta^{13} ~水—tam^{33} ~任、敢 ka^{21} ~去—kam^{2} 勇~。其他白读字如：搭 ta^{53}、三 sa^{33}。其他文读字如：南 nam^{22}、杂 tsap^{2}、甘 kam^{33}、塌 t^{h}ap^{5}。开口二等咸、洽、衔、狎韵白读为 a，文读为 am、iam、ap、iap、ip。白读字如：馅 a^{33}、插 ts^{h}a^{53}；文读字如：咸 ham^{22} ~丰—kiam^{22} ~淡、闸 tsap^{2}、狭 kiap^{2}、恰 hip^{5}。开口三等盐、叶韵白读为 i，文读为 iam、iap、ip：染 ni^{21} ~布—niam^{21} 污~。其他白读字如：折 tsi^{53}。其他文读字如：镰 liam^{22}、闪 siam^{21}、摄 sip^{5}。开口三等严、业韵未见白读字，文读为 iam、iap：剑 kiam^{13}、劫 kiap^{5}。个别字读 ik：猎 lik^{2}。开口四等添、帖韵白读为 ɔi：挟 kɔi^{53}。文读为 im、iam、iap：添 t^{h}im^{33}、念 niam^{33}、帖 t^{h}iap^{5}。合口未见白读，文读为 uam、uak：凡 huam^{22}、法 huak^{5}。

（9）深摄的文白异读

深摄字 ɔi 是白读，文读大多数读 im、ip，个别字读 am、iam、ap、iap、iŋ。笠 lɔi^{442} 竹帽—lip 斗笠。其他文读字如：袭 sip^{5}—tsap^{2}、饮 am^{21} 米汤—nim^{21} ~酒、淋 lam^{22}、林 lim^{22}、沉 t^{h}iam^{22}、岑 siam^{22}、针 tsiam^{33}、十 tsap^{2}、缉 siap^{5}、汁 tsiap^{5}、品 piŋ^{21}。

（10）山摄的文白异读

开口一等寒、曷韵白读为 ua，文读为 aŋ：单 tua^{33} 菜~—taŋ^{33} ~身、烂 nua^{33} ~了—laŋ^{442} 腐~、岸 hua^{33} 田埂—ŋaŋ^{442} 口~。其他白读字如：割 kua^{53}、渴 k^{h}ua^{53}。其他文读字如：擦 ts^{h}ak^{5}、萨 sak^{5}。"看"读 k^{h}am^{22} 有待考究。开口二等山、黠、删、辖韵白读为 ua、ai、ɔi，文读为 aŋ、ak：山 sua^{33} ~岭—saŋ^{33} 坐~、雕、间 kai^{33} 一~、房—kaŋ^{33}

中~、拔 pɔi²⁴²~萝卜—pak²选~、板 pai³³木~—paŋ²¹老~、眼ŋai²¹龙~—ŋaŋ²¹一~屋、杀 sua⁵³~人—sak⁵自~。其他白读字如：、八 pɔi⁵³、晏晚 ua¹³。其他文读字如：雁ŋaŋ⁴⁴²。开口三等仙、薛、元、月韵白读为 i、ua、ɔi，其中，元韵白读只见 ɔi。文读为 iŋ，如：鲜 tsʰi³³海~—siŋ³³新~、扁 pi²¹~头—piŋ²¹~担、见 ki¹³看~—kiŋ¹³再~、热 zua²¹好~—jik²~水器。其他白读字如：线 sua、薛 sɔi⁵³、歇 hɔi⁵³。其他文读字如：建 kiŋ¹³、揭 kik⁵。开口四等先、屑韵白读为 i、ai、ɔi、ui，文读为 iŋ、aŋ、ik、ak：年 hi²²过~—niŋ²²姓、天 tʰi³³~地—tʰiŋ³³~津、节 tsɔi⁵³过~—tsik⁵~约—tsak⁵竹~、肩 kai³³~头—kiŋ³³~膀。其他白读字如：楝 nai³³。其他文读字如：牵 kʰaŋ⁵³。另外，"垫"读 tiam⁴⁴²。

合口一等桓、末韵白读为 ui、ia、ua、uŋ 文读为 uŋ、uaŋ、iŋ、uk：欢 hua³³~喜—kʰuaŋ³³夏~、断 tui⁴⁴²折~—tuŋ³³判~、满 mua²¹七—muŋ²¹~意、泼 pʰua⁵³~水—pʰuk⁵活~。其他白读字如：短 tia²¹；其他文读字如：丸 iŋ²²、完 huŋ²²。合口二等山、黠韵未见白读字，文读为 uaŋ、uk、ak、uak：顽ŋuaŋ²²、刷 sak⁵、kuk²²、挖 uak⁵。合口二等删、辖韵白读为 uai，文读为 uaŋ、uk、uak：关 kuai³³~门—kuaŋ³³~系、惯 kuai¹³依—kuaŋ¹³习~。其他白读字如：闩 tsʰua¹³。其他文读字如：刮 kuak⁵。另外，"患"读 huam⁴⁴²。合口三等仙、薛韵白读为 i、ui、ua、ɔi，文读为 iŋ、uŋ、ɔŋ、ik：泉 tsua²²~水—tsʰiŋ²²黄~、川 tsʰui³³尻~（屁股）—tsʰiŋ³³吴~。其他白读字如：圆 i²²、雪 sɔi⁵³、月 gɔi⁴⁴²、软 nui³³。其他文读字如：串 tsɔŋ¹³、船 tsuŋ²²、阅 jik²。合口三等元、月韵白读为 ui、ua，文读为 iŋ、uaŋ、ik、uak、ak：番 pʰua³³~禺—huaŋ³³~薯、远 hui³³~近—jiŋ²¹永~。其他文读字如：劝 kʰiŋ¹³、袜 mak²、发 huak⁵、罚 huak²、越 jik²。合口四等先、屑韵白读为 i、ui、uai，文读为 iŋ、ik：诀 ki⁵³—决 kik⁵、悬 kuai²²高—hiŋ²²~崖。其他白读字如：血 hui⁵³。另外，"穴"读 jip⁵。

（11）臻摄的文白异读

开口一等痕韵未见白读，文读为 aŋ、uŋ、iŋ，如：吞 tʰuŋ³³、痕 huŋ²²、恨 haŋ⁴⁴²、根 kiŋ³³。开口三等真、质韵白读为 i、aŋ、ak，文读为 uŋ、iŋ、eŋ、ik、ek：密 bak²—蜜 mik⁵。其他白读字如：鳞 laŋ²²、陈 taŋ²²、趁 tʰaŋ¹³、沕 bi³³、虱 sak⁵。其他文读字如：伸 tsʰuŋ³³、申 siŋ³³、苹 pʰeŋ²²、秩 tek⁵。另外，"槟~榔"读 pu³³。开口三等欣、讫韵只见文读 iŋ、eŋ、ik：斤 kiŋ³³、劲 keŋ¹³、乞 kʰik⁵。另外，"隐"读 iam²¹。合口一等魂韵白读为 ui，魂、没韵文读为 uŋ、uaŋ、uk：本 pui²¹~子—puŋ²¹~科、顿 tui¹³一~饭—tuŋ²²安~、昏 hui³³暝—huŋ³³~迷。其他文读字如：滚 kuaŋ²¹、骨 kuk⁵。合口三等谆、术韵未见白读，文读为 uŋ、iŋ、uaŋ、ik、uk：笋 suŋ²¹、均 kʰiŋ¹³、桔 kik⁵、术 suk²、菌 kʰuaŋ²¹。合口三等文、物韵白读为 ui，文读为 uŋ、iŋ、uk：分 puŋ³³~开—huŋ³³~数、闻 mui²²听~—muŋ²²新~、物 mi⁴⁴²乜~—muk⁵事~。其他文读字如：军 kiŋ³³、勋 hiŋ³³、吩 huaŋ³³。

（12）宕摄的文白异读

开口一等唐韵白读为 ɔ、ia，文读为 ɔŋ、ak、ok：托 tʰɔ⁵³~盘—tʰɔk⁵~人、落 lɔ⁴⁴²~雨—lak⁵~钱、索 sɔ⁵³绳~—sɔk⁵探~。其他白读字如：晾 nia³³。其他文读字如：博 pɔk⁵赌~—pak⁵~贺（地名）、各 kɔ⁵³说话音—kɔk⁵读书音。开口三等阳韵白读为 iŋ、ieu、ia、ɔ、 ip 文读为 iaŋ、iak、iek：丈 toŋ⁴⁴²一~—tsiaŋ⁴⁴²~夫、量 niŋ²²~衣裳—liaŋ²²商~、胀 tiŋ¹³饱~—tsiaŋ⁵³膨~、上 tsiŋ³³~面—siaŋ⁴⁴²皇~、掌 tsiŋ²¹巴~—tsiaŋ²¹~握、阳 iŋ²²~江（地名）—jiaŋ²²太~、约 ieu⁵³~人—jiak⁵节~。央 hiaŋ³³、着 tieu⁴⁴²~数—tsiak²~火、雀 tsieu⁵³麻~—tsiak⁵~斑、削 sia~皮—siak⁵剥~、两 no⁴⁴²~个—liŋ²¹斤~、娘 nieu²²爹—niaŋ²²姑娘、爵 tsip⁵~山（地名）—tsiek⁵~位。其它白读字如：秧 oŋ³³、唱 tsʰieu¹³

合口一等唐韵、三等阳韵白读为 ui，文读为 aŋ、iaŋ、uaŋ：光 kui³³天~—kuaŋ³³~明。其他文读字如：筐 kʰiaŋ³³、郭 kuak⁵。

（13）江摄字的文白异读

白读为 o，文读为 aŋ、iaŋ、oŋ、ok、ak、iak。白读字如：学 o³³、扛 ko³³、巷 ho³³。文读字如：港 kaŋ²¹、窗 tʰ iaŋ³³、虹 kʰiaŋ²¹、绑 poŋ²¹、确 kʰok⁵、角 kak⁵、觉 kʰiak⁵。

（14）曾摄的文白异读

开口一等凳、德韵白读为 aŋ、iaŋ、iŋ、ak、ik 文读为 eŋ、ek：腾 tʰaŋ²²—藤 tiŋ²²、刻 kʰak⁵~写—kʰek⁵时~。其他白读字如：曾 tsaŋ³³、层 tiaŋ²²、凳 tiŋ¹³、北 pak⁵、贼 tsʰak²、塞 tʰak⁵、得 tik⁵。其他文读字如：灯 teŋ³³、勒 lek²。开口三等蒸、职韵白读为 a、ia、ak、ik　文读为 eŋ、ek、ok：称 tʰiŋ¹³~重—tsʰeŋ¹³~心、直 tik²~线—tsek²~接、力 lak²有~—lik²人名。其他白读字如：凭 pʰaŋ²²、食 tsia⁴⁴²、蝇 siŋ²²、翼 sik²、孕 iŋ⁴⁴²。其他文读字如：逼 pek⁵、匿 nok⁵。合口一等登德，三等职韵未见白读，文读为 uoŋ、ak、ek：弘 hoŋ²²、国 kuak⁵、或 huak⁵、域 ek²。

（15）梗摄的文白异读

二等开口庚、陌、耕、麦韵白读为 a、ia，文读为 aŋ、oŋ、ak、ek、ok：撑 tʰia³³~船—tsʰaŋ³³支~、生 tsʰia³³~吃—saŋ³³~活、更 kia³³五~—kaŋ¹³更加、行 kia²²品~—oŋ²²一~、拍 pʰa³³~人—pʰak⁵~球、额 jia⁴⁴²头~—ŋak²名~、坑 kʰia³³鸡颈~（地名）—kʰaŋ³³~害。其他白读字如：棚 pʰia²²、麦 bia⁴⁴²、隔 kia⁵³、册 sia⁵³、轭 jia⁵³。其他文读字如：彭 pʰaŋ²²、杏 kʰeŋ¹³、柏 pok⁵、泽 tsak²、责 tsek⁵。三庚、陌、清、昔，四等青、锡等白读为 ia、ieu 文读为 eŋ、iŋ、ek：平 pia²²~直—pʰeŋ²²~时、成 tsia²²提—tsʰeŋ²²~功、剧 ki⁴⁴²戏~—kʰek²~烈、井 tsia⁵³水~—tseŋ²¹~~有条、脊 tsia⁵³背~—tsik⁵屋~、席 tsʰieu⁴⁴²竹~—tsek²主~、鼎 tia²¹锅—teŋ²¹~盛、青 tsiʰa³³~色—tsʰeŋ³³~年、锡 sia⁵³金银铜铁~—sek⁵无~。其他白读字如：拆 tʰia⁵³、尺 tʰieu⁵³。其他文读字如：轻 kʰiŋ³³、戟 kek⁵。

合口二等庚韵白读为 uai，麦韵白读为 oi，庚韵文读为 uaŋ，耕韵文读为 oŋ、ok。白读字如：横 huai²²、划 oi⁴⁴²。文读字如：矿 kuaŋ¹³、宏 hoŋ²²、获 hok⁵。合口三等庚、清白读为 ia，文读为 iaŋ、eŋ、ieŋ、ek：营 ia²²军~—jieŋ²²~养，其他文读字如：荣 iaŋ²²、永 eŋ²¹、琼 kʰeŋ²²、疫 ek²。

（16）通摄的文白异读

合口一东、屋、冬、沃等白读为 aŋ、ak、ia，文读为 oŋ、ok：东 taŋ³³~西—toŋ³³人名、空 kʰaŋ³³洞—kʰoŋ³³~虚、红 aŋ²²~色—hoŋ²²人名、动 tʰaŋ³³~一下—toŋ³³劳~、冬 taŋ³³瓜—toŋ³³~天、松 saŋ³³~散—soŋ²²~柏、读 tʰak³~秃 tʰok⁵。其他白读字如：粽 tsaŋ¹³、

毒 tak^2、痛 t^{h}ia^{13}。合口三等白读为 aŋ、iaŋ、uaŋ、iak、ip 文读为 ɔŋ、iɔŋ、ɔk、iɔk：钟 tsiaŋ^{33} 一个~头—tsɔŋ^{33} 姓、龙 liaŋ^{22} ~年—lɔŋ^{22} 人名、目 mak^2 眼睛—mɔk^2 ~标、叔 tsip^5 二~（亲属称谓）—sɔk^5 阿叔（社会称谓）。其他白读字如：竹 tip^5、肉 hip^2、风 huaŋ^{33}、冯 paŋ^{22}、送 saŋ^{13}、穷 kiaŋ^{22}、鹿 tiak^2、粟 siak^5、幅 pak^5、烛 tsiak^5、赎 siak^2、曲 k^{h}iak^5。文读字如：雄 hiɔŋ^{22}、容 iɔŋ^{22}、玉 ʔiɔk^5、欲 jiɔk^5。

摄	韵	例字	白读	文读
果摄	歌	歌	ua	ɔ
	歌	箩—箩	a	ɔ
	戈开	磨	ua	ɔ
	戈开	坐—座	e	ɔ
	戈开	螺	ia	—
	戈合	火	ɔi	—
假摄	麻开	把	ia	a
	麻开	沙	ua	a
	麻开	椰	ieu	—
	麻合	瓦	ia	a
	麻合	花	ɔi	ua
遇摄	模	布	eu	u
	模	模	eu	ɔ
	鱼	初	ɔi	ɔ
	虞	柱	ieu	i
	虞	树	iu	i
蟹摄	咍	戴	i	ai
	咍	胎	ia	ai
	咍	开	ui	—
	泰	大	ua	ai
蟹摄	泰	贝	ɔi	—
	佳	柴	a	—
	齐	第	ɔi	i
	灰	配	ɔi	ui
	泰（合）	外	ua	uai

续表

摄	韵	例字	白读	文读
止摄	支	被	ɔi	i
	支	蚁	ia	i
	支	纸	ua	—
	支	儿	—	u
	脂	眉	ai	i
	脂	狮	ui	—
	之	里	ai	i
	微	几	ui	i
	微（合）	飞	ɔi	ui
效摄	豪	讨	ɔ	au
	肴	孝	a	ieu
	宵	少	ɔi	ieu
侯摄	侯	厚	ua	au
	侯	母	ɔ	u
	尤	昼	au	iu
咸摄	覃	担	a	am
	盐	染	i	iam
	合	杂	—	ap
	恰	恰	—	ip
	帖	帖	—	iap
	帖	挟	ɔi	—
	凡	凡	—	uam
	乏	法	—	uak
深摄	缉	笠	ɔi	ip
	深	林	—	im
	深	沉	—	iam
	缉	十	—	ap
	缉	汁		iap

续表

摄	韵	例字	白读	文读
山摄	寒	单	ua	aŋ
	山	间	ai	aŋ
	黠	拔	ɔi	ak
	仙	鲜	i	iŋ
	薛	热	ua	ik
	先	年	i	iŋ
	先	肩	ai	iŋ
	屑	节	ɔi	ak
	桓	欢	ua	uaŋ
	桓	断	ui	uŋ
	桓	短	ia	—
	末	泼	ua	uk
	删（合）	关	uai	uaŋ
	仙（合）	泉	ua	iŋ
	仙（合）	川	ui	iŋ
	先（合）	悬	uai	iŋ
	屑（合）	诀—决	i	ik
臻摄	质	密—蜜	ak	ik
	质	汩	i	—
	真	申	—	iŋ
	质	秩	—	ek
	魂	本	ui	uŋ
	文	分	uŋ	uŋ
	物	物	i	uk
宕摄	铎	托	ɔ	ɔk
	阳	晾	ia	—
	阳	丈	ɔŋ	iaŋ
	阳	量	iŋ	iaŋ

续表

摄	韵	例字	白读	文读
宕摄	药	约	ieu	iak
	药	爵	ip	iek
	唐（合）	光	ui	uaŋ
江摄	江	扛	ɔ	—
	觉	学	ɔ	—
	江	港	—	aŋ
	江	窗	—	iaŋ
	觉	确	—	ɔk
	觉	觉	—	iak
曾摄	登	腾—藤	aŋ	iŋ
	德	刻	ak	ek
	德	得	ik	—
	登	层	iaŋ	—
	蒸	称	iŋ	eŋ
	职	直	ik	ek
	职	力	ak	ik
梗摄	庚	撑	ia	aŋ
	陌	拍	a	ak
	庚	平	ia	eŋ
	清	席	ieu	ek
	庚（合）	横	uai	—
	耕（合）	划	ɔi	—
	清（合）	营	ia	ieŋ
通摄	东	东	aŋ	ɔŋ
	屋	目	ak	ɔk
	东	痛	ia	—
	钟	钟	iaŋ	ɔŋ
	屋	叔	ip	ɔk

3. 声调异读

（1）浊去字的文白异读

浊去字文白异读主要有两种情况：①白读为阴平 33，文读为阳上 442：大 tua^{33}～小—ta^{442} 黄～仙、命 mia^{33} 命运—miŋ^{442}～令、念 niam^{33} 念经 niam^{442} 想念、烂 nua^{33} 肉～—laŋ^{442} 灿～、谢 tsia^{33} 姓—sia^{442} 感～、汗 kua^{33} 流～—haŋ^{442}～颜。②白读为阴平 33，文读为阳去 53：妹 mue^{33} 细～—mui^{53}～团（童养媳）。

（2）清入字的文白异读

部分清入字和少数次浊字白读为阳入 53，文读为阴入 5：托 t^{h}ɔ^{53}～住—t^{h}ɔk^{5} 运、索 sɔ^{53} 绳～—sɔk^{5} 探～、节 tsɔi^{53} 过～—tsik^{5}～约、泼 p^{h}ua^{53}～水—p^{h}uk^{5} 活～。

（3）浊入字的文白异读

大部分浊入字白读为阳平 33 或阳上 442，文读为阳入 2：着 tieu^{442}～数—tsiak^{2}～火、热 zua^{33} 冷～—jiek^{2}～水器。

声调	例字	白读	文读
阴平	命	33	442
阴平	妹	33	53
阳去	索	53	5
阳上	着	442	2

第七十二节　雷州方音

壹　概况

一　调查点概况

调查点为湛江市雷州市（县级）雷城镇。雷州市位于北回归线以南，地理坐标为北纬 20°26′08″～21°11′06″，东经 109°42′12″～110°23′34″。全市总面积为 3024.9 平方公里。截至 2019 年，雷州市共辖 3 个街道（雷城、西湖、新城）、18 个镇（白沙镇、沈塘镇、客路镇、杨家镇、唐家镇、企水镇、纪家镇、松竹镇、南兴镇、雷高镇、东里镇、调风镇、龙门镇、英利镇、北和镇、乌石镇、覃斗镇、附城镇）和湛江奋勇高新技术产业开发区管理委员会，市政府驻雷城街道。根据第七次人口普查数据，截至 2020 年 11 月 1 日，雷州常住人口为 1321091 人，境内以汉族为主，有极少数的蒙古族、回族、藏族等 32 个民族的人口因工作和婚嫁定居雷州。

雷州市的汉语方言比较单纯，主要流行雷州话。客家方言和粤方言只在境内的一些国有农场使用，其中讲客家方言的人口仅占总人口的 0.45%，讲粤方言的人口只有奋勇华侨农场的 1000 多越南归侨。据了解，雷州市的雷州话有口音的差别，雷城、附城、白沙及南兴几个乡镇的口音一致；沈塘及以东以北的乡镇与遂溪县的雷州话一致；龙门以南乡镇的口音与雷城不同。

雷州境内流行姑娘歌和雷剧。姑娘歌目前只有中老年人会唱；雷剧是广东四大剧种之一，城乡均流行，很多乡镇亦有业余戏班，年节或神诞都有人延请演出助庆或娱神。

二　方言发音人概况

老男发音人林中乔，雷州市雷城镇人，函授大专学历。1956 年 10 月 12 日在雷州市雷城镇马草桥街出生，1964 年 9 月至 1972 年 7 月在雷城第三小学读小学和初中，1972 年 9 月在雷州一中读高中。1981 年 12 月至 1992 年 7 月曾在雷州市雷高糖厂上班，1995 年在雷州电大读函授大专，1992 年 8 月至 2016 年 10 月在雷州市工商行政管理局上班，2016 年 10 月退休。

青男发音人洪德成，雷州市雷城镇人，大学本科学历。1986 年 5 月在雷州市雷州供电局宿舍出生，1993 年 9 月至 1999 年 6 月在雷城镇第一小学读小学，1999 年 9 月至 2005 年 7 月在雷州一中读初中和高中，2005 年 9 月至 2009 年 6 月在广东肇庆学院读本科，2009 年 9 月至今在雷城镇第一小学当老师。

老女发音人许娟珍，雷州市雷城镇人，函授大专学历。1959 年 6 月在雷州市雷城镇马草桥街出生，1966 年 9 月至 1974 年 7 月在雷城镇第三小学读完小学和初中。1976 年 7 月至 1980 年 9 月曾作为知识青年下乡到雷州市英利镇。1980 年 9 月返城，在雷州市日杂公司上班，1990 年后到雷州市工商局工作，1996 年在雷州电大读函授大专，2014 年 6 月退休。

青女发音人陈文晓，雷州市雷城镇人，大学本科学历。1991 年 10 月在雷城镇城角村出生，1997 年 9 月至 2003 年 6 月在雷城镇第三小学读小学，2003 年 9 月至 2009 年 6 月在雷州一中读中学，2009 年 9 月至 2013 年 6 月在广东岭南师范学院读本科，2013 年 7 月至今在雷城一小工作。

口头文化发音人 1 林礼学，雷州市南兴镇步月村人，初中文化，1961 年 5 月出生，雷剧演员。

口头文化发音人 2 柳屏，雷州市新城街道人，大专学历，1989 年 7 月出生，雷剧演员。

口头文化发音人 3 黄春娥，雷州市新城街道人，大学本科学历，1992 年 2 月出生，湛江市第三十一小学语文老师。

贰　声韵调

一　声母（17 个，包括零声母在内）

p 八兵病飞白　pʰ 派片爬蜂　b 飞文麦味月白　m 明问肥

t 东甜毒张　　tʰ讨天拆柱　　　　　　　n 脑南泥软　　　　　　　　l 老蓝连路
　竹白茶

ts 资字谢文争　tsʰ刺贼祠抽　　　　　　　　　　　　　　　s 丝谢白事山
　纸船十　　　抄春手　　　　　　　　　　　　　　　　顺城

k 高九共县　　kʰ开轻权　　　　　　　ŋ 熬　　　　　　　h 风好灰活文
　　　　　　　　　　　　　　　　　　　　　　　　　　王

ʔ活白安温药
ø 热月文云白

说明：

①零声母开头的 i、u 有明显的摩擦，接近半元音 j、w。

②前喉塞音ʔ与零声母存在音位对立，如：＝i²⁴≠衣ʔi²⁴。

③b 在发音爆破后上唇和下齿仍保持摩擦，实际的读音应该为 bv。

④ts、tsʰ、s 三个声母在与齐齿呼相拼，实际音值分别为 tɕ、tɕʰ、ɕ。

二　韵母（47 个，包括自成音节的 m 在内）

　　　　　　　　　　　　i 米丝试戏二飞文年　　u 猪师

a 饱塔鸭　　　　　　　ia 写瓦文兄白锡白　　　ua 歌白山半官辣

　　　　　　　　　　　iua 热白

o 歌文宝糖床讲托白学白　io 笑桥药尺

e 坐茶牙硬病星白白　　ie 爷也　　　　　　　　ue 过靴赔快白飞白月白郭

ai 开文排　　　　　　　　　　　　　　　　　　uai 快白

oi 鞋八节白　　　　　　　　　　　　　　　　　ui 开白对鬼

au 豆走　　　　　　　　iau 小照箫

eu 苦五雨　　　　　　　ieu 交孝校　　　　　　　ueu 浮

　　　　　　　　　　　iu 油

am 南

　　　　　　　　　　　iem 盐

　　　　　　　　　　　im 心深

　　　　　　　　　　　ieŋ 年文权根新云文

　　　　　　　　　　　iŋ 灯升争星文

aŋ 东白　　　　　　　　iaŋ 响王白双白　　　　　uaŋ 王文双文

　　　　　　　　　　　ioŋ 兄文

　　　　　　　　　　　iuŋ 用　　　　　　　　　uŋ 寸滚春云文东文

ap 盒十

ep 夹　　　　　　　　　iep 接贴

　　　　　　　　　　　ip 急

ak 节文壳北六　　　　　　　iak 绿　　　　　　　　uak 活文刮

ek 侧拍择　　　　　　　　　iek 热文一直　　　　　uek 国或

　　　　　　　　　　　　　　iok 削弱学文

　　　　　　　　　　　　　　iuk 育玉文浴　　　　　uk 骨出局

　　　　　　　　　　　　　　it 色锡文

m 姆

说明：

　　①o 的开口度介于 ɔ 与 o 之间，在前高元音 i 后的组合实际读音接近 o，在其他组合的实际读音接近 ɔ。

　　②e 的实际音值处于 ɛ 与 e 之间，在前高元音 i 后的组合实际读音接近 e，在其他组合的实际读音接近 ɛ。

　　③后鼻音韵母韵尾ŋ的实际发音不到位，处于前鼻音-n 与后鼻音-ŋ之间。

三　声调（8个）

阴平	24	东该灯开天春卖路树白	阳平	22	门龙牛油铜皮糖红
阴上	42	懂古鬼九统苦讨草买有文	阳上	33	买老五有动罪近后硬乱 地麦月白
阴去	21	冻怪半四痛快寸去哭	阳去	54	有文后文树文百白节白
阴入	5	谷百文节文拍切刻	阳入	3	六毒盒罚

说明：

　　①阴平 24：上升的幅度较高，但是达不到 5，有人处理为 35，本调查记为 24。

　　②阳平调 22：该调的起点处于 2 度与 3 度之间，本调查记为 22。

　　③阴上调 42：通过与最高调比较，其起降点达不到 5，故而记为 42。

　　④阳上调 33：该调有部分字有较为明显的降势，可记为 332，由于不区别意义，故而统一处理为 33。

　　⑤阴去调 21：起点比阳平 22 略低，且有些字降势不明显。

　　⑥阳去 54：起点略低，到最高后略降，有人处理为 454 或 55，本调查记为 54。

叁　连读变调

雷城雷州话的两字连读变调的规律如下：

　　一、阴平字在其他声调前主要变为 22 调，但是有一些例外。

　　二、阴上字在平声（阴平、阳平）和上声（阴上、阳上）前主要变为 54 调，在去声前也有个别字变 54 调，入声前不变调。

　　三、阴去字在 54 调和阴入调前不变调，在其他调类前也变为 54 调。

　　四、个别平声字和阳去字的两字组也有变为 54 调，但没有明显的规律。

　　详情如下表：

	阴平24	阳平22	阴上42	阳上33	阴去21	阳去54	阴入5	阳入3
阴平24	24 24 / 22 青椒 24 24 / 42 书包 24 24 丝瓜	24 22 / 42 清明 24 22 风台	24 42 / 22 今早 24 42 / 42 生团	24 33 天旱	24 21 / 22 甘蔗 24 21 香菜	24 54 / 22 冬节	24 5 / 42 飞鸽 24 5 / 22 鸡角	24 3 / 42 生日
阳平22	22 24 / 42 厨师 22 24 / 54 尼姑	22 22 / 42 祠堂 22 22 茶壶	22 42 / 42 侬团 22 42 朋友	22 33 蚕豆	22 21 邻舍	22 54	22 5 毛笔	22 3
阴上42	42 24 / 54 水沟	42 22 / 54 枕头 42 22 走棋	42 42 / 22 手团 42 42 / 54 马团 42 42 饺子	42 33 / 54 马汗 42 33 保佑	42 21 / 54 瘾气 42 21 考试	42 54 手甲	42 5 喜鹊	42 3
阳上33	33 24	33 22	33 42 / 22 右手	33 33 后父		33 54 / 22 跳索		
阴去21	21 24 / 54 菜干	21 22 / 54 酱油	21 42	21 33 / 54 去坐	21 21 / 54 布伞		21 5 教室	
阳去54	54 24 粪箕	54 22 做媒	54 42 作礼	54 33	54 21 百姓	54 54	54 5	54 3
阴入5	5 24 拍工	5 22 鲫鱼		5 33 乞食				
阳入3	3 24 入棺	3 22			3 21 入去			

肆　异读

一　新老异读

雷州话的新老差异非常小，只是在个别的调类上有一些区别，例如阴去调21，老年人有些字的声调降势不明显，而年轻人的降势比较清晰。

二　文白异读

　　雷州话的文白异读较为丰富，在调查的 1000 个字里，有 130 个存在文白异读的情况，其所占的比例高达 13%。下面从声韵调的对应关系来介绍雷州话的文白异读系统。

　　1. 声母异读

　　（1）非敷奉母字白读音为 p、p^h，文读为 h，如：父 pe^{54}/ hu^{54}、分 $pu\eta^{24}$/ $hu\eta^{24}$、蜂 $p^ha\eta^{24}$/ $hu\eta^{22}$。

　　（2）帮组非组合口部分字和明母部分字白读音为 b，文读为 pm，如：拨 bua^{54}/ poi^{54}、放 $ba\eta^{21}$/ $pa\eta^{21}$、密 bak^3/ $miek^5$。

　　（3）精组、照组擦音的白读音为 ts^h、ts，文读为 s，如：树 ts^hiu^{24}/ si^{54}、鲜 ts^hi^{24}/ $sie\eta^{42}$、刷 ts^hua^{54}/ $suak^5$、石 $tsio^{33}$/ sit^5、星 ts^he^{24}/ $si\eta^{24}$、叔 $tsip^5$/ suk^5。

　　（4）知组部分字的白读音为 t、t^h，文读为 ts、ts^h，如：沉 t^hiem^{22}/ ts^him^{22}、陈 $ta\eta^{22}$/ $ts^hie\eta^{22}$、竹 tip^5/$tsuk^5$。

　　（5）喻母三等白读音为 h、ʔ，文读为零声母 ∅，如：雨 heu^{33}/i^{54}、芋 $ʔeu^{24}$/i^{42}、有 $ʔu^{42}$/iu^{54}、远 hui^{33}/$ie\eta^{54}$。

声母	例字	白	文
帮	拨	p	p
明	密	p	m
非开	分	p	h
非合	放	b	p
敷	蜂	p^h	h
奉	父	p	h
喻三	雨	h	∅
喻三	芋	ʔ	∅
心	鲜	ts^h	s
书	叔	ts	s
禅	树	ts^h	s
生	刷	ts^h	s
知	竹	t	ts
澄	陈	t	ts^h

2. 韵母异读

（1）遇摄合口一等字白读音为 eu，文读为 u，如：布 peu²¹/pu²¹、奴 neu²²/nu²²、乌ʔeu²⁴/ʔu²⁴；遇摄合口三等字白读音为 eu，文读为 i，如：许 kʰeu⁴²/hi⁴²、雨 heu³³/i⁵⁴、芋ʔeu²⁴/i⁴²；照组遇摄合口三等字白读音为 i，文读为 u，如：主 tsi⁴²/tsu⁴²、输 si²⁴/su²⁴。

（2）蟹摄合口部分字白读音为 ue，文读为 ui，如：妹 mue²⁴/mui⁵⁴、灰 hue²⁴/hui⁵⁴、岁 hue³³/sui³³。

（3）止摄三等部分字白读音为 ue，文读为 i，如：被 pʰue³³/pi³³、飞 pue²⁴/bi²⁴。

（4）山摄开口部分字白读音为 ua，文读为 aŋ，如：山 sua²⁴/saŋ²⁴、烂 nua²⁴/laŋ⁵⁴；桓韵合口一等字白读音为 ua，文读为 uaŋ，如：盘 pua²²/pʰuaŋ²²、欢 hua³³/huaŋ²⁴；山摄开口三四等部分字白读音为 i，文读为 ieŋ，如：鲜 tsʰi²⁴/sieŋ⁴²、天 tʰi²⁴/tʰieŋ²⁴、年 hi²²/nieŋ²²；山摄合口部分字白读音为 ua，文读为 uak，如：活ʔua³³/huak⁵、刷 tsʰua⁵⁴/suak⁵；山摄合口三等、臻摄合口三等部分字白读音为 ui，文读为 ieŋ，如：全 tsui²²/tsʰieŋ²²、卷 kui⁴²/kieŋ⁴²、园 hui²²/ieŋ²²、远 hui³³/ieŋ⁵⁴。

（5）臻摄真韵开口三等部分字白读音为 aŋ，文读为 ieŋ，如：陈 taŋ²²/tsʰieŋ²²、人 naŋ²²/ieŋ²²；质韵开口三等部分字白读音为 ak、iak，文读为 iek，如：密 bak³/miek⁵、一 iak³/ʔiek⁵；魂韵合口一等部分字白读音为 ui，文读为 uŋ，如：本 pui⁴²/puŋ⁴²、蹲 tsʰui²²/tuŋ²²。

（6）宕摄阳韵开口三等字白读音为 io，文读为 iaŋ，如：娘 nio²²/niaŋ²⁴、想 sio⁴²/siaŋ⁴²、像 sio²¹/siaŋ²¹；阳韵合口三等字、江摄开口部分字白读音为 iaŋ，文读为 uaŋ，如：筐 kʰiaŋ²⁴/kʰuaŋ²⁴、王 hiaŋ²²/huaŋ²²、双 siaŋ⁴²/suaŋ²²；药韵合口三等、江韵开口二等部分字白读音为 ak，文读为 uk，如：缚 pak³/puk⁵、剥 pak⁵/puk⁵。

（7）梗摄开口三四等部分字白读音为 e，文读为 iŋ，如：生 se²⁴/siŋ²⁴、平 pe²²/pʰiŋ²²、井 tse⁴²/tsiŋ⁴²、青 tsʰe²⁴/tsʰiŋ²⁴、星 tsʰe²⁴/siŋ²⁴；陌韵开口二等部分字白读音为 e，文读为 ek，如：百 pe⁵⁴/pek⁵、白 pe³³/pek⁵；梗摄开口部分字白读音为 ia，文读为 iŋ，如：行 kia²²/hiŋ²²、命 mia²⁴/miŋ³³、定 tia²⁴/tiŋ³³。

（8）通摄合口一等字白读音为 aŋ，文读为 uŋ，如：東 taŋ²⁴/tuŋ²⁴、動 tʰaŋ³³/tuŋ³³、孔 kʰaŋ²⁴/kʰuŋ²⁴、紅 aŋ²²/huŋ²²、翁 aŋ²⁴/uŋ²⁴、冬 taŋ²⁴/tuŋ²⁴、蜂 pʰaŋ²⁴/huŋ²²；屋韵合口三等部分字白读音为 ip，文读为 uk，如：竹 tip⁵/tsuk⁵、叔 tsip⁵/suk⁵。

摄	韵	例字	白	文
遇摄	模	布	eu	u
	鱼	许	eu	i
	虞	主	i	u
蟹摄	灰	妹	ue	ui
	祭	岁	ue	ui

续表

摄	韵	例字	白	文
止摄	支	被	ue	i
	微	飞	ue	i
山摄	山	山	ua	aŋ
	寒	烂	ua	aŋ
	末	活	ua	uak
	鎋	刷	ua	uak
	仙	全	ui	ieŋ
	仙	鲜	i	ieŋ
	先	年	i	ieŋ
	桓	盘	ua	uaŋ
臻摄	真	陈	aŋ	ieŋ
	元	远	ui	ieŋ
	魂	本	ui	uŋ
	质	密	ak	iek
宕摄	阳	娘	io	iaŋ
	阳	筐	iaŋ	uaŋ
	药	缚	ak	uk
江摄	江	双	iaŋ	uaŋ
梗摄	庚	生	e	iŋ
	庚	行	ia	iŋ
	青	井	e	iŋ
	青	定	ia	iŋ
	陌	百	e	ek
通摄	东	东	aŋ	uŋ
	冬	冬	aŋ	uŋ
	钟	蜂	aŋ	uŋ
	屋	竹	ip	uk

3. 声调异读

雷州话的文白异读在声调上主要有两种情况：

（1）白读音为低调，文读为高调，如：蚁 hia^{33}/ŋi^{54}、屁 p^{h}ui^{22}/p^{h}i^{54}、算 sui^{33}/suaŋ^{54}、佛 puk^3/biek^5、落 lo^{33}/lak^5；

（2）白读音为变调，文读为本调，如：老 lau^{33}/lau^{42}、高 koi^{22}/kau^{24}、欢 hua^{33}/huaŋ^{24}、蜂 p^{h}aŋ^{24}/huŋ^{22}。

三　其他异读

雷州话除了文白异读之外，还有一些训读的情况，因为没有规律可循，仅罗列几例以供参考，如：多 tsoi^{24}，本字当为"穧"；夜 me^{22}，本字当为"暝"；竖 k^{h}ia^{22}，本字当为"徛"；晒 p^{h}ak^3，本字当为"曝"；鸟 tsiau^{42}，本字当为"雀"；叫 hiem^{42}，本字当为"喊"。

中国语言资源保护工程

中国语言资源集

广东

语音卷

2

庄初升
贝先明 主 编

徐国莉 副主编

中国社会科学出版社

语音卷目录

第 2 册目录

第二章　字音对照

说　明

1. 以表格的形式进行字音对照，体例基本仿照北京大学中国语言文学系语言学教研室编《汉语方音字汇》（2003）。每页横排字目，竖排调查点。

2. 字目共 1000 个，从 0001 到 1000 进行编号，顺序及释例基本依据《中国语言资源调查手册·汉语方言》。每个表格均排 8 个字目。字目之下列出中古音（举平声以赅上去），如"0003 大~小"字下列"果开一去歌定"。竖排是调查点，因为多达 72 个，必须分两个蝴蝶页共四页排列。第一页始于广州，终于石岐；第二页始于肇庆，终于化州，两页共 38 个粤方言调查点。第三页始于梅州，终于南雄，共 18 个客家方言调查点；第四页始于钣塘，终于雷州，包括 3 个粤北土话调查点以及 13 个闽方言调查点，之间用双线分隔。

3. 一个字有多种读音时，一般按常用度由高到低排序。属于文白异读的，先列白读音并在音标的右下方用小字注明"白"字，后列文读音并在音标的右下方用小字注明"文"字，有的字在闽方言调查点中可能不止一个白读音或文读音。有的异读不好甄别是否属于文白异读，则用组词的方式加以区别，或者在音标的右下方用小字注明"又"表示又音。粤方言点的又音中，也有不少属于小称音。有的释例较复杂时，一般以脚注形式列在当页表下。

4. 有的字目作为成词语素，可以兼作名词、动词或量词等，若读音有所不同，则分别列出并在音标的右下方用小字"动""名""形""量"等注明。

5. 粤方言和土话一般都有小称变调，有的字目发音合作人读不出本音，只能读为带小称变调的变音，属于这种类型的读音尽可能在音标的右下方用小字注明"小"字。

6. "（无）"表示发音合作人读不出字音或者因为明显的误读、训读而被编者删除。

	0001 多	0002 拖	0003 大~小	0004 锣	0005 左	0006 歌	0007 个	0008 可
	果开一 平歌端	果开一 平歌透	果开一 去歌定	果开一 平歌来	果开一 上歌精	果开一 平歌见	果开一 去歌见	果开一 上歌溪
广州	tɔ⁵³	tʰɔ⁵³	tai²²	lɔ²¹	tʃɔ³⁵	kɔ⁵⁵	kɔ³³	hɔ³⁵
番禺	tɔ⁵³	tʰɔ⁵³	tai²²	lɔ³¹	tʃɔ³⁵	kɔ⁵⁵	kɔ²²	hɔ³⁵
增城	tɔ⁴⁴	tʰɔ⁴⁴	tai²²	lɔ²¹	tsɔ³⁵	kɔ⁴⁴	kɔi³³	hɔ³⁵
从化	tɔ²³	tʰɔ⁵⁵	tai³¹	lɔ²²	tsɔ⁴⁵	kɔ⁵⁵	koi²³	hɔ⁴⁵
龙门	tɔ⁴²	tʰɔ⁴²	tai⁵³	lɔ²¹	tsɔ³⁵	kɔ⁵⁵	kɔi²³	hɔ³⁵
莞城	tɔ²³	tʰɔ²³	tai⁴⁴	ŋɔ³¹	tʃɔ³⁵	kɔ²³	kɔ⁴⁴	hɔ³⁵
宝安	tɔ⁵⁵	tʰɔ⁵⁵	tai²²	lɔ³³	tʃɔ²⁵	kɔ⁵⁵	kɔ³³	hɔ²⁵
佛山	tɔ⁵³	hɔ⁵³	tai¹²	lɔ⁴²	tʃɔ³⁵	kɔ⁵⁵	kɔi²⁴白 kɔ²⁴文	hɔ³⁵
南海	tɔ⁵¹	tʰɔ⁵¹	tai²²	lɔ³¹	tsɔ³⁵	kɔ⁵¹动 kɔ⁵⁵名	kɔi³³白 kɔ³³文	hɔ³⁵
顺德	tɔ⁵³	tʰɔ⁵³	tai²¹	lɔ⁴²	tʃɔ²⁴	kɔ⁵⁵	kɔi³²白 kɔ³²文	hɔ²⁴
三水	to⁵³ to⁵⁵又	tʰo⁵³ tʰo⁵⁵又	tai³³	lo³¹ lo²⁵小	tso²⁵	ko⁵⁵	ko⁴⁴	ho²⁵
高明	to⁵⁵	tʰɔ⁵⁵	tai³¹	lɔ³¹	tʃɔ²⁴	kɔ⁵⁵	kɔ³³	hɔ²⁴
佛冈	to³³	tʰo³³	tai³¹	lo²²	tʃo³⁵	ko³³	ko³³	ho³⁵
阳山	tɔ⁵¹	tʰɔ⁵¹	tai²¹⁴	lɔ²⁴¹	tʃɔ⁵⁵	kɔ⁵¹	kɔ³⁴	hɔ⁵⁵
连山	dø⁵¹	tʰø⁵¹	tai²¹⁵	lø²⁴¹	tø¹⁵	kø⁵¹	kɔ³⁵	kʰø⁵⁵
新兴	tuo⁴⁵	tʰuo⁴⁵	tai⁵²	luo²¹	tsuo³⁵	kuo⁴⁵	kuo⁴⁴³	huo³⁵
罗定	tɔ⁵⁵	tʰɔ⁵⁵	tai²¹	lɔ²¹	tsɔ³⁵	kɔ⁵⁵	kɔ³³	hɔ³⁵
郁南	tɔ⁵⁵	tʰɔ⁵⁵	tai²¹	lɔ²¹	tʃɔ³⁵	kɔ⁵⁵	kɔ³³	hɔ³⁵
石岐	tɔ⁵⁵	tʰɔ⁵⁵	tai³³	lɔ⁵¹	tsɔ²¹³	kɔ⁵⁵	kɔ³³	kʰɔ²¹³

	0001 多	0002 拖	0003 大~小	0004 锣	0005 左	0006 歌	0007 个	0008 可
	果开一平歌端	果开一平歌透	果开一去歌定	果开一平歌来	果开一上歌精	果开一平歌见	果开一去歌见	果开一上歌溪
肇庆	tɔ⁴⁵	tʰɔ⁴⁵	tai⁵²	lɔ²¹	tʃɔ²⁴	kɔ⁴⁵	kɔ³³	hɔ²⁴
香洲	tɔ²¹	tʰɔ²¹	tai³³	lɔ³⁴³	tsɔ³⁵	kɔ²¹	kɔ³³	hɔ³⁵
斗门	tuɐ³⁴	huɐ³⁴	tɒi⁴²	luɐ²²	tsuɐ⁴⁵	kuɐ³⁴	kuɐ³⁴	huɐ⁴⁵
新会	tɔ²³	hɔ²³	tai³²	lɔ²²	tsɔ⁴⁵	kɔ²³	kɔ²³	hɔ⁴⁵
台山	o³³	ho³³	ai³¹	lo²²	to⁵⁵	ko²²⁵ 小	kɔi³³	ho⁵⁵
开平	u³³	hu³³	ai³¹	lu¹¹	tu⁴⁵	ku²¹⁵ 小	kɔi³³	hɔ⁴⁵
恩平	tua³³	hua³³	tai²¹	lua²²	tʃua⁵⁵	kua²¹	kua³³	hua⁵⁵
四会	tɔ⁵¹	tʰɔ⁵¹	tɐi²⁴	lɔ³¹	tʃɔ³³	kɔ⁵¹	kɔ³³	hɔ³³
广宁	tɔ⁵¹	tʰɔ⁵¹	tai³²³	lɔ³¹	tsɔ⁴⁴	kɔ⁵¹	kɔ³³	hɔ⁴⁴
怀集	tɔ⁴²	tʰɔ⁴²	tai²²⁵	lɔ²³¹	tʃɔ⁴⁵	kɔ⁴²	kɔ⁴⁵	kʰɔ⁵⁴
德庆	tɔ⁴⁵⁴	tʰɔ⁴⁵⁴	tai³¹	lɔ²⁴²	tsɔ⁴⁵	kɔ⁴⁵⁴	kɔ⁴⁵	hɔ⁴⁵
封开	tɔ⁵⁵	tʰɔ⁵⁵	tai²¹	lɔ²⁴³	to³³⁴	kɔ⁵⁵	kɔ³³⁴	hɔ³³⁴
阳江	tɔ³³	tʰɔ³³	tai⁵⁴	lɔ⁴²	tsɔ²¹	kɔ³³	kɔ⁵⁴	hɔ²¹
阳春	to⁴⁵	tʰo⁴⁵	tai⁵²	lo³¹	tso³²⁴	ko⁴⁵	ko³³	ho³²⁴
赤坎	tɔ⁴⁵	tʰɔ⁴⁵	tai²¹	lɔ²¹	tsɔ¹³	kɔ⁴⁵	kɔ³³	hɔ¹³
吴川	ɗo⁵⁵	tʰo⁵⁵	ɗa³¹	lo³¹	tʃo³⁵	ko⁵⁵	ko³³	ho³⁵
廉江	tɔ⁵⁵	tʰɔ⁵⁵	ta²¹	lɔ²¹	tsɔ²⁵	kɔ⁵⁵	kɔ³³	hɔ²⁵
高州	tɔ⁵³	tʰɔ⁵³	tai³¹	lɔ²¹	tʃɔ²⁴	kɔ⁵³	kɔ³³	hɔ²⁴
化州	ɗo⁵³	tʰo⁵³	ɗa³¹	lo¹³	to³⁵	ko⁵³	ko³³	ho³⁵

	0001 多	0002 拖	0003 大~小	0004 锣	0005 左	0006 歌	0007 个	0008 可
	果开一 平歌端	果开一 平歌透	果开一 去歌定	果开一 平歌来	果开一 上歌精	果开一 平歌见	果开一 去歌见	果开一 上歌溪
梅州	tɔ⁴⁴	tʰai⁴⁴白 tʰɔ⁴⁴文	tʰai⁵²	lɔ²¹	tsɔ³¹	kɔ⁴⁴	kɛ⁵²	kʰɔ³¹
兴宁	tɔ²⁴	tʰae²⁴白 tʰɔ²⁴文	tʰae⁵¹	lɔ¹³	tsɔ³¹	kɔ²⁴	kɪe⁵¹白 kɔ³¹文	kʰɔ³¹
五华	tɔ⁴⁴	tʰai⁴⁴白 tʰɔ⁴⁴文	tʰai³¹	lɔ²¹²	tsɔ³¹	kɔ⁴⁴	kɛ⁵¹	kʰɔ³¹
大埔	tou³⁴	tʰai³⁴白 tʰou³⁴文	tʰai⁵²	lou¹³	tsou³¹	kou³⁴	kei⁵²	kʰou³¹
丰顺	tɔ⁴⁴	tʰɔ⁴⁴	tʰai²¹	lɔ²⁴	tsɔ⁵³	kɔ⁴⁴	kai⁵³	kʰɔ⁵³
揭西	tɔu⁴⁵²	tʰai⁴⁵²白 tʰɔu⁴⁵²文	tʰai³¹	lɔu²⁴	tsɔu³¹	kɔu⁴⁵²	kai⁴¹	kʰɔu³¹
陆河	tɔ⁵³	tʰɔ⁵³	tʰɔi³³	lɔ³⁵	tsɔ²⁴	kɔ⁵³	kai³¹白 kɔ³¹文	kʰɔ²⁴
龙川	tɔ³³	tʰɔ³³	tʰai³³	lɔ⁵¹	tsɔ²⁴	kɔ³³	kɔ³¹	kʰɔ²⁴
河源	tɔ³³	tʰɔ³³	tʰai⁵⁴	lɔ³¹	tsɔ²⁴	kɔ³³	kɔ²¹²	kʰɔ²⁴
连平	tɔ²⁴	tʰɔ²⁴	tʰai⁵³	lɔ²¹	tsɔ³¹	kɔ²⁴	kai⁵³白 kɔ⁵³文	kʰɔ³¹
龙岗	tɔ³³	tʰɔ³³	tʰae⁵³	lo²¹	tsɔ³¹	kɔ³³	kae²¹白 ko⁵³文	kʰo³¹
惠州	tɔ³³	tʰɔ³³	tʰai³¹	lɔ²²	tsɔ³⁵	kɔ³³	kɔ²³	hɔ³⁵
博罗	tɔ⁴⁴	tʰɔ⁴⁴	tʰai⁴¹	lɔ²¹	tsɔ³⁵	kɔ⁴⁴	kɔ²⁴	hɔ³⁵
新丰	tɔ⁴⁴	tʰɔ⁴⁴	tʰai³¹	lɔ²⁴	tsɔ³¹	kɔ⁴⁴	kai⁵¹	kʰɔ³¹
翁源	tɔu²²	tʰɔu²²	tʰai³¹	lou⁴¹	tsou³¹	kɔu²²	kai⁴⁵	kʰɔu³¹
始兴	tɔ²²	tʰɔ²²	tʰai³³	lɔ⁵¹	tsɔ³¹	kɔ²²	kɛ³³	kʰɔ³¹
仁化	tɔ³³	tʰo³³	tʰai³³	lo³¹	tso²³	ko³³	kai³⁴	kʰo²³
南雄	tɔ⁴⁴	tʰo⁴⁴	tɔa⁴²	lo²¹	tsɔ²⁴	ko⁴⁴	kie⁴²白 ko³²文	kʰo²⁴

	0001 多	0002 拖	0003 大~小	0004 锣	0005 左	0006 歌	0007 个	0008 可
	果开一平歌端	果开一平歌透	果开一去歌定	果开一平歌来	果开一上歌精	果开一平歌见	果开一去歌见	果开一上歌溪
皈塘	$to u^{24}$	t^hou^{24}	ta^{21}	lou^{45}	$t\int ou^{33}$	kou^{24}	k^hou^{41}	k^hou^{33}
桂头	ou^{51}	t^hou^{51}	tu^{44}	lou^{4}	$tsou^{324}$	kou^{51}	ku^{44}	k^hou^{324}
连州	$tɐu^{31}$	$t^hɐu^{31}$	tou^{33}	$lɐu^{55}$	$tsɐu^{53}$	$kɐu^{31}$	$kɐu^{11}$	$k^hɐu^{53}$
潮州	to^{33}	t^hua^{33}白 $t^hɔ^{33}$文	tua^{33}白 tai^{35}文	$lɔ^{55}$	$tsɔ^{53}$	kua^{33}白 $kɔ^{33}$文	kai^{55}白,一~ kai^{11}白,我~ $kɔ^{35}$文,~人	$k^hɔ^{53}$
饶平	to^{44}	t^hua^{44}	tua^{21}白 ta^{44}白,~家 tai^{25}文	$lɔ^{55}$	$tsɔ^{52}$	kua^{44}白 $kɔ^{44}$文	kai^{55}白 $kɔ^{25}$文	$k^hɔ^{52}$
汕头	to^{33}	t^hua^{33}	tua^{31}白 tai^{25}文	$lɔ^{55}$	$tsɔ^{51}$	kua^{33}白 $kɔ^{33}$文	kai^{55}白 $kɔ^{25}$文	$k^hɔ^{51}$
澄海	to^{33}	t^hua^{33}	tua^{22}白 tai^{35}文	$lɔ^{55}$	$tsɔ^{53}$	kua^{33}白 $kɔ^{33}$文	kai^{55}白 $kɔ^{35}$文	$k^hɔ^{53}$
潮阳	to^{31}	t^hua^{31}	tua^{42}	$lɔ^{33}$	$tsɔ^{454}$	kua^{31}白 $kɔ^{31}$文	kai^{33}白 $kɔ^{52}$文	$k^hɔ^{454}$
南澳	to^{34}	t^hua^{34}	tua^{31}	$lɔ^{454}$	$tsɔ^{52}$	kua^{34}白 $kɔ^{34}$文	$kɔ^{31}$	$k^hɔ^{52}$
揭阳	to^{33}	t^hua^{33}	tua^{22}白 tai^{25}文	$lɔ^{55}$	$tsɔ^{41}$	kua^{33}白 $kɔ^{33}$文	kai^{55}白 $kɔ^{25}$文	$k^hɔ^{41}$
普宁	to^{35}	t^hua^{35}	tua^{31}白 tai^{24}文	$lɔ^{55}$	$tsɔ^{52}$	kua^{35}白 $kɔ^{35}$文	kai^{55}白 $kɔ^{55}$文	$k^hɔ^{52}$
惠来	to^{34}	t^hua^{34}	tua^{31}白 tai^{25}文	$lɔ^{55}$	$tsɔ^{53}$	kua^{34}白 $kɔ^{34}$文	kai^{55}白 $kɔ^{31}$文	$k^hɔ^{53}$
海丰	to^{33}	t^hua^{33}白 t^ho^{33}文	tua^{21}白 tai^{35}文	$lɔ^{55}$	$tsɔ^{53}$	kua^{33}白 $kɔ^{33}$文	kai^{55}白 kai^{35}白,也~ $kɔ^{212}$文	$k^hɔ^{53}$
陆丰	to^{33}	t^hua^{33}白 t^ho^{33}文	tua^{22}白 tai^{22}文	$lɔ^{13}$	$tsɔ^{55}$	kua^{33}白 $kɔ^{33}$文	kai^{13}白 $kɔ^{213}$文	$k^hɔ^{55}$
电白	（无）	t^hua^{33}	tua^{33}白 ta^{442}文	$lɔ^{22}$	$tsɐ^{21}$	kua^{33}	kai^{22}	$k^hɔ^{21}$
雷州	（无）	t^hua^{24}	tua^{24}白 tai^{54}文	$lɔ^{22}$	$tsɔ^{42}$	kua^{24} $kɔ^{24}$	kai^{33}白 $kɔ^{54}$文	$k^hɔ^{42}$

	0009 鹅	0010 饿	0011 河	0012 茄	0013 破	0014 婆	0015 磨动	0016 磨名
	果开一平歌疑	果开一去歌疑	果开一平歌匣	果开三平戈群	果合一去戈滂	果合一平戈並	果合一平戈明	果合一去戈明
广州	ŋɔ²¹	ŋɔ²²	hɔ²¹	kʰɛ³⁵	pʰɔ³³	pʰɔ²¹	mɔ²¹	mɔ³⁵
番禺	ɔ³¹	ɔ²²	hɔ³¹	(无)	pʰɔ³³	pʰɔ³¹	mɔ³¹	(无)
增城	ŋɔ²¹	ɔ²²	hɔ²¹	kʰœ⁴⁴	pʰɔ³³	pʰɔ²¹	mɔ²¹	mɔ²²
从化	ŋɔ²³	ŋɔ³¹	hɔ²²	kʰœ³¹	pʰɔ²³	pʰɔ²²	mɔ²²	mɔ³¹
龙门	ŋɔ²¹	ŋɔ⁵³	hɔ²¹	kʰiɔ⁵⁵	pʰɔ²³	pʰɔ²¹	mɔ²¹	mɔ⁵⁵
莞城	ŋɔ³¹	ŋɔ⁴⁴	hɔ³¹	kʰɛ³¹	pʰɔ⁴⁴	pʰɔ³¹	mɔ³¹	mɔ⁵⁵
宝安	ŋɔ⁵⁵	ŋɔ²²	hɔ³³	kʰiɛ²⁵	pʰɔ³³	pʰɔ³³	mɔ³³	mɔ²⁵
佛山	gɔ⁴²	gɔ¹²	hɔ⁴²	kʰɛ³⁵	pʰɔ²⁴	pʰɔ⁴²	bɔ⁴²	bɔ³⁵
南海	ŋɔ³¹	ŋɔ²²	hɔ³¹	kʰɛ³⁵	pʰɔ³³	pʰɔ³¹	mɔ²²	mɔ³⁵
顺德	ɔ⁴²	ɔ²¹	hɔ⁴²	kʰɛ²⁴	pʰɔ³²	pɔ⁴²	mɔ⁴²	mɔ²⁴
三水	ŋo³¹	ŋo³³	ho³¹	kʰiɛ²⁵	pʰo⁴⁴	pʰo³¹	mo³¹	mo²⁵
高明	ŋɔ³¹	ŋɔ³¹	hɔ³¹	kʰɛ²⁴	pʰɔ³³	pʰɔ³¹	mɔ³¹	mɔ³¹
佛冈	ŋo²²	ŋo³¹	ho³³	kʰe²²	pʰo³³	pʰo²²	mo³³	mo³¹
阳山	ŋɔ²⁴¹	ŋɔ²¹⁴	hɔ²⁴¹	ke²⁴¹	pʰɔ³⁴	pɔ²⁴¹	mɔ²⁴¹	mɔ²¹⁴
连山	ŋø²⁴¹	ŋø²¹⁵	ø²⁴¹	kia²⁴¹	pʰø³⁵	puɔ²⁴¹	mø²⁴¹	mø²¹⁵
新兴	ŋuo²¹	ŋuo⁵²	huo²¹	kʰiɛ²¹	pʰuo⁴⁴³	pʰuo²¹	muo²¹	muo⁵²
罗定	ŋɔ³⁵	ŋɔ²¹	hɔ²¹	kʰɛ³⁵	pʰɔ³³	pʰɔ²¹	mɔ²¹	mɔ²¹
郁南	ŋɔ²¹	ŋɔ²¹	hɔ²¹	kʰɛ²²	pʰɔ³³	pʰɔ²¹	mɔ²¹	mɔ²¹
石岐	ŋɔ⁵¹	ŋɔ³³	hɔ⁵¹	kʰœ⁵¹	pʰɔ³³	pʰɔ⁵¹	mɔ⁵¹	mɔ³³

	0009 鹅	0010 饿	0011 河	0012 茄	0013 破	0014 婆	0015 磨动	0016 磨名
	果开一平歌疑	果开一去歌疑	果开一平歌匣	果开三平戈群	果合一去戈滂	果合一平戈並	果合一平戈明	果合一去戈明
肇庆	ŋɔ²¹	ŋɔ⁵²	hɔ²¹	kʰɛ²⁴小	pʰɔ³³	pʰɔ²¹	mɔ²¹	mɔ⁵²
香洲	ŋɔ³⁴³	ŋɔ³³	hɔ³⁴³	kʰœ³⁴³	pʰɔ³³	pʰɔ³⁴³	mɔ³⁴³	mɔ³³
斗门	ŋɐu²²	ŋɐu⁴²	hɐu²²	（无）	pʰɐu³⁴	pʰɐu²²	mɐu²²	mɐu⁴²
新会	ŋɔ²²	ŋɔ³²	hɔ²²	kʰia²¹小	pʰɔ²³	pʰɔ²¹小	mɔ²²	mɔ²¹小
台山	ŋo²²	ŋo³¹	ho²²	kʰe²²⁵小	pʰo³³	pʰo²²	mo²²	mo²²小
开平	ŋu²¹⁵小	ŋu³¹	hu¹¹	kʰia²¹⁵小	pʰu³³	hu¹¹	mu¹¹	mu²¹⁵小
恩平	ŋgua²²	ŋgua²¹	hua²²	kʰia²¹	pʰua³³	pʰua²²	mbua²²	mbua²¹
四会	ŋɔ³¹	ŋɔ²⁴	hɔ³¹	kʰɛ³³	pʰɔ³³	pɔ³¹	mɔ³¹	mɔ⁵¹
广宁	ŋɔ³¹	ŋɔ³²³	hɔ³¹	kɛ³¹	pʰɔ³³	pɔ³¹	mɔ³²³	mɔ³¹
怀集	ŋɔ²³¹	ŋɔ⁴⁵	hɔ²³¹	kɛ²³¹	pʰɔ⁴⁵	pɔ²³¹	mɔ²²⁵	mɔ²²⁵
德庆	ŋɔ²⁴²	ŋɔ³¹	hɔ²⁴²	kɛ²⁴²	pʰɔ⁵³	pɔ²⁴²	mɔ²⁴²	mɔ²⁴²
封开	ŋɔ²⁴³	ŋɔ²¹	hɔ²⁴³	kɛ²⁴³	pʰɔ⁵¹	pɔ²⁴³	mɔ²⁴³	mɔ²¹
阳江	ŋɔ⁴²	ŋɔ⁵⁴	hɔ⁴²	kʰɛ⁴²	pʰɔ³⁵	pʰɔ⁴²	mɔ⁴²	mɔ⁵⁴
阳春	ŋɔ³¹	ŋo⁵²	ho³¹	kʰe³¹	pʰɔ³³	pʰo³¹	mo³¹	mo⁵²
赤坎	ŋɔ⁴⁵	ŋɔ²¹	hɔ²¹	kʰɛ²¹	pʰɔ³³	pʰɔ²¹	mɔ²¹	mɔ²¹
吴川	ŋo⁵⁵	ŋo³¹	ho³¹	kʰɛ³¹	pʰo³³	pʰo³¹	mo³¹	mo³¹
廉江	ŋɔ⁵⁵	ŋɔ²¹	hɔ²¹	kʰɛ³¹	pʰɔ³³	pʰɔ²¹	mɔ²¹	mɔ²¹
高州	ŋɔ⁵³	ŋɔ³¹	hɔ²¹	kʰɛ²¹	pʰɔ³³	pʰɔ²¹	mɔ²¹	mɔ³¹
化州	ŋo⁵³	ŋo³¹	ho¹³	kʰɛ¹³	pʰo³³	pʰo¹³	mo³¹	mo¹³

	0009 鹅	0010 饿	0011 河	0012 茄	0013 破	0014 婆	0015 磨动	0016 磨名
	果开一平歌疑	果开一去歌疑	果开一平歌匣	果开三平戈群	果合一去戈滂	果合一平戈並	果合一平戈明	果合一去戈明
梅州	ŋɔ²¹	ŋɔ⁵²	hɔ²¹	kʰiɔ²¹	pʰɔ⁵²	pʰɔ²¹	mɔ⁵²	mɔ⁵²
兴宁	ŋɔ¹³	ɑɔ⁵¹白 ŋɔ⁵¹文	hɔ¹³	kʰiu¹³	pʰɔ⁵¹	pʰɔ¹³	mɔ¹³	mɔ⁵¹
五华	ŋɔ²¹²	ŋɔ³¹	hɔ²¹²	kʰia²¹²	pʰɔ⁵¹	pʰɔ²¹²	nɔ²¹²	mɔ³¹
大埔	ŋou¹³	ŋou⁵²	hou¹³	kʰiau¹³	pʰou⁵²	pʰou¹³	mou⁵²	mou⁵²
丰顺	ŋo²⁴	ŋo²¹	ho²⁴	kʰio²⁴	pʰo⁵³	pʰo²⁴	（无）	mo²¹
揭西	ŋɔu²⁴	ŋɔu³¹	hɔu²⁴	kʰiɔu²⁴	pʰɔu⁴¹	pʰɔu²⁴	mɔu²⁴	mɔu³¹
陆河	ŋɔ³⁵	ŋɔ³³	hɔ³⁵	kʰiɔ³⁵	pʰɔ³¹	pʰɔ³⁵	mɔ³⁵	mɔ³³
龙川	ŋɔ⁵¹	ŋɔ³³	hɔ⁵¹	kʰiɔ⁵¹	pʰɔ³¹	pʰɔ⁵¹	mɔ³³	mɔ³³
河源	ŋɔ³¹	ŋɔ⁵⁴	hɔ³¹	kʰø³¹	pʰɔ²¹²	pʰɔ³¹	mɔ⁵⁴	mɔ⁵⁴
连平	ŋɔ²¹	ŋɔ⁵³	hɔ²¹	tʰɔ²¹	pʰɔ⁵³	pʰɔ²¹	mɔ²¹	mɔ⁵³
龙岗	ŋgo²¹	ŋgo⁵³	ho²¹	kʰio²¹	pʰo⁵³	pʰo²¹	mbo²¹	mbo⁵³
惠州	ŋɔ²²	ŋɔ³¹	hɔ²²	kʰyɛ²²	pʰɔ²³	pʰɔ²²	mɔ²²	mɔ³¹
博罗	ŋgɔ²¹	ŋgɔ⁴¹	hɔ²¹	kʰe²¹	pʰɔ²⁴	pʰɔ²¹	mbɔ²¹	mbɔ⁴¹
新丰	ŋgɔ²⁴	ŋgɔ³¹	hɔ²⁴	kʰiɔ²⁴	pʰɔ⁵¹	pʰɔ²⁴	mbɔ²⁴	mbɔ³¹
翁源	ŋɔu⁴¹	ŋɔu³¹	hɔu⁴¹	kʰiɔu⁴¹	pʰɔu⁴⁵	pʰɔu⁴¹	mɔu³¹	mɔu³¹
始兴	ŋɔ⁵¹	ŋɔ³³	hɔ⁵¹	tɕiɔ⁵¹	pʰɔ³³	pʰɔ⁵¹	mɔ³³	mɔ³³
仁化	ŋo³¹	ŋo³³	xo³¹	kʰo³¹	pʰo³⁴	pʰo³¹	mo³³	mo³³
南雄	ŋo²¹	ŋo⁴²	ho²¹	tɕio⁴²白 kʰie²⁴文	pʰo³²	po²¹	mo²¹	mo⁴²

	0009 鹅	0010 饿	0011 河	0012 茄	0013 破	0014 婆	0015 磨动	0016 磨名
	果开一平歌疑	果开一去歌疑	果开一平歌匣	果开三平戈群	果合一去戈滂	果合一平戈並	果合一平戈明	果合一去戈明
皈塘	ŋɔu⁴⁵	ŋɔu³³	hɔu⁴⁵	kʰia⁴⁵	pʰɔu²¹	pɔu⁴⁵	mɔu²¹	mɔu³³
桂头	ŋɔu⁴	ŋɔu⁴⁴	hɔu⁴⁵	kʰøy⁴	pʰɔu⁴⁴	pɔu⁴⁵	mɔu⁴⁵	mɔu⁴
连州	ŋɐu⁵⁵	ŋɐu³³	hɐu⁵⁵	kʰɵi⁵⁵	pʰɐu¹¹	pɐu⁵⁵	mɐu⁵⁵	mɐu³³
潮州	gɔ⁵⁵	gɔ¹¹	hɔ⁵⁵	kie⁵⁵白 / kia⁵⁵文	pʰua²¹³	pʰua⁵⁵白 / pʰɔ⁵⁵文	bua⁵⁵	bɔ¹¹
饶平	go⁵⁵	go²¹	ho⁵⁵	kio⁵⁵	pʰua²¹⁴	pʰua⁵白 / po⁵⁵文	bua⁵⁵	bo²¹
汕头	go⁵⁵	go³¹	ho⁵⁵	kio⁵⁵	pʰua²¹³	pʰua⁵⁵白 / po⁵⁵文	bua⁵⁵	mõ³¹
澄海	go⁵⁵	go²²	ho⁵⁵	kio⁵⁵	pʰua²¹²	pʰua⁵⁵白 / po⁵⁵文	bua⁵⁵	bo²²
潮阳	go³³	go⁴²	ho³³	kio³³	pfʰua⁵²	pfʰua³³	bvua³³	bvua³³
南澳	go⁴⁵⁴	go³¹	ho⁴⁵⁴	kio⁴⁵⁴	pʰua²¹	pʰua⁴⁵⁴白 / pʰo⁴⁵⁴文	bua⁴⁵⁴	bo³¹
揭阳	go⁵⁵	go²²	ho⁵⁵	kio⁵⁵	pʰua²¹³	pʰua⁵⁵白 / po⁵⁵文	bua⁵⁵	mõ²²
普宁	go⁵⁵	go³¹	ho⁵⁵	kio⁵⁵白 / kia³⁵文	pfʰua³¹²	po⁵⁵白 / pfʰua⁵⁵文	bvua⁵⁵	bo³¹
惠来	go⁵⁵	go³¹	ho⁵⁵	kio⁵⁵白 / kia³⁴文	pfʰua³¹	pfʰua⁵⁵白 / po⁵⁵文	bvua⁵⁵	bo³¹
海丰	ŋgo⁵⁵	ŋgo²¹	ho⁵⁵	kio⁵⁵	pʰua²¹²	pʰua⁵⁵白 / po⁵⁵文	mbua⁵⁵	mbo²¹
陆丰	ŋgo¹³	ŋgo²²	ho¹³	kio¹³	pʰua²¹³	pʰua¹³白 / po¹³文	mbua¹³	mõ²²
电白	gɔ²²	gɔ³³	hɔ²²	kʰe²²	pʰua¹³	pɔ²² / pʰɔ²²又	bua²²	bua²²
雷州	ŋɔ²²	ŋɔ²⁴	hɔ²²	kio²²	pʰua²¹	po²² / pʰo²²又	bua³³	mo²⁴

	0017 躲	0018 螺	0019 坐	0020 锁	0021 果	0022 过~米	0023 课	0024 火
	果合一 上戈端	果合一 平戈来	果合一 上戈从	果合一 上戈心	果合一 上戈见	果合一 去戈见	果合一 去戈溪	果合一 上戈晓
广州	tɔ³⁵	lɔ²¹	tʃʰɔ¹³	ʃɔ³⁵	kuɔ³⁵	kuɔ³³	fɔ³³	fɔ³⁵
番禺	tɔ³⁵	lɔ³¹	tʃʰɔ²³白 / tʃɔ²²文	ʃɔ³⁵	kɔ³⁵	kɔ²²	fɔ²²	fɔ³⁵
增城	tɔ³⁵	lœ⁴⁴	tsʰɔ¹³	sɔ³⁵	kɔ³⁵	kɔ³³	fɔ³³	fɔ³⁵
从化	tɔ⁴⁵	lɔ²³	tsʰɔ²³	sɔ⁴⁵	kɔ⁴⁵	kɔ²³	fɔ²³	fɔ⁴⁵
龙门	tiɔ³⁵	liɔ²¹	tsʰɔ²³	sɔ³⁵	kɔ³⁵	kɔ²³	fɔ²³	fɔ³⁵
莞城	tɔ³⁵	ŋɛ⁵⁵白,田~ / ŋɔ³¹文,~丝	tʃʰɔ³⁴	ʃɔ³⁵	kuɔ³⁵	kuɔ⁴⁴	fɔ⁴⁴	fɔ³⁵
宝安	tɔ²⁵	lɔ²⁵	tʃʰɔ²³	ʃɔ²⁵	kɔ²⁵	kɔ³³	fɔ³³	fɔ²⁵
佛山	tɔ³⁵	lœ³⁵白,田~ / lɔ³⁵文,~肉	tʃʰœ¹³白 / tʃʰɔ¹³白 / tʃɔ¹²文	ʃɔ³⁵	kuɔ³⁵	kuɔ²⁴	fɔ²⁴	fɔ³⁵
南海	tɔ³⁵	lœ³⁵	tsʰœ¹³	sɔ³⁵	kuɔ³⁵	kuɔ³³	fɔ³³	fɔ³⁵
顺德	tɔ²⁴	lø²⁴白,田~ / lɔ⁴²文,~丝	tʃʰɔ¹³	ʃɔ²⁴	kuɔ²⁴	kuɔ³²	fɔ³²	fɔ²⁴
三水	to²⁵	lo³¹又 / lo²⁵又	tsʰo³³	so²⁵	ko²⁵	ko⁴⁴	fo⁴⁴	fo²⁵
高明	tɔ²⁴	lɔ³¹	tʃʰɔ³³	ʃɔ²⁴	kuɔ²⁴	kʰuɔ³³	hɔ³³	hɔ²⁴
佛冈	to³⁵	lo³¹	tʃʰo³³	ʃo³⁵	ko³⁵	ko³¹	fo³³	fo³⁵
阳山	tɔ²²⁴	lɔ²⁴¹	tʃɔ²²⁴	ʃɔ⁵⁵	kuɔ⁵⁵	kuɔ³⁴	fɔ³⁴	fɔ⁵⁵
连山	dø⁵⁵	lø²⁴¹	θø¹⁵	θø⁵⁵	kuɔ⁵⁵	kuɔ³⁵	kʰuɔ⁵⁵	fuɔ⁵⁵
新兴	tœ³⁵	luo²¹	tsʰuo²¹	suo³⁵	kuo³⁵	kuo⁴⁴³	fuo⁴⁴³	fuo³⁵
罗定	tɔ³⁵	lɔ³⁵	tsʰɔ¹³白 / tsɔ²¹文	sɔ³⁵	kɔ³⁵	kɔ³³	fɔ³³	fɔ³⁵
郁南	tɔ³⁵	lɔ²¹	tʃʰɔ¹³	ʃɔ³⁵	kɔ³⁵	kɔ³³	fɔ³³	fɔ³⁵
石岐	tɔ²¹³	lœ⁵¹白 / lɔ⁵¹文	tsʰɔ²¹³白 / tsɔ³³文	sɔ²¹³	kɔ²¹³	kɔ³³	fɔ³³	fɔ²¹³

	0017 躲	0018 螺	0019 坐	0020 锁	0021 果	0022 过~来	0023 课	0024 火
	果合一 上戈端	果合一 平戈来	果合一 上戈从	果合一 上戈心	果合一 上戈见	果合一 去戈见	果合一 去戈溪	果合一 上戈晓
肇庆	（无）	$lɔ^{24}$小	$tʃɔ^{13}$	$ʃɔ^{24}$	$kuɔ^{24}$	$kuɔ^{33}$	$uɔ^{33}$	$uɔ^{24}$
香洲	$tɔ^{35}$	$lœ^{343}$白 $lɔ^{343}$文	$tsʰɔ^{35}$白 $tsɔ^{33}$文	$sɔ^{35}$	$kɔ^{35}$	$kɔ^{33}$	$fɔ^{33}$	$fɔ^{35}$
斗门	$tuɐ^{45}$	（无）	$tʰuɐ^{21}$白 $tsuɐ^{42}$文	$suɐ^{45}$	$kuɐ^{45}$	$kuɐ^{34}$	$fuɐ^{34}$	$fuɐ^{45}$
新会	$tɔ^{45}$	$lɔ^{21}$小	$tsʰɔ^{21}$	$sɔ^{45}$	$kɔ^{45}$	$kɔ^{23}$	$fɔ^{23}$	$fɔ^{45}$
台山	o^{55}	lo^{22}	$tʰo^{33}$	$ɬo^{55}$	ko^{55}	ko^{33}	fo^{33}	fo^{55}
开平	u^{45}	lu^{215}小	$tʰu^{31}$白 tu^{31}文	$ɬu^{45}$	$kɔ^{45}$	$kɔ^{33}$	$fɔ^{33}$	$fɔ^{45}$
恩平	tua^{55}	lua^{22}	$tʰua^{33}$白 $tʃua^{21}$文	$ʃua^{55}$	kua^{55}	kua^{33}	fua^{33}	fua^{55}
四会	$tɔ^{33}$	$lɔ^{31}$	$tʃʰɔ^{24}$	$ʃɔ^{33}$	$kuɔ^{33}$	$kuɔ^{33}$	$fɔ^{33}$	$fɔ^{33}$
广宁	$tœ^{44}$	$lɔ^{31}$	$tsʰɔ^{323}$	$sɔ^{44}$	$kuə^{44}$	$kuə^{33}$	$fuə^{33}$	$fuə^{44}$
怀集	$tɔ^{54}$	$lɔ^{231}$	$tʃʰɔ^{24}$白 $tʃɔ^{225}$文	$θɔ^{54}$	$kuɔ^{54}$	$kuɔ^{45}$	$kʰuɔ^{45}$	$fuɔ^{54}$
德庆	$tɔ^{31}$	$lɔ^{242}$	$tsʰɔ^{23}$	$sɔ^{45}$	$kɔ^{45}$	$kɔ^{53}$	$fɔ^{53}$	$fɔ^{45}$
封开	$tœ^{334}$	$lɔ^{243}$	$ɬɔ^{223}$	$ɬɔ^{334}$	$kuɔ^{334}$	$kuɔ^{51}$	$fɔ^{51}$	$fɔ^{334}$
阳江	$tɔ^{21}$	$lɔ^{42}$	$tsʰɔ^{21}$白 $tsɔ^{54}$文	$ɬɔ^{21}$	$kɔ^{21}$	$kɔ^{35}$	$fɔ^{35}$	$fɔ^{21}$
阳春	to^{324}	lo^{31}	$tsʰo^{323}$白 tso^{52}文	$ɬo^{324}$	ko^{324}	ko^{33}	$kʰo^{33}$	fo^{324}
赤坎	$tɔ^{13}$	$lɛ^{21}$	$tsʰɔ^{13}$	$ɬɔ^{13}$	$kɔ^{13}$	$kɔ^{33}$	$fɔ^{33}$	$fɔ^{13}$
吴川	$ɗo^{24}$	$lɛ^{31}$白 lo^{31}文	$tʃʰɛ^{24}$	$ɬɛ^{35}$	ko^{35}	ko^{33}	fo^{33}	fo^{35}
廉江	$tɔ^{25}$	$lɔ^{21}$	$tsʰɔ^{23}$	$ɬɔ^{25}$	$kɔ^{25}$	$kɔ^{33}$	$fɔ^{33}$	$fɔ^{25}$
高州	（无）	$lɛ^{21}$	$tʃʰɛ^{13}$	$ɬɛ^{24}$	$kɔ^{24}$	$kɔ^{33}$	$fɔ^{33}$	$fɔ^{24}$
化州	$ɗo^{35}$	lo^{13}	$tʰo^{13}$	$ɬo^{35}$	ko^{35}	ko^{33}	fo^{33}	fo^{35}

	0017 躲	0018 螺	0019 坐	0020 锁	0021 果	0022 过~米	0023 课	0024 火
	果合一上戈端	果合一平戈来	果合一上戈从	果合一上戈心	果合一上戈见	果合一去戈见	果合一去戈溪	果合一上戈晓
梅州	tɔ³¹	lɔ²¹	tsʰɔ⁴⁴白 tsʰɔ⁵²文	sɔ³¹	kuɔ³¹	kuɔ⁵²	kʰɔ⁵²	fɔ³¹
兴宁	tɔ³¹	lɔ¹³	tsʰɔ²⁴	sɔ³¹	kɔ³¹	kɔ⁵¹	kʰɔ⁵¹	fɔ³¹
五华	tɔ³¹	lɔ²¹²	tsɔ⁴⁴	sɔ³¹	kɔ³¹	kɔ⁵¹	kʰɔ⁵¹	fɔ³¹
大埔	tou³¹	lou¹³	tsʰou³⁴白 tsʰou⁵²文	sou³¹	kou³¹	kou⁵²	kʰou⁵²	fou³¹
丰顺	to²¹	lo²⁴	tsʰo⁴⁴	so⁵³	kuo⁵³	kuo⁵³	kʰo⁵³	fo⁵³
揭西	tɔu³¹	lɔu²⁴	tsʰɔu⁴⁵²	sɔu³¹	kɔu³¹	kɔu⁴¹	kʰɔu⁴¹	fɔu³¹
陆河	tɔ²⁴	lɔ³⁵	tsʰɔ⁵³	sɔ²⁴	kuɔ²⁴	kuɔ³¹	kʰɔ³¹	fɔ²⁴
龙川	tɔ²⁴	lɔ⁵¹	tsʰɔ³¹	sɔ²⁴	kɔ³¹	kɔ³¹	kʰɔ³¹	fɔ²⁴
河源	tɔ²⁴	lyø³¹	tsʰɔ²¹²	sɔ²⁴	kɔ²⁴	kɔ²¹²	fɔ²¹²	fɔ²⁴
连平	tɔ³¹	lɔ²¹	tsʰɔ²⁴	sɔ³¹	kɔ³¹	kɔ⁵³	kʰɔ⁵³	fɔ³¹
龙岗	to³¹	lo²¹	tsʰo³³	so³¹	ko³¹	ko⁵³	kʰo⁵³	fo³¹
惠州	tɔ³⁵	lyɛ²²	tsʰɔ²³	sɔ³⁵	kɔ³⁵	kɔ²³	kʰɔ²³	fɔ³⁵
博罗	tɔ³⁵	le²²⁵小	tsʰɔ²⁴	ɬɔ³⁵	kɔ³⁵	kɔ²⁴	vɔ²⁴	vɔ³⁵
新丰	tɔ³¹	liɔ²⁴	tsʰɔ⁴⁴	sɔ³¹	kɔ³¹	kɔ⁵¹	kʰɔ⁵¹	fɔ³¹
翁源	tɔu³¹	lɔu⁴¹	tsʰɔu²²	sɔu³¹	kɔu³¹	kɔu⁴⁵	kʰɔu⁴⁵	fɔu³¹
始兴	tɔ³¹	lɔ⁵¹	tsʰɔ²²	sɔ³¹	kɔ³¹	kɔ³³	kʰɔ³¹	fɔ³¹
仁化	to²³	lo³¹	tsʰo³⁴	so²³	ko²³	ko³⁴	kʰo³⁴	xo²³
南雄	to²⁴	lo²¹	tso²¹	so²⁴	ko²⁴	ko³²	kʰo³²	ho²⁴

	0017 躲	0018 螺	0019 坐	0020 锁	0021 果	0022 过~来	0023 课	0024 火
	果合一上戈端	果合一平戈来	果合一上戈从	果合一上戈心	果合一上戈见	果合一去戈见	果合一去戈溪	果合一上戈晓
皈塘	$tɔu^{33}$	$lɔu^{45}$	$tʃʰɔu^{33}$	$ʃɔu^{33}$	$kɔu^{33}$	$kɔu^{21}$	$kʰɔu^{21}$	$hɔu^{33}$
桂头	（无）	$lɔu^{45}$	$tsʰɔu^{21}$	$sɔu^{324}$	$kɔu^{324}$	ku^{44}	$kʰɔu^{44}$	fu^{324}
连州	（无）	$lɐu^{55}$	$tsʰɐu^{24}$	$sɐu^{53}$	$kuɐu^{53}$	ku^{11}白,~来 $kɐu^{11}$文,还~	$kʰuɐu^{53}$	$fɐu^{53}$
潮州	to^{55}	lo^{55}	tso^{35}	so^{53}	kue^{53}白 kua^{53}文 $kũãĩ^{53}$荔~	kue^{213}	$kʰue^{213}$	hue^{53}
饶平	to^{55}	lo^{55}	tso^{25}	so^{52}	kue^{52}白 $kũã^{52}$文	kue^{214}	$kʰue^{214}$	hue^{52}
汕头	to^{51}	lo^{55}	tso^{25}	so^{51}	$kũẽ^{51}$白 $kũã^{51}$文	kue^{213}	$kʰue^{213}$	hue^{51}
澄海	to^{55}	lo^{55}	tso^{35}	so^{53}	kue^{53}白 $kũã^{53}$文	kue^{212}	$kʰue^{212}$	hue^{53}
潮阳	to^{454}	lo^{33}	tso^{52}	so^{454}	kue^{454}	kue^{52}	$kʰue^{52}$	hue^{454}
南澳	to^{454}	lo^{454}	tso^{35}	so^{52}	kue^{52}	kue^{21}	$kʰue^{21}$	hue^{52}
揭阳	to^{41}	lo^{55}	tso^{25}	so^{41}	kue^{41}白 kua^{41}文 $kũãĩ^{41}$生~	kue^{213}	$kʰue^{213}$	hue^{41} hue^{33}~炭
普宁	to^{52}	lo^{55}	tso^{24}	so^{52}	$kũẽ^{52}$	kue^{312}	$kʰue^{312}$	hue^{52}
惠来	to^{53}	lo^{55}	tso^{25}	so^{53}	kue^{53}白 $kũã^{53}$文	kue^{31}	$kʰue^{31}$	hue^{53}
海丰	to^{53}	le^{55}	tse^{35}	so^{53}	kue^{53}白 ko^{53}文	kue^{212} ko^{212}	$kʰue^{212}$	hue^{53}
陆丰	to^{55}	le^{13}	tse^{22}	so^{55}	kue^{55}白 ko^{55}文	kue^{213}	$kʰue^{213}$	hue^{55}
电白	$tɔ^{22}$	lia^{22}	tse^{442}	$sɔ^{21}$	kua^{21}	$kɔi^{13}$	$kʰua^{13}$	$hɔi^{21}$
雷州	to^{33}	le^{22}	tse^{54}	so^{42}	kue^{42}	kue^{33}	$kʰo^{21}$	hue^{42}

	0025 货	0026 祸	0027 靴	0028 把量	0029 爬	0030 马	0031 骂	0032 茶
	果合一去戈晓	果合一上戈匣	果合三平戈晓	假开二上麻帮	假开二平麻並	假开二上麻明	假开二去麻明	假开二平麻澄
广州	fɔ³³	uɔ²²	hœ⁵³	pa³⁵	pʰa²¹	ma¹³	ma²²	tʃʰa²¹
番禺	fɔ²²	uɔ²²	hœ⁵³	pa³⁵	pʰa³¹	ma²³	ma²²	tʃʰa³¹
增城	fɔ³³	uɔ²²	hœ⁴⁴	pa¹³	pʰa²¹	ma³⁵	ma²²	tsʰa²¹
从化	fɔ²³	uɔ³¹	hœ⁵⁵	pa⁴⁵	pʰa²²	ma²³	ma³¹	tsa²²
龙门	fɔ²³	vɔ⁵³	hiɔ⁵⁵	pa³⁵	pʰa²¹	ma²³	ma⁵³	tsʰa²¹
莞城	fɔ⁴⁴	uɔ⁴⁴	hɛ²³	pa³⁵	pʰa³¹	ma³⁴	ma³⁴	tʃa³¹
宝安	fɔ³³	uɔ²²	hœ²³	pa²⁵	pʰa³³	ma²³	ma²²	tʃʰa³³
佛山	fɔ²⁴	uɔ¹²	hœ⁵³	pa³⁵	pʰa⁴²	ba¹³	ba¹²	tʃʰa⁴²
南海	fɔ³³	uɔ²²	hœ⁵¹	pa³⁵	pʰa³¹	ma¹³	ma²²	tsʰa³¹
顺德	fɔ³²	uɔ²¹	hø⁵³	pa²⁴	pʰa⁴²	ma¹³	ma⁵³	tʃa⁴²
三水	fo⁴⁴	uo³³	he⁵³	pa²⁵	pʰa³¹	ma²³	ma³³	tsʰa³¹
高明	fɔ³³	uɔ³¹	hœ⁵⁵	pa²⁴	pʰa³¹	ma³³	ma³¹	tʃʰœ²⁴ / tʃʰa³¹又
佛冈	fo³³	uo³¹	he³³	pa³⁵	pʰa²²	ma²³	ma²³	tʃʰa²²
阳山	fɔ³⁴	uɔ⁵¹~国㼛民 / uɔ²¹⁴闽~	kʰœ⁵¹	pa⁵⁵	pa²⁴¹	ma²²⁴	ma²¹⁴	tʃa²⁴¹
连山	fuɔ³⁵	vɔ¹⁵	（无）	ba⁵⁵	pa²⁴¹	ma¹⁵	ma²¹⁵文	ʃa²⁴¹
新兴	fuo⁴⁴³	uo⁵²	hœ⁴⁵	pa³⁵	pʰa²¹	ma²¹	ma⁵²	tsʰa²¹
罗定	fɔ³³	uɔ¹³	hœ⁵⁵	pa³⁵	pʰa²¹	ma¹³	ma²¹	tsʰa²¹
郁南	fɔ³³	uɔ²¹	hø⁵⁵	pa³⁵	pʰa²¹	ma¹³	ma²¹	tʃʰa²¹
石岐	fɔ³³	uɔ³³	hœ⁵⁵	pa²¹³	pʰa⁵¹	ma²¹³	ma³³	tsʰa⁵¹

	0025 货	0026 祸	0027 靴	0028 把量	0029 爬	0030 马	0031 骂	0032 茶
	果合一去戈晓	果合一上戈匣	果合三平戈晓	假开二上麻帮	假开二平麻並	假开二上麻明	假开二去麻明	假开二平麻澄
肇庆	uɔ³³	uɔ⁵²	hœ⁴⁵	pa²⁴	（无）	ma²⁴	ma⁵²	tʃʰa²¹
香洲	fɔ³³	uɔ³³	hœ²¹	pa³⁵	pʰa³⁴³	ma³⁵	ma³³	tsʰa³⁴³
斗门	fuɐ³⁴	uɐ⁴²	hiɐ³⁴	pɒ⁴⁵	pʰɒ²²	mɒ²¹	mɒ⁴²	tʰɒ²²
新会	fɔ²³	uɔ³²	hia²³	pa⁴⁵	pʰa²²	ma²¹	ma³²	tsʰa²²
台山	fo³³	ʋo³¹	he³³	pa⁵⁵	pʰa²²	ma²¹	ma³¹	tsʰa²²
开平	fɔ³³	ʋɔ³¹	hia³³	va⁴⁵	pʰa¹¹	ma²¹	ma³¹	tʃʰa¹¹
恩平	fua³³	vua²¹	hia³³	pa⁵⁵	pʰa²²	mba²¹	mba²¹	tʰa²²
四会	fɔ³³	ɔ²⁴	hœ⁵¹	pa³³	pa³¹	ma²⁴	ma²⁴	tʃa³¹
广宁	fuə³³	uə³²³	hœ⁵¹	pa⁴⁴	pa³¹	ma³²³	ma³²³	tsa³¹
怀集	fuɔ⁴⁵	uɔ²⁴	hœ⁴²	pa⁵⁴	pa²³¹	ma²⁴	ma²²⁵	tʃa²³¹
德庆	fɔ⁵³	uɔ²³	hœ⁴⁵⁴	pa⁴⁵	pa²⁴²	ma²³	ma³¹	tsa²⁴² 白 tsʰa³¹ 文
封开	fɔ⁵¹	uɔ²²³	hœ⁵⁵	pa³³⁴	pa²⁴³	ma²²³	ma²¹	tʃa²⁴³
阳江	fɔ³⁵	uɔ⁵⁴	hɛ³³	pa²¹	pʰa⁴²	ma²¹	ma⁵⁴	tsʰa⁴²
阳春	fo³³	uo⁵²	he⁴⁵	pa³²⁴	pʰa³¹	ma³²³	ma⁵²	tsʰa³¹
赤坎	fɔ³³	uɔ¹³	hɛ⁴⁵	pa¹³	pʰa²¹	ma¹³	ma²¹	tsʰa²¹
吴川	fo³³	uo²⁴	hɛ⁵⁵	ɓa³⁵	pʰa³¹	ma²⁴	ma³¹	tʃʰa³¹
廉江	fɔ³³	uɔ²³	hɛ⁵⁵	pa²⁵	pʰa²¹	ma²³	ma²¹	tsʰa²¹
高州	fɔ³³	ʋɔ¹³	hɛ⁵³	pa²⁴	pʰa²¹	ma¹³	ma³¹	tʃʰa²¹
化州	fo³³	uo¹³	hɛ⁵³	ɓa³⁵	pʰa¹³	ma¹³	ma³¹	tʃʰa¹³

	0025 货	0026 祸	0027 靴	0028 把量	0029 爬	0030 马	0031 骂	0032 茶
	果合一去戈晓	果合一上戈匣	果合三平戈晓	假开二上麻帮	假开二平麻并	假开二上麻明	假开二去麻明	假开二平麻澄
梅州	fɔ⁵²	fɔ⁵²	hio⁴⁴	pa³¹	pʰa²¹	ma⁴⁴	ma⁵²	tsa²¹
兴宁	fɔ⁵¹	fɔ⁵¹	ʃɔ²⁴	pa³¹	pʰa¹³	ma²⁴	ma⁵¹	tsʰa¹³
五华	fɔ⁵¹	fɔ³¹	ʃɔ⁴⁴	pa³¹	pʰa²¹²	ma⁴⁴	ma⁵¹	tsʰa²¹²
大埔	fou⁵²	fou⁵²	hiau³⁴	pa³¹	pʰa¹³	ma³⁴	ma⁵²	tsʰa¹³
丰顺	fo⁵³	fo²¹	hio⁴⁴	pa⁵³	pʰa²⁴	ma⁴⁴	ma⁵³	tsʰa²⁴
揭西	fɔu⁴¹	fɔu³¹	hiɔu⁴⁵²	pa³¹	pʰa²⁴	ma⁴⁵²	ma⁴¹	tsʰa²⁴
陆河	fɔ³¹	fɔ³³	hiɔ⁵³	pa²⁴	pʰa³⁵	ma⁵³	ma³¹	tsʰa³⁵
龙川	fɔ³¹	vɔ³³	ʃiɔ³³	pa²⁴	pʰa⁵¹	ma³¹	ma³¹	tsʰa⁵¹
河源	fɔ²¹²	ʋɔ⁵⁴	hø³³	pa²⁴	pʰa³¹	ma²¹²	ma⁵⁴	tsʰa³¹
连平	fɔ⁵³	fɔ⁵³	ɕiɔ²⁴	pa³¹	pʰa²¹	ma²⁴	ma⁵³	tsʰa²¹
龙岗	fo⁵³	fo⁵³	hio³³	pa³¹	pʰa²¹	mba³³	mba⁵³	tsʰa²¹
惠州	fɔ²³	wɔ³¹	hyɛ³³	pa³⁵	pʰa²²	ma²³	（无）	tsʰa²²
博罗	vɔ²⁴	vɔ⁴¹	he⁴⁴	pa³⁵	pʰa²¹	mba²⁴	mba⁴¹	tsʰa²¹
新丰	fɔ⁵¹	vɔ⁴⁴	hiɔ⁴⁴	pa³¹	pʰa²⁴	mba⁴⁴	mba⁵¹	tsʰa²⁴
翁源	fou⁴⁵	vou²²	sou²²	pa³¹	pʰa⁴¹	ma²²	ma⁴⁵	tsʰa⁴¹
始兴	kʰɔ³³	fɔ³³	ɕiɔ²²	pa³¹	pʰa⁵¹	ma³¹	ma³³	tsʰa⁵¹
仁化	kʰo³⁴	kʰo³³	（无）	pa²³	pʰa³¹	ma³⁴	ma³⁴	tsʰa³¹
南雄	kʰo³²	ho⁴²	ɕio⁴⁴	pa²⁴	pa²¹	ma²¹	ma³²	tsa²¹

	0025 货	0026 祸	0027 靴	0028 把量	0029 爬	0030 马	0031 骂	0032 茶
	果合一去戈晓	果合一上戈匣	果合三平戈晓	假开二上麻帮	假开二平麻並	假开二上麻明	假开二去麻明	假开二平麻澄
皈塘	$k^hɔu^{21}$	$hɔu^{21}$	（无）	$pɔ^{33}$	$pɔ^{45}$	$mɔ^{33}$	（无）	$tʃ^hɔ^{45}$
桂头	$k^hɔu^{44}$	$vɔu^4$	$hœ^{51}$	$pɔu^{324}$	$pɔu^{45}$	$mɔu^{21}$	（无）	$ts^hɔu^{45}$
连州	$k^huɐu^{11}$	$vɵ^{31}$	$k^hɵi^{31}$	$pɐu^{53}$	$pɐu^{55}$	$mɐu^{24}$	$mɐu^{33}$	$ts^hɐu^{55}$
潮州	hue^{213}	hua^{35}	hia^{33}	$pɛ^{53}$白 pa^{53}文	$pɛ^{55}$	$bɛ^{53}$白 $mã^{53}$文	$mɛ̃^{11}$	$tɛ^{55}$
饶平	hue^{214}	hua^{25}	hia^{44}	pe^{52}白 pa^{52}文	pe^{55}	be^{52}白 $mã^{52}$文	$mẽ^{21}$	te^{55}
汕头	hue^{213}	hua^{25}	hia^{33}	pe^{51}	pe^{55}	be^{51}白 $mã^{51}$文	$mẽ^{31}$	te^{55}
澄海	hue^{212}	hua^{35}	hia^{33}	$pẽ^{53}$	pe^{55}	be^{53}	$mẽ^{212}$	te^{55}
潮阳	hue^{52}	hua^{52}	hia^{31}	pe^{454}	pe^{33}	be^{454}	$mẽ^{42}$	te^{33}
南澳	hue^{21}	hua^{35}	hia^{34}	pa^{52}	pe^{454}	be^{52}	$mẽ^{31}$	te^{454}
揭阳	hue^{213}	hua^{25}	hia^{33}	pe^{41}白 pa^{41}文	pe^{55}	be^{41}白 $mã^{41}$文	$mẽ^{22}$	te^{55}
普宁	hue^{312}	hua^{24}	hia^{35}	pe^{52}白 pa^{52}文	pe^{55}	be^{52}	$mẽ^{31}$	te^{55}
惠来	hue^{31}	hua^{25}	hia^{34}	pe^{53}	pe^{55}	be^{53}白 $mã^{53}$文	$mẽ^{31}$	te^{55}
海丰	hue^{212}	hua^{35}	hia^{33}	pe^{53}白 pa^{53}文	pe^{55}	mbe^{53}白 $mã^{53}$文	$mẽ^{21}$	te^{55}
陆丰	hue^{213}	hua^{22}	hia^{33}	pe^{55}	pe^{13}	mbe^{55}白 $mã^{55}$文	$mẽ^{22}$	te^{13}
电白	$hɔi^{13}$	ua^{442}	$k^hɔi^{33}$	pa^{21}	pia^{22}	bia^{21}	mia^{33}	tia^{22}
雷州	hue^{33}	hue^{33}	k^hue^{24}	pe^{42}	p^ha^{22}	be^{42}白 ma^{42}文	me^{24}	te^{22}

	0033 沙	0034 假	0035 嫁	0036 牙	0037 虾	0038 下	0039 夏	0040 哑
	假开二 平麻生	假开二 上麻见	假开二 去麻见	假开二 平麻疑	假开二 平麻晓	假开二 上麻匣	假开二 去麻匣	假开二 上麻影
广州	$\int a^{53}$	ka^{35}	ka^{33}	ηa^{21}	ha^{55}	ha^{22}	ha^{22}	ηa^{35}
番禺	$\int a^{53}$	ka^{35}	ka^{33}	a^{31}	ha^{53}	ha^{22}	ha^{22}	a^{35}
增城	sa^{44}	ka^{35}	ka^{33}	ηa^{21}	ha^{44}	ha^{22}	ha^{22}	a^{35}
从化	sa^{55}	ka^{45}	ka^{23}	ηa^{22}	ha^{55}	ha^{31}	ha^{31}	a^{45}
龙门	sa^{42}	ka^{35}	ka^{23}	ηa^{21}	ha^{55}	ha^{53}	ha^{53}	a^{35}
莞城	$\int a^{23}$	ka^{35}	ka^{44}	ηa^{31}	ha^{55}	ha^{44}	ha^{44}	ηa^{35}
宝安	$\int a^{23}$	ka^{25}	ka^{33}	ηa^{33}	ha^{55}	ha^{22}	ha^{22}	a^{25}
佛山	$\int a^{53}$ ~石 $\int a^{55}$ 绿豆~	ka^{35}	ka^{24}	ga^{42}	ha^{55}	ha^{12}	ha^{12}	ga^{35}
南海	sa^{51}	ka^{35}	ka^{33}	ηa^{31}	ha^{55}	ha^{22}	ha^{22}	ηa^{35}
顺德	$\int a^{53}$	ka^{24}	ka^{32}	a^{42}	ha^{55}	ha^{21}	ha^{21}	a^{24}
三水	sa^{53} sa^{55} 又	ka^{25}	ka^{44}	ηa^{31}	ha^{53} ha^{55} 又	ha^{33}	ha^{33}	ηa^{23}
高明	$\int a^{55}$	ka^{33}	ka^{33}	$\eta œ^{24}$ ηa^{31} 又	ha^{45}	ha^{31}	ha^{31}	a^{24}
佛冈	$\int a^{31}$	ka^{35}	ka^{33}	ηa^{22}	ha^{31} ha^{35}	ha^{31}	ha^{31}	a^{35}
阳山	$\int a^{51}$	ka^{55}	ka^{34}	ηa^{241}	ha^{51}	ha^{214}	ha^{214}	a^{55}
连山	$\int a^{51}$	ka^{55}	ka^{35}	ηa^{241}	ha^{51}	a^{15}	a^{215}	a^{55}
新兴	sa^{45}	ka^{35}	ka^{443}	ηa^{21}	ha^{45}	ha^{52}	ha^{52}	a^{35}
罗定	sa^{55}	ka^{35}	ka^{33}	ηa^{21}	ha^{55}	ha^{21}	ha^{21}	a^{35}
郁南	$\int a^{55}$	ka^{35}	ka^{33}	ηa^{21}	ha^{55} 小	ha^{21}	ha^{21}	a^{35}
石岐	sa^{55}	ka^{213}	ka^{33}	ηa^{51}	ha^{55}	ha^{33}	ha^{33}	a^{213}

	0033 沙 假开二平麻生	0034 假 假开二上麻见	0035 嫁 假开二去麻见	0036 牙 假开二平麻疑	0037 虾 假开二平麻晓	0038 下 假开二上麻匣	0039 夏 假开二去麻匣	0040 哑 假开二上麻影
肇庆	$\int a^{45}$	ka^{24}	ka^{33}	ηa^{21}	ha^{45}	ha^{52}	ha^{52}	ηa^{24}
香洲	sa^{21}	ka^{35}	ka^{33}	ηa^{343}	ha^{21}	ha^{33}	ha^{33}	a^{35}
斗门	$s\mathrm{\scriptstyle D}^{34}$	$k\mathrm{\scriptstyle D}^{45}$	$k\mathrm{\scriptstyle D}^{34}$	$\eta\mathrm{\scriptstyle D}^{22}$	（无）	$h\mathrm{\scriptstyle D}^{42}$	$h\mathrm{\scriptstyle D}^{42}$	$\mathrm{\scriptstyle D}^{45}$
新会	sa^{21}小	ka^{45}	ka^{23}	ηa^{22}	ha^{21}小	ha^{32}	ha^{32}	a^{45}
台山	sa^{33}	ka^{55}	ka^{33}	ηa^{22}	ha^{225}小	ha^{31}	ha^{31}	a^{55}
开平	$\int a^{21}$	ka^{45}	ka^{33}	ηa^{11}	ha^{215}小	ha^{31}	ha^{31}	a^{45}
恩平	$\int a^{33}$	ka^{55}	ka^{33}	ηga^{22}	ha^{21}	ha^{21}	ha^{21}	a^{55}
四会	$\int a^{51}$	ka^{33}	ka^{33}	ηa^{31}	ha^{51}	ha^{24}	ha^{24}	a^{33}
广宁	sa^{51}	ka^{44}	ka^{33}	ηa^{31}	ha^{51}	ha^{323}	ha^{323}	a^{44}
怀集	θa^{42}	ka^{54}	ka^{45}	ηa^{231}	ha^{42}	ha^{225}	ha^{225}	a^{54}
德庆	sa^{454}	ka^{45}	ka^{53}	ηa^{242}	ha^{454}	ha^{31}	ha^{31}	a^{45}
封开	$\int a^{55}$	ka^{334}	ka^{51}	ηa^{243}	ha^{55}	ha^{223}	ha^{21}	a^{334}
阳江	sa^{33}	ka^{21}	ka^{35}	ηa^{42}	ha^{33}	ha^{54}	ha^{54}	a^{21}
阳春	sa^{45}	ka^{324}	ka^{33}	ηa^{31}	ha^{45}	ha^{52}	ha^{52}	a^{323}
赤坎	sa^{45}	ka^{13}	ka^{33}	ηa^{21}	ha^{45}	ha^{21}	ha^{21}	a^{13}
吴川	$\int a^{55}$	ka^{35}	ka^{33}	ηa^{31}	ha^{55}	ha^{31}	ha^{31}	a^{35}
廉江	sa^{55}	ka^{25}	ka^{33}	ηa^{31}	ha^{55}	ha^{21}	ha^{21}	a^{25}
高州	$\int a^{53}$	ka^{24}	ka^{33}	ηa^{21}	ha^{53}	ha^{31}	ha^{31}	a^{24}
化州	$\int a^{53}$	ka^{35}	ka^{33}	ηa^{13}	ha^{53}	ha^{31}	ha^{31}	a^{35}

	0033 沙	0034 假 真~	0035 嫁	0036 牙	0037 虾	0038 下 方位	0039 夏 春~	0040 哑
	假开二 平麻生	假开二 上麻见	假开二 去麻见	假开二 平麻疑	假开二 平麻晓	假开二 上麻匣	假开二 去麻匣	假开二 上麻影
梅州	sa⁴⁴	ka³¹	ka⁵²	ŋa²¹	ha²¹	ha⁴⁴ 白 ha⁵² 文	ha⁵²	a³¹
兴宁	sa²⁴	ka³¹	ka⁵¹	ŋa¹³	ha¹³	ha²⁴ 白 ha⁵¹ 文	ha⁵¹	a³¹
五华	sa⁴⁴	ka³¹	ka⁵¹	ŋa²¹²	ha²¹²	ha⁴⁴ 白 ha⁵¹ 文	ha³¹	a³¹
大埔	sa³⁴	ka³¹	ka⁵²	ŋa¹³	ha¹³	ha³⁴ 白 ha⁵² 文	ha⁵²	a³¹
丰顺	sa⁴⁴	ka⁵³	ka⁵³	ŋa²⁴	ha²⁴	ha⁴⁴	ha²¹	a⁵³
揭西	sa⁴⁵²	ka³¹	ka⁴¹	ŋa²⁴	ha²⁴	ha⁴⁵² 白 ha³¹ 文	ha³¹	a³¹
陆河	sa⁵³	ka²⁴	ka³¹	ŋa³⁵	ha³⁵	ha³³	ha³³	a²⁴
龙川	sa³³	ka²⁴	ka³¹	ŋa⁵¹	ha³³	ha³¹	ha³³	a²⁴
河源	sa³³	ka²⁴	ka²¹²	ŋa³¹	ha³³	ha²¹² 白 ha⁵⁴ 文	ha⁵⁴	a²⁴
连平	sa²⁴	ka³¹	ka⁵³	ŋa²¹	ha²¹	ha²⁴	ha⁵³	a³¹
龙岗	sa³³	ka³¹	ka⁵³	ŋga²¹	ha²¹	ha³³ 白 ha⁵³ 文	ha⁵³	a³¹
惠州	sa³³	ka³⁵	ka²³	ŋa²²	ha³³	ha²³	ha³¹	ʔa³⁵
博罗	sa⁴⁴	ka³⁵	ka²⁴	ŋga²¹	ha⁴⁴	ha⁴¹	ha⁴¹	a³⁵
新丰	sa⁴⁴	ka³¹	ka⁵¹	ŋga²⁴	ha⁴⁴	ha³¹	ha³¹	a³¹
翁源	sa²²	ka³¹	ka⁴⁵	ŋa⁴¹	ha⁴⁵	ha³¹	ha³¹	a³¹
始兴	sa²²	ka³¹	ka³³	ŋa⁵¹	ha⁵¹	ha³³	ha³³	a³¹
仁化	sa³³	ka²³	ka³⁴	ŋa³¹	xa³³	xa³⁴	xa³³	a²³
南雄	sa⁴⁴	ka²⁴	ka³²	ŋa²¹	ha²¹	ha⁴²	ha⁴²	a²⁴

	0033 沙	0034 假 真~	0035 嫁	0036 牙	0037 虾	0038 下 方位	0039 夏 春~	0040 哑
	假开二 平麻生	假开二 上麻见	假开二 去麻见	假开二 平麻疑	假开二 平麻晓	假开二 上麻匣	假开二 去麻匣	假开二 上麻影
汃塘	$\int ɔ^{24}$	$kɔ^{33}$	$kɔ^{21}$	$ŋɔ^{45}$	$hɔ^{24}$	$hɔ^{21}$山~ $hɔ^{24}$底~	$hɔ^{21}$	$ɔ^{33}$
桂头	sou^{51}	kou^{324}	kou^{44}	$ŋou^{45}$	hou^{51}	hou^{44}	hou^{44}	ou^{324}
连州	$sɐu^{31}$	$kɐu^{53}$	$kɐu^{11}$	$ŋɐu^{55}$	$hɐu^{31}$	$hɐu^{33}$	$hɐu^{33}$	$ɐu^{53}$
潮州	sua^{33}白 sa^{33}文	$kɛ^{53}$	$kɛ^{213}$	ge^{55}	he^{55}	$ɛ^{35}$白 hia^{35}文	$hɛ^{11}$	$ɛ^{53}$
饶平	sua^{44}白 sa^{44}文	ke^{52}	ke^{214}	ge^{55}	he^{55}	ke^{25}白 e^{25}文 hia^{25}文	he^{21}	e^{52}
汕头	sua^{33}白 sa^{33}文	ke^{51}	ke^{213}	ge^{55}	he^{55}	ke^{25}白 e^{25}白 hia^{25}文	he^{31}	e^{51}
澄海	sua^{33}白 sa^{33}文	ke^{53}	ke^{212}	ge^{55}	he^{55}	e^{35}白 hia^{35}文	he^{22}	e^{53}
潮阳	sua^{31}	$kẽ^{454}$	ke^{52}	ge^{33}	he^{33}	e^{52}	he^{42}	e^{454}
南澳	sua^{34}	ke^{52}	ke^{21}	ge^{454}	he^{454}	e^{35}	he^{31}	e^{52}
揭阳	sua^{33}白 sa^{33}文	ke^{41}	ke^{213}	ge^{55}	he^{55}	e^{25}白 ke^{25}文	he^{22}	e^{41}
普宁	sua^{35}白 sa^{35}文	ke^{52}	ke^{312}	ge^{55}	he^{55}	e^{24}	he^{31}	e^{52}
惠来	sua^{34}白 sa^{34}文	ke^{53}	ke^{31}	ge^{55}	he^{55}	e^{25}	he^{31}	e^{53}
海丰	sua^{33}白 sa^{33}文	ke^{53}	ke^{212}	$ŋge^{55}$	he^{55}	e^{35}白 hia^{35}文	he^{35}	e^{53}
陆丰	sua^{33}白 sa^{33}文	ke^{55}	ke^{213}	$ŋge^{13}$	he^{13}	e^{22}	he^{22}	e^{55}
电白	sua^{33}	kia^{21}	kia^{13}	gia^{22}	hia^{33}	ia^{442}	hia^{33}	ia^{21}
雷州	sua^{24}	ke^{42}	ke^{33}	$ŋe^{22}$	he^{22}	$ʔe^{33}$	he^{24}	$ʔe^{42}$

	0041 姐	0042 借	0043 写	0044 斜	0045 谢	0046 车 ~辆	0047 蛇	0048 射
	假开三上麻精	假开三去麻精	假开三上麻心	假开三平麻邪	假开三去麻邪	假开三平麻昌	假开三平麻船	假开三去麻船
广州	tʃɛ³⁵	tʃɛ³³	ʃɛ³⁵	tʃʰɛ²¹	tʃɛ²²	tʃʰɛ⁵⁵	ʃɛ²¹	ʃɛ²²
番禺	tʃɛ³⁵	tʃɛ³³	ʃɛ³⁵	tʃʰɛ³¹	tʃɛ²²	tʃʰɛ⁵³	ʃɛ³¹	ʃɛ²²
增城	tsɛ⁴⁴	tsɛ³³	sɛ³⁵	tsʰɛ²¹	tsɛ²²	tsʰɛ⁴⁴	sɛ²¹	sɛ²²
从化	tsɛ⁴⁵	tsɛ²³	sɛ⁴⁵	tsʰɛ²²	tsɛ³¹	tsʰɛ⁵⁵	sɛ²²	sɛ³¹
龙门	tsia³⁵	tsia²³	sia³⁵	tsʰia²¹	tsia⁵³	tsʰia⁵⁵	sia²¹	sia⁵³
莞城	tʃɛ³⁵	tʃɛ⁴⁴	ʃɛ³⁵	tʃʰɛ³¹	tʃɛ⁴⁴	tʃʰɛ²³	ʃɛ³¹	ʃɛ⁴⁴
宝安	tʃiɛ²⁵	tʃiɛ³³	ʃiɛ²⁵	tʃʰiɛ³³	tʃiɛ²²	tʃʰiɛ⁵⁵	ʃiɛ³³	ʃiɛ²²
佛山	tʃɛ³⁵ 小~ tʃɛ⁵⁵ 家~	tʃɛ²⁴	ʃɛ³⁵	tʃʰɛ²⁴	tʃɛ¹²	tʃʰɛ⁵³	ʃɛ⁴²	ʃɛ¹²
南海	tsiɛ³⁵	tsiɛ³³	siɛ³⁵	tsʰiɛ³³ 白 tsʰiɛ³¹ 文	tsiɛ²²	tsʰiɛ⁵¹	siɛ³¹	siɛ²²
顺德	tʃɛ²⁴ 小~ tʃɛ³² 家~	tʃɛ³²	ʃɛ²⁴	tʃʰɛ⁴²	tʃɛ²¹	tʃʰɛ⁵³	ʃɛ⁴²	ʃɛ²¹
三水	tsiɛ²⁵ tsiɛ⁵⁵ 又	tsiɛ⁴⁴	siɛ²⁵	tsʰiɛ³¹	tsiɛ³³	tsʰiɛ⁵³	siɛ³¹	siɛ³³
高明	tʃɛ⁵⁵	tʃɛ³³	ʃɛ²⁴	tʃʰɛ³³ tʃʰɛ³¹ 又	tʃɛ³¹	tʃʰɛ⁵⁵	ʃɛ³¹	ʃɛ³¹
佛冈	tʃe³⁵	tʃe³³	ʃe³⁵	tʃʰe²²	tʃe³¹	tʃʰe³³	ʃe²²	ʃe³¹
阳山	tʃe⁵⁵	tʃe³⁴	ʃe⁵⁵	tʃe²⁴¹	tʃe²¹⁴	tʃʰe⁵¹	ʃe²⁴¹	ʃe²¹⁴
连山	tɛ¹⁵	tia³⁵	θia⁵⁵	θia²⁴¹	θia²¹⁵	tʃʰia⁵¹	ʃia²⁴¹	ʃia²¹⁵
新兴	tsiɛ³⁵	tsiɛ⁴⁴³	siɛ³⁵	tsʰiɛ²¹	tsiɛ⁵²	tsʰiɛ⁴⁵	siɛ²¹	siɛ⁵²
罗定	tsɛ³⁵	tsɛ³³	sɛ³⁵	tsʰɛ²¹	tsɛ²¹	tsʰɛ⁵⁵	sɛ²¹	sɛ²¹
郁南	tʃɛ³⁵	tʃɛ³³	ʃɛ³⁵	tʃʰɛ²¹	tʃɛ²¹	tʃʰɛ⁵⁵	ʃɛ²¹	ʃɛ²¹
石岐	tsɛ²¹³ ~妹 tsɛ⁵⁵ 家~	tsɛ³³	sɛ²¹³	tsʰɛ⁵¹	tsɛ³³	tsʰɛ⁵⁵	sɛ⁵¹	sɛ³³

	0041 姐	0042 借	0043 写	0044 斜	0045 谢	0046 车 ~辆	0047 蛇	0048 射
	假开三 上麻精	假开三 去麻精	假开三 上麻心	假开三 平麻邪	假开三 去麻邪	假开三 平麻昌	假开三 平麻船	假开三 去麻船
肇庆	$tʃɛ^{24}$	$tʃɛ^{33}$	$ʃɛ^{24}$	$tʃʰɛ^{21}$	$tʃɛ^{52}$	$tʃʰɛ^{45}$	$ʃɛ^{21}$	$ʃɛ^{52}$
香洲	$tsɛ^{35}$	$tsɛ^{33}$	$sɛ^{35}$	$tsʰɛ^{343}$	$tsɛ^{33}$	$tsʰɛ^{21}$	$sɛ^{343}$	$sɛ^{33}$
斗门	$tsiɐ^{45}$	$tsiɐ^{34}$	$siɐ^{45}$	$tʰiɐ^{22}$	$tsiɐ^{42}$	$tʰiɐ^{34}$	$siɐ^{22}$	$siɐ^{42}$
新会	$tsia^{45}$	$tsia^{23}$	sia^{45}	$tsʰia^{22}$	$tsia^{32}$	$tsʰia^{23}$	sia^{22}	sia^{32}
台山	tei^{55}	te^{33}	$ɬe^{55}$	$tʰe^{22}$	te^{31}	$tsʰe^{33}$	se^{22}	se^{31}
开平	tei^{45}白 tia^{45}文	tia^{33}	$ɬia^{45}$	$tʰia^{11}$	tia^{31}	$tʃʰia^{33}$	$ʃia^{11}$	$ʃia^{31}$
恩平	$tʃia^{55}$	$tʃia^{33}$	$ʃia^{55}$	$tʰia^{22}$	$tʃia^{21}$	$tʰia^{33}$	$ʃia^{22}$	$ʃia^{21}$
四会	$tʃɛ^{33}$ $tʃɛ^{55}$又	$tʃɛ^{33}$	$ʃɛ^{33}$	$tʃɛ^{24}$	$tʃɛ^{24}$	$tʃʰɛ^{51}$	$ʃɛ^{31}$	$ʃɛ^{24}$
广宁	$tsiə^{44}$	$tsiə^{33}$	$siə^{44}$	$tsiə^{31}$	$tsiə^{323}$	$tsʰiə^{51}$	$siə^{31}$	$siə^{323}$
怀集	$tʃɛ^{54}$	$tʃiɐ^{45}$	$θiɐ^{54}$	$tʃiɐ^{231}$	$tʃiɐ^{225}$	$tʃʰiɐ^{42}$	$tʃiɐ^{231}$	$tʃiɐ^{225}$
德庆	$tsɛ^{45}$	$tsɛ^{53}$	$sɛ^{45}$	$tsʰɛ^{31}$	$tsɛ^{31}$	$tsʰɛ^{454}$	$sɛ^{242}$	$sɛ^{31}$
封开	$tɛ^{334}$	$tɛ^{51}$	$ɬɛ^{334}$	$ɬɛ^{243}$	$ɬɛ^{21}$	$tʃʰɛ^{55}$	$tʃɛ^{243}$	$tʃɛ^{21}$
阳江	$tsɛ^{21}$	$tsɛ^{35}$	$ɬɛ^{21}$	$tsʰɛ^{42}$	$tsɛ^{54}$	$tsʰɛ^{33}$	$sɛ^{42}$	$sɛ^{54}$
阳春	$tsie^{324}$	$tsie^{33}$	$ɬie^{324}$	$tsʰie^{31}$	$tsie^{52}$	$tsʰie^{45}$	sie^{31}	sie^{52}
赤坎	$tsɛ^{45}$小	$tsɛ^{33}$	$ɬɛ^{13}$	$tsʰɛ^{21}$	$tsɛ^{21}$	$tsʰɛ^{45}$	$sɛ^{21}$	$sɛ^{21}$
吴川	$tʃɛ^{35}$	$tʃɛ^{33}$	$ɬɛ^{35}$	$tʃʰɛ^{31}$	$tʃɛ^{21}$	$tʃʰɛ^{55}$	$ʃɛ^{31}$	$ʃɛ^{21}$
廉江	$tsei^{25}$	$tsɛ^{33}$	$ɬɛ^{25}$	$tsʰɛ^{21}$	$tsɛ^{21}$	$tsʰɛ^{55}$	$sɛ^{21}$	$ʃɛ^{21}$
高州	$tʃɛ^{24}$	$tʃɛ^{33}$	$ɬɛ^{24}$	$tʃʰɛ^{33}$白 $tʃʰɛ^{21}$文	$tʃɛ^{31}$	$tʃʰɛ^{53}$	$ʃɛ^{21}$	$ʃɛ^{31}$
化州	tie^{35}白 $tʃie^{35}$文	tie^{33}	$ɬie^{35}$	$tʰie^{13}$白 $tʰie^{33}$文	tie^{31}	$tʃʰie^{53}$	$ʃie^{13}$	$ʃie^{31}$

	0041 姐	0042 借	0043 写	0044 斜	0045 谢	0046 车~辆	0047 蛇	0048 射
	假开三 上麻精	假开三 去麻精	假开三 上麻心	假开三 平麻邪	假开三 去麻邪	假开三 平麻昌	假开三 平麻船	假开三 去麻船
梅州	tsia³¹	tsia⁵²	sia³¹	sia²¹	tsʰia⁵²	tsʰa⁴⁴	sa²¹	sa⁵²
兴宁	tsia³¹ 小~	tsia⁵¹	sia³¹	tsʰia¹³	tsʰia⁵¹	tʃʰa²⁴	ʃa¹³	ʃa⁵¹
五华	tsia³¹	tsia⁵¹	sia³¹	sia²¹²	tsʰia³¹	tʃʰa⁴⁴	ʃa²¹²	ʃa³¹
大埔	tsia³¹	tsia⁵²	sia³¹	tsʰia¹³	sia⁵²	tʃʰa³⁴	ʃa¹³	ʃa⁵²
丰顺	tsia⁵³ tse²⁴又	tsia⁵³	sia⁵³	tsʰia²⁴	tsʰia²¹	tʃʰa⁴⁴	ʃa²⁴	ʃa²¹
揭西	tsia³¹	tsia⁴¹	sia³¹	tsʰia²⁴	tsʰia³¹	tʃʰa⁴⁵²	ʃa²⁴	ʃa³¹
陆河	tsia²⁴	tsia³¹	sia²⁴	tsʰia³⁵	tsʰia³³	tʃʰa⁵³	ʃa³⁵	ʃa³³
龙川	tsia²⁴	tsia³¹	sia²⁴	tsʰia³¹	tsʰia³³	tsʰa³³	sa⁵¹	sa³³
河源	tsia²⁴	tsia²¹²	sia²⁴	tsʰia³¹	tsʰia⁵⁴	tsʰa³³	sa³¹	sa⁵⁴
连平	tsia³¹	tsia⁵³	sia³¹	tsʰia²¹	tsʰia⁵³	tsʰa²⁴	sa²¹	sa⁵³
龙岗	tsia³¹	tsia⁵³	sia³¹	sia²¹	tsʰia⁵³	tsʰa³³	sa²¹	sa⁵³
惠州	tɕia³⁵	tɕia²³	sia³⁵	tɕʰia²²	tɕʰia³¹	tɕʰia³³	ɕia²²	ɕia³¹
博罗	tse³⁵	tse²⁴	ɬe³⁵	tsʰe²¹	tsʰe⁴¹	tsʰa⁴⁴	sa²¹	sa⁴¹
新丰	tsia³¹	tsia⁵¹	sia³¹	tsʰia²⁴	tsʰia³¹	tsʰa⁴⁴	sa²⁴	sa³¹
翁源	tsia³¹	tsia⁴⁵	sia³¹	tsʰia⁴¹	tsʰia³¹	tʃʰa²²	ʃa⁴¹	ʃa³¹
始兴	tɕia³¹	tɕia³³	ɕia³¹	tɕʰia⁵¹	tɕʰia³³	tsʰa²²	sa⁵¹	sa³³
仁化	tsia²³	tsia³⁴	sia²³	tsʰia³¹	tsʰia³³	tsʰa³³	sa³¹	sa³³
南雄	tɕia²⁴	tɕia³²	ɕia²⁴	tɕia²¹	tɕia⁴²	tsʰa⁴⁴	sa²¹	sa⁴²

	0041 姐	0042 借	0043 写	0044 斜	0045 谢	0046 车 ~辆	0047 蛇	0048 射
	假开三上麻精	假开三去麻精	假开三上麻心	假开三平麻邪	假开三去麻邪	假开三平麻昌	假开三平麻船	假开三去麻船
皈塘	tʃie³³	tʃua²¹	ʃua³³	tʃʰua⁴⁵	tʃʰua²¹	tʃʰɔ²⁴	ʃ⁴⁵	ʃɔ²¹
桂头	tsɛi³²⁴	tsi⁴⁴	si³²⁴	tsʰi⁴⁵	tsʰi⁴⁴	tsʰi⁵¹	si⁴⁵	si⁴⁴
连州	tsɛi²⁴	tsa¹¹	sa⁵³	tsʰa⁵⁵	tsʰa³³	tsʰa³¹	sa⁵⁵	sa³³
潮州	tsɛ⁵³白 tsia³⁵文	tsie?²白 tsia³⁵文	sia⁵³	sia⁵⁵	tsia¹¹白 sia¹¹文	tsʰia³³	tsua⁵⁵	sia¹¹
饶平	tse⁵²白 tsia⁵²文	tsio?²	sia⁵²	sia⁵⁵	tsia²¹白 sia²¹文	tsʰia⁴⁴	tsua⁵⁵	sia²¹
汕头	tse⁵¹白 tsia⁵¹文	tsio?²	sia⁵¹	sia⁵⁵	tsia³¹白 sia³¹白 sia²¹³文	tsʰia³³	tsua⁵⁵	sia³¹
澄海	tse⁵³白 tsia⁵³文	tsio?²	sia⁵³	sia⁵⁵又 sia³³又	tsia²²白 sia²²文	tsʰia³³	tsua⁵⁵	sia²²
潮阳	tse⁴⁵⁴	tsio?³	sia⁴⁵⁴	sia³¹	tsia⁴²白 sia⁴²文	tsʰia³¹	tsua³³	sia⁴²
南澳	tse⁵²	tsio?²	sia⁵²	sia³⁴	tsia³¹白 sia³¹文	tsʰia³⁴	tsua⁴⁵⁴	sia⁴⁵⁴
揭阳	tse⁴¹白 tsia⁴¹文	tsio?³	sia⁴¹	sia⁵⁵	tsia²²白 sia²²文 sia²¹³文	tsʰia³³	tsua⁵⁵	sia²²
普宁	tse⁵²白 tsia⁵²文	tsio?³	sia⁵²	sia⁵⁵	tsia³¹白 sia³¹文	tsʰia³⁵	tsua⁵⁵	sia³¹
惠来	tse⁵³	tsio?³	sia⁵³	sia⁵⁵	sia³¹白 tsia³¹文	tsʰia³⁴	tsua⁵⁵	sia³¹
海丰	tse⁵³白 tsia⁵³文	tsio?²	sia⁵³	sia⁵⁵	tsia²¹白 sia²¹文	tsʰia³³	tsua⁵⁵	sia²¹ sia³⁵
陆丰	tse⁵⁵白 tsia⁵⁵文	tsio?²	sia⁵⁵	sia¹³	tsia²²白 sia²²文,多~ sia¹³文,花~	tsʰia³³	tsua¹³	sia²²
电白	tse²¹	tsieu⁵³	sia²¹	tsʰia²²	tsia³³白 sia⁴⁴²文	tsʰia³³	zua²²	sia⁴⁴²
雷州	tse⁵⁴	tsio⁵⁴	sia⁴²	sia²²	tsia²⁴白 sia²⁴文	tsʰia²⁴	tsua²²	sia²⁴

	0049 爷	0050 野	0051 夜	0052 瓜	0053 瓦名	0054 花	0055 化	0056 华 中~
	假开三平麻以	假开三上麻以	假开三去麻以	假合二平麻见	假合二上麻疑	假合二平麻晓	假合二去麻晓	假合二平麻匣
广州	$iɛ^{21}$	$iɛ^{13}$	$iɛ^{22}$	kua^{55}	$ŋa^{13}$	fa^{53}	fa^{33}	ua^{21}
番禺	$iɛ^{31}$	$iɛ^{23}$	$iɛ^{22}$	kua^{53}	a^{23}	fa^{55}	fa^{33}	ua^{31}
增城	$iɛ^{21}$	$i̍^{13}$	$iɛ^{22}$	kua^{44}	a^{13}	fa^{44}	fa^{33}	ua^{21}
从化	$iɛ^{22}$	$iɛ^{23}$	$iɛ^{31}$	kua^{55}	$ŋa^{45}$	fa^{55}	fa^{23}	ua^{22}
龙门	ia^{21}	ia^{23}	ia^{53}	ka^{42}	$ŋa^{23}$	fa^{42}	fa^{23}	va^{21}
莞城	$iɛ^{31}$	$iɛ^{44}$	$iɛ^{44}$	kua^{23}	$ŋa^{34}$	fa^{23}	fa^{44}	ua^{31}
宝安	$iɛ^{31}$	$iɛ^{23}$	$iɛ^{22}$	kua^{55}	$ŋa^{23}$	fa^{23}	fa^{33}	ua^{33}
佛山	$iɛ^{42}$ $hɛ^{42}$又	$iɛ^{13}$	$iɛ^{12}$	kua^{53}白 kua^{55}文	ga^{13}	fa^{55} ua^{55}又	fa^{24}	ua^{42} ua^{35}又
南海	$iɛ^{31}$	$iɛ^{13}$	$iɛ^{22}$	kua^{51}白 kua^{55}文	$ŋa^{13}$	fa^{55}~市 fa^{51}~费	fa^{33}	ua^{31}
顺德	$hɛ^{24}$	$hɛ^{13}$	$hɛ^{21}$	kua^{53}	a^{13}	ua^{55}	fa^{32}	ua^{42}
三水	$iɛ^{31}$ $iɛ^{25}$又	$iɛ^{23}$	$iɛ^{33}$	kua^{55}	$ŋa^{23}$	ua^{55} ua^{55}又 fa^{53}又	fa^{44}	ua^{31}
高明	$iɛ^{31}$	$iɛ^{33}$	$ɛ^{31}$	kua^{45}	$ŋa^{33}$	ua^{55}	ua^{33}	ua^{31}
佛冈	ie^{22}	ie^{31}	ie^{31}	kua^{31} kua^{33}	$ŋa^{35}$	fa^{33}	fa^{33}	ua^{22}
阳山	ie^{241}	ie^{224}	ie^{214}	kua^{51}	$ŋa^{224}$	fa^{51}	fa^{34}	ua^{241}
连山	ia^{51}	ia^{15}	ia^{215}	kua^{51}	$ŋa^{15}$	fa^{51}	fa^{35}	va^{241}
新兴	$iɛ^{21}$	$iɛ^{21}$	ia^{52}	ka^{45}	$ŋa^{21}$	fa^{45}	fa^{443}	ua^{21}
罗定	$iɛ^{21}$老~ $iɛ^{55}$伯~	$iɛ^{13}$	$iɛ^{21}$	kua^{55}	$ŋa^{13}$	fa^{55}	fa^{33}	ua^{21}
郁南	$iɛ^{21}$	$iɛ^{13}$	$iɛ^{21}$	kua^{55}	$ŋa^{13}$	fa^{55}	fa^{33}	ua^{21}
石岐	ia^{51}	ia^{213}	ia^{33}	kua^{55}	$ŋa^{213}$	fa^{55}	fa^{33}	ua^{51}

	0049 爷	0050 野	0051 夜	0052 瓜	0053 瓦名	0054 花	0055 化	0056 华 中~
	假开三平麻以	假开三上麻以	假开三去麻以	假合二平麻见	假合二上麻疑	假合二平麻晓	假合二去麻晓	假合二平麻匣
肇庆	iɛ²⁴小	iɛ¹³	iɛ⁵²	kua⁴⁵	ŋa¹³	ua⁴⁵	ua³³	ua²¹
香洲	iɛ³⁴³	iɛ³⁵	iɛ³³	ka²¹	ŋa³⁵	fa²¹	fa³³	ua³⁴³
斗门	iɛ²²	iɛ²¹	iɛ⁴²	kɒ³⁴	ŋɒ⁴⁵	fɒ³⁴	fɒ³⁴	uɒ²²
新会	ia²²	ia²¹	ia³²	kua²³	ŋa⁴⁵	fa²³	fa²³	ua²²
台山	jie²²	jie²¹	jie³¹	ka³³	ŋa⁵⁵	fa³³	fa³³	ʋa²²
开平	jia¹¹	jia²¹	jia³¹	ka³³	ŋa⁴⁵	fa³³	fa³³	va¹¹
恩平	ia²²	ia²¹	ia²¹	ka³³	ŋga⁵⁵	fa³³	fa³³	va²²
四会	iɛ³¹	iɛ²⁴	iɛ²⁴	kua⁵¹	ŋa²⁴	fa⁵¹	fa³³	ua³¹
广宁	iə³¹	iə³²³	iə³²³	kua⁵¹	ŋa³²³	fa⁵¹	fa³³	ua³¹
怀集	iɐ²³¹	iɐ²⁴	ia²²⁵	kua⁴²	ŋa²⁴	fa⁴²	fa⁴⁵	ua²³¹
德庆	iɛ²⁴²	iɛ²³	iɛ³¹	ka⁴⁵⁴	ŋa²³	fa⁴⁵⁴	fa⁵³	ua²⁴²
封开	iɛ⁵⁵	iɛ²²³	iɛ²¹	kua⁵⁵	ŋa²²³	fa⁵⁵	fa⁵¹	ua²⁴³
阳江	iɛ⁴²	iɛ²¹	iɛ⁵⁴	kua³³ ka³³又	ŋa²¹	fa³³	fa³⁵	ua⁴²
阳春	iɛ³¹	iɛ³²³	iɛ⁵²	ka⁴⁵	ŋa³²³	fa⁴⁵	fa³³	ua³¹
赤坎	iɛ²¹	iɛ¹³	ɛ²¹	kua⁴⁵	ŋa¹³	fa⁴⁵	fa³³	ua²¹
吴川	iɛ³¹	iɛ²⁴	iɛ³¹	kua⁵⁵	ŋa²⁴	fa⁵⁵	fa³³	ua³¹
廉江	iɛ²¹	iɛ²³	iɛ²¹	kua⁵⁵	ŋa²³	fa⁵⁵	fa³³	ua²¹
高州	iɛ²¹	iɛ¹³	iɛ³¹	kua⁵³	ŋa¹³	fa⁵³	fa³³	va²¹
化州	iɛ³¹	iɛ¹³	iɛ³¹	kua⁵³	ŋa¹³	fa⁵³	fa³³	ua¹³

	0049 爷	0050 野	0051 夜	0052 瓜	0053 瓦名	0054 花	0055 化	0056 华中~
	假开三 平麻以	假开三 上麻以	假开三 去麻以	假合二 平麻见	假合二 上麻疑	假合二 平麻晓	假合二 去麻晓	假合二 平麻匣
梅州	ia²¹	ia⁴⁴白 ia³¹文	ia⁵²	kua⁴⁴	ŋa³¹	fa⁴⁴	fa⁵²	fa²¹
兴宁	ʒa¹³	ʒa²⁴白 ʒa³¹文	ʒa⁵¹	ka²⁴	ŋa³¹	fa²⁴	fa⁵¹	fa¹³
五华	ia²¹²	ia³¹	ia³¹	ka⁴⁴	ŋa³¹	fa⁴⁴	fa⁵¹	fa²¹²
大埔	ʒa¹³	ʒa³⁴	ʒa⁵²	kua³⁴	ŋa³¹	fa³⁴	fa⁵²	fa¹³
丰顺	ia²⁴	ia⁴⁴	ia²¹	kua⁴⁴	ŋua⁵³	fa⁴⁴	fa⁵³	fa²⁴
揭西	ʒa²⁴	ʒa⁴⁵²白 ʒa³¹文	ʒa³¹	kua⁴⁵²	ŋua³¹	fa⁴⁵²	fa⁴¹	fa²⁴
陆河	ʒa³⁵	ʒa²⁴	ʒa³³	kua⁵³	ŋa²⁴	fa⁵³	fa³¹	fa³⁵
龙川	ia⁵¹	ia³¹	ia³³	ka³³	ŋa²⁴	fa³³	fa³¹	fa⁵¹
河源	ia³¹	ia²¹²	ia⁵⁴	ka³³	ŋa²⁴	fa³³	fa²¹²	fa³¹
连平	ia²¹	ia²⁴	ia⁵³	ka²⁴	ŋa³¹	fa²⁴	fa⁵³	fa²¹
龙岗	zia²¹	zia³³	zia⁵³	ka³³	ŋga³¹	fa³³	fa⁵³	fa²¹
惠州	jia²²	jia²³	jia³¹	ka³³	ŋa³⁵	fa³³	fa²³	fa²²
博罗	za²¹	za²⁴	za⁴¹	ka⁴⁴	ŋga³⁵	va⁴⁴	va²⁴	va²¹
新丰	za²⁴	za⁴⁴	za³¹	ka⁴⁴	ŋga³¹	fa⁴⁴	fa⁵¹	fa²⁴
翁源	ia⁴¹	ia²²	ia³¹	ka²²	ŋa³¹	fa²²	fa⁴⁵	fa⁴¹
始兴	ia⁵¹	ia³¹	ia³³	ka²²	ŋa³¹	fa²²	fa³³	fa⁵¹
仁化	ia³¹	ia³⁴	ia³³	kua³³	ŋa³⁴	fa³³	fa³⁴	fa³¹
南雄	ia²¹	ia²¹	ia⁴²	kua⁴⁴	va²⁴	fa⁴⁴	fa³²	fa²¹

	0049 爷	0050 野	0051 夜	0052 瓜	0053 瓦名	0054 花	0055 化	0056 华 中~
	假开三平麻以	假开三上麻以	假开三去麻以	假合二平麻见	假合二上麻疑	假合二平麻晓	假合二去麻晓	假合二平麻匣
皈塘	$iɔ^{45}$	$iɔ^{33}$	$iɔ^{21}$	kua^{24}	ua^{33}	hua^{24}	hua^{21}	hua^{45}
桂头	ie^{45}	ia^{21}	ie^{44}	$kuou^{51}$	$ŋou^{21}$	fou^{51}	fou^{44}	fou^{45}
连州	ia^{55}	ia^{24}	ia^{33}	$kuɐu^{31}$	va^{53}白 $ŋa^{53}$文	$fɐu^{31}$	$fɐu^{11}$	$vɐu^{55}$
潮州	ia^{55}	ia^{53}	（无）	kue^{33}	hia^{35}	hue^{33}白 hua^{33}文	hue^{213}	hua^{55}
饶平	ia^{55}	ia^{52}	（无）	kue^{44}白 kua^{44}文	$hĩã^{25}$	hue^{44}	hue^{214}	hua^{55}
汕头	ia^{55}	ia^{51}	（无）	kue^{33}白 $kʰue^{33}$白 kua^{33}文	hia^{25}白 ua^{33}文	hue^{33}	hue^{213}	hua^{55}
澄海	ia^{55}	ia^{53}	（无）	kue^{33}	hia^{35}白 ua^{33}文	hue^{33}	hue^{212}	hua^{55}
潮阳	ia^{33}	ia^{454}	（无）	kue^{31}	hia^{52}	hue^{31}	hue^{52}白 hua^{52}文	hua^{33}
南澳	ia^{454}	ia^{52}	（无）	kue^{34}	hia^{35}	hue^{34}	hue^{21}	hua^{454}
揭阳	ia^{55}	ia^{41}	（无）	kue^{33}	hia^{25}白 ua^{41}文	hue^{33}	hue^{213}	hua^{55}
普宁	ia^{55}	ia^{52}	（无）	kue^{35}	hia^{24}	hue^{35}白 hua^{35}文	hue^{312}	hua^{35}
惠来	ia^{55}	ia^{53}	（无）	kue^{34}	hia^{25}	hue^{34}名 hua^{31}动	hue^{31}	hua^{55}
海丰	ia^{55}	ia^{53}	e^{35}	kue^{33}白 kua^{33}文	hia^{35}白 ua^{53}文	hue^{33}	hue^{212}	hua^{55}
陆丰	ia^{13}	ia^{55}	ia^{22}	kue^{33}白 kua^{33}文	hia^{22}白 ua^{55}文	hue^{33}白 hua^{33}文	hue^{213}	hua^{13}
电白	ia^{22}	ia^{21}	（无）	$kɔi^{33}$	hia^{442}白 $ŋa^{21}$文	$hɔi^{33}$	hua^{13}	hua^{22}
雷州	ie^{42}	ie^{42}	（无）	kue^{24}	hia^{33}白 $ʔua^{33}$文	hue^{24}白 hua^{24}文	hua^{21}	hua^{22}

	0057 谱家~	0058 布	0059 铺动	0060 簿	0061 步	0062 赌	0063 土	0064 图
	遇合一上模帮	遇合一去模帮	遇合一平模滂	遇合一上模並	遇合一去模並	遇合一上模端	遇合一上模透	遇合一平模定
广州	p^hou^{35}	pou^{33}	p^hou^{53}	pou^{35}	pou^{22}	tou^{35}	t^hou^{35}	t^hou^{21}
番禺	p^hou^{35}	pou^{33}	p^hou^{53}	pou^{33}	pou^{22}	tou^{35}	t^hou^{35}	t^hou^{31}
增城	p^hou^{35}	pou^{33}	p^hou^{44}	pou^{35}	pou^{22}	tou^{35}	t^hou^{35}	t^hou^{21}
从化	p^hu^{45}	pu^{23}	p^hu^{55}	pu^{31}	pu^{31}	tu^{45}	t^hu^{45}	t^hu^{22}
龙门	p^hu^{35}	pu^{23}	p^hu^{42}	pu^{53}	pu^{53}	tu^{35}	t^hu^{35}	t^hu^{21}
莞城	$p^hɐu^{35}$	$pɐu^{44}$	$p^hɐu^{23}$	$pɐu^{55}$	$pɐu^{44}$	$tɐu^{35}$	$t^hɐu^{35}$	$t^hɐu^{31}$
宝安	p^hu^{25}	pu^{33}	p^hu^{55}	pu^{25}	pu^{22}	tu^{25}	t^hu^{25}	t^hu^{31}
佛山	p^hou^{35}	pou^{24}	p^hou^{53}	pou^{35}	pou^{12}	tou^{35}	hou^{35}	hou^{42}
南海	p^hou^{35}	pou^{33}	p^hou^{51}	pou^{35}	pou^{22}	tou^{35}	t^hou^{35}	t^hou^{31}
顺德	p^hou^{24}	pou^{32}	p^hou^{53}	pou^{24}	pou^{21}	tou^{24}	t^hou^{24}	t^hou^{42}
三水	p^hou^{25}	pou^{44}	p^hou^{53}	pou^{25}	pou^{33}	tou^{25}	t^hou^{25}	t^hou^{31}
高明	p^hou^{24}	pou^{33}	p^hou^{45}	pou^{31}	pou^{31}	tou^{24}	t^hou^{24}	t^hou^{31}
佛冈	p^hu^{35}	pu^{33}	p^hu^{33}	pu^{31}	pu^{31}	tu^{35}	t^hu^{35}	t^hu^{22}
阳山	p^hu^{55}	pu^{34}	p^hu^{51}	pu^{214}	pu^{214}	$tɐu^{55}$	$t^hɐu^{55}$	$tɐu^{241}$
连山	p^hu^{55}	bu^{35}	p^hu^{51}	pu^{15}	pu^{215}	du^{55}	t^hu^{55}	tu^{241}
新兴	p^hu^{35}	pu^{443}	p^hu^{45}	pu^{52}	pu^{52}	tu^{35}	t^hu^{35}	t^hu^{21}
罗定	p^hou^{35}	pou^{33}	p^hou^{33}	pou^{35}	pou^{21}	tou^{35}	t^hou^{35}	t^hou^{21}
郁南	p^hou^{35}	pou^{33}	p^hou^{55}	pou^{21}	pou^{21}	tou^{35}	t^hou^{35}	t^hou^{21}
石岐	p^hu^{213}	pu^{33}	p^hu^{55}	pu^{33}	pu^{33}	tu^{213}	t^hu^{213}	t^hu^{51}

	0057 谱家~	0058 布	0059 铺动	0060 簿	0061 步	0062 赌	0063 土	0064 图
	遇合一	遇合一	遇合一	遇合一	遇合一	遇合一	遇合一	遇合一
	上模帮	去模帮	平模滂	上模並	去模並	上模端	上模透	平模定
肇庆	pʰou²⁴	pou³³	pʰou⁴⁵	pou⁵²	pou⁵²	tou²⁴	tʰou²⁴	tʰou²¹
香洲	pʰu³⁵	pu³³	pʰu²¹	pu³³	pu³³	tu³⁵	tʰu³⁵	tʰu³⁴³
斗门	pʰou⁴⁵	pou³⁴	pʰou³⁴	pou⁴²	pou⁴²	tou⁴⁵	hou⁴⁵	hou²²
新会	pʰau⁴⁵	pau²³	pʰau²³	pau³²	pau³²	tau⁴⁵	hau⁴⁵	hau²²
台山	pʰu⁵⁵	pu³³	pʰu³³	pu²²⁵小	pu³¹	u⁵⁵	hu⁵⁵	hu²²
开平	pʰu⁴⁵	vu³³	pʰu³³	vu³¹⁵小	vu³¹	u⁴⁵	hu⁴⁵	hu¹¹
恩平	pʰu⁵⁵	pu³³	pʰu³³	pu²¹	pu²¹	tu⁵⁵	hu⁵⁵	hu²²
四会	pʰɐu³³	pu³³	pʰɐu⁵¹	pu²⁴	pu²⁴	tɐu³³	tʰo³³	to³¹
广宁	pʰou⁴⁴	pu³³	pʰu³³	pu³²³	pu³²³	tou⁴⁴	tʰou⁴⁴	tou³¹
怀集	pʰu⁵⁴	pu⁴⁵	pʰu⁴²	pu²⁴	pu²²⁵	tɐu⁵⁴	tʰɐu⁵⁴	tɐu²³¹
德庆	pʰu⁴⁵	pu⁵³	pʰu⁴⁵⁴	pu⁴⁵	pu³¹	tu⁴⁵	tʰu⁴⁵	tu²⁴²
封开	pʰu³³⁴	pu⁵¹	pʰu⁵⁵	pu²²³	pu²¹	tu³³⁴	tʰu³³⁴	tu²⁴³
阳江	pʰou²¹	pou³⁵	pʰou³³	pou⁵⁴	pou⁵⁴	tou²¹	tʰou²¹	tʰou⁴²
阳春	pʰou³²⁴	pou³³	pʰou⁴⁵	pou⁵²	pou⁵²	tou³²⁴	tʰou³²⁴	tʰou³¹
赤坎	pʰou¹³	pou³³	pʰou⁴⁵	pou²¹	pou²¹	tou¹³	tʰou¹³	tʰou²¹
吴川	pʰou³⁵	ɓou³³	pʰou⁵⁵	ɓou³¹	ɓou³¹	ɗou³⁵	tʰou³⁵	tʰou³¹
廉江	pʰu²⁵	pu³³	pʰu⁵⁵	pu²¹	pu²¹	tu²⁵	tʰu²⁵	tʰu²¹
高州	pʰou²⁴	pou³³	pʰou⁵³	pou³¹	pou³¹	tou²⁴	tʰou²⁴	tʰou²¹
化州	pʰou³⁵	ɓou³³	pʰou⁵³	ɓou³¹	ɓou³¹	ɗou³⁵	tʰou³⁵	tʰou³¹

	0057 谱家~	0058 布	0059 铺动	0060 簿	0061 步	0062 赌	0063 土	0064 图
	遇合一上模帮	遇合一去模帮	遇合一平模滂	遇合一上模並	遇合一去模並	遇合一上模端	遇合一上模透	遇合一平模定
梅州	p^hu^{31}	pu^{52}	p^hu^{44}	p^hu^{44}	p^hu^{52}	tu^{31}	t^hu^{31}	t^hu^{21}
兴宁	p^hu^{13}	pu^{51}	p^hu^{24}	p^hu^{24}	p^hu^{51}	tu^{31}	t^hu^{31}	t^hu^{13}
五华	p^hu^{212}	pu^{51}	p^hu^{44}	p^hu^{44}	p^hu^{31}	tu^{31}	t^hu^{31}	t^hu^{212}
大埔	p^hu^{31}	pu^{52}	p^hu^{34}	p^hu^{34}	p^hu^{52}	tu^{31}	t^hu^{31}	t^hu^{13}
丰顺	p^hu^{21}	pu^{53}	p^hu^{44}	p^hu^{44}	p^hu^{21}	tu^{21}	t^hu^{53}	t^hu^{24}
揭西	p^hu^{31}	pu^{41}	p^hu^{452}	p^hu^{452}	p^hu^{31}	tu^{31}	t^hu^{31}	t^hu^{24}
陆河	p^hu^{24}	pu^{31}	p^hu^{53}	p^hu^{53}	p^hu^{33}	tu^{24}	t^hu^{24}	t^hu^{35}
龙川	p^hu^{24}	pu^{31}	p^hu^{33}	p^hu^{33}	p^hu^{33}	tu^{24}	t^hu^{24}	t^hu^{51}
河源	p^hu^{24}	pu^{212}	p^hu^{33}	p^hu^{54}	p^hu^{54}	tu^{24}	t^hu^{24}	t^hu^{31}
连平	p^hu^{31}	pu^{53}	p^hu^{24}	p^hu^{24}	p^hu^{53}	tu^{31}	t^hu^{31}	t^hu^{21}
龙岗	p^hu^{31}	pu^{53}	p^hu^{33}	p^hu^{33}	p^hu^{53}	tu^{31}	t^hu^{31}	t^hu^{21}
惠州	p^hu^{35}	pu^{23}	p^hu^{33}	p^hu^{31}	p^hu^{31}	tu^{35}	t^hu^{35}	t^hu^{22}
博罗	pu^{35}	pu^{24}	p^hu^{44}	p^hu^{41}	p^hu^{41}	tu^{35}	t^hu^{35}	t^hu^{21}
新丰	p^hu^{31}	pu^{51}	p^hu^{44}	p^hu^{31}	p^hu^{31}	tu^{31}	t^hu^{31}	t^hu^{24}
翁源	p^hu^{22}	pu^{45}	p^hu^{22}	（无）	p^hu^{31}	tu^{31}	t^hu^{31}	t^hu^{41}
始兴	p^hu^{31}	pu^{33}	p^hu^{22}	pu^{33}	p^hu^{33}	tu^{31}	t^hu^{31}	t^hu^{51}
仁化	p^hu^{23}	pu^{34}	p^hu^{33}	p^hu^{23}	p^hu^{33}	tu^{23}	t^hu^{23}	t^hu^{31}
南雄	p^hu^{24}	pu^{32}	p^hu^{44}	pu^{42}	pu^{42}	tu^{24}	t^hu^{24}	tu^{21}

	0057 谱家~	0058 布	0059 铺动	0060 簿	0061 步	0062 赌	0063 土	0064 图
	遇合一上模帮	遇合一去模帮	遇合一平模滂	遇合一上模並	遇合一去模並	遇合一上模端	遇合一上模透	遇合一平模定
飯塘	$p^hu\vartheta^{33}$	$pu\vartheta^{21}$	$p^hu\vartheta^{24}$	$pu\vartheta^{33}$	$pu\vartheta^{21}$	$tu\vartheta^{33}$	$t^hu\vartheta^{33}$	$tu\vartheta^{45}$
桂头	p^hau^{324}	pau^{44}	p^hau^{51}	p^hau^{4}	pau^{44}	au^{324}	t^hau^{324}	tau^{45}
连州	$p^h\!\upvarepsilon u^{53}$	$p\!\upvarepsilon u^{11}$	$p^h\!\upvarepsilon u^{31}$	$p\!\upvarepsilon u^{24}$	$p\!\upvarepsilon u^{33}$	$t\!\upvarepsilon u^{53}$	$t^h\!\upvarepsilon u^{53}$	$t\!\upvarepsilon u^{55}$
潮州	p^hou^{53}	p^hou^{213}白 pu^{213}文	p^hou^{33}	p^hou^{35}	pou^{11}	tu^{53}	t^hou^{55}	tou^{55}白 t^hu^{55}文
饶平	p^hou^{52}	pou^{214}白 pu^{214}文	p^hou^{44}	p^hou^{25}	pou^{21}	tu^{52}	t^hou^{52}	tou^{55}白 t^hu^{55}文
汕头	p^hou^{51}	pou^{213}白 pu^{213}文	p^hou^{33}	p^hou^{25}	pou^{31}	tu^{51}	t^hou^{51}	tou^{55}白 t^hu^{55}文
澄海	p^hou^{53}	pou^{212}白 pu^{212}文	p^hou^{33}	p^hou^{35}	pou^{22}	tu^{53}	t^hou^{53}	tou^{55}白 t^hu^{55}文
潮阳	p^hou^{454}	pou^{52}	p^hou^{31}	p^hou^{52}	pou^{42}	tu^{454}	t^hou^{454}	tou^{33}
南澳	p^hou^{52}	pou^{21}	p^hou^{34}	p^hou^{35}	pou^{31}	tu^{52}	t^hou^{52}	tou^{454}
揭阳	p^hou^{41}	pou^{213}白 pu^{213}文	p^hou^{33}	p^hou^{25}	pou^{22}	tu^{41}	t^hou^{41}	tou^{55}白 t^hu^{55}文
普宁	p^hou^{52}	pou^{312}白 pfu^{312}文	p^hou^{35}	p^hou^{24}	pou^{31}	tu^{52}	t^hou^{52}	tou^{55}白 t^hu^{55}文
惠来	p^hou^{53}	pou^{31}白 pfu^{31}文	p^hou^{34}	p^hou^{25}	pou^{31}	tou^{53}白 tu^{53}文	t^hou^{53}	tou^{55}白 t^hu^{55}文
海丰	p^hou^{53}	pou^{212}白 pu^{212}文	p^hou^{33}	p^hou^{35}	pou^{21}	tou^{53}白 tu^{53}文	t^hou^{53}	tou^{55}白 t^hu^{55}文
陆丰	p^hou^{55}	pou^{213}	p^hou^{33}	p^hou^{22}	pou^{22}	tou^{55}白 tu^{55}文	t^hou^{55}	tou^{13}
电白	p^hu^{21}	peu^{13}白 pu^{13}文	p^heu^{33}	p^heu^{442}	pu^{442}	tu^{21}	t^hu^{21}	t^hu^{22}
雷州	p^hu^{42}	peu^{21}白 pu^{21}文	p^heu^{21}	p^heu^{33}	peu^{24}	tu^{42}	t^hu^{42}	t^hu^{22}

	0065 杜	0066 奴	0067 路	0068 租	0069 做	0070 错 对~	0071 箍~桶	0072 古
	遇合一 上模定	遇合一 平模泥	遇合一 去模来	遇合一 平模精	遇合一 去模精	遇合一 去模清	遇合一 平模见	遇合一 上模见
广州	tou²²	lou²¹	lou²²	tʃou⁵³	tʃou²²	tʃʰɔ³³	kʰu⁵³	ku³⁵
番禺	tou²²	lou³¹	lou²²	tʃou⁵³	tʃou²²	tʃʰɔ³³	kʰou⁵⁵	ku³⁵
增城	tou²²	lou²¹	lou²²	tsou⁴⁴	tsou²²	tsʰɔ³³	kʰu⁴⁴	ku³⁵
从化	tu³¹	nu²²	lu³¹	tsu⁵⁵	tsu²³	tsʰɔ²³	kʰu⁵⁵	ku⁴⁵
龙门	tu⁵³	lu²¹	lu⁵³	tsu⁴²	tsu²³	tsʰɔ²³	kʰu⁴²	ku³⁵
莞城	tɐu⁴⁴	nɐu³¹	ŋɐu⁴⁴	tʃɐu²³	tʃɐu⁴⁴	tʃʰɔ⁴⁴	kʰu²³	ku³⁵
宝安	tou²²	lu³¹	lu²²	tʃu²⁵	tʃu³³	tʃʰɔ³³	kʰu⁵⁵	ku²⁵
佛山	tou¹²	lou⁴²	lou¹²	tʃou⁵³	tʃou¹²	tʃʰɔ²⁴	kʰu⁵³	ku³⁵
南海	tou²²	nou³¹	lou²²	tsou⁵¹	tsou²²	tsʰɔ³³	kʰu⁵¹	ku³⁵
顺德	tou²¹	lou⁴²	lou²¹	tʃou⁵³	tʃɔ²¹	tʃʰɔ³²	kʰu⁵³	ku²⁴
三水	tou³³	lou³¹	lou³³	tsou⁵³	tsou⁴⁴	tsʰo⁴⁴	kʰu⁵³	ku²⁵
高明	tou³¹	nou³¹	lou³¹	tʃou⁴⁵	tʃou³³	tʃʰɔ³³	kʰu⁴⁵	ku²⁴
佛冈	tu³¹	nu²²	lu³¹	tʃu³³	tʃu³³	tʃʰo³³	kʰu³³	ku³⁵
阳山	tɐu²¹⁴	lɐu²¹⁴	lɐu²¹⁴	tʃɐu⁵¹	tʃɐu³⁴	tʃʰɔ³⁴	kʰu⁵¹	ku⁵⁵
连山	tu²¹⁵	nu²⁴¹	lu²¹⁵	tu⁵¹	tu³⁵	tʰø³⁵	ku⁵¹	ku⁵⁵
新兴	tu⁵²	nu²¹	lu⁵²	tsu⁴⁵	tsu⁴⁴³	tsʰuo⁴⁴³	kʰu⁴⁵	ku³⁵
罗定	tou²¹	nou²¹	lou²¹	tsou⁵⁵	tsou³³	tsʰɔ³³	kʰu⁵⁵	ku³⁵
郁南	tou²¹	nou²¹	lou²¹	tʃou⁵⁵	tʃou³³	tʃʰɔ³³	kʰu⁵⁵	ku³⁵
石岐	tu³³	nu⁵¹	lu³³	tsu⁵⁵	tsu³³	tsʰɔ³³	kʰu⁵⁵	ku²¹³

	0065 杜	0066 奴	0067 路	0068 租	0069 做	0070 错 对~	0071 箍 ~桶	0072 古
	遇合一	遇合一	遇合一	遇合一	遇合一	遇合一	遇合一	遇合一
	上模定	平模泥	去模来	平模精	去模精	去模清	平模见	上模见
肇庆	tou^{52}	nou^{21}	lou^{52}	$tʃou^{45}$	$tʃou^{33}$	$tʃʰɔ^{33}$	$kʰu^{45}$	ku^{24}
香洲	tu^{33}	nu^{343}	lu^{33}	tsu^{21}	tsu^{33}	$tsʰɔ^{33}$	$kʰu^{21}$	ku^{35}
斗门	tou^{42}	nou^{22}	lou^{42}	$tsou^{34}$	$tsou^{34}$	$tʰuɐ^{34}$	$kʰu^{34}$	ku^{45}
新会	tau^{32}	nau^{22}	lau^{32}	$tsau^{23}$	$tsau^{32}$	$tsʰɔ^{23}$	$kʰu^{23}$	ku^{45}
台山	u^{31}	nu^{22}	lu^{31}	tu^{33}	tu^{33}	$tʰo^{33}$	$kʰu^{33}$	ku^{55}
开平	u^{31}	nu^{11}	lu^{31}	tu^{33}	tu^{33}	$tʰu^{33}$	$kʰu^{33}$	ku^{45}
恩平	tu^{21}	ndu^{22}	lu^{21}	$tʃu^{33}$	$tʃu^{33}$	$tʰua^{33}$	$kʰu^{33}$	ku^{55}
四会	to^{24}	lo^{24}	lu^{24}	$tʃɐu^{51}$	$tʃu^{33}$	$tʃʰɔ^{33}$	$kʰu^{51}$	ku^{33}
广宁	tou^{323}	nou^{31}	lu^{323}	$tsou^{51}$	tsu^{33}	$tsʰɔ^{33}$	$kʰu^{51}$	ku^{44}
怀集	$tɐu^{45}$	$nɐu^{231}$	$lɐu^{225}$	$tʃɐu^{42}$	$tʃɐu^{45}$	$tʃʰɔ^{45}$	$kʰu^{42}$	ku^{54}
德庆	tu^{31}	nu^{242}	lu^{31}	tsu^{454}	tsu^{53}	$tsʰɔ^{53}$	$kʰu^{454}$	ku^{45}
封开	tu^{21}	nu^{243}	lu^{21}	tu^{55}	tu^{51}	$tʰɔ^{51}$	$kʰu^{55}$	ku^{334}
阳江	tou^{54}	nou^{42}	lou^{54}	$tsou^{33}$	$tsou^{35}$	$tsʰɔ^{35}$	$kʰu^{33}$	ku^{21}
阳春	tou^{52}	nou^{31}	lou^{52}	$tsou^{45}$	$tsou^{33}$	$tsʰo^{33}$	$kʰu^{45}$	ku^{324}
赤坎	tou^{21}	nou^{21}	lou^{21}	$tsou^{45}$	$tsou^{33}$	$tsʰɔ^{33}$	$kʰu^{45}$	ku^{13}
吴川	$ɗou^{31}$	nou^{31}	lou^{31}	$tʃou^{55}$	$tʃou^{33}$	$tʃʰo^{33}$	$kʰu^{55}$	ku^{35}
廉江	tu^{21}	nu^{21}	lu^{21}	tsu^{55}	tsu^{33}	$tsʰɔ^{33}$	$kʰu^{55}$	ku^{25}
高州	tou^{31}	nou^{21}	lou^{31}	$tʃou^{53}$	$tʃou^{33}$	$tʃʰo^{33}$	$kʰu^{53}$	ku^{24}
化州	$ɗou^{31}$	nou^{31}	lou^{31}	tou^{53}	tou^{33}	$tʰo^{33}$	$kʰu^{53}$	ku^{35}

	0065 杜	0066 奴	0067 路	0068 租	0069 做	0070 错 对~	0071 箍 ~桶	0072 古
	遇合一上模定	遇合一平模泥	遇合一去模来	遇合一平模精	遇合一去模精	遇合一去模清	遇合一平模见	遇合一上模见
梅州	tʰu⁵²	nu²¹	lu⁵²	tsɿ⁴⁴	tsɔ⁵²	tsʰɔ⁵²	kʰɛu⁴⁴	ku³¹
兴宁	tʰu⁵¹	nu¹³	lu⁵¹	tsɿ²⁴	tsɔ⁵¹	tsʰɔ⁵¹	kʰiu²⁴	ku³¹
五华	tʰu⁵¹	nu²¹²	lu³¹	tsɿ⁴⁴	tsɔ⁵¹	tsʰɔ⁵¹	kʰiu⁴⁴	ku³¹
大埔	tʰu⁵²	nu¹³	lu⁵²	tsɿ³⁴	tsou⁵²	tsʰou⁵²	kʰeu³⁴	ku³¹
丰顺	tʰu⁵³	nu²⁴	lu²¹	tsu⁴⁴	tso⁵³	tsʰo⁵³	（无）	ku⁵³
揭西	tʰu⁴¹	nu²⁴	lu³¹	tsɿ⁴⁵²	tsou⁴¹	tsʰou⁴¹	kʰɛu⁴⁵²	ku³¹
陆河	tʰu³¹	nu³⁵	lu³³	tsɿ⁵³	tsɿ³¹白 tsɔ³¹文	tsʰɔ³¹	kʰɛu⁵³	ku²⁴
龙川	tʰu³¹	nu⁵¹	lu³³	tsu³³	tsɔ³¹	tsʰɔ³¹	kʰu³³	ku²⁴
河源	tʰu⁵⁴	nu³¹	lu⁵⁴	tsu³³	tsu²¹²	tsʰɔ²¹²	kʰu³³	ku²⁴
连平	tʰu⁵³	nu²¹	lu⁵³	tsu²⁴	tsɔ⁵³	tsʰɔ⁵³	kʰu²⁴	ku³¹
龙岗	tʰu⁵³	lu²¹	lu⁵³	tsu³³	tso⁵³	tsʰo⁵³	kʰu³³	ku³¹
惠州	tʰu³¹	nu²²	lu³¹	tsu³³	tsu²³	tsʰu²³	kʰu³³	ku³⁵
博罗	tʰu⁴¹	ndu²¹	lu⁴¹	tsu⁴⁴	tsu²⁴	tsʰɔ²⁴	kʰu⁴⁴	ku³⁵
新丰	tʰu⁵¹	lu²⁴	lu³¹	ʦu⁴⁴	tsɔ⁵¹	tsʰɔ⁵¹	kʰu⁴⁴	ku³¹
翁源	tʰu⁴⁵	nu⁴¹	lu³¹	tsɿ²²	tsou⁴⁵	tsʰou⁴⁵	kʰu²²	ku³¹
始兴	tʰu³³	nu⁵¹	lu³³	tsu²²	tsɔ³³	tsʰɔ³³	kʰu²²	ku³¹
仁化	tʰu³³	lu³¹	lu³³	tsu³³	tsu³⁴	tsʰo³⁴	ku³³	ku²³
南雄	tu⁴²	nu²¹	lu⁴²	tsu⁴⁴	tso³²	tsʰo³²	ku⁴⁴	ku²⁴

	0065 杜	0066 奴	0067 路	0068 租	0069 做	0070 错对~	0071 箍~桶	0072 古
	遇合一 上模定	遇合一 平模泥	遇合一 去模来	遇合一 平模精	遇合一 去模精	遇合一 去模清	遇合一 平模见	遇合一 上模见
皈塘	tuə²¹	nuə⁴⁵	luə²¹	tʃuə²⁴	tʃau⁴¹	tʃʰɔ²⁴	kuə²⁴	kuə³³
桂头	tau⁴⁴	lau⁴⁵	lau⁴⁴	tsau⁵¹	tsau⁴⁴	tsʰau⁴⁴	kʰu⁵¹	ku³²⁴
连州	tɐu³³	nɐu⁵⁵	lɐu³³	tsɐu³¹	tsɐu¹¹	tsʰɐu¹¹	kʰu³³	ku⁵³
潮州	tou³⁵	nõũ³³ 白 nõũ⁵⁵ 文	lou¹¹	tsou³³	tsɔ²¹³	tsʰɔ²¹³	kʰou³³	kou⁵³
饶平	tou²⁵	nõũ⁵⁵	lou²¹	tsou⁴⁴	tsɔ²¹⁴	tsʰɔ²¹⁴	kʰou⁴⁴	kou⁵²
汕头	tou²⁵	nõũ⁵⁵	lou³¹	tsou³³	tsɔ²¹³	tsʰɔ²¹³	kʰou³³	kou⁵¹
澄海	tou³⁵	nõũ⁵⁵	lou²²	tsou³³	tsɔ²¹²	tsʰɔ²¹²	kʰou³³	kou⁵³
潮阳	tou⁵²	nõũ³³	lou⁴²	tsou³¹	tsɔ⁵²	tsʰɔ⁵²	kʰou³¹	kou⁴⁵⁴
南澳	tou³⁵	nõũ⁴⁵⁴	lou³¹	tsou³⁴	tsɔ²¹	tsʰɔ²¹	kʰou³⁴	kou⁵²
揭阳	tou²⁵	nõũ⁵⁵	lou²²	tsou³³	tsɔ²¹³	tsʰɔ²¹³	kʰou³³	kou⁴¹
普宁	tou²⁴	nõũ⁵⁵	lou³¹	tsou³⁵	tsɔ³¹²	tsʰɔ³¹²	kʰou³⁵	kou⁵²
惠来	tou²⁵	nãũ⁵⁵	lou³¹	tsou³⁴	tsɔ³¹	tsʰɔ³¹	kʰou³⁴	kou⁵³
海丰	tou³⁵	nõũ⁵⁵	lou²¹	tsou³³	tsɔ²¹²	tsʰɔ²¹²	kʰou³³	kou⁵³
陆丰	tou²²	nõũ¹³	lou²²	tsou³³	tsɔ²¹³	tsʰɔ²¹³	kʰou³³	kou⁵⁵
电白	tu¹³	nɐu²²	lɐu³³	tsɐu³³	tsɔ⁵³	tsʰɔ¹³	kʰɐu³³	kɐu²¹ 白 ku²¹ 文
雷州	tʰu⁵⁴	nɐu²² 白 nu²² 文	lɐu²⁴	tsɐu²⁴	tsɔ⁵⁴	tsʰɔ³³	kʰɐu²⁴	ku⁴²

	0073 苦	0074 裤	0075 吴	0076 五	0077 虎	0078 壶	0079 户	0080 乌
	遇合一上模溪	遇合一去模溪	遇合一平模疑	遇合一上模疑	遇合一上模晓	遇合一平模匣	遇合一上模匣	遇合一平模影
广州	fu^{35}	fu^{33}	$ŋ^{21}$	$ŋ^{13}$	fu^{35}	u^{21}	u^{22}	u^{53}
番禺	fu^{35}	fu^{33}	m^{31}	m^{23}	fu^{35}	u^{31}	u^{22}	u^{53}
增城	fu^{35}	fu^{33}	m^{21}	m^{13}	fu^{35}	fu^{21}	fu^{22}	u^{44}
从化	fu^{45}	fu^{23}	m^{22}	m^{45}	fu^{45}	u^{22}	u^{31}	u^{55}
龙门	fu^{35}	fu^{23}	$ŋ^{21}$	$ŋ^{35①}$	fu^{35}	fu^{21}	fu^{53}	u^{42}
莞城	fu^{35}	fu^{44}	m^{31}	m^{34}	fu^{35}	fu^{31}	fu^{44}	u^{23}
宝安	fu^{25}	fu^{33}	m^{31}	m^{23}	fu^{25}	fu^{33}	u^{22}	u^{55}
佛山	fu^{35}	fu^{24}	m^{42}	m^{13}	fu^{35}	u^{42}	u^{12}	u^{53}
南海	fu^{35}	fu^{33}	$ŋ^{31}$	$ŋ^{13}$	fu^{35}	u^{31}	u^{22}	u^{51}
顺德	fu^{24}	fu^{32}	$ŋ^{42}$	m^{13}	fu^{24}	fu^{24}	fu^{21}	u^{53}
三水	fu^{25}	fu^{44}	$ŋ^{31}$	$ŋ^{23}$	fu^{25}	u^{31}	u^{33}	u^{53}
高明	fu^{24}	fu^{33}	$ŋ^{31}$	$hŋ^{33}$	fu^{24}	fu^{31}	u^{31}	u^{55}
佛冈	fu^{35}	fu^{33}	m^{22}	m^{35}	fu^{35}	u^{22}	u^{31}	u^{33}
阳山	fu^{55}	fu^{34}	m^{214}	m^{224}	fu^{55}	u^{241}	u^{214}	u^{51}
连山	fu^{55}白 $kʰu^{55}$文	fu^{35}	m^{241}	m^{15}	fu^{55}	vu^{241}	vu^{15}	vu^{51}
新兴	fu^{35}	fu^{443}	$oŋ^{21}$	$oŋ^{21}$	fu^{35}	u^{21}	u^{52}	u^{45}
罗定	fu^{35}	fu^{33}	$ŋ^{21}$	$ŋ^{13}$	fu^{35}	u^{21}	u^{13}	u^{55}
郁南	fu^{35}	fu^{33}	$ŋ^{21}$	$ŋ^{13}$	fu^{35}	u^{21}	u^{21}	u^{55}
石岐	hu^{213}	hu^{33}	$ŋ^{51}$	m^{213}	hu^{213}	u^{51}	hu^{33}	u^{55}

①在语流中有时读为 $ɐŋ^{35}$。

	0073 苦	0074 裤	0075 吴	0076 五	0077 虎	0078 壶	0079 户	0080 乌
	遇合一 上模溪	遇合一 去模溪	遇合一 平模疑	遇合一 上模疑	遇合一 上模晓	遇合一 平模匣	遇合一 上模匣	遇合一 平模影
肇庆	fu^{24}	fu^{33}	hoŋ^{21}	heŋ^{13}	fu^{24}	fu^{21}	u^{52}	u^{45}
香洲	hu^{35}	hu^{33}	oŋ^{343}	oŋ^{35}	hu^{35}	hu^{343}	hu^{33}	u^{21}
斗门	fu^{45}	fu^{21}	ŋ^{22}	ŋ^{45}	fu^{45}	u^{22}	fu^{42}	u^{34}
新会	fu^{45}	fu^{21}	m^{22}	m^{45}	fu^{45}	u^{22}	u^{32}	u^{23}
台山	fu^{55}	fu^{21}小	m^{22}	m^{55}	fu^{55}	ʋu^{225}小	fu^{31}	ʋu^{33}
开平	fu^{45}	fu^{21}小	m^{11}	m^{45}	fu^{45}	vu^{11}	fu^{31}	vu^{33}
恩平	fu^{55}	fu^{21}	m^{22}	m^{55}	fu^{55}	vu^{22}	fu^{21}	vu^{33}
四会	fu^{33}	fu^{33}	ŋ^{31}	ŋ^{24}	fu^{33}	u^{31}	u^{24}	u^{51}
广宁	fu^{44}	fu^{33}	ŋ^{31}	ŋ^{323}	fu^{44}	u^{31}	u^{323}	u^{51}
怀集	fu^{54}	fu^{45}	m^{231}	m^{24}	fu^{54}	u^{231}	u^{24}	u^{42}
德庆	fu^{45}	fu^{53}	ŋ^{242}	ŋ^{23}	fu^{45}	u^{242}	u^{23}	u^{454}
封开	fu^{334}	fu^{51}	ŋ^{243}	ŋ^{223}	fu^{334}	u^{243}	u^{223}	u^{55}
阳江	fu^{21}	fu^{35}	u^{42}	oŋ^{21}	fu^{21}	u^{42}	u^{54}	u^{33}
阳春	fu^{324}	fu^{33}	oŋ^{31}	oŋ^{323}	fu^{324}	u^{31}	u^{52}	u^{45}
赤坎	fu^{13}	fu^{33}	ŋ^{21}	ŋ^{13}	fu^{13}	fu^{21}	fu^{13}	u^{45}
吴川	fu^{35}	fu^{33}	ŋ^{31}	ŋ^{24}	fu^{35}	fu^{31}	fu^{33}	u^{55}
廉江	fu^{25}	fu^{33}	ŋ^{21}	ŋ^{23}	fu^{25}	fu^{21}	fu^{23}	u^{55}
高州	fu^{24}	fu^{33}	ŋ^{21}	ŋ^{13}	fu^{24}	fu^{21}	fu^{13}	vu^{53}
化州	fu^{35}	fu^{33}	ŋ^{31}	ŋ^{13}	fu^{35}	fu^{13}	u^{13}	u^{53}

	0073 苦	0074 裤	0075 吴	0076 五	0077 虎	0078 壶	0079 户	0080 乌
	遇合一上模溪	遇合一去模溪	遇合一平模疑	遇合一上模疑	遇合一上模晓	遇合一平模匣	遇合一上模匣	遇合一平模影
梅州	fu^{31}白 k^hu^{31}文	fu^{52}	n^{21}	n^{31}	fu^{31}	fu^{21}	fu^{52}	vu^{44}
兴宁	fu^{31}白 k^hu^{31}文	fu^{51}	n^{24}	n^{31}	fu^{31}	fu^{13}	fu^{24}白 fu^{51}文	vu^{24}
五华	fu^{31}白 k^hu^{31}文	fu^{51}	$ŋ^{212}$	$ŋ^{31}$	fu^{31}	fu^{212}	fu^{31}	vu^{44}
大埔	k^hu^{31}	k^hu^{52}	n^{13}	n^{31}	fu^{31}	fu^{13}	fu^{52}	vu^{34}
丰顺	k^hu^{53}	k^hu^{53}	$ŋ^{24}$	$ŋ^{53}$	fu^{53}	fu^{24}	fu^{21}	vu^{44}
揭西	k^hu^{31}	k^hu^{41}	n^{24}	n^{31}	fu^{31}	fu^{24}	fu^{31}	vu^{452}
陆河	fu^{24}白 k^hu^{24}文	fu^{31}白 k^hu^{31}文	$ŋ^{35}$	$ŋ^{24}$	fu^{24}	fu^{35}	fu^{33}	vu^{53}
龙川	fu^{24}白 k^hu^{24}文	fu^{31}	m^{51}	m^{24}	fu^{24}	fu^{51}	fu^{31}	vu^{33}
河源	hu^{24}	hu^{212}	$ŋu^{31}$	m^{24}	hu^{24}	hu^{31}	hu^{54}	$ʔu^{33}$
连平	fu^{31}白 k^hu^{31}文	k^hu^{53}	$ŋu^{21}$	m^{31}	fu^{31}	fu^{21}	fu^{53} fu^{24}~槛	u^{24}
龙岗	fu^{31}白 k^hu^{31}文	fu^{53}	m^{21}	m^{31}	fu^{31}	fu^{21}	fu^{53}	vu^{33}
惠州	hu^{35}	hu^{23}	mu^{22}	$ʔŋ^{35}$	hu^{35}	hu^{22}	hu^{31}	$ʔu^{33}$
博罗	hu^{35}	hu^{24}	$ŋgu^{21}$	$ŋgu^{35}$	hu^{35}	hu^{21}	hu^{41}	u^{44}
新丰	k^hu^{31}	k^hu^{51}	$ŋgu^{24}$	m^{31}	fu^{31}	fu^{24}	fu^{31}	u^{44}
翁源	k^hu^{31}	k^hu^{45}	m^{41}	m^{31}	fu^{31}	fu^{41}	fu^{31}	vu^{22}
始兴	fu^{31}白 k^hu^{31}文	k^hu^{33}	m^{51}	m^{31}	fu^{31}	fu^{51}	fu^{33}	vu^{22}
仁化	fu^{23}白 k^hu^{23}文	k^hu^{34}	m^{31}	m^{31}	fu^{23}	fu^{31}	fu^{33}	vu^{33}
南雄	fu^{24}白 k^hu^{24}文	fu^{21}	m^{21}	m^{24}	fu^{24}	fu^{21}	fu^{42}	vu^{44}

	0073 苦	0074 裤	0075 吴	0076 五	0077 虎	0078 壶	0079 户	0080 乌
	遇合一 上模溪	遇合一 去模溪	遇合一 平模疑	遇合一 上模疑	遇合一 上模晓	遇合一 平模匣	遇合一 上模匣	遇合一 平模影
皈塘	fuə³³白 kʰuə³³文	kʰuə²¹	uə⁴⁵	ŋ³³	fuə³³	fuə⁴⁵	huə²¹	uə²⁴灯熄天 u²⁴~龟
桂头	fu³²⁴白 kʰu³²⁴文	kʰu⁴⁴	vu⁴⁵	ŋau²¹	fu³²⁴	fu⁴⁵	fu⁴⁴	vu⁵¹
连州	fu⁵³	fu¹¹	m⁵⁵	m²⁴	fu⁵³	vu⁵⁵	vu³³	vu³¹
潮州	kʰou⁵³	kʰou²¹³	gou⁵⁵	ŋõũ³⁵	hõũ⁵³	hu⁵⁵	hou³⁵	ou³³
饶平	kʰou⁵²	kʰou²¹⁴	gou⁵⁵	ŋõũ²⁵白 ŋõũ⁵²文	hõũ⁵²	hu⁵⁵	hou²⁵	ou⁴⁴
汕头	kʰou⁵¹	kʰou²¹³	gou⁵⁵	ŋõũ²⁵白 ŋõũ⁵¹文 u⁵¹文	hõũ⁵¹	hu⁵⁵	hou²⁵	ou³³
澄海	kʰou⁵³	kʰou²¹²	gou⁵⁵	ŋõũ³⁵	hõũ⁵³	hu⁵⁵	hou³⁵	ou³³
潮阳	kʰou⁴⁵⁴	kʰou⁵²	gou³³	ŋom⁵²	hom⁴⁵⁴	hu³³	hou⁵²	ou³¹
南澳	kʰou⁵²	kʰou²¹	gou⁴⁵⁴	ŋõũ³⁵	hõũ⁵²	hu⁴⁵⁴	hou³⁵	ou³⁴
揭阳	kʰou⁴¹	kʰou²¹³	gou⁵⁵	ŋõũ²⁵	hõũ⁴¹	hu⁵⁵	hou²⁵	ou³³
普宁	kʰou⁵²	kʰou³¹²	gou⁵⁵	ŋõũ²⁴白 u⁵²文	hõũ⁵²	hu⁵⁵	hou²⁴	ou³⁵
惠来	kʰou⁵³	kʰou³¹	gou⁵⁵	ŋõũ²⁵	hõũ⁵³	hu⁵⁵	hou²⁵	ou³⁴
海丰	kʰou⁵³	kʰou²¹²	ŋgou⁵⁵	ŋõũ³⁵白 ŋõũ⁵³文 u⁵³文	hou⁵³	hu⁵⁵	hou³⁵	ou³³
陆丰	kʰou⁵⁵	kʰou²¹³	ŋgou¹³	ŋgou²²白 ŋõũ⁵⁵文	hou⁵⁵	hu¹³	hou²²	ou³³
电白	kʰeu²¹	kʰeu¹³	ŋeu²²	ŋeu⁴⁴²	heu²¹	hu²²	hu⁴⁴²	eu³³白 wu³³文
雷州	kʰeu⁴²	kʰeu²¹	ŋeu²²	ŋeu⁴²	heu⁴²白 hu⁵⁴文	hu²²	heu³³	ʔeu²⁴白 ʔu²⁴文

	0081 女	0082 吕	0083 徐	0084 猪	0085 除	0086 初	0087 锄	0088 所
	遇合三 上鱼泥	遇合三 上鱼来	遇合三 平鱼邪	遇合三 平鱼知	遇合三 平鱼澄	遇合三 平鱼初	遇合三 平鱼崇	遇合三 上鱼生
广州	$løy^{13}$	$løy^{13}$	$tʃʰøy^{21}$	$tʃy^{55}$	$tʃʰøy^{21}$	$tʃʰɔ^{53}$	$tʃʰɔ^{21}$	$ʃɔ^{35}$
番禺	$lœy^{23}$	$lœy^{23}$	$tʃʰœy^{31}$	$tʃy^{53}$	$tʃʰœy^{31}$	$tʃʰɔ^{53}$	$tʃʰɔ^{53}$	$ʃɔ^{35}$
增城	$lœ^{13}$	$lœ^{13}$	$tsʰœ^{21}$	tsi^{44}	$tsʰœ^{21}$	$tsʰɔ^{44}$	$tsʰɔ^{21}$	$sɔ^{35}$
从化	y^{45}	$lœy^{23}$	$tsʰœy^{22}$	tsy^{23}	$tsʰy^{22}$	$tsʰɔ^{55}$	$tsʰɔ^{22}$	$sɔ^{45}$
龙门	ly^{35}	ly^{23}	$tsʰy^{21}$	tsy^{42}	$tsʰy^{21}$	$tsʰɔ^{42}$	$tsʰɔ^{21}$	$sɔ^{35}$
莞城	$nθ^{34}$	$ŋθ^{34}$	$tʃʰθ^{31}$	$tʃi^{41}$	$tʃʰi^{31}$	$tʃʰɔ^{23}$	$tʃʰɔ^{31}$	$ʃɔ^{35}$
宝安	ny^{23}	ly^{23}	$tʃʰy^{33}$	$tʃy^{55}$	$tʃʰy^{31}$	$tʃʰɔ^{55}$	$tʃʰɔ^{31}$	$ʃɔ^{25}$
佛山	$lœy^{35}$白 $lœy^{13}$文	$lœy^{13}$	$tʃʰœy^{42}$白 $tʃʰy^{42}$又	$tʃy^{53}$	$tʃʰœy^{42}$	$tʃʰɔ^{53}$	$tʃʰɔ^{42}$	$ʃɔ^{35}$
南海	$nøy^{13}$	$løy^{13}$	$tsʰøy^{31}$	tsy^{55}	$tsʰy^{31}$白 $tsʰøy^{31}$文	$tsʰɔ^{51}$~始 $tsʰɔ^{55}$~=	$tsʰœ^{31}$	$sɔ^{35}$
顺德	$lɔi^{13}$男~ $lɔi^{24}$仔~	$lɔi^{13}$	$tʃʰy^{42}$	$tʃy^{53}$	$tʃʰy^{42}$	$tʃʰɔ^{53}$	$tʃʰɔ^{42}$	$ʃɔ^{13}$~以 $ʃɔ^{24}$~长
三水	$lɔy^{23}$ $lɔy^{25}$又	$lɔy^{23}$	$tsʰɔy^{31}$ $tsʰɔy^{25}$又	tsy^{53} tsy^{55}又	$tsʰɔy^{31}$	$tsʰo^{53}$ $tsʰo^{55}$又	$tsʰo^{31}$	so^{25}
高明	$nœy^{33}$	$lœy^{33}$	$tʃʰœy^{31}$	$tʃy^{45}$	$tʃy^{24}$白 $tʃʰœy^{31}$文	$tʃʰɔ^{55}$	$tʃʰɔ^{24}$ $tʃʰɔ^{31}$又	$ʃɔ^{24}$
佛冈	$nuei^{35}$	$luei^{31}$	$tʃʰuei^{22}$	$tsɿ^{33}$	$tʃʰi^{22}$	$tʃʰo^{33}$	$tʃʰo^{22}$	$ʃo^{35}$
阳山	$lɔi^{224}$	$lɔi^{224}$	$tʃɔi^{241}$白 $tʃy^{241}$文	$tɔi^{51}$	$tʃy^{241}$	$tʃʰɔ^{51}$	$tʃy^{241}$	$ʃɔ^{55}$
连山	ny^{15}	ly^{15}	$θy^{241}$	$tʃy^{51}$	$ʃy^{241}$	$tʃʰø^{51}$	$ʃø^{241}$	$ʃø^{55}$
新兴	ny^{21}	ly^{21}	$tsʰy^{21}$	tsy^{45}	$tsʰy^{21}$	$tsʰuo^{45}$	$tsʰœ^{21}$	suo^{35}
罗定	$nøi^{13}$	$løi^{13}$	$tsʰøi^{21}$白 $tsʰy^{21}$文	tsy^{55}	$tsʰy^{21}$	$tsʰɔ^{55}$	$tsʰɔ^{21}$	$sɔ^{35}$
郁南	noi^{13}	loi^{13}	$tʃʰoi^{21}$	$tʃy^{55}$	$tʃʰoi^{21}$	$tʃʰɔ^{55}$	$tʃʰɔ^{21}$	$ʃɔ^{35}$
石岐	ny^{213}	ly^{213}	$tsʰy^{51}$	tsy^{55}	$tsʰy^{51}$	$tsʰɔ^{55}$	$tsʰɔ^{51}$	$sɔ^{213}$

	0081 女	0082 吕	0083 徐	0084 猪	0085 除	0086 初	0087 锄	0088 所
	遇合三 上鱼泥	遇合三 上鱼来	遇合三 平鱼邪	遇合三 平鱼知	遇合三 平鱼澄	遇合三 平鱼初	遇合三 平鱼崇	遇合三 上鱼生
肇庆	nœy¹³	lœy¹³	tʃʰœy²¹	tʃy⁴⁵	tʃʰy²¹	tʃʰɔ⁴⁵	tʃɔ²¹	ʃɔ²⁴
香洲	ny³⁵	ly³⁵	tsʰy³⁴³	tsy²¹	tsʰy³⁴³	tsʰɔ²¹	tsʰɔ³⁴³	sɔ³⁵
斗门	nui⁴⁵	lui²¹	tʰui²²	tsi³⁴	tʰui²²	tʰuɐ³⁴	tʰuɐ²²	suɐ⁴⁵
新会	nui⁴⁵	lui²¹	tsʰui²²	tsi²³	tsʰui²²	tsʰɔ²³	tsʰɔ²²	sɔ⁴⁵
台山	nui⁵⁵	lui²¹	tʰui²²	tsi³³	tsʰui²²	tsʰo³³	tsʰo²²	so⁵⁵
开平	nui⁴⁵	lui²¹	tʰui¹¹	tʃi³³	tʃʰui¹¹	tʃʰu³³	tʃʰu¹¹	ʃɔ⁴⁵
恩平	nduəi⁵⁵	luəi²¹	tʰuəi²²	tʃi³³	tʰuəi²²	tʰua³³	tʰua²²	ʃua⁵⁵
四会	loi²⁴ ly²⁴ 又	loi²⁴	tʃoi³¹	toi⁵¹ ty⁵¹ 又	tʃoi³¹	tʃʰɔ⁵¹	tʃʰɔ³¹	ʃɔ³³
广宁	nøy³²³	løy³²³	tsy³¹	tøy⁵¹	tsy³¹	tsʰɔ⁵¹	tsʰœ³¹	sɔ⁴⁴
怀集	nœy²⁴	lœy²⁴	tʃœy²³¹	tœy⁴²	tʃy²³¹	tʃʰɔ⁴²	tʃɔ²³¹	θɔ⁵⁴
德庆	ny²³	ly²³	tsy²⁴²	tsy⁴⁵⁴	tsy²⁴²	tsʰɔ⁴⁵⁴	tsɔ²⁴²	sɔ⁴⁵
封开	ny²²³	ly²²³	ɬy²⁴³	tʃy⁵⁵	tʃy²⁴³	tʃʰɔ⁵⁵	tʃɔ²⁴³	ʃɔ³³⁴
阳江	nei²¹	lui²¹	tsʰei⁴²	tsi³³	tsʰi⁴²	tsʰɔ³³	tsʰɔ⁴²	sɔ²¹
阳春	nei³²³	lui³²³	tsʰei³¹	tsi⁴⁵	tsʰi³¹	tsʰo⁴⁵	tsʰo³¹	so³²⁴
赤坎	nui¹³	lui¹³	tsʰui²¹	tsi⁴⁵	tsʰui²¹	tsʰɔ⁴⁵	tsʰɔ²¹	sɔ¹³
吴川	nei²⁴	lei²⁴	tʃʰi³¹	tʃi⁵⁵	tʃʰi³¹	tʃʰo⁵⁵	tʃʰo³¹	ʃo³⁵
廉江	nui²³	lui²³	tsʰi²¹	tsi⁵⁵	tsi²¹	tsʰɔ⁵⁵	tsʰɔ²¹	sɔ²⁵
高州	nui¹³	lui¹³	tʃʰi²¹	tʃi⁵³	tʃʰi²¹	tʃʰɔ⁵³	tʃʰɔ²¹	ʃɔ²⁴
化州	nui¹³	lui¹³	tʰui³¹	tʃi⁵³	tʃʰi¹³	tʃʰo⁵³	tʃʰo¹³	ʃo³⁵

	0081 女	0082 吕	0083 徐	0084 猪	0085 除	0086 初	0087 锄	0088 所
	遇合三上鱼泥	遇合三上鱼来	遇合三平鱼邪	遇合三平鱼知	遇合三平鱼澄	遇合三平鱼初	遇合三平鱼崇	遇合三上鱼生
梅州	$n̩^{31}$	li^{44}	$tsʰi^{21}$	tsu^{44}	$tsʰu^{21}$	$tsʰɿ^{44}$	$tsʰɿ^{21}$	$sɔ^{31}$
兴宁	ni^{31}	li^{24}	$tsʰi^{13}$	$tʃu^{24}$	$tʃʰu^{13}$	$tsʰɔ^{24}$	$tsʰɔ^{13}$	$sɔ^{31}$
五华	$ȵi^{31}$	li^{44}	$tsʰi^{212}$	$tʃu^{44}$	$tʃʰu^{212}$	$tsʰɔ^{44}$	$tsʰɔ^{212}$	$sɔ^{31}$
大埔	$ȵi^{31}$	li^{34}	$tsʰi^{13}$	$tʃu^{34}$	$tʃʰu^{13}$	$tsʰɿ^{34}$	$tsʰɿ^{13}$	sou^{31}
丰顺	$ŋ̩^{53}$	li^{44}	$tsʰi^{24}$	$tʃu^{44}$	$tʃʰu^{24}$	$tsʰu^{44}$	$tsʰɿ^{24}$	so^{53}
揭西	$n̩^{31}$	li^{452}	$tsʰi^{24}$	$tʃu^{452}$	$tʃʰu^{24}$	$tsʰɿ^{452}$	$tʃʰu^{24}$	sou^{31}
陆河	$ȵio^{24}$	liu^{53}	$tsʰiu^{35}$	$tʃu^{53}$	$tʃʰu^{35}$	$tsʰɔ^{53}$	$tsʰiɔ^{35}$	$sɔ^{24}$
龙川	$ŋy^{24}$	ly^{31}	$tsʰi^{51}$	tsu^{33}	$tsʰu^{51}$	$tsʰɔ^{33}$	$tsʰɔ^{51}$	$sɔ^{24}$
河源	$ŋy^{24}$	ly^{212}	$tsʰy^{31}$	tsy^{33}	$tsʰy^{31}$	$tsʰɔ^{33}$	$tsʰɔ^{31}$	$sɔ^{24}$
连平	$ŋu^{31}$	li^{24}	$tsʰi^{21}$	tsu^{24}	$tsʰu^{21}$	$tsʰɔ^{24}$	$tsʰɔ^{21}$	$sɔ^{31}$
龙岗	$ŋgi^{31}$	li^{33}	$tsʰi^{21}$	tsu^{33}	$tsʰu^{21}$	$tsʰo^{33}$	$tsʰo^{21}$	so^{31}
惠州	$ŋy^{35}$	ly^{23}	$tɕʰy^{22}$	$tɕy^{33}$	$tɕʰy^{22}$	$tsʰɔ^{33}$	$tsʰɔ^{22}$	$sɔ^{35}$
博罗	zi^{35}	li^{24}	$tsʰi^{21}$	tsi^{44}	$tsʰi^{21}$	$tsʰɔ^{44}$	$tsʰɔ^{21}$	$sɔ^{35}$
新丰	$ŋgy^{31}$	ly^{44}	$tsʰy^{24}$	tsy^{44}	$tsʰy^{24}$	$tsʰu^{44}$	$tsʰɔ^{24}$	$sɔ^{31}$
翁源	$ȵy^{31}$	ly^{22}	$tsʰy^{41}$	$tʃy^{22}$	$tʃʰy^{41}$	$tsʰɿ^{22}$	$tsʰɿ^{41}$	$sɔu^{31}$
始兴	$m̩^{31}$	li^{22}	$tsʰɿ^{51}$	tsu^{22}	$tsʰu^{51}$	$tsʰu^{22}$	$tsʰɔ^{51}$	$sɔ^{31}$
仁化	$ȵi^{34}$	$luei^{23}$	$tsʰi^{31}$	$tʃy^{33}$	$tsʰuei^{31}$	$tsʰo^{33}$	$tsʰo^{31}$	so^{23}
南雄	$n̩^{24}$白 y^{24}文	ly^{24}	$tɕy^{21}$	$tɕy^{44}$	$tɕy^{21}$	$tsʰo^{44}$	tso^{21}	so^{24}

	0081 女	0082 吕	0083 徐	0084 猪	0085 除	0086 初	0087 锄	0088 所
	遇合三上鱼泥	遇合三上鱼来	遇合三平鱼邪	遇合三平鱼知	遇合三平鱼澄	遇合三平鱼初	遇合三平鱼崇	遇合三上鱼生
皈塘	ny^{33}	$lu^{24}ly^{33}$	$tʃʰy^{45}$	tu^{24}	$tʃʰy^{45}$	$tʃʰuə^{24}$	$tʃʰuə^{45}$	$ʃou^{33}$
桂头	lau^{21}	$løy^{4}$	$tsʰau^{45}$	au^{51}	$tsʰy^{45}$	$tsʰɔu^{51}$	$tsʰøy^{45}$	sou^{324}
连州	$ŋy^{24}$	$løi^{24}$	sy^{55}	$tøi^{31}$	$tsʰy^{55}$	$tsʰɵi^{31}$白 $tsʰuə^{31}$文	$tsʰɵi^{55}$	$sɐu^{53}$
潮州	$nɤŋ^{53}$	$lɤ^{35}$	$tsɤ^{55}$	$tɤ^{33}$	$tɤ^{55}$	$tsʰiu^{33}$白 $tsʰɔ^{33}$文	$tɤ^{55}$白 $tsʰɔ^{55}$文	$sɔ^{53}$
饶平	$nuɯ^{52}$	$luɯ^{25}$	$tsʰɯ^{55}$	$tuɯ^{44}$	$tuɯ^{55}$	$tsʰiu^{44}$白 $tsʰo^{44}$文	$tuɯ^{55}$白 $tsʰo^{55}$文	so^{52}
汕头	$nuɯ^{51}$	$luɯ^{25}$	$tsʰɯ^{55}$	$tuɯ^{33}$	$tuɯ^{55}$	$tsʰiu^{33}$白 $tsʰo^{33}$文	$tuɯ^{55}$白 $tsʰo^{55}$文	so^{51}
澄海	$nən^{53}$	$lə^{35}$	$tsʰə^{55}$	$tə^{33}$	$tə^{55}$	$tsʰiu^{33}$白 $tsʰo^{33}$文	$tə^{22}$白 $tsʰo^{55}$文	so^{53}
潮阳	$nŋ^{454}$	lu^{52}	$tsʰu^{33}$	tu^{31}	tu^{33}	$tsʰiu^{31}$白 $tsʰo^{42}$文	tu^{33}白 $tsʰo^{33}$文	so^{454}
南澳	$nən^{52}$	$lɤ^{35}$	$tsʰɤ^{454}$	$tɤ^{34}$	$tɤ^{454}$	$tsʰiu^{34}$白 $tsʰo^{34}$文	$tɤ^{454}$白 $tʰɤ^{454}$文	so^{52}
揭阳	$nuɯ^{41}$	$luɯ^{25}$	$tsʰɯ^{55}$	$tuɯ^{33}$	$tuɯ^{55}$	$tsʰiu^{33}$白 $tsʰo^{33}$文	$tuɯ^{22}$白 $tsʰo^{33}$文	so^{41}
普宁	$nŋ^{52}$	lu^{24}	$tsʰu^{55}$	tu^{35}	tu^{55}	$tsʰiu^{35}$白 $tsʰo^{35}$文	tu^{55}白 $tsʰo^{55}$文	so^{52}
惠来	$nŋ^{53}$	lu^{25}	$tsʰu^{55}$	tu^{34}	tu^{55}	$tsʰiu^{34}$白 $tsʰo^{34}$文	tu^{55}白 $tsʰo^{55}$文	so^{53}
海丰	$nĩ^{53}$	li^{35}	$tsʰi^{55}$	ti^{33}	ti^{55} / tu^{55}~三去四	$tsʰiu^{33}$白 $tsʰo^{33}$文	ti^{55}白 $tsʰo^{55}$文	so^{53}
陆丰	$nĩ^{55}$	li^{22}	$tsʰi^{13}$	ti^{33}	ti^{13}	$tsʰiu^{33}$白 $tsʰo^{33}$文	ti^{13}	so^{55}
电白	ni^{21}	lui^{21}	$tsʰu^{22}$	tu^{33}	$tsʰu^{22}$	$tsʰɔ^{33}$	$tsʰɔ^{22}$	$sɔ^{21}$
雷州	ni^{42}	lu^{33}	$tsʰu^{22}$	tu^{24}	$tsʰi^{22}$	$tsʰo^{24}$	$tʰu^{22}$	so^{42}

	0089 书	0090 鼠	0091 如	0092 举	0093 锯名	0094 去	0095 渠 ~道	0096 鱼
	遇合三平鱼书	遇合三上鱼书	遇合三平鱼日	遇合三上鱼见	遇合三去鱼见	遇合三去鱼溪	遇合三平鱼群	遇合三平鱼疑
广州	ʃy⁵³	ʃy³⁵	y²¹	køy³⁵	kœ³³	høy³³	kʰøy²¹	y²¹
番禺	ʃy⁵³	ʃy³⁵	y³¹	kœy³⁵	kœ³³	hœy³³	kʰœy³¹	y³¹
增城	si⁴⁴	si³⁵	i²¹	kœ³⁵	kœ³³	hœ³³	kʰœ²¹	i⁴⁴
从化	sy²³	sy⁴⁵	y²²	ky⁴⁵	ky²³	hœy²³	kʰy²²	y²³
龙门	sy⁴²	sy³⁵	y²¹	ky³⁵	ky²³	hy²³	kʰy²¹	y²¹
莞城	ʃi²³	ʃi³⁵	i³¹	kɵ³⁵	kɵ⁴⁴	hɵ⁴⁴	kʰɵ³¹	i³¹
宝安	ʃy²³	ʃy²⁵	y³¹	ky²⁵	ky³³	hy³³	ky³³	y²⁵
佛山	ʃy⁵³	ʃy³⁵	y⁴²	kœy³⁵	kœ²⁴	hœy²⁴	kʰœy⁴²	y⁴²又 / y³⁵又
南海	sy⁵¹	sy³⁵	y³¹	køy³⁵	kœ³³	høy³³	kʰøy³¹	y³¹
顺德	ʃy⁵³	ʃy²⁴	y⁴²	ky²⁴	ky³²	hy³²	kʰy⁴²	y⁴²
三水	sy⁵³	sy²⁵	y³¹	ky²⁵ / kɔy²⁵又	kɵ²⁵ / kɵ⁴⁴又	hɔi⁴⁴ / hi⁴⁴又	kʰɔy³¹	y²⁵ / y³¹又
高明	ʃy⁴⁵	ʃy²⁴	y³¹	kœy²⁴	kœ³³	hy³³ / hœy³³又	kʰœy³¹	y²⁴ / y³¹又
佛冈	sɿ³³	sɿ³⁵	i²²	ki³⁵	ki³¹	hi³³	kʰi³¹	i²²
阳山	ʃy⁵¹	ʃy⁵⁵	y²²⁴比~ / y²⁴¹~果	kɔi⁵⁵	kɔi³⁴	hɔi³⁴	kɔi²⁴¹	y²⁴¹
连山	ʃy⁵¹	ʃy⁵⁵	y²⁴¹	ky⁵⁵	ky³⁵	hy³⁵	ky²⁴¹	ŋy²⁴¹
新兴	sy⁴⁵	sy³⁵	y²¹	ky³⁵	ky⁴⁴³	hy⁴⁴³	kʰy²¹	y²¹
罗定	sy⁵⁵	sy³⁵	y²¹	køi³⁵	kœ³³~木 / køi³³木~	høi³³	kʰøi²¹	y³⁵
郁南	ʃy⁵⁵	ʃy³⁵	y²¹	koi³⁵	koi³³	hoi³³	kʰoi²¹	y²¹
石岐	sy⁵⁵	sy²¹³	y⁵¹	ky²¹³	kœ³³	hy³³	kʰy⁵¹	ŋy⁵¹

	0089 书	0090 鼠	0091 如	0092 举	0093 锯_名	0094 去	0095 渠 ~道	0096 鱼
	遇合三 平鱼书	遇合三 上鱼书	遇合三 平鱼日	遇合三 上鱼见	遇合三 去鱼见	遇合三 去鱼溪	遇合三 平鱼群	遇合三 平鱼疑
肇庆	$ʃy^{45}$	$ʃy^{24}$	y^{21}	$kœy^{24}$	$kœy^{33}$	$hœy^{33}$	$kʰœy^{21}$	y^{21}
香洲	sy^{21}	sy^{35}	$ŋy^{343}$ y^{343}又	ky^{35}	$kœ^{33}$	hy^{33}	$kʰy^{343}$	$ŋy^{343}$
斗门	$si̇^{34}$	$si̇^{45}$	$ŋi̇^{22}$	$kui̇^{45}$	$kui̇^{34}$	$hui̇^{34}$	$kʰui̇^{22}$	$ŋi̇^{22}$
新会	$si̇^{23}$	$si̇^{45}$	$ŋi̇^{22}$	$kui̇^{45}$	$kui̇^{23}$	$hui̇^{23}$	$kʰui̇^{22}$	$ŋi̇^{21}$小
台山	$si̇^{33}$	$si̇^{55}$	$ŋui̇^{22}$	$kui̇^{55}$	$kui̇^{33}$	$hui̇^{33}$	$kʰui̇^{22}$	$ŋui̇^{225}$小
开平	$ʃi̇^{33}$	$ʃi̇^{45}$	$ŋui̇^{11}$	$kui̇^{45}$	$kui̇^{33}$	$hui̇^{33}$	$kʰui̇^{11}$	$ŋui̇^{215}$小
恩平	$ʃi̇^{33}$	$ʃi̇^{55}$	$ŋguəi^{22}$	$kuəi^{55}$	$kuəi^{21}$	$huəi^{33}$	$kʰuəi^{22}$	$ŋguəi^{22}$
四会	$ʃy^{51}$	$ʃy^{33}$	y^{31}	$koi̇^{33}$	$kœ^{33}$	hy^{33}	koi^{31}	y^{31}
广宁	sy^{51}	sy^{44}	hy^{31}	$køy^{44}$	ky^{33}	hy^{33}	$kʰøy^{31}$	y^{31}
怀集	$θy^{42}$	$θy^{54}$	y^{231}	ky^{54}	ky^{45}	$hœy^{45}$	ky^{231}	$ŋy^{231}$
德庆	sy^{454}	sy^{45}	y^{242}	ky^{45}	$kœ^{53}$	hy^{53}	ky^{242}	$ŋy^{242}$
封开	$ʃy^{55}$	$ʃy^{334}$	$ŋy^{243}$	ky^{334}	ky^{51}	hy^{51}	ky^{243}	$ŋy^{243}$
阳江	$si̇^{33}$	$si̇^{21}$	$i̇^{42}$	kei^{21}	kei^{35}	hei^{35}	$kʰei^{42}$	$i̇^{42}$
阳春	$si̇^{45}$	$si̇^{324}$	$ŋi̇^{31}$	kei^{324}	kei^{33}	hei^{33}	$kʰei^{31}$	$ŋi̇^{31}$
赤坎	$si̇^{45}$	$si̇^{13}$	$i̇^{21}$	kei^{13}	kei^{33}	hei^{33}	$kʰei^{21}$	$ŋi̇^{21}$
吴川	$ʃi̇^{55}$	$ʃi̇^{35}$	$i̇^{31}$	kei^{35}	kei^{33}	hei^{33}	$kʰei^{31}$	$ŋi̇^{35}$
廉江	$si̇^{55}$	$si̇^{25}$	$i̇^{21}$	kei^{25}	kei^{33}	hui^{33}	kei^{21}	$ŋi̇^{21}$
高州	$ʃi̇^{53}$	$ʃi̇^{24}$	$ŋi̇^{21}$	kui^{24}	kui^{33}	hui^{33}	$kʰui^{21}$	$ŋi̇^{21}$
化州	$ʃi̇^{53}$	$ʃi̇^{35}$	$ŋ^{31}$ $ŋi̇^{31}$又	kui^{35}	kui^{33}	hui^{33}	$kʰui^{13}$	$ŋ^{13}$

	0089 书	0090 鼠	0091 如	0092 举	0093 锯名	0094 去	0095 渠~道	0096 鱼
	遇合三 平鱼书	遇合三 上鱼书	遇合三 平鱼日	遇合三 上鱼见	遇合三 去鱼见	遇合三 去鱼溪	遇合三 平鱼群	遇合三 平鱼疑
梅州	su^{44}	ts^hu^{31}	i^{21}	ki^{31}	ki^{52}	hi^{52}白 k^hi^{52}文	k^hi^{21}	n^{21}
兴宁	$\int u^{24}$	$t\int^hu^{31}$	$\textʒ\textʅ^{13}$	ki^{31}	ki^{51}	$\textʃ^{51}$白 k^hi^{51}文	k^hi^{24}	n^{13}
五华	$\int u^{44}$	$t\int^hu^{31}$	i^{212}	ki^{31}	ki^{51}	$\int i^{51}$白 k^hi^{51}文	k^hi^{44}	$\textŋ^{212}$
大埔	$\int u^{34}$	$t\int^hu^{31}$	$\textʒu^{13}$	ki^{31}	ki^{52}	k^hi^{52}	ki^{31}	$\textŋi^{13}$
丰顺	$\int u^{44}$	$t\int^hu^{53}$	i^{24}	ki^{53}	ki^{53}	$k^h\textɯ^{53}$	ki^{21}	$\textŋ^{24}$
揭西	$\int u^{452}$	$t\int^hu^{31}$	$\textʒi^{24}$	ki^{31}	ki^{41}	k^hi^{41}	k^hi^{24}	n^{24}
陆河	$\int u^{53}$	$t\int^hu^{24}$	$\textʒo^{35}$	kio^{24} ki^{24}~子街	ki^{31}	hi^{31}白 k^hi^{31}文	k^hi^{35}	$\textŋio^{35}$
龙川	su^{33}	su^{24}	y^{51}	ky^{24}	ky^{31}	$\int i^{31}$	k^hi^{51}	$\textŋy^{51}$
河源	sy^{33}	sui^{24}白 sy^{24}文	y^{31}	ky^{24}	ky^{212}	hy^{212}	k^hy^{31}	$\textŋy^{31}$
连平	su^{24}	ts^hu^{31}	i^{21}	ki^{31}	ki^{53}	hi^{53}	k^hi^{24}	$\textȵu^{21}$
龙岗	su^{33}	ts^hu^{31}	zi^{21}	ki^{31}	ki^{53}	hi^{53}	k^hi^{21}	m^{21}
惠州	$\textɕy^{33}$	$\textɕy^{35}$	jy^{22}	ky^{35}	ky^{23}	hy^{23}	k^hy^{22}	$\textŋy^{22}$
博罗	si^{44}	si^{35}	zi^{21}	ki^{35}	ki^{24}	hi^{24}	k^hi^{21}	zi^{21}
新丰	sy^{44}	sy^{31}	y^{24}	ky^{31}	ky^{51}	k^hi^{51}	k^hy^{24}	$\textŋgy^{24}$
翁源	$\int y^{22}$	$t\int^hy^{31}$	y^{41}	ky^{31}	ki^{45}	k^hi^{45}	k^hi^{41}	$\textȵy^{41}$
始兴	su^{22}	su^{31}	$\textɿ^{51}$	$ts\textɿ^{31}$	$ts\textɿ^{33}$	$s\textɿ^{51}$	$ts^h\textɿ^{51}$	m^{51}
仁化	$\int y^{33}$	$\int y^{23}$	y^{31}	ky^{23}	ky^{34}	$\int i^{31}$	k^hy^{31}	$\textŋi^{31}$
南雄	$\textɕy^{44}$	$\textɕy^{24}$	y^{21}	$t\textɕy^{24}$	$t\textɕy^{32}$	i^{21}白 $t\textɕ^hy^{32}$文	$t\textɕy^{21}$	n^{42}白 $\textŋy^{21}$文

	0089 书	0090 鼠	0091 如	0092 举	0093 锯名	0094 去	0095 渠~道	0096 鱼
	遇合三 平鱼书	遇合三 上鱼书	遇合三 平鱼日	遇合三 上鱼见	遇合三 去鱼见	遇合三 去鱼溪	遇合三 平鱼群	遇合三 平鱼疑
皈塘	ʃy²⁴	ʃy³³	y³³	ky³³	ku²¹ka²¹	fuə²¹	（无）	ŋ⁴⁵
桂头	sy⁵¹	sy³²⁴	y⁴⁵	kau³²⁴	kau⁴	hau⁴⁵白 kʰau⁴⁴文	kʰau⁴⁴	ŋau⁴⁵
连州	sy³¹	sy⁵³	y⁵⁵	kɵi⁵³	kɵi¹¹	hɐu¹¹	kʰɵi⁵⁵	ŋy⁵⁵
潮州	tsɿ³³	tsʰɿ⁵³	dzu⁵⁵	kɤ⁵³	kɤ²¹³	kʰɤ²¹³	kʰɤ⁵⁵	hɤ⁵⁵
饶平	tsɯ⁴⁴	tsʰɯ⁵²	dzu⁵⁵	kɯ⁵²	kɯ²¹⁴	kʰɯ²¹⁴	kʰɯ⁵⁵	hɯ⁵⁵
汕头	tsɯ³³	tsʰɯ⁵¹	dzu⁵⁵	kɯ⁵¹	kɯ²¹³	kʰɯ²¹³	kʰɯ⁵⁵	hɯ⁵⁵
澄海	tsə³³	tsʰə⁵³	zu⁵⁵	kə⁵³	kə²¹²	kʰə²¹²	kʰə⁵⁵	hə⁵⁵
潮阳	tsu³¹	tsʰu⁴⁵⁴	zu³³	ku⁴⁵⁴	ku⁵²	kʰu⁵²	kʰu³³	hu³³
南澳	tsɤ³⁴	tsʰɤ⁵²	dzu⁴⁵⁴	kɤ⁵²	kɤ²¹	kʰɤ²¹	kʰɤ⁴⁵⁴	hɤ⁴⁵⁴
揭阳	tsɯ³³	tsʰɯ⁴¹	zu⁵⁵	kɯ⁴¹	kɯ²¹³	kʰɯ²¹³	kʰɯ⁵⁵	hɯ⁵⁵
普宁	tsu³⁵	tsʰu⁵²	zu⁵⁵	ku⁵²	ku³¹²	kʰu³¹²	kʰu⁵⁵	hu⁵⁵
惠来	tsu³⁴	tsʰu⁵³	dzu⁵⁵	ku⁵³	ku³¹	kʰu³¹	kʰu⁵⁵	hu⁵⁵
海丰	tsu³³~房 si˙³³~法	tsʰi˙⁵³	ndzi⁵⁵	ki⁵³	ku²¹²	kʰi˙²¹²	kʰi˙⁵⁵	hi⁵⁵
陆丰	tsu³³	tsʰi˙⁵⁵	ndzu¹³	ki⁵⁵	ku²¹³	kʰi˙²¹³	kʰi˙¹³	hi¹³
电白	tsu³³	tsʰu²¹	ji˙²²	ki²¹	ku¹³	kʰu¹³	kʰɔi²²	hu²²
雷州	tsu²⁴	tsʰu⁴²	i˙²² iu²²又	ki⁴²	ku²²	kʰu²²	ki⁵⁴	hu²²

	0097 许	0098 余 剩~，多~	0099 府	0100 付	0101 父	0102 武	0103 雾	0104 取
	遇合三 上鱼晓	遇合三 平鱼以	遇合三 上虞非	遇合三 去虞非	遇合三 上虞奉	遇合三 上虞微	遇合三 去虞微	遇合三 上虞清
广州	høy^{35}	y^{21}	fu^{35}	fu^{22}	fu^{22}	mou^{13}	mou^{22}	tʃʰøy^{35}
番禺	hœy^{35}	y^{31}	fu^{35}	fu^{22}	fu^{22}	mou^{23}	mou^{22}	tʃʰœy^{35}
增城	hœ^{35}	i^{21}	fu^{35}	fu^{22}	fu^{22}	mou^{13}	mou^{22}	tshœ^{35}
从化	hy^{45}	y^{22}	fu^{45}	fu^{31}	fu^{31}	mu^{23}	mu^{31}	tshœy^{45}
龙门	hy^{35}	y^{21}	fu^{35}	fu^{53}	fu^{53}	mu^{23}	mu^{53}	tshy^{35}
莞城	hɵ^{35}	i^{31}	fu^{35}	fu^{44}	fu^{44}	mɐu^{34}	mɐu^{44}	tʃʰɵ^{35}
宝安	hy^{25}	y^{31}	fu^{25}	fu^{31}	fu^{22}	mu^{23}	mu^{22}	tʃʰɔi^{25}
佛山	hœy^{35}	y^{42}	fu^{35}	fu^{12}	fu^{12}	bou^{13}	bou^{12}	tʃʰœy^{35} tʃʰy^{35} 又
南海	høy^{35}	y^{31}	fu^{35}	fu^{22}	fu^{22}	mou^{13}	mou^{22}	tshøy^{35}
顺德	hy^{24}	y^{42}	fu^{24}	fu^{21}	fu^{21}	mou^{13}	mou^{21}	tʃʰɔi^{24}
三水	hɔy^{25}	y^{31}	fu^{25}	fu^{44}	fu^{33} fu^{25} 又	mou^{23}	mou^{33}	tshɔy^{25}
高明	hœy^{24}	y^{31}	fu^{24}	fu^{31}	fu^{31}	mou^{33}	mou^{31}	tʃʰœy^{24}
佛冈	hi^{35}	i^{22}	fu^{35}	fu^{31}	fu^{31}	mu^{31}	mu^{31}	tʃʰuei^{35}
阳山	hɔi^{55}	y^{241}	fu^{55}	fu^{214}	fu^{214}	mu^{224}	mu^{214}	tʃʰɔi^{55}
连山	hy^{55}	y^{241}	fu^{55}	fu^{215}	fu^{215}	mu^{15}	mu^{215}	tʰy^{55}
新兴	hy^{35}	y^{21}	fu^{35}	fu^{52}	fu^{52}	mu^{13}	mu^{52}	tshy^{35}
罗定	høi^{35}	y^{21}	fu^{35}	fu^{21}	fu^{21}	mu^{13}	mou^{21}	tshøi^{35}
郁南	hoi^{35}	y^{21}	fu^{35}	fu^{21}	fu^{21}	mou^{13}	mou^{21}	tʃʰoi^{35}
石岐	hy^{213}	y^{51}	hu^{213}	hu^{33}	hu^{33}	mu^{213}	mu^{33}	tshy^{213}

	0097 许	0098 余 剩~,多~	0099 府	0100 付	0101 父	0102 武	0103 雾	0104 取
	遇合三 上鱼晓	遇合三 平鱼以	遇合三 上虞非	遇合三 去虞非	遇合三 上虞奉	遇合三 上虞微	遇合三 去虞微	遇合三 上虞清
肇庆	hœy²⁴	y²¹	fu²⁴	fu⁵²	fu⁵²	mou¹³	mou⁵²	tʃʰœy²⁴
香洲	hy³⁵	y³⁴³	hu³⁵	hu³³	hu³³	mu³⁵	mu³³	tsʰy³⁵
斗门	hui⁴⁵	i²²	fu⁴⁵	fu⁴²	fu⁴²	mou²¹	mou⁴²	tʰui⁴⁵
新会	hui⁴⁵	i²²	fu⁴⁵	fu³²	fu³²	mau²¹	mau³²	tsʰui⁴⁵
台山	hui⁵⁵	ji²²	fu⁵⁵	fu³³ 姓氏 / fu³¹ ~钱	fu³¹	mu²¹	mu³¹	tʰui⁵⁵
开平	hui⁴⁵	ji¹¹	fu⁴⁵	fu³¹	fu³¹	mu²¹	mu³¹	tʰui⁴⁵
恩平	huəi⁵⁵	i²²	fu⁵⁵	fu²¹	fu²¹	mbu²¹	mbu²¹	tʰuəi⁵⁵
四会	hoi³³	y³¹	fu³³	fu²⁴	fu²⁴	mo²⁴ 白 / mu²⁴ 文	mu²⁴	tʃʰoi³³
广宁	høy⁴⁴	hy³¹	fu⁴⁴	fu³²³	fu³²³	mou³²³	mu³²³	tsʰøy⁴⁴
怀集	hy⁵⁴	y²³¹	fu⁵⁴	fu²²⁵	fu²²⁵	mu²⁴	mu²²⁵	tʃʰɐu⁵⁴ 白 / tʃʰœy⁵⁴ 文
德庆	hy⁴⁵	y²⁴²	fu⁴⁵	fu⁵³	fu³¹	mu²³	mu³¹	tsʰy⁴⁵
封开	hy³³⁴	y²⁴³	fu³³⁴	fu²¹	fu²¹	mu²²³	mu²¹	tʰy³³⁴
阳江	hei²¹	i⁴²	fu²¹	fu³⁵	fu⁵⁴	mou²¹	mou⁵⁴	tsʰei²¹
阳春	hei³²⁴	i³¹	fu³²⁴	fu⁵²	fu⁵²	mou³²³	mou⁵²	tsʰei³²⁴
赤坎	hei¹³	i²¹	fu¹³	fu²¹	fu²¹	mou¹³	mou²¹	tsʰui¹³
吴川	hei³⁵	i³¹	fu³⁵	fu³¹	fu³¹	mou²⁴	mou³¹	tʃʰei³⁵
廉江	hei²⁵	i²¹	fu²⁵	fu²¹	fu²¹	mu²³	mu²¹	tsʰei²⁵
高州	hui²⁴	i²¹	fu²⁴	fu³³ 白 / fu³¹ 文	fu³¹	vu¹³ 白 / mou¹³ 文	mou³¹	tʃʰi²⁴
化州	hui³⁵	i¹³	fu³⁵	fu³¹	fu³¹	mou¹³	mou³¹	tʰui³⁵

	0097 许	0098 余 剩~, 多~	0099 府	0100 付	0101 父	0102 武	0103 雾	0104 取
	遇合三 上鱼晓	遇合三 平鱼以	遇合三 上虞非	遇合三 去虞非	遇合三 上虞奉	遇合三 上虞微	遇合三 去虞微	遇合三 上虞清
梅州	hi³¹	i²¹	fu³¹	fu⁵²	fu⁵²	vu⁴⁴	vu⁵²	tsʰi³¹
兴宁	ʃl̩³¹	ʒl̩¹³	fu³¹	fu⁵¹	fu⁵¹	vu²⁴	vu⁵¹	tsʰi³¹
五华	ʃi³¹	i²¹²	fu³¹	fu⁵¹	fu³¹	vu⁴⁴	vu⁵¹	tsʰi³¹
大埔	ʃu³¹	ʒu¹³	fu³¹	fu⁵²	fu⁵²	vu³¹	vu⁵²	tsʰi³¹
丰顺	hi⁵³	i²⁴	fu⁵³	fu⁵³	fu²¹	vu⁵³	vu⁵³	tsʰi⁵³
揭西	hi³¹	ʒi²⁴	fu³¹	fu⁴¹	fu³¹	vu³¹	vu⁴¹	tsʰi³¹
陆河	hio²⁴	ʒo³⁵	fu²⁴	fu³¹	fu³³	vu²⁴	mu³¹	tsʰiu²⁴
龙川	ʃy²⁴	y⁵¹	fu²⁴	fu³¹	fu³¹	mu³¹	mu³¹	tsʰy²⁴
河源	hy²⁴	y³¹	hu²⁴	hu⁵⁴	hu⁵⁴	mu²¹²	mu⁵⁴	tsʰy²⁴
连平	hi³¹	i²¹	fu³¹	fu⁵³	fu⁵³	u³¹	u⁵³	tsʰi³¹
龙岗	hi³¹	zi²¹	fu³¹	fu⁵³	fu⁵³	vu³³	mbu⁵³	tsʰi³¹
惠州	hy³⁵	jy²²	hu³⁵	hu³¹	hu³¹	mu²³	mu³¹	tɕʰy³⁵
博罗	hi³⁵	zi²¹	hu³⁵	hu⁴¹	hu⁴¹	mbu²⁴	mbu⁴¹	tsʰi³⁵
新丰	sy³¹	zy²⁴	fu³¹	fu⁵¹	fu³¹	u³¹	u⁵¹	tsʰy³¹
翁源	ʃy³¹	i⁴¹	fu³¹	fu⁴⁵	fu³¹	vu³¹	vu⁴⁵	tsʰi³¹
始兴	sɿ³¹	ɿ⁵¹	fu³¹	fu³³	fu³³	vu³¹	vu³³	tsʰɿ³¹
仁化	ʃi²³	y³¹	fu²³	fu³⁴	fu³⁴	vu²³	mu³³	tsʰuei²³
南雄	ɕy²⁴	y²¹	fu²⁴	fu³²	fu⁴²	vu²⁴	vu⁴²	tɕʰy²⁴

	0097 许	0098 余 剩~，多~	0099 府	0100 付	0101 父	0102 武	0103 雾	0104 取
	遇合三 上鱼晓	遇合三 平鱼以	遇合三 上虞非	遇合三 去虞非	遇合三 上虞奉	遇合三 上虞微	遇合三 去虞微	遇合三 上虞清
皈塘	hy³³	y⁴⁵	fuə³³	fuə²¹	fuə²¹	uə³³	muə²¹	tɕʰy³³
桂头	hau³²⁴	y⁴⁵	fu³²⁴	fu⁴⁴	fu⁴⁴	mau²¹	mau⁴⁴	tsʰau³²⁴
连州	hɵi⁵³	y⁵⁵	fu⁵³	fu¹¹	fu³³	vu²⁴	mɐu³³	tsʰɵi⁵³
潮州	kʰou⁵³白 hɤ⁵³文	ɤ⁵⁵	hu⁵³	hu²¹³	pɛ³⁵白 hu³⁵文	bu⁵³	bu¹¹	tsʰu⁵³
饶平	kʰou⁵²白 huɯ⁵²文	ɯ⁵⁵	hu⁵²	hu²¹⁴	pe²⁵白 hu⁵²文	bu⁵²	bu²¹	tsʰu⁵²
汕头	kʰou⁵¹白 huɯ⁵¹文	ɯ⁵⁵	hu⁵¹	hu²¹³	pe²⁵白 hu²⁵文	bu⁵¹	bu³¹	tsʰu⁵¹
澄海	kʰou⁵³白 hə⁵³文	ə⁵⁵	hu⁵³	hu²¹²	pe³⁵	bu⁵³	bu²²	tsʰu⁵³
潮阳	kʰou⁴⁵⁴白 hu⁴⁵⁴文	u³³	hu⁴⁵⁴	hu⁵²	pe⁵²	bvu⁴⁵⁴	bvu⁴²	tsʰu⁴⁵⁴
南澳	kʰou⁵²白 hɤ⁵²文	ɤ⁴⁵⁴	hu⁵²	hu²¹	hu³⁵	bu⁵²	bu³¹	tsʰu⁵²
揭阳	kʰou⁴¹白 huɯ⁴¹文	ɯ⁵⁵	hu⁴¹	hu²¹³	pe²⁵白 hu²⁵文	bu⁴¹	bu²²	tsʰu⁴¹
普宁	kʰou⁵²白 hu⁵²文	u⁵⁵	hu⁵²	hu³¹²	pe²⁴白 hu²⁴文	bvu⁵²	bvu³¹	tsʰu⁵²
惠来	kʰou⁵³白 hu⁵³文	u⁵⁵	hu⁵³	hu³¹	pe²⁵白 hu²⁵文	bvu⁵³	bvu³¹	tsʰu⁵³
海丰	kʰou⁵³白 hi⁵³文	i⁵⁵	hu⁵³	hu²¹²	pe³⁵白 hu³⁵文	mbu⁵³	mbu²¹	tsʰiu⁵³白 tsʰi⁵³文
陆丰	kʰou⁵⁵白 hi⁵⁵文	i¹³	hu⁵⁵	hu²¹³	pe²²白 huə²²文	mbu⁵⁵	mbu²²	tsʰu⁵⁵白 tsʰi⁵⁵文
电白	hi²¹	ji²²	hu²¹	hu⁴⁴²	hu⁴⁴²	mu²¹	beu³³ mu⁴⁴²	（无）
雷州	kʰeu⁴²白 hi⁴²文	i²²	hu⁴²	hu²²	pe⁵⁴白 hu⁵⁴文	bu⁴²	ueu³³ mu⁵⁴	tsʰi⁴²

	0105 柱	0106 住	0107 数_动	0108 数_名	0109 主	0110 输	0111 竖	0112 树
	遇合三 上虞澄	遇合三 去虞澄	遇合三 上虞生	遇合三 去虞生	遇合三 上虞章	遇合三 平虞书	遇合三 上虞禅	遇合三 去虞禅
广州	tʃʰy¹³	tʃy²²	ʃou³⁵	ʃou³³	tʃy³⁵	ʃy⁵³	ʃy²²	ʃy²²
番禺	tʃʰy²³	tʃy²²	ʃou³⁵	ʃou³³	tʃy³⁵	ʃy⁵³	ʃy²²	ʃy²²
增城	tsʰi³⁵	tsi²²	sou³⁵	sou³³	tsi³⁵	si⁴⁴	si²²	si²²
从化	tsʰy²³	tsy³¹	su⁴⁵	su²³	tsy⁴⁵	sy⁵⁵	sy³¹	sy³¹
龙门	tsʰy²³	tsy⁵³	su³⁵	su²³	tsy³⁵	sy⁴²	sy⁵³	sy⁵³
莞城	tʃʰi³⁴	tʃi⁴⁴	ʃɐu³⁵	ʃɐu⁴⁴	tʃi³⁵	ʃi²³	ʃi⁴⁴	ʃi⁴⁴
宝安	tʃʰy²³	tʃy²²	ʃu²⁵	ʃu³³	tʃy²⁵	ʃy²³	ʃy²²	ʃy²²
佛山	tʃʰy¹³	tʃy¹²	ʃou³⁵	ʃou²⁴	tʃy³⁵	ʃy⁵³	ʃy¹²	ʃy¹²
南海	tsʰy¹³	tsy²²	sou³⁵	sou³³	tsy³⁵	sy⁵¹	sy²²	sy²²
顺德	tʃʰy¹³	tʃy²¹	ʃou²⁴	ʃou³²	tʃy²⁴	ʃy⁵³	ʃy²¹	ʃy²¹
三水	tsʰy²⁵	tsy³³	sou²⁵	sou⁴⁴	tsy²⁵	sy⁵³	sy³³	sy³³
高明	tʃʰy³³	tʃy³¹	ʃou²⁴	ʃou³³	tʃy²⁴	ʃy⁵⁵	ʃy³¹	ʃy³¹
佛冈	tʃʰi³¹	tsɿ³¹	ʃu³⁵	ʃu³³	tsɿ³⁵	sɿ³³	sɿ³¹	sɿ³¹
阳山	tʃy²²⁴	tʃy²¹⁴	ʃɐu⁵⁵	ʃɐu³⁴	tʃy⁵⁵	ʃy⁵¹	ʃy²¹⁴	ʃy²¹⁴
连山	ʃy¹⁵	ʃy²¹⁵	ʃy⁵⁵	ʃy³⁵	tʃy⁵⁵	ʃy⁵¹	ʃy¹⁵	ʃy²¹⁵
新兴	tsʰy²¹	tsy⁵²	su³⁵	su⁴⁴³	tsy³⁵	sy⁴⁵	sy⁵²	sy⁵²
罗定	tsʰy¹³	tsy²¹	sou³⁵	sou³³	tsy³⁵	sy⁵⁵	sy²¹	sy²¹
郁南	tʃʰy¹³	tʃy²¹	ʃou³⁵	ʃou³³	tʃy³⁵	ʃy⁵⁵	ʃy²¹	ʃy²¹
石岐	tsʰy²¹³	tsy³³	su²¹³	su³³	tsy²¹³	sy⁵⁵	sy³³	sy³³

	0105 柱	0106 住	0107 数动	0108 数名	0109 主	0110 输	0111 竖	0112 树
	遇合三 上虞澄	遇合三 去虞澄	遇合三 上虞生	遇合三 去虞生	遇合三 上虞章	遇合三 平虞书	遇合三 上虞禅	遇合三 去虞禅
肇庆	tʃʰy¹³	tʃy⁵²	ʃou²⁴	ʃou³³	tʃy²⁴	ʃy⁴⁵	ʃy⁵²	ʃy⁵²
香洲	tsʰy³⁵	tsy³³	su³⁵	su³³	tsy³⁵	sy²¹	sy³³	sy³³
斗门	tʰui²¹	tsi⁴²	sou⁴⁵	sou³⁴	tsi⁴⁵	si⁴⁵	si⁴²	si⁴²
新会	tsʰui²¹	tsi³²	sau⁴⁵	sau²³	tsi⁴⁵	si²³	si³²	si³²
台山	tsʰui²¹	tsi̩³¹	su⁵⁵	su³³	tsi̩⁵⁵	si̩³³	si̩³¹	si̩³¹
开平	tʃʰui²¹	tʃi̩³¹	ʃu⁴⁵	ʃu³³	tʃi̩⁴⁵	ʃi̩³³	ʃi̩³¹	ʃi̩³¹
恩平	tʰuəi²¹	tʃi̩²¹	ʃu⁵⁵	ʃu³³	tʃi̩⁵⁵	ʃi̩³³	ʃi̩²¹	ʃi̩²¹
四会	tʃʰy²⁴	tʃy²⁴	ʃɐu³³	ʃu³³	tʃy³³	ʃy⁵¹	ʃy²⁴	ʃy²⁴
广宁	tsy³²³	tsy³²³	sou⁴⁴	su³³	tsy⁴⁴	sy⁵¹	sy³²³	sy³²³
怀集	tʃy²⁴	tʃy²²⁵	θɐu⁵⁴	θɐu⁴⁵	tʃy⁵⁴	θy⁴²	θy²²⁵	tʃɐu²²⁵ 白 / θy²²⁵ 文
德庆	tsʰy²³	tsy³¹	su⁴⁵	su⁵³	tsy⁴⁵	sy⁴⁵⁴	sy³¹	sy³¹
封开	tʃy²²³	tʃy²¹	ʃy³³⁴	ʃy⁵¹	tʃy³³⁴	ʃy⁵⁵	tʃy²²³	tʃy²¹
阳江	tsʰi̩²¹	tsi̩⁵⁴	sou²¹	sou³⁵	tsi̩²¹	si̩³³	si̩⁵⁴	si̩⁵⁴
阳春	tsʰi³²³	tsi⁵²	ɬou³²⁴	ɬou³³	tsi³²⁴	si̩⁴⁵	si̩⁵²	si̩⁵²
赤坎	tsʰi¹³	tsi²¹	sou¹³	sou³³	tsi¹³	si̩⁴⁵	si̩²¹	si̩²¹
吴川	tʃʰi²⁴	tʃi³¹	ʃou³⁵	ʃou³³	tʃi̩³⁵	ʃi⁵⁵	ʃi³¹	ʃi³¹
廉江	tsʰi²³	tsi²¹	su³³	su³³	tsi²⁵	si̩⁵⁵	si̩²¹	si̩²¹
高州	tʃʰi¹³	tʃi̩³¹	ʃou²⁴	ʃou³³	tʃi²⁴	ʃi⁵³	ʃi³¹	ʃi³¹
化州	tʃʰi¹³	tʃi̩³¹	ʃou³⁵	ʃou³³	tʃi̩³⁵	ʃi⁵³	ʃi³¹	ʃi³¹

	0105 柱	0106 住	0107 数动	0108 数名	0109 主	0110 输	0111 竖	0112 树
	遇合三上虞澄	遇合三去虞澄	遇合三上虞生	遇合三去虞生	遇合三上虞章	遇合三平虞书	遇合三上虞禅	遇合三去虞禅
梅州	tsʰu⁴⁴	tsʰu⁵²	sɿ⁵²	sɿ⁵²	tsu³¹	su⁴⁴	su⁵²	su⁵²
兴宁	tʃʰu²⁴	tʃʰu⁵¹	sɿ⁵¹	sɿ⁵¹	tʃu³¹	ʃu²⁴	ʃu⁵¹	ʃu⁵¹
五华	tʃʰu⁴⁴	tʃʰu³¹	sɿ⁵¹	sɿ⁵¹	tʃu³¹	ʃu⁴⁴	ʃu⁵¹	ʃu³¹
大埔	tʃʰu³⁴	tʃʰu⁵²	sɿ⁵²	sɿ⁵²	tʃu³¹	ʃu³⁴	ʃu⁵²	ʃu⁵²
丰顺	tʃʰu⁴⁴	tʃʰu²¹	su⁵³	su⁵³	tʃu⁵³	ʃu⁴⁴	ʃu⁵³	ʃu²¹白 ʃu⁵³文
揭西	tʃʰu⁴⁵²	tʃʰu³¹	sɿ⁴¹	sɿ⁴¹	tʃu³¹	ʃu⁴⁵²	ʃu³¹	ʃu³¹
陆河	tʃʰu⁵³	tʃʰu³³	sɿ³¹	sɿ³¹	tʃu²⁴	ʃu⁵³	ʃu³³	ʃu³³
龙川	tsʰu³¹	tsʰu³³	su²⁴	su³¹	tsu²⁴	su³³	su³³	su³³
河源	tsʰy²¹²	tsʰy⁵⁴	su²¹²	su³¹	tsy²⁴	sy³³	su⁵⁴	sy⁵⁴
连平	tsʰu²⁴	tsʰu⁵³	su⁵³	su⁵³	tsu³¹	su²⁴	su⁵³	su⁵³
龙岗	tsʰu³³	tsʰu⁵³	（无）	su⁵³	tsu³¹	su³³	su⁵³	su⁵³
惠州	tɕʰy²³	tɕʰy³¹	su³⁵	su²³	tɕy³⁵	ɕy³³	ɕy³¹	ɕy³¹
博罗	tsʰi²⁴	tsʰi⁴¹	su³⁵	su²⁴	tsi³⁵	si⁴⁴	（无）	si⁴¹
新丰	tsʰy⁴⁴	tsʰy³¹	su⁵¹	su⁵¹	tsy³¹	sy⁴⁴	su⁵¹	sy³¹
翁源	tʃʰy²²	tʃʰy³¹	sɿ⁴⁵	sɿ⁴⁵	tʃy³¹	ʃy²²	ʃy³¹	ʃy³¹
始兴	tsʰu³³	tsʰu³³	su³¹	su³³	tsʰu³¹	su²²	su³³	su³³
仁化	tʃʰy²³	tʃʰy³³	su²³	su³⁴	tʃy²³	ʃy³³	ʃy³³	ʃy³³
南雄	tɕy²¹	tɕy⁴²	su²⁴	su³²	tɕy²⁴	ɕy⁴⁴	ɕy⁴²	ɕy⁴²

	0105 柱	0106 住	0107 数（动）	0108 数（名）	0109 主	0110 输	0111 竖	0112 树
	遇合三上虞澄	遇合三去虞澄	遇合三上虞生	遇合三去虞生	遇合三上虞章	遇合三平虞书	遇合三上虞禅	遇合三去虞禅
飯塘	$tɕʰy^{33}$	$tɕʰy^{21}$	$ʃuə^{33}$	$ʃuə^{21}$	$tɕy^{33}$	$ʃy^{24}$	（无）	$ʃy^{21}$
桂头	$tʰau^{21}$白 $tsʰy^{44}$文	tau^{44}	sau^{324}	sau^{4}	tsy^{324}	sy^{51}	sau^{4}	sau^{4}
连州	$tsʰy^{24}$	$tsʰy^{33}$	siu^{53}	$sɐu^{11}$	tsy^{53}	sy^{31}	sy^{33}	sy^{33}
潮州	$tʰiou^{35}$	tiu^{11}白 tsu^{35}文	$siou^{213}$白 su^{213}文	$siou^{213}$	tsu^{53}	su^{33}	su^{35}	$tsʰiu^{11}$白 su^{35}文
饶平	$tʰiau^{25}$	tsu^{25}	$siau^{214}$	$siau^{214}$	tsu^{52}	su^{44}	su^{25}	$tsʰiu^{21}$白 su^{25}文
汕头	$tʰiau^{25}$	tiu^{31}白 tsu^{25}文	$siau^{213}$	$siau^{213}$白 su^{213}文	tsu^{51}	su^{33}	su^{25}	$tsʰiu^{31}$白 su^{25}文
澄海	$tʰiou^{35}$	tsu^{35}	$siou^{212}$	$siou^{212}$	tsu^{53}	su^{33}	su^{35}	$tsʰiu^{22}$白 su^{35}文
潮阳	$tʰiau^{52}$	tiu^{42}白 tsu^{52}文	$siau^{52}$	$siau^{52}$	tsu^{454}	su^{31}	su^{52}	$tsʰiu^{42}$白 su^{52}文
南澳	$tʰiau^{35}$	tsu^{35}	$siau^{21}$	$siau^{21}$	tsu^{52}	su^{34}	su^{35}	$tsʰiu^{31}$白 su^{35}文
揭阳	$tʰiau^{25}$	tsu^{25}①	$siau^{213}$白 su^{213}文	$siau^{213}$	tsu^{41}	su^{33}	su^{25}	$tsʰiu^{22}$白 su^{25}文
普宁	$tʰiau^{24}$	tiu^{31}白 tsu^{24}文	$siau^{312}$白 su^{312}文	$siau^{312}$	tsu^{52}	su^{35}	su^{24}	$tsʰiu^{31}$白 su^{24}文
惠来	$ˌtʰiau^{25}$	tsu^{25}	$siau^{31}$白 su^{31}文	$siau^{31}$	tsu^{53}	su^{34}	su^{25}	$tsʰiu^{31}$白 su^{25}文
海丰	$tʰiau^{35}$白 tsi^{35}文	tiu^{2}白 tsi^{35}文	（无）	$siau^{212}$白 sou^{212}文	tsi^{53}	su^{33}~赢 si^{33}运~	$si˙^{35}$	$tsʰiu^{21}$白 $si˙^{35}$文
陆丰	$tʰiau^{22}$	tsu^{22}	（无）	$siau^{213}$	tsu^{55}	su^{33}	su^{22}	$tsʰiu^{22}$白 su^{22}文
电白	$tʰieu^{442}$白 $tsi˙^{53}$文	tiu^{33}白 $tsi˙^{442}$文	（无）	$sieu^{13}$	tsi^{21}	$su˙^{33}$ $si˙^{33}$	（无）	$tsʰiu^{33}$白 $si˙^{442}$文
雷州	$tʰiau^{33}$	tsi^{21}	$siau^{21}$	$siau^{21}$	tsi^{42} tsu^{42}又	$si˙^{24}$ su^{24}又	（无）	$tsʰiu^{24}$白 $si˙^{54}$文

①有说 tiu^{25} 的，但是老男发音人不说。

	0113 句	0114 区 地~	0115 遇	0116 雨	0117 芋	0118 裕	0119 胎	0120 台 戏~
	遇合三 去虞见	遇合三 平虞溪	遇合三 去虞疑	遇合三 上虞云	遇合三 去虞云	遇合三 去虞以	蟹开一 平咍透	蟹开一 平咍定
广州	køy³³	kʰøy⁵³	y²²	y¹³	u²²	y²²	tʰɔi⁵³	tʰɔi²¹
番禺	kœy³³	kʰœy⁵³	y²²	hœy²³ 白 y²³ 文	u²²	y²²	tʰɔi⁵³	tʰɔi³¹
增城	kœ³³	kʰœ⁴⁴	i²²	i¹³	fu²²	i²²	tʰɔi⁴⁴ 白 tʰai⁴⁴ 文	tʰɔi²¹
从化	ky²³	kʰy⁵⁵	y³¹	y²³	u²²	y³¹	tʰɔi⁵⁵	tʰɔi²²
龙门	ky²³	kʰy⁵⁵	y⁵³	y²³	fu⁵³	y⁵³	tʰɔi⁴²	tʰɔi²¹
莞城	kɵ⁴⁴	kʰɵ²³	i³⁴	i³⁴	fu⁴⁴	i³⁴	tʰɵ²³ 白 tʰɔi⁵⁵ 文	tʰɵ³¹
宝安	ky³³	kʰy⁵⁵	y²²	y²³	fu²²	y²²	tʰai⁵⁵ 白 tʰai²³ 文	tʰɔi²³
佛山	kœy²⁴	kʰœy⁵³	y¹²	y¹³ hy¹³ 又	u¹²	y¹²	hɔi⁵⁵	hɔi⁴²
南海	køy³³	kʰøy⁵¹	y²²	y¹³	u²²	y²²	tʰɔi⁵¹	tʰɔi³¹
顺德	ky³²	kʰy⁵³	y²¹	hy¹³	fu²¹	y²¹	tʰɔi⁵⁵	tʰɔi⁴²
三水	kɔy⁴⁴	kʰɔy⁵³	y³³	y²³	y⁴⁴ fu⁴⁴ 又 u⁴⁴ 又	y⁴⁴	tʰɔi⁵³ tʰɐi⁵⁵ 又	tʰɔi³¹
高明	kœy³³	kʰœy⁵⁵	y³¹	y³³	u³¹	y³¹	tʰɔi⁴⁵	tʰɔi³¹
佛冈	ki³³	kʰi³³	i³¹	i³⁵	u³¹ i³³	i³¹	tʰuei³³ 白 tʰai³³ 文	tʰuei³³
阳山	kɔi³⁴	kʰɔi⁵¹	y²¹⁴	y²²⁴	u²¹⁴	y²¹⁴	tʰɔi⁵¹	toi²⁴¹
连山	ky³⁵	kʰy⁵¹	ŋy²¹⁵	y¹⁵	vu²¹⁵	y²¹⁵	tʰøi⁵¹	tø²⁴¹
新兴	ky⁴⁴³	kʰy⁴⁵	y⁵²	y²¹	u⁵²	y⁵²	tʰɔi⁴⁵	tʰɔi²¹
罗定	køi³³	kʰøi⁵⁵	y²¹	y¹³	u²¹	y²¹	tʰɔi⁵⁵	tʰɔi²¹
郁南	koi³³	kʰoi⁵⁵	y²¹	y¹³	u²¹	y²¹	tʰɔi⁵⁵	tʰɔi²¹
石岐	ky³³	kʰy⁵⁵	y³³	y²¹³	u³³	y³³	tʰɔi⁵⁵	tʰɔi⁵¹

	0113 句	0114 区 地~	0115 遇	0116 雨	0117 芋	0118 裕	0119 胎	0120 台 戏~
	遇合三 去虞见	遇合三 平虞溪	遇合三 去虞疑	遇合三 上虞云	遇合三 去虞云	遇合三 去虞以	蟹开一 平咍透	蟹开一 平咍定
肇庆	$kœy^{33}$	$k^hœy^{45}$	y^{52}	$hœy^{13}$	u^{52}	y^{52}	t^hui^{45}	t^hui^{21}
香洲	ky^{33}	k^hy^{21}	$ŋy^{33}$ y^{33}又	y^{35}	u^{33}	y^{33}	t^hui^{21}	t^hui^{343}
斗门	kui^{34}	k^hui^{34}	$ŋi^{42}$	i^{21}	（无）	i^{42}	hui^{34}	hui^{22}
新会	kui^{23}	k^hui^{23}	i^{32}	i^{21}	u^{21}	i^{32}	hui^{23}	hui^{22}
台山	kui^{33}	k^hui^{33}	$ŋui^{31}$	ji^{225}小	$ʊu^{225}$小	ji^{31}	$hɔi^{33}$	$hɔi^{22}$
开平	kui^{33}	k^hui^{33}	$ŋui^{31}$	ji^{215}	vu^{215}小	ji^{31}	$hɔi^{215}$小	$hɔi^{11}$
恩平	$kuəi^{33}$	$k^huəi^{33}$	$ŋguəi^{21}$	i^{21}	vu^{21}	i^{21}	$huai^{33}$	$huai^{22}$
四会	ky^{33}	k^hoi^{51}	y^{24}	y^{24}	u^{24}	y^{24}	t^hoi^{51}	toi^{31}
广宁	ky^{33}	$k^høy^{51}$	y^{323}	hy^{323}	u^{323}	y^{323}	t^hoi^{51}	toi^{31}
怀集	ky^{45}	k^hy^{42}	y^{225}	y^{24}	u^{225}	y^{225}	t^hoi^{42}	toi^{231}
德庆	ky^{53}	k^hy^{454}	y^{31}	y^{23}	u^{31}	y^{31}	t^hoi^{454}	toi^{242}
封开	ky^{51}	k^hy^{55}	$ŋy^{21}$	y^{223}	u^{21}	y^{21}	t^hui^{55}	tui^{243}
阳江	kei^{35}	k^hei^{33}	i^{54}	i^{21}	u^{54}	i^{54}	$t^hɔi^{33}$	$t^hɔi^{42}$
阳春	kei^{33}	k^hei^{45}	i^{52}	i^{323}	u^{52}	i^{52}	$t^huɒi^{45}$	$t^huɒi^{31}$
赤坎	kei^{33}	k^hei^{45}	i^{21}	i^{13}	u^{21}	i^{21}	$t^hɔi^{45}$	$t^hɔi^{21}$
吴川	kei^{33}	k^hei^{55}	i^{31}	i^{24}	fu^{31}	i^{31}	t^ho^{55}	t^ho^{31}
廉江	kei^{33}	k^hei^{55}	i^{21}	i^{23}	u^{21}	i^{21}	$t^hɔi^{55}$	$t^hɔi^{21}$
高州	kui^{33}	k^hui^{53}	i^{31}	i^{13}	vu^{31}	i^{31}	$t^hɔi^{53}$	$t^hɔi^{21}$
化州	kui^{33}	k^hui^{53}	$ŋui^{31}$	i^{13}	u^{31}	i^{31}	$t^hɔi^{53}$	$t^hɔi^{13}$

	0113 句	0114 区地~	0115 遇	0116 雨	0117 芋	0118 裕	0119 胎	0120 台戏~
	遇合三 去虞见	遇合三 平虞溪	遇合三 去虞疑	遇合三 上虞云	遇合三 去虞云	遇合三 去虞以	蟹开一 平咍透	蟹开一 平咍定
梅州	ki⁵²	kʰi⁴⁴	ŋi⁵²	i³¹	vu⁵²	i⁵²	tʰɔi⁴⁴	tʰɔi²¹
兴宁	ki⁵¹	kʰi²⁴	ni⁵¹	ʒʅ³¹	vu⁵¹	ʒʅ⁵¹	tʰɔe²⁴	tʰɔe¹³
五华	ki⁵¹	kʰi⁴⁴	ŋi̯³¹	i³¹	vu³¹	i³¹	tʰɔi⁴⁴	tʰɔi²¹²
大埔	ki⁵²	kʰi³⁴	ŋi⁵²	ʒu³¹	vu⁵²	ʒu⁵²	tʰoi³⁴	tʰoi¹³
丰顺	ki⁵³	kʰi⁴⁴	ŋi²¹	i⁵³	vu²¹	i²¹	tʰoi⁴⁴	tʰoi²⁴
揭西	ki⁴¹	kʰi⁴⁵²	ŋi³¹	ʒi³¹	vu³¹	ʒi³¹	tʰɔi⁴⁵²	tʰɔi²⁴
陆河	kiu³¹	kʰiu⁵³白 kʰi⁵³文	ŋiu³³	ʒo²⁴	vu³³	ʒo³³	tʰɔi⁵³	tʰɔi³⁵
龙川	ky³¹	kʰy³³	y³³	y²⁴	vu³³	y³³	tʰɔi³³	tʰɔi⁵¹
河源	ky²¹²	kʰy³³	y⁵⁴	y²¹²	hu⁵⁴	y⁵⁴	tʰɔi³³	tʰɔi³¹
连平	ki⁵³	kʰi²⁴	ŋi⁵³	i³¹	u⁵³	i⁵³	tʰɔi²⁴	tʰɔi²¹
龙岗	ki⁵³	kʰi³³	ŋgi⁵³	zi³¹	vu⁵³	zi⁵³	tʰɔe³³	tʰɔe²¹
惠州	ky²³	kʰy³³	jy³¹	jy²³	hu³¹	jy³¹	tʰɔi³³白 tʰai³³文	tʰɔi²²
博罗	ki²⁴	kʰi⁴⁴	zi⁴¹	zi²⁴	hu⁴¹	zi⁴¹	tʰɔe⁴⁴	tʰɔe²¹
新丰	ky⁵¹	kʰy⁴⁴	ŋgy³¹	zy³¹	u⁵¹	zy³¹	tʰɔi⁴⁴	tʰɔi²⁴
翁源	ky⁴⁵	kʰi²²	ɲy³¹	y³¹	i⁴⁵	i³¹	tʰɔi²²	tʰɔi⁴¹
始兴	tsʅ³³	tsʰʅ²²	ʅ³³	ʅ³¹	ʅ³³	ʅ³³	tʰɔe²²	tʰɔe⁵¹
仁化	ky³⁴	kʰy³³	ŋi³³	y²³	i³³	i³³	tʰuai³³	tʰuai³¹
南雄	tɕy³²	tɕʰy⁴⁴	y⁴²	y²⁴	vu⁴²	y⁴²	tʰɤ⁴⁴	tʰɤ²¹

	0113 句	0114 区地~	0115 遇	0116 雨	0117 芋	0118 裕	0119 胎	0120 台戏~
	遇合三去虞见	遇合三平虞溪	遇合三去虞疑	遇合三上虞云	遇合三去虞云	遇合三去虞以	蟹开一平咍透	蟹开一平咍定
飯塘	ku²¹	kʰy²⁴	y²¹	y³³	uə²¹	y²¹	tʰua²⁴	tua⁴⁵
桂头	kau⁴⁴	kʰau⁵¹	ŋau⁴⁴	y³²⁴	vu⁴	y⁴⁴	tʰu⁵¹	tu⁴⁵
连州	kɵi¹¹	kʰɵi³¹	y³³	y²⁴	vu³³	y³³	tʰu³¹	tu⁵⁵
潮州	ku²¹³	kʰu³³	ŋɔ̃³⁵	hou³⁵白 / u⁵³文	ou¹¹	dzu⁵⁵	tʰɔ³³	tʰai⁵⁵
饶平	ku²¹⁴	kʰu⁴⁴	ŋõ²⁵	hou²⁵白 / u⁵²文	ou²¹	dzu²⁵	tʰo⁴⁴	tʰai⁴⁴
汕头	ku²¹³	kʰu³³	ŋõ²⁵	hou²⁵白 / u⁵¹文	ou³¹	dzu²⁵	tʰo³³	tʰai⁵⁵
澄海	ku²¹²	kʰu³³	ŋõ³⁵	hou³⁵白 / u⁵³文	ou²²	zu³⁵	tʰo³³	tʰai⁵⁵
潮阳	ku⁵²	kʰu³¹	ŋũ⁵²	hou⁵²白 / u⁴⁵⁴文	ou⁴²	zu⁵²	tʰo³¹	tʰai³³
南澳	ku²¹	kʰu³⁴	ŋõ³⁵	hou³⁵白 / u⁵²文	ou³¹	dzu³⁵	tʰo³⁴	tʰai⁴⁵⁴
揭阳	ku²¹³	kʰu³³	ŋõ²⁵	hou²⁵白 / u⁴¹文	ou²²	zu²⁵	tʰo³³	tʰai⁵⁵
普宁	ku³¹²	kʰu³⁵	ŋõ²⁴	hou²⁴白 / u⁵²文	ou³¹	zu²⁴	tʰo³⁵	tʰai⁵⁵
惠来	ku³¹	kʰu³⁴	ŋũ²⁵	hou²⁵白 / u⁵³文	ou³¹白 / u³⁴文	dzu²⁵	tʰo³⁴	tʰai⁵⁵
海丰	ku²¹²	kʰiˑ³³	ŋgi³⁵	hou³⁵白 / iˑ⁵³文	ou²¹	ndzu³⁵	tʰe³³	taiˑ⁵⁵白 / tʰaiˑ⁵⁵文
陆丰	ku²¹³	kʰiˑ³³	ŋgi²²	hou²²白 / iˑ⁵⁵文	ou²²	ndzu²²	tʰe³³	tʰai¹³
电白	ku¹³	kʰiˑ³³	iˑ⁴⁴²	heu⁴⁴²白 / jiˑ²¹文	eu³³	iˑ⁴⁴²	tʰiˑ³³ / tʰai⁵³又	tʰai²²
雷州	ku²¹	kʰiˑ²⁴	iˑ³³	heu³³白 / iˑ⁵⁴文	ʔeu²⁴白 / iˑ⁴²文	iˑ⁵⁴	tʰai²⁴	tʰai²²

	0121 袋	0122 来	0123 菜	0124 财	0125 该	0126 改	0127 开	0128 海
	蟹开一 去咍定	蟹开一 平咍来	蟹开一 去咍清	蟹开一 平咍从	蟹开一 平咍见	蟹开一 上咍见	蟹开一 平咍溪	蟹开一 上咍晓
广州	tɔi²²	lɐi²¹ 白 lɔi²¹ 文	tʃʰɔi³³	tʃʰɔi²¹	kɔi⁵³	kɔi³⁵	hɔi⁵³	hɔi³⁵
番禺	tɔi²²	lɔi³¹	tʃʰɔi³³	tʃʰɔi³¹	kɔi⁵³	kɔi³⁵	hɔi⁵³	hɔi³⁵
增城	tɔi³⁵	lɔi²¹	tsʰɔi³³	tsʰɔi²¹	kɔi⁴⁴	kɔi³⁵	hɔi⁴⁴	hɔi³⁵
从化	toi³¹	loi²²	tsʰoi²³	tsʰoi²²	koi⁵⁵	koi⁴⁵	hoi²³	hoi⁴⁵
龙门	tɔi⁵³	lɔi²¹	tsʰɔi²³	tsʰɔi²¹	kʰɔi⁴²	kʰɔi³⁵	hɔi⁴²	hɔi³⁵
莞城	te⁴⁴	ŋθ³¹	tʃʰθ⁴⁴	tʃʰθ³¹	fi²³ 白 kʰui²³ 文	kui³⁵	fi²³	fi³⁵
宝安	tɔi²⁵ 小	lɔi³³	tʃʰɔi³³	tʃʰɔi³³	kɔi²³	kɔi²⁵	hɔi⁵⁵	hɔi²⁵
佛山	tɔi¹² 布~ tɔi³⁵ 衣~	lɐi⁴² 白 lɔi⁴² 文	tʃʰɔi²⁴	tʃʰɔi⁴²	kɔi⁵³	kɔi³⁵	hɔi⁵³	hɔi³⁵
南海	tɔi²²	lɔi³¹	tsʰɔi³³	tsʰɔi³¹	kɔi⁵¹	kɔi³⁵	hɔi⁵¹	hɔi³⁵
顺德	tɔi²⁴	lei⁴² 白 lɔi⁴² 文	tʃʰɔi³²	tʃʰɔi⁴²	kɔi⁵³	kɔi²⁴	hɔi⁵³	hɔi²⁴
三水	tɔi³³ tɔi²⁵ 又	lei³¹ 白 lɔi³¹ 文	tsʰɔi⁴⁴	tsʰɔi³¹	kɔi⁵³	kɔi²⁵	hɔi⁵³ hɔi⁵⁵ 又	hɔi²⁵
高明	tɔi³¹	lɔi³¹	tʃʰɔi³³	tʃʰɔi³¹	kʰɔi⁵⁵	kɔi²⁴	hɔi⁵⁵	hɔi²⁴
佛冈	tuei³¹	luei²²	tʃʰuei³³	tʃʰuei²²	kuei³³	kuei³⁵	huei³³	huei³⁵
阳山	toi²¹⁴	loi²⁴¹	tʃʰoi³⁴	tʃoi²⁴¹	koi⁵¹	koi⁵⁵	hoi⁵¹	hoi⁵⁵
连山	tɔi²¹⁵	løi²⁴¹	tʰøi³⁵	θøi²⁴¹	køi⁵¹	køi⁵⁵	høi⁵¹	høi⁵⁵
新兴	toi⁵²	loi²¹	tsʰoi⁴⁴³	tsʰoi²¹	koi⁴⁵	koi³⁵	hoi⁴⁵	hoi³⁵
罗定	tɔi²¹ 衫~ tɔi³⁵ ~仔	lei²¹ 白 lɔi²¹ 文	tsʰɔi³³	tsʰɔi²¹	kɔi⁵⁵	kɔi³⁵	hɔi⁵⁵	hɔi³⁵
郁南	tɔi²¹	lɔi²¹	tʃʰɔi³³	tʃʰɔi²¹	kɔi⁵⁵	kɔi³⁵	hɔi⁵⁵	hɔi³⁵
石岐	tɔi³³	lɔi⁵¹	tsʰɔi³³	tsʰɔi⁵¹	kɔi⁵⁵	kɔi²¹³	hɔi⁵⁵	hɔi²¹³

	0121 袋	0122 来	0123 菜	0124 财	0125 该	0126 改	0127 开	0128 海
	蟹开一 去咍定	蟹开一 平咍来	蟹开一 去咍清	蟹开一 平咍从	蟹开一 平咍见	蟹开一 上咍见	蟹开一 平咍溪	蟹开一 上咍晓
肇庆	tui^{52}	lui^{21}	tʃʰui^{33}	tʃʰui^{21}	kui^{45}	kui^{24}	hui^{45}	hui^{24}
香洲	tui^{33}	lui^{343}	tsʰui^{33}	tsʰui^{343}	kui^{21}	kui^{35}	hui^{21}	hui^{35}
斗门	tui^{42}	lui^{22}	tʰui^{34}	tʰui^{22}	kui^{34}	kui^{45}	hui^{34}	hui^{45}
新会	tui^{32}	lui^{22}	tsʰui^{23}	tsʰui^{22}	kui^{23}	kui^{45}	hui^{23}	hui^{45}
台山	ɔi^{31}	lɔi^{22}	tʰɔi^{33}	tʰɔi^{22}	kʰɔi^{33}	kɔi^{55}	hɔi^{33}	hɔi^{55}
开平	ɔi^{215}_小	lɔi^{11}	tʰɔi^{33}	tʰɔi^{11}	kʰɔi^{33}	kɔi^{45}	hɔi^{33}	hɔi^{45}
恩平	tuai^{21}	luai^{22}	tʰuai^{33}	tʰuai^{22}	kuai^{33}	kuai^{55}	huai^{33}	huai^{55}
四会	toi^{24}	loi^{31}	tʃʰoi^{33}	tʃoi^{31}	koi^{51}	koi^{33}	hoi^{51}	hoi^{33}
广宁	tɔi^{323}	lɔi^{31}	tsʰɔi^{33}	tsɔi^{31}	kɔi^{51}	kɔi^{44}	hɔi^{51}	hɔi^{44}
怀集	tɔi^{225}	lɔi^{231}	tʃʰɔi^{45}	tʃɔi^{231}	kui^{42}	kɔi^{54}	hɔi^{42}	hɔi^{54}
德庆	toi^{31}	loi^{242}	tsʰoi^{53}	tsoi^{242}	koi^{454}	koi^{45}	hoi^{454}	hoi^{45}
封开	tui^{21}	lui^{243}	tʰui^{51}	ɬui^{243}	kui^{55}	kui^{334}	hui^{55}	hui^{334}
阳江	tɔi^{54}	lɔi^{42}	tsʰɔi^{35}	tsʰɔi^{42}	kɔi^{33}	kɔi^{21}	hɔi^{33}	hɔi^{21}
阳春	tuɐi^{52}	luɐi^{31}	tsʰuɐi^{33}	tsʰuɐi^{31}	kuɐi^{45}	kuɐi^{324}	huɐi^{45}	huɐi^{324}
赤坎	tɔi^{21}	lɔi^{21}	tsʰɔi^{33}	tsʰɔi^{21}	kɔi^{45}	kɔi^{13}	hɔi^{45}	hɔi^{13}
吴川	ɗo^{31}	lo^{31}	tʃʰo^{33}	tʃʰo^{31}	ko^{55}	ko^{35}	ho^{55}	ho^{35}
廉江	tɔi^{21}	lɔi^{21}	tsʰɔi^{33}	tsʰɔi^{21}	kɔi^{55}	kɔi^{25}	hɔi^{55}	hɔi^{25}
高州	tɔi^{31}	lɔi^{21}	tʃʰɔi^{33}	tʃʰɔi^{21}	kʰɔi^{53}	kɔi^{24}	hɔi^{53}	hɔi^{24}
化州	ɗoi^{31}	loi^{13}	tʰoi^{33}	tʰoi^{13}	kʰoi^{53}	koi^{35}	hoi^{53}	hoi^{35}

	0121 袋	0122 来	0123 菜	0124 财	0125 该	0126 改	0127 开	0128 海
	蟹开一去咍定	蟹开一平咍来	蟹开一去咍清	蟹开一平咍从	蟹开一平咍见	蟹开一上咍见	蟹开一平咍溪	蟹开一上咍晓
梅州	tʰɔi⁵²	lɔi²¹	tsʰɔi⁵²	tsʰɔi²¹	kɔi⁴⁴	kɔi³¹	kʰɔi⁴⁴	hɔi³¹
兴宁	tʰɔe⁵¹	lɔe¹³	tsʰɔe⁵¹	tsʰɔe¹³	kɔe²⁴	kɔe³¹	kʰɔe²⁴	hɔe³¹
五华	tʰɔi³¹	lɔi²¹²	tsʰɔi⁵¹	tsʰɔi²¹²	kɔi⁴⁴	kɔi³¹	kʰɔi⁴⁴	hɔi³¹
大埔	tʰoi⁵²	loi¹³	tsʰoi⁵²	tsʰai¹³	kai³⁴	koi³¹	kʰoi³⁴	hoi³¹
丰顺	tʰoi²¹	loi²⁴	tsʰoi⁵³	tsʰoi²⁴	koi⁴⁴	koi⁵³	kʰoi⁴⁴	hoi⁵³
揭西	tʰɔi³¹	lɔi²⁴	tsʰɔi⁴¹	tsʰɔi²⁴	kai⁴⁵²	kɔi³¹	kʰɔi⁴⁵²	hɔi³¹
陆河	tʰɔi³³	lɔi³⁵	tsʰɔi³¹	tsʰɔi³⁵	kɔi⁵³白 kai⁵³文	kuɔi²⁴白 kai²⁴文	hɔi⁵³白 kʰɔi⁵³文	hɔi²⁴
龙川	tʰɔi³³	lɔi⁵¹	tsʰɔi³¹	tsʰɔi⁵¹	kɔi³³	kɔi²⁴	hɔi³³	hɔi²⁴
河源	tʰɔi⁵⁴	lɔi³¹	tsʰɔi²¹²	tsʰɔi³¹	kʰɔi³³	kɔi²⁴	hɔi³³	hɔi²⁴
连平	tʰɔi⁵³	lɔi²¹	tsʰɔi⁵³	tsʰɔi²¹	kɔi²⁴	kɔi³¹	hɔi²⁴	hɔi³¹
龙岗	tʰɔe⁵³	lɔe²¹	tsʰɔe⁵³	tsʰɔe²¹	kɔe³³	kɔe³¹	hɔe³³白 kʰɔe³³文	hɔe³¹
惠州	tʰɔi³¹	lɔi²²	tsʰɔi²³	tsʰɔi²²	kɔi³³	kɔi³⁵	hɔi³³	hɔi³⁵
博罗	tʰɔe⁴¹	lɔe²¹	tsʰɔe²⁴	tsʰɔe²¹	kʰɔe⁴⁴	kʰɔe³⁵	hɔe⁴⁴	hɔe³⁵
新丰	tʰɔi³¹	lɔi²⁴	tsʰɔi⁵¹	tsʰɔi²⁴	kɔi⁴⁴	kɔi³¹	kʰɔi⁴⁴	hɔi³¹
翁源	tʰɔi³¹	lɔi⁴¹	tsʰɔi⁴⁵	tsʰɔi⁴¹	kɔi²²	kɔi³¹	kʰɔi²²	hɔi³¹
始兴	tʰɔe³³	lɔe⁵¹	tsʰɔe³³	tsʰɔe⁵¹	kɔe²²	kɔe³¹	hɔe²²	hɔe³¹
仁化	tʰuai³³	lai³¹	tsʰuai³⁴	tsʰuai³¹	kuai³³	kuai²³	xuai³³	xuai²³
南雄	tɤ⁴²	lɤ²¹	tsʰɤ³²	tsɤ²¹	kuɤ⁴⁴	kuɤ²⁴	hɤ⁴⁴	hɤ²⁴

	0121 袋	0122 来	0123 菜	0124 财	0125 该	0126 改	0127 开	0128 海
	蟹开一 去哈定	蟹开一 平哈来	蟹开一 去哈清	蟹开一 平哈从	蟹开一 平哈见	蟹开一 上哈见	蟹开一 平哈溪	蟹开一 上哈晓
皈塘	tua^{21}	$l\epsilon^{45}$	$t\int^h ua^{21}$	$t\int^h ua^{45}$	ka^{24}	ka^{33}	hua^{24}	hua^{33}大~ ha^{33}~冲；地名
桂头	tu^4	lei^{45}白 lu^{45}文	ts^hu^{44}	ts^hu^{45}	ku^{51}	ku^{324}	k^hu^{51}	fu^{324}
连州	tu^{33}	nu^{55}	ts^hu^{11}	ts^hu^{55}	ku^{31}	kou^{53}	hu^{31}	hu^{53}
潮州	$tɔ^{11}$	lai^{55}	ts^hai^{213}	ts^hai^{55}	kai^{33}	koi^{53}	k^hui^{33}白 k^hai^{33}文	hai^{53}
饶平	to^{21}	lai^{55}	ts^hai^{214}	ts^hai^{55}	kai^{44}	koi^{52}	k^hui^{44}白 k^hai^{44}文	hai^{52}
汕头	to^{31}	lai^{55}	ts^hai^{213}	ts^hai^{55}	kai^{33}	koi^{51}	k^hui^{33}白 k^hai^{33}文	hai^{51}
澄海	to^{22}	lai^{55}	ts^hai^{212}	ts^hai^{55}	kai^{33}	koi^{53}	k^hui^{33}白 k^hai^{33}文	hai^{53}
潮阳	to^{42}	lai^{33}	ts^hai^{52}	ts^hai^{33}	kai^{31}	koi^{454}	k^hui^{31}白 k^hai^{31}文	hai^{454}
南澳	to^{31}	lai^{454}	ts^hai^{21}	ts^hai^{454}	kai^{34}	koi^{52}	k^hui^{34}白 k^hai^{34}文	hai^{52}
揭阳	to^{22}	lai^{55} lai^{41}~去	ts^hai^{213}	ts^hai^{55}	kai^{33}	koi^{41}	k^hui^{33}白 k^hai^{33}文	hai^{41}
普宁	to^{31}	lai^{55}	ts^hai^{312}	ts^hai^{55}	kai^{35}	koi^{52}	k^hui^{35}白 k^hai^{35}文	hai^{52}
惠来	to^{31}	lai^{55}	ts^hai^{31}	ts^hai^{55}	kai^{34}	koi^{53}	k^hui^{34}白 k^hai^{34}文	hai^{53}
海丰	te^{21}	lai^{55} lai^{53}~去	ts^hai^{212}	ts^hai^{55}	kai^{33}	kei^{53}	k^hui^{33}白 k^hai^{33}文	hai^{53}
陆丰	te^{22}	lai^{13} lai^{55}~去	ts^hai^{213}	ts^hai^{13}	kai^{33}	kei^{55}	k^hui^{33}白 k^hai^{33}文	hai^{55}
电白	tia^{33}	lai^{22}	ts^hai^{13}	$tsai^{22}$ ts^hai^{22}又	kai^{33}	$kɔi^{21}$	k^hui^{33}	hai^{21}
雷州	te^{24}	lai^{22}	ts^hai^{22}	ts^hai^{22}	kai^{24}	koi^{42} kai^{42}	k^hui^{24}白 k^hai^{24}文	hui^{22}

	0129 爱	0130 贝	0131 带动	0132 盖动	0133 害	0134 拜	0135 排	0136 埋
	蟹开一去哈影	蟹开一去泰帮	蟹开一去泰端	蟹开一去泰见	蟹开一去泰匣	蟹开二去皆帮	蟹开二平皆並	蟹开二平皆明
广州	ŋɔi³³	pui³³	tai³³	kʰɔi³³	hɔi²²	pai³³	pʰai²¹	mai²¹
番禺	ɔi³³	pui³³	tai³³	kɔi³³	hɔi²²	pai³³	pʰai³¹	mai³¹
增城	ɔi³³	pɔi³³	tai³³	kɔi³³	hɔi²²	pai³³	pʰai²¹	mai²¹
从化	oi²³	poi²³	tai²³	koi²³	hoi³¹	pai²³	pʰai²²	mai²²
龙门	ɔi²³	pɔi²³	tai²³	kʰɔi²³	hɔi⁵³	pai²³	pʰai²¹	mai²¹
莞城	ui⁴⁴	pɵ⁴⁴	tai⁴⁴	kʰui⁴⁴	fi⁴⁴	pai⁴⁴	pʰai³¹	mai³¹
宝安	ɔi³³	pui³³	tai³³	kɔi³³①	hɔi²²	pai³³	pʰai³³	mai³³
佛山	gɔi²⁴	pui²⁴	tai²⁴	kɔi²⁴	hɔi¹²	pai²⁴	pʰai⁴²	bɐi⁴²白 / bai⁴²文
南海	ŋɔi³³	pui³³	tai³³	kʰɔi³³	hɔi²²	pai³³	pʰai³¹	mɐi³¹白 / mai³¹文
顺德	ɔi³²	pui³²	tai³²	kɔi³²	hɔi²¹	pai³²	pʰai⁴²	mai⁴²
三水	ŋɔi⁴⁴	pui⁴⁴	tai⁴⁴	kʰɔi⁴⁴	hɔi³³	pai⁴⁴	pʰai³¹	mai³¹
高明	ɔi³³	pui³³	tai³³	kʰɔi³³	hɔi³¹	pai³³	pʰai³¹	mai³¹
佛冈	uei³³	puei³³	tai³³	kuei³³	huei³¹	pai³³	pʰai²²	muei²²白 / mai²²文
阳山	oi³⁴	pui³⁴	tai³⁴	koi³⁴	hoi²¹⁴	pai³⁴	pai²⁴¹	mai²⁴¹
连山	øi³⁵	bui³⁵	dai³⁵	køi³⁵	øi²¹⁵	bai³⁵	pai²⁴¹	mai²⁴¹
新兴	oi⁴⁴³	poi⁴⁴³	tai⁴⁴³	kʰoi⁴⁴³	hoi⁵²	pai⁴⁴³	pʰai²¹	mai²¹
罗定	ɔi³³	pøi³³	tai³³	kɔi³³	hɔi²¹	pai³³	pʰai²¹	mai²¹
郁南	ɔi³³	poi³³	tai³³	kɔi³³	hɔi²¹	pai³³	pʰai²¹	mai²¹
石岐	ɔi³³	pui³³	tai³³	kɔi³³	hɔi³³	pai³³	pʰai⁵¹	mai⁵¹

①无动词读音。

	0129 爱	0130 贝	0131 带动	0132 盖动	0133 害	0134 拜	0135 排	0136 埋
	蟹开一去咍影	蟹开一去泰帮	蟹开一去泰端	蟹开一去泰见	蟹开一去泰匣	蟹开二去皆帮	蟹开二平皆並	蟹开二平皆明
肇庆	ŋui³³	pui³³	tai³³	kui³³	hui⁵²	pai³³	pʰai²¹	mai²¹
香洲	ui³³	pui³³	tai³³	kui³³	hui³³	pai³³	pʰai³⁴³	mɐi³⁴³
斗门	ui³⁴	pui³⁴	tɒi³⁴	kui³⁴	hui⁴²	pɒi³⁴	pʰɒi²²	mɐi²²
新会	ui²³	pui²³	tai²³	kui²¹	hui³²	pai²³	pʰai²²	mai²²
台山	ɔi³³	pɔi³³	ai³³	kɔi³³	hɔi³¹	pai³³	pʰai²²	mai²²
开平	ɔi³³	vɔi³³	ai³³	kɔi³³	hɔi³¹	vai³³	pʰai¹¹	mai¹¹
恩平	uai³³	puai³³	tai³³	kuai³³	huai²¹	pai³³	pʰai²²	mbai²²
四会	oi³³	pui³³	tɐi³³	kɔi³³	hoi²⁴	pai³³	pai³¹	mai³¹
广宁	ɔi³³	pui³³	tai³³	kɔi³³	hɔi³²³	pai³³	pai³¹	mai³¹
怀集	ɔi⁴⁵	pui⁴⁵	tai⁴⁵	kɔi⁴⁵	hɔi²²⁵	pai⁴⁵	pai²³¹	mai²³¹
德庆	oi⁵³	poi⁵³	tai⁵³	kɔi⁵³	hoi³¹	pai⁵³	pai²⁴²	mai⁴⁵⁴
封开	ui⁵¹	pui⁵¹	tai⁵¹	kui⁵¹	hui²¹	pɒi⁵¹	pai²⁴³	mai⁵⁵
阳江	ɔi³⁵	pui³⁵	tai³⁵	kɔi³⁵	hɔi⁵⁴	pai³⁵	pʰai⁴²	mai⁴²
阳春	uɒi³³	pui³³	tai³³	kuɒi³³	huɒi⁵²	pai³³	pʰai³¹	mai³¹
赤坎	ɔi³³	pui³³	tai³³	kɔi³³	hɔi²¹	pai³³	pʰai²¹	mai²¹
吴川	o³³	ɓui³³	ɗa³³	kʰo³³	ho³¹	ɓa³³	pʰa³¹	ma³¹
廉江	ɔi³³	pui³³	ta³³	kɔi³³	hɔi²¹	pa³³	pʰa²¹	ma²¹
高州	ɔi³³	pui³³	tai³³	kʰɔi³³	hɔi³¹	pɒi³³	pʰai²¹	mai²¹
化州	oi³³	ɓui³³	ɗai³³	kɔi³³	hoi³¹	ɓai³³	pʰai¹³	mai¹³

	0129 爱	0130 贝	0131 带动	0132 盖动	0133 害	0134 拜	0135 排	0136 埋
	蟹开一去咍影	蟹开一去泰帮	蟹开一去泰端	蟹开一去泰见	蟹开一去泰匣	蟹开二去皆帮	蟹开二平皆並	蟹开二平皆明
梅州	ɔi˙⁵²	pi˙⁵²	tai˙⁵²	kɔi˙⁵²	hɔi˙⁵²	pai˙⁵²	pʰai˙²¹	mai˙²¹
兴宁	ᴗɔe⁵¹	pi⁵¹	tae⁵¹	kɔe⁵¹	hɔe⁵¹	pae⁵¹	pʰae¹³	mae¹³
五华	ɔi˙⁵¹	pi⁵¹	tai⁵¹	kɔi˙⁵¹	hɔi˙³¹	pai⁵¹	pʰai˙²¹²	mai˙²¹²
大埔	oi˙⁵²	pui˙⁵²	tai˙⁵²	koi˙⁵²	hoi˙⁵²	pai˙⁵²	pʰai˙¹³	mei˙¹³
丰顺	oi˙⁵³	pui˙²¹	tai˙⁵³	koi˙⁵³	hoi˙²¹	pai˙⁵³	pʰai˙²⁴	me²⁴
揭西	ɔi˙⁴¹	pui˙⁴¹	tai˙⁴¹	kɔi˙⁴¹	hɔi˙³¹	pai˙⁴¹	pʰai˙²⁴	mɛi˙²⁴
陆河	ɔi˙³¹	pui˙³¹	tɔi˙³¹	kuɔi³¹	hɔi˙³³	pai˙³¹	pʰai˙³⁵	mai˙³⁵
龙川	ɔi˙³¹	pɔi˙³¹	tai˙³¹	kɔi˙³¹	hɔi˙³³	pai˙³¹	pʰai˙⁵¹	mai˙⁵¹
河源	ɔi˙²¹²白 ŋai˙⁵⁴文	pɔi˙²¹²	tai˙²¹²	kɔi˙²¹²	hɔi˙⁵⁴	pai˙²¹²	pʰai˙³¹	mai˙³¹
连平	ɔi˙⁵³	pui˙⁵³	tai˙⁵³	kɔi˙⁵³	hɔi˙⁵³	pai˙⁵³	pʰai˙²¹	mai˙²¹
龙岗	ɔe⁵³	pui˙⁵³	tae⁵³	kɔe⁵³	hɔe⁵³	pae⁵³	pʰae²¹	mbae²¹
惠州	ʔɔi˙²³	pɔi˙²³	tai˙²³	（无）	hɔi˙³¹	pai˙²³	pʰai˙²²	mai˙²²
博罗	ɔe²⁴	pɔe²⁴	tai˙²⁴	（无）	hɔe⁴¹	pai˙²⁴	pʰai˙²¹	mbai²¹
新丰	ɔi˙⁵¹	pui˙⁵¹	tai˙⁵¹	kɔi˙⁵¹	hɔi˙³¹	pai˙⁵¹	pʰai˙²⁴	mbai²⁴
翁源	ɔi˙⁴⁵	pui˙⁴⁵	tai˙⁴⁵	kɔi˙⁴⁵	hɔi˙³¹	pai˙⁴⁵	pʰai˙⁴¹	mai˙⁴¹
始兴	ɔe³³	pɛ³³	tai˙³³	kɔe³³	hɔe³³	pai˙³³	pʰai˙⁵¹	mai˙⁵¹
仁化	uai³⁴	puai˙³⁴	tai˙³⁴	kuai˙³⁴	xuai˙³³	pai˙³⁴	pʰai˙³¹	mai˙³³
南雄	ɤ³²	pɤ³²	tɔɑ³²	kuɤ³²	hɤ⁴²	pɔɑ³²	pɔɑ²¹	mɔɑ²¹

	0129 爱	0130 贝	0131 带动	0132 盖动	0133 害	0134 拜	0135 排	0136 埋
	蟹开一去哈影	蟹开一去泰帮	蟹开一去泰端	蟹开一去泰见	蟹开一去泰匣	蟹开二去皆帮	蟹开二平皆並	蟹开二平皆明
飯塘	ŋai²¹	pu²¹	ta²¹	kua²¹	ha²¹	pa²¹	pa⁴⁵	ma⁴⁵
桂头	u⁴⁴	pai⁴⁴宝~ / pei⁴⁴~壳 / pu⁴⁴姓氏	u⁴⁴	ku⁴⁴	hu⁴⁴	pie⁴⁴	pie⁴⁵	mie⁴⁵
连州	vu¹¹	pei¹¹	tou¹¹	ku¹¹	hu³³	pou¹¹	pou⁵⁵	mou⁵⁵
潮州	ãĩ²¹³	pue²¹³宝~ / pue³⁵扇~	tua²¹³	kai²¹³	hai³³	pai²¹³	pai⁵⁵	mãĩ⁵⁵
饶平	ãĩ²¹⁴	pue²¹⁴宝~ / pue²⁵~壳	tua²¹⁴	kai²¹⁴	hai²¹	pai²¹⁴	pai⁵⁵	mãĩ⁵⁵
汕头	ãĩ²¹³	pue²¹³宝~ / pue²⁵~壳	tua²¹³	kʰõĩ²¹³白 / kai²¹³文	hai³¹	pai²¹³	pai⁵⁵~球 / pʰai⁵⁵~场	mãĩ⁵⁵
澄海	ãĩ²¹²	pue³⁵	tua²¹²	kʰõĩ²¹²白 / kai²¹²文	hai²²	pai²¹²	pai⁵⁵	mãĩ⁵⁵
潮阳	ãĩ⁵²	pfue⁵²	tua⁵²	kʰãĩ⁵²	hai⁴²	pai⁵²	pai³³	mãĩ³³
南澳	ãĩ²¹	pue³⁵	tua²¹	kʰam²¹	hai³¹	pai²¹	pai⁴⁵⁴	mãĩ⁴⁵⁴
揭阳	ãĩ²¹³	pue²¹³ / pue²⁵又	tua²¹³	kai²¹³	hai²²	pai²¹³	pai⁵⁵	mãĩ⁵⁵
普宁	ãĩ³¹²	pfue³¹²	tua³¹²	kʰãĩ³¹²白 / kai³¹²文	hai³¹	pai³¹²	pai⁵⁵	mãĩ⁵⁵
惠来	ãĩ³¹	pfue³¹宝~ / pfue²⁵~壳	tua³¹	kʰãĩ³¹	hai³¹	pai³¹	pai⁵⁵	mãĩ⁵⁵
海丰	ãĩ²¹² / ai²¹²人名	pue²¹²	tua²¹²	kʰãĩ²¹²白 / kai²¹²文	hai²¹ / hai³⁵	pai²¹²	pai⁵⁵	mbai⁵⁵
陆丰	ãĩ²¹³	pue²¹³	tua²¹³	kai²¹³	hai²²	pai²¹³	pai¹³	mãĩ¹³
电白	ŋai¹³	pɔi¹³	tua¹³	kai¹³	hai⁴⁴²	pai¹³	pai²² / pʰai²²	mai²²
雷州	ʔai²¹	pui²²	tua²²	kai²²	hai⁵⁴	pai³³	pai²² / pʰai²²~水	mai²²

	0137 戒	0138 摆	0139 派	0140 牌	0141 买	0142 卖	0143 柴	0144 晒
	蟹开二去皆见	蟹开二上佳帮	蟹开二去佳滂	蟹开二平佳並	蟹开二上佳明	蟹开二去佳明	蟹开二平佳崇	蟹开二去佳生
广州	kai³³	pai³⁵	pʰai³³	pʰai²¹	mai¹³	mai²²	tʃʰai²¹	ʃai³³
番禺	kai³³	pai³⁵	pʰai³³	pʰai³¹	mai²³	mai²²	tʃʰai³¹	ʃai³³
增城	kai³³	pai³⁵	pʰai³³	pʰai²¹	mai¹³	mai²²	tsʰai²¹	sai³³
从化	kai²³	pai⁴⁵	pʰai²³	pʰai²²	mai²³	mai³¹	tsʰai²²	sai²³
龙门	kai²³	pai³⁵	pʰai²³	pʰai²¹	mai²³	mai⁵³	tsʰai²¹	sai²³
莞城	kai⁴⁴	pai³⁵	pʰai³⁴	pʰai³¹	mai³⁴	mai⁴⁴	tʃʰai³¹	ʃai⁴⁴
宝安	kai³³	pai²⁵	pʰai³³	pʰai³³	mai²³	mai²²	tʃʰai³³	ʃai³³
佛山	kai²⁴	pai³⁵	pʰai²⁴	pʰai³⁵ 大~ / pʰai⁴² 招~	bai¹³	bai¹²	tʃʰai⁴²	ʃai²⁴
南海	kai³³	pai³⁵	pʰai³³	pʰai³¹	mai¹³	mai²²	tsʰai³¹	sai³³
顺德	kai³²	pai²⁴	pʰai³²	pʰai⁴² 车~ / pai¹³ 打~	mai¹³	mai²¹	tʃai⁴²	ʃai³²
三水	kai⁴⁴	pai²⁵	pʰai⁴⁴	pʰai³¹ / pʰai²⁵ 又	mai²³	mai³³	tsʰai³¹	sai⁴⁴
高明	kai³³	pai²⁴	pʰai³³	pʰai³¹	mai³³	mai³¹	tʃʰai³¹	ʃai³³
佛冈	kai²²	pai³⁵	pʰai³⁵	pʰai²²	mai³³	mai³¹	tʃʰai²²	ʃai³³
阳山	kai³⁴	pai⁵⁵	pʰai³⁴	pai²⁴¹	mai²²⁴	mai²¹⁴	tʃai²⁴¹	ʃai³⁴
连山	kai³⁵	bai⁵⁵	pʰai⁵⁵	pai²⁴¹	mai¹⁵	mai¹⁵	ʃai²⁴¹	ʃai³⁵
新兴	kai⁴⁴³	pai³⁵	pʰai⁴⁴³	pʰai²¹	mai²¹	mai⁵²	tsʰai²¹	sai⁴⁴³
罗定	kai³³	pai³⁵	pʰai³³	pʰai²¹	mai¹³	mai²¹	tsʰai²¹	sai³³
郁南	kai³³	pai³⁵	pʰai³³	pʰai²¹	mai¹³	mai²¹	tʃʰai²¹	ʃai³³
石岐	kai³³	pai²¹³	pʰai⁵⁵ ~头 / pʰai³³ ~发	pʰai⁵¹	mai²¹³	mai³³	tsʰai⁵¹	sai³³

	0137 戒	0138 摆	0139 派	0140 牌	0141 买	0142 卖	0143 柴	0144 晒
	蟹开二 去皆见	蟹开二 上佳帮	蟹开二 去佳滂	蟹开二 平佳並	蟹开二 上佳明	蟹开二 去佳明	蟹开二 平佳崇	蟹开二 去佳生
肇庆	kai^{33}	pai^{24}	p^hai^{33}	p^hai^{21}	mai^{13}	mai^{52}	$tʃ^hai^{21}$	$ʃai^{33}$
香洲	kai^{33}	pai^{35}	p^hai^{33}	p^hai^{343}	mai^{35}	mai^{33}	ts^hai^{343}	sai^{33}
斗门	$kɒi^{34}$	$pɒi^{45}$	$p^hɒi^{34}$	$p^hɒi^{22}$	$mɒi^{21}$	$mɒi^{42}$	$t^hɒi^{22}$	$sɒi^{34}$
新会	kai^{23}	pai^{45}	p^hai^{23}	p^hai^{22}	mai^{21}	mai^{32}	ts^hai^{21} 小	sai^{23}
台山	kai^{33}	pai^{55}	p^hai^{33}	p^hai^{22}	mai^{33}	mai^{31}	ts^hai^{225} 小	sai^{33}
开平	kai^{33}	vai^{45}	p^hai^{33}	p^hai^{215} 小	mai^{33}	mai^{31}	$tʃ^hai^{21}$ 小	$ʃai^{33}$
恩平	kai^{33}	pai^{55}	p^hai^{55}	p^hai^{22}	$mbai^{33}$	$mbai^{21}$	t^hai^{21}	$ʃai^{33}$
四会	kai^{33}	pai^{33}	p^hai^{33}	pai^{31}	mai^{24}	mai^{24}	$tʃai^{31}$	$ʃai^{33}$
广宁	kai^{33}	pai^{44}	p^hai^{33}	pai^{31}	mai^{323}	mai^{323}	$tsai^{31}$	sai^{33}
怀集	kai^{45}	pai^{54}	p^hai^{45}	pai^{231}	mai^{24}	mai^{225}	$tʃai^{231}$	$θai^{45}$
德庆	kai^{53}	pai^{45}	p^hai^{53}	pai^{242}	mai^{31}	mai^{31}	$tsai^{242}$	sai^{53}
封开	kai^{51}	pai^{334}	p^hai^{51}	pai^{243}	mai^{223}	mai^{21}	$tʃai^{243}$	$ʃai^{51}$
阳江	kai^{35}	pai^{21}	p^hai^{35}	p^hai^{42}	mai^{21}	mai^{54}	sai^{42}	sai^{35}
阳春	kai^{33}	pai^{324}	p^hai^{33}	p^hai^{31}	mai^{323}	mai^{52}	ts^hai^{31}	sai^{33}
赤坎	kai^{33}	pai^{13}	p^hai^{33}	p^hai^{21}	mai^{13}	mai^{21}	ts^hai^{21}	sai^{33}
吴川	ka^{33}	$ɓa^{35}$	p^ha^{33}	p^ha^{31}	ma^{31}	ma^{24}	$tʃ^ha^{31}$	$ʃa^{33}$
廉江	ka^{33}	pa^{25}	p^ha^{33}	p^ha^{21}	ma^{23}	ma^{21}	ts^ha^{21}	sa^{33}
高州	kai^{33}	pai^{24}	p^hai^{24}	p^hai^{21}	mai^{31}	mai^{31}	$tʃ^hai^{21}$	$ʃai^{33}$
化州	kai^{33}	$ɓai^{35}$	p^hai^{33}	p^hai^{13}	mai^{13} mai^{31} 又	mai^{31}	$tʃ^hai^{13}$	$ʃai^{33}$

	0137 戒	0138 摆	0139 派	0140 牌	0141 买	0142 卖	0143 柴	0144 晒
	蟹开二去皆见	蟹开二上佳帮	蟹开二去佳滂	蟹开二平佳並	蟹开二上佳明	蟹开二去佳明	蟹开二平佳崇	蟹开二去佳生
梅州	kiai^{52}	pai^{31}	pʰai^{52}	pʰai^{21}	mai^{44}	mai^{52}	tsʰai^{21}	sai^{52}
兴宁	kae^{51}·	pae^{31}	pʰae^{51}	pʰae^{13}	mae^{24}	mae^{51}	tsʰae^{13}	sae^{51}
五华	kai^{51}	pai^{31}	pʰai^{51}	pʰai^{212}	mai^{44}	mai^{31}	tsʰai^{212}	sai^{51}
大埔	kai^{52}	pai^{31}	pʰai^{52}	pʰai^{13}	mai^{34}	mai^{52}	tsʰai^{13}	sai^{52}
丰顺	kai^{53}	pai^{53}	pʰai^{53}	pʰe^{24}白 / pʰai^{24}文	mai^{44}	mai^{21}	（无）	sai^{53}
揭西	kai^{41}	pai^{31}	pʰai^{41}	pʰai^{24}	mai^{452}	mai^{31}	tsʰai^{24}	sai^{41}
陆河	kai^{31}	pai^{24}	pʰai^{31}	pʰai^{35}	mai^{53}	mai^{33}	（无）	sai^{31}
龙川	kai^{31}	pai^{24}	pʰai^{53}	pʰai^{51}	mai^{33}	mai^{31}	tsʰai^{51}	sai^{31}
河源	kai^{212}	pai^{24}	pʰai^{212}	pʰai^{31}	mai^{212}	mai^{54}	tsʰai^{31}	sai^{212}
连平	kai^{53}	pai^{31}	pʰai^{53}	pʰai^{21}	mai^{24}	mai^{53}	tsʰai^{21}	sai^{53}
龙岗	kae^{53}	pae^{31}	pʰae^{53}	pʰae^{21}	mbae^{33}	mbae^{53}	tsʰae^{21}	sae^{53}
惠州	kai^{23}	pai^{35}	pʰai^{23}	pʰai^{22}	mai^{23}	mai^{31}	tsʰai^{22}	sai^{23}
博罗	kai^{24}	pai^{35}	pʰai^{24}	pʰai^{21}	mbai^{24}	mbai^{41}	tsʰai^{21}	sai^{24}
新丰	kai^{51}	pai^{31}	pʰai^{51}	pʰai^{24}	mbai^{44}	mbai^{31}	tsʰai^{24}	sai^{51}
翁源	kai^{45}	pai^{31}	pʰai^{45}	pʰai^{41}	mai^{22}	mai^{31}	tsʰai^{41}	sai^{45}
始兴	kai^{33}	pai^{31}	pʰai^{31}	pʰai^{51}	mai^{22}	mai^{33}	tsʰai^{51}	sai^{33}
仁化	kai^{34}	pai^{23}	pʰai^{34}	pʰai^{31}	mai^{33}	mai^{33}	tsʰai^{31}	sai^{34}
南雄	kɔa^{32}	pɔa^{24}	pʰɔa^{32}	pai^{42}打~ / pɔa^{21}~坊	mɔa^{21}	mɔa^{42}	tsɔa^{21}	sɔa^{32}

	0137 戒	0138 摆	0139 派	0140 牌	0141 买	0142 卖	0143 柴	0144 晒
	蟹开二 去皆见	蟹开二 上佳帮	蟹开二 去佳滂	蟹开二 平佳並	蟹开二 上佳明	蟹开二 去佳明	蟹开二 平佳崇	蟹开二 去佳生
皈塘	ka²¹	pa³³	pʰa²¹	pa⁴⁵	ma³³	ma²¹	tʃʰa⁴⁵	ʃa²¹
桂头	kie⁴⁴	pie³²⁴	pʰie⁴⁴	pie⁴⁵	mie²¹	mie⁴⁴	tsʰie⁴⁵	sie⁴⁴
连州	kou¹¹	pou⁵³	pʰou¹¹	pou⁵⁵	mou²⁴	mou³³	sou⁵⁵	sou¹¹
潮州	kai²¹³	pai⁵³	pʰai²¹³	pai⁵⁵	boi⁵³	boi¹¹	tsʰa⁵⁵	sai²¹³
饶平	kai²¹⁴	pai⁵²	pʰai²¹⁴	pai⁵⁵	boi⁵²	boi²¹	tsʰa⁵⁵	sai²¹⁴
汕头	kai²¹³	pai⁵¹	pʰai²¹³	pai⁵⁵	boi⁵¹	boi³¹	tsʰa⁵⁵	sai²¹³
澄海	kai²¹²	pai⁵³	pʰai²¹²	pai⁵⁵	boi⁵³	boi²²	tsʰa⁵⁵	sai²¹²
潮阳	kai⁵²	pai⁴⁵⁴	pʰai⁵²	pai³³	boi⁴⁵⁴	boi⁴²	tsʰa³³	sai⁵²
南澳	keʔ²白 kai²¹文	pai⁵²	pʰai²¹	pai⁴⁵⁴	boi⁵²	boi³¹	tsʰa⁴⁵⁴	sai²¹
揭阳	kai²¹³	pai⁴¹	pʰai²¹³	pai⁵⁵	boi⁴¹	boi²²	（无）	sai²¹³
普宁	kai³¹²	pai⁵²	pʰai³¹²	pai⁵⁵	boi⁵²	boi³¹	tsʰa⁵⁵	sai³¹²
惠来	kai³¹	pai⁵³	pʰai³¹	pai⁵⁵	boi⁵³	boi³¹	tsʰa⁵⁵	sai³¹
海丰	kai²¹²	pai⁵³ mbai⁵³又	pʰai²¹²	pai⁵⁵	mbei⁵³	mbei²¹	tsʰa⁵⁵	sai²¹²
陆丰	kai²¹³	pai⁵⁵	pʰai²¹³	pai¹³	mbei⁵⁵	mbei²²	tsʰa¹³	sai²¹³
电白	kai¹³	pai²¹	pʰai¹³	pai²²	bɔi²¹	bɔi³³	tsʰa²²	sai¹³
雷州	kai²¹	pai²²	pʰai²¹	pai²²	boi⁴²	boi²⁴	tsʰa²²	（无）

	0145 街	0146 解~开	0147 鞋	0148 蟹	0149 矮	0150 败	0151 币	0152 制~造
	蟹开二 平佳见	蟹开二 上佳见	蟹开二 平佳匣	蟹开二 上佳匣	蟹开二 上佳影	蟹开二 去央並	蟹开三 去祭並	蟹开三 去祭章
广州	kai⁵⁵	kai³⁵	hai²¹	hai¹³	ŋɐi³⁵	pai²²	pɐi²²	tʃɐi³³
番禺	kai⁵⁵	kai³⁵	hai³¹	hai²³	ɐi³⁵	pai²²	pɐi²²	tʃɐi³³
增城	kai⁴⁴	kai³⁵	hai²¹	hai¹³	ŋai³⁵	pai²²	pɐi²²	tsɐi³³
从化	kai⁵⁵	kai⁴⁵	hai²²	hai²³	ai⁴⁵	pai³¹	pɐi³¹	tsɐi²³
龙门	kai⁴²	kai³⁵	hai²¹	hai²³	ai³⁵	pai⁵³	pɐi⁵³	tsɐi²³
莞城	kai²³	kai³⁵	hai³¹	hai³⁴	ŋai³⁵	pai⁴⁴	pɔi⁴⁴	tʃɔi⁴⁴
宝安	kai²³	kai²⁵	hai³³	hai²⁵	ai²⁵	pai²²	pɐi²²	tʃɐi³³
佛山	kai⁵⁵	kai³⁵	hai⁴²	hai¹³	gɐi³⁵	pai¹²	pɐi¹²	tʃɐi²⁴
南海	kai⁵¹	kai³⁵	hai³¹	hai¹³	ŋɐi³⁵	pai²²	pɐi²²	tsɐi³³
顺德	kai⁵³	kʰai²⁴	hai⁴²	hai¹³	ɐi²⁴	pai²¹	pɐi²¹	tʃɐi³²
三水	kai⁵⁵ kai⁵³又	kai²⁵	hai³¹	hai²³	ŋai²⁵	pai³³	pɐi³³	tsɐi⁴⁴
高明	kai⁴⁵	kʰai²⁴	hai³¹	hai³³	ai²⁴	pai³¹	pɐi³³	tʃɐi³³
佛冈	kai³³	kai²³	hai²²	hai³¹	ai²³	pai³¹	pɐi³¹	tʃɐi³³
阳山	kai⁵¹	kai⁵⁵	hai²⁴¹	hai²²⁴	ai⁵⁵	pai²¹⁴	pai²¹⁴	tʃai³⁴
连山	kai⁵¹	kai⁵⁵	ai²⁴¹	ai¹⁵	ai⁵⁵	pai²¹⁵	pɔi²¹⁵	tʃɔi³⁵
新兴	kai⁴⁵	kai³⁵	hai²¹	hai²¹	ai³⁵	pai⁵²	pɐi⁵²	tsɐi⁴⁴³
罗定	kai⁵⁵	kai³⁵	hai²¹	hai¹³	ɐi¹³	pai²¹	pɐi²¹	tsɐi³³
郁南	kai⁵⁵	kai³⁵	hai²¹	hai³⁵小	ai³⁵	pai²¹	pɐi²¹	tʃɐi³³
石岐	kai⁵⁵	kai²¹³	hai⁵¹	hai²¹³	ɐi²¹³	pai³³	pɐi³³	tsɐi³³

	0145 街	0146 解~开	0147 鞋	0148 蟹	0149 矮	0150 败	0151 币	0152 制~造
	蟹开二 平佳见	蟹开二 上佳见	蟹开二 平佳匣	蟹开二 上佳匣	蟹开二 上佳影	蟹开二 去夬並	蟹开三 去祭並	蟹开三 去祭章
肇庆	kai⁴⁵	kai²⁴	hai²¹	hai¹³	ŋai²⁴	pai⁵²	pɐi⁵²	tʃɐi³³
香洲	kai²¹	kai³⁵	hai³⁴³	hai³⁵	ai³⁵	pai³³	pɐi³³	tsɐi³³
斗门	kɒi²¹	kɒi⁴⁵	hɒi²²	hɒi⁴⁵	ɒi⁴⁵	pɒi⁴²	pɐi⁴²	tsɐi³⁴
新会	kai²¹小	kai⁴⁵	hai²²	hai²¹	ai⁴⁵	pai³²	pai³²	tsai²³
台山	kai⁵⁵	kai⁵⁵	hai²²	hai⁵⁵	ai⁵⁵	pai³¹	pai²²⁵小	tsai³³
开平	kai²¹小	kai⁴⁵	hai¹¹	hai⁴⁵	ai⁴⁵	vai³¹	vai²¹⁵小	tʃai³³
恩平	kai²¹ kai⁵⁵又	kai⁵⁵	hai²²	hai⁵⁵	ai⁵⁵	pai²¹	（无）	tʃai³³
四会	kai⁵¹	kai³³	hai³¹	hai²⁴	ŋai³³	pɐi²⁴~家仔 pai²⁴失~	pɐi²⁴	tʃɐi³³
广宁	kai⁵¹	kai⁴⁴	hai³¹	hai³²³	ai⁴⁴	pai³²³	pai³²³	tsai³³
怀集	kai⁴²	kai⁵⁴	hai²³¹	hai²⁴	ai⁵⁴	pai²²⁵	pai²²⁵	tʃai⁴⁵
德庆	kai⁴⁵⁴	kai⁴⁵	hai²⁴²	hai²³	ai⁴⁵	pai³¹	pɐi²³	tsɐi⁵³
封开	kai⁵⁵	kai³³⁴	hai²⁴³	hai²²³	ai³³⁴	pai²¹	puʌi²¹	tʃuʌi⁵¹
阳江	kai³³	kai²¹	hai⁴²	hai²¹	ai²¹	pai⁵⁴	pɐi⁵⁴	tsɐi³⁵
阳春	kai⁴⁵	kai³²⁴	hai³¹	hai³²³	ai³²⁴	pai⁵²	pɐi⁵²	tsɐi³³
赤坎	kai⁴⁵	kai¹³	hai¹³	hai¹³	ai¹³	pai²¹	pɐi²¹	tsɐi³³
吴川	ka⁵⁵	ka³⁵	ha³¹	ha²⁴	ɐi³⁵	ɓa³¹	ɓɐi³¹	tʃɐi³³
廉江	ka⁵⁵	ka²⁵	ha²¹	ha²³	a²⁵	pa²¹	pɐi²¹	tsɐi³³
高州	kai⁵³	kai²⁴	hai²¹	hai¹³	ai²⁴	pai³¹	pɐi³¹	tʃɐi³³
化州	kai⁵³	kai³⁵	hai¹³	hai¹³	ai³⁵	ɓai³¹	ɓɐi³¹	tʃɐi³³

	0145 街	0146 解~开	0147 鞋	0148 蟹	0149 矮	0150 败	0151 币	0152 制~造
	蟹开二 平佳见	蟹开二 上佳见	蟹开二 平佳匣	蟹开二 上佳匣	蟹开二 上佳影	蟹开二 去夬並	蟹开三 去祭並	蟹开三 去祭章
梅州	kɛ^{44}	kɛ^{31}白 kiai^{31}文	hai^{21}	hai^{31}	ai^{31}	pʰai^{52}	pi^{52}	tsɿ^{52}
兴宁	kae^{24}	kae^{31}	hae^{13}	hae^{31}	ae^{31}	pʰae^{51}	pi^{51}	tʃʅ^{51}
五华	kai^{44}	kai^{31}	hai^{212}	hai^{31}	ai^{31}	pʰai^{31}	pi^{51}	tʃi^{51}
大埔	kai^{34}	kei^{31}白 kai^{31}文	hei^{13}	hei^{31}	ei^{31}	pʰai^{52}	pi^{52}	tʃʅ^{52}
丰顺	ke^{44}	ke^{53}	he^{24}	hai^{53}	e^{53}	pʰai^{21}	pi^{21}	tʃi^{53}
揭西	kai^{452}	kɛi^{31}白 kai^{31}文	hɛi^{24}	hai^{31}	ɛi^{31}	pʰai^{31}	pi^{41}	tʃi^{41}
陆河	kai^{53}	kai^{24}	hai^{35}	hai^{24}	ai^{24}	pʰai^{33}	pi^{31}	tʃi^{31}
龙川	kai^{33}	kai^{24}	hai^{51}	hai^{24}	ai^{24}	pʰai^{33}	pɛi^{31}	tsɛi^{31}
河源	kai^{33}	kai^{24}	hai^{31}	hai^{212}	ai^{24}	pʰai^{54}	pʰie^{54}	tsie^{212}
连平	kai^{24}	kai^{31}	hai^{21}	hai^{31}	ai^{31}	pʰai^{53}	pi^{53}	tsɿ^{53}
龙岗	kae^{33}	kae^{31}	hae^{21}	hae^{31}	ae^{31}	pʰae^{53}	pi^{53}	tsi^{53}
惠州	kai^{33}	kai^{35}	hai^{22}	hai^{23}	ʔai^{35}	pʰai^{31}	pʰie^{31}	tɕiɛ^{23}
博罗	kai^{44}	kai^{35}	hai^{21}	hai^{24}	ai^{35}	pʰai^{41}	pʰɛi^{41}	tsɛi^{24}
新丰	kai^{44}	kai^{31}	hai^{24}	hai^{31}	ɛi^{31}	pʰai^{31}	pʰi^{31}	tsɛi^{51}
翁源	kai^{22}	kɛi^{31}白 kai^{31}文	hai^{41}	hai^{31}	ɛi^{31}	pʰai^{31}	pʰi^{31}	tʃi^{45}
始兴	kai^{22}	kai^{31}	hai^{51}	kʰai^{31}	ɛ^{31}	pʰai^{33}	pʰi^{33}	tsɿ^{33}
仁化	kai^{33}	kai^{23}	xai^{31}	xai^{23}	ai^{23}	pʰai^{33}	pi^{34}	tsei^{34}
南雄	koɑ^{44}	kie^{24}白 koɑ^{24}文	hoɑ^{42}	kʰoɑ^{24}	ei^{24}	poɑ^{42}	piʔ^{42}	tsɿ^{42}

	0145 街	0146 解~开	0147 鞋	0148 蟹	0149 矮	0150 败	0151 币	0152 制~造
	蟹开二平佳见	蟹开二上佳见	蟹开二平佳匣	蟹开二上佳匣	蟹开二上佳影	蟹开二去夬並	蟹开三去祭並	蟹开三去祭章
皈塘	ka²⁴	ka³³	ha⁴⁵	kʰai²⁴	a³³	pa²¹	pi²¹	tʃʅ²¹
桂头	kie⁵¹	kie³²⁴	hie⁴	hie³²⁴	ie³²⁴	pie⁴⁴	pai⁴⁴	tsei⁴⁴
连州	kou³¹	kou⁵³	hou⁵⁵	hou²⁴	ou⁵³	pou³³	pɐi³³	tsɐi¹¹
潮州	koi˙³³	koi˙⁵³	oi˙⁵⁵	hoi³⁵	oi˙⁵³	pai¹¹	pi˙³⁵	tsi˙²¹³
饶平	koi˙⁴⁴	koi˙⁵²	oi˙⁵⁵	hoi²⁵	oi˙⁵²	pai²¹	pi˙²⁵	tsi˙²¹⁴
汕头	koi˙³³	koi˙⁵¹	oi˙⁵⁵	hoi²⁵	oi˙⁵¹	pai³¹	pi˙²⁵	tsi˙²¹³
澄海	koi˙³³	koi˙⁵³	oi˙⁵⁵	hoi³⁵	oi˙⁵³	pai²²	pi˙³⁵	tsi˙²¹²
潮阳	koi³¹	koi⁴⁵⁴	oi˙³³	hoi˙⁵²	oi˙⁴⁵⁴	pai⁴²	pi˙⁵²	tsi˙⁵²
南澳	koi³⁴	koi˙⁵²	oi˙⁴⁵⁴	hoi³⁵	oi˙⁵²	pai³¹	pi˙³⁵	tsi˙²¹
揭阳	koi³³	koi⁴¹	oi˙⁵⁵	hoi˙²⁵	oi˙⁴¹	pai²²	pi˙²⁵	tsi˙²¹³
普宁	koi³⁵	koi⁵²	oi˙⁵⁵	hoi˙²⁴	oi˙⁵²	pai³¹	pi˙²⁴	tsi˙³¹²
惠来	koi³⁴	koi⁵³	oi˙⁵⁵	hoi˙²⁵	oi˙⁵³	pai³¹	pi˙³¹	tsi˙³¹
海丰	kei³³	kei⁵³	ei˙⁵⁵	hei˙³⁵	ei˙⁵³	pai³⁵	pi˙³⁵	tsi˙²¹²
陆丰	kei³³	kei⁵⁵	ei˙¹³	hei˙²²	ei˙⁵⁵	pai²²	pi˙²²	tsi˙²¹³
电白	kɔi³³	kɔi²¹	ɔi²²	hɔi⁴⁴²	ɔi²¹	pai⁴⁴²	pi˙⁴⁴²	tsɔi¹³
雷州	koi²⁴	koi⁴²	ʔoi˙²²	hoi⁴²	ʔoi⁴²	pai³³	pi˙²²	tsi˙²¹

	0153 世	0154 艺	0155 米	0156 低	0157 梯	0158 剃	0159 弟	0160 递
	蟹开三 去祭书	蟹开三 去祭疑	蟹开四 上齐明	蟹开四 平齐端	蟹开四 平齐透	蟹开四 去齐透	蟹开四 上齐定	蟹开四 去齐定
广州	ʃɐi^{33}	ŋɐi^{22}	mɐi^{13}	tɐi^{53}	tʰɐi^{53}	tʰɐi^{33}	tɐi^{22}	tɐi^{22}
番禺	ʃɐi^{33}	ɐi^{22}	mɐi^{23}	tɐi^{53}	tʰɐi^{53}	tʰɐi^{33}	tɐi^{22}	tɐi^{22}
增城	sɐi^{33}	ŋɐi^{22}	mɐi^{13}	tɐi^{44}	tʰɐi^{44}	tʰɐi^{33}	tɐi^{22}	tɐi^{22}
从化	sɐi^{23}	ŋɐi^{31}	mɐi^{45}	tɐi^{55}	tʰai	tʰɐi^{23}	tɐi^{31}	tɐi^{31}
龙门	sɐi^{23}	ŋɐi^{53}	mɐi^{35}	tɐi^{42}	tʰɐi^{42}	tʰɐi^{23}	tɐi^{53}	tɐi^{53}
莞城	ʃɔi^{44}	ŋɔi^{44}	mɔi^{34}	tɔi^{23}	tʰɔi^{23}	tʰɔi^{44}	tɔi^{44}	tɔi^{44}
宝安	ʃɐi^{33}	ŋɐi^{22}	mɐi^{23}	tɐi^{23}	tʰɐi^{23}	tʰɐi^{33}	tɐi^{22}	tɐi^{22}
佛山	ʃɐi^{24}	gei^{12}	bɐi^{13}	tɐi^{53}	hɐi^{53}	hɐi^{24}	tɐi^{12}	tɐi^{12}
南海	sɐi^{33}	ŋɐi^{22}	mɐi^{13}	tɐi^{51}	tʰɐi^{51}	tʰɐi^{33}	tɐi^{22}	tɐi^{22}
顺德	ʃɐi^{32}	ɐi^{21}	mɐi^{13} 大~ mɐi^{55} 三~	tɐi^{53}	tʰɐi^{53}	tʰɐi^{32}	tɐi^{21}	tɐi^{21}
三水	sɐi^{44}	ŋɐi^{33}	mɐi^{23}	tɐi^{53}	tʰɐi^{53}	tʰɐi^{44}	tɐi^{33} tɐi^{25} 又 ti^{25} 又	tɐi^{33}
高明	ʃɐi^{33}	ŋɐi^{31}	mɐi^{33}	tɐi^{24} tɐi^{45} 又	tʰɐi^{45}	tʰɐi^{33}	tɐi^{31}	tɐi^{31}
佛冈	ʃɐi^{33}	ŋɐi^{31}	mɐi^{23}	tɐi^{33}	tʰai^{33}	tʰɐi^{33}	tɐi^{31} tɐi^{35}	tɐi^{31}
阳山	ʃai^{34}	ŋai^{214}	mai^{224}	tai^{51}	tʰai^{51}	tʰai^{34}	tai^{214}	tai^{214}
连山	ʃɔi^{35}	ŋɔi^{215}	mɔi^{15}	dɔi^{51}	tʰɔi^{51}	tʰɔi^{35}	tɔi^{15}	tʰɔi^{35}
新兴	sɐi^{443}	ŋɐi^{52}	mɐi^{21}	tɐi^{45}	tʰɐi^{45}	tʰɐi^{443}	tɐi^{52}	tɐi^{52}
罗定	sɐi^{33}	ŋɐi^{21}	mɐi^{13}	tɐi^{55}	tʰɐi^{55}	tʰɐi^{33}	tɐi^{21}	tɐi^{21}
郁南	ʃɐi^{33}	ŋɐi^{21}	mɐi^{13}	tɐi^{55}	tʰɐi^{55}	tʰɐi^{33}	tɐi^{21}	tɐi^{21}
石岐	sɐi^{33}	ŋɐi^{33}	mɐi^{213}	tɐi^{55}	tʰɐi^{55}	tʰɐi^{33}	tɐi^{33}	tɐi^{33}

	0153 世	0154 艺	0155 米	0156 低	0157 梯	0158 剃	0159 弟	0160 递
	蟹开三 去祭书	蟹开三 去祭疑	蟹开四 上齐明	蟹开四 平齐端	蟹开四 平齐透	蟹开四 去齐透	蟹开四 上齐定	蟹开四 去齐定
肇庆	ʃɐi³³	ŋɐi⁵²	mɐi¹³	tɐi⁴⁵	tʰɐi⁴⁵	tʰɐi³³	tɐi⁵²	tɐi⁵²
香洲	sɐi³³	ŋɐi³³	mɐi³⁵	tɐi²¹	tʰɐi²¹	tʰɐi³³	tɐi³³	tɐi³³
斗门	sɐi³⁴	ŋɐi⁴²	mɐi⁴⁵	tɐi³⁴	hɒi³⁴	hɒi³⁴	tɐi⁴²	tɐi⁴²
新会	sai²³	ŋai³²	mai⁴⁵	tai²³	hai²³	hai²³	tai³²	tai³²
台山	sai³³	ŋai³¹	mai⁵⁵	ai³³	hai³³	hai³³	ai³¹	ai³¹
开平	ʃai³³	ŋai³¹	mai⁴⁵	ai³³	hai³³	hai³³	ai²¹⁵ 小	ai³¹
恩平	ʃai³³	ŋgai²¹	mbai⁵⁵	tai³³	hai³³	hai³³	tai²¹	tai²¹
四会	ʃɐi³³	ŋɐi²⁴	mai²⁴	tai⁵¹	tʰai⁵¹	tʰɐi³³	tɐi²⁴	tɐi²⁴
广宁	sai³³	ŋai³²³	mai³²³	tai⁵¹	tʰai⁵¹	tʰai³³	tai³²³	tai³²³
怀集	θai⁴⁵	ŋai²²⁵	mai²⁴	tai⁴²	tʰai⁴²	tʰai⁴⁵	tai²⁴	tai²²⁵
德庆	sɐi⁵³	ŋɐi³¹	mɐi²³	tɐi⁴⁵⁴	tʰɐi⁴⁵⁴	tʰɐi⁵³	tɐi³¹	tɐi³¹
封开	ʃuʌi⁵¹	ŋuʌi²¹	muʌi²²³	tuʌi⁵⁵	tʰuʌi⁵⁵	tʰuʌi⁵¹	tuʌi²¹	tuʌi²⁴³
阳江	sɐi³⁵	ŋɐi⁵⁴	mɐi²¹	tɐi³³	tʰɐi³³	tʰɐi³⁵	tɐi⁵⁴	tɐi⁵⁴
阳春	sɐi³³	ŋɐi⁵²	mɐi³²³	tɐi⁴⁵	tʰɐi⁴⁵	tʰɐi³³	tɐi⁵²	tɐi⁵²
赤坎	sɐi³³	ŋɐi²¹	mɐi¹³	tɐi⁴⁵	tʰɐi⁴⁵	tʰɐi³³	tɐi²¹	tɐi²¹
吴川	ʃɐi³³	ŋɐi³¹	mɐi²⁴	ɗɐi⁵⁵	tʰɐi⁵⁵	tʰɐi³³	ɗɐi³¹	ɗɐi³¹
廉江	sɐi³³	ŋɐi²¹	mɐi²³	tɐi⁵⁵	tʰɐi⁵⁵	tʰɐi³³	tɐi²¹	tɐi²¹
高州	ʃɐi³³	ŋɐi³¹	mɐi¹³	tɐi⁵³	tʰɐi⁵³	tʰɐi³³	tʰɐi¹³ 白 tɐi³¹ 文	tɐi³¹
化州	ʃɐi³³	ŋɐi³¹	mɐi¹³	ɗɐi⁵³	tʰɐi⁵³	tʰɐi³³	tʰɐi¹³ 白 tɐi³¹ 文	tɐi³¹

	0153 世	0154 艺	0155 米	0156 低	0157 梯	0158 剃	0159 弟	0160 递
	蟹开三 去祭书	蟹开三 去祭疑	蟹开四 上齐明	蟹开四 平齐端	蟹开四 平齐透	蟹开四 去齐透	蟹开四 上齐定	蟹开四 去齐定
梅州	sɛ⁵²白 sɿ⁵²文	ŋi⁵²	mi³¹	tai⁴⁴	tʰɔi⁴⁴	tʰi⁵²	tʰai⁴⁴ tʰi⁵²文	tʰi⁵²
兴宁	ʃie⁵¹白 ʃ⁵¹文	ni⁵¹	mi³¹	tae²⁴	tʰɔe²⁴	tʰae⁵¹	tʰae²⁴ tʰi⁵¹文	tʰi⁵¹
五华	ʃi⁵¹	ŋi³¹	mi³¹	tai⁴⁴	tʰɔi⁴⁴	tʰai⁵¹	tʰai⁵¹ tʰi⁵¹文	tʰi⁵¹
大埔	ʃei⁵²白 ʃi⁵²文	ŋi⁵²	mi³¹	tei³⁴	tʰoi³⁴	tʰei⁵²	tʰei³⁴白 tʰi⁵²文	tʰi⁵²
丰顺	ʃe⁵³	ŋi²¹	mi⁵³	te⁴⁴	tʰoi⁴⁴	tʰe⁵³	tʰe⁴⁴白 tʰi²¹文	tʰi⁵³
揭西	ʃɛi⁴¹	ŋi³¹	mi³¹	tɛi⁴⁵²	tʰɔi⁴⁵²	tʰɛi⁴¹	tʰɛi⁴⁵²白 tʰi³¹文	tʰi⁴¹
陆河	ʃɛ³¹	ŋi³³	mi²⁴	tai⁵³	tʰɔi⁵³	tʰai³¹	tʰai⁵³白 tʰi³³文	tʰi³¹
龙川	sɛi³¹	ŋɛi³³	mɛi²⁴	tɛi³³	tʰɛi³³	tʰɛi³¹	tʰɛi³¹白 tʰɛi³³文	tʰɛi³¹
河源	sie²¹²	ŋie⁵⁴	mie²⁴	tie³³	tʰie³³	tʰie²¹²	tʰie²¹²白 tʰie⁵⁴文	tʰie²¹²
连平	sɿ⁵³	ŋɿ⁵³	mi³¹	tei²⁴	tʰei²⁴	tʰei⁵³	tʰei²⁴白 tʰi⁵³文	tʰei⁵³
龙岗	sie⁵³白 si⁵³文	ŋgi⁵³	mbi²¹	tae³³	tʰɔe³³	tʰae⁵³	tʰae³³白 tʰi⁵³文	tʰi⁵³
惠州	ɕie²³	ŋiɛ³¹	miɛ³⁵	tie³³	tʰiɛ³³	tʰiɛ²³	tʰiɛ²³	tʰiɛ³¹
博罗	sɛi²⁴	ŋgɛi⁴¹	mbɛi³⁵	tɛi⁴⁴	tʰɛi⁴⁴	tʰɛi²⁴	tʰɛi²⁴白 tʰɛi⁴¹文	tʰɛi⁴¹
新丰	si⁵¹	ŋgɛi³¹	mbi³¹	tɛi⁴⁴	tʰɛi⁴⁴	tʰɛi⁵¹	tʰɛi⁴⁴白 tʰi³¹文	tʰi⁵¹
翁源	ʃi⁴⁵	ŋɛi³¹	mi³¹	tɛi²²	tʰɔi²²	tʰɛi⁴⁵	tʰɛi²²白 tʰi³¹文	ti⁴⁵
始兴	sɿ³³	ŋi³³	mi³¹	tɛ²²	tʰɔe²²	tʰɛ³³	tʰɛ²²	tʰi³³
仁化	sɿ³⁴一~人 sei³⁴~界	ŋei³³	mei²³	tei³³	tʰei³³	tʰei³³	tʰei²³白 tʰi³³文	tʰi³³
南雄	ɕie³²	ŋi⁴²	mi²⁴	tei⁴⁴	tʰei⁴⁴	tʰei³²	teiʔ⁴²白 ti⁴²文	ti³²

	0153 世	0154 艺	0155 米	0156 低	0157 梯	0158 剃	0159 弟	0160 递
	蟹开三去祭书	蟹开三去祭疑	蟹开四上齐明	蟹开四平齐端	蟹开四平齐透	蟹开四去齐透	蟹开四上齐定	蟹开四去齐定
皈塘	$ʃ̩^{21}$	ni^{21} i^{21} 又	mi^{33}	$tɛ^{24}$	$tʰua^{24}$	$tʰɛ^{21}$	ti^{21}	ti^{21}
桂头	si^{44}	$ŋei^{44}$	$møy^{21}$	ie^{51}	$tʰie^{51}$	$tʰie^{44}$	tai^{44}	tai^{44}
连州	sa^{11}	$ŋɐi^{33}$	ma^{24}	ta^{31}	$tʰou^{31}$	$tʰa^{11}$	ta^{24} 白 $tɐi^{33}$ 文	$tɐi^{33}$
潮州	si^{213}	goi^{11}	bi^{53}	ti^{33}	$tʰui^{33}$	$tʰi^{213}$	$tʰi^{35}$	ti^{55}
饶平	si^{214}	goi^{21}	bi^{52}	ti^{44}	$tʰui^{44}$	$tʰi^{214}$	$tʰi^{25}$	ti^{55}
汕头	si^{213}	goi^{31}	bi^{51}	ti^{33}	$tʰui^{33}$	$tʰi^{213}$	$tʰi^{25}$	ti^{55}
澄海	si^{212}	goi^{22}	bi^{53}	ti^{33}	$tʰui^{33}$	$tʰi^{212}$	ti^{35}	ti^{212} ~送 ti^{55} 快~
潮阳	si^{52}	goi^{42}	bi^{454}	ti^{31}	$tʰui^{31}$	$tʰi^{52}$	ti^{52}	ti^{52}
南澳	si^{21}	goi^{31}	bi^{52}	ti^{34}	$tʰui^{34}$	$tʰi^{21}$	ti^{35}	ti^{454}
揭阳	si^{213}	goi^{22}	bi^{41}	ti^{33}	$tʰui^{33}$	$tʰi^{213}$	ti^{25}	$ti͂^{55}$ ti^{55} 又
普宁	si^{312}	goi^{31}	bi^{52}	ti^{35}	$tʰui^{35}$	$tʰi^{312}$	ti^{24}	$ti͂^{55}$ ti^{55} 又
惠来	si^{31}	goi^{31}	bi^{53}	ti^{34}	$tʰui^{34}$	$tʰi^{53}$	ti^{25}	ti^{55}
海丰	si^{212}	$ŋgei^{21}$ 手~ $ŋi^{35}$ 文~	mbi^{53}	tei^{33}	$tʰui^{33}$	$tʰi^{212}$	$tʰai^{21}$ 白 ti^{35} 文	ti^{35}
陆丰	si^{213}	$ŋgei^{22}$	mbi^{55}	tei^{33}	$tʰui^{33}$	$tʰi^{213}$	ti^{22}	ti^{22}
电白	si^{13}	$ŋai^{442}$	bi^{21} mai^{53} 又	$tɔi^{33}$	$tʰui^{33}$	$tʰi^{13}$	ti^{442}	ti^{442}
雷州	si^{21}	$ŋi^{54}$	bi^{42}	toi^{24}	$tʰui^{24}$	$tʰi^{22}$	ti^{33} ti^{54} 又	ti^{54}

	0161 泥	0162 犁	0163 西	0164 洗	0165 鸡	0166 溪	0167 契	0168 系 联~
	蟹开四平齐泥	蟹开四平齐来	蟹开四平齐心	蟹开四上齐心	蟹开四平齐见	蟹开四平齐溪	蟹开四去齐溪	蟹开四去齐匣
广州	lɐi²¹	lɐi²¹	ʃɐi⁵³	ʃɐi³⁵	kɐi⁵⁵	kʰɐi⁵⁵	kʰɐi³³	hɐi²²
番禺	lei³¹	lei³¹	ʃɐi⁵³	ʃɐi³⁵	kɐi⁵³	kʰɐi⁵⁵	kʰɐi³³	hɐi²²
增城	lɐi²¹	lɐi²¹	sɐi⁴⁴	sɐi³⁵	kɐi⁴⁴	kʰɐi⁴⁴	kʰɐi³³	hɐi²²
从化	nei²²	lɐi²²	sɐi⁵⁵	sai⁴⁵	kɐi²³	kʰɐi⁵⁵	kʰɐi²³	hai³¹
龙门	lɐi²¹	lɐi²¹	sɐi⁴²	sɐi³⁵	kɐi⁴²	kʰɐi⁴²	kʰɐi²³	hɐi⁵³
莞城	nɔi³¹	ŋɔi³¹	ʃɔi²³	ʃɔi³⁵	kɔi²³	kʰɔi²³	kʰɔi⁴⁴	hɔi⁴⁴
宝安	nɐi³³	lɐi³³	ʃɐi²³	ʃɐi²⁵	kɐi⁵⁵	kʰɐi⁵⁵	kʰɐi³³	hɐi²²
佛山	lɐi⁴²	lɐi⁴²	ʃɐi⁵³	ʃɐi³⁵	kɐi⁵⁵	kʰɐi⁵³	kʰɐi²⁴	hɐi¹²
南海	nɐi³¹	lɐi³¹	sɐi⁵¹	sɐi³⁵	kɐi⁵⁵	kʰɐi⁵¹	kʰɐi³³	hɐi²²
顺德	lɐi⁴²	lɐi⁴²	ʃɐi⁵³	ʃɐi²⁴	kɐi⁵³	kʰɐi⁵⁵	kʰɐi³²	hɐi²¹
三水	lɐi³¹	lɐi³¹	sɐi⁵³	sɐi²⁵	kɐi⁵⁵	kʰɐi⁵⁵	kʰɐi⁴⁴	hɐi⁴⁴
高明	nɐi³¹	lɐi³¹	ʃɐi⁵⁵	ʃɐi²⁴	kɐi⁴⁵	kʰɐi⁵⁵	kʰɐi³³	hɐi³¹
佛冈	nei²²	lɐi²²名 / lɐi³¹动	ʃɐi³³	ʃai³⁵	kɐi³³	kʰɐi³³	kʰɐi³³	hai³¹
阳山	lai²⁴¹	lai²⁴¹	ʃai⁵¹	ʃai⁵⁵	kai⁵¹	kʰai⁵¹	kʰai³⁴	hai²¹⁴
连山	nɔi²⁴¹	lɔi²⁴¹	θɔi⁵¹	θɔi⁵⁵	kɔi⁵¹	kʰɔi⁵¹	kʰɔi³⁵	ai²¹⁵
新兴	nɐi²¹	lɐi²¹	sɐi⁴⁵	sɐi³⁵	kɐi⁴⁵	kʰɐi⁴⁵	kʰɐi⁴⁴³	hɐi⁵²
罗定	nɐi²¹	lɐi²¹	sɐi⁵⁵	sɐi³⁵	kɐi⁵⁵	kʰɐi⁵⁵	kʰɐi³³	hɐi²¹
郁南	nɐi²¹	lɐi²¹	ʃɐi⁵⁵	ʃɐi³⁵	kɐi⁵⁵	kʰɐi⁵⁵	kʰɐi³³	hɐi²¹
石岐	nɐi⁵¹	lɐi⁵¹	sɐi⁵⁵	sɐi²¹³	kɐi⁵⁵	kʰɐi⁵⁵	kʰɐi³³	hɐi³³

	0161 泥	0162 犁	0163 西	0164 洗	0165 鸡	0166 溪	0167 契	0168 系 联~
	蟹开四	蟹开四	蟹开四	蟹开四	蟹开四	蟹开四	蟹开四	蟹开四
	平齐泥	平齐来	平齐心	上齐心	平齐见	平齐溪	去齐溪	去齐匣
肇庆	nɐi²¹	lɐi²¹	ʃɐi⁴⁵	ʃɐi²⁴	kɐi⁴⁵	kʰɐi⁴⁵	kʰɐi³³	hɐi⁵²
香洲	nɐi³⁴³	lɐi³⁴³	sɐi²¹	sɐi³⁵	kɐi²¹	kʰɐi²¹	kʰɐi³³	hɐi³³
斗门	nɐi²²	lɐi²²	sɐi³⁴	sɐi⁴⁵	kɐi³⁴	kʰɐi³⁴	kʰɐi³⁴	hɐi⁴²
新会	nai²²	lai²²	sai²³	sai⁴⁵	kai²³	kʰai²³	kʰai²³	hai³²
台山	nai²²	lai²²	ɬai³³	ɬai⁵⁵	kai³³	kʰai³³	kʰai³³	hai³¹
开平	nai¹¹	lai¹¹	ɬai³³	ɬai⁴⁵	kai³³	kʰai³³	kʰai³³	hai³¹
恩平	ndai²²	lai²²	ʃai³³	ʃai⁵⁵	kai³³	kʰai³³	kʰai³³	hai²¹
四会	lai³¹	lɐi²⁴	ʃai⁵¹	ʃai³³	kai⁵¹	kʰai⁵¹	kʰɐi³³	hɐi²⁴
广宁	nai³¹	lai³¹	sai⁵¹	sai⁴⁴	kai⁵¹	kʰai⁵¹	kʰai³³	hai³²³
怀集	nai²³¹	lai²³¹	θai⁴²	θai⁵⁴	kai⁴²	kʰai⁴²	kʰai⁴⁵	hai²²⁵
德庆	nɐi²⁴²	lɐi²⁴²	sɐi⁴⁵⁴	sɐi⁴⁵	kɐi⁴⁵⁴	kʰɐi⁴⁵⁴	kʰɐi⁵³	hɐi³¹
封开	nuʌi²⁴³	luʌi²⁴³	ɬuʌi⁵⁵	ɬuʌi³³⁴	kuʌi⁵⁵	kʰuʌi⁵⁵	kʰuʌi⁵¹	huʌi²¹
阳江	nɐi⁴²	lɐi⁴²	ɬɐi³³	ɬɐi²¹	kɐi³³	kʰɐi³³	kʰɐi³⁵	hɐi⁵⁴
阳春	nɐi³¹	lɐi³¹	ɬɐi⁴⁵	ɬɐi³²⁴	kɐi⁴⁵	kʰɐi⁴⁵	kʰɐi³³	hɐi⁵²
赤坎	nɐi²¹	lɐi²¹	ɬɐi⁴⁵	ɬɐi¹³	kɐi⁴⁵	kʰɐi⁴⁵	kʰɐi³³	hai²¹
吴川	nɐi³¹	lɐi³¹	ɬɐi⁵⁵	ɬɐi³⁵	kɐi⁵⁵	kʰɐi⁵⁵	kʰɐi³³	hɐi⁵⁵
廉江	nɐi²¹	lɐi²¹	ɬɐi⁵⁵	ɬɐi²⁵	kɐi⁵⁵	kʰɐi⁵⁵	kʰɐi³³	hɐi²¹
高州	nɐi²¹	lɐi²¹	ɬɐi⁵³	ɬɐi²⁴	kɐi⁵³	kʰɐi⁵³	kʰɐi³³	hɐi³¹
化州	nɐi¹³	lɐi¹³	ɬɐi⁵³	ɬɐi³⁵	kɐi⁵³	kʰɐi⁵³	kʰɐi³³	hɐi³¹

	0161 泥	0162 犁	0163 西	0164 洗	0165 鸡	0166 溪	0167 契	0168 系联~
	蟹开四平齐泥	蟹开四平齐来	蟹开四平齐心	蟹开四上齐心	蟹开四平齐见	蟹开四平齐溪	蟹开四去齐溪	蟹开四去齐匣
梅州	nai²¹	lai²¹	si⁴⁴	sɛ³¹	kɛ⁴⁴	hai⁴⁴	kʰɛ⁵²	hi⁵²
兴宁	nae¹³	lae¹³	si²⁴	sɪe³¹	kae²⁴	hae²⁴	kʰɪe⁵¹~约	hɪe⁵¹唔~ / ʃ⁵¹联~
五华	nai²¹²	lai²¹²	si⁴⁴	sɛ³¹	kai⁴⁴	hai⁴⁴	kʰɛ⁵¹	hɛ⁵¹
大埔	nei¹³	lei¹³	si³⁴	sei³¹	kei³⁴	kʰei³⁴	kʰei⁵²	hi⁵²
丰顺	ne²⁴	le²⁴	si⁴⁴	se⁵³	ke⁴⁴	kʰe⁴⁴	kʰe⁵³	hi²¹
揭西	nɛi²⁴	lɛi²⁴	si⁴⁵²	sɛi³¹	kɛi⁴⁵²	kʰɛi⁴⁵²	kʰɛi⁴¹	hɛi⁴¹
陆河	nai³⁵	lai³⁵	si⁵³	sɛ²⁴	kai⁵³	hai⁵³	kʰɛ³¹	hɛ³¹
龙川	nɛi⁵¹	lɛi⁵¹	sɛi³³	sɛi²⁴	kɛi³³	kʰɛi³³	kʰɛi³¹	hɛi³¹
河源	ŋie³¹	lie³¹	sie³³	sie²⁴	kie³³	kʰie³³	kʰie²¹²	hai⁵⁴
连平	nei²¹	lei²¹	si²⁴	sei³¹	tei²⁴	tʰei²⁴	tʰei⁵³	hei⁵³
龙岗	lae²¹	lae²¹	si³³	sɪe³¹	kae³³	kʰae³³	kʰɪe⁵³	hɪe⁵³
惠州	niɛ²²	liɛ²²	siɛ³³	siɛ³⁵	kiɛ³³	kʰiɛ³³	kʰiɛ²³	hai³¹
博罗	ndɛi²¹	lɛi²¹	ɬɛi⁴⁴	ɬɛi³⁵	kɛi⁴⁴	kʰɛi⁴⁴	kʰɛi²⁴	hɛi⁴¹
新丰	lɛi²⁴	lɛi²⁴	si⁴⁴	sɛi³¹	kɛi⁴⁴	kʰɛi⁴⁴	kʰɛi⁴⁴	hɛi⁵¹
翁源	nɛi⁴¹	lɛi⁴¹	si²²	sɛi³¹	kɛi²²	kʰɛi²²	kʰɛi⁴⁵	hɛi⁴⁵
始兴	ne⁵¹	le⁵¹	sɿ²²	sɛ³¹	kɛ²²	kʰɛ²²	kʰɛ³³	sɿ³³
仁化	lei³¹	lei³¹	sei³³	sei²³	kei³³	kʰei³³	kʰei³⁴	xei³³
南雄	nei²¹	lei²¹	sei⁴⁴	sei²⁴	ki⁴⁴	kʰie⁴⁴	kʰie³²	ɕi³²

	0161 泥	0162 犁	0163 西	0164 洗	0165 鸡	0166 溪	0167 契	0168 系联~
	蟹开四平齐泥	蟹开四平齐来	蟹开四平齐心	蟹开四上齐心	蟹开四平齐见	蟹开四平齐溪	蟹开四去齐溪	蟹开四去齐匣
皈塘	nɛ^{45}	nɛ^{45}	ʃi^{24}	ʃɛ^{33}	ki^{24}	kʰi^{24}	kʰi^{21}	hi^{21}
桂头	lie^{45}	lie^{45}	sei^{51}	sei^{324}	kei^{51}	kʰei^{51}	kʰei^{44}	hei^{44}
连州	na^{55}	la^{55}	sa^{31}	sa^{53}	ka^{31}	kʰɐ^{31}	kʰa^{11}	ha^{33}
潮州	nĩ^{55}	loi^{55}	sai^{33}白 / si^{33}文	soi^{53}	koi^{33}	kʰoi^{33}	kʰoi^{213}	hi^{35}
饶平	nĩ^{55}	loi^{55}	sai^{44}白 / si^{44}文	soi^{52}	koi^{44}	kʰoi^{44}	kʰoi^{214}	hi^{25}
汕头	nĩ^{55}	loi^{55}	sai^{33}白 / si^{33}文	soi^{51}	koi^{33}	kʰoi^{33}	kʰoi^{213}	hi^{25}
澄海	nĩ^{55}	loi^{55}	sai^{33}白 / si^{33}文	soi^{53}	koi^{33}	kʰoi^{33}	kʰoi^{212}	hĩ^{35}
潮阳	nĩ^{33}	loi^{33}	sai^{31}	soi^{454}	koi^{31}	kʰoi^{31}	kʰoi^{52}	hi^{52}
南澳	nĩ^{454}	loi^{454}	sai^{34}白 / si^{34}文	soi^{52}	koi^{34}	kʰoi^{34}	kʰoi^{21}	hi^{35}
揭阳	nĩ^{55}	loi^{55}	sai^{33}白 / si^{33}文	soi^{41}	koi^{33}	kʰoi^{33}	kʰoi^{213}	hi^{25}
普宁	nĩ^{55}	loi^{55}	sai^{35}白 / si^{35}文	soi^{52}	koi^{35}	kʰoi^{35}	kʰoi^{312}	hi^{24}
惠来	nĩ^{55}	loi^{55}	sai^{34}白 / si^{34}文	soi^{53}	koi^{34}	kʰoi^{34}	kʰoi^{31}	hi^{25}
海丰	nĩ^{55}	lei^{55}	sai^{33}	sei^{53}	kei^{33}	kʰei^{33}	kʰei^{212}	hi^{35}
陆丰	nĩ^{13}	lei^{13}	sai^{33}	sei^{55}	kei^{33}	kʰei^{33}	kʰei^{213}	hei^{22} / hi^{22}又
电白	（无）	lɔi^{22}	sai^{33}	sɔi^{21}	kɔi^{33}	kʰɔi^{33}	kʰɔi^{13}	hi^{13}
雷州	ni^{22}	loi^{22}	sai^{24}白 / si^{24}文	soi^{42}	koi^{24}	kʰoi^{24}	kʰoi^{22}	hi^{33}

	0169 杯	0170 配	0171 赔	0172 背~诵	0173 煤	0174 妹	0175 对	0176 雷
	蟹合一平灰帮	蟹合一去灰滂	蟹合一平灰並	蟹合一去灰並	蟹合一平灰明	蟹合一去灰明	蟹合一去灰端	蟹合一平灰来
广州	pui⁵⁵	pʰui³³	pʰui²¹	pui³³	mui²¹	mui²²	tøy³³	løy²¹
番禺	pui⁵⁵	pʰui³³	pʰui³¹	pui²²	mui³¹	mui²²	tøy³³	løy³¹
增城	pɔi⁴⁴	pʰɔi³³	pʰɔi²¹	pɔi²²	mɔi²¹	mɔi²² / mɔi⁴⁴	tœ³³	lœ²¹
从化	poi⁵⁵	pʰoi²³	pʰoi²²	poi³¹	moi²²	moi³¹	tœy²³	løy²²
龙门	pɔi⁵⁵	pʰɔi²³	pʰɔi²¹	pɔi⁵³	mɔi²¹	mɔi⁵³①	tɔi²³	lɔi²¹
莞城	pθ²³	pʰθ⁴⁴	pʰθ³¹	pθ⁴⁴	mθ³¹	mθ⁴⁴	tθ⁴⁴	ŋθ³¹
宝安	pui⁵⁵	pʰui³³	pʰui³¹	pui³³	mui³³	mui²²	tui³³	lui³¹
佛山	pui⁵⁵	pʰui²⁴	pʰui⁴²	pui¹²	bui⁴²	bui¹² 姐~ / bui³⁵ 细~ / bui⁵⁵ ~仔	tøy²⁴	løy⁴²
南海	pui⁵⁵ / pui⁵¹ 干~	pʰui³³	pʰui³¹	pui³³	mui³¹	mui²² ~夫 / mui⁵¹ 大~	tøy³³ 动,形 / tøy³⁵ 名	løy³¹
顺德	pui⁵⁵	pʰui³²	pui⁴²	pui³²	mui⁴²	mui²⁴	tɔy³²	lɔy⁴²
三水	pui⁵⁵	pʰui³³	pʰui³¹	pui⁵⁵ / pui³³ 又	mui³¹	mui³¹ / mui²⁵ 又	tui⁴⁴	lui³¹
高明	pʰui⁴⁵	pʰui³³	pʰui³¹	pui³³	mui³¹	mui³¹ / mui²⁴ 又	tui³³	lei³¹
佛冈	puei³³	pʰuei³³	pʰuei³¹	puei³¹	muei²²	muei³⁵	tuei³³	luei²²
阳山	pui⁵¹	pʰui³⁴	pui²⁴¹	pui²¹⁴	mui²⁴¹	mui²¹⁴	toi³⁴	loi²⁴¹
连山	bui⁵¹	pʰui³⁵	pui²⁴¹	bui³⁵	mui²⁴¹	mui²¹⁵	dui³⁵	lui²⁴¹
新兴	poi⁴⁵	pʰoi⁴⁴³	pʰoi²¹	poi⁴⁴³	moi²¹	moi⁵²	toi⁴⁴³	loi²¹
罗定	pøi⁵⁵	pʰøi²¹	pʰøi²¹	pøi²¹	møi²¹	møi²¹ 老~ / møi³⁵ 妹~	tøi³³	løi²¹
郁南	poi⁵⁵	pʰoi³³	pʰoi²¹	poi³³	moi²¹	moi²¹	toi³³	loi²¹
石岐	pui⁵⁵	pʰui³³	pʰui⁵¹	pui³³	mui⁵¹	mui³³	tui³³	lui⁵¹

①阿~：妹妹。

	0169 杯	0170 配	0171 赔	0172 背 ~诵	0173 煤	0174 妹	0175 对	0176 雷
	蟹合一平灰帮	蟹合一去灰滂	蟹合一平灰並	蟹合一去灰並	蟹合一平灰明	蟹合一去灰明	蟹合一去灰端	蟹合一平灰来
肇庆	pui^{45}	pʰui^{33}	pʰui^{21}	pui^{33}	mui^{21}	mui^{52}	tui^{33}	lui^{21}
香洲	pui^{21}	pʰui^{33}	pʰui^{343}	pui^{33}	mui^{343}	mui^{33}	tui^{33}	lui^{343}
斗门	pui^{34}	pʰui^{42}	pʰui^{22}	pui^{34}	mui^{22}	mui^{42}	tui^{34}	lui^{22}
新会	pui^{23}	pʰui^{23}	pʰui^{22}	pui^{32}	mui^{22}	mui^{21} 小	tui^{23}	lui^{22}
台山	pɔi^{33}	pʰɔi^{33}	pʰɔi^{22}	pɔi^{33}	mɔi^{22}	mɔi^{21} 小,~丈 mɔi^{225} 小,细~	ui^{33}	lui^{22}
开平	vɔi^{33}	pʰɔi^{33}	pʰɔi^{11}	vɔi^{33}	mɔi^{11}	mɔi^{215} 小	ui^{33}	lui^{11}
恩平	puai^{33}	pʰuai^{33}	pʰuai^{22}	puai^{33}	mbuai^{22}	mbuai^{21}	tuəi^{33}	luəi^{22}
四会	pui^{51}	pʰui^{33}	pui^{31}	pui^{33}	mui^{31}	mui^{24} 白 mui^{51} 文	toi^{33}	loi^{31}
广宁	pui^{51}	pʰui^{33}	pui^{31}	pui^{33}	mui^{31}	mui^{323}	tɔi^{33}	lɔi^{31}
怀集	pui^{42}	pʰui^{45}	pui^{231}	pui^{45}	mui^{231}	mui^{225}	tɔi^{45}	lɔi^{231}
德庆	poi^{454}	pʰoi^{53}	poi^{242}	poi^{53}	moi^{242}	moi^{31}	toi^{53}	loi^{242}
封开	pui^{55}	pʰui^{51}	pui^{243}	pui^{51}	mui^{243}	mui^{21}	tui^{51}	lui^{243}
阳江	pui^{33}	pʰui^{35}	pʰui^{42}	pui^{35}	mui^{42}	mui^{54}	tui^{35}	lui^{42}
阳春	pui^{45}	pʰui^{33}	pʰui^{31}	pui^{31}	mui^{31}	mui^{52}	tui^{33}	lui^{31}
赤坎	pui^{45}	pʰui^{33}	pʰui^{21}	pui^{21}	mui^{21}	mui^{21}	tui^{33}	lui^{21}
吴川	ɓu^{55}	pʰui^{33}	pʰui^{31}	ɓui^{33}	mui^{31}	mui^{31}	ɗui^{33}	lui^{31}
廉江	pui^{55}	pʰui^{23}	pʰui^{21}	pui^{33}	mui^{21}	mui^{21}	tui^{33}	lui^{21}
高州	pui^{53}	pʰui^{33}	pʰui^{21}	pui^{33}	mui^{21}	mui^{31}	tui^{33}	lui^{21}
化州	ɓui^{53}	pʰui^{33}	pʰui^{13}	ɓui^{33}	mui^{13}	mui^{31} mui^{53}	ɗui^{33}	lui^{13}

	0169 杯	0170 配	0171 赔	0172 背~诵	0173 煤	0174 妹	0175 对	0176 雷
	蟹合一平灰帮	蟹合一去灰滂	蟹合一平灰並	蟹合一去灰並	蟹合一平灰明	蟹合一去灰明	蟹合一去灰端	蟹合一平灰来
梅州	pi^{44}	p^hi^{52}	$p^hɔi^{21}$	$p^hɔi^{52}$	$mɔi^{21}$	$mɔi^{52}$	tui^{52}	lui^{21}
兴宁	pi^{24}	p^hi^{51}	$p^hɔe^{13}$	$p^hɔe^{51}$	$mɔe^{13}$	$mɔe^{51}$	$tɔe^{51}$白 tei^{51}文	lei^{13}
五华	pi^{44}	p^hi^{51}	$p^hɔi^{212}$	$p^hɔi^{31}$	$mɔi^{212}$	$mɔi^{51}$	tui^{51}	lui^{212}
大埔	pui^{34}	p^hui^{52}	p^hoi^{13}	p^hoi^{52}	mui^{13}	moi^{52}	tui^{52}	lui^{13}
丰顺	pui^{44}	p^hui^{53}	p^hoi^{24}	p^hoi^{21}	moi^{24}	moi^{53}	tui^{53}	lui^{24}
揭西	pui^{452}	p^hui^{41}	$p^hɔi^{24}$	$p^hɔi^{31}$	$mɔi^{24}$	$mɔi^{41}$	$tɔi^{41}$白 tui^{41}文	lui^{24}
陆河	pui^{53}	p^hui^{31}	$p^hɔi^{35}$	$p^hɔi^{33}$	$mɔi^{35}$	$mɔi^{31}$	tui^{31}	lui^{35}
龙川	pui^{33}	$p^hɔi^{31}$	$p^hɔi^{51}$	$p^hɔi^{33}$	$mɔi^{51}$	$mɔi^{31}$	$tɔi^{31}$	lui^{51}
河源	$pɔi^{33}$	$p^hɔi^{212}$	$p^hɔi^{31}$	$p^hɔi^{54}$	$mɔi^{31}$	$mɔi^{54}$	$tɔi^{212}$	lui^{31}
连平	pui^{24}	p^hui^{53}	$p^hɔi^{21}$	$p^hɔi^{53}$	$mɔi^{21}$	$mɔi^{53}$	tui^{53}	lui^{21}
龙岗	pui^{33}	p^hui^{53}	$p^hɔe^{21}$	$p^hɔe^{53}$	$mbɔe^{21}$	$mbɔe^{53}$	$tɔe^{53}$白 tui^{53}文	lui^{21}
惠州	$pɔi^{33}$	$p^hɔi^{23}$	$p^hɔi^{22}$	$p^hɔi^{31}$	$mɔi^{22}$	$mɔi^{31}$	$tɔi^{23}$	lui^{22}
博罗	$pɔe^{44}$	$p^hɔe^{24}$	$p^hɔe^{21}$	$p^hɔe^{41}$	$mbɔe^{21}$	$mbɔe^{41}$	$tɔe^{24}$	$lɔe^{21}$
新丰	pui^{44}	p^hui^{51}	$p^hɔi^{24}$	$p^hɔi^{31}$	$mbɔi^{24}$	$mbɔi^{51}$	tui^{51}	lui^{24}
翁源	pui^{22}	p^hui^{45}	$p^hɔi^{41}$	$p^hɔi^{31}$	$mɔi^{41}$	$mɔi^{45}$	tui^{45}	lui^{41}
始兴	$pɛ^{22}$	$p^hɛ^{33}$	$p^hɔe^{51}$	$p^hɔe^{33}$	$mɛ^{51}$	$mɔe^{33}$	$tɔe^{33}$	$lɔe^{51}$
仁化	$puei^{33}$	p^huei^{34}	p^huai^{31}	p^huai^{33}	$muai^{31}$	$muai^{34}$	$tuei^{34}$	$luei^{31}$
南雄	$pɤ^{44}$	$p^hɤ^{32}$	$pɤ^{21}$	$pɤ^{42}$	$mɤ^{21}$	$mɤ^{21}$	$tɤ^{32}$	$lɤ^{21}$

	0169 杯	0170 配	0171 赔	0172 背~诵	0173 煤	0174 妹	0175 对	0176 雷
	蟹合一平灰帮	蟹合一去灰滂	蟹合一平灰並	蟹合一去灰並	蟹合一平灰明	蟹合一去灰明	蟹合一去灰端	蟹合一平灰来
飯塘	（无）	p^hu^{21}	pu^{45}	pu^{21}	η^{45}	$m\mathfrak{o}^{21}$	tu^{21}	lu^{45}
桂头	pu^{51}	p^hei^{44}	pu^{45}	pu^{44}	mu^{45}	mu^{4}	$øy^{44}$	$løy^{45}$
连州	$pɐi^{31}$	$p^hɐi^{11}$	$pɐi^{55}$	$pɐi^{33}$	$mɐi^{55}$	mu^{33}	$tɐi^{11}$	$lɐi^{55}$
潮州	pue^{33}	p^hue^{213}	pue^{55}	pue^{213}	bue^{55}	$m\tilde{u}\tilde{e}^{11}$ $m\tilde{u}\tilde{e}^{35}$ 又	tui^{213}	lui^{55}
饶平	pue^{44}	p^hue^{214}	pue^{55}	pue^{25}	bue^{55}	$m\tilde{u}\tilde{e}^{21}$ 兄~ $m\tilde{u}\tilde{e}^{25}$ 小~	tui^{214}	lui^{55}
汕头	pue^{33}	p^hue^{213}	pue^{55}	pi^{213} 白 pue^{213} 文	bue^{55}	$m\tilde{u}\tilde{e}^{31}$ $m\tilde{u}\tilde{e}^{25}$ 又	tui^{213}	lui^{55}
澄海	pue^{33}	p^hue^{212}	pue^{55}	pue^{212}	bue^{55}	$m\tilde{u}\tilde{e}^{22}$ $m\tilde{u}\tilde{e}^{35}$ 又	tui^{212}	lui^{55}
潮阳	$pfue^{31}$	pf^hue^{52}	$pfue^{33}$	$pfue^{52}$	$bvue^{33}$	$\eta\tilde{u}\tilde{e}^{42}$	tui^{52}	lui^{33}
南澳	pue^{34}	p^hue^{21}	pue^{454}	pue^{21}	bue^{454}	$m\tilde{u}\tilde{e}^{31}$ $m\tilde{u}\tilde{e}^{35}$ 又	tui^{21}	lui^{454}
揭阳	pue^{33}	p^hue^{213}	pue^{55}	pue^{213}	bue^{55}	$m\tilde{u}\tilde{e}^{22}$ $m\tilde{u}\tilde{e}^{25}$ 又	tui^{213}	lui^{55}
普宁	$pfue^{35}$	pf^hue^{312}	$pfue^{55}$	$pfue^{312}$	$bvue^{55}$	$\eta\tilde{u}\tilde{e}^{31}$ $\eta\tilde{u}\tilde{e}^{24}$ 又	tui^{312}	lui^{55}
惠来	$pfue^{34}$	pf^hue^{31}	$pfue^{55}$	$pfue^{31}$	$bvue^{55}$	$\eta\tilde{u}\tilde{e}^{31}$	tui^{31}	lui^{55}
海丰	pue^{33}	p^hue^{212}	pue^{55}	pue^{212}	$mbue^{55}$	$m\tilde{u}\tilde{e}^{212}$ 兄~ $m\tilde{u}\tilde{e}^{21}$ 姊~ $m\tilde{u}\tilde{e}^{35}$ 阿~	tui^{212}	lui^{55}
陆丰	pue^{33}	p^hue^{213}	pue^{13}	pi^{213} 白 pue^{213} 又	$mbue^{13}$	$m\tilde{u}\tilde{e}^{213}$ $m\tilde{u}\tilde{e}^{22}$ 又	tui^{213}	lui^{13}
电白	pui^{53}	p^hui^{13}	$p\mathfrak{o}i^{22}$	$p\mathfrak{o}i^{13}$	$b\mathfrak{o}i^{22}$	$m\mathfrak{o}i^{33}$ mui^{53} 又	tui^{13}	lui^{22}
雷州	pui^{24}	p^hui^{21}	pue^{22}	pui^{33}	bue^{22}	mue^{24} mui^{54} 又	tui^{21}	lui^{22}

	0177 罪	0178 碎	0179 灰	0180 回	0181 外	0182 会 开~	0183 怪	0184 块
	蟹合一 上灰从	蟹合一 去灰心	蟹合一 平灰晓	蟹合一 平灰匣	蟹合一 去泰疑	蟹合一 去泰匣	蟹合二 去皆见	蟹合一 去皆溪
广州	tʃøy²²	ʃøy³³	fui⁵³	ui²¹	ŋɔi²²	ui³⁵	kuai³³	fai³³
番禺	tʃœy²²	ʃœy³³	fui⁵⁵	ui³¹	ɔi²²	ui²²	kuai³³	fai³³
增城	tsœ²²	sœ³³	fui⁴⁴	ui²¹	ŋɔi²²	ui³⁵	kuai³³	fai³³
从化	tsœy³¹	sœy²³	foi²³	uoi²²	ŋoi³¹	uoi²³	kuai²³	fai²³
龙门	tsɔi⁵³	sɔi²³	fɔi⁴²	vɔi²¹	ŋɔi⁵³	vɔi⁵³	kai²³	fai²³
莞城	tʃɵ⁴⁴	ʃɵ⁴⁴	fi²³	ui³¹	ui⁴⁴	ui³⁵	kuai⁴⁴	fai⁴⁴
宝安	tʃui²²	ʃui³³	fui²³	ui³³	ŋɔi²²	ui³⁵	kuai³³	fai³³
佛山	tʃy¹² 白 / tʃœy¹² 文	ʃœy²⁴	fui⁵³	ui⁴²	gɔi¹²	ui³⁵	kuai²⁴	fai²⁴
南海	tsøy²²	søy³³	fui⁵¹	ui³¹	ŋɔi²²	ui³⁵	kuai³³	fai³³
顺德	tʃɔi²¹	ʃɔy³²	fui⁵³	fui⁴²	ɔi²¹	fui²⁴	kuai³²	fai³²
三水	tsɔy³³	sɔy⁴⁴	fui⁵³	ui³¹	ŋɔi³³	ui²⁵	kuai⁴⁴	fai⁴⁴
高明	tʃɔi³¹	ʃui³³	fui⁴⁵	ui³¹	ŋɔi³¹	ui²⁴	kuai³³	uai³³
佛冈	tʃuei³¹	ʃuei³³	fuei³³	uei²²	ŋuei³¹	uei²³	kuai³³	fai³⁵
阳山	tʃoi²²⁴	ʃoi³⁴	fui⁵¹	ui²⁴¹	ŋoi²¹⁴	ui²¹⁴	kuai³⁴	kʰuai³⁴
连山	θui¹⁵	θui³⁵	fui⁵¹	vui²⁴¹	ŋɔi²¹⁵	vui²¹⁵	kuai³⁵	kʰuai³⁵
新兴	tsoi⁵²	soi⁴⁴³	foi⁴⁵	uoi²¹	ŋoi⁵²	uoi⁵²	kai⁴⁴³	kʰai⁴⁴³
罗定	tsøi²¹	søi³³	føi⁵⁵	øi²¹	ŋɔi²¹	øi²¹ ～议 / øi³⁵ 开~	kuai³³	fai³³
郁南	tʃoi²¹	ʃoi³³	foi⁵⁵	uoi²¹	ŋɔi²¹	uoi²¹	kuai³³	fai³³
石岐	tsui³³	sui³³	hui⁵⁵	ui⁵¹	ŋɔi³³	ui³³	kuai³³	fai³³

	0177 罪	0178 碎	0179 灰	0180 回	0181 外	0182 会开~	0183 怪	0184 块
	蟹合一 上灰从	蟹合一 去灰心	蟹合一 平灰晓	蟹合一 平灰匣	蟹合一 去泰疑	蟹合一 去泰匣	蟹合二 去皆见	蟹合一 去皆溪
肇庆	tʃui^{52}	ʃui^{33}	hui^{45}	hui^{21}	ŋui^{52}	ui^{52}	kuai^{33}	uai^{33}
香洲	tsui^{33}	sui^{33}	hui^{21}	hui^{343}	ŋui^{33}	ui^{33}	kai^{33}	fai^{33}
斗门	tsui^{42}	sui^{34}	fui^{34}	ui^{22}	ŋui^{42}	ui^{42}	kuɐi^{34}	fɒi^{42}
新会	tsui^{32}	sui^{23}	fui^{23}	ui^{22}	ŋui^{32}	ui^{32}	kuai^{23}	fai^{23}
台山	tui^{31}	łui^{33}	fɔi^{33}	vɔi^{22}	ŋɔi^{31}	vɔi^{31}	kai^{33}	fai^{33}
开平	tui^{31}	łui^{33}	fɔi^{33}	vɔi^{11}	ŋɔi^{31}	vɔi^{31}	kai^{33}	fai^{33}
恩平	tʃuəi^{21}	ʃuəi^{33}	fuai^{33}	vuai^{22}	ŋguai^{21}	vuai^{21}	kai^{33}	fai^{33}
四会	tʃoi^{24}	ʃoi^{33}	fui^{51}	ui^{31}	ŋoi^{24}	ui^{24}	kuai^{33}	fɐi^{33}
广宁	tsɔi^{323}	sɔi^{33}	fui^{51}	ui^{31}	ŋɔi^{323}	ui^{323}	kuai^{33}	kʰuai^{33}
怀集	tʃɔi^{225}	θɔi^{45}	fui^{42}	ui^{231}	ŋɔi^{225}	ui^{225}	kuai^{45}	kʰuai^{45}
德庆	tsoi^{31}	soi^{53}	fɔi^{454}	oi^{242}	ŋoi^{31}	oi^{31}	kuai^{53}	fai^{45}
封开	łui^{223}	łui^{51}	fui^{55}	ui^{243}	ŋui^{21}	ui^{21}	kuai^{51}	fai^{51}
阳江	tsui^{54}	łui^{35}	fui^{33}	ui^{42}	ui^{54}	ui^{54}	kuai^{35}	kʰai^{35}
阳春	tsui^{52}	łui^{33}	fui^{45}	ui^{31}	ŋuɒi^{52}	ui^{52}	kai^{33}	kʰai^{33}
赤坎	tsui^{21}	łui^{33}	hui^{45}	ui^{21}	ŋɔi^{21}	ui^{21}	kuai^{33}	fai^{33}
吴川	tʃui^{31}	łui^{33}	fu^{55}	u^{31}	ŋo^{31}	u^{31}	kua^{33}	fa^{33}
廉江	tsui^{21}	łui^{33}	fui^{55}	ui^{21}	ŋɔi^{21}	ui^{21}	kua^{33}	fa^{33}
高州	tʃui^{31}	łui^{33}	fui^{53}	vɐn^{21}白 vui^{21}文	ŋɔi^{31}	vui^{31}	kuai^{33}	fai^{33}
化州	tui^{31}	łui^{33}	fu^{53}	ui^{13}	ŋoi^{31}	ui^{31}	kuai^{33}	fai^{33}

	0177 罪	0178 碎	0179 灰	0180 回	0181 外	0182 会开~	0183 怪	0184 块
	蟹合一 上灰从	蟹合一 去灰心	蟹合一 平灰晓	蟹合一 平灰匣	蟹合一 去泰疑	蟹合一 去泰匣	蟹合二 去皆见	蟹合一 去皆溪
梅州	tsʰɔi⁴⁴白 tsʰui⁵²文	sui⁵²	fɔi⁴⁴	fi²¹	ŋɔi⁵²	fi⁵²	kuai⁵²	kʰuai⁵²
兴宁	tsʰei⁵¹	sei⁵¹	fɔe²⁴	fi¹³	ŋɔ⁵¹白 ŋɔe⁵¹文	vɔe⁵¹白 fi⁵¹文	kae⁵¹	kʰae⁵¹
五华	tsʰi³¹	si⁵¹	fɔi⁴⁴	fi²¹²	ŋɔi³¹	fi³¹	kai⁵¹	kʰai⁵¹
大埔	tsʰoi⁵²白 tsʰui⁵²文	sui⁵²	foi³⁴	fui¹³	ŋuai⁵²	fui⁵²	kuai⁵²	kʰuai⁵²
丰顺	tsʰui²¹	tsʰui⁵³白 sui⁵³文	foi⁴⁴	fui²⁴	ŋuai²¹	fui²¹	kuai⁵³	kʰuai⁵³
揭西	tsʰɔi⁴⁵²白 tsʰui³¹文	sui⁴¹	fɔi⁴⁵²	fui²⁴	ŋuai³¹	vɔi³¹白 fui³¹文	kuai⁴¹	kʰuai⁴¹
陆河	tsʰui³³	sui³¹	fɔi⁵³	fɔi³⁵白 fui³⁵文	ŋɔi³¹	fui³³	kuai³¹	kʰuai³¹
龙川	tsʰɔi³³	sui³¹	fɔi³³	fɔi⁵¹	ŋɔi³³	fɔi³³	kai³¹	kʰai³¹
河源	tsʰɔi⁵⁴	sui²¹²	fɔi³³	fɔi³¹	ŋɔi⁵⁴	fɔi⁵⁴	kai²¹²	fai²¹²
连平	tsʰui⁵³	sui⁵³	fɔi²⁴	fui²¹	ŋɔi⁵³	fui⁵³	kai⁵³	kʰui⁵³
龙岗	tsʰui⁵³	sui⁵³	fɔe³³	fui²¹	mbɔe⁵³白 ŋgɔe⁵³文	fui⁵³	kae⁵³	kʰae⁵³
惠州	tsʰɔi³¹	sɔi²³	fɔi³³	fɔi²²	ŋɔi³¹	fɔi³¹	kai²³	fai²³
博罗	tsʰɔe⁴¹	ɬɔe²⁴	vɔe⁴⁴	vɔe²¹	ŋgɔe⁴¹	vɔe⁴¹	kai²⁴	vai²⁴
新丰	tsʰui³¹	sui⁵¹	fɔi⁴⁴	fui²⁴	ŋgɔi³¹	fui³¹	kai⁵¹	kʰai⁵¹
翁源	tsʰui³¹	sui⁴⁵	fɔi²²	fui⁴¹	ŋɔi³¹	fui³¹	kai⁴⁵	kʰai⁴⁵
始兴	tsʰɔe³³	sɔe³³	fɔe²²	fɛ⁵¹	vai³³	fɛ³³	kai³³	kʰai³³
仁化	tsʰuei³³	suei³⁴	xuai³³	xuei³¹	ŋuai³³	fei³³	kuai³⁴	kʰuai³⁴
南雄	tsɤ⁴²	sɤ³²	hɤ⁴⁴	fi²¹	vɔɑ⁴²	fi⁴²	kɔɑ³²	kʰɔɑ³²

	0177 罪	0178 碎	0179 灰	0180 回	0181 外	0182 会开~	0183 怪	0184 块
	蟹合一 上灰从	蟹合一 去灰心	蟹合一 平灰晓	蟹合一 平灰匣	蟹合一 去泰疑	蟹合一 去泰匣	蟹合二 去皆见	蟹合一 去皆溪
舨塘	tʃʰy²¹	ʃy²¹	hu²⁴	hu⁴⁵	ua²¹	hu²¹	kua²¹	kʰua³³
桂头	tsʰøy⁴⁴	søy⁴⁴	fu⁵¹	fu⁴⁵	ŋu⁴⁴	fei⁴⁴	kuie⁴⁴	kʰuie⁴⁵
连州	tsʰɐi³³	sɐi¹¹	fɐi³¹	vɐi⁵⁵	ŋu³³	vɐi³³	kuou¹¹	kʰua¹¹
潮州	tsue³⁵	tsʰui²¹³	hue³³ 白,~尘 / hui³³ 文,~色	hue⁵⁵	gua¹¹	hue³⁵	kue²¹³ 白 / kuai²¹³ 文	（无）
饶平	tsue²⁵	tsʰui²¹⁴	hu⁴⁴ 白 / hue⁴⁴ 白,~心 / hui⁴⁴ 文,~色	hue⁵⁵	gua²¹	hue²⁵	kuai²¹⁴	ko²¹⁴
汕头	tsue²⁵	tsʰui²¹³	hu³³ 白 / hue³³ 白 / hui³³ 文	hue⁵⁵	gua³¹	hue²⁵	kuai²¹³	（无）
澄海	tsue³⁵	tsʰui²¹²	hue³³ 白 / hui³³ 文	hue⁵⁵	gua²²	hue³⁵	kuai²¹²	ko²¹²
潮阳	tsue⁵²	tsʰui⁵²	hu³¹ 白,火~ / hue⁴² 白,~尘	hue³³	gua⁴²	hue⁵²	kuai⁵²	ko⁵²
南澳	tsue³⁵	tsʰui²¹	hue³⁴	hue⁴⁵⁴	gua³¹	hue³⁵	kuai²¹	（无）
揭阳	tsue²⁵	tsʰui²¹³	hu³³ 白 / hue³³ 白,红毛~ / hui³³ 文,~色	hue⁵⁵	gua²²	hue²⁵	kuai²¹³	ko²¹³
普宁	tsue²⁴	tsʰui³¹²	hu³⁵ 白 / hue³⁵ 白,红毛~ / hui³⁵ 文,~色	hue⁵⁵	gua³¹	hue²⁴	kuai³¹²	（无）
惠来	tsue²⁵	tsʰui³¹	hue³⁴ 白,~心 / hui³⁴ 文,~色	hue⁵⁵	gua³¹	hue²⁵	kuai³¹	（无）
海丰	tsue³⁵	tsʰui²¹²	hu³³ 白 / hue³³ 白,石~ / hui³³ 文,~色	hue⁵⁵	ŋgua²¹ / ŋũãĩ³⁵ 文	hue³⁵	kuai²¹² / kuai³⁵ ~气	kʰuai²¹²
陆丰	tsue²²	tsʰui²¹³	hu³³ 白,粉~ / hue³³ 白,石~ / hui³³ 文,~色	hue¹³	ŋgua²²	hue²²	kuai²¹³	kʰuai²¹³
电白	tsɔi⁴⁴²	tsʰui¹³	hui³³	hui²²	hua³³ / ŋuai⁴⁴²	hɔi⁴⁴²	kuai¹³	kʰuai¹³
雷州	tsui³³	tsʰui²¹	hue²⁴ 白 / hui²⁴ 文	hui²²	bua²⁴ / ŋoi³³	hui³³	kuai²¹	kʰuai³³

	0185 怀	0186 坏	0187 拐	0188 挂	0189 歪	0190 画	0191 快	0192 话
	蟹合二平皆匣	蟹合二去皆匣	蟹合二上佳见	蟹合二去佳见	蟹合二平佳晓	蟹合二去佳匣	蟹合二去夬溪	蟹合二去夬匣
广州	uai²¹	uai²²	kuai³⁵	kua³³	uai⁵⁵	uak²	fai³³	ua²²
番禺	uai³¹	uai²²	kuai³⁵	kua³³	uai⁵³	ua³⁵ 小	fai³³	ua²²
增城	uai²¹	uai²²	kuai¹³	kua³³	uai⁴⁴	ua³⁵	fai³³	ua³⁵ 名 / ua²² 动
从化	uai²²	uai³¹	kuai⁴⁵	kua²³	uai⁵⁵	ua²³	fai²³	ua³¹
龙门	vai²¹	vai⁵³	kai³⁵	kʰa²³	vai⁴²	va⁵³	fai²³	va⁵³
莞城	uai³¹	uai⁴⁴	kuai³⁵	kʰua⁴⁴	uai²³	ua³⁵ 小	fai⁴⁴	uai⁴⁴
宝安	uai³¹	uai²²	kuai²⁵	kʰua³³	uai⁵⁵	ua²²	fai³³	ua²²
佛山	uai⁴²	uai¹²	kuai³⁵	kua²⁴	uai⁵³	ua³⁵ 小	fai²⁴ / uai²⁴ 又	ua¹² 说~ / ua³⁵ 对~
南海	uai³¹	uai²²	kuai³⁵	kua³³	uai⁵¹	ua³⁵ 小	fai³³	ua²²
顺德	uai⁴²	uai²¹	kuai²⁴	kua³²	uai⁵³	ua²⁴ 小	uai³²	ua²¹
三水	uai³¹	uai³³	kuai²⁵	kua⁴⁴	uai⁵³	ua³³	fai⁴⁴	ua³³ / ua²⁵ 又
高明	uai³¹	uai³¹	kuai²⁴	kua³³	uai⁵⁵	uak²⁴ 小	uai³³	ua³¹ 白 / ua²⁴ 文
佛冈	uai²²	uai³¹	kuai³⁵	kua³³	uai³³	ua³¹ 动 / ua³³ 名	fai³³	ua³¹ 动 / ua³³ 名
阳山	uai²⁴¹	uai²¹⁴	kuai⁵⁵	kua³⁴	uai⁵¹	ua²¹⁴	fai³⁴	ua²¹⁴
连山	vai²⁴¹	vai²¹⁵	kuai⁵⁵	kua³⁵	mai⁵⁵	vak²¹⁵	fai³⁵ 白 / kʰuai³⁵ 文	va²¹⁵
新兴	uai²¹	uai⁵²	kai³⁵	ka⁴⁴³	uai⁴⁵	ua⁵²	fai⁴⁴³	ua⁵²
罗定	uai²¹	uai²¹	kuai³⁵	kua³³	uai⁵⁵	ua³⁵	fai³³	ua²¹ 讲~ / ua³⁵ ~剧
郁南	uai²¹	uai²¹	kuai³⁵	kua³³	uai⁵⁵	ua³⁵ 小	fai³³	ua²¹
石岐	uai⁵¹	uai³³	kuai²¹³	kʰua³³	uai⁵⁵	ua³³	fai³³	ua³³

	0185 怀	0186 坏	0187 拐	0188 挂	0189 歪	0190 画	0191 快	0192 话
	蟹合二平皆匣	蟹合二去皆匣	蟹合二上佳见	蟹合二去佳见	蟹合二平佳晓	蟹合二去佳匣	蟹合二去夬溪	蟹合二去夬匣
肇庆	uai²¹	uai⁵²	kuai²⁴	kua³³	uai⁴⁵	ua²⁴ 名,小	uai³³	ua⁵²
香洲	uai³⁴³	uai³³	kai³⁵	kʰa³³	uai²¹	ua³³	fai³³	ua³³
斗门	uɒi²²	uɒi⁴²	kɒi⁴⁵	kʰɒ³⁴	uɒi³⁴	uɒ⁴²	fɒi³⁴	uɒ⁴²
新会	uai²²	uai³²	kuai⁴⁵	kʰua²³	uai²³	ua³²	fai²³	ua³²
台山	ʋai²²	ʋai³¹	kai⁵⁵	kʰa³³	ʋai⁵⁵	ʋa²²⁵ 小	fai³³	ʋa²²⁵ 小
开平	vai¹¹	vai³¹	kai⁴⁵	kʰa³³	vai³³	va³¹	fai³³	va²¹⁵ 小
恩平	vai²²	vai²¹	kai⁵⁵	kʰa³³	vai⁵⁵	va²¹	fai³³	va²¹
四会	uai³¹	uɐi²⁴	kuai³³	kua³³	uai⁵¹	ua²⁴	fɐi³³	ua²⁴
广宁	uai³¹	uai³²³	kuai⁴⁴	kua³³	（无）	ua³²³	fai³³	ua³²³
怀集	uai²³¹	uai²²⁵	kuai⁵⁴	kua⁴⁵	uai⁴²	ua²²⁵	fai⁴⁵	ua²²⁵
德庆	uai²⁴²	uai³¹	kai⁴⁵	ka⁵³ / kua⁵³ 又	uai⁴⁵⁴	ua³¹	fai⁵³	ua³¹
封开	uai²⁴³	uai²¹	kuai³³⁴	kʰua⁵¹	mai³³⁴	ua²¹	fai⁵¹	ua²¹
阳江	uai⁴²	uai⁵⁴	kʰai²¹ ~佬 / kuai²¹ ~卖	kʰua³⁵	uai³³	uaʔ⁵⁴	fai³⁵	ua⁵⁴
阳春	uai³¹	uai⁵²	kai³²⁴	kʰa³³	uai⁴⁵	ua⁵² 名	fai³³	ua⁵²
赤坎	uai²¹	uai²¹	kuai¹³	kua³³ / kʰua³³ 又	uai⁴⁵	ua¹³	fai³³	ua²¹
吴川	ua³¹	ua³¹	kʰua³⁵	kua³³	ua⁵⁵	uaʔ³¹	fa³³	ua³¹
廉江	ua²¹	ua²¹	kua²⁵	kʰua³³	ua⁵⁵	uak²	fa³³	ua²¹
高州	vai²¹	vai³¹	kuai²⁴	kʰua³³	vai⁵³	va³¹ 名	fai³³	va³¹
化州	uai¹³	uai³¹	kuai³⁵	kua³³	uai⁵³	ua³¹	fai³³	ua³¹

	0185 怀	0186 坏	0187 拐	0188 挂	0189 歪	0190 画	0191 快	0192 话
	蟹合二平皆匣	蟹合二去皆匣	蟹合二上佳见	蟹合二去佳见	蟹合二平佳晓	蟹合二去佳匣	蟹合二去夬溪	蟹合二去夬匣
梅州	fai²¹	fai⁵²	kuai³¹	kua⁵²	vai⁴⁴	fa⁵²	kʰuai⁵²	va⁵²白 fa⁵²文
兴宁	fae¹³	fae⁵¹	kae³¹	ka⁵¹	vae²⁴	fa⁵¹	kʰae⁵¹	va⁵¹
五华	fai²¹²	fai³¹	kai³¹	ka⁵¹	vai⁴⁴	fa³¹	kʰai⁵¹	va³¹
大埔	fai¹³	fai⁵²	kuai³¹	kua⁵²	vai³⁴	fa⁵²	kʰuai⁵²	va⁵²白 fa⁵²文
丰顺	fai²⁴	fai²¹	kuai²¹	kua⁵³	vai⁴⁴	fa²¹	kʰuai⁵³	fa²¹
揭西	fai²⁴	fai³¹	kuai³¹	kua⁴¹	vai⁴⁵²	fa³¹	kʰuai⁴¹	va³¹白 vɔi⁴¹文
陆河	fai³⁵	fai³³	kuai²⁴	kua³¹	vai⁵³	fa³³	kʰuai³¹	vɔi⁵³白 va³³文
龙川	fai⁵¹	fai³³	kai²⁴	ka³¹	vai³³	fa³³	fai³¹白 kʰai³¹文	va³³
河源	fai³¹	fai⁵⁴	kai²⁴	ka²¹²	ʋai³³	fa⁵⁴	fai²¹²	ʋa⁵⁴
连平	fai²¹	fai⁵³	kai³¹	ka⁵³	uai²⁴	fa⁵³	kʰai⁵³	ua⁵³
龙岗	vae²¹白 fae²¹文	fae⁵³	kae³¹	ka⁵³	vae³³	fa⁵³	kʰae⁵³	va⁵³
惠州	wai²²	fai³¹	kai³⁵	ka²³	wai³³	fa³¹	fai²³	wa³¹
博罗	vai²¹	vai⁴¹	kai³⁵	ka²⁴	vai⁴⁴	va⁴¹	vai²⁴	va⁴¹
新丰	fai²⁴	fai³¹	kai³¹	ka⁵¹	ʋɛi³¹	fa³¹	kʰai⁵¹	va³¹
翁源	fai⁴¹	fai³¹	kuai³¹	ka⁴⁵	vai²²	fa³¹	kʰai⁴⁵	va³¹
始兴	fai⁵¹	fai³³	kai³¹	ka³³	vai²²	fa³³	kʰai³³	va³³
仁化	xuai³¹	fai³³	kuai²³	kua³⁴	vai³³	va³³动 va²³名	kʰuai³⁴	va³³
南雄	vɔɑ²¹白 fɔɑ²¹文	fɔɑ⁴²	kɔɑ²⁴	kua³²	vɔɑ⁴⁴	fa⁴²	kʰɔɑ³²	va⁴²

	0185 怀	0186 坏	0187 拐	0188 挂	0189 歪	0190 画	0191 快	0192 话
	蟹合二 平皆匣	蟹合二 去皆匣	蟹合二 上佳见	蟹合二 去佳见	蟹合二 平佳晓	蟹合二 去佳匣	蟹合二 去夬溪	蟹合二 去夬匣
皈塘	hua^{45}	hua^{21}	kua^{33}	kua^{21}	（无）	hua^{21}	kʰua^{21}	uɔ^{21} hua^{21}
桂头	fiẽ^{45}	fie^{44}	kuie^{324}	kuɔu^{44}	vie^{51}	fou^{44}	kʰuie^{44}	vɔu^{44}
连州	vou^{55}	vou^{33}	kua^{53} ~骗 va^{53} ~脚	kuɐu^{11}	mɛ^{53} 又 vɐu^{53} 又	va^{31}	fou^{11}	vɐu^{33}
潮州	huai^{55}	huai^{35}	kuai^{53}	kʰua^{213} 白 kua^{213} 文·~手表 kue^{213} 文·~纸	uai^{33}	ue^{11}	kue^{213} kʰũã^{213} ~活 kʰuai^{213} ~速	ue^{11}
饶平	huai^{55}	huai^{25}	kuai^{52}	kʰua^{214} 白 kui^{214} 文	uai^{44}	ue^{21}	kʰuai^{214}	ue^{21}
汕头	huai^{55}	huai^{25}	kuai^{51}	kʰua^{213} 白 kua^{213} 文 kue^{213} 文	uai^{33}	ue^{31} 图~ ue^{55} ~家	kʰuai^{213} ~乐 kʰũã^{213} ~活·舒服	ue^{31}
澄海	huai^{55}	huai^{35}	kuai^{53}	kʰua^{212} 白 kue^{212} 文	uai^{33}	ue^{22}	kʰũã^{212} ~活 kʰuai^{212} 文	ue^{22}
潮阳	huai^{33}	huai^{52}	kuai^{454}	kua^{52}	uai^{31}	ue^{42}	kʰũã^{52} ~活 kʰuai^{52} ~乐	ue^{42}
南澳	huai^{454}	huai^{35}	kuai^{52}	kʰua^{21} 白 kua^{21} 文	uai^{34}	ue^{31}	kʰuai^{21}	ue^{31}
揭阳	huai^{55}	huai^{25}	kuai^{41}	kʰua^{213} 白 kua^{213} 文	uai^{33}	ue^{22}	kʰãʔ^{3} ~活·舒服 kʰuai^{213}	ue^{22}
普宁	huai^{55}	huai^{24}	kuai^{52}	kua^{312} 白 kʰua^{312} 文	uai^{35}	ue^{31}	kʰue^{312} ~些 kʰũã^{312} ~活 kʰuai^{312} ~乐	ue^{31}
惠来	huai^{55}	huai^{25}	kuai^{53}	kʰua^{31} 白 kue^{31} 文	ũãĩ^{34}	ue^{31}	kʰuai^{31} 文 kʰue^{31} 白	ue^{31}
海丰	huai^{55}	huai^{35}	kuai^{53} pai^{53} ~散	kʰua^{212} 白 kue^{212} 文	uai^{33}	ue^{21}	kʰuai^{21} kʰũã^{212} 又	ue^{21}
陆丰	huai^{13}	huai^{22}	kuai^{55} pãĩ^{55} ~散	kʰua^{213} 白 kue^{213} 文	uai^{33}	ue^{22}	kʰũã^{213} ~活·舒服 kʰuai^{213}	ue^{22}
电白	uai^{22}	uai^{33}	kuai^{21}	kʰua^{13}	wai^{33}	ɔi^{442}	kʰuai^{13}	ɔi^{33}
雷州	huai^{22}	huai^{24}	kuai^{42}	kʰua^{21}	（无）	hua^{33}	kʰue^{21} kʰuai^{21} 又	ʔue^{24}

	0193 岁	0194 卫	0195 肺	0196 桂	0197 碑	0198 皮	0199 被~子	0200 紫
	蟹合三 去祭心	蟹合三 去祭云	蟹合三 去废敷	蟹合四 去齐见	止开三 平支帮	止开三 平支並	止开三 上支並	止开三 上支精
广州	ʃøy³³	uɐi²²	fɐi³³	kuɐi³³	pei⁵³	pʰei²¹	pʰei¹³	tʃi³⁵
番禺	ʃœy³³	uɐi²²	fɐi³³	kuɐi³³	pei⁵³	pʰei³¹	pʰei²³	tʃi³⁵
增城	sœ³³	uɐi²²	fɐi³³	kuɐi³³	pei⁴⁴	pʰei²¹	pʰei³⁵	tsi³⁵
从化	sœy²³	uɐi³¹	fɐi²³	kuɐi²³	pɐi⁵⁵	pʰɐi²²	pʰɐi³¹	tsi⁴⁵
龙门	sɔi²³	vɐi⁵³	fɐi²³	kɐi²³	pi⁴²	pʰi²¹	pʰi²³	tsi³⁵
莞城	ʃɵ⁴⁴	uɔi⁴⁴	fɔi⁴⁴	kuɔi⁴⁴	pɐi²³	pʰɐi³¹	pʰɐi³⁴	tʃɐi³⁵
宝安	ʃɔi³³	uɐi²²	fɐi³³	kuɐi³³	pi⁵⁵	pʰi³³	pʰi²³	tʃi²⁵
佛山	ʃœy²⁴	uɐi¹²	fɐi²⁴	kuɐi²⁴	pei⁵³	pʰei⁴²	pʰei¹³	tʃi³⁵ tʃy³⁵ 又
南海	søy³³	uɐi²²	fɐi³³	kuɐi³³	pei⁵¹	pʰei³¹	pʰei¹³	tsy³⁵
顺德	ʃɔi³²	uɐi²¹	fɐi³²	kuɐi³²	pei⁵³	pei⁴²	pʰei¹³	tʃi²⁴
三水	sɔy⁴⁴	uɐi³³	fɐi⁴⁴	kuɐi⁴⁴	pei⁵³	pʰei³¹ pʰei²⁵ 又	pʰei²³	tsi²⁵
高明	ʃœy³³	uɐi³¹	fɐi³³	kuɐi³³	pei⁵⁵	pʰei³¹	pʰei³³	tʃi²⁴
佛冈	ʃuei³¹ ʃuei³³ 又	uɐi³¹	fɐi³³	kuɐi³³	pei³³	pʰɐi²²	pʰɐi³¹	tsɿ³³
阳山	ʃɔi³⁴	uɐi²¹⁴	fɐi³⁴	kuɐi³⁴	pei⁵¹	pei²⁴¹	pei²²⁴	tʃʰi⁵⁵
连山	θui³⁵	vɐi²¹⁵	fi³⁵	kuɛi³⁵	bi⁵¹	pi²⁴¹	pi¹⁵	ti⁵⁵
新兴	sy⁴⁴³	ui⁵²	fɐi⁴⁴³	ki⁴⁴³	pi⁴⁵	pʰi²¹	pʰi²¹	tsi³⁵
罗定	søi³³	uɐi²¹	fɐi³³	kuɐi³³	pei⁵⁵	pʰei²¹	pʰei¹³	tsi³⁵
郁南	ʃɔi³³	uɐi²¹	fɐi³³	kuɐi³³	pei⁵⁵	pʰei²¹	pʰei¹³	tʃi³⁵
石岐	sœy³³	uɐi³³	fɐi³³	kuɐi³³	pi⁵⁵	pʰi⁵¹	pʰi²¹³	tsi²¹³

	0193 岁	0194 卫	0195 肺	0196 桂	0197 碑	0198 皮	0199 被~子	0200 紫
	蟹合三 去祭心	蟹合三 去祭云	蟹合三 去废敷	蟹合四 去齐见	止开三 平支帮	止开三 平支並	止开三 上支並	止开三 上支精
肇庆	ʃui³³	uɐi⁵²	fei³³	kuɐi³³	pei⁴⁵	pʰei²¹	pʰei¹³	tʃi²⁴
香洲	sui³³	uɐi³³	fei³³	kɐi³³	pi²¹	pʰi³⁴³	pʰi³⁵	tsi³⁵
斗门	sui³⁴	uɐi⁴²	fei³⁴	kuɐi³⁴	pei³⁴	pʰei²²	pʰei²¹	tsɿ⁴⁵
新会	sui²³	uɛi³²	fei²³	kuɛi²³	pɛi²³	pʰɛi²²	pʰɛi²¹	tsɿ⁴⁵
台山	ɬui³³	vei³¹	fei³³	kei³³	pei³³	pʰei²²	pʰei²¹	tu⁵⁵
开平	ɬui³³	vui³¹	fui³³	kui³³	vei³³	hei¹¹	hei²¹	tu⁴⁵
恩平	ʃuəi³³	vuəi²¹	fuəi³³	kuəi³³	pei³³	pʰei²²	pʰei²¹	tʃu⁵⁵
四会	ʃoi³³	uɐi²⁴	fei³³	kuɐi³³	pɐi⁵¹	pɐi³¹	pɐi²⁴	tʃi³³
广宁	sɔi³³	uai³²³	fi³³	kuai³³	pei⁵¹	pei³¹	pei³²³	tsi⁴⁴
怀集	θɔi⁴⁵	uai²⁴	fei⁴⁵	kuai⁴⁵	pɐi⁴²	pɐi²³¹	pɐi²⁴	tʃi⁵⁴
德庆	soi⁵³	uai²³	fi⁵³	kuɐi⁵³	pi⁴⁵⁴	pi²⁴²	pi²³	tsi⁴⁵
封开	ɬui⁵¹	uʌi²²³	fi⁵¹	kuʌi⁵¹	pi⁵⁵	pi²⁴³	pi²²³	ti³³⁴
阳江	ɬui³⁵	uɐi⁵⁴	fei³⁵	kuɐi³⁵	pei³³	pʰei⁴²	pʰei²¹	tsei²¹
阳春	ɬui³³	uɐi⁵²	fei³³	kɐi³³	pei⁴⁵	pʰei³¹	pʰei³²³	tsei³²⁴
赤坎	ɬui³³	uɐi²¹	fei³³	kuɐi³³	pei⁴⁵	pʰei²¹	pʰei¹³	tsi¹³
吴川	ɬui³³	uɐi³¹	fei³³	kuɐi³³	ɓei⁵⁵	pʰei³¹	pʰei²⁴	tʃi³⁵
廉江	ɬui³³	uɐi²¹	fei³³	kuɐi³³	pei⁵⁵	pʰei³¹	pʰei²³	tsi²⁵
高州	ɬui³³	vɐi³¹	fei³³	kuɐi³³	pei⁵³	pʰei²¹	pʰei¹³	tʃi²⁴
化州	ɬui³³	uɐi³¹	fei³³	kuɐi³³	ɓei⁵³	pʰei¹³	pʰei¹³	tei³⁵ tʃi³⁵又

	0193 岁	0194 卫	0195 肺	0196 桂	0197 碑	0198 皮	0199 被~子	0200 紫
	蟹合三去祭心	蟹合三去祭云	蟹合三去废敷	蟹合四去齐见	止开三平支帮	止开三平支并	止开三上支并	止开三上支精
梅州	se^{52}白 sui^{52}文	vi^{52}	fi^{52}	kui^{52}	pi^{44}	p^{h}i^{21}	p^{h}i^{44}	ts$_1^{31}$
兴宁	sɔe^{51}	vi^{51}	fi^{51}	kui^{51}	pi^{24}	p^{h}i^{13}	p^{h}i^{24}	ts$_1^{31}$
五华	sɔi^{51}	vi^{31}	p^{h}i^{51}	kui^{51}	pi^{44}	p^{h}i^{212}	p^{h}i^{44}	ts$_1^{31}$
大埔	sei^{52}白 sui^{52}文	vui^{52}	p^{h}ui^{52}	kui^{52}	pi^{34}	p^{h}i^{13}	p^{h}i^{34}	ts$_1^{31}$
丰顺	sai^{53}白 sui^{53}文	vui^{21}	p^{h}ui^{53}	kui^{53}	pi^{44}	p^{h}i^{24}	p^{h}i^{44}	ts$_1^{53}$
揭西	sei^{41}白 sɔi^{41}文	vui^{31}	p^{h}ui^{41}	kui^{41}	pi^{452}	p^{h}i^{24}	p^{h}i^{452}	ts^{h}ɿ^{31}
陆河	sɔi^{31}	vui^{24}	p^{h}ui^{31}	kui^{31}	pi^{53}	p^{h}i^{35}	p^{h}i^{53}	ts$_1^{24}$
龙川	sɔi^{31}	vui^{24}	fui^{31}	kei^{31}白 kui^{31}文	pi^{33}	p^{h}i^{51}	p^{h}i^{31}	tsu^{24}
河源	sɔi^{212}	ʋie^{54}	fie^{212}	kie^{212}白 kui^{212}文	pi^{33}	p^{h}i^{31}	p^{h}i^{212}	tsi^{24}
连平	sɔi^{53}	ui^{31}	fui^{53}	kui^{53}	pi^{24}	p^{h}i^{21}	p^{h}i^{24}	ts$_1^{31}$
龙岗	sɔe^{53}	vui^{31}	p^{h}ui^{53}白 fui^{53}文	kui^{53}	pi^{33}	p^{h}i^{21}	p^{h}i^{33}	tsu^{31}
惠州	sɔi^{23}	wiɛ^{31}	fiɛ^{23}	kui^{23}	pi^{33}	p^{h}i^{22}	p^{h}i^{23}	tsu^{35}
博罗	ɬɔe^{24}	vɛi^{41}	vɛi^{24}	kɛi^{24}白 kui^{24}文	pi^{44}	p^{h}i^{21}	p^{h}i^{24}	tsu^{35}
新丰	sui^{51}	vui^{31}	fui^{51}	kui^{51}	pi^{44}	p^{h}i^{24}	p^{h}i^{44}	ts$_1^{31}$
翁源	sui^{45}	vui^{31}	fui^{45}	kui^{45}	pi^{22}	p^{h}i^{41}	p^{h}i^{22}	ts$_1^{31}$
始兴	sɔe^{33}	vɛ^{33}	fɛ^{33}	kɛ^{33}	pi^{22}~石 pɛ^{22}墓~	p^{h}i^{51}	p^{h}i^{22}	ts$_1^{31}$
仁化	suei^{34}	vei^{33}	fei^{34}	kuei^{34}	pi^{33}	p^{h}i^{31}	p^{h}i^{34}	ts$_1^{23}$
南雄	sʅ^{32}	vi^{42}	fi^{32}	kui^{32}	pi^{44}	pi^{21}	pi^{21}	ts$_1^{24}$

	0193 岁	0194 卫	0195 肺	0196 桂	0197 碑	0198 皮	0199 被~子	0200 紫
	蟹合三 去祭心	蟹合三 去祭云	蟹合三 去废敷	蟹合四 去齐见	止开三 平支帮	止开三 平支並	止开三 上支並	止开三 上支精
皈塘	ʃy²¹	uei²¹	fi²¹	ku²¹	pi²⁴	pi⁴⁵	pi³³	tʃ̩³³
桂头	søy⁴⁴	vei⁴⁴	fei⁴⁴	kuei⁴⁴	pai⁵¹	pai⁴⁵	pʰai²¹	tsi³²⁴
连州	səi¹¹	vɐi³³	fɐi¹¹	kuɐi¹¹	pɐi³¹	pɐi⁵⁵	pɐi²⁴	tsi⁵³
潮州	hue²¹³白 sue²¹³文	ue³⁵	hui²¹³	kui²¹³	pi³³	pʰue⁵⁵	pʰue³⁵	tsi⁵³
饶平	hue²¹⁴白 sue²¹⁴文	ue²⁵	hui²¹⁴	kui²¹⁴	pĩ⁴⁴	pʰue⁵⁵白 pʰi⁵⁵文	pʰue²⁵	tsi⁵²
汕头	hue²¹³白 sue²¹³文	ue²⁵	hui²¹³	kui²¹³	pi³³	pʰue⁵⁵白 pʰi⁵⁵文	pʰue²⁵	tsi⁵¹
澄海	hue²¹²白 sue²¹²文	ue³⁵	hui²¹²	kui²¹²	pĩ³³	pʰue⁵⁵白 pʰi⁵⁵文	pʰue³⁵	tsĩ⁵³
潮阳	hue⁵²白 sue⁵²文	ue⁵²	hui⁵²	kui⁵²	pi³¹	pfʰue³³	pfʰue⁵²	tsĩ⁴⁵⁴
南澳	hue²¹白 sue²¹文	ue³⁵	hui²¹	kui²¹	pi³⁴	pʰue⁴⁵⁴	pʰue³⁵	tsi⁵²
揭阳	hue²¹³白 sue²¹³文	ue²⁵	hui²¹³	kui²¹³	pi³³	pʰue⁵⁵白 pʰi⁵⁵文	pʰue²⁵	tsi⁴¹
普宁	hue³¹²白 sue³¹²文	ue²⁴	hui³¹²	kui³¹²	pi³⁵	pfʰue⁵⁵白 pʰi⁵⁵文	pfʰue²⁴	tsi⁵²
惠来	hue³¹白 sue³¹文	ue²⁵	hui³¹	kui³¹	pi³⁴	pfʰue⁵⁵白 pʰi⁵⁵文	pfʰue²⁵	tsi⁵³
海丰	hue²¹²白,几~ hɛ̃²¹²白,一~稻 sue²¹²文,太~	ue³⁵	hui²¹²	kui²¹²	pi³³	pʰue⁵⁵白 pʰi⁵⁵文	pʰue³⁵	tsi⁵³ tsu⁵³又
陆丰	hue²¹³白 sue²¹³文	ue²²	hui²¹³	kui²¹³	pi³³	pʰue¹³白 pʰi¹³文	pʰue²²	tsi⁵⁵
电白	hɔi¹³	ui⁴⁴²	hui¹³	kui¹³	pui³³	pʰɔi²²	pʰɔi⁴⁴²	tsi²¹
雷州	hue³³白 sui³³文	ʔui³³	hui³³	kui³³	pui²⁴	pʰue²²	pʰue³³	tsʰu⁴²

	0201 刺 止开三去支清	0202 知 止开三平支知	0203 池 止开三平支澄	0204 纸 止开三上支章	0205 儿 止开三平支日	0206 寄 止开三去支见	0207 骑 止开三平支群	0208 蚁 止开三上支疑
广州	tʃʰi³³	tʃi⁵³	tʃʰi²¹	tʃi³⁵	i²¹	kei³³	kʰɛ²¹	ŋei¹³
番禺	tʃʰi³³	tʃi⁵³	tʃʰi³¹	tʃi³⁵	i³¹	kei³³	kʰei³¹	ei²³
增城	tsʰi³³	tsi⁴⁴	tsʰi²¹	tsi³⁵	ŋei²¹	kei³³	kʰɛ²¹	ŋei¹³
从化	tsʰi²³	tsi⁵⁵	tsʰi²²	tsi⁴⁵	i²²	ki²³	kʰɛ²²	ŋei⁴⁵
龙门	tsʰi²³	ti⁴²白 / tsi⁴²文	tsʰi²¹	tsi³⁵	ŋi²¹	ki²³	kʰi²¹	ŋei²³
莞城	tʃʰei⁴⁴白 / tʃʰi⁴⁴文	tei²³白 / tʃi²³文	tʃʰi³¹	tʃi³⁵	i³¹	kɐi⁴⁴	kʰei³¹	ŋɔi³⁴
宝安	tʃi³³	tʃi⁵⁵	tʃʰi³³	tʃi²⁵	i³¹	ki³³	kʰɛ³¹	ŋei²⁵
佛山	tʃʰi²⁴	tʃi⁵³	tʃʰy⁴² / tʃʰi⁴²文	tʃi³⁵	i⁴²	kei²⁴	kʰɛ⁴²	gei¹³
南海	tsʰi³³	tsi⁵¹白 / tsi³³文	tsʰi³¹	tsi³⁵	i³¹	kei³³	kʰɛ³¹	ŋei¹³
顺德	tʃʰi³²	tʃi⁵³	tʃʰi⁴²	tʃi²⁴	i⁴²	ki³²	kʰɛ⁴²	ei¹³
三水	tsʰi⁴⁴	tsi⁵³	tsʰi³¹	tsi²⁵	i³¹	kei⁴⁴	kʰiɛ³¹	ŋei²³
高明	tʃʰi³³	tʃi⁵⁵	tʃʰi³¹	tʃi²⁴	i³¹	kei³³	kʰɛ³¹	ŋei³¹
佛冈	tsʰɿ³³	tsɿ³³	tʃʰi²²	tsɿ³⁵	i²²	ki³³	kʰe²²	ŋei²³
阳山	tʃʰei³⁴	tei⁵¹白 / tʃi⁵¹文	tʃi²⁴¹	tʃi⁵⁵	i²⁴¹	kei³⁴	kei²⁴¹	ŋai²²⁴
连山	tʰi³⁵	tʃi³⁵	ʃi²⁴¹	tʃi⁵⁵	ŋi̩⁵¹	ki³⁵	ki²⁴¹	ŋɔi¹⁵
新兴	tsʰi⁴⁴³	tsi⁴⁵	tsʰi²¹	tsi³⁵	i²¹	ki⁴⁴³	kʰiɛ²¹	ŋei²¹
罗定	tsʰi³³	tsi⁵⁵	tsʰi²¹	tsi³⁵	i²¹	kei³³	kʰɛ²¹	ŋei¹³
郁南	tʃʰi³³	tʃi⁵⁵	tʃʰi²¹	tʃi³⁵	i²¹	kei³³	kʰɛ²¹	ŋei¹³
石岐	tsʰi³³	tsi⁵⁵	tsʰi⁵¹	tsi²¹³	ŋi⁵¹	ki³³	kʰɛ⁵¹	ŋei²¹³

	0201 刺	0202 知	0203 池	0204 纸	0205 儿	0206 寄	0207 骑	0208 蚁
	止开三 去支清	止开三 平支知	止开三 平支澄	止开三 上支章	止开三 平支日	止开三 去支见	止开三 平支群	止开三 上支疑
肇庆	$tʃʰi^{33}$	$tʃi^{45}$	$tʃʰi^{21}$	$tʃi^{24}$	i^{21}	kei^{33}	$kʰɛ^{21}$	$ŋiɐ^{13}$
香洲	$tsʰi^{33}$	tsi^{21}	$tsʰi^{343}$	tsi^{35}	$ŋi^{343}$	ki^{33}	$kʰɛ^{343}$	$ŋei^{35}$
斗门	$tʰi^{34}$	tei^{34}白 tsi^{34}文	$tʰi^{22}$	tsi^{45}	$ŋi^{22}$	kei^{34}	$kʰiɐ^{22}$	$ŋei^{45}$
新会	$tsʰi^{23}$	tsi^{23}	$tsʰi^{22}$	tsi^{45}	$ŋi^{22}$	$kɛi^{23}$	$kʰia$	$ŋai^{45}$
台山	$ɬu^{33}$	tsi^{33}	$tsʰi^{22}$	tsi^{55}	$ŋei^{22}$	kei^{33}	$kʰe^{22}$	$ŋai^{55}$
开平	$ɬu^{33}$	$tʃi^{33}$	$tʃʰi^{11}$	$tʃi^{45}$	$ŋei^{11}$	kei^{33}	$kʰei^{11}$	$ŋai^{45}$
恩平	$ʃu^{33}$	tei^{33}白 $tʃi^{33}$文	$tʰi^{22}$	$tʃi^{55}$	$ŋgi^{22}$	ki^{33}	$kʰi^{22}$	$ŋgai^{55}$
四会	$tʃʰi^{33}$	$tʃi^{51}$	$tʃi^{31}$	$tʃi^{33}$	i^{31}	ki^{33}	$kɛ^{31}$	$ŋei^{24}$
广宁	$tsʰi^{33}$	tsi^{51}	tsi^{31}	tsi^{44}	i^{323}	ki^{33}	$kɛ^{31}$	$ŋai^{323}$
怀集	$tʃʰei^{45}$	tei^{42}白 $tʃi^{42}$文	$tʃi^{231}$	$tʃi^{54}$	$ŋi^{231}$	ki^{45}	ki^{231}	$ŋai^{24}$
德庆	$tsʰi^{53}$	tsi^{454}	tsi^{242}	tsi^{45}	$ŋi^{31}$	ki^{53}	ke^{242}	$ŋei^{23}$
封开	$tʰi^{51}$	$tʃi^{55}$	$tʃi^{243}$	$tʃi^{334}$	$ŋi^{55}$	ki^{51}	$kɛ^{243}$	$ŋʌi^{223}$
阳江	$tsʰek^{35}$	tsi^{33}	$tsʰi^{42}$	tsi^{21}	i^{42}	kei^{35}	$kʰɛ^{42}$	$ŋei^{21}$
阳春	$tsʰət^{45}$	tsi^{45}	$tsʰi^{31}$	tsi^{324}	$ŋi^{31}$	kei^{33}	$kʰei^{31}$	$ŋei^{323}$
赤坎	$tsʰi^{33}$	tsi^{45}	$tsʰi^{21}$	tsi^{13}	$ŋi^{21}$	kei^{33}	$kʰɛ^{21}$白 $kʰei^{21}$文	$ŋei^{13}$
吴川	$tʃʰi^{33}$	$tʃi^{55}$	$tʃʰi^{31}$	$tʃi^{35}$	$ŋi^{31}$	kei^{33}	$kʰei^{31}$	$ŋei^{24}$
廉江	$tsʰi^{33}$	tei^{55}白 tsi^{55}文	$tsʰi^{21}$	tsi^{25}	$ŋi^{21}$	kei^{33}	$kʰei^{21}$	$ŋei^{23}$
高州	$tʃʰi^{33}$	tei^{53}白 $tʃi^{53}$文	$tʃʰi^{21}$	$tʃi^{24}$	$ŋi^{21}$	kei^{33}	$kʰei^{21}$	$ŋei^{13}$
化州	$tʰei^{33}$	$tʃi^{53}$	$tʃʰi^{13}$	$tʃi^{35}$	$ŋ^{31}$	kei^{33}	$kʰei^{13}$	$ŋei^{13}$

	0201 刺	0202 知	0203 池	0204 纸	0205 儿	0206 寄	0207 骑	0208 蚁
	止开三 去支清	止开三 平支知	止开三 平支澄	止开三 上支章	止开三 平支日	止开三 去支见	止开三 平支群	止开三 上支疑
梅州	tsʰɿ³¹	ti⁴⁴白 tsɿ⁴⁴文 tsɿ⁵²文	tsʰɿ²¹	tsɿ³¹	i²¹	ki⁵²	kʰa²¹白 kʰi²¹文	ni⁴⁴白 ŋi⁵²文
兴宁	（无）	ti²⁴白 tʃʅ²⁴文	tʃʰʅ¹³	tʃʅ³¹	ʒʅ¹³	ki⁵¹	kʰi¹³	mi²⁴
五华	tsʰi⁵¹	ti⁴⁴	tʃʰi²¹²	tʃi³¹	i²¹²	ki⁵¹	kʰi²¹²	ŋi⁴⁴
大埔	tsʰɿ³¹	ti³⁴白 tʃɿ⁵²文	tʃʰɿ¹³	tʃɿ³¹	ʒɿ¹³	ki⁵²	kʰi¹³	ŋei⁵²
丰顺	（无）	ti⁴⁴	tʃʰi²⁴	tʃi⁵³	i²⁴	ki⁵³	kʰi²⁴	ŋe⁵³
揭西	tsʰɿ⁴¹	ti⁴⁵²白 tʃi⁴⁵²文	tʃʰi²⁴	tʃi³¹	ʒi²⁴	ki⁴¹	kʰi²⁴	ŋɛi⁴⁵²
陆河	tsʰɿ³¹	ti⁵³	tʃʰi³⁵	tʃi²⁴	ʒi³⁵	ki³¹	kʰi³⁵	ni³¹
龙川	tsʰi³¹	ti³³	tsʰi⁵¹	tsi²⁴	ŋi²⁴	ki³¹	kʰi⁵¹	ŋɛi²⁴
河源	tsʰi²¹²	ti³³	tsʰi³¹	tsi²⁴	ny³¹	ki²¹²	kʰia³¹白 kʰi³¹文	ŋie²⁴
连平	tsʰɿ⁵³	ti²⁴白 tsɿ⁵³文	tsʰɿ²¹	tsɿ³¹	lu²¹	ki⁵³	kʰi²¹	ŋei³¹
龙岗	tsʰi⁵³	ti³³	tsʰi²¹	tsi³¹	zi²¹	ki⁵³	kʰa²¹白 kʰi²¹文	li³³
惠州	tɕʰi²³	ti³³白 tɕi³³文	tɕʰi²²	tɕi³⁵	ŋi²²	ki²³	kʰia²²白 kʰi²²文	ŋi³⁵
博罗	tsʰi²⁴	ti⁴⁴白 tsi⁴⁴文	tsʰi²¹	tsi³⁵	ŋgi²¹	ki²⁴	kʰi²¹	ŋgi³⁵
新丰	tsʰi⁵¹	ti⁴⁴	tsʰi²⁴	tsi³¹	ŋgi²⁴	ki⁵¹	kʰi²⁴	ŋgɛi³¹
翁源	tsɿ⁴⁵	ti²²白 tʃi²²文	tʃʰi⁴¹	tʃi³¹	lu⁴¹	ki⁴⁵	kʰi⁴¹	ŋɛi⁴⁵
始兴	tsɿ²²	tsɿ²²	tsʰɿ⁵¹	tsɿ³¹	ʅ⁵¹	tsɿ³³	tsʰɿ⁵¹	ŋɛ³³白 ŋi⁵¹文
仁化	tsɿ³⁴	tsɿ³³	tsʰɿ³¹	tsɿ²³	i³¹	ki³⁴	kʰi³¹	ŋei²³
南雄	tsʰɿ³²	tsɿ⁴⁴	tsɿ²¹	tsɿ²⁴	ɚ²¹	tɕi³²	tɕi²¹	ŋie⁴⁴黄~哩 ŋie²⁴白~

	0201 刺	0202 知	0203 池	0204 纸	0205 儿	0206 寄	0207 骑	0208 蚁
	止开三 去支清	止开三 平支知	止开三 平支澄	止开三 上支章	止开三 平支日	止开三 去支见	止开三 平支群	止开三 上支疑
皈塘	tʃʰɿ²¹	tʃɿ²⁴	tʃʰɿ⁴⁵	tʃɿ³³	（无）	ki²¹	kʰi⁴⁵	（无）
桂头	tsʰi⁴⁴	tsi⁵¹白 tsi⁴⁴文	tsʰi⁴⁵	tsi³²⁴	y⁴⁵	kai⁴⁴	kʰai⁴⁵	ŋai³²⁴~公 ŋai²¹白~
连州	tsʰi¹¹	tɐi³¹	tsʰi⁵⁵	tsi⁵³	i⁵⁵	kɐi¹¹	kʰa⁵⁵	ŋɐi²⁴
潮州	tsʰi²¹³	tsai³³白 ti³³文	ti⁵⁵	tsua⁵³	dzi⁵⁵	kia²¹³	kʰia⁵⁵~马 kʰia²¹³轻~	hia³⁵
饶平	tsʰɯŋ²¹⁴动 tsʰi²¹⁴名	tsai⁴⁴白 ti⁴⁴文	ti⁵⁵	tsua⁵²	dzi⁵⁵	kia²¹⁴	kʰia⁵⁵	hĩã²⁵
汕头	tsʰɯŋ²¹³白 tsʰi²¹³名	tsai³³白 ti³³文	ti⁵⁵	tsua⁵¹	dzi⁵⁵	kia²¹³	kʰia⁵⁵	hia²⁵
澄海	tsʰi²¹²	tsai³³白 ti²¹²文,~识 ti³³文,~府	ti⁵⁵	tsua⁵³	zi⁵⁵	kia²¹²	kʰia⁵⁵	hia³⁵
潮阳	tsʰŋ⁵²动 tsʰi⁵²名	tsai³¹白 ti³¹文	ti³³	tsua⁴⁵⁴	zi³³	kia⁵²	kʰia³³	hia⁵²
南澳	tsʰi²¹	tsai³⁴白 ti²¹文	ti⁴⁵⁴	tsua⁵²	dzi⁴⁵⁴	kia²¹	kʰia⁴⁵⁴	hia³⁵
揭阳	tsʰiaʔ³动 tsʰɯŋ²¹³ tsʰi²¹³名,动	tsai³³白 ti²¹³文,~识 ti³³文,~府	ti⁵⁵	tsua⁴¹	zi⁵⁵	kia²¹³	kʰia⁵⁵	hia²⁵白 ŋĩ²⁵文
普宁	tsʰi³¹²	tsai³⁵白 ti³⁵文,~府 ti³¹²文,~识	ti⁵⁵	tsua⁵²	zi⁵⁵	kia³¹²	kʰia⁵⁵	hia²⁴白 ŋĩ⁵²文
惠来	tsʰŋ³¹动 tsʰi³¹名	tsai³⁴白 ti³¹文	ti⁵⁵	tsua⁵³	dzi⁵⁵	kia³¹	kʰia⁵⁵	hia²⁵白 gi⁵³文
海丰	tsʰi²¹²白 tsʰu²¹²文	tsai³³白 ti³³文	ti⁵⁵	tsua⁵³	ndzi⁵⁵	kia²¹²	kʰia⁵⁵	hia³⁵
陆丰	tsʰi²¹³	tsai³³白 ti³³文	ti¹³	tsua⁵⁵	ndzi¹³	kia²¹³	kʰia¹³	hia²²
电白	tsʰi¹³	tsai³³	tsʰi²²	tsua²¹	lu²²	kia¹³	kʰia²²	hia⁴⁴²
雷州	tsʰi²¹ tsʰit⁵又	tsai²⁴	tsʰi²²	tsua⁴²	lu²²	kia²¹	kʰia²²	hia³³白 ŋi⁵⁴文

	0209 义	0210 戏	0211 移	0212 比	0213 屁	0214 鼻	0215 眉	0216 地
	止开三 去支疑	止开三 去支晓	止开三 平支以	止开三 上脂帮	止开三 去脂滂	止开三 去脂並	止开三 平脂明	止开三 去脂定
广州	i^{22}	hei^{33}	i^{21}	pei^{35}	p^hei^{33}	pei^{22}	mei^{21}	tei^{22}
番禺	i^{22}	hei^{33}	i^{31}	pei^{35}	p^hei^{33}	pei^{22}	mei^{31}	tei^{22}
增城	i^{22}	hei^{33}	i^{21}	pei^{35}	p^hei^{33}	pei^{22}	mei^{21}	tei^{22}
从化	i^{31}	$hɐi^{23}$	i^{22}	$pɐi^{45}$	$p^hɐi^{23}$	$pɐi^{31}$	$mɐi^{22}$	$tɐi^{31}$
龙门	$ŋi̩^{53}$	hi^{23}	i^{21}	pi^{35}	p^hi^{23}	pi^{53}	mi^{21}	ti^{53}
莞城	i^{44}	$hɐi^{44}$	i^{31}	$pɐi^{35}$	$p^hɐi^{44}$	$pɐi^{44}$	$mɐi^{31}$	$tɐi^{44}$
宝安	i^{22}	hi^{33}	$ŋi̩^{31}$	pi^{25}	p^hi^{33}	pi^{22}	mi^{33}	ti^{22}
佛山	i^{12}	hei^{24}	i^{42}	pei^{35}	p^hei^{24}	pei^{12}	bi^{42}	tei^{12} ti^{12}又
南海	i^{22}	hei^{33}	i^{31}	pei^{35}	p^hei^{33}	pei^{22}	mei^{31}	tei^{22}
顺德	i^{21}	hi^{32}	i^{42}	pei^{24}	p^hei^{32}	pei^{21}	mei^{42}	tei^{21}
三水	i^{33}	hei^{44}	i^{31}	pei^{25}	p^hei^{44}	pei^{33}	mei^{31}	tei^{33}
高明	i^{31}	hei^{33}	i^{31}	pei^{24}	p^hei^{33}	pei^{31}	mei^{31}	tei^{31}
佛冈	i^{31}	hi^{33}	i^{22}	$pɐi^{35}$	$p^hɐi^{33}$	$pɐi^{31}$	$mɐi^{22}$	$tɐi^{31}$
阳山	i^{214}	hi^{34}	i^{241}	$pɐi^{55}$	$p^hɐi^{34}$	$pɐi^{214}$	$mɐi^{241}$	$tɐi^{214}$
连山	$ŋi̩^{215}$	hi^{35}	i^{241}	bi^{55}	p^hi^{35}	pi^{215}	mi^{241}	ti^{215}
新兴	i^{52}	hi^{443}	i^{21}	pi^{35}	p^hi^{443}	pi^{52}	mi^{21}	ti^{52}
罗定	i^{21}~气 y^{21}主~	hei^{33}	i^{21}	pei^{35}	p^hei^{33}	pei^{21}	mei^{21}	tei^{21}
郁南	i^{21}	hei^{33}	i^{21}	pei^{35}	p^hei^{33}	pei^{21}	mei^{21}	tei^{21}
石岐	i^{33}	hi^{33}	i^{51}	pi^{213}	p^hi^{33}	pi^{33}	mi^{51}	ti^{33}

	0209 义 止开三 去支疑	0210 戏 止开三 去支晓	0211 移 止开三 平支以	0212 比 止开三 上脂帮	0213 屁 止开三 去脂滂	0214 鼻 止开三 去脂並	0215 眉 止开三 平脂明	0216 地 止开三 去脂定
肇庆	i³³	hei³³	i²¹	pei²⁴	pʰei³³	pei⁵²	mei²¹	tei⁵²
香洲	i³³	hi³³	i³⁴³	pi³⁵	pʰi³³	pi³³	mi³⁴³	ti³³
斗门	ŋi⁴²	hei³⁴	i²²	pei⁴⁵	pʰei³⁴	pei⁴²	mei²²	tei⁴²
新会	i³²	hɐi²³	i²²	pei⁴⁵	pʰɛi²³	pei³²	mɐi²²	tɐi³²
台山	ji³¹	hei³³	ji²²	pei⁵⁵	pʰei³³	pei³¹	mei²²	ei³¹
开平	ŋei³¹	hei³³	ji¹¹	vei⁴⁵	pʰei³³	vei³¹	mei¹¹	ei³¹
恩平	ŋgi²¹	hi³³	i²²	pei⁵⁵	pʰei³³	pei²¹	mbei²²	tei²¹
四会	i³³	hi³³	i³¹	pei³³	pʰi³³	pi²⁴	mei³¹	ti²⁴
广宁	i³²³	hi³³	hi³¹	pei⁴⁴	pʰi³³	pi³²³	mei³¹	ti³²³
怀集	ŋi²²⁵	hi⁴⁵	i²³¹	pei⁵⁴	pʰei⁴⁵	pei²²⁵	mɐi²³¹	tei²²⁵
德庆	ŋi³¹	hi⁵³	ŋi³¹	pi⁴⁵	pʰi⁵³	pi³¹	mi²⁴²	ti³¹
封开	ŋi²¹	hi⁵¹	i²⁴³	pi³³⁴	pʰi⁵¹	pi²¹	mi²⁴³	ti²¹
阳江	i⁵⁴	hei³⁵	i⁴²	pei²¹	pʰei³⁵	pei⁵⁴	mei⁴²	tei⁵⁴
阳春	ŋi⁵²	hei³³	i³¹	pei³²⁴	pʰei³³	pei⁵²	mei³¹	tei⁵²
赤坎	i²¹	hei³³	i²¹	pei¹³	pʰei³³	pei²¹	mei²¹	tei²¹
吴川	ŋi³¹	hei³³	i³¹	ɓei³⁵	pʰei³³	ɓei³¹	mei³¹	ɗei³¹
廉江	ŋi²¹	hei³³	i²¹	pei²⁵	pʰei³³	pei²¹	mei²¹	tei²¹
高州	ŋi³¹	hei³³	i²¹	pei²⁴	pʰei³³	pei³¹	mei²¹	tei³¹
化州	ŋ³¹	hei³³	i¹³	ɓei³⁵	pʰei³³	ɓei³¹	mei¹³	ɗei³¹

	0209 义	0210 戏	0211 移	0212 比	0213 屁	0214 鼻	0215 眉	0216 地
	止开三 去支疑	止开三 去支晓	止开三 平支以	止开三 上脂帮	止开三 去脂滂	止开三 去脂並	止开三 平脂明	止开三 去脂定
梅州	ŋi⁵²	hi⁵²	i²¹	pi³¹	pʰi⁵²	pʰi⁵²	mi²¹	tʰi⁵²
兴宁	ni⁵¹	ʃʅ⁵¹	ʒʅ¹³	pɪe³¹	pʰi⁵¹	pʰi⁵¹	mi¹³	tʰi⁵¹
五华	ŋi³¹	ʃi⁵¹	i²¹²	pi³¹	pʰi⁵¹	pʰi³¹	mi²¹²	tʰi³¹
大埔	ŋi⁵²	hi⁵²	ʒʅ¹³	pi³¹	pʰi⁵²	pʰi⁵²	mi¹³	tʰi⁵²
丰顺	ŋi²¹	hi⁵³	i²⁴	pi⁵³	pʰi⁵³	pʰi²¹	mi²⁴	tʰi²¹
揭西	ŋi³¹	hi⁴¹	ʒʅ²⁴	pi³¹	pʰi⁴¹	pʰi³¹	mi²⁴	tʰi³¹
陆河	ŋi̩³³	hi³¹	ʒʅ³⁵	pi²⁴	pʰi³¹	pʰi³³	mi³⁵	tʰi³³
龙川	ŋi̩³³	ʃi³¹	i⁵¹	pi²⁴	pʰi³¹	pʰi³³	mi⁵¹	tʰi³³
河源	ŋʅ⁵⁴	hi²¹²	i³¹	pi²⁴	pʰi²¹²	pʰi⁵⁴	mi³¹	tʰi⁵⁴
连平	ŋi⁵³	hi⁵³	i²¹	pi³¹	pʰi⁵³	pʰi⁵³	mi²¹	tʰi⁵³
龙岗	ŋgi⁵³	hi⁵³	zɪe²¹ 白 / zi²¹ 文	pi³¹	pʰi⁵³	pʰi⁵³	mbi²¹	tʰi⁵³
惠州	ŋi̩³¹	hi²³	ji²²	pi³⁵	pʰi²³	pʰi³¹	mi²²	tʰi³¹
博罗	ŋgi⁴¹	hi²⁴	zi²¹	pi³⁵	pʰi²⁴	pʰi⁴¹	mbi²¹	tʰi⁴¹
新丰	ŋgi⁵¹	kʰi⁵¹	i²⁴	pi³¹	pʰi⁵¹	pʰi³¹	mbi²⁴	tʰi³¹
翁源	ɲi³¹	kʰi⁴⁵	i⁴¹	pi³¹	pʰi⁴⁵	pʰi³¹	mi⁴¹	tʰi³¹
始兴	ŋi̩³³	tsʰʅ³³	ʅ⁵¹	pi³¹	pʰi³³	pʰi³³	mɛ⁵¹	tʰi³³
仁化	ŋi̩³³	kʰi³⁴	i³¹	pi²³	pʰi³⁴	pʰi³¹	mi³¹	tʰi³³
南雄	ŋi̩⁴²	tɕʰi³²	i²¹	pi²⁴	pʰi³²	pi⁴²	mi²¹	ti⁴²

	0209 义	0210 戏	0211 移	0212 比	0213 屁	0214 鼻	0215 眉	0216 地
	止开三 去支疑	止开三 去支晓	止开三 平支以	止开三 上脂帮	止开三 去脂滂	止开三 去脂並	止开三 平脂明	止开三 去脂定
皈塘	ni²¹	kʰi²¹	i⁴⁵	pi³³	pʰi²¹	pi²¹	mi⁴⁵	ti²¹
桂头	ŋai⁴⁴	hai⁴⁴	i⁴⁵	pai³²⁴	pʰai⁴⁴	pai⁴⁴	mai⁴⁵	tai⁴⁴
连州	ŋɿ³³	kʰɐi¹¹	i⁵⁵	pɐi⁵³	pʰɐi¹¹	pei³³	mɐi⁵⁵	tɐi³³
潮州	ŋĩ³⁵	hi²¹³	i⁵⁵	pi⁵³	pʰui²¹³白 pʰĩ³⁵文	pʰĩ¹¹	bai⁵⁵	ti¹¹
饶平	ŋĩ²⁵	hi²¹⁴	ĩ⁵⁵	pi⁵²	pʰui²¹⁴	pʰĩ²¹	bai⁵⁵	ti²¹
汕头	ŋĩ²⁵	hi²¹³	i⁵⁵	pi⁵¹	pʰui²¹³	pʰĩ³¹	bai⁵⁵	to²¹³白 ti³¹文
澄海	ŋĩ³⁵	hĩ²¹²	i⁵⁵	pi⁵³	pʰui²¹²	pʰĩ²²	bai⁵⁵	ti²²
潮阳	ŋĩ⁵²	hi⁵²	ĩ³³	pi⁴⁵⁴	pfʰui⁵²	pʰĩ⁴²	bai³³	ti⁴²
南澳	ŋĩ³⁵	hi²¹	i⁴⁵⁴	pi⁵²	pʰui²¹	pʰĩ³¹	bai⁴⁵⁴	ti³¹
揭阳	ŋĩ²⁵	hi²¹³	i⁵⁵	pi⁴¹	pʰui²¹³白 pʰĩ²⁵文	pʰĩ²²	bai⁵⁵	ti²²
普宁	ŋĩ²⁴	hi³¹²	i⁵⁵	pi⁵²	pfʰui³¹²	pʰĩ³¹	bai⁵⁵	ti³¹
惠来	ŋĩ²⁵	hi³¹	ĩ⁵⁵	pi⁵³	pfʰui³¹	pʰĩ³¹	bai⁵⁵	to³¹白 ti³¹文
海丰	ŋĩ³⁵	hi²¹²	i⁵⁵	pi⁵³	pʰui²¹²	pʰĩ²¹	mbai⁵⁵	te²¹²白 ti³⁵文
陆丰	ŋĩ²²	hi²¹³	i¹³	pi⁵⁵	pʰui²¹³	pʰĩ²²	mbai¹³	te²¹³白 ti²²文
电白	ŋi⁴⁴²	hi¹³	ji²²	pi²¹	pʰui¹³	pʰi³³	pai²² mi²²	ti⁴⁴²
雷州	ŋi³³	hi²¹	i²²	pi⁴²	pʰui²²白 pʰi⁵⁴文	pʰi²⁴	uai²²	ti³³

	0217 梨	0218 资	0219 死	0220 四	0221 迟	0222 师	0223 指	0224 二
	止开三 平脂来	止开三 平脂精	止开三 上脂心	止开三 去脂心	止开三 平脂澄	止开三 平脂生	止开三 上脂章	止开三 去脂日
广州	lei²¹	tʃi⁵³	ʃei³⁵	ʃei³³	tʃʰi²¹	ʃi⁵³	tʃi³⁵	i²²
番禺	lei³¹	tʃi⁵³	ʃei³⁵	ʃei³³	tʃʰi³¹	ʃi⁵³	tʃi³⁵	i²²
增城	lei²¹	tsi⁴⁴	sei³⁵	sei³³	tsʰi²¹	si⁴⁴	tsi³⁵	ŋei²²
从化	lɐi²²	tsi⁵⁵	si⁴⁵	si²³	tsʰi²²	si⁵⁵	tsi⁴⁵	i³¹
龙门	li²¹	tsi⁴²	si³⁵	si²³	tsʰi²¹	si⁵⁵	tsi³⁵	ŋi̩⁵³
莞城	ŋɐi³¹	tʃɐi²³	ʃei³⁵	ʃɐi⁴⁴	tʃʰi³¹	ʃi²³	tʃi³⁵	i⁴⁴
宝安	li²⁵	tʃi⁵⁵	ʃi²⁵	ʃi³³	tʃʰi³³	ʃi⁵⁵	tʃi²⁵	i²²
佛山	lei⁴² lei³⁵又	tʃy⁵³	ʃi³⁵白 ʃei³⁵文	ʃi²⁴白 ʃei²⁴文	tʃʰi⁴²	ʃy⁵³老~ ʃy⁵⁵~长	tʃi³⁵	i¹²
南海	lei³¹雪~ lei³⁵沙~	tsy⁵¹	sei³⁵	sei³³	tsʰi³¹	sy⁵¹老~ sy⁵⁵~长	tsi³⁵	i²²
顺德	lei⁴²	tʃy⁵³	ʃei²⁴	ʃei³²	tʃʰi⁴²	ʃy⁵³~父 ʃy⁵⁵老~	tʃi²⁴	i²¹
三水	lei³¹ lei²⁵又	tsy⁵³ tsy⁵⁵又	sei²⁵	sei⁴⁴	tsʰi³¹	sy⁵³ sy⁵⁵又	tsi²⁵	i³³
高明	lɐi³¹	tʃi⁵⁵	ʃei²⁴	ʃei³³	tʃʰi³¹	ʃi⁵⁵	tʃi²⁴	i³¹
佛冈	lɐi²²	tsɿ³³	ɬi³⁵	ɬi³³	tsʰi²²	ɬi³³	tsɿ³⁵	i³¹
阳山	lɐi²⁴¹	tʃɐi⁵¹	ʃɐi⁵⁵	ʃɐi³⁴	tʃi²⁴¹	ʃi⁵¹	tʃi⁵⁵	i²¹⁴
连山	li⁵¹	ti⁵¹	θi⁵⁵	θi³⁵	ʃi²⁴¹	ʃi⁵¹	tʃi⁵⁵	ŋi̩²¹⁵
新兴	li²¹	tsi⁴⁵	si³⁵	si⁴⁴³	tsʰi²¹	si⁴⁵	tsi³⁵	i⁵²
罗定	lei²¹~花 lei³⁵黄花~	tsi⁵⁵	sei³⁵	sei³³	tsʰi²¹	si⁵⁵	tsi³⁵	i²¹
郁南	lei²¹	tʃi⁵⁵	ʃei³⁵	ʃei³³	tʃʰi⁵⁵	ʃi⁵⁵	tʃi³⁵	i²¹
石岐	li⁵¹	tsi⁵⁵	si²¹³	si³³	tsʰi⁵¹	si⁵⁵	tsi²¹³	ŋi³³

	0217 梨	0218 资	0219 死	0220 四	0221 迟	0222 师	0223 指	0224 二
	止开三 平脂来	止开三 平脂精	止开三 上脂心	止开三 去脂心	止开三 平脂澄	止开三 平脂生	止开三 上脂章	止开三 去脂日
肇庆	lɐi^{21}	tʃi^{45}	ʃei^{24}	ʃei^{33}	tʃʰi^{21}	ʃi^{45}	tʃi^{24}	i^{52}
香洲	li^{343}	tsi^{21}	si^{35}	si^{33}	tsʰi^{343}	sy^{21}(老~) si^{21}(~傅)	tsi^{35}	ŋi^{33}
斗门	lei^{22}	tsɿ^{34}	sei^{45}	sei^{34}	tʰi^{22}	sɿ^{34}	tsi^{45}	ŋi^{42}
新会	lɛi^{22}	tsi^{23}	sɛi^{45}	sɛi^{23}	tsʰi^{22}	si^{23}	tsi^{45}	ŋi^{32}
台山	lei^{22}	tu^{33}	ɬei^{55}	ɬei^{55}	tsʰi^{22}	ɬu^{33}	tsi^{55}	ŋei^{31}
开平	lei^{11}	tu^{33}	ɬei^{45}	ɬei^{33}	tʃʰi^{11}	ɬu^{33}	tʃi^{45}	ŋei^{31}
恩平	lei^{22}	tʃu^{33}	ʃei^{55}	ʃei^{33}	tʰi^{22}	ʃu^{33}	tʃi^{55}	ŋgi^{21}
四会	lɐi^{31}	tʃi^{51}	ʃɐi^{33}	ʃi^{33}	tʃi^{31}	ʃi^{51}	tʃi^{33}	i^{24}
广宁	lɐi^{31}	tsei^{51}	sei^{44}	si^{33}	tsi^{31}	si^{51}	tsi^{44}	i^{323}
怀集	lɐi^{231}	tʃɐi^{42}	θɐi^{54}	θɐi^{45}	tʃi^{231}	θi^{42}	tʃi^{54}	ŋi̩^{225}
德庆	li^{242}	tsi^{454}	si^{45}	si^{53}	tsi^{242}	si^{454}	tsi^{45}	ŋi̩^{31}
封开	li^{243}	ti^{55}	ɬi^{334}	ɬi^{51}	tʃi^{243}	ʃi^{55}	tʃi^{334}	ŋi̩^{21}
阳江	lei^{42}	tsei^{33}	ɬei^{21}	ɬei^{35}	tsʰi^{42}	si^{33}	tsi^{21}	i^{54}
阳春	lei^{31}	tsei^{45}	ɬei^{324}	ɬei^{33}	tsʰi^{31}	ɬei^{45}	tsi^{324}	ŋi^{52}
赤坎	lei^{21}	tsi^{45}	ɬei^{13}	ɬei^{33}	tsʰi^{21}	si^{45}	tsi^{13}	ŋi^{21}
吴川	lei^{31}	tʃi^{55}	ɬei^{35}	ɬei^{33}	tʃʰi^{31}	ʃi^{55}	tʃi^{35}	ŋi^{31}
廉江	lei^{21}	tsi^{55}	ɬei^{25}	ɬei^{33}	tsʰi^{21}	si^{55}	tsi^{25}	ŋi^{21}
高州	lei^{21}(白) lɐi^{21}(文)	tʃi^{53}	ɬei^{24}	ɬei^{33}	tʃi^{21}	lei^{53}(白) ʃi^{53}(文)	tʃi^{24}	ŋi^{31}
化州	lei^{13}	tei^{53}	ɬei^{35}	ɬei^{33}	tʃʰi^{31}	ʃi^{53}	tʃi^{35}	ŋ̍^{31} ŋi̩^{31}

	0217 梨	0218 资	0219 死	0220 四	0221 迟	0222 师	0223 指	0224 二
	止开三 平脂来	止开三 平脂精	止开三 上脂心	止开三 去脂心	止开三 平脂澄	止开三 平脂生	止开三 上脂章	止开三 去脂日
梅州	li^{21}	tsɿ^{44}	sɿ^{31}	sɿ^{52}	tsʰɿ^{21}	sɿ^{44}	tsɿ^{31}	n^{52}白 ŋi^{52}文
兴宁	li^{13}	tsɿ^{24}	sɿ^{31}	sɿ^{51}	tʃʰʅ^{13}	sɿ^{24}	tʃʅ^{31}	ni^{51}
五华	li^{212}	tsɿ^{44}	sɿ^{31}	sɿ^{51}	tʃʰi^{212}	sɿ^{44}	tʃi^{31}	ŋi^{31}
大埔	li^{13}	tsɿ^{34}	sɿ^{31}	sɿ^{52}	tʃʰɿ^{13}	sɿ^{34}	tʃɿ^{31}	ŋi^{52}
丰顺	li^{24}	tsɿ^{44}	sɿ^{53}	sɿ^{53}	tʃʰi^{24}	sɿ^{44}	tʃi^{53}	ŋi^{21}
揭西	li^{24}	tsɿ^{452}	sɿ^{31}	sɿ^{41}	tʃʰi^{24}	sɿ^{452}	tʃi^{31}	ŋi^{31}
陆河	li^{35}	tsɿ^{53}	sɿ^{24}	sɿ^{31}	tʃʰi^{35}	sɿ^{53}	tʃi^{24}	ŋi^{33}
龙川	li^{51}	tsu^{33}	sɿ^{24}	sɿ^{31}	tsʰi^{51}	su^{33}	tsi^{24}	ŋi^{33}
河源	li^{31}	tsi^{33}	sɿ^{24}	sɿ^{212}	tsʰi^{31}	sie^{33}	tsi^{24}	ŋi^{54}
连平	li^{21}	tsɿ^{24}	sɿ^{31}	sɿ^{53}	tsʰɿ^{21}	sɿ^{24}	tsɿ^{31}	ŋi^{53}
龙岗	li^{21}	tsu^{33}	sɿ^{31}	sɿ^{53}	tsʰi^{21}	su^{33}	tsi^{31}	ŋgi^{53}
惠州	li^{22}	tsu^{33}	si^{35}	si^{23}	tɕʰi^{22}	ɕiɛ^{33}	tɕi^{35}	ni^{31}
博罗	li^{21}	tsi^{44}	ɬi^{35}	ɬi^{24}	tsʰi^{21}	sɛi^{44}	tsi^{35}	ŋgi^{41}
新丰	li^{24}	tsi^{44}	si^{31}	si^{51}	tsʰi^{24}	si^{44}	tsi^{31}	ŋgi^{31}
翁源	li^{41}	tsɿ^{22}	sɿ^{31}	sɿ^{45}	tʃʰi^{41}	sɿ^{22}	tʃi^{31}	ɲi^{31}
始兴	li^{51}	tsɿ^{22}	sɿ^{31}	sɿ^{33}	tsʰɿ^{51}	sɿ^{22}	tsɿ^{31}	ŋi^{33}
仁化	li^{31}	tsɿ^{33}	sɿ^{23}	sɿ^{34}	tsʰɿ^{31}	sɿ^{33}	tsɿ^{23}	ŋi^{33}
南雄	lei^{21}	tsɿ^{44}	sɿ^{24}	sɿ^{32}	tsɿ^{21}	sɿ^{44}	tsɿ^{24}	ŋi^{42}

	0217 梨	0218 资	0219 死	0220 四	0221 迟	0222 师	0223 指	0224 二
	止开三 平脂来	止开三 平脂精	止开三 上脂心	止开三 去脂心	止开三 平脂澄	止开三 平脂生	止开三 上脂章	止开三 去脂日
畈塘	li^{45}	$t\int\!̩^{24}$	$\int\!̩^{33}$	$\int\!̩^{21}$	$t\int\!ʰ̩^{45}$	$\int\!̩^{24}$	$t\int\!̩^{33}$	$ε^{21}$
桂头	lai^{4}	tsi^{51}	sai^{324}	sai^{44}	$tsʰi^{45}$	si^{51}	tsi^{324}	$ŋai^{44}$
连州	$lɐi^{55}$	tsi^{31}	$sɐi^{53}$	$sɐi^{11}$	$tsʰi^{55}$	si^{31}	tsi^{53}	$ŋi^{33}$
潮州	lai^{55}	$tsɤ^{33}$	si^{53}	si^{213}	$tsʰi^{55}$	sai^{33}白 $sɤ^{33}$文	$tsõĩ^{53}$白,～头 tsi^{53}文,～示	dzi^{35}
饶平	lai^{55} loi^{55}花～	$tsɯ^{44}$	si^{52}	si^{214}	$tsʰi^{55}$	sai^{44}白 $suɯ^{44}$文	ki^{52}白,动 $tsõĩ^{52}$白,尾～ tsi^{52}文	dzi^{25}
汕头	lai^{55}～花 loi^{55}黄～木	$tsɯ^{33}$	si^{51}	si^{213}	$tsʰi^{55}$	sai^{33}白 $suɯ^{33}$文	ki^{51}白,～手指 $tsõĩ^{51}$白,手～ tsi^{51}文,～示	dzi^{25}
澄海	lai^{55}	$tsə^{33}$	si^{53}	si^{212}	$tsʰi^{55}$	sai^{33}白 $sə^{33}$文	ki^{53}白,用手指～ $tsoi^{53}$白,手～ tsi^{53}文,～导	zi^{35}
潮阳	lai^{33}	tsu^{31}	si^{454}	si^{52}	$tsʰi^{33}$	sai^{31}白 su^{31}文	ki^{454}白,动 $tsãĩ^{454}$白,名 tsi^{454}文,戒～	zi^{52}
南澳	lai^{454}	$tsɤ^{34}$	si^{52}	si^{21}	$tsʰi^{454}$	sai^{34}白 $sɤ^{34}$文	tsi^{52}	dzi^{35}
揭阳	lai^{55}	$tsɯ^{33}$	si^{41}	si^{213}	$tsʰi^{55}$	sai^{33}白 $suɯ^{33}$文	ki^{41}白,动 $tsãĩ^{41}$白,名,动 tsi^{41}文,名,动	zi^{25}
普宁	lai^{55}	tsu^{35}	si^{52}	si^{312}	$tsʰi^{55}$	sai^{35}白 su^{35}文	ki^{52}白,动 $tsãĩ^{52}$白,名 tsi^{52}文,戒～	zi^{31}又 zi^{24}又
惠来	lai^{55}	tsu^{34}	si^{53}	si^{31}	$tsʰi^{55}$	sai^{34}白 su^{34}文	ki^{53}白,动 $tsãĩ^{53}$白,名 tsi^{53}文,动	dzi^{25}
海丰	lai^{55}	tsu^{33}	si^{53}	si^{212} su^{212}	ti^{55}	sai^{33}白 su^{33}文	ki^{53}白～路 $tsãĩ^{63}$白,手～ tsi^{53}文,～示	$ndzi^{21}$老～ $ndzi^{35}$第～
陆丰	lai^{13}	tsu^{33}	si^{55}	si^{213}	ti^{13}	sai^{33}白 su^{33}文	ki^{55}白 $tsãĩ^{55}$白 tsi^{55}文	$ndzi^{22}$
电白	li^{22}	su^{33}	si^{21}	si^{13}	ti^{22}	su^{33}	ki^{21}白 tsi文	ji^{33}
雷州	li^{22}	tsu^{24}	si^{42}	si^{21}	ti^{22}	su^{24}	tsi^{42}	i^{24}

	0225 饥~馋	0226 器	0227 姨	0228 李	0229 子	0230 字	0231 丝	0232 祠
	止开三平脂见	止开三去脂溪	止开三平脂以	止开三上之来	止开三上之精	止开三去之从	止开三平之心	止开三平之邪
广州	kei⁵³	hei³³	i²¹	lei¹³	tʃi³⁵	tʃi²²	ʃi⁵⁵	tʃʰi²¹
番禺	kei⁵³	hei³³	i³¹	lei²³	tʃi³⁵	tʃi²²	ʃi⁵³	tʃʰi³¹
增城	kei⁴⁴	hei³³	i²¹ / i⁴⁴	lei¹³	tsi³⁵	tsei²²	si⁴⁴	tsʰi²¹
从化	ki⁵⁵	hi²³	i⁵⁵	lɐi⁴⁵	tsi⁴⁵	tsi³¹	si⁵⁵	si³¹
龙门	ki⁴²	hi²³	i²¹	li²³	tsi³⁵	tsi⁵³	si⁴²	tsʰi²¹
莞城	kɐi²³	hɐi⁴⁴	i³¹	ŋɐi³⁴	tʃɐi³⁵	tʃɐi⁴⁴	ʃɐi²³	tʃʰɐi³¹
宝安	ki⁵⁵	hi³³	i³¹	li²³	tʃi²⁵	tʃi²²	ʃi⁵⁵	tʃʰi²¹
佛山	kei⁵³ / ki⁵³又	hei²⁴	i⁴²~妈 / i⁵⁵阿~	lei¹³	tʃy³⁵ / tʃi³⁵又	tʃy¹²	ʃy⁵³	tʃʰy⁴²
南海	kei⁵¹	hei³³	i³¹大~ / i⁵⁵阿~	lei¹³	tsy³⁵	tsy²²	sy⁵¹~绸 / sy⁵⁵螺~	sy²²~堂 / tsʰy³¹陈家~
顺德	ki⁵³	hi³²	hi⁴²白 / i⁵⁵文	lei¹³	tʃy²⁴	tʃy²¹	ʃy⁵³	tʃʰy⁴²
三水	kei⁵³	hei⁴⁴	i³¹ / i⁵⁵又	lei²³又 / lei²⁵又	tsy²⁵	tsy³³	sy⁵⁵	tsʰy³¹
高明	kei⁵⁵	hei³³	i³¹ / i⁵⁵又	lei³³	tʃi²⁴	tʃi³¹	ʃi⁵⁵	tʃʰi³¹
佛冈	ki³³	hi³³	i²² / i³⁵又	lɐi³⁵	tsɿ³⁵	tsɿ³¹	ɬi³³	tʃʰi²²
阳山	kɐi⁵¹	hi³⁴	i²⁴¹	lɐi²²⁴	tʃɐi⁵⁵	tʃɐi²¹⁴	ʃɐi⁵¹	tʃɐi²¹⁴
连山	ki⁵¹	hi³⁵	i²⁴¹	li¹⁵	ti⁵⁵	θi²¹⁵	θi⁵¹	θi²⁴¹
新兴	ki⁴⁵	hi⁴⁴³	i²¹	li²¹	tsi³⁵	tsi⁵²	si⁴⁵	tsʰi²¹
罗定	kei⁵⁵	hei³³	i²¹~妈 / i⁵⁵阿~	lei¹³	tsi³⁵	tsi²¹	si⁵⁵	tsʰi²¹
郁南	kei⁵⁵	hei³³	i²¹	lei¹³	tʃi³⁵	tʃi²¹	ʃi⁵⁵	tʃʰi²¹
石岐	ki⁵⁵	hi³³	i⁵¹~妈 / i⁵⁵阿~	li²¹³	tsi²¹³	tsi³³	si⁵⁵	tsʰi⁵¹

	0225 饥~饿	0226 器	0227 姨	0228 李	0229 子	0230 字	0231 丝	0232 祠
	止开三	止开三	止开三	止开三	止开三	止开三	止开三	止开三
	平脂见	去脂溪	平脂以	上之来	上之精	去之从	平之心	平之邪
肇庆	kei⁴⁵	hei³³	hei²¹	lei¹³	tʃi²⁴	tʃi⁵²	ʃi⁴⁵	tʃʰi²¹
香洲	ki²¹	hi³³	i³⁴³	li³⁵	tsi³⁵	tsi³³	si²¹	tsʰi³⁴³
斗门	kei³⁴	hei³⁴	i²²	lei⁴⁵	tsɿ⁴⁵	tsɿ⁴²	sɿ³⁴	sɿ⁴²
新会	kɛi²³	hɛi²³	i²³	lɛi⁴⁵	tsi⁴⁵	tsi³²	si²³	tsʰi²²
台山	kei³³	hei³³	ji²¹	lei⁵⁵	tu⁵⁵	tu³¹	ɬu³³	ɬu³³
开平	kei³³	hei³³	ji¹¹	lei⁴⁵	tu⁴⁵	tu³¹	ɬu³³	ɬu³³
恩平	ki³³	hi³³	i²²	lei⁵⁵	tʃu⁵⁵	tʃu²¹	ʃu³³	ʃu²¹
四会	ki²⁴	hi³³	i³¹	lɐi²⁴	tʃai³³ / tʃɐi³³ 又	tʃi²⁴	ʃi⁵¹	tʃi³¹
广宁	kei⁵¹	hi³³	hi³¹	lei³²³	tsei⁴⁴	tsi³²³	sei⁵¹	tsei³¹
怀集	ki⁴²	hi⁴⁵	i²³¹	lɐi²⁴	tʃɐi⁵⁴	tʃɐi²²⁵	θɐi⁴²	tʃi²³¹
德庆	ki⁴⁵⁴	hi⁵³	i⁴⁵⁴	li²³	tsi⁴⁵	tsi³¹	si⁴⁵⁴	tsi²⁴² 白 / tsʰi³¹ 文
封开	ki⁵⁵	hi⁵¹	i²⁴³	li²²³	ti³³⁴	ɬi²¹	ɬi⁵⁵	ɬi²⁴³
阳江	kei³³	hei³⁵	i⁴²	lei²¹	tsei²¹	tsei⁵⁴	ɬei³³	tsʰei⁴²
阳春	kei⁴⁵	hei³³	i³¹	lei³²³	tsei³²⁴	tsei⁵²	ɬei⁴⁵	tsʰei³¹
赤坎	kei⁴⁵	hei³³	i⁴⁵	lei¹³	tsi¹³	tsi²¹	si⁴⁵	tsʰi²¹
吴川	kei⁵⁵	hei³³	i⁵⁵	lei²⁴	tʃi³⁵	tʃi³¹	ʃi⁵⁵	tʃʰi³¹
廉江	kei⁵⁵	hei³³	i⁵⁵	lei²³	tsi²⁵	tsi²¹	si⁵⁵	tsʰi²¹
高州	kei⁵³	hei³³	i²¹	lei¹³	tʃi²⁴	tʃi³¹	ɬei⁵³ 白 / ʃi⁵³ 文	tʃʰi²¹
化州	kei⁵³	hei³³	i⁵³	lei¹³	tei³⁵	tei³¹	ɬei⁵³ 白 / ʃi⁵³ 文	tʰei³¹

	0225 饥~饿	0226 器	0227 姨	0228 李	0229 子	0230 字	0231 丝	0232 祠
	止开三平脂见	止开三去脂溪	止开三平脂以	止开三上之来	止开三上之精	止开三去之从	止开三平之心	止开三平之邪
梅州	ki⁴⁴	hi⁵²	i²¹	li³¹	tsɿ³¹	sɿ⁵²	sɿ⁴⁴	tshɿ²¹
兴宁	ki²⁴	ʃi⁵¹	ʒɿ¹³	li³¹	tsae³¹白 tsɿ³¹文	sɿ⁵¹	sɿ²⁴	tshɿ¹³
五华	ki⁴⁴	ʃi⁵¹	i²¹²	li³¹	tsɿ³¹	sɿ³¹	sɿ⁴⁴	tshɿ²¹²
大埔	ki³⁴	khi⁵²	ʒɿ¹³	li³¹	tsɿ³¹	tshɿ⁵²	sɿ³⁴	tshɿ¹³
丰顺	ki⁴⁴	khi⁵³	i²⁴	li⁵³	tsɿ⁵³	tshɿ²¹	sɿ⁴⁴	tshɿ²⁴
揭西	ki⁴⁵²	khi⁴¹	ʒi²⁴	li³¹	tsai³¹白 tsɿ³¹文	tshɿ³¹	sɿ⁴⁵²	tshɿ²⁴
陆河	ki⁵³	hi³¹	ʒi³⁵	li²⁴	tsɿ²⁴	tshɿ³³	sɿ⁵³	tshɿ³⁵
龙川	ki³³	ʃi³¹	i⁵¹	li²⁴	tsu²⁴	su³³	su³³	tshu⁵¹
河源	ki³³	hi²¹²	i³¹	li²⁴	tsi²⁴	tshi⁵⁴	si³³	tshi³¹
连平	ki²⁴	khi⁵³ hi⁵³又	i²¹	li³¹	tsɿ³¹	sɿ⁵³	si²⁴萝卜~ sɿ²⁴~绸	tshɿ²¹
龙岗	ki³³	hi⁵³	zi²¹	li³¹	tsae³¹白 tsu³³文	su⁵³	su³³	tshu²¹
惠州	ki³³	hi²³	ji²²	li³⁵	tsu³⁵	tɕhi³¹	si³³	tɕhi²²
博罗	ki⁴⁴	hi²⁴	zi²¹	li³⁵	tsu³⁵	tshi⁴¹	ɬi⁴⁴	tshi²¹
新丰	ki⁴⁴	khi⁵¹	i²⁴	li³¹	tsɿ³¹	tshɿ³¹	si⁴⁴	tshi²⁴
翁源	ki²²	khi⁴⁵	i⁴¹	li³¹	tsɿ³¹	sɿ³¹	sɿ²²	tshɿ⁴¹
始兴	tsɿ²²	tshɿ³³	ɿ⁵¹	li³¹	tsɿ³¹	sɿ³³	sɿ²²	tshɿ⁵¹
仁化	ki³³	khi³⁴	i³¹	li³⁴	tsɿ²³	sɿ²³	sɿ³³	tshɿ³¹
南雄	tɕi⁴⁴	tɕhi³²	i²¹~娘 i⁴⁴阿~	li²⁴	tsɿ²⁴	tsɿ⁴²	sɿ⁴⁴	tsɿ²¹

	0225 饥~饿	0226 器	0227 姨	0228 李	0229 子	0230 字	0231 丝	0232 祠
	止开三平脂见	止开三去脂溪	止开三平脂以	止开三上之来	止开三上之精	止开三去之从	止开三平之心	止开三平之邪
皈塘	ki^{24}	k^hi^{21}	i^{45}	li^{33}	$t\!\int\!ʅ^{33}$	$t\!\int^h\!ʅ^{21}$	$\int\!ʅ^{24}$	$t\!\int^h\!ʅ^{45}$
桂头	kai^{51}	hai^{44}	i^{45} 大~ / i^{44} 阿~	lai^{21}	tsi^{324}	si^{4}	si^{51}	ts^hi^{45}
连州	$kɐi^{31}$	$k^hɐi^{11}$	i^{55}	$lɐi^{24}$	tsa^{53} 白 / tsi^{53} 文	si^{33}	si^{31}	si^{55} 又 / ts^hi^{45} 又
潮州	ki^{33}	k^hi^{213}	i^{55}	li^{53}	$tsɤ^{53}$	dzi^{11} 写~ / $dzɤ^{35}$ 表~	si^{33}	$sɤ^{55}$
饶平	ki^{44}	k^hi^{214}	i^{55}	li^{52}	tsi^{52} 白 / $tsɯ^{52}$ 文	dzi^{21}	si^{44}	$sɯ^{55}$
汕头	ki^{33}	k^hi^{213}	ai^{55} 白 / i^{55} 文	li^{51}	tsi^{51} 白 / $tsɯ^{51}$ 文	dzi^{31} 白 / $dzɯ^{25}$ 文	si^{33}	$sɯ^{55}$
澄海	ki^{33}	k^hi^{212}	i^{55}	li^{53}	tsi^{53} 白 / $tsə^{53}$ 文	zi^{22}	si^{33}	$sə^{55}$
潮阳	ki^{31}	k^hi^{52}	i^{33}	li^{454}	tsi^{454} 白 / $tsɯ^{454}$ 文	zi^{42}	si^{31}	su^{33}
南澳	ki^{34}	k^hi^{52}	i^{454}	li^{52}	$tsɤ^{52}$	dzi^{31}	si^{34}	$sɤ^{454}$
揭阳	ki^{33}	k^hi^{213}	i^{55}	li^{41}	tsi^{41} 白 / $tsɯ^{41}$ 文	zi^{22} 白 / zu^{25} 文	si^{33}	$sɯ^{55}$ 韩文公~ / $sɯ^{55}$ ~堂
普宁	ki^{35}	k^hi^{312}	i^{55}	li^{52}	tsi^{52} 白 / $tsɯ^{52}$ 文	zi^{31} 白 / zu^{24} 文	si^{35}	su^{55}
惠来	ki^{34}	k^hi^{31}	i^{55}	li^{53}	tsu^{53}	dzi^{31}	si^{34}	su^{55}
海丰	ki^{33}	k^hi^{212}	i^{55}	li^{53}	tsi^{53} 白 / tsu^{53} 文	$ndzi^{21}$	si^{33}	su^{55} 宗~ / su^{33} ~堂
陆丰	ki^{33}	k^hi^{213}	i^{13}	li^{53}	tsi^{55} 白 / tsu^{55} 文	$ndzi^{22}$	si^{33}	su^{13} 宗~ / su^{22} ~堂
电白	ki^{33}	k^hi^{13}	i^{22}	li^{21}	tsi^{21}	tsu^{33}	si^{33}	su^{22}
雷州	ki^{24}	k^hi^{33}	$ʔi^{22}$	li^{42}	tsu^{42}	tsu^{24}	si^{24}	ts^hu^{22}

	0233 寺	0234 治	0235 柿	0236 事	0237 使	0238 试	0239 时	0240 市
	止开三 去之邪	止开三 去之澄	止开三 上之崇	止开三 去之崇	止开三 上之生	止开三 去之书	止开三 平之禅	止开三 上之禅
广州	$tʃi^{22}$	$tʃi^{22}$	$tʃʰi^{35}$	$ʃi^{22}$	$ʃɐi^{35}$白 $ʃi^{35}$文	$ʃi^{33}$	$ʃi^{21}$	$ʃi^{13}$
番禺	$tʃi^{22}$	$tʃi^{22}$	$ʃi^{22}$	$ʃi^{22}$	$ʃei^{35}$	$ʃi^{33}$	$ʃi^{31}$	$ʃi^{23}$
增城	tsi^{22}	tsi^{22}	$tsʰei^{44}$	sei^{22}	$sɐi^{35}$	si^{33}	si^{21}	si^{13}
从化	tsi^{31}	tsi^{31}	$tsʰi^{23}$	si^{31}	si^{45}	si^{23}	si^{22}	si^{23}
龙门	tsi^{53}	tsi^{53}	$tsʰi^{55}$	si^{53}	$sɐi^{35}$	si^{23}	si^{21}	si^{23}
莞城	$tʃɐi^{44}$	$tʃi^{44}$	$ʃɔi^{31}$	$ʃɐi^{44}$	$ʃɔi^{35}$白 $ʃi^{35}$文	$ʃi^{44}$	$ʃi^{31}$	$ʃi^{34}$
宝安	$tʃi^{22}$	$tʃi^{22}$	$ʃɐi^{25}$	$ʃi^{22}$	$ʃɐi^{25}$白 $ʃi^{25}$文	$ʃi^{33}$	$ʃi^{31}$	$ʃi^{23}$
佛山	$tʃy^{35}$	$tʃi^{12}$	$tʃy^{35}$	$ʃy^{12}$	$ʃɐi^{35}$白 $ʃy^{35}$文	$ʃi^{24}$	$ʃi^{42}$	$ʃi^{13}$
南海	tsy^{22}	tsi^{22}	sy^{35}	sy^{22}	sei^{35}白 sy^{33}文	si^{35}~用 si^{13}考~	si^{31}	si^{13}
顺德	$tʃy^{21}$	$tʃi^{21}$	$tʃy^{24}$	$ʃy^{21}$	$ʃy^{24}$	$ʃi^{32}$~过 $ʃi^{24}$考~	$ʃi^{42}$	$ʃi^{13}$
三水	tsi^{33} tsi^{25}又	tsi^{33}	$tsʰy^{25}$	sy^{33}	sei^{25}白 sy^{25}文	si^{44} si^{23}又	si^{31}	si^{23}
高明	$tʃʰi^{31}$~庙 $tʃi^{24}$少林~	$tʃi^{31}$	$tʃʰi^{31}$	$ʃi^{31}$	$ʃɐi^{24}$	$ʃi^{33}$	$ʃi^{31}$	$ʃi^{33}$
佛冈	$tsɿ^{31}$	$tsɿ^{31}$	$tʃʰɐi^{33}$	$ɬi^{31}$	$ʃɐi^{35}$白 $sɿ^{35}$文	$sɿ^{33}$	$sɿ^{22}$	$sɿ^{33}$
阳山	$tʃɐi^{214}$	$tʃi^{214}$	$ʃi^{214}$	$ʃi^{214}$	$ʃɐi^{55}$	$ʃi^{34}$	$ʃi^{241}$	$ʃi^{224}$
连山	$ʃi^{215}$	$tʃi^{215}$	$ʃɔi^{15}$白 $ʃi^{35}$文	$ʃi^{215}$	$ʃɔi^{55}$	$ʃi^{35}$	$ʃi^{241}$	$ʃi^{35}$
新兴	tsi^{52}	tsi^{52}	si^{21}	si^{52}	$sɐi^{35}$白 si^{35}文	si^{443}	si^{21}	si^{21}
罗定	$tsʰi^{21}$	tsi^{21}	$tsʰi^{13}$	si^{21}	$sɐi^{35}$白 si^{33}文	si^{33}	si^{21}	si^{13}
郁南	$tʃʰi^{21}$	$tʃi^{21}$	$tʃʰi^{13}$	$ʃi^{21}$	$ʃɐi^{35}$白 $ʃi^{35}$文	$ʃi^{33}$	$ʃi^{33}$	$ʃi^{13}$
石岐	tsi^{33}	tsi^{33}	$tsʰi^{213}$	si^{33}	$sɐi^{213}$白 si^{213}文	si^{33}	si^{51}	si^{213}

	0233 寺	0234 治	0235 柿	0236 事	0237 使	0238 试	0239 时	0240 市
	止开三 去之邪	止开三 去之澄	止开三 上之崇	止开三 去之崇	止开三 上之生	止开三 去之书	止开三 平之禅	止开三 上之禅
肇庆	tʃi^{52}	tʃi^{52}	ʃi^{13}	ʃi^{52}	ʃɐi^{24}	ʃi^{33}	ʃi^{21}	ʃi^{13}
香洲	tsi^{33}	tsi^{33}	tsʰi^{35}	si^{33}	sɐi^{35}白 si^{35}文	si^{33}	si^{343}	si^{35}
斗门	tsɿ^{42}	tsɿ^{42}	sɿ^{21}	sɿ^{42}	sɐi^{45}白 sɿ^{45}文	si^{34}	si^{22}	sɿ^{21}
新会	tsi^{32}	tsi^{32}	si^{22}	si^{32}	sai^{45}	si^{23}	si^{22}	si^{32}
台山	tu^{31}	tsi^{31}	si^{21}	ɬu^{31}	sɔi^{55}	si^{33}	si^{22}	si^{21}
开平	tu^{31}	tʃi^{31}	ʃi^{21}	ɬu^{31}	ʃɔi^{45}白 ɬu^{45}文	ʃi^{33}	ʃi^{11}	ʃi^{215}小
恩平	tʃu^{21}	tʃi^{21}	ʃu^{21}	ʃu^{21}	ʃu^{55}	ʃi^{33}	ʃi^{22}	ʃi^{21}
四会	tʃi^{24}	tʃi^{24}	ʃi^{24}	ʃi^{24}	ʃai^{33}白 ʃi^{55}文	ʃi^{33}	ʃi^{31}	ʃi^{24}
广宁	tsi^{323}	tsi^{323}	si^{323}	si^{323}	sai^{44}白 si^{44}文	si^{33}	si^{31}	si^{323}
怀集	tʃi^{231}	tʃi^{225}	tʃai^{24}白 θi^{24}文	θi^{225}	θai^{54}	θi^{45}	θi^{231}	θi^{24}
德庆	tsi^{31}白 tsʰi^{31}文	tsi^{31}	sai^{23}白 si^{23}文	si^{31}	sɐi^{45}白 si^{45}文	si^{53}	si^{242}	si^{23}
封开	ɬi^{21}	tʃi^{21}	ʃi^{21}	ʃi^{21}	ʃʌi^{334}	ʃi^{51}	tʃi^{243}	ʃi^{223}
阳江	tsei^{54}	tsi^{54}	si^{54}	si^{54}	sɐi^{21}白 si^{35}文	si^{35}	si^{42}	si^{21}
阳春	tsei^{52}	tsi^{52}	si^{323}	si^{52}	sɐi^{324}	si^{33}	si^{31}	si^{323}
赤坎	tsi^{21}	tsi^{21}	si^{13}	si^{21}	sɐi^{13}白 si^{13}文	si^{33}	si^{21}	si^{13}
吴川	tʃʰi^{31}	tʃi^{31}	ʃi^{33}	ʃi^{31}	ʃɐi^{35}	ʃi^{33}	ʃi^{31}	ʃi^{24}
廉江	tsʰi^{21}	tsi^{21}	si^{23}	si^{21}	sɐi^{25}	si^{33}	si^{21}	si^{23}
高州	tʃi^{31}	tʃi^{31}	ʃi^{33}	ɬei^{31}白 ʃi^{31}文	ʃɐi^{24}	ʃi^{33}	ʃi^{21}	ʃi^{13}
化州	tʃi^{31}	tʃi^{31}	ʃi^{13}	ʃi^{31}	ʃɐi^{35}	ʃi^{33}	ʃi^{13}	ʃi^{13}

	0233 寺	0234 治	0235 柿	0236 事	0237 使	0238 试	0239 时	0240 市
	止开三 去之邪	止开三 去之澄	止开三 上之崇	止开三 去之崇	止开三 上之生	止开三 去之书	止开三 平之禅	止开三 上之禅
梅州	$tsʰɿ^{52}$	$tsʰɿ^{52}$	$sɿ^{52}$	$sɛ^{52}$白 $sɿ^{52}$文	$sɿ^{31}$	$tsʰɿ^{52}$白 $sɿ^{52}$文	$sɿ^{21}$	$sɿ^{44}$白 $sɿ^{52}$文
兴宁	$sɿ^{51}$	$tʃʰɿ^{51}$	$sɿ^{51}$	$sɿ^{51}$	$sɿ^{31}$	$tʃʰɿ^{51}$白 $ʃɿ^{51}$文	$ʃ^{13}$	$ʃ^{51}$
五华	$sɿ^{31}$	$tʃʰi^{31}$	$sɿ^{31}$	$sɿ^{31}$	$sɿ^{31}$	$tʃʰi^{51}$	$ʃi^{212}$	$ʃi^{31}$
大埔	$tsʰɿ^{52}$	$tʃʰɿ^{52}$	$sɿ^{52}$	$ʃei^{52}$白 $sɿ^{52}$文	$sɿ^{31}$	$tʃʰɿ^{52}$白 $ʃɿ^{52}$文	$ʃi^{13}$	$ʃi^{52}$
丰顺	$tsʰɿ^{24}$	$tʃʰi^{21}$	sai^{21}	$sɿ^{21}$	$sɿ^{53}$	$tʃʰi^{53}$	$ʃi^{24}$	$ʃi^{21}$
揭西	$sɿ^{31}$	$tʃʰi^{31}$	$sɿ^{31}$	$sɿ^{31}$	$sɿ^{31}$	$tʃʰi^{41}$	$ʃi^{24}$	$ʃi^{31}$
陆河	$sɿ^{33}$	$tʃʰi^{33}$	sai^{33}	$sɿ^{33}$	$sɿ^{24}$	$tʃʰi^{·}$	$ʃi^{35}$	$ʃi^{33}$
龙川	$ʃi^{33}$	$tsʰi^{33}$	su^{33}	$sɛi^{·33}$白 su^{33}文	$sɛi^{24}$白 su^{24}文	$tsʰi^{·31}$白 $ʃi^{·31}$文	$ʃi^{51}$	$ʃi^{31}$
河源	$tsʰi^{·54}$	$tsʰi^{·54}$	$tsʰie^{212}$	sie^{54}	sie^{24}	$si^{·212}$	$si^{·31}$	$si^{·212}$
连平	$sɿ^{53}$	$tsɿ^{53}$	$sɿ^{53}$	$sɿ^{53}$	$sɿ^{31}$	$sɿ^{53}$	$sɿ^{21}$	$sɿ^{53}$
龙岗	su^{53}	$tsʰi^{·53}$	$sɪe^{21}$白 su^{53}文	su^{53}	su^{31}	$si^{·53}$	$si^{·21}$	$si^{·53}$
惠州	$tɕʰi^{·31}$	$tɕʰi^{·31}$	$ɕie^{31}$	$ɕiɛ^{31}$	$ɕiɛ^{35}$	$ɕi^{23}$	$ɕi^{22}$	$ɕi^{23}$
博罗	$si^{·41}$	$tsʰi^{·41}$	$sɛi^{·44}$	$sɛi^{41}$	$sɛi^{·35}$	$si^{·24}$	$si^{·21}$	$si^{·24}$
新丰	$tsʰi^{·24}$	$tsʰi^{·31}$	$tsʰɛi^{·51}$	$si^{·31}$	$si^{·31}$	$si^{·51}$	$si^{·24}$	$si^{·51}$
翁源	$ʃi^{22}$	$tʃʰi^{·31}$	$sɿ^{31}$	$sɿ^{31}$	$sɿ^{31}$	$ʃi^{45}$	$ʃi^{41}$	$ʃi^{45}$
始兴	$sɿ^{33}$	$tsɿ^{33}$	$sɿ^{33}$	$sɿ^{33}$	$sɿ^{31}$	$sɿ^{33}$	$sɿ^{51}$	$sɿ^{33}$
仁化	$sɿ^{33}$	$tsʰɿ^{33}$	$sɿ^{34}$	$sɿ^{33}$	$sɿ^{23}$	$sɿ^{34}$	$sɿ^{31}$	$sɿ^{34}$
南雄	$tsɿ^{42}$~庙 $sɿ^{42}$少林~	$tsɿ^{42}$	$sɿʔ^{42}$	$sɿ^{42}$	$sɿ^{24}$	$sɿ^{32}$白 $sɿ^{42}$文	$sɿ^{21}$	$sɿ^{42}$

	0233 寺	0234 治	0235 柿	0236 事	0237 使	0238 试	0239 时	0240 市
	止开三去之邪	止开三去之澄	止开三上之崇	止开三去之崇	止开三上之生	止开三去之书	止开三平之禅	止开三上之禅
皈塘	ʃɿ^{21}	tʃʰɿ^{21}	ʃɿ^{21}	ʃɿ^{21}	ʃa^{33}白 ʃɿ^{33}文	ʃɿ^{21}	ʃɿ^{45}	ʃɿ^{21}
桂头	si$^{\cdot44}$	tsi$^{\cdot44}$	si$^{\cdot21}$	si$^{\cdot44}$	si$^{\cdot324}$	si$^{\cdot44}$	si$^{\cdot45}$	si$^{\cdot4}$
连州	tsʰi$^{\cdot33}$	tsʰi$^{\cdot33}$	si$^{\cdot33}$	si$^{\cdot33}$	sa^{53}白 si$^{\cdot53}$文	si$^{\cdot11}$	si$^{\cdot55}$	si$^{\cdot33}$
潮州	dzi^{11}	ti^{11}	sai$^{\cdot35}$	sɤ^{11}	sai$^{\cdot53}$白 sai$^{\cdot213}$文	tsʰi$^{\cdot213}$	si$^{\cdot55}$	tsʰi$^{\cdot35}$
饶平	dzi^{21}	ti^{21}	sai$^{\cdot25}$	su^{21}	sai$^{\cdot52}$白 sai$^{\cdot214}$文	tsʰi$^{\cdot214}$	si$^{\cdot55}$	tsʰi$^{\cdot25}$
汕头	dzi^{31}	ti^{31}	sai$^{\cdot25}$	su^{31}	sai$^{\cdot51}$白 sai$^{\cdot213}$文	tsʰi$^{\cdot213}$	si$^{\cdot55}$	tsʰi$^{\cdot25}$
澄海	zi^{22}	ti^{22}	sai$^{\cdot35}$	sə^{22}	sai$^{\cdot53}$白 sai$^{\cdot212}$文	tsʰi$^{\cdot212}$	si$^{\cdot55}$	tsʰi$^{\cdot35}$
潮阳	tsi$^{\cdot42}$	ti$^{\cdot42}$	sai$^{\cdot52}$	su^{42}	sai$^{\cdot454}$	tsʰi$^{\cdot52}$	si$^{\cdot33}$	tsʰi$^{\cdot52}$
南澳	si^{31}	ti^{31}	sai$^{\cdot35}$	sɤ^{31}	sai$^{\cdot52}$白 sai$^{\cdot21}$文	tsʰi$^{\cdot21}$	si$^{\cdot454}$	tsʰi$^{\cdot35}$
揭阳	zi^{22}	ti^{22}	sai$^{\cdot25}$	suɯ^{22}	sai$^{\cdot41}$白 sai$^{\cdot213}$文	tsʰi$^{\cdot213}$	si$^{\cdot55}$	tsʰi$^{\cdot25}$
普宁	tsi$^{\cdot31}$	tʰai$^{\cdot55}$	sai$^{\cdot24}$	su^{31}	sai$^{\cdot52}$白 sai$^{\cdot312}$文	tsʰi$^{\cdot312}$	si$^{\cdot55}$	tsʰi$^{\cdot24}$
惠来	tsi$^{\cdot31}$	ti$^{\cdot25}$	sai$^{\cdot25}$	su^{31}	sai$^{\cdot53}$白 sai$^{\cdot31}$文	tsʰi$^{\cdot31}$	si$^{\cdot55}$	tsʰi$^{\cdot25}$
海丰	tsi$^{\cdot21}$	ti^{35}	sai$^{\cdot35}$	su^{21}大~ su^{35}又	sai$^{\cdot53}$白,~钱 su^{53}白,~用 su$^{\cdot212}$文	tsʰi$^{\cdot212}$白 si$^{\cdot212}$文	si$^{\cdot55}$	tsʰi$^{\cdot35}$
陆丰	tsi$^{\cdot22}$	tʰai$^{\cdot13}$	sai$^{\cdot22}$	su^{22}	sai$^{\cdot55}$白 sai$^{\cdot213}$文,大~ su^{55}文,大~	tsʰi$^{\cdot213}$	si$^{\cdot13}$	tsʰi$^{\cdot22}$
电白	su^{442}	tsi$^{\cdot442}$	si$^{\cdot442}$	su^{442}	sai^{21}	tsʰi$^{\cdot13}$	si$^{\cdot22}$	si$^{\cdot442}$
雷州	tsu^{33}	tsi^{33}	si$^{\cdot33}$	su^{33}	sai$^{\cdot42}$白 su^{42}文	tsʰi$^{\cdot22}$	si$^{\cdot22}$ su^{22}	tsʰi$^{\cdot33}$

	0241 耳	0242 记	0243 棋	0244 喜	0245 意	0246 几~个	0247 气	0248 希
	止开三 上之日	止开三 去之见	止开三 平之群	止开三 上之晓	止开三 去之影	止开三 上微见	止开三 去微溪	止开三 平微晓
广州	i^{13}	kɐi^{33}	kʰɐi^{21}	hei^{35}	i^{33}	kɐi^{35}	hei^{33}	hei^{53}
番禺	i^{23}	kɐi^{33}	kʰɐi^{31}	hei^{35}	i^{33}	kɐi^{35}	hei^{33}	hei^{53}
增城	ŋei^{13}	kɐi^{33}	kʰɐi^{45}	hei^{35}	i^{33}	kɐi^{35}	hei^{33}	hei^{44}
从化	ŋi^{45}	ki^{23}	kʰi^{23}	hi^{45}	i^{23}	ki^{45}	hi^{23}	hi^{55}
龙门	ŋi^{35}	ki^{23}	kʰi^{21}	hi^{35}	i^{23}	ki^{35}	hi^{23}	hi^{42}
莞城	ŋɐi^{34}	kɐi^{44}	kʰɐi^{31}	hɐi^{35}	i^{44}	kʰɐi^{35}	hɐi^{44}	hɐi^{23}
宝安	i^{23}	ki^{33}	kʰi^{25}	hi^{25}	i^{33}	ki^{25}	hi^{33}	hi^{55}
佛山	i^{13}	kɐi^{24} / ki^{24}又	kʰɐi^{42} / ki^{42}又	hei^{35}	i^{24}	kɐi^{35} / ki^{35}又	hei^{24} / hi^{24}又	hei^{53} / hi^{53}又
南海	i^{13}	kɐi^{33}	kʰɐi^{31}	hei^{35}	i^{33}	kɐi^{35}	hei^{33}	hei^{51}
顺德	i^{13}	ki^{32}	kʰi^{24}	hi^{24}	i^{32}	ki^{24}	hi^{32}	hi^{53}
三水	i^{23}	kɐi^{44}	kʰɐi^{31} / kʰei^{25}又	hei^{25}	i^{44}	kɐi^{25}	hei^{44}	hei^{53}
高明	i^{33}	kɐi^{33}	kʰɐi^{31}	hei^{24}	i^{33}	kɐi^{24}	hei^{33}	hei^{55}
佛冈	i^{35}	ki^{33}	kʰi^{22} / kʰi^{35}又	hi^{35}	i^{33}	ki^{35}	hi^{33}	hi^{33}
阳山	i^{224}	kɐi^{34}	kɐi^{241}	hɐi^{55}	ɐi^{34}	kɐi^{55}	hi^{34}	hi^{51}
连山	ŋi^{15}	ki^{35}	ki^{241}	hi^{55}	i^{35}	ki^{55}	hi^{35}	hi^{51}
新兴	i^{21}	ki^{443}	kʰi^{21}	hi^{35}	i^{443}	ki^{35}	hi^{443}	hi^{45}
罗定	i^{13}	kɐi^{33}	kʰei^{21}~谱 / kʰei^{35}捉~	hei^{35}	i^{33}	kɐi^{35}	hei^{33}	hei^{55}
郁南	i^{13}	kɐi^{33}	kʰei^{21}	hei^{35}	i^{33}	kɐi^{35}	hei^{33}	hei^{55}
石岐	ŋi^{213}	ki^{33}	kʰi^{51}	hi^{213}	i^{33}	ki^{213}	hi^{33}	hi^{55}

	0241 耳	0242 记	0243 棋	0244 喜	0245 意	0246 几~个	0247 气	0248 希
	止开三 上之日	止开三 去之见	止开三 平之群	止开三 上之晓	止开三 去之影	止开三 上微见	止开三 去微溪	止开三 平微晓
肇庆	i¹³	kei³³	kʰei²¹	hei²⁴	i³³	kei²⁴	hei³³	hei⁴⁵
香洲	ŋi³⁵	ki³³	kʰi³⁴³	hi³⁵	i³³	ki³⁵	hi³³	hi²¹
斗门	ŋi⁴⁵	kei³⁴	kʰei²²	hei⁴⁵	i³⁴	kei⁴⁵	hei³⁴	hei³⁴
新会	ŋi⁴⁵	kɛi²³	kʰɛi²²	hɛi⁴⁵	i²³	kɛi⁴⁵	hɛi²³	hɛi²³
台山	ŋi⁵⁵	kei³³	kʰei²²	hei⁵⁵	ji³³	kei⁵⁵	hei³³	hei³³
开平	ŋei⁴⁵	kei³³	kʰei²¹⁵ 小	hei³³	ji³³	kei⁴⁵	hei³³	hei³³
恩平	ŋgi⁵⁵	ki³³	kʰɿ²²	hi⁵⁵	i³³	ki⁵⁵	hi³³	hi³³
四会	i²⁴	ki³³	kɐi³¹	hɐi³³	i³³	ki³³	hi³³	hi⁵¹
广宁	i³²³	ki³³	kɐi³¹	hei⁴⁴	i³³	kei⁴⁴	hi³³	hi⁵¹
怀集	ŋɿ²⁴	ki⁴⁵	ki²³¹	hi⁵⁴	i⁴⁵	ki⁵⁴	hi⁴⁵	hi⁴²
德庆	ŋɿ²³	ki⁵³	ki²⁴²	hi⁴⁵	i⁵³	ki⁴⁵	hi⁵³	hi⁴⁵⁴
封开	ŋɿ²²³	ki⁵¹	ki²⁴³	hi³³⁴	i⁵¹	ki³³⁴	hi⁵¹	hi⁵⁵
阳江	i²¹	kei³⁵	kʰei⁴²	hei²¹	i³⁵	kei²¹	hei³⁵	hei³³
阳春	ŋi³²³	kei³³	kʰei³¹	hei³²⁴	i³³	kei³²⁴	hei³³	hei⁴⁵
赤坎	ŋi¹³	kei³³	kʰei²¹	hei¹³	i³³	kei¹³	hei³³	hei⁴⁵
吴川	ŋi²⁴	kei³³	kʰei³¹	hei³⁵	i³³	kei³⁵	hei³³	hei⁵⁵
廉江	ŋi²³	kei³³	kʰei²¹	hei²⁵	i³³	kei²⁵	hei³³	hei⁵⁵
高州	ŋi¹³	kei³³	kʰei²¹	hei²⁴	i³³	kei²⁴	hei³³	hei⁵³
化州	ŋ¹³	kei³³	kʰei¹³	hei³⁵	ei³³ 白 / i³³ 文	kei³⁵	hei³³	hei⁵³

	0241 耳	0242 记	0243 棋	0244 喜	0245 意	0246 几~个	0247 气	0248 希
	止开三上之日	止开三去之见	止开三平之群	止开三上之晓	止开三去之影	止开三上微见	止开三去微溪	止开三平微晓
梅州	ŋi³¹	ki⁵²	kʰi²¹	hi³¹	i⁵²	ki³¹	hi²¹	hi⁴⁴
兴宁	ni³¹	ki⁵¹	kʰi¹³	ʃl̩³¹	ʒl̩⁵¹	kit²/ki³¹又	ʃl̩⁵¹	ʃl̩²⁴
五华	ŋi̩³¹	ki⁵¹	kʰi²¹²	ʃi³¹	i⁵¹	ki³¹	ʃi⁵¹	ʃi⁴⁴
大埔	ŋi³¹	ki⁵²	kʰi¹³	kʰi³¹白/hi³¹文	ʒɿ⁵²	ki³¹	kʰi⁵²	hi³⁴
丰顺	ŋi̩⁵³	ki⁵³	kʰi²⁴	hi⁵³	i⁵³	ki⁴⁴	kʰi⁵³	hi⁴⁴
揭西	ŋi̩³¹	ki⁴¹	kʰi²⁴	hi³¹	ʒi⁴¹	ki³¹~何/kit³~多	kʰi⁴¹	hi⁴⁵²
陆河	ŋi̩²⁴	ki³¹	kʰi³⁵	hi²⁴	ʒi³¹	ki²⁴	hi³¹	hi⁵³
龙川	ŋi̩²⁴	ki³¹	kʰi⁵¹	ʃi²⁴	i³¹	ki²⁴	ʃi³¹	ʃi³³
河源	ŋi̩²⁴	ki²¹²	kʰi³¹	hi²⁴	ʔi²¹²	ki²⁴	hi²¹²	hi³³
连平	ŋi̩³¹	ki⁵³	kʰi²¹	hi³¹	i⁵³	ki³¹	hi⁵³	hi²⁴
龙岗	ŋgi³¹	ki⁵³	kʰi²¹	hi³¹	zi⁵³	ki³¹~只/kit²~多	hi⁵³	hi³³
惠州	ŋi̩³⁵	ki²³	kʰi²²	hi³⁵	ʔi²³	ki³⁵	hi²³	hi³³
博罗	ŋgi³⁵	ki²⁴	kʰi²¹	hi³⁵	i²⁴	ki³⁵	hi²⁴	hi⁴⁴
新丰	ŋgi³¹	ki⁵¹	kʰi²⁴	kʰi³¹	i⁵¹	ki³¹	kʰi⁵¹	kʰi⁴⁴
翁源	ŋi³¹	ki⁴⁵	kʰi⁴¹	kʰi³¹	i⁴⁵	ki³¹	kʰi⁴⁵	ʃi²²
始兴	ŋi̩³¹	tsɿ³³	tsʰɿ⁵¹	sɿ³¹	ɿ³³	tsɿ³¹	tsʰɿ³³	sɿ²²
仁化	ŋi̩³⁴	ki³⁴	kʰi³¹	ʃi²³	i³⁴	ki²³	kʰi³⁴	ʃi³³
南雄	ŋi̩²⁴	tɕi³²	tɕi²¹	ɕi²⁴	i³²	tɕi²⁴	tɕʰi³²	ɕi⁴⁴

	0241 耳	0242 记	0243 棋	0244 喜	0245 意	0246 几~个	0247 气	0248 希
	止开三 上之日	止开三 去之见	止开三 平之群	止开三 上之晓	止开三 去之影	止开三 上微见	止开三 去微溪	止开三 平微晓
皈塘	ɛ^{33}	ki^{21}	kʰi^{45}	hi^{33} kʰi^{33}	i^{21}	ki^{33}	kʰi^{21}	hi^{24}
桂头	ŋai^{21}	ŋai^{44}	kʰai^{45}	hai^{324}	i^{44}	kai^{324}	hai^{44}	hai^{51}
连州	ŋi^{24}	kɐi^{11}	kʰɐi^{55}	hɐi^{53}	ɐi^{11}	ɐi^{53} ~好：很好 kɐi^{53} ~个	hɐi^{11} ~紧 kʰɐi^{53} 福~	kʰɐi^{31}
潮州	dzɤ^{53}	ki^{213}	ki^{55}	hi^{53}	i^{213}	kui^{53} 白 ki^{33} 文	kʰui^{213} 白 kʰi^{213} 文	hi^{33}
饶平	hĩ^{25} 白 dzɯ^{52} 文	ki^{214}	ki^{55}	hi^{52}	i^{214}	kui^{52} 白 ki^{52} 文	kʰui^{214} 白 kʰi^{214} 文	hi^{44}
汕头	hĩ^{25} 白 dzɯ^{51} 文	ki^{213} ~忆 kĩ^{213} ~得	ki^{55}	hi^{51} ~事 hĩ^{51} 欢~	i^{213}	kui^{51}	kʰui^{213} 白 kʰi^{213} 文	hi^{33}
澄海	hĩ^{35} 白,~朵 zɘ^{53} 文,木~	ki^{212}	ki^{55}	hi^{53}	i^{212}	kui^{53}	kʰui^{212} 白 kʰi^{212} 文	hi^{33}
潮阳	hĩ^{52} 白,猪~ zu^{454} 文,木~	ki^{52}	ki^{33}	hi^{454}	i^{52}	kui^{454}	kʰui^{52} 白 kʰi^{52} 文	hi^{31}
南澳	hĩ^{35} 白 dzɤ^{52} 文	ki^{21}	ki^{454}	hi^{52}	i^{21}	kui^{52}	kʰui^{21} 白 kʰi^{21} 文	hi^{34}
揭阳	hĩ^{25} 白 zɯ^{41} 文	ki^{213} kĩ^{213} ~得	ki^{55}	hi^{41}	i^{213}	kui^{41} 白 ki^{33} 文	kʰui^{213} 白 kʰi^{213} 文	hi^{33}
普宁	hĩ^{24} 白 zu^{52} 文	ki^{312}	ki^{55}	hi^{52}	i^{312}	kui^{52} 白 ki^{35} 文	kʰui^{312} 白 kʰi^{312} 文	hi^{35}
惠来	hĩ^{25} 白 dzi^{53} 文	ki^{31}	ki^{55}	hi^{53}	i^{31}	ki^{53}	kʰui^{31} 白 kʰi^{31} 文	hi^{34}
海丰	hĩ^{35} 白 ndzi^{53} 文	ki^{212} kĩ^{212} 又	ki^{55}	hi^{53}	i^{212}	kue^{53} ~个 kui^{53} 六~年 kua^{53} 侬：几人	kʰui^{212} 白 kʰi^{212} 文	hi^{33}
陆丰	hĩ^{22} 白 ndzi^{55} 文	ki^{213} kĩ^{213} 又	ki^{13}	hi^{55}	i^{213}	kue^{55} ~个 kui^{55} 六~年 kua^{55} ~侬：几人	kʰui^{213} 白 kʰi^{213} 文	hi^{33}
电白	hi^{442}	ki^{13}	ki^{22}	hi^{21}	i^{13}	kui^{21}	kʰui^{13} 白 kʰi^{13} 文	hi^{33}
雷州	hi^{33}	ki^{21}	ki^{22}	hi^{42}	ʔi^{33}	kui^{42}	kʰi^{33}	hi^{24}

	0249 衣	0250 嘴	0251 随	0252 吹	0253 垂	0254 规	0255 亏	0256 跪
	止开三平微影	止合三上支精	止合三平支邪	止合三平支昌	止合三平支禅	止合三平支见	止合三平支溪	止合三上支群
广州	i⁵³	tʃʷøy³⁵	tʃʰʷøy²¹	tʃʰʷøy⁵³	ʃʷøy²¹	kʰuɐi⁵³	kʰuɐi⁵³	kuɐi²²
番禺	i⁵³	tʃœy³⁵	tʃʰœy³¹	tʃʰœy⁵³	ʃœy³¹	kʰuɐi⁵³	kʰuɐi⁵³	kuɐi²²
增城	i⁴⁴	tsœ³³	tsʰœ²¹	tsʰœ⁴⁴	tsʰœ²¹	kʰuɐi⁴⁴	kʰuɐi⁴⁴	kuɐi²²
从化	i⁵⁵	tsœy⁴⁵	tsʰœy²²	tsʰœy²³	sœy²²	kʰuɐi⁵⁵	kʰuɐi⁵⁵	kuɐi³¹
龙门	i⁴²	tsɔi²³	tsʰɔi²¹	tsʰɔi⁴²	sɔi²¹	kʰɐi⁴²	kʰɐi⁴²	kɐi⁵³
莞城	i²³	tʃθ⁴⁴ / tʃθ³⁵ 又	ʃθ³¹	tʃʰθ²³	ʃθ³¹	kʰuɔi²³	kʰuɔi²³	kuɔi⁴⁴
宝安	i⁵⁵	tʃɔi²⁵	tʃʰɔi³¹	tʃʰɔi⁵⁵	ʃɔi³¹	kʰuɐi⁵⁵	kʰuɐi⁵⁵	kuɐi²²
佛山	i⁵³	tʃœy³⁵	tʃʰœy⁴²	tʃʰœy⁵³	ʃœy⁴²	kʰuɐi⁵³	kʰuɐi⁵³	kuɐi¹²
南海	i⁵¹	tsøy³⁵	tsʰøy³¹	tsʰøy⁵¹	søy³¹	kʰuɐi⁵¹	kʰuɐi⁵¹	kuɐi²²
顺德	i⁵³	tʃɔi²⁴	tʃʰɔi⁴²	tʃʰɔi⁵³	ʃɔi⁴²	kʰuɐi⁵³	kʰuɐi⁵³	kuɐi²¹
三水	i⁵³ / i⁵⁵ 又	tsɔy²⁵	tsʰɔy³¹	tsʰɔy⁵³	sɔy³¹	kʰuɐi⁵³	kʰuɐi⁵³	kuɐi³³
高明	i⁵⁵	tʃœy²⁴	tʃʰœy³¹	tʃʰœy⁵⁵	ʃœy³¹	kʰuɐi⁵⁵	kʰuɐi⁵⁵	kuɐi³¹
佛冈	i³³	tʃuei³⁵	tʃʰuei²²	tʃʰuei³³	ʃuei²²	kʰuei³³	kʰuei³³	kuei³¹
阳山	ɐi⁵¹	tʃoi⁵⁵	ʃoi²¹⁴	tʃʰoi⁵¹	ʃoi²¹⁴	kʰuɐi⁵¹	kʰuɐi⁵¹	kuɐi²²⁴
连山	i⁵¹	tui⁵⁵	θui²⁴¹	tʃʰui⁵¹	ʃui²⁴¹	kʰuɛi	kʰuɐi⁵¹	kuɛi¹⁵
新兴	i⁴⁵	tsy³⁵	tsʰy²¹	tsy⁴⁵	sy²¹	kʰɐi⁴⁵	kʰɐi⁴⁵	ki⁵²
罗定	i⁵⁵	tsøi³⁵	tsʰøi²¹	tsʰøi⁵⁵	søi²¹	kʰuɐi⁵⁵	kʰuɐi⁵⁵	kuɐi²¹
郁南	i⁵⁵	tʃoi³⁵	tʃʰoi²¹	tʃʰoi⁵⁵	ʃoi²¹	kʰuɐi⁵⁵	kʰuɐi⁵⁵	kuɐi²¹
石岐	i⁵⁵	tsœy²¹³	tsʰœy⁵¹	tsʰœy⁵⁵	sœy⁵¹	kʰuɐi⁵⁵	kʰuɐi⁵⁵	kuɐi³³

	0249 衣	0250 嘴	0251 随	0252 吹	0253 垂	0254 规	0255 亏	0256 跪
	止开三 平微影	止合三 上支精	止合三 平支邪	止合三 平支昌	止合三 平支禅	止合三 平支见	止合三 平支溪	止合三 上支群
肇庆	i⁴⁵	tʃui²⁴	tʃʰui²¹	tʃʰui⁴⁵	ʃui²¹	kʰɐi⁴⁵	kʰɐi⁴⁵	kuɐi⁵²
香洲	i²¹	tsui³⁵	tsʰui³⁴³	tsʰui²¹	sui³⁴³	kʰɐi²¹	kʰɐi²¹	kɐi³³
斗门	i³⁴	tsui⁴⁵	tʰui²²	tʰui³⁴	sui²²	kʰuɐi³⁴	kʰuɐi³⁴	kuɐi⁴²
新会	i²³	tsui⁴⁵	tsʰui²²	tsʰui²³	sui²²	kʰuɛi²²	kʰuɛi²³	kuɛi³²
台山	ji³³	tui⁵⁵	tʰui²²	tsʰui³³	sui²²	kʰei³³	kʰei³³	kɐi³¹
开平	ji³³	tui⁴⁵	tʰui¹¹	tʃʰui³³	ʃui¹¹	kʰui³³	kʰui³³	kui³¹
恩平	i³³	tʃuəi⁵⁵	tʰuəi²²	tʰuəi³³	ʃuəi²²	kʰuəi³³	kʰuəi³³	kuəi²¹
四会	i⁵¹	tʃoi³³	tʃoi³¹	tʃʰoi⁵¹	ʃoi³¹	kʰuai⁵¹	kʰuai⁵¹	kuɐi²⁴
广宁	ei⁵¹	tsɔi⁴⁴	tsɔi³¹	tsʰɔi⁵¹	sɔi³¹	kʰuai⁵¹	kʰuai⁵¹	kuai³²³
怀集	i⁴²	tʃɔi⁵⁴	tʃɔi²³¹	tʃʰɔi⁴²	θɔi²²⁵	kʰuai⁴²	kʰuai⁴²	kuai²²⁵
德庆	i⁴⁵⁴	tsoi⁴⁵	tsʰoi²⁴²	tsʰoi⁴⁵⁴	soi³¹	kʰuɐi⁴⁵⁴	kʰuɐi⁴⁵⁴	kuɐi³¹
封开	i⁵⁵	tui³³⁴	ɬui²⁴³	tʃʰui⁵⁵	tʃui²⁴³	kʰuʌi⁵⁵	fuʌi⁵⁵	kuʌi²¹
阳江	i³³	tsui²¹	tsʰui⁴²	tsʰui³³	sui⁴²	kʰuɐi³³	kʰuɐi³³	kuɐi⁵⁴
阳春	i⁴⁵	tsui³²⁴	tsʰui³¹	tsʰui⁴⁵	sui³¹	kʰɐi⁴⁵	kʰɐi⁴⁵	kɐi⁵²
赤坎	i⁴⁵	tsui¹³	tsʰui²¹	tsʰui⁴⁵	sui²¹	kʰuɐi⁴⁵	kʰuɐi⁴⁵	kuɐi²¹
吴川	i⁵⁵	tʃui³⁵	tʃʰui³¹	tʃʰui⁵⁵	ʃui³¹	kʰuɐi⁵⁵	kʰuɐi⁵⁵	kuɐi³¹
廉江	i⁵⁵	tsui²⁵	tsʰui²¹	tsʰui⁵⁵	sui²¹	kʰuɐi⁵⁵	kʰuɐi⁵⁵	kuɐi²¹
高州	i⁵³	tʃui²⁴	tʃʰui²¹	tʃʰui⁵³	ʃui²¹	kʰuɐi⁵³	fɐi⁵³白 kʰuɐi⁵³文	kuɐi³¹
化州	ei⁵³ i⁵³又	tui³⁵	tʰui³¹	tʃʰui⁵³	ʃui³¹	kʰuɐi⁵³	kʰuɐi⁵³	kuɐi³¹

	0249 衣	0250 嘴	0251 随	0252 吹	0253 垂	0254 规	0255 亏	0256 跪
	止开三 平微影	止合三 上支精	止合三 平支邪	止合三 平支昌	止合三 平支禅	止合三 平支见	止合三 平支溪	止合三 上支群
梅州	i⁴⁴	tsui³¹	tsʰui²¹~便 / sui²¹~时	tsʰɔi⁴⁴	sui²¹	kui⁴⁴	kʰui⁴⁴	kʰui³¹
兴宁	ʒl̩²⁴	tsui³¹	tsʰi¹³ / tsʰui¹³又	tʃʰui²⁴	tʃʰui¹³	kui²⁴	kʰui²⁴	kʰui³¹
五华	i⁴⁴	tsi³¹	tsʰi²¹²	tʃʰui⁴⁴	ʃui²¹²	kui⁴⁴	kʰui⁴⁴	kʰui³¹
大埔	ʒl³⁴	tsui³¹	sui¹³	tʃʰui³⁴	sui¹³	kui³⁴	kʰui³⁴	kʰui³¹
丰顺	i⁴⁴	tʃoi⁵³	sui²⁴	tʃʰoi⁴⁴	ʃui²⁴	kui⁴⁴	kʰui⁴⁴	kʰui²¹
揭西	ʒi⁴⁵²	tsui³¹	sui²⁴	tʃʰɔi⁴⁵²	tʃʰui²⁴	kui⁴⁵²	kʰui⁴⁵²	kʰui³¹
陆河	ʒi⁵³	tsui²⁴	tsʰui³⁵	tʃʰui⁵³	ʃui³⁵	kui⁵³	kʰui⁵³	kʰui³³
龙川	i³³	tsui²⁴	tsʰui⁵¹	tsʰui³³	tsʰui⁵¹	kui³³	kʰui³³	kʰui²⁴
河源	ʔi³³	tsui²⁴	tsʰui³¹	tsʰui³³	tsʰui³¹	kui³³	kʰui³³	kʰui⁵⁴
连平	i²⁴	tsui³¹	sui²¹	tsʰui²⁴	sui²¹	kui²⁴	kʰui²⁴	kʰui³¹
龙岗	zi³³	tsui³¹	tsʰui²¹	tsʰui³³	sui³³	kui³³	kʰui³³	kʰui³¹
惠州	ʔi³³	tsui³⁵	tsʰui²²	tsʰui³³	sui²²	kʰui³³	kʰui³³	kʰui³¹
博罗	i⁴⁴	tsui³⁵	tsʰui²¹	tsʰui⁴⁴	sui²¹	kui⁴⁴ / kʰui⁴⁴又	kʰui⁴⁴	kʰui⁴¹
新丰	i⁴⁴	tsui³¹	tsʰui²⁴	tsʰui⁴⁴	sui²⁴	kui⁴⁴	kʰui⁴⁴	kʰui³¹
翁源	i²²	tsui³¹	tsʰui⁴¹	tʃʰui²²	ʃui⁴¹	kui²²	kʰui²²	kʰui³¹
始兴	ɿ²²	tsɔe³¹	sɔe⁵¹	tsʰɔe²²	tsʰɔe⁵¹	kʰɛ²²	kʰɛ²²	kʰɛ³¹
仁化	i³³	tsuei²³	tsʰuei³¹	tsʰuei³³	suei³¹	kʰuei³³	kʰuei³³	kʰuei³⁴
南雄	i⁴⁴	tɕy²⁴	tsʰɤ²¹白 / sɤ²¹文	tɕʰy⁴⁴	sɤ²¹	kʰui⁴⁴	kʰui⁴⁴	kui⁴²

	0249 衣	0250 嘴	0251 随	0252 吹	0253 垂	0254 规	0255 亏	0256 跪
	止开三 平微影	止合三 上支精	止合三 平支邪	止合三 平支昌	止合三 平支禅	止合三 平支见	止合三 平支溪	止合三 上支群
皈塘	i²⁴	tʃy³³	tʃʰy⁴⁵	tʃʰy²⁴	ʃy⁴⁵	ku²⁴	kʰu²⁴	kʰu³³
桂头	i⁵¹	tsau³²⁴	tsʰau⁴⁵	tsʰy⁵¹	tsʰøy⁴⁵	kʰuei⁵¹	kʰuei⁵¹	kʰuei⁴⁴
连州	ɐi³¹	tsɐi⁵³	sɐi⁵⁵	tsʰy³¹	sɐi⁵⁵	kʰuɐi³¹	kʰuɐi³¹	kʰuɐi⁵³
潮州	ui³³ 白,～箱 i³³ 文,～服	（无）	sui⁵⁵	tsʰue³³	sue⁵⁵ 白 sui⁵⁵ 文 hũĩ⁵⁵ 又	kui³³	kʰui³³	kũĩ³⁵
饶平	ui⁴⁴ 白,胎～ i⁴⁴ 文,～服	（无）	sui⁵⁵	tsʰue⁴⁴	sui⁵⁵	kui⁴⁴	kʰui⁴⁴	kũĩ²⁵
汕头	ui³³ 白 i³³ 文	（无）	sui⁵⁵	tsʰue³³	sui⁵⁵	kui³³	kʰui³³	kui²⁵
澄海	i³³	（无）	sui⁵⁵	tsʰue³³	sui⁵⁵	kui³³	kʰui³³	kũĩ³⁵
潮阳	i³¹	（无）	sui³³	tsʰue³¹	sui³³	kui³¹	kʰui³¹	kui⁵²
南澳	i³⁴	（无）	sui⁴⁵⁴	tsʰue³⁴	sui⁴⁵⁴	kui³⁴	kʰui³⁴	kũĩ³⁵
揭阳	ui³³ 白 i³³ 文	（无）	sui⁵⁵	tsʰue³³	sui⁵⁵	kui³³	kʰui³³	kui²⁵
普宁	ui³⁵ 白 i³⁵ 文	（无）	sui⁵⁵	tsʰue³⁵	sui⁵⁵	kui³⁵	kʰui³⁵	kui²⁴
惠来	i³⁴	（无）	sui⁵⁵	tsʰue³⁴	sui⁵⁵	kui³⁴	kʰui³⁴	kui²⁵
海丰	i³³	tsui³⁵	sui⁵⁵	tsʰue³³ 白 tsʰui³³ 文	sue⁵⁵ 白 sui⁵⁵ 文	kui³³	kʰui³³	kui³⁵
陆丰	i³³	（无）	sui¹³	tsʰue³³ 白 tsʰui³³ 文	sui¹³ 白 tsʰui¹³ 文	kui³³	kʰui³³	kui²²
电白	i³³	（无）	tsʰui²²	tsʰui³³	tsʰui²²	kui³³	kʰuɐi³³	kui⁴⁴²
雷州	ʔi²⁴	（无）	tsʰui²²	tsʰui²⁴	sui²²	kui²⁴	kʰui²⁴	kui³³

	0257 危	0258 类	0259 醉	0260 追	0261 锤	0262 水	0263 龟	0264 季
	止合三 平支疑	止合三 去脂来	止合三 去脂精	止合三 平脂知	止合三 平脂澄	止合三 上脂书	止合三 平脂见	止合三 去脂见
广州	ŋɐi²¹	løy²²	tʃøy³³	tʃøy⁵³	tʃʰøy²¹	ʃøy³⁵	kuɐi⁵⁵	kuɐi³³
番禺	ɐi³¹	lœy²²	tʃœy³³	tʃœy⁵³	tʃʰœy³¹	ʃœy³⁵	kuɐi⁵⁵	kuɐi³³
增城	ŋɐi²¹	lœ²²	tsœ³³	tsœ⁴⁴	tsʰœ⁴⁵	sœ³⁵	kuɐi⁴⁴	kuɐi³³
从化	ŋɐi²²	lœy³¹	tsœy²³	tsœy⁵⁵	tsʰœy²²	sœy⁴⁵	kuɐi⁵⁵	kuɐi²³
龙门	ŋɐi²¹	lɔi⁵³	tsɔi²³	tsɔi⁴²	tsʰɔi²¹	sɔi³⁵	kɐi⁵⁵	kɐi²³
莞城	ŋɔi³¹	ŋθ⁴⁴	tʃθ⁴⁴	tʃθ²³	tʃʰθ³¹	ʃθ³⁵	kuɔi²³	kuɔi⁴⁴
宝安	ŋɐi³¹	lɔi²²	tʃɔi³³	tʃɔi²³	tʃʰɔi³³	ʃɔi²⁵	kuɐi⁵⁵	kuɐi³³
佛山	gɐi⁴²	lœy¹²	tʃœy²⁴	tʃœy⁵³	tʃʰœy⁴²	ʃœy³⁵	kuɐi⁵⁵	kuɐi²⁴
南海	ŋɐi³¹	løy²²	tsøy³³	tsøy⁵¹	tsʰøy³¹	søy³⁵	kuɐi⁵⁵	kuɐi³³
顺德	ɐi⁴²	lɔi²¹	tʃɔi³²	tʃɔi⁵³	tʃʰɔi²⁴	ʃɔi²⁴	kuɐi⁵⁵	kuɐi³²
三水	ŋɐi³¹	lɔy³³	tsɔy⁴⁴	tsɔy⁵³	tsʰɔy³¹ tsʰɔy²⁵ 又	sɔy²⁵	kuɐi⁵⁵	kuɐi⁴⁴
高明	ŋɐi³¹	lœy³¹	tʃœy³³	tʃœy⁴⁵	tʃʰœy³¹	ʃœy²⁴	kuɐi⁴⁵	kuɐi³³
佛冈	ŋɐi²²	luei³¹	tʃuei³³	tʃuei³³	tʃʰuei²²	ʃuei³⁵	kuei³¹ kuei³³ 又	kuɐi³³
阳山	ŋɐi²⁴¹	lɔi²¹⁴	tʃɔi³⁴	tʃɔi⁵¹	tɔi²⁴¹	ʃy⁵⁵	kuɐi⁵¹	kuɐi³⁴
连山	ŋɔi²⁴¹	lui²¹⁵	tui³⁵	tʃui⁵¹	ʃui²⁴¹	ʃui⁵⁵	kuɛi⁵¹	kuɛi³⁵
新兴	ŋɐi²¹	ly⁵²	tsy⁴⁴³	tsy⁴⁵	tsʰy²¹	sy³⁵	kʰɐi⁴⁵	ki⁴⁴³
罗定	ŋɐi²¹	løi¹³	tsøi³³	tsøi⁵⁵	tsʰøi²¹	søi³⁵	kuɐi⁵⁵	kuɐi³³
郁南	ŋɐi²¹	lɔi²¹	tʃɔi³³	tʃɔi⁵⁵	tʃʰɔi²¹	ʃɔi³⁵	kuɐi⁵⁵	kuɐi³³
石岐	ŋɐi⁵¹	lœy³³	tsœy³³	tsœy⁵⁵	tsʰœy⁵¹	sœy²¹³	kuɐi⁵⁵	kuɐi³³

	0257 危	0258 类	0259 醉	0260 追	0261 锤	0262 水	0263 龟	0264 季
	止合三 平支疑	止合三 去脂来	止合三 去脂精	止合三 平脂知	止合三 平脂澄	止合三 上脂书	止合三 平脂见	止合三 去脂见
肇庆	ŋɐi²¹	lui⁵²	tʃui³³	tʃui⁴⁵	tʃʰui²¹	ʃui²⁴	kuɐi⁴⁵	kuɐi³³
香洲	ŋɐi³⁴³	lui³³	tsui³³	tsui²¹	tsʰui³⁴³	sui³⁵	kɐi²¹	kɐi³³
斗门	ŋɐi²²	lui⁴²	tsui³⁴	tsui³⁴	tʰui²²	sui⁴⁵	kuɐi³⁴	kɐi³⁴
新会	ŋai²²	lui³²	tsui²³	tsui²³	tsʰui²²	sui⁴⁵	kuɛi²³	kuɛi²³
台山	ŋai²²	lui³¹	tui³³	tsui³³	tsʰui²²	sui⁵⁵	kei³³	kei³³
开平	ŋai¹¹	lui³¹	tui³³	tʃui³³	tʃʰui¹¹	ʃui⁴⁵	kui²¹⁵小	kui³³
恩平	ŋguɐi²²	luɐi²¹	tʃuɐi³³	tʃuɐi³³	tʰuɐi²¹	ʃuɐi⁵⁵	kuɐi³³	kuɐi³³
四会	ŋɐi²⁴	loi²⁴	tʃoi³³	tʃoi⁵¹	tʃʰoi³¹	ʃui³³	kuai⁵¹	kuɐi³³
广宁	ŋai³¹	lɔi³²³	tsɔi³³	tsɔi⁵¹	tsʰɔi³¹	sui⁴⁴	kuai⁵¹	kuai³³
怀集	ŋai²³¹	lɔi²²⁵	tʃɔi⁴⁵	tʃɔi⁴²	tʃɔi²³¹	θy⁵⁴	kuai⁴²	kuai⁴⁵
德庆	ŋɐi³¹	loi³¹	tsoi⁵³	tsoi⁴⁵⁴	tsoi²⁴²	soi⁴⁵	kuɐi⁴⁵⁴	kuɐi⁵³
封开	ŋuʌi²⁴³	lui²²³	tui⁵¹	tʃui⁵⁵	tʃui²⁴³	ʃui³³⁴	kuʌi⁵⁵	kuʌi⁵¹
阳江	ŋɐi⁴²	lui⁵⁴	tsui³⁵	tsui³³	tsʰui⁴²	sui²¹	kuɐi³³	kɐi³⁵
阳春	ŋɐi³¹	lui⁵²	tsui³³	tsui⁴⁵	tsʰui³¹	sui³²⁴	kɐi⁴⁵	kɐi³³
赤坎	ŋɐi²¹	lui²¹	tsui³³	tsui⁴⁵	tsʰui²¹	sui¹³	kuɐi⁴⁵	kuɐi³³
吴川	ŋɐi³¹	lui³¹	tʃui³³	tʃui⁵⁵	tʃʰui²¹	ʃui³⁵	kuɐi⁵⁵	kuɐi³³
廉江	ŋɐi²¹	lui²¹	tsui³³	tsui⁵⁵	tsʰui²¹	sui²⁵	kuɐi⁵⁵	kuɐi³³
高州	ŋɐi²¹	lui³¹	tʃui³³	tʃui⁵³	tʃʰui²¹	ʃui²⁴	kuɐi⁵³	kuɐi³³
化州	ŋɐi³¹	lui³¹	tui³³	tʃui⁵³	tʃʰui¹³	ʃui³⁵	kuɐi⁵³	kuɐi³³

	0257 危	0258 类	0259 醉	0260 追	0261 锤	0262 水	0263 龟	0264 季
	止合三 平支疑	止合三 去脂来	止合三 去脂精	止合三 平脂知	止合三 平脂澄	止合三 上脂书	止合三 平脂见	止合三 去脂见
梅州	ŋui²¹	lui⁵²	tsui⁵²	tsui⁴⁴	tsʰui²¹	sui³¹	kui⁴⁴	kui⁵²白 ki⁵²文
兴宁	ŋui¹³	lei⁵¹	tsei⁵¹	tʃui²⁴	tʃʰui¹³	ʃui³¹	kui²⁴	kui⁵¹
五华	ŋui²¹²	lui³¹	tsi⁵¹	tʃui⁴⁴	tʃʰui²¹²	ʃui³¹	kui⁴⁴	kui⁵¹
大埔	vui¹³	lui⁵²	tsui⁵²	tsui³⁴	tʃʰui¹³	ʃui³¹	kui³⁴	ki⁵²
丰顺	ŋui²⁴	lui²¹	tsui⁵³	tui⁴⁴	tʃʰui²⁴	ʃui⁵³	kui⁴⁴	ki⁵³
揭西	ŋui²⁴	lui³¹	tsui⁴¹	tui⁴⁵²白 tʃui⁴⁵²文	tʃʰui²⁴	ʃui³¹	kui⁴⁵²	kui⁴¹
陆河	ŋui³⁵	lui³³	tsui³¹	tui⁵³白 tʃui⁵³文	tʃʰui³⁵	ʃui²⁴	kui⁵³	kui³¹
龙川	ŋui³¹	lui³³	tsui³¹	tsui³³	tsʰui⁵¹	sui²⁴	kui³³	kui³¹
河源	ŋui³¹	lui⁵⁴	tsui²¹²	tsui³³	tsʰui³¹	sui²⁴	kui³³	kui²¹²
连平	ŋui²¹	lui⁵³	tsui⁵³	tsui²⁴	tsʰui²¹	sui³¹	kui²⁴	kui⁵³
龙岗	ŋgui²¹	lui⁵³	tsui⁵³	tsui³³	tsʰui²¹	sui³¹	kui³³	kui⁵³
惠州	ŋui²²	lui³¹	tsui²³	tsui³³	tsʰui²²	sui³⁵	kui³³	kui²³
博罗	ŋgui²¹	lui⁴¹	tsui²⁴	tsui⁴⁴	tsʰui²¹	sui³⁵	kui⁴⁴	kui²⁴
新丰	ŋgui²⁴	lui³¹	tsui⁵¹	tsui⁴⁴	tsʰui²⁴	sui³¹	kui⁴⁴	kui⁵¹
翁源	ŋui⁴¹	lui³¹	tsui⁴⁵	tʃui²²	tʃʰui⁴¹	ʃui³¹	kui²²	kui⁴⁵
始兴	ŋɛ⁵¹	lɔe³³	tsɔe³³	tsɔe²²	tsʰɔe⁵¹	sɔe³¹	kɛ²²	tsɿ³³
仁化	ŋuei³³	luei³³	tsuei³⁴	tsuei³³	tsʰuei³¹	suei²³	kuei³³	kuei³⁴
南雄	vi²¹	lɤ⁴²	tɕy³²	tsɿ⁴⁴	tɕy²¹	ɕy²⁴	kui⁴⁴	tɕi³²

	0257 危	0258 类	0259 醉	0260 追	0261 锤	0262 水	0263 龟	0264 季
	止合三 平支疑	止合三 去脂来	止合三 去脂精	止合三 平脂知	止合三 平脂澄	止合三 上脂书	止合三 平脂见	止合三 去脂见
皈塘	（无）	lu²¹	tʃy²¹	tʃy²⁴	tʃʰy⁴⁵	ʃy³³	ku²⁴	ki²¹
桂头	vei⁴⁵	løy⁴⁴	tsøy⁴⁴	tsøy⁵¹	tsʰøy⁴⁵	sy³²⁴	kuei⁵¹	kuei⁴⁴
连州	ŋɐi⁵⁵	lɐi³³	tsɐi¹¹	tsy³¹	tsʰy⁵⁵	sy⁵³	kuɐi³¹	kuɐi¹¹
潮州	ŋũĩ⁵⁵	lui¹¹	tsui²¹³	tui³³	tʰui⁵⁵	tsui⁵³	ku³³白 kui³³文	kʰui²¹³
饶平	ŋũĩ⁵⁵	lui²¹	tsui²¹⁴	tui⁴⁴	tʰui⁵⁵白 tui⁵⁵文	tsui⁵²	ku⁴⁴	kʰui²¹⁴
汕头	mũĩ⁵⁵ ŋũĩ⁵⁵又	lui³¹	tsui²¹³	tui³³	tʰui⁵⁵白 tui⁵⁵文	tsui⁵¹白 sui⁵¹文	ku³³	kʰui²¹³白 kui²¹³文
澄海	ŋũĩ⁵⁵	lui²²	tsui²¹²	tui³³	tʰui⁵⁵	tsui⁵³	ku³³	kʰui²¹²
潮阳	ŋũĩ³³	lui⁵²	tsui⁵²	tui³¹	tʰui³³白 tui³³文	tsui⁴⁵⁴	ku³¹	kʰui⁵²
南澳	ŋũĩ⁴⁵⁴	lui³¹	tsui²¹	tui³⁴	tʰui⁴⁵⁴白 tui⁴⁵⁴文	tsui⁵²	ku³⁴	kʰui²¹
揭阳	ŋũĩ⁵⁵	lui²²	tsui²¹³	tui³³	tʰui⁵⁵白 tui⁵⁵文	tsui⁴¹	ku³³	kʰui²¹³
普宁	ŋũĩ⁵⁵	lui³¹	tsui³¹²	tui³⁵	tʰui⁵⁵白 tui⁵⁵文	tsui⁵²	ku³⁵	kʰui³¹²白 ki³¹²文
惠来	mũĩ⁵⁵	lui²⁵	tsui³¹	tui³⁴	tʰui⁵⁵白 tui⁵⁵文	tsui⁵³	ku³⁴	kʰui³¹
海丰	ŋgui⁵⁵ hui⁵⁵~险	lui³⁵	tsui²¹²	tui³³	tʰui⁵⁵白 tui⁵⁵文	tsui⁵³白 sui⁵³文	ku³³白 kui³³文	kui²¹²
陆丰	ui¹³	lui²²	tsui²¹³	tui³³	tʰui¹³白 tui¹³文	tsui⁵⁵白 sui⁵⁵文	ku³³白 kui³³文	kʰui²¹³
电白	ŋai²²	lui⁴⁴²	tsui¹³	tsui³³	tʰui²²白 tsʰui²²文	tsui²¹	kui³³	kui¹³
雷州	ŋui²²	lui³³	tsui²¹	tsui²⁴	tʰui²²	tsui⁴²	ku²⁴	kui²¹

	0265 柜	0266 位	0267 飞	0268 费	0269 肥	0270 尾	0271 味	0272 鬼
	止合三去脂群	止合三去脂云	止合三平微非	止合三去微敷	止合三平微奉	止合三上微微	止合三去微微	止合三上微见
广州	kuɐi²²	uɐi²²	fei⁵³	fei³³	fei²¹	mei¹³	mei²²	kuɐi³⁵
番禺	kuɐi²²	uɐi²²	fei⁵³	fei³³	fei³¹	mei²³	mei²²	kuɐi³⁵
增城	kuɐi²²	uɐi²²	fei⁴⁴	fɐi³³	fɐi²¹	mei¹³	mei²²	kuɐi³⁵
从化	kuɐi³¹	uɐi²³	fɐi⁵⁵	fɐi²³	fɐi²²	mɐi³¹	mɐi³¹	kuɐi⁴⁵
龙门	kɐi⁵³	vɐi⁵³	fi⁴²	fɐi²³	fi²¹	mi²³	mi⁵³	kɐi³⁵
莞城	kuɔi⁴⁴	uɔi⁴⁴	fɐi²³	fɔi⁴⁴	fɐi³¹	mɐi³⁴	mɐi⁴⁴	kuɔi³⁵
宝安	kuɐi²²	uɐi²⁵	fi⁵⁵	fɐi³³	fi³³	mi²³	mi²²	kuɐi²⁵
佛山	kuɐi¹²	uɐi¹² ~置 uɐi³⁵ 座~	fi⁵³ fei⁵³ 又	fɐi²⁴	fi⁴² fei⁴² 又	bi¹³ bei¹³ 又	bi¹² bei¹² 又	kuɐi³⁵
南海	kuɐi²²	uɐi²² ~置 uɐi³⁵ 座~	fei⁵¹	fɐi³³	fei³¹	mei¹³	mei²²	kuɐi³⁵
顺德	kuɐi²¹	uɐi²¹	fei⁵³	fɐi³²	fei⁴²	mei¹³	mei²¹	kuɐi²¹
三水	kuɐi³³	uɐi²⁵ uɐi³³ 又	fei⁵³ fei⁵⁵ 又	fɐi⁴⁴	fei³¹ fei²⁵ 又	mei²³	mei³³	kuɐi²⁵
高明	kuɐi³¹	uɐi²⁴	fei⁵⁵	fɐi³³	fei³¹	mei³³	mei³¹	kuɐi²⁴
佛冈	kuɐi³¹	uɐi³¹ uɐi³⁵	fɐi³³	fɐi³³	fɐi²²	mɐi³¹	mɐi³¹	kuɐi³⁵
阳山	kuɐi²¹⁴	uɐi²¹⁴	fɐi⁵¹	fɐi³⁴	fɐi²⁴¹	mɐi⁵⁵	mɐi²¹⁴	kuɐi⁵⁵
连山	kuɛi²¹⁵	vɛi²¹⁵	fi⁵¹	fuɛi³⁵	pi²⁴¹ 白 fi²⁴¹ 文	mi⁵⁵	mi²¹⁵	kuɛi⁵⁵
新兴	ki⁵²	ui⁵²	fi⁴⁵	fɐi⁴⁴³	fi²¹	mi²¹	mi⁵²	ki³⁵
罗定	kuɐi²¹	uɐi²¹ ~置 uɐi³⁵ 地~	fei⁵⁵	fɐi³³	fei²¹	mei¹³	mei²¹	kuɐi³⁵
郁南	kuɐi²¹	uɐi²¹	fei⁵⁵	fɐi³³	fei²¹	mei¹³	mei²¹	kuɐi³⁵
石岐	kuɐi³³	uɐi³³	fi⁵⁵	fɐi³³	fi⁵¹	mi²¹³	mi³³	kuɐi²¹³

	0265 柜	0266 位	0267 飞	0268 费	0269 肥	0270 尾	0271 味	0272 鬼
	止合三 去脂群	止合三 去脂云	止合三 平微非	止合三 去微敷	止合三 平微奉	止合三 上微微	止合三 去微微	止合三 上微见
肇庆	kuɐi⁵²	uɐi⁵²	fei⁴⁵	fei³³	fei²¹	mei¹³	mei⁵²	kuɐi²⁴
香洲	kɐi³³	uɐi³³	fi²¹	fɐi³³	fi³⁴³	mi³⁵	mi³³	kɐi³⁵
斗门	kɐi⁴²	uɐi⁴²	fei³⁴	fei³⁴	fei²²	mei⁴⁵	mei⁴²	kuɐi⁴⁵
新会	kuɛi³²	uɛi³²	fɛi²³	fɛi²³	fɛi²²	mɛi⁴⁵	mɛi³²	kuɛi⁴⁵
台山	kei³¹	ʋei³¹	fei³³	fei³³	fei²²	mei⁵⁵	mei³¹	kei⁵⁵
开平	kui³¹	ʋui³¹	fui³³	fui³³	fui¹¹	mei⁴⁵	mei³¹	kui⁴⁵
恩平	kuəi²¹	ʋuəi²¹	fuəi³³	fuəi³³	fuəi²²	mbei⁵⁵	mbei²¹	kuəi⁵⁵
四会	kuɐi²⁴	uɐi²⁴	fi⁵¹	fi³³	fɐi³¹	mɐi³³	mi²⁴	kuai³³
广宁	kuai³²³	uai³²³	fei⁵¹	fi³³	fei³¹	mei⁴⁴	mi³²³	kuai⁴⁴
怀集	kuai²²⁵	uai²²⁵	fɐi⁴²	fɐi⁴⁵	fɐi²³¹	mɐi⁵⁴	mɐi²²⁵	kuai⁵⁴
德庆	kuɐi³¹	uɐi³¹	fi⁴⁵⁴	fi⁵³	fi²⁴²	mi²³	mi³¹	kuɐi⁴⁵
封开	kuʌi²¹	uʌi²¹	fi⁵⁵	fi⁵¹	fi²⁴³	mi²²³	mi²¹	kuʌi³³⁴
阳江	kuɐi⁵⁴	uɐi⁵⁴	fei³³	fɐi³⁵	fei⁴²	mei²¹	mei⁵⁴	kuɐi²¹
阳春	kɐi⁵²	uɐi⁵²	fɐi⁴⁵	fɐi³³	fɐi³¹	mei³²³	mei⁵²	kɐi³²⁴
赤坎	kuɐi²¹	uɐi²¹	fei⁴⁵	fɐi³³	fei²¹	mei¹³	mei²¹	kuɐi¹³
吴川	kuɐi³¹	uɐi³¹	fei⁵⁵	fɐi³³	fei³¹	mei²⁴	mei³¹	kuɐi³⁵
廉江	kuɐi²¹	uɐi²¹	fei⁵⁵	fɐi³³	fei²¹	mei²⁵	mei²¹	kuɐi²⁵
高州	kuɐi³¹	ʋɐi³¹	fei⁵³	fɐi³³	fei²¹	mei¹³	mei³¹	kuei²⁴
化州	kuɐi³¹	uɐi³¹	fɐi⁵³	fɐi³³	fei¹³	mei¹³	mei³¹	kuɐi³⁵

	0265 柜	0266 位	0267 飞	0268 费	0269 肥	0270 尾	0271 味	0271 鬼
	止合三 去脂群	止合三 去脂云	止合三 平微非	止合三 去微敷	止合三 平微奉	止合三 上微微	止合三 去微微	止合三 上微见
梅州	kʰui⁵²	vi⁵²	pi⁴⁴白 fi⁴⁴文	fi⁵²	pʰi²¹	mi⁴⁴	mi⁵²	kui³¹
兴宁	kʰui⁵¹	vi⁵¹	pi²⁴白 fi²⁴文	fi⁵¹	pʰi¹³	mi²⁴	mi⁵¹	kui³¹
五华	kʰui³¹	vi³¹	pi⁴⁴白 fi⁴⁴文	fi⁵¹	pʰi²¹²	mi⁴⁴	mi³¹	kui³¹
大埔	kʰui⁵²	vui⁵²	pui³⁴白 fui³⁴文	fui⁵²	pʰui¹³	mui³⁴	mui⁵²	kui³¹
丰顺	kʰui²¹	vui²¹	pui⁴⁴	fui⁵³	pʰui²⁴	mui⁴⁴	mui²¹	kui⁵³
揭西	kʰui³¹	vui³¹	pui⁴⁵²白 fui⁴⁵²文	fui⁴¹	pʰui²⁴	mui⁴⁵²	mui³¹	kui³¹
陆河	kʰui³³	vui³³	pui⁵³白 fui⁵³文	fui³¹	pʰui³⁵	mui⁵³	mui³³	kui²⁴
龙川	kʰui³³	vui³³	fui³³	fui³¹	fui⁵¹	mui³¹	mui³³	kui²⁴
河源	kʰui⁵⁴	ʋui⁵⁴	fi³³	fie²¹²	fi³¹	mi²¹²	mi⁵⁴	kui²⁴
连平	kʰui⁵³	ui⁵³	fui²⁴	fui⁵³	fui²¹	mui²⁴	mui⁵³	kui³¹
龙岗	kʰui⁵³	vui⁵³	fui³³	fui⁵³	fui²¹	mbui³³	mbui⁵³	kui³¹
惠州	kʰui³¹	wui³¹	fi³³	fiɛ²³	fi²²	mi²³	mi³¹	kui³⁵
博罗	kʰui⁴¹	vui⁴¹	vi⁴⁴	vɛi²⁴	vi²¹	mbi²⁴	mbi⁴¹	kui³⁵
新丰	kui³¹	vui³¹	fui⁴⁴	fui⁵¹	fui²⁴	mbui⁴⁴	mbui³¹	kui³⁵
翁源	kʰui³¹	vui³¹	fui²²	fui⁴⁵	fui⁴¹	mui²²	mui³¹	kui³¹
始兴	kʰɛ³³	vɛ³³	fɛ²²	fɛ³³	fɛ⁵¹	mɛ²²	mɛ³³	kɛ³¹
仁化	kʰuei³³	vei³³	fei³³	fei³⁴	fei³¹	mi²³	mi³³	kuei²³
南雄	kui⁴²	vi⁴²	fi⁴⁴	fi⁴²	fi²¹	mɤ⁴⁴	vi⁴²	kui²⁴

	0265 柜	0266 位	0267 飞	0268 费	0269 肥	0270 尾	0271 味	0271 鬼
	止合三 去脂群	止合三 去脂云	止合三 平微非	止合三 去微敷	止合三 平微奉	止合三 上微微	止合三 去微微	止合三 上微见
舨塘	k^hu^{21}	i^{21}	fi^{24}	fi^{21}	fi^{45}	$ŋ^{33}$	$i^{·21}uei^{21}$	ku^{33}
桂头	k^huei^{4}	vei^{4}	fei^{51}	fei^{44}	fei^{45}	mei^{21}	mai^{44}	$kuei^{324}$
连州	$k^huɐi^{33}$	$vɐi^{33}$	$fɐi^{31}$	$fɐi^{11}$	$fɐi^{55}$	$mɐi^{24}$	$mɐi^{33}$	$kuɐi^{53}$
潮州	$kũĩ^{11}$	ui^{11}	pue^{33}白 hui^{33}文	$pi^{·213}$姓氏 $hui^{·213}$~用	pui^{55}	bue^{53}	$bi^{·213}$	kui^{53}
饶平	$kũĩ^{21}$	$ui^{·21}$	pue^{44}白 hui^{44}文	hui^{214}	pui^{55}	bue^{52}	$bi^{·21}$	kui^{52}
汕头	$kũĩ^{31}$	ui^{31}	pue^{33}白 hui^{33}文	hui^{213}	pui^{55}	bue^{51}	$bi^{·31}$	kui^{51}
澄海	$kũĩ^{22}$	$ui^{·22}$	pue^{33}白 hui^{33}文	$pi^{·212}$姓氏 $hui^{·212}$~用	pui^{55}	bue^{53}	$bi^{·22}$	kui^{53}
潮阳	kui^{42}	ui^{42}	$pfue^{31}$	hui^{52}	$pfui^{33}$	$bvue^{454}$	$bi^{·42}$	kui^{454}
南澳	$kũĩ^{31}$	$ui^{·31}$	pue^{34}白 hui^{34}文	hui^{21}	pui^{454}	bue^{52}	$bi^{·31}$	kui^{52}
揭阳	$kũĩ^{22}$	ui^{22}	pue^{33}白 hui^{33}文	hui^{213}	pui^{55}	bue^{41}	$bi^{·22}$	kui^{41}
普宁	kui^{31}	$ũĩ^{31}$	$pfue^{35}$白 hui^{35}文	hui^{312}	$pfui^{55}$	$bvue^{52}$	$bi^{·31}$	kui^{52}
惠来	kui^{31}	ui^{31}	$pfue^{34}$白 hui^{34}文	$pi^{·31}$姓氏 $hui^{·31}$花~	$pfui^{55}$	$bvue^{53}$	$bi^{·31}$	kui^{53}
海丰	kui^{21}	$ui^{·21}$	pue^{33}白 hui^{33}文	$pi^{·212}$姓氏 $ui^{·212}$~用	pui^{55}	$mbue^{53}$	$mbi^{·21}$	kui^{53} $k^hui^{·53}$奸~
陆丰	kui^{22}	ui^{22}	pue^{33}白 hui^{33}文	hui^{213}	$pui^{·13}$白 $hui^{·13}$文	$mbue^{55}$	$mbi^{·22}$	kui^{55}
电白	kui^{442}	$ui^{·33}$	$pɔi^{33}$白 hui^{33}文	hui^{13}	pui^{22}	$bɔi^{·21}$	$bi^{·33}$	kui^{21}
雷州	kui^{33}	$ʔui^{33}$	pue^{24}白 $bi^{·24}$文	$bi^{·33}$	pui^{22}	bue^{42}	$bi^{·24}$	kui^{42}

	0273 贵	0274 围	0275 胃	0276 宝	0277 抱	0278 毛	0279 帽	0280 刀
	止合三去微见	止合三平微云	止合三去微云	效开一上豪帮	效开一上豪並	效开一平豪明	效开一去豪明	效开一平豪端
广州	kuɐi³³	uɐi²¹	uɐi²²	pou³⁵	pʰou¹³	mou²¹	mou¹³	tou⁵⁵
番禺	kuɐi³³	uɐi³¹	uɐi²²	pou³⁵	pʰou²³	mou³¹	（无）	tou⁵³
增城	kuɐi³³	uɐi²¹	uɐi²²	pou³⁵	pʰou¹³	mou²¹	mou³⁵	tou⁴⁴
从化	kuɐi²³	uɐi²²	uɐi³¹	pou⁴⁵	pʰou⁴⁵	mou²²	mou²³	tou²³
龙门	kɐi²³	vɐv²¹	vɐv⁵³	pu³⁵	pʰu²³	mu²¹	mu⁵³	tu⁴²
莞城	kuɔi⁴⁴	uɔi³¹	uɔi⁴⁴	pɐu³⁵	pʰɐu³⁴	mɐu³¹	mɐu⁴⁴	tɐu²³
宝安	kuɐi³³	uɐi³³	uɐi²²	pɔu²⁵	pʰɔu²³	mu³³	mɔu²²	tɔu²³
佛山	kuɐi²⁴	uɐi⁴²	uɐi¹²	pou³⁵	pʰou¹³	bou⁴²／bu⁴²又	bou¹²戴~／bou³⁵礼~	tou⁵³
南海	kuɐi³³	uɐi³¹	uɐi²²	pou³⁵	pʰou¹³	mou³¹	mou²²	tou⁵¹
顺德	kuɐi³²	uɐi⁴²	uɐi²¹	pɔ²⁴	pʰɔ¹³	mɔ⁴²	mɔ²¹	tɔ⁵³
三水	kuɐi³³	uɐi³¹	uɐi³³	pou²⁵	pʰou²³	mou³¹／mou⁵⁵又	mou²⁵	tou⁵³／tou⁵⁵又
高明	kuɐi³³	uɐi³¹	uɐi³¹	pɔu²⁴	pʰɔu³³	mou³¹	mɔu³¹	tɔu⁵⁵
佛冈	kuɐi³³	uɐi²²	uɐi³¹	pau³⁵	pʰau³⁵	mau²²	mau³¹／mau²³又	tau³³
阳山	kuɐi³⁴	uɐi²⁴¹	uɐi²¹⁴	po⁵⁵	（无）	mo²⁴¹	mo²¹⁴	to⁵¹
连山	kuɐi³⁵	vɐv²⁴¹	vɐv²¹⁵	bo⁵⁵	bo³⁵	mu²⁴¹	mo²¹⁵	do⁵¹
新兴	ki⁴⁴³	ui²¹	uɐi⁵²	pɐu³⁵	pʰɐu²¹	mɐu²¹	mɐu⁵²	tɐu⁴⁵
罗定	kuɐi³³	uɐi²¹	uɐi²¹	pou³⁵	pʰou¹³	mou²¹~主席／mou⁵⁵羊~	mou³⁵	tou⁵⁵
郁南	kuɐi³³	uɐi²¹	uɐi²¹	pou³⁵	pʰou¹³	mou²¹	mou²¹	tou⁵⁵
石岐	kuɐi³³	uɐi⁵¹	uɐi³³	pou²¹³	pʰou²¹³	mou⁵¹	mou³³	tou⁵⁵

	0273 贵	0274 围	0275 胃	0276 宝	0277 抱	0278 毛	0279 帽	0280 刀
	止合三 去微见	止合三 平微云	止合三 去微云	效开一 上豪帮	效开一 上豪並	效开一 平豪明	效开一 去豪明	效开一 平豪端
肇庆	kuɐi³³	uɐi²¹	uɐi⁵²	pou²⁴	pʰou¹³	mou²¹	mou⁵²	tou⁴⁵
香洲	kɐi³³	uɐi³⁴³	uɐi³³	pou³⁵	pʰou³⁵	mou³⁴³	mou³³	tou²¹
斗门	kuɐi³⁴	uɐi²²	uɐi⁴²	pou⁴⁵	pʰou⁴⁵	mou²²	mou⁴²	tou³⁴
新会	kuɛi²³	uɛi²²	uɛi³²	pou⁴⁵	pʰou⁴⁵	mou²²	mou³²	tou²³
台山	kei³³	ʋei²²	ʋei³¹	pɔu⁵⁵	pɔu³¹	mɔu²²	mɔu³¹	ɔu³³
开平	kui³³	vui¹¹	vui³¹	vɔ⁴⁵	hɔ³¹	mɔ¹¹	mɔ²¹⁵小	hɔ²¹⁵小
恩平	kuɐi³³	vuɐi²²	vuɐi²¹	pou⁵⁵	pʰou²¹	mbou²²	mbou²¹	tou³³
四会	kuɐi³³	uai³¹	uɐi²⁴	po³³	po²⁴	mo²⁴	mo²⁴	to⁵¹
广宁	kuai³³	uai³¹	uai³²³	pɔ⁴⁴	pɔ³²³	mɔ³¹	mɔ³²³	tɔ⁵¹
怀集	kuai⁴⁵	uai²³¹	uai⁴⁵	po⁵⁴	po²⁴	mo²³¹	mo²²⁵	to⁴²
德庆	kɐi⁵³	uɐi²⁴²	uɐi³¹	pou⁴⁵	pʰou²³	mou²⁴²	mou³¹	tou⁴⁵⁴
封开	kuʌi⁵¹	uʌi²⁴³	uʌi²²³	pəu³³⁴	pəu²²³	məu²⁴³	məu²¹	təu⁵⁵
阳江	kuɐi³⁵	uɐi⁴²	uɐi⁵⁴	pou²¹	pʰou²¹	mou⁴²	mou⁵⁴	tou³³
阳春	kɐi³³	uɐi³¹	uɐi⁵²	pou³²⁴	pʰou³²³	mou³¹	mou⁵²	tou⁴⁵
赤坎	kuɐi³³	uɐi²¹	uɐi²¹	pou¹³	pʰou¹³	mou²¹	mou²¹	tou⁴⁵
吴川	kuɐi³³	uɐi³¹	uɐi³¹	ɓou³⁵	pʰou²⁴	mou³¹	mou³¹	ɗou⁵⁵
廉江	kuɐi³³	uɐi²¹	uɐi²¹	pou²⁵	pʰou²³	mou²¹	mou²¹	tou⁵⁵
高州	kuɐi³³	vɐi²¹	vɐi³¹	pou²⁴	pʰou¹³	mou²¹	mou³¹	tou⁵³
化州	kuɐi³³	uɐi¹³	uɐi³¹	ɓou³⁵	pʰou¹³	mou¹³	mou³¹	ɗou⁵³

	0273 贵	0274 围	0275 胃	0276 宝	0277 抱	0278 毛	0279 帽	0280 刀
	止合三去微见	止合三平微云	止合三去微云	效开一上豪帮	效开一上豪並	效开一平豪明	效开一去豪明	效开一平豪端
梅州	kui⁵²	vi²¹	vi⁵²	pau³¹	pʰau⁵²	mau⁴⁴	mau⁵²	tau⁴⁴
兴宁	kui⁵¹	vi¹³	vi⁵¹	pɑɔ³¹	pʰɑɔ⁵¹	mɑɔ²⁴	mɑɔ⁵¹	tɑɔ²⁴
五华	kui⁵¹	vi²¹²	vi³¹	pau³¹	pʰau³¹	mau⁴⁴	mau³¹	tau⁴⁴
大埔	kui⁵²	vui¹³	vui⁵²	pou³¹	pʰau⁵²	mou³⁴	mou⁵²	tou³⁴
丰顺	kui⁵³	vui²⁴	vui²¹	po⁵³	pau⁵³	mo⁴⁴	mo²¹	to⁴⁴
揭西	kui⁴¹	vui²⁴	vui³¹	pɔu³¹	pʰau³¹	mɔu⁴⁵²	mɔu³¹	tɔu⁴⁵²
陆河	kui³¹	vui³⁵	vui²⁴	pau²⁴	pau⁵³	mau⁵³	mau³³	tau⁵³
龙川	kui³¹	vui⁵¹	vui³³	pau²⁴	pau³¹	mau³³	mau³³	tau³³
河源	kui²¹²	ʋui³¹	ʋui⁵⁴	pau²⁴	pʰau³³	mau³¹	mau⁵⁴	tau³³
连平	kui⁵³	ui²¹	ui⁵³	pau³¹	pʰau²⁴	mau²⁴	mau⁵³	tau²⁴
龙岗	kui⁵³	vui²¹	vui³¹	pau³¹	pʰau³³	mbau³³	mbau⁵³	tau³³
惠州	kui²³	wui²²	wui³¹	pau³⁵	pʰau²³	mau²²	mau³¹	tau³³
博罗	kui²⁴	vui²¹	vui⁴¹	pau³⁵	pʰau²⁴	mbau²¹	mbau⁴¹	tau⁴⁴
新丰	kui⁵¹	vui²⁴	vui³¹	pɔ³¹	（无）	mbɔ⁴⁴	mbɔ³¹	tɔ⁴⁴
翁源	kui⁴⁵	vui⁴¹	vui³¹	pou³¹	（无）	mɔu²²	mɔu³¹	tɔu²²
始兴	kɛ³³	vɛ⁵¹	vɛ³³	pau³¹	pau³³	mau⁵¹	mau³³	tau²²
仁化	kuei³⁴	vei³¹	vei³⁴	pau²³	pau³⁴	mau³¹	mau²³	tau³³
南雄	kui³²	vi²¹	vi⁴²	pau²⁴	pau²¹	mau²¹	mɔʔ⁴²	tau⁴⁴

	0273 贵	0274 围	0275 胃	0276 宝	0277 抱	0278 毛	0279 帽	0280 刀
	止合三 去微见	止合三 平微云	止合三 去微云	效开一 上豪帮	效开一 上豪並	效开一 平豪明	效开一 去豪明	效开一 平豪端
皈塘	ku^{21}	y^{45}	uei^{21}	$pɑu^{33}$	$pɑu^{24}$	$mɑu^{45}$	$mɑu^{21}$	$tɑu^{24}$
桂头	$kuei^{44}$	$vei˙^{45}$	vei^{44}	po^{324}	$pʰo^{21}$	mo^{45}	mo^{4}	o^{4}
连州	$kuɐi^{11}$	$vɐi˙^{55}$	$vɐi^{33}$	$pɔ^{53}$	$pɔ^{24}$	$mɔ^{55}$	$mɔ^{33}$	$tɔ^{31}$
潮州	kui^{213}	$ui˙^{55}$	ui^{11}	po^{53}	$pʰo^{35}$	$mõ^{55}$白 / $mãũ^{55}$文	bo^{11}	to^{33}
饶平	kui^{214}	$ui˙^{55}$	ui^{25}	po^{52}	$pʰo^{25}$	$mõ^{55}$白 / $mãũ^{55}$文	bo^{21}	to^{44}
汕头	kui^{213}	$ui˙^{55}$	ui^{31}	po^{51}	$pʰo^{25}$	$mõ^{55}$白 / $mãũ^{55}$文	bo^{31}	to^{33}
澄海	kui^{212}	$ui˙^{55}$	ui^{22}	po^{53}	$pʰo^{35}$	$mõ^{55}$	bo^{22}	to^{33}
潮阳	kui^{52}	$ui˙^{33}$	ui^{42}	po^{454}	$pʰo^{52}$	$mõ^{33}$	bo^{42}	to^{31}
南澳	kui^{21}	$ui˙^{454}$	ui^{35}	po^{52}	$pʰo^{35}$	$mõ^{454}$	bo^{31}	to^{34}
揭阳	kui^{213}	$ui˙^{55}$	ui^{22}	po^{41}	$pʰo^{25}$白 / $pʰau^{25}$文	$mõ^{55}$白 / $mãũ^{55}$文	bo^{22}	to^{33}
普宁	kui^{312}	$ui˙^{55}$	ui^{31}	po^{52}	$pʰo^{24}$	$mõ^{55}$白 / $mãũ^{55}$文	bo^{31}	to^{35}
惠来	kui^{31}	$ui˙^{55}$	ui^{25}	po^{53}	$pʰo^{25}$	$mõ^{55}$白 / $mãũ^{55}$文	bo^{31}	to^{34}
海丰	kui^{212}	$ui˙^{55}$	ui^{35}	po^{53}	$pʰo^{35}$白 / $pʰau^{35}$文	$mõ^{55}$白 / $mãũ^{55}$文	mbo^{21} / mbo^{35}又	to^{33}
陆丰	kui^{213}	$ui˙^{13}$	ui^{22}	po^{55}	$pʰo^{22}$	$mõ^{13}$白 / $mãũ^{13}$文	mbo^{22}	to^{33}
电白	kui^{13}	$ui˙^{22}$	ui^{442}	po^{21}	$pʰɔ^{442}$	$mɔŋ^{22}$白 / mau^{22}文	（无）	$tɔ^{33}$
雷州	kui^{21}	$ʔui^{22}$	$ʔui^{21}$	po^{42}	$pʰo^{33}$	mo^{22}白 / mau^{22}文	mau^{54}	to^{24}

	0281 讨	0282 桃	0283 道	0284 脑	0285 老	0286 早	0287 灶	0288 草
	效开一 上豪透	效开一 平豪定	效开一 上豪定	效开一 上豪泥	效开一 上豪来	效开一 上豪精	效开一 去豪精	效开一 上豪清
广州	t^hou^{35}	t^hou^{21}	tou^{22}	lou^{13}	lou^{13}	$tʃou^{35}$	$tʃou^{33}$	$tʃ^hou^{35}$
番禺	t^hou^{35}	t^hou^{31}	tou^{22}	lou^{23}	lou^{23}	$tʃou^{35}$	$tʃou^{33}$	$tʃ^hou^{35}$
增城	t^hou^{35}	t^hou^{45}	tou^{22}	lou^{13}	lou^{13}	$tsou^{35}$	$tsou^{33}$	ts^hou^{35}
从化	t^hou^{45}	t^hou^{22}	tou^{31}	nou^{23}	lou^{45}	$tsou^{45}$	$tsou^{23}$	ts^hou^{45}
龙门	t^hu^{35}	t^hu^{21}	tu^{53}	lu^{23}	lu^{35}	tsu^{35}	tsu^{23}	ts^hu^{35}
莞城	$t^hɐu^{35}$	$t^hɐu^{31}$	$tɐu^{44}$	$nɐu^{34}$	$ŋɐu^{34}$	$tʃɐu^{35}$	$tʃɐu^{44}$	$tʃ^hɐu^{35}$
宝安	t^hu^{25}	$t^hɔu^{25}$	$tɔu^{22}$	$nɔu^{23}$	$lɔu^{23}$	$tʃɔu^{25}$	$tʃɔu^{33}$	$tʃ^hɔu^{25}$
佛山	hou^{35}	hou^{42} hou^{35}又	tou^{12}	lou^{13}	lou^{13}	$tʃou^{35}$	$tʃou^{24}$	$tʃ^hou^{35}$
南海	t^hou^{35}	t^hou^{31}	tou^{33}知~ tou^{22}~理	nou^{13}	lou^{13}	$tsou^{35}$	$tsou^{33}$	ts^hou^{35}
顺德	$t^hɔ^{24}$	$t^hɔ^{42}$	$tɔ^{21}$	$lɔ^{13}$	$lɔ^{13}$	$tʃɔ^{24}$	$tʃɔ^{32}$	$tʃ^hɔ^{24}$
三水	t^hou^{25}	t^hou^{31} t^hou^{25}又	tou^{33}	lou^{23}	lou^{23}	$tsou^{25}$	$tsou^{44}$	ts^hou^{25}
高明	t^hou^{24}	t^hou^{31}	$tɔu^{31}$	$nɔu^{33}$	$lɔu^{33}$	$tʃɔu^{24}$	$tʃɔu^{33}$	$tʃ^hɔu^{24}$
佛冈	t^hau^{35}	t^hau^{22}	tau^{31}	nau^{23}	lau^{23}	$tʃau^{35}$	$tʃau^{33}$	$tʃ^hau^{35}$
阳山	t^ho^{34}	to^{241}	to^{214}	lo^{224}	lo^{224}	$tʃo^{55}$	$tʃo^{34}$	$tʃ^ho^{55}$
连山	$t^hɔu^{55}$	to^{241}	to^{215}	no^{15}	lo^{15} $lø^{241}$~鼠	to^{55}	to^{35}	t^ho^{55}
新兴	$t^hɐu^{35}$	$t^hɐu^{21}$	$tɐu^{52}$	$nɐu^{21}$	$lɐu^{21}$	$tsɐu^{35}$	$tsɐu^{443}$	$ts^hɐu^{35}$
罗定	t^hou^{35}	t^hou^{21}	tou^{21}	nou^{13}	lou^{13}	$tsou^{35}$	$tsou^{33}$	ts^hou^{35}
郁南	t^hou^{35}	t^hou^{21}	tou^{21}	nou^{13}	lou^{13}	$tʃou^{35}$	$tʃou^{33}$	$tʃ^hou^{35}$
石岐	t^hou^{213}	t^hou^{51}	tou^{33}	nou^{213}	lou^{213}	$tsou^{213}$	$tsou^{33}$	ts^hou^{213}

	0281 讨	0282 桃	0283 道	0284 脑	0285 老	0286 早	0287 灶	0288 草
	效开一 上豪透	效开一 平豪定	效开一 上豪定	效开一 上豪泥	效开一 上豪来	效开一 上豪精	效开一 去豪精	效开一 上豪清
肇庆	tʰou²⁴	tʰou²¹	tou⁵²	nou¹³	lou¹³	tʃou²⁴	tʃou³³	tʃʰou²⁴
香洲	tʰu³⁵	tʰou³⁴³	tou³³	nou³⁵	lou³⁵	tsou³⁵	tsou³³	tsʰou³⁵
斗门	hou⁴⁵	hou²²	tou⁴²	nou⁴⁵	lou⁴⁵	tsou⁴⁵	tsou²¹	tʰou⁴⁵
新会	hou⁴⁵	hou²²	tou³²	nou⁴⁵	lou⁴⁵	tsou⁴⁵	tsou²¹	tsʰou⁴⁵
台山	hɔu⁵⁵	hɔu²²	ɔu³¹	nɔu⁵⁵	lɔu⁵⁵	tɔu⁵⁵	tɔu²¹ 小	tʰɔu⁵⁵
开平	hɔ⁴⁵	hɔ¹¹	ɔ³¹	nɔ⁴⁵	lɔ⁴⁵	tɔ⁴⁵	tɔ²¹ 小	tʰɔ⁴⁵
恩平	hou⁵⁵	hou²²	tou²¹	ndou⁵⁵	lou⁵⁵	tʃou⁵⁵	tʃou²¹	tʰou⁵⁵
四会	tʰo³³	to³¹	to²⁴	lo²⁴	lo²⁴	tʃo³³	tʃo³³	tʃʰo³³
广宁	tʰɔ⁴⁴	tɔ³¹	tɔ³²³	nɔ³²³	lɔ³²³	tsɔ⁴⁴	tsɔ³³	tsʰɔ⁴⁴
怀集	tʰo⁵⁴	to²³¹	to²²⁵	no²⁴	lo²⁴	tʃo⁵⁴	tʃo⁴⁵	tʃʰo⁵⁴
德庆	tʰou⁴⁵	tou²⁴² 白 tʰou³¹ 文	tou³¹	nou²³	lou²³	tsou⁴⁵	tsou⁵³	tsʰou⁴⁵
封开	tʰəu³³⁴	təu²⁴³	təu²²³	ləu²²³	ləu²²³	təu³³⁴	təu⁵¹	tʰəu³³⁴
阳江	tʰou²¹	tʰou⁴²	tou⁵⁴	nou²¹	lou²¹	tsou²¹	tsou³⁵	tsʰou²¹
阳春	tʰou³²⁴	tʰou³¹	tou⁵²	nou³²³	lou³²³	tsou³²⁴	tsou³³	tsʰou³²⁴
赤坎	tʰou¹³	tʰou²¹	tou²¹	nou¹³	lou¹³	tsou¹³	tsou³³	tsʰou¹³
吴川	tʰou³⁵	tʰou³¹	ɗou³¹	nou²⁴	lou²⁴	tʃou³⁵	tʃou³³	tʃʰou³⁵
廉江	tʰou²⁵	tʰou²¹	tou²¹	nou²³	lou²³	tsou²⁵	tsou³³	tsʰou²⁵
高州	tʰou²⁴	tʰou²¹	tou³¹	nou¹³	lou¹³	tʃou²⁴	tʃou³³	tʃʰou²⁴
化州	tʰou³⁵	tʰou³¹	ɗou³¹	nou¹³	lou¹³	tou³⁵	tou³³	tʰou³⁵

	0281 讨	0282 桃	0283 道	0284 脑	0285 老	0286 早	0287 灶	0288 草
	效开一上豪透	效开一平豪定	效开一上豪定	效开一上豪泥	效开一上豪来	效开一上豪精	效开一去豪精	效开一上豪清
梅州	t^hau^{31}	t^hau^{21}	t^hau^{52}	nau^{31}	lau^{31}	$tsau^{31}$	$tsau^{52}$	ts^hau^{31}
兴宁	$t^hɑɔ^{31}$	$t^hɑɔ^{13}$	$t^hɑɔ^{51}$	$nɑɔ^{31}$	$lɑɔ^{51}$~蟹 $lɑɔ^{31}$	$tsɑɔ^{31}$	$tsɑɔ^{51}$	$ts^hɑɔ^{31}$
五华	t^hau^{31}	t^hau^{212}	t^hau^{31}	nau^{31}	lau^{31}	$tsau^{31}$	$tsau^{51}$	ts^hau^{31}
大埔	t^hou^{31}	t^hou^{13}	t^hou^{52}	nou^{31}	lou^{31}	$tsou^{31}$	$tsou^{52}$	ts^hou^{31}
丰顺	t^ho^{53}	t^ho^{24}	t^ho^{21}	no^{53}	lo^{53}	tso^{53}	tso^{53}	ts^ho^{53}
揭西	$t^hɔu^{31}$	$t^hɔu^{24}$	$t^hɔu^{31}$	$nɔu^{31}$	$lɔu^{31}$	$tsɔu^{31}$	$tsɔu^{41}$	$ts^hɔu^{31}$
陆河	t^hau^{24}	t^hau^{35}	t^hau^{33}	nau^{24}	lau^{24}	$tsau^{24}$	$tsau^{31}$	ts^hau^{24}
龙川	t^hau^{24}	t^hau^{51}	t^hau^{33}	nau^{24}	lau^{24}	$tsau^{24}$	$tsau^{31}$	ts^hau^{24}
河源	t^hau^{24}	t^hau^{31}	t^hau^{54}	nau^{24}	lau^{24}	$tsau^{24}$	$tsau^{212}$	ts^hau^{24}
连平	t^hau^{31}	t^hau^{21}	t^hau^{53}	nau^{31}	lau^{31}	$tsau^{31}$	$tsau^{53}$	ts^hau^{31}
龙岗	t^hau^{31}	t^hau^{21}	t^hau^{53}	lau^{31}	lau^{53}~虎 lau^{31}~师	$tsau^{31}$	$tsau^{53}$	ts^hau^{31}
惠州	t^hau^{35}	t^hau^{22}	t^hau^{31}	nau^{35}	lau^{35}	$tsau^{35}$	$tsau^{23}$	ts^hau^{35}
博罗	t^hau^{35}	t^hau^{21}	t^hau^{41}	$ndau^{35}$	lau^{35}	$tsau^{35}$	$tsau^{24}$	ts^hau^{35}
新丰	$t^hɔ^{51}$	$t^hɔ^{24}$	$t^hɔ^{31}$	$lɔ^{31}$	$lɔ^{31}$	$tsɔ^{31}$	$tsɔ^{51}$	$ts^hɔ^{31}$
翁源	$^hɔu^{45}$	$t^hɔu^{41}$	$t^hɔu^{31}$	$nɔu^{31}$	$lɔu^{31}$	$tsɔu^{31}$	$tsɔu^{45}$	$ts^hɔu^{31}$
始兴	t^hau^{31}	t^hau^{51}	t^hau^{33}	nau^{31}	lau^{31}	$tsau^{31}$	$tsau^{33}$	ts^hau^{31}
仁化	t^hau^{23}	t^hau^{31}	t^hau^{33}	lau^{23}	lau^{34}	$tsau^{23}$	$tsau^{34}$	ts^hau^{23}
南雄	t^hau^{24}	tau^{21}黑~ $toʔ^{42}$~哩	tau^{42}	nau^{24}	lau^{24}	$tsau^{24}$	$tsau^{32}$	ts^hau^{24}

	0281 讨	0282 桃	0283 道	0284 脑	0285 老	0286 早	0287 灶	0288 草
	效开一上豪透	效开一平豪定	效开一上豪定	效开一上豪泥	效开一上豪来	效开一上豪精	效开一去豪精	效开一上豪清
皈塘	$t^hɑu^{33}$	$tɑu^{45}$	$tɑu^{21}$	$nɑu^{33}$	$lɑu^{33}$	$tʃɑu^{33}$	$tʃɑu^{21}$	$tʃ^hɑu^{33}$
桂头	t^ho^{324}	to^{4}	to^{44}	lo^{21}	lo^{21}	tso^{324}	tso^{44}	$tsho^{324}$
连州	$t^hɔ^{53}$	$tɔ^{55}$	$tɔ^{33}$	$nɔ^{24}$	$lɔ^{24}$	$tsɔ^{53}$	$tsɔ^{11}$	$ts^hɔ^{53}$
潮州	$t^hɔ^{53}$	$t^hɔ^{55}$	tau^{35}	$lɔ^{53}$白 $nã ũ^{53}$文	lau^{35}~人 lau^{53}陈~	tsa^{53}	$tsau^{213}$	$ts^hɔ^{53}$白 ts^hau^{53}文
饶平	t^ho^{52}	t^ho^{55} to^{55}杨~	tau^{25}	$nã ũ^{52}$	lau^{25}白 lau^{52}文	tsa^{52}	$tsau^{214}$	ts^ho^{52}文 ts^hau^{52}白
汕头	t^ho^{51}	t^ho^{55} to^{55}杨~	tau^{25}	lo^{51}白 $nã ũ^{51}$文	lau^{25}白 lau^{51}文	tsa^{51}白 $tsau^{51}$文	$tsau^{213}$	ts^ho^{51}白 ts^hau^{51}文
澄海	t^ho^{53}	t^ho^{55}	tau^{35}	lo^{53}白 $nã ũ^{53}$文	lau^{35}白 lau^{53}文	tsa^{53}	$tsau^{212}$	ts^ho^{53}~~ ts^hau^{53}~地
潮阳	$t^hõ^{454}$ t^ho^{454}又	t^ho^{33} to^{33}杨~	tau^{52}	$nã ũ^{454}$	lau^{52}	tsa^{454}	$tsau^{52}$	ts^ho^{454}白 ts^hau^{454}文
南澳	t^ho^{52}	t^ho^{454}	tau^{35}	$nã ũ^{52}$	lau^{35}	tsa^{52}	$tsau^{21}$	ts^hau^{52}
揭阳	t^ho^{41}	t^ho^{55} to^{55}杨~	tau^{25}	lo^{41}白 $nã ũ^{41}$文	lau^{25}白 lau^{41}文	tsa^{41}	$tsau^{213}$	ts^ho^{41}白 ts^hau^{41}文
普宁	t^ho^{52}	t^ho^{55} to^{55}杨~	to^{24}白 tau^{24}文	$nã ũ^{52}$	lau^{24}白 lau^{52}文	tsa^{52}	$tsau^{312}$	ts^ho^{52}白 ts^hau^{52}文
惠来	t^ho^{53}	t^ho^{55}	tau^{25}	$nã ũ^{53}$	lau^{25}	tsa^{53}	$tsau^{31}$	ts^ho^{53}~书 ts^hau^{53}小~
海丰	t^ho^{53}	t^ho^{55} to^{55}杨~	tau^{35}~理 to^{35}投依是~理	$nã ũ^{53}$	lau^{35}白 lau^{53}文	tsa^{53}	$tsau^{212}$	ts^ho^{53}白 ts^hau^{53}文
陆丰	t^ho^{55}	t^ho^{13} to^{13}杨~	to^{22}白 tau^{22}文	$nã ũ^{55}$	lau^{22}白 lau^{55}文	tsa^{55}	$tsau^{213}$	ts^ho^{55}字~ ts^hau^{55}花~
电白	t^hau^{22}	$t^hɔ^{22}$	tau^{442}	nau^{442}	lau^{442}	tsa^{21}	$tsau^{13}$	ts^hau^{21}
雷州	t^ho^{42}	t^ho^{22}	tau^{33} tau^{54}	nau^{42}	lau^{33}白 lau^{42}文	tsa^{42}	$tsau^{21}$	ts^hau^{42}

	0289 糙	0290 造	0291 嫂	0292 高	0293 靠	0294 熬	0295 好~坏	0296 号名
	效开一 去豪清	效开一 上豪从	效开一 上豪心	效开一 平豪见	效开一 去豪溪	效开一 平豪疑	效开一 上豪晓	效开一 去豪匣
广州	tʃʰou³³~米 tʃou²²粗~	tʃou²²	ʃou³⁵	kou⁵³	kʰau³³	ŋau²¹	hou³⁵	hou²²
番禺	tʃʰou³³	tʃou²²	ʃou³⁵	kou⁵³	kʰau³³	ou³¹	hou³⁵	hou²²
增城	tsʰou²²	tsou²²	sou³⁵	kou⁴⁴	kʰau³³	ŋou²¹	hou³⁵	hou²²
从化	tsou³¹	tsou³¹	sou⁴⁵	kou²³	kʰau²³	ŋou²²	hou⁴⁵	hou³¹
龙门	tsʰu²³~米 tsu⁵³	tsu⁵³	su³⁵	ku⁴²	kʰau²³	ŋu²¹	hu³⁵	hu⁵³
莞城	tʃʰɐu⁴⁴	tʃʰɐu⁴⁴	ʃɐu³⁵	kɐu²³	kʰau⁴⁴	ŋɐu³¹	hɐu³⁵	hɐu⁴⁴
宝安	tʃʰɔu³³	tʃɔu²²	ʃɔu²⁵	kɔu²³	kʰau³³	ŋau³³	hɔu²⁵	hɔu²²
佛山	tʃou⁵³	tʃou¹²	ʃou³⁵	kou⁵³	kʰau²⁴	gou¹²	hou³⁵	hou¹²
南海	tsʰou³³	tsou²²	sou³⁵	kou⁵¹	kʰau³³	ŋau²²~汤 ŋou³¹煎~	hou³⁵	hou²²
顺德	tʃʰɔ²¹	tʃɔ²¹	ʃɔ²⁴	kɔ⁵³	kʰau³²	au⁴²	hou²⁴	hou²¹
三水	tsou⁴⁴ tsʰou⁴⁴又	tsou³³	sou²⁵	kou⁵³	kʰau⁴⁴	ŋau³¹ ŋou³¹又	hou²⁵	hou³³
高明	tʃʰɔu³³	tʃɔu³¹	ʃɔu²⁴	kɔu⁵⁵	kʰau³³	ŋɔu³¹	hou²⁴	hɔu³¹
佛冈	tʃʰau³¹	tʃau³¹	ʃau³⁵	kau³³	kʰau³³	ŋɐi²² ŋau²²	hau³⁵	hau³¹
阳山	tʃʰo³⁴	tʃo²¹⁴	ʃo⁵⁵	ko⁵¹	kʰau³⁴	ŋo²⁴¹~夜 ŋau²⁴¹煎~	ho⁵⁵	ho²¹⁴
连山	θo¹⁵	θo¹⁵	θo⁵⁵	ko⁵¹	kʰɔu³⁵	ŋou¹⁵	ho⁵⁵	ɔu¹⁵
新兴	tsɐu⁵²	tsɐu⁵²	sɐu³⁵	kɐu⁴⁵	kʰau⁴⁴³	ŋɐu⁵²	hɐu³⁵	hɐu⁵²
罗定	tsʰou³³	tsou²¹	sou³⁵	kou⁵⁵	kʰau³³	ŋou²¹	hou³⁵	hou²¹
郁南	tʃʰou³³	tʃou²¹	ʃou³⁵	kou⁵⁵	kʰau³³	ŋou²¹	hou³⁵	hou²¹
石岐	tsʰou³³	tsou³³	sou²¹³	kou⁵⁵	kʰau³³	ŋau⁵¹	hou²¹³	hou³³

	0289 糙	0290 造	0291 嫂	0292 高	0293 靠	0294 熬	0295 好~坏	0296 号名
	效开一 去豪清	效开一 上豪从	效开一 上豪心	效开一 平豪见	效开一 去豪溪	效开一 平豪疑	效开一 上豪晓	效开一 去豪匣
肇庆	tʃou⁵²	tʃou⁵²	ʃou²⁴	kou⁴⁵	kʰau³³	ŋau²¹	hou²⁴	hou⁵²
香洲	tsʰou³³	tsou³³	sou³⁵	kou²¹	kʰau³³	ŋau³⁴³	hou³⁵	hou³³
斗门	tʰou³⁴	tsou⁴²	sou⁴⁵	kou³⁴	kʰɐu³⁴	ŋou²²	hou⁴⁵	hou⁴²
新会	tsou³²	tsou³²	sou⁴⁵	kou²³	kʰau²³	ŋou²²	hou⁴⁵	hou³²
台山	tou³¹	tou³¹	ɬou⁵⁵	kou³³	kʰeu³³	ŋou²²	hou⁵⁵	hou³¹
开平	tʰɔ³³	tɔ³¹	ɬɔ⁴⁵	kɔ³³	kʰɔ³³	ŋɔ¹¹	hɔ⁴⁵	hɔ³¹
恩平	tʰou³³	tʃou²¹	ʃou⁵⁵	kou³³	kʰou³³	ŋgou²²	hou⁵⁵	hou²¹
四会	tʃʰo³³	tʃo²⁴ ~反 / tʃu³³ 制~	ʃo³³	ko⁵¹	kʰɐu³³	ŋau³¹	ho³³	ho²⁴
广宁	tsʰɔ³³	tsɔ³²³	sɔ⁴⁴	kɔ⁵¹	kʰau³³	ŋɔ³¹	hɔ⁴⁴	hɔ³²³
怀集	tʃo²²⁵	tʃo²²⁵	θo⁵⁴	ko⁴²	kʰau⁴⁵	ŋo²²⁵	ho⁵⁴	ho²²⁵
德庆	tsou⁵³	tsou³¹	sou⁴⁵	kou⁴⁵⁴	kʰau⁵³	ŋai³¹	hou⁴⁵	hou³¹
封开	tʰəu⁵¹	ɬəu²²³	ɬəu³³⁴	kəu⁵⁵	kʰau⁵¹	ŋəu²¹	həu³³⁴	həu²¹
阳江	tsʰou³⁵ ~米 / tsou⁵⁴ 粗~	tsou⁵⁴	ɬou²¹	kou³³	kʰou³⁵	ŋou⁵⁴	hou²¹	hou⁵⁴
阳春	tsou⁵²	tsou⁵²	ɬou³²⁴	kou⁴⁵	kʰou³³	ŋou⁵²	hou³²⁴	hou⁵²
赤坎	tsou²¹	tsou²¹	ɬou¹³	kou⁴⁵	kʰau³³	ŋou²¹	hou¹³	hou²¹
吴川	tʃʰou³³	tʃou³¹	ɬou³⁵	kou⁵⁵	kʰau³³	ŋa³¹ 白 / ŋou³¹ 文	hou³⁵	hou³¹
廉江	tsʰou³³	tsou²¹	ɬou²⁵	kou⁵⁵	kʰau³³	（无）	hou²⁵	hou²¹
高州	tʃʰou³³	tʃou³¹	ɬou²⁴	kou⁵³	kʰau³³	ŋou³¹ ~药 / ŋou²¹ 煎~	hou²⁴	hou³¹
化州	tʃou³¹	tʃou³¹	ɬou³⁵	kou⁵³	kʰau³³	ŋou³¹	hou³⁵	hou³¹

	0289 糙	0290 造	0291 嫂	0292 高	0293 靠	0294 熬	0295 好~坏	0296 号名
	效开一 去豪清	效开一 上豪从	效开一 上豪心	效开一 平豪见	效开一 去豪溪	效开一 平豪疑	效开一 上豪晓	效开一 去豪匣
梅州	tsʰau⁵²	tsʰau⁵²	sau³¹	kau⁴⁴	kʰau⁵²	ŋau²¹	hau³¹	hau⁵²
兴宁	tsʰɑɔ⁵¹	tsʰɑɔ⁵¹	sɑɔ³¹	kɑɔ²⁴	kʰɑɔ⁵¹	ŋɑɔ¹³	hɑɔ³¹	hɑɔ⁵¹
五华	tsʰau⁵¹	tsau³¹	sau³¹	kau⁴⁴	kʰau⁵¹	ŋau²¹²	hau³¹	hau³¹
大埔	tsʰou⁵²	tsʰou⁵²	sou³¹	kou³⁴	kʰau⁵²	ŋou¹³	hou³¹	hou⁵²
丰顺	tsʰo⁴⁴	tsʰo²¹	so⁵³	ko⁴⁴	kʰau²¹	ŋau²⁴	ho⁵³	ho²¹
揭西	tsʰɔu⁴¹	tsʰɔu³¹	sɔu³¹	kɔu⁴⁵²	kʰau⁴¹	ŋau²⁴	hɔu³¹	hɔu³¹
陆河	tsʰau³¹	tsʰau³³	sau²⁴	kau⁵³	kʰau³¹	ŋau³⁵	hau²⁴	hau³³
龙川	tsʰau³³	tsʰau³³	sau²⁴	kau³³	kʰau³¹	ŋau³¹	hau²⁴	hau³³
河源	tsʰau²¹²	tsʰau⁵⁴	sau²⁴	kau³³	kʰau²¹²	ŋau³¹	hau²⁴	hau⁵⁴
连平	tsʰau⁵³	tsʰau⁵³	sau³¹	kau²⁴	kʰau⁵³	ŋau²¹	hau³¹	hau⁵³
龙岗	tsʰau⁵³	tsʰau⁵³	sau³¹	kau³³	kʰau⁵³	ŋgau²¹	hau³¹	hau⁵³
惠州	tsʰau²³	tsʰau³¹	sau³⁵	kau³³	kʰau²³	ŋau²²	hau³⁵	hau³¹
博罗	tsʰau²⁴	tsʰau⁴¹	ɬau³⁵	kau⁴⁴	kʰau²⁴	ŋgau²¹	hau³⁵	hau⁴¹
新丰	tsʰɔ⁵¹	tsʰɔ⁵¹	sɔ³¹	kɔ⁴⁴	kʰao⁵¹	ŋgao²⁴	hɔ³¹	hɔ³¹
翁源	tsʰɔu⁴⁵	tsʰɔu³¹	sɔu³¹	kɔu²²	kʰau⁴⁵	ŋau⁴¹	hɔu³¹	hɔu³¹
始兴	tsʰau³³	tsʰau³³	sau³¹	kau²²	kʰau³³	ŋau⁵¹	hau³¹	hau³³
仁化	tsʰau³⁴	tsʰau³³	sau²³	kau³³	kʰau³⁴	ŋau³¹	xau²³	xau³³
南雄	tsʰau³² 粗~ tsʰau²¹ ~米	tsʰau³²	sau²⁴	kau⁴⁴	kʰau³²	ŋau²¹	hau²⁴	hoʔ⁴²

	0289 糙	0290 造	0291 嫂	0292 高	0293 靠	0294 熬	0295 好~坏	0296 号名
	效开一 去豪清	效开一 上豪从	效开一 上豪心	效开一 平豪见	效开一 去豪溪	效开一 平豪疑	效开一 上豪晓	效开一 去豪匣
皈塘	$tʃʰɑu^{21}$	$tʃʰɑu^{21}$	$ʃɑu^{33}$	$kɑu^{24}$	$kʰɑu^{21}$	$ŋɑu^{45}$	$hɑu^{33}$	$hɑu^{21}$
桂头	$tsʰo^{4}$	$tsʰo^{21}$	so^{324}	ko^{51}	$kʰo^{44}$	$ŋo^{44}$	ho^{324}	ho^{44}
连州	$tsʰɔ^{11}$	$tsʰɔ^{33}$	$sɔ^{53}$	$kɔ^{31}$	$kʰɔ^{11}$	$ŋɔ^{55}$	$hɔ^{53}$	$hɔ^{33}$
潮州	$tsʰɔ^{213}$	$tsau^{35}$	$sɔ^{53}$	ko^{33}白 kau^{33}文	kou^{35}	$ŋãũ^{55}$	$hɔ^{53}$	$hɔ^{11}$
饶平	$tsʰo^{214}$	$tsau^{25}$	so^{52}	ko^{44}白 kau^{44}文	$kʰo^{214}$白 $kʰau^{214}$文	$ŋãũ^{55}$	ho^{52}	ho^{21}
汕头	$tsʰo^{213}$	$tsau^{25}$	so^{51}	ko^{33}白 kau^{33}文	kou^{25}白 $kʰau^{213}$文	$ŋãũ^{55}$	ho^{51}	ho^{31}
澄海	$tsʰo^{212}$ $tsʰau^{33}$又	$tsau^{35}$	so^{53}白 sau^{53}文	ko^{33}白 kau^{33}文	kou^{35}	$ŋãũ^{55}$	ho^{53}	ho^{22}
潮阳	$tsʰo^{52}$	$tsau^{52}$	so^{454}	ko^{31}白 kau^{31}文	kou^{42}白 $kʰau^{52}$文	$ŋãũ^{33}$	ho^{454}	ho^{42}
南澳	$tsʰo^{21}$	$tsau^{35}$	so^{52}	ko^{34}白 kau^{34}文	kou^{35}白 $kʰau^{21}$文	$ŋãũ^{454}$	ho^{52}	ho^{31}
揭阳	$tsʰo^{213}$	$tsau^{25}$	so^{41}	ko^{33}白 kau^{33}文	kou^{25}	$ŋãũ^{55}$	ho^{41}	ho^{22}
普宁	$tsʰo^{312}$	tso^{24}白 $tsau^{24}$文	so^{52}	ko^{35}白 kau^{35}文	kou^{24}白 $kʰau^{312}$文	$ŋãũ^{55}$	ho^{52}	ho^{31}白 hau^{24}文
惠来	$tsʰo^{31}$	$tsau^{25}$	so^{53}	ko^{34}白 kau^{34}文	$kʰau^{31}$	$ŋãũ^{55}$	ho^{53}	ho^{31}白 hau^{25}文
海丰	$tsʰo^{212}$	$tsau^{35}$	so^{53}	ko^{55}白 kau^{33}文	$kʰo^{212}$白 $kʰau^{212}$文	$ŋãũ^{55}$	ho^{53}白 hau^{53}文	ho^{21}白 hau^{35}文
陆丰	$tsʰo^{213}$	$tsau^{22}$	so^{55}	ko^{33}白 kau^{33}文	$kʰo^{213}$白 $kʰau^{213}$文	$ŋãũ^{13}$ hau^{13}~夜	ho^{55}	ho^{22}
电白	$tsau^{442}$	$tsau^{442}$	$sɔ^{21}$	kau^{33}	$kʰau^{13}$	$ŋau^{33}$	$hɔ^{21}$	$hɔ^{33}$
雷州	$tsau^{33}$	$tsau^{54}$	so^{42}	ko^{22}白 kau^{24}文	$kʰau^{21}$	$ŋau^{22}$	ho^{42}	ho^{24}

	0297 包	0298 饱	0299 炮	0300 猫	0301 闹	0302 罩	0303 抓	0304 找~零钱
	效开二平肴帮	效开二上肴帮	效开二去肴滂	效开二平肴明	效开二去肴泥	效开二去肴知	效开二平肴庄	效开二上肴庄
广州	pau⁵⁵	pau³⁵	pʰau³³	mau⁵⁵	lau²²	tʃau³³	tʃa⁵³	tʃau³⁵
番禺	pau⁵⁵	pau³⁵	pʰau³³	mau⁵³	lau²²	tʃau³³	（无）	tʃau³⁵
增城	pau⁴⁴	pau³⁵	pʰau³³	mɛu⁴⁵	lau²²	tsau³³	tsa⁴⁴	tsau³⁵
从化	pau⁵⁵	pau⁴⁵	pʰau²³	miu⁵⁵	nau³¹	tsau²³	tsa⁵⁵	tsau⁴⁵
龙门	pau⁴²	pau³⁵	pʰau²³	miɐu⁵⁵	lau⁵³	tsau²³	tsa⁴²	tsau³⁵
莞城	pau²³	pau³⁵	pʰau⁴⁴	miu³¹	nau⁴⁴	tʃau⁴⁴	tʃa²³	tʃau³⁵
宝安	pau⁵⁵	pau²⁵	pʰau³³	mau⁵⁵	nau²²	tʃau³³	tʃa⁵⁵	tʃau²⁵
佛山	pɛu⁵³白 pau⁵³文	pɛu³⁵白 pau³⁵文	pʰau²⁴	bɛu⁵⁵白 bau⁵⁵文	lau¹²	tʃɛu²⁴白 tʃau²⁴文	tʃa⁵³	tʃau³⁵
南海	piɛu⁵¹白 pau⁵¹文 pau⁵⁵文	piɛu³⁵	pʰau³³	miɛu⁵⁵	nau²²	tsiɛu³³	tsa⁵¹	tsau³⁵
顺德	pɛu⁵³白 pau⁵⁵文	pɛu²⁴	pʰɛu³²白 pʰau³²文	mɛu⁵³	lau²¹	tʃau³²	tʃa⁵³	tʃɔk²
三水	piɛu⁵³白 pau⁵⁵文	piɛu²⁵白 pau²⁵文	pʰau⁴⁴	miɛu⁵⁵白 mau⁵⁵文	lau³³	tsau⁴⁴	tsau²⁵ tsa⁵³又	tsau²⁵
高明	pau⁵⁵	pau²⁴	pʰau³³	miau⁴⁵白 mau⁴⁵文	nau³¹	tʃau³³	tʃa⁴⁵	tʃau²⁴
佛冈	pau³³书~ pau³⁵~子	pau³⁵	pʰau³³	miu³³白 mau³³文	nau³¹	tʃau³³	tʃa³³	tʃau³⁵
阳山	peu⁵¹	peu⁵⁵	pʰeu³⁴	meu³⁴	lau²¹⁴	tʃau³⁴	tʃa⁵¹	tʃeu⁵⁵
连山	bau⁵¹	bau⁵⁵	pʰau³⁵	mau³⁵	nau²¹⁵	tʃau³⁵	（无）	tʃau⁵⁵
新兴	pau⁴⁵	pau³⁵	pʰau⁴⁴³	miu⁴⁵	nau⁵²	tsau⁴⁴³	tsa⁴⁵	tsau³⁵
罗定	pau⁵⁵	pau³⁵	pʰau³³	miɛu⁵⁵白 mau⁵⁵文	nau²¹	tsau³³	（无）	tsau³⁵
郁南	pau⁵⁵	pau³⁵	pʰau³³	miɛu⁵⁵白 mau⁵⁵文	nau²¹	tʃau³³	tʃa⁵⁵	tʃau³⁵
石岐	pau⁵⁵	pau²¹³	pʰau³³	mau⁵⁵	nau⁵⁵	tsau³³	（无）	tsau²¹³

	0297 包	0298 饱	0299 炮	0300 猫	0301 闹	0302 罩	0303 抓	0304 找~零钱
	效开二平肴帮	效开二上肴帮	效开二去肴滂	效开二平肴明	效开二去肴泥	效开二去肴知	效开二平肴庄	效开二上肴庄
肇庆	pau⁴⁵	pau²⁴	pʰau³³	mau⁴⁵	nau⁵²	tʃau³³	tʃa⁴⁵	tʃau²⁴
香洲	pau²¹	pau³⁵	pʰau³³	mau²¹	nau³³	tsau³³	tsa²¹	tsau³⁵
斗门	pɒu³⁴	pɒu⁴⁵	pʰɒu³⁴	miu⁴⁵	nɒu⁴²	tsɒu⁴²	tsɒ³⁴	tsɒu⁴⁵
新会	pau²³	pau⁴⁵	pʰau²³	miu⁴⁵	nau³²	tsau²¹	tsa²³	tsau⁴⁵
台山	pɔu³³	pɔu⁵⁵	pʰɔu³³	miu⁵⁵	nɔu³¹	tsɔu³³	tsɔu⁵⁵	tsɔu⁵⁵
开平	vau³³	vau⁴⁵	pʰau³³	miu⁴⁵	nau³¹	tʃau³³	tʃau⁴⁵	tʃau⁴⁵
恩平	pou³³	pou⁵⁵	pʰou³³	mbiəu⁵⁵	ndou²¹	tʃou³³	tʃa³³	tʃou⁵⁵
四会	piu⁵¹	piu³³	pʰiu³³	miu⁵⁵	lau²⁴	tʃiu³³	tʃa⁵¹	tʃo³³白 tʃiu³³文
广宁	peu⁵¹	peu⁴⁴	pʰeu³³	meu³³	nau³²³	tseu³³	tseu⁴⁴	tseu⁴⁴
怀集	pɛu⁴²	pɛu⁵⁴	pʰɛu⁴⁵	mɛu⁴⁵	nau²²⁵	tʃɛu⁴⁵	tʃa⁴²	tʃau⁵⁴
德庆	pau⁴⁵⁴	pau⁴⁵	pʰau⁵³	miau⁴⁵⁴白 mau⁴⁵⁴文	nau³¹	tsau⁵³	（无）	tsau⁴⁵
封开	pau⁵⁵	pau³³⁴	pʰau⁵¹	miɛu⁵⁵	nau²¹	tʃau⁵¹	tʃau³³⁴	tʃau³³⁴
阳江	pau³³	pau²¹	pʰau³⁵	miau³⁵	nau⁵⁴	tsau³⁵	tsa³³	tsau²¹
阳春	pau⁴⁵	pau³²⁴	pʰau³³	miau⁴⁵	nau⁵²	tsau³³	tsa⁴⁵	tsau³²⁴
赤坎	pau⁴⁵	pau¹³	pʰau³³	miau⁴⁵白 mau⁴⁵文	nau²¹	tsau³³	tsa⁴⁵	tsau¹³
吴川	ɓau⁵⁵	ɓau³⁵	pʰau³³	miau⁵⁵	nau³¹	tʃau³³	tʃa⁵⁵	tʃau³⁵
廉江	pau⁵⁵	pau²⁵	pʰau³³	miɛu⁵⁵	nau²¹	tsau³³	tsa⁵⁵	tsau²⁵
高州	pau⁵³	pau²⁴	pʰau³³	miɛu⁵³	nau³¹	tʃau³³	（无）	tʃau²⁴
化州	ɓau⁵³	ɓau³⁵	pʰau³³	miau⁵³	nau³¹	tʃau³³	tʃa⁵³	tʃau³⁵

	0297 包	0298 饱	0299 炮	0300 猫	0301 闹	0302 罩	0303 抓 用手~牌	0304 找~ 零钱
	效开二 平肴帮	效开二 上肴帮	效开二 去肴滂	效开二 平肴明	效开二 去肴泥	效开二 去肴知	效开二 平肴庄	效开二 上肴庄
梅州	pau^{44}	pau^{31}	p^hau^{52}	$miau^{52}$	nau^{52}	$tsau^{52}$	tsa^{44}	$tsau^{31}$
兴宁	$pɑɔ^{24}$	$pɑɔ^{31}$	$p^hɑɔ^{51}$	$miɑɔ^{51}$	$nɑɔ^{51}$	$ts^hɑɔ^{51}$	tsa^{24}	$tsɑɔ^{31}$
五华	pau^{44}	pau^{31}	p^hau^{51}	$miau^{51}$	nau^{31}	$tsau^{51}$	tsa^{44}	$tsau^{31}$
大埔	pau^{34}	pau^{31}	p^hau^{52}	$miau^{52}$	nau^{52}	$tsau^{52}$	tsa^{34}	$tsau^{31}$
丰顺	pau^{44}	pau^{53}	p^hau^{53}	$miau^{53}$	nau^{21}	$tsau^{53}$	tsa^{44}	$tsau^{21}$
揭西	pau^{452}	pau^{31}	p^hau^{41}	$miau^{41}$	nau^{31}	$tsau^{41}$	$tsau^{452}$	$tsau^{31}$
陆河	pau^{53}	pau^{24}	p^hau^{31}	$miau^{31}$	nau^{33}	$tsau^{31}$	tsa^{53}	$tsau^{24}$
龙川	pau^{33}	pau^{24}	p^hau^{31}	$miɛu^{31}$	nau^{33}	$tsau^{31}$	tsa^{33}	$tsau^{24}$
河源	pau^{33}	pau^{24}	p^hau^{212}	$miau^{31}$	nau^{212}	$tsau^{212}$	tsa^{33}	$tsau^{24}$
连平	pau^{24}	pau^{31}	p^hau^{53}	$miau^{53}$	nau^{53}	$tsau^{53}$	tsa^{24}	$tsau^{31}$
龙岗	pau^{33}	pau^{31}	p^hau^{53}	$mbiau^{53}$	lau^{53}	$tsau^{53}$	tsa^{33}	$tsau^{31}$
惠州	pau^{33}	pau^{35}	p^hau^{23}	$miɛu^{22}$	nau^{31}	$tsau^{23}$	tsa^{33}	$tsau^{35}$
博罗	pau^{44}	pau^{35}	p^hau^{24}	$mbiau^{21}$	$ndau^{41}$	$tsau^{24}$	tsa^{44}	$tsau^{35}$
新丰	pao^{44}	pao^{31}	p^hao^{51}	$mbiao^{51}$	lao^{31}	$tsao^{51}$	tsa^{44}	$tsao^{31}$
翁源	pau^{22}	pau^{31}	p^hau^{45}	$miau^{45}$	nau^{31}	$tsau^{45}$	tsa^{22}	$tsau^{31}$
始兴	pau^{22}	pau^{31}	p^hau^{33}	$miau^{33}$	nau^{33}	$tsau^{33}$	tsa^{22}	$tsau^{31}$
仁化	pau^{33}	pau^{23}	p^hau^{34}	$miau^{23}$	lau^{33}	$tsau^{34}$	（无）	$tsau^{23}$
南雄	pau^{44}	pau^{24}	p^hau^{32}	$miau^{21}$	nau^{42}	$tsau^{32}$	tsa^{44}	$tsau^{24}$

	0297 包	0298 饱	0299 炮	0300 猫	0301 闹	0302 罩	0303 抓 用手~牌	0304 找~ 零钱
	效开二 平肴帮	效开二 上肴帮	效开二 去肴滂	效开二 平肴明	效开二 去肴泥	效开二 去肴知	效开二 平肴庄	效开二 上肴庄
皈塘	$pɑu^{24}$	$pɑu^{33}$	$pʰɑu^{21}$	$miɑu^{45}$	$nɑu^{21}$	$tʃɑu^{21}$	$tʃua^{24}$	（无）
桂头	po^{51}	po^{324}	$pʰo^{44}$	mo^{45}	lo^{44}	tso^{44}	$tsɤu^{51}$	tso^{324}
连州	$pɔ^{31}$	$pɔ^{53}$	$pʰɔ^{11}$	$miɐu^{31}$	$nɔ^{33}$	$tsɔ^{11}$	$tsɐu^{31}$	$tsɔ^{53}$
潮州	pau^{33}	pa^{53}	$pʰau^{213}$	$ŋĩõũ^{33}$	lau^{11}白 $nãũ^{35}$文 $nãũ^{11}$文	ta^{213}白 $tsau^{35}$文	$tsua^{33}$	tau^{53}
饶平	pau^{44}	pa^{52}	$pʰau^{214}$	$ŋĩãũ^{44}$	lau^{25}白 $nãũ^{25}$文	$tsau^{25}$	$tsũã^{44}$	tau^{52}
汕头	pau^{33}	pa^{51}	$pʰau^{213}$	$ŋĩãũ^{33}$	lau^{25}白 $nãũ^{25}$文	$tsau^{25}$	$tsua^{33}$ $tsũã^{33}$又	tau^{51}
澄海	pau^{33}	pa^{53}	$pʰau^{212}$	$ŋĩõũ^{33}$	lau^{35}白 $nãũ^{22}$文 $nãũ^{35}$文	$tsau^{35}$	$tsua^{33}$	tau^{53}
潮阳	pau^{31}	pa^{454}	$pʰau^{52}$	$ŋĩãũ^{31}$	lau^{42}白 $nãũ^{52}$文	$tsau^{52}$	$tsua^{31}$	tau^{454}
南澳	pau^{34}	pa^{52}	$pʰau^{21}$	$ŋĩãũ^{34}$	$nãũ^{35}$	$tsau^{35}$	$tsua^{34}$	（无）
揭阳	pau^{33}	pa^{41}	$pʰau^{213}$	$ŋĩãũ^{33}$	lau^{55}白 $nãũ^{25}$文	$tsau^{25}$	$tsũã^{33}$	tau^{41}
普宁	pau^{35}	pa^{52}	$pʰau^{312}$	$ŋĩãũ^{35}$	lau^{24}白 $nãũ^{24}$文	$tsau^{24}$	$tsua^{35}$	tau^{52}
惠来	pau^{34}	pa^{53}	$pʰau^{31}$	$ŋĩãũ^{34}$	$nãũ^{25}$	ta^{31}白 $tsau^{25}$文	$tsua^{34}$	tau^{53}
海丰	pau^{33}	pa^{53}	$pʰau^{212}$	$ŋĩãũ^{33}$	lau^{35}白 $nãũ^{35}$文	ta^{212}白 $tsau^{35}$文	tsa^{33} $tsua^{33}$	tau^{53}
陆丰	pau^{33}	pa^{55}	$pʰau^{213}$	$ŋĩãũ^{33}$	lau^{22}白 $nãũ^{22}$文	ta^{213}白 $tsau^{22}$文	$tsua^{33}$	tau^{55}
电白	pau^{33}	pa^{21}	$pʰau^{13}$	ba^{22}	nau^{442}	tsa^{13}	$tsua^{33}$	$tsau^{21}$
雷州	pau^{24}	pa^{42}	$pʰau^{21}$	ba^{22}	lau^{24}白 nau^{54}文	$tsau^{33}$	$tsua^{54}$	$tsau^{42}$

	0305 抄	0306 交	0307 敲	0308 孝	0309 校学~	0310 表	0311 票	0312 庙
	效开二 平肴初	效开二 平肴见	效开二 平肴溪	效开二 去肴晓	效开二 去肴匣	效开三 上宵帮	效开三 去宵滂	效开三 去宵明
广州	tʃʰau⁵³	kau⁵³	hau⁵³	hau³³	hau²²	piu⁵⁵	pʰiu³³	miu²²
番禺	tʃʰau⁵³	kau⁵³	hau⁵³	hau³³	hau²²	piu³⁵	pʰiu³³	miu²²
增城	tsʰau⁴⁴	kau⁴⁴	hau⁴⁴	hau³³	hau²²	pɛu³⁵	pʰɛu³³	mɛu²²
从化	tsʰau⁵⁵	kau⁵⁵	hau⁵⁵	hau²³	hau³¹	piu⁵⁵	pʰiu²³	miu²³
龙门	tsʰau⁴²	kau⁴²	kʰau⁴²	hau²³	hau⁵³	piɐu⁵⁵	pʰiɐu²³	miɐu⁵³
莞城	tʃʰau²³	kau²³	hau²³	hau⁴⁴	hau⁴⁴	piu⁵⁵	pʰiu⁴⁴	miu⁴⁴
宝安	tʃʰau⁵⁵	kau²³	hau²³	hau³³	hau²²	piu⁵⁵	pʰiu³³	miu²²
佛山	tʃʰɛu⁵³白 tʃʰau⁵³文	kɛu⁵³白 kau⁵³文	hɛu⁵³白 hau⁵³文	hau²⁴	hau¹²	piu³⁵ piu⁵⁵又	pʰiu²⁴	biu¹²~字 biu³⁵寺~
南海	tsʰiɛu⁵¹	kiɛu⁵¹白 kau⁵¹文	hiɛu⁵¹	hau³³	hau²²	piu⁵⁵	pʰiu³³	miu²²
顺德	tʃʰɛu⁵³	kɛu⁵³白 kau⁵³文	hɛu⁵³	hau³²	hau²¹	piu⁵⁵	pʰiu³²	miu²⁴
三水	tsʰiɐu⁵³白 tsʰau⁵³文	kiɐu⁵³白 kau⁵³文	hiɐu⁵³白 hau⁵³文	hau⁴⁴	hau³³	piu²⁵ piu⁵⁵又	pʰiu⁴⁴	miu³³ miu²⁵又
高明	tʃʰau⁴⁵	kau⁴⁵	hau⁴⁵	hau³³	hau³¹	piu⁵⁵	pʰiu³³	miu³¹
佛冈	tʃʰau³³	kau³³	kʰau³³	hau³³	hau³¹	piu³⁵~哥 piu³³手~	pʰiu³³	miu³¹
阳山	tʃʰeu⁵¹白 tʃʰau⁵¹文	keu⁵¹	kʰeu⁵¹	heu³⁴	heu²¹⁴	piu⁵⁵	pʰiu³⁴	miu²¹⁴
连山	tʃʰau⁵¹	kau⁵¹	kʰau⁵¹	hau³⁵	au²¹⁵	biu⁵¹	pʰiu³⁵	miu²¹⁵
新兴	tsʰau⁴⁵	kau⁴⁵	hau⁴⁵	hau⁴⁴³	hau⁵²	piu³⁵	pʰiu⁴⁴³	miu⁵²
罗定	tsʰau⁵⁵	kau⁵⁵	hau⁵⁵	hau³³	hau²¹	piu⁵⁵	pʰiu³³	miu³⁵
郁南	tʃʰau⁵⁵	kau⁵⁵	hau⁵⁵	hau³³	hau²¹	piu⁵⁵	pʰiu³³	miu²¹
石岐	tsʰau⁵⁵	kau⁵⁵	kʰau⁵⁵	hau³³	hau³³	piu⁵⁵	pʰiu³³	miu³³

	0305 抄	0306 交	0307 敲	0308 孝	0309 校学~	0310 表	0311 票	0312 庙
	效开二平肴初	效开二平肴见	效开二平肴溪	效开二去肴晓	效开二去肴匣	效开三上宵帮	效开三去宵滂	效开三去宵明
肇庆	tʃʰau⁴⁵	kau⁴⁵	hau⁴⁵	hau³³	hau⁵²	piu⁴⁵	pʰiu³³	miu⁵²
香洲	tsʰau²¹	kau²¹	hau²¹	hau³³	hau³³	piu²¹	pʰiu³³	miu³³
斗门	tʰɒu³⁴	kɒu³⁴	kʰɒu³⁴	hɒu³⁴	hɒu⁴²	piu⁴⁵	piu²¹	miu⁴²
新会	tsʰau²³	kau²³	hau²³	hau²³	hau³²	piu²³	pʰiu²¹	miu³²
台山	tsʰɒu³³	kɔu³³	kʰiɔu⁵⁵	hɒu³³	hɒu³¹	piɔu⁵⁵	pʰiɔu²²⁵小	miɔu³¹
开平	tʃʰau³³	kau³³	kʰau³³	hau³³	hau³¹	viu⁴⁵	hiu²¹⁵小	miu³¹
恩平	tʰou³³	kou³³	hou⁵⁵	hou³³	hou²¹	piəu³³	pʰiəu²¹	mbiəu²¹
四会	tʃʰiu⁵¹	kiu⁵¹	kʰiu⁵¹	hau³³	hiu²⁴	piu⁵¹	pʰiu³³	miu²⁴
广宁	tsʰeu⁵¹	keu⁵¹	kʰeu⁵¹	heu³³	heu³²³	piu⁴⁴	pʰiu³³	miu³²³
怀集	tʃʰau⁴²	kɛu⁴²	kʰɛu⁴²	hɛu⁴⁵	hɛu²²⁵	piu⁵⁴	pʰiu⁴⁵	miu²²⁵
德庆	tsʰau⁴⁵⁴	kau⁴⁵⁴	hau⁴⁵⁴	hau⁵³	hau³¹	piu⁴⁵⁴	pʰiu⁵³	miu³¹
封开	tʃʰau⁵⁵	kau⁵⁵	hau⁵⁵	hau⁵¹	hau²¹	piu⁵⁵	pʰiu⁵¹	miu²¹
阳江	tsʰau³³	kau³³	hau³³	hau³⁵	hau⁵⁴	piu³³	pʰiu³⁵	miu⁵⁴
阳春	tsʰau⁴⁵	kau⁴⁵	hau⁴⁵	hau³³	hau⁵²	piu⁴⁵	pʰiu³³	miu⁵²
赤坎	tsʰau⁴⁵	kau⁴⁵	hau⁴⁵	hau³³	hau²¹	piu⁴⁵	pʰiu³³	miu²¹
吴川	tʃʰau⁵⁵	kau⁵⁵	hau⁵⁵	hau³³	hau³¹	ɓiu⁵⁵	pʰiu³³	miu³¹
廉江	tsʰau⁵⁵	kau⁵⁵	hau⁵⁵	hau³³	hau²¹	piu⁵⁵	pʰiu³³	miu²¹
高州	tʃʰau³³白 tʃʰau⁵³文	kau⁵³	hau⁵³	hau³³	hau³¹	piu⁵³	pʰiu³³	miu³¹
化州	tʃʰau⁵³	kau⁵³	hau⁵³	hau³³	hau³¹	ɓiu⁵³	pʰiu³³	miu³¹

	0305 抄	0306 交	0307 敲	0308 孝	0309 校学~	0310 表手~	0311 票	0312 庙
	效开二平肴初	效开二平肴见	效开二平肴溪	效开二去肴晓	效开二去肴匣	效开三上宵帮	效开三去宵滂	效开三去宵明
梅州	tsʰau⁴⁴	kʰau⁴⁴白 kau⁴⁴文	kʰau⁴⁴	hau⁵²	kau³¹	piau⁴⁴	pʰiau⁵²	miau⁵²
兴宁	tsʰaɔ²⁴	kaɔ²⁴	kʰaɔ²⁴	haɔ⁵¹	kaɔ³¹	piaɔ³¹~兄 piaɔ²⁴手~	pʰiaɔ⁵¹	miaɔ⁵¹
五华	tsʰau⁴⁴	kau⁴⁴	kʰau⁵¹~门 kʰau⁴⁴~锣	hau⁵¹	kau³¹	piau⁴⁴	pʰiau⁵¹	miau³¹
大埔	tsʰau³⁴	kʰau³⁴白 kau³⁴文	kʰau³⁴	hau⁵²	kau³¹	piau³⁴	pʰiau⁵²	miau⁵²
丰顺	tsʰau⁴⁴	kau⁴⁴	kʰau⁴⁴	hau⁵³	kau²¹	piau⁴⁴	pʰiau⁵³	miau²¹
揭西	tsʰau⁴⁵²	kau⁴⁵²	kʰau⁴⁵²	hau⁴¹	kau³¹	piau⁴⁵²	pʰiau⁴¹	miau³¹
陆河	tsʰau⁵³	kau⁵³	kʰau³¹	hau³¹	kau²⁴	piau⁵³	pʰiau³¹	miau³³
龙川	tsʰau³³	kau³³	kʰau³¹白 kʰiɛu³³文	hau³¹	kau²⁴	piɛu²⁴	pʰiɛu³¹	miɛu³³
河源	tsʰau³³	kau³³	kʰau³³	hau²¹²	hau⁵⁴	piau³³	pʰiau²¹²	miau⁵⁴
连平	tsʰau²⁴	kau²⁴	tsʰiau²⁴	hau⁵³	kau³¹	piau³¹钟~ piau²⁴手~	pʰiau⁵³	miau⁵³
龙岗	tsʰau³³	kau³³	kʰau⁵³	hau⁵³	kau³¹	piau³¹ piau³³又	pʰiau⁵³	mbiau⁵³
惠州	tsʰau³³	kau³³	kʰau³³	hau²³	hau³¹	piɛu³³	pʰiɛu²³	miɛu³¹
博罗	tsʰau⁴⁴	kau⁴⁴	kʰau⁴⁴	hau⁴¹	hau⁴¹	piau⁴⁴	pʰiau²⁴	mbiau⁴¹
新丰	tsʰao⁴⁴	kao⁴⁴	kʰao⁵¹	hao⁵¹	kao³¹	piao⁴⁴	pʰiao⁵¹	mbiao³¹
翁源	tsʰau²²	kau²²	kʰau⁴⁵	hau⁴⁵	kau³¹	piau²²	pʰiau⁴⁵	miau³¹
始兴	tsʰau²²	kau²²	tɕʰiau²²	hau³³	hau³³	piau³³	pʰiau³³	miau³³
仁化	tsʰau³³	kau³³	kʰau³³	xau³⁴	xau³³	piau²³	pʰiau³⁴	miau³³
南雄	tsʰau⁴⁴	kau⁴⁴	kʰau⁴⁴	hau³²	kau³²	piau²⁴ piau⁴⁴又	pʰiau³²	miau⁴²

	0305 抄	0306 交	0307 敲	0308 孝	0309 校学~	0310 表手~	0311 票	0312 庙
	效开二平肴初	效开二平肴见	效开二平肴溪	效开二去肴晓	效开二去肴匣	效开三上宵帮	效开三去宵滂	效开三去宵明
汳塘	tʃʰau²⁴	kau²⁴	kʰau²⁴	hau²¹	hau²¹	piu²⁴	pʰiu²¹	miu²¹
桂头	tsʰo⁵¹	ko⁵¹	kʰo⁵¹	ho⁴⁴	ko³²⁴白 / ho⁴⁴文	pɛi⁵¹	pʰɛi⁴	mɛi⁴⁴
连州	tsʰɔ⁵¹	kɔ³¹	kʰɔ³¹	hɔ¹¹	hɔ¹¹	piɐu⁵³~哥 / piɐu³¹手~	pʰiɐu¹¹	miɐu³³
潮州	sa³³白 / tsʰau³³文	kau³³	kʰa²¹³白 / kʰiou³³文	ha²¹³白 / hau²¹³文	hau³⁵	pie³³	pʰie²¹³	bie¹¹
饶平	tsʰau⁴⁴	kau⁴⁴	kʰiau⁴⁴	ha²¹⁴白 / hau²¹⁴文	hau²⁵	pio⁴⁴	pʰio²¹⁴	bio²¹
汕头	tsʰau³³	kau³³	kʰa²¹³白 / kʰiau³³文	ha²¹³白 / hau²¹³文	hau²⁵	pio³³	pʰio²¹³	bio³¹
澄海	tsʰau³³	kau³³	kʰa²¹²白 / kʰiou³³文	ha²¹²白 / hau²¹²文	hau³⁵	pio³³	pʰio²¹²	bio²¹²
潮阳	tsʰau³¹	kau³¹	kʰa⁵²白 / kʰiau³¹文	ha⁵²白 / hãũ⁵²文	hau⁵²	pio³¹	pʰio⁵²	bio⁴²
南澳	sa³⁴白 / tsʰau³⁴文	kau³⁴	kʰa²¹	ha²¹白 / hau²¹文	hau³⁵	pio³⁴	pʰio²¹	bio³¹
揭阳	tsʰau³³	kau³³	kʰiau³³	hau²¹³	hau²⁵	pio³³	pʰio²¹³	bio²²
普宁	tsʰau³⁵	kau³⁵	kʰa³¹²白 / kʰiau³⁵文	ha³¹²白 / hau³¹²文	hau²⁴	pio³⁵	pʰio³¹²	bio³¹
惠来	tsʰau³⁴	kau³⁴	kʰiau³⁴	hau³¹	hau²⁵	pio³⁴	pʰio³¹	bio³¹
海丰	tsʰau³³	kau³³	kʰa²¹²白 / kʰau³³文	ha²¹²白 / hau²¹²文	hau³⁵	pio³³	pʰio²¹²	mbio²¹
陆丰	tsʰau³³	kau³³	kʰa²¹³白 / kʰiau³³文	ha²¹³白 / hau²¹³文	hau²²	pio³³	pʰio²¹³	mbio²²
电白	tsʰau³³	kieu³³	kʰau³³	hieu¹³	hieu⁴⁴²	pieu³³	pʰieu¹³	bieu³³
雷州	tsʰau²⁴	kieu²⁴	kʰa²¹	hieu²¹	hieu³³	pio⁴²	pʰiau²¹	meu³³

	0313 焦	0314 小	0315 笑	0316 朝~代	0317 照	0318 烧	0319 绕	0320 桥
	效开三 平宵精	效开三 上宵心	效开三 去宵心	效开三 平宵澄	效开三 去宵章	效开三 平宵书	效开三 去宵日	效开三 平宵群
广州	tʃiu⁵³	ʃiu³⁵	ʃiu³³	tʃʰiu²¹	tʃiu³³	ʃiu⁵³	iu³⁵	kʰiu²¹
番禺	tʃiu⁵³	ʃiu³⁵	ʃiu³³	tʃʰiu³¹	tʃiu³³	ʃiu⁵³	（无）	kʰiu³¹
增城	tsʰiu⁴⁴	sɛu³⁵	sɛu³³	tsʰiu²¹	tsiu³³	siu⁴⁴	iu³⁵	kʰɛu²¹
从化	tsiu⁵⁵	siu⁴⁵	siu²³	tsʰiu²²	tsiu²³	siu⁵⁵	iu⁴⁵	kʰiu²²
龙门	tsiɐu⁴²	siɐu³⁵	siɐu²³	tsʰiɐu²¹	tsiɐu²³	siɐu⁴²	iɐu³⁵	kʰiɐu²¹
莞城	tʃiu²³	ʃiu³⁵	ʃiu⁴⁴	tʃʰiu³¹	tʃiu⁴⁴	ʃiu²³	iu³⁵	kʰiu³¹
宝安	tʃiu²³	ʃiu²⁵	ʃiu³³	tʃʰiu³¹	tʃiu³³	ʃiu⁵⁵	iu²⁵	kʰiu³³
佛山	tʃiu⁵³	ʃiu³⁵	ʃiu²⁴	tʃʰiu⁴²	tʃiu²⁴	ʃiu⁵³	iu³⁵	kʰiu⁴²
南海	tsiɛu⁵¹ 版~ tsiu⁵¹ ~虑	siu³⁵	siu³³	tsʰiu³¹	tsiu³³	siu⁵¹	（无）	kʰiu³¹
顺德	tʃiu⁵³	ʃiu²⁴	ʃiu³²	tʃʰiu⁴²	tʃiu³²	ʃiu⁵³	（无）	kʰiu⁴²
三水	tsiu⁵³	siu²⁵	siu⁴⁴	tsʰiu³¹	tsiu⁴⁴	siu⁵³	iu²⁵	kʰiu³¹
高明	tʃiu⁵⁵	ʃiu²⁴	ʃiu³³	tʃʰiu³¹	tʃiu³³	ʃiu⁵⁵	iu²⁴	kʰiu³¹
佛冈	tʃiu³³	ʃiu³⁵	ʃiu³³	tʃʰiu²²	tʃiu³³	ʃiu³³	iu³⁵	kʰiu²²
阳山	tʃiu⁵¹	ʃiu⁵⁵	ʃiu³⁴	tʃiu²⁴¹	tʃiu³⁴	ʃiu⁵¹	iu⁵⁵	kiu²⁴¹
连山	tiu⁵¹	θiu⁵⁵	θiu³⁵	ʃiu²⁴¹	tʃiu³⁵	ʃiu⁵¹	ŋiu¹⁵	kiu²⁴¹
新兴	tsiu⁴⁵	siu³⁵	siu⁴⁴³	tsʰiu²¹	tsiu⁴⁴³	siu⁴⁵	iu³⁵	kʰiu²¹
罗定	tsiu⁵⁵	siu³⁵	siu³³	tsʰiu²¹	tsiu³³	siu⁵⁵	iu³⁵	kʰiu²¹
郁南	tʃiu⁵⁵	ʃiu³⁵	ʃiu³³	tʃʰiu²¹	tʃiu³³	ʃiu⁵⁵	iu³⁵	kʰiu²¹
石岐	tsiu⁵⁵	siu²¹³	siu³³	tsʰiu⁵¹	tsiu³³	siu⁵⁵	iu²¹³	kʰiu⁵¹

	0313 焦	0314 小	0315 笑	0316 朝~代	0317 照	0318 烧	0319 绕	0320 桥
	效开三 平宵精	效开三 上宵心	效开三 去宵心	效开三 平宵澄	效开三 去宵章	效开三 平宵书	效开三 去宵日	效开三 平宵群
肇庆	tʃiu⁴⁵	ʃiu²⁴	ʃiu³³	tʃʰiu²¹	tʃiu³³	ʃiu⁴⁵	iu¹³	kʰiu²¹
香洲	tsiu²¹	siu³⁵	siu³³	tsʰiu³⁴³	tsiu³³	siu²¹	iu³⁵	kʰiu³⁴³
斗门	tsiu³⁴	siu⁴⁵	siu³⁴	tʰiu²²	tsiu³⁴	siu³⁴	ŋiu⁴⁵	kʰiu²²
新会	tsiu²³	siu⁴⁵	siu²³	tsʰiu²²	tsiu²³	siu²³	ŋiu⁴⁵	kʰiu²³
台山	tiɔu³³	ɬiɔu⁵⁵	liɔu³³	tsʰiɔu²²	tsiɔu³³	siɔu³³	ŋiɔu²²	kʰiɔu²²
开平	tiu³³	ɬiu⁴⁵	ɬiu³³	tʃʰɛu¹¹	tʃɛu³³	ʃɛu³³	ŋiu¹¹	kʰiu¹¹
恩平	tʃiəu³³	ʃiəu⁵⁵	ʃiəu³³	tʰiəu²²	tʃiəu³³	ʃiəu³³	ŋgiəu²¹	kʰiəu²²
四会	tʃiu⁵¹	ʃiu³³	ʃiu³³	tʃiu³¹	tʃiu³³	ʃiu⁵¹	iu³³	kiu³¹
广宁	tsiu⁵¹	siu⁴⁴	siu³³	tsiu³¹	tsiu³³	siu⁵¹	iu³²³	kiu³¹
怀集	tʃiu⁴²	θiu⁵⁴	θiu⁴⁵	tʃiu²³¹	tʃiu⁴⁵	θiu⁴²	iu⁵⁴	kiu²³¹
德庆	tsiu⁴⁵⁴	siu⁴⁵	siu⁵³	tsiu²⁴²	tsiu⁵³	siu⁴⁵⁴	iu⁴⁵	kiu²⁴²
封开	tiu⁵⁵	ɬiu³³⁴	ɬiu⁵¹	tʃiu²⁴³	tʃiu⁵¹	ʃiu⁵⁵	ŋiu³³⁴	kiu²⁴³
阳江	tsiu³³	ɬiu²¹	ɬiu³⁵	tsʰiu⁴²	tsiu³⁵	siu³³	iu²¹	kʰiu⁴²
阳春	tsiu⁴⁵	ɬiu³²⁴	ɬiu³³	tsʰiu³¹	tsiu³³	siu⁴⁵	ŋiu³²⁴	kʰiu³¹
赤坎	tsiu⁴⁵	siu¹³	ɬiu³³	tsʰiu²¹	tsiu³³	siu⁴⁵	iu¹³	kʰiu²¹
吴川	tʃiu⁵⁵	ɬiu³⁵	ɬiu³³	tʃʰiu³¹	tʃiu³³	ʃiu⁵⁵	ŋiu²⁴	kʰiu³¹
廉江	tsiu⁵⁵	ɬiu²⁵	ɬiu³³	tsʰiu²¹	tsiu³³	siu⁵⁵	ŋiu²³	kʰiu²¹
高州	tʃiu⁵³	ɬiu²⁴	ɬiu³³	tʃʰiu²¹	tʃiu³³	ʃiu⁵³	ŋiu²⁴	kʰiu²¹
化州	tiu⁵³	ɬiu³⁵	ɬiu³³	tʃʰiu³¹	tʃiu³³	ʃiu⁵³	ŋiu¹³	kʰiu¹³

	0313 焦	0314 小	0315 笑	0316 朝~代	0317 照	0318 烧	0319 绕~线	0320 桥
	效开三 平宵精	效开三 上宵心	效开三 去宵心	效开三 平宵澄	效开三 去宵章	效开三 平宵书	效开三 去宵日	效开三 平宵群
梅州	tsiau⁴⁴	siau³¹	siau⁵²	tsʰau²¹	tsau⁵²	sau⁴⁴	ȵiau⁴⁴ 白 ȵiau³¹ 文	kʰiau²¹
兴宁	tsiɑɔ²⁴	siɑɔ³¹	siɑɔ⁵¹	tʃʰɑɔ¹³	tʃɑɔ⁵¹	ʃɑɔ²⁴	niɑɔ³¹	kʰiɑɔ¹³
五华	tsiau⁴⁴	siau³¹	siau⁵¹	tʃʰau²¹²	tʃau⁵¹	ʃau⁴⁴	ȵiau³¹	kʰiau²¹²
大埔	tsiau³⁴	siau³¹	siau⁵²	tʃʰau¹³	tʃau⁵²	ʃau³⁴	ȵiau³¹	kʰiau¹³
丰顺	tsiau⁴⁴	siau⁵³	siau⁵³	tʃʰeu²⁴	tʃeu⁵³	ʃeu⁴⁴	ȵiau²⁴	kʰiau²⁴
揭西	tsiau⁴⁵²	siau³¹	siau⁴¹	tʃʰau²⁴	tʃau⁴¹	ʃau⁴⁵²	ȵiau²⁴	kʰiau²⁴
陆河	tsiau⁵³	siau²⁴	siau³¹	tʃʰau³⁵	tʃau³¹	ʃau⁵³	ȵiau³⁵	kʰiau³⁵
龙川	tsiɛu³³	siɛu²⁴	siɛu³¹	tsʰɛu⁵¹	tsɛu³¹	sɛu³³	ȵiɛu²⁴	kʰiɛu⁵¹
河源	tsiau³³	siau²⁴	siau²¹²	tsʰiau³¹	tsiau²¹²	siau³³	ȵiau³¹	kʰiau³¹
连平	tsiau²⁴	siau³¹	siau⁵³	tsʰau²¹	tsau⁵³	sau²⁴	ŋau²¹	tʰau²¹
龙岗	tsiau³³	siau³¹	siau⁵³	tsʰau²¹	tsau⁵³	sau³³	ŋgiau²¹	kʰiau²¹
惠州	tɕiɛu³³	siɛu³⁵	siɛu²³	tɕʰiɛu²²	tɕiɛu²³	ɕiɛu³³	ȵiɛu³⁵	kʰiɛu²²
博罗	tsiau⁴⁴	ɬiau³⁵	ɬiau²⁴	tsʰiau²¹	tsiau²⁴	siau⁴⁴	ziau²¹	kʰiau²¹
新丰	tsiao⁴⁴	siao³¹	siao⁵¹	tsʰao²⁴	tsao⁵¹	sao⁴⁴	ŋgiao²⁴	kʰiao²⁴
翁源	tsiau²²	siau³¹	siau⁴⁵	tʃʰau⁴¹	tʃau⁴⁵	ʃau²²	ȵiau⁴¹	kʰiau⁴¹
始兴	tɕiau²²	ɕiau³¹	ɕiau³³	tsʰau⁵¹	tsau³³	sau²²	ȵiau⁵¹	tɕʰiau⁵¹
仁化	tsiau³³	siau²³	siau³⁴	tsʰau³¹	tsau³⁴	sau³³	iau²³	kʰiau³¹
南雄	tsai⁴⁴	sai²⁴	sai³²	tsau²¹	tsau³²	sau⁴⁴	ȵiau²⁴	tɕiau²¹

	0313 焦	0314 小	0315 笑	0316 朝~代	0317 照	0318 烧	0319 绕 ~线	0320 桥
	效开三平宵精	效开三上宵心	效开三去宵心	效开三平宵澄	效开三去宵章	效开三平宵书	效开三去宵日	效开三平宵群
舨塘	tʃiu²⁴	ʃiu³³	ʃiu²¹	tʃʰiu⁴⁵	tʃiu²¹	ʃiu²⁴	（无）	kʰiu⁴⁵
桂头	tsɿ⁵¹	sɿ³²⁴	sɿ⁴⁴	tsʰɛi⁴⁵	tsɛi⁴⁴	sɿ⁵¹	iɛi⁴⁵	kʰɛi⁴⁵
连州	tsiɐu³¹	siɐu⁵³	siɐu¹¹	tsʰiɐu⁵⁵	tsiɐu¹¹	siɐu³¹	ŋiɐu⁵³	kʰiɐu⁵⁵
潮州	tsiou³³	sie⁵³ 白 / siou⁵³ 文	tsʰie²¹³	tsʰiou⁵⁵	tsie²¹³	sie³³	dziou²¹³	kie⁵⁵
饶平	tsiau⁴⁴	sio⁵² 白 / siau⁵² 文	tsʰio²¹⁴	tsʰiau⁵⁵	tsio²¹⁴	sio⁴⁴	dziau²¹⁴	kio⁵⁵
汕头	tsiau³³	sio⁵¹ 白 / siau⁵¹ 文	tsʰio²¹³	tsʰiau⁵⁵	tsio²¹³	sio³³	dziau²¹³	kio⁵⁵
澄海	tsiou³³	sio⁵³ 白 / siou⁵³ 文	tsʰio²¹²	tsʰiou⁵⁵	tsio²¹²	sio³³	ziou²¹²	kio⁵⁵
潮阳	tsiau³¹	sio⁴⁵⁴ 白 / siau⁴⁵⁴ 文	tsʰio⁵²	tsʰiau³³	tsio⁵²	sio³¹	ziau⁵²	kio³³
南澳	tsiau³⁴	siau⁵²	tsʰio²¹	tsʰiau⁴⁵⁴	tsio²¹	sio³⁴	dziau²¹	kio⁴⁵⁴
揭阳	ta³³ 白 / tsiau³³ 文	sio⁴¹ 白 / siau⁴¹ 文	tsʰio²¹³	tsʰiau⁵⁵	tsio²¹³	sio³³	ziau²¹³	kio⁵⁵
普宁	tsiau³⁵	sio⁵² 白 / siau⁵² 文	tsʰio³¹²	tsʰiau⁵⁵	tsio³¹²	sio³⁵	ziau³¹²	kio⁵⁵
惠来	tsiau³⁴	siau⁵³	tsʰio³¹	tsʰiau⁵⁵	tsio³¹	sio³⁴	dziau³¹	kio⁵⁵
海丰	tsiau³³	sio⁵³ 白 / siau⁵³ 文	tsʰio²¹²	tsʰiau⁵⁵	tsio²¹² 白 / tsiau²¹² 文	sio³³	ndziau⁵³	kio⁵⁵
陆丰	ta³³ 白 / tsio³³ 文	sio⁵⁵ 白 / siau⁵⁵ 文	tsʰio²¹³	tsʰiau¹³	tsio²¹³ 白 / tsiau²¹³ 文	sio³³	ndziau²²	kio¹³ 白 / kʰiau¹³ 文
电白	tsieu³³	sieu²¹	tsʰieu¹³	tsʰieu²²	tsieu¹³	sieu³³	ʝieu²¹	kieu²²
雷州	tsiau²⁴	siau⁴²	tsʰio²¹	tsʰiau²²	tsiau²¹	sio²⁴	iau⁴²	kio²²

	0321 轿	0322 腰	0323 要重~	0324 摇	0325 鸟	0326 钓	0327 条	0328 料
	效开三 去宵群	效开三 平宵影	效开三 去宵影	效开三 平宵以	效开四 上萧端	效开四 去萧端	效开四 平萧定	效开四 去萧来
广州	k^hiu^{35}	iu^{53}	iu^{33}	iu^{21}	liu^{13}	tiu^{33}	t^hiu^{21}	liu^{22}
番禺	（无）	iu^{53}	iu^{33}	iu^{31}	tiu^{35}白 liu^{23}文	tiu^{33}	t^hiu^{31}	liu^{22}
增城	k^hɛu^{35}	iu^{44}	iu^{33}	iu^{21}	lɛu^{35}	tɛu^{33}	t^hɛu^{21}	lɛu^{35}
从化	k^hiu^{23}	iu^{23}	iu^{23}	iu^{22}	niu^{23}	tiu^{23}	t^hiu^{22}	liu^{23}
龙门	kieu^{53}	ieu^{42}	ieu^{23}	ieu^{21}	lieu^{23}	tieu^{23}	t^hieu^{21}	lieu^{53}
莞城	k^hiu^{31}~车 kiu^{55}拍~	iu^{23}	iu^{44}	iu^{31}	tiu^{35}白 niu^{34}文	tiu^{44}	t^hiu^{31}	ŋiu^{44}
宝安	k^hiu^{25}小	iu^{23}	iu^{33}	iu^{31}	niu^{23}	tiu^{33}	t^hiu^{33}	liu^{25}小
佛山	k^hiu^{35}	iu^{55}	iu^{55}	iu^{42}	liu^{13}	tiu^{24}	hiu^{42}	liu^{12}预~ liu^{35}饲~
南海	k^hiu^{35}	iu^{51}	iu^{33}	iu^{31}	niu^{13}	tiu^{33}	t^hiu^{31}	liu^{22}预~ liu^{35}材~
顺德	kiu^{24}	iu^{53}	iu^{32}	iu^{42}	liu^{13}	tiu^{32}*	tiu^{42}白 t^hiu^{42}文	liu^{21}~理 liu^{24}材~
三水	k^hiu^{31} k^hiu^{25}又	iu^{53} iu^{55}又	iu^{44}	iu^{31} iu^{25}又	liu^{25}	tiu^{44}	t^hiu^{31}	liu^{25} liu^{33}又
高明	k^hiu^{24}	iu^{55}	iu^{33}	iu^{31}	niu^{33}	tiu^{33}	t^hiu^{31}	liu^{31}预~ liu^{24}材~
佛冈	kiu^{31}	iu^{33}	iu^{33}	iu^{22}	niu^{31}	tiu^{33}	t^hiu^{22}	liu^{35}材~ liu^{31}预~
阳山	kiu^{214}	iu^{51}	iu^{34}	iu^{241}	leu^{224}	teu^{34}	teu^{241}	leu^{214}
连山	kiu^{215}	iu^{51}	iu^{35}	iu^{241}	niu^{15}	diu^{35}	tiu^{241}	liu^{215}
新兴	kiu^{52}	iu^{45}	iu^{443}	iu^{21}	tiu^{35}白 niu^{21}文	tiu^{443}	t^hiu^{21}	liu^{52}
罗定	k^hiu^{21}~车 kiu^{35}坐~	iu^{55}	iu^{33}	iu^{21}	niu^{13}	tiu^{33}	t^hiu^{21}~件 t^hiu^{35}请假~	liu^{21}预~ liu^{35}材~
郁南	k^hiu^{21}	iu^{55}	iu^{33}	iu^{21}	tiu^{35}白 niu^{13}文	tiu^{33}	t^hiu^{21}	liu^{21}
石岐	kiu^{33}	iu^{55}	iu^{33}	iu^{51}	niu^{213}	tiu^{33}	t^hiu^{51}	liu^{33}

	0321 轿	0322 腰	0323 要重~	0324 摇	0325 鸟	0326 钓	0327 条	0328 料
	效开三去宵群	效开三平宵影	效开三去宵影	效开三平宵以	效开四上萧端	效开四去萧端	效开四平萧定	效开四去萧来
肇庆	kiu⁵²	iu⁴⁵	iu³³	iu²¹	niu¹³	tiu³³	tʰiu²¹	liu⁵²
香洲	kiu³³	iu²¹	iu³³	ŋiu³⁴³	niu³⁵	tiu³³	tʰiu³⁴³	liu³³
斗门	kiu⁴²	iu³⁴	iu³⁴	iu²²	tiu⁴⁵白 niu²¹文	tiu³⁴	hiu²²	liu⁴²
新会	kiu²³	iu²³	iu²³	iu²²	niu²²	tiu²³	hiu²²	liu³²
台山	kiɔu³¹	jiɔu³³	jiɔu³³	jiɔu²²	niɔu²¹小	iɔu³³	hiɔu²²	liɔu³¹
开平	kiu³¹	jiɛu³³	jiɛu³³	jiɛu¹¹	tiu²¹⁵小	iu³³	hiu¹¹	liu³¹
恩平	kiəu²¹	iəu³³	iəu³³	iəu²²	tiəu⁵⁵白 ndiəu²¹文	tiəu³³	hiəu²²	liəu²¹
四会	kʰiu³³	iu⁵¹	iu³³	iu³¹	liu²⁴	tiu³³	tiu³¹	liu²⁴
广宁	kiu³²³	iu⁵¹	iu³³	iu³¹	neu³²³	teu³³	teu³¹	leu³²³
怀集	kiu²³¹~车 kiu²²⁵抬~	iu⁴²	iu⁴⁵	iu²³¹	tɛu⁵⁴白 nɛu²⁴文	tɛu⁴⁵	tɛu²³¹	lɛu²²⁵
德庆	kiu³¹白 kʰiu³¹文	iu⁴⁵⁴	iu⁵³	iu²⁴²	tiu⁴⁵白 niu⁴⁵文	tiu⁵³	tiu²⁴²	liu³¹
封开	kiu²¹	iu⁵⁵	ŋiu⁵¹	iu²⁴³	niu²²³	tiu⁵¹	tiu²⁴³	liu²¹
阳江	kiu⁵⁴	iu³³	iu³⁵	iu⁴²	niu²¹	tiu³⁵	tʰiu⁴²	liu⁵⁴
阳春	kiu⁵²	iu⁴⁵	iu³³	iu³¹	niau³²³	tiu³³	tʰiu³³	liu⁵²
赤坎	kʰiu²¹	iu⁴⁵	iu³³	iu²¹	niu¹³	tiu³³	tʰiu²¹	liu⁵²
吴川	kʰiu³¹	iu⁵⁵	iu³³	iu³¹	ŋiu³⁵	ɗiu³³	tʰiu³¹	liu³¹
廉江	kʰiu²¹	iu⁵⁵	iu³³	iu²¹	tiu²⁵白 niu²³文	tiu³³	tʰiu²¹	liu²¹
高州	kiu³¹	iu⁵³	iu³³	iu²¹	tiɛu⁵³白 niɛu²⁴文	tiu³³	tʰiu²¹	liu³¹
化州	kiu³¹	iu⁵³	iu³³	iu³³	niau³⁵	ɗiu³³	tʰiu¹³	liu³¹

	0321 轿	0322 腰	0323 要重~	0324 摇	0325 鸟	0326 钓	0327 条	0328 料
	效开三 去宵群	效开三 平宵影	效开三 去宵影	效开三 平宵以	效开四 上萧端	效开四 去萧端	效开四 平萧定	效开四 去萧来
梅州	kʰiau⁵²	iau⁴⁴	iau⁵²	iau²¹	tiau³¹白 tiau⁴⁴白 ŋiau⁴⁴文	tiau⁵²	tʰiau²¹	liau⁵²
兴宁	kʰiɑɔ⁵¹	ʒɑɔ²⁴	ʒɑɔ⁵¹	ʒɑɔ¹³	tiɑɔ²⁴白 niɑɔ²⁴文	tiɑɔ⁵¹	tʰiɑɔ¹³	liɑɔ⁵¹
五华	kʰiau³¹	iau⁴⁴	iau⁵¹	iau²¹²	tiau³¹白 tiau⁴⁴白	tiau⁵¹	tʰiau²¹²	liau³¹
大埔	kʰiau⁵²	ʒau³⁴	ʒau⁵²	ʒau¹³	tiau³⁴白 tiau³¹白 ŋiau³⁴文	tiau⁵²	tʰæu¹³白 tʰiau¹³文	liau⁵²
丰顺	kʰiau²¹	ieu⁴⁴	iau⁵³	ieu²⁴	tiau⁴⁴	tiau⁵³	tʰiau²⁴	liau²¹
揭西	kʰiau³¹	ʒiau⁴⁵²·	ʒiau⁴¹	ʒiau²⁴	tiau³¹白 tiau⁴⁵²白 niau⁴⁵²文	tiau⁴¹	tʰiau²⁴	liau³¹
陆河	kʰiau³³	ʒau⁵³	ʒau³¹	ʒau³⁵	tiau²⁴白 tiau⁵³白 niau⁵³文	tiau³¹	tʰiau³⁵	liau³³
龙川	kʰiɛu³³	iɛu³³	iɛu³¹	iɛu⁵¹	tiu²⁴白 ŋiɛu³¹文	tiɛu³¹	tʰiɛu⁵¹	liɛu³³
河源	kʰiau⁵⁴	iau³³	iau²¹²	iau³¹	tiau²⁴白 ŋiau²⁴文	tiau²¹²	tʰiau³¹	liau⁵⁴
连平	tʰau⁵³	iau²⁴	iau⁵³	iau²¹	tiau³¹白 tiau²⁴白 ŋiau³¹文	tiau⁵³	tʰiau²¹	liau⁵³
龙岗	kʰiau⁵³	ziau³³	ziau⁵³	ziau²¹	tiau³¹白 tiau³³白 ŋgiau³¹文	tiau⁵³	tʰiau²¹	liau⁵³
惠州	kʰiɛu³¹	jiɛu³³	jiɛu²³	ŋiɛu²²	（无）	tiɛu²³	tʰiɛu²²	liɛu³¹
博罗	kʰiau⁴¹	ziau⁴⁴	ŋgiau²⁴	ziau²¹	tiau³⁵白 ndiau³⁵文	tiau²⁴	tʰiau²¹	liau⁴¹
新丰	kʰiao³¹	zao⁴⁴	zao⁵¹	zao²⁴	tiao⁴⁴	tiao⁵¹	tʰiao²⁴	liao³¹
翁源	kʰiau³¹	iau²²	iau⁴⁵	iau⁴¹	tiau²²白 ɲiau³¹文	tiau⁴⁵	tʰiau⁴¹	liau³¹
始兴	tɕʰiau³³	iau²²	iau³³	iau⁵¹	tiau²²	tiau³³	tʰiau⁵¹	liau³³
仁化	kʰiau²³	iau³³	iau³⁴	iau³¹	tiau³³	tiau³⁴	tʰiau³¹	liau³³
南雄	tɕiau²¹小~车 tɕio?⁴²花~	iau⁴⁴	iau³²	iau²¹	tiau²⁴白 nai²⁴文	tai³²	tai²¹	lai⁴²

	0321 轿	0322 腰	0323 要重~	0324 摇	0325 鸟	0326 钓	0327 条	0328 料
	效开三去宵群	效开三平宵影	效开三去宵影	效开三平宵以	效开四上萧端	效开四去萧端	效开四平萧定	效开四去萧来
皈塘	k^hiu^{21}	iu^{24}	niu^{21}	iu^{45}	tiu^{33}白 niu^{33}文	tiu^{21}	tiu^{45}	liu^{21}
桂头	$k^h\varepsilon i^4$	$i\varepsilon i^{51}$	$i\varepsilon i^{44}$	$i\varepsilon i^{45}$	εi^{324}白 $l\varepsilon i^{324}$文	εi^{44}	εi^{45}	$l\varepsilon i^{44}$
连州	$k^hi\mathrm{ɐ}u^{33}$	$i\mathrm{ɐ}u^{31}$	$i\mathrm{ɐ}u^{11}$	$i\mathrm{ɐ}u^{55}$	$ni\mathrm{ɐ}u^{24}$	$ti\mathrm{ɐ}u^{11}$	$ti\mathrm{ɐ}u^{55}$	$li\mathrm{ɐ}u^{33}$
潮州	kie^{11}	ie^{33}	iou^{213}	ie^{55}白 ie^{35}白 iou^{55}文	$tsiou^{53}$	$t\tilde{e}^{213}$	$tiou^{55}$	$liou^{11}$
饶平	kio^{21}	io^{44}	iau^{214}	io^{55}白 iau^{55}文	$tsiau^{52}$	$t\tilde{o}^{214}$	$tiau^{55}$	$liau^{21}$
汕头	kio^{31}	io^{33}	iau^{213}	io^{55}白 io^{25}白 iau^{55}文	$tsiau^{51}$	$t\tilde{o}^{213}$	$tiau^{55}$	$liau^{31}$
澄海	kio^{22}	io^{33}	iou^{212}	iou^{55}	$tsiou^{53}$	$t\tilde{o}^{212}$	$tiou^{55}$	$liou^{22}$
潮阳	kio^{42}	io^{31}	iau^{52}	io^{33}白 iau^{33}文	$tsiau^{454}$	$t\tilde{o}^{52}$	$tiau^{33}$	$liau^{42}$
南澳	kio^{31}	io^{34}	iau^{21}	io^{454}白 iau^{454}文	$tsiau^{52}$	$t\tilde{o}^{21}$	$tiau^{454}$	$liau^{31}$
揭阳	kio^{22}	io^{33}	iau^{213}	io^{55}白 io^{25}白 iau^{55}文	$tsiau^{41}$	$t\tilde{o}^{213}$	$tiau^{55}$	$liau^{22}$
普宁	kio^{31}	io^{35}	iau^{312}	io^{55}白 iau^{55}文	$tsiau^{52}$	$t\tilde{o}^{312}$	$tiau^{55}$	$liau^{31}$
惠来	kio^{31}	io^{34}	iau^{31}	io^{55}白 iau^{55}文	$tsiau^{53}$	tio^{31}	$tiau^{55}$	$liau^{31}$
海丰	kio^{21}	io^{33}	iau^{212}	io^{55}	$tsiau^{53}$白 $n\tilde{a}\tilde{u}^{53}$文	tio^{212}	$tiau^{55}$ ~鱼 t^hiau^{55} ~件	$liau^{21}$
陆丰	kio^{22}	io^{33}	iau^{213}	io^{13}	$tsiau^{55}$	tio^{213}	$tiau^{13}$	$liau^{22}$
电白	$kieu^{33}$	ieu^{33}	ieu^{13}	ieu^{22}	$tsieu^{21}$	$tieu^{13}$	$tieu^{22}$	$lieu^{33}$
雷州	kio^{24} k^hiau^{33}又	$\text{ʔ}eu^{24}$	$\text{ʔ}eu^{21}$	$\text{ʔ}io^{22}$	（无）	tio^{21}	$tiau^{22}$	$liau^{24}$

	0329 箫	0330 叫	0331 母 丈~, 男~	0332 抖	0333 偷	0334 头	0335 豆	0336 楼
	效开四 平萧心	效开四 去萧见	流开一 上侯明	流开一 上侯端	流开一 平侯透	流开一 平侯定	流开一 去侯定	流开一 平侯来
广州	ʃiu⁵⁵	kiu³³	mou¹³	tɐu³⁵	tʰɐu⁵³	tʰɐu²¹	tɐu²²	lɐu²¹
番禺	ʃiu⁵⁵	kiu³³	mou²³	tɐu³⁵	tʰɐu⁵³	tʰɐu³¹	tɐu²²	lɐu³⁵
增城	siu⁴⁴	kɛu⁴⁴	mou¹³	tɐu³⁵	tʰɐu⁴⁴	tʰɐu²¹	tɐu²²	lɐu²¹
从化	siu⁵⁵	kiu²³	mu²³	tɐu⁴⁵	tʰɐu⁵⁵	tʰɐu²²	tɐu²³	lɐu²³
龙门	siɐu⁴²	kiɐu²³	mu²³	tɐu³⁵	tʰɐu⁴²	tʰɐu²¹	tɐu⁵³	lɐu²¹
莞城	ʃiu⁵⁵	kiu⁴⁴	mɐu³⁴	tau³⁵	tʰau²³	tʰau³¹	tau⁴⁴	ŋau³¹
宝安	ʃiu⁵⁵	kiu³³	mu²³	tau²⁵	tʰau²³	tʰau³³	tau²⁵	lau²³
佛山	ʃiu⁵⁵	kiu²⁴	bou¹³	tɐu³⁵	hɐu⁴²	hɐu⁴² / tɐu⁴²又	tɐu¹²	lɐu⁴² / lɐu³⁵又
南海	siu⁵⁵	kiu³³	mou¹³	tɐu³⁵	tʰɐu⁵¹	tʰɐu³¹	tɐu²²	lɐu³¹
顺德	ʃiu⁵⁵	kiu³²	mou¹³	tɐu²⁴	tʰɐu⁵³	tɐu²⁴	tɐu²¹	lɐu⁴²~花 / lɐu²⁴—~
三水	siu⁵⁵	kiu⁴⁴	mou²³ / mou²⁵小 / mou⁵⁵又	tɐu²⁵	tʰɐu⁵³ / tʰɐu⁵⁵又	tʰɐu³¹ / tʰɐu²⁵又	tɐu³³ / tɐu²⁵又	lɐu³¹ / lau²⁵又
高明	ʃiu⁵⁵	kiu³³	mou³³	tɐu²⁴	tʰɐu⁴⁵	tʰɐu³¹	tɐu³¹	lɐu³¹
佛冈	ʃiu³³	kiu³³	mu²²老~ / mu³⁵男~	tɐu³⁵	tʰɐu³³	tʰɐu²²	tɐu³¹	lɐu²²~上 / lɐu³⁵卖~
阳山	ʃiu⁵¹	keu³⁴	mu²²⁴	tau⁵⁵	tʰau⁵¹	tau²⁴¹	tau²¹⁴	lau²⁴¹
连山	θiu⁵¹	kiu³⁵	mu¹⁵	dou⁵⁵	tʰou⁵¹	tou²⁴¹	tou²¹⁵	lou²⁴¹
新兴	siu⁴⁵	kiu⁴⁴³	mu²¹	tɐu³⁵	tʰɐu⁴⁵	tʰɐu²¹	tɐu⁵²	lɐu²¹
罗定	siu⁵⁵	kiu³³	mu¹³白 / mou¹³文	tɐu³⁵	tʰɐu⁵⁵	tʰɐu²¹~顶 / tʰɐu³⁵芋~	tɐu²¹~角 / tɐu³⁵绿~	lɐu²¹~顶 / lɐu³⁵二~
郁南	ʃiu⁵⁵	kiu³³	mou¹³	tɐu³⁵	tʰɐu⁵⁵	tʰɐu²¹	tɐu²¹	lɐu²¹
石岐	siu⁵⁵	kiu³³	mu²¹³	tɐu²¹³	tʰɐu⁵⁵	tʰɐu⁵¹	tɐu³³	lɐu⁵¹

	0329 箫	0330 叫	0331 母 丈~，男~	0332 抖	0333 偷	0334 头	0335 豆	0336 楼
	效开四 平萧心	效开四 去萧见	流开一 上侯明	流开一 上侯端	流开一 平侯透	流开一 平侯定	流开一 去侯定	流开一 平侯来
肇庆	ʃiu⁴⁵	kiu³³	mou¹³	tɐu²⁴	tʰɐu⁴⁵	tʰɐu²¹	tɐu⁵²	lɐu²¹
香洲	siu²¹	kiu³³	mu³⁵	tɐu³⁵	tʰɐu²¹	tʰɐu³⁴³	tɐu³³	lɐu³⁴³
斗门	siu³⁴	kiu³⁴	mou²¹	tɐu⁴⁵	hɐu³⁴	hɐu²²	tɐu⁴²	lɐu²²
新会	siu²³	kiu²³	mau²¹	tau⁴⁵	hau²³	hau²²	tau³²	lau²²
台山	ɬiɔu³³	kiɔu³³	mu²¹	eu⁵⁵	heu³³	heu²²	eu³¹	leu²²
开平	ɬiu³³	kiu³³	mu²³¹	au⁴⁵	hau³³	hau¹¹	au³¹⁵ 小	lau¹¹
恩平	ʃiəu³³	kiəu³³	mbu²¹	tei⁵⁵	hei³³	hei²²	tei²¹	lei²²
四会	ʃiu⁵¹	kiu³³	mo²⁴ 母	tau³³	tʰau⁵¹	tau³¹	tɐu²⁴	lau³¹
广宁	siu⁵¹	kiu³³	mou³²³	tau⁴⁴	tʰau⁵¹	tau³¹	tau³²³	lau³¹
怀集	θiu⁴²	kiu⁴⁵	mu²⁴	tau⁵⁴	tʰau⁴²	tau²³¹	tau²²⁵	lau²³¹
德庆	siu⁴⁵⁴	kiu⁵³	mu²³	tɐu⁴⁵	tʰɐu⁴⁵⁴	tɐu²⁴²	tɐu³¹	lɐu²⁴²
封开	ɬiu⁵⁵	kiu⁵¹	mu²²³	tʌu³³⁴	tʰʌu⁵⁵	tʌu²⁴³	tʌu²¹	lʌu²⁴³
阳江	ɬiu³³	kiu³⁵	mou²¹	tɐu²¹	tʰɐu³³	tʰɐu³⁵	tɐu⁵⁴	lɐu⁴²
阳春	ɬiu⁴⁵	kiu³³	mou³²³	tɐu³²⁴	tʰɐu⁴⁵	tʰɐu³¹	tɐu⁵²	lɐu³¹
赤坎	ɬiu⁴⁵	kiu³³	mou¹³	tɐu¹³	tʰɐu⁴⁵	tʰɐu²¹	tɐu²¹	lɐu²¹
吴川	ɬiu⁵⁵	kiu³³	mou²⁴	（无）	tʰɐu⁵⁵	tʰɐu³¹	ɗɐu³¹	lɐu³¹
廉江	ɬiu⁵⁵	kiu³³	mu²³	tɐu²⁵	tʰɐu⁵⁵	tʰɐu²¹	tɐu²¹	lɐu²¹
高州	ɬiu⁵³	kiu³³	mou¹³	tɐu²⁴	tʰɐu⁵³	tʰɐu²¹	tɐu³¹	lɐu²¹
化州	ɬiu⁵³	kiu³³	mou¹³	ɗou³⁵	tʰɐu⁵³	tʰɐu¹³	ɗɐu³¹	lɐu¹³

	0329 箫	0330 叫	0331 母 丈~, 舅~	0332 抖	0333 偷	0334 头	0335 豆	0336 楼
	效开四 平萧心	效开四 去萧见	流开一 上侯明	流开一 上侯端	流开一 平侯透	流开一 平侯定	流开一 去侯定	流开一 平侯来
梅州	siau⁴⁴	kiau⁵²	mu⁴⁴	tɛu³¹	tʰɛu⁴⁴	tʰɛu²¹	tʰɛu⁵²	lɛu²¹
兴宁	siɑɔ²⁴	kiɑɔ⁵¹	mu²⁴	tiu³¹	tʰiu²⁴	tʰiɔ¹³	tʰiu⁵¹	liu¹³
五华	siau⁴⁴	kiau⁵¹	mu⁴⁴	tiu³¹	tʰiu⁴⁴	tʰiu²¹²	tʰiu³¹	liu²¹²
大埔	siau³⁴	kiau⁵²	mou³⁴	teu³¹	tʰeu³⁴	tʰeu¹³	tʰeu⁵²	leu¹³
丰顺	siau⁴⁴	kiau⁵³	mu⁴⁴	teu⁵³	tʰeu⁴⁴	tʰeu²⁴	tʰeu²¹	leu²⁴
揭西	siau⁴⁵²	kiau⁴¹	mu⁴⁵²	tɛu³¹	tʰɛu⁴⁵²	tʰɛu²⁴	tʰɛu³¹	lɛu²⁴
陆河	siau⁵³	kiau³¹	mu⁵³	tɛu²⁴	tʰɛu⁵³	tʰɛu³⁵	tʰɛu³³	lɛu³⁵
龙川	siɛu³³	kiɛu³¹	mu³¹	tɛu²⁴	tʰɛu³³	tʰɛu⁵¹	tʰɛu³³	lɛu⁵¹
河源	siau³³	kiau²¹²	mu²¹²	təi²⁴	tʰəi³³	tʰəi³¹	tʰəi⁵⁴	ləi³¹
连平	siau²⁴	ʈau⁵³	mei²⁴	tɛu³¹	tʰɛu²⁴	tʰɛu²¹	tʰɛu⁵³	lɛu²¹
龙岗	siau³³	kiau⁵³	mbu³³	tiu³¹	tʰiu³³	tʰiu²¹	tʰiu⁵³	liu²¹
惠州	siɛu³³	kiɛu²³	mu²³	（无）	tʰiau³³	tʰiau²²	tʰiau³¹	liau²²
博罗	ɬiau⁴⁴	kiau²⁴	mbu²⁴	tɔe³⁵	tʰɔe⁴⁴	tʰɔe²¹	tʰɔe⁴¹	lɔe²¹
新丰	siao⁴⁴	kiao⁵¹	mbu⁴⁴	tɛu³¹	tʰɛu⁴⁴	tʰɛu⁴⁴	tʰɛu³¹	lɛu²⁴
翁源	siau²²	kiau⁴⁵	mu²²	tɛu³¹	tʰɛu²²	tʰɛu⁴¹	tʰɛu³¹	lɛu⁴¹
始兴	ɕiau²²	tɕiau³³	mɔ³¹	tɛu³¹	tʰɛu²²	tʰɛu⁵¹	tʰɛu³³	lɛu⁵¹
仁化	siau³³	kiau³⁴	mu²³	tɛu²³	tʰɛu³³	tʰɛu³¹	tʰɛu³⁴	lɛu³¹
南雄	sai⁴⁴	tɕiau³²	mei²⁴	tei²⁴	tʰei⁴⁴	tei²¹	teiʔ⁴²	lei²¹

	0329 箫	0330 叫	0331 母 丈~,男~	0332 抖	0333 偷	0334 头	0335 豆	0336 楼
	效开四 平萧心	效开四 去萧见	流开一 上侯明	流开一 上侯端	流开一 平侯透	流开一 平侯定	流开一 去侯定	流开一 平侯来
皈塘	ʃiu²⁴	kiu²¹	muə³³	tɛ³³	tʰɛ²⁴	tɛ⁴⁵	tɛ²¹	lɛ⁴⁵
桂头	sɛi⁵¹	kɛi⁴⁴	mau²¹	ei³²⁴	tʰei⁵¹	tei⁴⁵	tei⁴⁴	lei⁴⁵
连州	sieu³¹	ieu⁵³	meu²⁴	tɐu⁵³	tʰɐu³¹	tiu⁵⁵	tɐu³³	lɐu⁵⁵
潮州	siou³³	kie²¹³	m⁵³ 白,丈~ bɔ⁵³ 文,男~	tau⁵³	tʰau³³	tʰau⁵⁵	tau¹¹	lau⁵⁵
饶平	siau⁴⁴	kio²¹⁴	bo⁵²	tau⁵²	tʰau⁴⁴	tʰau⁵⁵	tau²¹	lau⁵⁵
汕头	siau³³	kio²¹³	bo⁵¹	tau⁵¹	tʰau³³	tʰau⁵⁵	tau³¹	lau⁵⁵
澄海	siou³³	kio²¹²	bo⁵³	tau⁵³	tʰau³³	tʰau⁵⁵	tau²²	lau⁵⁵
潮阳	siau³¹	kio⁵²	m⁴⁵⁴	tau⁴⁵⁴	tʰau³¹	tʰau³³	tau⁴²	lau³³
南澳	siau³⁴	kio²¹	m⁵²	tau⁵²	tʰau³⁴	tʰau⁴⁵⁴	tau³¹	lau⁴⁵⁴
揭阳	siau³³	kio²¹³	bo⁴¹	tau⁴¹	tʰau³³	tʰau⁵⁵	tau²²	lau⁵⁵
普宁	siau³⁵	kio³¹²	m⁵² 白 bo⁵² 文	tau⁵²	tʰau³⁵	tʰau⁵⁵	tau³¹	lau⁵⁵
惠来	siau³⁴	kio³¹	bo⁵³	tau⁵³	tʰau³⁴	tʰau⁵⁵	tau³¹	lau⁵⁵
海丰	siau³³	kio²¹²	mbo⁵³ 丈人~ mbou⁵³ 妻子 mũ⁵³ 文	tou⁵³ 白 tau⁵³ 文	tʰau³³	tʰau⁵⁵	tau²¹ 白 tau³⁵ 文	lau⁵⁵
陆丰	siau³³	kio²¹³	mbo⁵⁵	(无)	tʰau³³	tʰau¹³	tau²²	lau¹³
电白	sieu³³	kieu¹³	mu²¹ bo²¹	tau²¹	tʰau³³	tʰau²²	tau³³	lau²²
雷州	siau²⁴	(无)	(无)	tau⁴²	tʰau²⁴	tʰau²²	tau²⁴	lau²²

	0337 走	0338 凑	0339 钩	0340 狗	0341 够	0342 口	0343 藕	0344 后 前~
	流开一上侯精	流开一去侯清	流开一平侯见	流开一上侯见	流开一去侯见	流开一上侯溪	流开一上侯疑	流开一上侯匣
广州	tʃɐu³⁵	tʃʰɐu³³	ŋɐu⁵³	kɐu³⁵	kɐu³³	hɐu³⁵	ŋɐu¹³	hɐu²²
番禺	tʃɐu³⁵	tʃʰɐu³³	ɐu⁵⁵	kɐu³⁵	kɐu³³	hɐu³⁵	ɐu²³	hɐu²²
增城	tsɐu³⁵	tsʰɐu³³	ŋɐu⁴⁴	kɐu³⁵	kɐu³³	hɐu³⁵	ŋɐu¹³	hɐu²²
从化	tsɐu⁴⁵	tsʰɐu²³	ŋɐu⁵⁵	kɐu⁴⁵	kɐu²³	hɐu⁴⁵	ŋɐu⁴⁵	hɐu³¹
龙门	tsɐu³⁵	tsʰɐu²³	ŋɐu⁴²	kɐu³⁵	kɐu²³	hɐu³⁵	ŋɐu³⁵	hɐu⁵³
莞城	tʃau³⁵	tʃʰau⁴⁴	ŋau⁵⁵	kau³⁵	kau⁴⁴	hau³⁵	ŋau³⁴	hau⁴⁴
宝安	tʃau²⁵	tʃʰau³³	ŋau⁵⁵	kau²⁵	kau³³	hau²⁵	ŋau²³	hau²²
佛山	tʃɐu³⁵	tʃʰɐu²⁴	ɐu⁵³动 / ɐu⁵⁵名	kɐu³⁵	kɐu²⁴	hɐu³⁵	gau¹³	hɐu¹²
南海	tsɐu³⁵	tsʰɐu³³	ŋɐu⁵¹动 / ŋɐu⁵⁵名	kɐu³⁵	kɐu³³	hɐu³⁵	ŋɐu¹³	hɐu²²
顺德	tʃɐu²⁴	tʃʰɐu³²	ɐu⁵⁵	kɐu²⁴	kɐu³²	hɐu²⁴	au¹³	hɐu²¹
三水	tsɐu²⁵ / tsau²⁵又	tsʰɐu⁴⁴	ŋɐu⁵³ / ŋɐu⁵⁵又	kɐu²⁵	kɐu⁴⁴	hɐu²⁵	ŋau²³ / ŋɐu²³又	hɐu³³
高明	tʃɐu²⁴	tʃʰɐu³³	ŋɐu⁴⁵	kɐu²⁴	kɐu³³	hɐu²⁴	ŋɐu³³	hɐu³¹
佛冈	tʃɐu³⁵	tʃɐu³³	ŋɐu³³	kɐu³⁵	kɐu³³	hɐu³⁵	ŋɐu³⁵	hɐu³¹
阳山	tʃau⁵⁵	tʃʰau³⁴	ŋau⁵¹	kau⁵⁵	kau³⁴	hau⁵⁵	ŋau²²⁴	hau²¹⁴
连山	tɔu⁵⁵	tʰɔu³⁵	ŋɔu⁵¹	kɔu⁵⁵	kɔu³⁵	hɔu⁵⁵	ŋɔu¹⁵	ɔu¹⁵
新兴	tsɐu³⁵	tsʰɐu⁴⁴³	ŋɐu⁴⁵	kɐu³⁵	kɐu⁴⁴³	hɐu³⁵	ŋɐu²¹	hɐu⁵²
罗定	tsɐu³⁵	tsʰɐu³³	ŋɐu⁵⁵	kɐu³⁵	kɐu³³	hɐu³⁵	ŋɐu¹³	hɐu²¹
郁南	tʃɐu³⁵	tʃɐu³³	ŋɐu⁵⁵	kɐu³⁵	kɐu³³	hɐu³⁵	ŋɐu¹³	hɐu²¹
石岐	tsɐu²¹³	tsʰɐu³³	ŋɐu⁵⁵	kɐu²¹³	kɐu³³	hɐu²¹³	ŋɐu²¹³	hɐu³³

	0337 走	0338 凑	0339 钩	0340 狗	0341 够	0342 口	0343 藕	0344 后 前~
	流开一 上侯精	流开一 去侯清	流开一 平侯见	流开一 上侯见	流开一 去侯见	流开一 上侯溪	流开一 上侯疑	流开一 上侯匣
肇庆	tʃɐu²⁴	tʃʰɐu³³	ŋɐu⁴⁵	kɐu²⁴	kɐu³³	hɐu²⁴	ŋɐu¹³	hɐu⁵²
香洲	tsɐu³⁵	tsʰɐu³³	ŋɐu²¹	kɐu³⁵	kɐu³³	hɐu³⁵	ŋɐu³⁵	hɐu³³
斗门	tsɐu⁴⁵	tʰɐu³⁴	ŋɐu³⁴	kɐu⁴⁵	kɐu³⁴	hɐu⁴⁵	（无）	hɐu⁴²
新会	tsau⁴⁵	tsʰau²³	ŋau²³	kau⁴⁵	kau²³	hau⁴⁵	ŋau²²	hau³²
台山	teu⁵⁵	tʰeu³³	ŋeu⁵⁵	keu⁵⁵	keu³³	heu⁵⁵	ŋeu²¹	heu³¹
开平	tau⁴⁵	tʰau³³	ŋau⁴⁵	kau⁴⁵	kau³³	hau⁴⁵	ŋau²¹	hau³¹
恩平	tʃei⁵⁵	（无）	ŋgei³³	kei⁵⁵	kei³³	hei⁵⁵	ŋgei²¹	hei²¹
四会	tʃau³³	tʃʰɐu³³	ŋau⁵¹	kau³³	kɐu³³	hau³³	ŋau²⁴	hɐu²⁴
广宁	tsau⁴⁴	tsʰau³³	ŋau⁵¹	kau⁴⁴	kau³³	hau⁴⁴	ŋau³²³	hau³²³
怀集	tʃau⁵⁴	tʃʰau⁴⁵	ŋau⁴²	kau⁵⁴	kau⁴⁵	hau⁵⁴	ŋau²⁴	hau²²⁵
德庆	tsɐu⁴⁵	tsʰɐu⁵³	ŋɐu⁴⁵⁴	kɐu⁴⁵	kɐu⁵³	hɐu⁴⁵	ŋɐu²³	hɐu³¹
封开	tʌu³³⁴	tʰʌu⁵¹	ŋʌu⁵⁵	kʌu³³⁴	kʌu⁵¹	hʌu³³⁴	ŋʌu²²³	hʌu²²³
阳江	tsɐu²¹	tsɐu³⁵	ŋɐu³³	kɐu²¹	kɐu³⁵	hɐu²¹	ŋɐu²¹	hɐu⁵⁴
阳春	tsɐu³²⁴	tsɐu³³	ŋɐu⁴⁵	kɐu³²⁴	kɐu³³	hɐu³²⁴	ŋɐu³²³	hɐu⁵²
赤坎	tsɐu¹³	tsɐu³³	ŋɐu⁴⁵	kɐu¹³	kɐu³³	hɐu¹³	ŋɐu¹³	hɐu²¹
吴川	tʃɐu³⁵	tʃʰɐu³³	kɐu⁵⁵	kɐu³⁵	kɐu³³	hɐu³⁵	ŋɐu²⁴	hɐu³¹
廉江	tsɐu²⁵	（无）	ŋɐu⁵⁵	kɐu²⁵	kɐu³³	hɐu²⁵	ŋau²³	hɐu²¹
高州	tʃɐu²⁴	tʃʰɐu³³	ŋɐu⁵³	kɐu²⁴	kɐu³³	hɐu²⁴	ŋɐu¹³	hɐu³¹
化州	teu³⁵	tʃɐu³³	kɐu⁵³	kɐu³⁵	kɐu³³	hɐu³⁵	ŋɐu¹³	hɐu³¹

	0337 走	0338 凑	0339 钩	0340 狗	0341 够	0342 口	0343 藕	0344 后 前~
	流开一 上侯精	流开一 去侯清	流开一 平侯见	流开一 上侯见	流开一 去侯见	流开一 上侯溪	流开一 上侯疑	流开一 上侯匣
梅州	tsɛu^{31}	tsʰɛu^{52}	kɛu^{44}	kɛu^{31}	kɛu^{52}	hɛu^{31}$_{白}$ kʰɛu^{31}$_{文}$	ŋɛu^{31}	hɛu^{44}$_{白}$ hɛu^{52}$_{文}$
兴宁	tsiu^{31}	tsʰiu^{51}	kiu^{24}	kiu^{31}	kiu^{51}	hiu^{31}$_{白}$ kʰiu^{31}$_{文}$	niu^{31}	hiu^{24}$_{白}$ hiu^{51}$_{文}$
五华	tsiu^{31}	tsʰiu^{51}	kiu^{44}	kiu^{31}	kiu^{51}	hiu^{31}$_{白}$ kʰiu^{31}$_{文}$	ŋiu^{31}	hiu^{31}
大埔	tseu^{31}	tsʰeu^{52}	keu^{34}	keu^{31}	keu^{52}	kʰeu^{31}	ŋeu^{34}	heu^{34}$_{白}$ heu^{52}$_{文}$
丰顺	tseu^{53}	tsʰeu^{53}	keu^{44}	keu^{53}	keu^{53}	kʰeu^{53}	ŋeu^{53}	heu^{21}
揭西	tsɛu^{31}	tsʰɛu^{41}	kɛu^{452}	kɛu^{31}	kɛu^{41}	kʰɛu^{31}	ŋɛu^{31}	hɛu^{31}
陆河	tsɛu^{24}	tsʰɛu^{31}	kɛu^{53}	kɛu^{24}	kɛu^{31}	hɛu^{24}$_{白}$ kʰɛu^{24}$_{文}$	ŋɛu^{24}	hɛu^{53}$_{白}$ hɛu^{33}$_{文}$
龙川	tsɛu^{24}	tsʰɛu^{31}	kɛu^{33}	kɛu^{24}	kɛu^{31}	hɛu^{24}	ŋɛu^{31}	hɛu^{33}
河源	tsəi^{24}	tsʰəi^{212}	kəi^{33}	kəi^{24}	kəi^{212}	həi^{24}	ŋəi^{212}	həi^{54}
连平	tsɛu^{31}	tsʰɛu^{53}	tɛu^{24}	tɛu^{31}	tɛu^{53}	hɛu^{31}	ŋɛu^{24}	hɛu^{53}
龙岗	tsiu^{31}	tsʰiu^{53}	kiu^{33}	kiu^{31}	kiu^{53}	hiu^{31}	liu^{31}	hiu^{53}
惠州	tɕiau^{35}	tɕʰiau^{23}	kiau^{33}	kiau^{35}	kiau^{23}	hiau^{35}	ŋiau^{23}	hiau^{31}
博罗	tsɔe^{35}	tsʰɔe^{24}	kɔe^{44}	kɔe^{35}	kɔe^{24}	hɔe^{35}	ŋgɔe^{24}	hɔe^{41}
新丰	tsɛu^{31}	tsʰɛu^{51}	kɛu^{44}$_{鱼~}$ ŋgɛu^{44}$_{~机}$	kɛu^{31}	kɛu^{51}	hɛu^{31}	ŋgɛu^{31}	hɛu^{31}
翁源	tsɛu^{31}	tsʰɛu^{45}	kɛu^{22}	kɛu^{31}	kɛu^{45}	hɛu^{31}$_{白}$ kʰɛu^{31}$_{文}$	ŋɛu^{31}	hɛu^{31}
始兴	tsɛu^{31}	tsʰɛu^{33}	kɛu^{22}	kɛu^{31}	kɛu^{33}	hɛu^{31}	lɛu^{31}	hɛu^{33}
仁化	tsɛu^{23}	tsɛu^{34}	kɛu^{33}	kɛu^{23}	kɛu^{34}	xɛu^{23}	ŋɛu^{23}	xɛu^{33}
南雄	tsei^{24}	tsʰei^{32}	kie^{44} keʅ^{44}$_{又}$	kie^{24} keʅ^{24}$_{又}$	kie^{32} keʅ^{32}$_{又}$	hei^{24}	ŋie^{24}	hei^{44}$_{白}$ hei^{42}$_{文}$

	0337 走	0338 凑	0339 钩	0340 狗	0341 够	0342 口	0343 藕	0344 后 前~
	流开一 上侯精	流开一 去侯清	流开一 平侯见	流开一 上侯见	流开一 去侯见	流开一 上侯溪	流开一 上侯疑	流开一 上侯匣
皈塘	$tʃɛ^{33}$	$tʃʰɛ^{21}$	$kɛ^{24}$	$kɛ^{33}$	$kɛ^{21}$	$kʰɛ^{33}$	$ŋɛ^{33}$	$hɛ^{21}$
桂头	$tsei^{324}$	$tsʰei^{44}$	kei^{51}	kei^{324}	kei^{44}	$kʰei^{324}$	$ŋyẽ^{21}$	hei^{44}
连州	$tsɐu^{53}$	$tsʰɐu^{11}$	$ŋɐu^{31}$	$kɐu^{53}$	$kɐu^{11}$	$hɐu^{53}$	$ŋɐu^{55}$	$hɐu^{33}$
潮州	$tsau^{53}$	$tsʰou^{213}$	kau^{33}	kau^{53}	kau^{213}白 kou^{213}文	$kʰau^{53}$	kau^{35}白 $ŋõũ^{53}$文	au^{35}
饶平	$tsau^{52}$	$tsʰou^{214}$	kau^{44}	kau^{52}	kau^{214}白 kou^{214}文	$kʰau^{52}$	$ŋãũ^{25}$白 $ŋõũ^{52}$文	au^{25}
汕头	$tsau^{51}$	$tsʰou^{213}$	kau^{33}	kau^{51}	kau^{213}白 kou^{213}文	$kʰau^{51}$	kau^{25}白 $ŋõũ^{51}$文	au^{25}白 hau^{25}文
澄海	$tsau^{53}$	$tsʰou^{212}$	kau^{33}	kau^{53}	kau^{212}白 kou^{212}文	$kʰau^{53}$	kau^{35}白 $ŋõũ^{53}$文	au^{35}
潮阳	$tsau^{454}$	$tsʰou^{52}$	kau^{31}	kau^{454}	kau^{52}	$kʰau^{454}$	$nãũ^{52}$	au^{52}
南澳	$tsau^{52}$	$tsʰou^{21}$	kau^{34}	kau^{52}	kau^{21}白 kou^{21}文	$kʰau^{52}$	$ŋõũ^{52}$	au^{35}
揭阳	$tsau^{41}$	$tsʰou^{213}$	kau^{33}	kau^{41}	kau^{213}白 kou^{213}文	$kʰau^{41}$	kau^{25}白 $ŋõũ^{41}$文	au^{25}白 hau^{25}文
普宁	$tsau^{52}$	$tsʰou^{312}$	kau^{35}	kau^{52}	kau^{312}白 kou^{312}文	$kʰau^{52}$	$nãũ^{24}$白 $ŋõũ^{52}$文	au^{24}
惠来	$tsau^{53}$	$tsʰou^{31}$	kau^{34}	kau^{53}	kau^{31}白 kou^{31}文	$kʰau^{53}$	$nãũ^{25}$白 $ŋõũ^{53}$文	au^{25}
海丰	$tsau^{53}$	$tsʰau^{212}$	kau^{33}	kau^{53}	kau^{212}	$kʰau^{53}$ hau^{53}外~	$ŋãũ^{35}$	au^{35}
陆丰	$tsau^{55}$	$tsʰau^{213}$	kau^{33}	kau^{55}	kau^{213}	$kʰau^{55}$	$ŋãũ^{22}$ $ãũ^{22}$又	au^{22}白 hau^{22}文
电白	$tsau^{21}$	$tsau^{13}$	$ŋau^{53}$	kau^{21}	kau^{13}	$kʰau^{21}$	$ŋau^{21}$	au^{442}
雷州	$tsau^{42}$	$tsʰeu^{21}$	kau^{24} $ŋau^{24}$又	kau^{42}	kau^{21}	$kʰau^{42}$	$ŋau^{33}$	au^{33}

	0345 厚	0346 富	0347 副	0348 浮	0349 妇	0350 流	0351 酒	0352 修
	流开一 上侯匣	流开三 去尤非	流开三 去尤敷	流开三 平尤奉	流开三 上尤奉	流开三 平尤来	流开三 上尤精	流开三 平尤心
广州	$hɐu^{13}$	fu^{33}	fu^{33}	$pʰou^{21}$白 fou^{21}文	fu^{13}	$lɐu^{21}$	$tʃɐu^{35}$	$ʃɐu^{53}$
番禺	$hɐu^{23}$	fu^{33}	fu^{33}	$pʰou^{31}$白 $fɐu^{31}$文	$pʰou^{23}$白 fu^{23}文	$lɐu^{31}$	$tʃɐu^{35}$	$ʃɐu^{53}$
增城	$hɐu^{13}$	fu^{33}	fu^{33}	$fɐu^{21}$	fu^{13}	$lɐu^{21}$	$tsɐu^{35}$	$sɐu^{44}$
从化	$hɐu^{23}$	fu^{23}	fu^{23}	fou^{22}	fu^{23}	$lɐu^{22}$	$tsɐu^{45}$	$sɐu^{55}$
龙门	$hɐu^{23}$白 $hɐu^{53}$文	fu^{23}	fu^{23}	$fɐu^{21}$	$pʰu^{23}$白 fu^{53}文	$lɐu^{21}$	$tsɐu^{35}$	$sɐu^{42}$
莞城	hau^{44}	fu^{44}	fu^{44}	$pʰɐu^{31}$白 fau^{31}文	$pʰɐu^{34}$白 fu^{44}文	$ŋau^{31}$	$tʃau^{35}$	$ʃau^{23}$
宝安	hau^{25}	fu^{33}	$fuʔ^{5}$	fau^{31}	fu^{31}白 fu^{44}文	lau^{31}	$tʃau^{25}$	$ʃau^{55}$
佛山	$hɐu^{13}$	fu^{24}	fu^{24}	$pʰou^{42}$白 $fɐu^{42}$文	fu^{13}	$lɐu^{42}$	$tʃɐu^{35}$	$ʃɐu^{53}$
南海	$hɐu^{13}$	fu^{33}	fu^{33}	$pʰou^{31}$白 $fɐu^{31}$文	fu^{13}	$lɐu^{31}$	$tsɐu^{35}$	$sɐu^{51}$
顺德	$hɐu^{13}$	fu^{32}	fu^{32}	pou^{42}白 fou^{42}文	fu^{13}	$lɐu^{42}$	$tʃou^{24}$	$ʃɐu^{53}$
三水	$hɐu^{25}$	fu^{44}	fu^{44}	$pʰou^{31}$白 $fɐu^{31}$文	$pʰou^{25}$白 fu^{25}文	$lɐu^{31}$ $lɐu^{25}$又	$tsɐu^{25}$	$sɐu^{53}$
高明	$hɐu^{33}$	fu^{33}	fu^{33}	$fɐu^{31}$	fu^{33}	$lɐu^{31}$	$tʃɐu^{24}$	$ʃɐu^{45}$
佛冈	$hɐu^{33}$	fu^{33}	fu^{33}	$pʰu^{22}$白 $fɐu^{22}$文	fu^{31}	$lɐu^{22}$	$tʃɐu^{35}$	$ʃɐu^{33}$
阳山	hau^{224}	fu^{34}	fu^{34}	fau^{241}	pu^{224}白 fu^{214}文	$lɐu^{241}$	$tʃɐu^{55}$	$ʃɐu^{51}$
连山	$ɔu^{15}$	fu^{35}	fu^{215}	pou^{241}白 fou^{241}文	pu^{15}白 fu^{15}文	$lɔu^{241}$	$tɔu^{55}$	$θɔu^{51}$
新兴	$hɐu^{21}$	fu^{443}	fu^{443}	$fɐu^{21}$	fu^{21}	$lɐu^{21}$	tsu^{35}	su^{45}
罗定	$hɐu^{13}$	fu^{33}	fu^{33}	$fɐu^{21}$	fu^{13}	$lɐu^{21}$	$tsɐu^{35}$	$sɐu^{55}$
郁南	$hɐu^{13}$	fu^{33}	fu^{33}	$pʰou^{21}$白 $fɐu^{21}$文	$pʰou^{13}$白 fu^{13}文	$lɐu^{21}$	$tʃɐu^{35}$	$ʃɐu^{55}$
石岐	$hɐu^{213}$白 $hɐu^{33}$文	hu^{33}	hu^{33}	$fɐu^{51}$	hu^{33}	$lɐu^{51}$	$tsɐu^{213}$	$sɐu^{55}$

	0345 厚	0346 富	0347 副	0348 浮	0349 妇	0350 流	0351 酒	0352 修
	流开一 上侯匣	流开三 去尤非	流开三 去尤敷	流开三 平尤奉	流开三 上尤奉	流开三 平尤来	流开三 上尤精	流开三 平尤心
肇庆	hɐu¹³	fu³³	fu³³	fɐu²¹	fu¹³	lɐu²¹	tʃɐu²⁴	ʃɐu⁴⁵
香洲	hɐu³⁵	hu³³	hu³³	fou³⁴³	hu³³ / hu³⁵文	lɐu³⁴³	tsɐu³⁵	sɐu²¹
斗门	hɐu²¹	fu³⁴	fu³⁴	fɐu²²	fu²¹	lɐu²²	tsɐu⁴⁵	sɐu³⁴
新会	hau²¹	fu²³	fu²³	fau²²	fu³²	lɛu²²	tsɛu⁴⁵	sɛu²³
台山	heu²¹	fu³³	fu³³	feu²²	fu²¹	liu²²	tiu⁵⁵	ɬiu³³
开平	hau²¹	fu³³	fu³³	fau¹¹	fu²¹	lɛu¹¹	tɛu⁴⁵	ɬɛu³³
恩平	hei²¹	fu³³	fu³³	pʰu²²白 / fei²²文	fu²¹	lei²²	tʃei⁵⁵	ʃei³³
四会	hau²⁴	fu³³	fu³³	fau³¹	pɐu²⁴白 / fu²⁴文	lau³¹	tʃau³³	ʃau⁵¹
广宁	hau³²³	fu³³	fu³³	fau³¹	fu³²³	lau³¹	tsau⁴⁴	sau⁵¹
怀集	hau²⁴	fu⁴⁵	fu⁴⁵	pu²³¹白 / fau²³¹文	pu²⁴白 / fu²⁴文	lau²³¹	tʃau⁵⁴	θau⁴²
德庆	hɐu²³	fu⁵³	fu⁵³	fɐu²⁴²	pu²³白 / fu⁴⁵文	lɐu²⁴²	tsɐu⁴⁵	sɐu⁴⁵⁴
封开	hʌu²²³	fu⁵¹	fu⁵¹	fʌu²⁴³	fu²²³	lʌu²⁴³	tʌu³³⁴	ɬʌu⁵⁵
阳江	hɐu²¹	fu³⁵	fu³⁵	fɐu⁴²	fu⁵⁴	lɐu⁴²	tsɐu²¹	ɬɐu³³
阳春	hɐu³²³	fu³³	fu³³	fɐu³¹	fu³²³	lɐu³¹	tsɐu³²⁴	ɬɐu⁴⁵
赤坎	hɐu¹³	fu³³	fu³³	pʰou²¹白 / fɐu²¹文	pʰou¹³白 / fu¹³文	lɐu²¹	tsɐu¹³	sɐu⁴⁵
吴川	hɐu²⁴	fu³³	fu³³	pʰou³¹白 / fɐu³¹文	pʰou²⁴白 / fu³³文	lɐu³¹	tʃɐu³⁵	ɬɐu⁵⁵
廉江	hɐu²³	fu³³	fu³³	pʰu²¹白 / fɐu²¹文	fu²³	lɐu²¹	tsɐu²⁵	ɬɐu⁵⁵
高州	hɐu¹³	fu³³	fu³³	pʰou²¹白 / fɐu²¹文	fu¹³	lɐu²¹	tʃɐu²⁴	ɬɐu⁵³
化州	hɐu¹³	fu³³	fu³³	fɐu¹³	fu¹³	lɐu¹³	tɐu³⁵	ɬɐu⁵³

	0345 厚	0346 富	0347 副	0348 浮	0349 妇	0350 流	0351 酒	0352 修
	流开一 上侯匣	流开三 去尤非	流开三 去尤敷	流开三 平尤奉	流开三 上尤奉	流开三 平尤来	流开三 上尤精	流开三 平尤心
梅州	hɛu⁵²	fu⁵²	fu⁵²	fɛu²¹	fu⁵²	liu²¹	tsiu³¹	siu⁴⁴
兴宁	hiu⁵¹	fu⁵¹	fu⁵¹	fiu¹³	fu⁵¹	liu¹³	tsiu³¹	siu²⁴
五华	hiu³¹	fu³¹	fu⁵¹	fiu²¹²	fu³¹	liu²¹²	tsiu³¹	siu⁴⁴
大埔	hɛu⁵²	fu⁵²	fu⁵²	pʰou¹³ 白 fɛu¹³ 文	fu⁵²	liu¹³	tsiu³¹	siu³⁴
丰顺	hɛu²¹	fu⁵³	fu⁵³	pʰo²⁴ 白 fɛu²⁴ 文	pʰe⁴⁴ 白 fu²¹ 文	lau²⁴	tsiu⁵³	siu⁴⁴
揭西	hɛu³¹	fu⁴¹	fu⁴¹	fɛu²⁴	fu³¹	liu²⁴	tsiu³¹	siu⁴⁵²
陆河	hɛu³³	fu³¹	fu³¹	pʰɔ³⁵ 白 fɛu³⁵ 文	pu⁵³ 白 fu³³ 文	liu³⁵	tsiu²⁴	siu⁵³
龙川	hɛu³¹	fu³¹	fu³¹	fɛu⁵¹	pʰu³¹ 白 fu³³ 文	liu⁵¹	tsiu²⁴	siu³³
河源	həi²¹²	hu²¹²	hu²¹²	fəi³¹	pu²¹² 白 hu⁵⁴ 文	liu³¹	tsiu²⁴	siu³³
连平	hɛu²⁴	fu⁵³	fu⁵³	fɛu²¹	pʰu²⁴ 白 fu²⁴ 白 fu⁵³ 文	liu²¹	tsiu³¹	siu²⁴
龙岗	hiu⁵³	fu⁵³	fu⁵³	fiu²¹	fu⁵³	liu²¹	tsiu³¹	siu³³
惠州	hiau²³	hu²³	hu²³ 量 hu³¹ ~班长	fiau²²	hu³¹	liu²²	tɕiu³⁵	siu³³
博罗	hɔe⁴¹	hu²⁴	hu²⁴ 量 hu⁴¹ ~食品	vɔe²¹	pu⁴⁴ 白 hu⁴¹ 文	liu²¹	tsiu³⁵	ɬiu⁴⁴
新丰	hɛu⁴⁴	fu⁵¹	fu⁵¹	fɛu²⁴	pʰu⁴⁴ 白 fu³¹ 文	liu²⁴	tsiu³¹	siu⁴⁴
翁源	hɛu²²	fu⁴⁵	fu⁴⁵	fɛu⁴¹	fu³¹	liu⁴¹	tsiu³¹	siu²²
始兴	hɛu²²	fu³³	fu³³	fɛu⁵¹	pu²² 白 fu²² 文	liu⁵¹	tɕiu³¹	ɕiu²²
仁化	xɛu³⁴	fu³⁴	fu³⁴	fɛu³¹	fu³³	liɛu³¹	tsiɛu²³	siɛu³³
南雄	hei⁴⁴	fu³²	fu³²	fei²¹	fu⁴⁴ 白 fu²¹ 白 fu⁴² 文	liʅ²¹	tɕiʅ²⁴	ɕiʅ⁴⁴

	0345 厚	0346 富	0347 副	0348 浮	0349 妇	0350 流	0351 酒	0352 修
	流开一 上侯匣	流开三 去尤非	流开三 去尤敷	流开三 平尤奉	流开三 上尤奉	流开三 平尤来	流开三 上尤精	流开三 平尤心
皈塘	hɛ^{33}	fuə^{21}	fuə^{21}	fɛ^{45}	fuə^{21}	li^{45}	tʃi^{33}	ʃi^{24}
桂头	hei^{21}	fu^{44}	fu^{44}	fei^{45}	fu^{51} ~娘 fu^{44} ~女	liu^{45}	tsiu^{324}	siu^{51}
连州	hɐu^{24}	fu^{11}	fu^{11}	piu^{55} 白 fɐu^{55} 文	fu^{33}	liu^{55}	tsiu^{53}	siu^{31}
潮州	kau^{35}	pu^{213}	hu^{213}	pʰu^{55}	pu^{35} 白 hu^{35} 文	lau^{55} 白 liu^{55} 文	tsiu^{53}	siu^{33}
饶平	kau^{25}	pu^{214}	hu^{214}	pʰu^{55}	pu^{25} 白 hu^{25} 文	lau^{55} 白 liu^{55} 文	tsiu^{52}	siu^{44}
汕头	kau^{25}	pu^{213}	hu^{213}	pʰu^{55}	pu^{25} 白 hu^{25} 文	lau^{55} 白 liu^{55} 文	tsiu^{51}	siu^{33}
澄海	kau^{35}	pu^{212}	hu^{212}	pʰu^{55}	pu^{35} 白 hu^{35} 文	lau^{55} 白 liu^{55} 文	tsiu^{53}	siu^{33}
潮阳	kau^{52}	pfu^{52}	hu^{52}	pfʰu^{33}	pfu^{52} 白 hu^{52} 文	lau^{33} 白 liu^{33} 文	tsiu^{454}	siu^{31}
南澳	kau^{35}	pu^{21}	hu^{21}	pʰu^{454}	pu^{35} 白，新~ hu^{35} 文，~女	lau^{454} 白 liu^{454} 文	tsiu^{52}	siu^{34}
揭阳	kau^{25}	pu^{213}	hu^{213}	pʰu^{55}	pu^{25} 白 hu^{25} 文	lau^{55} 白 liu^{55} 文	tsiu^{41}	siu^{33}
普宁	kau^{24}	pfu^{312}	hu^{312}	pfʰu^{55}	pfu^{24} 白 hu^{24} 文	lau^{55} 白 liu^{55} 文	tsiu^{52}	siu^{35}
惠来	kau^{25}	pfu^{31}	pfʰu^{31}	pfʰu^{55}	pfu^{25} 白 hu^{25} 文	lau^{55} 白 liu^{55} 文	tsiu^{53}	siu^{34}
海丰	kau^{35} 白 hou^{35} 文	pu^{212} 白 hu^{212} 文	hu^{212}	pʰu^{55}	pu^{35} 白 hu^{35} 文	lau^{55} 白 liu^{55} 文	tsiu^{53}	siu^{33}
陆丰	kau^{22} 白 hou^{22} 文	pu^{213} 白 hu^{213} 文	hu^{213}	pʰu^{13}	pu^{22} 白 hu^{22} 文	lau^{13} 白 liu^{13} 文	tsiu^{55}	siu^{33}
电白	kau^{442}	hu^{13}	hu^{13}	pʰu^{22}	hu^{442}	lau^{22}	tsiu^{21}	siu^{33}
雷州	kau^{33}	hu^{33}	hu^{33}	pʰu^{22} 白 ueu^{22} 文	hu^{24}	lau^{22}	tsiu^{42}	siu^{24}

	0353 袖	0354 抽	0355 绸	0356 愁	0357 瘦	0358 州	0359 臭香~	0360 手
	流开三去尤邪	流开三平尤彻	流开三平尤澄	流开三平尤崇	流开三去尤生	流开三平尤章	流开三去尤昌	流开三上尤书
广州	$tʃɐu^{22}$	$tʃʰɐu^{53}$	$tʃʰɐu^{21}$	$ʃɐu^{21}$	$ʃɐu^{33}$	$tʃɐu^{53}$	$tʃʰɐu^{33}$	$ʃɐu^{35}$
番禺	$tʃɐu^{22}$	$tʃʰɐu^{53}$	$tʃʰɐu^{31}$	$ʃɐu^{31}$	$ʃɐu^{33}$	$tʃɐu^{53}$	$tʃʰɐu^{33}$	$ʃɐu^{35}$
增城	$tsɐu^{22}$	$tsʰɐu^{44}$	$tsʰɐu^{21}$	$sɐu^{21}$	$sɐu^{33}$	$tsɐu^{44}$	$tsʰɐu^{33}$	$sɐu^{35}$
从化	$tsɐu^{31}$	$tsʰɐu^{55}$	$tsʰɐu^{22}$	$sɐu^{22}$	$sɐu^{23}$	$tsɐu^{55}$	$tsʰɐu^{23}$	$sɐu^{45}$
龙门	$tsɐu^{53}$	$tsʰɐu^{42}$	$tsʰɐu^{21}$	$sɐu^{21}$	$sɐu^{23}$	$tsɐu^{42}$	$tsʰɐu^{23}$	$sɐu^{35}$
莞城	$tʃau^{44}$	$tʃʰau^{23}$	$tʃʰau^{31}$	$ʃau^{31}$	$ʃau^{44}$	$tʃau^{23}$	$tʃʰau^{44}$	$ʃau^{35}$
宝安	$tʃau^{22}$	$tʃʰau^{55}$	$tʃʰau^{31}$	$tʃʰau^{31}$	$ʃau^{33}$	$tʃau^{55}$	$tʃʰau^{33}$	$ʃau^{25}$
佛山	$tʃɐu^{12}$	$tʃʰɐu^{53}$	$tʃʰɐu^{35}$红~ $tʃʰɐu^{42}$丝~	$ʃɐu^{42}$	$ʃɐu^{24}$	$tʃɐu^{53}$	$tʃʰɐu^{24}$	$ʃɐu^{35}$
南海	$tsɐu^{22}$	$tsʰɐu^{51}$	$tsʰɐu^{31}$	$sɐu^{31}$	$sɐu^{33}$	$tsɐu^{51}$	$tsʰɐu^{33}$	$sɐu^{35}$
顺德	$tʃou^{21}$	$tʃʰɐu^{53}$	$tʃʰɐu^{42}$	$ʃɐu^{42}$	$ʃɐu^{32}$	$tʃɐu^{53}$	$tʃʰou^{32}$	$ʃou^{24}$
三水	$tsɐu^{33}$	$tsʰɐu^{53}$ $tsʰɐu^{55}$又	$tsʰɐu^{31}$ $tsʰɐu^{25}$又	$sɐu^{31}$	$sɐu^{44}$	$tsɐu^{53}$	$tsʰɐu^{44}$	$sɐu^{25}$
高明	$tʃɐu^{31}$	$tʃʰɐu^{45}$	$tʃʰɐu^{31}$	$ʃɐu^{31}$	$ʃɐu^{33}$	$tʃɐu^{55}$	$tʃʰɐu^{33}$	$ʃɐu^{24}$
佛冈	$tʃɐu^{31}$	$tʃʰɐu^{33}$	$tʃʰɐu^{22}$	$ʃɐu^{22}$	$ʃɐu^{33}$	$tʃɐu^{33}$	$tʃʰɐu^{33}$	$ʃɐu^{35}$
阳山	$tʃau^{214}$	$tʃʰau^{51}$	$tʃɐu^{241}$	$ʃɐu^{241}$	$ʃau^{34}$	$tʃɐu^{51}$	$tʃʰau^{34}$	$ʃɐu^{55}$
连山	$θɐu^{215}$	$tʃʰɔu^{51}$	$ʃɔu^{241}$	$ʃɔu^{241}$	$ʃɔu^{35}$	$tʃɔu^{51}$	$tʃʰɔu^{35}$	$ʃɔu^{55}$
新兴	tsu^{52}	$tsʰɐu^{45}$	$tsʰɐu^{21}$	$sɐu^{21}$	$sɐu^{443}$	tsu^{45}白 $tsɐu^{45}$文	$tsʰu^{443}$	su^{35}
罗定	$tsɐu^{21}$	$tsʰɐu^{55}$	$tsʰɐu^{21}$	$sɐu^{21}$	$sɐu^{33}$	$tsɐu^{55}$	$tsʰɐu^{33}$	$sɐu^{35}$
郁南	$tʃɐu^{21}$	$tʃʰɐu^{55}$	$tʃʰɐu^{55}$	$ʃɐu^{21}$	$ʃɐu^{33}$	$tʃɐu^{55}$	$tʃʰɐu^{33}$	$ʃɐu^{35}$
石岐	$tsɐu^{33}$	$tsʰɐu^{55}$	$tsʰɐu^{51}$	$sɐu^{51}$	$sɐu^{33}$	$tsɐu^{55}$	$tsʰɐu^{33}$	$sɐu^{213}$

	0353 袖	0354 抽	0355 绸	0356 愁	0357 瘦	0358 州	0359 臭香~	0360 手
	流开三去尤邪	流开三平尤彻	流开三平尤澄	流开三平尤崇	流开三去尤生	流开三平尤章	流开三去尤昌	流开三上尤书
肇庆	tʃɐu^{52}	tʃʰɐu^{45}	tʃʰɐu^{21}	ʃɐu^{21}	ʃɐu^{33}	tʃɐu^{45}	tʃʰɐu^{33}	ʃɐu^{24}
香洲	tsɐu^{33}	tsʰɐu^{21}	tsʰɐu^{343}	tsʰɐu^{343} sɐu^{343}又	sɐu^{33}	tsɐu^{21}	tsʰɐu^{33}	sɐu^{35}
斗门	tsɐu^{42}	tʰɐu^{34}	tʰɐu^{22}	sɐu^{22}	sɐu^{34}	tsɐu^{34}	tʰɐu^{34}	sɐu^{45}
新会	tsɛu^{32}	tsʰau^{23}	tsʰɛu^{22}	sau^{22}	sau^{23}	tsɛu^{23}	tsʰɛu^{23}	sɛu^{45}
台山	tiu^{31}	tsʰɐu^{33}	tsʰiu^{22}	seu^{22}	seu^{33}	tsiu^{33}	tsʰiu^{33}	siu^{55}
开平	tɛu^{31}	tʃʰɐu^{33}	tʃʰɛu^{11}	ʃɛu^{11}	ʃɛu^{33}	tʃiu^{33}	tʃʰɛu^{33}	ʃiu^{45}
恩平	tʃei^{21}	tʰei^{33}	tʰei^{22}	ʃei^{22}	ʃei^{33}	tʃiəu^{33}	tʰei^{33}	ʃiəu^{55}
四会	tʃɐu^{24}	tʃʰau^{51}	tʃɐu^{24}	ʃau^{31}	ʃɐu^{33}	tʃau^{51}	tʃʰɐu^{33}	ʃau^{33}
广宁	tsau^{323}	tsʰau^{51}	tsau^{31}	sau^{31}	sau^{33}	tsau^{51}	tsʰau^{33}	sau^{44}
怀集	tʃau^{225}	tʃʰau^{42}	tʃau^{231}	θau^{231}	θau^{45}	tʃau^{42}	tʃʰau^{45}	θau^{54}
德庆	tsɐu^{31}	tsʰɐu^{454}	tsɐu^{242}	sɐu^{242}	sɐu^{53}	tsɐu^{454}	tsʰɐu^{53}	sɐu^{45}
封开	ɬʌu^{21}	tʃʰʌu^{55}	tʃʌu^{243}	tʃʌu^{243}	ʃʌu^{51}	tʃʌu^{55}	tʃʰʌu^{51}	ʃʌu^{334}
阳江	tsɐu^{54}	tsʰɐu^{33}	tsʰɐu^{42}	sɐu^{42}	sɐu^{35}	tsɐu^{33}	tsʰɐu^{35}	sɐu^{21}
阳春	tsɐu^{52}	tsʰɐu^{45}	tsʰɐu^{31}	sɐu^{31}	sɐu^{33}	tsɐu^{45}	tsʰɐu^{33}	sɐu^{324}
赤坎	tsɐu^{21}	tsʰɐu^{45}	tsɐu^{21}	sɐu^{21}	sɐu^{33}	tsɐu^{45}	tsʰɐu^{33}	sɐu^{13}
吴川	tʃɐu^{31}	tʃʰɐu^{55}	tʃʰɐu^{31}	ʃɐu^{31}	ʃɐu^{33}	tʃɐu^{55}	tʃʰɐu^{33}	ʃɐu^{35}
廉江	tsɐu^{21}	tsʰɐu^{55}	tsʰɐu^{21}	sɐu^{21}	sɐu^{33}	tsɐu^{55}	tsʰɐu^{55}	sɐu^{25}
高州	tʃɐu^{31}	tʃʰɐu^{53}	tʃʰɐu^{21}	ʃɐu^{21}	ʃɐu^{33}	tʃɐu^{53}	tʃʰɐu^{33}	ʃɐu^{24}
化州	tɐu^{31}	tʃʰɐu^{53}	tʃʰɐu^{13}	ʃɐu^{13}	ʃɐu^{33}	tʃɐu^{53}	tʃʰɐu^{33}	ʃɐu^{35}

	0353 袖	0354 抽	0355 绸	0356 愁	0357 瘦	0358 州	0359 臭香~	0360 手
	流开三 去尤邪	流开三 平尤彻	流开三 平尤澄	流开三 平尤崇	流开三 去尤生	流开三 平尤章	流开三 去尤昌	流开三 上尤书
梅州	tsʰiu⁵²	tsʰu⁴⁴	tsʰu²¹	sɛu²¹	sɛu⁵²	tsu⁴⁴	tsʰu⁵²	su³¹
兴宁	tsʰiu⁵¹	tʃʰu²⁴	tʃʰu¹³	siu¹³	siu⁵¹	tʃu²⁴	tʃʰu⁵¹	ʃu³¹
五华	tsʰiu³¹	tʃʰu⁴⁴	tʃʰu²¹²	siu²¹²	siu⁵¹	tʃu⁴⁴	tʃʰu⁵¹	ʃu³¹
大埔	tsʰiu⁵²	tʃʰiu³⁴	tʃʰiu¹³	seu¹³	seu⁵²	tʃiu³⁴	tʃʰiu⁵²	ʃiu³¹
丰顺	tsʰiu²¹	tʃʰiu⁴⁴	tʃʰiu²⁴	seu²⁴	seu⁵³	tʃiu⁴⁴	tʃʰiu⁵³	ʃiu⁵³
揭西	tsʰiu³¹	tʃʰiu⁴⁵²	tʃʰiu²⁴	sɛu²⁴	sɛu⁴¹	tʃiu⁴⁵²	tʃʰiu⁴¹	ʃiu³¹
陆河	tsʰiu³³	tʃʰiu⁵³	tʃʰiu³⁵	sɛu³⁵	sɛu³¹	tʃiu⁵³	tʃʰiu³¹	ʃiu²⁴
龙川	tsʰiu³³	tsʰiu³³	tsʰiu⁵¹	sɛu⁵¹	sɛu³¹	tsiu³³	tsʰiu³¹	ʃiu²⁴
河源	tsʰiu⁵⁴	tsʰiu³³	tsʰiu³¹	səi³¹	səi²¹²	tsiu³³	tsʰiu²¹²	siu²⁴
连平	tsʰiu⁵³	tsʰəu²⁴	tsʰəu²¹	sɛu²¹	sɛu⁵³	tsəu²⁴	tsʰəu⁵³	səu³¹
龙岗	tsʰiu⁵³	tsʰu³³	tsʰu²¹	siu²¹	siu⁵³	tsu³³	tsʰu⁵³	su³¹
惠州	tɕʰiu³¹	tɕʰiu³³	tɕʰiu²²	ɕiau²²	ɕiau²³	tɕiu³³	tɕʰiu²³	ɕiu³⁵
博罗	tsʰiu⁴¹	tsʰiu⁴⁴	tsʰiu²¹	sɔe²¹	sɔe²⁴	tsiu⁴⁴	tsʰiu²⁴	siu³⁵
新丰	tsʰiu³¹	tsʰiu⁴⁴	tsʰiu²⁴	sɛu²⁴	sɛu⁵¹	tsiu⁴⁴	tsʰiu⁵¹	siu³¹
翁源	tsʰiu³¹	tʃʰiu²²	tʃʰiu⁴¹	sɛu⁴¹	sɛu⁴⁵	tʃiu²²	tʃʰiu⁴⁵	ʃiu³¹
始兴	tɕʰiu³³	tɕʰiu²²	tɕʰiu⁵¹	tsʰɛu⁵¹	sɛu³³	tɕiu²²	tɕʰiu³³	ɕiu³¹
仁化	tsʰiɛu³³	tsʰiɛu³³	tsʰiɛu³¹	tsʰɛu³¹	sɛu³⁴	tʃiɛu³³	tʃʰiɛu³⁴	ʃiɛu²³
南雄	tɕiɤ⁴²	tɕʰiɤ⁴⁴	tɕiɤ²¹	tsei²¹	sei³²	tɕiɤ⁴⁴	tɕʰiɤ³²	ɕiɤ²⁴

	0353 袖	0354 抽	0355 绸	0356 愁	0357 瘦	0358 州	0359 臭香~	0360 手
	流开三 去尤邪	流开三 平尤彻	流开三 平尤澄	流开三 平尤崇	流开三 去尤生	流开三 平尤章	流开三 去尤昌	流开三 上尤书
皈塘	tɕʰi²¹	tɕʰi²⁴	tɕʰi⁴⁵	tɕʰɛ⁴⁵	ʃɛ²¹	tɕi²⁴	tɕʰi²¹	ʃi³³
桂头	tsʰiu⁴⁴	tsʰiu⁵¹	tsʰiu⁴	tsʰiu⁴⁵	sei⁴⁴	tsiu⁵¹	tsʰiu⁴⁴	siu³²⁴
连州	tsʰiu³³	tsʰiu³¹	tsʰiu⁵⁵	siu⁵⁵	sɐu¹¹	tsiu³¹	tsʰiu¹¹	siu⁵³
潮州	siu²¹³	tʰiu³³	tiu⁵⁵	tsʰou⁵⁵	sou⁵³	tsiu³³	tsʰau²¹³	tsʰiu⁵³
饶平	siu²¹⁴	tʰiu⁴⁴	tiu⁵⁵	tsʰou⁵⁵	sou⁵²	tsiu⁴⁴	tsʰau²¹⁴	tsʰiu⁵²
汕头	siu²¹³	tʰiu³³	tiu⁵⁵	tsʰou⁵⁵	sou²¹³	tsiu³³	tsʰau²¹³	tsʰiu⁵¹
澄海	siu²¹²	tʰiu³³	tiu⁵⁵	tsʰou⁵⁵	（无）	tsiu³³	tsʰau²¹²	tsʰiu⁵³
潮阳	siu⁵²	tʰiu³¹	tiu³³	tsʰou³³	（无）	tsiu³¹	tsʰau⁵²	tsʰiu⁴⁵⁴
南澳	siu²¹	tʰiu³⁴	tiu⁴⁵⁴	tsʰiu⁴⁵⁴白 tsʰou⁴⁵⁴文	sou⁵²	tsiu³⁴	tsʰau²¹	tsʰiu⁵²
揭阳	siu²¹³	tʰiu³³	tiu⁵⁵	tsʰou⁵⁵	sou⁴¹	tsiu³³	tsʰau²¹³	tsʰiu⁴¹
普宁	siu³¹²	tʰiu³⁵	tiu⁵⁵	tsʰou⁵⁵	（无）	tsiu³⁵	tsʰau³¹²	tsʰiu⁵²白 siu⁵²文
惠来	siu³¹	tʰiu³⁴	tiu⁵⁵	tsʰou⁵⁵	sou⁵³	tsiu³⁴	tsʰau³¹	tsʰiu⁵³
海丰	siu²¹²	tʰiu³³	tiu⁵⁵	tsʰou⁵⁵	sou²¹²	tsiu³³	tsʰau²¹²	tsʰiu⁵³
陆丰	siu²¹³	tʰiu³³	tiu¹³	tsʰou¹³	（无）	tsiu³³	tsʰau²¹³	tsʰiu⁵⁵
电白	tsiu⁴⁴²	tsʰiu³³	tiu²²	sau²²	（无）	tsiu³³	tsʰieu¹³	tsʰiu²¹
雷州	tsiu⁵⁴	tsʰiu²⁴	tiu²²	tsʰieu²²	（无）	tsiu²⁴	tsʰiau²¹	tsʰiu⁴²

	0361 寿	0362 九	0363 球	0364 舅	0365 旧	0366 牛	0367 休	0368 优
	流开三 去尤禅	流开三 上尤见	流开三 平尤群	流开三 上尤群	流开三 去尤群	流开三 平尤疑	流开三 平尤晓	流开三 平尤影
广州	ʃɐu^{22}	kɐu^{35}	kʰɐu^{21}	kʰɐu^{13}	kɐu^{22}	ŋɐu^{21}	iɐu^{53}	iɐu^{53}
番禺	ʃɐu^{22}	kɐu^{35}	kʰɐu^{31}	kʰɐu^{23}	kɐu^{22}	ɐu^{31}	iɐu^{53}	iɐu^{53}
增城	sɐu^{22}	kɐu^{35}	kʰɐu^{21}	kɐu^{22}	kɐu^{22}	ŋɐu^{21}	iɐu^{44}	iɐu^{44}
从化	sɐu^{31}	kɐu^{45}	kʰɐu^{22}	kʰɐu^{23}	kɐu^{31}	ŋɐu^{22}	iɐu^{55}	iɐu^{55}
龙门	sɐu^{53}	kɐu^{35}	kʰɐu^{21}	kɐu^{53}	kɐu^{53}	ŋɐu^{21}	zɐu^{42}	zɐu^{42}
莞城	ʃau^{44}	kau^{35}	kʰau^{31}	kʰau^{34}	kau^{44}	ŋau^{31}	hau^{23}白 iau^{23}文	iau^{23}
宝安	ʃau^{22}	kau^{25}	kʰau^{31}	kʰau^{23}	kau^{22}	ŋau^{25}	iau^{55}	iau^{55}
佛山	ʃɐu^{12}	kɐu^{35}	kʰɐu^{42}	kʰɐu^{13}	kɐu^{12}	gɐu^{42}	iɐu^{53}	iɐu^{53}
南海	sɐu^{22}	kɐu^{35}	kʰɐu^{31}	kʰɐu^{13}	kɐu^{22}	ŋɐu^{31}	iɐu^{51}	iɐu^{51}
顺德	ʃɐu^{21}	kɐu^{24}	kʰɐu^{42}	kʰɐu^{32}	kɐu^{21}	ɐu^{42}	iɐu^{53}	iɐu^{53}
三水	sɐu^{33}	kɐu^{25}	kʰɐu^{31} kʰɐu^{25}又	kʰɐu^{25}	kɐu^{33}	ŋɐu^{31} ŋɐu^{25}又	iɐu^{53}	iɐu^{53}
高明	ʃɐu^{31}	kɐu^{24}	kʰɐu^{31}	kʰɐu^{33}	kɐu^{31}	ŋɐu^{31}	iɐu^{55}	iɐu^{55}
佛冈	ʃɐu^{31}	kɐu^{35}	kʰɐu^{22}	kʰɐu^{33}~父 kʰɐu^{31}~子	kɐu^{31}	ŋɐu^{22}	iɐu^{33}	iɐu^{33}
阳山	ʃau^{214}	kɐu^{55}	kɐu^{241}	kɐu^{224}	kau^{214}	ŋɐu^{241}	iɐu^{51}	iɐu^{51}
连山	ʃɔu^{215}	tʃɔu^{55}	tʃɔu^{241}	tʃɔu^{15}	tʃɔu^{215}	ŋɔu^{241}	iɔu^{51}	iɔu^{51}
新兴	su^{52}	kɐu^{35}	kʰɐu^{21}	kʰu^{21}	kɐu^{52}	ŋɐu^{21}	iɐu^{45}	iɐu^{45}
罗定	sɐu^{21}	kɐu^{35}	kʰɐu^{21}	kʰɐu^{13}	kɐu^{21}	ŋɐu^{21}	iɐu^{55}	iɐu^{55}
郁南	ʃɐu^{21}	kɐu^{35}	kʰɐu^{21}	kʰɐu^{13}	kɐu^{21}	ŋɐu^{21}	iɐu^{55}	iɐu^{55}
石岐	sɐu^{33}	kɐu^{213}	kʰɐu^{51}	kʰɐu^{213}	kɐu^{33}	ŋɐu^{51}	iɐu^{55}	iɐu^{55}

	0361 寿	0362 九	0363 球	0364 舅	0365 旧	0366 牛	0367 休	0368 优
	流开三 去尤禅	流开三 上尤见	流开三 平尤群	流开三 上尤群	流开三 去尤群	流开三 平尤疑	流开三 平尤晓	流开三 平尤影
肇庆	ʃɐu⁵²	kɐu²⁴	kʰɐu²¹	kʰɐu¹³	kɐu⁵²	ŋɐu²¹	iɐu⁴⁵	iɐu⁴⁵
香洲	sɐu³³	kɐu³⁵	kʰɐu³⁴³	kʰɐu³⁵	kɐu³³	ŋɐu³⁴³	iɐu²¹	iɐu²¹
斗门	sɐu⁴²	kɐu⁴⁵	kʰɐu²²	kʰɐu²¹	kɐu⁴²	ŋɐu²²	iɐu³⁴	iɐu³⁴
新会	sɛu³²	kɛu⁴⁵	kʰɛu²²	kʰɛu²¹	kɛu³²	ŋau²²	iɛu²³	iɛu²³
台山	siu³¹	kiu⁵⁵	kʰiu²²	kʰiu²¹	kiu³¹	ŋeu²²	hiu³³	jiu³³
开平	ʃiu³¹	kɛu⁴⁵	kʰɛu¹¹	kʰɛu²¹	kɛu³¹	ŋau¹¹	hɛu³³	jiu³³
恩平	ʃiəu²¹	kei⁵⁵	kʰei²²	kʰei²¹	kei²¹	ŋgei²²	hei³³	iəu³³
四会	ʃɐu³³ ʃɐu²⁴ 又	tʃau³³	kau³¹	tʃɐu³¹	kɐu²⁴	ŋau³¹	iau⁵¹	iɐu⁵¹
广宁	sau³²³	tsau⁴⁴	tsau³¹	tsau³²³	tsau³²³	ŋau³¹	iau⁵¹	iau⁵¹
怀集	θau²²⁵	tʃau⁵⁴	tʃau²³¹	tʃau²⁴	tʃau²²⁵	ŋau²³¹	iau⁴²	iau⁴²
德庆	sɐu³¹	kɐu⁴⁵	kɐu²⁴²	tsɐu²³ 白 kʰɐu²³ 文	kɐu³¹	ŋɐu²⁴²	iɐu⁴⁵⁴	iɐu⁴⁵⁴
封开	tʃʌu²¹	tʃʌu³³⁴	tʃʌu²⁴³	tʃʌu²²³	tʃʌu²¹	ŋʌu²⁴³	iʌu⁵⁵	iʌu⁵⁵
阳江	sɐu⁵⁴	kiau²¹	kʰiau⁴²	kʰiau²¹ 白 kiau⁵⁴ 文	kiau⁵⁴	ŋɐu⁴²	hiau³³	iɐu³³
阳春	sɐu⁵²	kiau³²⁴	kʰiau³¹	kʰiau³²³	kiau⁵²	ŋɐu³¹	hiau⁴⁵	iɐu⁴⁵
赤坎	sɐu²¹	kɐu¹³	kʰɐu²¹	kʰɐu¹³	kɐu²¹	ŋɐu²¹	hɐu⁴⁵ 白 iɐu⁴⁵ 文	iɐu⁴⁵
吴川	ʃɐu³¹	kɐu³⁵	kʰɐu³¹	kʰɐu²⁴	kɐu³¹	ŋɐu³¹	hɐu⁵⁵	iɐu⁵⁵
廉江	sɐu²¹	kɐu²⁵	kʰɐu²¹	kʰɐu²³	kɐu²¹	ŋɐu²¹	hɐu⁵⁵ 白 iɐu⁵⁵ 文	iɐu⁵⁵
高州	ʃɐu³¹	kɐu²⁴	kʰɐu²¹	kʰɐu¹³ 白 kɐu³¹ 文	kɐu³¹	ŋɐu²¹	hɐu²¹	iɐu⁵³
化州	ʃɐu³¹	kɐu³⁵	kʰɐu¹³	kʰɐu¹³	kɐu³¹	ŋɐu¹³	hɐu⁵³	iɐu⁵³

	0361 寿	0362 九	0363 球	0364 舅	0365 旧	0366 牛	0367 休	0368 优
	流开三去尤禅	流开三上尤见	流开三平尤群	流开三上尤群	流开三去尤群	流开三平尤疑	流开三平尤晓	流开三平尤影
梅州	su⁵²	kiu³¹	kʰiu²¹	kʰiu⁴⁴	kʰiu⁵²	ŋiu²¹	hiu⁴⁴	iu²¹
兴宁	ʃu⁵¹	kiu³¹	kʰiu¹³	kʰiu²⁴	kʰiu⁵¹	niu¹³	ʃu²⁴	ʒu¹³
五华	ʃu³¹	kiu³¹	kʰiu²¹²	kʰiu⁴⁴	kʰiu³¹	ŋiu²¹²	ʃu⁴⁴	iu²¹²
大埔	ʃiu⁵²	kiu³¹	kʰiu¹³	kʰiu³⁴	kʰiu⁵²	ŋiu¹³	siu³⁴	ʒiu¹³
丰顺	ʃiu²¹	kiu⁵³	kʰiu²⁴	kʰiu⁴⁴	kʰiu²¹	ŋeu²⁴	hiu⁴⁴	iu²⁴
揭西	ʃiu³¹	kiu³¹	kʰiu²⁴	kʰiu⁴⁵²	kʰiu³¹	ŋɛu²⁴	hiu⁴⁵²	ʒiu²⁴
陆河	ʃiu³³	kiu²⁴	kʰiu³⁵	kʰiu⁵³	kʰiu³³	ŋiu³⁵	hiu⁵³	ʒiu³⁵
龙川	ʃiu³³	kiu²⁴	kʰiu⁵¹	kʰiu³³	kʰiu³³	ŋɛu⁵¹	ʃiu	iu³¹
河源	siu⁵⁴	kiu²⁴	kʰiu³¹	kʰiu²¹²	kʰiu⁵⁴	ŋiəi³¹	hiu³³	ʔiu³³
连平	səu⁵³	kiu³¹	kʰiu²¹	kʰiu²⁴	kʰiu⁵³	ŋɛu²¹	siu²⁴白 ɕiu²⁴文	iu²¹
龙岗	su⁵³	kiu³¹	kʰiu²¹	kʰiu³³	kʰiu⁵³	ŋgiu²¹	hiu³³	ziu³³
惠州	ɕiu³¹	kiu³⁵	kʰiu²²	kʰiu²³	kʰiu³¹	ŋiau²²	hiu³³	ʔiu³³
博罗	siu⁴¹	kiu³⁵	kʰiu²¹	kʰiu²⁴	kʰiu⁴¹	ŋgɔe²¹	hiu⁴⁴	iu⁴⁴
新丰	siu³¹	kiu³¹	kʰiu²⁴	kʰiu⁴⁴	kʰiu³¹新~ kʰiu⁵¹~年	ŋgɛu²⁴	siu⁴⁴	iu²⁴
翁源	ʃiu³¹	kiu³¹	kʰiu⁴¹	kʰiu²²	kʰiu³¹	ŋɛu⁴¹	siu²²	iu⁴¹
始兴	ɕiu³³	tɕiu³¹	tɕʰiu⁵¹	tɕʰiu²²	tɕʰiu³³	ŋiu⁵¹	ɕiu²²	iu²²
仁化	ʃiɛu³³	kiɛu²³	kʰiɛu³¹	kʰiɛu³⁴	kʰiɛu³³	ŋiɛu³¹	siɛu³³	iɛu³³
南雄	ɕiʏ⁴²	tɕiʏ²⁴	tɕiʏ²¹	tɕiʏ²¹	tɕiʏ⁴²	ŋiʏ²¹	ɕiʏ⁴⁴	iʏ⁴⁴

	0361 寿	0362 九	0363 球	0364 舅	0365 旧	0366 牛	0367 休	0368 优
	流开三 去尤禅	流开三 上尤见	流开三 平尤群	流开三 上尤群	流开三 去尤群	流开三 平尤疑	流开三 平尤晓	流开三 平尤影
飯塘	$\int i^{21}$	ki^{33}	k^hi^{45}	k^hi^{33}	k^hi^{21}	ni^{45}	$\int i^{24}$	i^{33}
桂头	siu^{44}	kiu^{324}	k^hiu^{45}	k^hiu^{21}	k^hiu^{44}	ηiu^{45}	siu^{51}	iu^{51}
连州	siu^{33}	kiu^{53}	k^hiu^{55}	k^hiu^{24}	k^hiu^{33}	$\underset{.}{\eta} iu^{55}$	iu^{31}	iu^{31}
潮州	siu^{11}	kau^{53}白 kiu^{53}文	kiu^{55}	ku^{35}	ku^{11}	gu^{55}	$h\tilde{i}\tilde{u}^{33}$	iu^{33}
饶平	siu^{21}	kau^{52}白 kiu^{52}文	kiu^{55}	ku^{25}	ku^{21}	gu^{55}	hiu^{44}	iu^{44}
汕头	siu^{31}	kau^{51}白 kiu^{51}文	kiu^{55}	ku^{25}	ku^{31}	gu^{55}	$h\tilde{i}\tilde{u}^{33}$	iu^{33}
澄海	siu^{22}	kau^{53}白 kiu^{53}文	kiu^{55}	ku^{35}	ku^{22}	gu^{55}	$h\tilde{i}\tilde{u}^{33}$	iu^{33}
潮阳	siu^{42}	kau^{454}白 kiu^{454}文	kiu^{33}	ku^{52}	ku^{42}	gu^{33}	$h\tilde{i}\tilde{u}^{31}$	iu^{31}
南澳	siu^{31}	kau^{52}白 kiu^{52}文	kiu^{454}	ku^{35}	ku^{31}	gu^{454}	hiu^{34}	iu^{34}
揭阳	siu^{22}	kau^{41}白 kiu^{41}文	kiu^{55}	ku^{25}	ku^{22}	gu^{55}	hiu^{33}	iu^{33}
普宁	siu^{31}	kau^{52}白 kiu^{52}文	kiu^{55}	ku^{24}	ku^{31}	gu^{55}	$h\tilde{i}\tilde{u}^{35}$	iu^{35}
惠来	siu^{31}	kau^{53}白 kiu^{53}文	kiu^{55}	ku^{25}	ku^{31}	gu^{55}	$h\tilde{i}\tilde{u}^{34}$	iu^{34}
海丰	siu^{35}	kau^{53}白 kiu^{53}文	kiu^{55}	ku^{35}	ku^{21}	ηgu^{55}	hiu^{33}	iu^{33}
陆丰	siu^{22}	kau^{55}白 kiu^{55}文	kiu^{13}	ku^{22}	ku^{22}	ηgu^{13}	hiu^{33}	iu^{33}
电白	siu^{442}	kau^{21}	k^hiu^{22}	ku^{442}	ku^{33}	gu^{22}	hiu^{33}	ieu^{33}
雷州	siu^{33}	kau^{42}	k^hiu^{22}	ku^{33}	ku^{24}	bu^{22}	hiu^{24}	hiu^{24}

	0369 有	0370 右	0371 油	0372 丢	0373 幼	0374 贪	0375 潭	0376 南
	流开三 上尤云	流开三 去尤云	流开三 平尤以	流开三 平幽端	流开三 去幽影	咸开一 平覃透	咸开一 平覃定	咸开一 平覃泥
广州	iɐu¹³	iɐu²²	iɐu²¹	tiu⁵³	iɐu³³	tʰam⁵³	tʰam²¹	lam²¹
番禺	iɐu²³	iɐu²²	iɐu³¹	tiu⁵³	iɐu³³	tʰam⁵³	tʰam³¹	lam³¹
增城	iɐu¹³	iɐu²²	iɐu²¹	tiu⁴⁴	iɐu³³	tʰam⁴⁴	tʰam²¹	lam²¹
从化	iɐu²³	iɐu³¹	iɐu²²	tiu⁵⁵	iɐu²³	tʰam⁵⁵	tʰam²²	nam²²
龙门	hɐu²³	zɐu⁵³	zɐu²¹	tiɐu⁴²	zɐu²³	tʰam⁴²	tʰɐm²¹	lam²¹
莞城	iau³⁴	iau⁴⁴	iau³¹	tiu⁴⁴	iau⁴⁴	tʰaŋ²³	tʰaŋ³¹	naŋ³¹
宝安	iau²³	iau²²	iau³³	tiu²²	iau³³	tʰaŋ²³	tʰaŋ³³	naŋ³¹
佛山	iɐu¹³	iɐu¹²	iɐu⁴²	tɐu¹²白 tiu⁵³文	iɐu²⁴	ham⁵³	ham⁴²	lam⁴²
南海	iɐu¹³	iɐu²²	iɐu³¹	tiu⁵¹	iɐu³³	tʰam⁵¹	tʰam³¹	nam³¹
顺德	iɐu¹³	iɐu²¹	iɐu⁴²	tiu⁵³	iɐu³²	tʰam⁵³	tʰam⁴²	lam⁴²
三水	iɐu²³	iɐu⁴⁴	iɐu³¹ iɐu²⁵又	tiu⁵⁵ tiu⁵³又	iɐu⁴⁴	tʰam⁵³	tʰam³¹ tʰam²⁵又	lam³¹
高明	iɐu³³	iɐu³¹	iɐu³¹	tiu⁵⁵	iɐu³³	tʰam⁴⁵	tʰam³¹	nam³¹
佛冈	iɐu³³	iɐu³¹	iɐu²²	tiu³¹	iɐu³³	tʰam³³	tʰam²²	nam²²
阳山	iɐu²²⁴	iau²¹⁴	iɐu²⁴¹	tiu⁵¹	iau³⁴	tʰam⁵¹	tam²⁴¹	lam²⁴¹
连山	iɔu¹⁵	iɔu²¹⁵	iɔu²⁴¹	tiu⁵¹	iɔu³⁵	tʰan⁵¹	tan²⁴¹	nan²⁴¹
新兴	iʊ²¹	iʊ⁵²	iʊ²¹	tiu⁴⁵	iɐu⁴⁴³	tʰam⁴⁵	tʰam²¹	nam²¹
罗定	iɐu¹³	iɐu²¹	iɐu²¹	tiu⁵⁵	iɐu³³	tʰam⁵⁵	tʰam²¹	nam²¹
郁南	iɐu¹³	iɐu²¹	iɐu²¹	tiu⁵⁵	iɐu³³	tʰam⁵⁵	tʰam²¹	nam²¹
石岐	iɐu²¹³	iɐu³³	iɐu⁵¹	tiu⁵⁵	iɐu³³	tʰam⁵⁵	tʰam⁵¹	nam⁵¹

	0369 有	0370 右	0371 油	0372 丢	0373 幼	0374 贪	0375 潭	0376 南
	流开三上尤云	流开三去尤云	流开三平尤以	流开三平幽端	流开三去幽影	咸开一平覃透	咸开一平覃定	咸开一平覃泥
肇庆	$iɐu^{13}$	$iɐu^{52}$	$iɐu^{21}$	tiu^{45}	$iɐu^{33}$	$tʰam^{45}$	$tʰam^{21}$	nam^{21}
香洲	$iɐu^{35}$	$iɐu^{33}$	$iɐu^{343}$	tiu^{21}	$iɐu^{33}$	$tʰam^{21}$	$tʰam^{343}$	nam^{343}
斗门	$iɐu^{21}$	$iɐu^{42}$	$iɐu^{22}$	tiu^{42}	$iɐu^{34}$	$hɒm^{34}$	$hɐm^{22}$	$nɒm^{22}$
新会	$iɛu^{21}$	$iɛu^{32}$	$iɛu^{22}$	tiu^{32}	$iɛu^{23}$	ham^{23}	ham^{22}	nam^{22}
台山	jiu^{33}	jiu^{31}	jiu^{22}	（无）	jiu^{33}	ham^{33}	ham^{22}	nam^{22}
开平	jiu^{21}	jiu^{31}	jiu^{11}	jiu^{31}	jiu^{33}	ham^{33}	ham^{21}	nam^{11}
恩平	$iəu^{21}$ 又$iəu^{33}$	$iəu^{21}$	$iəu^{22}$	（无）	$iəu^{33}$	ham^{33}	ham^{21}	$ndam^{22}$
四会	iau^{24}	$iɐu^{33}$	iau^{31}	tiu^{24}	$iɐu^{33}$	$tʰam^{51}$	tam^{31}	lam^{31}
广宁	iau^{323}	iau^{323}	iau^{31}	teu^{51}	iau^{33}	$tʰam^{51}$	tam^{31}	nam^{31}
怀集	iau^{24}	iau^{225}	iau^{231}	tiu^{42}	iau^{45}	$tʰam^{42}$	tam^{231}	nam^{231}
德庆	$iɐu^{23}$	$iɐu^{31}$	$iɐu^{242}$	tiu^{454}	$iɐu^{53}$	$tʰam^{454}$	tam^{242}	nam^{242}
封开	$iʌu^{223}$	$iʌu^{21}$	$iʌu^{243}$	tiu^{55}	$iʌu^{51}$	$tʰam^{55}$	tam^{243}	nam^{243}
阳江	$iɐu^{21}$	$iɐu^{54}$	$iɐu^{42}$	tiu^{33}	$iɐu^{35}$	$tʰam^{33}$	$tʰam^{42}$	nam^{42}
阳春	$iɐu^{323}$	$iɐu^{52}$	$iɐu^{31}$	tiu^{45}	$iɐu^{33}$	$tʰam^{45}$	$tʰam^{31}$	nam^{31}
赤坎	$iɐu^{13}$	$iɐu^{21}$	$iɐu^{21}$	tiu^{45}	$iɐu^{33}$	$tʰam^{45}$	$tʰam^{21}$	nam^{21}
吴川	$iɐu^{24}$	$iɐu^{31}$	$iɐu^{31}$	diu^{55}	$iɐu^{33}$	$tʰaŋ^{55}$	$tʰaŋ^{31}$	$naŋ^{31}$
廉江	$iɐu^{23}$	$iɐu^{21}$	$iɐu^{21}$	tiu^{55}	$iɐu^{33}$	$tʰam^{55}$	$tʰam^{21}$	nam^{21}
高州	$iɐu^{13}$	$iɐu^{31}$	$iɐu^{21}$	tiu^{53}	$iɐu^{33}$	$tʰam^{53}$	$tʰam^{21}$	nam^{21}
化州	$iɐu^{13}$	$iɐu^{31}$	$iɐu^{13}$	diu^{53}	$iɐu^{33}$	$tʰam^{53}$	$tʰam^{13}$	nam^{13}

	0369 有	0370 右	0371 油	0372 丢	0373 幼	0374 贪	0375 潭	0376 南
	流开三上尤云	流开三去尤云	流开三平尤以	流开三平幽端	流开三去幽影	咸开一平覃透	咸开一平覃定	咸开一平覃泥
梅州	iu⁴⁴	iu⁵²	iu²¹	tiu⁴⁴	iu⁵²	tʰam⁴⁴	tʰam²¹	nam²¹
兴宁	ʒu²⁴	ʒu⁵¹	ʒu¹³	tiu²⁴	ʒu⁵¹	tʰaŋ²⁴	tʰaŋ¹³	naŋ¹³
五华	iu⁴⁴	iu³¹	iu²¹²	tiu⁴⁴	iu⁵¹	tʰaŋ⁴⁴	tʰaŋ²¹²	naŋ²¹²
大埔	ʒiu³⁴	ʒiu⁵²	ʒiu¹³	tiu³⁴	ʒiu⁵²	tʰaŋ³⁴	tʰaŋ¹³	naŋ¹³
丰顺	iu⁴⁴	iu²¹	iu²⁴	tiu⁴⁴	iu⁵³	tʰam⁴⁴	tʰam²⁴	nam²⁴
揭西	ʒiu⁴⁵²	ʒiu³¹	ʒiu²⁴	tiu⁴⁵²	ʒiu⁴¹	tʰam⁴⁵²	tʰam²⁴	nam²⁴
陆河	ʒiu⁵³	ʒiu³³	ʒiu³⁵	tiu⁵³	ʒiu³¹	tʰam⁵³	tʰam³⁵	nam³⁵
龙川	iu³¹	iu³³	iu⁵¹	tiu³³	iu³¹	tʰam³³	tʰɛm⁵¹	nam⁵¹
河源	iu²¹²	iu⁵⁴	iu³¹	tiu³³	iu⁵⁴	tʰam³³	tʰam³¹	nam³¹
连平	iu²⁴	iu⁵³	iu²¹	tiu²⁴	iu⁵³	tʰam²⁴	tʰam²¹	nam²¹
龙岗	ziu³³	ziu⁵³	ziu²¹	tiu³³	ziu⁵³	tʰaŋ³³	tʰaŋ²¹	laŋ²¹
惠州	jiu²³	jiu³¹	jiu²²	tiu³³	jiu³¹	tʰam³³	tʰam²²	nam²²
博罗	ziu²⁴	ziu⁴¹	ziu²¹	tiu⁴⁴	ziu³⁵	tʰam⁴⁴	tʰam²¹	ndam²¹
新丰	iu⁴⁴	iu³¹	iu²⁴	tiu⁴⁴	iu⁵¹	tʰam⁴⁴	tʰɛm²⁴	lam²⁴
翁源	iu²²	iu³¹	iu⁴¹	tiu²²	iu⁴⁵	tʰam²²	tʰam⁴¹	nam⁴¹
始兴	iu²²	iu³³	iu⁵¹	tiu²²	iu³³	tʰãi²²	tʰãi·⁵¹	nãi⁵¹
仁化	iɛu³⁴	iɛu³³	iɛu³¹	tiɛu³³	iɛu³⁴	tʰaŋ³³	tʰaŋ³¹	laŋ³¹
南雄	io²¹白 iɤ²⁴文	iɤ⁴²	iɤ²¹	tiɤ⁴⁴	iɤ⁴⁴	tʰɔ̃ɑ̃⁴⁴	tɔ̃ɑ̃²¹	nɔ̃ɑ̃²¹

	0369 有	0370 右	0371 油	0372 丢	0373 幼	0374 贪	0375 潭	0376 南
	流开三 上尤云	流开三 去尤云	流开三 平尤以	流开三 平幽端	流开三 去幽影	咸开一 平覃透	咸开一 平覃定	咸开一 平覃泥
皈塘	i³³	i²¹	i⁴⁵	tai²⁴	i²¹	tʰa²⁴	ta⁴⁵	na⁴⁵
桂头	iu²¹	iu⁴⁴	iu⁴⁵	iu⁵¹	iu⁵¹	tʰiẽ⁵¹	tiẽ⁴⁵	liẽ⁴⁵
连州	iu²⁴	iu³³	iu⁵⁵	tiu³¹	iu¹¹	tʰɔŋ³¹	tɔŋ⁵⁵	nɔŋ⁵⁵
潮州	u³⁵ 白 iu⁵³ 文	iu³⁵	iu⁵⁵	tiu³³	ĩũ²¹³	tʰam³³	tʰam⁵⁵	nam⁵⁵
饶平	u²⁵	iu²⁵	iu⁵⁵	tiu⁴⁴	ĩũ²¹⁴	tʰam⁴⁴	tʰam⁵⁵	lam⁵⁵
汕头	u²⁵	iu²⁵	iu⁵⁵	tiu³³	ĩũ²¹³	tʰam³³	tʰam⁵⁵	nam⁵⁵
澄海	u³⁵	iu³⁵	iu⁵⁵	tiu³³	ĩũ³⁵	tʰaŋ³³	tʰaŋ⁵⁵	naŋ⁵⁵
潮阳	u⁵²	iu⁵²	iu³³	tiu³¹	ĩũ⁵²	tʰam³¹	tʰam³³	nam³³
南澳	u³⁵	iu³⁵	iu⁴⁵⁴	tiu³⁴	ĩũ²¹	tʰam³⁴	tʰam⁴⁵⁴	lam⁴⁵⁴
揭阳	u²⁵	iu²⁵	iu⁵⁵	tiu³³	ĩũ²¹³	tʰam³³	tʰam⁵⁵	nam⁵⁵
普宁	u²⁴	iu²⁴	iu⁵⁵	tiu³⁵	ĩũ³¹²	tʰam³⁵	tʰam⁵⁵	nam⁵⁵
惠来	u²⁵	iu²⁵	iu⁵⁵	tiu³⁴	ĩũ³¹	tʰam³⁴	tʰam⁵⁵	nam⁵⁵
海丰	u³⁵ 白 iu⁵³ 文	iu³⁵	iu⁵⁵	tiu³³	iu²¹²	tʰam³³	tʰam⁵⁵	nam⁵⁵
陆丰	u²² 白 iu⁵⁵ 文	iu²²	iu¹³	tiu³³	iu²¹³	tʰam³³	tʰam¹³	lam¹³
电白	u⁴⁴²	iu⁴⁴²	iu²²	tieu³³	iu¹³	tʰam³³	tʰam²²	nam²²
雷州	ʔu⁴² 白 iu⁵⁴ 文	iu³³	ʔiu²²	tiu⁵⁴	ʔiu²¹	tʰam²⁴	tʰam²²	nam²²

	0377 蚕	0378 感	0379 含~口水	0380 暗	0381 搭	0382 踏	0383 拉	0384 杂
	咸开一平覃从	咸开一上覃见	咸开一平覃匣	咸开一去覃影	咸开一入合端	咸开一入合透	咸开一入合来	咸开一入合从
广州	tʃʰam²¹	kɐm³⁵	hɐm²¹	ŋɐm³³	tap³	tap²	lai⁵³	tʃap²
番禺	tʃʰam³¹	kɐm³⁵	hɐm³¹	ɐm²²	tap³	tap²	lai⁵³	tʃap²
增城	tsʰam²¹	kɐm³⁵	ham²¹	ɐm³³	tap³	tap²	lai⁴⁴	tsap²
从化	tsʰam²²	kɐm⁴⁵	hɐm²²	ɐm²³	tap³	tap²	lai⁵⁵	tsap²
龙门	tsʰam²¹	kam³⁵	hɐm²¹	ɐm²³	tap²³	tap⁴³	lai⁴²	tsap⁴³
莞城	tʃʰaŋ³¹	kaŋ³⁵	hɐm³¹	ŋaŋ⁴⁴	ta⁴⁴	tak³	ŋai²³	tʃak³
宝安	tʃʰaŋ³¹	kaŋ²⁵	hɐŋ³¹	ɐŋ³³	taʔ³	taʔ³	lai⁵⁵	tʃaʔ³
佛山	tʃʰam⁴²	kom³⁵	hɐm⁴²	ɐm²⁴	tap³⁴	tap²³	lai⁵³	tʃap²³
南海	tsʰam²²~虫 tsʰam³¹养~	kɐm³⁵	hom³¹	om³³	tap³	tap²	lai⁵¹	tsap²
顺德	tʃʰam⁴²	kɐm²⁴	hom⁴²	om³²	tap³	tap²	lai⁵³	tʃap²
三水	tsʰam³¹ tsʰam²⁵又	kɐm²⁵	hɐm³¹	ŋɐm³³	tap⁴	tap³	lap³ lai⁵³又	tsap³ tsap²⁵又
高明	tʃʰam³¹	kɐm²⁴	hɔm²⁴ ham³¹又	am³³	tap³	tap²	lai⁴⁵	tʃap²
佛冈	tʃʰam²²	kam³⁵	ham²²	am³⁵	tap³	tap²	lai³³	tʃap²
阳山	tʃam²⁴¹	kam⁵⁵	hɐm²⁴¹	ɐm³⁴	tap³⁴	tap²³	lai⁵¹	tʃap²³
连山	θan²⁴¹	køn⁵⁵	øn²⁴¹	øn³⁵	dat³⁵	tʰat³⁵	lai⁵¹	θat²¹⁵
新兴	tsʰam²¹	kɐm³⁵	hɐm²¹	ɐm⁴⁴³	tap⁴	tap⁵²	lai⁴⁵	tsap⁵²
罗定	tsʰam²¹	kɐm³⁵	hɐm²¹	ɐm³³	tap³	tap²	lai⁵⁵	tsap²
郁南	tʃʰam²¹	kɐm³⁵	hɐm²¹	ɐm³³	tap³	tap²	lai⁵⁵	tʃap²
石岐	tsʰam⁵¹	kɐm²¹³	hɐm⁵¹	ɐm³³	tap³	tap³	lai⁵⁵	tsap³

	0377 蚕	0378 感	0379 含~~ 口水	0380 暗	0381 搭	0382 踏	0383 拉	0384 杂
	咸开一 平覃从	咸开一 上覃见	咸开一 平覃匣	咸开一 去覃影	咸开一 入合端	咸开一 入合透	咸开一 入合来	咸开一 入合从
肇庆	tʃʰam²¹	kɐm²⁴	hɐm²¹	ŋɐm³³	tap³	tap³	lai⁴⁵	tʃap⁴²
香洲	tsʰam³⁴³	kɐm³⁵	hɐm³⁵	ɐm³³	tap²¹	tap³	lai²¹	tsap³
斗门	tʰɒm²²	kɒm⁴⁵	hɒm²²	ɒm³⁴	tɒp³⁴	tɒp³	lɒi³⁴	tsɒp³
新会	tsʰam²¹	kam⁴⁵	ham²²	am²³	tap⁴⁵	tap²	lai²³	tsap²
台山	tʰam²²⁵小 tʰam²¹小①	kam⁵⁵	ham²²	am³³	ap³	ap³¹	la⁵⁵	tap³¹
开平	tʰam²¹⁵小	kam⁴⁵	ham¹¹	am³³	ap³	ap²	la⁴⁵	tap²
恩平	tʰam²¹	kam⁵⁵	hɐm²²	am⁵⁵	tap³	tap²	la⁵⁵	tʃap²
四会	tʃam³¹	kam³³	hɐm³¹	ɐm³³	tap³	tap³	lai⁵¹	tʃap²
广宁	tsam³¹	kam⁴⁴	hɐm³¹	ɐm³³	tap⁴³	tap³²³	lai⁵¹	tsap³²³
怀集	tʃam²³¹	kam⁵⁴	hɐm²³¹	ɐm⁴⁵	tap⁴⁵	tap²⁴	lai⁴²	tʃap²⁴
德庆	tsam²⁴²白 tsʰam³¹文	kom⁴⁵	hom²⁴²白 ham²⁴²文	om⁵³	tap⁵³	tap²	lai⁴⁵⁴	tsat²
封开	ɬam²⁴³	kəm³³⁴	həm²⁴³	əm⁵¹	tap⁵	tap²¹	lai⁵⁵	ɬap²¹
阳江	tsʰam⁴²	kam²¹	hɐm³⁵	ɐm³⁵	tap²¹	tap⁵⁴	lai³³	tsap⁵⁴
阳春	tsʰam³¹	kam³²⁴	hɐm³¹	ɐm³³	tap³	tap⁵²	lai⁴⁵	tsap⁵²
赤坎	tsʰam²¹	kam¹³	hɐm²¹	ɐm³³	tap³	tap²	lai⁴⁵	tsap²
吴川	tʃʰaŋ³¹	kaŋ³⁵	hom³¹白 hɐŋ³¹文	om³³白 aŋ³³文	ɗaʔ³¹	ɗaʔ³¹	la⁵⁵	tʃaʔ³¹
廉江	tsʰam²¹	kam²⁵	hɐm²¹	ɐm³³	tap³	tap²	la⁵⁵	tsap²
高州	tʃʰam²¹	kam²⁴	hɐm²¹	am³³	tap³	tap²¹	lai⁵³	tʃap²¹
化州	tʰam¹³	kam³⁵	hɔn¹³	ɔn³³	ɗaʔ³	ɗaʔ³¹	lai⁵³	tap³¹

①前者单用，后者用于"～丝"。

	0377 蚕	0378 感	0379 含~一口水	0380 暗	0381 搭	0382 踏	0383 拉	0384 杂
	咸开一平覃从	咸开一上覃见	咸开一平覃匣	咸开一去覃影	咸开一入合端	咸开一入合透	咸开一入合来	咸开一入合从
梅州	tsʰam²¹	kam³¹	hɛm²¹白 ham²¹文	am⁵²	tap²	tʰap⁵	la⁴⁴	tsʰap⁵
兴宁	saŋ¹³	kaŋ³¹	hiɔŋ¹³白 haŋ¹³文	aŋ⁵¹	tak²	tʰak⁴	lae²⁴白 la²⁴文	tsʰak⁴
五华	tsʰaŋ²¹²	kaŋ³¹	haŋ²¹²	aŋ⁵¹	tak²	tʰak⁵	lai⁴⁴白 la⁴⁴文	tsʰak⁵
大埔	tʃʰaŋ¹³	kaŋ³¹	haŋ¹³	aŋ⁵²	tak²	tʰak⁵	la³⁴	tsʰak⁵
丰顺	tsʰam²⁴	kam⁵³	ham²⁴	am⁵³	tap²	tʰap⁵	la⁴⁴	tsʰap⁵
揭西	tsʰam²⁴	kam³¹	ham²⁴	am⁴¹	tap³	tʰap⁵	la⁴⁵²	tsʰap⁵
陆河	tsʰam³⁵	kam²⁴	ham³⁵	am³¹	tap⁴⁵	tʰap⁵	la⁵³	tsʰap⁵
龙川	tsʰam⁵¹	kam²⁴	ham⁵¹	ɛm³¹	tap¹³	tʰap³	lai³³	tsʰap³
河源	tsʰəm³¹	kam²⁴	həm³¹	əm²¹²	tap⁵	tʰap³	lai³³	tsʰap³
连平	tsʰam²¹	kam³¹	hɛm²¹白 ham²¹文	am⁵³	tap³	tʰap⁵	la²⁴白 lai²⁴文	tsʰap⁵
龙岗	tsʰaŋ²¹	kaŋ³¹	haŋ²¹	aŋ⁵³	tak²	tʰak⁵	lae³³	tsʰak⁵
惠州	tsʰam²²	kam³⁵	ham²²	ʔiam²³	tap⁴⁵	tʰap²¹	lai³³	tsʰap²¹
博罗	tsʰam²¹	kam³⁵	ham²¹	am²⁴	tap⁵	tʰap²	lai⁴⁴	tsʰap²
新丰	tsʰam²⁴	kam³¹	hɛm²⁴	ɛm⁵¹	tap²	tʰap⁴	lai⁴⁴	tsʰap⁴
翁源	tsʰam⁴¹	kam³¹	ham⁴¹	am⁴⁵	tap³¹	tʰap⁴⁵	lai²²	tsʰap⁴⁵
始兴	tsʰãi⁵¹	kãi³¹	hãi⁵¹	ãi³³	taiʔ⁴⁵	tʰaiʔ⁴⁵	lai²²	tsʰaiʔ³
仁化	tsʰaŋ³¹	kaŋ²³	xen³¹	aŋ³⁴	taʔ⁵	tʰaʔ⁵	lai³³	tsʰaʔ⁵
南雄	tsaŋ⁴²	kɔ̃ã²⁴	hiŋ²¹	ʔɔ̃ã³²	taiʔ⁵	taiʔ⁴²	la⁴⁴	tsaiʔ⁴²

	0377 蚕	0378 感	0379 含~~口水	0380 暗	0381 搭	0382 踏	0383 拉	0384 杂
	咸开一平覃从	咸开一上覃见	咸开一平覃匣	咸开一去覃影	咸开一入合端	咸开一入合透	咸开一入合来	咸开一入合从
皈塘	tʃʰa⁴⁵	ka³³	ha⁴⁵	ŋa²¹	tɔ⁴¹	（无）	lɔu²⁴	tʃʰɔ³³
桂头	tsʰiẽ⁴	kiẽ³²⁴	hiẽ⁴⁵	iẽ⁴⁴	ie²¹	tʰie⁴⁴	lu⁵¹	tsʰie⁴⁴
连州	tsʰɔŋ⁵⁵	kɔŋ⁵³	hɐŋ⁵⁵	ɐn¹¹	tou²⁴	tʰou²⁴	lɐu³¹	tsʰou³¹
潮州	tsʰoi⁵⁵	kam⁵³	kam⁵⁵白 / ham⁵⁵文	am²¹³	taʔ²	taʔ⁵	la³³	tsap⁵
饶平	tsʰõĩ⁵⁵	kam⁵²	kam⁵⁵白 / ham⁵⁵文	am²¹⁴	taʔ²	taʔ⁵	la⁵⁵	tsap⁵
汕头	tsʰõĩ⁵⁵	kam⁵¹	kam⁵⁵白 / ham⁵⁵文	am²¹³	taʔ²	taʔ⁵	la³³	tsap⁵
澄海	tsʰõĩ⁵⁵	kaŋ⁵³	kaŋ⁵⁵白 / haŋ⁵⁵文	aŋ²¹²	taʔ²	taʔ⁵	la³³	tsak⁵
潮阳	tsʰai³³	kam⁴⁵⁴	kam³³	am⁵²	taʔ³	taʔ⁵	la³¹	tsap⁵
南澳	tsʰeŋ⁴⁵⁴	kam⁵²	kam⁴⁵⁴	am²¹	taʔ²	taʔ⁵	la³⁴	tsap⁵
揭阳	tsʰãĩ⁵⁵ / tsʰai⁵⁵又	kam⁴¹	kam⁵⁵白 / ham⁵⁵文	am²¹³	taʔ³	taʔ⁵	la³³	tsap⁵
普宁	tsʰãĩ⁵⁵	kam⁵²	kam⁵⁵白 / ham⁵⁵文	am³¹²	taʔ³	taʔ⁵	la³⁵	tsap⁵
惠来	tsʰai⁵⁵	kam⁵³	kam⁵⁵白 / ham⁵⁵文	am³¹	taʔ³	taʔ⁵	la³⁴	tsap⁵
海丰	tsʰãĩ⁵⁵	kam⁵³	kam⁵⁵白 / ham⁵⁵文	am²¹²	taʔ²	taʔ⁵	la³³	tsap⁵
陆丰	tsʰiam¹³	kam⁵⁵	kam¹³白 / ham¹³文	am²¹³	taʔ²	taʔ⁵	la³³	tsap⁵
电白	tsʰam²²	kam²¹	kam²²	am¹³	ta⁵³	ta⁴⁴²	la⁵³	tsap²
雷州	tsʰam²²	kam⁴²	kam²²白 / ham²²文	am²¹	ta⁵⁴	ta³³	la⁵⁴	tsap³

	0385 鸽	0386 盒	0387 胆	0388 毯	0389 淡	0390 蓝	0391 三	0392 甘
	咸开一入合见	咸开一入合匣	咸开一上谈端	咸开一上谈透	咸开一上谈定	咸开一平谈来	咸开一平谈心	咸开一平谈见
广州	kap³	hɐp²	tam³⁵	（无）	tʰam¹³白 tam²²文	lam²¹	ʃam⁵³	kɐm⁵³
番禺	kap³	hap²	tam³⁵	（无）	tʰam²³白 tam²²文	lam³¹	ʃam⁵³	kɐm⁵³
增城	kap³	hap²	tam³⁵	tʰan³⁵	tʰam¹³	lam²¹	sam⁴⁴	kɐm⁴⁴
从化	kap²	hap²	tam⁴⁵	tsin⁵⁵	tʰam²³	lam²²	sam⁵⁵	kɐm⁵⁵
龙门	kap²³	hap⁴³	tam³⁵	tʰam³⁵	tʰam²³白 tam⁵³文	lam²¹	sam⁴²	kam⁴²
莞城	ka⁴⁴	hak³	taŋ³⁵	（无）	tʰaŋ³⁴白 taŋ⁴⁴文	ŋaŋ³¹	ʃaŋ²³	kaŋ²³
宝安	ka²⁵	haʔ³	taŋ²⁵	tʰaŋ²⁵	tʰaŋ²³	laŋ³³	ʃaŋ²³	kaŋ⁵⁵
佛山	kop³⁴	hop²³	tam³⁵	tʃin⁵⁵	ham¹³白 tam¹²文	lam⁴²	ʃam⁵³	kom⁵³
南海	kop³	hop²	tam³⁵	（无）	tʰam¹³白 tam²²文	lam³¹	sam⁵¹	kom⁵¹
顺德	kop³	hop²	tam²⁴	（无）	tʰam¹³	lam⁴²	ʃam⁵³	kom⁵³
三水	kop⁴ kap²⁵又	hɐp³ hop²⁵又	tam²⁵	tʰam²⁵	tʰam²⁵白 tam³³文	lam³¹	sam⁵³ sam⁵⁵又	kɐm⁵³ kom⁵³又
高明	kɔp⁵	hap²	tam²⁴	（无）	tʰam³³	lam³¹	ʃam⁴⁵	kɐm⁵⁵
佛冈	kap³	hap²	tam³⁵	tʰam³⁵	tʰam³³白 tam³¹文	lam²²	ʃam³³	kam³³
阳山	kɐp⁵	hɐp²³	tam⁵⁵	tʰan⁵⁵	tam²²⁴	lam²⁴¹	ʃam⁵¹	kam⁵¹
连山	køt⁵	øt²¹⁵	dan⁵⁵	tʰan⁵⁵	tan¹⁵	lan²⁴¹	θan⁵¹	køn⁵¹
新兴	kɐp⁴⁵	hɐp⁵²	tam³⁵	（无）	tʰam²¹白 tam⁵²文	lam²¹	sam⁴⁵	kɐm⁴⁵
罗定	kop²	hop²	tam³⁵	tʰan³⁵	tʰam¹³白 tam²¹文	lam²¹	sam⁵⁵	kɐm⁵⁵
郁南	kɐp³	hɐp³	tam³⁵	（无）	tʰam¹³白 tam²¹文	lam²¹	ʃam⁵⁵	kɐm⁵⁵
石岐	kɐp³	hɐp³	tam²¹³	tʰan²¹³	tʰam²¹³白 tam³³文	lam⁵¹	sam⁵⁵	kɐm⁵⁵

	0385 鸽	0386 盒	0387 胆	0388 毯	0389 淡	0390 蓝	0391 三	0392 甘
	咸开一 入合见	咸开一 入合匣	咸开一 上谈端	咸开一 上谈透	咸开一 上谈定	咸开一 平谈来	咸开一 平谈心	咸开一 平谈见
肇庆	$kɐp^3$	$hɐp^{42}$	tam^{24}	（无）	$tʰam^{13}$	lam^{21}	$ʃam^{45}$	$kɐm^{45}$
香洲	$kɐp^{21}$	$hɐp^3$	tam^{35}	$tʰan^{35}$	$tʰam^{35}$白 tam^{33}文	lam^{343}	sam^{21}	$kɐm^{21}$
斗门	$kɒp^{21}$	$hɒp^{21}$	$tɒm^{45}$	（无）	$hɒm^{21}$白 $tɒm^{42}$文	$lɒm^{22}$	$sɒm^{34}$	$kɒm^{34}$
新会	kap^2	hap^2	tam^{45}	（无）	tam^{32}	lam^{22}	sam^{23}	kam^{23}
台山	ap^{225}小	hap^{21}小	am^{55}	（无）	am^{31}	lam^{22}	$ɬam^{33}$	kam^{33}
开平	ap^{21}小	hap^{21}小	am^{45}	（无）	ham^{33}白 am^{31}文	lam^{11}	$ɬam^{33}$	kam^{33}
恩平	kap^2	hap^2	tam^{55}	（无）	ham^{33}白 tam^{21}文	lam^{22}	$ʃam^{33}$	kam^{33}
四会	$kɐp^5$	hap^3	tam^{33}	tan^{33}	tam^{24}	lam^{31}	$ʃam^{51}$	kam^{51}
广宁	$kɐp^5$	hap^{323}	tam^{44}	$tʰan^{44}$	tam^{323}	lam^{31}	sam^{51}	kam^{51}
怀集	kap^{45}	hap^{24}	tam^{54}	$tʰan^{54}$	tam^{24}	lam^{231}	$θam^{42}$	kam^{42}
德庆	kop^{53}	hop^2白 hap^2文	tam^{45}	tan^{45}	$tʰam^{23}$	lam^{242}	sam^{454}[1]	kom^{454}
封开	$kəp^5$	$həp^2$	tam^{334}	$tʰan^{334}$	tam^{223}	lam^{243}	$ɬam^{55}$	$kəm^{55}$
阳江	kap^{21}	$hɐp^{54}$	tam^{21}	$tʰaŋ^{21}$	$tʰam^{21}$白 tam^{54}文	lam^{42}	$ɬam^{33}$	$kɐm^{33}$
阳春	kap^3	$hɐp^{52}$	tam^{324}	$tʰan^{324}$	$tʰam^{323}$白 tam^{52}文	lam^{31}	$ɬam^{45}$	$kɐm^{45}$
赤坎	kap^3	$hɐp^2$	tam^{13}	$tʰaŋ^{13}$	$tʰam^{13}$白 tam^{21}文	lam^{21}	$ɬam^{45}$	kam^{45}
吴川	$koʔ^5$	hop^{31}白 $haʔ^{31}$文	$ɗaŋ^{35}$	$tʰaŋ^{31}$	$tʰaŋ^{24}$	$laŋ^{31}$	$ɬaŋ^{55}$	$kɐŋ^{55}$ $koŋ^{55}$又
廉江	kap^3	$hɐp^2$	tam^{25}	$tʰaŋ^{25}$	$tʰam^{23}$	lam^{21}	$ɬam^{55}$	kam^{55}
高州	kap^3	hap^{21}	tam^{24}	$tʰaŋ^{24}$	$tʰam^{13}$	lam^{21}	$ɬam^{53}$	kam^{53}
化州	$kuaʔ^3$	$hɔʔ^{31}$	$ɗam^{35}$	$tʰam^{35}$	$tʰam^{13}$	lam^{13}	$ɬam^{53}$	$koŋ^{53}$

①声母实际读 ɬ。

	0385 鸽	0386 盒	0387 胆	0388 毯	0389 淡	0390 蓝	0391 三	0392 甘
	咸开一入合见	咸开一入合匣	咸开一上谈端	咸开一上谈透	咸开一上谈定	咸开一平谈来	咸开一平谈心	咸开一平谈见
梅州	kap²	hap⁵	tam³¹	tʰan³¹	tʰam⁴⁴白 / tʰam⁵²文	lam²¹	sam⁴⁴	kam⁴⁴
兴宁	kak²	hak⁴	taŋ³¹	tʰan³¹	tʰaŋ²⁴白 / tʰaŋ⁵¹文	laŋ¹³	saŋ²⁴	kaŋ²⁴
五华	kak²	hak⁵	taŋ³¹	tʰaŋ³¹	tʰaŋ⁴⁴白 / tʰaŋ³¹文	laŋ²¹²	saŋ⁴⁴	kaŋ⁴⁴
大埔	kak²	hak⁵	taŋ³¹	tʰan³¹	tʰaŋ³⁴白 / tʰaŋ⁵²文	laŋ¹³	saŋ³⁴	kaŋ³⁴
丰顺	kʰap²	hap⁵	tam⁵³	（无）	tʰam²¹	lam²⁴	sam⁴⁴	kam⁴⁴
揭西	kap³	hap⁵	tam³¹	tʰan³¹	tʰam⁴⁵²白 / tʰam³¹文	lam²⁴	sam⁴⁵²	kam⁴⁵²
陆河	kap⁴⁵	hap⁵	tam²⁴	tʰan²⁴	tʰam⁵³白 / tʰam³³文	lam³⁵	sam⁵³	kam⁵³
龙川	kɛp¹³	hɛp³	tam²⁴	tʰan²⁴	tʰam³¹	lam⁵¹	sam³³	kam³³
河源	kəp⁵	həp³	tam²⁴	tʰan²⁴	tʰam²¹²	lam³¹	sam³³	kam³³
连平	kap³	hap⁵	tam³¹	tʰan³¹	tʰam²⁴白 / tʰam⁵³文	lam²¹	sam²⁴	kam²⁴
龙岗	kak²	hak⁵	taŋ³¹	（无）	tʰaŋ³³白 / tʰaŋ⁵³文	laŋ²¹	saŋ³³	kaŋ³³
惠州	kiap⁴⁵	hiap²¹	tam³⁵	tʰan³⁵	tʰam²³白 / tʰam³¹文	lam²²	sam³³	kam³³
博罗	kap⁵	hap²	tam³⁵	（无）	tʰam²⁴	lam²¹	ɬam⁴⁴	kam⁴⁴
新丰	kap²	hɛp⁴	tam³¹	（无）	tʰam⁴⁴	lam²⁴	sam⁴⁴	kam⁴⁴
翁源	kap³¹	hap⁴⁵	tam³¹	tʰan²²	tʰam²²白 / tʰam³¹文	lam⁴¹	sam²²	kam²²
始兴	kaiʔ³	haiʔ³	tãi³¹	tʰãi³¹	tʰãi²²	lãi⁵¹	sãi²²	kãi²²
仁化	kaʔ⁵	xuai⁵	taŋ²³	tʰaŋ²³	tʰaŋ³⁴	laŋ³¹	saŋ³³	kaŋ³³
南雄	kʰie²¹	haiʔ⁴²	tɔ̃ã²⁴	tʰɔ̃ã²⁴	tɔ̃ã²¹白 / tɔ̃ã⁴²文	lɔ̃ã²¹	sɔ̃ã⁴⁴	kɔ̃ã⁴⁴

	0385 鸽	0386 盒	0387 胆	0388 毯	0389 淡	0390 蓝	0391 三	0392 甘
	咸开一入合见	咸开一入合匣	咸开一上谈端	咸开一上谈透	咸开一上谈定	咸开一平谈来	咸开一平谈心	咸开一平谈见
皈塘	kɔu⁴¹	hɔ³³	ta³³	tʰa³³	ta³³	la⁴⁵	ʃa²⁴	ka²⁴
桂头	kɔu⁴	fu⁴	iẽ³²⁴	tʰiẽ²¹	tʰiẽ²¹	liẽ⁴⁵	siẽ⁵¹	kiẽ⁵¹
连州	kɵ²⁴	hu³¹	toŋ⁵³	tʰoŋ⁵³	toŋ²⁴	loŋ⁵⁵	soŋ³¹	koŋ³¹
潮州	kap²	ap⁵	tã⁵³	tʰaŋ⁵³	tã³⁵白 tam³⁵文	nã⁵⁵白 lam⁵⁵文	sã³³白 sam³³文	kam³³
饶平	kap²	ap⁵	tã⁵²	tʰaŋ⁵²	tã²⁵	nã⁵⁵白 lam⁵⁵文	sã⁴⁴白 sam⁴⁴文	kam⁴⁴
汕头	kap²	ap⁵	tã⁵¹	tʰaŋ⁵¹	tã²⁵	nã⁵⁵白 nam⁵⁵文	sã³³白 sam³³文	kam³³
澄海	kak²	ak⁵	tã⁵³	tʰaŋ⁵³	tã³⁵	laŋ⁵⁵白 naŋ⁵⁵文	sã³³	kaŋ³³
潮阳	kap³	ap⁵	tã⁴⁵⁴	tʰaŋ⁴⁵⁴	tã⁵²	nam³³	sã³¹白 sam³¹文	kam³¹
南澳	kap²	ap⁵	tã⁵²	tʰaŋ⁵²	tã³⁴	nã⁴⁵⁴白 lam⁴⁵⁴文	sã³⁴白 sam³⁴文	kam³⁴
揭阳	kap³	ap⁵	tã⁴¹	tʰaŋ⁴¹	tã²⁵	nam⁵⁵	sã³³白 sam³³文	kam³³
普宁	kap³	ap⁵	tã⁵²	tʰaŋ⁵²	tã²⁴	nã⁵⁵白 nam⁵⁵文	sã³⁵白 sam³⁵文	kam³⁵
惠来	kap³	ap⁵	tã⁵³	tʰaŋ⁵³	tã²⁵	lam⁵⁵	sã³⁴白 sam³⁴文	kam³⁴
海丰	kap²	ap⁵	tã⁵³白 tam⁵³文	tʰaŋ⁵³	tam³⁵	lam⁵⁵	sã³³白 sam³³文	kam³³
陆丰	kap²	ap⁵	tã⁵⁵	（无）	tã²²白 tam²²文	lam¹³	sã³³白 sam³³文	kam³³
电白	kap²	ap²	ta²¹	tʰaŋ²¹	tam⁴⁴²	lam²²	sa³³	kam³³
雷州	kap⁵	hap³	ta⁴²	（无）	tam³³	lam²²	sa²⁴	kam²⁴

	0393 敢	0394 喊	0395 塔	0396 蜡	0397 赚	0398 杉~木	0399 减	0400 咸~淡
	咸开一上谈见	咸开一上谈晓	咸开一入盍透	咸开一入盍来	咸开二去咸澄	咸开二平咸生	咸开二上咸见	咸开二平咸匣
广州	$kɐm^{35}$	ham^{33}	t^hap^3	lap^2	$tʃan^{22}$	$tʃ^ham^{33}$	kam^{35}	ham^{21}
番禺	$kɐm^{35}$	ham^{33}	t^hap^3	lap^2	$tʃan^{22}$	$tʃ^ham^{33}$	kam^{35}	ham^{31}
增城	kam^{35}	ham^{33}	t^hap^3	lap^2	$tsan^{22}$	sam^{44}	kam^{35}	ham^{21}
从化	$kɐm^{45}$	ham^{23}	t^hap^3	lap^2	$tsan^{31}$	ts^ham^{23}	kam^{45}	ham^{22}
龙门	kam^{35}	ham^{23}	t^hap^{23}	lap^{43}	$tsam^{53}$	ts^ham^{53}	kam^{35}	ham^{21}
莞城	$kaŋ^{35}$	$haŋ^{44}$	t^ha^{34}	$ŋak^3$	$tʃɛŋ^{44}$	$tʃ^haŋ^{35}$	$kaŋ^{35}$	$haŋ^{31}$
宝安	$kaŋ^{25}$	$haŋ^{33}$	$t^haʔ^5$	$laʔ^3$	$tʃaŋ^{22}$	$tʃ^haŋ^{25}$	$kaŋ^{25}$	$haŋ^{33}$
佛山	$kɐm^{35}$ kom^{35}又	ham^{24}	hap^{34} t^hap^{34}又	lap^{23}	$tʃan^{12}$	$tʃ^ham^{24}$	$kɛn^{35}$白 kam^{35}文	$hɛm^{42}$白 ham^{42}文
南海	kom^{35}唔~ $kɐm^{35}$勇~	ham^{33}	t^hap^3	lap^2	$tsan^{22}$	ts^ham^{33}	$kiɛm^{35}$	$hiɛm^{31}$
顺德	kom^{24}	ham^{32}	t^hap^3	lap^2	$tʃan^{21}$	$tʃ^ham^{32}$	$kɛm^{24}$	$hɛm^{42}$
三水	kom^{25} kam^{25}又	him^{55} ham^{55}又	t^hap^4	lap^3	$tsan^{33}$	ts^ham^{44}	kim^{25} kam^{25}又	$hiɛm^{31}$ ham^{31}又
高明	$kɐm^{24}$	ham^{33}	t^hap^3	lap^2	$tʃan^{31}$	$tʃ^ham^{33}$	kam^{24}	ham^{31}
佛冈	kam^{35}	ham^{33}	t^hap^3	lap^2	$tʃam^{31}$	$tʃ^ha^{31}$	kam^{35}	ham^{22}
阳山	kam^{55}	ham^{34}	t^hap^{34}	lap^{23}	$tʃan^{214}$	$tʃ^ham^{34}$	ken^{55}	ham^{241}
连山	$køn^{55}$	han^{55}	t^hat^{35}	lat^{215}	$tʃan^{215}$	$tʃ^han^{35}$	kan^{55}	an^{241}
新兴	$kɐm^{35}$	ham^{443}	t^hap^4	lap^{52}	$tsan^{52}$	sam^{45}	kam^{35}	ham^{21}
罗定	$kɐm^{35}$	ham^{33}	t^hap^3	lap^2	$tsan^{21}$	ts^ham^{33}	kam^{35}	ham^{21}
郁南	$kɐm^{35}$	ham^{33}	t^hap^3	lap^2	$tʃan^{21}$	$tʃ^ham^{33}$	kam^{35}	ham^{21}
石岐	$kɐm^{213}$	ham^{33}	t^hap^3	lap^3	$tsan^3$	ts^ham^{33}	kam^{213}	ham^{51}

	0393 敢	0394 喊	0395 塔	0396 蜡	0397 赚	0398 杉~木	0399 减	0400 咸~淡
	咸开一上谈见	咸开一上谈晓	咸开一入盍透	咸开一入盍来	咸开二去咸澄	咸开二平咸生	咸开二上咸见	咸开二平咸匣
肇庆	$kɐm^{24}$	ham^{33}	$tʰap^{3}$	lap^{42}	$tʃan^{52}$	$ʃam^{33}$ $tʃʰam^{33}$又	kam^{24}	ham^{21}
香洲	$kɐm^{35}$	ham^{33}	$tʰap^{21}$	lap^{3}	$tsan^{33}$	$tsʰam^{33}$	kam^{35}	ham^{343}
斗门	$kɒm^{45}$	$hɒm^{34}$	$hɒp^{5}$	$lɒp^{3}$	$tsɒn^{42}$	$tʰɒm^{34}$	$kɒm^{45}$	$hɒm^{22}$
新会	kam^{45}	ham^{23}	hap^{45}	lap^{2}	$tsan^{32}$	$tsʰam^{23}$	kam^{45}	ham^{22}
台山	kam^{55}	ham^{33}	hap^{5}	lap^{31}	$tsan^{31}$	$tsʰam^{33}$	kam^{55}	ham^{22}
开平	kam^{45}	ham^{33}	hap^{5}	lap^{2}	$tʃan^{31}$	$tʃʰam^{33}$	kam^{45}	ham^{11}
恩平	kam^{55}	ham^{33}	hap^{5}	lap^{2}	$tʃan^{21}$	$tʰɛm^{33}$	kam^{55}	ham^{22}
四会	kam^{33}	ham^{33}	$tʰap^{3}$	lap^{2}	$tʃan^{24}$	$tʃʰam^{33}$	kam^{33}	ham^{31}
广宁	kam^{44}	hen^{33}	$tʰap^{43}$	lap^{323}	$tsan^{323}$	$tsʰam^{33}$	ken^{44}	ham^{31}
怀集	kam^{54}	ham^{45}	$tʰap^{45}$	lap^{24}	$tʃan^{45}$	$tʃʰam^{45}$	$kɛn^{54}$	hen^{231}白 ham^{231}文
德庆	$kɐm^{45}$	ham^{53}	$tʰap^{53}$	$lɐp^{2}$	$tsan^{31}$	$tsʰam^{53}$	kam^{45}	ham^{242}
封开	$kəm^{334}$	ham^{51}	$tʰap^{53}$	lap^{2}	$tʃan^{21}$	$tʃʰam^{51}$	kam^{334}	ham^{243}
阳江	$hɐm^{21}$	ham^{35}	$tʰap^{21}$	lap^{54}	$tsan^{54}$	$tsʰam^{35}$	kam^{21}	ham^{42}
阳春	$kɐm^{324}$	ham^{33}	$tʰap^{3}$	lap^{52}	$tsan^{52}$	$tsʰam^{33}$	kam^{324}	ham^{31}
赤坎	kam^{13}	ham^{33}	$tʰap^{3}$	lap^{2}	$tsan^{21}$	$tsʰam^{33}$	kam^{13}	ham^{21}
吴川	$koŋ^{35}$	$haŋ^{33}$	$tʰaʔ^{31}$	$laʔ^{31}$	$tʃaŋ^{31}$	$tʃʰaŋ^{35}$	$kaŋ^{35}$	$haŋ^{31}$
廉江	kam^{25}	ham^{33}	$tʰap^{3}$	lap^{2}	$tsaŋ^{21}$	$tsʰam^{23}$	kam^{25}	ham^{21}
高州	kam^{24}	ham^{33}	$tʰap^{3}$	lap^{21}	$tʃaŋ^{31}$	$tʃʰam^{13}$	kam^{24}	ham^{21}
化州	$koŋ^{13}$	ham^{33}	$tʰaʔ^{3}$	lap^{31}	$tʃam^{31}$	$tʃʰam^{13}$	kam^{35}	ham^{13}

	0393 敢	0394 喊	0395 塔	0396 蜡	0397 赚	0398 杉~木	0399 减	0400 咸~淡
	咸开一上谈见	咸开一上谈晓	咸开一入盍透	咸开一入盍来	咸开二去咸澄	咸开二平咸生	咸开二上咸见	咸开二平咸匣
梅州	kam³¹	ham⁵²	tʰap²	lap⁵	tsʰɔn⁵²	tsʰam⁵²	kam³¹	ham²¹
兴宁	kaŋ³¹	haŋ⁵¹	tʰak²	lak⁴	tsʰan⁵¹	tsʰaŋ⁵¹	kaŋ³¹	haŋ¹³
五华	kaŋ³¹	haŋ⁵¹	tʰak²	lak⁵	tsʰan³¹	tsʰaŋ⁵¹	kaŋ³¹	haŋ²¹²
大埔	kaŋ³¹	hæn⁵²	tʰak²	lak⁵	tsʰon⁵²	tsʰaŋ⁵²	kiaŋ³¹	hæn¹³
丰顺	kam⁵³	ham⁵³	tʰap²	lap⁵	tsʰon²¹	tsʰam⁵³	kam⁵³	ham²⁴
揭西	kam³¹	ham⁴¹	tʰap³	lap⁵	tsʰɔn³¹	tsʰam⁴¹	kam³¹	ham²⁴
陆河	kam²⁴	ham³¹	tʰap⁴⁵	lap⁵	tsʰɔn³³	tsʰam³¹	kam²⁴	ham³⁵
龙川	kam²⁴	ham³¹	tʰap¹³	lap³	tsʰan³³	tsʰam³¹	kam²⁴	ham⁵¹
河源	kam²⁴	ham²¹²	tʰap⁵	lap³	tsʰan⁵⁴	tsʰam³¹	kam²⁴	ham³¹
连平	kam³¹	ham⁵³	tʰap³	lap⁵	tsʰan⁵³	sa²⁴白 tsʰam⁵³文	kam³¹	ham²¹
龙岗	kaŋ³¹	haŋ⁵³	tʰak²	lak⁵	tsʰan⁵³	tsʰaŋ⁵³	kaŋ³¹	haŋ²¹
惠州	kam³⁵	ham²³	tʰap⁴⁵	lap²¹	tsʰan³¹	tsʰam²³	kam³⁵	ham²²
博罗	kam³⁵	ham²⁴~人 ham⁴⁴大声~	tʰap⁵	lap²	tsʰan⁴¹	tsʰam²⁴	kam³⁵	ham²¹
新丰	kam³¹	ham⁵¹	tʰap²	lap⁴	tsʰan³¹	sa⁴⁴白 tsʰam⁵¹文	kam³¹	ham²⁴
翁源	kam³¹	ham⁴⁵	tʰap³¹	lap⁴⁵	tsʰan³¹	sa²²	kam³¹	ham⁴¹
始兴	kãi³¹	hãi³³	tʰaiʔ⁴⁵	laiʔ³	tsʰɔ̃e³³	sa²²	kãi³¹	hãi⁵¹
仁化	kaŋ²³	xaŋ³⁴	tʰaʔ⁵	laʔ⁵	tsʰaŋ³³	sa³³	kaŋ²³	xaŋ³¹
南雄	kɔ̃ã²⁴	kʰɔ̃ã³²白 hɔ̃ã²¹文	tʰai⁴²	laiʔ⁵	tsɔ̃⁴²	sa⁴⁴	kɔ̃ã²⁴	hɔ̃ã²¹

	0393 敢	0394 喊	0395 塔	0396 蜡	0397 赚	0398 杉~木	0399 减	0400 咸~淡
	咸开一 上谈见	咸开一 上谈晓	咸开一 入盍透	咸开一 入盍来	咸开二 去咸澄	咸开二 平咸生	咸开二 上咸见	咸开二 平咸匣
皈塘	ka³³	ue³³	tʰɔ⁴¹	lɔ³³	tʃʰuə²¹	ʃɔ²⁴	ka³³	hia⁴⁵
桂头	kiẽ³²⁴	hiẽ³²⁴	tʰie⁴	lie⁴⁴	tsʰœn⁴⁴	sou⁵¹	kiẽ³²⁴	hiẽ⁴⁵
连州	kɔŋ⁵³	hɔŋ¹¹	tʰou²⁴	lou³¹	tsʰɔŋ³³	sɔŋ³¹	kɔŋ⁵³	hɔŋ⁵⁵
潮州	kã⁵³	ham²¹³	tʰaʔ²	laʔ⁵	（无）	sam³³	kiɛm⁵³	kiɛm⁵⁵
饶平	kã⁵²	ham²¹⁴	tʰaʔ²	laʔ⁵	（无）	sam⁴⁴	kiam⁵²	kiam⁵⁵
汕头	kã⁵¹	ham²¹³	tʰaʔ²	laʔ⁵	（无）	sam³³	kiam⁵¹	kiam⁵⁵
澄海	kã⁵³	haŋ²¹²	tʰaʔ²	laʔ⁵	（无）	saŋ³³	kiaŋ⁵³	kiaŋ⁵⁵
潮阳	kã⁴⁵⁴	ham⁵²	tʰaʔ³	laʔ⁵	（无）	sam³¹	kiam⁴⁵⁴	kiam³³
南澳	kã⁵²	ham²¹	tʰaʔ²	laʔ⁵	（无）	sam³⁴	kiam⁵²	kiam⁴⁵⁴
揭阳	kã⁴¹	ham²¹³	tʰaʔ³	laʔ⁵	tsuaŋ²¹³	sam³³	kiam⁴¹	kiam⁵⁵
普宁	kã⁵²	ham³¹²	tʰaʔ³	laʔ⁵	（无）	sam³⁵	kiam⁵²	kiam⁵⁵
惠来	kã⁵³	ham³¹	tʰaʔ³	laʔ⁵	（无）	sam³⁴	kiam⁵³	kiam⁵⁵
海丰	kã⁵³白 kam⁵³文	ham²¹²	tʰaʔ²	laʔ⁵	（无）	sam³³	kiam⁵³	kiam⁵⁵
陆丰	kã⁵⁵	ham²¹³	tʰaʔ²	laʔ⁵	（无）	sam³³	kiam⁵⁵	kiam¹³
电白	ka²¹白 kam²¹文	ham¹³	tʰa⁵³	la⁴⁴²	tsan⁴⁴²	tsʰam¹³	kam²¹	kiam²²
雷州	ka⁴²白 kam⁴²文	hiem²¹	tʰa⁵⁴	la³³	tsuaŋ³³	siem²⁴	kiem⁴²	kiem²²

	0401 插	0402 闸	0403 夹~子	0404 衫	0405 监	0406 岩	0407 甲	0408 鸭
	咸开二 入洽初	咸开二 入洽崇	咸开二 入洽见	咸开二 平衔生	咸开二 平衔见	咸开二 平衔疑	咸开二 入狎见	咸开二 入狎影
广州	$tʃʰap^3$	$tʃap^2$	kap^3	$ʃam^{55}$	kam^{53}~视① kam^{33}太~	$ŋam^{21}$	kap^3	$ŋap^3$
番禺	$tʃʰap^3$	$tʃap^2$	（无）	$ʃam^{53}$	kam^{33}	am^{31}	kap^3	ap^3
增城	$tsʰap^3$	$tsap^2$	$kɛp^2$	sam^{44}	kam^{44}	$ŋam^{21}$	kap^3	$ŋap^3$
从化	$tsʰap^3$	$tsap^2$	kap^2	sam^{31}	kam^{55}	$ŋam^{22}$	kap^2	ap^3
龙门	$tsʰap^{23}$	$tsap^{43}$	kap^{23}	sam^{42}	kam^{42}	$ŋam^{21}$	kap^{23}	ap^{23}
莞城	$tʃʰa^{44}$	$tʃak^3$	ka^{44}	$ʃaŋ^{23}$	$kaŋ^{23}$	$ŋaŋ^{31}$	ka^{44}	$ŋa^{44}$
宝安	$tʃʰaʔ^5$	$tʃaʔ^3$	$kaʔ^3$	$ʃaŋ^{55}$	$kaŋ^{55}$	$ŋaŋ^{31}$	$kaʔ^3$	a^{25}
佛山	$tʃʰɛp^{34}$白 $tʃʰap^{34}$文	$tʃap^{23}$	$kɛp^{35}$白 kap^{35}文	$ʃam^{55}$	$kɛm^{53}$白 kam^{53}文	gam^{42}	kap^{34}	gap^{34}
南海	$tsʰiɛp^3$	$tsap^2$	$kiɛp^{35}$名 kap^2动	sam^{55}	kam^{51}~视 kam^{33}太~	$ŋam^{31}$	kap^3	$ŋap^3$ $ŋap^{35}$小
顺德	$tʃʰap^3$	$tʃap^2$	$kɛp^{24}$	$ʃam^{53}$	kam^{32}~督 kam^{53}~窗	am^{42}	kap^3	ap^3
三水	$tsʰiɐp^4$ $tsap^4$又	$tsap^3$	$kiɐp^3$ $kiɐp^{25}$又 kap^{25}又	sam^{55}	kam^{53} kam^{55}又	$ŋam^{31}$	$kiɐp^4$ kap^3又	$ŋap^4$ $ŋap^{25}$小
高明	$tʃʰap^3$	$tʃap^2$	kap^2	$ʃam^{45}$	kam^{55}~狱 kam^{33}太~	$ŋam^{31}$	kap^3	ap^3
佛冈	$tʃʰap^3$	$tʃap^2$	kap^2	$ʃam^{31}$	kam^{33}	$ŋam^{22}$	kap^3	ap^2
阳山	$tʃʰap^{34}$	$tʃap^{23}$	kap^{34}	$ʃam^{51}$	kam^{51}	$ŋam^{241}$	ket^{34}白 kap^{34}文	ap^{34}
连山	$tʃʰat^{35}$	$tʃat^{215}$	kat^{35}	$ʃan^{51}$	kan^{35}	$ŋan^{241}$	kat^{35}	at^{35}
新兴	$tsʰap^4$	$tsap^{52}$	$kʰap^{52}$	sam^{45}	kam^{45}~督 kam^{443}太~	$ŋam^{21}$	kap^4	ap^4
罗定	$tsʰap^3$	$tsap^2$	$kiɛp^2$白 kap^2文	sam^{55}	kam^{55}	$ŋam^{21}$	kap^3	ap^3
郁南	$tʃʰap^3$	$tʃap^2$	kap^3	$ʃam^{55}$	kam^{55}	$ŋam^{21}$	kap^3	ap^3
石岐	$tsʰap^3$	$tsap^3$	kap^3	sam^{55}	kam^{55}	$ŋam^{51}$	kap^3	ap^3

①来自平声见母的"监"，下同。

	0401 插	0402 闸	0403 夹~子	0404 衫	0405 监	0406 岩	0407 甲	0408 鸭
	咸开二入洽初	咸开二入洽崇	咸开二入洽见	咸开二平衔生	咸开二平衔见	咸开二平衔疑	咸开二入狎见	咸开二入狎影
肇庆	tʃʰap³	tʃap⁴²	kap³	ʃam⁴⁵	kam⁴⁵	ŋam²¹	kap³	ŋap³
香洲	tsʰap²¹	tsap³	kap³	sam²¹	kam²¹	ŋam³⁴³	kap²¹	ap²¹
斗门	tʰɒp³⁴	tsɒp³	kɒp²¹	sɒm²¹	kɒm³⁴	ŋɒm²²	kɒp⁵	ɒp³⁴
新会	tsʰap²³	tsap²	kap²	sam²¹小	kam²³	ŋam²²	kap⁴⁵	ap²³
台山	tsʰap³	tsap²¹小	kap²¹小	sam³³	kam³³	ŋam²²	kap⁵	ap³
开平	tʃʰap³	tʃap²¹小	kap³	ʃam²¹小	kam³³	ŋam¹¹	kap³	ap⁵
恩平	tʰap³	tʃap²	kap²	ʃam²¹	kam³³	ŋgam²²	kap⁵	ap³
四会	tʃʰap³	tʃap²	kap³	ʃam⁵¹	kam⁵¹	ŋam³¹	kap³	ŋap³
广宁	tsʰet⁴³	tsap³²³	kap⁴³	sam⁵¹	kam⁵¹	ŋam³¹	ket⁴³	ap⁴³
怀集	tʃʰɛt⁴⁵	tʃap²⁴	kap²⁴	θɛn⁴²	kam⁴²~狱 / kam⁴⁵太~	ŋam²³¹	kɛt⁴⁵	ɛt⁴⁵
德庆	tsʰap²	tsap²	kap⁵³	sam⁴⁵⁴	kam⁴⁵⁴	ŋam²⁴²	kap⁵³	ap⁵³
封开	tʃʰap⁵³	tʃap²	kap⁵³	ʃam⁵⁵	kam⁵⁵	ŋam²⁴³	kap⁵³	ap⁵³
阳江	tsʰap²¹	tsap⁵⁴	kap⁵⁴	sam³³	kam³³	ŋam⁴²	kap²¹	ap²¹
阳春	tsʰap³	tsap⁵²	kiap⁵²白 / kap⁵²文	sam⁴⁵	kam⁴⁵	ŋam³¹	kap³	ap³
赤坎	tsʰap³	tsap²	kiap²	sam⁴⁵	kam⁴⁵	ŋam²¹	kap³	ap³
吴川	tʃʰaʔ³¹	tʃaʔ³¹	kiaʔ³¹	ʃaŋ⁵⁵	kaŋ⁵⁵	ŋaŋ³¹	kaʔ³	aʔ³
廉江	tsʰap³	tsap²	kiɛp²	sam⁵⁵	kam⁵⁵	ŋam²¹	kap³	ap³
高州	tʃʰɒp³	tʃap²¹	kiɛp²¹	ʃɒm⁵³	kam⁵³	ŋam²¹	kap³	ap³
化州	tʃʰap³	tʃap³¹	kiap³¹	ʃam⁵³	kam³¹	ŋam³¹	kap³	ap³

	0401 插	0402 闸	0403 夹~子	0404 衫	0405 监	0406 岩	0407 甲	0408 鸭
	咸开二入洽初	咸开二入洽崇	咸开二入洽见	咸开二平衔生	咸开二平衔见	咸开二平衔疑	咸开二入狎见	咸开二入狎影
梅州	$tsʰap^2$	$tsʰap^5$	$kiap^5$	sam^{44}	kam^{44}坐~ kam^{52}~督	$ŋam^{21}$	kap^2	ap^2
兴宁	$tsʰak^2$	$tsʰak^4$	$kiak^2$~菜 $kiak^4$~哩	$saŋ^{24}$	$kaŋ^{24}$坐~ $kaŋ^{51}$~狱	$ŋaŋ^{13}$	kak^2	ak^2
五华	$tsʰak^2$	kak^2	$kiak^5$	$saŋ^{44}$	$kaŋ^{51}$	$ŋaŋ^{212}$	kak^2	ak^2
大埔	$tsʰiak^2$	$tsʰak^5$	$kiak^5$	$saŋ^{34}$	$kaŋ^{34}$坐~ $kaŋ^{52}$~督	$ŋaŋ^{13}$	kak^2	ak^2
丰顺	$tsʰap^2$	kap^2	$kiap^5$	sam^{44}	kam^{53}坐~ kam^{44}~督	$ŋam^{24}$	kap^2	ap^2
揭西	$tsʰap^3$	ap^3白 $tsap^3$文	$kiap^5$	sam^{452}	kam^{41}	$ŋam^{24}$	kap^3	ap^3
陆河	$tsʰap^{45}$	$tsap^{45}$	$kiap^5$	sam^{53}	kam^{53}	$ŋam^{35}$	kap^{45}	ap^{45}
龙川	$tsʰap^{13}$	$tsʰap^3$	kap^{13}	sam^{33}	kam^{33}	$ŋam^{51}$	kap^{13}	ap^{13}
河源	$tsʰap^5$	$tsʰap^3$	kap^5	sam^{33}	kam^{33}~牢 kam^{31}~督	$ŋam^{31}$	kap^5	ap^5
连平	$tsʰap^3$	$tsʰap^5$	$tʰap^5$	sam^{24}	kam^{24}坐~ kam^{53}~督	$ŋam^{21}$	kap^3	ap^3
龙岗	$tsʰak^2$	$tsʰak^5$	$kʰiak^5$	$saŋ^{33}$	$kaŋ^{33}$	$ŋgaŋ^{21}$	kak^2	ak^2
惠州	$tsʰap^{45}$	$tsʰap^{21}$	$kʰiɛp^{21}$	sam^{33}	kam^{33}~狱 kam^{23}太~	$ŋam^{22}$	kap^{45}	$ʔap^{45}$
博罗	$tsʰap^5$	$tsʰap^2$	kap^5	sam^{44}	kam^{44}坐~ kam^{24}太~	$ŋgam^{21}$	kap^5	ap^5
新丰	$tsʰap^2$	$tsʰap^4$	$kiap^2$	sam^{44}	kam^{51}	$ŋgam^{24}$	kap^2	ap^2
翁源	$tsʰap^{31}$	$tsʰap^{45}$	$kiap^{31}$	sam^{22}	kam^{45}	$ŋam^{41}$	kap^{31}	ap^{31}
始兴	$tsʰaiʔ^{45}$	$kaiʔ^{45}$	$kaiʔ^3$	$sãi^{22}$	$kãi^{22}$	$ŋãi^{51}$	$kaiʔ^{45}$	$aiʔ^{45}$
仁化	$tsʰaʔ^5$	$tsaʔ^5$	$kaʔ^5$	$saŋ^{33}$	$kaŋ^{34}$	$ŋaŋ^{31}$	$kaʔ^5$	$aʔ^5$
南雄	$tsʰaiʔ^5$	$tsai^{42}$	kie^{42}	$sɔ̃ã^{21}$	$kɔ̃ã^{32}$	$ŋɔ̃ã^{21}$	$kieʔ^5$	$aiʔ^{42}$

	0401 插	0402 闸	0403 夹~子	0404 衫	0405 监	0406 岩	0407 甲	0408 鸭
	咸开二入洽初	咸开二入洽崇	咸开二入洽见	咸开二平衔生	咸开二平衔见	咸开二平衔疑	咸开二入狎见	咸开二入狎影
飯塘	tʃʰia⁴¹	（无）	kɔ⁴¹	ʃia²⁴	ka²⁴	ŋa⁴⁵	kɔ⁴¹	ɔ⁴¹
桂头	tsʰie²¹	tsʰie⁴⁴	kie⁴	sie⁵¹	kiẽ⁵¹~狱 kiẽ⁴⁴~察	ŋiẽ⁴⁵	kie⁴	ie⁴
连州	tsʰou²⁴	tsʰou³¹	kʰi³¹名 kʰou³¹动	sɔŋ³¹	kɔŋ³¹	ŋɔŋ⁵⁵	kou²⁴	ou²⁴
潮州	tsʰaʔ²	tsaʔ⁵	koiʔ⁵	sã³³	kam²¹³	ŋam⁵⁵	kaʔ²	aʔ²
饶平	tsʰaʔ²	tsaʔ⁵	koiʔ⁵白 ŋõĩʔ⁵白,~子 kiap⁵文	sã⁴⁴	kam⁴⁴~狱 kam²¹⁴~视	ŋam⁵⁵	kaʔ²	aʔ²
汕头	tsʰaʔ²白 tsʰap²文	tsaʔ⁵	koiʔ⁵白 kiap⁵文	sã³³	kam³³坐~ kam²¹³~督	ŋam⁵⁵	kaʔ²	aʔ²
澄海	tsʰaʔ²	tsaʔ⁵	koiʔ⁵白 kiak⁵文	sã³³	kaŋ³³~狱 kaŋ²¹²~视	ŋaŋ⁵⁵	kaʔ²	aʔ²
潮阳	tsʰaʔ³	tsaʔ⁵	kiap⁵	sã³¹	kam⁵²	ŋam³³	kaʔ³	aʔ³
南澳	tsʰaʔ²	tsaʔ⁵	kiap⁵	sã³⁴	kam²¹	ŋam⁴⁵⁴	kaʔ²	aʔ²
揭阳	tsʰaʔ³白 tsʰap³文	tsaʔ⁵	kiap⁵	sã³³	kam³³坐~ kam²¹³~督	ŋam⁵⁵	kaʔ³	aʔ³
普宁	tsʰaʔ³白 tsʰap³文	tsaʔ⁵	koiʔ⁵白 kiap⁵文	sã³⁵	kam³⁵~狱 kam³¹²太~	ŋam⁵⁵	kaʔ³	aʔ³
惠来	tsʰaʔ³	tsaʔ⁵	kiap⁵	sã³⁴	kam³⁴~狱 kam³¹~考	ŋam⁵⁵	kaʔ³	aʔ³
海丰	tsʰaʔ²白 tsʰap²文	tsaʔ⁵	kiap⁵	sã³³	kam³³收~ kam²¹²~视	ŋam⁵⁵	kaʔ²	aʔ²
陆丰	tsʰaʔ²白 tsʰap²文	tsaʔ⁵	kiap⁵	sã³³	kam³³收~ kam²¹³~视	ŋgam¹³	kaʔ²	aʔ²
电白	tsʰa⁵³	tsap²	kiap²	sa³³	kam¹³	ŋam²²	ka⁵³	a⁵³
雷州	tsʰa⁵⁴	tsa³³	kep³	sa²⁴	kiem²¹	ŋam²²	ka⁵⁴	ʔa⁵⁴

	0409 黏~液	0410 尖	0411 签~名	0412 占~领	0413 染	0414 钳	0415 验	0416 险
	咸开三平盐泥	咸开三平盐精	咸开三平盐清	咸开三去盐章	咸开三上盐日	咸开三平盐群	咸开三去盐疑	咸开三上盐晓
广州	lim^{53}	$tʃim^{53}$	$tʃʰim^{53}$	$tʃim^{33}$	im^{13}	$kʰim^{21}$	im^{22}	him^{35}
番禺	lim^{53}	$tʃim^{53}$	$tʃʰim^{53}$	$tʃim^{22}$	im^{23}	$kʰim^{31}$	im^{22}	him^{35}
增城	$lɛm^{44}$	$tsɛm^{44}$	$tsʰɛm^{44}$	$tsim^{33}$	im^{13}	$kʰɛm^{21}$	im^{22}	$hɛm^{35}$
从化	nim^{55}	$tsim^{55}$	$tsʰim^{55}$	$tsim^{23}$	im^{23}	$kʰim^{22}$	im^{31}	him^{45}
龙门	$liɛm^{42}$	$tsiɛm^{42}$	$tsʰiɛm^{42}$	$tsiɛm^{23}$	$iɛm^{35}$	$kʰiɛm^{21}$	$iɛm^{53}$	$hiɛm^{35}$
莞城	nin^{23}	$tʃin^{23}$	$tʃʰin^{23}$	$tʃin^{44}$	in^{34}	$kʰin^{31}$	in^{44}	hin^{35}
宝安	$liŋ^{55}$	$tʃiŋ^{23}$	$tʃʰiŋ^{55}$	$tʃiŋ^{55}$	$iŋ^{33}$	$kʰiŋ^{33}$	$iŋ^{22}$	$hiŋ^{25}$
佛山	lim^{53}	$tʃim^{53}$形 $tʃim^{55}$名	$tʃʰim^{53}$	$tʃim^{24}$	im^{13}	$kʰim^{42}$	im^{12}	him^{35}
南海	nim^{51}	$tsim^{51}$形 $tsim^{55}$名	$tsʰim^{51}$	$tsim^{33}$	im^{13}	$kʰim^{31}$动 $kʰim^{35}$名	im^{22}	him^{35}
顺德	lim^{53}	$tʃim^{53}$	$tʃʰim^{53}$	$tʃim^{32}$	im^{13}	$kʰim^{42}$~工 $kʰim^{24}$一把~	im^{21}	him^{24}
三水	lim^{31} lim^{53}又	$tsim^{53}$ $tsim^{55}$又	$tsʰim^{53}$	$tsim^{44}$	im^{25}	$kʰim^{31}$ $kʰim^{25}$又	im^{33}	him^{25}
高明	nim^{45}	$tʃim^{45}$	$tʃʰim^{45}$	$tʃim^{33}$	im^{33}	$kʰim^{31}$	im^{31}	him^{24}
佛冈	nim^{33}	$tʃim^{33}$	$tʃʰim^{33}$	$tʃim^{33}$	im^{33}	$kʰim^{22}$	im^{31}	him^{35}
阳山	lim^{51}	$tʃin^{51}$	$tʃʰin^{51}$	$tʃin^{34}$	in^{224}	kin^{241}	$ŋen^{214}$	hin^{55}
连山	nin^{51}	tin^{51}	$tʰin^{51}$	$tʃin^{35}$	$ŋin^{15}$	kin^{241}	nin^{215}	hin^{55}
新兴	（无）	$tsim^{45}$	$tsʰim^{45}$	$tsim^{443}$	im^{35}	$kʰim^{21}$	im^{52}	him^{35}
罗定	nim^{55}	$tsim^{55}$	$tsʰim^{55}$	$tsim^{33}$	im^{13}	$kʰiɛm^{21}$	im^{21}	him^{35}
郁南	nim^{55}	$tʃim^{55}$	$tʃʰim^{55}$	$tʃim^{33}$	im^{13}	$kʰɛm^{21}$	im^{21}	him^{35}
石岐	nim^{51}	$tsim^{55}$	$tsʰim^{55}$	$tsim^{33}$	$ŋim^{213}$	$kʰim^{51}$	$ŋim^{33}$	him^{213}

	0409 黏~液	0410 尖	0411 签~名	0412 占~领	0413 染	0414 钳	0415 验	0416 险
	咸开三平盐泥	咸开三平盐精	咸开三平盐清	咸开三去盐章	咸开三上盐日	咸开三平盐群	咸开三去盐疑	咸开三上盐晓
肇庆	（无）	tʃim⁴⁵	tʃʰim⁴⁵	tʃim³³	im¹³	kʰim²¹	im⁵²	him²⁴
香洲	nim²¹	tsim²¹	tsʰim²¹	tsim³³	ŋim³⁵	kʰim³⁴³	ŋim³³	him³⁵
斗门	nim³⁴	tsim³⁴	tʰim³⁴	tsim³⁴	ŋim²¹	kʰim²²	ŋim⁴²	him⁴⁵
新会	nim²²	tsim²³	tsʰim²³	tsim²³	ŋim²¹	kʰim²²	ŋim³²	him⁴⁵
台山	niam³³	tiam³³	tʰiam³³	tsiam³³	ŋiam²¹	kʰiam²²	ŋiam³¹	hiam⁵⁵
开平	nin³³	tim⁴⁵	tʰim³³	tʃɛm³³	ŋim²¹	kʰim¹¹	ŋim³¹	him⁴⁵
恩平	ndiəm³³	tʃiəm³³	tʰiəm³³	tʃiəm³³	ŋgiəm³³	kʰiəm²²	ŋgiəm²¹	hiəm⁵⁵
四会	lin³¹	tʃin⁵¹	tʃʰin⁵¹	tʃin³³	in²⁴	kin³¹	in²⁴	hin³³
广宁	nen³¹	tsin⁵¹	tsʰin⁵¹	tsin³³	in³²³	kin³¹	in³²³	hin⁴⁴
怀集	nin⁴²	tʃin⁴²	tʃʰin⁴²	tʃin⁴⁵	ɲin²⁴	kin²³¹	nɛn²²⁵	hin⁵⁴
德庆	nim⁴⁵⁴	tsim⁴⁵⁴	tsʰim⁴⁵⁴	tsim⁵³	im²³	kɐm²⁴²	im³¹	him⁴⁵
封开	tʃim⁵⁵	tim⁵⁵	tʰim⁵⁵	tʃim⁵¹	ŋim²⁴³	kiɛm²⁴³	ŋim²¹	him³³⁴
阳江	nim³³	tsim³³	tsʰim³³	tsim³⁵	im²¹	kʰiam⁴²	im⁵⁴	him²¹
阳春	nim⁴⁵	tsim⁴⁵	tsʰim⁴⁵	tsim³³	ŋim³²³	kʰiam³¹	nim⁵²	him³²⁴
赤坎	nim⁴⁵	tsim⁴⁵	tsʰim⁴⁵	tsim³³	ɲim¹³	kʰiam²¹	nim²¹	him¹³
吴川	niŋ⁵⁵	tʃiŋ⁵⁵	tʃʰiŋ⁵⁵	tʃiŋ³³	ɲiŋ²⁴	kʰiaŋ³¹	niŋ³¹	hiŋ³⁵
廉江	nim⁵⁵	tsim⁵⁵	tsʰim⁵⁵	tsim³³	ɲim²³	kʰiɛm²¹	nim²¹	him²⁵
高州	nim⁵³	tʃim⁵³	tʃʰim⁵³	tʃim³³	ɲim¹³	kʰiɛm²¹	nim³¹	him²⁴
化州	nim⁵³	tim⁵³	tʰim⁵³	tʃim³³	ŋim¹³	kʰiam¹³	nim³¹	him³⁵

	0409 黏~液	0410 尖	0411 签~名	0412 占~领	0413 染	0414 钳	0415 验	0416 险
	咸开三平盐泥	咸开三平盐精	咸开三平盐清	咸开三去盐章	咸开三上盐日	咸开三平盐群	咸开三去盐疑	咸开三上盐晓
梅州	ŋiam²¹	tsiam⁴⁴	tsʰiam⁴⁴	tsam⁵²	ŋiam⁵²白 ŋiam³¹文	kʰiam²¹	ŋiam⁵²	hiam³¹
兴宁	niaŋ¹³	tsiaŋ²⁴	tsʰiaŋ²⁴	tʃaŋ⁵¹	niaŋ⁵¹	kʰiaŋ¹³	niaŋ⁵¹	ʃaŋ³¹
五华	ŋiaŋ²¹²	tsiaŋ⁴⁴	tsʰiaŋ⁴⁴	tʃaŋ⁵¹	ȵiaŋ³¹	kʰiaŋ²¹²	ȵiaŋ³¹	ʃaŋ³¹
大埔	næn¹³	tsiaŋ³⁴	tsʰiaŋ³⁴	tʃaŋ⁵²	ȵiaŋ⁵²	kʰiaŋ¹³	ȵiaŋ⁵²	hiaŋ³¹
丰顺	ŋiam²⁴	tsiam⁴⁴	tsʰiam⁴⁴	tʃam⁵³	ȵiam²¹	kʰiam²⁴	ȵiam²¹	hiam⁵³
揭西	ŋiam²⁴	tsiam⁴⁵²	tsʰiam⁴⁵²	tʃam⁴¹	ȵiam³¹	kʰiam²⁴	ȵiam³¹	hiam³¹
陆河	ŋiam³⁵	tsiam⁵³	tsʰiam⁵³	tʃam³¹	ȵiam³³	kʰiam³⁵	ȵiam³³	hiam²⁴
龙川	ŋiɛm⁵¹	tsiɛm³³	tsʰiɛm³³	tsɛm³¹	ȵiɛm³¹	kʰiɛm⁵¹	ȵiɛm³³	ʃiɛm²⁴
河源	ȵiam³¹	tsiam³³	tsʰiam³³	tsiam²¹²	ȵiam²¹²	kʰiam³¹	ȵiam⁵⁴	hiam²⁴
连平	ŋam²¹	tsiam²⁴	tsʰiam²⁴	tsam⁵³	ȵam⁵³	tʰam²¹	ȵam⁵³	ɕiam³¹
龙岗	ŋgiaŋ²¹	tsiaŋ³³	tsʰiaŋ³³	tsaŋ⁵³	ŋgiaŋ⁵³	kʰiaŋ²¹	ŋgiaŋ⁵³	hiaŋ³¹
惠州	niɛm²²	tɕiɛm³³	tɕʰiɛm³³	tɕiɛm²³	niɛm²³	kʰiɛm²²	niɛm³¹	hiɛm³⁵
博罗	ndiam²¹	tsiam⁴⁴	tsʰiam⁴⁴	tsiam²⁴	ndiam²⁴	kʰiam²¹	ndiam⁴¹	hiam³⁵
新丰	ŋgiam⁴⁴	tsiam⁴⁴	tsʰiam⁴⁴	tsam⁵¹	ŋgiam⁵¹	kʰiam²⁴	ŋgiam³¹	sam³¹
翁源	tʃam²²	tsiam²²	tsʰiam²²	tʃam⁴⁵	ȵiam³¹	kʰiam⁴¹	ȵiam³¹	ʃam³¹
始兴	na⁵¹	tɕiɛ̃i²²	tɕʰiɛ̃i²²	tsɛ̃i³³	ȵiɛ̃i³³白 ȵiɛ̃i³¹文	tɕʰiɛ̃i⁵¹	ȵiɛ̃i³³	ɕiɛ̃i³¹
仁化	tsiɛn³³	tsiɛn³³	tsʰiɛn³³	tsiɛn³⁴	ȵiɛn³⁴	kʰiɛn³¹	ȵiɛn³³	ʃiɛn²³
南雄	（无）	tsãẽ⁴⁴	tsʰãẽ⁴⁴	tsãẽ³²	ȵiẽ⁴²	tɕiẽ²¹	ȵiẽ⁴²	ɕiẽ²⁴

	0409 黏~液	0410 尖	0411 签~名	0412 占~领	0413 染	0414 钳	0415 验	0416 险
	咸开三平盐泥	咸开三平盐精	咸开三平盐清	咸开三去盐章	咸开三上盐日	咸开三平盐群	咸开三去盐疑	咸开三上盐晓
皈塘	nie^{45}	$tʃie^{24}$	$tʃʰie^{24}$	$tʃie^{21}$	nie^{33}	$kʰie^{45}$	nie^{21}	hie^{33}
桂头	（无）	$tsan^{51}$	$tsʰan^{51}$	$tsan^{44}$	$ŋan^{21}$	$kʰan^{45}$	lan^{44}	han^{324}
连州	（无）	$tseŋ^{31}$	$tsʰeŋ^{31}$	$tseŋ^{11}$	$ŋieŋ^{24}$	$kʰeŋ^{55}$	$neŋ^{33}$	$heŋ^{53}$
潮州	$liɛm^{33}$	$tsiɛm^{33}$	$tsʰiɛm^{33}$	$tsiɛm^{213}$	$nĩ^{53}$白 $dziɛm^{53}$文	$kʰĩ^{55}$白 $kʰiɛm^{55}$文	$ŋiɛm^{11}$	$hiɛm^{53}$
饶平	$niam^{44}$	$tsiam^{44}$	$tsʰiam^{44}$	$tsiam^{214}$	$nĩ^{52}$白 $dziam^{52}$文	$kʰĩ^{55}$白 $kʰiam^{55}$文	$ŋiam^{21}$	$hiam^{52}$
汕头	$niam^{33}$	$tsiam^{33}$	$tsʰiam^{33}$	$tsiam^{213}$	$nĩ^{51}$白 $dziam^{51}$文	$kĩ^{55}$白 $kʰiam^{55}$文	$ŋiam^{31}$	$hiam^{51}$
澄海	$niaŋ^{33}$	$tsiaŋ^{33}$	$tsʰiaŋ^{33}$	$tsiaŋ^{212}$	$nĩ^{53}$白 $ziaŋ^{53}$文	$kʰĩ^{55}$白 $kʰiaŋ^{55}$文	$ŋiaŋ^{22}$	$hiaŋ^{53}$
潮阳	$niam^{31}$	$tsiam^{31}$	$tsʰiam^{31}$	$tsiam^{52}$	$nĩ^{454}$白 $ziam^{454}$文	$kʰiam^{33}$	$ŋiam^{42}$	$hiam^{454}$
南澳	$liam^{454}$	$tsiam^{34}$	$tsʰiam^{34}$	$tsiam^{21}$	$nĩ^{52}$白 $dziam^{52}$文	$kʰĩ^{454}$白 $kʰiam^{454}$文	$giam^{31}$	$hiam^{52}$
揭阳	$niam^{33}$	$tsiam^{33}$	$tsʰiam^{33}$	$tsiam^{213}$	$nĩ^{41}$白 $ziam^{41}$文	$kʰĩ^{55}$白 $kʰiam^{55}$文 $kʰiam^{55}$文	$ŋiam^{22}$	$hiam^{41}$
普宁	$niam^{35}$	$tsiam^{35}$	$tsʰiam^{35}$	$tsiam^{312}$	$nĩ^{52}$白 $ziam^{52}$文	$kʰiam^{55}$	$ŋiam^{31}$	$hiam^{52}$
惠来	$niam^{34}$	$tsiam^{34}$	$tsʰiam^{34}$	$tsiam^{31}$	$dziam^{53}$	$tsʰiam^{55}$	$niam^{31}$	$hiam^{53}$
海丰	$niam^{55}$	$tsiam^{33}$	$tsʰiam^{33}$	$tiam^{212}$ $tsiam^{212}$又	$nĩ^{53}$白 $ndziam^{53}$文	$kʰĩ^{33}$白 $kʰiam^{55}$文	$ŋiam^{212}$	$hiam^{53}$
陆丰	$liam^{13}$	$tsiam^{33}$	$tsʰiam^{33}$	$tiaŋ^{213}$ $tsiam^{213}$又	$nĩ^{55}$白 $ndziam^{55}$文	$kʰiam^{13}$	$ŋgiam^{22}$	$hiam^{55}$
电白	$niam^{33}$	$tsiam^{53}$	$tsʰiam^{33}$	$tsiam^{13}$	$nĩ^{21}$白 nim^{21}文	$kʰiam^{33}$	$niam^{442}$	$hiam^{21}$
雷州	nak^{5}	$tsiem^{24}$	$tsʰiem^{24}$	$tsiem^{21}$	iem^{42}	$kʰiem^{22}$	$niem^{33}$	$hiem^{42}$

	0417 厌	0418 炎	0419 盐	0420 接	0421 折~叠	0422 叶树~	0423 剑	0424 欠
	咸开三 去盐影	咸开三 平盐云	咸开三 平盐以	咸开三 入叶精	山开三 入薛章	咸开三 入叶以	咸开三 去严见	咸开三 去严溪
广州	im³³	im²¹	im²¹	tʃip³	tʃip³	ip²	kim³³	him³³
番禺	im³³	im³¹	im³¹	tʃip³	tʃit³	ip³	kim³³	him³³
增城	im³³	im²¹	im²¹	tsip³	tsip³	ip²	kɛm³³	hɛm³³
从化	im²³	im²²	im²²	tsip³	tsip³	ip²	kim²³	him²³
龙门	iɛm²³	iɛm²¹	iɛm²¹	tsiɛp²³	tsiɛp²³	iɛp⁴³	kiɛm²³	hiɛm²³
莞城	in⁴⁴	in³¹	in³¹	tʃit³	tʃit³	it³	kin⁴⁴	hin⁴⁴
宝安	iŋ³³	iŋ³¹	iŋ³³	tʃiʔ⁵	tʃiʔ⁵	iʔ³	kiŋ³³	hiŋ³³
佛山	im²⁴	im¹²	im⁴²	tʃip³⁴	tʃip³⁴ / tʃit³⁴又	ip²³	kim²⁴	him²⁴
南海	im³³	im³¹~热 / im²²发~	im³¹	tsip³	tsip³	ip²	kim³³	him³³
顺德	im³²	im⁴²	him⁴²	tʃip³	tʃip³	hip²	kim³²	him³²
三水	im⁴⁴	im³¹	im³¹	tsip⁴	tsip⁴	ip³ / ip²⁵又	kim⁴⁴	him⁴⁴
高明	im³³	im³¹	im³¹	tʃip³	tʃip³	ip²	kim³³	him³³
佛冈	im³³	im²²	im²²	tʃip³	tʃip³	ip²	kim³³	him³⁵
阳山	in³⁴	in²⁴¹	in²⁴¹	tʃit³⁴	tʃit³⁴	it²³	kin³⁴	hin³⁴
连山	in³⁵	in²⁴¹	in²⁴¹	tit⁵	tʃit⁵	it²¹⁵	kin³⁵	hin³⁵
新兴	im⁴⁴³	im⁵²	im²¹	tsip⁴	tsip⁴	ip⁵²	kim⁴⁴³	him⁴⁴³
罗定	im³³	im²¹	im²¹	tsip³	tsip³	ip²	kim³³	him³³
郁南	im³³	im²¹	im²¹	tʃip³	tʃip³	ip²	kim³³	him³³
石岐	im³³	im⁵¹	im⁵¹	tsip³	tsip³~叠 / tsit³背~	ip³	kim³³	him³³

	0417 厌	0418 炎	0419 盐	0420 接	0421 折~叠	0422 叶树~	0423 剑	0424 欠
	咸开三去盐影	咸开三平盐云	咸开三平盐以	咸开三入叶精	山开三入薛章	咸开三入叶以	咸开三去严见	咸开三去严溪
肇庆	im^{33}	im^{21}	him^{21}	tʃip^3	tʃip^3	hip^{42}	kim^{33}	him^{33}
香洲	im^{33}	im^{343}	im^{343}	tsip^{21}	tsip^{21}~叠 tsit^{21}普~	ip^3	kim^{33}	him^{33}
斗门	im^{34}	im^{22}	im^{22}	tsip^{34}	tsit^{34}	ip^{21}	kim^{34}	him^{34}
新会	im^{23}	im^{22}	im^{22}	tsip^{23}	tsip^{23}	ip^2	kim^{23}	him^{23}
台山	jiam^{33}	jiam^{31}	jiam^{22}	tiap^3	tsiap^3	jiap^{31}	kiam^{33}	him^{33}
开平	jiɛm^{33}	jiɛm^{31}	jiɛm^{11}	tip^3	tʃɛp^3	jiɛp^2	kim^{33}	hɛm^{33}
恩平	iəm^{33}	iəm^{21}	iəm^{22}	tʃiəp^5	tʃiəp^3	iəp^2	kiəm^{33}	hɛm^{33}
四会	in^{33}	in^{31}	in^{31}	tʃit^3	tʃit^2	it^2	kin^{33}	hin^{33}
广宁	in^{33}	hin^{31}	hin^{31}	tsit^{43}	tsit^{43}	hit^{323}	kin^{33}	hin^{44}
怀集	in^{45}	in^{231}	in^{231}	tʃit^5	tʃit^5	it^{24}	kin^{45}	hin^{45}
德庆	im^{53}	im^{31}	im^{242}	tsip^5	tsip^5	ip^2	kim^{53}	him^{53}
封开	im^{51}	im^{21}	im^{243}	tip^5	tʃit^5	ip^2	kim^{51}	him^{51}
阳江	im^{35}	im^{42}	im^{42}	tsip^{21}	tsip^{21}	ip^{54}	kim^{35}	him^{35}
阳春	im^{33}	im^{52}	im^{31}	tsip^3	tsip^3	ip^{52}	kiam^{33}	him^{33}
赤坎	im^{33}	im^{21}	im^{21}	tsip^3	tsip^3	ip^2	kim^{33}	him^{33}
吴川	iŋ^{33}	ŋiŋ^{31}	iŋ^{31}	tʃiʔ^3	tʃiʔ^3	iʔ^{31}	kiŋ^{33}	hiŋ^{33}
廉江	im^{33}	im^{21}	im^{21}	tsip^3	tsip^3	ip^2	kim^{33}	him^{33}
高州	im^{33}	ŋim^{21}	im^{21}	tʃip^3	tʃip^3	ip^{21}	kim^{33}	him^{33}
化州	im^{33}	im^{31}	im^{13}	tip^3	tʃit^3	ip^{31}	kin^{33}	him^{33}

	0417 厌	0418 炎	0419 盐	0420 接	0421 折~叠	0422 叶树~	0423 剑	0424 欠
	咸开三去盐影	咸开三平盐云	咸开三平盐以	咸开三入叶精	山开三入薛章	咸开三入叶以	咸开三去严见	咸开三去严溪
梅州	iam⁵²	iam²¹	iam²¹	tsiap²	tsap²	iap⁵	kiam⁵²	kʰiam⁵²
兴宁	ʒaŋ⁵¹	ʒaŋ¹³	ʒaŋ¹³	tsiak²	tʃak²	ʒak⁴	kiaŋ⁵¹	kʰiaŋ⁵¹
五华	iaŋ⁵¹	iaŋ²¹²	iaŋ²¹²	tsiak²	tʃak²	iak⁵	kiaŋ⁵¹	kʰiaŋ⁵¹
大埔	ʒaŋ⁵²	ʒaŋ¹³	ʒaŋ¹³	tsiak²	tʃak²	ʒak⁵	kiaŋ⁵²	kʰiaŋ⁵²
丰顺	iam⁵³	iam²¹	iam²⁴	tsiap²	tʃap²	iap⁵	kiam⁵³	kʰiam⁵³
揭西	ʒam⁴¹	ʒam²⁴	ʒam²⁴	tsiap³	tʃap³	ʒap⁵	kiam⁴¹	kʰiam⁴¹
陆河	ʒam³¹	ʒam³⁵	ʒam³⁵	tsiap⁴⁵	tʃap⁴⁵	ʒap⁵	kiam³¹	kʰiam³¹
龙川	iɛm³¹	iɛm⁵¹	iɛm⁵¹	tsiɛp¹³	tsɛp¹³	iɛp³	kiɛm³¹	kʰiɛm³¹
河源	iam²¹²	iam³¹	iam³¹	tsiap⁵	tsiap⁵	iap³	kiam²¹²	hiam²¹²
连平	iam⁵³	iam²¹	iam²¹	tsiɛp³	tsap³	iɛp⁵	tam⁵³	tʰam⁵³
龙岗	ziaŋ⁵³	ziaŋ²¹	ziaŋ²¹	tsiak²	tsak²	ziak⁵	kiaŋ⁵³	kʰiaŋ⁵³
惠州	jiɛm²³	jiɛm²²	jiɛm²²	tɕiɛp⁴⁵	tɕiɛp⁴⁵	jiɛp²¹	kiɛm²³	hiɛm²³
博罗	ziam²⁴	ziam²¹	ziam²¹	tsiap⁵	tsiap⁵	ziap²	kiam²⁴	hiam²⁴
新丰	zam⁵¹	zam²⁴	zam²⁴	tsiap²	tsap²	zap⁴	kiam⁵¹	kʰiam⁵¹
翁源	iam⁴⁵	iam⁴¹	iam⁴¹	tsiap³¹	tʃap³¹	iap⁴⁵	kiam⁴⁵	kʰiam⁴⁵
始兴	iɛ̃i³³	iɛ̃i⁵¹	iɛ̃i⁵¹	tɕiɛiʔ⁴⁵	tsiɛiʔ⁴⁵	iɛiʔ³	tɕiɛ̃i³³	tɕʰiɛ̃i³³
仁化	iɛn³⁴	iɛn³¹	iɛn³¹	tsiɛʔ⁵	tsiɛʔ⁵	iɛʔ⁵	kiɛn³⁴	kʰiɛn³⁴
南雄	iɛ̃³²	iɛ̃²¹	iɛ̃²¹	tsaiʔ⁵	tsɛiʔ⁵	iɛʔ⁴²	tɕiɛ³²	tɕʰiɛ³²

	0417 厌	0418 炎	0419 盐	0420 接	0421 折~叠	0422 叶树~	0423 剑	0424 欠
	咸开三 去盐影	咸开三 平盐云	咸开三 平盐以	咸开三 入叶精	山开三 入薛章	咸开三 入叶以	咸开三 去严见	咸开三 去严溪
舨塘	ie²¹	ie⁴⁵	ie⁴⁵	tʃie⁴¹	tʃie⁴¹	ie³³	kie²¹	kʰie²¹
桂头	ian⁴⁴	ian⁴⁵	ian⁴⁵	tsɛi²¹	tsɛi²¹	iɛi⁴	kan⁴⁴	kʰan⁴⁴
连州	eŋ¹¹	ieŋ⁵⁵	ieŋ⁵⁵	tsi²⁴	tsi²⁴	i³¹	kueŋ¹¹	kʰɵn¹¹
潮州	iɛm²¹³	iɛm¹¹	iɛm⁵⁵	tsiɛpʔ²白 / tsiʔ²文	tsiʔ²	（无）	kiɛm²¹³	kʰiɛm²¹³
饶平	iam²¹⁴	iam²¹	iam⁵⁵	tsiʔ²白 / tsiapʔ²文	tsiʔ²	（无）	kiam²¹⁴	kʰiam²¹⁴
汕头	iam²¹³	iam³¹	iam⁵⁵	tsiʔ²白 / tsiapʔ²文	tsiʔ²	（无）	kiam²¹³	kʰiam²¹³
澄海	iaŋ²¹²	iaŋ²²	iaŋ⁵⁵	tsiak²白 / tsiʔ²文	ziʔ²	（无）	kiaŋ²¹²	kʰiaŋ²¹²
潮阳	iam⁵²	iam⁴²	iam³³	tsiʔ³白 / tsiapʔ³文	tsiʔ³	（无）	kiam⁵²	kʰiam⁵²
南澳	iam²¹	iam³⁵	iam⁴⁵⁴	tsiʔ²白 / tsiapʔ²文	tsiʔ²	（无）	kiam²¹	kʰiam²¹
揭阳	iam²¹³	iam²²	iam⁵⁵	tsiʔ³白 / tsiapʔ³文	tsiʔ³	（无）	kiam²¹³	kʰiam²¹³
普宁	iam³¹²	iam²⁴	iam⁵⁵	tsiʔ³白 / tsiapʔ³文	tsiʔ³	（无）	kiam³¹²	kʰiam³¹²
惠来	iam³¹	iam²⁵	iam⁵⁵	tsiapʔ³白 / tsiʔ³文	tsiʔ³	（无）	kiam³¹	kʰiam³¹
海丰	iam²¹²	iam³⁵	iam⁵⁵	tsiʔ²白 / tsiapʔ²文	tsiʔ²	iap⁵	kiam²¹²	kʰiam²¹²
陆丰	iam²¹³	iam²²	iam¹³	tsiʔ²白 / tsiapʔ²文	tsiʔ²	iap⁵	kiam²¹³	kʰiam²¹³
电白	iam¹³	nim²²	iam²²	tsi⁵³	tsi⁵³ / tsip⁵	（无）	kiam¹³	kʰiam¹³
雷州	ʔiem²¹	iem²²	ʔiem²²	tsiep⁵	tsi⁵⁴	（无）	kiem²¹	kʰiem²¹

	0425 严	0426 业	0427 点	0428 店	0429 添	0430 甜	0431 念	0432 嫌
	咸开三 平严疑	咸开三 入业疑	咸开四 上添端	咸开四 去添端	咸开四 平添透	咸开四 平添定	咸开四 去添泥	咸开四 平添匣
广州	im^{21}	ip^{2}	tim^{35}	tim^{33}	t^him^{53}	t^him^{21}	lim^{22}	im^{21}
番禺	im^{31}	ip^{2}	tim^{35}	tim^{33}	t^him^{53}	t^him^{31}	lim^{22}	im^{31}
增城	im^{21}	ip^{2}	$t\varepsilon m^{35}$	$t\varepsilon m^{33}$	$t^h\varepsilon m^{44}$	$t^h\varepsilon m^{21}$	$l\varepsilon m^{22}$	$h\varepsilon m^{21}$
从化	im^{22}	ip^{2}	tim^{45}	tim^{23}	t^him^{55}	t^him^{22}	nim^{31}	im^{22}
龙门	$i\varepsilon m^{21}$	$i\varepsilon p^{43}$	$ti\varepsilon m^{35}$	$ti\varepsilon m^{23}$	$t^hi\varepsilon m^{42}$	$t^hi\varepsilon m^{21}$	$li\varepsilon m^{53}$	$hi\varepsilon m^{21}$
莞城	in^{31}	it^{3}	tin^{35}	tin^{44}	t^hin^{23}	t^hin^{31}	nin^{44}	hin^{31}
宝安	$i\eta^{31}$	$i\textʔ^{3}$	$ti\eta^{25}$	$ti\eta^{33}$	$t^hi\eta^{55}$	$t^hi\eta^{33}$	$ni\eta^{22}$	$i\eta^{31}$
佛山	im^{42}	ip^{23}	tim^{35}	tim^{24}	him^{53}	him^{42}	lim^{12}	im^{42}
南海	im^{31}	ip^{2}	tim^{35}	tim^{33}	t^him^{51} t^him^{55}又	t^him^{31}	nim^{22}	im^{31}
顺德	im^{42}	ip^{2}	tim^{24}	tim^{32}	t^him^{53}	tim^{42}	lim^{21}	him^{42}
三水	im^{31}	ip^{3}	tim^{25}	tim^{44}	t^him^{53} t^him^{55}又	t^him^{31} t^him^{25}又	lim^{33}	im^{31} him^{31}又
高明	im^{31}	ip^{2}	tim^{24}	tim^{33}	t^him^{55}	t^him^{31}	nim^{31}	im^{31}
佛冈	im^{22}	ip^{2}	tim^{35}	tim^{31}	t^him^{33}	t^him^{22}	nim^{31}	him^{22}
阳山	in^{241}	it^{23}	ten^{55}	ten^{34}	t^hem^{51}	ten^{241}	len^{214}	hen^{241}
连山	ηin^{241}	nit^{215}	din^{55}	din^{35}	t^hin^{51}	tin^{241}	nin^{215}	in^{241}
新兴	im^{21}	ip^{52}	tim^{35}	tim^{443}	t^him^{45}	t^him^{21}	nim^{52}	im^{21}
罗定	im^{21}	ip^{2}	tim^{35}	tim^{33}	t^him^{55}	t^him^{21} t^him^{35}又	nim^{21}	im^{21}
郁南	im^{21}	ip^{2}	tim^{35}	tim^{33}	t^him^{55}	t^him^{21}	nim^{21}	im^{21}
石岐	ηim^{33}	ip^{3}	tim^{213}	tin^{33}	t^him^{55}	t^him^{51}	nim^{33}	him^{51}

	0425 严	0426 业	0427 点	0428 店	0429 添	0430 甜	0431 念	0432 嫌
	咸开三平严疑	咸开三入业疑	咸开四上添端	咸开四去添端	咸开四平添透	咸开四平添定	咸开四去添泥	咸开四平添匣
肇庆	im^{21}	ip^{42}	tim^{24}	tim^{33}	t^him^{45}	t^him^{21}	nim^{52}	him^{21}
香洲	$ŋim^{343}$	$ŋip^{3}$	tim^{35}	tim^{33}	t^him^{21}	t^him^{343}	nim^{33}	him^{343}
斗门	$ŋim^{22}$	$ŋip^{3}$	tim^{45}	tim^{34}	him^{34}	him^{22}	nim^{42}	im^{22}
新会	$ŋim^{22}$	ip^{2}	tim^{45}	tim^{23}	him^{23}	him^{22}	nim^{32}	im^{22}
台山	$ŋiam^{22}$	$ŋiap^{31}$	iam^{55}	iam^{33}	$hiam^{33}$	$hiam^{22}$	$niam^{31}$	$jiam^{22}$
开平	$ŋim^{11}$	$ŋip^{2}$	im^{45}	im^{33}	him^{33}	him^{11}	nim^{31}	$jiɛm^{11}$
恩平	$ŋgiəm^{22}$	$ŋgiəp^{2}$	$tiəm^{55}$	$tiəm^{33}$	$hiəm^{33}$	$hiəm^{22}$	$ndiəm^{21}$	$iəm^{22}$
四会	in^{31}	it^{2}	$tɛn^{33}$	$tɛn^{33}$	$t^hɛn^{51}$	$tɛn^{31}$	$lɛn^{24}$	$hɛn^{35}$
广宁	in^{31}	it^{323}	ten^{44}	ten^{33}	t^hen^{51}	ten^{31}	len^{323}	hen^{31}
怀集	$ŋin^{231}$	$ŋit^{24}$	$tɛn^{54}$	$tɛn^{45}$	$t^hɛn^{42}$	$tɛn^{231}$	$nɛn^{225}$	$hɛn^{231}$
德庆	im^{242}	ip^{2}	tim^{45}	tim^{53}	t^him^{454}	tim^{242}	nim^{31}	im^{242}
封开	$ŋim^{243}$	$ŋip^{2}$	tim^{334}	tim^{51}	t^him^{55}	tim^{243}	nim^{21}	$ŋim^{243}$
阳江	im^{42}	ip^{54}	tim^{21}	tim^{35}	t^him^{33}	t^him^{42}	nim^{54}	im^{42}
阳春	$ŋim^{31}$	$ŋip^{52}$	tim^{324}	tim^{33}	t^him^{45}	t^him^{31}	nim^{52}	im^{31}
赤坎	im^{21}	ip^{2}	tim^{13}	tim^{33}	t^him^{45}	t^him^{21}	nim^{21}	him^{21}
吴川	$ŋiŋ^{31}$	$ŋiʔ^{31}$	$diŋ^{35}$	$diŋ^{33}$	$t^hiŋ^{55}$	$t^hiŋ^{31}$	$niŋ^{31}$	$hiŋ^{31}$
廉江	nim^{21}	$ŋip^{2}$	tim^{25}	tim^{33}	t^him^{55}	t^him^{21}	nim^{21}	him^{21}
高州	$ŋim^{21}$	$ŋip^{21}$	$tiɛm^{24}$ 白 tim^{24} 文	tim^{33}	t^him^{53}	t^him^{21}	nim^{31}	him^{21}
化州	$ŋim^{13}$	$ŋip^{31}$	dim^{35}	dim^{33}	t^him^{53}	t^him^{13}	nim^{31}	him^{53}

	0425 严	0426 业	0427 点	0428 店	0429 添	0430 甜	0431 念	0432 嫌
	咸开三 平严疑	咸开三 入业疑	咸开四 上添端	咸开四 去添端	咸开四 平添透	咸开四 平添定	咸开四 去添泥	咸开四 平添匣
梅州	ŋiam²¹	ŋiap⁵	tiam³¹	tiam⁵²	tʰiam⁴⁴	tʰiam²¹	ŋiam⁵²	hiam²¹
兴宁	niaŋ¹³	niak⁴	tiaŋ³¹	tiaŋ⁵¹	tʰiaŋ²⁴	tʰiaŋ¹³	niaŋ⁵¹	ʃaŋ¹³
五华	ŋiaŋ²¹²	ŋiak⁵	tiaŋ³¹	tiaŋ⁵¹	tʰiaŋ⁴⁴	tʰiaŋ²¹²	ŋiaŋ³¹	ʃaŋ²¹²
大埔	ŋiaŋ¹³	ŋiak⁵	tæn³¹	tiaŋ⁵²	tʰæn³⁴	tʰæn¹³	ŋiaŋ⁵²	hiaŋ¹³
丰顺	ŋiam²⁴	ŋiap⁵	tiam⁵³	tiam⁵³	tʰiam⁴⁴	tʰiam²⁴	ŋiam²¹	hiam²⁴
揭西	ŋiam²⁴	ŋiap⁵	tiam³¹	tiam⁴¹	tʰiam⁴⁵²	tʰiam²⁴	ŋiam³¹	hiam²⁴
陆河	ŋiam³⁵	ŋiap⁵	tiam²⁴	tiam³¹	tʰiam⁵³	tʰiam³⁵	ŋiam³¹ 白 ŋiam³³ 文	hiam³⁵
龙川	ŋiɛm⁵¹	ŋiɛp³	tiɛm²⁴	tiɛm³¹	tʰiɛm³³	tʰiɛm⁵¹	ŋiɛm³³	ʃiɛm⁵¹
河源	ŋiam³¹	ŋiap³	tiam²⁴	tiam²¹²	tʰiam³³	tʰiam³¹	ŋiam⁵⁴	hiam³¹
连平	ŋam²¹	ŋɛp⁵	tiam³¹	tiam⁵³	tʰiam²⁴	tʰiam²¹	ŋam⁵³	ɕiam²¹
龙岗	ŋgiaŋ²¹	ŋgiak⁵	tiaŋ³¹	tiaŋ⁵³	tʰiaŋ³³	tʰiaŋ²¹	ŋgiaŋ⁵³	hiaŋ²¹
惠州	ŋiɛm²²	ŋiɛp²¹	tiɛm³⁵	tiɛm²³	tʰiɛm³³	tʰiɛm²²	niɛm³¹	hiɛm²²
博罗	ndiam²¹	ndiap²	tiam³⁵	tiam²⁴	tʰiam⁴⁴	tʰiam²¹	ndiam⁴¹	hiam²¹
新丰	ŋgiam²⁴	ŋgiap⁴	tiam³¹	tiam⁵¹	tʰiam⁴⁴	tʰiam²⁴	ŋgiam³¹	sam²⁴
翁源	ɲiam⁴¹	ɲiak⁴⁵	tiam³¹	tiam⁴⁵	tʰiam²²	tʰiam⁴¹	ɲiam³¹	ʃam⁴¹
始兴	ŋiɛ̃i⁵¹	ŋiɛiʔ³	tiɛ̃i³¹	tiɛ̃i³³	tʰiɛ̃i²²	tʰiɛ̃i⁵¹	ŋiɛ̃i³³	ɕiɛ̃i⁵¹
仁化	iɛn³¹	ŋiɛʔ⁵	tiɛn²³	tiɛn³⁴	tʰiɛn³³	tʰiɛn³¹	liɛn³³	ʃiɛn³¹
南雄	ŋie²¹	ŋieʔ⁴²	tãẽ²⁴	tãẽ³²	tʰãẽ⁴⁴	tãẽ²¹	nãẽ⁴²	ɕie²¹

	0425 严	0426 业	0427 点	0428 店	0429 添	0430 甜	0431 念	0432 嫌
	咸开三 平严疑	咸开三 入业疑	咸开四 上添端	咸开四 去添端	咸开四 平添透	咸开四 平添定	咸开四 去添泥	咸开四 平添匣
皈塘	nie^{45}	nie^{33}	tie^{33}	tie^{21}	t^{h}ie^{24}	tie^{45}	nie^{21}	hie^{45}
桂头	ŋan^{45}	ŋɛĩ^4	an^{324}	an^4	t^{h}an^{51}	tiẽ^{45}	lan^{44}	han^{45}
连州	ieŋ^{55}	ni^{31}	teŋ^{53}	teŋ^{11}	t^{h}eŋ^{31}	teŋ^{55}	neŋ^{33}	heŋ^{55}
潮州	ŋiɛm^{55}	ŋiɛp^5	tiɛm^{53}	tiɛm^{213}	t^{h}ĩ^{33}白 t^{h}iɛm^{33}文	tiɛm^{55}	liɛm^{11}白 liɛm^{35}文	hiɛm^{55}
饶平	ŋiam^{55}	ŋiap^5	tiam^{52}	tiam^{214}	t^{h}ĩ^{44}白 t^{h}iam^{44}文	tiam^{55}	liam^{25}	hiam^{55}
汕头	ŋiam^{55}	ŋiap^5	tiam^{51}	tiam^{213}	t^{h}ĩ^{33}白 t^{h}iam^{33}文	tiam^{55}	niam^{31}白 niam^{25}文	hiam^{55}
澄海	ŋiaŋ^{55}	ŋiak^5	tiaŋ^{53}	tiaŋ^{212}	t^{h}ĩ^{33}白 t^{h}iaŋ^{33}文	tiaŋ^{55}	niaŋ^{22}白 niaŋ^{35}文	hiaŋ^{55}
潮阳	ŋiam^{33}	ŋiap^5	tiam^{454}	tiam^{52}	t^{h}ĩ^{31}白 t^{h}iam^{31}文	tiam^{33}	niam^{42}	hiam^{33}
南澳	giam^{454}	ŋiam^5	tiam^{52}	tiam^{21}	t^{h}ĩ^{34}白 t^{h}iam^{34}文	tiam^{454}	liam^{21}	hiam^{454}
揭阳	ŋiam^{55}	ŋiap^5	tiam^{41}	tiam^{213}	t^{h}ĩ^{33}白 t^{h}iam^{33}文	tiam^{55}	niam^{22}白 niam^{25}文	hiam^{55}
普宁	ŋiam^{55}	ŋiap^5	tiam^{52}	tiam^{312}	t^{h}ĩ^{35}白 t^{h}iam^{35}文	tiam^{55}	niam^{31}白 niam^{24}文	hiam^{55}
惠来	giam^{55}	ŋiap^5	tiam^{53}	tiam^{31}	t^{h}ĩ^{34}白 t^{h}iam^{34}文	tiam^{55}	niam^{31}白 niam^{25}文	hiam^{55}
海丰	ŋiam^{55}	ŋgiap^5	tiam^{53}	tiam^{212}	t^{h}ĩ^{33}白 t^{h}iam^{33}文	tĩ^{55}白,渔民说 tiam^{55}文	niam^{35}	hiam^{55}
陆丰	ŋgiam^{13}	ŋgiap^5	tiam^{55}	tiam^{213}	t^{h}ĩ^{33}白 t^{h}iam^{33}文	tiam^{13}	liam^{22}	hiam^{13}
电白	niam^{22}	niap^2	tiam^{21}	tiam^{13}	t^{h}im^{33}	tiam^{22}	niam^{442}	hiam^{22}
雷州	niɛm^{22}	niɛp^5 niɛp^{3}又	tiɛm^{42}	tiɛm^{21}	t^{h}iɛm^{24}	tiɛm^{22}	niɛm^{24}	hiɛm^{22}

	0433 跌	0434 贴	0435 碟	0436 协	0437 犯	0438 法	0439 品	0440 林
	咸开四入帖端	咸开四入帖透	咸开四入帖定	咸开四入帖匣	咸合三上凡奉	咸合三入乏非	深开三上侵滂	深开三平侵来
广州	tit³~倒 tʰip³~打	tʰip³	tip²	hip³	fan²²	fat³	pɐn³⁵	lɛm²¹
番禺	tit³	tʰip³	tip²	hip³	fan²²	fat³	pɐn³⁵	lɛm³¹
增城	tɛk³	tʰɛp³	tɛp²	hɛp³	fan²²	fat²	pʰɐn³⁵	lɛm²¹
从化	tit³	tʰip³	tip²	hip³	faŋ³¹	fak³	pɐn⁴⁵	lɛm²²
龙门	tiɛp²³	tʰiɛp²³	tiɛp⁴³	hiɛp⁴³	fam⁵³	fap²³	pʰɐn³⁵	lɛm²¹
莞城	tit³	tʰit³	tit³	hit³	fɛŋ⁴⁴	fɛ³⁴	pʰɐn³⁵	ŋɐm³¹
宝安	tiʔ⁵	tʰiʔ⁵	ti²⁵	hiʔ³	faŋ²²	faʔ⁵	pʰɐŋ²⁵	lɛŋ³³
佛山	tit³⁴	lip³⁴ hip³⁴又	tip²³	hip³⁴	fan¹²动 fan³⁵名	fat³⁴	pɐn³⁵	lɛm⁴²
南海	tit³	tʰip³动 tʰip³⁵名	tip²碟~ tip³⁵飞~	hip³	fan³³动 fan³⁵名	fat³	pɐn³⁵	lɛm³¹
顺德	tit³	tʰip³	tip²	hip³	fan²¹	fat³	pɐn²⁴	lɛm⁴²
三水	tit⁴ tʰit⁴又	tʰip⁴	tip³ tip²⁵又	hip³	fan³³动 fan²⁵名	fat⁴	pɐn²⁵	lɛm³¹ lɛm²⁵又
高明	tit³	tʰip³	tip²	hip³	fan³¹	fat³	pɐn²⁴	lɛm³¹
佛冈	tit³	tip³	tip³	hip³	fan³¹	fat³	pɐn³⁵	lɛm²²
阳山	tʰet³⁴	tʰet³⁴	tet²³	hit³⁴	fan²¹⁴	fat³⁴	pʰɐn⁵⁵	lɛm²⁴¹
连山	tit²¹⁵	tʰit⁵	tit²¹⁵	hit⁵	fan¹⁵	fat³⁵	pʰɔn⁵⁵	lɔn²⁴¹
新兴	tit⁴	tʰip⁴	tip⁵²	hip⁴	fan⁵²	fat⁴	pʰɐn³⁵	lɛm²¹
罗定	tit³	tʰip³	tip²	hip³	fan²¹~罪 fan³⁵罪~	fat³	pɐn³⁵	lɛm²¹
郁南	tit³	tʰip³	tip²	hip³	fan²¹	fat³	pɐn³⁵	lɛm²¹
石岐	tit³	tʰip³	tip³	hip³	fan³³	fat³	pʰan²¹³	lɛm³³

	0433 跌	0434 贴	0435 碟	0436 协	0437 犯	0438 法	0439 品	0440 林
	咸开四 入帖端	咸开四 入帖透	咸开四 入帖定	咸开四 入帖匣	咸合三 上凡奉	咸合三 入乏非	深开三 上侵滂	深开三 平侵来
肇庆	tit^3	t^{h}ip^3	tip^{42}	hip^{42}	fan^{52}	fat^3	pɐn^{24}	lɐm^{21}
香洲	tit^{21}	t^{h}ip^{21}	tip^3	hip^3	fan^{33}	fat^{21}	pɐn^{35}	lɐm^{343}
斗门	tit^{34}	hip^{34}	tip^3	hip^{34}	fɒn^{42}	fɒt^5	pɐn^{45}	lɐm^{22}
新会	tit^{23}	hip^{23}	tip^2	hip^2	fan^{32}	fat^{23}	pan^{45}	lam^{22}
台山	et^3	hiap^3	iap^{31}	hiap^{31}	fan^{31}	fat^5	pin^{55}	lim^{22}
开平	it^3	hip^3	ip^2	hip^2	fan^{31}	fat^5	vɛn^{45}	lɛm^{11}
恩平	tiɐt^3	hiɐp^5 hiɐp^3 又	tiɐp^2	hiɐp^2	fan^{21}	fat^5	pɐn^{55}	lɛm^{22}
四会	tɛt^3	t^{h}ɛt^3	tɛt^2	hit^3	fan^{24}	fat^3	pɐn^{33}	lɐm^{31}
广宁	tet^{43}	t^{h}et^{43}	tet^{323}	hit^{43}	fan^{323}	fat^{43}	p^{h}ɐn^{44}	lɐm^{31}
怀集	tit^5	t^{h}ɛt^{45}	tɛt^{24}	hit^5	fan^{225}	fat^{45}	p^{h}ɐn^{54}	lɐm^{231}
德庆	tit^5	t^{h}ip^5	tip^2	hip^5	fɐn^{31}	fat^{53}	pɐm^{45}	lɐm^{242}
封开	tit^2	t^{h}ip^5	tip^2	hip^5	fan^{223}	fat^{53}	p^{h}uʌn^{334}	lʌm^{243}
阳江	tit^{21}	t^{h}ip^{21}	tip^{54}	hip^{54}	faŋ^{54}	faʔ^{21}	pɐŋ^{21}	lɐm^{42}
阳春	tit^3	t^{h}ip^3	tiap^{52}	hip^{52}	fan^{52}	fat^3	pɐn^{324}	lɐm^{52} lɛm^{31} 又
赤坎	tiʔ^3	t^{h}ip^3	tip^2	hip^3	faŋ^{21}	faʔ^3	p^{h}ɐŋ^{13}	lɐm^{21}
吴川	ɗiʔ^3	t^{h}iʔ^3	ɗiʔ^{31}	hiʔ^{31}	fan^{33}	faʔ^3	p^{h}ɐŋ^{35}	lɐŋ^{31}
廉江	tit^3	t^{h}ip^3	tip^2	hip^2	faŋ^{21}	fak^3	p^{h}ɐn^{25}	lɐm^{21}
高州	tit^3	t^{h}ip^3	tip^{21}	hip^{21}	faŋ^{31}	fak^3	p^{h}ɐn^{24}	lɐm^{21}
化州	ɗit^3	t^{h}ip^3	ɗip^{31}	hip^{31}	fan^{31}	faʔ^3	p^{h}ɐn^{35}	lɐm^{13}

	0433 跌	0434 贴	0435 碟	0436 协	0437 犯	0438 法	0439 品	0440 林
	咸开四 入帖端	咸开四 入帖透	咸开四 入帖定	咸开四 入帖匣	咸合三 上凡奉	咸合三 入乏非	深开三 上侵滂	深开三 平侵来
梅州	tiet²	tiap²白 tʰiap²文	tʰiap⁵	hiap⁵	fam⁴⁴白 fam⁵²文	fap²	pʰin³¹	lim²¹
兴宁	tɛt²	tiak²白 tʰiak²文	tʰiak⁴	ʃak⁴	faŋ²⁴白 faŋ⁵¹文	fak²	pʰøin³¹	liuŋ¹³
五华	tɛt²	tiak²白 tʰiak²文	tʰiak⁵	ʃak⁵	faŋ³¹	fak²	pʰun³¹	lin²¹²
大埔	tæt²	tʰæt²	tʰæt⁵	hiak⁵	faŋ⁵²	fak²	pʰin³¹	lin¹³
丰顺	tiet²	tiap²	tʰiap⁵	hiap⁵	fam²¹	fap²	pʰin⁵³	lim²⁴
揭西	tiet³	tiap³白 tʰiap³文	tʰiap⁵	hiap⁵	fam³¹	fap³	pʰin³¹	lim²⁴
陆河	tɛt⁴⁵	tʰiap⁴⁵	tʰiap⁵	hiap⁵	fam³³	fap⁴⁵	pʰin²⁴	lim³⁵
龙川	tiɛt¹³	tiɛp¹³	tʰiɛp³	ʃiɛp³	fan³¹	fat¹³	pʰin²⁴	lim⁵¹
河源	tiet⁵	tiap⁵	tʰiap³	hiap³	fan⁵⁴	fat⁵	pʰin²⁴	lim³¹
连平	tiɛt³	tiɛp³白 tʰiɛp³文	tʰiɛp⁵	ɕiɛp⁵	fan⁵³	fat³	pʰin³¹	lim²¹
龙岗	tɛt²	tiak²白 tʰiak²文	tʰiak⁵	hiak⁵	faŋ⁵³	fak²	pʰin³¹	lin²¹
惠州	tiɛt⁴⁵	tiɛp⁴⁵	tʰiɛp²¹	hiɛp²¹	fan³¹	fat⁴⁵	pʰiɛ³⁵~尝 pʰən³⁵~德	lim²²
博罗	tiɛt⁵	tʰiap⁵	tʰiap²	hiap²	vam⁴¹	vap⁵	pʰin³⁵	lim²¹
新丰	tiɛt²	tiap²	tʰiap⁴	sap⁴	fam³¹	fap²	pʰin³¹	lim²⁴
翁源	tiɛt³¹	tiap³¹白 tʰiap³¹文	tʰiap⁴⁵	ʃap³¹	faŋ³¹	fak³¹	pʰin³¹	lim⁴¹
始兴	tiɛiʔ⁴⁵	tiɛiʔ⁴⁵	tʰiɛiʔ³	ɕiɛiʔ³	fãi³³	faiʔ⁴⁵	pʰiŋ³¹	liŋ⁵¹
仁化	tiɛʔ⁵	tʰiɛʔ⁵	tʰiɛʔ⁵	ʃiɛʔ⁵	faŋ³³	faʔ⁵	pʰen²³	len³¹
南雄	taiʔ⁵	tʰaiʔ⁵	taiʔ⁴²	ɕieʔ⁴²	fɔ̃ɑ⁴²	fɤʔ⁵	pʰiŋ²⁴	liŋ²¹

	0433 跌	0434 贴	0435 碟	0436 协	0437 犯	0438 法	0439 品	0440 林
	咸开四入帖端	咸开四入帖透	咸开四入帖定	咸开四入帖匣	咸合三上凡奉	咸合三入乏非	深开三上侵滂	深开三平侵来
皈塘	tie⁴¹	tʰie⁴¹	tie³³	ʃie²⁴	fa²¹	fɔ⁴¹	pʰai³³ pʰeŋ³³	lai⁴⁵
桂头	ɛi²¹	tʰɛi²¹	tʰɛi⁴	hɛi²¹	fiẽ⁴⁴	fie⁴	pʰɐŋ³²⁴	lɐŋ⁴⁵
连州	ti²⁴	tʰi²⁴	ti³¹	hi²⁴	fɔŋ³³	fou²⁴	pʰɐn⁵³	lɐn⁵⁵
潮州	tiek²	taʔ²白, ~身 tʰiɛp²文	ti⁵	hiɛp⁵	huaŋ³⁵	huak²	piŋ⁵³	nã⁵⁵白 lim⁵⁵文
饶平	tiak²	taʔ²白 tʰiap²文	tiʔ⁵	hiap⁵	huam²⁵	huap²	pʰiŋ⁵²	nã⁵⁵白 lim⁵⁵文
汕头	tiʔ⁵白 tiap⁵白 tiak²文	tʰiap²	tiʔ⁵白 tiap⁵文	hiap⁵	huan²⁵	huak²	piŋ⁵¹	nã⁵⁵白 lim⁵⁵文
澄海	tiak²	taʔ²白 tʰiak²文	tiʔ⁵	hiak⁵	huan³⁵	huak²	piŋ⁵³白 pʰiŋ⁵³文	nã⁵⁵白 niŋ⁵⁵文
潮阳	tiak³	taʔ³白 tiap³文	tiʔ⁵	hiap⁵	huam⁵²	huap³	piŋ⁴⁵⁴	nã³³白 lim³³文
南澳	tiak²	tʰiap²	tiʔ⁵白 tiap⁵文	hiap⁵	huam³⁵	huap²	piŋ⁵²	lim⁴⁵⁴
揭阳	tiak³	tʰiap³	tiʔ⁵	hiap⁵	huam²⁵	huap⁵	peŋ⁴¹白 pʰeŋ⁴¹文	nã⁵⁵白 lim⁵⁵文
普宁	tiʔ⁵白 tiak⁵文	taʔ³白 tiap³文	tiʔ⁵	hiap⁵	huam²⁴	huap⁵	pʰiŋ⁵²	nã⁵⁵白 lim⁵⁵文
惠来	tiak³	tʰiap³	tiʔ⁵	hiap⁵	huaŋ²⁵	huak³	piŋ⁵³	lim⁵⁵
海丰	tiap⁵	taʔ²白 tʰiap²文	tiʔ⁵白 tiap⁵文	hiap⁵	huam³⁵	huap²	pʰin⁵³	nã⁵⁵白 lim⁵⁵文
陆丰	tiap⁵	taʔ²白 tʰiap²文	tiʔ⁵白 tiap⁵文	hiap⁵	huam²²	huap²	pʰiŋ⁵⁵	lim¹³
电白	tik²	tʰip⁵	tiap²	hiap²	huam⁴⁴²	huak⁵	piŋ²¹	lim²²
雷州	（无）	tiep⁵	tiep³	hiep³	baŋ³³	bak⁵	pieŋ⁴²	lim²²

	0441 浸	0442 心	0443 寻	0444 沉	0445 参 人~	0446 针	0447 深	0448 任 贵~
	深开三去侵精	深开三平侵心	深开三平侵邪	深开三平侵澄	深开三平侵生	深开三平侵章	深开三平侵书	深开三去侵日
广州	tʃɐm^{33}	ʃɐm^{53}	tʃʰɐm^{21}	tʃʰɐm^{21}	ʃɐm^{53}	tʃɐm^{53}	ʃɐm^{53}	iɐm^{22}
番禺	tʃɐm^{33}	ʃɐm^{53}	tʃʰɐm^{31}	tʃʰɐm^{31}	ʃɐm^{53}	tʃɐm^{55}	ʃɐm^{53}	iɐm^{22}
增城	tsɐm^{33}	sɐm^{44}	tsʰɐm^{21}	tsʰɐm^{21}	sɐm^{44}	tsɐm^{44}	sɐm^{44}	iɐm^{22}
从化	tsɐm^{23}	sɐm^{55}	tsʰɐm^{22}	tsʰɐm^{22}	sɐm^{55}	tsɐm^{55}	sɐm^{55}	iɐm^{31}
龙门	tsɐm^{23}	sɐm^{42}	tsʰɐm^{21}	tsʰɐm^{21}	sɐm^{42}	tsɐm^{42}	sɐm^{42}	zɐm^{53}
莞城	tʃɐm^{44}	ʃɐm^{23}	tʃʰɐm^{31}	tʃʰɐm^{31}	ʃɐm^{23}	tʃɐm^{23}	ʃɐm^{23}	iɐm^{44}
宝安	tʃɐŋ^{33}	ʃɐŋ^{23}	tʃʰɐŋ^{31}	tʃʰɐŋ^{31}	ʃɐŋ^{23}	tʃɐŋ^{23}	ʃɐŋ^{23}	iɐŋ^{22}
佛山	tʃɐm^{24}	ʃɐm^{53}	tʃʰɐm^{42}	tʃʰɐm^{42}	ʃɐm^{53}	tʃɐm^{55}	ʃɐm^{53}	iɐm^{12}
南海	tsɐm^{33} 水~ tsɐm^{22} ~猪笼	sɐm^{51}	tsʰɐm^{31}	tsʰɐm^{31}	sɐm^{51}	tsɐm^{51}	sɐm^{51}	iɐm^{22}
顺德	tʃɐm^{32}	ʃɐm^{55}	tʃʰɐm^{42}	tʃɐm^{42} 白 tʃʰɐm^{42} 文	ʃɐm^{53}	tʃɐm^{53}	ʃɐm^{53}	iɐm^{21}
三水	tsɐm^{44} tsɐm^{33} 又	sɐm^{53} sɐm^{55} 又	tsʰɐm^{31}	tsʰɐm^{31}	sɐm^{53}	tsɐm^{53} tsɐm^{55} 又	sɐm^{53}	iɐm^{33}
高明	tʃɐm^{33}	ʃɐm^{45}	tʃʰɐm^{31}	tʃʰɐm^{31}	ʃɐm^{45}	tʃɐm^{45}	ʃɐm^{45}	iɐm^{31}
佛冈	tʃɐm^{33}	ʃɐm^{33}	tʃʰɐm^{22}	tʃʰɐm^{22}	ʃɐm^{33}	tʃɐm^{33}	ʃɐm^{33}	iɐm^{31}
阳山	tʃɐm^{34}	ʃɐm^{51}	tʃɐm^{241}	tɐm^{241}	ʃɐm^{51}	tʃɐm^{51}	ʃɐm^{51}	iɐm^{214}
连山	tɔn^{35}	θɔn^{51}	θɔn^{241}	ʃɔn^{241}	ʃɔn^{51}	tʃɔn^{51}	ʃɔn^{51}	ȵɔn^{215}
新兴	tsɐm^{443}	sɐm^{45}	tsʰɐm^{21}	tsʰɐm^{21}	sɐm^{45}	tsɐm^{45}	sɐm^{45}	iɐm^{52}
罗定	tsɐm^{33}	sɐm^{55}	tsʰɐm^{21}	tsʰɐm^{21}	sɐm^{55}	tsɐm^{55}	sɐm^{55}	iɐm^{21}
郁南	tʃɐm^{33}	ʃɐm^{55}	tʃʰɐm^{21}	tʃʰɐm^{21}	ʃɐm^{55}	tʃɐm^{55}	ʃɐm^{55}	iɐm^{21}
石岐	tsɐm^{33}	sɐm^{55}	tsʰɐm^{51}	tsʰɐm^{51}	sɐm^{55}	tsɐm^{55}	sɐm^{55}	iɐm^{33}

	0441 浸	0442 心	0443 寻	0444 沉	0445 参 人~	0446 针	0447 深	0448 任 责~
	深开三去侵精	深开三平侵心	深开三平侵邪	深开三平侵澄	深开三平侵生	深开三平侵章	深开三平侵书	深开三去侵日
肇庆	tʃɐm³³	ʃɐm⁴⁵	tʃʰɐm²¹	tʃʰɐm²¹	ʃɐm⁴⁵	tʃɐm⁴⁵	ʃɐm⁴⁵	iɐm⁵²
香洲	tsɐm³³	sɐm²¹	tsʰɐm³⁴³	tsʰɐm³⁴³	sɐm²¹	tsɐm²¹	sɐm²¹	iɐm³³
斗门	tsɐm³⁴	sɐm³⁴	tʰɐm²²	tʰɐm²²	sɐm³⁴	tsɐm³⁴	sɐm³⁴	ŋɐm⁴²
新会	tsam²³	sam²³	tsʰam²²	tsʰam²²	sam²³	tsam²³	sam²³	ŋam³²
台山	tim³³	ɬim³³	tʰim²²	tsʰim²²	tʰam³³	tsim³³	sim³³	ŋim³¹
开平	tɛm³³	ɬɛm³³	tʰɛm¹¹	tʃʰɛm¹¹	tʰam³³	tʃim³³	ʃim³³	ŋɛm³¹
恩平	tʃɛm³³	ʃɛm³³	tʰɛm²²	tʰɛm²²	tʰam³³	tʃiəm³³	ʃiəm³³	ŋgɛm²¹
四会	tʃɐm³³	ʃɐm⁵¹	tʃɐm³¹	tɐm³¹	ʃɐm⁵¹	tʃɐm⁵¹	ʃɐm⁵¹	iɐm²⁴
广宁	tsɐm³³	sɐm⁵¹	tsɐm³¹	tɐm³¹	sɐm⁵¹	tsɐm⁵¹	sɐm⁵¹	iɐm³²³
怀集	tʃɐm⁴⁵	θɐm⁴²	tʃɐm²³¹	tʃɐm²³¹	θɐm⁴²	tʃɐm⁴²	θɐm⁴²	ȵiɐm²²⁵
德庆	tsɐm⁵³	sɐm⁴⁵⁴	tsɐm²⁴²	tsɐm²⁴²	sɐm⁴⁵⁴	tsɐm⁴⁵⁴	sɐm⁴⁵⁴	ȵiɐm³¹
封开	tʌm⁵¹	ɬʌm⁵⁵	ɬʌm²⁴³	tʃʌm²⁴³	ʃʌm⁵⁵	tʃʌm⁵⁵	ʃʌm⁵⁵	ȵiʌm²¹
阳江	tsɐm³⁵	ɬɐm³³	tsʰɐm⁴²	tsʰɐm⁴²	tsʰam³³	tsɐm³³	sɐm³³	iɐm⁵⁴
阳春	tsɐm³³	ɬɐm⁴⁵	tsʰɐm³¹	tsʰɐm³¹	sɐm⁴⁵ / tsʰam⁴⁵ 又	tsɐm⁴⁵	sɐm⁴⁵	ȵiɐm⁵²
赤坎	tsɐm³³	ɬɐm⁴⁵	tsʰɐm²¹	tsʰɐm²¹	sɐm⁴⁵	tsɐm⁴⁵	sɐm⁴⁵	ȵiɐm²¹
吴川	tʃɐŋ³³	ɬɐŋ⁵⁵	tʃʰɐŋ³¹	tʃʰɐŋ³¹	ʃɐŋ⁵⁵	tʃɐŋ⁵⁵	ʃɐŋ⁵⁵	ȵiɐŋ³¹
廉江	tsɐm³³	ɬɐm⁵⁵	tsʰɐm²¹	tsʰɐm²¹	sɐm⁵⁵	tsɐm⁵⁵	sɐm⁵⁵	ŋɐm²¹
高州	tʃɐm³³	ɬɐm⁵³	tʃʰɐm²¹	tʃʰɐm²¹	tʃʰam⁵³	tʃɐm⁵³	ʃɐm⁵³	ȵiɐm³¹
化州	tɐm³³	ɬɐm⁵³	tʰɐm¹³	tʃʰɐm¹³	ʃam⁵³	tʃɐm⁵³	ʃɐm⁵³	ȵiɐm³¹

	0441 浸	0442 心	0443 寻	0444 沉	0445 参 人~	0446 针	0447 深	0448 任 责~
	深开三去侵精	深开三平侵心	深开三平侵邪	深开三平侵澄	深开三平侵生	深开三平侵章	深开三平侵书	深开三去侵日
梅州	tsim^{52}	sim^{44}	tsʰim	tsʰəm^{21}	sɛm^{44}	tsəm^{44}	tsʰəm^{44}	im^{52}
兴宁	tsiuŋ^{51}	siuŋ^{24}	tsʰiuŋ^{13}	tʃʰuŋ^{13}	siɔŋ^{24}	tʃuŋ^{24}	tʃʰuŋ^{24}	niuŋ^{51}
五华	tsin^{51}	sin^{44}	tsʰin^{212}	tʃʰin^{212}	tsʰaŋ^{44}	tʃin^{44}	tʃʰin^{44}	ŋin^{31}
大埔	tsin^{52}	sin^{34}	tsʰin^{13}	tʃʰin^{13}	sen^{34}	tʃin^{34}	tʃʰin^{34}	ʒin^{52}
丰顺	tsim^{53}	sim^{44}	tsʰim^{24}	tsʰim^{24}	sem^{44}	tʃim^{44}	tʃʰim^{44}	im^{21}
揭西	tsim^{41}	sim^{452}	tsʰim^{24}	tʃʰim^{24}	sɛm^{452}	tʃim^{452}	tʃʰim^{452}	nim^{31}
陆河	tsim^{31}	sim^{53}	tsʰim^{35}	tʃʰim^{35}	sɛm^{53}	tʃim^{53}	tʃʰim^{53}	nim^{33}
龙川	tsim^{31}	sim^{33}	tsʰim^{51}	tsʰim^{51}	sɛm^{33}	tsim^{33}	tsʰim^{33}	nim^{33}
河源	tsim^{212}	sim^{33}	tsʰim^{31}	tsʰim^{31}	səm^{33}	tsim^{33}	tsʰim^{33}	nim^{54}
连平	tsim^{53}	sim^{24}	tsʰim^{21}	tsʰɛm^{21}	sɛm^{24}	tsəm^{24}	tsʰɛm^{24}	ŋim^{53}
龙岗	tsin^{53}	sin^{33}	tsʰin^{21}	tsʰin^{21}	sɪen^{33}	tsin^{33}	tsʰin^{33}	ŋgin^{53}
惠州	tɕim^{23}	sim^{33}	tɕʰim^{22}	tɕʰim^{22}	ɕiam^{33}	tɕim^{33}	ɕim^{33}	nim^{31}
博罗	tsim^{24}	ɬim^{44}	tsʰim^{21}	tsʰim^{21}	sam^{44}	tsim^{44}	sim^{44}	ŋgim^{41}
新丰	tsim^{51}	sim^{44}	tsʰim^{24}	tsʰim^{24}	sɛm^{44}	tsim^{44}	tsʰim^{44}	ŋgim^{31}
翁源	tsim^{45}	sim^{22}	tʃʰim^{41}	tʃʰim^{41}	sɛm^{22}	tʃim^{22}	tʃʰim^{22}	ɲim^{31}
始兴	tɕiŋ^{33}	ɕiŋ^{22}	tɕʰiŋ^{51}	tɕʰiŋ^{51}	sɛ̃i^{22}	tɕiŋ^{22}	tɕʰiŋ^{22}	ɲiŋ^{33}
仁化	tsen^{34}	sen^{33}	tsʰen^{31}	tsʰen^{31}	sen^{33}	tsen^{33}	tsʰen^{33}	ŋien^{33}
南雄	tsiŋ^{32}	siŋ^{44}	tsʰiŋ^{21}	tɕiŋ^{21}	siŋ^{44}	tɕiŋ^{44}	tɕʰiŋ^{44}	ɲiŋ^{42}

	0441 浸	0442 心	0443 寻	0444 沉	0445 参 人~	0446 针	0447 深	0448 任 贵~
	深开三 去侵精	深开三 平侵心	深开三 平侵邪	深开三 平侵澄	深开三 平侵生	深开三 平侵章	深开三 平侵书	深开三 去侵日
皈塘	$tʃai^{21}$	$ʃai^{24}$	（无）	$tʃʰai^{45}$	$ʃia^{24}$	$tʃai^{24}$	$ʃai^{24}$	ai^{21}
桂头	$tsɐŋ^{44}$	$sɐŋ^{51}$	$tsʰɐŋ^{45}$	$tsʰɐŋ^{45}$	$sɐŋ^{51}$ 又 $siẽ^{51}$ 又	$tsɐŋ^{51}$	$sɐŋ^{51}$	$ŋɐŋ^{44}$
连州	$tsɐn^{11}$	$sɐn^{31}$	$sɐn^{55}$	$tsʰɐn^{55}$	$sɐn^{31}$	$tsɐn^{31}$	$sɐn^{31}$	$iɐn^{33}$
潮州	$tsim^{213}$	sim^{33}	$tsʰim^{55}$	tim^{55}	$siɛm^{33}$	$tsam^{33}$	$tsʰim^{33}$	$dzim^{35}$
饶平	$tsim^{214}$	sim^{44}	$tsʰim^{55}$	tim^{55}	$siam^{44}$	$tsam^{44}$	$tsʰim^{44}$	$dzim^{25}$
汕头	$tsim^{213}$	sim^{33}	$tsʰim^{55}$ 白 $siam^{55}$ 文	$tʰim^{55}$ 白 tim^{55} 文	sim^{33} 白 $siam^{33}$ 文	$tsam^{33}$	$tsʰim^{33}$	$dzim^{25}$
澄海	$tsiŋ^{212}$	$siŋ^{33}$	$tsʰiŋ^{55}$	$tiŋ^{55}$	$siaŋ^{33}$	$tsaŋ^{33}$	$tsʰiŋ^{33}$	$ziŋ^{35}$
潮阳	$tsim^{52}$	sim^{31}	$tsʰim^{33}$	$tʰim^{33}$ 白 tim^{33} 文	sim^{31}	$tsam^{31}$	$tsʰim^{31}$	zim^{52}
南澳	$tsim^{21}$	sim^{34}	$tsʰim^{454}$	$tʰim^{454}$	som^{34}	$tsam^{34}$	$tsʰim^{34}$	$dzim^{35}$
揭阳	$tsim^{213}$	sim^{33}	$tsʰim^{55}$	$tʰim^{55}$ 白 tim^{55} 文	sim^{33}	$tsam^{33}$	$tsʰim^{33}$	zim^{25}
普宁	$tsim^{312}$	sim^{35}	$tsʰĩ^{55}$ 白 $tsʰim^{55}$ 文	$tʰim^{55}$ 白 tim^{55} 文	sim^{35}	$tsam^{35}$	$tsʰim^{35}$	zim^{24}
惠来	$tsim^{31}$	sim^{34}	$tsʰim^{55}$	tim^{55}	sim^{34}	$tsam^{34}$	$tsʰim^{34}$	$dzim^{25}$
海丰	$tsim^{212}$	sim^{33}	$tsʰim^{55}$	$tiam^{55}$ 白 tim^{55} 文	som^{33}	$tsiam^{33}$	$tsʰim^{33}$	$ndzim^{21}$ 白 $ndzim^{35}$ 文
陆丰	$tsim^{213}$	sim^{33}	$tsʰim^{13}$	$tiam^{13}$ 白 tim^{13} 文	som^{33}	$tsiam$	$tsʰim^{33}$	$ndzim^{22}$
电白	$tsim^{13}$	sim^{33}	$tsʰim^{22}$	$tʰiam^{22}$ 白 $tsʰim^{22}$ 文	$tsʰam^{33}$	$tsiam^{33}$	$tsʰim^{33}$	nim^{442}
雷州	$tsim^{21}$	sim^{24}	$tsʰim^{22}$	$tʰiem^{22}$ 白 $tsʰim^{22}$ 文	$siem^{24}$	$tsiem^{24}$	$tsʰim^{24}$	$ʔim^{33}$

	0449 金	0450 琴	0451 音	0452 立	0453 集	0454 习	0455 汁	0456 十
	深开三平侵见	深开三平侵群	深开三平侵影	深开三入缉来	深开三入缉从	深开三入缉邪	深开三入缉章	深开三入缉禅
广州	kɐm⁵³	kʰɐm²¹	iɐm⁵³	lap²	tʃap²	tʃap²	tʃɐp⁵	ʃɐp²
番禺	kɐm⁵⁵	kʰɐm³¹	iɐm⁵⁵	lap²	tʃap²	tʃap²	tʃɐp⁵	ʃɐp²
增城	kɐm⁴⁴	kʰɐm²¹	iɐm⁴⁴	lap²	tsap²	tsap²	tsɐp⁵	sɐp²
从化	kɐm⁵⁵	kʰɐm²²	iɐm⁵⁵	lɐp²	tsɐp²	tsɐp²	tsɐp⁵	sɐp²
龙门	kɐm⁴²	kʰɐm²¹	zɐm⁵⁵	lɐp⁴³	tsɐp⁴³	tsɐp⁴³	tsɐp⁵	sɐp⁴³
莞城	kɐm²³	kʰɐm³¹	iɐm²³	ŋɔk³	tʃɔk³	tʃɔk³	tʃɔk⁵	ʃɔk³
宝安	kɐŋ⁵⁵	kʰɐŋ³¹	iɐŋ⁵⁵	lauʔ³	tʃauʔ³	tʃauʔ³	tʃauʔ⁵	ʃauʔ³
佛山	kɐm⁵⁵	kʰɐm⁴²	iɐm⁵⁵	lap²³	tʃap²³	tʃap²³	tʃɐp⁵	ʃɐp²³
南海	kɐm⁵¹ ~钱 kɐm⁵⁵ 执~	kʰɐm³¹	iɐm⁵¹ ~乐 iɐm⁵⁵ ~色	lap²	tsap²	tsap²	tsɐp⁵	sɐp²
顺德	kɐm⁵⁵	kʰɐm⁴²	iɐm⁵³	lap²	tʃap²	tʃap²	tʃɐp⁵	ʃɐp²
三水	kɐm⁵³ kɐm⁵⁵ 又	kʰɐm³¹	iɐm⁵³ iɐm⁵⁵ 又	lɐp³	tsɐp³	tsɐp³	tsɐp⁵	sɐp³
高明	kɐm⁴⁵	kʰɐm³¹	iɐm⁵⁵	lap²	tʃap²	tʃap²	tʃɐp⁵	ʃɐp²
佛冈	kɐm³³	kʰɐm²²	iɐm³³	lɐp²	tʃap²	tʃap²	tʃɐp³	ʃɐp²
阳山	kɐm⁵¹	kɐm²⁴¹	iɐm⁵¹	lap²³	tʃap²³	tʃap²³	tʃɐp⁵	ʃap²³
连山	tʃɔn⁵¹	tʃɔn²⁴¹	iɔn⁵¹	lɔt²¹⁵	θɔt²¹⁵	θɔt²¹⁵	tʃɔt⁵	ʃɔt²¹⁵
新兴	kɐm⁴⁵	kʰɐm²¹	iɐm⁴⁵	lɐp⁵²	tsɐp⁵²	tsɐp⁵²	tsɐp⁴⁵	sɐp⁵²
罗定	kɐm⁵⁵	kʰɐm²¹	iɐm⁵⁵	lap²	tsap²	tsap²	tsɐp⁵	sɐp²
郁南	kɐm⁵⁵	kʰɐm²¹	iɐm⁵⁵	lap²	tʃap²	tʃap²	tʃɐp⁵	ʃɐp²
石岐	kɐm⁵⁵	kʰɐm⁵¹	iɐm⁵⁵	lɐp³	tsɐp³	tsɐp³	tsɐp⁵	sɐp³

	0449 金	0450 琴	0451 音	0452 立	0453 集	0454 习	0455 汁	0456 十
	深开三平侵见	深开三平侵群	深开三平侵影	深开三入缉来	深开三入缉从	深开三入缉邪	深开三入缉章	深开三入缉禅
肇庆	kɐm⁴⁵	kʰɐm²¹	iɐm⁴⁵	lɐp²	tʃɐp²	tʃɐp²	tʃɐp⁵	ʃɐp²
香洲	kɐm²¹	kʰɐm³⁴³	iɐm²¹	lɐp³	tsɐp³	tsɐp³	tsɐp²¹	sɐp³
斗门	kɐm³⁴	kʰɐm²²	iɐm³⁴	lɐp³	tsɒp³	tsɒp³	tsɐp⁵	sɐp³
新会	kam²³	kʰam²²	iam²³	lap²	tsap²	tsap²	tsap⁴⁵	sap²
台山	kim³³	kʰim²²	jim³³	lip³¹	tap³¹	tip³¹	tsip⁵	sip³¹
开平	kɛm³³	kʰɛm¹¹	jim³³	lap²	tap²	tap²	tʃip⁵	ʃip²
恩平	kɛm³³	kʰɛm²²	iəm³³	lɛp²	tʃɛp²	tʃɛp²	tʃiəp⁵	ʃiəp²
四会	kɐm⁵¹	kɐm³¹	iɐm⁵¹	lɐp²	tʃɐp²	tʃɐp²	tʃɐp⁵	ʃɐp²
广宁	tsɐm⁵¹	tsɐm³¹	iɐm⁵¹	lɐp³²	tsɐp³²	tsɐp³²	tsɐp⁵	sɐp³²
怀集	tʃɐm⁴²	tʃɐm²³¹	iɐm⁴²	lɐp²⁴	tʃap²⁴	tʃɐp²⁴	tʃɐp⁵	θɐp²⁴
德庆	kɐm⁴⁵⁴	kɐm²⁴²	iɐm⁴⁵⁴	lɐp²	tsɐp²	tsɐp²	tsɐp⁵	sɐp²
封开	kʌm⁵⁵	tʃʌm²⁴³	iʌm⁵⁵	lʌp²	ɬʌp²	ɬʌp²	tʃʌp⁵	ɬʌp²
阳江	kiam³³	kʰiam⁴²	iɐm³³	lɐp⁵⁴	tsɐp⁵⁴	tsɐp⁵⁴	tsɐp³⁵	sɐp⁵⁴
阳春	kiam⁴⁵	kʰiam³¹	iɐm⁴⁵	lɐp⁵²	tsɐp⁵²	tsɐp⁵²	tsɐp⁴⁵	sɐp⁵²
赤坎	kɐm⁴⁵	kʰɐm²¹	iɐm⁴⁵	lɐp²	tsap²	tsap²	tsɐp⁵	sɐp²
吴川	kɐŋ⁵⁵	kʰɐŋ³¹	iɐŋ⁵⁵	laʔ³¹	tʃaʔ³¹	tʃaʔ³¹	tʃɐʔ⁵	ʃaʔ³¹
廉江	kɐm⁵⁵	kʰɐm²¹	iɐm⁵⁵	lɐp²	tsap²	tsap²	tsɐp⁵	sɐp²
高州	kɐm⁵³	kʰɐm²¹	iɐm⁵³	lɐp²¹	tʃɐp²¹	tʃɐp²¹	tʃɐp⁵	ʃɐp²¹
化州	kɐm³¹	kʰɐm¹³	iɐm⁵³	lɐp³¹	tʰɐp³¹ / tʃɐp³¹又	tɐp³¹ / tʃɐp³¹又	tʃɐp⁵	ʃɐp³¹

	0449 金	0450 琴	0451 音	0452 立	0453 集	0454 习	0455 汁	0456 十
	深开三 平侵见	深开三 平侵群	深开三 平侵影	深开三 入缉来	深开三 入缉从	深开三 入缉邪	深开三 入缉章	深开三 入缉禅
梅州	kim⁴⁴	kʰim²¹	im⁴⁴	lip⁵	sip⁵	sip⁵	tsəp²	səp⁵
兴宁	kiuŋ²⁴	kʰiuŋ¹³	ʒuŋ²⁴	liuk⁴	tsʰiuk⁴	siuk⁴	tʃuk²	ʃuk⁴
五华	kin⁴⁴	kʰin²¹²	in⁴⁴	lit⁵	sit⁵	sit⁵	tʃit²	ʃit⁵
大埔	kin³⁴	kʰin¹³	ʒin³⁴	lit⁵	sit⁵	sit⁵	tʃit²	ʃit⁵
丰顺	kim⁴⁴	kʰim²⁴	im⁴⁴	lip⁵	tsip⁵	sip⁵	tʃip²	ʃip⁵
揭西	kim⁴⁵²	kʰim²⁴	ʒim⁴⁵²	lip⁵	tsʰip⁵	sip⁵	tʃip³	ʃip⁵
陆河	kim⁵³	kʰim³⁵	ʒim⁵³	lip⁵	tsʰip⁵	sip⁵	tʃip⁴⁵	ʃip⁵
龙川	kim³³	kʰim⁵¹	im³³	lip³	tsʰip³	sip³	tsip¹³	ʃip³
河源	kim³³	kʰim³¹	ʔim³³	lip³	tsʰip³	tsʰip³	tsip⁵	sip³
连平	kim²⁴	kʰim²¹	im²⁴	lip⁵	tsʰip⁵	sip⁵	tsəp³	sɛp⁵
龙岗	kin³³	kʰin²¹	zin³³	lit⁵	tsʰit⁵	sit⁵	tsit²	sit⁵
惠州	kim³³	kʰim²²	ʔim³³	lip²¹	tɕʰip²¹	tɕʰip²¹	tɕip⁴⁵	ɕip²¹
博罗	kim⁴⁴	kʰim²¹	im⁴⁴	lip²	tsʰip²	tsʰip²	tsip⁵	sip²
新丰	kim⁴⁴	kʰim²⁴	im⁴⁴	lip⁴	tsʰip⁴	sip⁴	tsip²	sip⁴
翁源	kim²²	kʰim⁴¹	im²²	lit⁴⁵	tsʰip⁴⁵	sip⁴⁵	tʃip³¹	ʃip⁴⁵
始兴	kiŋ²²	tɕʰiŋ⁵¹	iŋ²²	liʔ³	tɕiʔ³	ɕiʔ⁴⁵	tɕiʔ⁴⁵	ɕiʔ³
仁化	ken³³	kʰen³¹	ien³³	liʔ⁵	tsʰiʔ⁵	tsiʔ⁵	tsiʔ⁵	ʃiʔ⁵
南雄	tɕiŋ⁴⁴	tɕiŋ²¹	iŋ⁴⁴	leiʔ⁴²	tɕieʔ⁴²	tɕieʔ⁴²	tɕiʔ⁵	ɕieʔ⁴²

	0449 金	0450 琴	0451 音	0452 立	0453 集	0454 习	0455 汁	0456 十
	深开三平侵见	深开三平侵群	深开三平侵影	深开三入缉来	深开三入缉从	深开三入缉邪	深开三入缉章	深开三入缉禅
皈塘	kai²⁴	kʰai⁴⁵	ai²⁴	lei³³	tʃei⁴¹	ʃei⁴¹	tʃei⁴¹	ʃei³³
桂头	keŋ⁵¹	kʰɐŋ⁴⁵	iɐŋ⁵¹	lai⁴⁴	tsʰa⁴⁴	tsʰa⁴⁴	tsi²¹	si⁴⁴
连州	ken³¹	kʰɐn⁵⁵	ɐn³¹	lɐt²	tsɐt²³	tsʰɐt²³ 姓氏 / sɐt²³ ~惯	tsɐt²³	sɛʔ²
潮州	kim³³	kʰim⁵⁵	im³³	lip⁵	tsip⁵	sip⁵	tsap²	tsap⁵
饶平	kim⁴⁴	kʰim⁵⁵	im⁴⁴	lip⁵	tsip⁵	sip⁵	tsap²	tsap⁵
汕头	kim³³	kʰim⁵⁵	im³³	lip⁵	tsip⁵	sip⁵	tsap²	tsap⁵
澄海	kiŋ³³	kʰiŋ⁵⁵	iŋ³³	lik⁵	tsik⁵	sik⁵	tsak²	tsak⁵
潮阳	kim³¹	kʰim³³	im³¹	lip⁵	tsip⁵	sip⁵	tsap³	tsap⁵
南澳	kim³⁴	kʰim⁴⁵⁴	im³⁴	lip⁵	tsip⁵	sip⁵	tsap²	tsap⁵
揭阳	kim³³	kʰim⁵⁵	im³³	lip⁵	tsip⁵	sip⁵	tsap³	tsap⁵
普宁	kim³⁵	kʰim⁵⁵	im³⁵	lip⁵	tsip⁵	sip⁵	tsap³	tsap⁵ 白 / sip⁵ 文
惠来	kim³⁴	kʰim⁵⁵	im³⁴	lip⁵	tsip⁵	sip⁵	tsap³	tsap⁵
海丰	kim³³	kʰim⁵⁵	im³³	lip⁵	tsip⁵	sip⁵	tsap²	tsap⁵
陆丰	kim³³	kʰim¹³	im³³	lip⁵	tsip⁵	sip⁵	tsiap²	tsap⁵
电白	kim³³	kʰim²²	im³³	lip²	tsʰip²	tsʰip²	tsiap⁵	tsap²
雷州	kim²⁴	kʰim²²	ʔim²⁴	lip⁵	tsit⁵	tsip³	tsiep⁵	tsap³

	0457 入	0458 急	0459 及	0460 吸	0461 单 简~	0462 炭	0463 弹~ 琴	0464 难~ 易
	深开三入缉日	深开三入缉见	深开三入缉群	深开三入缉晓	山开一平寒端	山开一去寒透	山开一平寒定	山开一平寒泥
广州	iɐp²	kɐp⁵	kʰɐp²~时 kɐp²~第粥	kʰɐp⁵	tan⁵³	tʰan³³	tʰan²¹	lan²¹
番禺	iɐp²	kɐp⁵	kʰɐp²	kʰɐp⁵	tan⁵⁵	tʰan³³	tʰan³¹	lan³¹
增城	iɐp²	kɐp⁵	kʰɐp²	kʰɐp⁵	tan⁴⁴	tʰan³³	tʰan²¹	lan²¹
从化	iɐp²	kɐp⁵	kʰɐp²	kʰɐp⁵	taŋ⁵⁵	tʰaŋ²³	tʰaŋ²²	naŋ²²
龙门	zɐp⁴³	kɐp⁵	kɐp⁴³	kʰɐp⁴³	tan⁴²	tʰan²³	tʰan²¹	lan²¹
莞城	iɔk³	kɔk⁵	kʰɔk³	kʰɔk⁵	tɛŋ²³	tʰɛŋ⁴⁴	tʰɛŋ³¹	nɛŋ³¹
宝安	iauʔ³	kauʔ⁵	kʰauʔ³	kʰauʔ⁵	taŋ⁵⁵	tʰaŋ³³	tʰaŋ³¹	naŋ³³
佛山	iɐp²³	kɐp⁵	kɐp²³	kʰɐp⁵	tan⁵³	han²⁴	han⁴²	lan⁴²
南海	iɐp²	kɐp⁵	kʰɐp²~时 kɐp²~格	kʰɐp⁵	tan⁵¹	tʰan³³	tʰan³¹	nan³¹
顺德	iɐp²	kɐp⁵	kɐp²	kʰɐp⁵	tan⁵³	tʰan³²	tʰan⁴²	lan⁴²
三水	iɐp³	kɐp⁵	kɐp³	kʰɐp⁵	tan⁵³ tan⁵⁵又	tʰan⁴⁴	tʰan³¹	lan³¹
高明	iɐp²	kɐp⁵	kɐp³	kʰɐp⁵	tan⁵⁵	tʰan³³	tʰan³¹	nan³¹
佛冈	iɐp²	kɐp³	kʰɐp²	kʰɐp³	tan³³	tʰan³³	tʰan²²	nan²²
阳山	iɐp²³	kɐp⁵	kap²³	kʰɐp⁵	tan⁵¹	tʰan³⁴	tan²⁴¹	lan²⁴¹
连山	ŋiɔt²¹⁵	tʃɔt⁵	tʃɔt²¹⁵	kʰɔt⁵	dan⁵¹	tʰan³⁵	tan²⁴¹	nan²⁴¹
新兴	ip⁵²	kɐp⁴⁵	kɐp⁵²	kʰɐp⁴⁵	tan⁴⁵	tʰan⁴⁴³	tʰan²¹	nan²¹
罗定	iɐp²	kɐp⁵	kap²	kʰɐp⁵	tan⁵⁵	tʰan³³	tʰan²¹	nan²¹
郁南	iɐp²	kɐp²	kɐp²	kʰɐp⁵	tan⁵⁵	tʰan³³	tʰan²¹	nan²¹
石岐	iɐp³	kɐp⁵	kɐp³	kʰɐp⁵	tan⁵⁵	tʰan³³	tʰan⁵¹	nan⁵¹

	0457 入	0458 急	0459 及	0460 吸	0461 单简~	0462 炭	0463 弹~琴	0464 难~易
	深开三入缉日	深开三入缉见	深开三入缉群	深开三入缉晓	山开一平寒端	山开一去寒透	山开一平寒定	山开一平寒泥
肇庆	$iɐp^2$	$kɐp^5$	$kʰɐp^2$	$kʰɐp^5$	tan^{45}	$tʰan^{33}$	$tʰan^{21}$	nan^{21}
香洲	$iɐp^3$	$kɐp^{21}$	$kʰɐp^3$	$kʰɐp^{21}$	tan^{21}	$tʰan^{33}$	$tʰan^{343}$	nan^{343}
斗门	$iɐp^3$	$kɐp^5$	$kɒp^3$	$kʰɐp^5$	$tɒn^{34}$	$hɒn^{34}$	$hɒn^{22}$	$nɒn^{22}$
新会	iap^2	kap^{45}	kap^2	$kʰap^{45}$	tan^{23}	han^{23}	han^{22}	nan^{22}
台山	jip^{31}	kip^5	$kiap^{31}$	$kʰip^5$	an^{33}	han^{33}	han^{22}	nan^{22}
开平	jip^2	$kɐp^5$	kip^2	$kʰɛp^5$	an^{33}	han^{33}	han^{11}	nan^{11}
恩平	$iəp^2$	$kɐp^5$	$kiəp^2$	$kʰɛp^5$	tan^{33}	han^{33}	han^{22}	$ndan^{22}$
四会	$iɐp^2$	$kɐp^5$	$kɐp^2$	$kʰɐp^5$	tan^{51}	$tʰan^{33}$	tan^{31}	lan^{31}
广宁	$iɐp^{32}$	$kɐp^5$	$kɐp^{32}$	$kʰɐp^5$	tan^{51}	$tʰan^{33}$	tan^{31}	nan^{31}
怀集	$iɐp^{24}$	$kɐp^5$	$kɐp^{24}$	$kʰɐp^5$	tan^{42}	$tʰan^{45}$	tan^{231}	nan^{231}
德庆	$ŋiɐp^2$	$kɐp^5$	$kɐp^2$	$kʰɐp^5$	tan^{454}	$tʰan^{53}$	tan^{31}	nan^{242}
封开	$ŋiʌp^2$	$kʌp^5$	$kʌp^{21}$	$kʰʌp^5$	tan^{55}	$tʰan^{51}$	tan^{243}	nan^{243}
阳江	$iɐp^{54}$	$kiap^{21}$	$kiap^{54}$	$kʰiap^{21}$	$taŋ^{33}$	$tʰaŋ^{35}$	$tʰaŋ^{42}$	$naŋ^{42}$
阳春	$iɐp^{52}$	$kiap^{45}$	$kiap^{52}$	$kʰiap^{45}$	$taŋ^{45}$	$tʰaŋ^{33}$	$tʰaŋ^{31}$	$naŋ^{31}$
赤坎	$iɐp^2$	$kɐp^5$	$kɐp^2$	$kʰɐp^5$	$taŋ^{45}$	$tʰaŋ^{33}$	$tʰaŋ^{21}$	$naŋ^{21}$
吴川	$ŋiɐʔ^{31}$	$kɐʔ^5$	$kɐʔ^{31}$	$kʰɐʔ^5$	$ɗaŋ^{55}$	$tʰaŋ^{33}$	$tʰaŋ^{31}$	$naŋ^{31}$
廉江	$iɐp^2$	$kɐp^5$	$kɐp^2$	$kʰɐp^5$	$taŋ^{55}$	$tʰaŋ^{33}$	$tʰaŋ^{21}$	$naŋ^{21}$
高州	$iɐp^{21}$	$kɐp^5$	$kɐp^{21}$	$kʰɐp^5$	$taŋ^{53}$	$tʰaŋ^{33}$	$tʰaŋ^{21}$	$naŋ^{21}$
化州	$ŋiɐp^{31}$	$kɐp^5$	$kɐp^{31}$	$kʰɐp^5$	$ɗan^{53}$	$tʰan^{33}$	$tʰan^{31}$ / tan^{31}又	nan^{13}

	0457 入	0458 急	0459 及	0460 吸	0461 单 简~	0462 炭	0463 弹~ 琴	0464 难~ 易
	深开三 入缉日	深开三 入缉见	深开三 入缉群	深开三 入缉晓	山开一 平寒端	山开一 去寒透	山开一 平寒定	山开一 平寒泥
梅州	ŋip⁵	kip²	kʰip⁵	kʰip²	tan⁴⁴	tʰan⁵²	tʰan²¹	nan²¹
兴宁	niuk⁴	kiuk²	kʰiuk⁴	kiuk²	tan²⁴	tʰan⁵¹	tʰan¹³	nan¹³
五华	ŋit⁵	kit²	kʰit⁵	kit²	tan⁴⁴	tʰan⁵¹	tʰan²¹²	nan²¹²
大埔	ŋit⁵	kit²	kʰit⁵	kʰit²	tan³⁴	tʰan⁵²	tʰan¹³	nan¹³
丰顺	ŋip⁵	kip²	kʰip⁵	kʰip²	tan⁴⁴	tʰan⁵³	tʰan²⁴	nan²⁴
揭西	ŋip⁵	kip³	kʰip⁵	kʰip³	tan⁴⁵²	tʰan⁴¹	tʰan²⁴	nan²⁴
陆河	ŋip⁵	kip⁴⁵	kʰip⁵	kʰip⁴⁵	tɔn⁵³	tʰɔn³¹	tʰɔn³⁵	nɔn³⁵
龙川	ip³	kip¹³	kʰit³	kip¹³	tan³³	tʰan³¹	tʰan⁵¹	nan⁵¹
河源	ip³	kip⁵	kʰip³	kʰip⁵	tan³³	tʰan²¹²	tʰan³¹	nan³¹
连平	ŋip⁵	kip³	kʰip⁵	kip³	tan²⁴	tʰan⁵³	tʰan²¹	nan²¹
龙岗	ŋgit⁵	kit²	kʰit⁵	kʰit²	tan³³	tʰan⁵³	tʰan²¹	lan²¹
惠州	jip²¹	kip⁴⁵	kʰip²¹	kʰip⁴⁵	tan³³	tʰan²³	tʰan²²	nan²²
博罗	zip²	kip⁵	kʰip²	kʰip⁵	tan⁴⁴	tʰan²⁴	tʰan²¹	ndan²¹
新丰	ŋgip⁴	kip²	kʰip⁴	kip²	tan⁴⁴	tʰan⁵¹	tʰan²⁴	lan²⁴
翁源	ɲip⁴⁵	kip³¹	kʰip⁴⁵	kip³¹	tan²²	tʰan⁴⁵	tʰan⁴¹	nan⁴¹
始兴	ŋiʔ³	tɕiʔ⁴⁵	tɕʰiʔ³	tɕiʔ⁴⁵	tãi²²	tʰãi³³	tʰãi⁵¹	nãi⁵¹
仁化	ŋiʔ⁵	kiʔ⁵	kʰiʔ⁵	kʰiʔ⁵	taŋ³³	tʰaŋ³⁴	tʰaŋ³¹	laŋ³¹
南雄	ieʔ⁴²	tɕieʔ⁵	tɕieʔ⁴²	tɕʰieʔ⁵	tɔ̃ã⁴⁴	tʰɔ̃ã³²	tɔ̃ã²¹	nɔ̃ã²¹

	0457 入	0458 急	0459 及	0460 吸	0461 单 简~	0462 炭	0463 弹~ 琴	0464 难~ 易
	深开三入缉日	深开三入缉见	深开三入缉群	深开三入缉晓	山开一平寒端	山开一去寒透	山开一平寒定	山开一平寒泥
飯塘	nie³³y⁴⁵	kei⁴¹	（无）	（无）	ta²⁴	tʰa²¹	ta⁴⁵	na⁴⁵
桂头	ŋai⁴⁴	kai²¹	kʰai⁴	kʰai⁴	œn⁵¹	tʰœn⁴	tœn⁴⁵	lœn⁴⁵
连州	ŋiɛʔ²	kɐt²³	kɐt²³	kʰɐt²³	tɔŋ³¹	tʰɔŋ¹¹	tɔŋ⁵⁵	nɔŋ⁵⁵
潮州	dzip⁵	kip²	kip⁵	kʰip²	tũã³³	tʰũã²¹³	tʰaŋ⁵⁵	laŋ⁵⁵
饶平	dzip⁵	kip²	kip⁵	kʰip²	tũã⁴⁴	tʰũã²¹⁴	tʰaŋ⁵⁵	laŋ⁵⁵
汕头	dzip⁵	kip²	kip⁵	hiap²白 kʰip²文	tũã³³	tʰũã²¹³	tʰaŋ⁵⁵	laŋ⁵⁵
澄海	zik⁵	kik²	kik⁵	kʰik²	tũã³³	tʰũã²¹²	tʰaŋ⁵⁵	laŋ⁵⁵
潮阳	zip⁵	kip³	kip⁵	kuʔ³白 kʰip³文	tũã³¹	tʰũã⁵²	tũã³³白 tʰaŋ³³文	naŋ³³
南澳	dzip⁵	kip²	kip⁵	kʰip²	tũã³⁴	tʰũã²¹	tʰaŋ⁴⁵⁴	laŋ⁴⁵⁴
揭阳	zip⁵	kip³	kip⁵	kʰip³	tũã³³	tʰũã²¹³	tũã⁵⁵白 tʰaŋ⁵⁵文	naŋ⁵⁵
普宁	zip⁵	kip³	kip⁵ / kip³来唔~	kʰip³	tũã³⁵	tʰũã³¹²	tũã⁵⁵白 tʰaŋ⁵⁵文	naŋ⁵⁵
惠来	dzip⁵	kip³	kip⁵	kʰip³	tũã³⁴	tʰũã³¹	tʰaŋ⁵⁵	naŋ⁵⁵
海丰	ndzip⁵	kip²	kip⁵	hiap²白 kʰip²文	tũã³³白 taŋ³³文	tʰũã²¹²	tũã⁵⁵白 tʰaŋ⁵⁵文	naŋ⁵⁵
陆丰	ndzip⁵	kip²	kip⁵	kʰip²	tũã³³	tʰũã²¹³	tũã¹³白 tʰaŋ¹³文	laŋ¹³
电白	jip²	kip⁵	kip²	kʰip⁵	tua³³白 taŋ³³文	tʰua¹³	tua²²白 tʰaŋ²²文	naŋ²²
雷州	ip³	kip⁵	kip³	kʰip⁵	taŋ²⁴	tʰua²²	tʰaŋ²²	naŋ²²

	0465 兰	0466 懒	0467 烂	0468 伞	0469 肝	0470 看~见	0471 岸	0472 汉
	山开一平寒来	山开一上寒来	山开一去寒来	山开一上寒心	山开一平寒见	山开一去寒溪	山开一去寒疑	山开一去寒晓
广州	lan²¹	lan¹³	lan²²	ʃan³³	kɔn⁵³	hɔn³³	ŋɔn²²	hɔn³³
番禺	lan³¹	lan²³	lan²²	ʃan³³	kɔn⁵³	hɔn³³	ɔn²²	hɔn³³
增城	lan²¹	lan¹³	lan²²	san³³	kœŋ⁴⁴	hœŋ³³	œŋ²²	hœŋ³³
从化	laŋ²²	laŋ²³	laŋ³¹	saŋ²³	kun⁵⁵	hun²³	ŋun³¹	hun²³
龙门	lan²¹	lan²³	lan⁵³	san³⁵	kon⁴²	hyɛn²³	ŋon⁵³	hyɛn²³
莞城	ŋɛŋ³¹	ŋɛŋ³⁴	ŋɛŋ⁴⁴	ʃɛŋ⁴⁴	kun²³	fun⁴⁴	un⁴⁴	fun⁴⁴
宝安	laŋ³¹	laŋ²³	laŋ²²	ʃaŋ³³	kuŋ²³	hun³³	ɔn²²	hun³³
佛山	lan⁴² lan³⁶又	lan¹³	lan¹²	ʃan²⁴	kɔn⁵³	hɔn²⁴	gɔn¹²	hɔn²⁴
南海	lan³¹	lan¹³	lan²²	san³³	kɔn⁵¹	hɔn³³	ŋɔn²²	hɔn³³
顺德	lan⁴²	lan¹³	lan²¹	ʃan³²	kɔn⁵³	hɔn³²	ɔn²¹	hɔn³²
三水	lan³¹	lan²³ lan²⁵又	lan³³	san³³	kɔn⁵³ kɔn⁵⁵又	hɔn⁴⁴	ŋɔn³³	hɔn⁴⁴
高明	lan³¹	lan³³	lan³¹	ʃan³³	kɔn⁵⁵	hɔn³³	ŋɔn³¹	hɔn³³
佛冈	lan²²	lan²³	lan³¹	ʃan³³	kun³³	hin³³	ŋin³¹	hin³³
阳山	lan²⁴¹	lan²²⁴	lan²¹⁴	ʃan³⁴	kɔn⁵¹	hɔn³⁴	ŋɔn²¹⁴	hɔn³⁴
连山	lan²⁴¹	lan¹⁵	lan²¹⁵	θan³⁵	køn⁵¹	høn³⁵	øn³⁵	høn³⁵
新兴	lan²¹	lan²¹	lan⁵²	san⁴⁴³	køn⁴⁵	høn⁴⁴³	ŋøn⁵²	høn⁴⁴³
罗定	lan²¹	lan¹³	lan²¹	san³³	kɔn⁵⁵	hɔn³³	ŋɔn²¹	hɔn³³
郁南	lan²¹	lan¹³	lan²¹	ʃan³³	kɔn⁵⁵	hɔn³³	ŋɔn²¹	hɔn³³
石岐	lan⁵¹	lan²¹³	lan³³	san³³	kɔn⁵⁵	hɔn³³	ŋɔn³³	hɔn³³

	0465 兰	0466 懒	0467 烂	0468 伞	0469 肝	0470 看~ 见	0471 岸	0472 汉
	山开一平寒来	山开一上寒来	山开一去寒来	山开一上寒心	山开一平寒见	山开一去寒溪	山开一去寒疑	山开一去寒晓
肇庆	lan^{21}	lan^{13}	lan^{52}	$ʃan^{33}$	$kɔn^{45}$	$hɔn^{33}$	$ŋɔn^{52}$	$hɔn^{33}$
香洲	lan^{343}	lan^{35}	lan^{33}	san^{33}	$kɔn^{21}$	$hɔn^{33}$	$ŋɔn^{33}$	$hɔn^{33}$
斗门	$lɒn^{22}$	$lɒn^{21}$	$lɒn^{42}$	$sɒn^{34}$	kun^{34}	hun^{34}	$ŋun^{42}$	hun^{34}
新会	lan^{22}	lan^{21}	lan^{32}	san^{23}	kun^{23}	hun^{23}	$ŋun^{32}$	hun^{23}
台山	lan^{22}	lan^{33}	lan^{31}	$ɬan^{33}$	$kɔn^{33}$	$hɔn^{33}$	$ŋɔn^{31}$	$hɔn^{33}$
开平	lan^{11}	lan^{33}	lan^{31}	$ɬan^{33}$	$kuan^{215}$小	$huan^{33}$	$ŋuan^{31}$	$huan^{33}$
恩平	lan^{22}	lan^{33}	lan^{21}	$ʃan^{33}$	$kuan^{33}$	$huan^{33}$	$ŋguan^{21}$	$huan^{33}$
四会	lan^{31}	lan^{24}	lan^{24}	$ʃan^{33}$	$kən^{51}$	$hən^{33}$	$ən^{24}$	$hən^{33}$
广宁	lan^{31}	lan^{323}	lan^{323}	san^{33}	$kɔn^{51}$	$hɔn^{33}$	$hɔn^{323}$	$hɔn^{33}$
怀集	lan^{231}	lan^{24}	lan^{225}	$θan^{45}$	$kɔn^{42}$	$hɔn^{45}$	$hɔn^{225}$	$hɔn^{45}$
德庆	lan^{242}~花 lan^{454}荷~	lan^{23}	lan^{31}	san^{53}	$kɔn^{454}$	$hɔn^{53}$	$ŋɔn^{31}$	$hɔn^{53}$
封开	lan^{243}	lan^{223}	lan^{21}	$ɬan^{51}$	$kɔn^{55}$	$hɔn^{51}$	$ŋɔn^{21}$	$hɔn^{51}$
阳江	$laŋ^{42}$	$laŋ^{21}$	$laŋ^{54}$	$ɬaŋ^{35}$	$kuɔŋ^{33}$	$huɔŋ^{35}$	$ŋuɔŋ^{54}$	$huɔŋ^{35}$
阳春	lan^{31}	lan^{323}	lan^{52}	$ɬan^{33}$	$kuɒn^{45}$	$huɒn^{33}$	$ŋuɒn^{52}$	$huɒn^{33}$
赤坎	$laŋ^{21}$	$laŋ^{13}$	$laŋ^{21}$	$ɬaŋ^{33}$	$kɔŋ^{45}$	$hɔŋ^{33}$	$ŋɔŋ^{21}$	$hɔŋ^{33}$
吴川	$laŋ^{31}$	$laŋ^{24}$	$laŋ^{31}$	$ɬaŋ^{33}$	$kɔŋ^{55}$	$hɔŋ^{33}$	$ŋɔŋ^{31}$	$hɔŋ^{33}$
廉江	$laŋ^{21}$	$laŋ^{23}$	$laŋ^{21}$	$ɬaŋ^{33}$	$kɔŋ^{55}$	$hɔŋ^{33}$	$ŋɔŋ^{21}$	$hɔŋ^{33}$
高州	$laŋ^{21}$~花 $laŋ^{53}$荷~	$laŋ^{13}$	$laŋ^{31}$	$ɬaŋ^{33}$	$kɔŋ^{53}$	$hɔŋ^{33}$	$ŋɔŋ^{31}$	$hɔŋ^{33}$
化州	lan^{13}	lan^{13}	lan^{31}	$ɬan^{33}$	$kɔn^{53}$	$hɔn^{33}$	$ŋɔn^{31}$	$hɔn^{31}$

	0465 兰	0466 懒	0467 烂	0468 伞	0469 肝	0470 看~见	0471 岸	0472 汉
	山开一平寒来	山开一上寒来	山开一去寒来	山开一上寒心	山开一平寒见	山开一去寒溪	山开一去寒疑	山开一去寒晓
梅州	lan²¹	lan⁴⁴	lan⁵²	san⁵²	kɔn⁴⁴	kʰɔn⁵²	ŋan⁵²	hɔn⁵²
兴宁	lan¹³	lan²⁴	lan⁵¹	san³¹	kɔn²⁴	kʰɔn⁵¹	ŋan⁵¹	hɔn⁵¹
五华	lan²¹²	lan⁴⁴	lan³¹	san³¹	kɔn⁴⁴	kʰɔn⁵¹	ŋan³¹	hɔn⁵¹
大埔	lan¹³	nan³⁴	lan⁵²	san³¹	kon³⁴	kʰon⁵²	ŋan⁵²	hon⁵²
丰顺	lan²⁴	nan⁴⁴	lan²¹	san⁵³	kon⁴⁴	kʰon⁵³	ŋon⁵³	hon⁵³
揭西	lan²⁴	lan⁴⁵²	lan³¹	san³¹	kɔn⁴⁵²	kʰɔn⁴¹	ŋan³¹	hɔn⁴¹
陆河	lɔn³⁵	nɔn⁵³	lɔn³³	sɔn²⁴	kɔn⁵³	kʰɔn³¹	ŋan³³	hɔn³¹
龙川	lan⁵¹	lan³¹	lan³³	san³¹	kɔn³³	kʰɔn³¹	ŋan³³	hɔn³¹
河源	lan³¹	lan²¹²	lan⁵⁴	san²¹²	kɔn³³	kʰɔn⁵⁴	ŋɔn⁵⁴	hɔn²¹²
连平	lan²¹	lan²⁴	lan⁵³	san³¹	kɔn²⁴	kʰɔn⁵³	ŋam⁵³	hɔn⁵³
龙岗	lan²¹	lan³³	lan⁵³	san⁵³	kɔn³³	kʰɔn⁵³	ŋgan⁵³	hɔn⁵³
惠州	lan²²	lan²³	lan³¹	（无）	kɔn³³	（无）	ŋɔn³¹	hɔn²³
博罗	lan²¹	lan²⁴	lan⁴¹	ɬan²⁴	kɔn⁴⁴	hɔn²⁴	ŋgɔn⁴¹	hɔn²⁴
新丰	lan²⁴	lan⁴⁴	lan³¹	san³¹	kɔn⁴⁴	kʰɔn⁵¹	ŋgɔn³¹	hɔn⁵¹
翁源	lan⁴¹	lan²²	lan³¹	san³¹	kɔn²²	kʰɔn⁴⁵	ŋan³¹	hɔn⁴⁵
始兴	lãi⁵¹	lãi²²	lãi³³	sãi³¹	kɔ̃e²²	kʰɔ̃e³³	ŋãi³³	hɔ̃e³³
仁化	laŋ³¹	laŋ³⁴	laŋ³³	saŋ²³	kuan³³	kʰuan³⁴	ŋuan³³	xuan³⁴
南雄	lɔ̃ã²¹ ~花 lɔ̃ã⁴⁴ 荷~	lɔ̃ã²¹	lɔ̃ã⁴²	sɔ̃ã²⁴	kɔ̃⁴⁴	kʰɔ̃³²	ŋɔ̃ã⁴²	hɔ̃³²

	0465 兰	0466 懒	0467 烂	0468 伞	0469 肝	0470 看~见	0471 岸	0472 汉
	山开一平寒来	山开一上寒来	山开一去寒来	山开一上寒心	山开一平寒见	山开一去寒溪	山开一去寒疑	山开一去寒晓
皈塘	la⁴⁵	la³³	la²¹	ʃa³³	ka²⁴	（无）	ŋa²¹	ha²¹
桂头	liẽ⁴⁵	lœn²¹	lœn⁴⁴	sœn⁴⁴	kuœn⁵¹	（无）	ŋœn⁴⁴	hœn⁴⁴
连州	lɔŋ⁵⁵	lɔŋ²⁴	lɔŋ³³	sɔŋ¹¹	kɔŋ³¹	kʰɔŋ¹¹	ŋɔŋ³³	hɔŋ¹¹
潮州	laŋ⁵⁵	laŋ⁵³	nũã¹¹ 白 laŋ³⁵ 文	sũã¹¹	kũã³³	kʰaŋ²¹³	ŋãĩ³⁵	haŋ²¹³
饶平	laŋ⁵⁵	laŋ⁵²	nũã²¹ 白 laŋ²⁵ 文	sũã²¹⁴	kũã⁴⁴	kʰũã²¹⁴ 白 kʰaŋ²¹⁴ 文	ŋãĩ²⁵	haŋ²¹⁴
汕头	laŋ⁵⁵	laŋ⁵¹	nũã³¹ 白 laŋ²⁵ 文	sũã²¹³	kũã³³	（无）	hũã³¹ 白 ŋãĩ²⁵ 文	haŋ²¹³
澄海	laŋ⁵⁵	laŋ⁵³	nũã²²	sũã²¹²	kũã³³	（无）	ŋãĩ³⁵	haŋ²¹²
潮阳	laŋ³³	tũã⁵²	nũã⁴² 白 laŋ⁵² 文	sũã⁵²	kũã³¹	（无）	hũã⁴² 白 ŋãĩ⁵² 文	haŋ⁵²
南澳	laŋ⁴⁵⁴	laŋ³⁵	laŋ³⁵	sũã²¹	kũã³⁴	（无）	hũã³¹ 白 ŋãĩ³⁵ 文	haŋ²¹
揭阳	laŋ⁵⁵	laŋ⁴¹	nũã²² 白 laŋ²⁵ 文	sũã²¹³	kũã³³	（无）	hũã²² 白 ŋãĩ²⁵ 文	haŋ²¹³
普宁	laŋ⁵⁵	tũã⁵² 白 nãĩ²⁴ 文	nũã³¹ 白 laŋ²⁴ 文	sũã³¹²	kũã³⁵	（无）	hũã³¹ 白 ŋãĩ²⁴ 文	haŋ³¹²
惠来	laŋ⁵⁵	laŋ⁵³	nũã³¹ 白 laŋ²⁵ 文	sũã³¹	kũã³⁴	（无）	hũã³¹ 白 ŋãĩ²⁵ 文	haŋ³¹
海丰	laŋ⁵⁵	laŋ⁵³	nũã²¹² 白 laŋ²¹² 文	sũã²¹²	kũã³³	kʰũã²¹² 白 kʰaŋ²¹² 文	hĩã²¹ 白,赤~ ŋaŋ³⁵ 文	haŋ²¹²
陆丰	laŋ¹³	laŋ⁵⁵	laŋ²¹³	sũã²¹³	kũã³³	kʰũã²¹³	hũã²² 白 ĩã²² 白 ŋgaŋ²² 文	haŋ²¹³
电白	laŋ²²	laŋ²¹	nua³³ 白 laŋ⁴⁴² 文	（无）	kua³³	kʰam²²	ŋaŋ⁴⁴²	haŋ¹³
雷州	laŋ²²	lai·⁵⁴	nua²⁴ 白 laŋ⁵⁴ 文	sua²¹	kua²⁴	ʔo²⁴	ŋaŋ³³	haŋ²¹

	0473 汗	0474 安	0475 达	0476 辣	0477 擦	0478 割	0479 渴	0480 扮
	山开一 去寒匣	山开一 平寒影	山开一 入曷定	山开一 入曷来	山开一 入曷清	山开一 入曷见	山开一 入曷溪	山开二 去山帮
广州	hɔn²²	ŋɔn⁵³	tat²	lat²	tʃʰat³	kɔt³	hɔt³	pan²²
番禺	hɔn²²	ɔn⁵³	tat²	lat²	tʃʰat³	kɔt³	hɔt³	pan²²
增城	hœn²²	œŋ⁴⁴	tak²	lak²	tsʰak³	kœk³	hœk³	pan²²
从化	hun³¹	un⁵⁵	tak²	lak²	tsʰak³	kut³	hut³	paŋ³¹
龙门	hyɛn⁵³	yɛn⁴²	tat⁴³	lat⁴³	tsʰat²³	kot²³	hyɛt²³	pan²³
莞城	fun⁴⁴	un²³	tɛk³	·ŋɛk³	tʃʰɛ³⁴	kut³	fut³	pɛŋ⁴⁴
宝安	hun²²	uŋ²³	taʔ³	laʔ³	tʃʰaʔ⁵	kɔiʔ³	fɔiʔ⁵	paŋ²²
佛山	hɔn¹²	gɔn⁵³	tat²³	lat²³	tʃʰat³⁴	kɔt³⁴	hɔt³⁴	pan¹²
南海	hɔn²²	ŋɔn⁵¹	tat²	lat²	tsʰat³ 动 tsʰat³⁵ 名	kɔt³	hɔt³	pan²²
顺德	hɔn²¹	ɔn⁵³	tat²	lat²	tʃʰat³	kɔt³	hɔt³	pan²¹
三水	hɔn³³	ŋɔn⁵³ ŋɔn⁵⁵ 又	tat³	lat³	tsʰat³ tsʰat²⁵ 又	kɔt³	hɔt⁴	pan³³
高明	hɔn³¹	ɔn⁵⁵	tat²	lat²	tʃʰat³	kɔt³	hɔt³	pan³¹
佛冈	hin³¹	in³³	tat²	lat²	tʃʰat³	kut³	hit³	pan³¹
阳山	hon²¹⁴	on⁵¹	tat²³	lat²³	tʃʰat³⁴	kot³⁴	hot³⁴	pan²¹⁴
连山	øn²¹⁵	øn⁵¹	tat²¹⁵	lat²¹⁵	tʃʰat³⁵	køt³⁵	høt³⁵	pʰan³⁵
新兴	hɵn⁵²	ɵn⁴⁵	tat⁵²	la⁵²	tsʰat⁴	kɵt⁴	hɵt⁴	pan⁵²
罗定	hɔn²¹	ɔn⁵⁵	tak²	lat²	tsʰat³	kɔt³	hɔt³	pan²¹
郁南	hɔn²¹	ɔn⁵⁵	tɐt²	lat²	tʃʰat³	kɔt³	hɔt³	pan²¹
石岐	hɔn³³	ɔn⁵⁵	tat³	lat³	tsʰat³	kɔt³	hɔt³	pan³³

	0473 汗	0474 安	0475 达	0476 辣	0477 擦	0478 割	0479 渴	0480 扮
	山开一 去寒匣	山开一 平寒影	山开一 入曷定	山开一 入曷来	山开一 入曷清	山开一 入曷见	山开一 入曷溪	山开二 去山帮
肇庆	$hɔn^{52}$	$ŋɔn^{45}$	tat^{42}	lat^{42}	$tʃʰat^{3}$	$kɔt^{13}$	$hɔt^{3}$	pan^{52}
香洲	$hɔn^{33}$	$ɔn^{21}$	tat^{3}	lat^{3}	$tsʰat^{21}$	$kɔt^{21}$	$hɔt^{21}$	pan^{33}
斗门	hun^{42}	un^{34}	$tɒt^{3}$	$lɒt^{3}$	$tʰɒt^{34}$	kut^{34}	hut^{34}	$pɒn^{42}$
新会	hun^{32}	un^{23}	tat^{2}	lat^{2}	$tsʰat^{23}$	kut^{23}	hut^{23}	pan^{32}
台山	$hɔn^{31}$	$ɔn^{33}$	at^{31}	lat^{31}	$tsʰat^{3}$	$kɔt^{3}$	$hɔt^{3}$	pan^{31}
开平	$huan^{31}$	uan^{33}	at^{2}	lat^{2}	$tʃʰat^{3}$	$kuat^{3}$	$huat^{3}$	van^{31}
恩平	$huan^{21}$	uan^{33}	tat^{2}	lat^{2}	$tʰat^{3}$	$kuat^{3}$	$huat^{3}$	pan^{21}
四会	$hɵn^{24}$	$ɵn^{51}$	tat^{2}	lat^{2}	$tʃʰat^{3}$	$kɵt^{3}$	$hɵt^{3}$	pan^{24}
广宁	$hɔn^{323}$	$ɔn^{51}$	tat^{323}	lat^{323}	$tsʰat^{43}$	$kɔt^{43}$	$hɔt^{43}$	pan^{323}
怀集	hon^{225}	on^{42}	tat^{24}	lat^{24}	$tʃʰat^{45}$	kot^{45}	hot^{45}	pan^{225}
德庆	hon^{31}	on^{454}	tat^{2}	lat^{2}	$tsʰat^{53}$	kot^{53}	hot^{53}	pan^{31}
封开	hon^{21}	on^{55}	tat^{2}	lat^{2}	$tʃat^{53}$	kut^{5}	hut^{53}	pan^{21}
阳江	$huɔŋ^{54}$	$ɔŋ^{33}$	$taʔ^{54}$	$laʔ^{54}$	$tsʰaʔ^{21}$	$kuɔʔ^{21}$	$huɔʔ^{21}$	$paŋ^{54}$
阳春	$·huɒn^{52}$	$uɒn^{45}$	tat^{52}	lat^{52}	$tsʰat^{3}$	$kuɒt^{3}$	$huɒt^{3}$	pan^{52}
赤坎	$hɔŋ^{21}$	$ɔŋ^{45}$	$taʔ^{2}$	$laʔ^{2}$	$tsʰaʔ^{3}$	$kɔʔ^{3}$	$hɔʔ^{3}$	$paŋ^{21}$
吴川	$hɔŋ^{31}$	$ɔŋ^{55}$	$ɗaʔ^{31}$	$laʔ^{31}$	$tʃʰaʔ^{3}$	$kɔʔ^{3}$	$hɔʔ^{3}$	$ɓaŋ^{31}$
廉江	$hɔŋ^{21}$	$ɔŋ^{55}$	$tɐt^{2}$	lak^{2}	$tsʰak^{3}$	$kɔk^{3}$	$hɔk^{3}$	$paŋ^{21}$
高州	$hɔŋ^{31}$	$ɔŋ^{53}$	tak^{21}	lak^{21}	$tʃʰak^{3}$	$kɔk^{3}$	$hɔk^{3}$	$paŋ^{31}$
化州	$hɔn^{31}$	$ɔn^{31}$	$ɗaʔ^{31}$	$laʔ^{31}$	$tʃʰaʔ^{3}$	$kɔʔ^{3}$	$hɔʔ^{3}$	$ɓan^{31}$

	0473 汗	0474 安	0475 达	0476 辣	0477 擦	0478 割	0479 渴	0480 扮
	山开一去寒匣	山开一平寒影	山开一入曷定	山开一入曷来	山开一入曷清	山开一入曷见	山开一入曷溪	山开二去山帮
梅州	$hɔn^{52}$	$ɔn^{44}$	t^hat^5	lat^5	ts^hat^2	$kɔt^2$	$hɔt^2$	p^han^{52} ~演 pan^{52} 打~
兴宁	$hɔn^{51}$	$ɔn^{24}$	t^hat^4	lat^4	ts^hat^2	$kɔt^2$	$hɔt^2$	p^han^{51} ~演 pan^{51} 打~
五华	$hɔn^{31}$	$ɔn^{44}$	t^hait^5	$lait^5$	ts^hait^2	$kɔt^2$	$hɔt^2$	p^han^{31}
大埔	hon^{52}	on^{34}	t^hat^5	lat^5	ts^hat^5	kot^2	hot^2	p^han^{52} ~演 pan^{52} 打~
丰顺	hon^{21}	on^{44}	t^hat^5	lat^5	ts^hat^2	kot^2	k^hot^2	p^han^{53}
揭西	$hɔn^{31}$	$ɔn^{452}$	t^hat^5	lat^5	ts^hat^3	$kɔt^3$	$k^hɔt^3$	p^han^{31} ~演 pan^{41} 打~
陆河	$hɔn^{33}$	$ɔn^{53}$	$t^hɔt^5$	$lɔt^5$	$ts^hɔt^{45}$	$kɔt^{45}$	$hɔt^{45}$	$pɔn^{31}$
龙川	$hɔn^{33}$	$ɔn^{33}$	t^hat^3	lat^3	ts^hat^{13}	$kɔt^{13}$	$hɔt^{13}$	pan^{31}
河源	$hɔn^{54}$	$ɔn^{33}$	t^hat^3	lat^3	ts^hat^5	$kɔt^5$	$hɔt^5$	pan^{212}
连平	$hɔn^{53}$	$ɔn^{24}$	t^hat^5	lat^5	ts^hat^3	$kɔt^3$	$hɔt^3$	p^han^{53}
龙岗	$hɔn^{53}$	$ɔn^{33}$	t^hat^5	lat^5	ts^hat^2	$kɔt^2$	$hɔt^2$	p^han^{53}
惠州	$hɔn^{31}$	$ʔɔn^{33}$	t^hat^{21}	lat^{21}	ts^hat^{45}	$kɔt^{45}$	$hɔt^{45}$	p^han^{31}
博罗	$hɔn^{41}$	$ɔn^{44}$	t^hat^2	lat^2	ts^hat^5	$kɔt^5$	$hɔt^5$	p^han^{41}
新丰	$hɔn^{31}$	$ɔn^{44}$	t^hat^4	lat^4	ts^hat^2	$kɔt^2$	$hɔt^2$	p^han^{31}
翁源	$hɔn^{31}$	$ɔn^{22}$	t^hat^{45}	lat^{45}	ts^hat^{31}	$kɔt^{31}$	$hɔt^{31}$	p^han^{31}
始兴	$hõe^{33}$	$õe^{22}$	$t^haiʔ^3$	$laiʔ^3$	$ts^haiʔ^{45}$	$koeʔ^{45}$	$hoeʔ^{45}$	$p^hãi^{33}$
仁化	$xuan^{33}$	uan^{33}	$taʔ^5$	$laʔ^5$	$ts^haʔ^5$	$kuaiʔ^5$	$xuaiʔ^5$	pan^{34}
南雄	$hõ^{42}$	$ʔõ^{44}$	tai^{42}	lai^{42}	$ts^haiʔ^5$	$kuʁ^5$	$hʁʔ^5$	$põã^{42}$

	0473 汗	0474 安	0475 达	0476 辣	0477 擦	0478 割	0479 渴	0480 扮
	山开一去寒匣	山开一平寒影	山开一入曷定	山开一入曷来	山开一入曷清	山开一入曷见	山开一入曷溪	山开二去山帮
皈塘	ha²¹	ŋa²⁴	tɔ⁴¹	lɔ³³	tʃʰɔ⁴¹	kɔ⁴¹	（无）	pa²¹
桂头	hœn⁴⁴	œn⁵¹	tʰie⁴⁴	lu⁴⁴	tsʰu²¹	ku²¹	fu²¹	pœn⁴⁴
连州	hɔŋ³³	ɔŋ³¹	tou³¹	lou³¹	tsʰou²⁴	ku²⁴	hu²⁴	pɔŋ³³
潮州	kũã²¹³	ũã³³白 aŋ³³文	tak⁵	luaʔ⁵	tsʰak²	kuaʔ²	kuaʔ²	paŋ²¹³
饶平	kũã²¹白 haŋ²⁵文	ũã⁴⁴白 aŋ⁴⁴文	tak⁵	laʔ⁵	tsʰak²	kuaʔ²	kuaʔ²	paŋ²¹⁴
汕头	kũã³¹白 haŋ⁵¹文	ũã³³白 aŋ³³文	tak⁵	luaʔ⁵	tsʰak²	kuaʔ²	kuaʔ²	paŋ²¹³
澄海	kũã²²	ũã³³白 aŋ³³文	tak⁵	luaʔ⁵	tsʰak²	kuaʔ²	kuaʔ²	paŋ²¹²
潮阳	kũã⁴²	ũã³¹白 aŋ³¹文	tak⁵	luaʔ³	tsʰak³	kuaʔ³	kʰuaʔ³	paŋ⁵²
南澳	kũã³¹白 haŋ⁵²文	ũã³⁴白 aŋ³⁴文	tak⁵	luaʔ²	tsʰak²	kuaʔ²	kuaʔ²	paŋ²¹
揭阳	kũã²²白 haŋ⁴¹文	ũã³³白 aŋ³³文	tak⁵	luaʔ⁵白 laʔ⁵文	tsʰak³	kuaʔ³	kʰuaʔ³	paŋ²¹³
普宁	kũã³¹白 haŋ⁵²文	ũã³⁵白 aŋ³⁵文	tak⁵	luaʔ³	tsʰak³	kuaʔ³	kʰuaʔ³	paŋ³¹²
惠来	kũã³¹白 haŋ⁵⁵文	ũã³⁴白 aŋ³⁴文	tak⁵	luak³	tsʰak³	kuaʔ³	kʰuaʔ³	paŋ³¹
海丰	kũã²¹	ũã³³白 aŋ³³文	tak⁵	luaʔ²¹	tsʰak²	kuaʔ²	kʰuaʔ²白 hak²文	paŋ²¹²
陆丰	kũã²²	ũã³³白 aŋ³³文	tak⁵	luaʔ²白 laʔ⁵文	tsʰak²	kuaʔ²	kʰuaʔ²白 hak²文	paŋ²¹³
电白	kua³³白 haŋ⁴⁴²文	ŋaŋ³³	tak²	lua⁴⁴²	tsʰak⁵	kua⁵³	kʰua⁵³	paŋ⁴⁴²
雷州	haŋ³³	aŋ²⁴	tak³ tak⁵马~	lua³³	tsʰua⁵⁴	kua⁵⁴	kʰua⁵⁴	puaŋ³³

	0481 办	0482 铲	0483 山	0484 产~妇	0485 间 房~,一~房	0486 眼	0487 限	0488 八
	山开二 去山並	山开二 上山初	山开二 平山生	山开二 上山生	山开二 平山见	山开二 上山疑	山开二 上山匣	山开二 入黠帮
广州	pan²²	tʃʰan³⁵	ʃan⁵³	tʃʰan³⁵	kan⁵⁵	ŋan¹³	han²²	pat³
番禺	pan²²	tʃʰan³⁵	ʃan⁵³	tʃʰan³⁵	kan⁵⁵	an²³	han²²	pat³
增城	pan²²	tsʰan³⁵	san⁴⁴	tsʰan³⁵	kan⁴⁴	an¹³	han²²	pak³
从化	paŋ³¹	tsʰaŋ⁴⁵	saŋ²³	tsʰaŋ⁴⁵	kaŋ²³	ŋaŋ⁴⁵	haŋ³¹	pak³
龙门	pan⁵³	tsʰan³⁵	san⁴²	tsʰan³⁵	kan⁴²	ŋan²³	han⁵³	pat²³
莞城	pɛŋ⁴⁴	tʃʰɛŋ³⁵	ʃɛŋ²³	tʃʰɛŋ³⁵	kɛŋ²³	ŋɛŋ³⁴	hɛŋ⁴⁴	pɛ³⁴
宝安	paŋ²²	tʃʰaŋ²⁵	ʃaŋ²³	tʃʰaŋ²⁵	kaŋ⁵⁵	ŋaŋ²³	haŋ²²	paʔ³
佛山	pan¹²	tʃʰœn³⁵ tʃʰan³⁵又	ʃan⁵³	tʃʰan³⁵	kan⁵³ 房~ kɛn⁵³ 一~房	gɛn¹³ gan¹³又	han¹²又 hɛn²²又	pɛt³⁴ pat³⁴又
南海	pan²² ~事 pan³⁵ 买~	tsʰœn³⁵ tsʰiɛn³⁵又	sɛn⁵¹ 佛~ san⁵¹ 高~	tsʰan³⁵	kiɛn⁵¹	ŋiɛn¹³	han²²	pɛt³
顺德	pan²¹	tʃʰan²⁴	ʃan⁵³	tʃʰan²⁴	kɛn⁵³	ɛn¹³	han²¹	pɛt³
三水	pan³³	tsʰan²⁵	sen⁵³ san⁵³又	tsʰan²⁵	ken⁵³ kan⁵³又	ŋen²³ ŋan²³又	han³³	pet⁴ pat⁴又
高明	pan³¹	tʃʰan²⁴	ʃan⁴⁵	tʃʰan²⁴	kan⁴⁵	ŋan³³	han³¹	pat³
佛冈	pan³¹	tʃʰan³⁵	ʃan³³	tʃʰan³⁵	kan³³	ŋan²³	han³¹	pat³
阳山	pan²¹⁴	tʃʰen⁵⁵	ʃen⁵¹	tʃʰen⁵⁵	ken⁵¹	ŋen²²⁴	hen²¹⁴	pet³⁴
连山	pan²¹⁵	tʃʰan⁵⁵	ʃan⁵¹	tʃʰan⁵⁵	kan⁵¹	ŋan¹⁵	an¹⁵	bat³⁵
新兴	pan⁵²	tsʰan³⁵	san⁴⁵	tsʰan³⁵	kan⁴⁵	ŋan²¹	han⁵²	pat⁴
罗定	pan²¹	tsʰan³⁵	san⁵⁵	tsʰan³⁵	kan³³ 一~房 kan⁵⁵ 房~	ŋan¹³	han¹³	pat³
郁南	pan²¹	tʃʰan³⁵	ʃan⁵⁵	tʃʰan³⁵	kan⁵⁵	ŋan¹³	han²¹	pat³
石岐	pan³³	tsʰan²¹³	san⁵⁵	tsʰan²¹³	kan⁵⁵	ŋan²¹³	han³³	pat³

	0481 办	0482 铲	0483 山	0484 产~妇	0485 间 房~,一~房	0486 眼	0487 限	0488 八
	山开二 去山並	山开二 上山初	山开二 平山生	山开二 上山生	山开二 平山见	山开二 上山疑	山开二 上山匣	山开二 入黠帮
肇庆	pan^{52}	tʃʰan^{24}	ʃan^{45}	tʃʰan^{24}	kan^{45}	ŋan^{13}	han^{52}	pat^{3}
香洲	pan^{33}	tsʰan^{35}	san^{21}	tsʰan^{35}	kan^{21}	ŋan^{35}	han^{33}	pat^{21}
斗门	pɒn^{42}	tʰɒn^{45}	sɒn^{34}	tʰɒn^{45}	kɒn^{34}	ŋɒn^{45}	hɒn^{42}	pɒt^{34}
新会	pan^{32}	tsʰan^{45}	san^{23}	tsʰan^{45}	kan^{23}	ŋan^{45}	han^{32}	pat^{23}
台山	pan^{31}	tsʰan^{55}	san^{33}	tsʰan^{55}	kan^{33}	ŋan^{55}	han^{31}	pat^{3}七~ pat^{5}三~节
开平	van^{31}	tʃʰan^{45}	ʃan^{33}	tʃʰan^{45}	kan^{33}	ŋan^{45}	han^{31}	vat^{3}
恩平	pan^{21}	tʰan^{55}	ʃan^{33}	tʰan^{55}	kan^{33}	ŋgan^{55}	hɛn^{21}	pat^{3}
四会	pan^{24}	tʃʰan^{33}	ʃɛn^{51}	tʃʰɛn^{33}	kɛn^{51}	ŋɛn^{24}	hɛn^{24}	pɛt^{3}
广宁	pan^{323}	tsʰøn^{44}	sen^{51}	tsʰen^{44}	ken^{51}	ŋen^{323}	hen^{323}	pet^{43}
怀集	pan^{225}	tʃʰɛn^{54}	θɛn^{42}	tʃʰɛt^{54}	kɛn^{42}	ŋɛn^{24}~睛 ŋɛn^{54}一~灯	hɛn^{225}	pɛt^{45}
德庆	pan^{31}	tsʰan^{45}	san^{454}	tsʰan^{45}	kan^{454}	ŋan^{23}	han^{31}	pat^{53}
封开	pan^{21}	tʃʰan^{334}	ʃan^{55}	tʃʰan^{334}	kan^{55}	ŋan^{223}	han^{223}	pat^{53}
阳江	paŋ^{54}	tsʰaŋ^{21}	saŋ^{33}	tsʰaŋ^{21}	kaŋ^{33}	ŋaŋ^{21}	haŋ^{54}	paʔ^{21}
阳春	pan^{52}	tsʰan^{324}	san^{45}	tsʰan^{324}	kan^{45}	ŋan^{323}	han^{52}	pat^{3}
赤坎	paŋ^{21}	tsʰaŋ^{13}	saŋ^{45}	tsʰaŋ^{13}	kaŋ^{45}	ŋaŋ^{13}	hɐŋ^{21}	paʔ^{3}
吴川	ɓaŋ^{31}	tʃʰaŋ^{35}	ʃaŋ^{55}	tʃʰaŋ^{35}	kaŋ^{55}	ŋaŋ^{24}	haŋ^{31}	ɓaʔ^{3}
廉江	paŋ^{21}	tsʰaŋ^{25}	saŋ^{55}	tsʰaŋ^{25}	kaŋ^{55}	ŋaŋ^{23}	hɐŋ^{21}	pak^{3}
高州	paŋ^{31}	tʃʰaŋ^{24}	ʃaŋ^{53}	tʃʰaŋ^{24}	ŋaŋ^{53}一~房 kaŋ^{53}房~	ŋaŋ^{13}	haŋ^{31}	pak^{3}
化州	ɓan^{31}	tʃʰan^{35}	ʃan^{53}	tʃan^{35}	kan^{53}	ŋan^{13}	han^{31}	ɓaʔ^{3}

	0481 办	0482 铲	0483 山	0484 产~ 妇	0485 间 房~，一~房	0486 眼	0487 限	0488 八
	山开二 去山並	山开二 上山初	山开二 平山生	山开二 上山生	山开二 平山见	山开二 上山疑	山开二 上山匣	山开二 入黠帮
梅州	pʰan⁵²	tsʰan³¹	san⁴⁴	san³¹	kian⁴⁴	ŋian³¹	han⁵²	pat³¹
兴宁	pʰan⁵¹	tsʰan³¹	san²⁴	san³¹	kan²⁴	ŋan³¹	han⁵¹	pat²
五华	pʰan³¹	tsʰan³¹	san⁴⁴	san³¹	kan⁴⁴	ŋan³¹	han³¹	pait²
大埔	pʰan⁵²	tsʰan³¹	san³⁴	san³¹	kien³⁴	ŋien³¹	hæn⁵²	pæt²
丰顺	pʰan²¹	tsʰan⁵³	san⁴⁴	san⁵³	kian⁴⁴	ŋan⁵³	han²¹	pat²
揭西	pʰan³¹	tsʰan³¹	san⁴⁵²	tsʰan³¹	kiɛn⁴⁵²	ŋan³¹	han³¹	pat³
陆河	pʰan³³	tsʰɔn²⁴	sɔn⁵³	sɔn²⁴	kan⁵³ kɛn⁵³ 又	ŋan²⁴	han³³	pat⁴⁵
龙川	pʰan³³	tsʰan²⁴	san³³	tsʰan²⁴	kan³³	ŋan²⁴	han³³	pat¹³
河源	pʰan⁵⁴	tsʰan²⁴	san³³	tsʰan²⁴	kan³³	ŋan²¹²	han⁵⁴	pat⁵
连平	pʰan⁵³	tsʰan³¹	san²⁴	tsʰan³¹	kan²⁴	ŋan³¹	han⁵³	pat³
龙岗	pʰan⁵³	tsʰan³¹	san³³	san³¹	kan³³	ŋgan³¹	han⁵³	pat²
惠州	pʰan³¹	tsʰan³⁵	san³³	tsʰan³⁵	kan³³	ŋan²³	han³¹	pat⁴⁵
博罗	pʰan⁴¹	tsʰan³⁵	san⁴⁴	tsʰan³⁵	kan⁴⁴	ŋgan²⁴	han⁴¹	pat⁵
新丰	pʰan³¹	tsʰan³¹	san⁴⁴	tsʰan³¹	kan⁴⁴	ŋgan³¹	han³¹	pat²
翁源	pʰan³¹	tsʰan³¹	san²²	tsʰan³¹	kan²²	ŋan³¹	han³¹	pat³¹
始兴	pʰãi³³	tsʰãi³¹	sãi²²	tsʰãi³¹	kãi²²	ŋãi³¹	hãi³³	paiʔ⁴⁵
仁化	pʰaŋ³³	tsʰaŋ²³	saŋ³³	tsʰaŋ²³	kaŋ³³	ŋaŋ³⁴	xaŋ³³	paʔ⁵
南雄	pɔ̃ã⁴²	tsʰɔ̃ã²⁴	sɔ̃ã⁴⁴	tsʰɔ̃ã²⁴	kɔ̃ã⁴⁴	ŋɔ̃ã²¹	hɔ̃ã⁴²	paiʔ⁵

	0481 办	0482 铲	0483 山	0484 产~妇	0485 间房~，一~房	0486 眼	0487 限	0488 八
	山开二去山並	山开二上山初	山开二平山生	山开二上山生	山开二平山见	山开二上山疑	山开二上山匣	山开二入黠帮
皈塘	pa²¹	tʃʰiu³³ tʃʰaŋ³³ 又	ʃia²⁴	tʃʰiu³³ tʃʰaŋ³³ 又	ka²⁴	nia³³	ha²¹	pɔ⁴¹
桂头	piẽ⁴⁴	tsʰiẽ³²⁴	siẽ⁵¹	tsʰiẽ³²⁴	kiẽ⁵¹	ŋiẽ²¹	hiẽ⁴⁴	pie²¹
连州	pɔŋ³³	tsʰɔŋ⁵³	sɔŋ³¹	tsʰɔŋ⁵³	kɔŋ³¹	ŋɔŋ²⁴	hɔŋ³³	pou²⁴
潮州	pʰõĩ¹¹	tsʰaŋ⁵³	sũã³³	sũã⁵³	kõĩ³³	ŋaŋ⁵³	haŋ³⁵	poiʔ²
饶平	pʰõĩ²¹⁴	tsʰaŋ⁵²	sũã⁴⁴ 白 saŋ⁴⁴ 文	sũã⁵²	kõĩ⁴⁴	ŋaŋ⁵²	haŋ²⁵	poiʔ²
汕头	pʰõĩ³¹	tsʰaŋ⁵¹	sũã³³	sũã⁵¹	kõĩ³³ 白 kaŋ³³ 文	õĩ⁵¹ 白 ŋaŋ⁵¹ 文	haŋ²⁵	poiʔ²
澄海	pʰõĩ²²	tsʰaŋ⁵³	sũã³³	sũã⁵³	kõĩ³³	ŋaŋ⁵³	haŋ³⁵	poiʔ²
潮阳	pãĩ⁴²	tsʰaŋ⁴⁵⁴	sũã³¹	sũã⁴⁵⁴	kãĩ³¹	ŋaŋ⁴⁵⁴	haŋ⁵²	poiʔ³
南澳	pʰõĩ³¹	tsʰaŋ⁵²	sũã³⁴	sũã⁵²	ken³⁴	gaŋ⁵²	haŋ³⁵	poiʔ²
揭阳	pãĩ²²	tsʰaŋ⁴¹	sũã³³	sũã⁴¹	kãĩ³³ 白 kaŋ³³ 文	ŋaŋ⁴¹	haŋ²⁵	poiʔ³
普宁	pãĩ³¹	tsʰaŋ⁵²	sũã³⁵	sũã⁵²	kãĩ³⁵	ŋaŋ⁵²	haŋ²⁴	poiʔ³
惠来	pãĩ³¹	tsʰaŋ⁵³	sũã³⁴	sũã⁵³	kãĩ³⁴	ŋaŋ⁵³	haŋ²⁵	poiʔ³
海丰	paŋ³⁵	tsʰaŋ⁵³	sũã³³ 白 saŋ³³ 文	saŋ⁵³	kãĩ³³ 白 kaŋ³³ 文	ãĩ⁵³ 白 ŋaŋ⁵³ 文	haŋ³⁵	peʔ² 白 pak² 文
陆丰	paŋ²²	tsʰaŋ⁵⁵	sũã³³ 白 saŋ³³ 文	sũã⁵⁵	ken³³ 白 kãĩ³³ 白① kaŋ³³ 文	ŋgaŋ⁵⁵	haŋ²²	peʔ² 白 pak² 文
电白	paŋ⁴⁴²	tsʰaŋ²¹	sua³³ 白 saŋ³³ 文	tsʰaŋ²¹	kai³³ 白 kaŋ³³ 文	ŋai²¹ 白 ŋaŋ²¹ 文	haŋ⁴⁴²	pɔi⁵³
雷州	paŋ³³	tsʰaŋ⁴²	sua²⁴ 白 saŋ²⁴ 文	tsʰaŋ⁴²	kai²⁴ 白 kien²⁴ 文	（无）	haŋ³³	poi⁵⁴

①农村音，老男认为东海城区普遍接受。

	0489 扎	0490 杀	0491 班	0492 板	0493 慢	0494 奸	0495 颜	0496 瞎
	山开二入黠庄	山开二入黠生	山开二平删帮	山开二上删帮	山开二去删明	山开二平删见	山开二平删疑	山开二入鎋晓
广州	tʃat³	ʃat³	pan⁵⁵	pan³⁵	man²²	kan⁵³	ŋan²¹	hat²
番禺	tʃat³	ʃat³	pan⁵⁵	pan³⁵	man²²	kan⁵³	an³¹	(无)
增城	tsak³	sak³	pan⁴⁴	pan³⁵	man²²	kan⁴⁴	an²¹	hɐt²
从化	tsɐt³	sak³	paŋ⁵⁵	paŋ⁴⁵	maŋ³¹	kaŋ⁵⁵	ŋaŋ²²	hɐt²
龙门	tsat²³	sat²³	pan⁵⁵	pan³⁵	man⁵³	kan⁴²	ŋan²¹	hɔi⁴²
莞城	tʃɛ³⁴	ʃɛ³⁴	pɛŋ²³	pɛŋ³⁵	mɛŋ⁴⁴	kɛŋ²³	ŋɛŋ³¹	hak³
宝安	tʃaʔ⁵	ʃaʔ³	paŋ⁵⁵	paŋ²⁵	maŋ²²	kaŋ²³	ŋaŋ³¹	haiʔ³
佛山	tʃat³⁴	ʃat³⁴	pan⁵⁵	pan³⁵	ban¹²	kɛn⁵³ 白 kan⁵³ 文	gan⁴²	hɐt²³
南海	tsat³	sat³	pan⁵⁵	pan³⁵	man²²	kiɛn⁵¹ 白 kan⁵¹ 文	ŋan³¹	(无)
顺德	tʃat³	ʃat³	pan⁵³	pan²⁴	man²¹	kan⁵³	an⁴²	(无)
三水	tsat⁴	sat⁴	pan⁵³ pan⁵⁵ 又	pan²⁵	man³³ man²⁵ 又 man⁴⁴ 又	kan⁵³	ŋan³¹	hat³
高明	tʃat³	ʃat³	pan⁵⁵	pan²⁴	man³¹	kan⁴⁵	ŋan³¹	(无)
佛冈	tʃat³	ʃat³	pan³³	pan³⁵	man³¹	kan³³	ŋan²²	hɐt²
阳山	tʃat³⁴	ʃɛt³⁴	pan⁵¹	pan⁵⁵	man²¹⁴	ken⁵¹	ŋen²²⁴	(无)
连山	tʃat³⁵	ʃat³⁵	ban⁵¹	ban⁵⁵	man²¹⁵	kan⁵¹	ŋan²⁴¹	hat³⁵
新兴	tsat⁴	sat⁴	pan⁴⁵	pan³⁵	man⁵²	kan⁴⁵	ŋan²¹	hat⁴
罗定	tsat³	sat³	pan⁵⁵	pan³⁵	man²¹	kan⁵⁵	ŋan²¹	hɐt²
郁南	tʃat³	ʃat³	pan⁵⁵	pan³⁵	man²¹	kan⁵⁵	ŋan²¹	(无)
石岐	tsat³	sat³	pan⁵⁵	pan²¹³	man³³	kan⁵⁵	ŋan⁵¹	hɐt³

	0489 扎	0490 杀	0491 班	0492 板	0493 慢	0494 奸	0495 颜	0496 瞎
	山开二入黠庄	山开二入黠生	山开二平删帮	山开二上删帮	山开二去删明	山开二平删见	山开二平删疑	山开二入鎋晓
肇庆	tʃat^{3}	ʃat^{3}	pan^{45}	pan^{24}	man^{52}	kan^{45}	ŋan^{21}	hɐt^{3}
香洲	tsat^{21}	sat^{21}	pan^{21}	pan^{35}	man^{33}	kan^{21}	ŋan^{343}	hɐt^{3}
斗门	tsɒt^{34}	sɒt^{34}	pɒn^{34}	pɒn^{45}	mɒn^{42}	kɒn^{34}	ŋɒn^{22}	hɒt^{3}
新会	tsat^{23}	sat^{23}	pan^{23}	pan^{45}	man^{32}	kan^{23}	ŋan^{22}	（无）
台山	tsat^{3}	sat^{3}	pan^{33}	pan^{55}	man^{31}	kan^{33}	ŋan^{22}	hat^{31}
开平	tʃat^{3}	ʃat^{3}	van^{33}	van^{45}	man^{31}	kan^{33}	ŋan^{11}	（无）
恩平	tʃat^{3}	ʃat^{3}	pan^{33}	pan^{55}	mban^{21}	kan^{33}	ŋgan^{22}	hat^{3}
四会	tʃat^{3}	ʃɛt^{3}	pan^{51}	pan^{33}	man^{24}	kɛn^{51}	ŋɛn^{31}	hɐt^{3}
广宁	tsat^{43}	set^{43}	pan^{51}	pan^{44}	man^{323}	ken^{51}	ŋen^{31}	hɐt^{31}
怀集	tʃat^{45}	θɛt^{45}	pan^{42}	pan^{54}	man^{225}	kɛn^{42}	ŋɛn^{225}	（无）
德庆	tsat^{53}	sat^{53}	pan^{454}	pan^{45}	man^{31}	kan^{454}	ŋan^{31}	（无）
封开	tʃat^{53}	ʃat^{53}	pan^{55}	pan^{334}	man^{21}	kan^{55}	ŋan^{243}	huʌt^{2}
阳江	tsaʔ^{21}	saʔ^{21}	paŋ^{33}	paŋ^{21}	maŋ^{54}	kaŋ^{33}	ŋaŋ^{42}	hɐk^{54}
阳春	tsat^{3}	sat^{3}	pan^{45}	pan^{324}	man^{52}	kan^{45}	ŋan^{31}	hɐt^{52}
赤坎	tsaʔ^{3}	saʔ^{3}	paŋ^{45}	paŋ^{13}	maŋ^{21}	kaŋ^{45}	ŋaŋ^{21}	（无）
吴川	tʃat^{3}	ʃaʔ^{3}	ɓaŋ^{55}	ɓaŋ^{35}	maŋ^{31}	kaŋ^{55}	ŋaŋ^{31}	（无）
廉江	tsak^{3}	sak^{3}	paŋ^{55}	paŋ^{25}	maŋ^{21}	kaŋ^{55}	ŋaŋ^{21}	（无）
高州	tʃak^{3}	ʃak^{3}	paŋ^{53}	paŋ^{24}	maŋ^{31}	kɒŋ^{53}	ŋaŋ^{21}	（无）
化州	tʃaʔ^{3}	ʃaʔ^{3}	ɓaŋ^{53}	ɓaŋ^{35}	man^{31}	kan^{53}	ŋan^{31}	（无）

	0489 扎	0490 杀	0491 班	0492 板	0493 慢	0494 奸	0495 颜	0496 瞎
	山开二 入黠庄	山开二 入黠生	山开二 平删帮	山开二 上删帮	山开二 去删明	山开二 平删见	山开二 平删疑	山开二 入鎋晓
梅州	tsat^2 ~紧 tsap^2 ~根	sat^2	pan^{44}	pan^{31}	man^{52}	kian^{44}	ŋian^{21}	hat^2
兴宁	tsat^2	sat^2	pan^{24}	pan^{31}	man^{51}	kan^{24}	ŋan^{13}	hat^2
五华	tsat^2	sait^2	pan^{44}	pan^{31}	man^{31}	kan^{44}	ŋan^{212}	hait^2
大埔	tsat^2	sat^2	pan^{34}	pan^{31}	mæn^{52}	kien^{34}	ŋien^{13}	hæt^2
丰顺	tsap^2	sat^2	pan^{44}	pan^{53}	man^{21}	kian^{44}	ŋian^{21}	hat^2
揭西	tsat^3 ~紧 tsap^3 结~	sat^3	pan^{452}	pan^{31}	man^{31}	kan^{452}	ŋan^{24}	hat^3
陆河	tsat^{45} tsap^{45} 又	sat^{45}	pan^{53}	pan^{24}	mɔn^{33}	kɔn^{53}	ŋan^{35}	hat^{45}
龙川	tsat^{13}	sat^{13}	pan^{33}	pan^{24}	man^{33}	kan^{33}	ŋan^{51}	hat^{13}
河源	tsat^5	sat^5	pan^{33}	pan^{24}	man^{54}	kan^{33}	ŋan^{31}	hat^5
连平	tsat^3 结~ tsa^{24} ~~啤酒 tsap^3 ~进去	sat^3	pan^{24}	pan^{31}	man^{53}	kan^{24}	ŋan^{21}	hat^3
龙岗	tsat^2	sat^2	pan^{33}	pan^{31}	mban^{53}	kan^{33}	ŋgan^{21}	hat^2
惠州	tsat^{45}	sat^{45}	pan^{33}	pan^{35}	man^{31}	kan^{33}	ŋan^{22}	（无）
博罗	tsat^5	sat^5	pan^{44}	pan^{35}	mban^{41}	kan^{44}	ŋgan^{21}	（无）
新丰	tsat^2	sat^2	pan^{44}	pan^{31}	mban^{31}	kan^{44}	ŋgan^{24}	（无）
翁源	tsat^{31}	sat^{31}	pan^{22}	pan^{31}	man^{31}	kan^{22}	ŋan^{41}	（无）
始兴	tsʰaiʔ^{45}	saiʔ^{45}	pãi^{22}	pãi^{31}	mãi^{33}	kãi^{22}	ŋãi^{51}	haiʔ^{45}
仁化	tsaʔ^5	saʔ^5	paŋ^{33}	paŋ^{23}	maŋ^{33}	kaŋ^{33}	ŋaŋ^{31}	xaʔ^5
南雄	tsaiʔ^5	saiʔ^5	pɔ̃ɑ̃^{44}	pɔ̃ɑ̃^{24}	mɔ̃ɑ̃^{42}	kɔ̃ɑ̃^{44}	ŋɔ̃ɑ̃^{21}	haiʔ^5

	0489 扎	0490 杀	0491 班	0492 板	0493 慢	0494 奸	0495 颜	0496 瞎
	山开二 入黠庄	山开二 入黠生	山开二 平删帮	山开二 上删帮	山开二 去删明	山开二 平删见	山开二 平删疑	山开二 入鎋晓
皈塘	tʃɔ³³	ʃia⁴¹	pia²⁴	pa³³	ma²¹	ka²⁴	ŋa⁴⁵	hɔ⁴¹
桂头	tsie²¹	sie²¹	piẽ⁵¹	pœn³²⁴	mœn⁴⁴	kiẽ⁵¹	ŋiẽ⁴⁵	（无）
连州	tsou²⁴	sou²⁴	pɔŋ³¹	pɔŋ⁵³	mɔŋ³³	kɔŋ³¹	ŋɔŋ⁵⁵	（无）
潮州	tsak²	suaʔ²	paŋ³³	paŋ⁵³	maŋ¹¹	kaŋ³³	hĩã⁵⁵白 ŋaŋ³⁵ ŋuen⁵⁵文	hak²
饶平	tsak²	suaʔ²	paŋ⁴⁴	põĩ⁵²白 paŋ⁵²文	maŋ²¹	kaŋ⁴⁴	ŋaŋ⁵⁵白 ŋuan⁵⁵文	hak²
汕头	tsak²	suaʔ²	paŋ³³	põĩ⁵¹白 paŋ⁵¹文	maŋ³¹白 buaŋ²⁵文	kaŋ³³	hĩã⁵⁵白 ŋuaŋ⁵⁵文	hak²
澄海	tsak²	suaʔ²	paŋ³³	põĩ⁵³白 paŋ⁵³文	maŋ²²	kaŋ³³	ŋuan⁵⁵	（无）
潮阳	tsak³	suaʔ³	paŋ³¹	pãĩ⁴⁵⁴白 paŋ⁴⁵⁴文	maŋ⁴²	kaŋ³¹	hĩã³³白 ŋuan³³文	hak³
南澳	tsak²	suaʔ²	paŋ³⁴	paŋ⁵²	baŋ³¹	kaŋ³⁴	ŋuan⁴⁵⁴	hak²
揭阳	tsak³	suaʔ³	paŋ³³	pãĩ⁴¹白 paŋ⁴¹文	maŋ²²	kaŋ³³	hĩã⁵⁵白 ŋaŋ⁵⁵文 ŋuaŋ⁵⁵文	hak³
普宁	tsap³	suaʔ³	paŋ³⁵	pãĩ⁵²白 paŋ⁵²文	maŋ³¹	kaŋ³⁵	hĩã⁵⁵白 ŋuan⁵⁵文	hak³
惠来	tsap³	suaʔ³	paŋ³⁴	pãĩ⁵³白 paŋ⁵³文	maŋ³¹	kaŋ³⁴	hĩã⁵⁵白 ŋuan⁵⁵文	hak³
海丰	tsaʔ²打~ tsak²结~	suaʔ²白 saʔ²文	paŋ³³	paŋ⁵³	maŋ²¹白 maŋ³⁵文	kaŋ³³	ŋaŋ⁵⁵	hak²
陆丰	tsak²	suaʔ²	paŋ³³	paŋ⁵⁵ paŋ³³又	mbaŋ²²	kaŋ³³	ŋgan¹³	（无）
电白	tsak⁵	sua⁵³白 sak⁵文	paŋ³³	pai²¹白 paŋ²¹文	maŋ³³ maŋ¹³又	kaŋ³³	ŋaŋ²²	sia³³
雷州	tsap⁵	sua⁵⁴	paŋ²⁴	pai⁴²白 paŋ⁴²文	maŋ²⁴	kaŋ²⁴	ŋaŋ²²	（无）

	0497 变	0498 骗欺~	0499 便方~	0500 棉	0501 面~孔	0502 连	0503 剪	0504 浅
	山开三去仙帮	山开三去仙滂	山开三去仙並	山开三平仙明	山开三去仙明	山开三平仙来	山开三上仙精	山开三上仙清
广州	pin³³	pʰin³³	pin²²	min²¹	min²²	lin²¹	tʃin³⁵	tʃʰin³⁵
番禺	pin³³	pʰin³³	pin²²	min³¹	min²²	lin³¹	tʃin³⁵	tʃʰin³⁵
增城	pɛŋ³³	pʰɛŋ³³	pɛŋ²²	mɛŋ²¹	mɛŋ²²	lɛŋ²¹	tsɛŋ³⁵	tsʰɛŋ³⁵
从化	pin²³	pʰin²³	pin³¹	min²²	min³¹	lin²²	tsin⁴⁵	tsʰin⁴⁵
龙门	piɛn²³	pʰiɛn²³	piɛn⁵³	miɛn²¹	miɛn⁵³	liɛn²¹	tsiɛn³⁵	tsʰiɛn³⁵
莞城	pin⁴⁴	pʰin⁴⁴	pin⁴⁴	min³¹	min⁴⁴	ŋin³¹	tʃin³⁵	tʃʰin³⁵
宝安	piŋ³³	pʰiŋ³³	piŋ²²	miŋ³¹	miŋ²²	liŋ³³	tʃiŋ²⁵	tʃʰiŋ²⁵
佛山	pin²⁴	pʰin²⁴	pin¹²	bin⁴²	bin¹²	lin⁴²	tʃin³⁵	tʃʰin³⁵
南海	pin³³	pʰin³³	pin²²	min³¹	min²²	lin³¹	tsin³⁵	tsʰin³⁵
顺德	pin³²	pʰin³²	pin²¹	min⁴²	min²¹	lin⁴²	tʃin²⁴	tʃʰin²⁴
三水	pin⁵⁵	pʰin⁴⁴	pin³³	min³¹	min³³ min²⁵又	lin³¹	tsin²⁵	tsʰin²⁵
高明	pin³³	pʰin³³	pin³¹	min³¹	min³¹	lin³¹	tʃin²⁴	tʃʰin²⁴
佛冈	pin³³	pʰin³³	pin³¹	min²²	min³¹	lin²²	tʃin³⁵	tʃʰin³⁵
阳山	pin³⁴	pʰin³⁴	pin²¹⁴	min²⁴¹	min²¹⁴	lin²⁴¹	tʃin⁵⁵	tʃʰin⁵⁵
连山	bin³⁵	pʰin³⁵	pin²¹⁵	min²⁴¹	min²¹⁵	lin²⁴¹	tin⁵⁵	tʰin⁵⁵
新兴	pin⁴⁴³	pʰin⁴⁴³	pin⁵²	min²¹	min²¹	lin²¹	tsin³⁵	tsʰin³⁵
罗定	pin³³	pʰin³³	pin²¹	min²¹	min²¹	lin²¹	tsin³⁵	tsʰin³⁵
郁南	pin³³	pʰin³³	pin²¹	min²¹	min²¹	lin²¹	tʃin³⁵	tʃʰin³⁵
石岐	pin³³	pʰin³³	pin³³	min⁵¹	min³³	lin⁵¹	tsin²¹³	tsʰin²¹³

	0497 变	0498 骗欺~	0499 便方~	0500 棉	0501 面~孔	0502 连	0503 剪	0504 浅
	山开三去仙帮	山开三去仙滂	山开三去仙並	山开三平仙明	山开三去仙明	山开三平仙来	山开三上仙精	山开三上仙清
肇庆	pin³³	pʰin³³	pin⁵²	min²¹	min⁵²	lin²¹	tʃin²⁴	tʃʰin²⁴
香洲	pin³³	pʰin³³	pin³³	min³⁴³	min³³	lin³⁴³	tsin³⁵	tsʰin³⁵
斗门	pin³⁴	pʰin³⁴	pin⁴²	min²²	min⁴²	lin²²	tsin⁴⁵	tʰin⁴⁵
新会	pin²³	pʰin²³	pin³²	min²²	min³²	lin²²	tsin⁴⁵	tsʰin⁴⁵
台山	pen³³	pʰen³³	pen³¹	men²²	men³¹	len²²	ten⁵⁵	tʰen⁵⁵
开平	vin³³	pʰin³³	vin³¹	min¹¹	min³¹	lin¹¹	tin⁴⁵	tʰin⁴⁵
恩平	piən³³	pʰiən³³	piən²¹	mbiən²²	mbiən²¹	liən²²	tʃiən⁵⁵	tʰiən⁵⁵
四会	pin³³	pʰin³³	pin²⁴	min³¹	min²⁴	lin³¹	tʃin³³	tʃʰin³³
广宁	pin³³	pʰin³³	pin³²³	min³¹	min³²³	lin³¹	tsin⁴⁴	tsʰin⁴⁴
怀集	pin⁴⁵	pʰin⁴⁵	pin²²⁵	min²³¹	min²²⁵	lin²³¹	tʃin⁵⁴	tʃʰin⁵⁴
德庆	pin⁵³	pʰin⁵³	pin³¹	min²⁴²	min³¹	lin²⁴²	tsin⁴⁵	tsʰin⁴⁵
封开	pin⁵¹	pʰin⁵¹	pin²¹	min²⁴³	min²¹	lin²⁴³	tin³³⁴	tʰin³³⁴
阳江	pin³⁵	pʰin³⁵	pin⁵⁴	min⁴²	min⁵⁴	lin⁴²	tsin²¹	tsʰin²¹
阳春	pin³³	pʰin³³	pin⁵²	min³¹	min⁵²	lin³¹	tsin³²⁴	tsʰian³²⁴
赤坎	piŋ³³	pʰiŋ³³	piŋ²¹	miŋ²¹	miŋ²¹	liŋ²¹	tsiŋ¹³	tsʰiŋ¹³
吴川	ɓiŋ³³	pʰiŋ³³	ɓiŋ³¹	miŋ³¹	miŋ³¹	liŋ³¹	tʃiŋ³⁵	tʃʰiŋ³⁵
廉江	pin³³	pʰin³³	pin²¹	min²¹	min²¹	lin²¹ lin³³又	tsin²⁵	tsʰin²⁵
高州	pin³³	pʰin³³	pin³¹	min²¹	min³¹	lin²¹	tʃin²⁴	tʃʰin²⁴
化州	ɓin³³	pʰin³³	ɓin³¹	min¹³	min³¹	lin¹³	tin³⁵	tʰin³⁵

	0497 变	0498 骗_{欺~}	0499 便_{方~}	0500 棉	0501 面_{~孔}	0502 连	0503 剪	0504 浅
	山开三 去仙帮	山开三 去仙滂	山开三 去仙並	山开三 平仙明	山开三 去仙明	山开三 平仙来	山开三 上仙精	山开三 上仙清
梅州	piɛn⁵²	pʰiɛn⁵²	pʰiɛn⁵²	miɛn²¹	miɛn⁵²	liɛn²¹	tsiɛn³¹	tsʰiɛn³¹
兴宁	piɛn⁵¹	pʰiɛn⁵¹	pʰiɛn⁵¹	miɛn¹³	miɛn⁵¹	liɛn¹³	tsiɛn³¹	tsʰiɛn³¹
五华	pɛn⁵¹	pʰɛn⁵¹	pʰɛn³¹	mɛn²¹²	mɛn³¹	lɛn²¹²	tsɛn³¹	tsʰɛn³¹
大埔	piɛn⁵²	pʰiɛn⁵²	pʰiɛn⁵²	miɛn¹³	miɛn⁵²	liɛn¹³	tsiɛn³¹	tsʰiɛn³¹ ⸍
丰顺	pian⁵³	pʰian⁵³	pʰian²¹	mian²⁴	mian⁵³	lian²⁴	tsian⁵³	tsʰian⁵³
揭西	piɛn⁴¹	pʰiɛn⁴¹	pʰiɛn³¹	miɛn²⁴	miɛn⁴¹	liɛn²⁴	tsiɛn³¹	tsʰiɛn³¹
陆河	pɛn³¹	pʰɛn³¹	pʰɛn³³	mɛn³⁵	mɛn³¹	lɛn³⁵	tsɛn²⁴	tsʰɛn²⁴
龙川	piɛn³¹	pʰiɛn³¹	pʰiɛn³³	miɛn⁵¹	miɛn³¹	liɛn⁵¹	tsiɛn²⁴	tsʰiɛn²⁴
河源	pian²¹²	pʰian²¹²	pʰian⁵⁴	mian³¹	mian⁵⁴	lian³¹	tsian²⁴	tsʰian²⁴
连平	piɛn⁵³	pʰiɛn⁵³	pʰiɛn⁵³	miɛn²¹	miɛn⁵³	liɛn²¹	tsiɛn³¹	tsʰiɛn³¹
龙岗	piɛn⁵³	pʰiɛn⁵³	pʰiɛn⁵³	mbiɛn²¹	mbiɛn⁵³	liɛn²¹	tsiɛn³¹	tsʰiɛn³¹
惠州	piɛn²³	pʰiɛn²³	pʰiɛn³¹	miɛn²²	miɛn³¹	liɛn²²	tɕiɛn³⁵	tɕʰiɛn³⁵
博罗	piɛn²⁴	pʰiɛn²⁴	pʰiɛn⁴¹	mbiɛn²¹	mbiɛn⁴¹	liɛn²¹	tsiɛn³⁵	tsʰiɛn³⁵
新丰	piɛn⁵¹	pʰiɛn⁵¹	pʰiɛn³¹	mbiɛn²⁴	mbiɛn⁵¹	liɛn²⁴	tsiɛn³¹	tsʰiɛn³¹
翁源	piɛn⁴⁵	pʰiɛn⁴⁵	pʰiɛn³¹	miɛn⁴¹	miɛn⁴⁵	liɛn⁴¹	tsiɛn³¹	tsʰiɛn³¹
始兴	piɛ̃i³³	pʰiɛ̃i³³	pʰiɛ̃i³³	miɛ̃i⁵¹	miɛ̃i³³	liɛ̃i⁵¹	tɕiɛ̃i³¹	tɕʰiɛ̃i³¹
仁化	piɛn³⁴	pʰiɛn³⁴	pʰiɛn³³	miɛn³¹	miɛn³³	liɛn³¹	tsiɛn²³	tsʰiɛn²³
南雄	piɛ̃³²	pʰiɛ̃³²	piɛ̃⁴²	miɛ̃²¹	miɛ̃³²	lãɛ̃²¹	tsãɛ̃²⁴	tsʰãɛ̃²⁴

	0497 变	0498 骗欺~	0499 便方~	0500 棉	0501 面~孔	0502 连	0503 剪	0504 浅
	山开三 去仙帮	山开三 去仙滂	山开三 去仙並	山开三 平仙明	山开三 去仙明	山开三 平仙来	山开三 上仙精	山开三 上仙清
皈塘	pie²¹	pʰie²¹	pie²¹	mie⁴⁵	mie²¹	lie⁴⁵	tʃie³³	tʃʰie³³
桂头	pan⁴⁴	pʰan⁴⁴	pan⁴⁴	man⁴⁵	man⁴⁴	lan⁴⁵	tsan³²⁴	tsʰan³²⁴
连州	peŋ¹¹	pʰeŋ¹¹	peŋ³³	meŋ⁵⁵	meŋ³³	leŋ⁵⁵	tseŋ⁵³	tsʰeŋ⁵³
潮州	pĩ²¹³白 pieŋ²¹³文	pʰieŋ²¹³	pieŋ³⁵	mĩ⁵⁵白 mieŋ⁵⁵文	miŋ¹¹	lieŋ⁵⁵	tsõĩ⁵³白 tsieŋ⁵³文	tsʰieŋ⁵³
饶平	pĩ²¹⁴白 piaŋ²¹⁴文	pʰiŋ²¹⁴白 pʰiaŋ²¹⁴文	piaŋ²⁵	mĩ⁵⁵白 miaŋ⁵⁵文	miŋ²¹	liaŋ⁵⁵	tsiaŋ⁵²	tsʰiaŋ⁵²
汕头	pĩ²¹³白 piaŋ²¹³文	pʰiaŋ²¹³	piaŋ²⁵	mĩ⁵⁵白 miaŋ⁵⁵文	miŋ³¹	liaŋ⁵⁵	tsiaŋ⁵¹	tsʰiaŋ⁵¹
澄海	pĩ²¹²白 piaŋ²¹²文	pʰiaŋ²¹²	piaŋ³⁵	mĩ⁵⁵	miŋ²²	liaŋ⁵⁵	tsiaŋ⁵³	tsʰiaŋ⁵³
潮阳	pĩ⁵²白 piaŋ⁵²文	pʰiaŋ⁵²	piaŋ⁵²	mĩ³³白 miaŋ³³文	bin⁴²	hĩã³³白 liaŋ³³文	tsiaŋ⁴⁵⁴	tsʰiaŋ⁴⁵⁴
南澳	pĩ²¹白 piaŋ²¹文	pʰiaŋ²¹	piaŋ³⁵	mĩ⁴⁵⁴	bin³¹	liaŋ⁴⁵⁴	tsiaŋ⁵²	tsʰiaŋ⁵²
揭阳	pĩ²¹³白 piaŋ²¹³文	pʰiaŋ²¹³	piaŋ²⁵	mĩ⁵⁵	meŋ²²	liaŋ⁵⁵	tsiaŋ⁴¹	tsʰiaŋ⁴¹
普宁	pĩ³¹²白 piaŋ³¹²文	pʰiaŋ³¹²	piaŋ²⁴	mĩ⁵⁵	miŋ³¹	liaŋ⁵⁵	tsiaŋ⁵²	tsʰiaŋ⁵²
惠来	pĩ³¹白 piaŋ³¹文	pʰiaŋ³¹	piaŋ²⁵	mĩ⁵⁵	miŋ³¹	liaŋ⁵⁵	tsiaŋ⁵³	tsʰiaŋ⁵³
海丰	pĩ²¹²白 piaŋ²¹²文	pʰiaŋ²¹²	piaŋ²¹ ~利 piaŋ³⁵ 方~	mĩ⁵⁵	min²¹	nãĩ⁵⁵白 liaŋ⁵⁵文	tsiaŋ⁵³	tsʰiaŋ⁵³
陆丰	pĩ²¹³白 piaŋ²¹³文	pʰiaŋ²¹³	piaŋ²²	mĩ¹³	mbin²²	liaŋ¹³	tsiaŋ⁵⁵	tsʰiaŋ⁵⁵
电白	piŋ¹³	pʰiŋ¹³	piŋ⁴⁴²	mĩ²²	miŋ³³	liŋ²²	tsiŋ²¹	kʰiŋ²¹
雷州	pieŋ³³	pʰieŋ³³	pieŋ³³	mĩ²²	mieŋ²⁴	lieŋ²²	（无）	tsʰieŋ⁴²

	0505 钱	0506 鲜	0507 线	0508 缠	0509 战	0510 扇名	0511 善	0512 件
	山开三 平仙从	山开三 平仙心	山开三 去仙心	山开三 平仙澄	山开三 去仙章	山开三 去仙书	山开三 上仙禅	山开三 上仙群
广州	$tʃʰin^{21}$	$ʃin^{53}$	$ʃin^{33}$	$tʃʰin^{21}$~住 $tʃin^{22}$~脚	$tʃin^{33}$	$ʃin^{33}$	$ʃin^{33}$	kin^{22}
番禺	$tʃʰin^{31}$	$ʃin^{53}$	$ʃin^{33}$	$tʃʰin^{31}$	$tʃin^{33}$	$ʃin^{33}$	$ʃin^{22}$	kin^{22}
增城	$tsʰɛŋ^{21}$	$sɛŋ^{44}$	$sɛŋ^{33}$	$tsʰɛŋ^{21}$	$tsin^{33}$	sin^{33}	sin^{22}	$kɛŋ^{22}$
从化	$tsʰin^{23}$	sin^{55}	sin^{23}	$tsʰin^{22}$	$tsin^{23}$	sin^{23}	sin^{31}	kin^{31}
龙门	$tsʰiɛn^{21}$	$siɛn^{42}$	$siɛn^{23}$	$tsʰiɛn^{21}$	$tsiɛn^{23}$	$siɛn^{23}$	$siɛn^{53}$	$kiɛn^{53}$
莞城	$tʃʰin^{31}$	$ʃin^{23}$	$ʃin^{44}$	$tʃʰin^{31}$	$tʃin^{44}$	$ʃin^{44}$	$ʃin^{44}$	kin^{44}
宝安	$tʃʰiŋ^{25}$	$ʃiŋ^{23}$	$ʃiŋ^{33}$	$tʃʰiŋ^{31}$	$tʃiŋ^{33}$	$ʃiŋ^{25}$	$ʃiŋ^{22}$	$kiŋ^{22}$
佛山	$tʃʰin^{42}$ $tʃʰin^{35}$又	$ʃin^{53}$	$ʃin^{24}$	$tʃʰin^{42}$	$tʃin^{24}$	$ʃin^{24}$	$ʃin^{12}$	kin^{12}量 kin^{35}名
南海	$tsʰin^{35}$	sin^{51}	sin^{33}	$tsin^{22}$白 $tsʰin^{31}$文	$tsin^{33}$	sin^{33}	sin^{22}	kin^{22}
顺德	$tʃin^{24}$	$ʃin^{53}$	$ʃin^{32}$	$tʃin^{42}$白 $tʃʰin^{42}$文	$tʃin^{32}$	$ʃin^{32}$	$ʃin^{32}$	$kʰin^{21}$
三水	$tsʰin^{31}$ $tsʰin^{25}$又	sin^{53} sin^{55}又	sin^{44}	$tsʰin^{33}$	$tsin^{44}$	sin^{44}	sin^{33}	kin^{33} kin^{25}又
高明	$tʃʰin^{31}$	$ʃin^{45}$	$ʃin^{33}$	$tʃʰin^{31}$ $tʃʰin^{24}$又	$tʃin^{33}$	$ʃin^{33}$	$ʃin^{31}$	kin^{31}
佛冈	$tʃʰin^{22}$	$ʃin^{33}$	$ʃin^{31}$	$tʃin^{22}$	$tʃin^{33}$	$ʃin^{33}$	$ʃin^{31}$	kin^{31}~ kin^{35}文~
阳山	$tʃin^{241}$	$ʃin^{51}$	$ʃin^{34}$	$tʃin^{241}$	$tʃin^{34}$	$ʃin^{34}$	$ʃin^{224}$	kin^{214}
连山	$θin^{241}$	$θin^{51}$	$θin^{35}$	$ʃin^{241}$	$tʃin^{35}$	$ʃin^{35}$	$ʃin^{15}$	kin^{15}
新兴	$tsʰin^{21}$	sin^{45}	sin^{443}	$tsʰin^{21}$	$tsin^{443}$	sin^{443}	sin^{52}	kin^{52}
罗定	$tsʰin^{21}$姓氏 $tsʰin^{35}$使~	sin^{55}	sin^{33}	$tsʰin^{21}$	$tsin^{33}$	sin^{33}	sin^{21}	kin^{21}~ kin^{35}文~
郁南	$tʃʰin^{21}$	$ʃin^{55}$	$ʃin^{33}$	$tʃʰin^{21}$	$tʃin^{33}$	$ʃin^{33}$	$ʃin^{21}$	kin^{21}
石岐	$tsʰin^{51}$	sin^{55}	sin^{33}	$tsʰin^{51}$	$tsin^{33}$	sin^{33}	sin^{33}	kin^{33}

	0505 钱	0506 鲜	0507 线	0508 缠	0509 战	0510 扇名	0511 善	0512 件
	山开三平仙从	山开三平仙心	山开三去仙心	山开三平仙澄	山开三去仙章	山开三去仙书	山开三上仙禅	山开三上仙群
肇庆	tʃʰin²¹	ʃin⁴⁵	ʃin³³	tʃʰin²¹	tʃin³³	ʃin³³	ʃin⁵²	kin⁵²
香洲	tsʰin³⁴³	sin²¹	sin³³	tsʰin³⁴³	tsin³³	sin³³	sin³³	kin³³
斗门	tʰin²²	sin³⁴	sin³⁴	tʰin²²	tsin³⁴	sin³⁴	sin⁴²	kin⁴²
新会	tsʰin²²	sin²³~花 sin⁴⁵~少	sin²³	tsʰin²²	tsʰin²³	sin²³	sin³²	kin³²
台山	tʰen²²	ɬen³³	ɬen³³	tsʰen²²	tsen³³	sen³³	sen³¹	ken³¹
开平	tʰin¹¹	ɬin³³	ɬin³³	tʃʰin¹¹	tʃɛn³³	ʃɛn³³	ʃɛn³¹	kin³¹
恩平	tʰiən²²	ʃiən³³	ʃiən³³·	tʰiən²²	tʃiən³³	ʃiən³³	ʃiən²¹	kiən²¹
四会	tʃin³¹	ʃin⁵¹	ʃin³³	tʃin³¹	tʃin³³	ʃin³³	ʃin²⁴	kin²⁴
广宁	tsin³¹	sin⁵¹	sin³³	tin³¹	tsin³³	sin³³	sin³²³	kin³²³
怀集	tʃin²³¹	θin⁴²	θin⁴⁵	tʃin²³¹	tʃin⁴⁵	θin⁴⁵	θin²²⁵	kin²²⁵
德庆	tsin²⁴²	sin⁴⁵⁴	sin⁵³	tsʰin³¹	tsin⁵³	sin⁵³	sin³¹	kin³¹
封开	ɬin²⁴³	ɬin⁵⁵	ɬin⁵¹	tʃin²⁴³	tʃin⁵¹	ʃin⁵¹	ʃin²²³	kin²²³
阳江	tsʰin⁴²	ɬin³³	ɬin³⁵	tsʰin⁴²	tsin³⁵	sin³⁵	sin⁵⁴	kin⁵⁴
阳春	tsʰin³¹	ɬin⁴⁵	ɬin³³	tsʰin³¹	tsin³³	sin³³	sin⁵²	kin⁵²
赤坎	tsʰiŋ²¹	ɬiŋ⁴⁵	ɬiŋ³³	tsʰiŋ²¹	tsiŋ³³	siŋ³³	siŋ²¹	kiŋ²¹
吴川	tʃʰiŋ³¹	ɬiŋ⁵⁵	ɬiŋ³³	tʃʰiŋ³¹	tʃiŋ³³	ʃiŋ³³	ʃiŋ³¹	kiŋ³¹
廉江	tsʰin²¹	ɬin⁵⁵	ɬin³³	tsʰin²¹	tsin³³	sin³³	sin²¹	kin²¹
高州	tʃʰin²¹	ɬin⁵³	ɬin³³	tʃʰin²¹	tʃin³³	ʃin³³	ʃin³¹	kin³¹
化州	tʰin¹³	ɬin³³	ɬin⁵³	tʃʰin¹³	tʃin³³	ʃin³³	ʃin³¹	kin³¹

	0505 钱	0506 鲜	0507 线	0508 缠	0509 战	0510 扇名	0511 善	0512 件
	山开三平仙从	山开三平仙心	山开三去仙心	山开三平仙澄	山开三去仙章	山开三去仙书	山开三上仙禅	山开三上仙群
梅州	$tsʰiɛn^{21}$	$siɛn^{44}$	$siɛn^{52}$	$tsʰan^{21}$	$tsan^{52}$	san^{52}	san^{52}	$kʰian^{52}$
兴宁	$tsʰiɛn^{13}$	$siɛn^{24}$	$siɛn^{51}$	$tʃʰɛn^{13}$	$tʃɛn^{51}$	$ʃɛn^{51}$	$ʃɛn^{24}$白 $ʃɛn^{51}$文	$kʰiɛn^{51}$
五华	$tsʰɛn^{212}$	$sɛn^{44}$	$sɛn^{51}$	$tʃʰɛn^{212}$	$tʃɛn^{51}$	$ʃɛn^{51}$	$ʃɛn^{31}$	$kʰɛn^{31}$
大埔	$tsʰiɛn^{13}$	$siɛn^{34}$	$siɛn^{52}$	$tʃʰæn^{13}$	$tʃæn^{52}$	$ʃæn^{52}$	$ʃæn^{52}$	$kʰiɛn^{52}$
丰顺	$tsʰian^{24}$	$sian^{44}$	$sian^{53}$	$tʃʰɛn^{24}$	$tʃɛn^{53}$	$ʃɛn^{53}$	$ʃɛn^{21}$	$kʰian^{21}$
揭西	$tsʰiɛn^{24}$	$siɛn^{452}$	$siɛn^{41}$	$tʃʰan^{24}$	$tʃan^{41}$	$ʃan^{41}$	$ʃan^{31}$	$kʰiɛn^{31}$
陆河	$tsʰɛn^{35}$	$sɛn^{53}$	$sɛn^{31}$	$tʃʰan^{35}$	$tʃan^{31}$	$ʃan^{31}$	$ʃan^{33}$	$kʰɛn^{33}$
龙川	$tsʰiɛn^{51}$	$siɛn^{33}$	$siɛn^{31}$	$tsʰɛn^{51}$	$tsɛn^{31}$	$ʃɛn^{31}$	$ʃɛn^{31}$	$kʰiɛn^{33}$
河源	$tsʰian^{31}$	$sian^{33}$	$sian^{212}$	$tsʰian^{31}$	$tsian^{212}$	$sian^{212}$	$sian^{54}$	$kʰian^{54}$
连平	$tsʰiɛn^{21}$	$siɛn^{24}$	$siɛn^{53}$	$tsʰɛn^{21}$	$tsɛn^{53}$	$sɛn^{53}$	$sɛn^{53}$	$tʰɛn^{53}$
龙岗	$tsʰiɛn^{21}$	$siɛn^{33}$	$siɛn^{53}$	$tsʰiɛn^{21}$	$tsiɛn^{53}$	$siɛn^{53}$	$siɛn^{53}$	$kʰiɛn^{53}$
惠州	$tɕʰiɛn^{22}$	$siɛn^{33}$	$siɛn^{23}$	$tɕʰiɛn^{31}$	$tɕiɛn^{23}$	$ɕiɛn^{23}$	$ɕiɛn^{31}$	$kʰiɛn^{31}$
博罗	$tsʰiɛn^{21}$	$ɬiɛn^{44}$	$ɬiɛn^{24}$	$tsʰiɛn^{21}$	$tsiɛn^{24}$	$siɛn^{24}$	$siɛn^{41}$	$kʰiɛn^{41}$
新丰	$tsʰiɛn^{24}$	$siɛn^{44}$	$siɛn^{51}$	$tsʰiɛn^{24}$	$tsan^{51}$	san^{51}	san^{31}	$kʰiɛn^{31}$
翁源	$tsʰiɛn^{41}$	$siɛn^{22}$	$siɛn^{45}$	$tʃʰan^{41}$	$tʃan^{45}$	$ʃan^{45}$	$ʃan^{41}$	$kʰiɛn^{31}$
始兴	$tɕʰiɛ̃i^{51}$	$ɕiɛ̃i^{22}$	$ɕiɛ̃i^{33}$	$tʃʰãi^{51}$	$tsɛ̃i^{33}$	$sɛ̃i^{33}$	$sɛ̃i^{33}$	$tɕʰiɛ̃i^{33}$
仁化	$tsʰiɛn^{31}$	$siɛn^{33}$	$siɛn^{34}$	$tsʰiɛn^{31}$	$tʃiɛn^{34}$	$ʃiɛn^{23}$	$ʃiɛn^{34}$	$kʰiɛn^{34}$一~ $kʰiɛn^{33}$零~
南雄	$tsãẽ^{21}$一~ $tsaŋ^{21}$姓氏	$sãẽ^{44}$新~ $sãẽ^{24}$朝~	$sãẽ^{21}$	$tsãẽ^{21}$	$tsãẽ^{32}$	$sãẽ^{21}$	$sãẽ^{42}$	$tɕiẽ^{42}$

	0505 钱	0506 鲜	0507 线	0508 缠	0509 战	0510 扇名	0511 善	0512 件
	山开三平仙从	山开三平仙心	山开三去仙心	山开三平仙澄	山开三去仙章	山开三去仙书	山开三上仙禅	山开三上仙群
皈塘	tʃʰie⁴⁵	ʃye²⁴	ʃie²¹	tʃʰie⁴⁵	tʃie²¹	ʃie²¹	ʃie²¹	kʰie²¹
桂头	tsʰan⁴⁵	san⁵¹	san⁴⁴	tsʰan⁴⁵	tsan⁴⁴	san⁴	san²¹白 san⁴⁴文	kʰan⁴⁴零~ kʰan³²⁴一~衣服 kʰie³²⁴条~
连州	tsʰeŋ⁵⁵	seŋ³¹	seŋ¹¹	tsʰeŋ⁵⁵	tseŋ¹¹	seŋ¹¹	seŋ³³	kʰeŋ³³
潮州	tsĩ⁵⁵	tsʰĩ⁵⁵白,~血 sieŋ⁵³文,~有 sieŋ³³文,~卑	suã²¹³	tĩ⁵⁵白	tsieŋ²¹³	sĩ²¹³	sieŋ³⁵	kĩã³⁵
饶平	tsĩ⁵⁵	tsʰĩ⁴⁴白 siaŋ⁵²文	suã²¹⁴	tĩ⁵⁵	tsiaŋ²¹⁴	sĩ²¹⁴	siaŋ²⁵	kĩã²⁵
汕头	tsĩ⁵⁵	tsʰĩ³³白 siaŋ⁵¹文	suã²¹³	tĩ⁵⁵	tsiaŋ²¹³	sĩ²¹³	siaŋ²⁵	kĩã²⁵
澄海	tsĩ⁵⁵	tsʰĩ³³	suã²¹²	tĩ⁵⁵	tsiaŋ²¹²	sĩ²¹²	siaŋ³⁵	kĩã³⁵
潮阳	tsĩ³³	tsʰĩ³¹	suã⁵²	tĩ³³	tsiaŋ⁵²	sĩ⁵²	siaŋ⁵²	kĩã⁵²
南澳	tsĩ⁴⁵⁴	tsʰĩ³⁴	suã²¹	tĩ⁴⁵⁴	tsiaŋ²¹	sĩ²¹	siaŋ³⁵	kĩã³⁵
揭阳	tsĩ⁵⁵	tsʰĩ³³白 siaŋ³³文	suã²¹³	tĩ⁵⁵	tsiaŋ²¹³	sĩ²¹³	siaŋ²⁵	kĩã²⁵
普宁	tsĩ⁵⁵	tsʰĩ³⁵白 siaŋ³⁵文	suã³¹²	tĩ⁵⁵	tsiaŋ³¹²	sĩ³¹²	siaŋ²⁴	kĩã²⁴
惠来	tsĩ⁵⁵	tsʰĩ³⁴白 siaŋ⁵³文	suã³¹	tĩ⁵⁵	tsiaŋ³¹	sĩ³¹	siaŋ²⁵	kĩã²⁵
海丰	tsĩ⁵⁵	tsʰĩ³³	suã²¹²	tĩ⁵⁵白 tsʰaŋ⁵⁵文	tsiaŋ²¹²	sĩ²¹²	siaŋ³⁵	kĩã³⁵白 kiaŋ³⁵文
陆丰	tsĩ¹³	tsʰĩ³³	suã²¹³	tĩ¹³	tsiaŋ²¹³	sĩ²¹³	siaŋ²²	kĩã²²
电白	tsi²²	tsʰi³³	sua¹³	tsʰaŋ²²	tsiŋ¹³	si¹³	siŋ⁴⁴²	kiŋ⁴⁴²
雷州	tsi²²	tsʰi²⁴白 sieŋ⁴²文	sua²¹	tsieŋ²²	tsieŋ³³	si²¹	sieŋ⁵⁴	kieŋ³³

	0513 延	0514 别~人	0515 灭	0516 列	0517 撤	0518 舌	0519 设	0520 热
	山开三平仙以	山开三入薛帮	山开三入薛明	山开三入薛来	山开三入薛彻	山开三入薛船	山开三入薛书	山开三入薛日
广州	in^{21}	pit^{2}	mit^{2}	lit^{2}	$tʃʰit^{3}$	$ʃit^{2}$	$tʃʰit^{3}$	it^{2}
番禺	in^{31}	pit^{2}	mit^{2}	lit^{2}	$tʃʰit^{3}$	$ʃit^{2}$	$tʃʰit^{3}$	it^{2}
增城	in^{21}	$pɛk^{2}$	$mɛk^{2}$	$lɛk^{2}$	$tsʰit^{3}$	sit^{2}	$tsʰit^{3}$	it^{2}
从化	in^{22}	pit^{2}	mit^{2}	lit^{2}	$tsʰit^{3}$	sit^{3}	$tsʰit^{3}$	it^{2}
龙门	$iɛn^{21}$	$piɛt^{43}$	$miɛt^{43}$	$liɛt^{43}$	$tsʰiɛt^{23}$	$siɛt^{23}$	$siɛt^{23}$	$iɛt^{43}$
莞城	in^{31}	pit^{3}	mit^{3}	$ŋit^{3}$	$tʃʰit^{3}$	$ʃit^{3}$	$ʃit^{3}$	it^{3}
宝安	$iŋ^{31}$	$piʔ^{3}$	$miʔ^{5}$	$liʔ^{3}$	$tʃʰiʔ^{3}$	$ʃiʔ^{3}$	$tʃʰiʔ^{3}$	$iʔ^{3}$
佛山	in^{42}	pit^{23}	bit^{23}	lit^{23}	$tʃʰit^{34}$	$ʃit^{34}$	$tʃʰit^{34}$	it^{23}
南海	in^{31}	pit^{2}	mit^{2}	lit^{2}	$tsʰit^{3}$	sit^{2}	$tsʰit^{3}$	it^{2}
顺德	in^{42}	pit^{2}	mit^{2}	lit^{2}	$tʃʰit^{3}$	$ʃit^{2}$	$tʃʰit^{3}$	it^{2}
三水	in^{31}	pit^{3}	mit^{3}	lit^{3}	$tsʰit^{4}$	sit^{3}	$tsʰit^{4}$	it^{3}
高明	in^{31}	pit^{2}	mit^{2}	lit^{2}	$tʃʰit^{3}$	$ʃit^{3}$	$tʃʰit^{3}$	it^{2}
佛冈	in^{22}	pit^{2}	mit^{2}	lit^{2}	$tʃʰit^{3}$	$ʃit^{2}$	$tʃʰit^{3}$	it^{2}
阳山	in^{241}	pit^{23}	mit^{23}	lit^{23}	$tʃit^{34}$	$ʃit^{23}$	$tʃʰit^{34}$	it^{23}
连山	in^{15}	pit^{215}	mit^{215}	lit^{215}	$tʃʰit^{5}$	$ʃit^{215}$	$ʃit^{5}$	$ŋit^{215}$
新兴	in^{21}	pit^{52}	mit^{52}	lit^{52}	$tsʰit^{4}$	sit^{52}	$tsʰit^{4}$	it^{52}
罗定	in^{21}	pit^{2}	mit^{2}	lit^{2}	$tsʰit^{3}$	sit^{2}	$tsʰit^{3}$	it^{2}
郁南	in^{21}	pit^{2}	mit^{2}	lit^{2}	$tʃʰit^{3}$	$ʃit^{2}$	$tʃʰit^{3}$	it^{2}
石岐	in^{51}	pit^{3}	mit^{3}	lit^{3}	$tsʰit^{3}$	sit^{3}	$tsʰit^{3}$	$ŋit^{3}$

	0513 延	0514 别~人	0515 灭	0516 列	0517 撤	0518 舌	0519 设	0520 热
	山开三平仙以	山开三入薛帮	山开三入薛明	山开三入薛来	山开三入薛彻	山开三入薛船	山开三入薛书	山开三入薛日
肇庆	in^{21}	pit^{42}	mit^{42}	lit^{42}	tʃʰit^{3}	ʃit^{3} 阳入	tʃʰit^{3}	it^{42}
香洲	in^{343}	pit^{3}	mit^{3}	lit^{3}	tsʰit^{3}	sit^{3}	tsʰit^{3}	ŋit^{3}
斗门	in^{22}	pit^{3}	mit^{3}	lit^{3}	tʰit^{5}	sit^{3}	sit^{5}	ŋit^{3}
新会	in^{22}	pit^{2}	mit^{2}	lit^{2}	tsʰit^{23}	sit^{2}	tsʰit^{23}	ŋit^{2}
台山	jien^{22}	pet^{31}	met^{31}	let^{31}	tsʰiet^{5}	siak^{21} 小	set^{5}	ŋet^{31}
开平	jiɛn^{11}	vit^{2}	mit^{2}	lit^{2}	tʃʰit^{5}	ʃɛt^{2}	ʃɛt^{5}	ŋit^{2}
恩平	iən^{22}	piət^{2}	mbiət^{2}	liət^{2}	tʰiət^{5}	ʃiət^{2}	ʃiət^{5}	ŋgiət^{2}
四会	in^{31}	pit^{2}	mit^{2}	lit^{2}	tʃʰit^{3}	ʃit^{3}	tʃʰit^{3}	it^{2}
广宁	hin^{31}	pit^{323}	mit^{323}	lit^{323}	tsʰit^{43}	sit^{323}	tsʰit^{43}	it^{323}
怀集	ŋin^{231}	pit^{24}	mit^{24}	lit^{24}	tʃʰit^{5}	tʃit^{24}	tʃʰit^{5}	ŋ̩it^{24}
德庆	in^{31}	pit^{2}	mit^{2}	lit^{2}	tsʰit^{53}	sit^{2}	tsʰit^{53}	ŋ̩it^{2}
封开	in^{243}	pit^{2}	mit^{2}	lit^{2}	tʃit^{5}	tʃiet^{2}	tʃʰit^{5}	ŋ̩it^{2}
阳江	in^{42}	pit^{54}	mit^{54}	lit^{54}	tsʰit^{21}	sit^{54}	sit^{21}	it^{54}
阳春	in^{31}	pit^{52}	mit^{52}	lit^{52}	tsʰit^{3}	sit^{52}	tsʰit^{3}	ŋ̩it^{52}
赤坎	iŋ^{21}	piʔ^{2}	miʔ^{2}	liʔ^{2}	tsʰiʔ^{3}	siʔ^{2}	tsʰiʔ^{3}	ŋiʔ^{2}
吴川	iŋ^{24}	ɓiʔ^{31}	miʔ^{31}	liʔ^{31}	tʃʰiʔ^{3}	ʃiʔ^{31}	tʃʰiʔ^{3}	ŋ̩iʔ^{31}
廉江	in^{21}	pit^{2}	mit^{2}	lit^{2}	tsʰit^{3}	sit^{2}	sit^{3}	ŋit^{2}
高州	in^{21}	pit^{21}	mit^{21}	lit^{21}	tʃʰit^{3}	ʃit^{21}	ʃit^{3}	ŋ̩it^{21}
化州	in^{13}	ɓit^{31}	mit^{31}	lit^{31}	tʃʰit^{3}	ʃit^{31}	ʃit^{3}	ŋ̩it^{31}

	0513 延	0514 别~人	0515 灭	0516 列	0517 撤	0518 舌	0519 设	0520 热
	山开三 平仙以	山开三 入薛帮	山开三 入薛明	山开三 入薛来	山开三 入薛彻	山开三 入薛船	山开三 入薛书	山开三 入薛日
梅州	ian²¹	pʰiɛt⁵	miɛt⁵	liɛt⁵	tsʰat⁵	sat⁵	sat²	ŋiat⁵
兴宁	ʒen¹³	pʰɪet⁴	mɪet⁴	lɪet⁴	tʃʰɪet⁴	ʃet⁵	ʃet²	nɪet⁴
五华	iɛn²¹²	pʰɛt⁵	mɛt⁵	lɛt⁵	tʃʰɛt⁵	ʃɛt⁵	ʃɛt²	ŋiɛt⁵
大埔	ʒæn¹³	pʰiɛt⁵	mɛt⁵	liɛt⁵	tʃʰæt⁵	ʃæt⁵	ʃæt²	ŋiɛt⁵
丰顺	ian²⁴	pʰiɛt⁵	mɛt⁵	liɛt⁵	tʃʰɛt⁵	ʃɛt⁵	ʃɛt²	ŋiɛt⁵
揭西	ʒan²⁴	pʰiɛt⁵	mɛt⁵	liɛt⁵	tʃʰat⁵	ʃat⁵	ʃat³	ŋiɛt⁵
陆河	ʒan³⁵	pʰɛt⁵	mɛt⁵	lɛt⁵	tʃʰat⁴⁵	ʃat⁵	ʃɔt⁴⁵	ŋiɛt⁵
龙川	iɛn³¹	pʰiɛt³	miɛt³	liɛt³	tsʰɛt¹³	ʃɛt³	ʃɛt¹³	ŋiɛt³
河源	ian³¹	pʰiɛt³	miɛt³	liɛt³	tsʰiɛt⁵	siɛt³	syet⁵	ŋiɛt³
连平	iɛn²¹	pʰiɛt⁵	miɛt⁵	liɛt⁵	tsʰɛt³	sɛt⁵	sɛt³	ŋɛt⁵
龙岗	ziɛn²¹	pʰiɛt⁵	mbiɛt⁵	liɛt⁵	tsʰiɛt⁵	siɛt⁵	siɛt²	ŋɡiɛt⁵
惠州	jiɛn²²	pʰiɛt²¹	miɛt²¹	liɛt²¹	tɕʰiɛt⁴⁵	ɕiɛt²¹	ɕiɛt⁴⁵	ŋiɛt²¹
博罗	ziɛn²¹	pʰiɛt²	mbiɛt²	liɛt²	tsʰiɛt⁵	siɛt⁵	siɛt⁵	ŋɡiɛt²
新丰	zan²⁴	pʰiɛt⁴	mbɛt⁴	liɛt⁴	tsʰat⁴	sat⁴	sat²	ŋɡiɛt⁴
翁源	iɛn⁴¹	pʰiɛt⁴⁵	mɛt⁴⁵	liɛt⁴⁵	tʃʰat³¹	ʃat⁴⁵	ʃat³¹	ŋiɛt⁴⁵
始兴	iɛ̃i⁵¹	pʰiɛi?³	mɛi?³	liɛi?⁴⁵	tsʰɛi?³	sɛi?³	sɛi?⁴⁵	ŋiɛi?³
仁化	iɛn³¹	pʰiɛ?⁵	miɛ?⁵	liɛ?⁵	tsʰiɛ?⁵	ʃiɛ?⁵	ʃiɛ?⁵	ŋiɛ?⁵
南雄	iɛ̃²¹	pei?⁴²	mei?⁴²	lei?⁴²	tɕʰie⁵	ɕie?⁴²	ɕie?⁵	ŋi?⁴²

	0513 延	0514 别~人	0515 灭	0516 列	0517 撤	0518 舌	0519 设	0520 热
	山开三平仙以	山开三入薛帮	山开三入薛明	山开三入薛来	山开三入薛彻	山开三入薛船	山开三入薛书	山开三入薛日
皈塘	ie^{45}	pie^{33}	mie^{33}	lie^{21}	$tʃʰia^{41}$	$ʃie^{33}$	$ʃei^{41}$	nie^{33}
桂头	ian^{45}	$pʰɛi^{44}$	$mɛi^{44}$	$lɛi^{4}$	$tsʰɛi^{21}$	$sɛi^{44}$	$sɛi^{21}$	$ŋɛi^{44}$
连州	$ieŋ^{55}$	pi^{31}	mi^{31}	li^{31}	$tsʰi^{24}$	si^{31}文	$tsʰi^{24}$	$ŋi^{31}$
潮州	$ieŋ^{35}$	pak^{5}	mik^{5}	lek^{5}~~ / $liek^{5}$~车	$tʰiek^{2}$	$tsiʔ^{5}$	$siek^{2}$	$dzuaʔ^{5}$白 / $dziek^{5}$文
饶平	$iaŋ^{25}$	pak^{5}白 / $piak^{5}$文	mik^{5}	lik^{5} / $liak^{5}$又	$tʰiak^{2}$	$tsiʔ^{5}$	$siak^{2}$	$dzuaʔ^{5}$白 / $dziak^{5}$文
汕头	$iaŋ^{25}$	pak^{5}白 / $piak^{5}$文	mik^{5}白 / $miak^{5}$文	$liak^{5}$	$tʰiak^{2}$	$tsiʔ^{5}$	$siak^{2}$	$dzuaʔ^{5}$白 / $dziak^{5}$文
澄海	$iaŋ^{35}$	pak^{5}白 / $piak^{5}$文	mik^{5}	$liak^{5}$	$tʰiak^{2}$	$tsiʔ^{5}$	$siak^{2}$	$zuaʔ^{5}$白 / $ziak^{5}$文
潮阳	$iaŋ^{33}$	pak^{5}	$miak^{5}$	$liak^{5}$	$tʰiak^{3}$	$tsiʔ^{5}$	$siak^{3}$	$zuaʔ^{5}$白 / $ziak^{5}$文
南澳	$iaŋ^{35}$	pak^{5}	mik^{5}	$liak^{5}$	$tʰiak^{2}$	$tsiʔ^{5}$	$siak^{2}$	$dzuaʔ^{5}$白 / $dziak^{5}$文
揭阳	$iaŋ^{25}$	pak^{5}白 / $piak^{5}$文	mek^{5}	$liak^{5}$	$tʰiak^{3}$	$tsiʔ^{5}$	$siak^{3}$	$zuaʔ^{5}$白 / $ziak^{5}$文
普宁	$iaŋ^{55}$	pak^{5}白 / $piak^{5}$文	$miak^{5}$	$liak^{5}$	$tʰiak^{3}$	$tsiʔ^{5}$	$siak^{3}$	$zuaʔ^{5}$白 / $ziak^{5}$文
惠来	$iaŋ^{55}$	pak^{5}白 / $piak^{5}$文	$miak^{5}$	$liak^{5}$	$tʰiak^{3}$	$tsiʔ^{5}$	$siak^{3}$	$dzuaʔ^{5}$白 / $dziak^{5}$文
海丰	$iaŋ^{55}$	pak^{5}白 / $piak^{5}$文	$miak^{5}$	$liak^{5}$~宁 / $liak^{2}$~车	$tʰiak^{2}$	$tsiʔ^{5}$	$siak^{2}$	$ndzuaʔ^{5}$白 / $ndziak^{5}$文
陆丰	$iaŋ^{13}$	pak^{5}白 / $piak^{5}$文	$miak^{5}$	$liaʔ^{5}$ / $liak^{5}$又	$tʰiak^{2}$ / $tsʰiak^{2}$又	$tsiʔ^{5}$	$siak^{2}$	$ndzuaʔ^{5}$白 / $ndziak^{5}$文
电白	$jiŋ^{22}$	pik^{2}	mik^{2}	lik^{2}	$tsʰik^{5}$	tsi^{442}	sik^{5}	jik^{2}
雷州	$ieŋ^{22}$	$piek^{3}$	$miek^{3}$	$liek^{3}$ / $liek^{5}$~宁	$tsʰiek^{5}$	tsi^{33}	$siek^{5}$	iua^{33}白 / iek^{3}文

	0521 杰	0522 孽	0523 建	0524 健	0525 言	0526 歇	0527 扁	0528 片
	山开三入薛群	山开三入薛疑	山开三去元见	山开三去元群	山开三平元疑	山开三入月晓	山开四上先帮	山开四去先滂
广州	kit²	ip²	kin³³	kin²²	in²¹	hit³	pin³⁵	pʰin³³
番禺	kit²	it²	kin³³	kin²²	in³¹	hit³	pin³⁵	pʰin³³
增城	kɛk³	ip²	kɛŋ³³	kɛŋ²²	in²¹	hɛk³	pɛŋ³⁵	pʰɛŋ³³
从化	kit²	ip²	kin²³	kin³¹	in²²	hit³	pin⁴⁵	pʰin²³
龙门	kiɛt⁴³	（无）	kyɛn²³	kyɛn⁵³	yɛn²¹	hiɛt²³	piɛn³⁵	pʰiɛn²³
莞城	kit³	it³	køn⁴⁴	køn⁴⁴	in³¹	hit³	pin³⁵	pʰin⁴⁴
宝安	kiʔ³	iʔ³	kiŋ³³	kiŋ²²	iŋ³¹	hiʔ⁵	piŋ²⁵	pʰiŋ³³
佛山	kit²³	ip²³	kin²⁴	kin¹²	in⁴²	kʰit³⁴	pɛn³⁵白 pin³⁵文	pʰin³⁵~场 pʰin²⁴一~
南海	kit²	ip²	kin³³	kin²²	in³¹	hit³	piɛn³⁵白 pin³⁵文	pʰin³³
顺德	kit²	ip²	kin³²	kin²¹	in⁴²	hit³	pɛn²⁴	pʰin³²
三水	kit³	ip³	kin⁴⁴	kin³³	in³¹	hit⁴	pin²⁵	pʰin⁴⁴ pʰin²⁵又
高明	kit²	（无）	kin³³	kin³¹	in³¹	hit³	pin²⁴	pʰin³³
佛冈	kit³	lit³	kin³³	kin³¹	in²²	hit³	pin³⁵	pʰin³⁵
阳山	kit²³	lit²³	kin³⁴	kyn²¹⁴	yn²⁴¹	hit³⁴	pen⁵⁵	pʰin³⁴
连山	kit²¹⁵	ȵit⁵	kin²¹⁵	kin²¹⁵	in²⁴¹	kʰit⁵	pin⁵⁵	pʰin³⁵
新兴	kit⁵²	nit⁵²	kin⁴⁴³	kin⁵²	in²¹	hit⁴	pin³⁵	pʰin⁴⁴³
罗定	kit²	nip²	kin³³	kin²¹	in²¹	kʰit³	piɛn³⁵白 pin³⁵文	pʰiɛn³³白 pʰin³³文
郁南	kit²	lip²	kin³³	kin²¹	in²¹	hit³	pɛn³⁵白 pin³⁵文	pʰin³³
石岐	kit³	ip³	kyn³³	kyn³³	ŋyn⁵¹	hit³白 kʰit³文	pin²¹³	pʰin³³

	0521 杰	0522 孽	0523 建	0524 健	0525 言	0526 歇	0527 扁	0528 片
	山开三入薛群	山开三入薛疑	山开三去元见	山开三去元群	山开三平元疑	山开三入月晓	山开四上先帮	山开四去先滂
肇庆	kit³	ip³	kin⁵²	kin⁵²	in²¹	hit³	pin²⁴	pʰin³³
香洲	kit³	nip³	kyn³³	kyn³³	ŋyn³⁴³	hit²¹	pin³⁵	pʰin³³
斗门	kit³	it³	kin⁴²	kin⁴²	ŋin²²	hit³⁴	pin⁴⁵	pʰin³⁴
新会	kit²	ip²	kin²³	kin³²	in²²	kʰit²³	pin⁴⁵	pʰin²³
台山	ket³¹	ŋet⁵	ken³³	ken³¹	ŋun²²	kʰet⁵	pen⁵⁵	pʰen³³
开平	kit²	nit²	kin³³	kin³¹	ŋin¹¹	kʰit⁵	vin⁴⁵	pʰin³³
恩平	kiət²	ŋgiət⁵	kiən³³	kiən²¹	ŋgiən²²	hiət⁵	piən⁵⁵	pʰiən³³
四会	kit²	lit²	kin³³	kin²⁴	in³¹	hit³	pin³³	pʰin³³
广宁	kit³²³	it⁴³	kyn³³	kin³²³	yn³¹	hit⁴³	pen⁴⁴	pʰin³³
怀集	kit²⁴	nit²⁴	kin⁴⁵	kin²²⁵	ȵin²³¹	hit⁵	pɛn⁵⁴	pʰin⁴⁵
德庆	kit²	ȵit²	kin³¹	kin³¹	ȵin²⁴²	hit⁵	pin⁴⁵	pʰin⁵³
封开	kit²	nit²	kin²¹	kin²¹	ȵin²⁴³	hit⁵	piɛn³³⁴	pʰin⁵¹
阳江	kit⁵⁴	ȵit²¹	kin³⁵	kin⁵⁴	in⁴²	hip²¹	piɛŋ²¹	pʰin³⁵
阳春	kit⁵²	ȵit³	kin³³	kin⁵²	ȵin³¹	hip³	pian³²⁴	pʰin³³
赤坎	kiʔ²	ȵip²	kiŋ³³	kiŋ²¹	in²¹	hiʔ³	piaŋ¹³白 piŋ¹³文	pʰiŋ³³
吴川	kiʔ³¹	ȵiʔ³	kiŋ³³	kiŋ³¹	ȵiŋ³¹	hiʔ³	ɓian³⁵	pʰian³³白 pʰiŋ³³文
廉江	kit²	ȵip³	kin³³	kin³³	ȵin²¹	hit³	piɛŋ²⁵	pʰiɛŋ³³
高州	kit³白 kit²¹文	nip²¹	kin³³	kin³¹	ȵin²¹	hit³	piɛn²⁴	pʰiɛn³³
化州	kit³¹	nit³	kin³	kin³¹	ȵin¹³	hit³	ɓian³⁵	pʰian³³

	0521 杰	0522 孽	523 建	524 健	525 言	0526 歇	0527 扁	0528 片
	山开三 入薛群	山开三 入薛疑	山开三 去元见	山开三 去元群	山开三 平元疑	山开三 入月晓	山开四 上先帮	山开四 去先滂
梅州	kʰiat⁵	ŋiat²	kian⁵²	kʰian⁵²	ŋian²¹	hiat²	piɛn³¹	pʰiɛn³¹
兴宁	kʰɪet⁴	niak⁴	kɪen⁵¹	kʰɪen⁵¹	nɪen¹³	ʃet²	piɛn³¹	pʰiɛn³¹
五华	kʰɛt⁵	ŋiak⁵	ken⁵¹	kʰɛn³¹	ŋiɛn²¹²	hɔt²	pen³¹	pʰɛn³¹
大埔	kʰiet⁵	ŋiet²	kien⁵²	kʰien⁵²	ŋien¹³	hiet²	piɛn³¹	pʰæn³¹
丰顺	kʰiet⁵	ŋiet²	kian²¹	kʰian²¹	ŋian²⁴	hiet²	pian⁵³	pʰian⁵³
揭西	kʰiet⁵	ŋiɔk³	kiɛn³¹	kʰiɛn³¹	ŋiɛn²⁴	hiet³	piɛn³¹	pʰiɛn³¹
陆河	kʰɛt⁵	ŋiɛt⁴⁵	kiɔn³¹	kʰiɔn³³ kʰɛn³³ 又	ŋiɔn³⁵	hiɛt⁴⁵	pɛn²⁴	pʰɛn²⁴
龙川	kʰiet³	ŋiɛp³	kiɔn³¹	kʰiɔn³³	ŋiɔn⁵¹	ʃiɛp¹³	piɛn²⁴	pʰiɛn²⁴
河源	kʰiet³	ŋiet⁵	kyan²¹²	kʰyan⁵⁴	ŋyan³¹	kʰyet⁵	pian²⁴	pʰian²¹²
连平	tʰɛt⁵	ŋɛt³	ten⁵³	tʰɛn⁵³	ŋɛn²¹	ɕiɛt³	piɛn³¹	pʰiɛn³¹
龙岗	kʰɪet⁵	ŋgɪet⁵	kʰien⁵³	kʰien⁵³	ŋgɪen²¹	kʰɪet²	piɛn³¹	pʰiɛn³¹
惠州	kʰiet²¹	ŋiɛp²¹	kyɛn²³	kʰyɛn³¹	ŋyɛn²²	hiɛt⁴⁵	piɛn³⁵	pʰiɛn²³
博罗	kʰiet²	ndiet²	kien²⁴	kʰien⁴¹	zɔn²¹	hiet⁵	piɛn³⁵	pʰiɛn²⁴
新丰	kʰiɛt⁴	ŋgɛt²	kiɛn⁵¹	kʰiɛn³¹	ŋgiɛn²⁴	（无）	piɛn³¹	pʰiɛn³¹
翁源	kʰiɛt⁴⁵	ŋiap³¹	kiɛn³¹	kʰiɛn³¹	ŋiɛn⁴¹	（无）	piɛn³¹	pʰiɛn³¹
始兴	tɕʰiɛiʔ³	ŋiɛiʔ³	tɕiẽi³³	tɕʰyẽi³³	ŋiẽi⁵¹	ɕiɛiʔ⁴⁵	piẽi³¹	pʰiẽi³³
仁化	kiɛʔ⁵	ŋiɛʔ⁵	kiɛn³⁴	kiɛn³⁴	iɛn³¹	siɛʔ⁵	piɛn²³	pʰiɛn³⁴
南雄	tɕiɛʔ⁴²	ŋiʔ⁴²	tɕiõ³²	tɕiõ⁴²	ŋiõ²¹	ɕiɛʔ⁵	piẽ²⁴	pʰiẽ³²

	0521 杰	0522 孽	523 建	524 健	525 言	0526 歇	0527 扁	0528 片
	山开三入薛群	山开三入薛疑	山开三去元见	山开三去元群	山开三平元疑	山开三入月晓	山开四上先帮	山开四去先滂
皈塘	kie⁴¹	nie³³	kie²¹	kie²¹	nie⁴⁵	hie⁴¹	pie³³	pʰie²¹
桂头	kɛi²¹	lɛi⁴	kyẽ⁴⁴	kyẽ⁴⁴	ŋan⁴⁵	hɛi²¹	pie³²⁴	pʰan⁴⁴
连州	kʰi³¹	ŋi³¹	kueŋ¹¹	kueŋ¹¹	ieŋ⁵⁵	hi²⁴	peŋ⁵³	pʰeŋ¹¹
潮州	kiek⁵	ŋiek⁵	kieŋ³⁵	kĩã¹¹白 kieŋ³⁵文	ŋaŋ⁵⁵	hiaʔ²	pĩ⁵³白 pieŋ⁵³文	pʰĩ²¹³白 pʰieŋ²¹³文
饶平	kiak⁵	ŋiak⁵	kiaŋ²⁵	kĩã²¹白 kiaŋ²⁵文	ŋaŋ⁵⁵	hiaʔ²	pĩ⁵²白 piaŋ⁵²文	pʰĩ²¹⁴白 pʰiaŋ²¹⁴文
汕头	kiak⁵	ŋiak⁵	kiaŋ²⁵	kĩã³¹白 kiaŋ²⁵文	ŋaŋ⁵⁵	hiaʔ²	pĩ⁵¹白 piaŋ⁵¹文	pʰĩ²¹³白 pʰiaŋ²¹³文
澄海	kiak⁵	niak⁵	kiaŋ³⁵	kiaŋ³⁵	ŋaŋ⁵⁵	hiaʔ²	pĩ⁵³白 piaŋ⁵³文	pʰĩ²¹²白 pʰiaŋ²¹²文
潮阳	kiak⁵	ŋiak³	kiaŋ⁵²	kĩã⁴²白 kiaŋ⁵²文	ŋaŋ³³	hiaʔ³	pĩ⁴⁵⁴白 pʰiaŋ⁴⁵⁴文	pʰĩ⁵²白 pʰiaŋ⁵²文
南澳	kiak⁵	ŋiak⁵	kiaŋ³⁵	kiaŋ³⁵	gaŋ⁴⁵⁴	hiaʔ²	pĩ⁵²白 piaŋ⁵²文	pʰiaŋ²¹
揭阳	kiak⁵	ŋiak⁵ ŋiap⁵文	kiaŋ²⁵	kĩã²²白 kiaŋ²⁵文	ŋaŋ⁵⁵	hiaʔ³	pĩ⁴¹白 piaŋ⁴¹文	pʰĩ²¹³白 pʰiaŋ²¹³文
普宁	kiak⁵	ŋiak⁵	kiaŋ²⁴	kĩã³¹白 kiaŋ²⁴文	ŋaŋ⁵⁵	hiaʔ³	pĩ⁵²白 pʰiaŋ⁵²文	pʰĩ³¹²白 pʰiaŋ³¹²文
惠来	kiak⁵	ŋiak⁵	kiaŋ²⁵	kiaŋ²⁵	ŋaŋ⁵⁵	hiaʔ³	pĩ⁵³白 piaŋ⁵³文	pʰĩ³¹白 pʰiaŋ³¹文
海丰	kiak⁵	ŋiak⁵	kiaŋ²¹²	kĩã²¹白 kiaŋ³⁵文	ŋiaŋ⁵⁵	hiaʔ²	pĩ⁵³白 pãi⁵³白,~担 piaŋ⁵³文	pʰiaŋ²¹²
陆丰	kiak⁵	ŋiak⁵	kiaŋ²¹³	kĩã²²白 kiaŋ²²文	ŋgiaŋ¹³	hiaʔ²	pĩ⁵⁵白 pãi⁵⁵白 piaŋ⁵⁵文	pʰĩ²¹³白 pʰiaŋ²¹³文
电白	kik²	nip⁵	kiŋ¹³	kiŋ¹³	ŋiŋ²²	hɔi⁵³	pĩ²¹白 piŋ²¹文	pʰiŋ¹³
雷州	kiek³	ŋiek³	kieŋ²¹	kieŋ²¹	ŋieŋ²²	hia⁵⁴	pieŋ⁴²	pʰieŋ²¹

	0529 面~条	0530 典	0531 天	0532 田	0533 垫	0534 年	0535 莲	0536 前
	山开四 去先明	山开四 上先端	山开四 平先透	山开四 平先定	山开四 去先定	山开四 平先泥	山开四 平先来	山开四 平先从
广州	min^{22}	tin^{35}	t^hin^{53}	t^hin^{21}	tin^{33}	lin^{21}	lin^{21}	$tʃ^hin^{21}$
番禺	min^{22}	tin^{35}	t^hin^{53}	t^hin^{31}	tin^{33}	lin^{31}	lin^{31}	$tʃ^hin^{31}$
增城	$mɛŋ^{22}$	$tɛŋ^{35}$	$t^hɛŋ^{44}$	$t^hɛŋ^{21}$	$tɛŋ^{33}$	$lɛŋ^{21}$	$lɛŋ^{21}$	$ts^hɛŋ^{21}$
从化	min^{31}	tin^{45}	t^hin^{55}	t^hin^{22}	tin^{23}	nin^{22}	lin^{22}	ts^hin^{22}
龙门	$miɛn^{53}$	$tiɛn^{35}$	$t^hiɛn^{42}$	$t^hiɛn^{21}$	$tiɛn^{23}$	$liɛn^{21}$	$liɛn^{21}$	$ts^hiɛn$
莞城	min^{44}	tin^{35}	t^hin^{23}	t^hin^{31}	tin^{44}	nin^{31}	$ŋin^{31}$	$tʃ^hin^{31}$
宝安	min^{22}	tin^{25}	$t^hiŋ^{23}$	$t^hiŋ^{33}$	$tiŋ^{22}$	$niŋ^{33}$	$liŋ^{31}$	$tʃ^hiŋ^{33}$
佛山	bin^{12}	tin^{35}	hin^{53} t^hin^{53}又	hin^{42} t^hin^{42}又	$tʃin^{24}$ tin^{24}又	lin^{42}	lin^{42}	$tʃ^hin^{42}$
南海	min^{22}	tin^{35}	t^hin^{51}	t^hin^{31}	$tsin^{33}$白 tin^{33}文	nin^{31}	lin^{31}	ts^hin^{31}
顺德	min^{21}	tin^{24}	t^hin^{53}	t^hin^{42}	tin^{32}	lin^{42}	lin^{42}	$tʃ^hin^{42}$
三水	min^{33}	tin^{25}	t^hin^{53} t^hin^{55}又	t^hin^{31}	tin^{33}	lin^{31} lin^{25}又	lin^{31}	ts^hin^{31}
高明	min^{31}	tin^{24}	t^hin^{55}	t^hin^{31}	$tʃin^{33}$	nin^{31}	lin^{31}	$tʃ^hin^{31}$
佛冈	min^{31}	tin^{35}	t^hin^{33}	t^hin^{22}	tin^{33}	nin^{22}	lin^{22}	$tʃ^hin^{22}$
阳山	min^{214}	ten^{55}	t^hen^{51}	ten^{241}	ten^{34}	len^{241}	lin^{241}	$tʃin^{241}$
连山	min^{215}	din^{55}	t^hin^{51}	tin^{241}	tin^{215}	nin^{241}	lin^{241}	$θin^{241}$
新兴	min^{52}	tin^{35}	t^hin^{45}	t^hin^{21}	tin^{443}	nin^{21}	lin^{21}	ts^hin^{21}
罗定	min^{21}	tin^{35}	t^hin^{55}	t^hin^{21}	tin^{33}	nin^{21}	lin^{21}	ts^hin^{21}
郁南	min^{21}	tin^{35}	t^hin^{55}	t^hin^{21}	tin^{33}	nin^{21}	lin^{21}	$tʃ^hin^{21}$
石岐	min^{33}	tin^{213}	t^hin^{55}	t^hin^{51}	tin^{33}	nin^{51}	lin^{51}	ts^hin^{51}

	0529 面~条	0530 典	0531 天	0532 田	0533 垫	0534 年	0535 莲	0536 前
	山开四 去先明	山开四 上先端	山开四 平先透	山开四 平先定	山开四 去先定	山开四 平先泥	山开四 平先来	山开四 平先从
肇庆	min⁵²	tin²⁴	tʰin⁴⁵	tʰin²¹	tin³³	nin²¹	lin²¹	tʃʰin²¹
香洲	min³³	tin³⁵	tʰin²¹	tʰin³⁴³	tin³³	nin³⁴³	lin³⁴³	tsʰin³⁴³
斗门	min⁴²	tin⁴⁵	hin³⁴	hin²²	tin⁴²	nin²²	lin²²	tʰin²²
新会	min³²	hin²³	hin²³	hin²²	tin²¹	nin²²	lin²²	tsʰin²²
台山	men³¹	en⁵⁵	hen³³	hen²²	ten³³	nen²²	len²²	tʰen²²
开平	min³¹	in⁴⁵	hin³³	hin¹¹	tin³³	nin¹¹	lin¹¹	tʰin¹¹
恩平	mbiən²¹	tiən⁵⁵	hiən³³	hiən²²	tiən²¹	ndiən²²	liən²²	tʰiən²²
四会	min²⁴	tɛn³³	tʰɛn⁵¹	tɛn³¹	tɛn³³	lɛn³¹	lin²⁴	tʃin³¹
广宁	min³²³	ten⁴⁴	tʰen⁵¹	ten³¹	ten³³ ten³²³ 又	nen³¹	lin³¹	tsin³¹
怀集	min²²⁵	tɛn⁵⁴	tʰɛn⁴²	tɛn²³¹	tɛn²²⁵	nɛn²³¹	lin²³¹	tʃin²³¹
德庆	min³¹	tin⁴⁵	tʰin⁴⁵⁴	tin²⁴²	tim⁵³	nin²⁴²	lin²⁴²	tsin²⁴² 白 tsʰin³¹ 文
封开	min²¹	tin³³⁴	tʰin⁵⁵	tin²⁴³	tin²¹	nin²⁴³	lin²⁴³	ɬin²⁴³
阳江	min⁵⁴	tin²¹	tʰin³³	tʰin⁴²	tin³⁵	nin⁴²	lin⁴²	tsʰin⁴²
阳春	min⁵²	tin³²⁴	tʰin⁴⁵	tʰin³¹	tin³³	nin³¹	lin³¹	tsʰin³¹
赤坎	min²¹	tiŋ¹³	tʰiŋ⁴⁵	tʰiŋ²¹	tʰim¹³	nin²¹	lin²¹	tsʰin²¹
吴川	min³¹	diŋ³⁵	tʰiŋ⁵⁵	tʰiŋ³¹	tʰin²⁴	niŋ³¹	liŋ³¹	tʃʰin³¹
廉江	min²¹	tin²⁵	tʰin⁵⁵	tʰin²¹	tʰim²³	nin²¹	lin²¹	tsʰin²¹
高州	min³¹	tin²⁴	tʰin⁵³	tʰin²¹	tʰim¹³	nin²¹	lin²¹	tʃʰin²¹
化州	min³¹	diŋ³⁵	tʰin⁵³	tʰin¹³	tʰim¹³	nin¹³	lin³¹	tʰin¹³

	0529 面~条	0530 典	0531 天	0532 田	0533 垫	0534 年	0535 莲	0536 前
	山开四 去先明	山开四 上先端	山开四 平先透	山开四 平先定	山开四 去先定	山开四 平先泥	山开四 平先来	山开四 平先从
梅州	miɛn⁵²	tiɛn³¹	tʰiɛn⁴⁴	tʰiɛn²¹	tiɛn⁵²	ŋian²¹	liɛn²¹	tsʰiɛn²¹
兴宁	miɛn⁵¹	tiɛn³¹	tʰiɛn²⁴	tʰiɛn¹³	tiaŋ⁵¹	nıɛn¹³	lıɛn¹³	tsʰiɛn¹³
五华	mɛn³¹	tɛn³¹	tʰɛn⁴⁴	tʰɛn²¹²	tiaŋ⁵¹	ŋiɛn²¹²	lɛn²¹²	tsʰɛn²¹²
大埔	miɛn⁵²	tæn³¹	tʰæn³⁴	tʰæn¹³	tiɛn⁵²	næn¹³	læn¹³	tsʰiɛn¹³
丰顺	mian⁵³	tian⁵³	tʰian⁴⁴	tʰian²⁴	tʰiap²白 tʰian⁵³文	ŋian²⁴	lian²⁴	tsʰian²⁴
揭西	miɛn³¹	tiɛn³¹	tʰiɛn⁴⁵²	tʰiɛn²⁴	tiam⁴¹	ŋiɛn²⁴	liɛn²⁴	tsʰiɛn²⁴
陆河	mɛn³³	tɛn²⁴	tʰɛn⁵³	tʰɛn³⁵	tiam³¹	ŋiɛn³⁵	lɛn³⁵	tsʰɛn³⁵
龙川	miɛn³³	tiɛn²⁴	tʰiɛn³³	tʰiɛn⁵¹	tiɛn²⁴	ŋiɛn⁵¹	liɛn⁵¹	tsʰiɛn⁵¹
河源	mian⁵⁴	tian²⁴	tʰian³³	tʰian³¹	tian²¹²	ŋian³¹	lian³¹	tsʰian³¹
连平	miɛn⁵³	tiɛn³¹	tʰiɛn²⁴	tʰiɛn²¹	tiɛn⁵³	ŋɛn²¹	liɛn²¹	tsʰiɛn²¹
龙岗	mbiɛn⁵³	tiɛn³¹	tʰiɛn³³	tʰiɛn²¹	tʰiak⁵	ŋgiɛn²¹	lıɛn²¹	tsʰiɛn²¹
惠州	miɛn³¹	tiɛn³⁵	tʰiɛn³³	tʰiɛn²²	tiɛn²³	niɛn²²	liɛn²²	tɕʰiɛn²²
博罗	mbiɛn⁴¹	tiɛn³⁵	tʰiɛn⁴⁴	tʰiɛn²¹	tiɛn²⁴	ndiɛn²¹	liɛn²¹	tsʰiɛn²¹
新丰	mbiɛn³¹	tiɛn³¹	tʰiɛn⁴⁴	tʰiɛn²⁴	tiɛn⁵¹	ŋgiɛn²⁴	liɛn²⁴	tsʰiɛn²⁴
翁源	miɛn³¹	tiɛn³¹	tʰiɛn²²	tʰiɛn⁴¹	tiɛn⁴⁵	ɲiɛn⁴¹	liɛn⁴¹	tsʰiɛn⁴¹
始兴	miẽi³³	tiẽi³¹	tʰiẽi²²	tʰiẽi⁵¹	tʰiẽi³³	ŋiẽi⁵¹	liẽi⁵¹	tɕʰiẽi⁵¹
仁化	miɛn³³	tiɛn²³	tʰiɛn³³	tʰiɛn³¹	tʰiɛn³⁴	ŋiɛn³¹	liɛn³¹	tsʰiɛn³¹
南雄	miẽ⁴²	tãẽ²⁴	tʰãẽ⁴⁴	tãẽ²¹	tãẽ⁴²	nãẽ²¹	lãẽ²¹	tsãẽ²¹

	0529 面~条	0530 典	0531 天	0532 田	0533 垫	0534 年	0535 莲	0536 前
	山开四 去先明	山开四 上先端	山开四 平先透	山开四 平先定	山开四 去先定	山开四 平先泥	山开四 平先来	山开四 平先从
皈塘	mie²¹	tie³³	tʰie²⁴	tie⁴⁵	tie²¹	nie⁴⁵	lie⁴⁵	tʃʰie⁴⁵
桂头	man⁴⁴	an³²⁴	tʰan⁵¹	tan⁴⁵	tʰiɛ̃²¹	lan⁴⁵	lan⁴⁵	tsʰan⁴⁵
连州	meŋ³³	teŋ⁵³	tʰeŋ³¹	teŋ⁵⁵	teŋ³³	neŋ⁵⁵	leŋ⁵⁵	tsʰeŋ⁵⁵
潮州	mĩ¹¹	tieŋ⁵³	tʰĩ³³ 白 tʰieŋ³³ 文	(无)	tieŋ³⁵	nĩ⁵⁵	nõĩ⁵⁵	tsõĩ⁵⁵
饶平	mĩ²¹	tiaŋ⁵²	tʰĩ⁴⁴ 白 tʰiaŋ⁴⁴ 文	(无)	tiaŋ²⁵	nĩ⁵⁵	nõĩ⁵⁵	tsõĩ⁵⁵
汕头	mĩ³¹	tiaŋ⁵¹	tʰĩ³³ 白 tʰiaŋ³³ 文	(无)	tiaŋ²⁵	nĩ⁵⁵	nõĩ⁵⁵	tsõĩ⁵⁵
澄海	mĩ²²	tiaŋ⁵³	tʰĩ³³ 白 tʰiaŋ³³ 文	(无)	tiaŋ³⁵	nĩ⁵⁵	nõĩ⁵⁵	tsõĩ⁵⁵
潮阳	mĩ⁴²	tiaŋ⁴⁵⁴	tĩ³¹ 白 tʰiaŋ³¹ 文	(无)	tiaŋ⁵²	nĩ³³	nãĩ³³	tsãĩ³³
南澳	mĩ³¹	tiaŋ⁵²	tʰĩ³⁴ 白 tʰiaŋ³⁴ 文	(无)	tiaŋ³⁵	nĩ⁴⁵⁴	nõĩ⁴⁵⁴	tsõĩ⁴⁵⁴ 白 tseŋ⁴⁵⁴ 文
揭阳	mĩ²²	tiaŋ⁴¹	tʰĩ³³ 白 tʰiaŋ³³ 文	(无)	tiaŋ²⁵	nĩ⁵⁵	nãĩ⁵⁵	tsãĩ⁵⁵
普宁	mĩ³¹	tiaŋ⁵²	tĩ³⁵ 白 tʰiaŋ³⁵ 文	(无)	tiaŋ²⁴	nĩ⁵⁵	nãĩ⁵⁵	tsãĩ⁵⁵
惠来	mĩ³¹	tiaŋ⁵³	tʰĩ³⁴ 白 tʰiaŋ³⁴ 文	(无)	tiaŋ²⁵	nĩ⁵⁵	nãĩ⁵⁵	tsãĩ⁵⁵
海丰	mĩ²¹	tiaŋ⁵³	tʰĩ³³ 白 tʰiaŋ³³ 文	tʰiaŋ⁵⁵	tiam³⁵ tiaŋ³⁵ 文	nĩ⁵⁵ 白 hĩ⁵⁵ niaŋ⁵⁵ 文	nãĩ⁵⁵ 白 liaŋ⁵⁵ 文	tsãĩ⁵⁵ 白 tsʰiaŋ⁵⁵ 文
陆丰	mĩ²²	tiaŋ⁵⁵	tʰĩ³³ 白 tʰiaŋ³³ 文	tʰiaŋ¹³	tiam²² tiaŋ²² 文	nĩ¹³ 白 liaŋ¹³ 文	nãĩ¹³ 白 liaŋ¹³ 文	tsãĩ¹³
电白	mi³³	tiŋ²¹	tʰi³³	tʰiŋ²²	tʰiam⁴⁴²	hi²² 白 niŋ²² 文	liŋ²²	tsai²²
雷州	mi²⁴	tieŋ⁴²	tʰi²⁴ 白 tʰieŋ²⁴ 文	tʰiaŋ²²	tʰiem³³	hi²² 白 nieŋ²² 文	lieŋ²²	tsai²²

	0537 先	0538 肩	0539 见	0540 牵	0541 显	0542 现	0543 烟	0544 憋
	山开四平先心	山开四平先见	山开四去先见	山开四平先溪	山开四上先晓	山开四去先匣	山开四平先影	山开四入屑滂
广州	$\int$in^{53}	kin^{53}	kin^{33}	hin^{53}	hin^{35}	in^{22}	in^{53}	pit^{3}
番禺	$\int$in^{53}	kin^{53}	kin^{33}	hin^{53}	hin^{35}	in^{22}	in^{53}	（无）
增城	sɛŋ^{44}	kɛŋ^{44}	kɛŋ^{33}	hɛŋ^{44}	hɛŋ^{35}	in^{22}	in^{44}	pɛk^{2}
从化	sin^{55}	kin^{55}	kin^{23}	hin^{55}	hin^{45}	in^{31}	in^{23}	pit^{2}
龙门	siɛn^{42}	kiɛn^{42}	kiɛn^{23}	hiɛn^{42}	hiɛn^{35}	iɛn^{53}	iɛn^{42}	（无）
莞城	$\int$in^{23}	kɛŋ^{23}白 kin^{23}文	kin^{44}	hin^{23}	hin^{35}	hin^{44}	in^{23}	pit^{3}
宝安	$\int$iŋ^{23}	kiŋ^{55}	kiŋ^{33}	hiŋ^{55}	hiŋ^{25}	iŋ^{22}	iŋ^{55}	（无）
佛山	$\int$in^{53}	kin^{53}	kɛn^{33}白 kin^{24}文	hin^{53}	hin^{35}	in^{12}	in^{53} ɛn^{53}又 in^{55}香~	pit^{23}
南海	sin^{51}	kin^{51}	kɛn^{33}白 kin^{33}文	hin^{51}	hin^{35}	in^{22}	ŋɛn^{51} in^{51}	（无）
顺德	$\int$in^{53}	kin^{53}	kɛn^{32}白 kin^{32}文	hin^{53}	hin^{24}	hin^{21}	ɛn^{53}白 in^{55}文	（无）
三水	sin^{53} sin^{55}又	kin^{53}	ken^{44}白 kin^{44}文	hin^{53}	hin^{25}	in^{33}	ŋɛn^{53} in^{53}又 in^{55}又	（无）
高明	$\int$in^{55}	kin^{55}	kin^{33}	hin^{55}	hin^{24}	in^{31}	in^{45}	（无）
佛冈	$\int$in^{33}	kan^{33}白 kin^{33}文	kin^{33}	hin^{33}	hin^{35}	in^{31}	in^{33}	（无）
阳山	$\int$in^{51}	kin^{51}	ken^{34}	hen^{51}	hin^{55}	hen^{214}	en^{51}	p^{h}it^{34}
连山	θin^{51}	kin^{51}	kin^{35}	hin^{51}	hin^{55}	in^{215}	in^{51}	bit^{5}
新兴	sin^{45}	kin^{45}	kin^{443}	hin^{45}	hin^{35}	in^{52}	in^{45}	pit^{4}
罗定	sin^{55}	kin^{55}	kin^{33}	hin^{55}	hin^{35}	in^{21}	in^{55}	（无）
郁南	$\int$in^{55}	kin^{55}	kin^{33}	hin^{55}	hin^{35}	in^{21}	in^{55}	pit^{3}
石岐	sin^{55}	kan^{55}白 kin^{55}文	kin^{33}	hin^{55}	hin^{213}	hin^{33}	in^{55}	pit^{3}

	0537 先	0538 肩	0539 见	0540 牵	0541 显	0542 现	0543 烟	0544 憋
	山开四平先心	山开四平先见	山开四去先见	山开四平先溪	山开四上先晓	山开四去先匣	山开四平先影	山开四入屑滂
肇庆	ʃin⁴⁵	kin⁴⁵	kin³³	hin⁴⁵	hin²⁴	in⁵²	in⁴⁵	pit³
香洲	sin²¹	kin²¹	kin³³	hin²¹	hin³⁵	hin³³	in²¹	pit³
斗门	sin³⁴	kin³⁴	kin³⁴	hin³⁴	hin⁴⁵	in⁴²	in³⁴	（无）
新会	sin²³	kin²³	kin²³	hin²³	hin⁴⁵	in³²	in²³	pɑi³²
台山	łen³³	kan³³	ken³³	hen³³	hen⁵⁵	jien³¹	jien³³	（无）
开平	łin³³	kin³³	kin³³	hin³³	hin⁴⁵	jien³¹	jiɛn³³	vit³
恩平	ʃiən³³	kan³³ 白 / kiən³³ 文	kiən³³	hiən³³	hiən⁵⁵	iən²¹	iən³³	（无）
四会	ʃin⁵¹	kin⁵¹	kin³³	hin⁵¹	hin³³	in²⁴	in⁵¹	pit³
广宁	sin⁵¹	kin⁵¹	ken³³	hen⁵¹	hin⁴⁴	hin³²³	en⁵¹	pit⁴³
怀集	θin⁴²	kin⁴²	kɛn⁴⁵	hin⁴²	hin⁵⁴	hin²²⁵	ɛn⁴²	pit⁵
德庆	sin⁴⁵⁴	kin⁴⁵⁴	kin⁵³	hin⁴⁵⁴	hin⁴⁵	in³¹	in⁴⁵⁴	（无）
封开	łin⁵⁵	kin⁵⁵	kin⁵¹	hin⁵⁵	hin³³⁴	in²¹	in⁵⁵	piɛt⁵
阳江	łin³³	kin³³	kin³⁵	hin³³	hin²¹	in⁵⁴	in³³	pit²¹
阳春	łin⁴⁵	kin⁴⁵	kin³³	hin⁴⁵	hin³²⁴	in⁵²	in⁴⁵	pit³
赤坎	łiŋ⁴⁵	kiŋ⁴⁵	kiŋ³³	hiŋ⁴⁵	hiŋ¹³	iŋ²¹	iŋ⁴⁵	pɐi³³
吴川	łiŋ⁵⁵	kiŋ⁵⁵	kiŋ³³	hiŋ⁵⁵	hiŋ³⁵	iŋ³¹	iŋ⁵⁵	ɓiʔ³
廉江	łin⁵⁵	kin⁵⁵	kin³³	hin⁵⁵	hin²⁵	in²¹	in⁵⁵	（无）
高州	łin⁵³	kin⁵³	kin³³	hin⁵³	hin²⁴	in³¹	in⁵³	pɐi³³
化州	łin⁵³	kin⁵³	kin³³	hin⁵³	hin³⁵	in³¹	in⁵³	ɓɐi³³

	0537 先	0538 肩	0539 见	0540 牵	0541 显	0542 现	0543 烟	0544 憋
	山开四 平先心	山开四 平先见	山开四 去先见	山开四 平先溪	山开四 上先晓	山开四 去先匣	山开四 平先影	山开四 入屑滂
梅州	sien⁴⁴	kin⁴⁴白 kian⁴⁴文	kian⁵²	kʰian⁴⁴	hian³¹	hian⁵²	ian⁴⁴	piet²
兴宁	sɪen²⁴	kin²⁴	kɪen⁵¹	kʰɪen²⁴	ʃen³¹	ʃen⁵¹	ʒen²⁴	（无）
五华	sɛn⁴⁴	kɛn⁴⁴	kɛn⁵¹	kʰɛn⁴⁴	ʃɛn³¹	ʃɛn³¹	iɛn⁴⁴	pɛt²
大埔	sien³⁴	kien³⁴	kien⁵²	kʰien³⁴	hien³¹	hien⁵²	ʒæn³⁴	piet²
丰顺	sian⁴⁴	kian⁴⁴	kian⁵³	kʰian⁴⁴	hian⁵³	hian²¹	ian⁴⁴	piet²
揭西	sien⁴⁵²	kiɛn⁴⁵²	kiɛn⁴¹	kʰiɛn⁴⁵²	hiɛn³¹	hiɛn³¹	ʒan⁴⁵²	piɛt⁵
陆河	sɛn⁵³	kɛn⁵³	kɛn³¹	kʰɛn⁵³	hiɛn²⁴	hiɛn²⁴白 hiɛn³³文	an⁵³ ʒan⁵³又	（无）
龙川	sien³³	kin³³	kiɛn³¹	kʰiɛn³³	ʃiɛn²⁴	ʃiɛn³³	iɛn³³	piet¹³
河源	sian³³	kan³³	kian²¹²	hian³³	hian²⁴	hian⁵⁴	ʔian³³	pie³³
连平	siɛn²⁴	tɛn²⁴	tɛn⁵³	tʰɛn²⁴	ɕiɛn³¹	ɕiɛn⁵³	iɛn²⁴	（无）
龙岗	sien³³	kɪen³³	kɪen⁵³	kʰɪen³³	hɪen³¹	hɪen⁵³	zɪen³³	piet²
惠州	siɛn³³	kiɛn³³	kiɛn²³	hiɛn³³	hiɛn³⁵	hiɛn³¹	ʔiɛn³³	（无）
博罗	ɬien⁴⁴	kan⁴⁴	kiɛn²⁴	hiɛn⁴⁴	hiɛn³⁵	hiɛn⁴¹	iɛn⁴⁴	（无）
新丰	sien⁴⁴	kɛn⁴⁴	kiɛn⁵¹	kʰiɛn⁴⁴	san³¹	san³¹	zan⁴⁴	pʰiɛt²
翁源	siɛn²²	kiɛn²²	kiɛn⁴⁵	kʰiɛn²²	ʃan³¹	ʃan³¹	iɛn²²	（无）
始兴	ɕiɛ̃i²²	tɕiɛ̃i²²	tɕiɛ̃i³³	tɕʰiɛ̃i²²	ɕiɛ̃i³¹	ɕiɛ̃i³³	iɛ̃i²²	piɛiʔ⁴⁵
仁化	sien³³	kaŋ³³	kiɛn³⁴	kʰiɛn³³	ʃiɛn²³	ʃiɛn³³	iɛn³³	piʔ⁵
南雄	sãẽ⁴⁴	kɔ̃ɑ̃⁴⁴白 tɕiɛ̃⁴⁴文	tɕiɛ³²	tɕʰiɛ⁴⁴	ɕiɛ²⁴	ɕiɛ⁴²	iɛ⁴⁴	piʔ⁵

	0537 先	0538 肩	0539 见	0540 牵	0541 显	0542 现	0543 烟	0544 瞥
	山开四平先心	山开四平先见	山开四去先见	山开四平先溪	山开四上先晓	山开四去先匣	山开四平先影	山开四入屑滂
皈塘	$ʃie^{24}$	ka^{24}	kie^{21}	$kʰie^{24}$	hie^{33}	hie^{21}	ie^{24}	pei^{41}
桂头	san^{51}	$kiẽ^{51}$	kan^{44}	han^{51}	han^{324}	han^{44}	ian^{51}	（无）
连州	$seŋ^{31}$	$keŋ^{31}$	$keŋ^{11}$	$heŋ^{31}$	$heŋ^{53}$	$heŋ^{33}$	$eŋ^{31}$	（无）
潮州	$sõĩ^{33}$白 $siŋ^{33}$文	$kõĩ^{33}$	$kĩ^{213}$白 $kieŋ^{213}$文	$kʰaŋ^{33}$	$hieŋ^{53}$	$hiŋ^{11}$	$iŋ^{33}$	（无）
饶平	$sõĩ^{44}$白 $siŋ^{44}$文	$kõĩ^{44}$	$kĩ^{214}$白 $kiaŋ^{214}$文	$kʰaŋ^{44}$	$hiaŋ^{52}$	$hiŋ^{21}$	$iŋ^{44}$	$piak^{5}$
汕头	$sõĩ^{33}$白 $siŋ^{33}$文	$kõĩ^{33}$	$kĩ^{213}$白 $kiaŋ^{213}$文	$kʰaŋ^{33}$	$hiaŋ^{51}$	$hiŋ^{31}$白 $hiaŋ^{31}$文	$eŋ^{33}$白 $iŋ^{33}$文	$piʔ^{2}$
澄海	$sõĩ^{33}$白 $siŋ^{33}$文	$kõĩ^{33}$	$kĩ^{212}$白 $kiaŋ^{212}$文	$kʰaŋ^{33}$	$hiaŋ^{53}$	$hiŋ^{22}$	$iŋ^{33}$	（无）
潮阳	$sãĩ^{31}$白 $siŋ^{31}$文	$kãĩ^{31}$	$kĩ^{52}$白 $kiaŋ^{52}$文	$kʰaŋ^{31}$	$hiaŋ^{454}$	$hiaŋ^{42}$	$eŋ^{31}$白 $iaŋ^{31}$文	（无）
南澳	$sõĩ^{34}$白 $seŋ^{34}$文	$kõĩ^{34}$白 $keŋ^{34}$文	$kĩ^{21}$白 $kiaŋ^{21}$文	$kʰaŋ^{34}$	$hiaŋ^{52}$	$hiaŋ^{31}$	$iŋ^{34}$	$piak^{2}$
揭阳	$sãĩ^{33}$白 $seŋ^{33}$文	$kãĩ^{33}$	$kĩ^{213}$白 $kiaŋ^{213}$文	$kʰaŋ^{33}$	$hiaŋ^{41}$	$heŋ^{22}$	$eŋ^{33}$	（无）
普宁	$sãĩ^{35}$白 $siŋ^{35}$文	$kãĩ^{35}$	$kĩ^{312}$白 $kiaŋ^{312}$文	$kʰaŋ^{35}$	$hiaŋ^{52}$	$hiaŋ^{31}$	$iaŋ^{35}$	（无）
惠来	$sãĩ^{34}$白 $siŋ^{34}$文	$kãĩ^{34}$	$kĩ^{31}$白 $kiaŋ^{31}$文	$kʰaŋ^{34}$	$hiaŋ^{53}$	$hiaŋ^{31}$	$iaŋ^{34}$	（无）
海丰	$sãĩ^{33}$白 sin^{33}文 $siaŋ^{33}$文	$kãĩ^{33}$白 $kiaŋ^{33}$文	$kĩ^{212}$白 $kiaŋ^{212}$文	$kʰaŋ^{33}$白 $kʰiaŋ^{33}$文	$hiaŋ^{53}$	$hiaŋ^{35}$~在 $hiaŋ^{21}$表~	$iaŋ^{33}$	（无）
陆丰	$sãĩ^{33}$白 $siŋ^{33}$文	$keŋ^{33}$白 $kãĩ^{33}$文	$kĩ^{213}$白 $kiaŋ^{213}$文	$kʰaŋ^{33}$	$hiaŋ^{55}$	$hiaŋ^{22}$	$iaŋ^{33}$	（无）
电白	sai^{33}	kai^{33}白 $kiŋ^{33}$文	$kĩ^{13}$白 $kiŋ^{13}$文	$kʰaŋ^{33}$	$hiŋ^{21}$	$hiŋ^{442}$	$iŋ^{33}$	pi^{442}
雷州	$sien^{24}$	$kieŋ^{24}$	ki^{21}	$kʰaŋ^{24}$	$hieŋ^{42}$	$hieŋ^{33}$	$ʔieŋ^{24}$	（无）

	0545 篾	0546 铁	0547 捏	0548 节	0549 切动	0550 截	0551 结	0552 搬
	山开四入屑明	山开四入屑透	山开四入屑泥	山开四入屑精	山开四入屑清	山开四入屑从	山开四入屑见	山合一平桓帮
广州	mit²	tʰit³	lip²	tʃit³	tʃʰit³	tʃit²	kit³	pun⁵³
番禺	mit²	tʰit³	（无）	tʃit³	tʃʰit³	tʃit²	kit³	pun⁵³
增城	mɛk²	tʰɛk³	lɛp²	tsɛk³	tsʰɛk³	tsit³	kɛk³	pœŋ⁴⁴
从化	mit²	tʰit³	nit²	tsit³	tsʰit³	tsit²	kit³	pun⁵⁵
龙门	miɛt⁴³	tʰiɛt²³	liɛp²³	tsiɛt²³	tsʰiɛt²³	tsiɛt⁴³	kiɛt²³	pon⁴²
莞城	mit³	tʰit³	nit³	tʃit³	tʃʰit³	tʃit³	kit³	pun²³
宝安	miʔ³	tʰiʔ⁵	niʔ³	tʃiʔ³	tʃʰiʔ⁵	tʃiʔ³	kiʔ⁵	puŋ²³
佛山	bɛt²³/bit²³又	hit³⁴	lɛn³⁵白/nin³⁵文	tʃit³⁴	tʃʰit³⁴	tʃit³⁴量/tʃit²³动,量	kit³⁴	pun⁵³
南海	miɛt²	tʰit³	niɛn³⁵	tsit³	tsʰit³	tsit²	kit³	pun⁵¹
顺德	mɛt²	tʰit³	lit²	tʃit³	tʃʰit³	tʃit²	kit³	pun⁵³
三水	met³	tʰit⁴	let³	tsit⁴	tsʰit⁴	tsʰit³	ket⁴/kit³又	pun⁵³
高明	mit²	tʰit³	nin²⁴	tʃit³	tʃʰit³	tʃit³	kit³	pun⁴⁵
佛冈	mit²	tʰit³	nip²/nin²³又	tʃit³	tʃʰit³	tʃit²	kit³	pun³³
阳山	met²³	tʰet³⁴	lit⁵	tʃit³⁴	tʃit³⁴	tʃit³⁴	kit³⁴	pon⁵¹
连山	nit⁵	tʰit⁵	nit⁵	tit⁵	tʰit⁵	θit²¹⁵	kit⁵	bun⁵¹
新兴	mit⁵²	tʰit⁴	nit⁴	tsit⁴	tsʰit⁴	tsit⁵²	kit⁴	pøn⁴⁵
罗定	mɛk²	tʰit³	nip³	tsit³	tsʰit³	tsit²	kit³	pun⁵⁵
郁南	mit²	tʰit³	nip³	tʃit³	tʃʰit³	tʃit²	kit³	pun⁵⁵
石岐	mit³	tʰit³	nip³	tsit³	tsʰit³	tsit³	kit³	pun⁵⁵

	0545 篾	0546 铁	0547 捏	0548 节	0549 切动	0550 截	0551 结	0552 搬
	山开四入屑明	山开四入屑透	山开四入屑泥	山开四入屑精	山开四入屑清	山开四入屑从	山开四入屑见	山合一平桓帮
肇庆	mit⁴²	tʰit³	（无）	tʃit³	tʃʰit³	tʃit³	kit³	pyn⁴⁵
香洲	mit³	tʰit²¹	nip²¹	tsit²¹	tsʰit²¹	tsit³	kit²¹	pun²¹
斗门	mit³	hit³⁴	nip⁵	tsit⁵	tʰit³⁴	tsit³⁴	kit⁵	pun³⁴
新会	mit²	hit²³	nip²³	tsit⁴⁵	tsʰit²³	tsit²	kit⁴⁵	pun²³
台山	met²¹小	het³	nen⁵⁵	tet⁵~目 tet³过~	tʰet³	tet³¹	ket³	pɔn³³
开平	mit²¹小	hit³	nit⁵	tit⁵	tʰit³	tit²	kit⁵	uan³³
恩平	mbiət²	hiət³	ndiət⁵	tʃiət⁵	tʰiət³	tʃiət²	kiət⁵	puan³³
四会	mit²	tʰit³	lit²	tʃit⁵	tʃʰit³	tʃit³	kit⁵	pun⁵¹
广宁	met³²³	tʰet⁴³	net⁴³	tsit⁴³	tsʰit⁴³	tsit³²³	kit⁴³	pun⁵¹
怀集	mɛt²⁴	tʰɛt⁴⁵	nit⁵	tʃit⁵	tʃʰit⁵	tʃit²⁴	kit⁵	pon⁴²
德庆	mit²	tʰit⁵	（无）	tsit⁵	tsʰit⁵	tsit²	kit²	pun⁴⁵⁴
封开	mit²	tʰit⁵	nit⁵	tit⁵	tʰit⁵	ɬit²	kit⁵	pun⁵⁵
阳江	mit⁵⁴	tʰit²¹	nit²¹	tsit²¹	tsʰit²¹	tsit⁵⁴	kit²¹	pun³³
阳春	mit⁵²	tʰit³	nip³	tsit³	tsʰit³	tsit⁵²	kit³	pun⁴⁵
赤坎	miʔ²	tʰiʔ³	（无）	tsiʔ³	tsʰiʔ³	tsiʔ²	kiʔ³	puŋ⁴⁵
吴川	miʔ³¹	tʰiʔ³	niʔ³	tʃiʔ³	tʃʰiʔ³¹	tʃiʔ³¹	kiʔ³	ɓuŋ⁵⁵
廉江	mit²	tʰit³	（无）	tsit³	tsʰit³	tsit²	kit³	pun⁵⁵
高州	mit²¹	tʰit³	niɛn²⁴	tʃit³	tʃʰit³	tʃit³	kit³	pun⁵³
化州	mit³¹	tʰit³	ŋiaʔ⁵	tit³	tʃʰit³	tit³¹	kit³	ɓun⁵³

	0545 篾	0546 铁	0547 捏	0548 节	0549 切动	0550 截	0551 结	0552 搬
	山开四入屑明	山开四入屑透	山开四入屑泥	山开四入屑精	山开四入屑清	山开四入屑从	山开四入屑见	山合一平桓帮
梅州	mɛt^5	tʰiɛt^2	nɛt^{2}白 ŋiap^{2}文	tsiɛt^2	tsʰiɛt^2	tsʰiɛt^5	kɛt^{2}白 kiat^{2}文	pan^{44}
兴宁	miɛt^4	tʰiɛt^2	niɛt^2 niak^{2}文	tsiɛt^2	tsʰiɛt^2	tsʰiɛt^2	kit^{2}白 kiɛt^{2}文	pan^{24}
五华	mɛt^5	tʰɛt^2	ŋɛt^2	tsɛt^2	tsʰɛt^2	tsɛt^2	kit^{2}白 kɛt^{2}文	pan^{44}
大埔	mæt^5	tʰæt^2	næt^2	tsiɛt^2	tsʰiɛt^2	tsʰiɛt^5	kiɛt^2	pan^{34}
丰顺	mat^2	tʰiɛt^2	ŋiap^2	tsiɛt^2	tsʰiɛt^2	tsʰiɛt^2	kɛt^{2}白 kiɛt^{2}文	pan^{44}
揭西	mɛt^5	tʰiɛt^3	nɛt^{3}白 ŋiap^{3}文	tsiɛt^3	tsʰiɛt^3	tsʰiɛt^5	kiɛt^3	pan^{452}
陆河	mɛt^5	tʰɛt^{45}	ŋiap^{45}	tsɛt^{45}	tsʰɛt^{45}	tsʰɛt^{45}	kɛt^{45}	pan^{53}
龙川	miɛt^3	tʰiɛt^{13}	nat^{13}	tsiɛt^{13}	tsʰiɛt^{13}	tsʰiɛt^3	kiɛt^{13}	pɔn^{33}
河源	miɛt^3	tʰiɛt^5	ŋiap^5	tsiɛt^5	tsʰiɛt^5	tsiɛt^3	kiɛt^5	pɔn^{33}
连平	miɛt^5	tʰiɛt^3	ŋap^3	tsiɛt^3	tsʰiɛt^3	tsʰiɛt^3	tɛt^3	pan^{24}
龙岗	mbiɛt^5	tʰiɛt^2	liɛt^{2}白 ngiak^{2}文	tsiɛt^2	tsʰiɛt^2	tsiɛt^2	kit^{2}白 kiɛt^{2}文	pan^{33}
惠州	miɛt^{21}	tʰiɛt^{45}	niɛp^{45}	tɕiɛt^{45}	tɕʰiɛt^{45}	tɕʰiɛt^{21}	kiɛt^{45}	pɔn^{33}
博罗	mbiɛt^2	tʰiɛt^5	ndiap^5	tsiɛt^5	tsʰiɛt^5	tsʰiɛt^5	kiɛt^5	pɔn^{44}
新丰	mbiɛt^4	tʰiɛt^2	ŋgiap^2	tsiɛt^2	tsʰiɛt^2	tsiɛt^2	kiɛt^2	pan^{44}
翁源	miɛt^{45}	tʰiɛt^{31}	ɲiap^{31}	tsiɛt^{31}	tsʰiɛt^{31}	tsʰiɛt^{45}	kiɛt^{31}	pan^{22}
始兴	mɛiʔ^3	tʰiɛiʔ^{45}	ɲiɛiʔ^{45}	tɕiɛiʔ^{45}	tɕʰiɛiʔ^{45}	tɕʰiɛiʔ^3	tɕiɛiʔ^{45}	pãi^{22}
仁化	miɛʔ^5	tʰiɛʔ^5	liɛʔ^5	tsiɛʔ^5	tsʰiɛʔ^5	tsiɛʔ^5	kiɛʔ^5	puan^{33}
南雄	miʔ^{42}	tʰaiʔ^5	ŋiʔ^{5}白 naiʔ^{5}文	tsaiʔ^5	tsʰaiʔ^5	tsaiʔ^{42}	tɕiʔ^{42}白 tɕiɛʔ^{5}文	pɣã^{44}

	0545 篾	0546 铁	0547 捏	0548 节	0549 切动	0550 截	0551 结	0552 搬
	山开四入屑明	山开四入屑透	山开四入屑泥	山开四入屑精	山开四入屑清	山开四入屑从	山开四入屑见	山合一平桓帮
皈塘	mie³³	tʰie⁴¹	nia³³	tʃie⁴¹	tʃʰie⁴¹	(无)	kie⁴¹	pa⁴⁵
桂头	mie⁴	tʰɛi²¹	lie⁴⁴	tsɛi²¹	tsʰɛi²¹	tsɛi²¹	kɛi²¹	pœn⁵¹
连州	mi³¹	tʰi²⁴	(无)	tsi²⁴	tsʰi²⁴	tsi²⁴	ki²⁴	pɔŋ³¹
潮州	biʔ²	tʰiʔ²	niɛp⁵	tsoiʔ²白,过~ / tsak²文,~约	tsʰiek²	tsoiʔ⁵	kak²白,婚 / kʰak²白,打~ / kik²文,~紧	pũã³³
饶平	biʔ⁵	tʰiʔ²	niap²	tsoiʔ²白 / tsak²文	tsʰiak²	tsoiʔ⁵	kak²白 / kik²文	pũã⁴⁴
汕头	biʔ⁵	tʰiʔ²	niap⁵	tsoiʔ²白 / tsak²文	tsʰiak²	tsoiʔ⁵	kak²白 / kik²白 / kiak²文	pũã³³
澄海	biʔ⁵	tʰiʔ²	niak²	tsoiʔ²白 / tsak²文	tsʰiak²	tsoiʔ⁵	kak²白,打~ / kik²文,~紧	pũã³³
潮阳	bik⁵	tʰiʔ³	niap⁵	tsoiʔ³白 / tsak³文	tsʰiak³	tsoiʔ⁵	kak³	pfũã³¹
南澳	biʔ⁵	tʰiʔ²	niap²	tsoiʔ²白 / tsak²文	tsʰiak²	koiʔ⁵	kak²	pũã³⁴
揭阳	biʔ⁵	tʰiʔ³	niap³	tsoiʔ³白 / tsak³文	tsʰiak³	tsoiʔ⁵	kʰak³白,名 / kek³白,动 / kak³文,名,动	pũã³³
普宁	biʔ⁵	tʰiʔ³	niap³	tsoiʔ³白 / tsak³文	tsʰiak³	tsoiʔ⁵	kak³白 / kiak³文	pfua⁵⁵
惠来	biʔ⁵	tʰiʔ³	niap⁵	tsoiʔ³白 / tsak³文	tsʰiak³	tsoiʔ⁵	kak³白 / kiak³文	pfũã⁵⁵
海丰	mbiʔ⁵	tʰiʔ²	nũẽʔ²白 / niap⁵文 / niap²文	tse²白 / tsak²文,量 / tsiak²文,~约	tsʰiak²	tseʔ⁵	ŋak²白 / kak²白 / kiak²文	pũã⁵⁵ / pĩã⁵⁵ ~屎
陆丰	mbiʔ⁵	tʰiʔ²	nũẽʔ²白 / niap⁵文	tseʔ²白 / tsak²文,量 / tsiak²文,~约	tsʰiak²	tseʔ⁵	ŋak²白,名 / kak²白,动 / kiak²文	pũã¹³
电白	bi⁴⁴²	tʰi⁵³	nia⁴⁴²	tsoi⁵³白 / tsak⁵文 / tsik⁵文	(无)	tsik²	kik⁵	pua³³
雷州	bi³³	tʰi⁵⁴	ŋiek⁵	tsoi⁵⁴白 / tsak⁵文	tsʰiek⁵	tsoi³³	kiek⁵	pua²⁴

	0553 半	0554 判	0555 盘	0556 满	0557 端~午	0558 短	0559 断 绳~了	0560 暖
	山合一去桓帮	山合一去桓滂	山合一平桓並	山合一上桓明	山合一平桓端	山合一上桓端	山合一上桓定	山合一上桓泥
广州	pun³³	pʰun³³	pʰun²¹	mun¹³	tyn⁵³	tyn³⁵	tʰyn¹³	lyn¹³
番禺	pun³³	pʰun³³	pʰun³¹	mun²³	tyn⁵³	tyn³⁵	tʰyn²³	lyn²³
增城	pœŋ³³	pʰœŋ³³	pʰœŋ²¹	mœŋ¹³	tœŋ⁴⁴	tœŋ³⁵	tʰœŋ¹³	lœŋ¹³
从化	pun²³	pʰun²³	pʰun²²	mun²³	tyn⁵⁵	tyn⁴⁵	tʰyn²³	nyn²³
龙门	pon²³	pʰon²³	pʰon²¹	mon²³	tyɛn⁴²	tyɛn³⁵	tʰyɛn²³	lyɛn²³
莞城	pun⁴⁴	pʰun⁴⁴	pʰun³¹	mun³⁴	tøn²³	tøn³⁵	tʰøn³⁴	nøn³⁴
宝安	puŋ³³	pʰuŋ³³	pʰuŋ³³	muŋ²³	tyŋ⁵⁵	tyŋ²⁵	tʰyŋ²³	nyŋ²³
佛山	pun²⁴	pʰun²⁴	pʰun⁴²	bun¹³	tyn⁵³	tyn³⁵	tʰyn¹³	lyn¹³
南海	pun³³	pʰun³³	pʰun³¹	mun¹³	tyn⁵¹	tyn³⁵	tʰyn¹³	nyn¹³
顺德	pon³²	pʰun³²	pun⁴²	mon¹³	tyn⁵³	tyn²⁴	tʰyn¹³	lyn¹³
三水	pun⁴⁴	pʰun⁴⁴ pʰun²⁵又	pʰun³¹	mun²³	tyn⁵³	tyn²⁵	tʰyn²⁵ tʰyn³³又	lyn²³
高明	pun³³	pʰun³³	pʰun³¹	mun³³	tyn⁵⁵	tyn²⁴	tʰyn³³	nyn³³
佛冈	pun³³	pʰun³³	pʰun²²	mun²³	tin³³	tin³⁵	tʰin³³	nin³³
阳山	pon³⁴	pʰon³⁴	pon²⁴¹	mon²²⁴	tyn⁵¹	tyn⁵⁵	tyn²²⁴	lyn²²⁴
连山	bun³⁵	pʰun³⁵	pun²⁴¹	mun¹⁵	dun⁵¹	dun⁵⁵	tun¹⁵	nun¹⁵
新兴	pøn⁴⁴³	pʰøn⁴⁴³	pʰøn²¹	møn²¹	tøn⁴⁵	tøn³⁵	tʰøn²¹	nøn²¹
罗定	pun³³	pʰun³³	pʰun²¹	mun¹³	tyn⁵⁵	tyn³⁵	tʰyn¹³	nyn¹³
郁南	pun³³	pʰun³³	pʰun²¹	mun¹³	tyn⁵⁵	tyn³⁵	tʰyn¹³	nyn¹³
石岐	pun³³	pʰun³³	pʰun⁵¹	mun²¹³	tyn⁵⁵	tyn²¹³	tʰyn²¹³	nyn²¹³

	0553 半	0554 判	0555 盘	0556 满	0557 端~午	0558 短	0559 断 绳~了	0560 暖
	山合一 去桓帮	山合一 去桓滂	山合一 平桓並	山合一 上桓明	山合一 平桓端	山合一 上桓端	山合一 上桓定	山合一 上桓泥
肇庆	pyn^{33}	p^hyn^{33}	p^hyn^{21}	myn^{13}	tyn^{45}	tyn^{24}	t^hyn^{13}	nyn^{13}
香洲	pun^{33}	p^hun^{33}	p^hun^{343}	mun^{35}	tyn^{21}	tyn^{35}	t^hyn^{35}	nyn^{35}
斗门	pun^{34}	p^hun^{34}	p^hun^{22}	mun^{45}	tun^{34}	tun^{45}	hun^{21}白 tun^{42}文	nun^{21}
新会	pun^{21}	p^hun^{22}	p^hun^{22}	mun^{23}	tun^{23}	tun^{45}	hun^{21}	nun^{21}
台山	$pɔn^{33}$	$p^hɔn^{33}$	$p^hɔn^{22}$	$mɔn^{55}$	$ɔn^{33}$	$ɔn^{55}$	$ɔn^{31}$	$nɔn^{21}$
开平	uan^{21}小	p^huan^{33}	$huan^{11}$	$muan^{45}$	uan^{33}	uan^{45}	uan^{31}	$nuan^{21}$
恩平	$puan^{33}$	p^huan^{33}	p^huan^{22}	$mbuan^{55}$	$tuan^{33}$	$tuan^{55}$	$huan^{33}$	$nduan^{33}$
四会	pun^{33}	p^hun^{33}	pun^{31}	mun^{24}	tyn^{51}	tyn^{33}	tyn^{24}	lyn^{24}
广宁	pun^{33}	p^hun^{33}	pun^{31}	mun^{323}	tyn^{51}	tyn^{44}	tyn^{323}	nyn^{323}
怀集	pon^{45}	p^hon^{45}	pun^{231}	mon^{24}	$tœn^{42}$	$tœn^{54}$	$tœn^{24}$	$nœn^{24}$
德庆	pun^{53}	p^hun^{53}	pun^{242}白 p^hun^{31}文	mun^{23}	tun^{454}	tun^{45}	t^hun^{23}	nun^{23}
封开	pun^{51}	p^hun^{51}	pun^{243}	mun^{223}	tun^{55}	tun^{334}	tun^{223}	nun^{223}
阳江	pun^{35}	p^hun^{35}	p^hun^{42}	mun^{21}	tun^{33}	tun^{21}	t^hun^{21}	nun^{21}
阳春	pun^{33}	p^hun^{33}	p^hun^{31}	mun^{323}	tun^{45}	tun^{324}	t^hun^{323}白 tun^{52}文	nun^{323}
赤坎	$puŋ^{33}$	$p^huŋ^{33}$	$p^huŋ^{21}$	$muŋ^{13}$	$tiŋ^{45}$	$tiŋ^{13}$	$t^hiŋ^{13}$	$niŋ^{13}$
吴川	$ɓuŋ^{33}$	$p^huŋ^{33}$	$p^huŋ^{31}$	$muŋ^{24}$	$ɗiŋ^{55}$	$ɗiŋ^{35}$	$t^hiŋ^{24}$	$niŋ^{24}$
廉江	pun^{33}	p^hun^{33}	p^hun^{21}	mun^{23}	tun^{55}	tun^{25}	t^hun^{23}	nun^{23}
高州	pun^{33}	p^hun^{33}	p^hun^{21}	mun^{13}	tin^{53}	tin^{24}	t^hin^{13}	nin^{13}
化州	$ɓun^{33}$	p^hun^{33}	p^hun^{13}	mun^{13}	$ɗin^{53}$	$ɗin^{35}$	t^hin^{13}	nin^{13}

	0553 半	0554 判	0555 盘	0556 满	0557 端~午	0558 短	0559 断 绳~了	0560 暖
	山合一去桓帮	山合一去桓滂	山合一平桓並	山合一上桓明	山合一平桓端	山合一上桓端	山合一上桓定	山合一上桓泥
梅州	pan^{52}	pʰan^{52}	pʰan^{21}	man^{44}	tɔn^{44}	tɔn^{31}	tʰɔn^{44}	nɔn^{44}
兴宁	pan^{51}	pʰan^{31}	pʰan^{13}	man^{24}	tɔn^{24}	tɔn^{31}	tʰɔn^{24}	nɔn^{24}
五华	pan^{51}	pʰan^{51}	pʰan^{212}	man^{44}	tɔn^{44}	tɔn^{31}	tʰɔn^{44}	nɔn^{44}
大埔	pan^{52}	pʰan^{52}	pʰan^{13}	man^{34}	ton^{34}	ton^{31}	tʰon^{34}	non^{34}
丰顺	pan^{53}	pʰan^{21}	pʰan^{24}	men^{44}白 man^{44}文	ton^{44}	ton^{53}	tʰon^{44}	non^{44}
揭西	pan^{41}	pʰan^{31}	pʰan^{24}	man^{452}	tɔn^{452}	tɔn^{31}	tʰɔn^{452}	nɔn^{452}
陆河	pɔn^{31}	pʰan^{31}	pʰɔn^{35}	mɔn^{53}	tɔn^{53}	tɔn^{24}	tʰɔn^{53}	nɔn^{53}
龙川	pɔn^{31}	pʰɔn^{24}	pʰɔn^{51}	mɔn^{24}	tɔn^{33}	tɔn^{24}	tʰɔn^{31}	nɔn^{31}
河源	pɔn^{212}	pʰɔn^{212}	pʰɔn^{31}	mɔn^{212}	tɔn^{33}	tɔn^{24}	tʰɔn^{212}	nɔn^{212}
连平	pan^{53}	pʰan^{31}白 pʰan^{53}文	pʰan^{21}	man^{24}白 man^{31}文	tɔn^{24}	tɔn^{31}	tʰɔn^{24}	nɔn^{24}
龙岗	pan^{53}	pʰan^{53}	pʰan^{21}	mban^{33}	tɔn^{33}	tɔn^{31}	tʰɔn^{33}	lɔn^{33}
惠州	pɔn^{23}	pʰɔn^{31}	pʰɔn^{22}	mɔn^{23}	tɔn^{33}	tɔn^{35}	tʰɔn^{23}	nɔn^{23}
博罗	pɔn^{24}	pʰɔn^{41}	pʰɔn^{21}	mbɔn^{24}	tɔn^{44}	tɔn^{35}	tʰɔn^{24}	ndɔn^{24}
新丰	pan^{51}	pʰan^{51}	pʰan^{24}	mban^{44}	tɔn^{44}	tɔn^{31}	tʰɔn^{44}	lɔn^{44}
翁源	pan^{45}	pʰan^{45}	pʰan^{41}	man^{22}	tɔn^{22}	tɔn^{31}	tʰɔn^{22}	nɔn^{22}
始兴	pãi^{33}	pʰãi^{33}	pʰãi^{51}	mãi^{31}	tɔ̃e^{22}	tɔ̃e^{31}	tʰɔ̃e^{22}	nɔ̃e^{22}
仁化	puan^{34}	pʰuan^{34}	pʰuan^{31}	muan^{23}	tuan^{33}	tuan^{23}	tʰuan^{34}	luan^{34}
南雄	põã^{32}	pʰõã^{32}	põã^{21}	mõã^{24}	tõ^{44}	tõ^{24}	tõ^{21}	nõ^{21}

	0553 半	0554 判	0555 盘	0556 满	0557 端~午	0558 短	0559 断 绳~了	0560 暖
	山合一去桓帮	山合一去桓滂	山合一平桓并	山合一上桓明	山合一平桓端	山合一上桓端	山合一上桓定	山合一上桓泥
皈塘	pa²¹	pʰa²¹	pa⁴⁵	ma³³	tuə²⁴	tuə³³	tuə³³	nuə³³
桂头	pœn⁴⁴	pʰœn⁴⁴	pœn⁴⁵	mœn²¹	œn⁵¹	œn³²⁴	tʰœn²¹	lœn²¹
连州	pɔŋ¹¹	pʰɔŋ¹¹	pɔŋ⁵⁵	mɔŋ²⁴	tɔŋ³¹	tɔŋ⁵³	tɔŋ²⁴	nɔŋ²⁴
潮州	pũã²¹³	pʰũã²¹³ 白 pʰueŋ²¹³ 文	pũã⁵⁵ 白 pʰueŋ⁵⁵ 文	mũã⁵³	tueŋ³³	（无）	tɔŋ³⁵	lueŋ⁵³ 温~ dzueŋ⁵³ ~炉
饶平	pũã²¹⁴	pʰũã²¹⁴ 白 pʰuan²¹⁴ 文	pũã⁵⁵ 白 pʰuan⁵⁵ 文	mũã⁵²	tuan⁴⁴	to⁵²	tuŋ²⁵ 白 tuan²⁵ 文	luan⁵²
汕头	pũã²¹³	pʰua²¹³ 白 pʰuan²¹³ 文	pũã⁵⁵ 白 pʰuan²¹³ 文	mũã⁵¹	tuan³³	to⁵¹	tuŋ²⁵ 白 tuan²⁵ 文	luan⁵¹ nuan⁵¹ 又
澄海	pũã²¹²	pʰũã²¹² 白 pʰuan²¹² 文	pũã⁵⁵ 白 pʰaŋ⁵⁵ 文	mũã⁵³	tuan³³	（无）	tɔŋ³⁵ 白 tuan³⁵ 文	luan⁵³
潮阳	pfũã⁵²	pfʰũã⁵² 白 pfʰuan⁵² 文	pfũã³³ 白 pfʰuan³³ 文	m̩ũã⁴⁵⁴	tuan³¹	to⁴⁵⁴	tŋ̍⁵²	nuan⁴⁵⁴
南澳	pũã²¹	pʰuan²¹	pũã⁴⁵⁴ 白 pʰuan⁴⁵⁴ 文	mũã⁵²	tuan³⁴	to⁵²	tɔŋ³⁵	nuan⁵² dzuan⁵² 又
揭阳	pũã²¹³	pʰuan²¹³	pũã⁵⁵ 白 pʰuan⁵⁵ 文	mũã⁴¹	tuan³³	to⁴¹	tuŋ²⁵ 白 tuan²⁵ 文	nuŋ³³ 白 nuan⁴¹ 文
普宁	pfua³¹²	pfʰuan³¹²	pfũã⁵⁵ 白 pfʰuan⁵⁵ 文	m̩ũã⁵²	tuan³⁵	to⁵²	tŋ̍²⁴ 白 tuan²⁴ 文	nuan⁵²
惠来	pfũã³¹	pfʰuan³¹	pfũã⁵⁵	m̩ũã⁵³	tuan³⁴	to⁵³	tŋ̍²⁵ 白 tuan²⁵ 文	nuan⁵³
海丰	pũã²¹²	pʰuan²¹²	pũã⁵⁵	mũã⁵³	tuan³³	te⁵³	tuĩ³⁵	nuan⁵³
陆丰	pũã²¹³	pʰuan²¹³	pũã¹³	mũã⁵⁵	tuan³³	te⁵⁵ 白 tuan⁵⁵ 文	tŋ̍²² 白 tuan²² 文	luan⁵⁵
电白	pua¹³	pʰuŋ¹³	pua²² 白 pʰuŋ²² 文	mua²¹ 白 muŋ²¹ 文	tuŋ³³	tia²¹	tuĩ⁴⁴²	nuŋ³³
雷州	pua²¹	pʰuan³³	pua²² 白 pʰuan²² 文	mua⁴²	tuan²⁴	te⁴²	tui³³	nuan⁴²

	0561 乱	0562 酸	0563 算	0564 官	0565 宽	0566 欢	0567 完	0568 换
	山合一去桓来	山合一平桓心	山合一去桓心	山合一平桓见	山合一平桓溪	山合一平桓晓	山合一平桓匣	山合一去桓匣
广州	lyn²²	ʃyn⁵³	ʃyn³³	kun⁵³	fun⁵³	fun⁵³	yn²¹	un²²
番禺	lyn²²	ʃyn⁵³	ʃyn³³	kun⁵³	fun⁵³	fun⁵³	yn³¹	un²²
增城	lœŋ²²	sœŋ⁴⁴	sœŋ³³	kun⁴⁴	fun⁴⁴	fun⁴⁴	in²¹	un²²
从化	lyn³¹	syn⁵⁵	syn²³	kun⁵⁵	fun⁵⁵	fun⁵⁵	yn²²	un³¹
龙门	lyɛn⁵³	syɛn⁴²	syɛn²³	kon⁴²	fon⁴²	fon⁴²	yɛn²¹	von⁵³
莞城	ŋɵn⁴⁴	ʃɵn²³	ʃɵn⁴⁴	kun²³	fun²³	fun²³	iɵn³¹	un⁴⁴
宝安	lyŋ²²	ʃyŋ²³	ʃyŋ³³	kuŋ²³	fuŋ²³	fuŋ⁵⁵	iŋ³³	uŋ²²
佛山	lyn¹²	ʃyn⁵³	ʃyn²⁴	kun⁵³	fun⁵³	fun⁵³	yn⁴²	un¹²
南海	lyn²²	syn⁵¹	syn³³	kun⁵¹	fun⁵¹	fun⁵¹	yn³¹	un²²
顺德	lyn²¹	ʃyn⁵³	ʃyn³²	kun⁵³	fun⁵³	fun⁵³	hyn⁴²	fun²¹
三水	lyn³³	syn⁵³ syn⁵⁵ 又	syn⁴⁴	kun⁵³	fun⁵³ fun⁵⁵ 又	fun⁵³	yn³¹	un³³
高明	lyn³¹	ʃyn⁴⁵	ʃyn³³	kun⁴⁵	fun⁴⁵	fun⁵⁵	yn³¹	un³¹
佛冈	lin³¹	ʃin³³	ʃin³³	kun³³	（无）	fun³³	in²²	un³¹
阳山	lyn²¹⁴	ʃyn⁵¹	ʃyn³⁴	kun⁵¹	fun⁵¹	fun⁵¹	yn²⁴¹	un²¹⁴
连山	lun²¹⁵	θun⁵¹	θun³⁵	kun⁵¹	kʰun⁵¹	kʰun⁵¹	yn²⁴¹	vun²¹⁵
新兴	lɵn⁵²	syn⁴⁵	syn⁴⁴³	kɵn⁴⁵	fɵn⁴⁵	fɵn⁴⁵	yn²¹	uɵn⁵²
罗定	lyn²¹	syn⁵⁵	syn³³	kun⁵⁵	fun⁵⁵	fun⁵⁵	yn²¹	un²¹
郁南	lyn²¹	ʃyn⁵⁵	ʃyn³³	kun⁵⁵	fun⁵⁵	fun⁵⁵	yn²¹	un²¹
石岐	lyn³³	syn⁵⁵	syn³³	kun⁵⁵	hun⁵⁵	hun⁵⁵	yn⁵¹	un³³

	0561 乱	0562 酸	0563 算	0564 官	0565 宽	0566 欢	0567 完	0568 换
	山合一去桓来	山合一平桓心	山合一去桓心	山合一平桓见	山合一平桓溪	山合一平桓晓	山合一平桓匣	山合一去桓匣
肇庆	lyn^{52}	ʃyn^{45}	ʃyn^{33}	kun^{45}	fun^{45}	fun^{45}	yn^{21}	un^{52}
香洲	lyn^{33}	syn^{21}	syn^{33}	kun^{21}	hun^{21}	hun^{21}	yn^{343}	un^{33}
斗门	lun^{42}	sun^{34}	sun^{34}	kun^{34}	fun^{34}	fun^{34}	in^{22}	un^{42}
新会	lun^{32}	sun^{23}	sun^{23}	kun^{23}	fun^{23}	fun^{23}	un^{22}	un^{32}
台山	lɔn^{31}	ɬɔn^{33}	ɬɔn^{33}	kɔn^{33}	fɔn^{33}	fɔn^{33}	jiɔn^{22}	ʋɔn^{31}
开平	luan^{31}	ɬuan^{33}	ɬuan^{33}	kuan^{33}	fuan^{33}	fuan^{33}	juan^{11}	vuan^{31}
恩平	luan^{21}	ʃuan^{33}	ʃuan^{33}	kuan^{33}	fuan^{33}	fuan^{33}	iən^{22}	vuan^{21}
四会	lyn^{24}	ʃyn^{51}	ʃyn^{33}	kun^{51}	fun^{51}	fun^{51}	yn^{31}	un^{24}
广宁	lyn^{323}	syn^{51}	syn^{33}	kun^{51}	fun^{51}	fun^{51}	hyn^{31}	un^{323}
怀集	lœn^{225}	θun^{42}	θun^{45}	kun^{42}	fun^{42}	fun^{42}	un^{231}	un^{225}
德庆	lun^{31}	sun^{454}	sun^{53}	kun^{454}	fun^{454}	fun^{454}	un^{242}	un^{31}
封开	lun^{21}	ɬun^{55}	ɬun^{51}	kun^{55}	fun^{55}	fun^{55}	iun^{243}	un^{21}
阳江	lun^{54}	ɬun^{33}	ɬun^{35}	kun^{33}	fun^{33}	fun^{33}	in^{42} un^{42}又	un^{54}
阳春	lun^{52}	ɬun^{45}	ɬun^{33}	kun^{45}	fun^{45}	fun^{45}	in^{31}	un^{52}
赤坎	liŋ^{21}	ɬiŋ^{45}	ɬiŋ^{33}	kuŋ^{45}	fuŋ^{45}	fuŋ^{45}	iŋ^{21}	uŋ^{21}
吴川	liŋ^{31}	ɬiŋ^{55}	ɬiŋ^{33}	kuŋ^{55}	fuŋ^{55}	fuŋ^{55}	iŋ^{31}	uŋ^{31}
廉江	lun^{21}	ɬun^{55}	ɬun^{33}	kun^{55}	fun^{55}	fun^{55}	in^{21}	un^{21}
高州	lin^{31}	ɬin^{53}	ɬin^{33}	kun^{53}	fun^{53}	fun^{53}	in^{21}	vun^{31}
化州	lin^{31}	ɬin^{53}	ɬin^{33}	kun^{53}	fun^{53}	fun^{53}	in^{13}	un^{53}

	0561 乱	0562 酸	0563 算	0564 官	0565 宽	0566 欢	0567 完	0568 换
	山合一去桓来	山合一平桓心	山合一去桓心	山合一平桓见	山合一平桓溪	山合一平桓晓	山合一平桓匣	山合一去桓匣
梅州	lɔn⁵²	sɔn⁴⁴	sɔn⁵²	kuɔn⁴⁴	kʰɔn⁴⁴	fɔn⁴⁴	van²¹	vɔn⁵²白 fɔn⁵²文
兴宁	lɔn⁵¹	sɔn²⁴	sɔn⁵¹	kɔn²⁴	kʰɔn²⁴	fɔn²⁴	vɔn¹³白 van¹³文	vɔn⁵¹白 fɔn⁵¹文
五华	lɔn³¹	sɔn⁴⁴	sɔn⁵¹	kɔn⁴⁴	kʰɔn⁴⁴	fɔn⁴⁴	van²¹²	vɔn³¹
大埔	lon⁵²	son³⁴	son⁵²	kuan³⁴	kʰuan³⁴	fan³⁴	van¹³	van⁵²白 fan⁵²文
丰顺	lon²¹	son⁴⁴	son⁵³	kuan⁴⁴	kʰuan⁴⁴	fan⁴⁴	van²⁴	van²¹
揭西	lɔn³¹	sɔn⁴⁵²	sɔn⁴¹	kuan⁴⁵²	kʰuan⁴⁵²	fan⁴⁵²	van²⁴	van³¹白 fan⁴¹文
陆河	lɔn³³	sɔn⁵³	sɔn³¹	kuɔn⁵³	kʰuɔn⁵³	fɔn⁵³	van³⁵	vɔn³³
龙川	lɔn³³	sɔn³³	sɔn³¹	kɔn³³	kʰɔn³³	fɔn³³	vɔn⁵¹	vɔn³³
河源	lɔn⁵⁴	sɔn³³	sɔn²¹²	kɔn³³	fɔn³³	fɔn³³	ʋɔn³¹	ʋɔn⁵⁴
连平	lɔn⁵³	sɔn²⁴	sɔn⁵³	kɔn²⁴	kʰɔn²⁴	fɔn²⁴	uɔn²¹	uɔn⁵³
龙岗	lɔn⁵³	sɔn³³	sɔn⁵³	kɔn³³	kʰɔn³³	fɔn³³	vɔn²¹白 van²¹文	vɔn⁵³
惠州	lɔn³¹	sɔn³³	sɔn²³	kɔn³³	fɔn³³	fɔn³³	wɔn²²	wɔn³¹
博罗	lɔn⁴¹	ɬɔn⁴⁴	ɬɔn²⁴	kɔn⁴⁴	vɔn⁴⁴	vɔn⁴⁴	zɔn²¹	vɔn⁴¹
新丰	lɔn³¹	sɔn⁴⁴	sɔn⁵¹	kɔn⁴⁴	kʰan⁴⁴	fɔn⁴⁴	van²⁴	vɔn³¹
翁源	lɔn³¹	sɔn²²	sɔn⁴⁵	kan²²	kʰan²²	fan²²	van⁴¹	vɔn³¹白 fan³¹文
始兴	lõe³³	sõe²²	sõe³³	kãi²²	kʰãi²²	fãi²²	vãi⁵¹	vãi³³
仁化	luan³³	suan³³	suan³⁴	kuan³³	kʰuan³³	xuan³³	iɛn³¹	xuan³⁴
南雄	lõ⁴²	sõ⁴⁴	sõ³²	kõã⁴⁴	kʰõã⁴⁴	kʰõã⁴⁴白 fõã⁴⁴文	võã²¹	võã⁴²

	0561 乱	0562 酸	0563 算	0564 官	0565 宽	0566 欢	0567 完	0568 换
	山合一去桓来	山合一平桓心	山合一去桓心	山合一平桓见	山合一平桓溪	山合一平桓晓	山合一平桓匣	山合一去桓匣
畈塘	luə^{21}	ʃuə^{24}	ʃuə^{21}	kuə^{24}	kʰuə^{24}	huə^{24}	ye^{45}	huə^{21}
桂头	lœn^{44}	sœn^{51}	sœn^{44}	kuœn^{51}	（无）	kʰuœn^{51}／fœn^{51}又	yẽ^{45}	hœn^{44}
连州	lɔŋ^{33}	sɔŋ^{31}	sɔŋ^{11}	kuɔŋ^{31}	kʰuɔŋ^{31}	fɔŋ^{31}	veŋ^{55}	vɔŋ^{33}
潮州	luɛŋ^{35}	sɤŋ^{33}	sɤŋ^{213}白／suɛŋ^{213}文	kũã^{33}	kʰũã^{33}白／kʰuɛŋ^{33}文	hũã^{33}白／huɛŋ^{33}文	uɛŋ^{55}	ũã^{11}／huɛŋ^{213}文
饶平	luaŋ^{25}	suɯŋ^{44}	suɯŋ^{214}白／suaŋ^{214}文	kũã^{44}	kʰũã^{44}白／kʰuaŋ^{44}文	hũã^{44}	uaŋ^{55}	ũã^{21}白／huam^{214}文
汕头	luaŋ^{25}	suɯŋ^{33}	suɯŋ^{213}白／suaŋ^{213}文	kũã^{33}	kʰũã^{33}白／kʰuaŋ^{33}文	hũã^{33}	uaŋ^{55}	ũã^{31}白／huaŋ^{213}文
澄海	luaŋ^{35}	sɤŋ^{33}	sɤŋ^{212}白／suaŋ^{212}文	kũã^{33}	kʰũã^{33}白／kʰuaŋ^{33}文	hũã^{33}白／huaŋ^{33}文	uaŋ^{55}	ũã^{22}白／huaŋ^{212}文
潮阳	luaŋ^{52}	sŋ^{31}	sŋ^{52}白／suaŋ^{52}文	kũã^{31}	kʰũã^{52}白／kʰuaŋ^{31}文	hũã^{31}	uaŋ^{33}	ũã^{42}
南澳	luaŋ^{35}	sɤŋ^{34}	sɤŋ^{21}	kũã^{34}	kʰuaŋ^{34}	hũã^{34}白／huaŋ^{34}文	uaŋ^{454}	ũã^{21}白／huaŋ^{21}文
揭阳	luaŋ^{25}	suɯŋ^{33}	suɯŋ^{213}白／suaŋ^{213}文	kũã^{33}	kʰũã^{213}白／kʰũã^{33}白／kʰuaŋ^{33}文	hũã^{33}	uaŋ^{55}	ũã^{22}
普宁	luaŋ^{24}	sŋ^{35}	sŋ^{312}白／suaŋ^{312}文	kũã^{35}	kʰũã^{312}白／kʰuaŋ^{35}文	hũã^{35}	uaŋ^{55}	ũã^{31}
惠来	luaŋ^{25}	sŋ^{34}	sŋ^{31}	kũã^{34}	kʰuaŋ^{34}	hũã^{34}	uaŋ^{55}	ũã^{31}
海丰	luaŋ^{35}	suĩ^{33}	suĩ^{212}白／suaŋ^{212}文	kũã^{33}	kʰũã^{33}白／kʰuaŋ^{33}文	hũã^{33}白,~喜／huaŋ^{33}文	iaŋ^{55}	ũã^{21}
陆丰	luaŋ^{22}	sŋ^{33}	sŋ^{213}	kũã^{33}	kʰũã^{33}白／kʰũã^{213}白／kʰuaŋ^{33}文	hũã^{33}白／huaŋ^{33}文	uaŋ^{13}	ũã^{22}
电白	nui^{33}	sui^{33}	sui^{13}	kua^{33}	kʰuaŋ^{33}	hua^{33}白／kʰuaŋ^{33}文	huŋ^{22}	（无）
雷州	luaŋ^{33}	sui^{24}	sui^{33}白／suaŋ^{54}文	kua^{24}	kʰua^{22}白／kʰua^{24}又	hua^{33}白／huaŋ^{24}文	ŋuaŋ^{22}	huaŋ^{33}

	0569 碗	0570 拨	0571 泼	0572 末	0573 脱	0574 夺	0575 阔	0576 活
	山合一上桓影	山合一入末帮	山合一入末滂	山合一入末明	山合一入末透	山合一入末定	山合一入末溪	山合一入末匣
广州	un^{35}	put^2	p^{h}ut^3	mut^2	t^{h}yt^3	tyt^2	fut^3	ut^2
番禺	un^{35}	put^2	p^{h}ut^3	mut^2	t^{h}yt^3	tyt^2	fut^3	ut^2
增城	un^{35}	pœk^2	p^{h}œk^3	mœk^2	t^{h}œk^3	tœk^2	fut^3	ut^2
从化	un^{45}	put^2	p^{h}ut^3	mut^2	t^{h}yt^3	tyt^2	fut^3	ut^2
龙门	von^{35}	pot^5	p^{h}ot^{23}	mot^{43}	t^{h}yɛt^{23}	tyɛt^{43}	fot^{23}	vot^{43}
莞城	un^{35}	p^{h}ut^3	p^{h}ut^3	mut^3	t^{h}ɵt^3	tɵt^3	fut^3	ut^3
宝安	uŋ^{25}	paʔ^3	p^{h}oiʔ^3	moiʔ^3	t^{h}yʔ^5	tyʔ^3	foiʔ^5	uoiʔ^3
佛山	un^{35}	pɐt^{23}	p^{h}ut^{34}	but^{23}	hyt^{34}	tyt^{23}	fut^{34}	ut^{23}
南海	un^{35}	put^2	p^{h}ut^3	mut^2	t^{h}yt^3	tyt^2	fut^3	ut^2
顺德	un^{24}	put^2	p^{h}ɔt^3	mut^2	t^{h}yt^3	tyt^2	fut^3	fut^2
三水	un^{25}	put^3	p^{h}ut^4	mut^3	t^{h}yt^4	tyt^3	fut^4	ut^3
高明	un^{24}	put^2	p^{h}ut^3	mut^2	t^{h}yt^3	tyt^2	fut^3	ut^2
佛冈	un^{35}	put^2	p^{h}ut^3	mut^2	t^{h}it^3	tit^3	fut^3	ut^2
阳山	un^{55}	pot^{34}	p^{h}ot^{34}	mot^{23}	t^{h}yt^{34}	tyt^{23}	fut^{34}	ut^{23}
连山	vun^{55}	but^5	p^{h}ut^5	mut^{215}	t^{h}ut^5	tut^{215}	fut^5	vut^{215}
新兴	uɵn^{35}	pɵt^4	p^{h}ɵt^4	mɵt^{52}	t^{h}ɵt^4	tɵt^{52}	fɵt^4	uɵt^{52}
罗定	un^{35}	put^2	p^{h}ut^3	mut^2	t^{h}yt^3	tyt^2	fut^3	ut^2
郁南	un^{35}	put^2	p^{h}ut^3	mut^2	t^{h}yt^3	tyt^2	fut^3	ut^2
石岐	un^{213}	put^3	p^{h}ut^3	mut^3	t^{h}yt^3	tyt^3	hut^3	ut^3

	0569 碗	0570 拨	0571 泼	0572 末	0573 脱	0574 夺	0575 阔	0576 活
	山合一上桓影	山合一入末帮	山合一入末滂	山合一入末明	山合一入末透	山合一入末定	山合一入末溪	山合一入末匣
肇庆	un²⁴	pyt⁴²	pʰyt³	myt⁴²	tʰyt³	tyt⁴²	fut³	ut⁴²
香洲	un³⁵	put²¹	pʰut³	mut³	tʰyt²¹	tyt³	hut²¹	ut³
斗门	un⁴⁵	put³	pʰut⁵	mut³	hut³⁴	tut³	fut³	ut³
新会	un⁴⁵	pat²	pʰut⁴⁵	mut²	hut²³	tut²	fut²³	ut²³
台山	ʋɔn⁵⁵	pɔt³	pʰɔt³	mɔt³¹	hɔt³	ɔt³¹	fɔt³	ʋɔt³¹
开平	uan⁴⁵	ʋuat³	pʰuat³	muat²	huat³	uat²	fuat³	ʋuat²
恩平	ʋuan⁵⁵	puat³ puat⁵ 又	puat⁵	mbuat²	huat³	huat²	fuat³	ʋuat²
四会	un³³	put³	pʰut³	mut²	tʰyt³	tyt³	fut⁵	ut³
广宁	un⁴⁴	put³²³	pʰut⁴³	mut³²³	tʰyt⁴³	tyt³²³	fut⁴³	ut³²³
怀集	un⁵⁴	put⁴⁵	pʰut⁴⁵	mut²⁴	tʰyt⁵	tyt²⁴	fut⁵	ut²⁴
德庆	un⁴⁵	put⁵³	pʰut⁵³	mut²	tʰut⁵³	tut²	fut⁵³	ut²
封开	un³³⁴	put⁵	pʰut⁵	mut²	tʰut⁵	tut²	fut⁵	ut²
阳江	un²¹	put²¹	pʰut²¹	mut⁵⁴	tʰut²¹	tut⁵⁴	fut²¹	ut⁵⁴
阳春	un³²⁴	put³	pʰut³	mut⁵²	tʰut³	tut⁵²	fut³	ut⁵²
赤坎	uŋ¹³	puʔ³	pʰuʔ³	muʔ²	tʰiʔ³	tiʔ²	fuʔ³	uʔ²
吴川	uŋ³⁵	ɓuʔ³	pʰuʔ³	muʔ³¹	tʰiʔ³	diʔ³¹	fuʔ³	uʔ³¹
廉江	un²⁵	put³	pʰut³	mut²	tʰut³	tut²	fut³	ut²
高州	ʋun²⁴	put²¹	pʰut³	mut²¹	tʰit³	tit²¹	fut³	ʋut²¹
化州	un³⁵	ɓut³	pʰut³	mut³¹	tʰit³¹	tit³¹	fut³	ut³¹

	0569 碗	0570 拨	0571 泼	0572 末	0573 脱	0574 夺	0575 阔	0576 活
	山合一 上桓影	山合一 入末帮	山合一 入末滂	山合一 入末明	山合一 入末透	山合一 入末定	山合一 入末溪	山合一 入末匣
梅州	$vɔn^{31}$	pat^2	p^hat^2	mat^5	$t^hɔt^2$	$t^hɔt^5$	fat^2	fat^5
兴宁	$vɔn^{31}$	p^hat^2	p^hat^2	mat^4	$t^hɔt^2$	$t^hɔt^4$	fat^2	fat^4
五华	$vɔn^{31}$	$pait^2$	p^hait^2	$mait^5$	$t^hɔt^2$	$t^hɔt^5$	$fait^2$	$fait^2$
大埔	van^{31}	pat^2	p^hat^2	mat^5	t^hot^2	t^hot^5	k^huat^2	fat^5
丰顺	van^{53}	p^hat^2	p^hat^2	mat^5	t^hot^2	t^hot^5	k^huat^2	fat^5
揭西	van^{31}	p^hat^5	p^hat^3	mat^5	$t^hɔt^3$	$t^hɔt^5$	k^huat^3	fat^5
陆河	$vɔn^{24}$	p^hat^5	p^hat^{45}	$mɔt^5$	$t^hɔt^{45}$	$t^hɔt^5$	fat^{45}	fat^5
龙川	$vɔn^{24}$	p^hat^3	$p^hɔt^{13}$	$mɔt^3$	$t^hɔt^{13}$	$t^hɔt^{13}$	$fɔt^{13}$	$fɔt^3$
河源	$ʋɔn^{24}$	$pɔt^5$	$p^hɔt^5$	$mɔt^3$	$t^hɔt^5$	$t^hɔt^3$	$fɔt^5$	$ʋɔt^3$
连平	$uɔn^{31}$	pat^3	p^hat^3	mat^5	$t^hɔt^3$	$t^hɔt^5$	k^hat^3	fat^5
龙岗	$vɔn^{31}$	p^hat^5	p^hat^2	$mbat^5$	$t^hɔt^2$	$t^hɔt^5$	fat^2	fat^5
惠州	$wɔn^{35}$	$pɔt^{45}$	$p^hɔt^{45}$	$mɔt^{21}$	$t^hɔt^{45}$	$t^hɔt^{21}$	$fɔt^{45}$	$wɔt^{21}$
博罗	$vɔn^{35}$	$pɔt^5$	$p^hɔt^5$	$mbɔt^2$	$t^hɔt^5$	$t^hɔt^2$	$vɔt^5$	$mbɔt^2$
新丰	$vɔn^{31}$	$pɔt^2$	p^hat^2	$mbat^4$	$t^hɔt^2$	$t^hɔt^4$	k^hat^4	vat^4
翁源	$vɔn^{31}$	pat^{31}	p^hat^{31}	mat^{45}	$t^hɔt^{31}$	$t^hɔt^{45}$	k^hat^{31}	fat^{45}
始兴	$vãi^{31}$	$paiʔ^{45}$	$p^haiʔ^{45}$	$maiʔ^3$	$t^hɔeʔ^{45}$	$t^hɔeʔ^3$	$k^haiʔ^{45}$	$faiʔ^3$
仁化	$vuan^{23}$	$puaiʔ^5$	$p^huaiʔ^5$	$muaiʔ^5$	$t^huaiʔ^5$	$tuaiʔ^5$	$k^huaiʔ^5$	$xuaiʔ^5$
南雄	$võ̃ã^{24}$	$paiʔ^{42}$	$p^haiʔ^5$	$mɤʔ^{42}$	$t^hɤʔ^5$	$tɤʔ^{42}$	$k^huaiʔ^5$	$hɤʔ^{42}$

	0569 碗	0570 拨	0571 泼	0572 末	0573 脱	0574 夺	0575 阔	0576 活
	山合一上桓影	山合一入末帮	山合一入末滂	山合一入末明	山合一入末透	山合一入末定	山合一入末溪	山合一入末匣
飯塘	ua³³	pou⁴¹	pʰɔ⁴¹	mou³³	tʰua⁴¹	tou⁴¹	kʰua⁴¹ / kʰou⁴¹又	hue³³
桂头	vœn³²⁴	pu²¹	pʰu²¹	mo⁴	tʰu²¹	tʰu²¹	ku²¹	fu⁴⁴
连州	vɔŋ⁵³	pu²⁴	pʰu²⁴	mu³¹	tʰu²⁴	ty³¹	fu²⁴	vu³¹
潮州	ũã⁵³	pʰuaʔ²	pʰuaʔ²	buaʔ⁵白 / muek⁵文	tʰuk²	toʔ⁵	kʰuaʔ²	uaʔ⁵
饶平	ũã⁵²	pʰuaʔ²	pʰuaʔ²	muak⁵	tʰuk²	toʔ⁵	kʰuaʔ²	uaʔ⁵
汕头	ũã⁵¹	pʰuaʔ²	pʰuaʔ²	buaʔ⁵白 / muak⁵文	tʰuk²	toʔ⁵	kʰuaʔ²	uaʔ⁵
澄海	ũã⁵³	pʰuaʔ²	pʰuaʔ²	buaʔ⁵白 / muak⁵文	tʰuk²	toʔ⁵	kʰuaʔ²	uaʔ⁵
潮阳	ũã⁴⁵⁴	pfʰuaʔ³	pfʰuaʔ³	ŋuak⁵	tʰuk³	toʔ⁵	kʰuaʔ³	uaʔ⁵
南澳	ũã⁵²	pʰuaʔ²	pʰuaʔ²	muak⁵	luk²白 / tʰuk²文	toʔ⁵	kʰuaʔ²	uaʔ⁵
揭阳	ũã⁴¹	pʰuaʔ³	pʰuaʔ³	buaʔ⁵白 / muak⁵文	tʰuk³	toʔ⁵	kʰuaʔ³	ũãʔ⁵ / uaʔ⁵又
普宁	ũã⁵²	pfʰuaʔ³	pfʰuaʔ³	bvuaʔ⁵白 / ŋuak⁵文	tʰuk³	toʔ⁵	kʰuaʔ³	uaʔ⁵
惠来	ũã⁵³	pfʰuak³	pfʰuaʔ³	ŋuak⁵	tʰuak³	toʔ⁵	kʰuaʔ³	uaʔ⁵
海丰	ũã⁵³	pʰuak²	pʰuaʔ²白 / pʰuak²文	mbuaʔ⁵白 / muak⁵文	tʰuaʔ²白 / tʰuak²文	tuak⁵	kʰuaʔ²	uaʔ⁵
陆丰	ũã⁵⁵	puak⁵	pʰuaʔ²白 / pʰuak²文	mbuaʔ⁵白 / muak⁵文	tʰuaʔ²白 / tʰuak²文	tuak⁵	kʰuaʔ²	uaʔ⁵
电白	ua²¹	pʰua⁵³	pʰua⁵³白 / pʰuk⁵文	muk²	tʰuk⁵	tuk²	kʰua⁵³	uak²
雷州	ʔua⁴²	bua⁵⁴ / poi⁵⁴又	bua⁵⁴	muak⁵	tʰuek⁵	tuak³	kʰua²¹	ʔua³³白 / huak⁵文

	0577 顽~ 皮, ~固	0578 滑	0579 挖	0580 闩	0581 关~ 门	0582 惯	0583 还动	0584 还副
	山合二 平山疑	山合二 入黠匣	山合二 入黠影	山合二 平删生	山合二 平删见	山合二 去删见	山合二 平删匣	山合二 平删匣
广州	uan²¹	uat²	uat³	ʃan⁵³	kuan⁵³	kuan³³	uan²¹	uan²¹
番禺	uan³¹	uat²	uat³	ʃan⁵³	kuan⁵³	kuan³³	uan³¹	uan³¹
增城	uaŋ²¹	uat²	uat²白 ua⁴⁴文	san⁴⁴	kuan⁴⁴	kuan³³	uan²¹	uan²¹
从化	uaŋ²²	uak²	uak³	saŋ²³	kuaŋ⁵⁵	kuaŋ²³	uaŋ²²	uaŋ²²
龙门	ŋan²¹	vat⁴³	vat²³	san⁴²	kan⁴²	kan²³	van²¹	van²¹
莞城	ŋɛŋ³¹	uɛk³	uɛ³⁴	ʃɛŋ²³	kuɛŋ²³	kuɛŋ⁴⁴	uɛŋ³¹	uɛŋ³¹
宝安	uaŋ²²	uaʔ³	uaʔ⁵	ʃaŋ²³	kuaŋ⁵⁵	kuaŋ³³	uaŋ³³	uaŋ³³
佛山	uan⁴²	uɛt²白 uat²³文	uɛt³白 uat³⁴文	ʃɛn⁵³白 ʃan⁵³文	kuɛn⁵³白 kuan⁵³文	kuɛn³³白 kuan²⁴文	uɛn⁵³白 uan⁵³文	uan⁵³
南海	uan³¹	uɛt² uat²	uɛt³ uat³	tsʰɛn⁵¹	kuan⁵¹	kuɛn³³白 kuan³³文	uɛn³¹	uan³¹
顺德	uan⁴²	uɛt²	uɛt³	ʃɔk³	kuan⁵³	kuɛn³²	uɛn⁴²	uan⁴²
三水	uan³¹	uat³	uat⁴	syn⁵³ san⁵⁵又	kuan⁵³	kuen⁴⁴白 kuan⁴⁴文	uen³¹白 uan³¹文	（无）
高明	uan³¹	uat²	uat³	ʃɛm⁴⁵	kuan⁵⁵	kun³³ kuan³³又	uan³¹	uan³¹
佛冈	uan²²	uat²	uat³	ʃan³³ ʃan³¹又	kuan³³	kuan³³ kun³³又	uan²²	uan²²
阳山	ŋen²²⁴	uet²³	uet³⁴	ʃyn⁵¹	kuen⁵¹	kuen³⁴	uen²⁴¹	hai²⁴¹
连山	van²⁴¹	vat²¹⁵	vat³⁵	（无）	kuan⁵¹	kuan³⁵	van²⁴¹	van²⁴¹
新兴	ŋan²¹	uat⁵²	uat⁴	san⁴⁵	kan⁴⁵	kan⁴⁴³	uan²¹	uan²¹
罗定	uan²¹	uat²	uat³	san⁵⁵	kuan⁵⁵	kuan³³	uan²¹	uan²¹
郁南	uan²¹	uat²	uat³	ʃan⁵⁵	kuan⁵⁵	kuan³³	uan²¹	uan²¹
石岐	ŋan⁵¹	uat³	uat³	san⁵⁵	kuan⁵⁵	kuan³³	uan⁵¹	uan⁵¹

	0577 顽~ 皮,~固	0578 滑	0579 挖	0580 闩	0581 关~门	0582 惯	0583 还动	0584 还副
	山合二	山合二	山合二	山合二	山合二	山合二	山合二	山合二
	平山疑	入黠匣	入黠影	平删生	平删见	去删见	平删匣	平删匣
肇庆	ŋan²¹	uat⁴²	uat³	ʃan⁴⁵	kuan⁴⁵	kuan³³	uan²¹	uan²¹
香洲	ŋan³⁴³	uat³	uat²¹	san²¹	kan²¹	kan³³	uan³⁴³	uan³⁴³
斗门	ŋɒn²²	uɒt³	uɒt³⁴	sɒn²¹	kuɒn³⁴	kɒn³⁴	uɒn²²	uɒn²²
新会	uan²²	uat²	uat²³	san²¹	kuan²³	kuan²³	uan²²	uan²²
台山	ŋan²²	ʋat³¹	ʋat³	san³³	kan³³	kan³³	ʋan²²	ʋan²²
开平	ŋan¹¹	vat²	vat³	ʃan³³	kan³³	kan³³	van¹¹	van¹¹
恩平	ŋgan²²	vat²	vat³	ʃan³³	kan³³	kan³³	van²²	an²² van²²又
四会	uɛn²⁴	uɐt³	uɛt³	ʃɵn⁵¹	kuɛn⁵¹	kuɛn³³	uɛn³¹	uɛn³¹
广宁	uen³²³	uet³²³	uet⁴³	søn⁵¹	kuen⁵¹	kuen³³	uen³¹	uen³¹
怀集	uɛŋ²³¹	uɛt²⁴	uɛt⁴⁵	θan⁴²	kuɛn⁴²	kuɛn⁴⁵	uɛn²³¹	uɛn²³¹
德庆	uan²³	uɐt²	uɐt⁵³	（无）	kuan⁴⁵⁴	kuan⁵³	uan²⁴²	uan²⁴²
封开	uan²⁴³	uat²	uat⁵³	ʃan⁵⁵	kuan⁵⁵	kuan⁵¹	uan²⁴³	uan²¹
阳江	ŋaŋ⁴²	uaʔ⁵⁴	uaʔ²¹	saŋ³³	kuaŋ³³	kuaŋ³⁵	uaŋ⁴²	uaŋ⁴²
阳春	ŋan³¹	uat⁵²	uat³	kʰɐŋ³³	kan⁴⁵	kan³³	uan³¹	uan³¹
赤坎	uaŋ²¹	uaʔ²	uaʔ³	saŋ⁴⁵	kuaŋ⁴⁵	kuaŋ³³	uaŋ²¹	uaŋ²¹
吴川	ŋaŋ³¹	uaʔ³¹	uaʔ³	（无）	kuaŋ⁵⁵	kuaŋ³³	uaŋ³¹	uaŋ³¹
廉江	ŋɔŋ²¹	uak²	uak³	saŋ⁵⁵	kuaŋ⁵⁵	kuaŋ³³	uaŋ²¹	（无）
高州	ŋaŋ²¹	vak²¹	vak³	ʃaŋ⁵³	kuaŋ⁵³	kuaŋ³³	vaŋ²¹	（无）
化州	ŋan³¹	uaʔ³¹	uaʔ³	（无）	kuan⁵³	kuan³³	uan¹³	uan¹³

	0577 顽~ 皮,~固	0578 滑	0579 挖	0580 闩	0581 关~ 门	0582 惯	0583 还动	0584 还刷
	山合二 平山疑	山合二 入黠匣	山合二 入黠影	山合二 平删生	山合二 平删见	山合二 去删见	山合二 平删匣	山合二 平删匣
梅州	ŋan²¹	vat⁵	vat²	tsʰɔn⁴⁴	kuan⁴⁴	kuan⁵²	van²¹	han²¹
兴宁	ŋan¹³	vat⁴	vat²	tsʰɔn²⁴	kan²⁴	kan⁵¹	van¹³ ~钱 fan¹³ ~乡	han¹³
五华	ŋan²¹²	vait²	vait²	tsʰɔn⁴⁴	kan⁴⁴	kan⁵¹	van²¹²	han²¹²
大埔	ŋuan¹³	vat⁵	va³⁴	tsʰon³⁴	kuan³⁴	kuan⁵²	van¹³	hæn¹³
丰顺	van²⁴	vat⁵	vat²	tsʰon⁴⁴	kuan⁴⁴	kuan⁵³	van²⁴	han²⁴
揭西	ŋuan²⁴	vat⁵	ʒat³	tsʰon⁴⁵²	kuan⁴⁵²	kuan⁴¹	van²⁴	han²⁴
陆河	ŋan³⁵	vat⁵	vɛt⁴⁵	tsʰɔn⁵³	kuan⁵³	kuɔn³¹ 白 kuan³¹ 文	van³⁵	han³⁵
龙川	ŋan⁵¹	vat³	vat¹³	tsʰɔn³³	kan³³	kan³¹	van⁵¹	han⁵¹
河源	ŋan³¹	ʋat³	ʋat⁵	san³³	kan³³	kan²¹²	ʋan³¹	han³¹
连平	ŋan²¹	uat⁵	uat³	tsʰɔn²⁴	kan²⁴	kɔn⁵³ 白 kan⁵³ 文	uan²¹	han²¹
龙岗	ŋgan²¹	vat⁵	vat²	tsʰɔn³³	kan³³	kan⁵³	van²¹	han²¹
惠州	ŋan²²	wat²¹	wat⁴⁵	san³³	kan³³	kan²³	wan²²	han²²
博罗	ŋgan²¹	vat²	vat⁵	san⁴⁴	kan⁴⁴	kan²⁴	van²¹	han³⁵
新丰	ŋgan²⁴	vat⁴	vat²	tsʰɔn⁴⁴	kan⁴⁴	kan⁵¹	van²⁴	han²⁴
翁源	ŋan⁴¹	vat⁴⁵	vat³¹	sɔn²²	kan²²	kan⁴⁵	van⁴¹	hai⁴¹
始兴	ŋãi⁵¹	vaiʔ³	va²²	tsʰɔe²²	kʰãi²² kãi²² 又	kãi³³	vãi⁵¹	hai⁵¹
仁化	ŋaŋ³¹	vaʔ⁵	vɛʔ⁵	suan³³	kuan³³	kuan³⁴	vaŋ³¹	xai³¹
南雄	vɔ̃ã²¹	vɤʔ⁴²	vɤʔ⁵ 白 va⁴⁴ 文	sõ⁴⁴	kɔ̃ã⁴⁴	kɔ̃ã³²	vɔ̃ã²¹	ha²¹

	0577 顽~ 皮, ~固	0578 滑	0579 挖	0580 闩	0581 关~门	0582 惯	0583 还动	0584 还副
	山合二 平山疑	山合二 入黠匣	山合二 入黠影	山合二 平删生	山合二 平删见	山合二 去删见	山合二 平删匣	山合二 平删匣
皈塘	uaŋ⁴⁵	ya³³	ua⁴¹	ʃuə²⁴	kuə²⁴	kuə²¹	ya⁴⁵	hai⁴⁵
桂头	ŋiẽ⁴⁵	vie⁴⁴	vie²¹	sœn⁵¹	kuie⁵¹	kuœn⁴⁴	viẽ⁴⁵	hei⁴⁵
连州	vɔŋ⁵⁵	vi³¹	vou²⁴	sən³¹	kuɔŋ³¹	kuɔŋ¹¹	vɔŋ⁵⁵	hɔŋ⁵⁵
潮州	ŋuen⁵³	kuk⁵	uai³³	sɿŋ³³	kũẽ³³	kũĩ²¹³白 kuen²¹³文	hõĩ⁵⁵	hũã³³白 huen⁵⁵文
饶平	ŋuaŋ⁵²	kuk⁵	uai⁴⁴	tshũã²¹⁴	kũẽ⁴⁴白 kuaŋ⁴⁴文	kũĩ²¹⁴白 kuaŋ²¹⁴文	hõĩ⁵⁵白 huaŋ⁵⁵文	hũã⁵² hã⁵²又
汕头	ŋuaŋ⁵¹	kuk⁵	ũãĩ³³	（无）	kũẽ³³白 kuaŋ³³文	kũĩ²¹³白 kũãĩ²¹³白 kuaŋ²¹³文	hõĩ⁵⁵白 huaŋ⁵⁵文	hũã³³白 huaŋ⁵⁵文
澄海	ŋuaŋ⁵³	kuk⁵	uai³³	tshũã²¹²	kũẽ³³	kũĩ²¹²白 kuaŋ²¹²文	hõĩ⁵⁵	hũã³³白 huaŋ⁵⁵文
潮阳	ŋuaŋ³³	kuk⁵	ũãĩ³¹	tshũã⁵²	kũẽ³¹	kuaŋ⁵²	hãĩ³³	huaŋ³³
南澳	ŋuaŋ⁵²	kuk⁵	ua³⁴	tshũã²¹	kũẽ³⁴	kuaŋ²¹	hõĩ⁴⁵⁴	hã³⁵白 huaŋ²¹文
揭阳	ŋuaŋ⁴¹	kuk⁵	uai³³	tshũã²¹³	kũẽ³³白 kuaŋ³³文	kũĩ²¹³白 kuaŋ²¹³文	hãĩ⁵⁵白 huaŋ⁵⁵文	hã⁴¹白 huaŋ⁵⁵文
普宁	ŋuaŋ⁵²	kuk⁵	ũãĩ³⁵	（无）	kũẽ³⁵白 kuaŋ³⁵文	kũãĩ³¹²白 kuaŋ³¹²文	hãĩ⁵⁵	huaŋ⁵⁵
惠来	ŋuaŋ⁵³	kuk⁵	ũãĩ³⁴	tshũã³¹	kũẽ³⁴白 kuaŋ³⁴文	kuaŋ³¹	hãĩ⁵⁵白 huaŋ⁵⁵文	haŋ⁵⁵
海丰	ŋuaŋ⁵⁵	kut⁵⁵	ueʔ²白 uak²文	tshũã²¹²	kũẽ³³白 kuaŋ³³文	kũãĩ²¹²白 kuaŋ²¹²文	hãĩ⁵⁵	huaŋ⁵⁵
陆丰	uaŋ⁵⁵	kuk⁵	ueʔ²白 uak²文	tshũã²¹³	kũẽ³³白 kuaŋ³³文	kũãĩ²¹³白 kuaŋ²¹³文	hãĩ¹³	huaŋ¹³
电白	ŋuaŋ³³	kuk²	uak⁵	tshua¹³	kuai³³白 kuaŋ³³文	kuaŋ¹³	huan²²	（无）
雷州	ŋuaŋ²²	kuk³	ʔuaŋ⁵⁴	tshua²¹	kue²⁴	kuaŋ²¹	huan²²	huaŋ²²

	0585 弯	0586 刷	0587 刮	0588 全	0589 选	0590 转~ 眼，~送	0591 传~ 下来	0592 传~ 记
	山合二平删影	山合二入鎋生	山合二入鎋见	山合三平仙从	山合三上仙心	山合三上仙知	山合三平仙澄	山合三去仙澄
广州	uan^{55}	tʃʰat^3	kuat^3	tʃʰyn^{21}	ʃyn^{35}	tʃyn^{35}	tʃʰyn^{21}	tʃyn^{35}
番禺	uan^{55}	tʃʰat^3	kuat^3	tʃʰyn^{31}	ʃyn^{35}	tʃyn^{35}	tʃʰyn^{31}	tʃyn^{35}
增城	uan^{44}	tsʰak^3	kuak^3	tsʰœŋ^{21}	sin^{35}	tsin^{33}	tsʰin^{21}	tsin^{22}
从化	uaŋ^{55}	tsʰak^3	kuak^3	tsʰyn^{22}	syn^{45}	tsyn^{45}	tsʰyn^{22}	tsyn^{31}
龙门	van^{42}	tsʰat^{23}	kat^{23}	tsʰyɛn^{21}	syɛn^{35}	tsyɛn^{35}	tsʰyɛn^{21}	tsyɛn^{53}
莞城	ueŋ^{23}	tʃʰɛ^{34}	kɛ^{34}	tʃʰɵn^{31}	ʃɵn^{35}	tʃɵn^{44}	tʃʰɵn^{31}	tʃɵn^{35}
宝安	uaŋ^{55}	tʃʰaʔ^5	kuaʔ^5	tʃʰyŋ^{31}	ʃyŋ^{25}	tʃyŋ^{33}	tʃʰyŋ^{31}	tʃyŋ^{25}
佛山	uɛn^{55}白 uan^{55}文	tʃʰat^{34}	kuɛt^{34}白 kuat^{34}文	tʃʰyn^{42}	ʃyn^{35}	tʃyn^{35}	tʃʰyn^{42}	tʃyn^{35}
南海	uan^{55}	tsʰiɛt^3 tsʰat^{3}又	kuɛt^{3}白 kuat^{3}文	tsʰyn^{31}	syn^{35}	tsyn^{35}	tsʰyn^{31}	tsyn^{22}
顺德	uan^{53}	tʃʰat^3	kuɛt^3	tʃʰyn^{42}	ʃyn^{24}	tʃyn^{24}	tʃʰyn^{42}	tʃyn^{24}
三水	uan^{53} uan^{55}又	tsʰat^4 tsʰat^{25}又	kuet^4 kuat^{4}又	tsʰyn^{31}	syn^{25}	tsʰyn^{44} tsʰyn^{44}又	tsʰyn^{31}	tsyn^{25}
高明	uan^{55}	tʃʰat^3	kuat^3	tʃʰyn^{31}	ʃyn^{24}	tʃyn^{24}	tʃʰyn^{31}	tʃyn^{24}
佛冈	uan^{33}	tʃʰat^3	kuat^3	tʃʰin^{22}	ʃin^{35}	tʃin^{35}	tʃʰin^{22}	tʃʰin^{22}
阳山	uen^{51}	（无）	kuet^{34}	tʃyn^{241}	ʃyn^{55}	tʃyn^{55}	tʃyn^{241}	tʃyn^{34}
连山	van^{55}	ʃɔt^{35}	kuat^{35}	θun^{241}	θun^{55}	tʃyn^{35}	ʃyn^{241}	tʃyn^{35}
新兴	uan^{45}	tsʰat^4	kat^4	tsʰyn^{21}	syn^{35}	tsyn^{35}	tsʰyn^{21}	tsyn^{52}
罗定	uan^{55}	tsʰat^3	kuat^3	tsʰyn^{21}	syn^{35}	tsyn^{35}	tsʰyn^{21}	tsyn^{35}
郁南	uan^{55}	tʃʰat^3	kuat^3	tʃʰyn^{21}	ʃyn^{35}	tʃyn^{35}	tʃʰyn^{21}	tʃʰyn^{21}
石岐	uan^{55}	tsʰat^3	kuat^3	tsʰyn^{51}	syn^{213}	tsyn^{213}	tsʰyn^{51}	tsyn^{33}

	0585 弯	0586 刷	0587 刮	0588 全	0589 选	0590 转~ 眼，~送	0591 传~ 下来	0592 传~ 记
	山合二 平删影	山合二 入鎋生	山合二 入鎋见	山合三 平仙从	山合三 上仙心	山合三 上仙知	山合三 平仙澄	山合三 去仙澄
肇庆	uan^{45}	$tʃʰat^3$	$kuat^3$	$tʃʰyn^{21}$	$ʃyn^{24}$	$tʃyn^{24}$	$tʃʰyn^{21}$	$tʃyn^{52}$
香洲	uan^{21}	$tsʰat^{21}$	kat^{21}	$tsʰyn^{343}$	syn^{35}	$tsyn^{35}$	$tsʰyn^{343}$	$tsyn^{33}$
斗门	$uɒn^{34}$	$tʰɒt^{34}$	$kuɒt^{34}$	$tʰin^{22}$	sin^{45}	$tsin^{45}$	$tʰin^{22}$	$tsin^{42}$
新会	uan^{23}	$tsʰat^{23}$	$kuat^{23}$	$tsʰin^{22}$	sin^{45}	$tsin^{45}$	$tsʰin^{22}$	$tsʰin^{32}$
台山	van^{33}	$tsʰat^3$	kat^3	$tʰun^{22}$	$łun^{55}$	$tsɔn^{55}$	$tsʰun^{22}$	$tʰun^{22}$
开平	van^{33}	$tʃʰat^3$	kat^3	$tʰin^{11}$	$łin^{45}$	$tʃuan^{45}$	$tʃʰuan^{11}$	$tʃuan^{215}$ 小
恩平	van^{33}	$ʃat^3$	$kʰat^3$ 白 kat^3 文	$tʰiən^{22}$	$ʃiən^{55}$	$tʃiən^{55}$	$tʰiən^{22}$	$tʃiən^{21}$
四会	$uɛn^{51}$	$tʃʰat^3$	$kuɛt^3$	$tʃyn^{31}$	$ʃyn^{33}$	$tʃyn^{33}$	$tʃyn^{31}$	$tʃyn^{33}$
广宁	uen^{51}	$tsʰat^{43}$	$kuet^{43}$	$tsyn^{31}$	syn^{323}	$tsyn^{44}$	$tsyn^{31}$	$tsyn^{323}$
怀集	$uɛn^{42}$	$tʃʰat^{45}$	$kuɛt^{45}$	$tʃœn^{231}$	$θœn^{54}$	$tʃœn^{54}$	$tʃœn^{231}$	$tʃœn^{225}$
德庆	uan^{454}	$tsʰat^{53}$	$kuat^{53}$	$tsun^{242}$	sun^{45}	$tsun^{45}$	$tsun^{242}$	$tsun^{31}$
封开	uan^{55}	$tʃʰat^{53}$	$kuat^{53}$	$łun^{243}$	$łun^{334}$	$tʃun^{334}$	$tʃun^{243}$	$tʃun^{21}$
阳江	$uaŋ^{33}$	$tsʰaʔ^{21}$	$kuaʔ^{21}$	$tsʰin^{42}$	$łin^{21}$	$tsin^{21}$	$tsʰin^{42}$	$tsin^{54}$
阳春	uan^{45}	$tsʰat^3$	kat^3	$tsʰin^{31}$	$łin^{324}$	$tsin^{324}$	$tsʰin^{31}$	$tsin^{52}$
赤坎	$uaŋ^{45}$	$tsʰaʔ^3$	$kuaʔ^3$	$tsʰiŋ^{21}$	$łiŋ^{13}$	$tsiŋ^{13}$	$tsʰiŋ^{21}$	$tsʰiŋ^{21}$
吴川	$uaŋ^{55}$	$ʃaʔ^{31}$	$kuaʔ^{31}$	$tʃʰiŋ^{31}$	$łiŋ^{35}$	$tʃiŋ^{35}$	$tʃʰiŋ^{31}$	$tʃʰiŋ^{31}$
廉江	$uaŋ^{55}$	sak^3	$kuak^3$	$tsʰin^{21}$	$łin^{25}$	$tsin^{25}$	$tsʰin^{21}$	$tsin^{21}$
高州	$vaŋ^{53}$	$ʃak^3$	$kuak^3$	$tʃʰin^{21}$	$łin^{24}$	$tʃin^{24}$	$tʃʰin^{21}$	$tʃin^{31}$
化州	uan^{53}	$ʃaʔ^3$	$kuaʔ^3$	$tʰin^{13}$	$łin^{35}$	$tʃin^{35}$	$tʃʰin^{13}$	$tʃin^{31}$

	0585 弯	0586 刷	0587 刮	0588 全	0589 选	0590 转~ 眼,~送	0591 传~ 下来	0592 传~ 记
	山合二 平删影	山合二 入鎋生	山合二 入鎋见	山合三 平仙从	山合三 上仙心	山合三 上仙知	山合三 平仙澄	山合三 去仙澄
梅州	van^{44}	sɔt^{2}	kuat^{2}	tsʰiɛn^{21}	siɛn^{31}	tsɔn^{31}	tsʰɔn^{21}	tsʰɔn^{52}
兴宁	van^{24}	sɔt^{2}	kat^{2}	tʃʰiɛn^{13}	sɔn^{31}	tʃɔn^{31}	tʃʰɔn^{13}	tʃʰɔn^{51}
五华	van^{44}	sɔt^{2}	kait^{2}	tsʰɛn^{212}	sɛn^{31}	tʃɔn^{31}	tʃʰɔn^{212}	tʃʰɔn^{212}
大埔	van^{34}	sot^{2}	kuat^{2}	tsʰion^{13}	sion^{31}	tʃon^{31}	tʃʰon^{13}	tʃʰon^{52}
丰顺	van^{44}	sot^{2}	kuat^{2}	tsʰian^{24}	sian^{53}	tʃon^{53}	tʃʰon^{24}	tʃʰon^{21}
揭西	van^{452}	sɔt^{3}	kuat^{3}	tsʰiɛn^{24}	siɛn^{31}	tʃɔn^{31}	tʃʰɔn^{24}	tʃʰɔn^{31}
陆河	van^{53}	sɔt^{45}	kuat^{45}	tsʰiɔn^{35}	siɔn^{24}	tʃɔn^{24}	tʃʰɔn^{35}	tʃʰɔn^{33}
龙川	van^{33}	sɔt^{13}	kat^{13}	tsʰiɔn^{51}	siɔn^{24}	tsɔn^{24}	tsʰɔn^{51}	tsʰɔn^{24}
河源	ʋan^{33}	sat^{5}	kat^{5}	tsʰyan^{31}	syan^{24}	tsɔn^{24}	tsʰɔn^{31}	tsʰyan^{54}
连平	uan^{24}	sɔt^{3}	kat^{3}	tsʰiɔn^{21}	siɛn^{31}	tsɔn^{31}	tsʰɔn^{21}	tsʰɔn^{53}
龙岗	van^{33}	sɔt^{2}	kat^{2}	tsʰiɛn^{21}	sɔn^{31}	tsɔn^{31}	tsʰɔn^{21}	tsʰɔn^{53}
惠州	wan^{33}	sat^{45}	kat^{45}	tɕʰyɛn^{22}	syɛn^{35}	tɕyɛn^{35}	tɕʰyɛn^{22}	tɕʰyɛn^{31}
博罗	van^{44}	tsʰat^{5}	kat^{5}	tsʰiɛn^{21}	ɬiɛn^{35}	tsɔn^{35}	tsʰɔn^{21}	tsʰɔn^{41}
新丰	van^{44}	sɔt^{2}	kat^{2}	tsʰiɔn^{24}	siɛn^{31}	tsɔn^{31}	tsʰɔn^{24}	tsʰɔn^{31}
翁源	van^{22}	sɔt^{31}	kat^{31}	tsʰiɔn^{41}	siɛn^{31}	tʃɔn^{31}	tʃʰɔn^{41}	（无）
始兴	vãi^{22}	sɔəʔ^{45}	kaiʔ^{45}	tɕʰyɛi^{51}	ɕyɛi^{31}	tsɔe^{31}	tsʰɔe^{51}	tsʰɔe^{33}
仁化	vaŋ^{33}	suaiʔ^{5}	kuaiʔ^{5}	tsʰiɛn^{31}	siɛn^{23}	tsiɛn^{23}	tsʰiɛn^{31}	tsiɛn^{34}
南雄	vɔ̃ã^{44}	sɤʔ^{5}	kuɤʔ^{5}	tɕiɔ̃^{21}	ɕiə^{24}	tɕiɔ̃^{24}	tɕiɔ̃^{21}	tɕiɔ̃^{42}

	0585 弯	0586 刷	0587 刮	0588 全	0589 选	0590 转~ 眼，~送	0591 传~ 下来	0592 传~ 记
	山合二 平删影	山合二 入鎋生	山合二 入鎋见	山合三 平仙从	山合三 上仙心	山合三 上仙知	山合三 平仙澄	山合三 去仙澄
皈塘	uaŋ²⁴	ʃua⁴¹ ʃɔ⁴¹ 又	kua⁴¹ kɔ⁴¹ 又	tʃʰye⁴⁵	ʃye³³	tʃye³³	tʃʰye⁴⁵	tʃʰye²¹
桂头	viẽ⁵¹	su²¹	kuie²¹	tsʰyẽ⁴⁵	syẽ³²⁴	tsyẽ³²⁴	tsʰyẽ⁴⁵	tsʰyẽ⁴
连州	vɔŋ³¹	tsʰou²⁴	kuou²⁴	tsʰən⁵⁵	sən⁵³	tsən⁵³	tsʰən⁵⁵	tsʰən³¹
潮州	ueŋ³³	sueʔ²	kueʔ² ~白 kuaʔ² 文，~风	tsʰueŋ⁵⁵	sueŋ⁵³	tsueŋ⁵³	tʰueŋ⁵⁵	tɤŋ¹¹
饶平	uaŋ⁴⁴	sueʔ²	kueʔ² 白 kuaʔ² 文	tsʰuaŋ⁵⁵	suaŋ⁵²	tuɯŋ⁵² 白 tsuaŋ⁵² 文	tʰuaŋ⁵⁵	tuɯŋ²¹
汕头	uaŋ³³	sueʔ²	kueʔ² 白 kuaʔ² 文	tsʰuaŋ⁵⁵	suaŋ⁵¹	tsuaŋ⁵¹	tʰuaŋ⁵⁵	tuɯŋ³¹
澄海	uaŋ³³	sueʔ²	kueʔ² 白 kuaʔ² 文	tsʰuaŋ⁵⁵	suaŋ⁵³	tsuaŋ⁵³	tʰuaŋ⁵⁵	təŋ²¹²
潮阳	uaŋ³¹	sueʔ³	kuaʔ³ 白 kueʔ³ 文	tsʰuaŋ³³	suaŋ⁴⁵⁴	tsuaŋ⁴⁵⁴	tʰuaŋ³³	tuaŋ⁴²
南澳	uaŋ³⁴	sueʔ²	kueʔ² 白 kuaʔ² 文	tsʰuaŋ⁴⁵⁴	suaŋ⁵²	tsuaŋ⁵²	tʰuaŋ⁴⁵⁴	təŋ³¹
揭阳	uaŋ³³	sueʔ³	kueʔ³ 白 kuaʔ³ 文	tsʰuaŋ⁵⁵	suaŋ⁴¹	tuɯŋ⁴¹ 白 tsuaŋ⁴¹ 文	tuɯŋ⁵⁵ 白 tʰuaŋ⁵⁵ 文	tuɯŋ²² 白 tuaŋ²² 文
普宁	uaŋ³⁵	sueʔ³	kueʔ³ 白 kuaʔ³ 文	tsŋ⁵⁵ 白 tsʰuaŋ⁵⁵ 文	suaŋ⁵²	tsuaŋ⁵²	tʰuaŋ⁵⁵	tuaŋ³¹
惠来	uaŋ³⁴	sueʔ³	kueʔ³ 白 kuaʔ³ 文	tsʰuaŋ⁵⁵	suaŋ⁵³	tsuaŋ⁵³	tʰuaŋ⁵⁵	tuaŋ³¹
海丰	uaŋ³³	sut²	kueʔ² 白 kuaʔ² 文	tsuĩ⁵⁵ 白 tsʰuaŋ⁵⁵ 文	suaŋ⁵³	tuĩ⁵³ 白 tsuaŋ⁵³ 文	tʰuĩ⁵⁵ 白 tʰuaŋ⁵⁵ 文	tuaŋ³⁵
陆丰	uaŋ³³	sueʔ²	kueʔ² 白 kuaʔ² 文	tsʰuaŋ¹³	suaŋ⁵⁵	tŋ⁵⁵ 白 tsuaŋ⁵⁵ 文	tʰŋ¹³ 白 tʰuaŋ¹³ 文 tsʰuaŋ¹³ 文	tuaŋ²²
电白	uaŋ³³	sak⁵	kuak⁵	tsʰuŋ²²	siŋ²¹	tsiŋ²¹	tsʰuŋ²²	tsiŋ⁴⁴²
雷州	ʔuaŋ²⁴	tsʰua⁵⁴ suak⁵ 又	kuak⁵	tsuĩ²² 白 tsʰieŋ²² 文	sieŋ⁴²	tsieŋ⁴²	tsʰieŋ²²	tsieŋ³³

	0593 砖	0594 船	0595 软	0596 卷~起	0597 圈 圆~	0598 权	0599 圆	0600 院
	山合三平仙章	山合三平仙船	山合三上仙日	山合三上仙见	山合三平仙溪	山合三平仙群	山合三平仙云	山合三去仙云
广州	tʃyn⁵³	ʃyn²¹	yn¹³	kyn³⁵	hyn⁵⁵	kʰyn²¹	yn²¹	yn³⁵
番禺	tʃyn⁵³	ʃyn³¹	yn²³	kyn³⁵	hyn⁵⁵	kʰyn³¹	yn³¹	（无）
增城	tsin⁴⁴	sin²¹	in¹³	kœŋ³⁵	hœŋ⁴⁴	kʰœŋ²¹	in²¹	in³⁵
从化	tsyn⁵⁵	syn²²	yn²³	kyn⁴⁵	hyn⁵⁵	kʰyn²²	yn²²	yn²³
龙门	tsyɛn⁴²	syɛn²¹	yɛn²³	kyɛn³⁵	hyɛn⁵⁵	kʰyɛn²¹	yɛn²¹	yɛn³⁵
莞城	tʃɵn²³	ʃɵn³¹	iɵn³⁴	kɵn³⁵	hɵn²³	kʰɵn³¹	iɵn³¹	iɵn³⁵
宝安	tʃyŋ²³	ʃyŋ³³	yŋ²⁵	kyŋ²⁵	hyŋ⁵⁵	kʰyŋ³³	iŋ³³	yŋ²⁵
佛山	tʃyn⁵³	tʃʰyn⁴² / ʃyn⁴²又	yn¹³	kyn¹³	hyn⁵⁵	kʰyn⁴²	yn⁴²	yn³⁵
南海	tsyn⁵¹	syn³¹	yn¹³	kyn³⁵	hyn⁵⁵	kʰyn³¹	yn³¹	yn³⁵
顺德	tʃyn⁵³	tʃyn⁴²	yn¹³	kyn²⁴	hyn⁵⁵	kʰyn⁴²	hyn⁴²	hyn²⁴
三水	tsyn⁵³	syn³¹ / syn²⁵又	yn²³	kyn²⁵	hyn⁵⁵	kʰyn³¹	yn³¹	yn²⁵
高明	tʃyn⁴⁵	ʃyn³¹	yn³³	kyn²⁴	hyn⁵⁵	kʰyn³¹	yn³¹	yn²⁴
佛冈	tʃin³³	ʃin²²	in³³	kin³⁵	hin³³	kʰin²²	in²²	in³⁵
阳山	tʃyn⁵¹	ʃyn²⁴¹	yn²²⁴	kyn⁵⁵	hyn⁵¹	kyn²⁴¹	yn²⁴¹	yn²¹⁴
连山	tʃyn⁵¹	ʃyn²⁴¹	ŋyn¹⁵	kyn⁵⁵	hyn⁵¹	kyn²⁴¹	yn²⁴¹	yn²¹⁵
新兴	tsyn⁴⁵	syn²¹	yn²¹	kɵn³⁵	hɵn⁴⁵	kʰɵn²¹	yn²¹	yn³⁵
罗定	tsyn⁵⁵	syn²¹	yn¹³	kyn³⁵	hyn⁵⁵	kʰyn²¹	yn²¹	yn³⁵
郁南	tʃyn⁵⁵	ʃyn²¹	yn¹³	kyn³⁵	hyn⁵⁵	kʰyn²¹	yn²¹	yn³⁵ 小入
石岐	tsyn⁵⁵	syn⁵¹	ŋyn²¹³	kyn²¹³	hyn⁵⁵	kʰyn⁵¹	yn⁵¹	yn³³

	0593 砖	0594 船	0595 软	0596 卷~起	0597 圈圆~	0598 权	0599 圆	0600 院
	山合三平仙章	山合三平仙船	山合三上仙日	山合三上仙见	山合三平仙溪	山合三平仙群	山合三平仙云	山合三去仙云
肇庆	tʃyn⁴⁵	ʃyn²¹	yn¹³	kyn²⁴	hyn⁴⁵	kʰyn²¹	hyn²¹	yn²⁴ 小
香洲	tsyn²¹	syn³⁴³	ŋyn³⁵	kyn³⁵	hyn²¹	kʰyn³⁴³	yn³⁴³	yn³³
斗门	tsin³⁴	sin²²	ŋin²²	kin⁴⁵	hin⁴⁵	kʰin²²	in²²	in⁴²
新会	tsin²³	sin²²	ŋin²¹	kin⁴⁵	hin⁴⁵	kʰin²²	in²²	in²²
台山	tsɔn²²⁵ 小	sɔn²²	ŋun³³	kʰun⁵⁵	hun⁵⁵	kʰun²²	jiɔn²²	jiɔn²²⁵ 小
开平	tʃuan²¹⁵ 小	ʃuan¹¹	ŋin³³	kin⁴⁵	hin⁴⁵	kʰin¹¹	juan¹¹	uan²¹⁵ 小
恩平	tʃiən³³	ʃiən²²	ŋgiən³³	kiən⁵⁵	hiən⁵⁵	kʰiən²²	iən²²	iən²¹
四会	tʃyn⁵¹	ʃyn³¹	yn²⁴	kyn³³	hyn⁵¹	kʰyn³¹	yn³¹	yn³³
广宁	tsyn⁵¹	syn³¹	yn³²³	kyn⁴⁴	hyn⁵¹	kʰyn³¹	hyn³¹	hyn³²³
怀集	tʃœn⁴²	tʃœn²³¹	ŋiœn²⁴	kun⁵⁴	kʰun⁴²	kun²³¹	un²³¹	un⁴⁵
德庆	tsun⁴⁵⁴	sun²⁴²	ŋun²³	kun⁴⁵	hun⁴⁵⁴	kun²⁴²	iun²⁴²	iun³¹
封开	tʃun⁵⁵	tʃun²⁴³	ŋiun²²³	kun³³⁴	hun⁵⁵	kun²⁴³	iun²⁴³	iun²¹
阳江	tsin³³	sin⁴²	in²¹	kin²¹	hin³³	kʰin⁴²	in⁴²	in⁵⁴
阳春	tsin⁴⁵	sin³¹	ŋin³²³	kin³²⁴	hin⁴⁵	kʰin³¹	in³¹	in⁵²
赤坎	tsiŋ⁴⁵	siŋ²¹	ŋiŋ¹³	kiŋ¹³	hiŋ⁴⁵	kʰiŋ²¹	iŋ²¹	iŋ²¹
吴川	tʃiŋ⁵⁵	ʃiŋ³¹	ŋiŋ²⁴	kiŋ³⁵	kʰiŋ⁵⁵	kʰiŋ³¹	iŋ³¹	iŋ³¹
廉江	tsin⁵⁵	sin²¹	ŋin²³	kiɛn²⁵	kʰiɛŋ⁵⁵ 白 / kʰin⁵⁵ 文	kʰin²¹	in²¹	in²¹
高州	tʃin⁵³	ʃin²¹	ŋin¹³	kin²⁴	kʰin⁵³	kʰin²¹	in²¹	in³¹
化州	tʃin⁵³	ʃin¹³	ŋin¹³	kin³⁵	kʰin⁵³	kʰin¹³	in¹³	in³¹

	0593 砖	0594 船	0595 软	0596 卷~ 起	0597 圈 圆~	0598 权	0599 圆	0600 院
	山合三 平仙章	山合三 平仙船	山合三 上仙日	山合三 上仙见	山合三 平仙溪	山合三 平仙群	山合三 平仙云	山合三 去仙云
梅州	tsɔn⁴⁴	sɔn²¹	ŋiɔn⁴⁴	kian³¹	kʰian⁴⁴	kʰian²¹	ian²¹	ian⁵²
兴宁	tʃɔn²⁴	ʃɔn¹³	nɔn²⁴	kɪɛn³¹	kʰɪɛn²⁴	kʰɪɛn¹³	ʒen¹³	ʒen⁵¹
五华	tʃɔn⁴⁴	ʃɔn²¹²	ŋiɔn⁴⁴	kɛn³¹	kʰɛn⁴⁴	kʰɛn²¹²	iɛn²¹²	iɛn⁵¹
大埔	tʃon³⁴	ʃon¹³	ŋion³⁴	kien³¹	kʰien³⁴	kʰien¹³	vien¹³	vien⁵²
丰顺	tʃon⁴⁴	ʃon²⁴	ŋion⁴⁴	kʰian⁵³	kʰian⁴⁴	kʰian²⁴	ian²⁴	ian⁵³
揭西	tʃɔn⁴⁵²	ʃɔn²⁴	ŋiɔn⁴⁵²	kiɛn³¹	kʰiɛn⁴⁵²	kʰiɛn²⁴	ʒan²⁴	ʒan⁴¹
陆河	tʃɔn⁵³	ʃɔn³⁵	ŋiɔn⁵³	kiɔn²⁴	kʰɛn⁵³	kʰiɔn³⁵	ʒan³⁵	ʒan³¹
龙川	tsɔn³³	sɔn⁵¹	ŋiɔn³¹	kiɔn²⁴	kʰiɔn³³	kʰiɔn⁵¹	iɔn⁵¹	iɔn²⁴
河源	tsɔn³³	sɔn³¹	ŋyan²¹²	kyan²⁴	kʰyan³³	kʰyan³¹	yan³¹	yan²¹²
连平	tsɔn²⁴	sɔn²¹	ŋɔn²⁴	tɛn³¹	tʰɛn²⁴	tʰɛn²¹	iɛn²¹	iɛn⁵³
龙岗	tsɔn³³	sɔn²¹	ŋgɔn³³	kɪɛn³¹	kʰɪɛn³³	kʰɪɛn²¹	zɪɛn²¹	zɪɛn⁵³
惠州	tɕyɛn³³	ɕyɛn²²	ŋyɛn²³	kyɛn³⁵	hyɛn³³	kʰyɛn²²	jyɛn²²	jyɛn³⁵
博罗	tsɔn⁴⁴	sɔn²¹	zɔn²⁴	kiɛn³⁵	hiɛn⁴⁴	kʰiɛn²¹	zɔn²¹	zɔn³⁵
新丰	tsɔn⁴⁴	sɔn²⁴	ŋgiɔn⁴⁴	kiɛn³¹	kʰiɛn⁴⁴	kʰiɛn²⁴	zan²⁴	zan⁵¹
翁源	tʃon²²	ʃɔn⁴¹	ɲiɔn²²	kiɛn³¹	kʰiɛn²²	kʰiɛn⁴¹	iɛn⁴¹	iɛn⁴⁵
始兴	tsẽ²²	sẽe⁵¹	ŋyẽi²²	tɕyẽi³¹	tɕʰyẽi²²	tɕʰyẽi⁵¹	yẽi⁵¹	yẽi³³
仁化	tʃiɛn³³	ʃiɛn³¹	ŋiɛn³⁴	kiɛn²³	kʰiɛn³³	kʰiɛn³¹	iɛn³¹	iɛn³⁴
南雄	tɕiõ⁴⁴	ɕiõ²¹	ŋiõ²¹	tɕiõ²⁴	tɕʰiõ⁴⁴	tɕiõ²¹	iõ²¹	iõ⁴²

	0593 砖	0594 船	0595 软	0596 卷~ 起	0597 圈 圆~	0598 权	0599 圆	0600 院
	山合三 平仙章	山合三 平仙船	山合三 上仙日	山合三 上仙见	山合三 平仙溪	山合三 平仙群	山合三 平仙云	山合三 去仙云
皈塘	tʃye²⁴	ʃye⁴⁵	nye³³	kye³³	kʰye²⁴	kʰye⁴⁵	ye⁴⁵	ye²¹
桂头	tsyẽ⁵¹	syẽ⁴⁵	ŋyẽ²¹	kyẽ³²⁴	kʰyẽ⁴	kʰyẽ⁴⁵	yẽ⁴⁵	yẽ³²⁴
连州	tsɵn³¹	sɵn⁵⁵	ŋɵn²⁴	kuɵn⁵³	kʰɵn³¹	kʰɵn⁵⁵	vɵŋ⁵⁵	vɵŋ³³
潮州	tsɤŋ³³	tsuŋ⁵⁵	nɤŋ⁵³	kueŋ⁵³	（无）	kʰueŋ⁵⁵	ĩ⁵⁵	ĩ¹¹
饶平	tsuɯŋ⁴⁴	tsuŋ⁵⁵	nuɯŋ⁵²	kuɯŋ⁵²	kʰuaŋ⁴⁴	kʰuaŋ⁵⁵	ĩ⁵⁵	ĩ²¹
汕头	tsuɯŋ³³	tsuŋ⁵⁵	nuɯŋ⁵¹	kuaŋ⁵¹	kʰuaŋ³³	kʰuaŋ⁵⁵	ĩ⁵⁵	ĩ³¹
澄海	tsəŋ³³	tsuŋ⁵⁵	nəŋ⁵³	（无）	kuaŋ³³	kʰuaŋ⁵⁵	ĩ⁵⁵	ĩ²²
潮阳	tsŋ³¹	tsuŋ³³	nŋ⁴⁵⁴	kŋ⁴⁵⁴ 白 kuaŋ⁵² 文	kʰuaŋ³¹	kʰuaŋ³³	ĩ³³	ŋĩ⁴²
南澳	tsəŋ³⁴	tsuŋ⁴⁵⁴	nəŋ⁵²	kəŋ⁵²	kʰuaŋ³⁴	kʰuaŋ⁴⁵⁴	ĩ⁴⁵⁴	ĩ³¹
揭阳	tsuɯŋ³³	tsuŋ⁵⁵	nuɯŋ⁴¹	kuɯŋ⁴¹ 白 kuaŋ⁴¹ 白	kʰuaŋ³³	kʰuaŋ⁵⁵	ĩ⁵⁵	ŋĩ²²
普宁	tsŋ³⁵	tsuŋ⁵⁵	nŋ⁵²	kŋ⁵² 白 kuaŋ⁵² 文	kʰuaŋ³⁵	kʰuaŋ⁵⁵	ĩ⁵⁵	ĩ³¹ 白 ŋĩ³¹ 文
惠来	tsŋ³⁴	tsuŋ⁵⁵	nŋ⁵³	kuaŋ⁵³	kʰuaŋ³⁴	kʰuaŋ⁵⁵	ĩ⁵⁵	ĩ³¹
海丰	tsuĩ³³	tsun⁵⁵	nuĩ⁵³	kuĩ⁵³ 白 kiaŋ⁵³ 文	kʰiaŋ³³	kʰiaŋ⁵⁵	ĩ⁵⁵	ĩ²¹
陆丰	tsŋ³³	tsuŋ¹³	nŋ⁵⁵	kŋ⁵⁵	kʰuaŋ³³	kʰuaŋ¹³	ĩ¹³	ŋĩ²²
电白	tsui³³	tsuŋ²²	nui²¹	kui²¹	（无）	kʰiŋ²²	i²²	jiŋ⁴⁴²
雷州	tsui²⁴	tsuŋ²²	nui⁴²	kui⁴² 白 kieŋ⁴² 文	kʰieŋ²⁴	kʰieŋ²²	ʔi²² 白 ŋieŋ²² 文	ieŋ³³

	0601 铅~笔	0602 绝	0603 雪	0604 反	0605 翻	0606 饭	0607 晚	0608 万 将牌
	山合三平仙以	山合三入薛从	山合三入薛心	山合三上元非	山合三平元敷	山合三去元奉	山合三上元微	山合三去元微
广州	yn²¹	tʃyt²	ʃyt³	fan³⁵	fan⁵³	fan²²	man¹³	man²²
番禺	yn³¹	tʃyt²	ʃyt³	fan³⁵	fan⁵³	fan²²	man²³	man²²
增城	in²¹	tsit²	sœk³	fan³⁵	fan⁴⁴	fan²²	man¹³	man²²
从化	yn²²	tsyt²	syt³	faŋ⁴⁵	faŋ⁵⁵	faŋ³¹	maŋ²³	maŋ³¹
龙门	yɛn²¹	tsyɛt⁴³	syɛt²³	fan³⁵	fan⁴²	fan⁵³	man²³	man⁵³
莞城	iən³¹	tʃɵt³	ʃɵt³	fɛŋ³⁵	fɛŋ²³	fɛŋ⁴⁴	mɛŋ³⁴	mɛŋ⁴⁴
宝安	iŋ³¹	tʃyʔ³	ʃyʔ⁵	faŋ²⁵	faŋ⁵⁵	faŋ²²	maŋ²³	maŋ²²
佛山	yn⁴²	tʃyt²³	ʃyt³⁴	fan³⁵	fan⁵³	fan¹²	ban¹³	ban¹²
南海	yn³¹	tsyt²	syt³	fan³⁵	fan⁵¹	fan²²	man¹³	man²²
顺德	hyn⁴²	tʃyt²	ʃyt³	fan²⁴	fan⁵³	fan²¹	man¹³	man²¹
三水	yn³¹	tsyt³	syt⁴	fan²⁵	fan⁵³	fan³³	man²³	man³³
高明	yn³¹	tʃyt²	ʃyt³	fan²⁴	fan⁴⁵	fan³¹	man³³	man³¹
佛冈	in²²	tʃit²	ʃit³	fan³⁵	fan³³	fan³¹	man²³	man³¹
阳山	yn²⁴¹	tʃyt²³	ʃyt³⁴	fan⁵⁵	fan⁵¹	fan²¹⁴	man²²⁴	man²¹⁴
连山	yn²⁴¹	θut²¹⁵	θut⁵	fan⁵⁵	fan⁵¹	pan²¹⁵ 白 fan²¹⁵ 文	man¹⁵	man²¹⁵
新兴	yn²¹	tsyt⁵²	syt⁴	fan³⁵	fan⁴⁵	fan⁵²	man²¹	man⁵²
罗定	yn²¹	tsyt²	syt³	fan³⁵	fan⁵⁵	fan²¹	man¹³	man²¹
郁南	yn²¹	tʃyt²	ʃyt³	fan³⁵	fan⁵⁵	fan²¹	man¹³	man²¹
石岐	yn⁵¹	tsyt³	syt³	fan²¹³	fan⁵⁵	fan³³	man²¹³	man³³

	0601 铅~ 笔	0602 绝	0603 雪	0604 反	0605 翻	0606 饭	0607 晚	0608 万 将牌
	山合三 平仙以	山合三 入薛从	山合三 入薛心	山合三 上元非	山合三 平元敷	山合三 去元奉	山合三 上元微	山合三 去元微
肇庆	yn^{21}	$tʃyt^{42}$	$ʃyt^{3}$	fan^{24}	fan^{45}	fan^{52}	man^{13}	man^{52}
香洲	yn^{343}	$tsyt^{3}$	syt^{21}	fan^{35}	fan^{21}	fan^{33}	man^{35}	man^{33}
斗门	in^{22}	$tsit^{3}$	sit^{34}	$fɒn^{45}$	$fɒn^{34}$	$fɒn^{42}$	$mɒn^{21}$	$mɒn^{42}$
新会	in^{22}	$tsit^{2}$	sit^{23}	fan^{45}	fan^{23}	fan^{32}	man^{21}	man^{32}
台山	$jiɔn^{22}$	tut^{31}	$ɬut^{5}$	fan^{55}	fan^{33}	fan^{31}	man^{21}	man^{31}
开平	$juan^{11}$	tit^{2}	$ɬit^{5}$	fan^{45}	fan^{33}	fan^{31}	man^{21}	man^{31}
恩平	$iən^{22}$	$tʃiət^{2}$	$ʃiət^{5}$	fan^{55}	fan^{33}	fan^{21}	$mban^{21}$	$mban^{21}$
四会	yn^{31}	$tʃyt^{3}$	$ʃyt^{3}$	fan^{33}	fan^{51}	fan^{24}	man^{24}	man^{24}
广宁	yn^{31}	$tsyt^{323}$	syt^{43}	fan^{44}	fan^{51}	fan^{323}	man^{323}	man^{323}
怀集	un^{231}	$tʃyt^{24}$	$θyt^{5}$	fan^{54}	fan^{42}	fan^{225}	man^{24}	man^{225}
德庆	iun^{31}	$tsut^{2}$	sut^{53}	fan^{45}	fan^{454}	fan^{31}	man^{23}	man^{31}
封开	iun^{243}	$ɬut^{2}$	$ɬut^{5}$	fan^{334}	fan^{55}	fan^{21}	man^{223}	man^{21}
阳江	in^{42}	$tsit^{54}$	$ɬit^{21}$	$faŋ^{21}$	$faŋ^{33}$	$faŋ^{54}$	$maŋ^{21}$	$maŋ^{54}$
阳春	in^{31}	$tsit^{52}$	$ɬit^{3}$	fan^{324}	fan^{45}	fan^{52}	man^{323}	man^{52}
赤坎	$iŋ^{21}$	$tsiʔ^{2}$	$ɬiʔ^{3}$	$faŋ^{13}$	$faŋ^{45}$	$faŋ^{21}$	$maŋ^{13}$	$maŋ^{21}$
吴川	$iŋ^{31}$	$tʃiʔ^{3}$	$ɬiʔ^{3}$	$faŋ^{35}$	$faŋ^{55}$	$faŋ^{31}$	$maŋ^{24}$	$maŋ^{31}$
廉江	in^{21}	$tsit^{2}$	$ɬit^{3}$	$faŋ^{25}$	$faŋ^{55}$	$faŋ^{21}$	$maŋ^{23}$	$maŋ^{21}$
高州	in^{21}	$tʃit^{21}$	$ɬit^{3}$	$faŋ^{24}$	$faŋ^{53}$	$faŋ^{31}$	$maŋ^{13}$	$maŋ^{31}$
化州	in^{31}	tit^{31}	$ɬit^{31}$	fan^{35}	fan^{53}	fan^{31}	man^{13}	man^{53}

	0601 铅~笔	0602 绝	0603 雪	0604 反	0605 翻	0606 饭	0607 晚	0608 万麻将牌
	山合三平仙以	山合三入薛从	山合三入薛心	山合三上元非	山合三平元敷	山合三去元奉	山合三上元微	山合三去元微
梅州	ian^{21}	tsʰiɛt^5	siɛt^2	fan^{31}	pʰɔn^{44}白 fan^{44}文	fan^{52}	van^{31}	van^{52}
兴宁	ʒen^{13}	tsʰɪɛt^4	siɛt^2	fan^{31}	pʰɔn^{24}白 fan^{24}文	fan^{51}	man^{24}白 van^{31}文	van^{51}
五华	iɛn^{212}	tsʰɛt^5	sɛt^2	fan^{31}	fan^{44}	fan^{31}	van^{44}	van^{31}
大埔	vien^{13}	tsʰiet^5	siet^2	fan^{31}	pʰon^{34}白 fan^{34}文	pʰon^{52}	van^{31}	van^{52}
丰顺	ian^{24}	tsʰiet^5	siet^2	fan^{53}	fan^{44}	pʰon^{21}	van^{44}	van^{21}
揭西	ʒan^{24}	tsʰiɛt^5	siɛt^3	fan^{31}	fan^{452}	pʰɔn^{31}	van^{452}	van^{31}
陆河	ʒan^{35}	tsʰɛt^5	sɛt^{45}	fan^{24}	pʰɔn^{53}白 fan^{53}文	pʰɔn^{33}白 fan^{33}文	mɔn^{53}白 van^{53}白 van^{24}文	van^{33}
龙川	iɔn^{51}	tsʰiɔt^3	siɔt^{13}	fan^{24}	fan^{33}	fan^{33}	man^{31}	man^{33}
河源	yan^{31}	tsʰyet^3	syet^5	fan^{24}	fan^{33}	fan^{54}	man^{212}	man^{54}
连平	iɛn^{21}	tsʰiɛt^5	siɛt^3	fan^{31}	fan^{24}	fan^{53}	uan^{31}	uan^{53}
龙岗	zien^{21}	tsʰiet^5	siɛt^2	fan^{31}	fan^{33}	fan^{53}	mban^{33}	mban^{53}
惠州	jyɛn^{22}	tɕʰyɛt^{21}	syɛt^{45}	fan^{35}	fan^{33}	fan^{31}	man^{23}	man^{31}
博罗	zɔn^{21}	tsʰiɛt^2	liɛt^5	van^{35}	van^{44}	van^{41}	mban^{24}	mban^{41}
新丰	zan^{24}	tsʰiɛt^4	siɛt^2	fan^{31}	fan^{44}	fan^{31}	mban^{51}白 van^{51}文	van^{31}
翁源	iɛn^{41}	tsʰiɛt^{45}	siɛt^{31}	fan^{31}	fan^{22}	fan^{31}	van^{31}	van^{31}
始兴	yẽi^{51}	tɕyɛiʔ^3	ɕyɛiʔ^{45}	fãi^{31}	fãi^{22}	fãi^{33}	vãi^{31}	vãi^{33}
仁化	iɛn^{31}	tsʰiɛʔ^5	siɛʔ^5	faŋ^{23}	faŋ^{33}	faŋ^{33}	vaŋ^{23}	vaŋ^{33}
南雄	iõ^{21}	tsɿʔ^{42}	sɿʔ^5	fɔ̃ã^{24}	fɔ̃ã^{44}	fɔ̃ã^{42}	võ̃ã^{24}	võ̃ã^{42}

	0601 铅 ~笔	0602 绝	0603 雪	0604 反	0605 翻	0606 饭	0607 晚	0608 万 麻 将牌
	山合三 平仙以	山合三 入薛从	山合三 入薛心	山合三 上元非	山合三 平元敷	山合三 去元奉	山合三 上元微	山合三 去元微
皈塘	$tʃʰie^{24}$	$tʃʰye^{5}$	$ʃye^{41}$	fa^{33}	fa^{24}	fa^{21}	ma^{33}白 $uaŋ^{33}$文	ua^{21}
桂头	$ỹe^{45}$	$tsʰøy^{44}$	$søy^{21}$	$fœn^{324}$	$fœn^{51}$	$fœn^{44}$	$viẽ^{324}$	$mœn^{44}$
连州	$iən^{55}$	$tsʰy^{31}$	sy^{24}	$fɔŋ^{53}$	$fɔŋ^{31}$	$fɔŋ^{33}$	$mɔŋ^{24}$白 $vθ^{24}$文	$mɔŋ^{33}$
潮州	$iŋ^{55}$	$tsoʔ^{5}$	$soʔ^{2}$	$põĩ^{53}$白 $hueŋ^{53}$文	$hueŋ^{33}$	$puŋ^{11}$白 $hueŋ^{35}$文	$moŋ^{53}$	$bueŋ^{11}$
饶平	$iŋ^{55}$	$tsoʔ^{5}$	$soʔ^{2}$	$põĩ^{52}$白 $huaŋ^{52}$文	$huaŋ^{44}$	$puŋ^{21}$白 $huam^{25}$文	$muŋ^{52}$	$muaŋ^{21}$
汕头	$iŋ^{55}$白 $iaŋ^{55}$文	$tsoʔ^{5}$	$soʔ^{2}$	$põĩ^{51}$白 $huaŋ^{51}$文	$huaŋ^{33}$	$puŋ^{31}$	$muŋ^{51}$	$buaŋ^{31}$
澄海	$iŋ^{55}$	$tsoʔ^{5}$	$soʔ^{2}$	$põĩ^{53}$白 $huaŋ^{53}$文	$huaŋ^{33}$	$puŋ^{22}$白 $huaŋ^{35}$文	$moŋ^{53}$	$buaŋ^{22}$
潮阳	$iaŋ^{33}$	$tsoʔ^{5}$	$soʔ^{3}$	$pãĩ^{454}$白 $huaŋ^{454}$文	$huaŋ^{31}$	$pŋ^{42}$	$mŋ^{454}$	$bvuaŋ^{42}$
南澳	$iaŋ^{454}$	$tsoʔ^{5}$	$soʔ^{2}$	$peŋ^{52}$白 $huaŋ^{52}$文	$huaŋ^{34}$	$puŋ^{31}$	$buŋ^{52}$	$buaŋ^{31}$
揭阳	$eŋ^{55}$	$tsoʔ^{5}$	$soʔ^{3}$	$pãĩ^{41}$白 $huaŋ^{41}$文	$huaŋ^{33}$	$puŋ^{22}$白 $huaŋ^{25}$文	$muŋ^{41}$	$buaŋ^{22}$
普宁	$iaŋ^{55}$	$tsoʔ^{5}$	$soʔ^{3}$	$pãĩ^{52}$白 $huaŋ^{52}$文	$huaŋ^{35}$	$pŋ^{31}$白 $huam^{24}$文	$mŋ^{52}$	$bvuaŋ^{31}$
惠来	$iaŋ^{55}$	$tsoʔ^{5}$	$soʔ^{3}$	$pãĩ^{53}$白 $huaŋ^{53}$文	$huaŋ^{34}$	$pŋ^{31}$白 $huaŋ^{25}$文	$mŋ^{53}$	$maŋ^{31}$
海丰	$iaŋ^{55}$	$tsoʔ^{5}$白 $tsuak^{5}$文	$soʔ^{2}$白 $seʔ^{2}$文	$pãĩ^{53}$白 $huaŋ^{53}$文	$huaŋ^{33}$	pui^{21}白 pui^{35}白,儿语 $huaŋ^{35}$文	$muaŋ^{53}$	$maŋ^{21}$
陆丰	$iaŋ^{13}$	$tsoʔ^{5}$白 $tsuak^{5}$文	$seʔ^{2}$	$pãĩ^{55}$白 $huaŋ^{55}$文	$huaŋ^{33}$	$puŋ^{22}$	$mbuaŋ^{55}$	$mbaŋ^{22}$
电白	$iŋ^{22}$	$tsik^{2}$	$sɔi^{53}$	$huaŋ^{21}$	$huaŋ^{33}$	pui^{33}	$maŋ^{21}$	$maŋ^{33}$
雷州	$ʔieŋ^{22}$	$tsiek^{3}$	soi^{54}	$baŋ^{42}$	$huaŋ^{24}$	pui^{24}	$uaŋ^{42}$	$baŋ^{24}$

	0609 劝	0610 原	0611 冤	0612 园	0613 远	0614 发 头~	0615 罚	0616 袜
	山合三 去元溪	山合三 平元疑	山合三 平元影	山合三 平元云	山合三 上元云	山合三 入月非	山合三 入月奉	山合三 入月微
广州	hyn³³	yn²¹	yn⁵³	yn²¹	yn¹³	fat³	fɐt²	mɐt²
番禺	hyn³³	yn³¹	yn⁵³	yn³¹	yn²³	fat³	fɐt²	mɐt²
增城	hœŋ³³	in²¹	in⁴⁴	in²¹	in¹³	fat³	fat³	mat³
从化	hyn²³	yn²²	yn⁵⁵	yn²³	yn²³	fak³	fak²	mɐt²
龙门	hyɛn²³	yɛn²¹	yɛn⁴²	yɛn²¹	yɛn²³	fat⁴³	fat⁴³	mat⁴³
莞城	hɵn⁴⁴	iɵn³¹	iɵn²³	iɵn³¹	iɵn³⁴	fɛ³⁴	fɛk³	mɛk³
宝安	hiŋ³³	iŋ³¹	iŋ⁵⁵	iŋ³¹	yŋ²³	faʔ⁵	faʔ³	maʔ³
佛山	hyn²⁴	yn⁴²	yn⁵³	yn⁴²	yn¹³	fat³⁴	fɐt²³	bɐt²³
南海	hyn³³	yn³¹	yn⁵¹	yn³¹	yn¹³	fat³	fɐt²	mɐt²
顺德	hyn³²	yn⁴²	yn⁵³	hyn²⁴	hyn¹³	fat³	fɐt²	mɐt²
三水	hyn⁴⁴	yn³¹	yn⁵³	yn³¹ yn²⁵ 又	yn²³	fat²⁵ fat³ 又	fat³	mɐt³
高明	hyn³³	yn³¹	yn⁴⁵	yn²⁴	yn³³	fat³	fɐt²	mɐt²
佛冈	hin³³	in²²	in³³	in²²	in³⁵	fat³	fɐt²	mɐt²
阳山	hyn³⁴	yn²⁴¹	yn⁵¹	yn²⁴¹	yn²²⁴	fat³⁴	fat²³	mɐt²³
连山	hyn³⁵	ŋyn²⁴¹	yn⁵¹	yn²⁴¹	yn¹⁵	fat³⁵	fat²¹⁵	mat²¹⁵
新兴	hɵn⁴⁴³	yn²¹	yn⁴⁵	yn²¹	yn²¹	fat⁴	fat⁵²	mat⁵²
罗定	hyn³³	yn²¹	yn⁵⁵	yn²¹ ~丁 yn³⁵ 花~	yn¹³	fat³	fat²	mat²
郁南	hyn³³	yn²¹	yn⁵⁵	yn²¹	yn¹³	fat³	fɐt²	mɐt²
石岐	hyn³³	ŋyn⁵¹	yn⁵⁵	yn⁵¹	yn²¹³	fat³	fɐt³	mat³

	0609 劝	0610 原	0611 冤	0612 园	0613 远	0614 发 头~	0615 罚	0616 袜
	山合三 去元溪	山合三 平元疑	山合三 平元影	山合三 平元云	山合三 上元云	山合三 入月非	山合三 入月奉	山合三 入月微
肇庆	hyn³³	yn²¹	yn⁴⁵	hyn²¹ 白 yn²¹ 文	yn¹³	fɐt³	fɐt⁴²	mat⁴²
香洲	hyn³³	ŋyn³⁴³	yn²¹	yn³⁴³	yn³⁵	fat²¹	fɐt³	mat³
斗门	hin³⁴	ŋin²²	in³⁴	in²²	in⁴⁵	fɒt⁵	fɒt³	mɒt³
新会	hin²³	ŋin²²	in²³	in²²	in⁴⁵	fat⁴⁵	fat²	mat²
台山	hun³³	ŋun²²	jiɔn³³	jiɔn²²	jiɔn⁵⁵	fat⁵	fat³¹	mat³¹
开平	hin³³	ŋin¹¹	juan³³	juan¹¹	juan⁴⁵	fat⁵	fat²	mat²
恩平	hiən³³	ŋgiən²²	iən³³	iən²²	iən⁵⁵	fat⁵	fat²	mbat²
四会	hyn³³	yn³¹	yn⁵¹	yn³¹	yn²⁴	fat³	fat³	mat²
广宁	hyn³³	yn³¹	yn⁵¹	hyn³¹	hyn³²³	fat⁴³	fat³²³	mat³²³
怀集	hun⁴⁵	ŋiœn²³¹	un⁴²	un²³¹	un²⁴	fat⁴⁵	fat²⁴	mat²⁴
德庆	hun⁵³	iun²⁴²	iun⁴⁵⁴	iun²⁴²	iun²³	fat⁵³	fat²	mat²
封开	hun⁵¹	ŋiun²⁴³	iun⁵⁵	iun²⁴³	iun²²³	fat⁵³	fat²	mat²
阳江	hin³⁵	in⁴²	in³³	in⁴²	in²¹	faʔ²¹	faʔ⁵⁴	maʔ⁵⁴
阳春	hin³³	ŋin³¹	in⁴⁵	in³¹	in³²³	fat³	fat⁵²	mat⁵²
赤坎	hiŋ³³	iŋ²¹	iŋ⁴⁵	iŋ²¹	iŋ¹³	faʔ³	faʔ²	mɐk²
吴川	hiŋ³³	iŋ³¹	iŋ⁵⁵	iŋ³¹	iŋ²⁴	faʔ³	faʔ³¹	mɐʔ³¹
廉江	hin³³	ŋin²¹	in⁵⁵	in²¹	in²³	fak³	fak²	mɐt²
高州	hin³³	ŋin²¹	in⁵³	in²¹	in¹³	fak³	fak²¹	mak²¹
化州	hin³³	ŋin³¹	in⁵³	in¹³	in¹³	faʔ³	faʔ³¹	mɐʔ³¹

	0609 劝	0610 原	0611 冤	0612 园	0613 远	0614 发 头~	0615 罚	0616 袜
	山合三 去元溪	山合三 平元疑	山合三 平元影	山合三 平元云	山合三 上元云	山合三 入月非	山合三 入月奉	山合三 入月微
梅州	kʰian⁵²	ŋian²¹	ian⁴⁴	ian²¹	ian³¹	fat²	fat⁵	mat²
兴宁	kʰiɛn⁵¹	niɛn¹³	ʒen²⁴	ʒen¹³	ʒen³¹	pot²白 fat²文	fat⁴	mat²
五华	kʰɛn⁵¹	niɛn²¹²	iɛn⁴⁴	iɛn²¹²	iɛn³¹	fait²	fait⁵	mait²
大埔	kʰien⁵²	ŋien¹³	vien³⁴	vien¹³	vien³¹	fat²	fat⁵	mat²
丰顺	kʰian⁵³	ŋian²⁴	ian⁴⁴	ian²⁴	ian⁵³	fat²	fat⁵	mat²
揭西	kʰiɛn⁴¹	niɛn²⁴	ʒan⁴⁵²	ʒan²⁴	ʒan³¹	fat³	fat⁵	mat³
陆河	kʰiɔn³¹	niɔn³⁵	ʒan⁵³	ʒɔn³⁵	ʒɔn²⁴	fat⁴⁵	fat⁵	mɔt⁴⁵
龙川	kʰiɔn³¹	ŋiɔn⁵¹	iɔn³³	iɔn⁵¹白 iɔn²⁴文	iɔn²⁴	fat¹³	fat³	mɔt³
河源	hyan²¹²	ŋyan³¹	yan³³	yan³¹	yan²¹²	fat⁵	fat³	mat³
连平	tʰen⁵³	ŋɛn²¹	iɛn²⁴	iɛn²¹	iɛn³¹	fat³	fat⁵	mat³
龙岗	kʰiɛn⁵³	ŋɪen²¹	zien³³	zien²¹	zien³¹	pot²	fat⁵	mbat²
惠州	hyɛn²³	ŋyɛn²²	jyɛn³³	jyɛn²²	jyɛn²³	fat⁴⁵	fat²¹	mat²¹
博罗	hiɛn²⁴	zɔn²¹	zɔn⁴⁴	zɔn²¹	zɔn²⁴	vat⁵	vat²	mbat²
新丰	kʰiɛn⁵¹	ŋgiɛn²⁴	zan⁴⁴	zan²⁴	zan³¹	fat²	fat⁴	mbat²
翁源	kʰiɛn⁴⁵	niɛn⁴¹	iɛn²²	iɛn⁴¹	iɛn³¹	fat³¹	fat⁴⁵	mat³¹
始兴	tɕʰyɛ̃i³³	ŋyɛ̃i⁵¹	yɛ̃i²²	yɛ̃i⁵¹	yɛ̃i³¹	faiʔ⁴⁵	faiʔ³	maiʔ⁴⁵
仁化	kʰiɛn³⁴	iɛn³¹	iɛn³³	iɛn³¹	iɛn³⁴	faʔ⁵	faʔ⁵	maʔ⁵
南雄	tɕʰiõ³²	ŋiõ²¹	iõ⁴⁴	iõ²¹	iõ²⁴	fɤʔ⁵	fɤʔ⁴²	maiʔ⁵

	0609 劝	0610 原	0611 冤	0612 园	0613 远	0614 发 头~	0615 罚	0616 袜
	山合三去元溪	山合三平元疑	山合三平元影	山合三平元云	山合三上元云	山合三入月非	山合三入月奉	山合三入月微
皈塘	kʰye²¹	ye⁴⁵	ye²⁴	ye⁴⁵	ye³³	fɔ⁴¹	fɔ³³	mɔ³³
桂头	kʰyẽ⁴⁴	ŋyẽ⁴⁵	yẽ⁵¹	yẽ⁴⁵	yẽ²¹	fu²¹	fu⁴⁴	mu⁴⁴
连州	kʰən¹¹	ŋən⁵⁵	veŋ³¹	veŋ⁵⁵	veŋ²⁴	fou²⁴	fou³¹	mou³¹
潮州	kʰɤŋ²¹³	ŋueŋ⁵⁵	ueŋ³³	hŋ⁵⁵	hŋ³⁵白 ieŋ⁵³文	huek²	huek⁵	bueʔ⁵
饶平	kʰɯŋ²¹⁴	ŋuaŋ⁵⁵	uaŋ⁴⁴	hŋ⁵⁵	hŋ²⁵白 iaŋ⁵²文	huak²	huak⁵	gueʔ⁵
汕头	kʰɯŋ²¹³	ŋuaŋ⁵⁵	uaŋ³³	hŋ⁵⁵	hŋ²⁵白 iaŋ⁵¹文	huak²	huak⁵	gueʔ⁵
澄海	kʰəŋ²¹²	ŋuaŋ⁵⁵	uaŋ³³	hŋ⁵⁵	hŋ³⁵白 iaŋ⁵³文	huak²	huak⁵	gueʔ⁵
潮阳	kʰŋ⁵²	ŋuaŋ³³	uaŋ³¹	hŋ³³	hŋ⁵²白 iaŋ⁴⁵⁴文	huak³	huak⁵	gueʔ⁵
南澳	kʰəŋ²¹	guaŋ⁴⁵⁴	uaŋ³⁴	hŋ⁴⁵⁴	hŋ³⁵白 iaŋ⁵²文	huak²	huak⁵	gueʔ⁵
揭阳	kʰɯŋ²¹³	ŋuaŋ⁵⁵	uaŋ³³	hŋ⁵⁵	hŋ²⁵白 iaŋ⁴¹文	huak³	huak⁵	bueʔ⁵
普宁	kʰŋ³¹²	ŋuaŋ⁵⁵	uaŋ³⁵	hŋ⁵⁵	hŋ²⁴白 iaŋ⁵²文	huak³	huak⁵	gueʔ⁵
惠来	kʰŋ³¹	ŋuaŋ⁵⁵	uaŋ³⁴	hŋ⁵⁵	hŋ²⁵白 iaŋ⁵³文	huak³	huak⁵	gueʔ⁵
海丰	kʰuĩ²¹²	ŋiaŋ⁵⁵	iaŋ³³	huĩ⁵⁵	huĩ³⁵白 iaŋ⁵³文	huak²	huak⁵	mbueʔ⁵
陆丰	kʰŋ²¹³	ŋguaŋ¹³	uaŋ³³白 iaŋ³³文	hŋ¹³	hŋ²²白 iaŋ⁵⁵文	huak²	huak⁵	ŋgueʔ⁵
电白	kʰiŋ¹³	ŋiŋ²²	iŋ³³	hui²²	hui⁴⁴²白 iŋ⁴⁴²文	huak⁵	huak²	mak²
雷州	kʰieŋ²¹	ieŋ²²	ʔieŋ²⁴	hui²²白 ieŋ²²文	hui³³白 ieŋ⁵⁴文	buak⁵ huak⁵	huak³	buak³

	0617 月	0618 越	0619 县	0620 决	0621 缺	0622 血	0623 吞	0624 根
	山合三入月疑	山合三入月云	山合四去先匣	山合四入屑见	山合四入屑溪	山合四入屑晓	臻开一平痕透	臻开一平痕见
广州	yt^2	yt^2	yn^{22}	kʰyt^3	kʰyt^3	hyt^3	tʰɐn^{53}	kɐn^{53}
番禺	yt^2	yt^2	（无）	kʰyt^3	kʰyt^3	hyt^3	tʰɐn^{55}	kɐn^{53}
增城	it^2	it^2	in^{22}	kʰœk^3	kʰœk^3	hœk^3	tʰɐn^{44}	kɐn^{44}
从化	yt^2	yt^2	yn^{23}	kʰyt^3	kʰyt^3	hyt^3	tʰɐn^{55}	kɐn^{55}
龙门	yɛt^{43}	yɛt^{43}	yɛn^{53}	kʰyɛt^{23}	kʰyɛt^{23}	hyɛt^{23}	tʰɐn^{42}	kɐn^{42}
莞城	iɵt^3	iɵt^3	iɵn^{44}	kʰɵt^3	kʰɵt^3	hɵt^3	kʰɐn^{23}	kɐn^{23}
宝安	yʔ^3	yʔ^3	yŋ^{25}	kʰyʔ^3	kʰyʔ^3	hyʔ^3	tʰɐŋ^{55}	kɐŋ^{23}
佛山	yt^{23} / yt^{35}又	yt^{23}	yn^{35}	kʰyt^{34}	kʰyt^{34}	hyt^{34}	hɐn^{53}	kɐn^{53}
南海	yt^2	yt^2	yn^{22}	kʰyt^3	kʰyt^3	hyt^3	tʰɐn^{51}	kɐn^{51}
顺德	yt^2	yt^2	hyn^{24}	kʰyt^3	kʰyt^3	hyt^3	tʰɐn^{53}	kɐn^{53}
三水	yt^3 / yt^{25}又	yt^3	yn^{33} / yt^{25}又	kʰyt^4	kʰyt^4	hyt^4	tʰɐn^{53}	kɐn^{53} / kɐn^{55}又
高明	yt^2	yt^2	yn^{24}	kʰyt^3	kʰyt^3	hyt^3	tʰɐn^{45}	kɐn^{45}
佛冈	it^2	it^2	in^{31} / in^{35}又	kʰit^3	kʰit^3	hit^3	tʰɐn^{33}	kɐn^{33}
阳山	yt^{23}	yt^{34}	yn^{214}	kyt^{34}	kyt^{34}	hyt^{34}	tʰɐn^{51}	kɐn^{51}
连山	ŋyt^{215}	yt^{215}	yn^{215}	kʰyt^5	kʰyt^5	hyt^5	tʰɔn^{51}	kɔn^{51}
新兴	yt^{52}	yt^{52}	yn^{52}	kʰɵt^4	kʰɵt^4	hɵt^4	tʰɐn^{45}	kɐn^{45}
罗定	yt^2	yt^2	yn^{35}	kʰyt^3	kʰyt^3	hyt^3	tʰɐn^{55}	kɐn^{55}
郁南	yt^2	yt^2	yn^{35}小	kʰyt^3	kʰyt^3	hyt^3	tʰɐn^{55}	kɐn^{55}
石岐	ŋyt^3	yt^3	yn^{33}	kʰyt^3	kʰyt^3	hyt^3	tʰɐn^{55}	kɐn^{55}

	0617 月	0618 越	0619 县	0620 决	0621 缺	0622 血	0623 吞	0624 根
	山合三入月疑	山合三入月云	山合四去先匣	山合四入屑见	山合四入屑溪	山合四入屑晓	臻开一平痕透	臻开一平痕见
肇庆	yt⁴²	yt⁴²	yn²⁴ 小	kʰyt³	kʰyt³	hyt³	tʰɐn⁴⁵	kɐn⁴⁵
香洲	ŋyt³	yt³	yn³³	kʰyt²¹	kʰyt²¹	hyt²¹	tʰɐn²¹	kɐn²¹
斗门	ŋit³	it³	in⁴²	kʰit⁵	kʰit⁵	hit³⁴	hɐn³⁴	kɐn³⁴
新会	ŋit²	it²	in³²	kʰit⁴⁵	kʰit⁴⁵	hit²³	han²³	kan²³
台山	ŋut³¹	jiɔt³¹	jiɔn²¹ 小	kʰut⁵	kʰut⁵	hut³	hun³³	kin³³
开平	ŋit²	juat²	juan³¹	kʰit⁵	kʰit⁵	hit³	hun³³	kɛn³³
恩平	ŋgiɐt²	iɐt²	iɐn²¹	kʰiɐt⁵	kʰiɐt⁵ / hiɐt⁵ 又	hiɐt³	huɐn³³	kɛn³³
四会	yt²	yt²	yn²⁴	kʰyt⁵	kʰyt³	hyt⁵	tʰɐn⁵¹	kɐn⁵¹
广宁	yt³²³	hyt³²³	hyn³²³	kʰyt⁴³	kʰyt⁴³	hyt⁴³	tʰɐn⁵¹	kɐn⁵¹
怀集	ŋyt²⁴	ŋyt²⁴	un²²⁵	kʰut⁵	kʰut⁵	hut⁵	tʰɐn⁴²	kɐn⁴²
德庆	ŋiut²	ŋiut²	iun²³	kʰut⁵	kʰut⁵	sut⁵ / hut⁵ 又	tʰɐn⁴⁵⁴	kɐn⁴⁵⁴
封开	ŋiut²	iut²	iun²¹	kʰut⁵	kʰut⁵	hut⁵	tʰuʌn⁵⁵	kuʌn⁵⁵
阳江	it⁵⁴	it⁵⁴	in⁵⁴	kit²¹	kʰit²¹	hit²¹	tʰɐŋ³³	kɐŋ³³
阳春	ŋit⁵²	it⁵²	in⁵²	kʰit³	kʰit³	hit³	tʰɐn⁴⁵	kɐn⁴⁵
赤坎	ŋiʔ²	iʔ²	iŋ²¹	kʰiʔ³	kʰiʔ³	hiʔ³	tʰɐŋ⁴⁵	kɐŋ⁴⁵
吴川	ŋiʔ³¹	iʔ³¹	iŋ³¹	kʰiʔ³	kʰiʔ³	hiʔ³	tʰɐŋ⁵⁵	kɐŋ⁵⁵
廉江	ŋit²	it²	in²¹	kʰit³	kʰit³	hit³	tʰɐn⁵⁵	kɐn⁵⁵
高州	ŋit²¹	it²¹	in³¹	kʰit³	kʰit³	hit³	tʰɐn⁵³	kɐn⁵³
化州	ŋit³¹	it³¹	in³¹	kʰit³	kʰit³	hit³	tʰɐn⁵³	kɐn⁵³

	0617 月	0618 越	0619 县	0620 决	0621 缺	0622 血	0623 吞	0624 根
	山合三入月疑	山合三入月云	山合四去先匣	山合四入屑见	山合四入屑溪	山合四入屑晓	臻开一平痕透	臻开一平痕见
梅州	ŋiat⁵	iat⁵	ian⁵²	kiat²	kʰiat²	hiat²	tʰun⁴⁴	kin⁴⁴白 / kɛn⁴⁴文
兴宁	nɪet⁴	ʒet⁴	ʒen⁵¹	kɪet²	kʰɪet²	ʃet²	tʰøin²⁴	kin²⁴白 / kɪen²⁴文
五华	ŋiɛt⁵	iɛt⁵	iɛn³¹	kɛt²	kʰɛt²	ʃɛt²	tʰun⁴⁴	kin⁴⁴白 / kɛn⁴⁴文
大埔	ŋiet⁵	ʒæt⁵	hien⁵²	kiet²	kʰiet²	fiet²	tʰun³⁴	kiun³⁴白 / ken文
丰顺	ŋiet⁵	iet⁵	ian²¹	kiet²	kʰiet²	hiet²	tʰun⁴⁴	ken⁴⁴
揭西	ŋiɛt⁵	ʒat⁵	ʒan³¹	kiɛt³	kʰiɛt³	hiɛt³	tʰun⁴⁵²	kin⁴⁵²白 / kiɛn⁴⁵²文
陆河	ŋiɛt⁵	ʒat⁵	ʒan³³	kɛt⁴⁵	kʰɛt⁴⁵	hiɛt⁴⁵	tʰun⁵³	kiun⁵³白 / kin⁵³文
龙川	ŋiɔt³	iɔt³	iɔn³³	kiɔt¹³	kʰiɔt¹³	ʃiɔt¹³	tʰun³³	kɛn³³
河源	nɣet³	yet³	yan⁵⁴	kʰyet⁵	kʰyet⁵	hyet⁵	tʰun³³	kan³³
连平	ŋɤt⁵	iet⁵	iɛn⁵³	tɤt³	tʰɤt³	ɕɤt³	tʰun²⁴	tɛn²⁴
龙岗	ŋgɪet⁵	zɪet⁵	zɪen⁵³	kɪet²	kʰɪet²	hɪet²	tʰun³³	kin³³白 / kɪen³³文
惠州	nɣet²¹	jyet²¹	jyen³¹	kyɛt⁴⁵	kʰyɛt⁴⁵	hyɛt⁴⁵	tʰɔn³³	kiɛn³³
博罗	zɔt²	zɔt²	zɔn⁴¹	kiɛt⁵	kʰiɛt⁵	hiɛt⁵	tʰɔn⁴⁴~下去 / tʰun⁵⁵云~	kan⁴⁴
新丰	ŋgiɛt⁴	zat⁴	zan³¹	kiɛt²	kʰiɛt²	sat²	tʰun⁴⁴	kɛn⁴⁴
翁源	ɲiet⁴⁵	iɛt⁴⁵	iɛn³¹	kiɛt³¹	kʰiɛt³¹	ʃat³¹	tʰun²²	kɛn²²
始兴	ŋyɛiʔ³	yɛiʔ³	yẽi³³	tɕyɛiʔ⁴⁵	tɕʰyɛiʔ⁴⁵	ɕyɛiʔ⁴⁵	tʰũi⁴⁵	kẽi²²
仁化	ŋiɛʔ⁵	iɛʔ⁵	iɛn³³	kʰiɛʔ⁵	kʰiɛʔ⁵	ʃiɛʔ⁵	tʰun³³	ken³³
南雄	ŋiɤʔ⁴²	iɤʔ⁴²	iõ⁴²	tɕiɤʔ⁵	tɕʰiɤʔ⁵	ɕiɤʔ⁵	tʰɤ̃⁴⁴	kiŋ⁴⁴

	0617 月	0618 越	0619 县	0620 决	0621 缺	0622 血	0623 吞	0624 根
	山合三入月疑	山合三入月云	山合四去先匣	山合四入屑见	山合四入屑溪	山合四入屑晓	臻开一平痕透	臻开一平痕见
皈塘	nye³³	ye³³ye⁴⁵	hye²¹	kye⁴¹	kʰye⁴¹	hye⁴¹	tʰuə²⁴ 白 tʰeŋ²⁴ 文	kia²⁴
桂头	ŋøy⁴	iøy⁴	yẽ⁴⁴	kʰœ²¹	kʰœ²¹	hœ²¹	tʰœn⁵¹	kyẽ⁵¹ 白 keɤŋ⁵¹ 文
连州	ŋy³¹	y³¹	veŋ³³	kʰy²⁴	kʰy²⁴	fi²⁴	tʰɐn³¹	ken³¹
潮州	gueʔ⁵	uek⁵	kũĩ¹¹	kuek²	kʰiʔ² 白 kʰueʔ² 文	hueʔ²	tʰun³³	kɤŋ³³
饶平	gueʔ⁵	uak⁵	kũĩ²¹	kuak²	kʰiʔ² 白 kʰueʔ² 文	hueʔ²	tʰun⁴⁴	kuŋ⁴⁴
汕头	gueʔ⁵	uak⁵	kũĩ³¹	kuak²	kʰiʔ² 白 kʰueʔ² 文	hueʔ²	tʰun³³	kuŋ³³
澄海	gueʔ⁵	uak⁵	kũĩ²²	kuak²	kʰiʔ² 白 kʰueʔ² 文	hueʔ²	tʰuŋ³³	kɐŋ³³
潮阳	gueʔ⁵	uak⁵	kũãĩ⁴²	kuak³	kʰiʔ³ 白 kʰueʔ³ 文	hueʔ³	tʰun³¹	kiŋ³¹
南澳	gueʔ⁵	uak⁵	kũĩ³¹	kuak²	kʰueʔ²	hueʔ²	tʰun³⁴	kiŋ³⁴
揭阳	gueʔ⁵	uak⁵	kũĩ²²	kuak³	kʰiʔ³ 白 kʰueʔ³ 文	hueʔ³	tʰun³³	keŋ³³
普宁	gueʔ⁵	uak⁵	kũãĩ³¹	kuak³	kʰiʔ³ 白 kʰueʔ³ 文	hueʔ³	tʰun³⁵	kiŋ³⁵
惠来	gueʔ⁵	huaʔ⁵ 白 uak⁵ 文	kũãĩ³¹	kuak³	kʰiʔ³ 白 kʰueʔ³ 文	hueʔ³	tʰun³⁴	kiŋ³⁴
海丰	ŋgueʔ⁵	huaʔ⁵ 白 iak⁵ 文	kũãĩ²¹	kiak²	kʰiʔ² 白 kʰiak² 文	hueʔ²	tʰun³³	kin³³
陆丰	ŋgueʔ⁵	uak⁵	kũãĩ²²	kuak²	kʰiʔ² 白 kʰueʔ² 文	hueʔ²	tʰun³³	kiŋ³³
电白	gɔi⁴⁴²	jik²	hiŋ⁴⁴²	kik⁵	kʰi⁵³	hui⁵³	tʰun³³	kiŋ³³
雷州	bue³³ 白 iek⁵ 文	iek⁵	kuai²⁴	kʰiek⁵	kʰue⁵⁴	hue⁵⁴	tʰun²⁴	kieŋ²⁴

	0625 恨	0626 恩	0627 贫	0628 民	0629 邻	0630 进	0631 亲~人	0632 新
	臻开一 去痕匣	臻开一 平痕影	臻开三 平真並	臻开三 平真明	臻开三 平真来	臻开三 去真精	臻开三 平真清	臻开三 平真心
广州	hɐn^{22}	iɐn^{53}	pʰɐn^{21}	mɐn^{21}	løn^{21}	tʃøn^{33}	tʃʰɐn^{53}	ʃɐn^{53}
番禺	hɐn^{22}	iɐn^{53}	pʰɐn^{31}	mɐn^{31}	løn^{31}	tʃøn^{33}	tʃʰɐn^{53}	ʃɐn^{53}
增城	hɐn^{22}	iɐn^{44}	pɐn^{21}	mɐn^{21}	lɐŋ^{21}	tsɐn^{33}	tsʰɐn^{44}	sɐn^{44}
从化	hɐn^{31}	iɐn^{55}	pʰɐn^{22}	mɐn^{22}	lɐn^{22}	tsɐn^{23}	tsʰɐn^{55}	sɐn^{55}
龙门	hɐn^{53}	zɐn^{42}	pʰɐn^{21}	mɐn^{21}	lɐn^{21}	tsɐn^{23}	tsʰɐn^{42}	sɐn^{42}
莞城	hɐn^{44}	iɐn^{23}	pʰɐn^{31}	mɐn^{31}	ŋɐn^{31}	tʃɐn^{44}	tʃʰɐn^{23}	ʃɐn^{23}
宝安	hɐŋ^{22}	iɐŋ^{55}	pʰɐŋ^{31}	mɐŋ^{31}	lɐŋ^{31}	tʃɐŋ^{33}	tʃʰɐŋ^{55}	ʃɐŋ^{55}
佛山	hɐn^{12}	iɐn^{53}	pʰɐn^{42}	bɐn^{42}	løn^{42}	tʃøn^{24}	tʃʰɐn^{53}	ʃɐn^{53}
南海	hɐn^{22}	iɐn^{51}	pʰɐn^{31}	mɐn^{31}	løn^{31}	tsøn^{33}	tsʰɐn^{51}	sɐn^{51}
顺德	hɐn^{21}	iɐn^{53}	pʰɐn^{42}	mɐn^{42}	løn^{42}	tʃøn^{32}	tʃʰɐn^{53}	ʃɐn^{53}
三水	hɐn^{33}	iɐn^{53}	pʰɐn^{31}	mɐn^{31}	lɐn^{31}	tsɐn^{44}	tsʰɐn^{53}	sɐn^{53} sɐn^{55} 又
高明	hɐn^{31}	iɐn^{55}	pʰɐn^{31}	mɐn^{31}	lɐn^{31}	tʃɐn^{33}	tʃʰɐn^{45}	ʃɐn^{45}
佛冈	hɐn^{31}	iɐn^{33}	pʰɐn^{22}	mɐn^{22}	lɐn^{22}	tʃɐn^{33}	tʃʰɐn^{33}	ʃɐn^{33}
阳山	hɐn^{214}	ŋɐn^{51}	pɐn^{241}	mɐn^{241}	lɐn^{241}	tʃɐn^{34}	tʃʰɐn^{51}	ʃɐn^{51}
连山	ɔn^{215}	ɔn^{51}	pɔn^{241}	mɔn^{241}	lɔn^{241}	tɔn^{35}	tʰɔn^{51}	θœn^{51}
新兴	hɐn^{52}	iɐn^{45}	pʰɐn^{21}	mɐn^{21}	lɐn^{21}	tsɐn^{443}	tsʰɐn^{45}	sɐn^{45}
罗定	hɐn^{21}	iɐn^{55}	pʰɐn^{21}	mɐn^{21}	lɐn^{21}	tsɐn^{33}	tsʰɐn^{55}	sɐn^{55}
郁南	hɐn^{21}	iɐn^{55}	pʰɐn^{21}	mɐn^{21}	lɐn^{21}	tʃɐn^{33}	tʃʰɐn^{55}	ʃɐn^{55}
石岐	hɐn^{33}	iɐn^{55}	pʰɐn^{51}	mɐn^{51}	lœn^{51}	tsɐn^{33}	tsʰɐn^{55}	sɐn^{55}

	0625 恨	0626 恩	0627 贫	0628 民	0629 邻	0630 进	0631 亲~人	0632 新
	臻开一去痕匣	臻开一平痕影	臻开三平真並	臻开三平真明	臻开三平真来	臻开三去真精	臻开三平真清	臻开三平真心
肇庆	hɐn^{52}	iɐn^{45}	pʰɐn^{21}	mɐn^{21}	lɐn^{21}	tʃɐn^{33}	tʃʰɐn^{45}	ʃɐn^{45}
香洲	hɐn^{33}	iɐn^{21}	pʰɐn^{343}	mɐn^{343}	lɐn^{343}	tsɐn^{33}	tsʰɐn^{21}	sɐn^{21}
斗门	hɐn^{42}	iɐn^{34}	pʰɐn^{22}	mɐn^{22}	lɐn^{22}	tsɐn^{34}	tʰɐn^{34}	sɐn^{34}
新会	han^{32}	ian^{23}	pʰan^{22}	man^{22}	lan^{22}	tsan^{23}	tsʰan^{23}	san^{23}
台山	hen^{31}	jin^{33}	pʰin^{22}	min^{22}	lin^{22}	tin^{33}	tʰin^{33}	ɬin^{33}
开平	hɛn^{31}	jin^{33}	pʰɛn^{11}	mɛn^{11}	lɛn^{11}	tɛn^{33}	tʰɛn^{33}	ɬɛn^{33}
恩平	hɛn^{21}	iən^{33}	pʰɛn^{22}	mbɛn^{22}	lɛn^{22}	tʃɛn^{33}	tʰɛn^{33}	ʃɛn^{33}
四会	hɐn^{24}	iɐn^{51}	pɐn^{31}	mɐn^{31}	lɐn^{31}	tʃɐn^{33}	tʃʰɐn^{51}	ʃɐn^{51}
广宁	hɐn^{323}	iɐn^{51}	pɐn^{31}	mɐn^{31}	lɐn^{31}	tsɐn^{33}	tsʰɐn^{51}	sɐn^{51}
怀集	hɐn^{225}	ŋɐn^{42}	pɐn^{231}	mɐn^{231}	lɐn^{231}	tʃɐn^{45}	tʃʰɐn^{42}	θɐn^{42}
德庆	hɐn^{31}	iɐn^{454}	pɐn^{242}	mɐn^{242}	lɐn^{242}	tsɐn^{53}	tsʰɐn^{454}	sɐn^{454}
封开	huʌn^{21}	an^{55}	puʌn^{243}	muʌn^{243}	luʌn^{243}	tuʌn^{51}	tʰuʌn^{55}	ɬuʌn^{55}
阳江	hɐŋ^{54}	ɐŋ^{33}	pʰɐŋ^{42}	mɐŋ^{42}	lɐŋ^{42}	tsɐŋ^{35}	tsʰɐŋ^{33}	ɬɐŋ^{33}
阳春	hɐn^{52}	iɐn^{45}	pɐn^{31}	mɐn^{31}	lɐn^{31}	tsɐn^{33}	tsʰɐn^{45}	ɬɐn^{45}
赤坎	hɐŋ^{21}	iɐŋ^{45}	pʰɐŋ^{21}	mɐŋ^{21}	lɐŋ^{21}	tsɐŋ^{33}	tsʰɐŋ^{45}	ɬɐŋ^{45}
吴川	hɐŋ^{31}	iɐŋ^{55}	pʰɐŋ^{31}	mɐŋ^{31}	lɐŋ^{31}	tʃɐŋ^{33}	tʃʰɐŋ^{55}	ɬɐŋ^{55}
廉江	hɐn^{21}	iɐn^{55}	pʰɐn^{21}	mɐn^{21}	lɐn^{21}	tsɐn^{33}	tsʰɐn^{55}	ɬɐn^{55}
高州	hɐn^{31}	iɐn^{53}	pʰɐn^{21}	mɐn^{21}	lɐn^{21}	tʃɐn^{33}	tʃʰɐn^{53}	ɬɐn^{53}
化州	hɐn^{31}	ɐn^{53}	pʰɐn^{13}	mɐn^{13}	lɐn^{31}	tɐn^{33}	tʰɐn^{53}	ɬɐn^{53}

	0625 恨	0626 恩	0627 贫	028 民	0629 邻	0630 进	0631 亲~人	0632 新
	臻开一去痕匣	臻开一平痕影	臻开三平真並	臻开三平真明	臻开三平真来	臻开三去真精	臻开三平真清	臻开三平真心
梅州	hɛn^{52}	ɛn^{44}	pʰin^{21}	min^{21}	lin^{21}	tsin^{52}	tsʰin^{44}	sin^{44}
兴宁	han^{51}	en^{24}	pʰøin^{13}	møin^{13}	lin^{13}	tsin^{51}	tsʰin^{24}	sin^{24}
五华	hɛn^{31}	ɛn^{44}	pʰun^{212}	mun^{212}	lin^{212}	tsin^{51}	tsʰin^{44}	sin^{44}
大埔	hæn^{52}	en^{34}	pʰin^{13}	min^{13}	lin^{13}	tsin^{52}	tsʰin^{34}	sin^{34}
丰顺	hen^{21}	en^{44}	pʰin^{24}	min^{24}	lin^{24}	tsin^{53}	tsʰin^{44}	sin^{44}
揭西	hɛn^{31}	ɛn^{452}	pʰin^{24}	min^{24}	lin^{24}	tsin^{41}	tsʰin^{452}	sin^{452}
陆河	hɛn^{33}	ɛn^{53}	pʰin^{35}	min^{35}	lin^{35}	tsin^{31}	tsʰin^{53}	sin^{53}
龙川	hɛn^{31}	ŋɛn^{33}白 ɛn^{33}文	pʰin^{51}	min^{51}	lin^{51}	tsin^{31}	tsʰin^{33}	sin^{33}
河源	han^{54}	an^{33}	pʰin^{31}	min^{31}	lin^{31}	tsin^{212}	tsʰin^{33}	sin^{33}
连平	hɛn^{53}	ɛn^{24}	pʰin^{21}	min^{21}	lin^{21}	tsin^{53}	tsʰin^{24}	sin^{24}
龙岗	han^{53}	ıɛn^{33}	pʰin^{21}	mbin^{21}	lin^{21}	tsin^{53}	tsʰin^{33}	sin^{33}
惠州	（无）	ʔiɛn^{33}	pʰən^{22}	min^{22}	lin^{22}~舍 lən^{22}~居	tɕin^{23}	tɕʰin^{33}	sin^{33}
博罗	han^{41}	an^{44}	pʰin^{21}	mbin^{21}	lin^{21}	tsin^{24}	tsʰin^{44}	ɬin^{44}
新丰	hɛn^{31}	ɛn^{44}	pʰin^{24}	mbin^{24}	lin^{24}	tsin^{51}	tsʰin^{44}	sin^{44}
翁源	hɛn^{31}	ɛn^{22}	pʰin^{41}	min^{41}	lin^{41}	tsin^{45}	tsʰin^{22}	sin^{22}
始兴	hɛ̃i^{33}	ɛ̃i^{22}	pʰiŋ^{51}	miŋ^{51}	liŋ^{51}	tɕiŋ^{33}	tɕʰiŋ^{22}	ɕiŋ^{22}
仁化	xen^{34}	en^{33}	pʰen^{31}	men^{31}	len^{31}	tsen^{34}	tsʰen^{33}	sen^{33}
南雄	hiŋ^{42}	ʔiŋ^{44}	piŋ^{21}	miẽ^{21}	liŋ^{21}	tsiŋ^{42}	tsʰiŋ^{44}	siŋ^{44}

	0625 恨	0626 恩	0627 贫	028 民	0629 邻	0630 进	0631 亲~人	0632 新
	臻开一 去痕匣	臻开一 平痕影	臻开三 平真並	臻开三 平真明	臻开三 平真来	臻开三 去真精	臻开三 平真清	臻开三 平真心
皈塘	hen²¹	ia²⁴	pai⁴⁵	mai⁴⁵	lai⁴⁵	tʃai²¹	tʃʰai²⁴	ʃai²⁴
桂头	tsʰie²¹	yẽ⁵¹	peŋ⁴⁵	meŋ⁴⁵	leŋ⁴⁵	tseŋ⁴⁴	tsʰeŋ⁵¹	seŋ⁵¹
连州	hɐn³³	ɐn³¹	pɐn⁵⁵	mɐn⁵⁵	lɐn⁵⁵	tsɐn¹¹	tsʰɐn³¹	sɐn³¹
潮州	hŋ³⁵	ŋ³³	pʰiŋ⁵⁵	miŋ⁵⁵	liŋ⁵⁵	tsiŋ²¹³	tsʰiŋ³³	siŋ³³
饶平	huŋ²⁵	ɯŋ⁴⁴	pʰiŋ⁵⁵	miŋ⁵⁵	liŋ⁵⁵	tsiŋ²¹⁴	tsʰiŋ⁴⁴	siŋ⁴⁴
汕头	huŋ²⁵	ɯŋ³³	pʰiŋ⁵⁵	miŋ⁵⁵	liŋ⁵⁵	tsiŋ²¹³	tsʰiŋ³³	siŋ³³
澄海	həŋ³⁵	əŋ³³	pʰiŋ⁵⁵	miŋ⁵⁵	liŋ⁵⁵	tsiŋ²¹²	tsʰiŋ³³	siŋ³³
潮阳	hiŋ⁵²	iŋ³¹	pʰiŋ³³	miŋ³³	liŋ³³	tsiŋ⁵²	tsʰiŋ³¹	siŋ³¹
南澳	hiŋ³⁵	iŋ³⁴	pʰiŋ⁴⁵⁴	biŋ⁴⁵⁴	liŋ⁴⁵⁴	tsiŋ²¹	tsʰiŋ³⁴	siŋ³⁴
揭阳	heŋ²⁵	eŋ³³	pʰeŋ⁵⁵	meŋ⁵⁵	leŋ⁵⁵	tseŋ²¹³	tsʰeŋ³³	seŋ³³
普宁	hiŋ²⁴	iŋ³⁵	pʰiŋ⁵⁵	miŋ⁵⁵	liŋ⁵⁵	tsiŋ³¹²	tsʰiŋ³⁵	siŋ³⁵
惠来	hiŋ²⁵	iŋ³⁴	pʰiŋ⁵⁵	miŋ⁵⁵	liŋ⁵⁵	tsiŋ³¹	tsʰiŋ³⁴	siŋ³⁴
海丰	hin³⁵	in³³	pʰin⁵⁵	min⁵⁵	lin⁵⁵	tsin²¹²	tsʰin³³	sin³³
陆丰	hiŋ²²白 heŋ²²文	iŋ³³	pʰiŋ¹³	mbiŋ¹³	liŋ¹³	tsiŋ²¹³	tsʰiŋ³³	siŋ³³
电白	haŋ⁴⁴²	ŋaŋ³³	pʰiŋ²²	miŋ²²	liŋ²²	tsiŋ¹³	tsʰiŋ³³	siŋ³³
雷州	hieŋ³³	ʔieŋ²⁴	pʰieŋ²²	mieŋ²²	lieŋ²²	tsieŋ²¹	tsʰieŋ²⁴	sieŋ²⁴

	0633 镇	0634 陈	0635 震	0636 神	0637 身	0638 辰	0639 人	0640 认
	臻开三 去真知	臻开三 平真澄	臻开三 去真章	臻开三 平真船	臻开三 平真书	臻开三 平真禅	臻开三 平真日	臻开三 去真日
广州	tʃɐn³³	tʃʰɐn²¹	tʃɐn³³	ʃɐn²¹	ʃɐn⁵³	ʃɐn²¹	iɐn²¹	iɐŋ²²
番禺	tʃɐn³³	tʃʰɐn³¹	tʃɐn³³	ʃɐn³¹	ʃɐn⁵³	ʃɐn³¹	iɐn³¹	iɐŋ²²
增城	tsɐn³³	tsʰɐn²¹	tsɐn³³	sɐn²¹	sɐn⁴⁴	sɐn²¹	iɐn²¹	iɐŋ²²
从化	tsɐn²³	tsʰɐn²²	tsɐn²³	sɐn²²	sɐn⁵⁵	sɐn²²	iɐn²²	iɐŋ³¹
龙门	tsɐn²³	tsʰɐn²¹	tsɐn²³	sɐn²¹	sɐn⁴²	sɐn²¹	zɐn²¹	ŋaŋ⁵³
莞城	tʃɐn⁴⁴	tʃʰɐn³¹	tʃɐn⁴⁴	ʃɐn³¹	ʃɐn²³	ʃɐn³¹	iɐn³¹	iəŋ⁴⁴ / iɐn⁴⁴ 又
宝安	tʃɐŋ³³	tʃʰɐŋ³³	tʃɐŋ³³	ʃɐŋ³¹	ʃɐŋ⁵⁵	ʃɐŋ³¹	iɐŋ³³	iɐŋ²²
佛山	tʃɐn²⁴	tʃʰɐn⁴²	tʃɐn²⁴	ʃɐn⁴²	ʃɐn⁵³	ʃɐn⁴²	iɐn⁴² 又 / iɐn³⁵ 又	iɐn¹²
南海	tsɐn³³	tsʰɐn³¹	tsɐn³³	sɐn³¹	sɐn⁵¹	sɐn³¹	iɐn³¹	iɐŋ²²
顺德	tʃɐn³²	tʃʰɐn⁴²	tʃɐn³²	ʃɐn⁴²	ʃɐn⁵³	ʃɐn⁴²	iɐn⁴²	iɐn²¹
三水	tsɐn⁴⁴	tsʰɐn³¹ / tsʰɐn²⁵ 又	tsɐn⁴⁴	sɐn³¹	sɐn⁵³ / sɐn⁵⁵ 又	sɐn³¹	iɐn³¹ / iɐn²⁵ 又	iɐŋ³³
高明	tʃɐn³³	tʃʰɐn³¹	tʃɐn³³	ʃɐn³¹	ʃɐn⁴⁵	ʃɐn³¹	iɐn³¹	iɛɨ³¹
佛冈	tʃɐn³³	tʃʰɐn²²	tʃɐn³³	ʃɐn²²	ʃɐn³³	ʃɐn²²	iɐn²²	ŋɐn³¹ / iɐn³¹
阳山	tʃɐn³⁴	tʃɐn²⁴¹	tʃɐn³⁴	ʃɐn²⁴¹	ʃɐn⁵¹	ʃɐn²⁴¹	iɐn²⁴¹	iɐn²¹⁴
连山	tʃɔn³⁵	ʃɔn²⁴¹	tʃɔn³⁵	ʃɔn²⁴¹	ʃɔn⁵¹	ʃɔn²⁴¹	ɲiɔn²⁴¹	ɲiɔn²¹⁵
新兴	tsɐn⁴⁴³	tsʰɐn²¹	tsɐn⁴⁴³	sɐn²¹	sɐn⁴⁵	sɐn²¹	iɐn²¹	iɐn⁵²
罗定	tsɐn³³	tsʰɐn²¹	tsɐn³³	sɐn²¹	sɐn⁵⁵	sɐn²¹	iɐn²¹	iɐŋ²¹
郁南	tʃɐn³³	tʃʰɐn²¹	tʃɐn³³	ʃɐn²¹	ʃɐn⁵⁵	ʃɐn²¹	iɐn²¹	iɐŋ²¹
石岐	tsɐn³³	tsʰɐn⁵¹	tsɐn³³	sɐn⁵¹	sɐn⁵⁵	sɐn⁵¹	iɐn⁵¹	iɐŋ³³ 白 / iɐn³³ 文

	0633 镇	0634 陈	0635 震	0636 神	0637 身	0638 辰	0639 人	0640 认
	臻开三 去真知	臻开三 平真澄	臻开三 去真章	臻开三 平真船	臻开三 平真书	臻开三 平真禅	臻开三 平真日	臻开三 去真日
肇庆	$tʃɐn^{33}$	$tʃʰɐn^{21}$	$tʃɐn^{33}$	$ʃɐn^{21}$	$ʃɐn^{45}$	$ʃɐn^{21}$	$iɐn^{21}$	$iɐn^{52}$
香洲	$tsɐn^{33}$	$tsʰɐn^{343}$	$tsɐn^{33}$	$sɐn^{343}$	$sɐn^{21}$	$sɐn^{343}$	$iɐn^{343}$	$ŋɐn^{33}$白 $iɐn^{33}$文
斗门	$tsɐn^{34}$	$tʰɐn^{22}$	$tsɐn^{45}$	$sɐn^{22}$	$sɐn^{34}$	$sɐn^{22}$	$iɐn^{22}$	$ŋɐn^{42}$
新会	$tsan^{23}$	$tsʰan^{22}$	$tsan^{23}$	san^{22}	san^{23}	san^{22}	$ŋan^{22}$	$ŋən^{32}$
台山	$tsin^{33}$	$tsʰin^{22}$	$tsin^{55}$	sin^{22}	sin^{33}	sin^{22}	$ŋin^{22}$	$ŋin^{31}$
开平	$tʃin^{33}$	$tʃʰɐn^{11}$	$tʃin^{45}$	$ʃin^{11}$	$ʃin^{33}$	$ʃin^{11}$	$ŋiɛn^{11}$	$ŋiɛn^{31}$
恩平	$tʃiən^{33}$	$tʰɐn^{22}$	$tʃiən^{33}$	$ʃiən^{22}$	$ʃiən^{33}$	$ʃiən^{22}$	$ŋgɐn^{22}$	$ŋgɛn^{21}$
四会	$tʃɐn^{33}$	$tʃɐn^{31}$	$tʃɐn^{33}$	$ʃɐn^{31}$	$ʃɐn^{51}$	$ʃɐn^{31}$	$iɐn^{31}$	$iɐn^{24}$
广宁	$tsɐn^{33}$	$tsɐn^{31}$	$tsɐn^{33}$	$sɐn^{31}$	$sɐn^{51}$	$sɐn^{31}$	$iɐn^{31}$	$iɐn^{323}$
怀集	$tʃɐn^{45}$	$tʃɐn^{231}$	$tʃɐn^{45}$	$θɐn^{231}$	$θɐn^{42}$	$θɐn^{231}$	$ŋiɐn^{231}$	$ŋiɐn^{225}$
德庆	$tsɐn^{53}$	$tsɐn^{242}$	$tsɐn^{53}$	$sɐn^{242}$	$sɐn^{454}$	$sɐn^{242}$	$ŋiɐn^{242}$	$ŋiɐŋ^{31}$
封开	$tʃuʌn^{51}$	$tʃuʌn^{243}$	$tʃuʌn^{51}$	$tʃuʌn^{243}$	$ʃuʌn^{55}$	$tʃuʌn^{243}$	$ŋiʌn^{243}$	$ŋiʌn^{21}$
阳江	$tsɐŋ^{35}$	$tsʰɐŋ^{42}$	$tsɐŋ^{35}$	$sɐŋ^{42}$	$sɐŋ^{33}$	$sɐŋ^{42}$	$iɐŋ^{42}$	$iɐŋ^{54}$
阳春	$tsɐŋ^{33}$	$tsʰɐŋ^{31}$	$tsɐŋ^{33}$	$sɐŋ^{31}$	$sɐŋ^{45}$	$sɐŋ^{31}$	$ŋiɐn^{31}$	$ŋiɐŋ^{52}$
赤坎	$tsɐŋ^{33}$	$tsʰɐŋ^{21}$	$tsɐŋ^{33}$	$sɐŋ^{21}$	$sɐŋ^{45}$	$sɐŋ^{21}$	$ŋiɐŋ^{21}$	$ŋiɐŋ^{21}$
吴川	$tʃɐŋ^{33}$	$tʃʰɐŋ^{31}$	$tʃɐŋ^{33}$	$ʃɐŋ^{31}$	$ʃɐŋ^{55}$	$ʃɐŋ^{31}$	$iɐŋ^{31}$	$ŋiɐŋ^{31}$
廉江	$tsɐŋ^{33}$	$tsʰɐŋ^{21}$	$tsɐŋ^{33}$	$sɐŋ^{21}$	$sɐŋ^{55}$	$sɐŋ^{21}$	$ŋaŋ^{21}$	$ŋɐŋ^{21}$
高州	$tʃɐŋ^{33}$	$tʃʰɐŋ^{21}$	$tʃɐŋ^{33}$	$ʃɐŋ^{21}$	$ʃɐŋ^{53}$	$ʃɐŋ^{21}$	$ŋiɐŋ^{21}$	$ŋiɐŋ^{31}$
化州	$tʃɐŋ^{33}$	$tʃʰɐŋ^{13}$	$tʃɐŋ^{33}$	$ʃɐŋ^{13}$	$ʃɐŋ^{53}$	$ʃɐŋ^{13}$	$ŋiɐŋ^{13}$	$ŋiɐŋ^{31}$

	0633 镇	0634 陈	0635 震	0636 神	0637 身	0638 辰	0639 人	0640 认
	臻开三 去真知	臻开三 平真澄	臻开三 去真章	臻开三 平真船	臻开三 平真书	臻开三 平真禅	臻开三 平真日	臻开三 去真日
梅州	tsən^{31}	tsʰən^{21}	tsən^{31}	sən^{21}	sən^{44}	sən^{21}	ŋin^{21}	ŋin^{52}
兴宁	tʃin^{31}	tʃʰin^{13}	tʃin^{31}	ʃin^{13}	ʃin^{24}	ʃin^{13}	nin^{13}	nin^{51}
五华	tʃin^{31}	tʃʰin^{212}	tʃin^{31}	ʃin^{212}	ʃin^{44}	ʃin^{212}	ɲin^{212}	ɲin^{31}
大埔	tʃin^{31}	tʃʰin^{13}	tʃin^{31}	ʃin^{13}	ʃin^{34}	tʃʰin^{13}	ŋin^{13}	ŋin^{52}
丰顺	tin^{53}	tʃʰin^{24}	tʃin^{53}	ʃin^{24}	ʃin^{44}	ʃin^{24}	ɲin^{24}	ɲin^{21}
揭西	tin^{41}	tʃʰin^{24}	tʃin^{31}	ʃin^{24}	ʃin^{452}	tʃʰin^{24}	ɲin^{24}	ɲin^{31}
陆河	tin^{31}	tʃʰin^{35}	tʃin^{24}	ʃin^{35}	ʃin^{53}	ʃin^{35}	ɲin^{35}	ɲin^{33}
龙川	tsin^{24}	tsʰin^{51}	tsen^{24}	ʃin^{51}	ʃin^{33}	ʃin^{51}	ŋin^{51}	ŋin^{33}
河源	tsin^{212}	tsʰin^{31}	tsin^{212}	sin^{31}	sin^{33}	sin^{31}	ɲin^{31}	ɲin^{54}
连平	tsən^{31}	tsʰən^{21}	tsen^{31}	sən^{21}	sən^{24}	sən^{21}	ŋin^{21}	ŋin^{53}
龙岗	tsin^{31}	tsʰin^{21}	tsin^{31}	sin^{21}	sin^{33}	sin^{21}	ŋgin^{21}	ŋgin^{53}
惠州	tɕin^{35}	tɕʰin^{22}	tɕin^{23}	ɕin^{22}	ɕin^{33}	ɕin^{22}	ɲin^{22}	ɲiən^{31}
博罗	tsin^{35}	tsʰin^{21}	tsin^{24}	sin^{21}	sin^{44}	sin^{21}	ŋgin^{21}	ŋgin^{41}
新丰	tsin^{31}	tsʰin^{24}	tsen^{31}	sin^{24}	sin^{44}	sin^{24}	ŋgin^{24}	ŋgin^{31}
翁源	tʃin^{31}	tʃʰin^{41}	tʃin^{31}	ʃin^{41}	ʃin^{22}	ʃin^{41}	ɲin^{41}	ɲin^{31}
始兴	tɕiŋ^{33}	tɕʰiŋ^{51}	tɕiŋ^{33}	ɕiŋ^{51}	ɕiŋ^{22}	ɕiŋ^{51}	ɲiŋ^{51}	ɲiŋ^{33}
仁化	tsen^{34}	tsʰen^{31}	tsen^{34}	sen^{31}	sen^{33}	sen^{31}	ŋien^{31}	ŋien^{33}
南雄	tɕiŋ^{32}	tɕiŋ^{21}	tɕiŋ^{24}	ɕiŋ^{21}	ɕiŋ^{44}	ɕiŋ^{21}	ɲiŋ^{21}	ɲiŋ^{42}

	0633 镇	0634 陈	0635 震	0636 神	0637 身	0638 辰	0639 人	0640 认
	臻开三去真知	臻开三平真澄	臻开三去真章	臻开三平真船	臻开三平真书	臻开三平真禅	臻开三平真日	臻开三去真日
皈塘	tʃai²¹	tʃʰai⁴⁵	tʃɐŋ²¹ / tʃɐŋ²⁴ 又	ʃai⁴⁵	ʃai²⁴	ʃai⁴⁵	niai⁴⁵	niai²¹ / iai²¹ 又
桂头	tsɐŋ⁴⁴	tsʰɐŋ⁴⁵	tsan⁴⁴	sɐŋ⁴⁵	sɐŋ⁵¹	sɐŋ⁴⁵	ŋɐŋ⁴⁵	ŋɐŋ⁴⁴
连州	tsɐŋ¹¹	tsʰɐŋ⁵⁵	tsɐŋ¹¹	sɐŋ⁵⁵	sɐŋ³¹	sɐŋ⁵⁵	ȵiɐŋ⁵⁵	ȵiɐŋ³³
潮州	tiŋ²¹³	taŋ⁵⁵ 白 / tʰiŋ⁵⁵ 文,~列 / tsʰiŋ⁵⁵ 文,~皮	tsiŋ⁵³	siŋ⁵⁵	siŋ³³	siŋ⁵⁵	dziŋ⁵⁵	dziŋ¹¹
饶平	tiŋ²¹⁴	taŋ⁵⁵ 白 / tʰiŋ⁵⁵ 文,~列 / tsʰiŋ⁵⁵ 文,~皮	tsiŋ⁵²	siŋ⁵⁵	siŋ⁴⁴	siŋ⁵⁵	dziŋ⁵⁵	dziŋ²¹
汕头	tiŋ²¹³	taŋ⁵⁵ 白 / tʰiŋ⁵⁵ 白 / tsʰiŋ⁵⁵ 文	tsiŋ⁵¹	siŋ⁵⁵	siŋ³³	siŋ⁵⁵	dziŋ⁵⁵	dziŋ³¹
澄海	tiŋ²¹²	taŋ⁵⁵ 白 / tʰiŋ⁵⁵ 文	tsiŋ⁵³	siŋ⁵⁵	siŋ³³	siŋ⁵⁵	ziŋ⁵⁵	ziŋ²²
潮阳	tiaŋ⁵²	taŋ³³ 白 / tʰiŋ³³ 文	tsiŋ⁴⁵⁴	siŋ³³	siŋ³¹	siŋ³³	ziŋ³³	ziŋ⁴²
南澳	tiŋ²¹	taŋ⁴⁵⁴ 白 / tsʰiŋ⁴⁵⁴ 文	tsiŋ⁵²	siŋ⁴⁵⁴	siŋ³⁴	siŋ⁴⁵⁴	dziŋ⁴⁵⁴	dziŋ³¹
揭阳	teŋ²¹³	taŋ⁵⁵ 白 / tʰeŋ⁵⁵ 文,~列 / tsʰeŋ⁵⁵ 文,~皮	tseŋ⁴¹	seŋ⁵⁵	seŋ³³	seŋ⁵⁵	zeŋ⁵⁵	zeŋ²²
普宁	tiaŋ³¹²	taŋ⁵⁵ 白 / tʰiŋ⁵⁵ 文	tsiŋ⁵²	siŋ⁵⁵	siŋ³⁵	siŋ⁵⁵	ziŋ⁵⁵	ziŋ³¹
惠来	tiaŋ³¹	taŋ⁵⁵ 白 / tʰiŋ⁵⁵ 文	tsiŋ⁵³	siŋ⁵⁵	siŋ³⁴	siŋ⁵⁵	dziŋ⁵⁵	dziŋ³¹
海丰	tin²¹²	taŋ⁵⁵ 白 / tsʰin⁵⁵ 文	tsin⁵³	sin⁵⁵	sin³³	sin⁵⁵	ndzin⁵⁵	ndzin²¹
陆丰	tiŋ²¹³	taŋ¹³ 白 / tsʰiŋ¹³ 文	tsiŋ⁵⁵	siŋ¹³	siŋ³³	siŋ¹³	ndziŋ¹³	ndziŋ²²
电白	tsiŋ¹³	taŋ²² 白 / tsʰaŋ²² 文	tsuŋ¹³	siŋ²²	siŋ³³	siŋ²²	（无）	jiŋ³³
雷州	tieŋ²¹	taŋ²² 白 / tsʰieŋ²² 文	tsieŋ⁴²	sieŋ²²	sieŋ²⁴	sieŋ²²	ieŋ²²	ieŋ²⁴

	0641 紧	0642 银	0643 印	0644 引	0645 笔	0646 匹	0647 密	0648 栗
	臻开三上真见	臻开三平真疑	臻开三去真影	臻开三上真以	臻开三入质帮	臻开三入质滂	臻开三入质明	臻开三入质来
广州	ken³⁵	ŋen²¹	ien³³	ien¹³	pɐt⁵	phɐt⁵	mɐt²	løt²
番禺	ken³⁵	en³¹	ien³³	ien²³	pɐt⁵	phɐt⁵	mɐt²	løt²
增城	ken³⁵	ŋɐŋ²¹	ien³³	iɐi³⁵	pɐt⁵	phɐt⁵	mɐt²	let²
从化	ken⁴⁵	ŋen²²	ien²³	ien²³	pɐt⁵	phɐt⁵	mɐt²	let²
龙门	ken³⁵	ŋen²¹	zen²³	zen²³	pɐt⁵	phɐt⁵	mɐt⁴³	let⁴³
莞城	ken³⁵	ŋen³¹	ien⁴⁴	ien³⁴	pak⁵	phak⁵	mak³	ŋak³
宝安	kɐŋ²⁵	ŋɐŋ³¹	ieŋ³³	ieŋ²³	pei?⁵	phei?⁵	mei?³	lɐi?³
佛山	ken³⁵	gen⁴² / gen³⁵又	ien²⁴	ien¹³	pɐt⁵	phɐt⁵	bet²³	løt²³ / løt³⁵又
南海	ken³⁵	ŋɐŋ³¹	ien³³	ien¹³	pɐt⁵	phɐt⁵	mɐt²	lœt²
顺德	ken²⁴	en⁴²	ien³²	ien¹³	pɐt⁵	phɐt⁵	mɐt²	løt²
三水	ken²⁵	ŋen³¹ / ŋɐŋ²⁵又	ien⁴⁴	ien²³	pɐt⁴	phɐt⁴	mɐt³	let³
高明	ken²⁴	ŋen³¹	ien³³	ien³³	pɐt⁵	phɐt⁵	mɐt²	lœt²
佛冈	ken³⁵	ŋen²²	ien²²盖~ / ien³³~刷	ien³⁵	pɐt³	phɐt³	mɐt³	let³
阳山	ken⁵⁵	ŋen²⁴¹	ien³⁴	ien²²⁴	pɐt⁵	phɐt⁵	mɐt²³	let²³
连山	tʃɔn⁵⁵	ŋɔn²⁴¹	iɔn³⁵	iɔn¹⁵	bɔt⁵	phɔt⁵	mɔt²¹⁵	lɔt²¹⁵
新兴	ken³⁵	ŋen²¹	ien⁴⁴³	ien²¹	pɐt⁴⁵	phɐt⁴⁵	mɐt⁵²	let⁵²
罗定	ken³⁵	ŋen²¹~行 / ŋɐŋ³⁵~链	ien³³	ien¹³	pɐt⁵	phɐt⁵	mɐt²	let²
郁南	ken³⁵	ŋen²¹	ien³³	ien¹³	pɐt⁵	phɐt⁵	mɐt²	let²
石岐	ken²¹³	ŋen⁵¹	ien³³	ien²¹³	pɐt⁵	phɐt⁵	mɐt³	lœt³

	0641 紧	0642 银	0643 印	0644 引	0645 笔	0646 匹	0647 密	0648 栗
	臻开三上真见	臻开三平真疑	臻开三去真影	臻开三上真以	臻开三入质帮	臻开三入质滂	臻开三入质明	臻开三入质来
肇庆	kɐn²⁴	ŋɐn²¹	iɐn³³	iɐn¹³	pɐt⁵	pʰɐt⁵	mɐt²	lɐt²
香洲	kɐn³⁵	ŋɐn³⁴³	iɐn³³	iɐn³⁵	pɐt²¹	pʰɐt²¹	mɐt³	lɐt³
斗门	kɐn⁴⁵	ŋɐn²²	iɐn³⁴	iɐn²¹	pɐt⁵	pʰɐt⁵	mɐt³	lɐt³
新会	kan⁴⁵	ŋaŋ²²	ian²³	ian²¹	pat⁴⁵	pʰat⁴⁵	mat²	lat²
台山	kin⁵⁵	ŋan²²	jin³³	jin²¹	pit⁵	pʰit⁵	mit³¹	lut³¹
开平	kɛn⁴⁵	ŋan¹¹	jin³³	jin²¹	vet⁵	pʰɛt⁵	mɛt²	lut²
恩平	kɛn⁵⁵	ŋgan²²	iən³³	iən²¹	pɛt⁵	pʰɛt⁵	mbɛt²	luət²
四会	kɐn³³	ŋɐn³¹	iɐn³³	iɐn²⁴	pɐt⁵	pʰɐt⁵	mɐt²	lɐt²
广宁	kɐn⁴⁴	ŋɐn³¹	iɐn³³	iɐn³²³	pɐt⁵	pʰɐt⁵	mɐt³²	lɐt³²
怀集	kɐn⁵⁴	ŋɐn²³¹	ȵiɐn⁴⁵	ȵiɐn²⁴	pɐt⁵	pʰɐt⁵	mɐt²⁴	lɐt²⁴
德庆	kɐn⁴⁵	ŋɐn²⁴²	iɐn⁵³	iɐn²³	pɐt⁵	pʰɐt⁵	mɐt²	lɐt²
封开	tʃuʌn³³⁴	ŋuʌn²⁴³	iʌn⁵¹	iʌn²²³	puʌt⁵	pʰuʌt⁵	muʌt²	luʌt²
阳江	kɐŋ²¹	ŋɐŋ⁴²	ɐŋ³⁵	iɐŋ²¹	pɐk³⁵	pʰɐk³⁵	mɐk⁵⁴	lɐk⁵⁴
阳春	kɐn³²⁴	ŋɐn³¹	iɐn³³	iɐn³²³	pɐt⁴⁵	pʰɐt⁴⁵	mɐt⁵²	lɐt⁵²
赤坎	kɐŋ¹³	ŋɐŋ²¹	iɐŋ³³	iɐŋ¹³	pɐk⁵	pʰɐk⁵	mɐk²	lɐk²
吴川	kɐŋ³⁵	ŋɐŋ³¹	iɐŋ³³	iɐŋ²⁴	ɓɐʔ⁵	pʰɐʔ⁵	mɐʔ³¹	lɐʔ³¹
廉江	kɐn²⁵	ŋɐn²¹	iɐn³³	iɐn²³	pɐt⁵	pʰɐt⁵	mɐt²	lɐt²
高州	kɐn²⁴	ŋɐn²¹	iɐn³³	iɐn¹³	pɐt⁵	pʰɐt⁵	mɐt²¹	lɐk²¹
化州	kɐn³⁵	ŋɐn¹³	ɐn³³	iɐn¹³	ɓɐʔ⁵	pʰɐʔ⁵	mɐʔ³¹	ɬɐʔ³¹

	0641 紧	0642 银	0643 印	0644 引	0645 笔	0646 匹	0647 密	0648 栗
	臻开三 上真见	臻开三 平真疑	臻开三 去真影	臻开三 上真以	臻开三 入质帮	臻开三 入质滂	臻开三 入质明	臻开三 入质来
梅州	kin³¹	ŋiun²¹	in⁵²	in⁴⁴白 in³¹文	pit²	pʰit²	mɛt⁵	lit⁵
兴宁	kin³¹	nøin¹³	ʒin⁵¹	ʒin²⁴白 ʒin³¹文	pøit²	pʰøit²	møit⁴	lit⁴
五华	kin³¹	ŋiun²¹²	in⁵¹	in³¹	puit²	pʰuit²	mɛt⁵	lit⁵
大埔	kin³¹	ŋiun¹³	ʒin⁵²	ʒin³⁴白 ʒin³¹文	pit²	pʰit²	met⁵	lit⁵
丰顺	kin⁵³	ŋen²⁴	in⁵³	in⁵³	pit²	pʰit²	met⁵	lit⁵
揭西	kin³¹	ŋiun²⁴	ʒin⁴¹	ʒin³¹	pit³	pʰit³	mɛt⁵	lit⁵
陆河	kin²⁴	ŋiun³⁵	ʒin³¹	ʒin²⁴	pit⁴⁵	pʰit⁴⁵	mit⁵	lit⁵
龙川	kin²⁴	ŋɛn⁵¹	in³¹	in²⁴	pit¹³	pʰit¹³	mit³	lit³
河源	kin²⁴	ŋan³¹	ʔin²¹²	in²¹²	pit⁵	pʰit⁵	mit³	lit³
连平	kin³¹	ŋun²¹	in⁵³	in³¹	pit³	pʰit³	mit³	lit⁵
龙岗	kin³¹	ŋgun²¹	zin⁵³	zin³¹	pit²	pʰit²	mbit⁵	lut⁵
惠州	kin³⁵	niɛn²²	ʔin²³	jin²³	pit⁴⁵	pʰit⁴⁵	mit²¹	lət²¹
博罗	kin³⁵	ŋgan²¹	in²⁴	zin²⁴	pit⁵	pʰit⁵	mbit²	lit²
新丰	kin³¹	ŋgɛn²⁴	in⁵¹	in³¹	pit²	pʰit²	mbit⁴	lit⁴
翁源	kin³¹	ŋen⁴¹	in⁴⁵	in³¹	pit³¹	pʰit³¹	mɛt⁴⁵	lit⁴⁵
始兴	tɕin³¹	ŋiũi⁵¹	iŋ³³	iŋ³¹	piʔ⁴⁵	pʰiʔ⁴⁵	miʔ³	liʔ³
仁化	ken²³	ŋun³¹	ien³⁴	ien²³	piʔ⁵	pʰiʔ⁵	miʔ⁵	liʔ⁵
南雄	tɕin²⁴	ŋiɤ²¹	iŋ³²	iŋ²⁴	piʔ⁵	pʰiʔ⁵	miʔ⁴²	liʔ⁴²

	0641 紧	0642 银	0643 印	0644 引	0645 笔	0646 匹	0647 密	0648 栗
	臻开三 上真见	臻开三 平真疑	臻开三 去真影	臻开三 上真以	臻开三 入质帮	臻开三 入质滂	臻开三 入质明	臻开三 入质来
皈塘	kai³³	niai⁴⁵	ai²¹	iai³³	pei⁴¹	pi⁴⁵	mei³³	lau⁴¹
桂头	keŋ³²⁴	ŋɐŋ⁴	ieŋ⁴⁴	ieŋ³²⁴	pai⁴	pʰa⁴	mai⁴⁴	løy⁴
连州	keŋ⁵³	ŋaŋ⁵⁵	ɐn¹¹	ieŋ²⁴	pɐt²³	pʰɐt²³	mɐt²	lɐt²
潮州	kiŋ⁵³	ŋɤ̃ŋ⁵⁵	iŋ²¹³	iŋ⁵³	pik²	pʰik²	bak⁵_白 mik⁵_文	liek⁵
饶平	kiŋ⁵²	ŋɯŋ⁵⁵	iŋ²¹⁴	iŋ⁵²	pik²	pʰik²	bak⁵_白 mik⁵_文	lak⁵
汕头	kiŋ⁵¹	ŋɯŋ⁵⁵	iŋ²¹³	iŋ⁵¹	pik²	pʰik²	mak⁵_白 bik⁵_白 mik⁵_文	lak⁵_白 liak⁵_文
澄海	kiŋ⁵³	ŋəŋ⁵⁵	iŋ²¹²	iŋ⁵³	pik²	pʰik²	mik⁵	lak⁵
潮阳	kiŋ⁴⁵⁴	ŋiŋ³³	iŋ⁵²	iŋ⁴⁵⁴	pik³	pʰik³	bak⁵_白 bik⁵_文	lak⁵_白 liak³_文
南澳	kiŋ⁵²	giŋ⁴⁵⁴	iŋ²¹	iŋ⁵²	pik²	pʰik²	mik⁵	lak⁵
揭阳	keŋ⁴¹	ŋeŋ⁵⁵	eŋ²¹³	eŋ⁴¹	pek³	pʰek³	bak⁵_白 mek⁵_文	lak⁵_白 liak⁵_文
普宁	kiŋ⁵²	ŋiŋ⁵⁵	iŋ³¹²	iŋ⁵²	pik³	pʰik³	mik⁵	lak⁵_白 liak⁵_文
惠来	kiŋ⁵³	ŋiŋ⁵⁵	iŋ³¹	iŋ⁵³	pik³	pʰik³	mik⁵	laʔ⁵_白 liak⁵_文
海丰	kin⁵³	ŋin⁵⁵	in²¹²	in⁵³	pit²	pʰit²	mbak⁵_白 miak⁵_文	lak⁵
陆丰	kiŋ⁵⁵	ŋgiŋ¹³	iŋ²¹³	iŋ⁵⁵	pik²	pʰik²	mbak⁵_白 mbik⁵_文	laʔ⁵_白 lek⁵_文
电白	kiŋ²¹	ŋiŋ²²	iŋ¹³	iŋ²¹	pik⁵	pʰik⁵	bak²	li⁵³
雷州	kieŋ⁴²	ŋieŋ²²	ʔieŋ²¹	ʔieŋ⁴²	piek⁵	pʰit⁵	bak³_白 miek⁵_文	liek⁵

	0649 七	0650 侄	0651 虱	0652 实	0653 失	0654 日	0655 吉	0656 一
	臻开三入质清	臻开三入质澄	臻开三入质生	臻开三入质船	臻开三入质书	臻开三入质日	臻开三入质见	臻开三入质影
广州	tʃʰɐt⁵	tʃɐt²	ʃɐt⁵	ʃɐt²	ʃɐt⁵	iɐt²	kɐt⁵	iɐt⁵
番禺	tʃʰɐt⁵	tʃɐt²	ʃɐt⁵	ʃɐt²	ʃɐt⁵	iɐt²	kɐt⁵	iɐt⁵
增城	tsʰɒt⁵	tsɐt²	sɐt⁵	sɐt²	sɐt⁵	iɐt²	kɐt⁵	iɐt⁵
从化	tsʰak⁵	tsɐt²	sɐt²	sɐt²	sɐt⁵	iɐt²	kɐt⁵	iɐt⁵
龙门	tsʰɐt⁵	tsɐt⁴³	sɐt⁵	sɐt⁴³	sɐt⁴³	zɐt⁴³	kɐt⁵	zɐt⁵
莞城	tʃʰak⁵	tʃak³	ʃak⁵	ʃak³	ʃak⁵	iak³	kak⁵	iak⁵
宝安	tʃʰɐiʔ⁵	tʃɐiʔ³	ʃɐiʔ⁵	ʃɐiʔ³	ʃɐiʔ⁵	iɐiʔ³	kɐiʔ⁵	iɐiʔ⁵
佛山	tʃʰɐt⁵	tʃɐt²³ / tʃɐt³⁵又	ʃɐt⁵	ʃɐt²³	ʃɐt⁵	iɐt²³	kɐt⁵	iɐt⁵
南海	tsʰɐt⁵	tsɐt²	sɐt⁵	sɐt²	sɐt⁵	iɐt²	kɐt⁵	iɐt⁵
顺德	tʃʰɐt⁵	tʃɐt²	ʃɐt⁵	ʃɐt²	ʃɐt⁵	iɐt²	kɐt⁵	iɐt⁵
三水	tsʰɐt⁵	tsɐt³ / tsɐt²⁵又	sɐt⁵	sɐt³	sɐt⁵	iɐt³ / iɐt²⁵又	kɐt⁵	iɐt⁵
高明	tʃʰɐt⁵	tʃɐt²	ʃɐt⁵	ʃɐt²	ʃɐt⁵	iɐt²	kɐt⁵	iɐt⁵
佛冈	tʃʰɐt³	tʃɐt³	ʃɐt³	ʃɐt²	ʃɐt³	iɐt²	kɐt³	iɐt³
阳山	tʃʰɐt⁵	tʃɐt²³	ʃɐt⁵	ʃɐt²³	ʃɐt⁵	iɐt²³	kɐt⁵	iɐt⁵
连山	tʰɔt⁵	tʃɔt²¹⁵	ʃɔt⁵	ʃɔt²¹⁵	ʃɔt⁵	ŋiɔt²¹⁵	tʃɔt⁵	iɔt⁵
新兴	tsʰɐt⁴⁵	tsɐt⁵²	sɐt⁴⁵	sɐt⁵²	sɐt⁴⁵	iɐt⁵²	kɐt⁴⁵	iɐt⁴⁵
罗定	tsʰɐt⁵	tsɐt²	sɐt⁵	sɐt²	sɐt⁵	iɐt²	kɐt⁵	iɐt⁵
郁南	tʃʰɐt⁵	tʃɐt²	ʃɐt⁵	ʃɐt²	ʃɐt⁵	iɐt²	kɐt⁵	iɐt⁵
石岐	tsʰɐt⁵	tsɐt³	sɐt⁵	sɐt³	sɐt⁵	iɐt³	kɐt⁵	iɐt⁵

	0649 七	0650 侄	0651 虱	0652 实	0653 失	0654 日	0655 吉	0656 一
	臻开三入质清	臻开三入质澄	臻开三入质生	臻开三入质船	臻开三入质书	臻开三入质日	臻开三入质见	臻开三入质影
肇庆	$tʃʰɐt^5$	$tʃɐt^2$	$ʃɐt^5$	$ʃɐt^2$	$ʃɐt^5$	$iɐt^2$	$kɐt^5$	$iɐt^5$
香洲	$tsʰɐt^{21}$	$tsɐt^3$	$sɐt^{21}$	$sɐt^3$	$sɐt^{21}$	$iɐt^3$	$kɐt^{21}$	$iɐt^{21}$
斗门	$tʰɐt^5$	$tsɐt^3$	$sɐt^5$	$sɐt^3$	$sɐt^5$	$ŋɐt^3$	$kɐt^5$	$iɐt^5$
新会	$tsʰat^{45}$	$tsat^2$	sat^{45}	sat^2	sat^{45}	$ŋat^2$	kat^{45}	iat^{45}
台山	$tʰit^5$	$tsit^{31}$	set^5	sit^{31}	sit^5	$ŋit^{31}$	kit^5	jit^5
开平	$tʰɛt^5$	$tʃit^2$	$ʃit^5$	$ʃit^2$	$ʃit^5$	$ŋɛt^2$	$kɛt^5$	jit^5
恩平	$tʰɛt^5$	$tʃiət^2$	$ʃiət^5$	$ʃiət^2$	$ʃiət^5$	$ŋgɛt^2$	$kɛt^5$	$iət^5$
四会	$tʃʰɐt^5$	$tʃɐt^2$	$ʃɐt^5$	$ʃɐt^2$	$ʃɐt^5$	$iɐt^5$	$kɐt^5$	$iɐt^5$
广宁	$tsʰɐt^5$	$tsɐt^{32}$	$sɐt^5$	$sɐt^{32}$	$sɐt^5$	$iɐt^{32}$	$kɐt^5$	$iɐt^5$
怀集	$tʃʰɐt^5$	$tʃɐt^{24}$	$θɐt^5$	$θɐt^{24}$	$θɐt^5$	$ŋiɐt^{24}$	$kɐt^5$	$iɐt^5$
德庆	$tsʰɐt^5$	$tsɐt^2$	$sɐt^5$	$sɐt^2$	$sɐt^5$	$ŋiɐt^2$	$kɐt^5$	$iɐt^5$
封开	$tʰuʌt^5$	$tʃuʌt^2$	$ɬuʌt^5$	$tʃuʌt^2$	$ʃuʌt^5$	$ŋiʌt^2$	$tʃuʌt^5$	$iʌt^5$
阳江	$tsʰɐk^{35}$	$tsɐk^{54}$	$sɐk^{35}$	$sɐk^{54}$	$sɐk^{35}$	$iɐk^{54}$	$kɐk^{35}$	$iɐk^{35}$
阳春	$tsʰɐt^{45}$	$tsɐt^{52}$	$sɐt^{45}$	$sɐt^{52}$	$sɐt^{52}$	$ŋiɐt^{52}$	$kɐt^{45}$	$iɐt^{45}$
赤坎	$tsʰɐk^5$	$tsɐk^2$	$sɐk^5$	$sɐk^2$	$sɐk^5$	$ŋiɐk^2$	$kɐk^5$	$iɐk^5$
吴川	$tʃʰɐʔ^5$	$tʃɐʔ^{31}$	$ʃɐʔ^5$	$ʃɐʔ^{31}$	$ʃɐʔ^5$	$ŋiɐʔ^{31}$	$kɐʔ^5$	$iɐʔ^5$
廉江	$tsʰɐt^5$	$tsɐt^2$	$sɐt^5$	$sɐt^2$	$sɐt^5$	$ŋ̍ɐt^2$	$kɐt^5$	$iɐt^5$
高州	$tʃʰɐt^5$	$tʃɐt^{21}$	$ʃɐt^5$	$ʃɐt^{21}$	$ʃɐt^5$	$ŋiɐt^{21}$	$kɐt^5$	$iɐt^5$
化州	$tʰɐk^5$	$tʃɐʔ^{31}$	$ʃɐʔ^5$	$ʃɐʔ^{31}$	$ʃɐʔ^5$	$ŋiɐʔ^{31}$	$kɐʔ^5$	$iɐʔ^5$

	0649 七	0650 侄	0651 虱	0652 实	0653 失	0654 日	0655 吉	0656 一
	臻开三入质清	臻开三入质澄	臻开三入质生	臻开三入质船	臻开三入质书	臻开三入质日	臻开三入质见	臻开三入质影
梅州	tsʰit^{2}	tsʰət^{5}	sɛt^{2}	sɛt^{5}	sət^{2}	ŋit^{2}	kit^{2}	it^{2}
兴宁	tsʰit^{2}	tʃʰit^{4}	sit^{2}	ʃit^{4}	ʃit^{2}	nit^{2}	kit^{2}	ʒit^{2}
五华	tsʰit^{2}	tʃʰit^{5}	sit^{2}	ʃit^{5}	ʃit^{2}	ŋit^{2}	kit^{2}	it^{2}
大埔	tsʰit^{2}	tsʰit^{5}	set^{2}	ʃit^{5}	ʃit^{2}	ŋit^{2}	kit^{2}	ʒit^{2}
丰顺	tsʰit^{2}	tʃʰit^{5}	set^{2}	ʃit^{5}	ʃit^{2}	ŋit^{2}	kit^{2}	it^{2}
揭西	tsʰit^{3}	tʃʰit^{5}	sɛt^{3}	ʃit^{5}	ʃit^{3}	ŋit^{3}	kit^{3}	ʒit^{3}
陆河	tsʰit^{45}	tʃʰit^{5}	sɛt^{45} sit^{45} 又	ʃit^{5}	ʃit^{45}	ŋit^{45}	kit^{45}	ʒit^{45}
龙川	tsʰit^{13}	tsʰɛt^{3}	sit^{13}	ʃit^{3}	ʃit^{13}	ŋit^{13}	kit^{13}	it^{13}
河源	tsʰit^{5}	tsʰiet^{3}	siet^{5}	sit^{3}	sit^{3}	ŋit^{5}	kit^{5}	ʔit^{5}
连平	tsʰit^{3}	tsʰət^{5}	sɛt^{3}	sət^{5}	sət^{3}	ŋit^{3}	kit^{3}	it^{3}
龙岗	tsʰit^{2}	tsʰit^{5}	sit^{2}	sit^{5}	sit^{2}	ŋgit^{2}	kit^{2}	zit^{2}
惠州	tɕʰit^{45}	tɕʰiɛt^{21}	ɕiet^{45}	ɕit^{21}	ɕit^{45}	ŋit^{45}	kit^{45}	ʔit^{45}
博罗	tsʰit^{5}	tsʰat^{2}	siet^{5}	sit^{2}	sit^{5}	ŋgit^{5}	kit^{5}	it^{5}
新丰	tsʰit^{2}	tsʰit^{4}	siet^{2}	sit^{4}	sit^{2}	ŋgit^{2}	kit^{2}	zit^{2}
翁源	tsʰit^{31}	tʃʰit^{45}	sɛt^{31}	ʃit^{45}	ʃit^{31}	nit^{31}	kit^{31}	it^{31}
始兴	tɕʰiʔ^{45}	tɕʰiʔ^{3}	sɛiʔ^{45}	ɕiʔ^{3}	ɕiʔ^{45}	ŋiʔ^{45}	kiʔ^{45}	iʔ^{45}
仁化	tsʰiʔ^{5}	tsʰiʔ^{5}	sɛʔ^{5}	ʃiʔ^{5}	ʃiʔ^{5}	ŋiʔ^{5}	kiʔ^{5}	iʔ^{5}
南雄	tsʰiʔ^{5}	tɕie^{42} tɕieʔ^{42} 又	ɕiɤʔ^{5} ~婆 ɕieʔ^{42} 塘~	ɕieʔ^{42}	ɕieʔ^{5}	ŋiʔ^{5} 白 ŋieʔ^{5} 文	tɕieʔ^{5}	ieʔ^{5}

	0649 七	0650 佺	0651 虱	0652 实	0653 失	0654 日	0655 吉	0656 一
	臻开三入质清	臻开三入质澄	臻开三入质生	臻开三入质船	臻开三入质书	臻开三入质日	臻开三入质见	臻开三入质影
皈塘	tʃʰei⁴¹	tʃʰei³³	ʃia⁴¹	ʃei³³	ʃei⁴¹	nie³³	kie⁴¹	ei⁴¹
桂头	tsʰai²¹	tsʰi⁴	søy²¹	si⁴⁴	si²¹	ŋai⁴⁴	kai²¹	i²¹
连州	tsʰɐt²³	tsʰɐt²	si²⁴	sɛʔ²	sɐt²³	ŋiɛʔ²	kɐt²³	ɐt²³
潮州	tsʰik²	tiek⁵	sak²	sik⁵	sik²	dzik⁵	kik²	ik²
饶平	tsʰik²	tiak⁵	sak²	tsak⁵白 sik⁵文	sik²	dzik⁵	kik²	ik²
汕头	tsʰik²	tiak⁵	sak²	tsak⁵白 sik⁵文	sik²	dzik⁵	kik²白 kiak²文	ik²
澄海	tsʰik²	tiak⁵	sak²	sik⁵	sik²	zik⁵	kik²	ik²
潮阳	tsʰik³	tiak⁵	sak³	sik⁵	sik³	zik⁵	kiak³	ik³
南澳	tsʰik²	tiak⁵	sak²	sik⁵	sik²	dzik⁵	kik²	ik²
揭阳	tsʰek³	tiak⁵	sak³	sek⁵	sek³	zek⁵	kek³	ek³
普宁	tsʰik³	tiak⁵	sak³	sik⁵	sik³	zik⁵	kiak³	ik³
惠来	tsʰik³	tiak³	sak³	sik⁵	sik³	dzik⁵	kiak³	ik³
海丰	tsʰit²	tiak⁵	sak²	tsak⁵白 sit⁵文	sit²	ndzit⁵	kit²	it²
陆丰	tsʰik²	tiak⁵	sak²	tsak⁵白 sik⁵文	sik²	ndzik⁵	kik²	ik²
电白	tsʰik⁵	tsik²	sak⁵	sik²	sik⁵	jik²	kik⁵	ik⁵
雷州	tsʰiek⁵	tsiek³	sak⁵	siek³	siek⁵	iek³	kiek⁵	ʔiek⁵

	0657 筋	0658 劲 有~	0659 勤	0660 近	0661 隐	0662 本	0663 盆	0664 门
	臻开三 平殷见	臻开三 去殷见	臻开三 平殷群	臻开三 上殷群	臻开三 上殷影	臻合一 上魂帮	臻合一 平魂並	臻合一 平魂明
广州	ken^{53}	ken^{33}	k^hen^{21}	k^hen^{13}白 ken^{22}文	ien^{35}	pun^{35}	p^hun^{21}	mun^{21}
番禺	ken^{53}	ken^{22}	k^hen^{31}	k^hen^{23}白 ken^{22}文	ien^{35}	pun^{35}	p^hun^{31}	mun^{31}
增城	ken^{44}	ken^{33}	k^hen^{21}	k^hen^{13}	ien^{35}	$pœŋ^{35}$	$p^hœŋ^{21}$	$mœŋ^{21}$
从化	ken^{55}	ken^{31}	k^hen^{22}	ken^{31}	ien^{45}	pun^{45}	p^hun^{22}	mun^{22}
龙门	ken^{42}	ken^{23}	k^hen^{21}	ken^{53}	$zɐn^{35}$	pon^{35}	p^hon^{21}	mon^{21}
莞城	ken^{23}	$kən^{44}$	k^hen^{31}	k^hen^{34}白 ken^{44}文	ien^{35}	pun^{35}	p^hun^{31}	mun^{31}
宝安	$keŋ^{55}$	$keŋ^{33}$	k^hen^{31}	$k^hɐŋ^{23}$	$ieŋ^{25}$	$puŋ^{25}$	$p^huŋ^{33}$	$muŋ^{33}$
佛山	ken^{53}	ken^{12}	k^hen^{42}	ken^{12}	ien^{35}	pun^{35}	p^hun^{42}	bun^{42}
南海	ken^{51}	ken^{22}	k^hen^{31}	k^hen^{13}白 ken^{22}文	ien^{35}	pun^{35}	p^hun^{31}	mun^{31}
顺德	ken^{53}	ken^{32}	k^hen^{42}	k^hen^{13}白 ken^{21}文	ien^{24}	pun^{24}	pun^{42}	mun^{42}
三水	ken^{53} ken^{55}又	$keŋ^{33}$	k^hen^{31}	k^hen^{23}白 ken^{33}文	ien^{25}	pun^{25}	p^hun^{31}又 p^hun^{25}又	mun^{31}又 mun^{25}又
高明	ken^{45}	$kɛn^{31}$	k^hen^{31}	k^hen^{33}白 ken^{31}文	ien^{24}	pun^{24}	p^hun^{31}	mun^{31}
佛冈	$keŋ^{33}$	$kɛn^{31}$	k^hen^{22}	k^hen^{33}白 ken^{22}文	ien^{35}	pun^{35}	p^hen^{22}面~ p^hun^{22}~子	mun^{22}
阳山	ken^{51}	$kiəŋ^{34}$	ken^{241}	ken^{224}	ien^{224}	pun^{55}	pun^{241}	mun^{241}
连山	$tʃɔn^{51}$	$kɛŋ^{35}$	$tʃɔn^{241}$	$tʃɔn^{15}$	$iɔn^{15}$	bun^{55}	pun^{241}	mun^{241}
新兴	ken^{45}	$kɛn^{52}$	k^hen^{21}	k^hen^{21}白 ken^{52}文	ien^{35}	$pøn^{35}$	$p^høn^{21}$	$møn^{21}$
罗定	ken^{55}	ken^{21}	k^hen^{21}	k^hen^{13}白 k^hen^{21}文	ien^{35}	pun^{35}	p^hun^{21}	mun^{21}
郁南	ken^{55}	ken^{21}	k^hen^{21}	k^hen^{13}白 ken^{21}文	ien^{35}	pun^{35}	p^hun^{21}	mun^{21}
石岐	ken^{55}	ken^{33}	k^hen^{51}	k^hen^{213}白 ken^{33}文	ien^{213}	pun^{213}	p^hun^{51}	mun^{51}

	0657 筋	0658 劲 有~	0659 勤	0660 近	0661 隐	0662 本	0663 盆	0664 门
	臻开三平殷见	臻开三去殷见	臻开三平殷群	臻开三上殷群	臻开三上殷影	臻合一上魂帮	臻合一平魂並	臻合一平魂明
肇庆	$kɐn^{45}$	$keŋ^{52}$	$kʰɐn^{21}$	$kʰɐn^{13}$白 $kɐn^{52}$文	$iɐn^{24}$	pyn^{24}	$pʰun^{21}$	myn^{21}
香洲	$kɐn^{21}$	$keŋ^{33}$	$kʰɐn^{343}$	$kʰɐn^{35}$白 $kɐn^{33}$文	$iɐn^{35}$	pun^{35}	$pʰun^{343}$	mun^{343}
斗门	$kɐn^{34}$	$kəŋ^{42}$	$kʰɐn^{22}$	$kʰɐn^{21}$白 $kɐn^{42}$文	$iɐn^{21}$	pun^{45}	$pʰun^{22}$	mun^{22}
新会	kan^{23}	$keŋ^{32}$	$kʰan^{22}$	$kʰan^{21}$	ian^{21}	pun^{45}	$pʰan^{21}$小	mun^{22}
台山	kin^{33}	ken^{31}	$kʰin^{22}$	$kʰin^{33}$	jin^{21}	$pɔn^{55}$	$pʰun^{21}$小	$mɔn^{22}$
开平	$kɛn^{33}$	$kɛn^{31}$	$kʰɛn^{11}$	$kɛn^{31}$	jin^{21}	$muan^{45}$	hun^{21}小	mun^{11}
恩平	$kɛn^{33}$	$kɛn^{21}$	$kʰɛn^{22}$	$kʰɛn^{33}$白 $kɛn^{21}$文	$iən^{21}$	$puan^{55}$	$pʰuan^{22}$	$mbuan^{22}$
四会	$kɐn^{51}$	$kiɛŋ^{33}$	$kɐn^{31}$	$kɐn^{24}$	$iɐn^{33}$	pun^{33}	pun^{31}	mun^{31}
广宁	$kɐn^{51}$	$kiəŋ^{323}$	$kɐn^{31}$	$kɐn^{323}$	$iɐn^{44}$	pun^{44}	pun^{31}	mun^{31}
怀集	$kɐn^{42}$	$kiɛŋ^{45}$	$kɐn^{231}$	$kɐn^{24}$	$ŋiɐn^{24}$	pun^{42}	pun^{231}	mun^{231}
德庆	$kɐn^{454}$	$kɛŋ^{31}$	$kɐn^{242}$	$kʰɐn^{23}$	$ŋiɐn^{45}$	pun^{45}	pun^{242}	mun^{242}
封开	$tʃuʌn^{55}$	$keŋ^{51}$	$tʃuʌn^{243}$	$tʃuʌn^{223}$	$iʌn^{334}$	pun^{334}	pun^{243}	mun^{243}
阳江	$keŋ^{33}$	$keŋ^{54}$	$kʰɐŋ^{42}$	$kʰɐŋ^{21}$白 $kɐŋ^{54}$文	$iɐŋ^{21}$	pun^{21}	$pʰun^{42}$	mun^{42}
阳春	$kɐn^{45}$	$kən^{52}$	$kʰɐn^{31}$	$kʰɐn^{323}$白 $kɐŋ^{52}$文	$iɐn^{324}$	pun^{324}	$pʰun^{31}$	mun^{31}
赤坎	$keŋ^{45}$	$keŋ^{33}$	$kʰɐŋ^{21}$	$kʰɐŋ^{13}$白 $kɐŋ^{21}$文	$iɐŋ^{13}$	$puŋ^{13}$	$pʰuŋ^{21}$	$muŋ^{21}$
吴川	$kɐŋ^{55}$	$keŋ^{31}$	$kʰɐŋ^{31}$	$kʰɐŋ^{24}$	$iɐŋ^{24}$	$ɓuŋ^{35}$	$pʰuŋ^{31}$	$muŋ^{31}$
廉江	$kɐŋ^{55}$	$keŋ^{33}$	$kʰɐŋ^{21}$	$kʰɐŋ^{23}$	$iɐŋ^{25}$	pun^{25}	$pʰun^{21}$	mun^{21}
高州	$kɐŋ^{53}$	$keŋ^{31}$	$kʰɐŋ^{21}$	$kʰɐŋ^{13}$	$iɐŋ^{24}$	pun^{24}	$pʰun^{21}$	mun^{21}
化州	$kɐŋ^{53}$	$kɐŋ^{31}$	$kʰɐŋ^{13}$	$kʰɐŋ^{13}$	$iɐŋ^{35}$	$ɓun^{35}$	$pʰun^{13}$	mun^{13}

	0657 筋	0658 劲 有～	0659 勤	0660 近	0661 隐	0662 本	0663 盆	0664 门
	臻开三 平殷见	臻开三 去殷见	臻开三 平殷群	臻开三 上殷群	臻开三 上殷影	臻合一 上魂帮	臻合一 平魂並	臻合一 平魂明
梅州	kin⁴⁴	kin⁵²	kʰiun²¹	kʰiun⁴⁴白 kʰiun⁵²文	iun³¹	pun³¹	pʰun²¹	mun²¹
兴宁	kin²⁴	kin⁵¹	kʰin¹³	kʰin²⁴白 kʰin⁵¹文	ʒøin³¹	pøin³¹	pʰøin¹³	møin¹³
五华	kin⁴⁴	kin⁵¹	kʰin̩²¹²	kʰiun⁴⁴白 kʰin³¹文	vun³¹	pun³¹	pʰun²¹²	mun²¹²
大埔	kiun³⁴	ken⁵²	kʰiun¹³	kʰiun³⁴白 kʰiun⁵²文	vun³¹	pun³¹	pʰun¹³	mun¹³
丰顺	ken⁴⁴	kin⁵³	kʰiun²⁴	kʰen⁴⁴白 kʰiun²¹文	ian²¹	pun⁵³	pʰun²⁴	mun²⁴
揭西	kin⁴⁵²	kin⁴¹	kʰiun²⁴	kʰiun⁴⁵²白 kʰiun³¹文	vun³¹	pun³¹	pʰun²⁴	mun²⁴
陆河	kin⁵³	kin³¹	kʰin³⁵白 kʰiun³⁵文	kʰiun⁵³白 kʰiun³³文	ʒin²⁴	pun²⁴	pʰun³⁵	mun³⁵
龙川	kin³³	kin³¹	kʰin⁵¹	kʰin³¹	vun²⁴白 in²⁴文	pun²⁴	pʰɔn⁵¹	mun⁵¹
河源	kin³³	kin²¹²	kʰin³¹	kʰin²¹²	iun²⁴	pɔn²⁴	pʰɔn³¹	mɔn³¹
连平	kin²⁴	kin⁵³	kʰin²¹	tʰun²⁴白 tʰun⁵³文	iun³¹	pun³¹	pʰun²¹	mun²¹
龙岗	kin³³	kin⁵³	kʰun²¹	kʰun³³白 kʰun⁵³文	zun³¹	pun³¹	pʰun²¹	mbun²¹
惠州	kin³³	kən²³	kʰin²²	kʰin²³白 kʰin³¹文	jin³⁵	pɔn³⁵	pʰɔn²²	mɔn²²
博罗	kin⁴⁴	kiɛŋ²⁴	kʰin²¹	kʰin²⁴白 kʰin⁴¹文	un³⁵	pɔn³⁵	pʰɔn²¹	mbɔn²¹
新丰	kin⁴⁴	kin⁵¹	kʰin²⁴	kʰiun⁴⁴白 kʰiun³¹文	zin³¹	pun³¹	pʰun²⁴	mbun²⁴
翁源	kin²²	kin⁴⁵	kʰin⁴¹	kʰɛn²²白 kʰin³¹文	in³¹	pun³¹	pʰun⁴¹	mun⁴¹
始兴	kiŋ²²	kiŋ³³	tɕʰiŋ⁵¹	tɕʰiũi³³	iŋ³¹	pũi³¹	pʰũi⁵¹	mũi⁵¹
仁化	ken³³	ken³⁴	kʰen³¹	kʰun³⁴	ven²³	pen²³	pʰen³¹	men³¹
南雄	tɕin⁴⁴	tɕiŋ³²	tɕiɤ²¹	tɕiɤ²¹白 tɕiɤ⁴²文	iŋ²⁴	pɤ̃²⁴	pɤ̃²¹	mɤ̃²¹

	0657 筋	0658 劲 有~	0659 勤	0660 近	0661 隐	0662 本	0663 盆	0664 门
	臻开三 平殷见	臻开三 去殷见	臻开三 平殷群	臻开三 上殷群	臻开三 上殷影	臻合一 上魂帮	臻合一 平魂並	臻合一 平魂明
皈塘	kai^{24}	kai^{21}	k^hai^{45}	k^hai^{33}	iai^{33}	$peŋ^{33}$	$peŋ^{45}$	$meŋ^{45}$
桂头	$keŋ^{51}$	$keŋ^{44}$	$k^hɐŋ^{45}$	$k^hyɛ̃^{21}$白 $k^hɐŋ^{44}$文	$iɐŋ^{324}$	$pɐŋ^{324}$	$pɐŋ^{4}$	$mœn^{45}$
连州	$keŋ^{31}$	ka^{11}	$k^hɐŋ^{55}$	$k^hɐŋ^{24}$白 $k^hɐŋ^{33}$文	$iɐŋ^{24}$	$pɐŋ^{53}$	$pɐŋ^{55}$	$mɐn^{55}$
潮州	$kɤŋ^{33}$	$kɛ̃^{213}$	$k^hɤŋ^{55}$	$kɤŋ^{35}$	$ŋ^{53}$	$puŋ^{53}$	$p^huŋ^{55}$	$muŋ^{55}$
饶平	$kɯŋ^{44}$	$kɛ̃^{214}$	$k^hɯŋ^{55}$	$kɯŋ^{25}$	$uŋ^{52}$白 $iŋ^{52}$文	$puŋ^{52}$	$p^huŋ^{55}$	$muŋ^{55}$
汕头	$kɯŋ^{33}$	$kɛ̃^{213}$	$k^hɯŋ^{55}$	$kɯŋ^{25}$	$ɯŋ^{51}$白 $uŋ^{51}$白 $iŋ^{51}$文	$puŋ^{51}$	$p^huŋ^{55}$	$muŋ^{55}$
澄海	$keŋ^{33}$	$kɛ̃^{212}$	$k^heŋ^{55}$	$keŋ^{35}$	$əŋ^{53}$	$puŋ^{53}$	$p^huŋ^{55}$	$muŋ^{55}$
潮阳	$kiŋ^{31}$	$kɛ̃^{52}$	$k^hiŋ^{33}$	$kiŋ^{52}$	$iŋ^{454}$	$pŋ^{454}$	$pf^huŋ^{33}$	$bŋ^{33}$
南澳	$kiŋ^{34}$	$kɛ̃^{21}$	$k^hiŋ^{454}$	$kiŋ^{35}$	$iŋ^{52}$	$puŋ^{52}$	$p^huŋ^{454}$	$buŋ^{454}$
揭阳	$keŋ^{33}$	$kɛ̃^{213}$	$k^heŋ^{55}$	$keŋ^{25}$	$eŋ^{41}$	$pɯŋ^{41}$	$p^hɯŋ^{55}$ $p^huŋ^{55}$又	$mɯŋ^{55}$
普宁	$kiŋ^{35}$	$kɛ̃^{312}$	$k^hiŋ^{55}$	$kiŋ^{24}$	$iŋ^{52}$	$pŋ^{52}$	$pf^huŋ^{55}$	$mŋ^{55}$
惠来	$kiŋ^{34}$	$kɛ̃^{31}$	$k^hiŋ^{55}$	$kiŋ^{25}$	$uŋ^{53}$	$pŋ^{53}$	$pf^huŋ^{55}$	$mŋ^{55}$
海丰	$kiŋ^{33}$	$keŋ^{35}$	$k^hiŋ^{55}$	$kiŋ^{35}$	$iŋ^{53}$	$puŋ^{53}$	p^hun^{55}	mui^{55}
陆丰	$kiŋ^{33}$	$kɛ̃^{213}$	$k^hiŋ^{13}$	$kiŋ^{22}$	$iŋ^{55}$	$puŋ^{55}$	$p^huŋ^{13}$	$mbuŋ^{13}$
电白	$kiŋ^{33}$	$keŋ^{13}$	$k^hiŋ^{22}$	$kiŋ^{442}$	iam^{21}	pui^{21} $puŋ^{21}$	$p^huŋ^{22}$	mui^{22}
雷州	$kieŋ^{24}$	$kiŋ^{54}$	$k^hieŋ^{22}$	$kieŋ^{33}$	$ʔieŋ^{42}$	pui^{42} $puŋ^{42}$又	$p^huŋ^{22}$	mui^{22}

	0665 墩	0666 嫩	0667 村	0668 寸	0669 蹲	0670 孙~子	0671 滚	0672 困
	臻合一平魂端	臻合一去魂泥	臻合一平魂清	臻合一去魂清	臻合一平魂从	臻合一平魂心	臻合一上魂见	臻合一去魂溪
广州	tøn⁵⁵ 土~ / ten³⁵ 桥~	lyn²²	tʃʰyn⁵⁵	tʃʰyn³³	tøn⁵³	ʃyn⁵⁵ 男~ / ʃyn⁵³①	kuen³⁵	kʰuen³³
番禺	tøn⁵⁵	lyn²²	tʃʰyn⁵⁵	tʃʰyn³³	tʃøn⁵³	ʃyn⁵⁵	kuen³⁵	kʰuen³³
增城	ten⁴⁴	lœŋ²²	tsʰœn⁴⁴	tsʰœn³³	ten⁴⁴	sœn⁴⁴	kuen³⁵	kʰuen³³
从化	ten⁴⁵	nyn³¹	tsʰyn⁵⁵	tsʰyn²³	ten⁵⁵	syn⁵⁵	kuen⁴⁵	kʰuen²³
龙门	ten⁴²	lyɛn⁵³	tsʰyɛn⁴²	tsʰyɛn²³	ten⁴²	syɛn⁴²	kʰen³⁵ ~动 / ken³⁵ ~水	kʰen²³
莞城	ten²³	nøn⁴⁴	tʃʰøn²³	tʃʰøn⁴⁴	toŋ²³ 白 / tʃøn²³ 文	ʃøn²³	kuen³⁵	kʰuen⁴⁴
宝安	（无）	nyŋ²²	tʃʰyŋ²³	tʃʰyŋ³³	teŋ⁵⁵	ʃyŋ²³	kueŋ²⁵	kʰueŋ³³
佛山	tøn⁵⁵ / ten³⁵ 桥~	lyn¹²	tʃʰyn⁵⁵	tʃʰyn²⁴	tøn⁵³	ʃyn⁵³ / ʃyn⁵⁵ 又	kuen³⁵	kʰuen²⁴
南海	ten⁵¹ ~头 / ten⁵⁵② / tøn⁵¹ 桥~	nyn²²	tsʰyn⁵⁵	tsʰyn³³	tøn⁵¹	syn⁵⁵	kʰuen³⁵	kʰuen³³
顺德	ten¹³	lyn²¹	tʃʰyn⁵⁵	tʃʰyn³²	tøn⁵³	ʃyn⁵⁵	kʰuen²⁴ / kuen²⁴ 又	kʰuen³²
三水	ten⁵⁵ / ten²⁵ 又	lyn³³	tsʰyn⁵³ / tsʰyn⁵⁵ 又	tsʰyn⁴⁴	ten⁵³	syn⁵³ / syn⁵⁵ 又	kʰuen²⁵ / kuen²⁵ 又	kʰuen⁴⁴
高明	ten²⁴	nyn³¹	tʃʰyn⁵⁵	tʃʰyn³³		ʃyn⁴⁵	kʰuen²⁴	kʰuen³³
佛冈	ten³³	nen³¹	tʃʰin³³	tʃʰin³³	tin³³	ʃen³³ / ʃin³³ 又	kʰuen³⁵ ~蛋 / kuen³⁵ ~水	kʰuen³³
阳山	ten⁵¹ / ten⁵⁵ 又	lyn²¹⁴	tʃʰyn⁵¹	tʃʰyn³⁴	tʃyn⁵¹	ʃyn⁵¹	kʰuen⁵⁵	kʰuen³⁴
连山	dun⁵¹	nun²¹⁵	tʰun⁵¹	tʰun³⁵	dun⁵¹	θun⁵¹	kuɔn⁵⁵	kʰuɔn³⁵
新兴	ten⁴⁵	nøn⁵²	tsʰyn⁴⁵	tsʰyn⁴⁴³	ten⁴⁵	syn⁴⁵	kʰen³⁵ / kuen³⁵ 又	kʰen⁴⁴³
罗定	ten⁵⁵ / ten³⁵ 又	nyn²¹	tsʰyn⁵⁵	tsʰyn³³	ten⁵⁵	syn⁵⁵	kʰuen³⁵	kʰuen³³
郁南	ten⁵⁵	nyn²¹	tʃʰyn⁵⁵	tʃʰyn³³	tʃyn⁵⁵	ʃyn⁵⁵	kʰuen³⁵ ~蛋 / kuen³⁵ ~水	kʰuen³³
石岐	ten²¹³ 白 / tœn⁵⁵ 文	nyn³³	tsʰyn⁵⁵	tsʰyn³³	tœn⁵⁵ 白 / tsœn⁵⁵ 文	syn⁵⁵	kuen²¹³	kʰuen²¹³

①～子兵法。②指田里的高地。

	0665 墩	0666 嫩	0667 村	0668 寸	0669 蹲	0670 孙~子	0671 滚	0672 困
	臻合一平魂端	臻合一去魂泥	臻合一平魂清	臻合一去魂清	臻合一平魂从	臻合一平魂心	臻合一上魂见	臻合一去魂溪
肇庆	tɐn⁴⁵ tɐn²⁴又	nyn⁵²	tʃʰyn⁴⁵	tʃʰyn³³	tɐn⁴⁵	ʃyn⁴⁵	kʰuɐn²⁴	kʰɐn³³
香洲	tɐn²¹	nyn³³	tsʰyn²¹	tsʰyn³³	tsyn²¹	syn²¹	kɐn³⁵	kʰɐn³³
斗门	tɐn⁴⁵	nɐn⁴²	tʰun³⁴	tʰun³⁴	tsun³⁴	sun³⁴	kʰuɐn⁴⁵	kʰuɐn³⁴
新会	tan⁴⁵	nan³²	tsʰan²³	tsʰan²³	tsan²³	san²³	kuan⁴⁵	kʰuan²³
台山	un⁵⁵	nun³¹	tʰun²²⁵小 tʰun²¹小①	tʰun³³	tun³³	ɬun³³	kʰun⁵⁵	kʰun³³
开平	un⁴⁵	nun³¹	tʰun²¹小	tʰun³³	tun³³	ɬun³³	kʰun⁴⁵	kʰun³³
恩平	tuən⁵⁵	nduən²¹	tʰuən²¹	tʰuən³³	tʃuən³³	ʃuən³³	kʰuən⁵⁵ kuən⁵⁵又	kʰuən³³
四会	tɐn³³	lyn²⁴	tʃʰyn⁵¹	tʃʰyn³³	tɐn⁵¹	ʃyn⁵¹	kuɐn³³	kʰuɐn³³
广宁	tɐn⁵¹	nyn³²³	tsʰyn⁵¹	tsʰyn³³	tɐn⁵¹	syn⁵¹	kʰuɐn⁴⁴	kʰuɐn³³
怀集	tɐn⁴²	nœn²²⁵	tʃʰœn⁴²	tʃʰœn²²⁵	tœn⁴²	θœn⁴²	kʰuɐn⁵⁴	kʰuɐn⁴⁵
德庆	tɐn⁴⁵⁴	nun³¹	tsʰun⁴⁵⁴	tsʰun⁵³	tsun⁴⁵⁴	sun⁴⁵⁴	kʰuɐn⁴⁵ kuɐn⁴⁵又	kʰɐn³¹
封开	tuʌn⁵⁵	nun²¹	tʰun⁵⁵	tʰun⁵¹	tun⁵⁵	ɬun⁵⁵	kʰuʌn³³⁴	kʰuʌn⁵¹
阳江	tɐn²¹	nun⁵⁴	tsʰun³³	tsʰun³⁵	tun³³	ɬun³³	kuɐŋ²¹	kʰuɐŋ³⁵
阳春	tɐn⁴⁵	nun⁵²	tsʰun⁴⁵	tsʰun³³	tsun⁴⁵	ɬun⁴⁵	kɐn³²⁴	kʰɐn³³
赤坎	tɐŋ¹³	niŋ²¹	tsʰiŋ⁴⁵	tsʰiŋ²¹	(无)	ɬiŋ⁴⁵	kuɐŋ¹³	kʰuɐŋ³³
吴川	ɗɐŋ⁵⁵	niŋ³¹	tʃʰiŋ⁵⁵	tʃʰiŋ³³	ɗiŋ⁵⁵	ɬiŋ⁵⁵	kuɐŋ³⁵	kʰuɐŋ³³
廉江	tɐn²⁵柱~ tɐn⁵⁵~头 tun⁵⁵洞心~	nun²¹	tsʰun⁵⁵	tsʰun³³	(无)	ɬun⁵⁵	kuɐn²⁵	kʰuɐn³³
高州	tɐn²⁴名 tɐn⁵³量	nin³¹	tʃʰin⁵³	tʃʰin³³	(无)	ɬin⁵³	kuɐn²⁴	kʰuɐn³³
化州	ɗɐn⁵³	nin³¹	tʰin⁵³	tʰin³³	tin⁵³	ɬin⁵³	kuɐn³⁵	kʰuɐn³³

①前者用于"某某~"，后者用于"~长"。

	0665 墩	0666 嫩	0667 村	0668 寸	0669 蹲	0670 孙~子	0671 滚	0672 困
	臻合一平魂端	臻合一去魂泥	臻合一平魂清	臻合一去魂清	臻合一平魂从	臻合一平魂心	臻合一上魂见	臻合一去魂溪
梅州	tun⁴⁴	nun⁵²	tsʰun⁴⁴	tsʰun⁵²	tsʰun²¹ 白 tun⁴⁴ 文	sun⁴⁴	kʰun³¹ kun³¹ 又	kʰun⁵²
兴宁	tøin²⁴	nøin⁵¹	tsʰøin²⁴	tsʰøin⁵¹	tøin²⁴	søin²⁴	kʰøin³¹ køin³¹ 又	kʰøin⁵¹
五华	tun⁴⁴	nun³¹	tsʰɿ⁴⁴	tsʰɿ⁵¹	tsʰɿ²¹²	sɿ⁴⁴	kun³¹	kʰun⁵¹
大埔	tun³⁴	nun⁵²	tsʰun³⁴	tsʰun⁵²	tsʰun¹³ 白 tun³⁴ 文	sun³⁴	kun³¹	kʰun⁵²
丰顺	tun⁴⁴	nun²¹	tsʰun⁴⁴	tsʰun⁵³	tsʰun²⁴	sun⁴⁴	kun²¹	kʰun⁵³
揭西	tun⁴⁵²	nun³¹	tsʰun⁴⁵²	tsʰun⁴¹	tun⁴⁵²	sun⁴⁵²	kʰun³¹ 翻~ kun³¹ ~蛋	kʰun⁴¹
陆河	tun²⁴ 桥~ tun⁵³ 又	nun³³	tsʰun⁵³	tsʰun³¹	tun⁵³	sun⁵³	kʰun²⁴ 翻~ kun²⁴ ~水	kʰun²⁴
龙川	tun³³	nun³³	tsʰun³³	tsʰun³¹	tun³³	sun³³	kun²⁴	kʰun³¹
河源	tun³³	nun⁵⁴	tsʰɔn³³	tsʰɔn²¹²	tsun³³	sɔn³³	kʰun²⁴	kʰun²¹²
连平	tun²⁴	nun⁵³	tsʰun²⁴	tsʰun⁵³	tun²⁴	sun²⁴	kun³¹	kʰun⁵³
龙岗	tun³³	lun⁵³	tsʰun³³	tsʰun⁵³	tun³³	sun³³	kʰun³¹	kʰun⁵³
惠州	tun³⁵	nɔn³¹	tsʰɔn³³	tsʰɔn²³	（无）	sɔn³³	kun³⁵	kʰun²³
博罗	tun⁴⁴	ndɔn⁴¹	tsʰɔn⁴⁴	tsʰɔn²⁴	tun⁴⁴	ɬɔn⁴⁴	kʰun³⁵	kʰun⁴⁴
新丰	tun⁴⁴	lun³¹	tsʰun⁴⁴	tsʰun⁵¹	tun⁴⁴	sun⁴⁴	kun³¹	kʰun⁵¹
翁源	tun³¹	nun³¹	tsʰun²²	tsʰun⁴⁵	tun²²	sun²²	kun³¹	kʰun⁴⁵
始兴	tũi²²	nũi³³	tsʰũi²²	tsʰũi³³	tũi²²	sũi²²	kũi³¹	kʰũi³³
仁化	tun³³	lun³³	tsʰun³³	tsʰun³⁴	tun³³	sun³³	kun²³	kʰun³⁴
南雄	tɤ̃²⁴	nɤ̃⁴²	tsʰɤ̃⁴⁴	tsʰɤ̃³²	tɤ̃⁴⁴	sɤ̃⁴⁴	kuɤ̃²⁴	kʰuɤ̃³²

	0665 墩	0666 嫩	0667 村	0668 寸	0669 蹲	0670 孙~子	0671 滚	0672 困
	臻合一平魂端	臻合一去魂泥	臻合一平魂清	臻合一去魂清	臻合一平魂从	臻合一平魂心	臻合一上魂见	臻合一去魂溪
皈塘	teŋ²⁴	leŋ²¹	tʃʰeŋ²⁴	tʃʰeŋ²¹		ʃeŋ²⁴	keŋ³³ kʰeŋ³³	kʰeŋ²¹
桂头	ɐŋ⁵¹	leŋ⁴⁴	tsʰɐŋ⁵¹	tsʰɐŋ⁴⁴		sɐŋ⁵¹	kuœŋ³²⁴白 kuɐŋ³²⁴文	kʰuɐŋ⁴⁴
连州	teŋ³¹	nɐŋ³³	tsʰɐŋ³¹	tsʰɐŋ¹¹		sɐŋ³¹	kʰuɐŋ⁵³ kuɐŋ⁵³又	feŋ¹¹白 kʰuɐŋ¹¹文
潮州	tuŋ³³一~ tuŋ⁵³桥~	luŋ²¹³	tsʰuŋ³³	tsʰuŋ²¹³	tsʰɤŋ⁵⁵白 tuŋ³³文	suŋ³³	kuŋ⁵³	kʰuŋ²¹³
饶平	tuŋ⁴⁴	luŋ²¹⁴	tsʰuŋ⁴⁴	tsʰuŋ²¹⁴	tsuŋ⁴⁴	suŋ⁴⁴	kuŋ⁵²	kʰuŋ²¹⁴
汕头	tuŋ³³	luŋ²¹³ nuŋ²¹³又	tsʰuŋ³³	tsʰuŋ²¹³	tuŋ³³	suŋ³³白 suŋ³³文	kuŋ⁵¹	kʰuŋ²¹³
澄海	tuŋ³³肥~ tuŋ⁵³桥~	luŋ²¹²	tsʰəŋ³³	tsʰuŋ²¹²	tuŋ³³	suŋ³³	kuŋ⁵³	kʰuŋ²¹²
潮阳	tuŋ⁴⁵⁴	luŋ⁵²	tsʰŋ³¹	tsʰuŋ⁵²	tuŋ³¹	suŋ³¹	kuŋ⁴⁵⁴	kʰuŋ⁵²
南澳	tuŋ³⁴	luŋ²¹	tsʰəŋ³⁴	tsʰuŋ²¹	tuŋ³⁴	suŋ³⁴	kuŋ⁵²	kʰuŋ²¹
揭阳	tuŋ³³ tuŋ⁴¹又	nuŋ²¹³	tsʰuŋ³³	tsʰuŋ²¹³	tuŋ³³	suŋ³³白 suŋ³³文	kuŋ⁴¹	kʰuŋ²¹³
普宁	tuŋ⁵²	nuŋ³¹²	tsʰŋ³⁵	tsʰuŋ³¹²	tsuŋ³⁵	suŋ³⁵	kuŋ⁵²	kʰuŋ³¹²
惠来	tuŋ³⁴ tuŋ⁵³又	nuŋ³¹	tsʰŋ³⁴	tsʰuŋ³¹	tsuŋ³⁴	suŋ³⁴	kuŋ⁵³	kʰuŋ³¹
海丰	tun³³	nun²¹²	tsʰuĩ³³	tsʰun²¹²	tun³³	suĩ³³白 sun³³文	kun⁵³	kʰun²¹²
陆丰	tuŋ³³	luŋ²¹³	tsʰuŋ³³ tsʰŋ³³又	tsʰuŋ²¹³	tuŋ³³	suŋ³³白 sŋ³³文	kuŋ⁵⁵	kʰuŋ²¹³
电白	tuŋ²¹	nui⁴⁴²	tsʰui³³	tsʰuŋ¹³	tuŋ³³	suŋ³³	kuaŋ²¹	kʰuŋ¹³
雷州	tuŋ²⁴	iuŋ⁵⁴	tsʰui²⁴	tsʰuŋ²¹	tsʰui²² tuŋ²²又	suŋ²⁴	kuŋ⁴²	kʰuŋ²¹

	0673 婚	0674 魂	0675 温	0676 卒棋子	0677 骨	0678 轮	0679 俊	0680 笋
	臻合一 平魂晓	臻合一 平魂匣	臻合一 平魂影	臻合一 入没精	臻合一 入没见	臻合三 平谆来	臻合三 去谆精	臻合三 上谆心
广州	fen⁵³	uɐn²¹	uɐn⁵³	tʃøt⁵	kuɐt⁵	løn²¹	tʃøn³³	ʃøn³⁵
番禺	fen⁵³	uɐn³¹	uɐn⁵³	tʃøt⁵	kuɐt⁵	løn³¹	tʃøn³³	ʃøn³⁵
增城	fen⁴⁴	uɐn²¹	uɐn⁴⁴	tsɐt⁵	kuɐt⁵	lɐn²¹	tsɐn³³	sɐn³⁵
从化	fen⁵⁵	uɐn²²	uɐn⁵⁵	tsɐt⁵	kuɐt⁵	lɐn²²	tsɐn²³	sɐn⁴⁵
龙门	fen⁴²	vɐn²¹	vɐn⁴²	tsɐt⁵	kɐt⁵	lɐn²¹	tsɐn²³	sɐn³⁵
莞城	fen²³	uɐn³¹	uɐn²³	tʃak⁵	kuak⁵	ŋɐn³¹	tʃɐn⁴⁴	ʃɐn³⁵
宝安	feŋ⁵⁵	uɐŋ³¹	uɐŋ⁵⁵	tʃiɐiʔ⁵	kuɐiʔ⁵	lɐŋ³¹	tʃɐŋ³³	ʃɐŋ²⁵
佛山	fen⁵³	uɐn⁴²	uɐn⁵³	tʃœt⁵	kuɐt⁵	løn⁴²	tʃøn²⁴	ʃøn³⁵
南海	fen⁵¹	uɐn³¹	uɐn⁵¹	tsœt⁵	kuɐt⁵	løn³¹	tsøn³³	søn³⁵
顺德	uɐn⁵³	uɐn⁴²	uɐn⁵³	tʃøt⁵	kuɐt⁵	løn⁴²	tʃøn³²	ʃøn²⁴
三水	uɐn⁵³ fen⁵³又	uɐn³¹	uɐn⁵³	tsɐt⁵	kuɐt⁵	luɐn²⁵ luɐn³¹又	tsɐn⁴⁴	suɐn²⁵
高明	uɐn⁵⁵	uɐn³¹	uɐn⁵⁵	tʃœt⁵	kuɐt⁵	lɐn³¹	tʃɐn³³	ʃɐn²⁴
佛冈	fen³³	uɐn²²	uɐn³³	tʃɐt³	kuɐt³	lɐn²²	tʃɐn³³	ʃɐn³⁵
阳山	fen⁵¹	uɐn²⁴¹	uɐn⁵¹	tʃɐt⁵	kuɐt⁵	lɐn²⁴¹	tʃɐn³⁴	ʃɐn⁵⁵
连山	kʰuɐn⁵¹	vɔn²⁴¹	vɔn⁵¹	tɔt⁵	kuɐt⁵	lɔn²⁴¹	tun³⁵	θɔn⁵⁵
新兴	fen⁴⁵	uɐn²¹	uɐn⁴⁵	tsɐt⁴⁵	kɐt⁴⁵	lɐn²¹	tsɐn⁴⁴³	sɐn³⁵
罗定	fen⁵⁵	uɐn²¹	uɐn⁵⁵	tsɐt⁵	kuɐt⁵	lɐn²¹	tsɐn³³	sɐn³⁵
郁南	fen⁵⁵	uɐn²¹	uɐn⁵⁵	tʃɐt⁵	kuɐt⁵	lɐn²¹	tʃɐn³³	ʃɐn³⁵
石岐	fen⁵⁵	uɐn⁵¹	uɐn⁵⁵	tsœt⁵	kuɐt⁵	lœn⁵¹	tsɐn³³	sɐn²¹³

	0673 婚	0674 魂	0675 温	0676 卒棋子	0677 骨	0678 轮	0679 俊	0680 笋
	臻合一平魂晓	臻合一平魂匣	臻合一平魂影	臻合一入没精	臻合一入没见	臻合三平谆来	臻合三去谆精	臻合三上谆心
肇庆	uɐn^{45}	uɐn^{21}	uɐn^{45}	tʃɐt^{5}	kuɐt^{5}	lɐn^{21}	tʃɐn^{33}	ʃɐn^{24}
香洲	fɐn^{21}	uɐn^{343}	uɐn^{21}	tsɐt^{21}	kɐt^{21}	lɐn^{343}	tsɐn^{33}	sɐn^{35}
斗门	fɐn^{34}	uɐn^{22}	uɐn^{34}	tsɐt^{5}	kɐt^{5}	lɐn^{22}	tsɐn^{34}	sɐn^{45}
新会	fan^{23}	uan^{22}	uan^{23}	tsat^{45}	kuat^{45}	lan^{22}	tsan^{23}	san^{45}
台山	fun^{33}	ʋun^{22}	ʋun^{33}	tut^{5}	kut^{5}	lun^{22}	tun^{33}	ɬun^{55}
开平	fun^{33}	vun^{11}	vun^{33}	tut^{5}	kut^{5}	lun^{11}	tun^{33}	ɬun^{45}
恩平	fuən^{33}	vuən^{22}	vuən^{33}	tʃuət^{5}	kuət^{5}	luən^{22}	tʃuən^{33}	ʃuən^{55}
四会	fɐn^{51}	uɐn^{31}	uɐn^{51}	tʃɐt^{5}	kuɐt^{5}	lɐn^{31}	tʃɐn^{33}	ʃɐn^{33}
广宁	fɐn^{51}	uɐn^{31}	uɐn^{51}	tsɐt^{5}	kuɐt^{5}	lɐn^{31}	tsɐn^{33}	sɐn^{44}
怀集	fɐn^{42}	uɐn^{231}	uɐn^{42}	tʃɐt^{5}	kuɐt^{5}	lɐn^{231}	tʃɐn^{45}	θɐn^{54}
德庆	fɐn^{454}	uɐn^{242}	uɐn^{454}	tsɐt^{5}	kuɐt^{5}	lɐn^{242}	tsɐn^{53}	sɐn^{45}
封开	fuʌn^{55}	uʌn^{243}	uʌn^{55}	tuʌt^{5}	kuʌt^{5}	luʌn^{243}	tʃuʌn^{51}	ɬuʌn^{334}
阳江	fɐŋ^{33}	uɐŋ^{42}	uɐŋ^{33}	tsɐk^{35}	kuɐk^{35}	lɐŋ^{42}	tsɐŋ^{35}	ɬɐŋ^{21}
阳春	fɐn^{45}	uɐn^{31}	uɐn^{45}	tsɐt^{45}	kɐt^{45}	lɐn^{31}	tsɐn^{33}	ɬɐn^{324}
赤坎	fɐŋ^{45}	uɐŋ^{21}	uɐŋ^{45}	tsɐk^{5}	kuɐk^{5}	lɐŋ^{21}	tsɐŋ^{33}	ɬɐŋ^{13}
吴川	fɐŋ^{55}	uɐŋ^{31}	uɐŋ^{55}	tʃɐʔ^{5}	kuɐʔ^{5}	lɐŋ^{31}	tʃɐŋ^{33}	ɬɐŋ^{35}
廉江	fɐn^{55}	uɐn^{21}	uɐn^{55}	tsɐt^{5}	kuɐt^{5}	lɐn^{21}	tsɐn^{33}	ɬɐn^{25}
高州	fɐŋ^{53}	vɐŋ^{21}	vɐŋ^{53}	tʃɐt^{5}	kuɐt^{5}	lɐŋ^{21}	tʃɐŋ^{33}	ɬɐŋ^{24}
化州	fɐn^{53}	uɐn^{13}	uɐn^{53}	tɐʔ^{35}	kuɐʔ^{5}	lɐn^{13}	tʃɐŋ^{33}	ɬɐŋ^{35}

	0673 婚	0674 魂	0675 温	0676 卒棋子	0677 骨	0678 轮	0679 俊	0680 笋
	臻合一平魂晓	臻合一平魂匣	臻合一平魂影	臻合一入没精	臻合一入没见	臻合三平谆来	臻合三去谆精	臻合三上谆心
梅州	fun⁴⁴	fun²¹	vun⁴⁴	tsut²	kut²	lin²¹白 lun²¹文	tsun⁵²	sun³¹
兴宁	føin²⁴	føin¹³	vøin²⁴	tsøit²	køit²	løin¹³	tsøin⁵¹	søin³¹
五华	fun⁴⁴	fun²¹²	vun⁴⁴	tsɿt²	kuit²	lun²¹²	tsɿn⁵¹	sɿn³¹
大埔	fun³⁴	fun¹³	vun³⁴	tsut²	kut²	liun¹³白 lun¹³文	tsun⁵²	sun³¹
丰顺	fun⁴⁴	fun²⁴	vun⁴⁴	tsut²	kut²	lun²⁴	tsun⁵³	sun⁵³
揭西	fun⁴⁵²	fun²⁴	vun⁴⁵²	tsut⁵	kut³	lun²⁴	tsun⁴¹	sun³¹
陆河	fun⁵³	fun³⁵	vun⁵³	tsut⁴⁵	kut⁴⁵	lun³⁵	tsun³¹	sun²⁴
龙川	fun³³	mun⁵¹白 fun⁵¹文	vun³³	tsut¹³	kut¹³	lun⁵¹	tsun³¹	sun²⁴
河源	hun³³	ʋun³¹	ʔun³³	tsut⁵	kut⁵	lun³¹	tsun²¹²	sun²⁴
连平	fun²⁴	fun²¹	un²⁴	tsut³	kut³	lun²¹	tsun⁵³	sun³¹
龙岗	fun³³	fun²¹	vun³³	tsut²	kut²	lun²¹	tsun⁵³	sun³¹
惠州	hun³³	wun²²	ʔun³³	tsut⁴⁵	kut⁴⁵	lun²²	tsun²³	sun³⁵
博罗	hun⁴⁴	vun²¹	un⁴⁴	tsut⁵	kut⁵	lun²¹	tsun²⁴	ɬun³⁵
新丰	fun⁴⁴	fun²⁴	un⁴⁴	tsut²	kut²	lun²⁴	tsun⁵¹	sun³¹
翁源	fun²²	fun⁴¹	vun²²	tsut³¹	kut³¹	lun⁴¹	tsun⁴⁵	sun³¹
始兴	fũi²²	fũi⁵¹	vũi²²	tsuiʔ⁴⁵	kuiʔ⁴⁵	lũi⁵¹	tsũi³³	sũi³¹
仁化	kʰun³³	fen³¹	ven³³	tsueiʔ⁵	kueiʔ⁵	lun³¹	tsun³⁴	sun²³
南雄	kʰuɤ̃⁴⁴	hɤ̃²¹	vɤ̃⁴⁴	tsɤ̃ʔ⁴²	kuɤ̃ʔ⁵	lɤ̃²¹	tsɤ̃³²	sɤ̃²⁴

	0673 婚	0674 魂	0675 温	0676 卒棋子	0677 骨	0678 轮	0679 俊	0680 笋
	臻合一平魂晓	臻合一平魂匣	臻合一平魂影	臻合一入没精	臻合一入没见	臻合三平谆来	臻合三去谆精	臻合三上谆心
皈塘	k^heŋ^{24}	heŋ^{45}	eŋ^{24}	tʃau^{41}	ku^{41}	leŋ^{45}	tʃeŋ^{21}	ʃeŋ^{33}
桂头	feŋ^{51}	feŋ^{45}	veŋ^{51}	tsau^{4}	ku^{21}	leŋ^{45}	tseŋ^{44}	seŋ^{324}
连州	k^huɐŋ^{31}	vɐŋ^{55}	vɐŋ^{31}	tsɐt^{23}	kuɐt^{23}	lɐŋ^{55}	tsɐŋ^{11}	sɐŋ^{53}
潮州	huŋ^{33}	huŋ^{55}	uŋ^{33}	tsuk^{2}	kuk^{2}	luŋ^{55}	tsuŋ^{213}	suŋ^{53}
饶平	huŋ^{44}	huŋ^{55}	uŋ^{44}	tsuk^{2}	kuk^{2}	luŋ^{55}	tsuŋ^{214}	suŋ^{52}
汕头	huŋ^{33}	huŋ^{55}	uŋ^{33}	tsuʔ^{2}	kuk^{2}	luŋ^{55}	tsuŋ^{213}	suŋ^{51}
澄海	huŋ^{33}	huŋ^{55}	uŋ^{33}	tsuk^{2}	kuk^{2}	luŋ^{55}	tsuŋ^{212}	suŋ^{53}
潮阳	huŋ^{31}	huŋ^{33}	uŋ^{31}	tsuk^{3}	kuk^{3}	luŋ^{33}	tsuŋ^{52}	suŋ^{454}
南澳	huŋ^{34}	huŋ^{454}	uŋ^{34}	tsuk^{2}	kuk^{2}	luŋ^{454}	tsuŋ^{21}	suŋ^{52}
揭阳	huŋ^{33}	huŋ^{55}	uŋ^{33}	tsuk^{3}	kuk^{3}	luŋ^{55}	tsuŋ^{213}	suŋ^{41}
普宁	huŋ^{35}	huŋ^{55}	uŋ^{35}	tsuk^{3}	kuk^{3}	luŋ^{55}	tsuŋ^{312}	suŋ^{52}
惠来	huŋ^{34}	huŋ^{55}	uŋ^{34}	tsuʔ^{3}	kuk^{3}	luŋ^{55}	tsuŋ^{31}	suŋ^{53}
海丰	hun^{33}	hun^{55}	un^{33}	tsut^{2}	kut^{2}	lin^{55}车~ lin^{33}一~ lun^{55}~流	tsun^{212}	sun^{53}
陆丰	huŋ^{33}	huŋ^{13}	uŋ^{33}	tsuk^{2}	kuk^{2}	nĩ^{13}车~ luŋ^{13}~流	tsuŋ^{213}	suŋ^{55}
电白	huŋ^{33}	huŋ^{22}	uŋ^{33}	tsuk^{5}	kuk^{5}	luŋ^{22}	tsuŋ^{13}	suŋ^{21}
雷州	huŋ^{24}	huŋ^{22}	ʔuŋ^{24}	tsuk^{5}	kuk^{5}	luŋ^{22}	tsuŋ^{21}	suŋ^{42}

	0681 准	0682 春	0683 唇	0684 顺	0685 纯	0686 闰	0687 均	0688 匀
	臻合三 上谆章	臻合三 平谆昌	臻合三 平谆船	臻合三 去谆船	臻合三 平谆禅	臻合三 去谆日	臻合三 平谆见	臻合三 平谆以
广州	$tʃøn^{35}$	$tʃʰøn^{53}$	$ʃøn^{21}$	$ʃøn^{22}$	$ʃøn^{21}$	$iøn^{22}$	$kuɐn^{53}$	$uɐn^{21}$
番禺	$tʃøn^{35}$	$tʃʰøn^{53}$	$ʃøn^{31}$	$ʃøn^{22}$	$ʃøn^{31}$	$iøn^{22}$	$kuɐn^{53}$	$uɐn^{31}$
增城	$tsɐn^{35}$	$tsʰɐn^{44}$	$sɐn^{21}$	$sɐn^{22}$	$sɐn^{21}$	$iɐn^{22}$	$kuɐn^{44}$	$uɐn^{21}$
从化	$tsɐn^{45}$	$tsʰɐn^{55}$	$sɐn^{22}$	$sɐn^{31}$	$sɐn^{22}$	$iɐn^{31}$	$kuɐn^{55}$	$uɐn^{22}$
龙门	$tsɐn^{35}$	$tsʰɐn^{42}$	$sɐn^{21}$	$sɐn^{53}$	$sɐn^{21}$	$zɐn^{53}$	$kɐn^{42}$	$vɐn^{21}$
莞城	$tʃɐn^{35}$	$tʃʰɐn^{23}$	$ʃɐn^{31}$	$ʃɐn^{44}$	$ʃɐn^{31}$	$iɐn^{44}$	$kuɐn^{23}$	$uɐn^{31}$
宝安	$tʃɐŋ^{25}$	$tʃʰɐŋ^{23}$	$ʃɐŋ^{33}$	$ʃɐŋ^{22}$	$ʃɐŋ^{31}$	$iɐŋ^{22}$	$kuɐŋ^{55}$	$uɐŋ^{33}$
佛山	$tʃøn^{35}$	$tʃʰøn^{53}$	$ʃøn^{42}$	$ʃøn^{12}$	$ʃøn^{42}$	$iøn^{12}$	$kuɐn^{53}$	$uɐn^{42}$
南海	$tsøn^{35}$	$tsʰøn^{51}$	$tsʰøn^{31}$白 $søn^{31}$文	$søn^{22}$~利 $søn^{35}$人名	$søn^{31}$	$iøn^{22}$	$kuɐn^{51}$	$uɐn^{31}$
顺德	$tʃøn^{24}$	$tʃʰøn^{53}$	$ʃøn^{42}$	$ʃøn^{21}$	$ʃøn^{42}$	$iøn^{21}$	$kuɐn^{53}$	$ɐn^{42}$
三水	$tsɐn^{25}$	$tsʰɐn^{53}$ $tsʰɐn^{55}$又	$sɐn^{31}$	$sɐn^{33}$	$sɐn^{31}$	$iɐn^{33}$	$kuɐn^{53}$	$uɐn^{31}$
高明	$tʃɐn^{24}$	$tʃʰɐn^{55}$	$ʃɐn^{31}$	$ʃɐn^{31}$	$ʃɐn^{31}$	$iɐn^{31}$	$kuɐn^{55}$	$uɐn^{31}$
佛冈	$tʃɐn^{35}$	$tʃʰɐn^{33}$	$ʃɐn^{22}$	$ʃɐn^{31}$	$ʃɐn^{22}$	$iɐn^{31}$	$kuɐn^{33}$	$uɐn^{22}$
阳山	$tʃɐn^{55}$	$tʃʰɐn^{51}$	$tʃɐn^{241}$	$ʃɐn^{214}$	$ʃɐn^{224}$	$iɐn^{214}$	$kʰuɐn^{51}$	$uɐn^{241}$
连山	$tʃɔn^{55}$	$tʃʰɔn^{51}$	$ʃɔn^{241}$	$ʃɔn^{215}$	$ʃɔn^{241}$	$ŋiɔn^{215}$	$kuɔn^{51}$	$iɔn^{241}$
新兴	$tsɐn^{35}$	$tsʰɐn^{45}$	$sɐn^{21}$	$sɐn^{52}$	$sɐn^{21}$	$iɐn^{52}$	$kɐn^{45}$	$uɐn^{21}$
罗定	$tsɐn^{35}$	$tsʰɐn^{55}$	$sɐn^{21}$	$sɐn^{21}$	$sɐn^{21}$	$iɐn^{21}$	$kuɐn^{55}$	$uɐn^{21}$
郁南	$tʃɐn^{35}$	$tʃʰɐn^{55}$	$ʃɐn^{21}$	$ʃɐn^{21}$	$ʃɐn^{21}$	$iɐn^{21}$	$kuɐn^{55}$	$uɐn^{21}$
石岐	$tsœn^{213}$	$tsʰœn^{55}$	$sœn^{51}$	$sœn^{33}$	$sœn^{51}$	$iɐn^{33}$	$kuɐn^{55}$	$uɐn^{51}$

	0681 准	0682 春	0683 唇	0684 顺	0685 纯	0686 闰	0687 均	0688 匀
	臻合三 上谆章	臻合三 平谆昌	臻合三 平谆船	臻合三 去谆船	臻合三 平谆禅	臻合三 去谆日	臻合三 平谆见	臻合三 平谆以
肇庆	tʃɐn²⁴	tʃʰɐn⁴⁵	ʃɐn²¹	ʃɐn⁵²	ʃɐn²¹	iɐn⁵²	kʰuɐn⁴⁵	uɐn²¹
香洲	tsɐn³⁵	tsʰɐn²¹	sɐn³⁴³	sɐn³³	sɐn³⁴³	iɐn³³	kɐn²¹	uɐn³⁴³
斗门	tsɐn⁴⁵	tʰɐn³⁴	sɐn²²	sɐn⁴²	sɐn²²	ŋɐn⁴²	kuɐn³⁴	ɐn²²
新会	tsan⁴⁵	tsʰan²³	san²²	san³²	san²²	ŋan³²	kuan²³	uan²²
台山	tsun⁵⁵	tsʰun³³	sun²²	sun³¹	sun²²	ŋun³¹	kun³³	jiun²²
开平	tʃun⁴⁵	tʃʰun³³	ʃun¹¹	ʃun³¹	ʃun¹¹	ŋun³¹	kun³³	jiun¹¹
恩平	tʃuən⁵⁵	tʰuən³³	ʃuən²²	ʃuən²¹	ʃuən²²	ŋguən²¹	kuən³³	iuən²²
四会	tʃɐn³³	tʃʰɐn⁵¹	ʃɐn³¹	ʃɐn²⁴	ʃɐn³¹	iɐn²⁴	kʰuɐn⁵¹	uɐn³¹
广宁	tsɐn⁴⁴	tsʰɐn⁵¹	sɐn³¹	sɐn³²³	sɐn³¹	iɐn³²³	kʰuɐn⁵¹	uɐn³¹
怀集	tʃɐn⁵⁴	tʃʰɐn⁴²	tʃɐn²³¹	θɐn²²⁵	θɐn²³¹	ŋiɐn²²⁵	kʰuɐn⁴²	uan²³¹
德庆	tsɐn⁴⁵	tsʰɐn⁴⁵⁴	sɐn²⁴²	sɐn³¹	sɐn³¹	ŋiɐn³¹	kʰɐn⁴⁵⁴	uɐn²⁴²
封开	tʃuʌn³³⁴	tʃʰuʌn⁵⁵	tʃuʌn²⁴³	ʃuʌn²¹	ɬuʌn²⁴³	ŋiʌn²¹	kuʌn⁵⁵	uʌn²⁴³
阳江	tsɐŋ²¹	tsʰɐŋ³³	sɐŋ⁴²	sɐŋ⁵⁴	sɐŋ⁴²	iɐŋ⁵⁴	kʰuɐŋ³³	uɐŋ⁴²
阳春	tsɐn³²⁴	tsʰɐn⁴⁵	sɐn³¹	sɐn⁵²	sɐn³¹	ŋiɐn⁵²	kʰɐn⁴⁵	uɐn³¹
赤坎	tsɐŋ¹³	tsʰɐŋ⁴⁵	sɐŋ²¹	sɐŋ²¹	sɐŋ²¹	ŋiɐŋ²¹	kʰuɐŋ⁴⁵	uɐŋ²¹
吴川	tʃɐŋ³⁵	tʃʰɐŋ⁵⁵	ʃɐŋ³¹	ʃɐŋ³¹	ʃɐŋ³¹	ŋiɐŋ³¹	kʰuɐŋ⁵⁵	iɐŋ³¹
廉江	tsɐn²⁵	tsʰɐn⁵⁵	sɐn²¹	sɐn²¹	ɬɐn²¹	iɐn²¹	kʰuɐn⁵⁵	iɐn²¹
高州	tʃɐŋ²⁴	tʃʰɐŋ⁵³	ʃɐŋ²¹	ʃɐŋ³¹	ʃɐŋ²¹	ŋiɐŋ³¹	kʰuɐŋ⁵³	iɐŋ²¹
化州	tʃɐŋ³⁵	tʃʰɐŋ⁵³	ʃɐŋ¹³	ʃɐŋ³¹	ʃɐŋ³¹	ŋiɐŋ³¹	kuɐŋ⁵³	iɐŋ¹³ 均~ uɐŋ¹³ ~都

	0681 准	0682 春	0683 唇	064 顺	0685 纯	0686 闰	0687 均	0688 匀
	臻合三上谆章	臻合三平谆昌	臻合三平谆船	臻合三去谆船	臻合三平谆禅	臻合三去谆日	臻合三平谆见	臻合三平谆以
梅州	tsun³¹	tsʰun⁴⁴	sun²¹	sun⁵²	sun²¹	iun⁵²	kiun⁴⁴	iun²¹
兴宁	tʃøin³¹	tʃʰøin²⁴	ʃøin¹³	ʃøin⁵¹	ʃøin¹³	ʒøin⁵¹	kin²⁴	ʒøin¹³
五华	tʃun³¹	tʃʰun⁴⁴	ʃun²¹²	ʃun³¹	ʃun²¹²	iun³¹	kiun⁴⁴	iun²¹²
大埔	tʃun³¹	tʃʰun³⁴	ʃun¹³	ʃun⁵²	ʃun¹³	ʒun⁵²	kiun³⁴	ʒun¹³
丰顺	tʃun⁵³	tʃʰun⁴⁴	ʃun²⁴	ʃun²¹	ʃun²⁴	iun²¹	kiun⁴⁴	iun²⁴
揭西	tʃun³¹	tʃʰun⁴⁵²	ʃun²⁴	ʃun³¹	ʃun²⁴	ʒun³¹	kiun⁴⁵²	ʒun²⁴
陆河	tʃun²⁴	tʃʰun⁵³	ʃun³⁵	ʃun³³	ʃun³⁵	ʒun³³	kiun⁵³	ʒun³⁵
龙川	tsun²⁴	tsʰun³³	sun⁵¹	sun³³	sun⁵¹	iun³³	kiun³³	iun⁵¹
河源	tsun²⁴	tsʰun³³	sun³¹	sun⁵⁴	sun³¹	iun⁵⁴	kʰun³³	iun³¹
连平	tsun³¹	tsʰun²⁴	sun²¹	sun⁵³	sun²¹	iun⁵³	tun²⁴	iun²¹
龙岗	tsun³¹	tsʰun³³	sun²¹	sun⁵³	sun²¹	zun⁵³	kun³³	zun²¹
惠州	tsun³⁵	tsʰun³³	sun²²	sun³¹	sun²²	nun³¹	kʰun³³	jun²²
博罗	tsun³⁵	tsʰun⁴⁴	sun²¹	sun⁴¹	sun²¹	zun⁴¹	kun⁴⁴	zun²¹
新丰	tsun³¹	tsʰun⁴⁴	sun²⁴	sun³¹	sun²⁴	zun³¹	kiun⁴⁴	zun²⁴
翁源	tʃun³¹	tʃʰun²²	ʃun⁴¹	ʃun³¹	ʃun⁴¹	iun³¹	kiun²²	iun⁴¹
始兴	tsũi³¹	tsʰũi²²	sũi⁵¹	sũi³³	sũi⁵¹	iũi³³	tɕiũi²²	iũi⁵¹
仁化	tsun²³	tsʰun³³	sun³¹	sun³³	sun³¹	yn³⁴	kun³³	yn³¹
南雄	tɕiɤ̃²⁴	tsʰiɤ̃⁴⁴	ɕiɤ̃²¹	sɤ̃⁴²	sɤ̃²¹	lɤ̃⁴² iɤ̃⁴²又	tɕiɤ̃⁴⁴	iɤ̃²¹

	0681 准	0682 春	0683 唇	064 顺	0685 纯	0686 闰	0687 均	0688 匀
	臻合三 上谆章	臻合三 平谆昌	臻合三 平谆船	臻合三 去谆船	臻合三 平谆禅	臻合三 去谆日	臻合三 平谆见	臻合三 平谆以
皈塘	tʃen³³	tʃʰen²⁴	ʃen⁴⁵	ʃen²¹	ʃen⁴⁵	ien²¹	ken²⁴	ien⁴⁵
桂头	tsɐŋ³²⁴	tsʰɐŋ⁵¹	sɐŋ⁴⁵	sɐŋ⁴⁴	sɐŋ⁴⁵	iɐ⁴⁴	kuɐŋ⁵¹	iɐ⁴⁵
连州	tsɐŋ⁵³	tsʰɐŋ³¹	sɐŋ⁵⁵	sɐŋ³³	sɐŋ⁵⁵	iɐ³³	kuɐŋ³¹	vɐ⁵⁵
潮州	tsuŋ⁵³	tsʰuŋ³³	tuŋ⁵⁵	suŋ³⁵	suŋ⁵⁵	dzuŋ¹¹	kuŋ³³	uŋ⁵⁵
饶平	tsuŋ⁵²	tsʰuŋ⁴⁴	tuŋ⁵⁵	suŋ²⁵	suŋ⁵⁵	dzuŋ²⁵	kuŋ⁴⁴	uŋ⁵⁵
汕头	tsuŋ⁵¹	tsʰuŋ³³	tuŋ⁵⁵	suŋ²⁵	suŋ⁵⁵	dzuŋ³¹	kuŋ³³	uŋ⁵⁵
澄海	tsuŋ⁵³	tsʰuŋ³³	tuŋ⁵⁵	suŋ³⁵	suŋ⁵⁵	zuŋ²²	kəŋ³³	uŋ⁵⁵
潮阳	tsuŋ⁴⁵⁴	tsʰuŋ³¹	tuŋ³³	suŋ⁵²	suŋ³³	zuŋ⁵²	kiŋ³¹	uŋ³³
南澳	tsuŋ⁵²	tsʰuŋ³⁴	tuŋ⁴⁵⁴	suŋ³⁵	suŋ⁴⁵⁴	dzuŋ³⁵	kiŋ³⁴	uŋ⁴⁵⁴
揭阳	tsuŋ⁴¹	tsʰuŋ³³	tuŋ⁵⁵	suŋ²⁵	suŋ⁵⁵	zuŋ²²	keŋ³³	uŋ⁵⁵
普宁	tsuŋ⁵²	tsʰuŋ³⁵	tuŋ⁵⁵	suŋ²⁴	suŋ⁵⁵	zuŋ³¹	kiŋ³⁵	uŋ⁵⁵
惠来	tsuŋ⁵³	tsʰuŋ³⁴	tuŋ⁵⁵	suŋ²⁵	suŋ⁵⁵	dzuŋ³¹	kiŋ³⁴	uŋ⁵⁵
海丰	tsuŋ⁵³	tsʰun³³	tun⁵⁵ 白 / un⁵⁵ 文	sun³⁵	sun⁵⁵	lun³⁵ 白 / ndzun³⁵ 文	kin³³	un⁵⁵
陆丰	tsuŋ⁵⁵	tsʰuŋ³³	tuŋ¹³	suŋ²²	suŋ¹³ 白 / tsʰuŋ¹³ 文	luŋ²²	kiŋ³³	uŋ¹³
电白	tsuŋ²¹	tsʰuŋ³³	tuŋ²²	suŋ⁴⁴²	suŋ²²	luŋ³³	kʰiŋ³³	iŋ²²
雷州	tsuŋ⁴²	tsʰuŋ²⁴	tuŋ²²	suŋ³³	suŋ²²	nuŋ²⁴	kʰiŋ²⁴	iŋ²²

	0689 律	0690 出	0691 橘	0692 分动	0693 粉	0694 粪	0695 坟	0696 蚊
	臻合三入术来	臻合三入术昌	臻合三入术见	臻合三平文非	臻合三上文非	臻合三去文非	臻合三平文奉	臻合三平文微
广州	løt²	tʃʰøt⁵白 tʃʰyt⁵文	kuɐt⁵	fɐn⁵³	fɐn³⁵	fɐn³³	fɐn²¹	mɐn⁵⁵
番禺	løt²	tʃʰøt⁵白 tʃʰyt⁵文	kuɐt⁵	fɐn⁵³	fɐn³⁵	fɐn²²	fɐn³¹	mɐn⁵⁵
增城	lɐt²	tsʰɐt⁵	kɐt⁵	fɐn⁴⁴	fɐn³⁵	fɐn³³	fɐn²¹	mɐn⁴⁵
从化	lɐt²	tsʰɐt⁵	kɐt⁵	fɐn⁵⁵	fɐn⁴⁵	fɐn³¹	fɐn²²	mɐn⁵⁵
龙门	lɐt⁴³	tsʰɐt⁵	kɐt⁵	fɐn⁴²	fɐn³⁵	fɐn²³	fɐn²¹	mɐn⁵⁵
莞城	ŋak³	tʃʰak⁵	kuak⁵	fɐn²³	fɐn³⁵	fɐn⁴⁴	fɐn³¹	mɐn²³
宝安	lɐi?³	tʃʰɐi?⁵	kuɐi?⁵	fɐŋ⁵⁵	fɐŋ²⁵	fɐŋ³³	fɐŋ³¹	mɐŋ⁵⁵
佛山	lœt²³	tʃʰøt⁵	kuɐt⁵	fɐn⁵³	fɐn³⁵	fɐn²⁴	fɐn⁴²	bɐn⁵⁵
南海	lœt²	tsʰøt⁵	kuɐt⁵	fɐn⁵¹	fɐn³⁵	fɐn³³	fɐn³¹	mɐn⁵⁵
顺德	løt²	tʃʰøt⁵	kɐt⁵	fɐn⁵³	fɐn²⁴	pʰɐn³²	fɐn⁴²	mɐn⁵⁵
三水	lɐt³	tsʰɐt⁵	kɐt⁵	fɐn⁵³	fɐn²⁵	fɐn⁴⁴	fɐn³¹	mɐn⁵⁵
高明	lœt²	tʃʰœt⁵	kɐt⁵	fɐn⁴⁵	fɐn²⁴	fɐn³³	fɐn³¹	mɐn⁵⁵
佛冈	lɐt²	tʃʰɐt³	（无）	fɐn³³	fɐn³⁵	fɐn³¹	fɐn²²	mɐn³⁵
阳山	lɐt²³	tʃʰɐt⁵	kɐt⁵	fɐn⁵¹	fɐn⁵⁵	pɐn³⁴	fɐn²⁴¹	mɐn⁵¹
连山	lɔt²¹⁵	tʃʰɔt⁵	tʃɔt⁵	fɔn⁵¹	fɔn⁵⁵	pɔn³⁵	fɔn²⁴¹	mɔn²⁴¹
新兴	lɐt⁵²	tsʰɐt⁴⁵	kɐt⁴⁵	fɐn⁴⁵	fɐn³⁵	fɐn⁴⁴³	fɐn²¹	mɐn²¹
罗定	lɐt²	tsʰɐt⁵	kuɐt⁵	fɐn⁵⁵	fɐn³⁵	fɐn³³	fɐn²¹	mɐn⁵⁵
郁南	lɐt²	tʃʰɐt⁵	kɐt⁵	fɐn⁵⁵	fɐn³⁵	fɐn³³	fɐn²¹	mɐn⁵⁵
石岐	lœt³	tsʰœt⁵	kuɐt⁵	fɐn⁵⁵	fɐn²¹³	fɐn³³	fɐn⁵¹	mɐn⁵⁵

	0689 律	0690 出	0691 橘	0692 分动	0693 粉	0694 粪	0695 坟	0696 蚊
	臻合三 入术来	臻合三 入术昌	臻合三 入术见	臻合三 平文非	臻合三 上文非	臻合三 去文非	臻合三 平文奉	臻合三 平文微
肇庆	løt²	tʃʰøt⁵	køt⁵	fɐn⁴⁵	fɐn²⁴	fɐn³³	fɐn²¹	mɐn²¹
香洲	løt³	tsʰøt²¹	køt²¹	fɐn²¹	fɐn³⁵	fɐn³³	fɐn³⁴³	mɐn²¹
斗门	løt³	tʰøt⁵	køt⁵	fɐn³⁴	fɐn⁴⁵	fɐn²¹	fɐn²²	（无）
新会	lat²	tsʰat⁴⁵	kat⁴⁵	fan²³	fan⁴⁵	fan²¹	fan²²	man²¹ 小
台山	lut³¹	tsʰut⁵	kit⁵	fun³³	fun⁵⁵	fun²¹ 小	fun²²	mun²²⁵ 小
开平	lut²	tʃʰut⁵	kit⁵	fun³³	fun⁴⁵	fun²¹	mun¹¹	mun²¹⁵ 小
恩平	luət²	tʰuət⁵	（无）	fuən³³	fuən⁵⁵	fuən²¹	fuən²²	mbɛn²¹
四会	løt²	tʃʰøt⁵	køt⁵	fɐn⁵¹	fɐn³³	fɐn³³	fɐn³¹	mɐn⁵¹
广宁	løt³²	tsʰøt⁵	køt⁵	fɐn⁵¹	fɐn⁴⁴	pɐn³³	fɐn³¹	mɐn⁵¹
怀集	løt²⁴	tʃʰøt⁵	kuɐt⁵	fɐn⁴²	fɐn⁵⁴	pɐn⁴⁵	fɐn²³¹	mɐn⁴²
德庆	løt²	tsʰøt⁵	køt⁵	fɐn⁴⁵⁴	fɐn⁴⁵	fɐn⁵³	fɐn²⁴²	mɐn⁴⁵⁴
封开	luʌt²	tʃʰuʌt⁵	kuʌt⁵	fuʌn⁵⁵	fuʌn³³⁴	fuʌn⁵¹	fuʌn²⁴³	muʌn⁵
阳江	lɐk⁵⁴	tsʰɐk³⁵	kɐk³⁵	fɐŋ³³	fɐŋ²¹	fɐŋ³⁵	fɐŋ⁴²	mɐŋ⁴²
阳春	løt⁵²	tsʰøt⁴⁵	køt⁴⁵	fɐn⁴⁵	fɐn³²⁴	fɐn³³	fɐn³¹	mɐn³¹
赤坎	lɐk²	tsʰɐk⁵	kɐk⁵	fɐŋ⁴⁵	fɐŋ¹³	fɐŋ³³	fɐŋ²¹	mɐŋ⁴⁵
吴川	lɐʔ³¹	tʃʰɐʔ⁵	kɐʔ⁵	fɐŋ⁵⁵	fɐŋ³⁵	fɐŋ³³	fɐŋ³¹	mɐŋ⁵⁵
廉江	løt²	tsʰøt⁵	køt⁵	fɐŋ⁵⁵	fɐŋ²⁵	fɐŋ³³	fɐŋ²¹	mɐŋ⁵⁵
高州	løt²¹	tʃʰøt⁵	køt⁵	fɐŋ⁵³	fɐŋ²⁴	fɐŋ³³	fɐŋ²¹	mɐŋ²¹
化州	lɐʔ³¹	tʃɐʔ⁵	kuɐʔ⁵ kɐʔ⁵ 又	fɐn⁵³	fɐn³⁵	fɐn³³	fɐn¹³	mɐn⁵³

	0689 律	0690 出	0691 橘	0692 分动	0693 粉	0694 粪	0695 坟	0696 蚊
	臻合三入术来	臻合三入术昌	臻合三入术见	臻合三平文非	臻合三上文非	臻合三去文非	臻合三平文奉	臻合三平文微
梅州	lit⁵	tsʰut²	kit²	pun⁴⁴白 fun⁴⁴文	pʰun³¹白 fun³¹文	pun⁵²	fun²¹	mun⁴⁴
兴宁	løit⁴	tʃʰøit²	kit²	pøin²⁴白 føin²⁴文	føin³¹	pøin⁵¹	føin¹³	møin²⁴
五华	luit⁵	tʃʰuit²	（无）	pun⁴⁴	fun³¹	pun⁵¹	fun²¹²	mun⁴⁴
大埔	liut⁵	tʃʰut²	kit²	pun³⁴白 fun³⁴文	pʰun³¹白 fun³¹文	pun⁵²	pʰun¹³	mun³⁴
丰顺	lut⁵	tʃʰut²	kit²	pun⁴⁴	fun⁵³	pun⁵³	pʰun²⁴	mun⁴⁴
揭西	lut⁵	tʃʰut³	kit³	pun⁴⁵²白 fun⁴⁵²文	fun³¹	pun⁴¹	pʰun²⁴	mun⁴⁵²
陆河	lut⁵	tʃʰut⁴⁵ tʃʰit⁴⁵一~戏	kit⁴⁵	pun⁵³白 fun⁵³文	fun²⁴	pun³¹	pʰun³⁵	mun⁵³
龙川	lut³	tsʰut¹³	kit¹³	pun³³白 fun³³文	fun²⁴	pun³¹	fun⁵¹	mun³³
河源	lut³	tsʰut⁵	kit⁵	hun³³	hun²⁴	hun²¹²	hun³¹	mun³³
连平	lut⁵	tsʰut³	kit³	pun²⁴白 fun²⁴文	fun³¹	pun⁵³	fun²¹	mun²⁴
龙岗	lut⁵	tsʰut²	kit²	pin³³白 fun³³文	fun³¹	pun⁵³	fun²¹	mbun³³
惠州	lut²¹	tsʰut⁴⁵	kit⁴⁵	hun³³	hun³⁵	pun²³白 hun²³文	wun²²	mun³³
博罗	lut²	tsʰut⁵	kit⁵	pun⁴⁴白 hun⁴⁴文	hun³⁵	pʰun²⁴	vun²¹	mbun⁴⁴
新丰	lut⁴	tsʰut²	kit²	pun⁴⁴白 fun⁴⁴文	fun³¹	pun⁵¹	fun²⁴	mbun⁴⁴
翁源	lut⁴⁵	tʃʰut³¹	（无）	fun²²	fun³¹	pun⁴⁵	fun⁴¹	mun²²
始兴	luiʔ³	tsʰuiʔ⁴⁵	（无）	fũi²²	fũi³¹	fũi³³	fũi⁵¹	mũi²²
仁化	lueiʔ⁵	tsʰueiʔ⁵	kiʔ⁵	fen³³	fen²³	fen³⁴	fen³¹	men²³
南雄	lɤ̃ʔ⁴²	tsʰɤ̃ʔ⁵	tɕiɤ̃ʔ⁵	fɤ̃⁴⁴	fɤ̃²⁴	fɤ̃³²	hɤ̃²¹	mɤ̃⁴²

	0689 律	0690 出	0691 橘	0692 分 动	0693 粉	0694 粪	0695 坟	0696 蚊
	臻合三 入术来	臻合三 入术昌	臻合三 入术见	臻合三 平文非	臻合三 上文非	臻合三 去文非	臻合三 平文奉	臻合三 平文微
皈塘	lye^{21}	$tʃʰau^{41}$	kye^{41}	$feŋ^{24}$	$feŋ^{33}$	$feŋ^{21}$	$feŋ^{45}$	$ueŋ^{45}$
桂头	$løy^{4}$	$tsʰy^{21}$	（无）	$feŋ^{51}$	$feŋ^{324}$	$feŋ^{44}$	$feŋ^{45}$	$mɐŋ^{45}$
连州	$lɐt^{2}$	$tsʰɐt^{23}$	$kɐt^{23}$	$pɐn^{31}$ 白 $fɐn^{31}$ 文	$fɐn^{53}$	$pɐn^{11}$	$fɐn^{55}$	$mɐn^{55}$
潮州	luk^{5}	$tsʰuk^{2}$	kik^{2}	$puŋ^{33}$ 白 $huŋ^{33}$ 文	$huŋ^{53}$	$puŋ^{213}$	$pʰuŋ^{55}$	$buŋ^{33}$
饶平	luk^{5}	$tsʰuk^{2}$	kik^{2}	$puŋ^{44}$ 白 $huŋ^{44}$ 文	$huŋ^{52}$	$puŋ^{214}$	$pʰuŋ^{55}$	$muŋ^{44}$
汕头	luk^{5}	$tsʰuk^{2}$	kik^{2}	$puŋ^{33}$ 白 $huŋ^{33}$ 文	$huŋ^{51}$	$puŋ^{213}$	$pʰuŋ^{55}$	$buŋ^{33}$
澄海	luk^{5}	$tsʰuk^{2}$	kik^{2}	$puŋ^{33}$ 白 $huŋ^{33}$ 文	$huŋ^{53}$	$puŋ^{212}$	$pʰuŋ^{55}$	$buŋ^{33}$
潮阳	luk^{5}	$tsʰuk^{3}$	kik^{3}	$pfuŋ^{31}$ 白 $huŋ^{31}$ 文	$huŋ^{454}$	$pfuŋ^{52}$	$pfʰuŋ^{33}$	$ŋuŋ^{31}$
南澳	luk^{5}	$tsʰuk^{2}$	kik^{2}	$puŋ^{34}$ 白 $huŋ^{34}$ 文	$huŋ^{52}$	$puŋ^{21}$	$pʰuŋ^{454}$	$buŋ^{34}$
揭阳	luk^{5}	$tsʰuk^{3}$	kek^{3}	$puɯŋ^{33}$ 白 $huŋ^{33}$ 文	$huŋ^{41}$	$puŋ^{213}$	$pʰuŋ^{55}$	$buŋ^{33}$
普宁	luk^{5}	$tsʰuk^{3}$	kik^{3}	$pfuŋ^{35}$ 白 $huŋ^{35}$ 文	$huŋ^{52}$	$pfuŋ^{312}$	$pfʰuŋ^{55}$	$bvuŋ^{35}$
惠来	luk^{5}	$tsʰuk^{3}$	kik^{3}	$pfuŋ^{34}$ 白 $huŋ^{34}$ 文	$huŋ^{53}$	$pfuŋ^{31}$	$pfʰuŋ^{55}$	$bvuŋ^{34}$
海丰	ut^{5} 出~ lut^{5} ~师	$tsʰut^{2}$	kit^{2}	pun^{33} 白 hun^{33} 文	hun^{53}	pun^{212}	$pʰun^{55}$	mun^{33}
陆丰	luk^{5}	$tsʰuk^{2}$	kik^{2}	$puŋ^{33}$ 白 $huŋ^{33}$ 文	$huŋ^{55}$	$puŋ^{213}$	$pʰuŋ^{13}$	$mbuŋ^{33}$
电白	luk^{2}	$tsuk^{5}$	kik^{5}	$puŋ^{33}$ 白 $huŋ^{33}$ 文	$huŋ^{21}$	$puŋ^{13}$	$muŋ^{22}$	（无）
雷州	luk^{3}	$tsʰuk^{5}$	$kiek^{5}$	$puŋ^{24}$ 白 $huŋ^{24}$ 文	$huŋ^{42}$	$puŋ^{33}$	$bieŋ^{22}$	（无）

	0697 问	0698 军	0699 裙	0700 熏	0701 云~彩	0702 运	0703 佛~像	0704 物
	臻合三 去文微	臻合三 平文见	臻合三 平文群	臻合三 平文晓	臻合三 平文云	臻合三 去文云	臻合三 入物奉	臻合三 入物微
广州	men^{22}	kuɐn^{53}	kʰuɐn^{21}	fɐn^{53}	uɐn^{21}	uɐn^{22}	fɐt^{2}	mɐt^{2}
番禺	men^{22}	kuɐn^{53}	kʰuɐn^{31}	fɐn^{53}	uɐn^{31}	uɐn^{22}	fɐt^{2}	mɐt^{2}
增城	men^{22}	kuɐn^{44}	kʰuɐn^{21}	fɐn^{44}	uɐn^{21}	uɐn^{22}	fɐt^{2}	mɐt^{2}
从化	men^{31}	kuɐn^{55}	kʰuɐn^{22}	fɐn^{55}	uɐn^{22}	uɐn^{31}	fɐt^{2}	mɐt^{2}
龙门	mɐn^{53}	ken^{42}	kʰɐn^{21}	fɐn^{42}	vɐn^{21}	vɐn^{53}	fɐt^{43}	mɐt^{43}
莞城	men^{44}	kuɐn^{23}	kʰuɐn^{31}	fɐn^{23}	uɐn^{31}	uɐn^{44}	fak^{3}	mak^{3}
宝安	mɐŋ^{22}	kuɐŋ^{55}	kʰuaŋ^{33}	fɐŋ^{55}	uɐŋ^{33}	uɐŋ^{22}	fei?^{3}	mei?^{3}
佛山	bɐn^{12}	kuɐn^{53}	kʰuɐn^{42}	fɐn^{53}	uɐn^{42}	uɐn^{12}	fɐt^{23}	bɐt^{23}
南海	men^{22}	kuɐn^{51}	kʰuɐn^{31}	fɐn^{51}	uɐn^{31}	uɐn^{22}	fɐt^{2}	mɐt^{2}
顺德	mɐn^{21}	kuɐn^{53}	kʰuɐn^{42}	uɐn^{53}	uɐn^{42}	uɐn^{21}	fɐt^{2}	mɐt^{2}
三水	men^{33}	kuɐn^{53} kuɐn^{55}又	kʰuɐn^{31} kʰuɐn^{25}又	fɐn^{53} fɐn^{55}又	uɐn^{31} uɐn^{25}又	uɐn^{33}	fɐt^{3}	mɐt^{3}
高明	men^{31}	kuɐn^{55}	kʰuɐn^{31}	fɐn^{45}	uɐn^{31}	uɐn^{31}	fɐt^{2}	mɐt^{2}
佛冈	mɐn^{31}	kuɐn^{33}	kʰuɐn^{22}	fɐn^{33}	uɐn^{22}	uɐn^{31}	fɐt^{2}	mɐt^{2}
阳山	mɐn^{214}	kuɐn^{51}	kuɐn^{241}	fɐn^{51}	uɐn^{241}	uɐn^{214}	fɐt^{23}	mɐt^{23}
连山	mɔn^{215}	kuɔn^{51}	kuɔn^{241}	（无）	vɔn^{241}	vɔn^{215}	fɔt^{215}	mɔt^{215}
新兴	mɐn^{52}	ken^{45}	kʰɐn^{21}	fɐn^{45}	uɐn^{21}	uɐn^{52}	fɐt^{52}	mɐt^{52}
罗定	mɐn^{21}	kuɐn^{55}	kʰuɐn^{21}	fɐn^{55}	uɐn^{21}	uɐn^{21}	fɐt^{2}	mɐt^{2}
郁南	mɐn^{21}	kuɐn^{55}	kʰuɐn^{21}	fɐn^{55}	uɐn^{21}	uɐn^{21}	fɐt^{2}	mɐt^{2}
石岐	mɐn^{33}	kuɐn^{55}	kʰuɐn^{51}	fɐn^{55}	uɐn^{51}	uɐn^{33}	fɐt^{3}	mɐt^{3}

	0697 问	0698 军	0699 裙	0700 熏	0701 云~彩	0702 运	0703 佛~像	0704 物
	臻合三 去文微	臻合三 平文见	臻合三 平文群	臻合三 平文晓	臻合三 平文云	臻合三 去文云	臻合三 入物奉	臻合三 入物微
肇庆	mɐn⁵²	kuɐn⁴⁵	kʰuɐn²¹	uɐn⁴⁵	uɐn²¹	uɐn⁵²	fɐt²	mɐt²
香洲	mɐn³³	kɐn²¹	kʰɐn³⁴³	fɐn²¹	uɐn³⁴³	uɐn³³	fɐt³	mɐt³
斗门	mɐn⁴²	kuɐn³⁴	kʰɐn²²	fɐn³⁴	uɐn²²	uɐn⁴²	fɐt³	mɐt³
新会	man³²	kuan²³	kʰuan²²	fan²³	uan²²	uan³²	fat²	mat²
台山	mun³¹	kun³³	kʰun²²	fun³³	ʋun²²	ʋun³¹	fut³¹	mɔt³¹
开平	mun³¹	kun³³	kʰun¹¹	fun³³	ʋun¹¹	ʋun³¹	fut²	mut²
恩平	mbɛn²¹	kuɐn³³	kʰuɐn²²	fuɐn³³	ʋuɐn²²	ʋuɐn²¹	fuɐt²	mbɛt²
四会	mɐn²⁴	kuɐn⁵¹	kuɐn³¹	fɐn⁵¹	uɐn³¹	uɐn²⁴	fɐt²	mɐt²
广宁	mɐn³²³	kuɐn⁵¹	kuɐn³¹	fɐn⁵¹	uɐn³¹	uɐn³²³	fɐt³²	mɐt³²
怀集	mɐn²²⁵	kuɐn⁴²	kuɐn²³¹	fɐn⁴²	uɐn²³¹	uɐn²²⁵	fɐt²⁴	mɐt²⁴
德庆	mɐn³¹	kɐn⁴⁵⁴	kɐn²⁴²	fɐn⁴⁵⁴	uɐn²⁴²	uɐn³¹	fɐt²	mɐt²
封开	muʌn²¹	kuʌn⁵⁵	kuʌn²⁴³	fuʌn⁵⁵	uʌn²⁴³	uʌn²¹	fuʌt²	muʌt²
阳江	mɐŋ⁵⁴	kɐŋ³³	kʰɐŋ⁴²	fɐŋ³³	uɐŋ⁴²	uɐŋ⁵⁴	fɐk⁵⁴	mɐk⁵⁴
阳春	mɐn⁵²	kɐn⁴⁵	kʰɐn³¹	fɐn⁴⁵	uɐn³¹	uɐn⁵²	fɐt⁵²	mɐt⁵²
赤坎	mɐŋ²¹	kuɐŋ⁴⁵	kʰuɐŋ²¹	uɐŋ⁴⁵	uɐŋ²¹	uɐŋ²¹	fɐk²	mɐk²
吴川	mɐŋ³¹	kuɐŋ⁵⁵	kʰuɐŋ³¹	uɐŋ⁵⁵	uɐŋ³¹	uɐŋ³¹	fɐʔ³¹	mɐʔ³¹
廉江	mɐn²¹	kuɐn⁵⁵	kʰuɐn²¹	uɐn⁵⁵	uɐn³¹	uɐn²¹	fɐt²	mɐt²
高州	mɐn³¹	kuɐn⁵³	kʰuɐn²¹	ʋɐn⁵³	ʋɐn²¹	ʋɐn³¹	fɐt²¹	mɐt²¹
化州	mɐn³¹	kuɐn⁵³	kʰuɐn¹³	fɐn⁵³	uɐn¹³	uɐn³¹	fɐʔ³¹	mɐʔ³¹

	0697 问	0698 军	0699 裙	0700 熏	0701 云~彩	07092 运	0703 佛~像	0704 物
	臻合三 去文微	臻合三 平文见	臻合三 平文群	臻合三 平文晓	臻合三 平文云	臻合三 去文云	臻合三 入物奉	臻合三 入物微
梅州	mun⁵²	kiun⁴⁴	kʰiun²¹	hiun⁴⁴	iun²¹	iun⁵²	fut⁵	vut⁵
兴宁	møin⁵¹	kin²⁴	kʰin¹³	ʃøin²⁴	ʒøin¹³	ʒøin⁵¹	føit⁴	vøit⁴
五华	mun⁵¹	kiun⁴⁴	tʃʰun²¹²	ʃun⁴⁴	iun²¹²	iun³¹	fuit⁵	vuit⁵
大埔	mun⁵²	kiun³⁴	kʰiun¹³	hiun³⁴	ʒun¹³	ʒun⁵²	fut⁵	vut⁵
丰顺	mun⁵³	kiun⁴⁴	kʰun²⁴	fun⁴⁴	iun²⁴	iun²¹	fut⁵	vut⁵
揭西	mun⁴¹	kiun⁴⁵²	kʰun²⁴	fun⁴⁵²	ʒun²⁴	ʒun³¹	fut⁵	vut⁵
陆河	mun³¹	kiun⁵³	kʰiun³⁵	fun³¹ 白 hiun⁵³ 文	ʒun³⁵	ʒun³³	fut⁵	vut⁵
龙川	mun³¹	kun³³	kʰun⁵¹	sun³³	iun⁵¹	iun³³	fut³	mut³ 白 vut³ 文
河源	mun⁵⁴	kun³³	kʰun³¹	hun³³	ʋun³¹	ʋun⁵⁴	hut³	mɔt³
连平	mun⁵³	ʈun²⁴	ʈʰun²¹	ɕiun²⁴	iun²¹	iun⁵³	fut⁵	ut⁵
龙岗	mbun⁵³ 白 vun⁵³ 文	kun³³	kʰun²¹	hun³³	zun²¹	zun⁵³	fut⁵	vut⁵
惠州	mɔn³¹	kun³³	kʰun²²	hun³³	wun²²	wun³¹	hut²¹	mɔt²¹
博罗	mbɔn⁴¹	kun⁴⁴	kʰun²¹	hun⁴⁴	vun²¹	vun⁴¹	hut²	mbɔt²
新丰	mbun⁵¹	kiun⁴⁴	kʰiun²⁴	sun⁴⁴	zun²⁴	zun³¹	fut⁴	vut⁴
翁源	mun⁴⁵	kiun²²	kʰiun⁴¹	ʃun²²	iun⁴¹	iun³¹	fut⁴⁵	vut³¹
始兴	mũi³³	tɕiũi²²	tɕʰiũi⁵¹	ɕiũi²²	iũi⁵¹	iũi³³	fuiʔ³	vuiʔ⁴⁵
仁化	men³³	kun³³	kʰun³¹	sun³³	yn³¹	yn³³	feiʔ⁵	veiʔ⁵
南雄	mɤ̃³²	tɕiɤ̃⁴⁴	kuɤ̃⁴²	ɕiɤ̃⁴⁴	iɤ̃²¹	iɤ̃⁴²	fɤʔ⁴²	vɤʔ⁵

	0697 问	0698 军	0699 裙	0700 熏	0701 云~彩	07092 运	0703 佛~像	0704 物
	臻合三 去文微	臻合三 平文见	臻合三 平文群	臻合三 平文晓	臻合三 平文云	臻合三 去文云	臻合三 入物奉	臻合三 入物微
皈塘	men^{21}	ken^{24}	k^hen^{45}	hen^{24}	ien^{45}	ien^{21}	fau^{41}	$uə^{21}$
桂头	men^{44}	$kuɐŋ^{51}$	$k^huɐŋ^{45}$	（无）	$iɐŋ^{45}$	$iɐŋ^{44}$	fu^4	mau^4
连州	men^{33}	$kuɐn^{31}$	$k^huɐn^{55}$	$fɐŋ^{31}$	$vɐn^{55}$	$vɐn^{33}$	$fɐt^2$ ~山 $fɐt^{23}$ ~像	$mɐt^2$
潮州	mun^{11}	$kuŋ^{33}$	$kuŋ^{55}$	hun^{33}	hun^{55}	$uŋ^{11}$	huk^5	$mũẽʔ^5$
饶平	mun^{21}	$kuŋ^{44}$	$kuŋ^{55}$	hun^{44}	hun^{55}	$uŋ^{21}$	huk^5	$mũẽʔ^5$
汕头	mun^{31}	$kuŋ^{33}$	$kuŋ^{55}$	hun^{33}	hun^{55}	$uŋ^{31}$	huk^5	$mũẽʔ^5$
澄海	mun^{22}	$kuŋ^{33}$	$kuŋ^{55}$	hun^{33}	hun^{55}	$uŋ^{22}$	huk^5	$mũẽʔ^5$
潮阳	$bŋ^{42}$	$kuŋ^{31}$	$kuŋ^{33}$	hun^{31} 白 hin^{31} 文	hun^{33}	$uŋ^{42}$	huk^5	$ŋũẽʔ^5$
南澳	bun^{31}	$kuŋ^{34}$	$kuŋ^{454}$	hun^{34}	hun^{454}	$uŋ^{21}$	huk^5	$mũẽʔ^5$
揭阳	$muuŋ^{22}$	$kuŋ^{33}$	$kuŋ^{55}$	hun^{33} 白 $heŋ^{33}$ 文	hun^{55}	$uŋ^{22}$	huk^5	$mũẽʔ^5$
普宁	$mŋ^{31}$	$kuŋ^{35}$	$kuŋ^{55}$	$hiŋ^{35}$ 白 hun^{35} 文	hun^{55}	$uŋ^{31}$	huk^5	$ŋũẽʔ^5$
惠来	$mŋ^{31}$	$kuŋ^{34}$	$kuŋ^{55}$	hun^{34}	hun^{55}	$uŋ^{31}$	huk^5	$ŋũẽʔ^5$
海丰	mui^{21}	kun^{33}	kun^{55}	hun^{33}	hun^{55}	un^{21} 白 un^{35} 文,春~	hut^5	mut^5
陆丰	$mbuŋ^{22}$	$kuŋ^{33}$	$kuŋ^{13}$	hun^{33}	hun^{13}	$uŋ^{22}$	huk^5	muk^5 白 $mũẽʔ^5$ 文
电白	mui^{33}	$kiŋ^{33}$	$kuŋ^{22}$	hun^{33}	hun^{22}	$uŋ^{442}$	puk^2	$mi^{·442}$ muk^2
雷州	mui^{24}	$kieŋ^{24}$	$kuŋ^{22}$	hun^{24}	$huŋ^{22}$ 白 $ieŋ^{22}$ 文	$ieŋ^{33}$	puk^3 $biek^5$ 又	$biek^3$

	0705 帮	0706 忙	0707 党	0708 汤	0709 糖	0710 浪	0711 仓	0712 钢名
	宕开一平唐帮	宕开一平唐明	宕开一上唐端	宕开一平唐透	宕开一平唐定	宕开一去唐来	宕开一平唐清	宕开一平唐见
广州	pɔŋ⁵³	mɔŋ²¹	tɔŋ³⁵	tʰɔŋ⁵³	tʰɔŋ²¹	lɔŋ²²	tʃʰɔŋ⁵⁵	kɔŋ³³
番禺	pɔŋ⁵³	mɔŋ³¹	tɔŋ³⁵	tʰɔŋ⁵³	tʰɔŋ³¹	lɔŋ²²	tʃʰɔŋ⁵⁵	kɔŋ³³
增城	pɔŋ⁴⁴	mɔŋ²¹	tɔŋ³⁵	tʰɔŋ⁴⁴	tʰɔŋ²¹	lɔŋ²²	tsʰɔŋ⁴⁴	kɔŋ³³
从化	pɔŋ⁵⁵	mɔŋ²²	tɔŋ⁴⁵	tʰɔŋ⁵⁵	tʰɔŋ⁵⁵	lɔŋ³¹	tsʰɔŋ⁵⁵	kɔŋ²³
龙门	pɔŋ⁴²	mɔŋ²¹	tɔŋ³⁵	tʰɔŋ⁴²	tʰɔŋ²¹	lɔŋ⁵³	tsʰɔŋ⁴²	kɔŋ²³
莞城	pɔŋ²³	mɔŋ³¹	tɔŋ³⁵	tʰɔŋ²³	tʰɔŋ³¹	ŋɔŋ⁴⁴	tʃʰɔŋ²³	kɔŋ⁴⁴
宝安	pɔŋ²³	mɔŋ³³	tɔŋ²⁵	tʰɔŋ²³	tʰɔŋ³³	lɔŋ²²	tʃʰɔŋ⁵⁵	kɔŋ³³
佛山	pɔŋ⁵³	bɔŋ⁴²	tɔŋ³⁵	hɔŋ⁵³	hɔŋ⁴² / tɔŋ⁴²又	lɔŋ¹²	tʃʰɔŋ⁵⁵	kɔŋ²⁴
南海	pɔŋ⁵¹	mɔŋ³¹	tɔŋ³⁵	tʰɔŋ⁵¹	tʰɔŋ³¹	nɔŋ²²	tsʰɔŋ⁵⁵ / tsʰɔŋ⁵¹又	kɔŋ³³
顺德	pɔŋ⁵³	mɔŋ⁴²	tɔŋ²⁴	tʰɔŋ⁵³	tɔŋ²⁴	lɔŋ²¹	tʃʰɔŋ⁵⁵	kɔŋ³²
三水	pɔŋ⁵³	mɔŋ³¹	tɔŋ²⁵	tʰɔŋ⁵³	tʰɔŋ³¹ / tʰɔŋ²⁵又	lɔŋ³³	tsʰɔŋ⁵⁵	kɔŋ⁵⁵
高明	pɔŋ⁴⁵	mɔŋ³¹	tɔŋ²⁴	tʰɔŋ⁴⁵	tʰɔŋ³¹	lɔŋ³¹	tʃʰɔŋ⁴⁵	kɔŋ⁵⁵
佛冈	pɔŋ³³	mɔŋ²²	tɔŋ³⁵	tʰɔŋ³³	tʰɔŋ²²	lɔŋ³¹	tʃʰɔŋ³³	kɔŋ³¹ / kɔŋ³³又
阳山	pœŋ⁵¹	mœŋ²⁴¹	tœŋ⁵⁵	tʰœŋ⁵¹	tœŋ²⁴¹	lœŋ²¹⁴	tʃʰœŋ⁵¹	kœŋ³⁴
连山	bøŋ⁵¹	møŋ⁵¹	døŋ⁵⁵	tʰøŋ⁵¹	tøŋ²⁴¹	løŋ²¹⁵	tʰøŋ⁵¹	køŋ³⁵
新兴	pɔŋ⁴⁵	mɔŋ²¹	tɔŋ³⁵	tʰɔŋ⁴⁵	tʰɔŋ²¹	lɔŋ⁵²	tsʰɔŋ⁴⁵	kuɔŋ⁴⁴³
罗定	pɔŋ⁵⁵	mɔŋ²¹	tɔŋ³⁵	tʰɔŋ⁵⁵	tʰɔŋ²¹~场 / tʰɔŋ³⁵食~	lɔŋ²¹~漫 / lɔŋ³⁵波~	tsʰɔŋ⁵⁵	kɔŋ³³
郁南	pɔŋ⁵⁵	mɔŋ²¹	tɔŋ³⁵	tʰɔŋ⁵⁵	tʰɔŋ²¹	lɔŋ²¹	tʃʰɔŋ⁵⁵	kɔŋ³³
石岐	pɔŋ⁵⁵	mɔŋ⁵¹	tɔŋ²¹³	tʰɔŋ⁵⁵	tʰɔŋ⁵¹	lɔŋ³³	tsʰɔŋ⁵⁵	kɔŋ³³

	0705 帮	0706 忙	0707 党	0708 汤	0709 糖	0710 浪	0711 仓	0712 钢名
	宕开一平唐帮	宕开一平唐明	宕开一上唐端	宕开一平唐透	宕开一平唐定	宕开一去唐来	宕开一平唐清	宕开一平唐见
肇庆	pɔŋ⁴⁵	mɔŋ²¹	tɔŋ²⁴	tʰɔŋ⁴⁵	tʰɔŋ²¹	lɔŋ⁵²	tʃʰɔŋ⁴⁵	kɔŋ³³
香洲	pɔŋ²¹	mɔŋ³⁴³	tɔŋ³⁵	tʰɔŋ²¹	tʰɔŋ³⁴³	lɔŋ³³	tsʰɔŋ²¹	kɔŋ³³
斗门	pɔŋ³⁴	mɔŋ²²	tɔŋ⁴⁵	hɔŋ³⁴	hɔŋ²²	nɔŋ⁴²	tʰɔŋ³⁴	kɔŋ²¹
新会	pɔŋ²³	mɔŋ²²	tɔŋ²³	hɔŋ²³	hɔŋ²²	nɔŋ³²	tsʰɔŋ²³	kɔŋ²¹
台山	pɔŋ³³	mɔŋ²²	ɔŋ⁵⁵	hɔŋ³³	hɔŋ²²	lɔŋ³¹	tʰɔŋ³³	kɔŋ²¹小
开平	vɔŋ³³	mɔŋ¹¹	ɔŋ⁴⁵	hɔŋ³³	hɔŋ¹¹	lɔŋ³¹	tʰɔŋ³³	kɔŋ²¹小
恩平	pɔŋ³³	mbɔŋ²²	tɔŋ⁵⁵	hɔŋ³³	hɔŋ²²	lɔŋ²¹	tʰɔŋ³³	kɔŋ²¹
四会	pɔŋ⁵¹	mɔŋ³¹	tɔŋ³³	tʰɔŋ⁵¹	tɔŋ³¹	lɔŋ²⁴	tʃʰɔŋ⁵¹	kɔŋ³³
广宁	pɔŋ⁵¹	mɔŋ³¹	tɔŋ⁴⁴	tʰɔŋ⁵¹	tɔŋ³¹	lɔŋ³²³	tsʰɔŋ⁵¹	kɔŋ³³
怀集	pɔŋ⁴²	mɔŋ²³¹	tɔŋ⁵⁴	tʰɔŋ⁴²	tɔŋ²³¹	lɔŋ²²⁵	tʃʰɔŋ⁴²	kɔŋ⁴⁵
德庆	pɔŋ⁴⁵⁴	mɔ²⁴²白 mɔŋ²⁴²文	tɔ⁴⁵白 tɔŋ⁴⁵文	tʰɔ⁴⁵⁴白 tʰɔŋ⁴⁵⁴文	tɔ²⁴²白 tɔŋ²⁴²文	lɔ³¹白 lɔŋ³¹文	tsʰɔ⁴⁵⁴白 tsʰɔŋ⁴⁵⁴文	kɔŋ⁵³
封开	pɔŋ⁵⁵	mɔŋ⁵⁵	tɔŋ³³⁴	tʰɔŋ⁵⁵	tɔŋ²⁴³	lɔŋ²¹	tʰɔŋ⁵⁵	kɔŋ⁵¹
阳江	puɔŋ³³	muɔŋ⁴²	tuɔŋ²¹	tʰuɔŋ³³	tʰuɔŋ⁴²	luɔŋ⁵⁴	tsʰuɔŋ³³	kuɔŋ³⁵
阳春	puɒŋ⁴⁵	muɒŋ³¹	tuɒŋ³²⁴	tʰuɒŋ⁴⁵	tʰuɒŋ³¹	luɒŋ⁵²	tsʰuɒŋ⁴⁵	kuɒŋ³³
赤坎	pɔŋ⁴⁵	mɔŋ²¹	tɔŋ¹³	tʰɔŋ⁴⁵	tʰɔŋ²¹	lɔŋ²¹	tsʰɔŋ⁴⁵	kɔŋ⁴⁵
吴川	ɓɔŋ⁵⁵	mɔŋ³¹	ɗɔŋ³⁵	tʰɔŋ⁵⁵	tʰɔŋ³¹	lɔŋ⁵²	tʃʰɔŋ⁵⁵	kɔŋ³³
廉江	pɔŋ⁵⁵	mɔŋ²¹	tɔŋ²⁵	tʰɔŋ⁵⁵	tʰɔŋ²¹	lɔŋ²¹	tsʰɔŋ⁵⁵	kɔŋ³³
高州	pɔŋ⁵³	mɔŋ²¹	tɔŋ²⁴	tʰɔŋ⁵³	tʰɔŋ²¹	lɔŋ³¹	tʃʰɔŋ⁵³	kɔŋ³³
化州	ɓɔŋ⁵³	mɔŋ¹³	ɗɔŋ³⁵	tʰɔŋ⁵³	tʰɔŋ¹³	lɔŋ³¹	tʰɔŋ⁵³	kɔŋ³³

	0705 帮	0706 忙	0707 党	0708 汤	0709 糖	0710 浪	0711 仓	0712 钢名
	宕开一平唐帮	宕开一平唐明	宕开一上唐端	宕开一平唐透	宕开一平唐定	宕开一去唐来	宕开一平唐清	宕开一平唐见
梅州	poŋ⁴⁴	moŋ²¹	toŋ³¹	thoŋ⁴⁴	thoŋ²¹	loŋ⁵²	tshoŋ⁴⁴	koŋ⁵²
兴宁	poŋ²⁴	moŋ¹³	toŋ³¹	thoŋ²⁴	thoŋ¹³	noŋ⁵¹ / loŋ⁵¹又	tshoŋ²⁴	koŋ⁵¹
五华	poŋ⁴⁴	moŋ²¹²	toŋ³¹	thoŋ⁴⁴	thoŋ²¹²	loŋ³¹	tshoŋ⁴⁴	koŋ⁵¹
大埔	poŋ³⁴	moŋ¹³	toŋ³¹	thoŋ³⁴	thoŋ¹³	loŋ⁵²	tshoŋ³⁴	koŋ⁵²
丰顺	poŋ⁴⁴	moŋ²⁴	toŋ⁵³	thoŋ⁴⁴	thoŋ²⁴	loŋ²¹	tshoŋ⁴⁴	koŋ⁵³
揭西	poŋ⁴⁵²	moŋ²⁴	toŋ³¹	thoŋ⁴⁵²	thoŋ²⁴	loŋ³¹	tshoŋ⁴⁵²	koŋ⁴¹
陆河	poŋ⁵³	moŋ³⁵	toŋ²⁴	thoŋ⁵³	thoŋ³⁵	loŋ³³	tshoŋ⁵³	koŋ³¹
龙川	poŋ³³	moŋ⁵¹	toŋ²⁴	thoŋ³³	thoŋ⁵¹	loŋ³³	tshoŋ³³	koŋ³¹
河源	poŋ³³	moŋ³¹	toŋ²⁴	thoŋ³³	thoŋ³¹	loŋ⁵⁴	tshoŋ³³	koŋ²¹²
连平	poŋ²⁴	moŋ²¹	toŋ³¹	thoŋ²⁴	thoŋ²¹	loŋ⁵³	tshoŋ²⁴	koŋ⁵³
龙岗	poŋ³³	mboŋ²¹	toŋ³¹	thoŋ³³	thoŋ²¹	loŋ⁵³	tshoŋ³³	koŋ⁵³
惠州	poŋ³³	moŋ²²	toŋ³⁵	thoŋ³³	thoŋ²²	loŋ³¹	tshoŋ³³	koŋ²³
博罗	poŋ⁴⁴	mboŋ²¹	toŋ³⁵	thoŋ⁴⁴	thoŋ²¹	loŋ⁴¹	tshoŋ⁴⁴	koŋ²⁴
新丰	poŋ⁴⁴	mboŋ²⁴	toŋ³¹	thoŋ⁴⁴	thoŋ²⁴	loŋ³¹	tshoŋ⁴⁴	koŋ⁵¹
翁源	poŋ²²	moŋ⁴¹	toŋ³¹	thoŋ²²	thoŋ⁴¹	loŋ³¹	tshoŋ²²	koŋ⁴⁵
始兴	poŋ²²	moŋ⁵¹	toŋ³¹	thoŋ²²	thoŋ⁵¹	loŋ³³	tshoŋ²²	koŋ³³
仁化	poŋ³³	moŋ³¹	toŋ²³	thoŋ³³	thoŋ³¹	loŋ³³	tshoŋ³³	koŋ³⁴
南雄	poŋ⁴⁴	moŋ²¹	toŋ²⁴	thoŋ⁴⁴	toŋ²¹	loŋ⁴²	tshoŋ⁴⁴	koŋ³²

	0705 帮	0706 忙	0707 党	0708 汤	0709 糖	0710 浪	0711 仓	0712 钢名
	宕开一平唐帮	宕开一平唐明	宕开一上唐端	宕开一平唐透	宕开一平唐定	宕开一去唐来	宕开一平唐清	宕开一平唐见
皈塘	pou^{24}	mou^{45}	tou^{33}	t^{h}ou^{24}	tou^{45}	lou^{21}	tʃ^{h}ou^{24}	kou^{21}
桂头	poŋ^{51}	moŋ^{45}	oŋ^{324}	t^{h}oŋ^{51}	toŋ^{45}	loŋ^{44}	ts^{h}oŋ^{51}	koŋ^{4}
连州	pɵ^{31}	mɵ^{55}	tɵ^{53}	t^{h}ɵ^{31}	tɵ^{55}	lɵ^{33}	ts^{h}ɵ^{31}	kɵ^{11}
潮州	paŋ^{33}	maŋ^{55}	taŋ^{53}	t^{h}ɤŋ^{33}	t^{h}ɤŋ^{55}	laŋ^{35}	ts^{h}ɤŋ^{33}	kɤŋ^{213}
饶平	paŋ^{44}	maŋ^{55}	taŋ^{52}	t^{h}ɯŋ^{44}	t^{h}ɯŋ^{55}	laŋ^{25}	ts^{h}ɯŋ^{44}	kɯŋ^{214}
汕头	paŋ^{33}	maŋ^{55}	taŋ^{51}	t^{h}ɯŋ^{33}	t^{h}ɯŋ^{55}	laŋ^{25}	ts^{h}ɯŋ^{33}	kɯŋ^{213}
澄海	paŋ^{33}	maŋ^{55}	taŋ^{53}	t^{h}əŋ^{33}	t^{h}əŋ^{55}	laŋ^{35}	ts^{h}əŋ^{33}	kəŋ^{212}
潮阳	paŋ^{31}	maŋ^{33}	taŋ^{454}	t^{h}ŋ^{31}	t^{h}ŋ^{33}	laŋ^{52}	ts^{h}ŋ^{31}	kŋ^{52}
南澳	paŋ^{34}	maŋ^{454}	taŋ^{52}	t^{h}əŋ^{34}	t^{h}əŋ^{454}	laŋ^{35}	ts^{h}əŋ^{34}	kəŋ^{21}
揭阳	paŋ^{33}	maŋ^{55}	taŋ^{41}	t^{h}ɯŋ^{33}	t^{h}ɯŋ^{55}	laŋ^{25}	ts^{h}ɯŋ^{33}	kɯŋ^{213}
普宁	paŋ^{35}	maŋ^{55}	taŋ^{52}	t^{h}ŋ^{35}	t^{h}ŋ^{55}	laŋ^{24}	ts^{h}ŋ^{35}	kŋ^{312}
惠来	paŋ^{34}	maŋ^{55}	taŋ^{53}	t^{h}ŋ^{34}	t^{h}ŋ^{55}	laŋ^{25}	ts^{h}ŋ^{34}	kŋ^{31}
海丰	paŋ^{33}	maŋ^{55}	taŋ^{53}	t^{h}ŋ^{33}白 t^{h}aŋ^{33}文	t^{h}ŋ^{55}	nŋ^{21}白 laŋ^{35}文	ts^{h}ŋ^{33}	kŋ^{212}
陆丰	paŋ^{33}	mbaŋ^{13} maŋ^{13}又	taŋ^{55}	t^{h}ŋ^{33}	t^{h}ŋ^{13}	nŋ^{22}遮~;地名 loŋ^{22}又 laŋ^{22}又	ts^{h}ŋ^{33}	kŋ^{213}
电白	poŋ^{33}	maŋ^{22}	taŋ^{21}	t^{h}ɔŋ^{33}	t^{h}ɔŋ^{22}	nɔŋ^{33}	ts^{h}ɔŋ^{33}	kɔŋ^{13}
雷州	paŋ^{24}	maŋ^{22}	taŋ^{42}	t^{h}o^{24}	t^{h}o^{22}	laŋ^{54}	ts^{h}o^{24}	ko^{21}

	0713 糠	0714 薄形	0715 摸	0716 托	0717 落	0718 作	0719 索	0720 各
	宕开一平唐溪	宕开一入铎并	宕开一入铎明	宕开一入铎透	宕开一入铎来	宕开一入铎精	宕开一入铎心	宕开一入铎见
广州	hɔŋ^{53}	pɔk^3	mɔ^{53}~下 mɔ^{35}~索	tʰɔk^3	lɔk^2	tʃɔk^3	ʃɔk^3	kɔk^3
番禺	hɔŋ^{53}	pɔk^2	mɔ^{55}	tʰɔk^3	lɔk^2	tʃɔk^3	ʃɔk^3	kɔk^3
增城	hɔŋ^{44}	pɔk^3	mɔ^{44}	tʰɔk^3	lɔk^2	tsɔk^3	sɔk^3	kɔk^3
从化	hɔŋ^{55}	pɔk^2	mɔ^{45}	tʰɔk^3	lɔk^2	tsɔk^3	sɔk^3	kɔk^3
龙门	hɔŋ^{42}	pɔk^{43}	mɔ^{23}	tʰɔk^{23}	lɔk^{43}	tsɔk^{23}	sɔk^{23}	kɔk^{23}
莞城	hɔŋ^{23}	pɔk^3	mɔ^{35}	tʰɔ^{44}	ŋɔk^3	tʃɔ^{44}	ʃɔ^{44}	kɔ^{34}
宝安	hɔŋ^{23}	pɔʔ^3	mɔ^{25}	tʰɔʔ^5	lɔʔ^3	tʃɔʔ^5	ʃɔʔ^5	kɔʔ^3
佛山	hɔŋ^{53}名 hɔŋ^{35}形	pɔk^{23}	bɔ^{35}	hɔk^{34}	lɔk^{23}	tʃɔk^{34}	ʃɔk^{34}	kɔk^{34}
南海	hɔŋ^{51}名 hɔŋ^{35}形	pɔk^2	mɔ^{35}	tʰɔk^3	lɔk^2	tsɔk^3	sɔk^3	kɔk^3
顺德	hɔŋ^{53}	pɔk^3	mɔ^{53}	tʰɔk^3	lɔk^2	tʃɔk^3	ʃɔk^3	kɔk^3
三水	hɔŋ^{53}	pɔk^3 pɔk^{25}又	mɔk^{25} mɔk^{53}又	tʰɔk^4	lɔk^3	tsɔk^4	sɔk^4	kɔk^4
高明	hɔŋ^{45}	pɔk^2	mɔ^{45}	tʰɔk^3	lɔk^3	tʃɔk^3	ʃɔk^3	kɔk^3
佛冈	hɔŋ^{33}	pɔk^2	mɔ^{35}	tʰɔk^3	lɔk^2	tʃɔk^3	ʃɔk^3	kɔk^3
阳山	hœŋ^{51}	pœk^{23}	mɔ^{55}	tʰœk^{34}	lœk^{23}	tʃœk^{34}	ʃœk^{34}	kœk^{34}
连山	høŋ^{51}	pøk^{215}	mu^{51}	tʰøk^{35}	løk^{215}	tøk^{35}	θøk^{35}	køk^{35}
新兴	hɔŋ^{45}	pɔk^{52}	muo^{45}	tʰɔk^4	lɔk^{52}	tsɔk^4	sɔk^4	kuɔk^4
罗定	hɔŋ^{55}	pɔk^2	mɔ^{55}偷偷~ mɔ^{35}~一下	tʰɔk^3	lɔk^2	tsɔk^3	sɔk^3	kɔk^3
郁南	hɔŋ^{55}	pɔk^2	mɔ^{35}	tʰɔk^3	lɔk^2	tʃɔk^3	ʃɔk^3	kɔk^3
石岐	hɔŋ^{55}	pɔk^3	mɔ^{55}	tʰɔk^3	lɔk^3	tsɔk^3	sɔk^3	kɔk^3

	0713 糠	0714 薄形	0715 摸	0716 托	0717 落	0718 作	0719 索	0720 各
	宕开一 平唐溪	宕开一 入铎并	宕开一 入铎明	宕开一 入铎透	宕开一 入铎来	宕开一 入铎精	宕开一 入铎心	宕开一 入铎见
肇庆	$hɔŋ^{45}$	$pɔk^3$	$mɔ^{45}$	$t^hɔk^3$	$lɔk^3$	$tʃɔk^3$	$ʃɔk^3$	$kɔk^3$
香洲	$hɔŋ^{21}$	$pɔk^3$	$mɔ^{21}$	$t^hɔk^{21}$	$lɔk^3$	$tsɔk^{21}$	$sɔk^{21}$	$kɔk^3$ $kɔk^{21}$又
斗门	$hɔŋ^{34}$	$pɔk^3$	$muɐ^{45}$	$hɔk^{34}$~起 $hɔk^5$~管	$lɔk^3$	$tsɔk^5$	$sɔk^5$	$kɔk^5$
新会	$hɔŋ^{23}$	$pɔk^2$	$mɔ^{23}$	$hɔk^{45}$	$lɔk^2$	$tsɔk^{45}$	$sɔk^{23}$	$kɔk^{45}$
台山	$hɔŋ^{33}$	$pɔk^{31}$	mo^{55}	$hɔk^5$	$lɔk^{31}$	$tɔk^5$	$sɔk^5$	$kɔk^5$
开平	$hɔŋ^{33}$	$vɔk^2$	mu^{45}	$hɔk^3$	$lɔk^3$	$tɔk^5$	$ɬɔk^{21}$小	$kɔk^5$
恩平	$hɔŋ^{33}$	$pɔk^2$	$mbua^{55}$	$hɔk^5$ $hɔk^3$又	$lɔk^2$	$tʃɔk^5$	$ʃɔk^5$	$kɔk^5$
四会	$hɔŋ^{51}$	$pɔk^2$	$mɔ^{51}$	$t^hɔk^3$	$lɔk^3$	$tʃɔk^3$	$ʃɔk^3$	$kɔk^3$
广宁	$hɔŋ^{51}$	$pɔk^{323}$	$mɔ^{44}$	$t^hɔk^{43}$	$lɔk^{323}$	$tsɔk^{43}$	$sɔk^{43}$	$kɔk^{43}$
怀集	$hɔŋ^{42}$	$pɔk^{24}$	$mɔk^5$	$t^hɔk^{45}$	$lɔk^{24}$	$tʃɔk^{45}$	$θɔk^{45}$	$kɔk^{45}$
德庆	$hɔ^{454}$白 $hɔŋ^{454}$文	$pɔk^2$	$mɔ^{45}$ $mɔ^{454}$又	$t^hɔk^{53}$	$lɔk^2$	$tsɔk^{53}$	$sɔk^{53}$	$kɔk^{53}$
封开	$hɔŋ^{55}$	$pɔk^2$	$mɔ^{55}$	$t^hɔk^{53}$	$lɔk^3$	$tʃɔk^{53}$	$ʃɔk^{53}$	$kɔk^{53}$
阳江	$huɔŋ^{33}$	$puɔʔ^{54}$	$mɔ^{35}$	$t^huɔʔ^{21}$	$luɔʔ^{54}$	$tsuɔʔ^{21}$	$ɬuɔʔ^{21}$	$kuɔʔ^{21}$
阳春	$huɒŋ^{45}$	$puɒk^{52}$	mo^{45}	$t^huɒk^3$	$luɒk^{52}$	$tsuɒk^3$	$ɬuɒk^3$	$kuɒk^3$
赤坎	$hɔŋ^{45}$	$pɔʔ^2$	$mɔ^{45}$	$t^hɔʔ^3$	$lɔʔ^2$	$tsɔʔ^3$	$ɬɔʔ^3$	$kɔʔ^3$
吴川	$hɔŋ^{55}$	$ɓɔʔ^{31}$	mo^{55}	$t^hɔʔ^{31}$	$lɔʔ^{31}$	$tʃɔʔ^3$	$ɬɔʔ^3$	$kɔʔ^3$
廉江	$hɔŋ^{55}$	$pɔk^2$	$mɔ^{55}$	$t^hɔk^3$	$lɔk^3$	$tsɔk^3$	$ɬɔk^3$	$kɔk^3$
高州	$hɔŋ^{53}$	$pɔk^{21}$	$mɔ^{53}$	$t^hɔk^3$	$lɔk^{21}$	$tʃɔk^3$	$ɬɔk^3$	$kɔk^3$
化州	$hɔŋ^{53}$	$ɓɔʔ^{31}$	mo^{53}	$t^hɔʔ^3$	$lɔʔ^{31}$	$tɔʔ^3$	$ɬɔʔ^3$	$kɔʔ^3$

	0713 糠	0714 薄形	0715 摸	0716 托	0717 落	0718 作	0719 索	0720 各
	宕开一平唐溪	宕开一入铎並	宕开一入铎明	宕开一入铎透	宕开一入铎来	宕开一入铎精	宕开一入铎心	宕开一入铎见
梅州	hoŋ⁴⁴	pʰɔk⁵	mia⁴⁴白 mɔ⁴⁴文	tʰɔk²	lɔk⁵	tsɔk²	sɔk²	kɔk²
兴宁	hoŋ²⁴	pʰɔk⁴	mɔ²⁴	tʰɔk²	lɔk⁴	tsɔk²	sɔk²	kɔk²
五华	hoŋ⁴⁴	pʰɔk⁵	mɔ⁴⁴	tʰɔk²	lɔk⁵	tsɔk²	sɔk²	kɔk²
大埔	kʰoŋ³⁴	pʰok⁵	mia³⁴白 mou³⁴文	tʰok²	lok⁵	tsok²	sok²	kok²
丰顺	kʰoŋ⁴⁴	pʰok⁵	mia⁴⁴	tʰok²	lok⁵	tsok²	sok²	kok²
揭西	kʰɔŋ⁴⁵²	pʰɔk⁵	miɔu⁴⁵²	tʰɔk³	lɔk⁵	tsɔk³	sɔk³	kɔk³
陆河	hɔŋ⁵³	pʰɔk⁵	mɔ⁵³	tʰɔk⁴⁵	lɔk⁵	tsɔk⁴⁵	sɔk⁴⁵	kɔk⁴⁵
龙川	hɔŋ³³	pʰɔk³	mia³³白 mɔ²⁴文	tʰɔk¹³	lɔk³	tsɔk¹³	sɔk¹³	kɔk¹³
河源	hɔŋ³³	pʰɔk³	mɔ²¹²	tʰɔk⁵	lɔk³	tsɔk⁵	sɔk⁵	kɔk⁵
连平	hɔŋ²⁴	pʰɔk⁵	mɔ²⁴	tʰɔk³	lɔk⁵	tsɔk³	sɔk³	kɔk³
龙岗	hɔŋ³³	pʰɔk⁵	mbo³³	tʰɔk²	lɔk⁵	tsɔk²	sɔk²	kɔk²
惠州	hɔŋ³³	pʰɔk²¹	mɔ³⁵	tʰɔk⁴⁵	lɔk²¹	tsɔk⁴⁵	sɔk⁴⁵	kɔk⁴⁵
博罗	hɔŋ⁴⁴	pʰɔk²	mbo³⁵	tʰɔk⁵	lɔk²	tsɔk⁵	łɔk⁵	kɔk⁵
新丰	hɔŋ⁴⁴	pʰɔk⁴	mbo⁴⁴	tʰɔk²	lɔk⁴	tsɔk²	sɔk²	kɔk²
翁源	kʰɔŋ²²	pʰɔk⁴⁵	mɔu²²	tʰɔk³¹	lɔk⁴⁵	tsɔk³¹	sɔk³¹	kɔk³¹
始兴	hɔŋ²²	pʰɔʔ³	mɔ²²	tʰɔʔ⁴⁵	lɔʔ³	tsɔʔ⁴⁵	sɔʔ⁴⁵	kɔʔ⁴⁵
仁化	xoŋ³³	pʰoʔ⁵	mo²³	tʰoʔ⁵	loʔ⁵	tsoʔ⁵	soʔ⁵	koʔ⁵
南雄	hoŋ⁴⁴	poʔ⁴²	mo⁴⁴	tʰoʔ⁵	loʔ⁴²	tsoʔ⁵	soʔ⁵	koʔ⁵

	0713 糠	0714 薄形	0715 摸	0716 托	0717 落	0718 作	0719 索	0720 各
	宕开一 平唐溪	宕开一 入铎並	宕开一 入铎明	宕开一 入铎透	宕开一 入铎来	宕开一 入铎精	宕开一 入铎心	宕开一 入铎见
皈塘	hɔu²⁴	pɔu³³	mɔu²⁴	tʰɔu⁴¹	lɔu³³	tʃɔu⁴¹	ʃɔu⁴¹	kʰɔu⁴¹
桂头	hoŋ⁵¹	pʰou⁴⁴	mou³²⁴	tʰou²¹	lou⁴⁴ ~雨 lou²¹ 角~	tsou²¹	sou²¹	kou²¹
连州	hɵ³¹	pɵ³¹	mɐu⁵³	tʰɵ²⁴	lɵ³¹	tsɵ²⁴	sɵ²⁴	kɵ²⁴
潮州	kʰɤŋ³³	poʔ⁵	moŋ⁵⁵ ~清 mɔ̃⁵⁵ 抚~	tʰoʔ²	lauʔ⁵ 白,胶~ loʔ⁵ 白,~实 lak² 文,~皮	tsoʔ² 白 tsak² 文	soʔ² 白 sok² 文	kak²
饶平	kʰɯŋ⁴⁴	poʔ⁵	moŋ⁵⁵	tʰoʔ²	lauʔ⁵ 白 loʔ⁵ 文	tsoʔ² 白 tsak² 文	soʔ²	kak²
汕头	kʰɯŋ³³	poʔ⁵	mõũ⁵⁵ mõ⁵⁵ 又	tʰoʔ²	lauʔ⁵ 白 loʔ⁵ 白 lak² 文	tsoʔ² 白 tsak² 文	soʔ² 白 sok² 文	kak²
澄海	kʰəŋ³³	poʔ⁵	moŋ⁵⁵	tʰoʔ²	loʔ⁵	tsoʔ² 白 tsak² 文	soʔ²	kak²
潮阳	kʰŋ³¹	poʔ⁵	moŋ³³	tʰoʔ³	lau³³ 白 loʔ⁵ 文	tsoʔ³ 白 tsak³ 文	soʔ³ 白 sok³ 文	kak³
南澳	kʰəŋ³⁴	poʔ⁵	boŋ⁴⁵⁴	tʰoʔ²	loʔ⁵	tsoʔ² 白 tsak² 文	soʔ² 白 sok² 文	kak²
揭阳	kʰɯŋ³³	poʔ⁵	mõũ⁵⁵	tʰoʔ³	lauʔ⁵ 白 loʔ⁵ 白	tsoʔ³ 白 tsak³ 文	soʔ³ 白 sok³ 文	kak³
普宁	kʰŋ³⁵	poʔ⁵	moŋ⁵⁵	tʰoʔ³	lau⁵⁵ 白 loʔ⁵ 文	tsoʔ³ 白 tsak³ 文	sok³ 白 soʔ³ 文	kak³
惠来	kʰŋ³⁴	poʔ⁵	mõũ⁵⁵	tʰoʔ³	lau⁵⁵ 白 loʔ⁵ 文	tso³¹ 白 tsak³ 文	soʔ³ 白 sok³ 文	kak³
海丰	kʰŋ³³ 白 kʰaŋ³³ 文	poʔ⁵ 白 pok⁵ 文	mõ³³ moŋ³³	tʰoʔ² 白 tʰak² 文	laʔ⁵ 白 loʔ⁵ 文	tsoʔ² tsak²	soʔ² 白 sok² 文	koʔ² 白 kak² 文
陆丰	kʰŋ³³ 白 kʰaŋ³³ 文	poʔ⁵	mõ³³ mboŋ³³ 又 mboŋ¹³ 又	tʰoʔ²	loʔ⁵ 白 lak² 文	tsoʔ² 白 tsak² 文	soʔ² 白 sok² 文	kak²
电白	kʰɔŋ³³	pɵ⁴⁴²	mɒ⁵³	tʰɔ⁵³ 白 tʰɔk⁵ 文	lɔ⁴⁴² 白 lak⁵ 文	tsɔk⁵	sɔ⁵³ 白 sɔk⁵ 文	kɔ⁵³
雷州	kʰo²⁴	po⁵⁴	mo⁵⁴ ma²⁴ 又	tʰo⁵⁴ 白 tʰuk⁵ 文	lo³³ 白 lak⁵ 文	tso⁵⁴	so⁵⁴	kuk⁵

	0721 鹤	0722 恶形,入声	0723 娘	0724 两斤~	0725 亮	0726 浆	0727 抢	0728 匠
	宕开一入铎匣	宕开一入铎影	宕开三平阳泥	宕开三上阳来	宕开三去阳来	宕开三平阳精	宕开三上阳清	宕开三去阳从
广州	hɔk²	ŋɔk³	lœŋ²¹	lœŋ³⁵	lœŋ²²	tʃœŋ⁵³	tʃʰœŋ³⁵	tʃœŋ²²
番禺	hɔk³	ɔk³	lœŋ³¹	lœŋ²³	lœŋ²²	tʃœŋ⁵³	tʃʰœŋ³⁵	tʃœŋ²²
增城	hɔk²	ŋɔk³	lœŋ²¹	lœŋ³⁵	lœŋ²²	tsœŋ⁴⁴	tsʰœŋ³⁵	tsœŋ²²
从化	hɔk³	ɔk³	nœŋ²²	lœŋ⁴⁵	lœŋ³¹	tsœŋ²³	tsʰœŋ⁴⁵	tsœŋ³¹
龙门	hɔk⁴³	ɔk²³	liɔŋ²¹	liɔŋ²³	liɔŋ⁵³	tsiɔŋ⁴²	tsʰiɔŋ³⁵	tsiɔŋ⁵³
莞城	hɔk³	ŋɔ⁴⁴	nœŋ³¹	ŋœŋ³⁵	ŋœŋ⁴⁴	tʃœŋ²³	tʃʰœŋ³⁵	tʃœŋ⁴⁴
宝安	hɔ²⁵	ɔʔ³	nœŋ³¹	lœŋ²⁵	lœŋ²²	tʃœŋ²³	tʃʰœŋ²⁵	tʃœŋ²⁵
佛山	hɔk²³ hɔk³⁵小	gɔk³⁴	lœŋ⁴²	lœŋ³⁵	lœŋ¹²	tʃœŋ⁵³	tʃʰœŋ³⁵	tʃœŋ¹²
南海	hɔk²	ŋɔk³	niœŋ³¹	liœŋ³⁵	liœŋ²²	tsiœŋ⁵¹	tsʰiœŋ³⁵	tsiœŋ²²
顺德	hɔk²	ɔk³	løŋ⁴²	løŋ²⁴	løŋ²¹	tʃøŋ⁵³	tʃʰøŋ²⁴	tʃøŋ²⁴
三水	hɔk³ hɔk²⁵小	ŋɔk⁴	liɔŋ³¹	liɔŋ²⁵	liɔŋ³³	tsiɔŋ⁵³	tsʰiɔŋ²⁵	tsiɔŋ³³
高明	hɔk²	ɔk³	niœŋ³¹	liœŋ²⁴	liœŋ³¹	tʃiœŋ⁴⁵	tʃʰiœŋ²⁴	tʃiœŋ³¹
佛冈	hɔk²	ɔk³	niɔŋ²²	liɔŋ³⁵	liɔŋ³¹	tʃiɔŋ³³	tʃʰiɔŋ³⁵	tʃiɔŋ³¹
阳山	hœk²³	œk³⁴	liœŋ²⁴¹	liœŋ⁵⁵	liœŋ²¹⁴	tʃiœŋ⁵¹	tʃʰiœŋ⁵⁵	tʃiœŋ²¹⁴
连山	øk²¹⁵	øk³⁵	niaŋ²⁴¹	liaŋ⁵⁵	liaŋ²¹⁵	tiaŋ⁵¹	tʰiaŋ⁵⁵	θiaŋ²¹⁵
新兴	hɔk⁵²	ɔk⁴	niaŋ²¹	liaŋ³⁵	liaŋ⁵²	tsiaŋ⁴⁵	tsʰiaŋ³⁵	tsiaŋ⁵²
罗定	hɔk²	ɔk³	nœŋ²¹	lœŋ³⁵	lœŋ²¹	tsœŋ⁵⁵	tsʰœŋ³⁵	tsœŋ²¹
郁南	hɔk²	ɔk³	nøŋ²¹	løŋ¹³	løŋ²¹	tʃøŋ⁵⁵	tʃʰøŋ³⁵	tʃøŋ²¹
石岐	hɔk³	ɔk³	nœŋ⁵¹	nœŋ²¹³	lœŋ³³	tsœŋ⁵⁵	tsʰœŋ²¹³	tsœŋ³³

	0721 鹤	0722 恶形,入声	0723 娘	0724 两斤~	0725 亮	0726 浆	0727 抢	0728 匠
	宕开一入铎匣	宕开一入铎影	宕开三平阳泥	宕开三上阳来	宕开三去阳来	宕开三平阳精	宕开三上阳清	宕开三去阳从
肇庆	hɔk⁴²	ŋɔk³	nœŋ²¹	lœŋ²⁴	lœŋ⁵²	tʃœŋ⁴⁵	tʃʰœŋ²⁴	tʃœŋ⁵²
香洲	hɔk³	ɔk²¹	nœŋ³⁴³	lœŋ³⁴³	lœŋ³³	tsœŋ²¹	tsʰœŋ³⁵	tsœŋ³³
斗门	hɔk²¹	ɔk⁵	niɔŋ²²	liɔŋ⁴⁵	liɔŋ⁴²	tsiɔŋ³⁴	tʰiɔŋ⁴⁵	tsiɔŋ⁴²
新会	hɔk²	ɔk⁴⁵	nœŋ²²	lœŋ⁴⁵	lœŋ³²	tsœŋ²³	tsʰœŋ⁴⁵	tsœŋ³²
台山	hɔk²¹ 小	ɔk⁵	nian²²	lian⁵⁵	lian³¹	tian³³	tʰian⁵⁵	tian²²⁵ 小
开平	hɔk²¹ 小	ɔk⁵	nian¹¹	lian⁴⁵	lian³¹	tian³³	tʰian⁴⁵	tian³¹⁵ 小
恩平	hɔk²	ɔk⁵	ndian²²	lian⁵⁵	lian²¹	tʃian³³	tʰian⁵⁵	tʃian²¹
四会	hɔk³	ŋɔk³	liœŋ³¹	liœŋ³³	liœŋ²⁴	tʃiœŋ⁵¹	tʃʰiœŋ³³	tʃiœŋ²⁴
广宁	hɔk³²³	ɔk⁴³	nøŋ³¹	løŋ⁴⁴	løŋ³²³	tsøŋ⁵¹	tsʰøŋ⁴⁴	tsøŋ³²³
怀集	hɔk²⁴	ɔk⁴⁵	nœŋ²³¹	lœŋ⁵⁴	lœŋ²²⁵	tʃœŋ⁴²	tʃʰœŋ⁵⁴	tʃœŋ²²⁵
德庆	hɔk²	ɔk⁵³	nɛ²⁴² 白 / nɛŋ²⁴² 文	lɛ²³ 白 / lɛŋ²³ 文	lɛ⁵³ 白 / lɛŋ⁵³ 文	tsɛ⁴⁵⁴ 白 / tsɛŋ⁵³ 文	tsʰɛ⁴⁵ 白 / tsʰɛŋ⁴⁵ 文	tsɛ³¹ 白 / tsɛŋ³¹ 文
封开	hɔk²¹	ɔk⁵³	niɛŋ²⁴³	liɛŋ²²³	liɛŋ²¹	tiɛŋ⁵⁵	tʰiɛŋ³³⁴	ɬiɛŋ²²³
阳江	huɔʔ⁵⁴	ɔʔ²¹	niɛŋ⁴²	liɛŋ²¹	liɛŋ⁵⁴	tsiɛŋ³³	tsʰiɛŋ²¹	tsiɛŋ⁵⁴
阳春	huɒk⁵²	uɒk³	nian³¹	lian³²⁴	lian⁵²	tsian⁴⁵	tsʰian³²⁴	tsian⁵²
赤坎	hɔʔ²	ɔʔ³	niøŋ²¹	liøŋ¹³	liøŋ²¹	tsiøŋ⁴⁵	tsʰiøŋ¹³	tsiøŋ²¹
吴川	hɔʔ³	ɔʔ³	nian³¹	lian³⁵	lian³¹	tʃian⁵⁵	tʃʰian³⁵	tʃian³¹
廉江	hɔk²	ɔk³	niɛŋ²¹	liɛŋ²⁵	liɛŋ²¹	tsiɛŋ⁵⁵ / tsiɛŋ³³ 又	tsʰiɛŋ²⁵	tsiɛŋ²¹
高州	hɔk²¹	ɔk³	niɛŋ²¹	liɛŋ²⁴	liɛŋ³¹	tʃiɛŋ⁵³	tʃʰiɛŋ²⁴	tʃiɛŋ²¹
化州	hɔʔ³¹	ɔʔ³	nian¹³	lian¹³	lian³¹	tian³³	tʰian³⁵	tian³¹

	0721 鹤	0722 恶形,入声	0723 娘	0724 两斤~	0725 亮	0726 浆	0727 抢	0728 匠
	宕开一入铎匣	宕开一入铎影	宕开三平阳泥	宕开三上阳来	宕开三去阳来	宕开三平阳精	宕开三上阳清	宕开三去阳从
梅州	hɔk⁵	ɔk²	ŋiɔŋ²¹	liɔŋ⁴⁴	liɔŋ⁵²	tsiɔŋ⁴⁴	tsiɔŋ³¹	siɔŋ⁵²
兴宁	hɔk⁴	ɔk²	niɔŋ¹³	liɔŋ²⁴	liɔŋ⁵¹	tsiɔŋ²⁴	tsʰiɔŋ³¹	siɔŋ⁵¹
五华	hɔk⁵	ɔk²	ŋiɔŋ²¹²	liɔŋ⁴⁴	liɔŋ³¹	tsiɔŋ⁴⁴	tsʰiɔŋ³¹	siɔŋ³¹
大埔	hok⁵	ok²	ŋiɔŋ¹³	liɔŋ³⁴	liɔŋ⁵²	tsiɔŋ³⁴	tsʰiɔŋ³¹	tsʰiɔŋ⁵²
丰顺	hok⁵	ok²	ŋiɔŋ²⁴	liɔŋ⁴⁴	liɔŋ²¹	tsiɔŋ⁴⁴	tsʰiɔŋ⁵³	tsiɔŋ⁵³
揭西	hɔk⁵	ɔk³	ŋiɔŋ²⁴	liɔŋ⁴⁵²	liɔŋ³¹	tsiɔŋ⁴⁵²	tsʰiɔŋ³¹	siɔŋ³¹
陆河	hɔk⁵	ɔk⁴⁵	ŋiɔŋ³⁵	liɔŋ⁵³	liɔŋ³³	tsiɔŋ⁵³	tsʰiɔŋ²⁴	siɔŋ³³
龙川	hɔk³	ɔk¹³	ŋiɔŋ⁵¹	liɔŋ³¹	liɔŋ³³	tsiɔŋ³³	tsʰiɔŋ²⁴	siɔŋ³³ 白 / tsiɔŋ³¹ 文
河源	hɔk³	ɔk⁵	ŋiɔŋ³¹	liɔŋ²⁴	liɔŋ⁵⁴	tsiɔŋ³³	tsʰiɔŋ²⁴	tsʰiɔŋ⁵⁴
连平	hɔk⁵	ɔk³	ŋ̩ɔŋ²¹	liɔŋ²⁴	liɔŋ⁵³	tsiɔŋ²⁴	tsʰiɔŋ³¹	siɔŋ⁵³
龙岗	hɔk⁵	ɔk²	ŋgiɔŋ²¹	liɔŋ³³ 白 / liɔŋ³¹ 文	liɔŋ⁵³	tsiɔŋ³³	tsʰiɔŋ³¹	siɔŋ⁵³
惠州	hɔk²¹	ʔɔk⁴⁵	ŋiɔŋ²²	liɔŋ²³	liɔŋ³¹	tɕiɔŋ³³	tɕʰiɔŋ³⁵	tɕʰiɔŋ³¹
博罗	hɔk²	ɔk⁵	ndiɔŋ²¹	liɔŋ³⁵	liɔŋ⁴¹	tsiɔŋ⁴⁴	tsʰiɔŋ³⁵	tsʰiɔŋ⁴¹
新丰	hɔk⁴	ɔk²	ŋgiɔŋ²⁴	liɔŋ⁴⁴	liɔŋ³¹	tsiɔŋ⁴⁴	tsʰiɔŋ³¹	siɔŋ³¹
翁源	hɔk⁴⁵	ɔk³¹	ɲiɔŋ⁴¹	liɔŋ²²	liɔŋ³¹	tsiɔŋ²²	tsʰiɔŋ³¹	siɔŋ³¹
始兴	hɔʔ³	ɔʔ⁴⁵	ŋiɔŋ⁵¹	liɔŋ²²	liɔŋ³³	tɕiɔŋ²²	tɕʰiɔŋ³¹	ɕiɔŋ³³ / tɕiɔŋ³³ 又
仁化	xoʔ⁵	oʔ⁵	ŋiɔŋ³¹	liɔŋ³⁴	liɔŋ³³	tsiɔŋ³³	tsʰiɔŋ²³	tsʰiɔŋ³³
南雄	hoʔ⁴²	oʔ⁵	ŋiɔŋ²¹	liɔŋ²¹	liɔŋ⁴²	tɕiɔŋ⁴⁴	tɕʰiɔŋ²⁴	tɕiɔŋ⁴²

	0721 鹤	0722 恶形,入声	0723 娘	0724 两斤~	0725 亮	0726 浆	0727 抢	0728 匠
	宕开一入铎匣	宕开一入铎影	宕开三平阳泥	宕开三上阳来	宕开三去阳来	宕开三平阳精	宕开三上阳清	宕开三去阳从
飯塘	hɔu⁴¹	ɔu⁴¹	niu⁴⁵	liu³³	liu²¹	tʃiu³³	tʃʰiu³³	tʃʰiu²¹
桂头	hou⁴	ou²¹	lœn⁴⁵	lœn³²⁴	lœn⁴⁴	tsœn⁵¹	tsʰœn³²⁴	tsʰœn⁴⁴
连州	hθ³¹	θ²⁴	ŋi⁵⁵	lɛi²⁴	lɛi³³	tsɛi³¹	tsʰɛi⁵³	tsʰɛi³³
潮州	hoʔ⁵	oʔ²白,好~ / ak²文,~毒	nĩẽ⁵⁵	nĩẽ⁵³	lian³⁵	tsĩẽ³³	tsʰĩẽ⁵³	tsʰĩẽ¹¹
饶平	hoʔ⁵	ak²	nĩõ⁵⁵	nĩõ⁵²	lian²⁵	tsĩõ⁴⁴	tsʰĩõ⁵²	tsʰĩõ²¹
汕头	hoʔ⁵	oʔ²白 / ak²文	nĩõ⁵⁵	nĩõ⁵¹	lian²⁵	tsĩõ³³	tsʰĩõ⁵¹	tsian²⁵
澄海	hoʔ⁵	ak²	nĩõ⁵⁵	nĩõ⁵³	lian³⁵	tsĩõ³³	tsʰĩõ⁵³	tsʰĩõ²²
潮阳	hoʔ⁵	oʔ³白 / ak³文	nĩõ³³	nĩõ⁴⁵⁴	lian⁵²	tsĩõ³¹	tsʰĩõ⁴⁵⁴	tsʰĩõ⁵²
南澳	hoʔ⁵	ak²	nĩõ⁴⁵⁴	nĩõ⁵²	lian³⁵	tsĩõ³⁴ / tsĩõ²¹又	tsʰĩõ⁵²	tsʰĩõ²¹
揭阳	hoʔ⁵	oʔ³白,困难 / ak³文,凶~	nĩõ⁵⁵	nĩõ⁴¹	lian²⁵	tsĩõ³³	tsʰĩõ⁴¹	tsian²⁵
普宁	hoʔ⁵	oʔ³白 / ak³文	nĩõ⁵⁵	nĩõ⁵²	lian²⁴	tsĩõ³⁵	tsʰĩõ⁵²	tsian²⁴
惠来	hõʔ⁵	ak³	nĩõ⁵⁵	nĩõ⁵³	lian²⁵	tsĩõ³⁴	tsʰĩõ⁵³	tsian²⁵
海丰	hoʔ⁵	oʔ²白 / ak²文	nĩõ⁵⁵	nĩõ⁵³	lian³⁵	tsĩõ³³	tsʰĩõ⁵³	tsian³⁵
陆丰	hoʔ⁵	oʔ²白 / ak²文	nĩõ¹³	nĩõ⁵⁵	lian²²	tsĩõ³³	tsʰĩõ⁵⁵	tsian²¹³
电白	hɔʔ⁴⁴²	ɔk⁵	nieu²²白 / niaŋ²²文	niŋ²¹	lian⁴⁴²	tsiŋ¹³	tsʰiaŋ²¹	tsiaŋ⁴⁴²
雷州	huk⁵	ʔuk⁵	nio²²白 / niaŋ²⁴文	lio⁴²	lian²¹	tsio²¹	tsʰiaŋ⁴²	tsiaŋ³³

	0729 想	0730 像	0731 张量	0732 长~短	0733 装	0734 壮	0735 疮	0736 床
	宕开三上阳心	宕开三上阳邪	宕开三平阳知	宕开三平阳澄	宕开三平阳庄	宕开三去阳庄	宕开三平阳初	宕开三平阳崇
广州	ʃœŋ³⁵	tʃœŋ²²	tʃœŋ⁵³	tʃʰœŋ²¹	tʃɔŋ⁵³	tʃɔŋ³³	tʃʰɔŋ⁵⁵	tʃʰɔŋ²¹
番禺	ʃœŋ³⁵	tʃœŋ²²	tʃœŋ⁵³	tʃʰœŋ³¹	tʃɔŋ⁵³	tʃɔŋ³³	tʃʰɔŋ⁵⁵	tʃʰɔŋ³¹
增城	sœŋ³⁵	tsœŋ²²	tsœŋ⁴⁴	tsʰœŋ²¹	tsɔŋ⁴⁴	tsɔŋ³³	tsʰɔŋ⁴⁵	tsʰɔŋ²¹
从化	sœŋ⁴⁵	tsœŋ³¹	tsœŋ⁵⁵	tsʰœŋ²²	tsɔŋ⁵⁵	tsɔŋ²³	tsʰɔŋ⁵⁵	tsʰɔŋ²²
龙门	siɔŋ³⁵	tsiɔŋ⁵³	tsiɔŋ⁴²	tsʰiɔŋ²¹	tsɔŋ⁴²	tsɔŋ²³	tsʰɔŋ⁵⁵	tsʰɔŋ²¹
莞城	ʃœŋ³⁵	tʃœŋ⁴⁴	tʃœŋ²³	tʃʰœŋ³¹	tʃɔŋ²³	tʃɔŋ⁴⁴	tʃʰɔŋ²³	tʃʰɔŋ³¹
宝安	ʃœŋ²⁵	tʃœŋ²²	tʃœŋ²³	tʃʰœŋ³³	tʃɔŋ⁵⁵	tʃɔŋ³³	tʃʰɔŋ²³	tʃʰɔŋ³³
佛山	ʃœŋ³⁵	tʃœŋ¹²	tʃœŋ⁵³	tʃʰœŋ⁴²	tʃɔŋ⁵³动 tʃɔŋ⁵⁵名	tʃɔŋ²⁴	tʃʰɔŋ⁵⁵	tʃʰɔŋ⁴²
南海	siœŋ³⁵	tsiœŋ²²	tsiœŋ⁵¹	tsʰiœŋ³¹	tsɔŋ⁵¹动 tsɔŋ⁵⁵名	tsɔŋ³³	tsʰɔŋ⁵⁵	tsʰɔŋ³¹
顺德	ʃøŋ²⁴	tʃøŋ²¹	tʃøŋ⁵³	tʃʰøŋ⁴²	tʃɔŋ⁵³	tʃɔŋ³²	tʃʰɔŋ⁵⁵	tʃɔŋ⁴²
三水	siɔŋ²⁵	tsiɔŋ³³	tsiɔŋ⁵³	tsʰiɔŋ³¹	tsɔŋ⁵³ tsɔŋ⁵⁵又	tsɔŋ⁴⁴	tsʰɔŋ⁵⁵	tsʰɔŋ³¹
高明	ʃiœŋ²⁴	tʃiœŋ³¹	tʃiœŋ⁵⁵	tʃʰiœŋ³¹	tʃɔŋ⁴⁵	tʃɔŋ³³	tʃʰɔŋ⁴⁵	tʃʰɔŋ³¹
佛冈	ʃiɔŋ³⁵	tʃiɔŋ³¹	tʃiɔŋ³³	tʃʰiɔŋ²²	tʃɔŋ³³	tʃɔŋ³³	tʃʰɔŋ³¹ tʃʰɔŋ²²又	tʃʰɔŋ²²
阳山	ʃiœŋ⁵⁵	tʃiœŋ²¹⁴	tʃiœŋ⁵¹	tiœŋ²⁴¹	tʃœŋ⁵¹	tʃœŋ³⁴	tʃʰœŋ⁵¹	tʃœŋ²⁴¹
连山	θiaŋ⁵⁵	θiaŋ¹⁵	tʃiaŋ⁵¹	ʃiaŋ²⁴¹	tʃøŋ⁵¹	tʃøŋ³⁵	tʃʰøŋ⁵¹	ʃøŋ²⁴¹
新兴	siaŋ³⁵	tsiaŋ⁵²	tsiaŋ⁴⁵	tsʰiaŋ²¹	tsɔŋ⁴⁵	tsɔŋ⁴⁴³	tsʰɔŋ⁴⁵	sɔŋ²¹
罗定	sœŋ³⁵	tsœŋ²¹	tsœŋ⁵⁵	tsʰœŋ²¹	tsɔŋ⁵⁵	tsɔŋ³³	tsʰɔŋ⁵⁵	tsʰɔŋ²¹
郁南	ʃøŋ³⁵	tʃøŋ²¹	tʃøŋ⁵⁵	tʃʰøŋ²¹	tʃɔŋ⁵⁵	tʃɔŋ³³	tʃʰɔŋ⁵⁵	tʃʰɔŋ²¹
石岐	sœŋ²¹³	tsœŋ³³	tsœŋ⁵⁵	tsʰœŋ⁵¹	tsɔŋ⁵⁵	tsɔŋ³³	tsʰɔŋ⁵⁵	tsʰɔŋ⁵¹

	0729 想	0730 像	0731 张量	0732 长~短	0733 装	0734 壮	0735 疮	0736 床
	宕开三上阳心	宕开三上阳邪	宕开三平阳知	宕开三平阳澄	宕开三平阳庄	宕开三去阳庄	宕开三平阳初	宕开三平阳崇
肇庆	$\int$œŋ^{24}	t$\int$œŋ^{52}	t$\int$œŋ^{45}	t$\int^{h}$œŋ^{21}	t$\int$ɔŋ^{45}	t$\int$ɔŋ^{33}	t$\int^{h}$ɔŋ^{45}	t$\int^{h}$ɔŋ^{21}
香洲	sœŋ^{35}	tsœŋ^{33}	tsœŋ^{21}	ts^{h}œŋ^{343}	tsɔŋ^{21}	tsɔŋ^{33}	ts^{h}ɔŋ^{21}	ts^{h}ɔŋ^{343}
斗门	siɔŋ^{45}	tsiɔŋ^{42}	tsiɔŋ^{34}	t^{h}iɔŋ^{22}	tsɔŋ^{34}	tsɔŋ^{42}	t^{h}ɔŋ^{21}	t^{h}ɔŋ^{22}
新会	sœŋ^{45}	tsœŋ^{32}	tsœŋ^{23}	ts^{h}œŋ^{22}	tsɔŋ^{23}	tsɔŋ^{23}	ts^{h}ɔŋ^{21}	ts^{h}ɔŋ^{22}
台山	ɬiaŋ^{55}小	tiaŋ^{31}	tsiaŋ^{33}	ts^{h}iaŋ^{22}	tsɔŋ^{33}	tsɔŋ^{33}	ts^{h}ɔŋ^{33}	ts^{h}ɔŋ^{22}小
开平	ɬiaŋ^{45}小	tiaŋ^{215}小	t$\int$iaŋ^{33}	t$\int^{h}$iaŋ^{11}	t$\int$ɔŋ^{33}	t$\int$ɔŋ^{33}	t$\int^{h}$ɔŋ^{31}	t$\int^{h}$ɔŋ^{11}小
恩平	$\int$iaŋ^{55}	t$\int$iaŋ^{21}	t$\int$iaŋ^{33}	t^{h}iaŋ^{22}	t$\int$ɔŋ^{33}	t$\int$ɔŋ^{33}	t^{h}ɔŋ^{33}	t^{h}ɔŋ^{22}
四会	$\int$iœŋ^{33}	t$\int$iœŋ^{24}	t$\int$iœŋ^{51}	tœŋ^{31}	t$\int$ɔŋ^{51}	t$\int$ɔŋ^{33}	t$\int^{h}$ɔŋ^{51}	t$\int$ɔŋ^{31}
广宁	søŋ^{44}	tsøŋ^{323}	tsøŋ^{51}	tøŋ^{31}	tsɔŋ^{51}	tsɔŋ^{33}	ts^{h}ɔŋ^{51}	tsɔŋ^{31}
怀集	θœŋ^{54}	t$\int$œŋ^{225}	tœŋ^{42}白 t$\int$œŋ^{42}文	tœŋ^{231}	t$\int$ɔŋ^{42}	t$\int$ɔŋ^{45}	t$\int^{h}$ɔŋ^{42}	t$\int$ɔŋ^{231}
德庆	sɛ^{45}白 sɛŋ^{45}文	tsɛ^{31}白 tsɛŋ^{31}文	tsɛ^{454}白 tsɛŋ^{454}文	tsɛ^{242}白 ts^{h}ɛŋ^{242}文	tsɔ^{454}白 tsɔŋ^{454}文	tsɔŋ^{53}	ts^{h}ɔ^{454}白 ts^{h}ɔŋ^{454}文	tsɔ^{242}白 ts^{h}ɔŋ^{242}文
封开	ɬiɛŋ^{334}	ɬiɛŋ^{223}	t$\int$iɛŋ^{55}	t$\int$iɛŋ^{243}	t$\int$ɔŋ^{55}	t$\int$ɔŋ^{51}	t$\int^{h}$ɔŋ^{55}	t$\int$ɔŋ^{243}
阳江	ɬiɛŋ^{21}	tsiɛŋ^{54}	tsiɛŋ^{33}	ts^{h}iɛŋ^{42}	tsuɔŋ^{33}	tsuɔŋ^{35}	ts^{h}uɔŋ^{33}	suɔŋ^{42}
阳春	ɬiaŋ^{324}	tsiaŋ^{52}	tsiaŋ^{45}	ts^{h}iaŋ^{31}	tsuɒŋ^{45}	tsuɒŋ^{33}	ts^{h}uɒŋ^{45}	ts^{h}uɒŋ^{31}
赤坎	ɬiøŋ^{13}	tsiøŋ^{21}	tsiøŋ^{45}	ts^{h}iøŋ^{21}	tsɔŋ^{45}	tsɔŋ^{33}	ts^{h}ɔŋ^{45}	ts^{h}ɔŋ^{21}
吴川	ɬiaŋ^{35}	t$\int$iaŋ^{31}	t$\int$iaŋ^{55}	t$\int^{h}$iaŋ^{31}	t$\int$ɔŋ^{55}	t$\int$ɔŋ^{33}	t$\int^{h}$ɔŋ^{55}	t$\int^{h}$ɔŋ^{31}
廉江	ɬiɛŋ^{25}	tsiɛŋ^{21}	tsiɛŋ^{55}	ts^{h}iɛŋ^{21}	tsɔŋ^{55}	tsɔŋ^{33}	ts^{h}ɔŋ^{55}	ts^{h}ɔŋ^{21}
高州	ɬiɛŋ^{24}	t$\int$iɛŋ^{31}	t$\int$iɛŋ^{53}	t$\int^{h}$iɛŋ^{21}	t$\int$ɔŋ^{53}	t$\int$ɔŋ^{33}	t$\int^{h}$ɔŋ^{53}	t$\int^{h}$ɔŋ^{21}
化州	ɬiaŋ^{35}	tiaŋ^{31}	t$\int$iaŋ^{53}	t$\int^{h}$iaŋ^{13}	t$\int$ɔŋ^{53}	t$\int$ɔŋ^{33}	t$\int^{h}$ɔŋ^{53}	t$\int^{h}$ɔŋ^{53}

	0729 想	0730 像	0731 张量	0732 长~短	0733 装	0734 壮	0735 疮	0736 床
	宕开三 上阳心	宕开三 上阳邪	宕开三 平阳知	宕开三 平阳澄	宕开三 平阳庄	宕开三 去阳庄	宕开三 平阳初	宕开三 平阳崇
梅州	sioŋ³¹	tsʰioŋ⁵²	tsoŋ⁴⁴	tsʰɔŋ²¹	tsoŋ⁴⁴	tsoŋ⁵²	tsʰɔŋ⁴⁴	tsʰɔŋ²¹
兴宁	sioŋ³¹	tsʰioŋ⁵¹白 sioŋ⁵¹文	tʃoŋ²⁴	tʃʰɔŋ¹³	tsoŋ²⁴	tsoŋ⁵¹	tsʰɔŋ²⁴	tsʰɔŋ¹³
五华	sioŋ³¹	tsʰioŋ⁵¹白 sioŋ⁵¹文	tʃoŋ⁴⁴	tʃʰɔŋ²¹²	tsoŋ⁴⁴	tsoŋ⁵¹	tsʰɔŋ⁴⁴	tsʰɔŋ²¹²
大埔	sioŋ³¹	tsʰioŋ⁵²	tʃoŋ³⁴	tʃʰɔŋ¹³	tsoŋ³⁴	tsoŋ⁵²	tsʰɔŋ³⁴	tsʰɔŋ¹³
丰顺	sioŋ²¹	sioŋ⁵³	tʃoŋ⁴⁴	tʃʰɔŋ²⁴	tsoŋ⁴⁴	tsoŋ⁵³	tsʰɔŋ⁴⁴	sɔŋ²⁴
揭西	sioŋ³¹	tsʰioŋ⁴¹	tʃoŋ⁴⁵²	tʃʰɔŋ²⁴	tsoŋ⁴⁵²	tsoŋ⁴¹	tsʰɔŋ⁴⁵²	tsʰɔŋ²⁴
陆河	sioŋ³³	tsʰioŋ³¹白 sioŋ³¹文	tʃoŋ⁵³	tʃʰɔŋ³⁵	tsoŋ⁵³	tsoŋ³¹	tsʰɔŋ⁵³	tsʰɔŋ³⁵
龙川	sioŋ²⁴	tsʰioŋ³¹	tsoŋ³³	tsʰɔŋ⁵¹	tsoŋ³³	tsoŋ³¹	tsʰɔŋ³³	tsʰɔŋ⁵¹
河源	sioŋ²⁴	tsʰioŋ²¹²	tsoŋ³³	tsʰɔŋ³¹	tsoŋ³³	tsoŋ²¹²	tsʰɔŋ³³	tsʰɔŋ³¹
连平	sioŋ³¹	tsʰioŋ⁵³白 sioŋ⁵³文	tsoŋ²⁴	tsʰɔŋ²¹	tsoŋ²⁴	tsoŋ⁵³	tsʰɔŋ²⁴	tsʰɔŋ²¹
龙岗	sioŋ³¹	tsʰioŋ⁵³	tsoŋ³³	tsʰɔŋ³¹	tsoŋ³³	tsoŋ⁵³	tsʰɔŋ³³	tsʰɔŋ²¹
惠州	sioŋ³⁵	tɕʰioŋ³¹	tɕioŋ³³	tɕʰioŋ²²	tsoŋ³³	tsoŋ²³	tsʰɔŋ³³	tsʰɔŋ²²
博罗	ɬioŋ³⁵	tsʰioŋ⁴¹	tsoŋ⁴⁴	tsʰɔŋ²¹	tsoŋ⁴⁴	tsoŋ²⁴	tsʰɔŋ⁴⁴	tsʰɔŋ²¹
新丰	sioŋ³¹	sioŋ⁵¹	tsoŋ⁴⁴	tsʰɔŋ²⁴	tsoŋ⁴⁴	tsoŋ⁵¹	tsʰɔŋ⁴⁴	tsʰɔŋ²⁴
翁源	sioŋ³¹	tsʰioŋ⁴⁵白 sioŋ⁴⁵文	tʃoŋ²²	tʃʰɔŋ⁴¹	tsoŋ²²	tsoŋ⁴⁵	tsʰɔŋ²²	tsʰɔŋ⁴¹
始兴	ɕioŋ³¹	ɕioŋ³³	tsoŋ²²	tsʰɔŋ⁵¹	tsoŋ²²	tsoŋ³³	tsʰɔŋ²²	tsʰɔŋ⁵¹
仁化	sioŋ²³	tsʰioŋ³⁴	tsoŋ³³	tsʰɔŋ³¹	tsoŋ³³	tsoŋ³⁴	tsʰɔŋ³³	tsʰɔŋ³¹
南雄	ɕioŋ²⁴	tɕioŋ⁴²	tsoŋ⁴⁴	tsoŋ²¹	tsoŋ⁴⁴	tsoŋ³²	tsʰɔŋ⁴⁴	tsoŋ²¹

	0729 想	0730 像	0731 张量	0732 长~短	0733 装	0734 壮	0735 疮	0736 床
	宕开三上阳心	宕开三上阳邪	宕开三平阳知	宕开三平阳澄	宕开三平阳庄	宕开三去阳庄	宕开三平阳初	宕开三平阳崇
皈塘	ʃiu³³	ʃiu²¹	tʃiu²⁴	tʃʰiu⁴⁵	tʃɔu²⁴	tʃɔu²¹	tʃʰɔu²⁴	tʃʰɔu⁴⁵
桂头	sœn³²⁴	sœn⁴⁴	tsœn⁵¹	tœn⁴⁵	tsoŋ⁵¹	tsoŋ⁴⁴	tsʰoŋ⁵¹	tsʰoŋ⁴⁵
连州	sɛi⁵³	tsʰɛi³³	tsɛi³¹	tsʰɛi⁵⁵	tsø³¹	tsø¹¹	tsʰø³¹	tsʰø⁵⁵
潮州	sĩẽ³⁵白 siaŋ⁵³文	tsʰĩẽ³⁵白 sĩẽ²¹³文	tĩẽ³³	tɤŋ⁵⁵白 tsʰiaŋ⁵⁵文	tsuaŋ³³	tsaŋ²¹³	tsʰɤŋ³³	tsʰɤŋ⁵⁵白 sɤŋ⁵⁵文
饶平	sĩõ²⁵白 siaŋ⁵²文	tsʰĩõ²⁵	tĩõ⁴⁴	tɯŋ⁵⁵白 tsʰiaŋ⁵⁵文	tsɯŋ⁴⁴白 tsuaŋ⁴⁴文	tsaŋ²¹⁴	tsʰɯŋ⁴⁴	tsʰɯŋ⁵⁵
汕头	sĩõ²⁵白 siaŋ⁵¹文	tsʰĩõ²⁵白 sĩõ²¹³文	tĩõ³³白 tsiaŋ³³文	tɯŋ⁵⁵白 tsʰiaŋ⁵⁵文	tsɯŋ³³白 tsuaŋ³³文	tsaŋ²¹³	tsʰɯŋ³³	tsʰɯŋ⁵⁵白 sɯŋ⁵⁵文
澄海	sĩõ³⁵白 siaŋ⁵³文	tsʰĩõ³⁵白 sĩõ²¹²文	tĩõ³³	təŋ⁵⁵	tsuaŋ³³	tsaŋ²¹²	tsʰəŋ³³	tsʰəŋ⁵⁵
潮阳	sĩõ⁵²	tsʰĩõ⁵²	tĩõ³¹	tŋ³³	tsuaŋ³¹	tsaŋ⁵²	tsʰŋ³¹	tsʰŋ³³
南澳	sĩõ³⁵白 siaŋ⁵²文	tsʰĩõ³⁵白 sĩõ²¹文	tĩõ³⁴	təŋ⁴⁵⁴	tsəŋ³⁴白 tsuaŋ³⁴文	tsaŋ²¹	tsʰəŋ³⁴	tsʰəŋ⁴⁵⁴
揭阳	sĩõ²⁵白 siaŋ⁴¹文	tsʰĩõ²⁵白 sĩõ²¹³文	tĩõ³³	tɯŋ⁵⁵白 tsʰiaŋ⁵⁵文	tsɯŋ³³白 tsuaŋ³³文	tsaŋ²¹³	tsʰɯŋ³³	tsʰɯŋ⁵⁵
普宁	sĩõ²⁴白 siaŋ⁵²文	tsʰĩõ²⁴	tĩõ³⁵	tŋ⁵⁵白 tsʰiaŋ⁵⁵文	tsŋ³⁵白 tsuaŋ³⁵文	tsaŋ³¹²	tsʰŋ³⁵	tsʰŋ⁵⁵
惠来	sĩõ²⁵白 siaŋ⁵³文	tsʰĩõ²⁵白 sĩõ³¹文	tĩõ³⁴	tŋ⁵⁵白 tsʰiaŋ⁵⁵文	tsuaŋ³⁴	tsaŋ³¹	tsʰŋ³⁴	tsʰŋ⁵⁵
海丰	sĩõ³⁵白 siaŋ³⁵文	tsʰĩõ³⁵白 tsʰiaŋ³⁵文	tĩõ³³白 tsiaŋ³³文	tŋ⁵⁵白 tsʰiaŋ⁵⁵文	tsŋ³³	tsaŋ²¹²	tsʰŋ³³	tsʰŋ⁵⁵
陆丰	sĩõ²²白 siaŋ⁵⁵文	tsʰĩõ²²白 sĩõ²¹³文	tĩõ³³	tŋ¹³白 tsʰiaŋ¹³文	tsŋ³³	tsaŋ²¹³	tsʰŋ³³	tsʰŋ¹³
电白	siŋ²¹	siŋ¹³	tiŋ³³	tɔŋ²²	tsɔŋ³³	tsuaŋ¹³	tsʰɔŋ³³	tsʰɔŋ²²
雷州	sio⁴²白 siaŋ⁴²文	sio²¹白 siaŋ²¹文	tio²⁴	to²²	tso²⁴	tsuaŋ²¹	tsʰo²⁴	tsʰo²²

	0737 霜	0738 章	0739 厂	0740 唱	0741 伤	0742 尝	0743 上~去	0744 让
	宕开三平阳生	宕开三平阳章	宕开三上阳昌	宕开三去阳昌	宕开三平阳书	宕开三平阳禅	宕开三上阳禅	宕开三去阳日
广州	ʃœŋ⁵³	tʃœŋ⁵³	tʃʰɔŋ³⁵	tʃʰœŋ³³	ʃœŋ⁵³	ʃœŋ²¹	ʃœŋ¹³	iœŋ²²
番禺	ʃœŋ⁵³	tʃœŋ⁵³	tʃʰɔŋ³⁵	tʃʰœŋ³³	ʃœŋ⁵³	ʃœŋ³¹	ʃœŋ²³	iœŋ²²
增城	sœŋ⁴⁴	tsœŋ⁴⁴	tsʰɔŋ³⁵	tsʰœŋ³³	sœŋ⁴⁴	sœŋ²¹	sœŋ¹³	iœŋ²²
从化	sœŋ⁵⁵	tsœŋ⁵⁵	tsʰɔŋ⁴⁵	tsʰœŋ²³	sœŋ⁵⁵	sœŋ²²	sœŋ²³	iœŋ³¹
龙门	sɔŋ⁴²	tsiɔŋ⁴²	tsʰɔŋ³⁵	tsʰiɔŋ²³	siɔŋ⁴²	siɔŋ²¹	siɔŋ²³	iɔŋ⁵³
莞城	ʃɔŋ²³	tʃœŋ²³	tʃʰɔŋ³⁵	tʃʰœŋ⁴⁴	ʃœŋ²³	ʃœŋ³¹	ʃœŋ⁴⁴	iœŋ⁴⁴
宝安	ʃɔŋ²³	tʃœŋ⁵⁵	ʃʰɔŋ²⁵	tʃʰœŋ³³	ʃœŋ⁵⁵	ʃœŋ³¹	ʃœŋ²³	iœŋ²²
佛山	ʃœŋ⁵³	tʃœŋ⁵³	tʃʰɔŋ³⁵	tʃʰœŋ²⁴	ʃœŋ⁵³	ʃœŋ⁴²	ʃœŋ¹³	iœŋ¹²
南海	siœŋ⁵¹	tsiœŋ⁵¹	tsʰɔŋ³⁵	tsʰiœŋ³³	siœŋ⁵¹	siœŋ³¹	siœŋ¹³	iœŋ²²
顺德	ʃøŋ⁵³	tʃøŋ⁵³ 文~ / tʃøŋ⁵⁵ 公~	tʃʰøŋ²⁴	tʃʰøŋ³²	ʃøŋ⁵³	ʃøŋ⁴²	ʃøŋ¹³	iøŋ²¹
三水	siɔŋ⁵³ / siɔŋ⁵⁵ 又	tsiɔŋ⁵³ / tsiɔŋ⁵⁵ 又	tsʰɔŋ²⁵	tsʰiɔŋ⁴⁴	siɔŋ⁵³	siɔŋ³¹	siɔŋ³³ / siɔŋ²⁵ 又	iɔŋ³³
高明	ʃiœŋ⁴⁵	tʃiœŋ⁵⁵	tʃʰɔŋ²⁴	tʃʰiœŋ³³	ʃiœŋ⁴⁵	ʃiœŋ³¹	ʃiœŋ³³	iœŋ³¹
佛冈	ʃiɔŋ³³ / ʃɔŋ³³ 又	tʃiɔŋ³³	tʃʰɔŋ³⁵	tʃʰiɔŋ³³	ʃiɔŋ³³	ʃiɔŋ²²	ʃiɔŋ³³	iɔŋ³¹
阳山	ʃœŋ⁵¹	tʃiœŋ⁵¹	tʃiœŋ⁵⁵	tʃʰiœŋ³⁴	ʃiœŋ⁵¹	ʃiœŋ²⁴¹	ʃiœŋ²²⁴	iœŋ²¹⁴
连山	ʃøŋ⁵¹	tʃiaŋ⁵¹	tʃʰøŋ⁵⁵	tʃʰiaŋ³⁵	ʃiaŋ⁵¹	ʃiaŋ²⁴¹	ʃiaŋ¹⁵	ɳiaŋ²¹⁵
新兴	sɔŋ⁴⁵	tsiaŋ⁴⁵	tsʰɔŋ³⁵	tsʰiaŋ⁴⁴³	siaŋ⁴⁵	siaŋ²¹	siaŋ⁵²	iaŋ⁵²
罗定	sœŋ⁵⁵ 白 / sɔŋ⁵⁵ 文	tsœŋ⁵⁵	tsʰɔŋ³⁵	tsʰœŋ³³	sœŋ⁵⁵	sœŋ²¹	sœŋ¹³	iœŋ²¹
郁南	ʃøŋ⁵⁵	tʃøŋ⁵⁵	tʃʰɔŋ³⁵	tʃʰøŋ³³	ʃøŋ⁵⁵	ʃøŋ²¹	ʃøŋ¹³	iøŋ²¹
石岐	sœŋ⁵⁵	tsœŋ⁵⁵	tsʰɔŋ²¹³	tsʰœŋ³³	sœŋ⁵⁵	sœŋ⁵¹	sœŋ²¹³	iɔŋ³³

	0737 霜	0738 章	0739 厂	0740 唱	0741 伤	0742 尝	0743 上~去	0744 让
	宕开三平阳生	宕开三平阳章	宕开三上阳昌	宕开三去阳昌	宕开三平阳书	宕开三平阳禅	宕开三上阳禅	宕开三去阳日
肇庆	ʃœŋ⁴⁵	tʃœŋ⁴⁵	tʃʰɔŋ²⁴	tʃʰœŋ³³	ʃœŋ⁴⁵	ʃœŋ²¹	ʃœŋ¹³	iœŋ⁵²
香洲	sœŋ²¹	tsœŋ²¹	tsʰɔŋ³⁵	tsʰœŋ³³	sœŋ²¹	sœŋ³⁴³	sœŋ³⁵	iœŋ³³
斗门	siɔŋ³⁴	tsiɔŋ³⁴	tʰɔŋ⁴⁵	tʰiɔŋ³⁴	siɔŋ³⁴	siɔŋ²²	siɔŋ²¹	ŋiɔŋ⁴²
新会	sœŋ²³	tsœŋ²³	tsʰɔŋ⁴⁵	tsʰœŋ²²	sœŋ²³	sœŋ²²	sœŋ³²	ŋœŋ³²
台山	sɔŋ³³	tsiaŋ³³	tsʰɔŋ⁵⁵	tsʰiaŋ³³	siaŋ³³	siaŋ²²	siaŋ³³	ŋiaŋ³¹
开平	ʃɔŋ³³	tʃiaŋ³³	tʃʰɔŋ⁴⁵	tʃʰiaŋ³³	ʃiaŋ³³	ʃiaŋ¹¹	ʃiaŋ³¹	ŋiaŋ³¹
恩平	ʃɔŋ³³	tʃiaŋ³³	tʰɔŋ⁵⁵	tʰiaŋ³³	ʃiaŋ³³	ʃiaŋ²²	ʃiaŋ³³	ŋgiaŋ²¹
四会	ʃɔŋ⁵¹	tʃiœŋ⁵¹	tʃʰɔŋ³³	tʃʰiœŋ³³	ʃiœŋ⁵¹	ʃiœŋ³¹	ʃiœŋ²⁴	iœŋ²⁴
广宁	sɔŋ⁵¹	tsøŋ⁵¹	tsʰɔŋ⁴⁴	tsʰøŋ³³	søŋ⁵¹	søŋ³¹	søŋ³²³	yøŋ³²³
怀集	θœŋ⁴²	tʃœŋ⁴²	tʃʰɔŋ⁵⁴	tʃʰœŋ⁴⁵	θœŋ⁴²	θœŋ²³¹	tʃœŋ²²⁵白 θœŋ²²⁵文	ŋiœŋ²²⁵
德庆	sɔ⁴⁵⁴白 sɛŋ⁴⁵⁴文	tsɛ⁴⁵⁴白 tsɛŋ⁴⁵⁴文	tsʰɔ⁴⁵白 tsʰɔŋ⁴⁵文	tsʰɛ⁵³白 tsʰɛŋ⁵³文	sɛ⁴⁵⁴白 sɛŋ⁴⁵⁴文	sɛ²⁴²白 sɛŋ²⁴²文	sɛ⁴⁵白 sɛŋ⁴⁵文	iɛŋ³¹
封开	ʃɔŋ⁵⁵	tʃiɛŋ⁵⁵	tʃʰiɛŋ³³⁴	tʃʰiɛŋ⁵¹	ʃiɛŋ⁵⁵	tʃiɛŋ²⁴³	tʃiɛŋ²²³	ŋiɛŋ²¹
阳江	suɔŋ³³	tsiɛŋ³³	tsʰuɔŋ²¹	tsʰiɛŋ³⁵	siɛŋ³³	siɛŋ⁴²	siɛŋ²¹	iɛŋ⁵⁴
阳春	suɒŋ⁴⁵	tsiaŋ⁴⁵	tsʰuɒŋ³²⁴	tsʰiaŋ³³	siaŋ⁴⁵	siaŋ³¹	siaŋ³²³	ŋiaŋ⁵²
赤坎	ɬiøŋ⁴⁵	tsiøŋ⁴⁵	tsʰɔŋ¹³	tsʰiøŋ³³	siøŋ⁴⁵	siøŋ²¹	siøŋ¹³	iøŋ²¹
吴川	ʃiaŋ⁵⁵	tʃiaŋ⁵⁵	tʃʰɔŋ³⁵	tʃʰiaŋ³³	ʃiaŋ⁵⁵	ʃiaŋ³¹	ʃiaŋ²⁴	ŋiaŋ³¹
廉江	ɬɔŋ⁵⁵	tsiɛŋ⁵⁵	tsʰɔŋ²⁵	tsʰiɛŋ³³	siɛŋ⁵⁵	siɛŋ²¹	siɛŋ²³	ŋiɛŋ²¹
高州	ɬɔŋ⁵³	tʃiɛŋ⁵³	tʃʰɔŋ²⁴	tʃʰiɛŋ³³	ʃiɛŋ⁵³	ʃiɛŋ²¹	ʃiɛŋ¹³	ŋiɛŋ³¹
化州	ʃɔŋ⁵³	tʃiaŋ⁵³	tʃʰɔŋ³⁵	tʃʰiaŋ³³	ʃiaŋ⁵³	ʃiaŋ¹³	ʃiaŋ¹³	ŋiaŋ³¹

	0737 霜	0738 章	0739 厂	0740 唱	0741 伤	0742 尝	0743 上~去	0744 让
	宕开三平阳生	宕开三平阳章	宕开三上阳昌	宕开三去阳昌	宕开三平阳书	宕开三平阳禅	宕开三上阳禅	宕开三去阳日
梅州	sɔŋ^{44}	tsɔŋ^{44}	tsʰɔŋ^{31}	tsʰɔŋ^{52}	sɔŋ^{44}	sɔŋ^{21}	sɔŋ^{44}白 sɔŋ^{31}文	ŋiɔŋ^{52}
兴宁	sɔŋ^{24}	tʃɔŋ^{24}	tʃʰɔŋ^{31}	tʃʰɔŋ^{51}	ʃɔŋ^{24}	ʃɔŋ^{13}	ʃɔŋ^{24}~天 ʃɔŋ^{31}~灯	ʒɔŋ^{51}
五华	sɔŋ^{44}	tʃɔŋ^{44}	tʃʰɔŋ^{31}	tʃʰɔŋ^{51}	ʃɔŋ^{44}	ʃɔŋ^{212}	ʃɔŋ^{31}	ŋiɔŋ^{31}
大埔	sɔŋ^{34}	tʃɔŋ^{34}	tʃʰɔŋ^{31}	tʃʰɔŋ^{52}	ʃɔŋ^{34}	ʃɔŋ^{13}	ʃɔŋ^{34}~山 ʃɔŋ^{31}~灯	ʒɔŋ^{52}
丰顺	sɔŋ^{44}	tʃɔŋ^{44}	tʃʰɔŋ^{53}	tʃʰɔŋ^{53}	ʃɔŋ^{44}	ʃɔŋ^{24}	ʃɔŋ^{44}	iɔŋ^{21}
揭西	sɔŋ^{452}	tʃɔŋ^{452}	tʃʰɔŋ^{31}	tʃʰɔŋ^{41}	ʃɔŋ^{452}	ʃɔŋ^{24}	ʃɔŋ^{452}	ʒɔŋ^{41}
陆河	sɔŋ^{53}	tʃɔŋ^{53}	tʃʰɔŋ^{24}	tʃʰɔŋ^{31}	ʃɔŋ^{53}	ʃɔŋ^{35}	ʃɔŋ^{53}	ʒɔŋ^{33}
龙川	sɔŋ^{33}	tsɔŋ^{33}	tsʰɔŋ^{24}	tsʰɔŋ^{31}	sɔŋ^{33}	sɔŋ^{51}	sɔŋ^{31}	ŋiɔŋ^{33}
河源	sɔŋ^{33}	tsɔŋ^{33}	tsʰɔŋ^{24}	tsʰɔŋ^{212}	sɔŋ^{33}	sɔŋ^{31}	sɔŋ^{54}	ŋiɔŋ^{54}
连平	sɔŋ^{24}	tsɔŋ^{24}	tsʰɔŋ^{31}	tsʰɔŋ^{53}	sɔŋ^{24}	sɔŋ^{21}	sɔŋ^{24}	ŋɔŋ^{53}
龙岗	sɔŋ^{33}	tsɔŋ^{33}	tsʰɔŋ^{31}	tsʰɔŋ^{53}	sɔŋ^{33}	sɔŋ^{21}	sɔŋ^{33}	ŋgiɔŋ^{53}
惠州	sɔŋ^{33}	tɕiɔŋ^{33}	tsʰɔŋ^{35}	tɕʰiɔŋ^{23}	ɕiɔŋ^{33}	ɕiɔŋ^{22}	ɕiɔŋ^{23}	niɔŋ^{31}
博罗	sɔŋ^{44}	tsɔŋ^{44}	tsʰɔŋ^{35}	tsʰɔŋ^{24}	sɔŋ^{44}	sɔŋ^{21}	sɔŋ^{24}	zɔŋ^{41}
新丰	sɔŋ^{44}	tsɔŋ^{44}	tsʰɔŋ^{31}	tsʰɔŋ^{51}	sɔŋ^{44}	sɔŋ^{24}	sɔŋ^{44}	ŋgiɔŋ^{31}
翁源	sɔŋ^{22}	tʃɔŋ^{22}	tʃʰɔŋ^{31}	tʃʰɔŋ^{45}	ʃɔŋ^{22}	ʃɔŋ^{41}	ʃɔŋ^{22}	ɲiɔŋ^{31}
始兴	sɔŋ^{22}	tsɔŋ^{22}	tsʰɔŋ^{31}	tsʰɔŋ^{33}	sɔŋ^{22}	sɔŋ^{51}	sɔŋ^{22}	ŋiɔŋ^{33}
仁化	sɔŋ^{33}	tsɔŋ^{33}	tsʰɔŋ^{23}	tsʰɔŋ^{34}	sɔŋ^{33}	sɔŋ^{31}	sɔŋ^{34}	niɔŋ^{33}
南雄	sɔŋ^{44}	tsɔŋ^{44}	tsʰɔŋ^{24}	tsʰɔŋ^{32}	sɔŋ^{44}	sɔŋ^{21}	sɔŋ^{44}	ɲiɔŋ^{32}白 ɲiɔŋ^{42}文

	0737 霜	0738 章	0739 厂	0740 唱	0741 伤	0742 尝	0743 上~去	0744 让
	宕开三平阳生	宕开三平阳章	宕开三上阳昌	宕开三去阳昌	宕开三平阳书	宕开三平阳禅	宕开三上阳禅	宕开三去阳日
飯塘	ʃou²⁴	tʃiu²⁴	tʃʰiu³³	tʃʰiu²¹	ʃou²⁴	ʃiu⁴⁵	ʃou³³	iou²¹
桂头	soŋ⁵¹	tsœn⁵¹	tsʰœn³²⁴	tsʰœn⁴⁴	sœn⁵¹	sœn⁴⁵	sœn²¹	ŋœn⁴⁴
连州	sɵ³¹	tsɛi³¹	tsʰɵ⁵³	tsʰɛi¹¹	sɛi³¹	sɛi⁵⁵	sɛi²⁴	ȵiɛi³³
潮州	sɤŋ³³	tsĩẽ³³ 白 / tsiaŋ³³ 文	tsʰiaŋ⁵³	tsʰĩẽ²¹³ 白 / tsʰiaŋ²¹³ 文	sĩẽ³³	sĩẽ⁵⁵	tsĩẽ³⁵	nĩẽ¹¹ 白 / dziaŋ³⁵ 文
饶平	suɯ⁴⁴	tsĩõ⁴⁴ 白 / tsiaŋ⁴⁴ 文	tsʰiaŋ⁵²	tsʰio²¹⁴ 白 / tsʰiaŋ²¹⁴ 文	sĩõ⁴⁴	sĩõ⁵⁵	tsĩõ²⁵	nĩõ²¹ 白 / dziaŋ²⁵ 文
汕头	suɯ³³	tsĩõ³³ 白 / tsiaŋ³³ 文	tsʰiaŋ⁵¹	tsʰio²¹³ 白 / tsʰiaŋ²¹³ 文	sĩõ³³	sĩõ⁵⁵	tsĩõ²⁵	nĩõ³¹ 白 / dziaŋ²⁵ 文
澄海	səŋ³³	tsĩõ³³ 白 / tsiaŋ³³ 文	tsʰiaŋ⁵³	tsʰĩõ²¹² 白 / tsʰiaŋ²¹² 文	sĩõ³³	sĩõ⁵⁵	tsĩõ³⁵	ziaŋ³⁵
潮阳	sŋ³¹	tsĩõ⁵² 白 / tsiaŋ³¹ 文	tsʰiaŋ⁴⁵⁴	tsʰĩõ⁵² 白 / tsʰiaŋ⁵² 文	sĩõ³¹	siaŋ³³	tsĩõ⁵²	nĩõ⁴² 白 / ziaŋ⁵² 文
南澳	səŋ³⁴	tsĩõ³⁴	tsʰiaŋ⁵²	tsʰio²¹ 白 / tsʰiaŋ²¹ 文	sĩõ³⁴	sĩõ⁴⁵⁴	tsĩõ³⁵	dziaŋ³⁵
揭阳	suɯ³³	tsĩõ³³ 白 / tsiaŋ³³ 文	tsʰiaŋ⁴¹	tsʰio²¹³ 白 / tsʰiaŋ²¹³ 文	sĩõ³³	sĩõ⁵⁵ 白 / siaŋ⁵⁵ 文	tsĩõ²⁵	nĩõ²² 白 / ziaŋ²⁵ 文
普宁	sŋ³⁵	tsĩõ³⁵ 白 / tsiaŋ³⁵ 文	tsʰiaŋ⁵²	tsʰĩõ³¹² 白 / tsʰiaŋ³¹² 文	sĩõ³⁵	sĩõ⁵⁵ 白 / siaŋ⁵⁵ 文	tsĩõ³¹ 白 / tsĩõ²⁴ 文	nĩõ³¹ 白 / ziaŋ²⁴ 文
惠来	sŋ³⁴	tsĩõ³⁴ 白 / tsiaŋ³⁴ 文	tsʰiaŋ⁵³	tsʰio³¹ 白 / tsʰiaŋ³¹ 文	sĩõ³⁴	siaŋ⁵⁵	tsĩõ²⁵	nĩõ³¹ 白 / dziaŋ²⁵ 文
海丰	sŋ³³ 白 / saŋ³³ 文	tsĩõ³³ 白 / tsiaŋ³³ 文	tsʰiaŋ⁵³	tsʰio²¹² 白 / tsʰiaŋ²¹² 文	sĩõ³³ 白 / siaŋ³³ 文	siaŋ⁵⁵	tsĩõ³⁵ 白 / siaŋ³⁵ 文	nĩõ²¹ 白 / ndziaŋ³⁵ 文
陆丰	sŋ³³ 白 / suaŋ³³ 文	tsĩõ³³ 白 / tsiaŋ³³ 文	tsʰiaŋ⁵⁵	tsʰio²¹³ 白 / tsʰiaŋ²¹³ 文	sĩõ³³ 白 / siaŋ³³ 文	siaŋ¹³	tsĩõ²² 白 / siaŋ²² 文	nĩõ²² 白 / ndziaŋ²² 文
电白	soŋ³³	tsiaŋ³³	tsʰoŋ²¹	tsʰieu¹³	siaŋ³³	siŋ²²	siaŋ⁴⁴²	ŋiaŋ⁴⁴²
雷州	suaŋ²⁴	tsiaŋ²⁴	tsʰiaŋ⁴²	tsʰio³³	siaŋ²⁴	siaŋ²²	tsio³³	niaŋ³³

	0745 姜生~	0746 响	0747 向	0748 秧	0749 痒	0750 样	0751 雀	0752 削
	宕开三平阳见	宕开三上阳晓	宕开三去阳晓	宕开三平阳影	宕开三上阳以	宕开三去阳以	宕开三入药精	宕开三入药心
广州	kœŋ⁵³	hœŋ³⁵	hœŋ³³	iœŋ⁵³	iœŋ¹³	iœŋ²²	tʃœk³	ʃœk³
番禺	kœŋ⁵³	hœŋ³⁵	hœŋ³³	iœŋ⁵³	iœŋ²³	iœŋ²²	tʃœk³	ʃœk³
增城	kœŋ⁴⁴	hœŋ³⁵	hœŋ³³	iœŋ⁴⁴	iœŋ¹³	iœŋ²²	tsœk³	sœk³
从化	kœŋ²³	hœŋ⁴⁵	hœŋ²³	iœŋ³¹	iœŋ²³	iœŋ³¹	tsœk³	sœk³
龙门	kiɔŋ⁴²	hiɔŋ³⁵	hiɔŋ²³	iɔŋ⁴²	iɔŋ²³	iɔŋ⁵³	tsiɔk²³	siɔk²³
莞城	kœŋ²³	hœŋ³⁵	hœŋ⁴⁴	iœŋ²³	iœŋ³⁴	iœŋ⁴⁴	tʃʰɛ⁴⁴	ʃɛ⁴⁴
宝安	kœŋ²³	hœŋ²⁵	hœŋ³³	iœŋ²³	iœŋ²³	iœŋ²⁵	tʃʰœʔ⁵	ʃœʔ⁵
佛山	kœŋ⁵³	hœŋ³⁵	hœŋ²⁴	iœŋ⁵³	iœŋ¹³	iœŋ¹² iœŋ³⁵又	tʃœk³⁴ tʃœk³⁵又	ʃœk³⁴
南海	kiœŋ⁵¹	hiœŋ³⁵	hiœŋ³³	iœŋ⁵¹	iœŋ¹³	iœŋ²²	tsiœk³	siœk³
顺德	køŋ⁵³	høŋ²⁴	høŋ³²	iøŋ⁵³	iøŋ¹³	høŋ¹³白 iøŋ²¹文	tʃøk³	ʃøk³
三水	kiɔŋ⁵³ kiɔŋ⁵⁵又	hiɔŋ²⁵	hiɔŋ⁴⁴	iɔŋ⁵³ iɔŋ⁵⁵又	iɔŋ²³	iɔŋ³³	tsiɔk²⁵ tsiɔk⁴又	siɔk⁴
高明	kiœŋ⁵⁵	hœŋ²⁴	hœŋ³³	iœŋ⁴⁵	iœŋ³³	iœŋ³¹~板 iœŋ²⁴①	tʃiœk³	ʃiœk³
佛冈	kiɔŋ³³	hiɔŋ³⁵	hiɔŋ³³	iɔŋ³³	iɔŋ³³	iɔŋ³¹~~ iɔŋ³⁵~子	tʃʰiɔk³	ʃiɔk³ ʃiu³³又
阳山	kiœŋ⁵¹	hiœŋ⁵⁵	hiœŋ³⁴	iœŋ⁵¹	iœŋ²²⁴	iœŋ²¹⁴	tʃiœk³⁴	ʃiœk³⁴
连山	kiaŋ⁵¹	hiaŋ⁵⁵	hiaŋ³⁵	iaŋ⁵¹	iaŋ¹⁵	iaŋ²¹⁵	tʰiak⁵麻~ tʃiak¹³~儿	θiak⁵
新兴	kiaŋ⁴⁵	hiaŋ³⁵	hiaŋ⁴⁴³	hiaŋ⁴⁵	iaŋ²¹	iaŋ⁵²	tsiak⁴	siak⁴
罗定	kœŋ⁵⁵	hœŋ³⁵	hœŋ³³	iœŋ⁵⁵	iœŋ¹³	iœŋ²¹	tsœk³	sœk³
郁南	køŋ⁵⁵	høŋ³⁵	høŋ³³	iøŋ⁵⁵	iøŋ¹³	iøŋ²¹	tʃøk³	ʃøk³
石岐	kœŋ⁵⁵	hœŋ²¹³	hœŋ³³	iɔŋ⁵⁵	iɔŋ²¹³	iɔŋ³³	tsœk³	sœk³

①乜~：什么样儿。

	0745 姜生~	0746 响	0747 向	0748 秧	0749 痒	0750 样	0751 雀	0752 削
	宕开三 平阳见	宕开三 上阳晓	宕开三 去阳晓	宕开三 平阳影	宕开三 上阳以	宕开三 去阳以	宕开三 入药精	宕开三 入药心
肇庆	kœŋ⁴⁵	hœŋ²⁴	hœŋ³³	iœŋ⁴⁵	iœŋ¹³	iœŋ⁵²	tʃœk³	ʃœk³
香洲	kœŋ²¹	hœŋ³⁵	hœŋ³³	iœŋ²¹	iœŋ³⁵	iœŋ³³	tsœk²¹	sœk²¹
斗门	kiɔŋ³⁴	hiɔŋ⁴⁵	hiɔŋ³⁴	iɔŋ³⁴	iɔŋ²¹	iɔŋ⁴²	tsiɔk²¹	siɔk³⁴
新会	kœŋ²³	hœŋ⁴⁵	hœŋ²³	iœŋ²³	iœŋ²¹	iœŋ³²	tsœk⁴⁵	sœk²³
台山	kiaŋ³³	hiaŋ⁵⁵	hiaŋ³³	jiaŋ³³	jiaŋ²¹	jiaŋ³¹	tiak⁵	ɬiak³
开平	kiaŋ³³	hiaŋ⁴⁵	hiaŋ³³	jiaŋ³³	jiaŋ²¹	jiaŋ³¹	tiak⁵	ɬiak³
恩平	kiaŋ³³	hiaŋ⁵⁵	hiaŋ³³	iaŋ³³	iaŋ²¹	iaŋ²¹	tʃiak⁵	ʃiak⁵ ʃiak³又
四会	kœŋ⁵¹	hœŋ³³	hœŋ³³	iœŋ⁵¹	iœŋ²⁴	iœŋ²⁴	tʃiœk³	ʃiœk³
广宁	køŋ⁵¹	høŋ⁴⁴	høŋ³³	øŋ⁵¹	yøŋ³²³	yøŋ³²³	tsøk⁴³	søk⁴³
怀集	kœŋ⁴²	hœŋ⁵⁴	hœŋ⁴⁵	iœŋ⁴²	ŋiœŋ²⁴	ŋiœŋ²²⁵	tʃœk⁴⁵	θœk⁴⁵
德庆	kɛ⁴⁵⁴白 kɛŋ⁴⁵⁴文	hɛ⁴⁵白 hɛŋ⁴⁵文	hɛ⁵³白 hɛŋ⁵³文	iɛ⁴⁵⁴	iɛŋ⁴⁵	iɛ³¹白 iɛŋ⁴⁵文	tsʰɛk⁵³	sɛk⁵³
封开	kiɛŋ⁵⁵	hiɛŋ³³⁴	hiɛŋ⁵¹	iɛŋ⁵⁵	iɛŋ²²³	iɛŋ²¹	tʰiɛk⁵³白 tiɛk⁵文	ɬiɛk⁵³
阳江	kiɛŋ³³	hiɛŋ²¹	hiɛŋ³⁵	iɛŋ³³	iɛŋ²¹	iɛŋ⁵⁴	tsiɛʔ²¹	ɬiɛʔ²¹
阳春	kiaŋ⁴⁵	hiaŋ³²⁴	hiaŋ³³	iaŋ⁴⁵	ŋiaŋ³²³	iaŋ⁵²	tsʰiak³	ɬiak³
赤坎	kiøŋ⁴⁵	hiøŋ¹³	hiøŋ³³	iøŋ⁴⁵	iøŋ¹³	iøŋ²¹	tsɔʔ³ tsʰiøʔ³又	ɬiøʔ³
吴川	kiaŋ⁵⁵	hiaŋ³⁵	hiaŋ³³	iaŋ⁵⁵	iaŋ²⁴	iaŋ³¹	tʃɔʔ³~仔 tʃiaʔ³打麻~	ɬiaʔ³
廉江	kiɛŋ⁵⁵	hiɛŋ²⁵	hiɛŋ³³	iɛŋ⁵⁵	ŋiɛŋ²³	iɛŋ²¹	tsiɛk³	ɬiɛk³
高州	kiɛŋ⁵³	hiɛŋ²⁴	hiɛŋ³³	iɛŋ⁵³	iɛŋ¹³	iɛŋ³¹	tʃʰiɛk³	ɬiɛk³
化州	kiaŋ⁵³	hiaŋ³⁵	hiaŋ³³	iaŋ⁵³	iaŋ¹³	iaŋ³¹	tʃʰiaʔ³	ɬiaʔ³

	0745 姜生~	0746 响	0747 向	0748 秧	0749 痒	0750 样	07571 雀	0752 削
	宕开三平阳见	宕开三上阳晓	宕开三去阳晓	宕开三平阳影	宕开三上阳以	宕开三去阳以	宕开三入药精	宕开三入药心
梅州	kioŋ^{44}	hioŋ^{31}	hioŋ^{52}	ioŋ^{44}	ioŋ^{44}	ioŋ^{52}	tsiok^{2}	siok^{2}
兴宁	kioŋ^{24}	ʃoŋ^{31}	ʃoŋ^{51}	ʒoŋ^{24}	ʒoŋ^{24}	ʒoŋ^{51}	tsiok^{2}	siok^{2}
五华	kioŋ^{44}	ʃoŋ^{31}	ʃoŋ^{51}	ioŋ^{44}	ioŋ^{44}	ioŋ^{31}	tsiok^{2}	siok^{2}
大埔	kioŋ^{34}	hioŋ^{31}	hioŋ^{52}	ʒoŋ^{34}	ʒoŋ^{34}	ʒoŋ^{52}	tsiok^{2}	siok^{2}
丰顺	kioŋ^{44}	hioŋ^{53}	hioŋ^{53}	ioŋ^{44}	ioŋ^{44}	ioŋ^{21}	tsiok^{2}	siok^{2}
揭西	kioŋ^{452}	hioŋ^{31}	hioŋ^{41}	ʒoŋ^{452}	ʒoŋ^{452}	ʒoŋ^{31}	tsiok^{3}	siok^{3}
陆河	kioŋ^{53}	hioŋ^{24}	hioŋ^{31}	ʒoŋ^{53}	ʒoŋ^{53}	ʒoŋ^{33}	tsiok^{45}	siok^{45}
龙川	kioŋ^{33}	ʃioŋ^{24}	ʃioŋ^{31}	ioŋ^{33}	ioŋ^{31}	ioŋ^{33}	tsiok^{13}	siok^{13}
河源	kioŋ^{33}	hioŋ^{24}	hioŋ^{212}	ioŋ^{33}	ioŋ^{212}	ioŋ^{54}	tsiok^{5}	siok^{5}
连平	toŋ^{24}	ɕioŋ^{31}	ɕioŋ^{53}	ioŋ^{24}	ioŋ^{24}	ioŋ^{53}	tsiok^{3}	siok^{3}
龙岗	kioŋ^{33}	hioŋ^{31}	hioŋ^{53}	zioŋ^{33}	zioŋ^{33}	zioŋ^{53}	tsiok^{2}	siok^{2}
惠州	kioŋ^{33}	hioŋ^{35}	hioŋ^{23}	jioŋ^{33}	（无）	jioŋ^{31}	tɕiok^{45}	siok^{45}
博罗	kioŋ^{44}	hioŋ^{35}	hioŋ^{24}	zoŋ^{44}	zoŋ^{21}	zoŋ^{41}	tsiok^{5}	ɬiok^{5}
新丰	kioŋ^{44}	soŋ^{31}	soŋ^{51}	zoŋ^{44}	zoŋ^{44}	zoŋ^{41}	tsiok^{2}	siok^{2}
翁源	kioŋ^{22}	ʃoŋ^{31}	ʃoŋ^{45}	ioŋ^{22}	ioŋ^{22}	ioŋ^{31}	tsiok^{31}	siok^{31}
始兴	tɕioŋ^{22}	ɕioŋ^{31}	ɕioŋ^{33}	ioŋ^{22}	ioŋ^{22}	ioŋ^{33}	tɕioʔ^{45}	ɕioʔ^{45}
仁化	kioŋ^{33}	soŋ^{23}	soŋ^{34}	ioŋ^{33}	ioŋ^{34}	ioŋ^{23}	tsioʔ^{5}	sioʔ^{5}
南雄	tɕioŋ^{44}	ɕioŋ^{24}	ɕioŋ^{32}	ioŋ^{44}	ioŋ^{21}	ioŋ^{42}	tɕioʔ^{42}	ɕioʔ^{5}

	0745 姜生~	0746 响	0747 向	0748 秧	0749 痒	0750 样	07571 雀	0752 削
	宕开三 平阳见	宕开三 上阳晓	宕开三 去阳晓	宕开三 平阳影	宕开三 上阳以	宕开三 去阳以	宕开三 入药精	宕开三 入药心
飯塘	kiu²⁴	hiu³³	hiu²¹	iu²⁴	iɔu³³	iɔu²¹	tʃɔu⁴¹	ʃi²⁴ 白 ʃɔu⁴¹ 文
桂头	kœn⁵¹	hœn³²⁴	hœn⁴⁴	iœn⁵¹	iœn²¹	iœn⁴	tsøy⁴	søy²¹
连州	kɛi³¹	hɛi⁵³	hɛi¹¹	ɛi³¹	iɛi²⁴	iɛi³³	tsɛi²⁴	sɛi²⁴
潮州	kĩẽ³³	hian⁵³	hiaŋ²¹³	ŋ³³ 白 iaŋ³³ 文	tsĩẽ³⁵ 白 iaŋ²¹³ 文	ĩẽ¹¹	tsʰiak² tsiak² 文	siaʔ² 白 siak² 文
饶平	kĩõ⁴⁴	hian⁵²	ŋ²¹⁴ 白 hiaŋ²¹⁴ 文	ŋ⁴⁴ 白 iaŋ⁴⁴ 文	tsĩõ²⁵	ĩõ²¹	tsiaʔ² 白 tsʰiak² 文	siaʔ²
汕头	kĩõ³³	hiaŋ⁵¹	hĩõ²¹³ 白 hiaŋ²¹³ 文	ŋ³³ 白 iaŋ³³ 文	tsĩõ²⁵ 白 iaŋ⁵¹ 文	ĩõ³¹	tsiauʔ² 白 tsʰiak² 文	siaʔ²
澄海	kĩõ³³	hian⁵³	hiaŋ²¹²	ŋ³³ 白 iaŋ³³ 文	tsĩõ³⁵	ĩõ²²	tsiaʔ² tsʰiak² 文	siaʔ²
潮阳	kĩõ³¹	hian⁴⁵⁴	hĩõ⁵² 白 hiaŋ⁵² 文	ŋ³¹ 白 iaŋ³¹ 文	tsĩõ⁵² 白 iaŋ⁵² 文	ĩõ⁴²	tsiauʔ³ 白 tsʰiap³ 文	siaʔ³
南澳	kĩõ³⁴	hian⁵²	hiaŋ²¹	ŋ³⁴	tsĩõ³⁵ 白 iaŋ²¹ 文	ĩõ³¹	tsiaʔ² 白 tsʰiak² 文	siaʔ²
揭阳	kĩõ³³	hian⁴¹	hĩõ²¹³ 白 hiaŋ²¹³ 文	ŋ³³ 白 iaŋ³³ 文	tsĩõ²⁵ 白 iaŋ⁴¹ 文	ĩõ²²	tsiauʔ³ 白 tsʰiak³ 文	siaʔ³ 白 siak³ 文
普宁	kĩõ³⁵	hian⁵²	hĩõ³¹² 白 hiaŋ³¹² 文	ŋ³⁵ 白 iaŋ³⁵ 文	tsĩõ²⁴	ĩõ³¹	tsiauʔ³ 白 tsʰiak³ 文	siaʔ³
惠来	kĩõ³⁴	hian⁵³	hiaŋ³¹	ŋ³⁴	tsĩõ²⁵	ĩõ³¹	tsiaʔ³ 白 tsʰioʔ³ 文	siaʔ³
海丰	kĩõ³³ 白 kiaŋ³³ 文	hian⁵³	hiaŋ²¹²	ŋ³³ 白 ĩõ³³ 白 iaŋ⁵⁵ 文	iaŋ³⁵	ĩõ²¹ 白 iaŋ³⁵ 文	tseʔ² 白 tsʰiak² 文	siaʔ² 白 siak² 文
陆丰	kĩõ³³ 白 kiaŋ³³ 文	hian⁵⁵	hiaŋ²¹³	ŋ³³ 白 iaŋ³³ 文	tsĩõ²²	ĩõ²² 白	tseʔ² 白 tsʰiak² 文	siaʔ²
电白	kiaŋ³³	hian²¹	hiaŋ¹³	ɔŋ³³	tsiŋ⁴⁴²	iaŋ⁴⁴²	tsiak⁵	sia⁵³ 白 siak⁵ 文
雷州	kio²⁴	hian⁴²	hio³³	ʔo²⁴	tsio³³	ʔio²⁴	tsʰiok⁵	siok⁵

	0753 着火~了	0754 勺	0755 弱	0756 脚	0757 约	0758 药	0759 光~线	0760 慌
	宕开三 入药知	宕开三 入药禅	宕开三 入药日	宕开三 入药见	宕开三 入药影	宕开三 入药以	宕合一 平唐见	宕合一 平唐晓
广州	tʃœk^2	（无）	iœk^2	kœk^3	iœk^3	iœk^2	kuɔŋ^{53}	fɔŋ^{53}
番禺	tʃœk^2	tʃʰœk^3	iœk^2	kœk^3	iœk^3	iœk^2	kɔŋ^{53}	fɔŋ^{53}
增城	tsœk^2	hɔk^2	iœk^2	kœk^3	iœk^2	iœk^2	kɔŋ^{44}	fɔŋ^{44}
从化	tsœk^2	hɔk^2	iœk^2	kœk^3	iœk^3	iœk^2	kuɔŋ^{55}	fɔŋ^{55}
龙门	tsiɔk^{43}	siɔk^{43}	iɔk^{43}	kiɔk^{23}	iɔk^{23}	iɔk^{43}	kɔŋ^{42}	fɔŋ^{42}
莞城	tʃɛk^3	tʃɛ^{44}白 tʃɛk^{3}文	iɛk^3	kɛ^{34}	iɛk^3	iɛk^3	kuɔŋ^{23}	fɔŋ^{23}
宝安	tʃœʔ^3	tʃœʔ^3	iœʔ^3	kœʔ^5	iœʔ^3	iœʔ^3	kɔŋ^{23}	fɔŋ^{55}
佛山	tʃœk^{23}	hɔk^{34}	iœk^{23}	kœk^{34}	iœk^{34}	iœk^{23}	kuɔŋ^{53}	fɔŋ^{53}
南海	tsiœk^2	hɔk^3	iœk^2	kiœk^3	iœk^3	iœk^2	kuɔŋ^{51}	fɔŋ^{51}
顺德	tʃøk^2	tʃʰøk^3	iøk^2	køk^3	iøk^3	høk^2	kuɔŋ^{53}	fɔŋ^{53}
三水	tsiɔk^3	hɔk^4	iɔk^3	kiɔk^4	iɔk^4	iɔk^3	kuɔŋ^{53} kuɔŋ^{55}又	uɔŋ^{53}
高明	tʃiœk^2	hɔk^3	iœk^2	kiœk^3	iœk^3	iœk^2	kuɔŋ^{55}	fɔŋ^{45}
佛冈	tʃiɔk^3	hɔk^3	iɔk^2	kiɔk^3	iɔk^3	iɔk^2	kɔŋ^{33}	fɔŋ^{33}
阳山	tiœk^{23}	tʃiœk^{23}	iœk^{23}	kœk^{34}	iœk^{34}	iœk^{23}	kuɔŋ^{51}	fɔŋ^{51}
连山	ʃiak^{215}	ʃiak^{215}	ŋiak^{215}	kiak^5	iak^5	iak^{215}	kuɔŋ^{51}	fɔŋ^{51}
新兴	tsiak^{52}	（无）	iak^{52}	kiak^4	iak^4	iak^{52}	kuɔŋ^{45}	fɔŋ^{45}
罗定	tsœk^2	sœk^2	iœk^2	kœk^3	iœk^3	iœk^2	kɔŋ^{55}	fɔŋ^{55}
郁南	tʃøk^2	tʃøk^3	iøk^2	køk^3	iøk^3	iøk^2	kɔŋ^{55}	fɔŋ^{55}
石岐	tsœk^3	tsʰœk^3	iɔk^3	kœk^3	iɔk^3	iɔk^3	kɔŋ^{55}	fɔŋ^{55}

	0753 着 火~丁	0754 勺	0755 弱	0756 脚	0757 约	0758 药	0759 光 ~线	0760 慌
	宕开三 入药知	宕开三 入药禅	宕开三 入药日	宕开三 入药见	宕开三 入药影	宕开三 入药以	宕合一 平唐见	宕合一 平唐晓
肇庆	tʃœk³	ʃœk³	iœk⁴²	kœk³	iœk³	iœk⁴²	kuɔŋ⁴⁵	uɔŋ⁴⁵
香洲	tsœk³	sœk³	iœk³	kœk²¹	iœk³	iœk³	kɔŋ²¹	fɔŋ²¹
斗门	tsiɔk³	（无）	ŋiɔk³	kiɔk³⁴	iɔk⁵	iɔk²¹	kɔŋ³⁴	fɔŋ³⁴
新会	tsœk²	tsʰœk²³	ŋœk²	kœk²³	iœk²	iœk²	kɔŋ²³	fɔŋ²³
台山	tsiak³¹	siak⁵	ŋiak³¹	kiak³	jiak⁵	jiak²¹ 小	kɔŋ³³	fɔŋ³³
开平	tʃiak²	ʃiak⁵	ŋiak²	kiak³	iak⁵	iak²¹ 小	kɔŋ³³	fɔŋ³³
恩平	tʃiak²	（无）	ŋgiak²	kiak³	iak⁵	iak²	kɔŋ³³	fɔŋ³³
四会	tʃiœk³	hɔk³	iœk²	kœk³	iœk³	iœk³	kuɔŋ⁵¹	fɔŋ⁵¹
广宁	tøk³²³	søk³²³	yøk³²³	køk⁴³	øk⁴³	yøk³²³	kuɔŋ⁵¹	fuɔŋ⁵¹
怀集	tʃœk²⁴	tʃœk⁴⁵	ŋiœk⁴⁵	kœk⁴⁵	ŋiœk⁴⁵	ŋiœk²⁴	kuɔŋ⁴²	fuɔŋ⁴²
德庆	tsɛk²	（无）	iɛk²	kɛk⁵³	iɛk⁵³	iɛk²	kɔ⁴⁵⁴ 白 kɔŋ⁴⁵⁴ 文	fɔŋ⁴⁵⁴
封开	tʃiɛk²	tʃiɛk⁵³	ŋiɛk²	kiɛk⁵	iɛk⁵³	iɛk²	kuɔŋ⁵⁵	fuɔŋ⁵⁵
阳江	tsiɛʔ⁵⁴	tsiɛʔ²¹	iɛʔ⁵⁴	kiɛʔ²¹	iɛʔ²¹	iɛʔ⁵⁴	kuɔŋ³³	fuɔŋ³³
阳春	tsiak⁵²	siak⁵²	ŋiak⁵²	kiak³	iak³	iak⁵²	kuɒŋ⁴⁵	fuɒŋ⁴⁵
赤坎	tsiøʔ²	（无）	iøʔ³	kiøʔ³	iøʔ³	iøʔ²	kɔŋ⁴⁵	fɔŋ⁴⁵
吴川	tʃiaʔ³¹	ʃiaʔ³¹	ŋiaʔ³¹	kiaʔ³	iaʔ³¹	iaʔ³¹	kɔŋ⁵⁵	fɔŋ⁵⁵
廉江	tsiɛk²	（无）	ŋiɛk²	kiɛk³	iɛk³	iɛk²	kɔŋ⁵⁵	fɔŋ⁵⁵
高州	tʃiɛk²¹	ʃiɛk²¹	ŋiɛk²¹	kiɛk³	iɛk³	iɛk²¹	kɔŋ⁵³	fɔŋ⁵³
化州	tʃiaʔ³¹	ʃiaʔ³¹	ŋiaʔ³¹	kiaʔ³	iaʔ³	iaʔ³¹	kɔŋ⁵³	fɔŋ⁵³

	0753 着火~了	0754 勺	0755 弱	0756 脚	0757 约	0758 药	0759 光~线	0760 慌
	宕开三入药知	宕开三入药禅	宕开三入药日	宕开三入药见	宕开三入药影	宕开三入药以	宕合一平唐见	宕合一平唐晓
梅州	tsʰɔk⁵	sɔk⁵	ŋiɔk⁵	kiɔk²	iɔk²	iɔk⁵	kuɔŋ⁴⁴	fɔŋ⁴⁴
兴宁	tʃʰɔk⁴	ʃɔk⁴	niɔk⁴	kiɔk²	ʒɔk²	ʒɔk⁴	kɔŋ²⁴	fɔŋ²⁴
五华	tʃʰɔk⁵	ʃɔk⁵	ŋiɔk⁵	kiɔk²	iɔk²	iɔk⁵	kɔŋ⁴⁴	fɔŋ⁴⁴
大埔	tsʰok⁵	ʃok⁵	ŋiok⁵	kiok²	ʒok²	ʒok⁵	kuoŋ³⁴	foŋ³⁴
丰顺	tʃʰok⁵	ʃok⁵	niok⁵	kiok²	iok²	iok⁵	kuoŋ⁴⁴	foŋ⁴⁴
揭西	tʃʰɔk⁵	ʃɔk⁵	ŋiɔk⁵	kiɔk³	ʒɔk³	ʒɔk⁵	kɔŋ⁴⁵²	fɔŋ⁴⁵²
陆河	tʃʰɔk⁵	ʃɔk⁵	ŋiɔk⁵	kiɔk⁴⁵	ʒɔk⁴⁵	ʒɔk⁵	kuɔŋ⁵³	fɔŋ⁵³
龙川	tsʰɔk³	sɔk³	ŋiɔk³	kiɔk¹³	iɔk¹³	iɔk³	kɔŋ³³	fɔŋ³³
河源	tsʰɔk³	sɔk³	ŋiɔk³	kiɔk⁵	iɔk⁵	iɔk³	kɔŋ³³	fɔŋ³³
连平	tsʰɔk⁵	sɔk⁵	ŋɔk⁵	tɔk³	iɔk³	iɔk⁵	kɔŋ²⁴	fɔŋ²⁴
龙岗	tsʰɔk⁵	sɔk⁵	ŋgiɔk⁵	kiɔk²	ziɔk²	ziɔk⁵	kɔŋ³³	fɔŋ³³
惠州	tsʰiɔk²¹	ɕiɔk²¹	ŋiɔk²¹	kiɔk⁴⁵	jiɔk⁴⁵	jiɔk²¹	kɔŋ³³	fɔŋ³³
博罗	tsʰɔk²	sɔk²	zɔk²	kiɔk⁵	zɔk⁵	zɔk²	kɔŋ⁴⁴	vɔŋ⁴⁴
新丰	tsʰɔk⁴	sɔk⁴	ŋgiɔk⁴	kiɔk²	zɔk²	zɔk⁴	kɔŋ⁴⁴	fɔŋ⁴⁴
翁源	tʃʰɔk⁴⁵	ʃɔk⁴⁵	ɲiɔk⁴⁵	kiɔk³¹	iɔk³¹	iɔk⁴⁵	kɔŋ²²	fɔŋ²²
始兴	tsʰɔʔ³	sɔʔ³	ŋiɔʔ³	tɕiɔʔ⁴⁵	iɔʔ⁴⁵	iɔʔ³	kɔŋ²²	fɔŋ²²
仁化	tsʰiɔʔ⁵	sɔʔ⁵	iɔʔ⁵	kiɔʔ⁵	iɔʔ⁵	iɔʔ⁵	kɔŋ³³	fɔŋ³³
南雄	tsɔʔ⁴²	sɔʔ⁴²	ŋiɔʔ⁴²	tɕiɔʔ⁵	iɔʔ⁵	iɔʔ⁴²	kuɔŋ⁴⁴	fɔŋ⁴⁴

	0753 着火~了	0754 勺	0755 弱	0756 脚	0757 约	0758 药	0759 光~线	0760 慌
	宕开三入药知	宕开三入药禅	宕开三入药日	宕开三入药见	宕开三入药影	宕开三入药以	宕合一平唐见	宕合一平唐晓
皈塘	tʃɔu⁴¹	ʃɔu³³	niu³³ iɔu³³又	kiu⁴¹	iɔu³³	iɔu³³	kɔu²⁴	hɔu²⁴
桂头	tsʰøy⁴⁴	søy⁴⁴	ŋøy⁴⁴	køy²¹	iøy²¹	iøy⁴⁴	koŋ⁵¹	foŋ⁵¹
连州	tsʰɛi³¹	sɛi³¹	ŋɛi³¹	kɛi²⁴	ɛi²⁴	iɛi³¹	kuə³¹	fə³¹
潮州	toʔ⁵白 tiek⁵文	sieʔ⁵白 siaʔ⁵白 tsiak²文	dziak⁵	（无）	ieʔ²白 iak²文	ieʔ⁵	kuaŋ³³	huaŋ³³
饶平	toʔ⁵白 tioʔ⁵文	tsʰiaʔ⁵~团 siaʔ⁵饭~	dziak⁵	kioʔ²	iokʔ²白 ioʔ²白 iak²文	ioʔ⁵白 iak⁵文	kuŋ⁴⁴白 kuaŋ⁴⁴文	huaŋ⁴⁴
汕头	toʔ⁵白 tioʔ⁵文	siaʔ⁵	dziak⁵	kioʔ²	ioʔ²白 iak²文	ioʔ⁵白 iaʔ⁵文	kuŋ³³白 kuaŋ³³文	huaŋ³³
澄海	toʔ⁵	（无）	ziak⁵	（无）	ioʔ²白 iak²文	ioʔ⁵	kuaŋ³³	huaŋ³³
潮阳	tioʔ³	siaʔ⁵	ziak⁵	（无）	ioʔ³白 iak³文	ioʔ⁵	kuaŋ³¹	huaŋ³¹
南澳	tioʔ⁵	（无）	dziak⁵	（无）	ioʔ²	ioʔ⁵	kuaŋ³⁴	huaŋ³⁴
揭阳	toʔ⁵ tioʔ⁵又	tsʰiaʔ⁵尿~ siaʔ⁵糜~	ziak³	kioʔ³	ioʔ³白 iak³文	ioʔ⁵	kuŋ³³白 kuaŋ³³文	huaŋ³³
普宁	tioʔ⁵	tsʰiaʔ⁵	ziak⁵	kioʔ³	ioʔ³白 iak³文	ioʔ⁵	kŋ³⁵白 kuaŋ³⁵文	huaŋ³⁵
惠来	tioʔ⁵	tsiak³	dziak⁵	（无）	iok³	ioʔ⁵	kuaŋ³⁴	huaŋ³⁴
海丰	tioʔ⁵	（无）	ndziak⁵	kiok²	ioʔ²白 iak²文	ioʔ⁵	kuĩ³³白 kuaŋ³³文	huĩ⁵⁵白 huaŋ³³文
陆丰	tioʔ⁵	（无）	ndziak⁵	（无）	ioʔ²白 iak²文	ioʔ⁵	kŋ³³白 kuaŋ³³文	huaŋ³³
电白	tsiak²	tsiak⁵	niak²	（无）	iak⁵	ieu⁴⁴²	kui³³白 kuaŋ³³文	huaŋ³³
雷州	to³³	（无）	niok³	（无）	ʔiok⁵	ʔio³³	kuaŋ²⁴	huaŋ²⁴

	0761 黄	0762 郭	0763 霍	0764 方	0765 放	0766 纺	0767 房	0768 防
	宕合一 平唐匣	宕合一 入铎见	宕合一 入铎晓	宕合三 平阳非	宕合三 去阳非	宕合三 上阳敷	宕合三 平阳奉	宕合三 平阳奉
广州	uɔŋ²¹	kuɔk³	fɔk³	fɔŋ⁵³	fɔŋ³³	fɔŋ³⁵	fɔŋ²¹	fɔŋ²¹
番禺	uɔŋ³¹	kɔk³	fɔk³	fɔŋ⁵³	fɔŋ³³	fɔŋ³⁵	fɔŋ³¹	fɔŋ³¹
增城	uɔŋ²¹	kɔk³	fɔk³	fɔŋ⁴⁴	fɔŋ³³	fɔŋ³⁵	fɔŋ²¹	fɔŋ²¹
从化	uɔŋ²²	kɔk³	fɔk³	fɔŋ⁵⁵	fɔŋ²³	fɔŋ⁴⁵	fɔŋ²²	fɔŋ²²
龙门	vɔŋ²¹	kɔk²³	kʰɔk²³	fɔŋ⁴²	fɔŋ²³	fɔŋ³⁵	fɔŋ²¹	fɔŋ²¹
莞城	uɔŋ³¹	kuɔ⁴⁴	kʰɔ³⁴	fɔŋ²³	fɔŋ⁴⁴	fɔŋ³⁵	fɔŋ³¹	fɔŋ³¹
宝安	uɔŋ³³	kɔʔ³	fɔʔ³	fɔŋ⁵⁵	fɔŋ³³	fɔŋ²⁵	fɔŋ³¹	fɔŋ³¹
佛山	uɔŋ⁴² uɔŋ³⁵蛋~	kuɔk³⁴ kɔk³⁴又	fɔk³⁴	fɔŋ⁵⁵ fɔŋ⁵³姓氏	fɔŋ²⁴	fɔŋ³⁵	fɔŋ⁴² fɔŋ³⁵又	fɔŋ⁴²
南海	uɔŋ³¹	kuɔk³	fɔk³	fɔŋ⁵¹东~ fɔŋ⁵⁵量	fɔŋ³³白 fɔŋ³³文	fɔŋ³⁵	fɔŋ³¹	fɔŋ³¹
顺德	fɔŋ⁴²	kʰuɔk³	fɔk³	fɔŋ⁵⁵	fɔŋ³²	fɔŋ¹³	fɔŋ²⁴	fɔŋ⁴²
三水	uɔŋ³¹ uɔŋ²⁵又	kuɔk⁴ kɔk⁴又	fɔk⁴	fɔŋ⁵³ fɔŋ⁵⁵又	fɔŋ⁴⁴	fɔŋ²⁵	fɔŋ³¹ fɔŋ²⁵又	fɔŋ³¹
高明	uɔŋ³¹	kʰɔk³	kʰɔk³	fɔŋ⁵⁵	fɔŋ³³	fɔŋ²⁴	fɔŋ³¹	fɔŋ³¹
佛冈	uɔŋ²²	kɔk³	fɔk³	fɔŋ³³	fɔŋ³³~牛 fɔŋ³⁵~东西	fɔŋ³⁵	fɔŋ²² fɔŋ³⁵又	fɔŋ²²
阳山	uon²⁴¹	kœk³⁴白 kuɔk³⁴文	kʰœk³⁴	foŋ⁵¹	foŋ³⁴	foŋ⁵⁵	foŋ²⁴¹	foŋ²⁴¹
连山	vɔŋ²⁴¹	kuɔk⁵	kʰøk³⁵	fɔŋ⁵¹	fɔŋ³⁵	fɔŋ⁵⁵	pɔŋ²⁴¹ fɔŋ²⁴¹~房	fɔŋ²⁴¹
新兴	uɔŋ²¹	kʰuɔk⁴	fɔk⁴	fɔŋ⁴⁵	fɔŋ⁴⁴³	fɔŋ³⁵	fɔŋ²¹	fɔŋ²¹
罗定	uɔŋ²¹	kɔk³	fɔk³	fɔŋ⁵⁵	fɔŋ³³	fɔŋ³⁵	fɔŋ²¹	fɔŋ²¹
郁南	uɔŋ²¹	kɔk³	fɔk³	fɔŋ⁵⁵	fɔŋ³³	fɔŋ³⁵	fɔŋ²¹	fɔŋ²¹
石岐	uɔŋ⁵¹	kɔk³	kʰɔk³	fɔŋ⁵⁵	fɔŋ³³	fɔŋ²¹³	fɔŋ⁵¹	fɔŋ⁵¹

	0761 黄	0762 郭	0763 霍	0764 方	0765 放	0766 纺	0767 房	0768 防
	宕合一 平唐匣	宕合一 入铎见	宕合一 入铎晓	宕合三 平阳非	宕合三 去阳非	宕合三 上阳敷	宕合三 平阳奉	宕合三 平阳奉
肇庆	uɔŋ²¹	kʰɔk³	kʰɔk³	fɔŋ⁴⁵	fɔŋ³³	fɔŋ²⁴	fɔŋ²¹	fɔŋ²¹
香洲	uɔŋ³⁴³	kɔk²¹ kɔk³ 又	fɔk³	fɔŋ²¹	fɔŋ³³	fɔŋ³⁵	fɔŋ³⁴³	fɔŋ³⁴³
斗门	uɔŋ²²	kʰɔk⁵	kʰɔk⁵	fɔŋ³⁴	fɔŋ³⁴	fɔŋ⁴⁵	fɔŋ²²	fɔŋ²²
新会	uɔŋ²²	kʰɔk²³	fɔk²	fɔŋ²³	fɔŋ²³	fɔŋ⁴⁵	fɔŋ²²	fɔŋ²²
台山	ʋɔŋ²²	kʰɔk³	kʰɔk³	fɔŋ³³	fɔŋ³³	fɔŋ⁵⁵	fɔŋ²²	fɔŋ²²
开平	ʋɔŋ¹¹	kʰɔk⁵	kʰɔk⁵	fɔŋ³³	fɔŋ³³	fɔŋ⁴⁵	fɔŋ²¹ 小	fɔŋ¹¹
恩平	ʋɔŋ²²	kʰɔk⁵	kʰɔk⁵	fɔŋ³³	fɔŋ³³	fɔŋ⁵⁵	fɔŋ²²	fɔŋ²²
四会	uɔŋ³¹	kʰɔk³	fɔk³	fɔŋ⁵¹	fɔŋ³³	fɔŋ³³	fɔŋ³¹	fɔŋ³¹
广宁	uɔŋ³¹	kʰuɔk⁴³	kʰuɔk⁴³	fuɔŋ⁵¹	fuɔŋ³³	fuɔŋ⁴⁴	fuɔŋ³¹	fuɔŋ³¹
怀集	uɔŋ²³¹	kuɔk⁴⁵	kʰɔk⁴⁵	fuɔŋ⁴²	fuɔŋ⁴⁵	fuɔŋ²⁴	fuɔŋ²³¹	fuɔŋ²³¹
德庆	uɔ²⁴² 白 uɔŋ²⁴² 文	kɔk⁵³	kʰɔk⁵³	fɔ⁴⁵⁴ 白 fɔŋ⁴⁵⁴ 文	fɔ⁵³ 白 fɔŋ⁵³ 文	fɔŋ⁴⁵	fɔ²⁴² 白 fɔŋ²⁴² 文	fɔŋ²⁴²
封开	uɔŋ²⁴³	kuɔk⁵³	kʰɔk⁵³	fɔŋ⁵⁵	fɔŋ⁵¹	ʃɔŋ³³⁴	fɔŋ²⁴³	fɔŋ²⁴³
阳江	uɔŋ⁴²	kuɔʔ²¹	kʰuɔʔ²¹ 姓氏 fuɔʔ²¹ 那~;地名	fuɔŋ³³	fuɔŋ³⁵	fuɔŋ²¹	fuɔŋ⁴²	fuɔŋ⁴²
阳春	uɒŋ³¹	kuɒk³	kʰuɒk³	fuɒŋ⁴⁵	fuɒŋ³³	fuɒŋ³²⁴	fuɒŋ³¹	fuɒŋ³¹
赤坎	uɔŋ²¹	kɔʔ³	fɔʔ³	fɔŋ⁴⁵	fɔŋ³³	fɔŋ¹³	fɔŋ²¹	fɔŋ²¹
吴川	uɔŋ³¹	kɔʔ³	fɔʔ³	fɔŋ⁵⁵	fɔŋ³³	fɔŋ³⁵	fɔŋ³¹	fɔŋ³¹
廉江	uɔŋ²¹	kɔk³	kʰɔk³	fɔŋ⁵⁵	fɔŋ³³	fɔŋ²⁵	fɔŋ²¹	fɔŋ²¹
高州	ʋɔŋ²¹	kɔk³	fɔk³	fɔŋ⁵³	fɔŋ³³	fɔŋ²⁴	fɔŋ²¹	fɔŋ²¹
化州	uɔŋ¹³	kɔʔ³	fɔʔ³	fɔŋ⁵³	fɔŋ³³	fɔŋ³⁵	fɔŋ¹³	fɔŋ¹³

	0761 黄	0762 郭	0763 霍	0764 方	0765 放	0766 纺	0767 房	0768 防
	宕合一 平唐匣	宕合一 入铎见	宕合一 入铎晓	宕合三 平阳非	宕合三 去阳非	宕合三 上阳敷	宕合三 平阳奉	宕合三 平阳奉
梅州	$voŋ^{21}$	$kuɔk^2$	$vɔk^2$	$fɔŋ^{44}$	$piɔŋ^{52}$白 $fɔŋ^{52}$文	$fɔŋ^{31}$	$pʰiɔŋ^{21}$白 $fɔŋ^{21}$文	$fɔŋ^{21}$
兴宁	$voŋ^{13}$	$kɔk^2$	$vɔk^2$	$fɔŋ^{24}$	$fɔŋ^{51}$	$pʰiɔŋ^{31}$白 $fɔŋ^{31}$文	$pʰɔŋ^{13}$白,乳~ $fɔŋ^{13}$文	$fɔŋ^{13}$
五华	$voŋ^{212}$	$kɔk^2$	$kʰɔk^2$	$fɔŋ^{44}$	$fɔŋ^{51}$	$fɔŋ^{31}$	$fɔŋ^{212}$	$fɔŋ^{212}$
大埔	$voŋ^{13}$	$kuok^2$	vok^2	$fɔŋ^{34}$	$pioŋ^{52}$白 $foŋ^{52}$文	$foŋ^{31}$	$pʰioŋ^{13}$白 $foŋ^{13}$文	$foŋ^{13}$
丰顺	$voŋ^{24}$	$kuok^2$	$kʰok^2$	$fɔŋ^{44}$	$fɔŋ^{53}$	$piɔŋ^{53}$	$fɔŋ^{24}$	$fɔŋ^{24}$
揭西	$voŋ^{24}$	$kɔk^3$	$kʰɔk^3$	$fɔŋ^{452}$	$piɔŋ^{41}$白 $fɔŋ^{41}$文	$fɔŋ^{31}$	$fɔŋ^{24}$	$fɔŋ^{24}$
陆河	$voŋ^{35}$	$kɔk^{45}$	$kʰɔk^{45}$	$fɔŋ^{53}$	$piɔŋ^{31}$白 $fɔŋ^{31}$文	$pʰiɔŋ^{24}$白 $fɔŋ^{24}$文	$fɔŋ^{35}$	$fɔŋ^{35}$
龙川	$voŋ^{51}$	$kɔk^{13}$	$kʰɔk^{13}$	$fɔŋ^{33}$	$fɔŋ^{31}$	$fɔŋ^{24}$	$fɔŋ^{51}$	$fɔŋ^{51}$
河源	$ʋoŋ^{31}$	$kɔk^5$	$kʰɔk^5$	$fɔŋ^{33}$	$fɔŋ^{212}$	$fɔŋ^{24}$	$fɔŋ^{31}$	$fɔŋ^{31}$
连平	$uoŋ^{21}$	$kɔk^3$	$kʰɔk^3$	$fɔŋ^{24}$	$fɔŋ^{53}$	$fɔŋ^{31}$	$fɔŋ^{21}$	$fɔŋ^{21}$
龙岗	$voŋ^{21}$	$kɔk^2$	$kʰɔk^2$	$fɔŋ^{33}$	$fɔŋ^{53}$	$fɔŋ^{31}$	$fɔŋ^{21}$	$fɔŋ^{21}$
惠州	$woŋ^{22}$	$kɔk^{45}$	$fɔk^{45}$	$fɔŋ^{33}$	$fɔŋ^{23}$	$fɔŋ^{35}$	$fɔŋ^{22}$	$fɔŋ^{22}$
博罗	$voŋ^{21}$	$kɔk^5$	$kɔk^5$	$voŋ^{44}$	$voŋ^{24}$	$voŋ^{35}$	$voŋ^{21}$	$voŋ^{21}$
新丰	$voŋ^{24}$	$kɔk^2$	$kʰɔk^2$	$fɔŋ^{44}$	$fɔŋ^{51}$	$fɔŋ^{31}$	$fɔŋ^{24}$	$fɔŋ^{24}$
翁源	$voŋ^{41}$	$kɔk^{31}$	$vɔk^{31}$	$fɔŋ^{22}$	$fɔŋ^{45}$	$fɔŋ^{31}$	$fɔŋ^{41}$	$fɔŋ^{41}$
始兴	$voŋ^{51}$	$kɔʔ^{45}$	$kʰɔʔ^{45}$	$fɔŋ^{22}$	$fɔŋ^{33}$	$fɔŋ^{31}$	$fɔŋ^{51}$	$fɔŋ^{51}$
仁化	$voŋ^{31}$	$koʔ^5$	$foʔ^5$	$foŋ^{33}$	$foŋ^{34}$	$foŋ^{23}$	$foŋ^{31}$	$foŋ^{31}$
南雄	$voŋ^{21}$	$koʔ^5$	$kʰoʔ^5$	$fɔŋ^{44}$	$fɔŋ^{32}$	$fɔŋ^{24}$	$fɔŋ^{21}$	$fɔŋ^{21}$

	0761 黄	0762 郭	0763 霍	0764 方	0765 放	0766 纺	0767 房	0768 防
	宕合一平唐匣	宕合一入铎见	宕合一入铎晓	宕合三平阳非	宕合三去阳非	宕合三上阳敷	宕合三平阳奉	宕合三平阳奉
汖塘	uɔu⁴⁵	kɔu⁴¹	hɔu⁴¹	fɔu²⁴	fɔu²¹	fɔu³³	fɔu⁴⁵	fɔu⁴⁵
桂头	voŋ⁴⁵	kou²¹	kʰou²¹	foŋ⁵¹	foŋ⁴⁴	foŋ³²⁴	foŋ⁴⁵	foŋ⁴⁵
连州	vɵ⁵⁵	kuɵ²⁴	kʰuɵ²⁴	fɵ³¹	fɵ¹¹	fɵ⁵³	fɵ⁵⁵	fɵ⁵⁵
潮州	ŋ⁵⁵白	kueʔ²	kʰaʔ²	ŋ³³白,药~ paŋ³³白,正~ huaŋ³³文,~向	paŋ²¹³白 huaŋ²¹³文	pʰaŋ⁵³	paŋ⁵⁵	huaŋ⁵⁵
饶平	ŋ⁵⁵	kueʔ²	kʰak²	hŋ⁴⁴白 puŋ⁴⁴白,姓氏 paŋ⁴⁴白,四~	paŋ²¹⁴白 huaŋ²¹⁴文	pʰaŋ⁵²白 huaŋ⁵²文	paŋ⁵⁵	huaŋ⁵⁵
汕头	ŋ⁵⁵	kueʔ²	kʰak²	hŋ³³白,地~ puŋ³³白,姓氏 paŋ³³白,四~ huaŋ³³文,~向	paŋ²¹³白 huaŋ²¹³文	pʰaŋ⁵¹	paŋ⁵⁵	huaŋ⁵⁵
澄海	ŋ⁵⁵	kueʔ²	kʰak²	hŋ³³白,西~ puŋ³³白,姓氏 paŋ³³白,~形 huaŋ³³文	paŋ²¹²白 huaŋ²¹²文	pʰaŋ⁵³	paŋ⁵⁵	huaŋ⁵⁵
潮阳	ŋ³³	kueʔ³	kʰak³	pŋ³¹白,姓氏 hŋ³¹白,~向 paŋ³¹白,四~ huaŋ³¹文	paŋ⁵²白 huaŋ⁵²文	pʰaŋ⁴⁵⁴白 huaŋ⁴⁵⁴文	paŋ³³	huaŋ³³
南澳	ŋ⁴⁵⁴	kueʔ²	kʰak²	hŋ³⁴白,地~ paŋ³⁴白,~块 huaŋ³⁴文	paŋ²¹白 huaŋ²¹文	pʰaŋ⁵²	paŋ⁴⁵⁴	huaŋ⁴⁵⁴
揭阳	ŋ⁵⁵	kueʔ³	kʰak³	hŋ³³白,药~ puŋ³³白,姓氏 paŋ³³白,四~ huaŋ³³文	paŋ²¹³白 huaŋ²¹³文	pʰaŋ⁴¹	paŋ⁵⁵	huaŋ⁵⁵
普宁	ŋ⁵⁵	kueʔ³	kʰak³	hŋ³⁵白,地~ pŋ³⁵白,姓氏 paŋ³⁵白,四~ huaŋ³⁵文	paŋ³¹²白 huaŋ³¹²文	pʰaŋ⁵²	paŋ⁵⁵	huaŋ⁵⁵
惠来	ŋ⁵⁵	kueʔ³	kʰak³	hŋ³⁴白,药~ pŋ³⁴白,姓氏 huaŋ³⁴文	paŋ³¹白 huaŋ³¹文	pʰaŋ⁵³	paŋ⁵⁵	huaŋ⁵⁵
海丰	uĩ⁵⁵	kueʔ²	kʰak²	hŋ³³白,地~ paŋ³³白,四~ huaŋ³³文	paŋ²¹²白 huaŋ²¹²文	pʰaŋ⁵³白,~车婆 huaŋ⁵³文	paŋ⁵⁵	huaŋ⁵⁵
陆丰	ŋ¹³	kueʔ²	kʰak²	hŋ³³白 paŋ³³白 huaŋ³³文	paŋ²¹³白 huaŋ²¹³文	pʰaŋ⁵⁵白 huaŋ⁵⁵文	paŋ¹³	huaŋ¹³
电白	ui²²	kuak⁵	kʰɔk⁵	paŋ³³白 huaŋ³³文	paŋ¹³	huaŋ²¹	paŋ²²	huaŋ²²
雷州	ʔui²²	kue⁵⁴	kʰuk⁵	baŋ²⁴	baŋ²¹白 paŋ²¹文	pʰaŋ⁴²	paŋ²²	baŋ²²

	0769 网	0770 筐	0771 狂	0772 王	0773 旺	0774 缚	0775 绑	0776 胖
	宕合三 上阳微	宕合三 平阳溪	宕合三 平阳群	宕合三 平阳云	宕合三 去阳云	宕合三 入药奉	江开二 上江帮	江开二 去江滂
广州	mɔŋ^{13}	hɔŋ^{53} kʰuaŋ^{55}又	kʰuɔŋ^{21}	uɔŋ^{21}	uɔŋ^{22}	pɔk^{3}	pɔŋ^{35}	pun^{22}
番禺	mɔŋ^{23}	hɔŋ^{55}	kʰɔŋ^{31}	uɔŋ^{31}	uɔŋ^{22}	pɔk^{3}	pɔŋ^{35}	pun^{22}
增城	mɔŋ^{13}	hɔŋ^{44}	kʰɔŋ^{21}	uɔŋ^{21}	uɔŋ^{22}	pɔk^{3}	pɔŋ^{35}	pœn^{22}
从化	mɔŋ^{45}	kʰuaŋ^{55}	kʰɔŋ^{22}	uɔŋ^{22}	uɔŋ^{31}	pɔk^{2}	pɔŋ^{45}	pun^{31}
龙门	mɔŋ^{35}	hɔŋ^{42}	kʰɔŋ^{21}	vɔŋ^{21}	vɔŋ^{53}	fɔk^{43}	pɔŋ^{35}	pon^{53}
莞城	mɔŋ^{34}	hɔŋ^{23}	pʰɔŋ^{31}	uɔŋ^{31}	uɔŋ^{44}	pɔk^{3}	pɔŋ^{35}	pun^{44}
宝安	mɔŋ^{23}	hɔŋ^{55}	kʰɔŋ^{33}	uɔŋ^{33}	uɔŋ^{22}	pɔʔ^{3}	pɔŋ^{25}	pun^{22}
佛山	bɔŋ^{13}	hɔŋ^{55}	kʰɔŋ^{42}	uɔŋ^{42} uɔŋ^{35}姓氏	uɔŋ^{12}	pɔŋ^{35}	pɔŋ^{35}	pun^{12}
南海	mɔŋ^{13}	hɔŋ^{55}	kʰɔŋ^{31}	uɔŋ^{31}	uɔŋ^{22}	pɔk^{3}	pɔŋ^{35}	pun^{22}
顺德	mɔŋ^{13}	kʰuaŋ^{55}	kʰuɔŋ^{42}	fɔŋ^{42}	fɔŋ^{21}	pɔk^{3}	pɔŋ^{24}	pun^{21}
三水	mɔŋ^{23}	hɔŋ^{55}	kʰuɔŋ^{31}	uɔŋ^{31}	uɔŋ^{33}	pɔk^{4}	pɔŋ^{25}	pun^{33}
高明	mɔŋ^{33}	hɔŋ^{55}	kʰɔŋ^{31}	uɔŋ^{31}	uɔŋ^{31}	pɔk^{3}	pɔŋ^{24}	pun^{31}
佛冈	mɔŋ^{35}	hɔŋ^{33}	kʰɔŋ^{22}	uɔŋ^{22}	uɔŋ^{31}	pɔŋ^{35}	pɔŋ^{33}	pun^{31}
阳山	mœŋ^{224}	kʰœŋ^{51}	kœŋ^{241}	uon^{241}	uon^{214}	（无）	pœŋ^{55}	pon^{214}
连山	møŋ^{15}	kʰuaŋ^{51}	kuɔŋ^{241}	vɔŋ^{241}	vɔŋ^{215}	（无）	bøŋ^{55}	pʰaŋ^{35}
新兴	mɔŋ^{21}	kʰuɔŋ^{45}	kʰuɔŋ^{21}	uɔŋ^{21}	uɔŋ^{52}	fu^{52}	pɔŋ^{35}	pøn^{52}
罗定	mɔŋ^{13}	hɔŋ^{55}	kʰɔŋ^{21}	uɔŋ^{21}	uɔŋ^{21}	pɔk^{3}	pɔŋ^{13}	pʰun^{13}
郁南	mɔŋ^{13}	hɔŋ^{55}	kʰɔŋ^{21}	uɔŋ^{21}	uɔŋ^{21}	pɔk^{3}	pɔŋ^{35}	pʰun^{13}
石岐	mɔŋ^{213}	hɔŋ^{55}	kʰɔŋ^{51}	uɔŋ^{51}	uɔŋ^{33}	pɔk^{3}	pɔŋ^{213}	pʰun^{33}

	0769 网	0770 筐	0771 狂	0772 王	0773 旺	0774 缚	0775 绑	0776 胖
	宕合三 上阳微	宕合三 平阳溪	宕合三 平阳群	宕合三 平阳云	宕合三 去阳云	宕合三 入药奉	江开二 上江帮	江开二 去江滂
肇庆	mɔŋ¹³	hɔŋ⁴⁵	kʰɔŋ²¹	uɔŋ²¹	uɔŋ⁵²	pɔk³	pɔŋ²⁴	pyn⁵²
香洲	mɔŋ³⁵	hɔŋ²¹白 kʰɔŋ²¹文	kʰɔŋ³⁴³	uɔŋ³⁴³	uɔŋ³³	pɔk³	pɔŋ³⁵	pun³³
斗门	mɔŋ⁴⁵	kʰɔŋ³⁴	kʰɔŋ²²	uɔŋ²²	uɔŋ⁴²	pɔk³⁴	pɔŋ⁴⁵	pun⁴²
新会	mɔŋ⁴⁵	kʰɔŋ²³	kʰɔŋ²²	uɔŋ²²	uɔŋ³²	fɔk²³	pɔŋ⁴⁵	pun³²
台山	mɔŋ⁵⁵	kʰɔŋ³³	kʰɔŋ²²	ʋɔŋ²²	ʋɔŋ³¹	（无）	pɔŋ⁵⁵	（无）
开平	mɔŋ⁴⁵	kʰɔŋ³³	kʰɔŋ¹¹	vɔŋ¹¹	vɔŋ³¹	fu³¹	vɔŋ⁴⁵	van³¹
恩平	mbɔŋ⁵⁵	（无）	kʰɔŋ²²	vɔŋ²²	vɔŋ²¹	fɔk²	pɔŋ⁵⁵	puan²¹
四会	mɔŋ²⁴	kʰuaŋ⁵¹	kuɔŋ³¹	uɔŋ³¹	uɔŋ²⁴	pɔk³	pɔŋ³³	pun³³
广宁	mɔŋ³²³	hɔŋ⁵¹	kuɔŋ³¹	uɔŋ³¹	uɔŋ³²³	pɔk⁴³	pɔŋ⁴⁴	pun³²³
怀集	mɔŋ²⁴	kʰɔŋ⁴²	kuɔŋ²³¹	uɔŋ²³¹	uɔŋ²²⁵	pɔk⁴⁵	pɔŋ⁵⁴	pon²²⁵
德庆	mɔ⁴⁵白 mɔŋ⁴⁵文	hɔŋ⁴⁵⁴	kʰɔŋ²⁴²	uɔ²⁴²白 uɔŋ²⁴²文	uɔŋ³¹	pɔk⁵³	pɔ⁴⁵白 pɔŋ⁴⁵文	pun³¹
封开	mɔŋ²²³	kʰɔŋ⁵⁵	kuɔŋ²⁴³	uɔŋ²⁴³	uɔŋ²¹	pɔk⁵³	pɔŋ³³⁴	pun²²³
阳江	muɔŋ²¹	huɔŋ³³	kʰuɔŋ⁴²	uɔŋ⁴²	uɔŋ⁵⁴	fuɔʔ⁵⁴	puɔŋ²¹	pun⁵⁴
阳春	muɒŋ³²³	huɒŋ⁴⁵	kʰuɒŋ³¹	uɒŋ³¹	uɒŋ⁵²	fuɒk⁵²	puɒŋ³²⁴	pun⁵²
赤坎	mɔŋ¹³	kʰuaŋ⁴⁵	kʰɔŋ²¹	uɔŋ²¹	uɔŋ²¹	fɔʔ²	pɔŋ¹³	puŋ²¹
吴川	mɔŋ²⁴	uɔŋ⁵⁵	kʰɔŋ³¹	uɔŋ³¹	uɔŋ³¹	fɔʔ³¹	ɓɔŋ³⁵	pʰuŋ³¹
廉江	mɔŋ²³	kʰɔŋ⁵⁵	kʰɔŋ²¹	uɔŋ²¹	uɔŋ²¹	fɔk²	pɔŋ²⁵	pʰun³³
高州	mɔŋ¹³	vɔŋ⁵³	kʰɔŋ²¹	vɔŋ²¹	vɔŋ³¹	fɔk²¹	pɔŋ²⁴	pun³¹
化州	mɔŋ¹³	kʰɔŋ³¹	kʰɔŋ¹³	uɔŋ¹³	uɔŋ³¹	fɔʔ³¹	ɓɔŋ³⁵	ɓun³¹

	0769 网	0770 筐	0771 狂	0772 王	0773 旺	0774 缚	0775 绑	0776 胖
	宕合三上阳微	宕合三平阳溪	宕合三平阳群	宕合三平阳云	宕合三去阳云	宕合三入药奉	江开二上江帮	江开二去江滂
梅州	miɔŋ³¹	kʰiɔŋ⁴⁴	kʰɔŋ²¹	vɔŋ²¹	vɔŋ⁵²	pʰiok²	pɔŋ³¹	pʰaŋ⁵²
兴宁	miɔŋ³¹	kʰiɔŋ²⁴	kʰɔŋ¹³	vɔŋ¹³	ʒɔŋ⁵¹~墟 / vɔŋ⁵¹兴~	（无）	pɔŋ³¹	pʰɔŋ⁵¹白 / pʰaŋ⁵¹文
五华	miɔŋ³¹	kʰiɔŋ⁴⁴	kʰɔŋ²¹²	vɔŋ²¹²	vɔŋ³¹	（无）	pɔŋ³¹	pʰaŋ⁵¹
大埔	miɔŋ³¹	kʰuoŋ³⁴	kʰɔŋ¹³	vɔŋ¹³	vɔŋ⁵²	pʰiok⁵	pɔŋ³¹	pʰaŋ⁵²
丰顺	miɔŋ⁵³	kʰiɔŋ⁴⁴	kʰuoŋ²⁴	vɔŋ²⁴	vɔŋ²¹	pʰiok⁵	pɔŋ⁵³	pʰaŋ⁵³
揭西	miɔŋ³¹	kʰiɔŋ⁴⁵²	kʰɔŋ²⁴	vɔŋ²⁴	vɔŋ³¹	（无）	pɔŋ³¹	pʰaŋ⁴¹
陆河	miɔŋ²⁴	kʰiɔŋ⁵³	kʰɔŋ³⁵	vɔŋ³⁵	vɔŋ³³	pʰiok⁵	pɔŋ²⁴	pʰan³¹
龙川	mɔŋ²⁴	kʰiɔŋ³³	kʰɔŋ⁵¹	vɔŋ⁵¹	vɔŋ³³	pok¹³	pɔŋ²⁴	pʰɔŋ³¹
河源	mɔŋ²⁴	kʰɔŋ³³	kʰɔŋ³¹	ʋɔŋ³¹	ʋɔŋ⁵⁴	pok⁵	pɔŋ²⁴	pʰɔn⁵⁴
连平	mɔŋ³¹	kʰɔŋ²⁴	kʰɔŋ²¹	uɔŋ²¹	uɔŋ⁵³	（无）	pɔŋ³¹	pʰaŋ⁵³
龙岗	mbɔŋ³¹	kʰiɔŋ³³	kʰɔŋ²¹	vɔŋ²¹	vɔŋ⁵³	（无）	pɔŋ³¹	pʰaŋ⁵³
惠州	mɔŋ³⁵	kʰɔŋ³³	kʰɔŋ²²	wɔŋ²²	wɔŋ³¹	pok⁴⁵	pɔŋ³⁵	（无）
博罗	mbɔŋ³⁵	kʰɔŋ⁴⁴	kʰɔŋ²¹	vɔŋ²¹	vɔŋ⁴¹	pok⁵	pɔŋ³⁵	pʰɔn⁴¹
新丰	mbɔŋ³¹	kʰiɔŋ⁴⁴	kʰɔŋ²⁴	vɔŋ²⁴	vɔŋ³¹	（无）	pɔŋ³¹	pʰaŋ⁵¹
翁源	miɔŋ³¹	（无）	kʰɔŋ⁴¹	vɔŋ⁴¹	vɔŋ³¹	（无）	pɔŋ³¹	（无）
始兴	mɔŋ³¹	kʰɔŋ²²	kʰɔŋ⁵¹	vɔŋ⁵¹	vɔŋ³³	（无）	pɔŋ³¹	（无）
仁化	mɔŋ²³	kʰɔŋ³³	kʰɔŋ³¹	vɔŋ³¹	vɔŋ³³	（无）	pɔŋ²³	pʰuan³⁴
南雄	mɔŋ²⁴	kʰuaŋ⁴⁴	kuoŋ²¹	vɔŋ²¹	vɔŋ⁴²	poʔ⁵	pɔŋ²⁴	pʰaŋ³²

	0769 网	0770 筐	0771 狂	0772 王	0773 旺	0774 缚	0775 绑	0776 胖
	宕合三 上阳微	宕合三 平阳溪	宕合三 平阳群	宕合三 平阳云	宕合三 去阳云	宕合三 入药奉	江开二 上江帮	江开二 去江滂
皈塘	mɔu³³	（无）	kʰɔu⁴⁵	uɔu⁴⁵	uɔu²¹	fuə²¹	pɔu³³	pʰaŋ²¹
桂头	moŋ³²⁴	kʰoŋ⁵¹	kʰoŋ⁴⁵	voŋ⁴⁵	voŋ⁴⁴	pou²¹	poŋ³²⁴	（无）
连州	me²⁴	kʰɵ³¹	kʰuɵ⁵⁵	vɵ⁵⁵	vɵ³³	pɛi̇³¹	pɵ⁵³	pʰɔŋ¹¹
潮州	maŋ³⁵	kʰeŋ³³	kʰuaŋ⁵⁵	heŋ⁵⁵白 uaŋ⁵⁵文	uaŋ³⁵	pak⁵	paŋ⁵³	pʰueŋ²¹³
饶平	maŋ²⁵	kʰeŋ⁴⁴	kʰuaŋ⁵⁵	heŋ⁵⁵白 uaŋ⁵⁵文	uaŋ²⁵	pak⁵	paŋ⁵²	pʰuaŋ²¹⁴
汕头	maŋ²⁵	kʰeŋ³³	kʰuaŋ⁵⁵	heŋ⁵⁵白 uaŋ⁵⁵文	uaŋ²⁵	pak⁵	paŋ⁵¹	pʰaŋ²¹³
澄海	maŋ³⁵	kʰeŋ³³白 kʰuaŋ³³文	kʰuaŋ⁵⁵	heŋ⁵⁵白 uaŋ⁵⁵文	uaŋ³⁵	pak⁵	paŋ³³	pʰaŋ²¹²
潮阳	maŋ⁵²	kʰeŋ³¹白 kʰuaŋ³¹文	kʰuaŋ³³	heŋ³³白 uaŋ³³文	uaŋ⁵²	pak⁵	paŋ⁴⁵⁴	pfʰuaŋ⁵²
南澳	baŋ³⁵	kʰeŋ³⁴	kʰuaŋ⁴⁵⁴	heŋ⁴⁵⁴白 uaŋ⁴⁵⁴文	uaŋ³⁵	pak⁵	paŋ³⁵	pʰuaŋ²¹
揭阳	maŋ²⁵	kʰeŋ³³白 kʰuaŋ³³文	kʰuaŋ⁵⁵	heŋ⁵⁵白 uaŋ⁵⁵文	uaŋ²⁵	pak⁵	paŋ⁴¹	pʰũã²⁵
普宁	maŋ²⁴	kʰeŋ³⁵	kʰuaŋ⁵⁵	heŋ⁵⁵白 uaŋ⁵⁵文	uaŋ²⁴	pak⁵	paŋ⁵²	pfʰuaŋ³¹²
惠来	maŋ²⁵	kʰeŋ³⁴	kʰuaŋ⁵⁵	heŋ⁵⁵白 uaŋ⁵⁵文	uaŋ²⁵	pak⁵	paŋ⁵³	pfʰuaŋ³¹
海丰	maŋ³⁵	kʰioŋ³³	kʰuaŋ⁵⁵	hioŋ⁵⁵白 uaŋ⁵⁵文	uaŋ³⁵	pak⁵	paŋ⁵³	pʰoŋ²¹²
陆丰	mbaŋ²²	kʰeŋ³³白 kʰuaŋ³³文	kʰuaŋ¹³	oŋ¹³白 uaŋ¹³文	uaŋ²²	pak⁵	paŋ⁵⁵	pʰaŋ²¹³
电白	maŋ⁴⁴²	kʰiaŋ³³	kʰuaŋ²²	ui²²	waŋ⁴⁴²	pak²	paŋ²¹	pʰua⁴⁴²
雷州	maŋ³³	kʰiaŋ²⁴白 kʰuaŋ²⁴文	kʰuaŋ²²	hiaŋ²²白 huaŋ²²文	uaŋ³³	pak³白 puk⁵文	paŋ⁴²	（无）

	0777 棒	0778 桩	0779 撞	0780 窗	0781 双	0782 江	0783 讲	0784 降投~
	江开二上江並	江开二平江知	江开二去江澄	江开二平江初	江开二平江生	江开二平江见	江开二上江见	江开二平江匣
广州	pʰaŋ¹³	tʃɔŋ⁵³	tʃɔŋ²²	tʃʰœŋ⁵⁵	ʃœŋ⁵³	kɔŋ⁵³	kɔŋ³⁵	hɔŋ²¹
番禺	pʰaŋ²³	tʃɔŋ⁵³	tʃɔŋ²²	tʃʰœŋ⁵⁵	ʃœŋ⁵³	kɔŋ⁵³	kɔŋ³⁵	hɔŋ³¹
增城	pʰaŋ¹³	tsɔŋ⁴⁴	tsɔŋ²²	tsʰœŋ⁴⁴	sœŋ⁴⁴	kɔŋ⁴⁴	kɔŋ³⁵	hɔŋ²¹
从化	pʰaŋ²³	tsɔŋ⁵⁵	tsɔŋ³¹	tsʰœŋ⁵⁵	sœŋ⁵⁵	kɔŋ⁵⁵	kɔŋ⁴⁵	hɔŋ²²
龙门	pʰaŋ²³	tsɔŋ⁴²	tsɔŋ⁵³	tsʰiɔŋ⁵⁵	sɔŋ⁴²	kɔŋ⁴²	kɔŋ³⁵	hɔŋ²¹
莞城	pʰɛŋ³⁴	tʃɔŋ²³	tʃɔŋ⁴⁴	tʃʰœŋ²³	ʃœŋ²³	kɔŋ²³	kɔŋ³⁵	hɔŋ³¹
宝安	pʰaŋ²³	tʃɔŋ⁵⁵	tʃɔŋ²²	tʃʰœŋ⁵⁵	ʃœŋ²³	kɔŋ²³	kɔŋ²⁵	kɔŋ³³
佛山	pʰaŋ¹³	tʃɔŋ⁵³	tʃɔŋ¹²	tʃʰœŋ⁵⁵	ʃœŋ⁵³ / ʃœŋ⁵⁵又	kɔŋ⁵³	kɔŋ³⁵	hɔŋ⁴²
南海	pʰaŋ¹³	tsɔŋ⁵¹	tsɔŋ²²	tsʰœŋ⁵⁵	sœŋ⁵¹	kɔŋ⁵¹	kɔŋ³⁵	hɔŋ³¹
顺德	pʰaŋ¹³	tʃɔŋ⁵³	tʃɔŋ²¹	tʃʰøŋ⁵⁵	ʃøŋ⁵³	kɔŋ⁵³	kɔŋ²⁴	hɔŋ⁴²
三水	pʰaŋ²³	tsɔŋ⁵³	tsɔŋ³³	tsʰiɔŋ⁵⁵	siɔŋ⁵³ / siɔŋ⁵⁵又	kɔŋ⁵³ / kɔŋ⁵⁵又	kɔŋ²⁵	hɔŋ³¹
高明	pʰaŋ²⁴	tʃɔŋ⁵⁵	tʃɔŋ³¹	tʃʰœŋ⁵⁵	ʃœŋ⁵⁵	kɔŋ⁵⁵	kɔŋ²⁴	hɔŋ³¹
佛冈	pʰaŋ³¹	tʃɔŋ³³	tʃɔŋ³¹	tʃʰiɔŋ³³	ʃɔŋ³³ / ʃiɔŋ³³又	kɔŋ³³	kɔŋ³⁵	hɔŋ³¹ / kɔŋ³³投~
阳山	peŋ²²⁴	tʃœŋ⁵¹	tʃœŋ²¹⁴	tʃʰiœŋ⁵¹	ʃœŋ⁵¹	kœŋ⁵¹	kœŋ⁵⁵	hœŋ²⁴¹
连山	paŋ¹⁵	tʃøŋ⁵¹	tʃøŋ²¹⁵	tʃʰiaŋ⁵¹	ʃøŋ⁵¹	køŋ⁵¹	køŋ⁵⁵	øŋ²⁴¹
新兴	pʰɐŋ²¹	tsɔŋ⁴⁵	tsɔŋ⁵²	tsʰɔŋ⁴⁵	sɔŋ⁴⁵	kuɔŋ⁴⁵	kuɔŋ³⁵	hɔŋ²¹
罗定	pʰaŋ³⁵	tsɔŋ⁵⁵	tsɔŋ²¹	tsʰœŋ⁵⁵	sœŋ⁵⁵白 / sɔŋ⁵⁵文	kɔŋ⁵⁵	kɔŋ³⁵	hɔŋ²¹
郁南	pʰɐŋ¹³	tʃɔŋ⁵⁵	tʃɔŋ²¹	tʃʰøŋ⁵⁵	ʃøŋ⁵⁵	kɔŋ⁵⁵	kɔŋ³⁵	hɔŋ²¹
石岐	pʰaŋ²¹³	tsɔŋ⁵⁵	tsɔŋ³³	tsʰœŋ⁵⁵	sœŋ⁵⁵	kɔŋ⁵⁵	kɔŋ²¹³	hɔŋ⁵¹

	0777 棒	0778 桩	0779 撞	0780 窗	0781 双	0782 江	0783 讲	0784 降投~
	江开二上江並	江开二平江知	江开二去江澄	江开二平江初	江开二平江生	江开二平江见	江开二上江见	江开二平江匣
肇庆	pʰaŋ¹³	tʃɔŋ⁴⁵	tʃɔŋ⁵²	tʃʰœŋ⁴⁵	ʃœŋ⁴⁵	kɔŋ⁴⁵	kɔŋ²⁴	hɔŋ²¹
香洲	pʰaŋ³⁵	tsɔŋ²¹	tsɔŋ³³	tsʰœŋ²¹	sœŋ²¹	kɔŋ²¹	kɔŋ³⁵	hɔŋ³⁴³
斗门	pʰaŋ²¹	tsɔŋ³⁴	tsɔŋ⁴²	tʰɔŋ³⁴	sɔŋ³⁴	kɔŋ³⁴	kɔŋ⁴⁵	hɔŋ²²
新会	pʰaŋ²¹	tsɔŋ²³	tsɔŋ³²	tsʰɔŋ²³	sɔŋ²³	kɔŋ²³	kɔŋ⁴⁵	hɔŋ²²
台山	pʰaŋ²¹小	tsɔŋ³³	tsɔŋ³¹	tʰɔŋ³³	sɔŋ³³	kɔŋ³³	kɔŋ⁵⁵	hɔŋ²²
开平	pʰaŋ²¹小	tʃɔŋ³³	tʃɔŋ³¹	tʰɔŋ²¹⁵小	ʃɔŋ³³	kɔŋ³³	kɔŋ⁴⁵	hɔŋ¹¹
恩平	pʰaŋ²¹	tʃɔŋ³³	tʃɔŋ²¹	tʰɔŋ³³	ʃɔŋ³³	kɔŋ³³	kɔŋ⁵⁵	hɔŋ²²
四会	paŋ²⁴	tʃɔŋ⁵¹	tʃɔŋ²⁴	tʃʰœŋ⁵¹	ʃœŋ⁵¹	kɔŋ⁵¹	kɔŋ³³	hɔŋ³¹
广宁	paŋ³²³	tsɔŋ⁵¹	tsɔŋ³²³	tsʰøŋ⁵¹	søŋ⁵¹	kɔŋ⁵¹	kɔŋ⁴⁴	hɔŋ³¹
怀集	pɛŋ²⁴	tʃɔŋ⁴²	tʃɔŋ²²⁵	tʃʰœŋ⁴²	θɔŋ⁴²	kɔŋ⁴²	kɔŋ⁵⁴	kɔŋ⁴⁵
德庆	pʰɐŋ²³	tsɔ⁴⁵⁴白 / tsɔŋ⁴⁵⁴文	tsɔŋ³¹	tsʰɛ⁴⁵⁴白 / tsʰɛŋ⁴⁵⁴文	sɔ⁴⁵⁴白 / sɔŋ⁴⁵⁴文	kɔŋ⁴⁵⁴	kɔ⁴⁵白 / kɔŋ⁴⁵文	hɔ⁴⁵白 / hɔŋ⁴⁵文
封开	pʰaŋ²²³	tʃɔŋ⁵⁵	tʃɔŋ²¹	tʃʰiɛŋ⁵⁵	ʃɔŋ⁵⁵	kɔŋ⁵⁵	kɔŋ³³⁴	hɔŋ²¹
阳江	foŋ²¹	tsuɔŋ³³	tsuɔŋ⁵⁴	tsʰuɔŋ³³	suɔŋ³³	kuɔŋ³³	kuɔŋ²¹	kuɔŋ³⁵
阳春	foŋ³²⁴	tsuɒŋ⁴⁵	tsuɒŋ⁵²	tsʰuɒŋ⁴⁵	suɒŋ⁴⁵	kuɒŋ⁴⁵	kuɒŋ³²⁴	huɒŋ³¹
赤坎	pʰaŋ¹³	tsɔŋ⁴⁵	tsɔŋ²¹	tsʰɔŋ⁴⁵	sɔŋ⁴⁵	kɔŋ⁴⁵	kɔŋ¹³	hɔŋ²¹
吴川	pʰaŋ²⁴	tʃɔŋ⁵⁵	tʃɔŋ³¹	tʃʰɔŋ⁵⁵	ʃɔŋ⁵⁵	kɔŋ⁵⁵	kɔŋ³⁵	hɔŋ³¹
廉江	foŋ²³	tsɔŋ⁵⁵	tsɔŋ²¹	tsʰɔŋ⁵⁵	sɔŋ⁵⁵	kɔŋ⁵⁵	kɔŋ²⁵	hɔŋ²¹
高州	pʰaŋ¹³	tʃɔŋ⁵³	tʃɔŋ³¹	tʃʰɔŋ⁵³	ʃuŋ⁵³白 / ʃɔŋ⁵³文	kɔŋ⁵³	kɔŋ²⁴	hɔŋ²¹
化州	pʰaŋ¹³	tʃɔŋ⁵³	tʃɔŋ³¹	tʰɔŋ⁵³	ʃɔŋ⁵³	kaŋ⁵³	kaŋ³⁵	kaŋ³³ / kɔŋ³³又

	0777 棒	0778 桩	0779 撞	0780 窗	0781 双	0782 江	0783 讲	0784 降投~
	江开二 上江並	江开二 平江知	江开二 去江澄	江开二 平江初	江开二 平江生	江开二 平江见	江开二 上江见	江开二 平江匣
梅州	puŋ³¹	tsɔŋ⁴⁴	tsʰɔŋ⁵²	tsʰuŋ⁴⁴	suŋ⁴⁴	kɔŋ⁴⁴	kɔŋ³¹	hɔŋ²¹
兴宁	puŋ⁵¹	tsɔŋ²⁴	tsʰɔŋ⁵¹	tsʰɯŋ²⁴	suŋ²⁴	kɔŋ²⁴	kɔŋ³¹	hɔŋ¹³
五华	puŋ³¹	tsɔŋ⁴⁴	tsʰɔŋ³¹	tsʰŋ⁴⁴	sŋ⁴⁴	kɔŋ⁴⁴	kɔŋ³¹	kɔŋ⁵¹
大埔	puŋ⁵²	tsɔŋ³⁴	tsʰoŋ⁵²	tsʰuŋ³⁴	suŋ³⁴	koŋ³⁴	kɔŋ³¹	hoŋ¹³
丰顺	paŋ⁵³	tsɔŋ⁴⁴	tsʰɔŋ²¹	tsʰuŋ⁴⁴	suŋ⁴⁴	kɔŋ⁴⁴	kɔŋ⁵³	hoŋ²⁴
揭西	paŋ⁴¹	tsɔŋ⁴⁵²	tsʰɔŋ³¹	tsʰuŋ⁴⁵²	suŋ⁴⁵²	kɔŋ⁴⁵²	kɔŋ³¹	hɔŋ²⁴
陆河	puŋ²⁴	tsɔŋ⁵³	tsʰɔŋ³³	tsʰuŋ⁵³	suŋ⁵³	kɔŋ⁵³	kɔŋ²⁴	hɔŋ³⁵
龙川	pɔŋ³¹	tsɔŋ³³	tsʰɔŋ³³	tsʰuŋ³³	suŋ³³	kɔŋ³³	kɔŋ²⁴	kɔŋ³¹
河源	puŋ²¹²	tsɔŋ³³	tsʰɔŋ⁵⁴	tsʰuŋ³³	suŋ³³	kɔŋ³³	kɔŋ²⁴	kɔŋ²¹²
连平	puŋ³¹ paŋ⁵³ 又	tsɔŋ²⁴	tsʰɔŋ⁵³	tsʰuŋ²⁴	suŋ²⁴	kɔŋ²⁴	kɔŋ³¹	kɔŋ⁵³
龙岗	paŋ⁵³	tsɔŋ³³	tsʰɔŋ⁵³	tsʰuŋ³³	suŋ³³	kɔŋ³³	kɔŋ³¹	kɔŋ⁵³
惠州	pʰaŋ²³	tsɔŋ³³	tsɔŋ³¹	tsʰɔŋ³³	səŋ³³	kɔŋ³³	kɔŋ³⁵	hɔŋ²²
博罗	pʰaŋ²⁴	tsɔŋ⁴⁴	tsʰɔŋ⁴¹	tsʰɔŋ⁴⁴	səŋ⁴⁴	kɔŋ⁴⁴	kɔŋ³⁵	kɔŋ²⁴
新丰	pɔŋ³¹	tsɔŋ⁴⁴	tsʰɔŋ³¹	tsʰuŋ⁴⁴	suŋ⁴⁴	kɔŋ⁴⁴	kɔŋ³¹	kɔŋ⁵¹
翁源	（无）	tsɔŋ²²	tsʰɔŋ³¹	tsʰɔŋ²²	suŋ²²	kɔŋ²²	kɔŋ³¹	kɔŋ⁴⁵
始兴	pɔŋ³³	tsɔŋ²²	tsʰɔŋ³³	tsʰɔŋ²²	sɔŋ²²	kɔŋ²²	kɔŋ³¹	kɔŋ³³
仁化	（无）	tsɔŋ³³	tsʰɔŋ³³	tsʰɔŋ³³	sɔŋ³³	kɔŋ³³	kɔŋ²³	kɔŋ³⁴
南雄	paŋ⁴²	tsɔŋ⁴⁴	tsɔŋ⁴²	tsʰɔŋ⁴⁴	sɔŋ⁴⁴	kɔŋ⁴⁴	kɔŋ²⁴	hɔŋ²¹

	0777 棒	0778 桩	0779 撞	0780 窗	0781 双	0782 江	0783 讲	0784 降投~
	江开二 上江並	江开二 平江知	江开二 去江澄	江开二 平江初	江开二 平江生	江开二 平江见	江开二 上江见	江开二 平江匣
皈塘	（无）	tʃɔu²⁴	tʃʰau²¹	tʃʰɔu²⁴	ʃɔu²⁴	kɔu²⁴	kɔu³³	hɔu⁴⁵
桂头	poŋ³²⁴	tsoŋ⁵¹	tsʰoŋ⁴⁴	tsʰoŋ⁵¹	soŋ⁵¹	koŋ⁵¹	koŋ³²⁴	koŋ⁴⁴
连州	（无）	tsɵ³¹	tsʰɵ³³	tsʰie³¹ 光~ tsʰɵ³¹ ~帘	sɵ³¹	kɵ³¹	kɵ⁵³	hɵ⁵⁵
潮州	paŋ³⁵	tsuaŋ³³	tsuaŋ³⁵	tʰeŋ³³	saŋ³³	kaŋ³³	kaŋ⁵³	haŋ⁵⁵
饶平	paŋ²⁵	tsɯŋ⁴⁴ 白 tsuaŋ⁴⁴ 文	tsuaŋ²⁵	tʰeŋ⁴⁴	saŋ⁴⁴	kaŋ⁴⁴	kaŋ⁵²	haŋ⁵⁵
汕头	paŋ²⁵	tsuaŋ³³	tsuaŋ²⁵	tʰeŋ³³	saŋ³³	kaŋ³³	kaŋ⁵¹	haŋ⁵⁵
澄海	paŋ³⁵	tsəŋ³³ 白 tsuaŋ³³ 文	tsuaŋ³⁵	tʰeŋ³³	saŋ³³	kaŋ³³	kaŋ⁵³	haŋ⁵⁵
潮阳	paŋ⁵²	tsuaŋ³¹	tsuaŋ⁵²	tʰeŋ³¹	saŋ³¹	kaŋ³¹	kaŋ⁴⁵⁴	haŋ³³
南澳	paŋ³⁵	tsəŋ³⁴	tsuaŋ³⁵	tʰeŋ³⁴	saŋ³⁴	kaŋ³⁴	kaŋ⁵²	haŋ⁴⁵⁴
揭阳	paŋ²⁵	tsɯŋ³³ 白 tsuaŋ³³ 文	tsuaŋ²⁵	tʰeŋ³³	saŋ³³	kaŋ³³	kaŋ⁴¹	haŋ⁵⁵
普宁	paŋ²⁴	tsuaŋ³⁵	tsuaŋ²⁴	tʰeŋ³⁵	saŋ³⁵	kaŋ³⁵	kaŋ⁵²	haŋ⁵⁵
惠来	paŋ²⁵	tsuaŋ³⁴	tsuaŋ²⁵	tʰeŋ³⁴	saŋ³⁴	kaŋ³⁴	kaŋ⁵³	haŋ⁵⁵
海丰	paŋ³⁵	tsuaŋ³³	tsuaŋ³⁵	tʰioŋ³³	saŋ³³	kaŋ³³	koŋ⁵³ 白 kaŋ⁵³ 文	haŋ⁵⁵
陆丰	paŋ²²	tsuaŋ³³	tsoŋ²²	tʰeŋ³³	saŋ³³ suaŋ³³ 又	kaŋ³³	koŋ⁵⁵ 白 kaŋ⁵⁵ 文	haŋ¹³
电白	poŋ⁴⁴²	tsoŋ³³	tsɔŋ⁴⁴²	tʰiaŋ³³	siaŋ³³	kiaŋ³³	koŋ²¹	haŋ²²
雷州	（无）	tsuaŋ²⁴	tsam³³	tʰiaŋ²⁴	siaŋ²⁴ 白 suaŋ²⁴ 文	kiaŋ²⁴	ko⁴² 白 kiaŋ⁴² 文	kiaŋ²¹

	0785 项	0786 剥	0787 桌	0788 镯	0789 角	0790 壳	0791 学	0792 握
	江开二上江匣	江开二入觉帮	江开二入觉知	江开二入觉崇	江开二入觉见	江开二入觉溪	江开二入觉匣	江开二入觉影
广州	hɔŋ²²	mɔk⁵	tʃʰœk³	（无）	kɔk³	hɔk³	hɔk²	ŋak⁵
番禺	hɔŋ²²	mɔk⁵	tʃʰœk³	（无）	kɔk³	hɔk³	hɔk²	ak⁵
增城	hɔŋ²²	mɔk⁵	tsʰœk³	tsok⁵	kɔk³	hɔk²	hɔk²	ŋak⁵
从化	hɔŋ³¹	mɔk⁵	tsʰœk³	（无）	kɔk³	hɔk³	hɔk³	ek⁵
龙门	hɔŋ⁵³	mɔk⁴³	tsiɔk²³	tsɔk⁴³	kɔk²³	hɔk²³	hɔk⁴³	ɐk⁵
莞城	hɔŋ⁴⁴	mɔk⁵	tʃɛ⁴⁴白 tʃɛk³文	tʃʰok³	kɔ³⁴	hɔ³⁴	hɔk³	ŋɛ³⁴
宝安	hɔŋ²²	mɔʔ⁵	tʃœʔ⁵	tʃɔʔ³	kɔʔ⁵	hɔʔ⁵	hɔʔ³	ŋaʔ⁵
佛山	hɔŋ¹²	bɔk⁵	tʃʰœk³⁴	tʃok²³	kɔk³⁴	hɔk³⁴	hɔk²³	gak⁵
南海	hɔŋ²²	mɔk⁵	tsœk³	tsok⁵	kɔk³	hɔk³	hɔk²	ŋak⁵
顺德	hɔŋ²¹	mɔk⁵	tʃʰøk³	（无）	kɔk³	hɔk³	hɔk³	ak⁵
三水	hɔŋ³³	mɔk⁵	tsʰɔk⁴	（无）	kɔk⁴ kɔk²⁵又	hɔk⁴ hɔk²⁵又	hɔk³	ŋɐk⁵
高明	hɔŋ³¹姓氏 hɔŋ³¹~目	mɔk³	tʃʰiœk³	（无）	kɔk³	hɔk³	hɔk²	ak⁵
佛冈	hɔŋ³¹	mɔk³	tʃʰiɔk³	（无）	kɔk³	hɔk³	hɔk²	ɐk³
阳山	hœŋ²¹⁴	mœk³⁴	tʃœk³⁴	（无）	kœk³⁴	hœk³⁴	hœk²³	ŋɐk⁵
连山	øŋ¹⁵	（无）	tʃøk³⁵	（无）	køk³⁵	høk³⁵	øk²¹⁵	ɔk⁵
新兴	hɔŋ⁵²	mɔk⁴	tsɔk⁴	tsok⁴⁵	kuɔk⁴	hɔk³	hɔk⁵²	ɐk⁴⁵
罗定	hɔŋ²¹	mɔk⁵	tsʰœk³	（无）	kɔk³	hɔk³	hɔk²	ak⁵
郁南	hɔŋ²¹	mɔk³	tʃʰøk³	tʃok⁵	kɔk³	hɔk³	hɔk²	ɐk⁵
石岐	hɔŋ³³	mɔk⁵	tsʰœk³	tsɔk³	kɔk³	hɔk³	hɔk³	ɐk⁵ ɔk⁵又

	0785 项	0786 剥	0787 桌	0788 镯	0789 角	0790 壳	0791 学	0792 握
	江开二 上江匣	江开二 入觉帮	江开二 入觉知	江开二 入觉崇	江开二 入觉见	江开二 入觉溪	江开二 入觉匣	江开二 入觉影
肇庆	hɔŋ⁵²	mɔk⁵	tʃʰœk³	（无）	kɔk³	hɔk³	hɔk⁴²	ŋɛk⁵
香洲	hɔŋ³³	mɔk²¹	tsʰœk³	tsɔk²¹	kɔk²¹	hɔk²¹	hɔk³	ɐk²¹
斗门	hɔŋ⁴²	mɔk³⁴	tʰiɔk⁵	（无）	kɔk³⁴	hɔk³	hɔk³	ak⁵
新会	hɔŋ³²	mɔk²³	tsʰœk⁴⁵	（无）	kɔk²	hɔk²	hɔk²	ak⁴⁵
台山	hɔŋ³¹	mɔk⁵	tsʰiak⁵	（无）	kɔk³	hɔk³¹	hɔk³	ak⁵
开平	hɔŋ³¹	mɔk⁵	tʃʰiak⁵	（无）	kɔk²¹小	hɔk²	hɔk²	ak⁵
恩平	hɔŋ²¹	mbɔk⁵	tʃiak⁵	（无）	kɔk²	hɔk²	hɔk²	ak⁵
四会	hɔŋ²⁴	mɔk³	tʃʰœk³	（无）	kɔk³	hɔk³	hɔk²	ŋɐk³
广宁	hɔŋ³²³	mɔk⁴³	tsʰøk⁴³	tsok³²	kɔk⁴³	hɔk⁴³	hɔk³²³	ɐk⁵
怀集	hɔŋ²²⁵	mɔk⁴⁵	tʃɔk⁴⁵ 木~ / tʃʰœk⁴⁵ ~球	tʃok⁵	kɔk⁴⁵	hɔk⁴⁵	hɔk²⁴	ɐk⁵
德庆	hɔŋ³¹	mɔk⁵³	tsʰɔk⁵³	（无）	kɔk⁵³	hɔk⁵³	hɔk²	ɐk⁵
封开	hɔŋ²¹	mɔk⁵³	tʃʰɔk⁵³	tʃok⁵³	kɔk⁵³	hɔk⁵³	hɔk²	ak⁵³
阳江	huɔŋ⁵⁴	pʰuɔʔ²¹	tsuɔʔ²¹	tsuɔʔ⁵⁴	kuɔʔ²¹	huɔʔ²¹	huɔʔ⁵⁴	aʔ²¹
阳春	huɒŋ⁵²	muɒk³	tsuɒk³	tsuɒk⁵²	kuɒk³	huɒk³	huɒk⁵²	ak⁴⁵
赤坎	hɔŋ¹³	mɔʔ⁵	tsʰiøʔ³	（无）	kɔʔ³	hɔʔ³	hɔʔ²	ɐk⁵
吴川	hɔŋ²⁴	miɐʔ⁵白 / mɔʔ³¹文	tʃʰɔʔ³	（无）	kɔʔ³	hɔʔ³	hɔʔ³¹	aʔ³
廉江	hɔŋ²³	mɔk³	tsʰɔk³	tsʰɔk³	kɔk³	hɔk³	hɔk²	ɐt
高州	hɔŋ¹³	miet⁵白 / mɔk³文	tʃʰɔk³	tʃʰɔk³	kɔk³	hɔk³	hɔk²¹	ak³
化州	hɔŋ¹³	mɔʔ³	tʃʰɔʔ³	tʃʰɔʔ³	kaʔ³ / kɔʔ³又	haʔ³ / hɔʔ³¹又	hɔk³¹	aʔ³

	0785 项	0786 剥	0787 桌	0788 镯	0789 角	0790 壳	0791 学	0792 握
	江开二 上江匣	江开二 入觉帮	江开二 入觉知	江开二 入觉崇	江开二 入觉见	江开二 入觉溪	江开二 入觉匣	江开二 入觉影
梅州	hɔŋ⁵²	pɔk²	tsɔk²	tsuk²	kɔk²	hɔk²	hɔk⁵	vɔk²
兴宁	kʰɔŋ⁵¹白 hɔŋ⁵¹文	pɔk²	tsɔk²	tʃuk²	kɔk²	hɔk²	hɔk⁴	vɔk²
五华	hɔŋ³¹	pɔk²	tsɔk²	（无）	kɔk²	hɔk²	hɔk⁵	vɔk²
大埔	hoŋ⁵²	pok²	tsok²	tʃuk²	kok²	kʰok²	hok⁵	vok²
丰顺	hoŋ²¹	pok²	tsok²	（无）	kok²	kʰok²	hok⁵	vok²
揭西	hɔŋ³¹	pɔk³	tsɔk³	（无）	kɔk³	kʰɔk³	hɔk⁵	vɔk³
陆河	hɔŋ³³	pɔk⁴⁵	tsɔk⁴⁵	tʃuk⁴⁵	kɔk⁴⁵	hɔk⁴⁵	hɔk⁵	vɔk⁴⁵
龙川	hɔŋ²⁴	pɔk¹³	tsɔk¹³	tsɔk¹³	kɔk¹³	hɔk¹³	hɔk³	vɔk¹³
河源	hɔŋ⁵⁴	pɔk⁵	tsɔk⁵	tsuk⁵	kɔk⁵	hɔk⁵	hɔk³	ʋɔk³
连平	hɔŋ⁵³	pɔk³	tsɔk³	tsɔk³	kɔk³	kʰɔk³	hɔk⁵	uɔk⁵
龙岗	hɔŋ⁵³	pɔk²	tsɔk²	（无）	kɔk²	hɔk²	hɔk²	vɔk²
惠州	hɔŋ³¹	pɔk⁴⁵	tsɔk⁴⁵	（无）	kɔk⁴⁵	hɔk⁴⁵	hɔk²¹	ʔiak⁴⁵
博罗	hɔŋ⁴¹	pɔk⁵	tsɔk⁵	（无）	kɔk⁵	hɔk⁵	hɔk²	ak⁵
新丰	hɔŋ³¹	pɔk²	tsɔk²	（无）	kɔk²	kʰɔk²	hɔk⁴	vɔk²
翁源	hɔŋ³¹	pɔk³¹	tsɔk³¹	（无）	kɔk³¹	kʰɔk³¹	hɔk⁴⁵	vɔk³¹
始兴	hɔŋ³³	poʔ⁴⁵	tsoʔ⁴⁵	tsʰoʔ³	koʔ⁴⁵	kʰoʔ⁴⁵	hoʔ³	voʔ⁴⁵
仁化	xoŋ³³	poʔ⁵	tsoʔ⁵	tsʰoʔ⁵	koʔ⁵	kʰoʔ⁵	xoʔ⁵	voʔ⁵
南雄	hɔŋ⁴²	poʔ⁵	tsoʔ⁴²	tsoʔ⁴²	koʔ⁵	kʰoʔ⁵	hoʔ⁴²	vɤʔ⁵

	0785 项	0786 剥	0787 桌	0788 镯	0789 角	0790 壳	0791 学	0792 握
	江开二 上江匣	江开二 入觉帮	江开二 入觉知	江开二 入觉崇	江开二 入觉见	江开二 入觉溪	江开二 入觉匣	江开二 入觉影
皈塘	ha²¹ ₋羽	pou⁴¹	tʃou⁴¹	tʃʰou²¹	kou⁴¹	kʰou⁴¹	hou³³	ɛ³³
桂头	hoŋ⁴⁴	pou²¹	tsou⁴	tsʰou⁴	kou²¹	kʰou⁴	hou⁴⁴	ŋie²¹ 白 ou²¹ 文
连州	hɵ³³	pɵ²⁴	tsɵ²⁴	(无)	kɵ²⁴	hɵ²⁴	hɵ³¹	ŋa²
潮州	haŋ³⁵	pak²	toʔ²	(无)	kak²	kʰak²	oʔ⁵ 白 hak⁵ 文	ok²
饶平	haŋ²⁵	pak²	toʔ²	(无)	kak²	kʰak²	oʔ⁵ 白 hak⁵ 文	ok²
汕头	haŋ²⁵	pak²	toʔ²	tsuak⁵	kak²	kʰak²	oʔ⁵ 白 hak⁵ 文	ok²
澄海	haŋ³⁵	pak²	toʔ²	(无)	kak²	kʰak²	oʔ⁵ 白 hak⁵ 文	ok²
潮阳	haŋ⁵²	pak³	toʔ³	tsok³	kak³	kʰak³	oʔ⁵ 白 hak⁵ 文	ok³
南澳	haŋ³⁵	pak²	toʔ²	soʔ⁵	kak²	kʰak²	oʔ⁵ 白 hak⁵ 文	ok²
揭阳	haŋ²⁵	pak³	toʔ³	tsuak⁵	kak³	kʰak³	oʔ⁵ 白 hak⁵ 文	ok³
普宁	haŋ²⁴	pak³	toʔ³	tsuak⁵	kak³	kʰak³	oʔ⁵ 白 hak⁵ 文	ok³
惠来	haŋ²⁵	pak³	toʔ³	tsʰuak³	kak³	kʰak³	oʔ⁵ 白 hak⁵ 文	ok³
海丰	haŋ³⁵	pak²	toʔ²	(无)	kak² 白 kok² 文	kʰak²	oʔ⁵ 白 hak⁵ 文	ok²
陆丰	haŋ²²	pak²	toʔ²	(无)	kak²	kʰak²	oʔ⁵ 白 hak⁵ 文	ok²
电白	haŋ⁴⁴²	pʰɔk⁵	(无)	(无)	kak⁵	kʰak⁵	ɔ⁴⁴²	ak⁵
雷州	haŋ³³	pak⁵ 白 puk⁵ 文	tsʰo³³	tsuak⁵	kak⁵	kʰak⁵	o³³ 白 hiok⁵ 文	ʔuk⁵

	0793 朋	0794 灯	0795 等	0796 凳	0797 藤	0798 能	0799 层	0800 僧
	曾开一平登并	曾开一平登端	曾开一上登端	曾开一去登端	曾开一平登定	曾开一平登泥	曾开一平登从	曾开一平登心
广州	$p^h\text{ɐŋ}^{21}$	tɐŋ^{55}	tɐŋ^{35}	tɐŋ^{33}	$t^h\text{ɐŋ}^{21}$	lɐŋ^{21}	$tʃ^h\text{ɐŋ}^{21}$	$tʃ\text{ɐŋ}^{55}$
番禺	$p^h\text{ɐŋ}^{31}$	tɐŋ^{55}	tɐŋ^{35}	tɐŋ^{33}	$t^h\text{ɐŋ}^{31}$	lɐŋ^{31}	$tʃ^h\text{ɐŋ}^{31}$	$tʃ\text{ɐŋ}^{55}$
增城	$p^h\text{ɐŋ}^{21}$	tɐŋ^{44}	tɐŋ^{35}	tɐŋ^{33}	$t^h\text{ɐŋ}^{21}$	lɐŋ^{21}	$\text{tsh}\text{ɐŋ}^{21}$	tsɐŋ^{44}
从化	$p^h\text{ɐŋ}^{22}$	tɐŋ^{55}	tɐŋ^{45}	tɐŋ^{31}	$t^h\text{ɐŋ}^{22}$	nɐŋ^{22}	$\text{tsh}\text{ɐŋ}^{22}$	tsɐŋ^{55}
龙门	$p^h\text{ɐŋ}^{21}$	tɐŋ^{55}	tɐŋ^{35}	tɐŋ^{23}	$t^h\text{ɐŋ}^{21}$	lɐŋ^{21}	$\text{tsh}\text{ɐŋ}^{21}$	tsɐŋ^{42}
莞城	$p^h\text{ɛŋ}^{31}$	tɐŋ^{23}	tɐŋ^{35}	tɐŋ^{44}	$t^h\text{ɐŋ}^{31}$	nɐŋ^{31}	$tʃ^h\text{ɐŋ}^{31}$	$tʃ\text{ɐŋ}^{23}$
宝安	$p^h\text{aŋ}^{31}$	tɐŋ^{55}	tɐŋ^{25}	tɐŋ^{33}	$t^h\text{ɐŋ}^{33}$	nɐŋ^{31}	$tʃ^h\text{ɐŋ}^{33}$	$tʃ\text{ɐŋ}^{23}$
佛山	$p^h\text{aŋ}^{35}$ 白 $p^h\text{ɐŋ}^{42}$ 文	tɐŋ^{55}	tɐŋ^{35}	tɐŋ^{24}	hɐŋ^{42}	lɐŋ^{42}	$tʃ^h\text{ɐŋ}^{42}$	$tʃ\text{ɐŋ}^{55}$
南海	$p^h\text{ɐŋ}^{31}$	tɐŋ^{51}	tɐŋ^{35}	tɐŋ^{33}	$t^h\text{ɐŋ}^{31}$	nɐŋ^{31}	$\text{tsh}\text{ɐŋ}^{31}$	tsɐŋ^{55}
顺德	$p^h\text{ɐŋ}^{42}$	tɐŋ^{55}	tɐŋ^{24}	tɐŋ^{32}	tɐŋ^{42}	lɐŋ^{42}	$tʃ^h\text{ɐŋ}^{42}$	$tʃ\text{ɐŋ}^{55}$
三水	$p^h\text{ɐŋ}^{31}$ $p^h\text{ɐŋ}^{25}$ 又	tɐŋ^{55}	tɐŋ^{25}	tɐŋ^{44}	$t^h\text{ɐŋ}^{31}$	lɐŋ^{31}	$\text{tsh}\text{ɐŋ}^{31}$	tsɐŋ^{55}
高明	$p^h\text{ɐŋ}^{31}$	tɐŋ^{55}	tɐŋ^{24}	tɐŋ^{33}	$t^h\text{ɐŋ}^{31}$	nɐŋ^{31}	$tʃ^h\text{ɐŋ}^{31}$	$tʃ\text{ɐŋ}^{55}$
佛冈	$p^h\text{ɛŋ}^{22}$	tɐŋ^{33}	tɐŋ^{35}	tɐŋ^{31}	$t^h\text{ɛŋ}^{22}$	nɛŋ^{22}	$tʃ^h\text{ɛŋ}^{22}$	$tʃ\text{ɛŋ}^{33}$
阳山	$p\text{ɐŋ}^{241}$	tɐŋ^{51}	tɐŋ^{55}	tɐŋ^{34}	tɐŋ^{241}	lɐŋ^{241}	$tʃ\text{ɐŋ}^{241}$	$tʃ\text{ɐŋ}^{51}$
连山	$p\text{ɔŋ}^{241}$	daŋ^{51}	daŋ^{55}	daŋ^{35}	taŋ^{241}	naŋ^{241}	θaŋ^{241}	taŋ^{51}
新兴	$p^h\text{ɐŋ}^{21}$	tɐŋ^{45}	tɐŋ^{35}	tɐŋ^{443}	$t^h\text{ɐŋ}^{21}$	nɐŋ^{21}	$\text{tsh}\text{ɐŋ}^{21}$	tsɐŋ^{45}
罗定	$p^h\text{ɐŋ}^{21}$	tɐŋ^{55}	tɐŋ^{35}	tɐŋ^{33}	$t^h\text{ɐŋ}^{21}$	nɐŋ^{21}	$\text{tsh}\text{ɐŋ}^{21}$	tsɐŋ^{55}
郁南	$p^h\text{ɐŋ}^{21}$	tɐŋ^{55}	tɐŋ^{35}	tɐŋ^{33}	$t^h\text{ɐŋ}^{21}$	nɐŋ^{21}	$tʃ^h\text{ɐŋ}^{21}$	$tʃ\text{ɐŋ}^{55}$
石岐	$p^h\text{aŋ}^{51}$	taŋ^{55}	taŋ^{213}	taŋ^{33}	$t^h\text{aŋ}^{51}$	naŋ^{51}	$\text{tsh}\text{aŋ}^{51}$	tsaŋ^{55}

	0793 朋	0794 灯	0795 等	0796 凳	0797 藤	0798 能	0799 层	0800 僧
	曾开一平登並	曾开一平登端	曾开一上登端	曾开一去登端	曾开一平登定	曾开一平登泥	曾开一平登从	曾开一平登心
肇庆	pʰeŋ^{21}	teŋ^{45}	teŋ^{24}	teŋ^{33}	tʰeŋ^{21}	neŋ^{21}	tʃʰeŋ^{21}	tʃeŋ^{45}
香洲	pʰaŋ^{343}	teŋ^{21}	teŋ^{35}	teŋ^{33}	tʰaŋ^{343}	naŋ^{343}	tsʰaŋ^{343}	tsaŋ^{21}
斗门	pʰaŋ^{22}	taŋ^{34}	taŋ^{45}	taŋ^{42}	haŋ^{22}	naŋ^{22}	tʰaŋ^{22}	tsaŋ^{34}
新会	pʰaŋ^{22}	taŋ^{23}	taŋ^{45}	taŋ^{21} 小	haŋ^{22}	naŋ^{22}	tsʰaŋ^{22}	tsaŋ^{23}
台山	pʰaŋ^{22}	aŋ^{33}	aŋ^{55}	aŋ^{21} 小	haŋ^{22}	naŋ^{22}	tʰaŋ^{22}	taŋ^{33}
开平	pʰaŋ^{11}	aŋ^{33}	aŋ^{45}	aŋ^{21}	haŋ^{11}	naŋ^{11}	tʰaŋ^{11}	łaŋ^{33}
恩平	pʰaŋ^{22}	taŋ^{33}	taŋ^{55}	taŋ^{21}	haŋ^{22}	ndaŋ^{22}	tʰaŋ^{22}	tʃaŋ^{33}
四会	peŋ^{31}	teŋ^{51}	teŋ^{33}	teŋ^{33}	teŋ^{31}	leŋ^{31}	tʃeŋ^{31}	tʃeŋ^{51}
广宁	peŋ^{31}	teŋ^{51}	teŋ^{44}	teŋ^{33}	teŋ^{31}	neŋ^{31}	tseŋ^{31}	tseŋ^{51}
怀集	peŋ^{231}	teŋ^{42}	teŋ^{54}	teŋ^{45}	teŋ^{231}	neŋ^{231}	tʃeŋ^{231}	tʃeŋ^{42}
德庆	peŋ^{242} 白 pʰeŋ^{31} 文	teŋ^{454}	teŋ^{45}	teŋ^{53}	teŋ^{242}	neŋ^{242}	tseŋ^{242}	tseŋ^{454}
封开	paŋ^{243}	taŋ^{55}	taŋ^{334}	taŋ^{53}	taŋ^{243}	naŋ^{243}	łaŋ^{243}	taŋ^{55}
阳江	pʰaŋ^{42}	teŋ^{33}	teŋ^{21}	teŋ^{35}	tʰeŋ^{42}	neŋ^{42}	tsʰeŋ^{42}	łeŋ^{33}
阳春	pʰaŋ^{31}	teŋ^{45}	teŋ^{324}	teŋ^{45}	tʰeŋ^{31}	neŋ^{31}	tsʰeŋ^{31}	tseŋ^{45}
赤坎	pʰeŋ^{21}	teŋ^{45}	teŋ^{13}	teŋ^{33}	tʰeŋ^{21}	neŋ^{21}	tsʰeŋ^{21}	tseŋ^{45}
吴川	pʰeŋ^{31}	dɐŋ^{55}	dɐŋ^{35}	dɐŋ^{33}	tʰeŋ^{31}	neŋ^{31}	tʃʰeŋ^{31}	tʃeŋ^{55}
廉江	pʰeŋ^{21}	teŋ^{55}	teŋ^{25}	teŋ^{33}	tʰeŋ^{21}	neŋ^{21}	tsʰeŋ^{21}	tseŋ^{55}
高州	pʰaŋ^{21}	teŋ^{53}	teŋ^{24}	teŋ^{33}	tʰeŋ^{21}	neŋ^{21}	tʃʰeŋ^{21}	łem^{53}
化州	pʰaŋ^{31}	dɐŋ^{53}	dɐŋ^{35}	dɐŋ^{33}	tʰeŋ^{13}	neŋ^{13}	tʰeŋ^{31}	teŋ^{53}

	0793 朋	0794 灯	0795 等	0796 凳	0797 藤	0798 能	0799 层	0800 僧
	曾开一平登並	曾开一平登端	曾开一上登端	曾开一去登端	曾开一平登定	曾开一平登泥	曾开一平登从	曾开一平登心
梅州	pʰɛn²¹	tɛn⁴⁴	tɛn³¹	tɛn⁵²	tʰɛn²¹	nɛn²¹	tsʰɛn²¹	sɛn⁴⁴
兴宁	pʰɪen¹³	tɪen²⁴	tɪen³¹	tɪen⁵¹	tʰɪen¹³	nɪen¹³	tsʰɪen¹³	tsɪen²⁴
五华	pʰɛn²¹²	tɛn⁴⁴	tɛn³¹	tɛn⁵¹	tʰɛn²¹²	nɛn²¹²	tsʰɛn²¹²	tsɛn⁴⁴
大埔	pʰen¹³	ten³⁴	ten³¹	ten⁵²	tʰen¹³	nen¹³	tsʰen¹³	tsen³⁴
丰顺	pʰen²⁴	ten⁴⁴	ten⁵³	ten⁵³	tʰen²⁴	nen²⁴	tsʰen²⁴	tsen⁴⁴
揭西	pʰɛn²⁴	tɛn⁴⁵²	tɛn³¹	tɛn⁴¹	tʰɛn²⁴	nɛn²⁴	tsʰɛn²⁴	tsɛn⁴⁵²
陆河	pʰɛn³⁵	tɛn⁵³	tɛn²⁴	tɛn³¹	tʰɛn³⁵	nɛn³⁵	tsʰɛn³⁵	tsɛn⁵³
龙川	pʰɛn⁵¹	tɛn³³	tɛn²⁴	tɛn³¹	tʰɛn⁵¹	nɛn⁵¹	tsʰɛn⁵¹	tsɛn³³
河源	pʰan³¹	tan³³	tan²⁴	tan²¹²	tʰan³¹	nan³¹	tsʰan³¹	tsan³³
连平	pʰuŋ²¹	tɛn²⁴	tɛn³¹	tɛn⁵³	tʰɛn²¹	nɛn²¹	tsʰɛn²¹	sɛn²⁴
龙岗	pʰɪen²¹	tɪen³³	tɪen³¹	tɪen⁵³	tʰɪen²¹	lɪen²¹	tsʰɪen²¹	tsɪen³³
惠州	pʰiaŋ²²	tiaŋ³³	tiaŋ³⁵	tiaŋ²³	tʰiaŋ²²	niaŋ²²	tɕʰiaŋ²²	tɕiaŋ³³
博罗	pʰan²¹	tan⁴⁴	tan³⁵	tan²⁴	tʰan²¹	ndan²¹	tsʰan²¹	tsan⁴⁴
新丰	pʰɛn²⁴	tɛn⁴⁴	tɛn³¹	tɛn⁵¹	tʰɛn²⁴	lɛn²⁴	tsʰɛn²⁴	tsɛn⁴⁴
翁源	pʰɛn⁴¹	tɛn²²	tɛn³¹	tɛn⁴⁵	tʰɛn⁴¹	nɛn⁴¹	tsʰɛn⁴¹	sɛn²²
始兴	pʰuŋ⁵¹	tɛ̃i²²	tɛ̃i³¹	tɛ̃i³³	tʰɛ̃i⁵¹	nɛ̃i⁵¹	tsʰɛ̃i⁵¹	sɛ̃i²²
仁化	pʰɐŋ³¹	ten³³	ten²³	ten²³	tʰen³¹	len³¹	tsʰen³¹	tsen³³
南雄	pəŋ²¹	tiŋ⁴⁴	tiŋ²⁴	tiŋ²¹	tiŋ²¹	niŋ²¹	tsiŋ²¹	tsiŋ⁴⁴

	0793 朋	0794 灯	0795 等	0796 凳	0797 藤	0798 能	0799 层	0800 僧
	曾开一平登並	曾开一平登端	曾开一上登端	曾开一去登端	曾开一平登定	曾开一平登泥	曾开一平登从	曾开一平登心
皈塘	pia⁴⁵	tia²⁴	tia³³	tia²¹	tia⁴⁵	nia⁴⁵	tʃʰeŋ⁴⁵	ʃia²⁴
桂头	poŋ⁴⁵	ɐŋ⁵¹	ɐŋ³²⁴	ɐŋ⁴	tɐŋ⁴⁵	lɐŋ⁴⁵	tsʰɐŋ⁴⁵	tsɐŋ⁵¹
连州	pa⁵⁵	tɛi³¹	tɛi⁵³ 白 / ta⁵³ 文	tɛi¹¹	tɛi⁵⁵	na⁵⁵	tsʰɛ⁵⁵	tsa³¹
潮州	pʰeŋ⁵⁵	teŋ³³	taŋ⁵³ 白 / tʰeŋ³⁵ 白 / teŋ⁵³ 文	teŋ²¹³	tiŋ⁵⁵	leŋ⁵⁵	iŋ⁵⁵ 白 / tsaŋ⁵⁵ 文	tseŋ³³
饶平	pʰeŋ⁵⁵	teŋ⁴⁴	taŋ⁵² 白 / teŋ⁵² 文	teŋ²¹⁴	tiŋ⁵⁵	leŋ⁵⁵	tsaŋ⁵⁵	tseŋ⁴⁴ 白 / seŋ⁴⁴ 文
汕头	pʰeŋ⁵⁵	teŋ³³	taŋ⁵¹ 白 / teŋ⁵¹ 文	teŋ²¹³	tiŋ⁵⁵	leŋ⁵⁵	tsaŋ⁵⁵	tseŋ³³
澄海	pʰeŋ⁵⁵	teŋ³³	taŋ⁵³ 白 / tʰeŋ³⁵ 白 / teŋ⁵³ 文	teŋ²¹²	tiŋ⁵⁵	leŋ⁵⁵	iŋ⁵⁵ 白 / tsaŋ⁵⁵ 文	tseŋ³³
潮阳	pʰeŋ³³	teŋ³¹	taŋ⁴⁵⁴ 白 / teŋ⁴⁵⁴ 文	teŋ⁵²	tiŋ³³	leŋ³³	tsaŋ³³	tseŋ³¹
南澳	pʰeŋ⁴⁵⁴	teŋ³⁴	taŋ⁵² 白 / teŋ⁵² 文	teŋ²¹	tiŋ⁴⁵⁴	leŋ⁴⁵⁴	tsaŋ⁴⁵⁴	tseŋ³⁴
揭阳	pʰeŋ⁵⁵	teŋ³³	taŋ⁴¹ 白 / teŋ⁴¹ 文	teŋ²¹³	teŋ⁵⁵	neŋ⁵⁵	tsaŋ⁵⁵	tseŋ³³
普宁	pʰeŋ⁵⁵	teŋ³⁵	taŋ⁵² 白 / teŋ⁵² 文	teŋ³¹²	tiŋ⁵⁵	neŋ⁵⁵	tsaŋ⁵⁵	tsĩã³⁵ 白 / tseŋ³⁵ 文
惠来	pʰeŋ⁵⁵	teŋ³⁴	taŋ⁵³ 白 / teŋ⁵³ 文	teŋ³¹	tiŋ⁵⁵	neŋ⁵⁵	tsaŋ⁵⁵	tseŋ³⁴
海丰	pʰeŋ⁵⁵	teŋ³³	taŋ⁵³ 白 / teŋ⁵³ 文	teŋ³⁵	tin⁵⁵	leŋ⁵⁵ 可~ / neŋ⁵⁵ ~为	iaŋ⁵⁵ 一~楼 / tsaŋ⁵⁵ ~次	tseŋ³³
陆丰	pʰeŋ¹³	teŋ³³	taŋ⁵⁵ 白 / teŋ⁵⁵ 文	teŋ²²	tiŋ¹³	leŋ¹³	teŋ¹³ 一~楼 / tsaŋ¹³ ~次	tseŋ³³
电白	pʰaŋ²²	teŋ³³	taŋ²¹	tiŋ¹³	tiŋ²²	naŋ²²	tiaŋ²²	tsaŋ³³
雷州	pʰiŋ²²	tiŋ²⁴	taŋ⁴² 白 / tiŋ⁴² 文	tieŋ²¹	tieŋ²²	niŋ²²	tiaŋ²²	tsiŋ³³

	0801 肯	0802 北	0803 墨	0804 得	0805 特	0806 贼	0807 塞	0808 刻
	曾开一上登溪	曾开一入德帮	曾开一入德明	曾开一入德端	曾开一入德定	曾开一入德从	曾开一入德心	曾开一入德溪
广州	heŋ³⁵	pɐk⁵	mɐk²	tɐk⁵	tɐk²	tʃʰak²	ʃɐk⁵ ₋车 / tʃʰɔi³³ ₋外	hak⁵
番禺	heŋ³⁵	pak⁵	mak²	tɐk⁵	tɐk²	tʃʰak²	ʃɐk⁵	hak⁵
增城	heŋ³⁵	pɐk⁵	mɐk²	tɐk⁵	tɐk²	tsʰak²	sɐk⁵	hɐk⁵
从化	heŋ⁴⁵	pɐk⁵	mɐk²	tɐk⁵	tɐk²	tsʰɐk²	sɐk⁵	hɐk⁵
龙门	heŋ³⁵	pɐk⁵	mɐk⁴³	tɐk⁵	tɐk⁴³	tsʰɐk⁴³	sɐk⁵	hɐk⁵
莞城	heŋ³⁵	pak⁵	mak³	tak⁵	tak³	tʃʰak³	ʃak⁵	hak⁵
宝安	heŋ²⁵	pɐiʔ⁵	mɐiʔ³	tɐiʔ⁵	tɐiʔ³	tʃʰɐiʔ³	ʃɐiʔ⁵	hɐiʔ⁵
佛山	heŋ³⁵	pak⁵	bak²³	tɐk⁵	tɐk²³	tʃʰak²³	ʃɐk⁵	hak⁵
南海	heŋ³⁵	pɐk⁵	mɐk⁵	tɐk⁵	tɐk²	tsʰak²	sɐk⁵	hɐk⁵
顺德	heŋ²⁴	pak⁵	mak²	tak⁵	tak²	tʃʰak²	ʃak⁵ ₋车 / tʃʰɔi³² ₋外	hak⁵
三水	heŋ²⁵	pɐk⁵	mɐk³	tɐk⁵	tɐk³	tsʰɐk³ / tsʰɐk²⁵ 又	sɐk⁵ / tsʰɔi⁵⁵ 又	hɐk⁵
高明	heŋ²⁴	pɐk⁵	mɐk²	tɐk⁵	tɐk²	tʃʰak²	ʃɐk⁵	hɐk⁵
佛冈	heŋ³⁵	pɐk³	mɐk²	tɛk³	tɛk²	tʃʰɛk²	ʃɛk³	hɛk³
阳山	heŋ⁵⁵	pɐk⁵	mɐk²³	tɐk⁵	tɐk²³	tʃʰɐk²³	ʃɐk⁵	hɐk⁵
连山	haŋ⁵⁵	bɔk⁵	mɔk²¹⁵	dak⁵	tak²¹⁵	θak²¹⁵	θak⁵	kʰak⁵
新兴	heŋ³⁵	pɐk⁴⁵	mɐk⁵²	tɐk⁴⁵	tɐk⁵²	tsʰɐk⁵²	sɐk⁴⁵	hɐk⁴⁵
罗定	heŋ³⁵	pɐk⁵	mak²	tɐk⁵	tɐk²	tsʰak²	sak⁵	hak⁵
郁南	heŋ³⁵	pɐk⁵	mɐk²	tɐk⁵	tɐk²	tʃʰɐk²	ʃɐk⁵	hɐk⁵
石岐	heŋ²¹³	pɐk⁵	mɐk³	tɐk⁵	tɐk³	tsʰɐk³	sɐk⁵	kʰɐk⁵

	0801 肯	0802 北	0803 墨	0804 得	0805 特	0806 贼	0807 塞	0808 刻
	曾开一 上登溪	曾开一 入德帮	曾开一 入德明	曾开一 入德端	曾开一 入德定	曾开一 入德从	曾开一 入德心	曾开一 入德溪
肇庆	heŋ²⁴	pɐk⁵	mɐk⁴²	tɛk⁵	tɛk²	tʃʰɛk²	ʃɛk⁵	hɐk⁵
香洲	heŋ³⁵白 kʰeŋ³⁵文	pɐk²¹	mɐk³	tɐk²¹	tɐk³	tsʰɐk³	sɐk²¹	hɐk²¹離~ kʰɐk²¹即~
斗门	haŋ⁴⁵	pak⁵	mak³	tak⁵	tak³	tʰak³	sak⁵	hak⁵
新会	haŋ⁴⁵	pak⁴⁵	mak²	tak⁴⁵	tak²	tsʰak²	sak⁴⁵	hak⁴⁵
台山	haŋ⁵⁵	pak⁵	mak³¹	ak⁵	ak³¹	tʰak³¹	ɬak⁵	hak⁵
开平	haŋ⁴⁵	vak⁵	mak²	ak⁵	ak²	tʰak²	ɬak⁵	hak⁵
恩平	haŋ⁵⁵	pak⁵	mbak²	tak⁵	tak²	tʰak²	ʃak⁵	hak⁵
四会	heŋ³³	pɐk⁵	mɐk²	tɐk⁵	tɐk²	tʃʰɐk²	ʃɐk⁵	hɐk⁵
广宁	heŋ⁴⁴	pɐk⁵	mɐk³²	tɐk⁵	tɐk³²	tsʰɐk³²	sɐk⁵	hɐk⁵
怀集	heŋ⁵⁴	pɐk⁵	mɐk²⁴	tɐk⁵	tɐk²⁴	tʃʰɐk²⁴	θɐk⁵	hɐk⁵
德庆	heŋ⁴⁵	pɐk⁵	mɐk²	tɐk⁵	tɐk²	tsʰɐk²	sɐk⁵	hɐk⁵
封开	haŋ³³⁴	pak⁵	mak²¹	tak⁵	tak²	ɬak²	ɬak⁵	hak⁵
阳江	heŋ²¹	pɐk³⁵	mɐk⁵⁴	tɐk³⁵	tɐk⁵⁴	tsʰaʔ⁵⁴	ɬɐk³⁵	kʰɐk³⁵
阳春	heŋ³²⁴	pak⁴⁵	mɐk⁵²	tɐk⁴⁵	tɐk⁵²	tsʰak⁵²	ɬɐk⁴⁵~住 tsʰuɒi·³³边~	kʰɐk⁴⁵
赤坎	heŋ¹³	pɐk⁵	mɐk²	tɐk⁵	tɐk²	tsʰaʔ²	sɐk⁵	hɐk⁵
吴川	heŋ³⁵	ɓɐʔ⁵	mɐʔ³¹	ɗɐʔ⁵	ɗɐʔ³¹	tʃʰaʔ³¹	ɬɐʔ⁵	hɐʔ⁵
廉江	heŋ²⁵	pɐt⁵	mɐt²	tɐt⁵	tɐt²	tsʰak²	ɬɐt⁵	hak⁵
高州	heŋ²⁴	pɐk⁵	mɐk²¹	tɐk⁵	tɐk²¹	tʃʰak²¹	ɬɐt⁵ ɬɔi·³³又	hɐk⁵
化州	heŋ³⁵	ɓɐʔ⁵	mɐʔ³¹	ɗɐʔ⁵	ɗɐʔ³¹	tʰɐʔ³¹	ɬɐʔ⁵	hɐʔ⁵

	0801 肯	0802 北	0803 墨	0804 得	0805 特	0806 贼	0807 塞	0808 刻
	曾开一上登溪	曾开一入德帮	曾开一入德明	曾开一入德端	曾开一入德定	曾开一入德从	曾开一入德心	曾开一入德溪
梅州	$hɛn^{31}$白 $kʰɛn^{31}$文	$pɛt^{2}$	$mɛt^{5}$	$tɛt^{2}$	$tʰit^{5}$	$tsʰɛt^{5}$	$sɛt^{2}$	$kʰɛt^{2}$
兴宁	$hɪen^{31}$白 $kʰɪen^{31}$文	$pɪet^{2}$	$mɪet^{4}$	$tɪet^{2}$	$tʰɪet^{4}$~色 $tʰit^{4}$~务	$tsʰɪet^{4}$	$sɪet^{2}$	$kʰɪet^{2}$
五华	$hɛn^{31}$白 $kʰɛn^{31}$文	$pɛt^{2}$	$mɛt^{5}$	$tɛt^{2}$	$tʰit^{5}$	$tsʰɛt^{5}$	$sɛt^{2}$	$kʰɛt^{2}$
大埔	hen^{31}白 $kʰen^{31}$文	pet^{2}	met^{5}	tet^{2}	$tʰit^{5}$	$tsʰet^{5}$	set^{2}	$kʰat^{2}$白 $kʰet^{2}$文
丰顺	$kʰen^{53}$	pet^{2}	met^{5}	tet^{2}	$tʰit^{5}$	$tsʰet^{5}$	set^{2}	$kʰet^{2}$
揭西	$hɛn^{31}$白 $kʰɪen^{31}$文	$pɛt^{3}$	$mɛt^{5}$	$tɛt^{3}$	$tʰit^{5}$	$tsʰɛt^{5}$	$tsʰɛt^{3}$	$kʰat^{3}$白 $kʰɪet^{3}$文
陆河	$hɛn^{24}$白 $kʰɛn^{24}$文	$pɛt^{45}$	$mɛt^{5}$	$tɛt^{45}$	$tʰit^{5}$	$tsʰɛt^{5}$	$tsʰɛt^{45}$	$kʰat^{45}$白 $kʰɛt^{45}$文
龙川	$hɛn^{24}$	$pɛt^{13}$	$mɛt^{3}$	$tɛt^{13}$	$tʰɛt^{3}$	$tsʰɛt^{3}$	$sɛt^{13}$	$kʰɛt^{13}$
河源	han^{24}	pat^{5}	mat^{3}	tat^{5}	$tʰat^{3}$	$tsʰat^{3}$	sat^{5}	$kʰat^{5}$
连平	$hɛn^{31}$白 $tʰɛn^{31}$文	$pɛt^{3}$	$mɛt^{5}$	$tɛt^{3}$	$tʰit^{5}$ $tʰɛt^{5}$又	$tsʰɛt^{5}$	$sɛt^{3}$~住 sai^{53}边~	$tʰɛt^{3}$
龙岗	$hɪen^{31}$白 $kʰɪen^{31}$文	$pɪet^{2}$	$mbɪet^{5}$	$tɪet^{2}$	$tʰit^{5}$	$tsʰɪet^{5}$	$sɪet^{2}$	$kʰɪet^{2}$
惠州	$hiaŋ^{35}$	$piak^{45}$	$miak^{21}$	$tiak^{45}$	$tʰiak^{21}$	$tɕʰiak^{21}$	$siak^{45}$	$kʰiak^{45}$
博罗	han^{35}	pat^{5}	$mbat^{2}$	tat^{5}	$tʰat^{2}$	$tsʰat^{2}$	$ɬat^{5}$	$kʰat^{5}$
新丰	$hɛn^{31}$	$pɛt^{2}$	$mbɛt^{4}$	$tɛt^{2}$	$tʰɛt^{4}$	$tsʰɛt^{4}$	$sɛt^{2}$	$kʰɛt^{2}$
翁源	$hɛn^{31}$白 $kʰɛn^{31}$文	$pɛt^{31}$	$mɛt^{45}$	$tɛt^{31}$	$tʰit^{45}$	$tsʰɛt^{45}$	$sɛt^{31}$	$kʰɛt^{31}$
始兴	$hɛ̃ɪ^{31}$白 $kʰɛ̃ɪ^{31}$文	$pɛiʔ^{45}$	$mɛiʔ^{3}$	$tɛiʔ^{45}$	$tʰɛiʔ^{3}$	$tsʰɛiʔ^{3}$	$sɛiʔ^{45}$	$kʰɛiʔ^{45}$
仁化	xen^{23}	$pɛʔ^{5}$	$mɛʔ^{5}$	$tɛʔ^{5}$	$tʰɛʔ^{5}$	$tsʰɛʔ^{5}$	$sɛʔ^{5}$	$kʰɛʔ^{5}$
南雄	$hiŋ^{24}$白 $kʰiŋ^{24}$文	$piʔ^{5}$	$miʔ^{42}$	$teiʔ^{5}$	$teiʔ^{42}$	$tsei^{42}$	$siʔ^{5}$~住 $sɤʔ^{42}$木~	$kʰieʔ^{5}$

	0801 肯	0802 北	0803 墨	0804 得	0805 特	0806 贼	0807 塞	0808 刻
	曾开一 上登溪	曾开一 入德帮	曾开一 入德明	曾开一 入德端	曾开一 入德定	曾开一 入德从	曾开一 入德心	曾开一 入德溪
畈塘	k^{h}ia^{33}白 k^{h}eŋ^{33}文	pia^{41}	mia^{33}	tia^{41}	t^{h}ia^{41}	tʃ^{h}ia^{33}	ʃia^{41}	k^{h}ia^{41}
桂头	k^{h}eŋ^{324}	pa^{21}	mai^4	a^{21}	t^{h}a^{44}	tsʰa^{44}	sa^{21}	k^{h}a^{21}
连州	hɛi^{53}	pɛi^{24}	mɛi^{31}	tɐt^{23}	tɐt^2	tsʰɛi^{31}	sɐt^{23}	k^{h}ɐt^{23}
潮州	k^{h}eŋ^{53}	pak^2	bak^5	tik^2	tek^5	tsʰak^5	sak^{2}堵~ sai^{213}边~	k^{h}ak^{2}白 k^{h}ek^{2}文
饶平	k^{h}eŋ^{52}	pak^2	bak^5	tik^2	tek^5	tsʰak^5	sak^2	k^{h}ak^{2}白 k^{h}ek^{2}文
汕头	k^{h}eŋ^{51}	pak^2	bak^5	tik^2	tek^5	tsʰak^5	sak^2	k^{h}ak^{2}白 k^{h}ek^{2}文
澄海	k^{h}eŋ^{53}	pak^2	bak^5	tik^2	tek^5	tsʰak^5	sak^2	k^{h}ak^2~苦 k^{h}ek^2~字
潮阳	k^{h}ian^{454}白 k^{h}eŋ^{454}文	pak^3	bak^5	tik^3	tek^5	tsʰak^5	sak^3	k^{h}ek^3
南澳	k^{h}eŋ^{52}	pak^2	bak^5	tik^2	tek^5	tsʰak^5	sak^2 sai^{21}又	k^{h}ak^{2}白 k^{h}ek^{2}文
揭阳	k^{h}eŋ^{41}	pak^3	bak^5	tek^3	tek^5	tsʰak^5	sak^3	k^{h}ek^3
普宁	k^{h}eŋ^{52}	pak^3	bak^5	tik^3	tek^5	tsʰak^5	sak^3	k^{h}ak^{3}白 k^{h}ek^{3}文
惠来	k^{h}eŋ^{53}	pak^3	bak^5	tik^3	tek^5	tsʰak^5	sak^3 sai^{31}又	k^{h}ek^3
海丰	k^{h}ian^{53}白 k^{h}eŋ^{53}文	pak^2	mbak^5	tit^{2}白 tek^2	tek^5	tsʰak^5	saʔ^2 sak^{2}又	k^{h}ak^{2}白 k^{h}ek^{2}文
陆丰	k^{h}ian^{55}白 k^{h}eŋ^{55}文	pak^2	mbak^5	tik^{2}白 tek^{2}文	tek^5	tsʰak^5	sak^2	k^{h}ak^{2}白 k^{h}ek^{2}文
电白	k^{h}aŋ^{21}	pak^5	bak^2	tik^5	tak^2	tsʰak^2	sak^5	k^{h}ek^5
雷州	k^{h}ieŋ^{42}	pak^5	bak^3	tek^5	tek^3	tsʰak^3	（无）	k^{h}ak^{5}白 k^{h}ek^{5}文

	0809 黑	0810 冰	0811 证	0812 秤	0813 绳	0814 剩	0815 升	0816 兴 高~
	曾开一 入德晓	曾开三 平蒸帮	曾开三 去蒸章	曾开三 去蒸昌	曾开三 平蒸船	曾开三 去蒸船	曾开三 平蒸书	曾开三 去蒸晓
广州	hak⁵	peŋ⁵³	tʃeŋ³³	tʃʰeŋ³³	ʃeŋ²¹	tʃeŋ²²白 ʃeŋ²²文	ʃeŋ⁵³	heŋ³³
番禺	hak⁵	peŋ⁵³	tʃeŋ³³	tʃʰeŋ³³	ʃeŋ³¹	tʃeŋ²²	ʃeŋ⁵³	heŋ³³
增城	hɐk⁵	peŋ⁴⁴	tseŋ³³	tsʰeŋ³³	seŋ²¹	seŋ²²	seŋ⁴⁴	heŋ³³
从化	hek⁵	peŋ⁵⁵	tseŋ²³	tsʰeŋ³¹	seŋ²²	seŋ³¹	seŋ⁵⁵	heŋ²³
龙门	hɐk⁵	peŋ⁴²	tseŋ²³	tsʰeŋ²³	seŋ²¹	seŋ⁵³	seŋ⁴²	heŋ²³
莞城	hak⁵	pəŋ²³	tʃəŋ⁴⁴	tʃʰəŋ⁴⁴	ʃəŋ³¹	ʃəŋ⁴⁴	ʃəŋ²³	həŋ⁴⁴
宝安	hɐiʔ⁵	peŋ⁵⁵	tʃeŋ³³	tʃʰeŋ³³	ʃeŋ³³	ʃeŋ²²	ʃeŋ²³	heŋ³³
佛山	hak⁵	pen⁵⁵	tʃen²⁴	tʃʰen²⁴	ʃen⁴²	tʃen¹²	ʃen⁵³	hen²⁴
南海	hɐk⁵	peŋ⁵¹	tseŋ³³	tsʰeŋ³³	tsʰeŋ³¹白 seŋ³¹文	tseŋ²²	seŋ⁵¹	heŋ³³
顺德	hak⁵	pen⁵³	tʃen³²	tʃʰen³²	tʃen⁴²	tʃen²¹	ʃen⁵³	hen³²
三水	hak⁵	peŋ⁵³ peŋ⁵⁵又	tseŋ⁴⁴	tsʰeŋ⁴⁴	seŋ³¹ seŋ²⁵又	seŋ³³	seŋ⁵³	heŋ⁴⁴
高明	hɐk⁵	peŋ⁵⁵	tʃeŋ³³	tʃʰeŋ³³	ʃeŋ³¹	ʃeŋ³¹	ʃeŋ⁴⁵	heŋ³³
佛冈	hɐk³	peŋ³³	tʃeŋ³³	tʃʰeŋ³¹	ʃɛŋ²²	ʃɛŋ³¹	ʃɛŋ³³	heŋ³³
阳山	hɐk⁵	piəŋ⁵¹	tʃeŋ³⁴	tʃʰeŋ³⁴	ʃeŋ²⁴¹	ʃeŋ²¹⁴	ʃeŋ⁵¹	hɐŋ³⁴
连山	hak⁵	bɛŋ⁵¹	tʃɛŋ³⁵	tʃʰeŋ³⁵	ʃɛŋ²⁴¹	ʃeŋ²¹⁵	ʃɛŋ⁵¹	heŋ³⁵
新兴	hɐk⁴⁵	pɐŋ⁴⁵	tsɐn⁴⁴³	tsʰɐn⁴⁴³	sɐn²¹	sɐn⁵²	sɐn⁴⁵	hɐn⁴⁴³
罗定	hak⁵	peŋ⁵⁵	tseŋ³³	tsʰeŋ³³	seŋ²¹	seŋ²¹	seŋ⁵⁵	heŋ³³
郁南	hɐk⁵	peŋ⁵⁵	tʃeŋ³³	tʃʰeŋ³³	ʃeŋ²¹	ʃeŋ²¹	ʃeŋ⁵⁵	heŋ³³
石岐	hak⁵	peŋ⁵⁵	tseŋ³³	tsʰeŋ³³	seŋ⁵¹	seŋ³³	seŋ⁵⁵	heŋ³³

	0809 黑	0810 冰	0811 证	0812 秤	0813 绳	0814 剩	0815 升	0816 兴 高~
	曾开一 入德晓	曾开三 平蒸帮	曾开三 去蒸章	曾开三 平蒸昌	曾开三 平蒸船	曾开三 去蒸船	曾开三 平蒸书	曾开三 去蒸晓
肇庆	$hɐk^5$	$peŋ^{45}$	$tʃeŋ^{33}$	$tʃʰeŋ^{33}$	$ʃeŋ^{21}$	$ʃeŋ^{52}$	$ʃeŋ^{45}$	$heŋ^{33}$
香洲	$hɐk^{21}$	$peɐŋ^{21}$	$tseɐŋ^{33}$	$tsʰeɐŋ^{33}$	$seɐŋ^{343}$	$seɐŋ^{33}$	$seɐŋ^{21}$	$heɐŋ^{33}$
斗门	hak^5	$pəŋ^{34}$	$tsəŋ^{34}$	$tʰəŋ^{21}$	$səŋ^{22}$	$səŋ^{42}$	$səŋ^{34}$	$həŋ^{34}$
新会	hak^{45}	$peŋ^{23}$	$tseŋ^{23}$	$tsʰeŋ^{21}$	$seŋ^{22}$	$seŋ^{32}$	$seŋ^{23}$	$heŋ^{23}$
台山	hak^5	$peŋ^{33}$	$tseŋ^{33}$	$tsʰeŋ^{21}$ 小	$seŋ^{22}$	$tseŋ^{31}$	$seŋ^{33}$	$heŋ^{33}$
开平	hak^5	$vɐŋ^{33}$	$tʃɛŋ^{33}$	$tʃʰɛŋ^{21}$ 小	$ʃɛŋ^{11}$	$tʃɛŋ^{31}$	$ʃɛŋ^{33}$	$hɛŋ^{33}$
恩平	hak^5	$peŋ^{33}$	$tʃeŋ^{33}$	$tʰeŋ^{21}$	$ʃeŋ^{22}$	$tʃeŋ^{21}$	$ʃeŋ^{33}$ / $ʃeŋ^{55}$ 又	$heŋ^{33}$
四会	$hɐk^5$	$pieŋ^{51}$	$tʃeŋ^{33}$	$tʃʰeŋ^{33}$	$ʃeŋ^{31}$	$tʃeŋ^{24}$	$ʃeŋ^{51}$	$heŋ^{33}$
广宁	$hɐk^5$	$pieŋ^{51}$	$tseɐŋ^{33}$	$tsʰeɐŋ^{33}$	$seɐŋ^{31}$	$seɐŋ^{323}$	$seɐŋ^{51}$	$ieŋ^{51}$
怀集	$hɐk^5$	$pieŋ^{42}$	$tʃeɐŋ^{45}$	$tʃʰeɐŋ^{45}$	$tʃeɐŋ^{231}$	$tʃeɐŋ^{225}$	$θeɐŋ^{42}$	$heɐŋ^{45}$
德庆	$hɐk^5$	$peŋ^{454}$	$tseŋ^{53}$	$tsʰeŋ^{53}$	$tseŋ^{242}$	$seŋ^{31}$	$seŋ^{454}$	$heŋ^{53}$
封开	hak^5	$peŋ^{55}$	$tʃeŋ^{51}$	$tʃʰeŋ^{51}$	$tʃeŋ^{243}$	$tʃeŋ^{21}$	$ʃeŋ^{55}$	$heŋ^{51}$
阳江	$hɐk^{35}$	$tseŋ^{33}$	$tseŋ^{35}$	$tsʰeŋ^{35}$	$seŋ^{42}$	$seŋ^{54}$	$seŋ^{33}$	$heŋ^{35}$
阳春	$hɐk^{45}$	$pəŋ^{45}$	$tsəŋ^{33}$	$tsʰəŋ^{33}$	$səŋ^{31}$	$səŋ^{52}$	$səŋ^{45}$	$həŋ^{33}$
赤坎	$hɐk^5$	$peŋ^{45}$	$tseŋ^{33}$	$tsʰeŋ^{33}$	$seŋ^{21}$	$tseŋ^{21}$ 白 / $seŋ^{21}$ 文	$seŋ^{45}$	$heŋ^{33}$
吴川	$hɐʔ^5$	$ɓeŋ^{55}$	$tʃeŋ^{33}$	$tʃʰeŋ^{33}$	$ʃeŋ^{31}$	$ʃeŋ^{31}$	$ʃeŋ^{55}$	$heŋ^{33}$
廉江	hak^5	$peŋ^{55}$	$tseŋ^{33}$	$tsʰeŋ^{33}$	$seŋ^{21}$	$seŋ^{21}$	$seŋ^{55}$	$heŋ^{33}$
高州	$hɐk^5$	$pəŋ^{53}$	$tʃeŋ^{33}$	$tʃʰeŋ^{33}$	$ʃeŋ^{21}$	$ʃeŋ^{31}$	$ʃeŋ^{53}$	$heŋ^{33}$
化州	$hɐʔ^5$	$ɓeŋ^{53}$	$tʃeŋ^{33}$	$tʃʰeŋ^{33}$	$ʃeŋ^{13}$	$ʃeŋ^{31}$	$ʃeŋ^{53}$	$heŋ^{53}$

	0809 黑	0810 冰	0811 证	0812 秤	0813 绳	0814 剩	0815 升	0816 兴 高~
	曾开一入德晓	曾开三平蒸帮	曾开三去蒸章	曾开三去蒸昌	曾开三平蒸船	曾开三去蒸船	曾开三平蒸书	曾开三去蒸晓
梅州	hɛt^2	pɛn^{44}	tsən^{52}	tsʰən^{52}	sun^{21}	sən^{52}	sən^{44}	hin^{31} hin^{52}又
兴宁	hɪet^2	pɪen^{24}	tʃin^{51}	tʃʰin^{51}	ʃin^{13}	ʒin^{51}白 ʃin^{51}文	ʃin^{24}	ʃin^{31} ʃin^{51}又
五华	hɛt^2	pɛn^{44}	tʃin^{51}	tʃʰin^{51}	ʃin^{212}	in^{31}	ʃin^{44}	ʃin^{44}
大埔	hɛt^2	pen^{34}	tʃin^{52}	tʃʰin^{52}	ʃin^{13}	ʃin^{52}	ʃin^{34}	ʃin^{31}
丰顺	hɛt^2	pen^{44}	tʃin^{53}	tʃʰin^{53}	（无）	ʃin^{21}	ʃin^{44}	hin^{53}
揭西	hɛt^3	pɛn^{452}	tʃin^{41}	tʃʰin^{41}	ʃin^{24}	ʃin^{31}	ʃin^{452}	hin^{31} hin^{452}又
陆河	hɛt^{45}	pɛn^{53}	tʃin^{31}	tʃʰin^{31}	ʃun^{35}	tʃʰin^{33}	ʃin^{53}	hin^{31}
龙川	hɛt^{13}	pɛn^{33}白 pin^{33}文	tsin^{31}	tsʰin^{31}	ʃin^{51}	in^{33}	ʃin^{33}	ʃin^{31}
河源	hat^5	pin^{33}	tsin^{212}	tsʰin^{212}	sin^{31}	sin^{54}	sin^{33}	hin^{212}
连平	hɛt^3	pin^{24}	tsən^{53}	tsʰən^{53}	sən^{21}	in^{53}白 sən^{53}文	sən^{24}	hin^{53}
龙岗	hɪet^2	pɪen^{33}	tsin^{53}	tsʰin^{53}	sin^{21}	zin^{53}	sin^{33}	hin^{53}
惠州	hiak^{45}	pən^{33}	tsən^{23}	tsʰən^{23}	sən^{22}	sən^{31}	sən^{33}	hən^{35}
博罗	hat^5	pɪeŋ^{44}	tsɪeŋ^{24}	tsʰɪeŋ^{24}	sɪeŋ^{21}	sɪeŋ^{41}	sɪeŋ^{44}	hɪeŋ^{24} hɪeŋ^{35}又
新丰	hɛt^2	pɛn^{44}	tsin^{51}	tsʰin^{51}	sin^{24}	zin^{31}白 sin^{31}文	sin^{44}	sin^{51}
翁源	hɛt^{31}	pɛn^{22}	tʃin^{45}	tʃʰin^{45}	ʃin^{41}	in^{31}白 ʃin^{31}文	ʃin^{22}	ʃin^{45}
始兴	hɛiʔ^{45}	piŋ^{22}	tɕiŋ^{33}	tɕʰiŋ^{33}	ɕiŋ^{51}	ɕiŋ^{33}	ɕiŋ^{22}	ɕiŋ^{33}
仁化	xɛʔ^5	pen^{33}	tsen^{34}	tsʰen^{34}	sen^{31}	sen^{34}	sen^{33}	xen^{34}
南雄	hiʔ^5	piŋ^{44}	tɕiŋ^{32}	tɕʰiŋ^{32}	ɕiŋ^{21}	ɕiŋ^{42}	ɕiŋ^{44}	ɕiŋ^{42}

	0809 黑	0810 冰	0811 证	0812 秤	0813 绳	0814 剩	0815 升	0816 兴 高~
	曾开一入德晓	曾开三平蒸帮	曾开三去蒸章	曾开三去蒸昌	曾开三平蒸船	曾开三去蒸船	曾开三平蒸书	曾开三去蒸晓
皈塘	hia⁴¹	pai²⁴	tʃai²¹	tʃʰai²¹	（无）	ʃai²¹	ʃai²⁴	hai²¹
桂头	ha²¹	peŋ⁵¹	tseŋ⁴⁴	tsʰeŋ⁴	seŋ⁴	seŋ⁴⁴	seŋ⁵¹	heŋ⁴⁴
连州	hɛi²⁴	pa³¹	tsa³¹	tsʰa¹¹	sen⁵⁵	sa³³	sa³¹	ha¹¹
潮州	hek²	pĩã³³	tseŋ²¹³	tsʰiŋ²¹³	siŋ⁵⁵	siŋ⁵⁵	seŋ³³	heŋ²¹³
饶平	hek²	pĩã⁴⁴	tseŋ²¹⁴	tsʰiŋ²¹⁴	siŋ⁵⁵	siŋ⁵⁵	seŋ⁴⁴	heŋ²¹⁴
汕头	hek²	pĩã³³	tseŋ²¹³	tsʰiŋ²¹³	siŋ⁵⁵	siŋ³¹ 白 / seŋ³¹ 文	seŋ³³	heŋ²¹³
澄海	hek²	pĩã³³	tseŋ²¹²	tsʰiŋ²¹²	siŋ⁵⁵	siŋ²²	seŋ³³	heŋ²¹²
潮阳	hek³	pĩã³¹	tseŋ⁵²	tsʰiŋ⁵²	siŋ³³	seŋ³³	seŋ³¹	heŋ⁵²
南澳	hek²	pĩã³⁴	tseŋ²¹	tsʰiŋ²¹	siŋ⁴⁵⁴	siŋ³¹	seŋ³⁴	heŋ²¹
揭阳	hek³	pĩã³³	tseŋ²¹³	tsʰeŋ²¹³	seŋ⁵⁵	seŋ²²	seŋ³³	heŋ²¹³
普宁	hek³	pĩã³⁵	tseŋ³¹²	tsʰiŋ³¹²	siŋ⁵⁵	seŋ³¹	seŋ³⁵	heŋ³¹²
惠来	hek³	pĩã³⁴	tseŋ³¹	tsʰiŋ³¹	siŋ⁵⁵	siŋ⁵⁵	seŋ³⁴	heŋ³¹
海丰	hek²	peŋ³³	tseŋ²¹²	tsʰin²¹²	sin⁵⁵	sin²¹	seŋ³³	heŋ²¹²
陆丰	hek²	peŋ³³	tseŋ²¹³	tsʰiŋ²¹³	siŋ¹³	seŋ²²	seŋ³³	heŋ²¹³
电白	（无）	peŋ³³	tseŋ¹³	tsʰiŋ¹³	（无）	seŋ⁴⁴²	tsiŋ³³ / seŋ³³ 又	heŋ¹³
雷州	（无）	piŋ²⁴	tsiŋ³³	tsʰiŋ²¹	（无）	to²⁴	siŋ²⁴	hiŋ²⁴

	0817 蝇	0818 逼	0819 力	0820 息	0821 直	0822 侧	0823 测	0824 色
	曾开三平蒸以	曾开三入职帮	曾开三入职来	曾开三入职心	曾开三入职澄	曾开三入职庄	曾开三入职初	曾开三入职生
广州	$ieŋ^{21}$	pek^5	lek^2	$ʃek^5$	$tʃek^2$	$tʃɐk^5$	$tʃʰak^5$	$ʃek^5$
番禺	$ieŋ^{31}$	pek^5	lek^2	$ʃek^5$	$tʃek^2$	$tʃɐk^5$	$tʃʰak^5$	$ʃek^5$
增城	$ieŋ^{44}$	pek^5	lek^2	sek^5	$tsek^2$	$tsɐk^5$	$tsʰak^5$	sek^5
从化	$ieŋ^{55}$	pek^5	lek^2	sek^5	$tsek^2$	$tsɐk^5$	$tsʰak^5$	sek^5
龙门	$zeŋ^{21}$	pek^5	lek^{43}	sek^{43}	$tsek^{43}$	$tsɐk^5$	$tsʰɐk^5$	sek^5
莞城	$ieŋ^{31}$	$pək^5$	$ŋək^3$	$ʃək^5$	$tʃək^3$	$tʃak^5$	$tʃak^5$	$ʃək^5$
宝安	$ieŋ^{33}$	$pɐi\textrm{?}^5$	$lɐi\textrm{?}^3$	$ʃɐi\textrm{?}^5$	$tʃɐi\textrm{?}^3$	$tʃɐi\textrm{?}^5$	$tʃʰa\textrm{?}^5$	$ʃɐi\textrm{?}^5$
佛山	ien^{42} ien^{55}又	pek^5	lek^{23}	$ʃek^5$	$tʃek^{23}$	$tʃɐk^5$	$tʃʰak^5$	$ʃek^5$
南海	$ieŋ^{31}$	pek^5	lek^2	sek^5	$tsek^2$	$tsɐk^5$	$tsʰak^5$	sek^5
顺德	hen^{24}	pet^5	let^2	$ʃet^5$	$tʃet^2$	$tʃak^5$	$tʃʰak^5$	$ʃet^5$
三水	$ieŋ^{31}$ $ieŋ^{55}$又	pek^5	lek^3	sek^5	$tsek^3$	$tsɐk^5$	$tsʰak^5$	sek^5
高明	$ieŋ^{55}$乌~ $heŋ^{31}$苍~	$pɛk^5$	$lɛk^2$	$ʃɛk^5$	$tʃɛk^2$	$tʃɐk^5$	$tʃʰak^5$	$ʃek^5$
佛冈	$ieŋ^{22}$ $ieŋ^{33}$又	$pɛk^3$	$lɛk^2$	$ʃɛk^3$	$tʃɛk^2$	$tʃɐk^3$	$tʃʰa^{33}$	$ʃɛk^3$
阳山	$ieŋ^{51}$	pik^5	$lɐk^{23}$	$ʃik^5$	$tʃɐk^{23}$	$tʃɐk^5$	$tʃʰɐk^5$	$ʃik^5$
连山	$ɔŋ^{241}$白 $ʃeŋ^{241}$文	$bɛk^5$	$lɛk^{215}$	$θɛk^5$	$tʃɛk^{215}$	$tʃak^5$	$tʃʰak^5$	$ʃɛk^5$
新兴	$ieɐi^{45}$小	$pɐt^{45}$	$lɐt^{52}$	$sɐt^{45}$	$tsɐt^{52}$	$tsɐk^{45}$	$tsʰɐk^{45}$	$sɐt^{45}$
罗定	$ieŋ^{55}$	pek^5	lek^2	sek^5	$tsek^2$	$tsak^5$	$tsʰak^5$	sek^5
郁南	$ieŋ^{21}$	pek^5	lek^2	$ʃek^5$	$tʃek^2$	$tʃɐk^5$	$tʃʰɐk^5$	$ʃek^5$
石岐	$eŋ^{55}$	pek^5	lek^3	sek^5	$tsek^3$	$tsɐk^5$	$tsʰɐk^5$	sek^5

	0817 蝇	0818 逼	0819 力	0820 息	0821 直	0822 侧	0823 测	0824 色
	曾开三平蒸以	曾开三入职帮	曾开三入职来	曾开三入职心	曾开三入职澄	曾开三入职庄	曾开三入职初	曾开三入职生
肇庆	ien^{21}	pek^5	lek^2	$ʃek^5$	$tʃek^2$	$tʃɛk^5$	$tʃʰak^5$	$ʃek^5$
香洲	$ɐŋ^{343}$	$pɐk^{21}$	$lɐk^3$	$sɐk^{21}$	$tsɐk^3$	$tsɐk^{21}$	$tsʰɐk^{21}$	$sɐk^{21}$
斗门	$iəŋ^{22}$	$pək^5$	$lək^3$	$sək^5$	$tsək^3$	$tsak^5$	$tʰak^5$	$sək^5$
新会	$iœŋ^{22}$	pek^{45}	lek^2	sek^{45}	$tsek^2$	$tsak^{45}$	$tsʰak^{45}$	sek^{45}
台山	$jien^{22}$	pet^5	let^{31}	$ɬet^5$	$tset^{31}$	$tsak^5$	$tsʰak^5$	set^5
开平	$jiɛn^{11}$	vet^5	let^2	$ɬɛt^5$	$tʃɛt^2$	$tʃak^5$	$tʃʰak^5$	$ʃɛt^5$
恩平	ien^{22}	pek^5	lek^2	$ʃek^5$	$tʃek^2$	$tʃak^5$	$tʰak^5$	$ʃek^5$
四会	$iɐŋ^{51}$	$pɐk^5$	$lɐk^5$	$ʃɐk^5$	$tʃɐk^2$	$tʃɐk^5$	$tʃʰɐk^5$	$ʃɐk^5$
广宁	$iɐŋ^{31}$	$pɐk^5$	$lɐk^{32}$	$sɐk^5$	$tsɐk^{32}$	$tsɐk^5$	$tsʰɐk^5$	$sɐk^5$
怀集	$iɐŋ^{231}$	$pɐk^5$	$lɐk^{24}$	$θɐk^5$ 重孙 / $θek^5$	$tʃɐk^{24}$	$tʃek^5$	$tʃʰɐk^5$	$θɐk^5$
德庆	$heŋ^{242}$ 白 / $ieŋ^{242}$ 文	pek^5	lek^5	sek^5	$tsɛk^2$	$tsɐk^5$	$tsʰɐk^5$	sek^5
封开	$ieŋ^{243}$	pek^5	lek^2	$ɬek^5$	$tʃek^2$	$tʃak^5$	$tʃʰak^5$	$ʃek^5$
阳江	$seŋ^{42}$	pek^{35}	lek^{54}	$ɬek^{35}$	$tsek^{54}$	$tsek^{35}$	$tsʰaʔ^{35}$	sek^{35}
阳春	$iən^{31}$	$pət^{45}$	$lət^{52}$	$ɬət^{45}$	$tsət^{52}$	$tsak^{45}$	$tsʰak^{45}$	$sət^{45}$
赤坎	$ieŋ^{21}$	pek^5	lek^2	$ɬek^5$	$tsek^2$	$tsɐk^5$	$tsʰɐk^5$	sek^5
吴川	$ieŋ^{55}$	$ɓeʔ^5$	$leʔ^{31}$	$ɬeʔ^5$	$tʃeʔ^{31}$	$tʃɐʔ^5$	$tʃʰɐʔ^5$	$ʃeʔ^5$
廉江	$ieŋ^{21}$	pek^5	lek^2	$ɬek^5$	$tsek^2$	$tsʰɐt^5$	$tsʰɐt^5$	sek^5
高州	$ieŋ^{21}$	pek^5	lek^{21}	$ɬek^5$	$tʃek^{21}$	$tʃɐk^5$	$tʃʰɐk^5$	$ʃek^5$
化州	$ieŋ^{13}$	$ɓek^5$	lek^{31}	$ɬek^5$	$tʃek^{31}$	$tʃʰɐʔ^5$	$tʃek^5$	$ʃek^5$

	0817 蝇	0818 逼	0819 力	0820 息	0821 直	0822 侧	0823 测	0824 色
	曾开三平蒸以	曾开三入职帮	曾开三入职来	曾开三入职心	曾开三入职澄	曾开三入职庄	曾开三入职初	曾开三入职生
梅州	in^{21}	pit^{2}	lit^{5}	sɛt^{2}$_白$ sit^{2}$_文$	tsʰət^{5}	tsɛt^{2}	tsʰɛt^{2}	sɛt^{2}
兴宁	ʒin^{13}	pɪet^{2}	lit^{4}	sɪet^{2}$_白$ sit^{2}$_文$	tʃʰit^{4}	tsɪet^{2}	tsʰɪet^{2}	sɪet^{2}
五华	in^{212}	pɛt^{2}	lit^{5}	sit^{2}	tʃʰit^{5}	tsɛt^{2}	tsʰɛt^{2}	sɛt^{2}
大埔	ʒin^{13}	pet^{2}	lit^{5}	set^{2}$_白$ sit^{2}$_文$	tʃʰit^{5}	tset^{2}	tsʰet^{2}	set^{2}
丰顺	in^{24}	pet^{2}	lit^{5}	sit^{2}	tʃʰit^{5}	tsʰet^{2}	tsʰet^{2}	set^{2}
揭西	ʒin^{24}	pɛt^{3}	lit^{5}	sit^{2}	tʃʰit^{5}	tsɛt^{3}	tsʰɛt^{3}	sɛt^{3}
陆河	ʒin^{35}	pɛt^{45}	lit^{5}	sit^{45}	tʃʰit^{5}	tsɛt^{45}	tsʰɛt^{45}	sɛt^{45}
龙川	in^{51}	pit^{13}	lit^{3}	sit^{13}	tsʰit^{3}	tsɛt^{13}	tsʰɛt^{13}	sɛt^{13}
河源	in^{31}	pit^{5}	lit^{3}	sit^{5}	tsʰit^{3}	tsat^{5}	tsʰat^{5}	sat^{5}
连平	in^{21}	pit^{3}	lit^{5}	sit^{3}	tsʰət^{5}	tsɛt	tsʰɛt^{3}	sɛt^{3}
龙岗	zin^{21}	pɪet^{2}	lit^{5}	sɪet^{2}$_白$ sit^{2}$_文$	tsʰit^{5}	tsɪet^{2}	tsʰɪet^{2}	sɪet^{2}
惠州	jiən^{22}	pət^{45}	lət^{21}	sət^{45}	tsʰət^{21}	tsak^{45}	tsʰak^{45}	sak^{45}
博罗	ziɛŋ^{21}	pet^{5}	let^{2}	ɬet^{5}	tsʰet^{2}	tsat^{5}	tsʰat^{5}	sat^{5}
新丰	zin^{24}	pet^{2}	lit^{4}	sit^{2}	tsʰit^{4}	tsʰɛt^{2}	tsʰɛt^{2}	sɛt^{2}
翁源	in^{41}	pit^{31}	lit^{45}	sit^{31}	tʃʰit^{45}	tsɛt^{31}	tsʰɛt^{31}	sɛt^{31}
始兴	ŋiŋ^{51}	pʰiʔ^{3}	liʔ^{3}	ɕiʔ^{45}	tɕʰiʔ^{3}	tsɛiʔ^{45}	tsʰɛiʔ^{45}	sɛiʔ^{45}
仁化	ien^{31}	piʔ^{5}	liʔ^{5}	siʔ^{5}	tsʰiʔ^{5}	tsɛʔ^{5}	tsʰɛʔ^{5}	sɛʔ^{5}
南雄	ŋiʔ^{42}$_白$ iŋ^{21}$_文$	piʔ^{5}	liʔ^{42}	ɕieʔ^{5}	tɕieʔ^{42}	tsiʔ^{5}	tɕʰieʔ^{5}	siʔ^{5}

	0817 蝇	0818 逼	0819 力	0820 息	0821 直	0822 侧	0823 测	0824 色
	曾开三平蒸以	曾开三入职帮	曾开三入职来	曾开三入职心	曾开三入职澄	曾开三入职庄	曾开三入职初	曾开三入职生
皈塘	（无）	pei⁴¹	lei³³	ʃei⁴¹	tʃʰei³³	tʃia⁴¹	tʃʰia⁴¹	ʃia⁴¹
桂头	iɐŋ⁴	pa²¹	la⁴⁴	sa²¹	tsʰa⁴⁴	tsa²¹	tsʰa²¹	sa⁴
连州	ia⁵⁵	pa²⁴	la³¹	sɛi²⁴白 sɐt²⁴文	tsʰa³¹	tsa²⁴	tsʰɐt²³	sa²⁴
潮州	siŋ⁵⁵	pek²	lak⁵	sek²	tik⁵	tsʰek²	tsʰek²	sek²
饶平	siŋ⁵⁵	pek²	lak⁵	sek²	tik⁵	tsʰek²	tsʰek²	sek²
汕头	siŋ⁵⁵	pek²	lak⁵	sek²	tik⁵	tsʰek²	tsʰek²	sek²
澄海	siŋ⁵⁵	pek²	lak⁵	sek²	tik⁵	tsʰek²	tsʰek²	sek²
潮阳	siŋ³³	pek³	lak⁵	sek³	tik⁵	tsʰek³	tsʰek³	sek³
南澳	siŋ⁴⁵⁴	pek²	lak⁵	sek²	tik⁵	tsʰek²	tsʰek²	sek²
揭阳	seŋ⁵⁵	pek³	lak⁵	sek³	tek⁵	tsʰek³	tsʰek³	sek³
普宁	siŋ⁵⁵	pek³	lak⁵	sek³	tik⁵	tsʰek³	tsʰek³	sek³
惠来	siŋ⁵⁵	pek³	lak⁵	sek³	tik⁵	tsʰek³	tsʰek³	sek³
海丰	sin⁵⁵	pek²	lak⁵白 lek⁵文	sek²	tit⁵	tsʰek²	tsʰek²	sek²
陆丰	siŋ¹³	pek²	lak⁵白 lek⁵文	sik²	tik⁵	tsʰek²	tsʰek²	sek²
电白	siŋ²²	pek⁵	lak²	sek⁵	tik² tsek²	tsʰak⁵	tsʰak⁵	sek⁵
雷州	iŋ²²	pit⁵	lak³白 lit⁵文	sit⁵	tiek³	tsʰek⁵	tsʰek⁵	sit⁵

	0825 织	0826 食	0827 式	0828 极	0829 国	0830 或	0831 猛	0832 打
	曾开三入职章	曾开三入职船	曾开三入职书	曾开三入职群	曾合一入德见	曾合一入德匣	梗开二上庚明	梗开二上庚端
广州	tʃek⁵	ʃek⁵	ʃek⁵	kek²	kuɔk³	uak²	maŋ¹³	ta³⁵
番禺	tʃek⁵	ʃek²	ʃek⁵	kek²	kɔk³	uak²	maŋ²³	ta³⁵
增城	tsek⁵	sek²	sek⁵	kek²	kɔk³	uak²	maŋ¹³	ta³⁵
从化	tsek⁵	sek²	sek⁵	kek²	kɔk³	uak²	maŋ¹³	ta⁴⁵
龙门	tsek⁵	sek⁴³	sek⁵	kek⁴³	kɔk²³	vak⁴³	maŋ²³	ta³⁵
莞城	tʃək⁵	ʃək³	ʃək⁵	kək³	kuɔ³⁴	uɛk³	mɛŋ³⁴	ta³⁵
宝安	tʃɐiʔ³	ʃɐiʔ³	ʃɐiʔ⁵	kɐiʔ³	kɔʔ³	uaʔ³	maŋ²³	ta²⁵
佛山	tʃek⁵	ʃek²³	ʃek⁵	kek²³	kuɔk³⁴	uak²³	baŋ¹³	ta³⁵动 ta⁵⁵量
南海	tsek⁵	sek²	sek⁵	kek²	kuɔk³	uak²	maŋ¹³	ta³⁵动 ta⁵⁵量
顺德	tʃet⁵	ʃet⁵	ʃet⁵	ket²	kuɔk³	uak²	maŋ¹³	ta²⁴
三水	tsek⁵	sek³	sek⁵	kek³	kuɔk⁴	uak³	maŋ²³	ta²⁵
高明	tʃɛk⁵	ʃɛk²	ʃɛk⁵	kɛk²	kɔk³	uak²	maŋ³³	ta²⁴动 ta⁵⁵量
佛冈	tʃɛk³	ʃɛk²	ʃɛk³	kɛk²	kɔk³	ua³¹	maŋ³¹ maŋ²³又	ta³⁵
阳山	tʃɐk⁵	ʃɐk²³	ʃik⁵	kiɐk²³	kuok³⁴	uek²³	mɛŋ²²⁴	ta⁵⁵
连山	tʃɛk⁵	ʃɛk²¹⁵	ʃɛk⁵	kɛk²¹⁵	kuɔk⁵	vak²¹⁵	maŋ¹⁵	da⁵⁵
新兴	tsɐt⁴⁵	sɐt⁵²	sɐt⁴⁵	kɐt⁵²	kuɔk⁴	uɐk⁵²	mɛŋ²¹	ta³⁵
罗定	tsek⁵	sek²	sek⁵	kek²	kɔk³	uak²	mɐŋ¹³	ta³⁵
郁南	tʃek⁵	ʃek²	ʃek⁵	kek²	kɔk³	uɐk³	mɐŋ¹³	ta³⁵
石岐	tsek⁵	sek³	sek⁵	kek³	kɔk³	uak³	maŋ²¹³白 mɛŋ²¹³文	ta²¹³动 ta⁵⁵量

	0825 织	0826 食	0827 式	0828 极	0829 国	0830 或	0831 猛	0832 打
	曾开三入职章	曾开三入职船	曾开三入职书	曾开三入职群	曾合一入德见	曾合一入德匣	梗开二上庚明	梗开二上庚端
肇庆	tʃek⁵	ʃek²	ʃek⁵	kek²	kuɔk³	uɛk⁴²	maŋ¹³	ta²⁴
香洲	tsɐk²¹	sɐk³	sɐk²¹	kɐk³	kɔk²¹ / kɔk³ 又	uak³	maŋ³⁵	ta³⁵ 动 / ta²¹ 量
斗门	tsək⁵	sək³	sək⁵	kək³	kɔk⁵	uak³	maŋ²¹	tɒ⁴⁵
新会	tsek⁴⁵	sek²	sek⁴⁵	kek²	kɔk⁴⁵	uak²	maŋ²¹	ta⁴⁵
台山	tset⁵	set³¹	set⁵	ket³¹	kɔk⁵	ʋak³¹	maŋ²¹	a⁵⁵
开平	tʃɛt⁵	ʃɛt²	ʃɛt⁵	kɛt²	kɔk⁵	vak²	maŋ²¹	a⁴⁵
恩平	tʃek⁵	ʃek²	ʃek⁵	kek²	kɔk⁵	vak²	mbaŋ²¹ / mbaŋ³³ 又	ta⁵⁵
四会	tʃɐk⁵	ʃɐk²	ʃɐk⁵	kiɛk³	kuɔk³	uɐk²	maŋ²⁴	ta³³
广宁	tsɐk⁵	sɐk³²	sɐk⁵	kiək³²³	kuɔk⁴³	uɐk³²	maŋ³²³	ta⁴⁴
怀集	θɐk⁵	θɐk²⁴	θɐk⁵	kiɐk²⁴	kuɔk⁴⁵	uɐk²⁴	mɛŋ²⁴	ta⁵⁴
德庆	tsek⁵	sek²	sek⁵	kek²	kɔk⁵³	uɐk²	mɐŋ²³	ta⁴⁵
封开	tʃek⁵	ʃek²	ʃek⁵	kek²	kuɔk⁵³	uak²	maŋ²²³	ta³³⁴
阳江	tsek³⁵	sek⁵⁴	sek³⁵	kek⁵⁴	kuɔʔ²¹	uaʔ⁵⁴	maŋ²¹	ta²¹
阳春	tsət⁴⁵	sət⁵²	sət⁴⁵	kət⁵²	kuɒk³	uak⁵²	maŋ³²³	ta³²⁴
赤坎	tsek⁵	sek²	sek⁵	kek²	kɔʔ³	uaʔ²	maŋ¹³	ta¹³
吴川	tʃeʔ⁵	ʃeʔ³¹	ʃeʔ⁵	keʔ³¹	kɔʔ³	uaʔ³¹	maŋ²⁴	ɗa³⁵
廉江	tsek⁵	sek²	sek⁵	kek²	kɔk³	uak²	mɐn²³	ta²⁵
高州	tʃek⁵	ʃek²¹	ʃek⁵	kek²¹	kɔk³	vak²¹	maŋ¹³	ta²⁴ 动 / ta⁵³ 量
化州	tʃek⁵	ʃek³¹	ʃek⁵	kek³¹	kɔʔ³	uaʔ³¹	maŋ¹³	ɗa³⁵

	0825 织	0826 食	0827 式	0828 极	0829 国	0830 或	0831 猛	0832 打
	曾开三入职章	曾开三入职船	曾开三入职书	曾开三入职群	曾合一入德见	曾合一入德匣	梗开二上庚明	梗开二上庚端
梅州	tsət²	sɛt⁵	sət²	kʰit⁵	kuet²	fɛt⁵	maŋ⁴⁴	ta³¹
兴宁	tʃit²	ʃit⁴	ʃit²	kʰit⁴	kɪet²	fiet⁴	maŋ²⁴ 白 maŋ³¹ 文	ta³¹
五华	tʃit²	ʃit⁵	tʃʰit²	kʰit⁵	ket²	fɛt²	maŋ⁴⁴	ta³¹
大埔	tʃit²	ʃit⁵	ʃit²	kʰit⁵	kuet²	fet⁵	maŋ³¹	ta³¹
丰顺	tʃit²	ʃit⁵	sit²	kʰit⁵	kuet²	fet⁵	maŋ⁴⁴	ta⁵³
揭西	tʃit³	ʃit⁵	ʃit³	kʰit⁵	kuɛt³	fɛt⁵	maŋ⁴⁵²	ta³¹
陆河	tʃit⁴⁵	ʃit⁵	ʃit⁴⁵	kʰit⁵	kuet⁴⁵	fɛt⁵	maŋ⁵³	ta²⁴
龙川	tsit¹³	ʃit³	ʃit¹³	kit¹³ 白 kʰit³ 文	ket¹³	fɛt³	mɛn³¹	ta²⁴
河源	tsit⁵	sit³	sit⁵	kʰit³	kat⁵	fat³	maŋ²¹²	ta²⁴
连平	tsət³	sɛt⁵	sət³	kʰit⁵	kut³	fɛt⁵	maŋ²⁴ 白 mɛn²⁴ 文	ta³¹
龙岗	tsit²	sit⁵	sit²	kʰit⁵	kɪet²	fiet⁵	mbaŋ³¹	ta³¹
惠州	tsət⁴⁵	sət²¹	sət⁴⁵	kʰət⁴⁵	kiak⁴⁵	wiak²¹	maŋ²³	ta³⁵
博罗	tset⁵	set²	set⁵	kʰet²	kat⁵	vat²	mbaŋ²⁴	ta³⁵
新丰	tsit²	sit⁴	sit²	kʰit⁴	kut²	fɛt⁴	mbaŋ⁴⁴	ta³¹
翁源	tʃit³¹	ʃit⁴⁵	ʃit³¹	kʰit⁴⁵	kut³¹	fɛt⁴⁵	maŋ²²	ta³¹
始兴	tɕiʔ⁴⁵	ɕiʔ³	ɕiʔ⁴⁵	tɕiʔ⁴⁵	kuiʔ⁴⁵	fɛiʔ³	mẽiʔ³¹	ta³¹
仁化	tʃiʔ⁵	ʃiʔ⁵	ʃiʔ⁵	kʰiʔ⁵	koʔ⁵	vaʔ⁵	maŋ²³	ta²³
南雄	tɕiəʔ⁵ 白 tɕiɛʔ⁵ 文	sɿʔ⁴²①	ɕieʔ⁴²	tɕieʔ⁴²	kuɤʔ⁴²	hɤʔ⁴²	məŋ²⁴	ta²⁴

	0825 织	0826 食	0827 式	0828 极	0829 国	0830 或	0831 猛	0832 打
	曾开三入职章	曾开三入职船	曾开三入职书	曾开三入职群	曾合一入德见	曾合一入德匣	梗开二上庚明	梗开二上庚端
皈塘	tʃei⁴¹	ʃei³³	ʃei⁴¹	kʰei⁴¹	kye⁴¹	hue³³	mau³³	tɔ³³
桂头	tsa²¹	sai⁴⁴	sa⁴	kʰa⁴	kua⁴	fu⁴⁴	meŋ³²⁴白 moŋ³²⁴文	ɔu³²⁴
连州	tsa²⁴	sɛʔ³①	sɐt²³	kʰɐt²³	kuɵ²⁴	va²②	ma²⁴	tɐi³¹~人 tɐu⁵³~赌
潮州	tseʔ²白 tsik²文	tsiaʔ⁵白 sik⁵文 siʔ⁵文,日~	sek²	kek⁵	kok²	hok⁵	mẽ⁵³白 meŋ⁵³文	ta⁵³
饶平	tsik²	tsiaʔ⁵白 sik⁵文	sek²	kek⁵	kok²	hok⁵	mẽ⁵²白 meŋ⁵²文	ta⁵²
汕头	tsik²	tsiaʔ⁵白 sik⁵文	sek²	kek⁵	kok²	hok⁵	mẽ⁵¹白 meŋ⁵¹文	ta⁵¹
澄海	tsik²	tsiaʔ⁵白 sik⁵文	sek²	kek⁵	kok²	hok⁵	mẽ⁵³白 meŋ⁵³文	ta⁵³
潮阳	tsik³	tsiaʔ⁵	sek³	kek⁵	kok³	huek⁵	mẽ⁴⁵⁴白 meŋ⁴⁵⁴文	ta⁴⁵⁴
南澳	tseʔ²白 tsik²文	tsiaʔ⁵	sek²	kek⁵	kok²	hok⁵	mẽ⁵²白 meŋ⁵²文	ta⁵²
揭阳	tseʔ³	tsiaʔ⁵	sek³	kek⁵	kok³	huek⁵	mẽ⁴¹	ta⁴¹
普宁	tsik³	tsiaʔ⁵白 sik⁵文	sek³	kek⁵	kok³	huek⁵	mẽ⁵²白 meŋ⁵²文	ta⁵²
惠来	tsik³	tsiaʔ⁵	sek³	kek⁵	kok³	huek⁵	meŋ⁵³	ta⁵³
海丰	tsit²	tsiaʔ⁵白 sit⁵文	sek²	kek⁵	kok²	hueʔ⁵	mẽ⁵³白 meŋ⁵³文	teŋ²¹²~侬 ta⁵³
陆丰	tsik²	tsiaʔ⁵	sek²	kek⁵	kok²	hek⁵	mẽ⁵⁵白 mbeŋ⁵⁵文	ta⁵⁵
电白	tsik⁵	tsia⁴⁴²	sek⁵	kek²	kuak⁵	huak²	mia²¹白 maŋ²¹文	（无）
雷州	tsit⁵ tsiek⁵文	tsia³³	si²¹	kek³	kuek⁵	huek⁵	miŋ⁴²	（无）

①有时也变读为 sɿ⁴²，但发音人认为"食 sɿʔ⁴²≠事 sɿ⁴²"。②借自粤方言，实际韵母是 ak。

	0833 冷	0834 生	0835 省 ~长	0836 更 三~, 打~	0837 梗	0838 坑	0839 硬	0840 行
	梗开二 上庚来	梗开二 平庚生	梗开二 上庚生	梗开二 平庚见	梗开二 上庚见	梗开二 平庚溪	梗开二 去庚疑	梗开二 平庚匣
广州	laŋ^{13}	ʃaŋ^{53}白 ʃɐŋ^{53}文	ʃaŋ^{35}	kaŋ^{53}	kʰuaŋ^{35}白 kɐŋ^{35}文	haŋ^{55}	ŋaŋ^{22}	haŋ^{21}白 hɐŋ^{21}文
番禺	laŋ^{23}	ʃaŋ^{53}白 ʃɐŋ^{53}文	ʃaŋ^{35}	kɐŋ^{53}	kɐŋ^{35}	haŋ^{53}	aŋ^{22}	haŋ^{31}
增城	laŋ^{13}	saŋ^{44}	saŋ^{35}	kaŋ^{44}	kaŋ^{35}	haŋ^{44}	ŋaŋ^{22}	haŋ^{21}
从化	laŋ^{23}	saŋ^{55}	saŋ^{45}	kaŋ^{55}	kuaŋ^{45}	haŋ^{55}	ŋaŋ^{31}	haŋ^{22}
龙门	laŋ^{23}	saŋ^{42}	saŋ^{35}	kaŋ^{42}	kʰaŋ^{35}	haŋ^{42}	ŋaŋ^{53}	haŋ^{21}
莞城	ŋɛŋ^{34}	ʃɛŋ^{23}	ʃɛŋ^{35}	kɛŋ^{23}	kʰuɛŋ^{35}白 kɐŋ^{35}文	kʰɛŋ^{23}	ŋɛŋ^{44}	hɛŋ^{31}
宝安	laŋ^{23}	ʃaŋ^{55}	ʃaŋ^{25}	kɐŋ^{55}	kʰaŋ^{25}	haŋ^{55}	ŋaŋ^{22}	haŋ^{33}
佛山	laŋ^{13}	ʃaŋ^{53}白 ʃɐŋ^{55}文	ʃaŋ^{35}	kaŋ^{53}	kɐŋ^{35}	haŋ^{55}	gaŋ^{12}	haŋ^{42}白 hɐŋ^{42}文
南海	laŋ^{13}	saŋ^{51}白 sɐŋ^{51}文	saŋ^{35}	kaŋ^{51}	kʰuaŋ^{35}白 kɐŋ^{35}文	haŋ^{55}	ŋaŋ^{22}	haŋ^{31}白 hɐŋ^{31}文
顺德	laŋ^{13}	ʃaŋ^{53}白 ʃɐŋ^{53}文	ʃaŋ^{24}	kaŋ^{53}	kʰuaŋ^{24}	haŋ^{55}	aŋ^{21}	haŋ^{42}白 hɐŋ^{42}文
三水	laŋ^{23}	saŋ^{53}白 sɐŋ^{53}文	saŋ^{25}	kaŋ^{53}	kʰuaŋ^{25}白 kɐŋ^{25}文	haŋ^{53} haŋ^{55}又	ŋaŋ^{33}	haŋ^{31}白 hɐŋ^{31}文
高明	laŋ^{33}	ʃaŋ^{55}	ʃaŋ^{24}	kaŋ^{45}	kaŋ^{24}	haŋ^{45}	ŋaŋ^{31}	haŋ^{31}
佛冈	laŋ^{33}	ʃaŋ^{33}白 ʃaŋ^{35}又	ʃaŋ^{35}	kaŋ^{33}白 kɛŋ^{33}文	kaŋ^{35}	haŋ^{33}	ŋaŋ^{31}	haŋ^{22}白 hɛŋ^{22}文
阳山	lɛŋ^{224}	ʃɛŋ^{51}	ʃɛŋ^{55}	kɛŋ^{51}	kuɛŋ^{34}	hɛŋ^{51}	ŋɛŋ^{214}	hɛŋ^{241}
连山	laŋ^{15}	ʃaŋ^{51}	ʃaŋ^{55}	kaŋ^{51}	kuaŋ^{55}	haŋ^{51}	ŋaŋ^{215}	aŋ^{241}
新兴	lɛŋ^{21}	sɛŋ^{45}	sɛŋ^{35}	kɛŋ^{45}	kɛŋ^{35}	hɛŋ^{45}	ŋɛŋ^{52}	hɛŋ^{21}
罗定	lɛŋ^{13}	sɛŋ^{55}	sɛŋ^{35}	kɛŋ^{55}	kuaŋ^{35}	haŋ^{55}	ŋaŋ^{21}	haŋ^{21}
郁南	lɛŋ^{13}	ʃɛŋ^{55}	ʃɛŋ^{35}	kɛŋ^{55}	kuɛŋ^{35}白 kɛŋ^{35}文	hɛŋ^{55}	ŋɛŋ^{21}	hɛŋ^{21}
石岐	laŋ^{213}白 lɛŋ^{213}文	saŋ^{55}白 sɐŋ^{55}文	saŋ^{213}白 sɐŋ^{213}文	kaŋ^{55}	kuaŋ^{213}白 kɐŋ^{213}文	haŋ^{55}	ŋaŋ^{33}	haŋ^{51}白 hɛŋ^{51}文

	0833 冷	0834 生	0835 省 ~长	0836 更 三~,打~	0837 梗	0838 坑	0839 硬	0840 行
	梗开二 上庚来	梗开二 平庚生	梗开二 上庚生	梗开二 平庚见	梗开二 上庚见	梗开二 平庚溪	梗开二 去庚疑	梗开二 平庚匣
肇庆	laŋ^{13}	ʃaŋ^{45}	ʃaŋ^{24}	kɐŋ^{33}	kaŋ^{24}	haŋ^{45}	ŋaŋ^{52}	haŋ^{21}
香洲	laŋ^{35}	saŋ^{21}白 sɐŋ^{21}文	saŋ^{35}	kaŋ^{21}	kaŋ^{35}白 kɐŋ^{35}文	haŋ^{21}	ŋaŋ^{33}	haŋ^{343}白 hɐŋ^{343}文
斗门	laŋ^{21}	saŋ^{34}	saŋ^{45}	kaŋ^{34}	kaŋ^{45}	haŋ^{34}	ŋaŋ^{42}	haŋ^{22}
新会	laŋ^{21}	saŋ^{23}	saŋ^{45}	kaŋ^{23}	kaŋ^{45}	haŋ^{23}	ŋaŋ^{32}	haŋ^{22}
台山	laŋ^{21}	saŋ^{33}	saŋ^{55}	kaŋ^{33}	kaŋ^{55}	haŋ^{33}	ŋaŋ^{31}	haŋ^{22}
开平	laŋ^{21}	ʃaŋ^{33}	ʃaŋ^{45}	kaŋ^{33}	kaŋ^{45}	haŋ^{33}	ŋaŋ^{31}	haŋ^{11}
恩平	laŋ^{33}	ʃaŋ^{33}	ʃaŋ^{55}	kaŋ^{33}	kaŋ^{55}	haŋ^{33}	ŋgaŋ^{21}	haŋ^{22}
四会	laŋ^{24}	ʃaŋ^{51}	ʃaŋ^{33}	kaŋ^{51}	kuaŋ^{33}	haŋ^{51}	ŋaŋ^{24}	haŋ^{31}
广宁	laŋ^{323}	saŋ^{51}	saŋ^{44}	kaŋ^{51}	kuaŋ^{44}	haŋ^{51}	ŋaŋ^{323}	haŋ^{31}
怀集	lɛŋ^{24}	θɛŋ^{42}	θɛŋ^{54}	kɛŋ^{42}	kɛŋ^{54}白 kaŋ^{54}文	hɛŋ^{42}	ŋɛŋ^{225}	hɛŋ^{231}
德庆	lɐŋ^{23}	sɐŋ^{454}	sɐŋ^{45}	kɐŋ^{454}	kɐŋ^{45}	hɐŋ^{454}	ŋɐŋ^{31}	hɐŋ^{242}
封开	laŋ^{223}	ʃaŋ^{55}	ʃaŋ^{334}	kaŋ^{55}	kuaŋ^{334}	haŋ^{55}	ŋaŋ^{21}	haŋ^{243}
阳江	laŋ^{21}	saŋ^{33}	saŋ^{21}	kɐŋ^{33}	kɐŋ^{21}	haŋ^{33}	ŋaŋ^{54}	haŋ^{42}
阳春	laŋ^{323}	saŋ^{45}	saŋ^{324}	kɐŋ^{45}	kɐŋ^{324}	haŋ^{45}	ŋaŋ^{52}	haŋ^{31}
赤坎	laŋ^{13}	saŋ^{45}	saŋ^{13}	kaŋ^{45}	kɐŋ^{13}	haŋ^{45}	ŋaŋ^{21}	haŋ^{21}
吴川	laŋ^{24}	ʃaŋ^{55}	ʃaŋ^{35}	kaŋ^{55}	kɐŋ^{35}	haŋ^{55}	ŋaŋ^{31}	haŋ^{31}
廉江	laŋ^{23}	saŋ^{55}	saŋ^{25}	kaŋ^{55}	kɐŋ^{25}	haŋ^{55}	ŋaŋ^{21}	haŋ^{21}
高州	laŋ^{13}	ʃaŋ^{53}	ʃaŋ^{24}	kaŋ^{53}	kʰuaŋ^{24}白 kɐŋ^{24}文	haŋ^{53}	ŋaŋ^{31}	haŋ^{21}
化州	laŋ^{13}	ʃaŋ^{53}	ʃaŋ^{35}	kaŋ^{53}	kaŋ^{33}	haŋ^{53}	ŋaŋ^{31}	haŋ^{31}

	0833 冷	0834 生	0835 省~长	0836 更 三~,打~	0837 梗	0838 坑	0839 硬	0840 行~ 为,~走
	梗开二 上庚来	梗开二 平庚生	梗开二 上庚生	梗开二 平庚见	梗开二 上庚见	梗开二 平庚溪	梗开二 去庚疑	梗开二 平庚匣
梅州	laŋ^{44}	saŋ^{44}白 sɛŋ^{44}文	sɛŋ^{31}	kaŋ^{44}	kuaŋ^{31}白 kaŋ^{31}文	haŋ^{44}	ŋaŋ^{52}	haŋ^{21}
兴宁	laŋ^{24}	saŋ^{24}白 sɪɛŋ^{24}文	sɪɛn^{31}	kaŋ^{24}	kaŋ^{31}	haŋ^{24}	ŋaŋ^{51}	haŋ^{13}
五华	laŋ^{44}	saŋ^{44}白 sɛŋ^{44}文	sɛŋ^{31}	kaŋ^{44}	kaŋ^{31}	haŋ^{44}	ŋaŋ^{31}	haŋ^{212}
大埔	lɛn^{34}	saŋ^{34}白 sɛn^{34}文	sɛn^{31}	kaŋ^{34}	kuaŋ^{31}白 kɛn^{31}文	kʰaŋ^{34}	ŋaŋ^{52}	haŋ^{13}
丰顺	lɛn^{44}	sɛn^{44}	sɛn^{53}	kaŋ^{44}	kuaŋ^{53}	kʰaŋ^{44}	ŋaŋ^{21}	haŋ^{24}
揭西	lɛn^{452}	saŋ^{452}白 sɛŋ^{452}文	sɛm^{31}	kaŋ^{452}	kuaŋ^{31}白 kaŋ^{31}文	kʰaŋ^{452}	ŋaŋ^{31}	haŋ^{24}
陆河	laŋ^{53}	saŋ^{53}白 sɛŋ^{53}文	sɛŋ^{24}	kaŋ^{53}	kuaŋ^{24}白 kaŋ^{24}文	haŋ^{53}	ŋaŋ^{33}	haŋ^{35}
龙川	laŋ^{31}	saŋ^{33}	sin^{24}	kaŋ^{33}	kaŋ^{24}	haŋ^{33}	ŋaŋ^{33}	haŋ^{51}
河源	laŋ^{212}	saŋ^{33}	saŋ^{24}	kaŋ^{33}	kaŋ^{24}	haŋ^{33}	ŋaŋ^{54}	haŋ^{31}
连平	laŋ^{24}	saŋ^{24}	sɛŋ^{31}	kaŋ^{24}	kaŋ^{31}	haŋ^{24}	ŋaŋ^{53}	haŋ^{21}
龙岗	laŋ^{33}	saŋ^{33}	sɪɛn^{31}	kaŋ^{33}	kaŋ^{31}	haŋ^{33}	ŋgan^{53}	haŋ^{21}
惠州	laŋ^{23}	saŋ^{33}	saŋ^{35}	kaŋ^{33}	kaŋ^{35}	haŋ^{33}	ŋaŋ^{31}	haŋ^{22}
博罗	laŋ^{24}	saŋ^{44}	saŋ^{35}	kaŋ^{44}	kʰaŋ^{35}	haŋ^{44}	ŋgan^{41}	haŋ^{21}
新丰	laŋ^{44}	saŋ^{44}	sɛŋ^{31}	kaŋ^{44}	kaŋ^{31}	haŋ^{44}	ŋgan^{31}	haŋ^{24}
翁源	lɛn^{22}	saŋ^{22}	sɛŋ^{31}	kaŋ^{22}	kaŋ^{31}	haŋ^{22}	ŋaŋ^{31}	haŋ^{41}
始兴	laŋ^{22}	saŋ^{22}白 sɛ̃i^{22}文	sɛ̃i^{31}	kaŋ^{22}	kaŋ^{31}	haŋ^{22}	ŋaŋ^{33}	haŋ^{51}
仁化	laŋ^{23}	saŋ^{33}白 sen^{33}文	sen^{23}	kaŋ^{33}	ken^{23}	xaŋ^{33}	ŋaŋ^{33}	xaŋ^{31}
南雄	laŋ^{21}	saŋ^{44}白 siŋ^{44}文	siŋ^{24}	kaŋ^{44}	kuaŋ^{24}白 kiŋ^{24}文	haŋ^{44}	ŋaŋ^{42}	haŋ^{21}

	0833 冷	0834 生	0835 省~长	0836 更 三~,打~	0837 梗	0838 坑	0839 硬	0840 行~ 为,~走
	梗开二 上庚来	梗开二 平庚生	梗开二 上庚生	梗开二 平庚见	梗开二 上庚见	梗开二 平庚溪	梗开二 去庚疑	梗开二 平庚匣
皈塘	lia^{33}	ʃia^{24}	ʃeŋ^{33}	kia^{24}	kɔu^{33} kia^{24}	kʰia^{24}	nia^{21}	hia^{45}
桂头	lin^{21}	sin^{51}	seŋ^{324}	kin^{51}	kin^{324}白 kɐŋ^{324}文	hin^{51}	ŋin^{44}	hin^{45}
连州	la^{24}	sa^{31}	sa^{53}	ka^{31}	kua^{53}白 ka^{53}文	ha^{31}	ŋa^{33}	ha^{55}
潮州	nɛ̃^{53}	tsʰɛ̃^{53}白,~肉 sɛ̃^{53}白,~活 seŋ^{33}文	sɛ̃^{53}	kɛ̃^{33}	kɛ̃^{53}	kʰɛ̃^{33}	ŋɛ̃^{35}	kĩɛ^{55}
饶平	nẽ^{52}	tsʰẽ^{44}白,~菜 sẽ^{44}白,~囝 seŋ^{44}文	sẽ^{52}	kẽ^{44}	kẽ^{52}	kʰẽ^{44}	ŋẽ^{25}	kĩã^{55}
汕头	nẽ^{51}	tsʰẽ^{33}白 sẽ^{33}白 seŋ^{33}文	sẽ^{51}	kẽ^{33}白 keŋ^{33}文	kẽ^{51}	kʰẽ^{33}	ŋẽ^{25}	kĩã^{55}
澄海	nẽ^{53}	tsʰẽ^{33}白,不熟 sẽ^{33}白,出~ seŋ^{33}文	sẽ^{53}	kẽ^{33}	kẽ^{53}	kʰẽ^{33}	ŋẽ^{35}	kĩã^{55}
潮阳	nẽ^{454}	tsʰẽ^{31}白,不熟 sẽ^{31}白,~命 seŋ^{31}文	sẽ^{454}	kẽ^{31}	kẽ^{454}	kʰẽ^{31}	ŋẽ^{52}	kĩã^{33}
南澳	nẽ^{52}	sẽ^{34}白 seŋ^{34}文	sẽ^{52}	kẽ^{34}	kẽ^{21}	kʰẽ^{34}	ŋẽ^{35}	kĩã^{454}
揭阳	nẽ^{41}	tsʰẽ^{33}白,不熟 sẽ^{33}白,~命 seŋ^{33}文	sẽ^{41}	kẽ^{33}	kẽ^{41}	kʰẽ^{33}	ŋẽ^{25}	kĩã^{55}
普宁	nẽ^{52}	tsʰẽ^{35}白,不熟 sẽ^{35}白,~命 seŋ^{35}文	sẽ^{52}	kẽ^{35}	kẽ^{52}	kʰẽ^{35}	ŋẽ^{24}	kĩã^{55}
惠来	nẽ^{53}	tsʰẽ^{34}白,~份 sẽ^{34}白,~子 seŋ^{34}文,学~	sẽ^{53}	kẽ^{34}	kẽ^{53}	kʰẽ^{34}	ŋẽ^{25}	kĩã^{55}
海丰	leŋ^{53}	tsʰẽ^{33}白,不熟 sẽ^{33}白,~卵 seŋ^{33}文	sẽ^{53}	kẽ^{33}	kẽ^{53}	kʰẽ^{33}	ŋẽ^{35}	kĩã^{55}白 heŋ^{55}文
陆丰	leŋ^{55}	tsʰẽ^{33}白,~肉 sẽ^{33}白,~卵 seŋ^{33}文	sẽ^{55}	kẽ^{33}	kẽ^{55}	kʰẽ^{33}	ŋẽ^{22}	kĩã^{13}白 heŋ^{13}文
电白	laŋ^{21}	tsʰia^{33}白 sia^{33}白 saŋ^{33}文	saŋ^{21}	kia^{33}	kaŋ^{21}	kʰia^{33}白 kʰaŋ^{33}文	ŋia^{442}	kia^{22}
雷州	liŋ^{42}	se^{24}白 siŋ^{24}文	siŋ^{21}	ke^{24}	kieŋ^{42}	kʰe^{24}	ŋe^{33}	kia^{22}白 hiŋ^{22}文

	0841 百	0842 拍	0843 白	0844 拆	0845 择	0846 窄	0847 格	0848 客
	梗开二入陌帮	梗开二入陌滂	梗开二入陌並	梗开二入陌彻	梗开二入陌澄	梗开二入陌庄	梗开二入陌见	梗开二入陌溪
广州	pak³	pʰak³	pak²	tʃʰak³	tʃak²	tʃak³	kak³	hak³
番禺	pak³	pʰak³	pak²	tʃʰak³	tʃak²	tʃak³	kak³	hak³
增城	pak²	pʰak³	pak²	tsʰak³	tsak²	tsak³	kak³	hak³
从化	pak³	pʰak³	pak²	tsʰak³	tsak²	tsak³	kak³	hak³
龙门	pak²³	pʰak²³	pak⁴³	tsʰak²³	tsak⁴³	tsak²³	kak²³	hak²³
莞城	pɛ⁴⁴	pʰɛ³⁴	pɛk³	tʃʰɛ³⁴	tɔk³ 白 tʃɛk³ 文	tʃɛ³⁴	kɛ³⁴	hɛ³⁴
宝安	paʔ⁵	pʰaʔ³	paʔ³	tʃʰaʔ⁵	tʃaʔ³	tʃaʔ⁵	kaʔ³	haʔ³
佛山	pak³⁴	pʰak³⁴	pak²³	tʃʰak³⁴	tʃak²³	tʃak³⁴	kak³⁴	hak³⁴
南海	pak³	pʰak³ 动 pʰak³⁵ 名	pak²	tsʰak³	tsak²	tsak³	kak³	hak³
顺德	pak³	pʰak³	pak²	tʃʰak³	tʃak²	tʃak³	kak³	hak³
三水	pak⁴	pʰak⁴ pʰak²⁵ 又	pak³	tsʰak⁴	tsak³	tsak⁴	kak⁴ kak²⁵ 又	hak⁴
高明	pak³	pʰak³	pak²	tʃʰak³	tʃak²	tʃak³	kak³	hak³
佛冈	pak³	pʰak³	pak²	tʃʰak³	tʃak²	tʃak³	kak³	hak³
阳山	pek³⁴	pʰek³⁴	pek²³	tʃʰek³⁴	tʃek²³	tʃek³⁴	kek³⁴	kʰek³⁴
连山	bak³⁵	pʰak³⁵	pak²¹⁵	tʃʰak³⁵	tʃak²¹⁵	tʃak³⁵	kak³⁵	hak³⁵
新兴	pɐk⁴⁵	pʰɐk⁴⁵	pɐk⁵²	tsʰɐk⁴⁵	tsɐk⁵²	tsɐk⁴⁵	kɐk⁴⁵	hɐk⁴⁵
罗定	pak³	pʰak³	pak²	tsʰak³	tsak²	tsak³	kak³	hak³
郁南	pɐk³	pʰɐk³	pɐk²	tʃʰɐk³	tʃɐk²	tʃɐk³	kɐk³	hɐk³
石岐	pak³	pʰak³	pak³	tsʰak³	tsak³	tsak³	kak³	hak³

	0841 百	0842 拍	0843 白	0844 拆	0845 择	0846 窄	0847 格	0848 客
	梗开二入陌帮	梗开二入陌滂	梗开二入陌並	梗开二入陌彻	梗开二入陌澄	梗开二入陌庄	梗开二入陌见	梗开二入陌溪
肇庆	pak³	pʰak³	pak⁴²	tʃʰak³	tʃak⁴²	tʃak³	kak³	hak³
香洲	pak²¹	pʰak²¹	pak³	tsʰak²¹	tsak³	tsak²¹	kak²¹	hak²¹
斗门	pak³⁴	pʰak³⁴	pak³	tʰak³⁴	tsak³	tsak³⁴	kak⁵	hak³⁴
新会	pak²³	pʰak²³	pak²	tsʰak²³	tsak²	tsak²³	kak²³	hak²³
台山	pak³	pʰak³	pak³¹	tsʰak³	tsak³¹	tsak³	kak⁵	hak³
开平	vak³	pʰak³	vak²	tsʰak³	tʃak²	tʃak³	kak⁵	hak³
恩平	pak³ pak⁵ 又	pʰak³	pak²	tʰak³	tʃak²	tʃak³	kak⁵ kak² 又	hak⁵
四会	pak³	pʰak³	pak²	tʃʰak³	tʃak²	tʃak³	kak³	hak³
广宁	pak⁴³	pʰak⁴³	pak³²³	tsʰak⁴³	tsak³²³	tsek³²	kak⁴³	hak⁴³
怀集	pɛk⁴⁵	pʰɛk⁴⁵	pɛk²⁴	tʃʰɛk⁴⁵	tʃɛk²⁴	tʃɛk⁴⁵	kɛk⁴⁵	hɛk⁴⁵
德庆	pɐk⁵	pʰɐk⁵	pɐk²	tsʰɐk⁵	tsɐk²	tsɐk⁵	kɐk⁵	hɐk⁵
封开	pak⁵	pʰak⁵³	pak²	tʃʰak⁵³	tʃak²¹	tʃak⁵	kak⁵	hak⁵
阳江	paʔ²¹	pʰaʔ²¹	paʔ⁵⁴	tsʰaʔ²¹	tsaʔ⁵⁴	tsaʔ²¹	kaʔ²¹	haʔ²¹
阳春	pak⁴⁵	pʰak⁴⁵	pak⁵²	tsʰak⁴⁵	tsak⁵²	tsak⁴⁵	kak⁴⁵	hak⁴⁵
赤坎	paʔ³	pʰaʔ³	paʔ²	tsʰaʔ³	tsaʔ²	tsaʔ³	kaʔ³	haʔ³
吴川	ɓaʔ³	pʰaʔ³¹	ɓaʔ³¹	tʃʰaʔ³	tʃaʔ³¹	tʃaʔ³	kaʔ³	haʔ³
廉江	pak³	pʰak³	pak²	tsʰak³	tsak²	tsak³	kak³	hak³
高州	pak³	pʰak³	pak²¹	tʃʰak³	tʃak²¹	tʃak³	kak³	hak³
化州	ɓaʔ³	pʰaʔ³	ɓaʔ³¹	tʃʰaʔ³	tʃaʔ³¹	tʃaʔ³	kaʔ³	haʔ³

	0841 百	0842 拍	0843 白	0844 拆	0845 择	0846 窄	0847 格	0848 客
	梗开二入陌帮	梗开二入陌滂	梗开二入陌並	梗开二入陌彻	梗开二入陌澄	梗开二入陌庄	梗开二入陌见	梗开二入陌溪
梅州	pak²	pʰɔk²	pʰak⁵	tsʰak²	tʰɔk⁵白 tsʰɛt⁵文	tsa⁵²	kak²白 ket²文	hak²
兴宁	pak²	pʰak²翼~ pʰɔk²节~	pʰak⁴	tsʰak²	tʰɔk⁴白 tsʰɪet⁴文	(无)	kak²	hak²
五华	pak²	pʰɔk²	pʰak⁵	tsʰak²	tʰɔk⁵白 tsʰak⁵文	tsak²	kak²	kʰak²
大埔	pak²	pʰak²	pʰak⁵	tsʰak²	tʰok⁵白 tsʰet⁵文	tsa⁵²	kak²白 ket²文	kʰak²
丰顺	pak²	pʰok²	pʰak⁵	tsʰak²	tsʰet⁵	tsa⁵³	kak²	kʰak²
揭西	pak³	pʰɔk³	pʰak⁵	tsʰak³	tʰɔk⁵白 tsʰɛt⁵文	tsa⁴¹	kak³	kʰak³
陆河	pak⁴⁵	pʰɔk⁴⁵	pʰak⁵	tsʰak⁴⁵	tʰɔk⁵白 tsʰɛt⁵文	tsa³¹	kak⁴⁵	hak⁴⁵白 kʰak⁴⁵文
龙川	pak¹³	pʰak¹³	pʰak³	tsʰak¹³	tsʰap³	tsat¹³	kak¹³	hak¹³
河源	pak⁵	pʰak⁵	pʰak³	tsʰak⁵	tsʰak³	tsat⁵	kak⁵	hak⁵
连平	pak³	pʰak³	pʰak⁵	tsʰak³	tsʰak⁵	tsat³	kak³	kʰak³
龙岗	pak²	pʰak²	pʰak⁵	tsʰak²	tʰɔk⁵白 tsʰak⁵文	(无)	kak²	hak²
惠州	pak⁴⁵	pʰak⁴⁵	pʰak²¹	tsʰak⁴⁵	tsʰak²¹	tsak⁴⁵	kak⁴⁵	hak⁴⁵
博罗	pak⁵	pʰak⁵	pʰak²	tsʰak⁵	tʰɔk²白 tsʰak²文	tsak⁵	kak⁵	hak⁵
新丰	pak²	pʰak²	pʰak⁴	tsʰak²	tsʰak⁴	(无)	kak²	kʰak²
翁源	pak³¹	pʰak³¹	pʰak⁴⁵	tsʰak³¹	tsʰak⁴⁵	(无)	kak³¹	kʰak³¹
始兴	paʔ⁴⁵	pʰaʔ⁴⁵	pʰaʔ³	tsʰaʔ⁴⁵	tʰɔʔ³白 tsɛiʔ⁴⁵文	tsaiʔ⁴⁵	kaʔ⁴⁵	kʰaʔ⁴⁵
仁化	paʔ⁵	pʰaʔ⁵	pʰaʔ⁵	tsʰaʔ⁵	tsaʔ⁵	tsaʔ⁵	kaʔ⁵	kʰaʔ⁵
南雄	paʔ⁵	pʰaʔ⁴²	paʔ⁴²	tsʰaʔ⁵	toʔ⁴²白 tɕieʔ⁴²文	tɕieʔ⁴²	kaʔ⁴²	kʰaʔ⁵

	0841 百	0842 拍	0843 白	0844 拆	0845 择	0846 窄	0847 格	0848 客
	梗开二入陌帮	梗开二入陌滂	梗开二入陌並	梗开二入陌彻	梗开二入陌澄	梗开二入陌庄	梗开二入陌见	梗开二入陌溪
皈塘	pia⁴¹	pʰia⁴¹	pia³³	tʃʰia⁴¹	tʃia⁴¹~粟 tʃei⁴¹	tʃia⁴¹	kia⁴¹	kʰia⁴¹
桂头	pi²¹	pʰu²¹	pʰi⁴⁴	tsʰi²¹	tsʰa⁴⁴	（无）	ki⁴	kʰi²¹
连州	pa²⁴	pʰa²⁴	pa³¹	tsʰa²⁴	tɵ³¹白 tsɐt²⁴文	tsa²⁴	ka²⁴	kʰa²⁴
潮州	peʔ²	pʰaʔ²	peʔ⁵	tʰiaʔ²	toʔ⁵	tsa²¹³	keʔ²	kʰeʔ²
饶平	peʔ²	pʰaʔ²	peʔ⁵	tʰiaʔ²	toʔ⁵	tsa²¹⁴	keʔ²	kʰeʔ²
汕头	peʔ²	pʰaʔ²	peʔ⁵	tʰiaʔ²	toʔ⁵	tsã²¹³	keʔ²	kʰeʔ²~人 kʰaʔ²~厅
澄海	peʔ²	pʰaʔ²	peʔ⁵	tʰiaʔ²	toʔ⁵	tsã²¹²	keʔ²	kʰeʔ²
潮阳	peʔ³	pʰaʔ³	peʔ⁵	tʰiaʔ³	toʔ⁵	tsa⁵²	keʔ³	kʰeʔ³
南澳	peʔ²	pʰaʔ²	peʔ⁵	tʰiaʔ²	toʔ⁵	tsak²白 tsa²¹文	keʔ²	kʰeʔ²
揭阳	peʔ³	pʰaʔ³	peʔ⁵	tʰiaʔ³	toʔ⁵	tsa²¹³	keʔ³	kʰeʔ³
普宁	peʔ³	pʰaʔ³	peʔ⁵	tʰiaʔ³	toʔ⁵	tsa³¹²	keʔ³	kʰeʔ³
惠来	peʔ³	pʰaʔ³	peʔ⁵	tʰiaʔ³	toʔ⁵	tsa³¹	keʔ³	kʰeʔ³
海丰	peʔ²白 pek²文	pʰaʔ²	peʔ⁵白 pek⁵文	tʰiaʔ²	tsek²	（无）	keʔ²	kʰeʔ²人~ kʰaʔ²~厅
陆丰	peʔ²	pʰaʔ²	peʔ⁵	tʰiaʔ²	tsek⁵	（无）	keʔ²	kʰeʔ²人~ kʰaʔ²~厅
电白	pia⁵³	pʰak⁵	pia⁴⁴²	tʰia⁵³	tsak²	（无）	kia⁵³	kʰia⁵³
雷州	pe⁵⁴白 pek⁵文	pʰek⁵	pe³³白 pek⁵文	tʰia⁵⁴	tsek³	tsa⁵⁴	ke⁵⁴	kʰe⁵⁴

	0849 额	0850 棚	0851 争	0852 耕	0853 麦	0854 摘	0855 策	0856 隔
	梗开二 入陌疑	梗开二 平耕并	梗开二 平耕庄	梗开二 平耕见	梗开二 入麦明	梗开二 入麦知	梗开二 入麦初	梗开二 入麦见
广州	ŋak²	pʰaŋ²¹	tʃaŋ⁵³白 tʃɛŋ⁵³文	kaŋ⁵³	mɐk²	tʃak²	tʃʰak³	kak³
番禺	ak²	pʰaŋ³¹	tʃaŋ⁵³白 tʃɛŋ⁵³文	kaŋ⁵³	mak²	tʃak³	tʃʰak³	kak³
增城	ŋak²	paŋ²¹	tsaŋ⁴⁴	kaŋ⁴⁴	mak²	tsak²	tsʰak³	kak³
从化	ŋak³	pʰaŋ²²	tsaŋ⁵⁵	kaŋ⁵⁵	mɐk²	tsak²	tsʰak³	kak³
龙门	ŋak⁴³	pʰaŋ²¹	tsaŋ⁴²	kaŋ⁴²	mak⁴³	tsak⁴³	tsʰak²³	kak²³
莞城	ŋɛk³	pʰɛŋ³¹	tʃɛŋ²³	kɛŋ²³	mɛk³	tʃɛk³	tʃʰɛ³⁴	kɛ³⁴
宝安	ŋaʔ³	pʰaŋ³³	tʃaŋ⁵⁵	kaŋ⁵⁵	maʔ³	tʃaʔ⁵	tʃʰaʔ⁵	kaʔ³
佛山	gak²³	pʰaŋ⁴²	tʃaŋ⁵³白 tʃɛŋ⁵³文	kaŋ⁵³	bak²³	tʃak²³	tʃʰak³⁴	kak³⁴
南海	ŋak²	pʰaŋ³¹	tsaŋ⁵¹白 tsɛŋ⁵¹文	kaŋ⁵¹	mɐk²	tsak²	tsʰak³	kak³
顺德	ak²	paŋ⁴²	tʃaŋ⁵³白 tʃɛŋ⁵³文	kaŋ⁵³	mak²	tʃak²	tʃʰak³	kak³
三水	ŋak³ ŋak²⁵又	pʰaŋ³¹ pʰaŋ²⁵又	tsaŋ⁵³白 tsɛŋ⁵³文	kaŋ⁵³	mɐk³ mɐk²⁵又	tsak³	tsʰak⁴	kak⁴
高明	ŋak²	pʰaŋ³¹	tʃaŋ⁴⁵	kaŋ⁴⁵	mak²	tʃak²	tʃʰak³	kak³
佛冈	ŋak²	pʰaŋ²²	tʃaŋ³³	kaŋ³³	mɛk²	tʃak²	tʃʰak³	kak³
阳山	ŋek²³	peŋ²⁴¹	tʃeŋ⁵¹	keŋ⁵¹	mek²³	tʃek³⁴	tʃʰek³⁴	kek³⁴
连山	ŋak²¹⁵	pɔŋ²⁴¹	tʃaŋ⁵¹	kaŋ⁵¹	mak²¹⁵	tʃak³⁵	tʃʰak³⁵	kak³⁵
新兴	ŋɐk⁵²	pʰɐŋ²¹	tsʰɐŋ⁴⁵	kɐŋ⁴⁵	mɐk⁵²	tsɐk⁴⁵	tsʰɐk⁴⁵	kɐk⁴⁵
罗定	ŋak²	pʰɐŋ²¹	tsɐŋ⁵⁵	kɐŋ⁵⁵	mak²	tsak²	tsʰak³	kak³
郁南	ŋɐk²	pʰɐŋ²¹	tʃaŋ⁵⁵	kɐŋ⁵⁵	mɐk²	tʃɐk²	tʃʰɐk³	kɐk³
石岐	ŋak³	pʰaŋ⁵¹	tsaŋ⁵⁵白 tsɛŋ⁵⁵文	kaŋ⁵⁵	mak³	tsak³	tsʰak³	kak³

	0849 额	0850 棚	0851 争	0852 耕	0853 麦	0854 摘	0855 策	0856 隔
	梗开二入陌疑	梗开二平耕並	梗开二平耕庄	梗开二平耕见	梗开二入麦明	梗开二入麦知	梗开二入麦初	梗开二入麦见
肇庆	ŋɛk⁴²	pʰaŋ²¹	tʃaŋ⁴⁵	kaŋ⁴⁵	mɛk⁴²	tʃak⁴²	tʃʰak³	kak³
香洲	ŋak³	pʰaŋ³⁴³	tsaŋ²¹白 tsɐŋ²¹文	kaŋ²¹	mak³	tsak²¹	tsʰak²¹	kak²¹
斗门	ŋak³	pʰaŋ²²	tsaŋ³⁴	kaŋ³⁴	mak³	tsak³	tʰak⁵	kak³⁴
新会	ŋak²	pʰaŋ²²	tsaŋ²³	kaŋ²³	mak²	tsak²	tsʰak⁴⁵	kak²³
台山	ŋak⁵	pʰaŋ²²	tsaŋ³³	kaŋ³³	mak³¹	tsak³¹	tsʰak⁵	kak³
开平	ŋak²	pʰaŋ¹¹	tʃaŋ³³	kaŋ³³	mak²	tʃak²	tʃʰak⁵	kak³
恩平	ŋgak²	pʰaŋ²²	tʃaŋ³³	kaŋ³³	mbak²	tʃak²	tʰak⁵	kak³
四会	ŋak²	paŋ³¹	tʃaŋ⁵¹	kaŋ⁵¹	mɐk²	tʃak²	tʃʰak³	kak³
广宁	ŋɐk³²³	paŋ³¹	tsaŋ⁵¹	kaŋ⁵¹	mɐk³²	tsak³²³	tsʰak³²³	kak⁴³
怀集	ŋɛk²⁴	pɛŋ²³¹	tʃɛŋ⁴²	kɛŋ⁴²	mɛk²⁴	tʃɛk²⁴	tʃʰɛk⁴⁵	kɛk⁴⁵
德庆	ŋɛk²	pɐŋ²⁴²	tsɐŋ⁴⁵⁴	kɐŋ⁴⁵⁴	mɐk²	tsɐk²	tsʰɐk²	kɐk⁵
封开	ŋak²	paŋ²⁴³	tʃaŋ⁵⁵	kaŋ⁵⁵	mak²	tʃak²	tʃʰak⁵³	kak⁵³
阳江	ŋaʔ⁵⁴	pʰaŋ⁴²	tsɐŋ³³	kɐŋ³³	maʔ⁵⁴	tsaʔ⁵⁴	tsʰaʔ²¹	kaʔ²¹
阳春	ŋak⁵²	pʰaŋ³¹	tsaŋ⁴⁵	kaŋ⁴⁵	mak⁵²	tsak⁵²	tsʰak⁴⁵	kak⁴⁵
赤坎	ŋaʔ²	pʰaŋ²¹	tsaŋ⁴⁵	kaŋ⁴⁵	mɐk²	tsaʔ²	tsʰaʔ³	kaʔ³
吴川	ŋaʔ³¹	pʰaŋ³¹	tʃaŋ⁵⁵	kaŋ⁵⁵	maʔ³¹	tʃaʔ³¹	tʃʰaʔ³	kaʔ³
廉江	ŋak²	pʰaŋ²¹	tsaŋ⁵⁵	kaŋ⁵⁵	mɐt²	tsak³	tsʰak³	kak³
高州	ŋak²¹	pʰaŋ²¹	tʃaŋ⁵³	kaŋ⁵³	mak²¹	tʃak²¹	tʃʰak³	kak³
化州	ŋaʔ³¹	pʰaŋ¹³	tʃaŋ⁵³	kaŋ⁵³	mɐk³¹	tʃaʔ³	tʃʰaʔ³	kaʔ³

	0849 额	0850 棚	0851 争	0852 耕	0853 麦	0854 摘	0855 策	0856 隔
	梗开二入陌疑	梗开二平耕並	梗开二平耕庄	梗开二平耕见	梗开二入麦明	梗开二入麦知	梗开二入麦初	梗开二入麦见
梅州	ŋiak²	pʰaŋ²¹	tsaŋ⁴⁴白 tsɛn⁴⁴文	kaŋ⁴⁴	mak⁵	tsak²	tsʰɛt²	kak²
兴宁	niak²	pʰaŋ¹³	tsaŋ²⁴白 tsɪen²⁴文	kaŋ²⁴	mak⁴	tsak²	tsʰɪet²	kak²
五华	ŋiak²	pʰaŋ²¹²	tsaŋ⁴⁴	kaŋ⁴⁴	mak⁵	tsak²	tsʰɛt²	kak²
大埔	ŋiak²	pʰaŋ²	tsaŋ³⁴白 tsen³⁴文	kaŋ³⁴	mak⁵	tsak²	tsʰet²	kak²
丰顺	ŋiak²	pʰaŋ²⁴	tsen⁴⁴	kaŋ⁴⁴	mak⁵	tʃak²	tsʰet²	kak²
揭西	ŋiak³	pʰaŋ²⁴	tsaŋ⁴⁵²白 tsɛn⁴⁵²文	kaŋ⁴⁵²	mak⁵	tsak³	tsʰak³	kak³
陆河	ŋiak⁴⁵	pʰaŋ³⁵	tsaŋ⁵³	kaŋ⁵³	mak⁵	tsak⁴⁵	tsʰak⁴⁵	kak⁴⁵
龙川	ŋiak¹³	pʰaŋ⁵¹	tsaŋ³³	kaŋ³³	mak³	tsak¹³	tsʰɛt¹³	kak¹³
河源	ŋiak⁵	pʰaŋ³¹	tsaŋ³³	kaŋ³³	mak³	tsak⁵	tsʰak⁵	kak⁵
连平	ŋak³	pʰaŋ²¹	tsaŋ²⁴	kaŋ²⁴	mak⁵	tsak³	tsʰak³白 tsʰɛt³文	kak³
龙岗	ŋgiak²	pʰaŋ²¹	tsaŋ³³	kaŋ³³	mbak⁵	tsak²	tsʰak²	kak²
惠州	ŋiak⁴⁵	pʰaŋ²²	tsaŋ³³	kaŋ³³	mak²¹	tsak⁴⁵	tsʰak⁴⁵	kak⁴⁵
博罗	ŋgiak²	pʰaŋ²¹	tsaŋ⁴⁴	kaŋ⁴⁴	mbak²	tsak⁵	tsʰak⁵	kak⁵
新丰	ŋgiak²	pʰaŋ²⁴	tsaŋ⁴⁴	kaŋ⁴⁴	mbak⁴	tsak²	tsʰak²	kak²
翁源	ŋiak³¹	pʰaŋ⁴¹	tsaŋ²²	kaŋ²²	mak⁴⁵	tsak³¹	tsʰak³¹	kak³¹
始兴	ŋaʔ⁴⁵	pʰuŋ⁵¹	tsaŋ²²	kaŋ²²	maʔ³	tsaʔ⁴⁵	tsʰɛiʔ⁴⁵	kaʔ⁴⁵
仁化	ŋaʔ⁵	pʰaŋ³¹	tsaŋ³³	kaŋ³³	maʔ⁵	tsaʔ⁵	tsʰaʔ⁵	kaʔ⁵
南雄	ŋaʔ⁵	pɔŋ²¹	tsaŋ⁴⁴白 tsiŋ⁴⁴文	kaŋ⁴⁴	maʔ⁴²	tsaiʔ⁵	tsʰaiʔ⁴²	kaʔ⁵

	0849 额	0850 棚	0851 争	0852 耕	0853 麦	0854 摘	0855 策	0856 隔
	梗开二入陌疑	梗开二平耕並	梗开二平耕庄	梗开二平耕见	梗开二入麦明	梗开二入麦知	梗开二入麦初	梗开二入麦见
飯塘	nia³³白 ŋɛ³³文	pau⁴⁵	tʃia²⁴	kia²⁴	mia³³	tʃia⁴¹	tʃʰia⁴¹	kia⁴¹
桂头	ŋi⁴	poŋ⁴⁵	tsin⁵¹	kin⁵¹	mi⁴	tsi²¹	tsʰi⁴	ki²¹
连州	ŋa³¹	pa⁵⁵	tsa³¹	ka³¹	ma³¹	tsa²⁴	tsʰa²⁴	ka²⁴
潮州	hiaʔ⁵	pɛ̃⁵⁵	tsɛ̃³³	kɛ̃³³	beʔ⁵	tiaʔ²	tsʰeʔ²	keʔ²
饶平	hiaʔ⁵	pẽ⁵⁵	tsẽ⁴⁴	kẽ⁴⁴	beʔ⁵	tiaʔ²	tsʰeʔ²	keʔ²
汕头	hiaʔ⁵	pẽ⁵⁵	tsẽ³³	kẽ³³	beʔ⁵	tiaʔ²	tsʰeʔ²	keʔ²
澄海	hiaʔ⁵	pẽ⁵⁵	tsẽ³³	kẽ³³	beʔ⁵	tiaʔ²	tsʰeʔ²	keʔ²
潮阳	hiaʔ⁵	pẽ³³	tsẽ³¹	kẽ³¹	beʔ⁵	tiaʔ³	tsʰeʔ³	keʔ³
南澳	hiaʔ⁵	pẽ⁴⁵⁴	tsẽ³⁴	kẽ³⁴	beʔ⁵	tiaʔ²	tsʰeʔ²	keʔ²
揭阳	hiaʔ⁵	pẽ⁵⁵	tsẽ³³	kẽ³³	beʔ⁵	tiaʔ³	tsʰeʔ³	keʔ³
普宁	hiaʔ⁵	pẽ⁵⁵	tsẽ³⁵	kẽ³⁵	beʔ⁵	tiaʔ³	tsʰeʔ³	keʔ³
惠来	hiaʔ⁵	pẽ⁵⁵	tsẽ³⁴	kẽ³⁴	beʔ⁵	tiaʔ³	tsʰeʔ³	keʔ³
海丰	hiaʔ⁵	pʰẽ⁵⁵	tsẽ³³白 tseŋ³³文	kẽ³³	mbeʔ⁵³	tiaʔ²	tsʰek²	keʔ²~开 keʔ⁵分离
陆丰	hiaʔ⁵	pʰẽ¹³	tsẽ³³白 tseŋ³³文	kẽ³³	mbeʔ⁵	tiaʔ²	tsʰeʔ²	keʔ²白 koʔ²文
电白	ia⁴⁴²白 ŋak²文	pʰaŋ²²	tsaŋ³³	kaŋ³³	bia⁴⁴²	tsai³³	tsʰia⁵³	kia⁵³
雷州	ŋe³³	pʰe²²	tsin²⁴	kin²⁴	bue³³	tit⁵	tsʰek⁵	ke⁵⁴

	0857 兵	0858 柄	0859 平	0860 病	0861 明	0862 命	0863 镜	0864 庆
	梗开三 平庚帮	梗开三 去庚帮	梗开三 平庚並	梗开三 去庚並	梗开三 平庚明	梗开三 去庚明	梗开三 去庚见	梗开三 去庚溪
广州	peŋ^{53}	pɛŋ^{33}	pʰɛŋ^{21}(白) pʰeŋ^{21}(文)	pɛŋ^{22}	meŋ^{21}	meŋ^{22}(白) meŋ^{22}(文)	kɛŋ^{33}	heŋ^{33}
番禺	peŋ^{53}	piaŋ^{33}	pʰiaŋ^{31}(白) pʰeŋ^{31}(文)	piaŋ^{22}	meŋ^{31}	miaŋ^{22}(白) meŋ^{22}(文)	kiaŋ^{33}	heŋ^{33}
增城	peŋ^{44}	pɛŋ^{33}	pʰeŋ^{21}	pɛŋ^{22}	meŋ^{21}	mɛŋ^{22}	kɛŋ^{33}	heŋ^{33}
从化	peŋ^{55}	pɛŋ^{23}	pʰeŋ^{22}	pɛŋ^{31}	meŋ^{22}	meŋ^{31}	kɛŋ^{23}	heŋ^{23}
龙门	peŋ^{42}	piaŋ^{35}	pʰiaŋ^{21}(白) pʰeŋ^{21}(文)	piaŋ^{53}	meŋ^{21}	miaŋ^{53}(白) meŋ^{53}(文)	kiaŋ^{23}	heŋ^{23}
莞城	pəŋ^{23}	pœŋ^{44}(白) pəŋ^{35}(文)	pʰœŋ^{31}(白) pʰəŋ^{31}(文)	pœŋ^{44}	məŋ^{31}	mœŋ^{44}(白) məŋ^{44}(文)	kœŋ^{44}	həŋ^{44}
宝安	pɐŋ^{55}	pieŋ^{33}	pʰieŋ^{33}	pieŋ^{22}	mɐŋ^{33}	mieŋ^{22}(白) meŋ^{44}(文)	kieŋ^{33}	hɐŋ^{33}
佛山	peŋ^{53}	pɛŋ^{24}	pʰɛŋ^{42}(白) pʰen^{42}(文)	pɛŋ^{12}	ben^{42} ben^{35}(清~)	ɓeŋ^{12}(白) ɓen^{12}(文)	kɛŋ^{24}	hen^{24}
南海	peŋ^{5}	pieŋ^{33}	pʰeŋ^{31}	pieŋ^{22}(白) peŋ^{22}(文)	meŋ^{31}	mieŋ^{33}(白) meŋ^{22}(文)	kieŋ^{33}	heŋ^{33}
顺德	peŋ^{53}	pɛŋ^{32}	pʰen^{42}	pɛŋ^{21}	men^{42}	meŋ^{21}(白) men^{21}(文)	kɛŋ^{32}	hen^{32}
三水	peŋ^{53}	piaŋ^{25}	pʰiaŋ^{31}(白) pʰeŋ^{31}(文)	piaŋ^{33}	meŋ^{31} meŋ^{25}(又)	miaŋ^{33}(白) meŋ^{33}(文)	kiaŋ^{44}	heŋ^{44}
高明	peŋ^{55}	pieŋ^{33}	pʰeŋ^{31}	pieŋ^{31}	meŋ^{31}	mieŋ^{31}(白) meŋ^{31}(文)	kieŋ^{33}	heŋ^{33}
佛冈	peŋ^{33}	piaŋ^{31}	pʰiaŋ^{22}(白) pʰɛŋ^{22}(文)	piaŋ^{31}	mɛŋ^{22}	miaŋ^{31}(白) meŋ^{31}(文)	kiaŋ^{33}	hɛŋ^{33}
阳山	piəŋ^{51}	piəŋ^{34}	piəŋ^{241}	piəŋ^{214}	miəŋ^{241}	miəŋ^{214}	kiəŋ^{34}	hiəŋ^{34}
连山	bɛŋ^{51}	bɛŋ^{35}	peŋ^{241}	peŋ^{215}	meŋ^{241}	mɛŋ^{215}	kɛŋ^{35}	hɛŋ^{35}
新兴	pɐŋ^{45}	pɐŋ^{443}	pʰɐŋ^{21}	pɐŋ^{52}	mɐŋ^{21}	mɐŋ^{52}	kɐŋ^{443}	hɐŋ^{443}
罗定	peŋ^{55}	pieŋ^{33}	pʰeŋ^{21}	pieŋ^{21}	meŋ^{21}	mieŋ^{21}(白) meŋ^{21}(文)	kieŋ^{33}(白) keŋ^{33}(文)	heŋ^{33}
郁南	peŋ^{55}	pɛŋ^{33}	pʰɛŋ^{21}(白) pʰeŋ^{21}(文)	pɛŋ^{21}	meŋ^{21}	meŋ^{21}(白) meŋ^{21}(文)	kɛŋ^{33}	heŋ^{33}
石岐	peŋ^{55}	piaŋ^{33}	pʰiaŋ^{51}(白) pʰeŋ^{51}(文)	piaŋ^{33}	meŋ^{51}	miaŋ^{51}(白) meŋ^{51}(文)	kiaŋ^{33}	heŋ^{33}

	0857 兵	0858 柄	0859 平	0860 病	0861 明	0862 命	0863 镜	0864 庆
	梗开三平庚帮	梗开三去庚帮	梗开三平庚並	梗开三去庚並	梗开三平庚明	梗开三去庚明	梗开三去庚见	梗开三去庚溪
肇庆	pɛŋ^{45}	pɛŋ^{33}	pʰɛŋ^{21}	pɛŋ^{52}	mɛŋ^{21}	mɛŋ^{52}白 mɛŋ^{52}文	kɛŋ^{33}	hɛŋ^{33}
香洲	pɐŋ^{21}	piaŋ^{33}	pʰiaŋ^{343}白 pʰɐŋ^{343}文	piaŋ^{33}	mɐŋ^{343}	miaŋ^{33}白 mɐŋ^{33}文	kiaŋ^{33}	hɐŋ^{33}
斗门	pəŋ^{34}	piaŋ^{21}	pʰiaŋ^{22}白 pʰəŋ^{22}文	piaŋ^{42}	məŋ^{22}	miaŋ^{42}白 məŋ^{42}文	kiaŋ^{34}	həŋ^{34}
新会	pɛŋ^{23}	piaŋ^{21}	pʰɛŋ^{22}	piaŋ^{32}	mɛŋ^{22}	miaŋ^{32}白 mɛŋ^{32}文	kiaŋ^{23}	hɛŋ^{23}
台山	pen^{33}	piaŋ^{21}小	pʰiaŋ^{22}白 pʰen^{22}文	piaŋ^{31}	men^{22}	miaŋ^{31}白 men^{31}文	kiaŋ^{33}	hen^{33}
开平	vɛn^{33}	viaŋ^{21}小	hiaŋ^{11}	viaŋ^{31}	mɛn^{11}	mɛn^{31}	kiaŋ^{33}	hɛn^{33}
恩平	pɛŋ^{33}	piaŋ^{21}白 pɛŋ^{55}文	pʰiaŋ^{22}白 pʰɛŋ^{22}文	piaŋ^{21}	mbeŋ^{22}	mbiaŋ^{21}白 mbɛŋ^{21}文	kiaŋ^{33}	hɛŋ^{33}
四会	piɛŋ^{51}	piɛŋ^{33}	piɛŋ^{31}	piɛŋ^{24}	miɛŋ^{31}	miɛŋ^{24}	kɛŋ^{33}	hɛŋ^{33}
广宁	piəŋ^{51}	piəŋ^{33}	piəŋ^{31}	piəŋ^{323}	miəŋ^{31}	miəŋ^{323}	kiəŋ^{33}	hiəŋ^{33}
怀集	piɛŋ^{42}	piɛŋ^{45}	piɛŋ^{231}	piɛŋ^{225}	miɛŋ^{231}	miɛŋ^{225}	kiɛŋ^{45}	kʰiɛŋ^{45}
德庆	pɛŋ^{454}	pɛŋ^{53}	pɛŋ^{242}	pɛŋ^{31}	mɛŋ^{242}	mɛŋ^{31}	kɛŋ^{53}	hɛŋ^{53}
封开	pɛŋ^{55}	pɛŋ^{53}	pɛŋ^{243}	pɛŋ^{21}	mɛŋ^{243}	mɛŋ^{31}	kɛŋ^{51}	hɛŋ^{51}
阳江	pɛŋ^{33}	pɛŋ^{35}	pʰɛŋ^{42}	pɛŋ^{54}	mɛŋ^{42}	mɛŋ^{54}	kɛŋ^{35}	hɛŋ^{35}
阳春	pəŋ^{45}	pəŋ^{33}	pʰəŋ^{31}	pəŋ^{52}	məŋ^{31}	məŋ^{52}	kəŋ^{33}	həŋ^{33}
赤坎	pɛŋ^{45}	piaŋ^{33}	pʰiaŋ^{21}白 pʰɛŋ^{21}文	piaŋ^{21}	mɛŋ^{21}	miaŋ^{21}白 mɛŋ^{21}文	kiaŋ^{33}	hɛŋ^{33}
吴川	ɓeŋ^{55}	ɓeŋ^{33}	pʰeŋ^{31}	ɓeŋ^{31}	meŋ^{31}	meŋ^{31}	keŋ^{33}	heŋ^{33}
廉江	peŋ^{55}	piɛŋ^{33}	pʰeŋ^{21}	piɛŋ^{21}	meŋ^{21}	miɛŋ^{21}白 meŋ^{21}文	kiɛŋ^{33}	heŋ^{33}
高州	peŋ^{53}	peŋ^{33}	pʰeŋ^{21}	peŋ^{31}	meŋ^{21}	meŋ^{31}	keŋ^{33}	heŋ^{33}
化州	ɓeŋ^{53}	ɓeŋ^{33}	pʰeŋ^{13}	ɓeŋ^{31}	meŋ^{13}	meŋ^{31}	keŋ^{33}	heŋ^{33}

	0857 兵	0858 柄	0859 平	0860 病	0861 明	0862 命	0863 镜	0864 庆
	梗开三 平庚帮	梗开三 去庚帮	梗开三 平庚並	梗开三 去庚並	梗开三 平庚明	梗开三 去庚明	梗开三 去庚见	梗开三 去庚溪
梅州	pin⁴⁴	piaŋ⁵²	pʰiaŋ²¹白 pʰin²¹文	pʰiaŋ⁵²	miaŋ²¹白 min²¹文	miaŋ⁵²白 min⁵²文	kiaŋ⁵²	kʰin⁵²
兴宁	pøin²⁴	piaŋ⁵¹	pʰiaŋ¹³白 pʰøin¹³文	pʰiaŋ⁵¹	miaŋ¹³白 møin¹³文	miaŋ⁵¹白 møin⁵¹文	kiaŋ⁵¹	kʰin⁵¹
五华	pun⁴⁴	piaŋ⁵¹	pʰiaŋ²¹²白 pʰun²¹²文	pʰiaŋ³¹	miaŋ²¹²白 mun²¹²文	miaŋ³¹白 mun³¹文	kiaŋ⁵¹	kʰin⁵¹
大埔	pin³⁴	piaŋ⁵²	pʰiaŋ¹³白 pʰin¹³文	pʰiaŋ⁵²	miaŋ¹³白 min¹³文	miaŋ⁵²白 men⁵²文	kiaŋ⁵²	kʰin⁵²
丰顺	pin⁴⁴	piaŋ⁵³	pʰiaŋ²⁴	pʰiaŋ²¹	min²⁴	miaŋ²¹	kiaŋ⁵³	kʰin⁵³
揭西	pin⁴⁵²	piaŋ⁴¹	pʰiaŋ²⁴白 pʰin²⁴文	pʰiaŋ³¹	miaŋ²⁴白 min²⁴文	miaŋ³¹白 min³¹文	kiaŋ⁴¹	kʰin⁴¹
陆河	pin⁵³	piaŋ³¹	pʰiaŋ³⁵白 pʰin³⁵文	pʰiaŋ³³	miaŋ³⁵白 min³⁵文	miaŋ³³白 min³³文	kiaŋ³¹	kʰin³¹
龙川	pin³³	piaŋ³¹	pʰiaŋ⁵¹白 pʰin⁵¹文	pʰiaŋ³³	min⁵¹	miaŋ³³白 min³³文	kiaŋ³¹	kʰin³¹
河源	pin³³	piaŋ²¹²	pʰiaŋ³¹白 pʰin³¹文	pʰiaŋ⁵⁴	min³¹	miaŋ⁵⁴白 min⁵⁴文	kiaŋ²¹²	kʰin²¹²
连平	pin²⁴	piaŋ⁵³	pʰiaŋ²¹白 pʰin²¹文	pʰiaŋ⁵³	min²¹	miaŋ⁵³白 min⁵³文	ʈaŋ⁵³	kʰin⁵³
龙岗	pin³³	piaŋ⁵³	pʰiaŋ²¹白 pʰin²¹文	pʰiaŋ⁵³	mbin²¹	mbiaŋ⁵³白 mbin⁵³文	kiaŋ⁵³	kʰin⁵³
惠州	pən³³	piaŋ²³	pʰiaŋ²²白 pʰən²²文	pʰiaŋ³¹	mən²²	miaŋ³¹白 mən³¹文	kiaŋ²³	hən²³
博罗	piɛŋ⁴⁴	piaŋ²⁴	pʰiaŋ²¹白 pʰiɛŋ²¹文	pʰiaŋ⁴¹	mbiɛŋ²¹	mbiaŋ⁴¹白 mbiɛŋ⁴¹文	kiaŋ²⁴	hiɛŋ²⁴
新丰	pin⁴⁴	piaŋ⁵¹	pʰiaŋ²⁴白 pʰin²⁴文	pʰiaŋ³¹	mbin²⁴	mbiaŋ³¹白 mbin³¹文	kiaŋ⁵¹	kʰin⁵¹
翁源	pin²²	piaŋ⁴⁵	pʰiaŋ⁴¹白 pʰin⁴¹文	pʰiaŋ³¹	min⁴¹	miaŋ³¹白 min³¹文	kiaŋ⁴⁵	kʰin⁴⁵
始兴	pøŋ²²	piaŋ³³	pʰiaŋ⁵¹白 pʰiŋ⁵¹文	pʰiaŋ³³	miaŋ⁵¹白 miŋ⁵¹文	miaŋ³³	tɕiaŋ³³	tɕʰiŋ³³
仁化	pen³³	piaŋ²³	pʰiaŋ³¹白 pʰen³¹文	pʰiaŋ³³	miaŋ³¹白 men³¹文	miaŋ³³	kiaŋ³⁴	kʰen³⁴
南雄	piŋ⁴⁴	piŋ²⁴	piaŋ²¹白 piŋ²¹文	piaŋ⁴²	miaŋ²¹白 miŋ²¹文	miaŋ⁴²白 miŋ⁴²文	tɕiaŋ³²	tɕʰiŋ³²

	0857 兵	0858 柄	0859 平	0860 病	0861 明	0862 命	0863 镜	0864 庆
	梗开三平庚帮	梗开三去庚帮	梗开三平庚並	梗开三去庚並	梗开三平庚明	梗开三去庚明	梗开三去庚见	梗开三去庚溪
皈塘	pai²⁴	pai²¹	pai⁴⁵	pai²¹	mai⁴⁵	mai²¹	kai²¹	kʰai²¹
桂头	pɐŋ⁵¹	pin⁴	pin⁴⁵白 pɐŋ⁴⁵文	pin⁴⁴	min⁴⁵白 mɐŋ⁴⁵文	min⁴⁴白 mɐŋ⁴⁴文	kin⁴⁴	kʰɐŋ⁴⁴
连州	pa³¹	pa¹¹	pa⁵⁵	pa³³	ma⁵⁵	ma³³	ka¹¹	kʰa¹¹
潮州	piaʔ³³	peʔ²¹³	peʔ⁵⁵白 pʰeŋ⁵⁵文	pɛ̃¹¹	meŋ⁵⁵	mĩã¹¹白 meŋ³⁵文	kĩã²¹³	kʰeŋ²¹³
饶平	pĩã⁴⁴	pẽ²¹⁴	pẽ⁵⁵白,~头 pʰeŋ⁵⁵文	pẽ²¹	meŋ⁵⁵	mĩã²¹白 meŋ²⁵文	kĩã²¹⁴	kʰeŋ²¹⁴
汕头	pĩã³³	pẽ²¹³	pẽ⁵⁵白 pʰeŋ⁵⁵文	pẽ³¹	mẽ⁵⁵白 meŋ⁵⁵文	mĩã³¹白 meŋ²⁵文	kĩã²¹³	kʰeŋ²¹³
澄海	pĩã³³	pẽ²¹²	pẽ⁵⁵白 pʰeŋ⁵⁵文	pẽ²²	meŋ⁵⁵	mĩã²²白 meŋ³⁵文	kĩã²¹²	kʰeŋ²¹²
潮阳	pĩã³¹	pẽ⁵²	pẽ³³白 pʰeŋ³³文	pẽ⁴²	meŋ³³	mĩã⁴²白 meŋ⁵²文	kĩã⁵²	kʰeŋ⁵²
南澳	pĩã³⁴	pẽ²¹	pẽ⁴⁵⁴白 pʰeŋ⁴⁵⁴文	pẽ³¹	beŋ⁴⁵⁴	mĩã³¹白,名 beŋ³⁵文,动	kĩã²¹	kʰeŋ²¹
揭阳	pĩã³³	pẽ²¹³	pẽ⁵⁵白 pʰeŋ⁵⁵文	pẽ²²	meŋ⁵⁵	mĩã²²白 meŋ²⁵文	kĩã²¹³	kʰeŋ²¹³
普宁	pĩã³⁵	pẽ³¹²	pẽ⁵⁵白 pʰẽ⁵⁵文,~仄 pʰeŋ⁵⁵文	pẽ³¹	meŋ⁵⁵	mĩã³¹白 meŋ²⁴文	kĩã³¹²	kʰeŋ³¹²
惠来	pĩã³⁴	pẽ³¹	pẽ⁵⁵白 pʰeŋ⁵⁵文	pẽ³¹	meŋ⁵⁵	mĩã³¹白 meŋ²⁵文	kĩã³¹	kʰeŋ³¹
海丰	pĩã³³	pẽ²¹²	pẽ⁵⁵白 pʰeŋ⁵⁵文	pẽ²¹白 peŋ³⁵文	mẽ⁵⁵白 meŋ⁵⁵文	mĩã²¹白 meŋ³⁵文	kĩã²¹²	kʰeŋ²¹²
陆丰	pĩã³³	pẽ²¹³	pẽ¹³白 pʰeŋ¹³文	pẽ²²	mbeŋ¹³	mĩã²²白 mbeŋ²²文	kĩã²¹³	kʰeŋ²¹³
电白	pia³³	pia¹³	pia²²白 pʰeŋ²²文	pia³³	meŋ²²	mia³³白 meŋ⁴⁴²文	kia¹³	kʰeŋ¹³
雷州	pia²⁴	pe²¹	pe²²白 pʰiŋ²²文	pe²⁴	miŋ²²	mia²⁴白 miŋ³³文	kia²¹	kʰiŋ²¹

	0865 迎	0866 影	0867 剧 戏~	0868 饼	0869 名	0870 领	0871 井	0872 清
	梗开三平庚疑	梗开三上庚影	梗开三入陌群	梗开三上清帮	梗开三平清明	梗开三上清来	梗开三上清精	梗开三平清清
广州	$iɛŋ^{21}$	$iɛŋ^{35}$	$kʰɛk^{2}$	$pɛŋ^{35}$	$mɛŋ^{35}$白 $mɛŋ^{21}$文	$lɛŋ^{13}$白 $lɛŋ^{13}$文	$tʃɛŋ^{35}$白 $tʃɛŋ^{35}$文	$tʃʰɛŋ^{53}$
番禺	$iɛŋ^{31}$	$iɛŋ^{35}$	$kʰiak^{2}$	ˌ$piaŋ^{35}$	$miaŋ^{35}$白 $mɛŋ^{31}$文	$liaŋ^{23}$白 $lɛŋ^{23}$文	$tʃiaŋ^{35}$白 $tʃɛŋ^{35}$文	$tʃʰɛŋ^{53}$
增城	$iɛŋ^{21}$	$iɛŋ^{35}$	$kʰɛk^{3}$	$pɛŋ^{35}$	$mɛŋ^{21}$	$lɛŋ^{13}$	$tsɛŋ^{35}$	$tsʰɛŋ^{44}$
从化	$iɛŋ^{22}$	$iɛŋ^{45}$	$kʰɛk^{2}$	$pɛŋ^{45}$	$mɛŋ^{23}$	$lɛŋ^{23}$	$tsɛŋ^{45}$	$tsʰɛŋ^{55}$
龙门	$zeŋ^{21}$	$iaŋ^{35}$白 $zeŋ^{35}$文	$kiak^{43}$	$piaŋ^{35}$	$miaŋ^{21}$白 $mɛŋ^{21}$文	$liaŋ^{23}$白 $lɛŋ^{23}$文	$tsiaŋ^{35}$	$tsʰiaŋ^{42}$白,粥稀 $tsʰɛŋ^{42}$文,水~
莞城	$iəŋ^{31}$	$iəŋ^{35}$	$kʰɛk^{3}$	$pœŋ^{35}$	$mœŋ^{55}$白 $məŋ^{31}$文	$ŋœŋ^{34}$白 $ŋəŋ^{34}$文	$tʃœŋ^{35}$白 $tʃəŋ^{35}$文	$tʃʰœŋ^{23}$白 $tʃʰəŋ^{23}$文
宝安	$iɛŋ^{31}$	$iɛŋ^{25}$	$kʰiɛʔ^{3}$	$piɛŋ^{25}$	$miɛŋ^{25}$白 $mɛŋ^{31}$文	$liɛŋ^{23}$白 $lɛŋ^{23}$文	$tʃiɛŋ^{25}$	$tʃʰɛŋ^{23}$
佛山	ien^{42}	ien^{35}	$kʰɛk^{23}$	$pɛŋ^{35}$	$bɛŋ^{35}$白 ben^{42}文	$lɛŋ^{13}$	$tʃɛŋ^{35}$	$tʃʰen^{55}$蛋~ $tʃʰen^{53}$~楚
南海	$iɛŋ^{31}$	$iɛŋ^{35}$	$kʰiɛk^{2}$	$piɛŋ^{35}$	$miɛŋ^{35}$白 $mɛŋ^{31}$文	$liɛŋ^{13}$白 $lɛŋ^{13}$文	$tsiɛŋ^{35}$	$tsʰɛŋ^{51}$
顺德	$iɛŋ^{42}$	$iɛŋ^{24}$	$kʰɛk^{2}$	$pɛŋ^{24}$	$mɛŋ^{24}$白 men^{42}文	$lɛŋ^{13}$白 len^{13}文	$tʃɛŋ^{24}$	$tʃʰen^{53}$
三水	$iɛŋ^{31}$	$iɛŋ^{25}$	$kʰiak^{3}$	$piaŋ^{25}$	$miaŋ^{25}$白 $mɛŋ^{31}$文	$liaŋ^{23}$白 $lɛŋ^{23}$文	$tsiaŋ^{25}$白 $tsɛŋ^{25}$文	$tsʰɛŋ^{53}$
高明	$iɛŋ^{31}$	$iɛŋ^{24}$	$kʰiɛk^{3}$	$piɛŋ^{24}$	$miɛŋ^{24}$白 $mɛŋ^{31}$文	$liɛŋ^{33}$白 $lɛŋ^{33}$文	$tʃiɛŋ^{24}$	$tʃʰɛŋ^{55}$
佛冈	$iɛŋ^{22}$	$iɛŋ^{35}$	$kʰiak^{2}$	$piaŋ^{35}$	$miaŋ^{31}$白 $mɛŋ^{31}$文	$liaŋ^{31}$白 $lɛŋ^{33}$文	$tʃiaŋ^{35}$	$tʃʰɛŋ^{33}$
阳山	$iəŋ^{241}$	$iəŋ^{55}$	$kiək^{23}$	$piaŋ^{55}$	$miəŋ^{241}$	$liaŋ^{224}$	$tʃiəŋ^{55}$	$tʃʰiəŋ^{51}$
连山	$ŋɛŋ^{241}$	$ɛŋ^{55}$	$kʰɜk^{5}$	$bɜŋ^{55}$	$mɜŋ^{241}$	$lɜŋ^{15}$	$tɜŋ$	$tʰɛŋ^{51}$
新兴	$iɐŋ^{21}$	$iɐŋ^{35}$	$kʰɐt^{52}$	$pɐŋ^{35}$	$mɐŋ^{21}$	$lɐŋ^{21}$	$tsɐŋ^{35}$	$tsʰɐŋ^{45}$
罗定	$iɛŋ^{21}$	$iɛŋ^{35}$	$kʰek^{2}$	$piɛŋ^{35}$	$mɛŋ^{21}$	$liɛŋ^{35}$白 $lɛŋ^{35}$文	$tsiɛŋ^{35}$白 $tsɛŋ^{35}$文	$tsʰiɛŋ^{35}$白 $tsʰɛŋ^{55}$文
郁南	$iɛŋ^{21}$	$iɛŋ^{35}$	$kʰɛk^{2}$	$pɛŋ^{35}$	$mɛŋ^{21}$	$lɛŋ^{13}$白 $lɛŋ^{13}$文	$tʃɛŋ^{35}$	$tʃʰɛŋ^{55}$白 $tʃʰɛŋ^{55}$文
石岐	$ŋɛŋ^{51}$	$iaŋ^{213}$白 $iɛŋ^{213}$文	$kʰiak^{3}$	$piaŋ^{213}$	$miaŋ^{51}$白 $mɛŋ^{51}$文	$liaŋ^{213}$白 $lɛŋ^{213}$文	$tsiaŋ^{213}$	$tsʰɛŋ^{55}$

	0865 迎	0866 影	0867 剧 戏~	0868 饼	0869 名	0870 领	0871 井	0872 清
	梗开三平庚疑	梗开三上庚影	梗开三入陌群	梗开三上清帮	梗开三平清明	梗开三上清来	梗开三上清精	梗开三平清清
肇庆	$ieŋ^{21}$	$ieŋ^{24}$	$kʰɛk^{42}$	$pɛŋ^{24}$	$mɛŋ^{21}$白 $mɛŋ^{21}$文	$lɛŋ^{13}$白 $lɛŋ^{13}$文	$tʃɐŋ^{24}$	$tʃʰeŋ^{45}$
香洲	$ŋɐŋ^{343}$	$iaŋ^{35}$白 $iaŋ^{35}$文	$kʰiak^{3}$	$piaŋ^{35}$	$miaŋ^{343}$白 $miaŋ^{343}$文	$liaŋ^{35}$白 $liaŋ^{35}$文	$tsiaŋ^{35}$	$tsʰeŋ^{21}$
斗门	$ŋən^{22}$	$iɐŋ^{45}$	$kiak^{3}$	$piaŋ^{45}$	$miaŋ^{22}$白 $mən^{22}$文	$liaŋ^{21}$白 $lɐŋ^{21}$文	$tsiaŋ^{45}$	$tʰiaŋ^{34}$白 $tʰən^{34}$文
新会	$ieŋ^{22}$	$ieŋ^{45}$	$kiak^{2}$	$piaŋ^{45}$	$miaŋ^{22}$白 $mɛŋ^{22}$文	$liaŋ^{21}$白 $lɛŋ^{21}$文	$tsiaŋ^{45}$	$tsʰeŋ^{23}$
台山	$ŋen^{22}$	$jien^{55}$	$kʰiak^{5}$	$piaŋ^{55}$	men^{22}	len^{21}	$tiaŋ^{55}$	$tʰen^{33}$
开平	$ŋen^{11}$	$jieŋ^{45}$	$kʰiak^{5}$	$viaŋ^{45}$	$mɛn^{11}$	$lɛŋ^{21}$	$tiaŋ^{45}$	$tʰɛn^{33}$
恩平	$ŋgen^{22}$	$ieŋ^{55}$	$kʰiak^{2}$	$piaŋ^{55}$	$mbiaŋ^{22}$白 $mbeŋ^{22}$文	$liaŋ^{21}$白 $lɛŋ^{21}$文	$tʃiaŋ^{55}$	$tʰiaŋ^{33}$白 $tʰeŋ^{33}$文
四会	$ieŋ^{31}$	$ieŋ^{33}$	$kʰiɛk^{2}$	$pieŋ^{33}$	$mieŋ^{31}$	$lieŋ^{24}$	$tʃieŋ^{33}$	$tʃʰieŋ^{51}$
广宁	$iəŋ^{31}$	$iəŋ^{44}$	$kʰiək^{43}$	$piəŋ^{44}$	$miəŋ^{31}$	$liəŋ^{323}$	$tsiəŋ^{44}$	$tsʰiəŋ^{51}$
怀集	$ieŋ^{231}$	$ieŋ^{54}$	$kʰiɐk^{45}$	$pieŋ^{54}$	$mieŋ^{231}$	$ŋieŋ^{24}$白 $lieŋ^{24}$文	$tʃieŋ^{54}$	$tʃʰieŋ^{42}$
德庆	$ieŋ^{242}$	$ieŋ^{45}$	$kʰɛk^{53}$	$peŋ^{45}$	$meŋ^{242}$	$leŋ^{23}$	$tseŋ^{45}$	$tsʰeŋ^{454}$
封开	$ŋeŋ^{243}$	$ieŋ^{334}$	kek^{2}	$peŋ^{334}$	$meŋ^{243}$	$leŋ^{223}$	$teŋ^{334}$	$tʰeŋ^{55}$
阳江	$ŋeŋ^{42}$	$ieŋ^{21}$	$kʰek^{35}$	$peŋ^{21}$	$meŋ^{42}$	$leŋ^{21}$	$tseŋ^{21}$	$tsʰeŋ^{33}$
阳春	$ŋɐŋ^{31}$	$iəŋ^{324}$	$kʰiak^{3}$	$pən^{324}$	$mən^{31}$	$lən^{323}$	$tsən^{324}$	$tsʰən^{45}$
赤坎	$ieŋ^{21}$	$ieŋ^{13}$	$kʰia\text{ʔ}^{2}$	$piaŋ^{13}$	$miaŋ^{21}$白 $meŋ^{21}$文	$liaŋ^{13}$白 $lɛŋ^{13}$文	$tsiaŋ^{13}$	$tsʰeŋ^{45}$
吴川	$ŋeŋ^{31}$	$ieŋ^{35}$	$keʔ^{31}$	$ɓeŋ^{35}$	$meŋ^{31}$	$lɛŋ^{24}$	$tʃeŋ^{35}$	$tʃʰeŋ^{55}$
廉江	$ŋeŋ^{21}$	$ieŋ^{25}$	$kiɛk^{2}$	$pieŋ^{25}$	$miɛŋ^{21}$白 $meŋ^{21}$文	$liɛŋ^{23}$白 $lɛŋ^{23}$文	$tsiɛŋ^{25}$	$tsʰiɛŋ^{55}$白 $tsʰeŋ^{55}$文
高州	$ŋeŋ^{21}$	$ieŋ^{24}$	kek^{21}	$peŋ^{24}$	$meŋ^{21}$	$lɛŋ^{13}$	$tʃeŋ^{24}$	$tʃʰeŋ^{53}$
化州	$ŋeŋ^{13}$	$eŋ^{35}$	kek^{31}	$ɓeŋ^{35}$	$meŋ^{13}$	$lɛŋ^{13}$	$teŋ^{35}$	$tʰeŋ^{53}$

	0865 迎	0866 影	0867 剧戏~	0868 饼	0869 名	0870 领	0871 井	0872 清
	梗开三平庚疑	梗开三上庚影	梗开三入陌群	梗开三上清帮	梗开三平清明	梗开三上清来	梗开三上清精	梗开三平清清
梅州	ŋiaŋ^{21}	iaŋ^{31}	kʰiak^2	piaŋ^{31}	miaŋ^{21}	liaŋ^{44}	tsiaŋ^{31}	tsʰiaŋ^{44} 白 tsʰin^{44} 文
兴宁	niaŋ^{13}	ʒaŋ^{31}	kʰiak^2	piaŋ^{31}	miaŋ^{13}	liaŋ^{24} 白 liaŋ^{31} 文	tsiaŋ^{31}	tsʰiaŋ^{24} 白 tsʰin^{24} 文
五华	ŋiaŋ^{212}	iaŋ^{31}	kʰiak^2	piaŋ^{31}	miaŋ^{212}	liaŋ^{44} 白 liaŋ^{31} 文	kiaŋ^{31}	tsʰiaŋ^{44} 白 tsin^{44} 文
大埔	ŋiaŋ^{13}	ʒaŋ^{31}	kʰiak^2	piaŋ^{31}	miaŋ^{13}	liaŋ^{34}	tsiaŋ^{31}	tsʰiaŋ^{34} 白 tsʰin^{34} 文
丰顺	ŋiaŋ^{24}	iaŋ^{53}	kʰiak^2	piaŋ^{53}	miaŋ^{24}	liaŋ^{44}	tsiaŋ^{53}	tsʰin^{44}
揭西	ŋiaŋ^{24}	ʒiaŋ^{31}	kʰiak^3	piaŋ^{31}	miaŋ^{24}	liaŋ^{452}	tsiaŋ^{31}	tsʰiaŋ^{452} 白 tsʰin^{452} 文
陆河	ŋ̩iaŋ^{35}	ʒaŋ^{24}	kʰiak^{45}	piaŋ^{24}	miaŋ^{35}	liaŋ^{53}	tsiaŋ^{24}	tsʰin^{53}
龙川	ŋiaŋ^{51}	iaŋ^{24}	kʰiak^{13}	piaŋ^{24}	miaŋ^{51}	liaŋ^{31}	tsiaŋ^{24}	tsʰin^{33}
河源	ŋiaŋ^{31}	iaŋ^{24}	kʰiak^3	piaŋ^{24}	miaŋ^{31}	liaŋ^{212}	tsiaŋ^{24}	tsʰin^{33}
连平	ŋ̩aŋ^{21}	iaŋ^{31}	tʰak^5	piaŋ^{31}	miaŋ^{21}	liaŋ^{24}	tsiaŋ^{31}	tsʰin^{24}
龙岗	ziaŋ^{21}	ziaŋ^{31}	kʰiak^2	piaŋ^{31}	mbiaŋ^{21}	liaŋ^{33}	tsiaŋ^{31}	tsʰin^{33}
惠州	jiən^{22}	jiəŋ^{35} 白 jiəŋ^{35} 文	kʰiak^{21}	piaŋ^{35}	miaŋ^{22}	liaŋ^{23}	tɕiaŋ^{35}	tsʰən^{33}
博罗	ziɛŋ^{21}	ziɛŋ^{35}	kʰiak^2	piaŋ^{35}	mbiaŋ^{21} 白 mbiɛŋ^{21} 文	liaŋ^{24}	tsiaŋ^{35}	tsʰiɛŋ^{44}
新丰	ŋgiaŋ^{24}	zaŋ^{31}	kʰiak^4	piaŋ^{31}	mbiaŋ^{24}	liaŋ^{44}	tsiaŋ^{31}	tsʰin^{44}
翁源	niaŋ^{41}	iaŋ^{31}	kʰiak^{31}	piaŋ^{31}	miaŋ^{41}	liaŋ^{22}	tsiaŋ^{31}	tsʰin^{22}
始兴	ŋiaŋ^{51}	iaŋ^{31}	tɕʰiaʔ^3	piaŋ^{31}	miaŋ^{51}	liaŋ^{22} 白 liaŋ^{31} 文	tɕiaŋ^{31}	tɕʰiaŋ^{22} 白 tɕʰin^{22} 文
仁化	ien^{31}	iaŋ^{23} 白 ien^{23} 文	kʰiaʔ^5	piaŋ^{23}	miaŋ^{31}	liaŋ^{34} 白 liaŋ^{23} 文	tsiaŋ^{23}	tsʰen^{33}
南雄	ŋiaŋ^{21}	iaŋ^{24}	tɕia?^{42}	piaŋ^{24}	miaŋ^{21} 白 miŋ^{21} 文	liaŋ^{21} 白 liŋ^{24} 文	tɕiaŋ^{24}	tɕʰiaŋ^{44} 白 tsʰiŋ^{44} 文

	0865 迎	0866 影	0867 剧戏~	0868 饼	0869 名	0870 领	0871 井	0872 清
	梗开三平庚疑	梗开三上庚影	梗开三入陌群	梗开三上清帮	梗开三平清明	梗开三上清来	梗开三上清精	梗开三平清清
皈塘	ien^{45}	$iai^{33}ai^{33}$	ky^{21}	pai^{33}	mai^{45}	lai^{33}	$tʃai^{33}$	$tʃʰai^{24}$
桂头	in^{45}~接 $ŋan^{45}$欢~	in^{324}	$kʰi^{4}$	pin^{324}	min^{4}	lin^{21}	$tsin^{324}$	$tsʰin^{51}$白 $tsʰɐn^{51}$文
连州	ia^{55}	a^{53}	$kʰa^{31}$	pa^{53}	ma^{55}	la^{24}	tsa^{53}	$tsʰa^{31}$
潮州	$ŋien^{55}$	$ĩã^{53}$	$kiaʔ^{5}$	$pĩã^{53}$	$mĩã^{55}$白 $meŋ^{55}$文	$nĩã^{53}$	$tsẽ^{53}$	$tsʰeŋ^{33}$
饶平	$ĩã^{55}$白 $ŋeŋ^{55}$文	$ĩã^{52}$	$kiaʔ^{5}$	$pĩã^{52}$	$mĩã^{55}$	$nĩã^{52}$	$tsẽ^{52}$	$tsʰeŋ^{44}$
汕头	$ŋeŋ^{55}$	$ĩã^{51}$	$kiaʔ^{5}$	$pĩã^{51}$	$mĩã^{55}$	$nĩã^{51}$	$tsẽ^{51}$	$tsʰeŋ^{33}$
澄海	$ŋeŋ^{55}$	$ĩã^{53}$	$kiaʔ^{5}$	$pĩã^{53}$	$mĩã^{55}$	$nĩã^{53}$	$tsẽ^{53}$	$tsʰeŋ^{33}$
潮阳	$ŋeŋ^{33}$	$ĩã^{454}$	$kiaʔ^{5}$	$pĩã^{454}$	$mĩã^{33}$白 $meŋ^{33}$文	$nĩã^{454}$	$tsẽ^{454}$	$tsʰeŋ^{31}$
南澳	$geŋ^{454}$	$ĩã^{52}$	$kiaʔ^{5}$	$pĩã^{52}$	$mĩã^{454}$	$nĩã^{52}$	$tsẽ^{52}$	$tsʰeŋ^{34}$
揭阳	$ŋeŋ^{55}$	$ĩã^{41}$	$kiaʔ^{5}$	$pĩã^{41}$	$mĩã^{55}$	$nĩã^{41}$	$tsẽ^{41}$	$tsʰeŋ^{33}$
普宁	$ŋiŋ^{55}$	$ĩã^{52}$	$kiaʔ^{5}$	$pĩã^{52}$	$mĩã^{55}$	$nĩã^{52}$	$tsẽ^{52}$	$tsʰeŋ^{35}$
惠来	$ŋiŋ^{55}$	$ĩã^{53}$	$kiaʔ^{5}$	$pĩã^{53}$	$mĩã^{55}$	$nĩã^{53}$	$tsẽ^{53}$	$tsʰeŋ^{34}$
海丰	$ŋeŋ^{55}$	$ĩã^{53}$	$kiak^{5}$	$pĩã^{53}$	$mĩã^{55}$	$nĩã^{53}$	$tsẽ^{53}$	$tsʰeŋ^{33}$
陆丰	$ŋgeŋ^{13}$	$ĩã^{55}$	$kiaʔ^{5}$	$pĩã^{55}$	$mĩã^{13}$	$nĩã^{55}$	$tsẽ^{55}$	$tsʰeŋ^{33}$
电白	$ŋeŋ^{21}$	$eŋ^{21}$	ki^{442} $kʰek^{2}$又	pia^{21}	mia^{22}	nia^{21} $leŋ^{21}$文	$tsia^{21}$白 $tseŋ^{21}$文	$tsʰeŋ^{33}$
雷州	$niŋ^{22}$	$ʔo^{42}$白 $ʔiŋ^{42}$文	ki^{54}	pua^{42}	mia^{22}	nia^{42}	tse^{42}白 $tsin^{42}$文	$tsʰiŋ^{24}$

	0873 静	0874 姓	0875 贞	0876 程	0877 整	0878 正~反	0879 声	0880 城
	梗开三 上清从	梗开三 去清心	梗开三 平清知	梗开三 平清澄	梗开三 上清章	梗开三 去清章	梗开三 平清书	梗开三 平清禅
广州	tʃɛŋ^{22}	ʃɛŋ^{33}	tʃɛŋ^{53}	tʃʰɛŋ^{21}	tʃɛŋ^{35}	tʃɛŋ^{33}	ʃɛŋ^{53}白 ʃɛŋ^{53}文	ʃɛŋ^{21}白 ʃɛŋ^{21}文
番禺	tʃɛŋ^{22}	ʃɛŋ^{33}	tʃɛŋ^{55}	tʃʰɛŋ^{31}	tʃɛŋ^{35}	tʃɛŋ^{33}	ʃiaŋ^{53}白 ʃɛŋ^{53}文	ʃiaŋ^{31}白 ʃɛŋ^{31}文
增城	tsɛŋ^{22}	sɛŋ^{33}	tsɛŋ^{44}	tsʰɛŋ^{21}	tsɛŋ^{35}	tsɛŋ^{33}	sɛŋ^{44}	sɛŋ^{21}白 sɛŋ^{21}文
从化	tsɛŋ^{31}	sɛŋ^{23}	tsɛŋ^{55}	tsʰɛŋ^{22}	tsɛŋ^{45}	tsɛŋ^{23}	sɛŋ^{55}	sɛŋ^{22}
龙门	tsɛŋ^{53}	siaŋ^{23}白 sɛŋ^{23}文	·tsɛŋ^{42}	tsʰɛŋ^{21}	tsɛŋ^{35}	tsɛŋ^{23}	siaŋ^{42}白 sɛŋ^{42}文	sɛŋ^{21}
莞城	tʃəŋ^{44}	ʃəŋ^{44}	tʃəŋ^{23}	tʃʰəŋ^{31}	tʃəŋ^{35}	tʃəŋ^{44}	ʃœŋ^{23}白 ʃəŋ^{23}文	ʃœŋ^{31}白 ʃəŋ^{31}文
宝安	tʃɐŋ^{22}	ʃiɐŋ^{33}	tʃɐŋ^{55}	tʃʰɐŋ^{31}	tʃɐŋ^{25}	tʃiɐŋ^{33}	ʃiɐŋ^{23}	ʃɐŋ^{31}
佛山	tʃen^{12}	ʃen^{24}	tʃen^{55}	tʃʰen^{42}	tʃen^{35}	tʃen^{24}	ʃen^{53}白 ʃen^{53}文	ʃen^{35}白 ʃen^{42}文
南海	tsen^{22}	sen^{33}	tsen^{51}	tsʰen^{31}	tsen^{35}	tsen^{33}	siɛn^{51}白 sen^{51}文	siɛn^{35}白 sen^{31}文
顺德	tʃen^{21}	ʃen^{32}	tʃen^{53}	tʃʰen^{42}	tʃen^{24}	tʃen^{32}	ʃɛŋ^{53}白 ʃɛŋ^{53}文	ʃen^{42}
三水	tsɛŋ^{33}	sɛŋ^{44}	tsɛŋ^{55}	tsʰɛŋ^{31}	tsɛŋ^{25}	tsɛŋ^{44}	siaŋ^{53}白 sɛŋ^{53}文	siaŋ^{31}白 sɛŋ^{31}文
高明	tʃɛŋ^{31}	ʃɛŋ^{33}	tʃɛŋ^{55}	tʃʰɛŋ^{31}	tʃɛŋ^{24}	tʃɛŋ^{33}	ʃiɛŋ^{45}白 ʃɛŋ^{55}文	·ʃɛŋ^{31}
佛冈	tʃɛŋ^{31}	ʃiaŋ^{33}白 ʃɛŋ^{33}文	tʃɛŋ^{33}	tʃʰɛŋ^{22}	tʃɛŋ^{35}	tʃɛŋ^{33}	ʃiaŋ^{33}白 ʃɛŋ^{33}文	ʃɛŋ^{22}
阳山	tʃiəŋ^{214}	ʃiəŋ^{34}	tʃiəŋ^{51}	tʃiəŋ^{241}	tʃiəŋ^{55}	tʃiəŋ^{34}	ʃiəŋ^{51}	ʃiəŋ^{241}
连山	θɛŋ^{15}	θɛŋ^{35}	tʃɛŋ^{51}	ʃɛŋ^{241}	tʃɛŋ^{55}	tʃɛŋ^{35}	ʃɛŋ^{51}	ʃɛŋ^{241}
新兴	tsɐn^{52}	sɐn^{443}	tsɐn^{45}	tsʰɐn^{21}	tsɐn^{35}	tsɐn^{443}	sɐn^{45}	sɐn^{21}
罗定	tsɛŋ^{21}	sɛŋ^{33}	tsɛŋ^{55}	tsʰɛŋ^{21}	tsɛŋ^{35}	tsɛŋ^{33}	siɛŋ^{35}白 sɛŋ^{55}文	siɛŋ^{21}白 sɛŋ^{21}文
郁南	tʃɛŋ^{21}	ʃɛŋ^{33}	tʃɛŋ^{55}	tʃʰɛŋ^{21}	tʃɛŋ^{35}	tʃɛŋ^{33}	ʃɛŋ^{55}白 ʃɛŋ^{55}文	ʃɛŋ^{21}
石岐	tsɛŋ^{33}	siaŋ^{33}白 sɛŋ^{33}文	tsɛŋ^{55}	tsʰɛŋ^{51}	tsɛŋ^{213}	tsɛŋ^{33}	siaŋ^{55}白 sɛŋ^{55}文	siaŋ^{51}白 sɛŋ^{51}文

	0873 静	0874 姓	0875 贞	0876 程	0877 整	0878 正~反	0879 声	0880 城
	梗开三上清从	梗开三去清心	梗开三平清知	梗开三平清澄	梗开三上清章	梗开三去清章	梗开三平清书	梗开三平清禅
肇庆	tʃɛŋ^{52}	ʃɛŋ^{33}	tʃɛŋ^{45}	tʃʰɛŋ^{21}	tʃɛŋ^{24}	tʃɛŋ^{33}	ʃɛŋ^{45}白 ʃɛŋ^{45}文	ʃɛŋ^{21}
香洲	tsɐŋ^{33}	siaŋ^{33}白 sɐŋ^{33}文	tsɐŋ^{21}	tsʰɐŋ^{343}	tsɐŋ^{35}	tsiaŋ^{33}白 tsɐŋ^{33}文	siaŋ^{21}白 sɐŋ^{21}文	siaŋ^{343}白 sɐŋ^{343}文
斗门	tsəŋ^{42}	səŋ^{34}	tsəŋ^{34}	tʰəŋ^{22}	tsəŋ^{45}	tsəŋ^{34}	siaŋ^{34}白 səŋ^{34}文	siaŋ^{22}白 səŋ^{22}文
新会	tseŋ^{32}	seŋ^{23}	tseŋ^{23}	tsʰeŋ^{22}	tseŋ^{45}	tseŋ^{23}	siaŋ^{23}白 seŋ^{23}文	siaŋ^{22}白 seŋ^{22}文
台山	ten^{31}	ɬen^{33}	tsen^{33}	tsʰen^{22}	tsen^{55}	tsen^{33}	siaŋ^{33}白 sen^{33}文	siaŋ^{22}
开平	ten^{31}	ɬɛn^{33}	tʃɛn^{33}	tʃʰɛn^{11}	tʃɛn^{45}	tʃɛn^{33}	ʃɛn^{33}	ʃɛn^{11}
恩平	tʃɛŋ^{21}	ʃɛŋ^{33}	tʃɛŋ^{33}	tʰɛŋ^{22}	tʃɛŋ^{55}	tʃɛŋ^{33}	ʃiaŋ^{33}白 ʃɛŋ^{33}文	ʃiaŋ^{22}白 ʃɛŋ^{22}文
四会	tʃiɛŋ^{24}	ʃiɛŋ^{33}	tʃiɛŋ^{51}	tʃiɛŋ^{31}	tʃiɛŋ^{33}	tʃiɛŋ^{33}	ʃiɛŋ^{51}	ʃiɛŋ^{31}
广宁	tsiəŋ^{323}	siəŋ^{33}	tsiəŋ^{51}	tsiəŋ^{31}	tsiəŋ^{44}	tsiəŋ^{33}	siəŋ^{51}	siəŋ^{31}
怀集	tʃiɛŋ^{225}	θiɛŋ^{45}	tʃiɛŋ^{42}	tʃiɛŋ^{231}	tʃiɛŋ^{54}	tʃiɛŋ^{45}	θiɛŋ^{42}	tʃiɛŋ^{231}
德庆	tseŋ^{31}	seŋ^{53}	tseŋ^{454}	tseŋ^{242}	tseŋ^{45}	tseŋ^{53}	seŋ^{454}	seŋ^{242}
封开	ɬeŋ^{223}	ɬeŋ^{53}	tʃeŋ^{55}	tʃeŋ^{243}	tʃeŋ^{334}	tʃeŋ^{51}	ʃeŋ^{55}	tʃeŋ^{243}
阳江	tseŋ^{54}	ɬeŋ^{35}	tseŋ^{33}	tsʰeŋ^{42}	tseŋ^{21}	tseŋ^{35}	seŋ^{33}	seŋ^{42}
阳春	tsəŋ^{52}	ɬəŋ^{33}	tsəŋ^{45}	tsʰəŋ^{31}	tsəŋ^{324}	tsəŋ^{33}	səŋ^{45}	səŋ^{31}
赤坎	tseŋ^{21}	ɬeŋ^{33}	tseŋ^{45}	tsʰeŋ$^{21˩}$	tseŋ^{13}	tseŋ^{33}	siaŋ^{45}白 seŋ^{45}文	seŋ^{21}
吴川	tʃeŋ^{31}	ɬeŋ^{33}	tʃeŋ^{55}	tʃʰeŋ^{31}	tʃeŋ^{35}	tʃeŋ^{33}	ʃeŋ^{55}	ʃeŋ^{31}
廉江	tseŋ^{21}	ɬiɛŋ^{33}白 ɬeŋ^{33}文	tseŋ^{55}	tsʰeŋ^{21}	tseŋ^{25}	tseŋ^{33}	siɛŋ^{55}白 sɐŋ^{55}文	seŋ^{21}
高州	tʃeŋ^{31}	ɬeŋ^{33}	tʃeŋ^{53}	tʃʰeŋ^{21}	tʃeŋ^{24}	tʃeŋ^{33}	ʃeŋ^{53}	ʃeŋ^{21}
化州	ten^{31}	ɬeŋ^{33}	tʃeŋ^{53}	tʃʰeŋ^{13}	tʃeŋ^{35}	tʃeŋ^{33}	ʃeŋ^{53}	ʃeŋ^{13}

	0873 静	0874 姓	0875 贞	0876 程	0877 整	0878 正~反	0879 声	0880 城
	梗开三 上清从	梗开三 去清心	梗开三 平清知	梗开三 平清澄	梗开三 上清章	梗开三 去清章	梗开三 平清书	梗开三 平清禅
梅州	tsʰin⁵²	siaŋ⁵²	tsən⁴⁴	tsʰaŋ²¹白 / tsʰən²¹文	tsaŋ³¹白 / tsən³¹文	tsaŋ⁵²白 / tsən⁵²文	saŋ⁴⁴	saŋ²¹
兴宁	tsʰin⁵¹	siaŋ⁵¹	tʃin²⁴	tʃʰin¹³	tʃaŋ³¹白 / tʃin³¹文	tʃaŋ⁵¹白 / tʃin⁵¹文	ʃaŋ²⁴	ʃaŋ¹³
五华	tsʰin³¹	siaŋ⁵¹	tʃin⁴⁴	tʃʰin²¹²	tʃaŋ³¹白 / tʃin³¹文	tʃin⁵¹	ʃaŋ⁴⁴	ʃaŋ²¹²
大埔	tsʰin⁵²	siaŋ⁵²	tʃin³⁴	tʃʰin¹³	tʃaŋ³¹白 / tʃin³¹文	tʃaŋ⁵²白 / tʃin⁵²文	ʃaŋ³⁴	ʃaŋ¹³
丰顺	tsʰin²¹	siaŋ⁵³	tʃin⁴⁴	tʃʰin²⁴	tʃin⁵³	tʃin⁵³	ʃaŋ⁴⁴	ʃaŋ²⁴
揭西	tsʰin³¹	siaŋ⁴¹	tʃin⁴⁵²	tʃʰin²⁴	tʃaŋ³¹白 / tʃin³¹文	tʃaŋ⁴⁵²白 / tʃin⁴¹文	ʃaŋ⁴⁵²	ʃaŋ²⁴
陆河	tsʰin³³	siaŋ³¹	tʃin⁵³	tʃʰaŋ³⁵白 / tʃʰin³⁵文	tʃaŋ²⁴白 / tʃin²⁴文	tʃaŋ³¹白 / tʃin³¹文	ʃaŋ⁵³	ʃaŋ³⁵
龙川	tsʰin³³	siaŋ³¹	tsin³³	tsʰaŋ⁵¹白 / tsʰin⁵¹文	tsaŋ²⁴白 / tsin²⁴文	tsaŋ³¹白 / tsin³¹文	saŋ³³	saŋ⁵¹
河源	tsʰin⁵⁴	siaŋ²¹²	tsin³³	tsʰaŋ³¹白 / tsʰin³¹文	tsin²⁴	tsin²¹²	saŋ³³	saŋ³¹
连平	tsʰin⁵³	siaŋ⁵³	tsən²⁴	tsʰən²¹	tsən³¹	tsən⁵³	saŋ²⁴	saŋ²¹
龙岗	tsʰin⁵³	siaŋ⁵³	tsin³³	tsʰin²¹	tsin³¹	tsaŋ⁵³白 / tsin⁵³文	saŋ³³	saŋ²¹
惠州	tsʰən³¹	siaŋ²³	tɕin³³	tsʰən²²	tsən³⁵	tsən²³	ɕiaŋ³³	ɕiaŋ²²
博罗	tsʰiɛŋ⁴¹	liaŋ²⁴	tsin⁴⁴	tsʰiɛŋ²¹	tsiɛŋ³⁵	tsiɛŋ²⁴	saŋ⁴⁴白 / siɛŋ⁴⁴文	saŋ²¹白 / siɛŋ²¹文
新丰	tsʰin³¹	siaŋ⁵¹	tsin⁴⁴	tsʰin²⁴	tsin³¹	tsin⁵¹	saŋ⁴⁴	saŋ²⁴
翁源	tsʰin³¹	siaŋ⁴⁵	tʃin²²	tʃʰin⁴¹	tʃin³¹	tʃin⁴⁵	ʃaŋ²²	ʃaŋ⁴¹
始兴	tɕʰiŋ³³	ɕiaŋ³³	tɕiŋ²²	tɕʰiŋ⁵¹	tsaŋ³¹白 / tɕiŋ³¹文	tɕiŋ³³	saŋ²²白 / ɕiŋ²²文	saŋ⁵¹
仁化	tsʰen³³	siaŋ³⁴	tsen³³	tsʰen³¹	tsen²³	tsen³⁴	saŋ³³	saŋ³¹
南雄	tsiŋ⁴²	ɕiaŋ³²	tɕiŋ⁴⁴	tɕiŋ²¹	tsaŋ²⁴白 / tɕiŋ²⁴文	tɕiŋ³²	saŋ⁴⁴白 / siŋ⁴⁴文	saŋ²¹

	0873 静	0874 姓	0875 贞	0876 程	0877 整	0878 正~反	0879 声	0880 城
	梗开三 上清从	梗开三 去清心	梗开三 平清知	梗开三 平清澄	梗开三 上清章	梗开三 去清章	梗开三 平清书	梗开三 平清禅
皈塘	tʃai^{21}	ʃai^{21}	tʃai^{24}	tʃʰai^{45}	tʃai^{33}	tʃai^{21}	ʃai^{24}	tʃʰai^{45}
桂头	tsʰɐŋ^{44}	sin^{44}	tsɐŋ^{51}	tsʰɐŋ^{45}	tsɐŋ^{324}	tsɐŋ^{44}	sin^{51}	sin^{45}
连州	tsʰa^{33}	sa^{11}	tsɐŋ^{31}	tsʰa^{55}	tsa^{53}	tsa^{11}	sa^{31}	sa^{55}
潮州	tsẽ^{35}	sẽ^{213}	tseŋ^{33}	tʰĩã^{55}	tsĩã^{53}	tsĩã^{213}	sĩã^{33}	sĩã^{55}
饶平	tsẽ^{25}	sẽ^{214}	tseŋ^{44}	tʰĩã^{55}	tsĩã^{52}	tsĩã^{214}	sĩã^{44}	sĩã^{55}
汕头	tsẽ^{25}	sẽ^{213}	tseŋ^{33}	tʰĩã^{55}	tsĩã^{51}	tsĩã^{213}	sĩã^{33}	sĩã^{55}
澄海	tsẽ^{35}	sẽ^{212}	tseŋ^{33}	tʰiaŋ^{55}	tsĩã^{53}	tsĩã^{212}	sĩã^{33}	sĩã^{55}
潮阳	tsẽ^{52}	sẽ^{52}	tseŋ^{31}	tʰĩã^{33}	tsĩã^{454}	tsĩã^{52}	sĩã^{31}	sĩã^{33}
南澳	tsẽ^{35}	sẽ^{21}	tseŋ^{34}	tʰĩã^{454}	tsĩã^{52}	tsĩã^{21}	sĩã^{34}	sĩã^{454}
揭阳	tsẽ^{25}	sẽ^{213}	tseŋ^{33}	tʰĩã^{55}	tsĩã^{41}	tsĩã^{213}	sĩã^{33}	sĩã^{55}
普宁	tsẽ^{24}	sẽ^{312}	tseŋ^{35}	tʰĩã^{55} 白 tʰeŋ^{55} 文	tsĩã^{52}	tsĩã^{312}	sĩã^{35}	sĩã^{55}
惠来	tsẽ^{25}	sẽ^{31}	tseŋ^{34}	tʰĩã^{55}	tsĩã^{53}	tsĩã^{31}	sĩã^{34}	sĩã^{55}
海丰	tsen^{35}	sẽ^{212}	tseŋ^{33}	tʰĩã^{55} 白 tʰeŋ^{55} 文	tsĩã^{53} 白 tsen^{53} 文	tsĩã^{212} 白 tsen^{212} 文	sĩã^{33}	sĩã^{55}
陆丰	tsẽ^{22} 白 tseŋ^{22} 文	sẽ^{213}	tseŋ^{33}	tʰĩã^{13} 白 tʰeŋ^{13} 文	tsĩã^{55} 白 tsen^{55} 文	tsĩã^{213} 白 tsen^{213} 文	sĩã^{33}	sĩã^{13}
电白	tseŋ^{442}	sia^{13}	tseŋ^{33}	tsʰeŋ^{22}	tsen^{21}	tsia^{13}	sia^{33}	sia^{22}
雷州	tsiŋ^{33}	se^{24}	tsiŋ^{24}	tsʰiŋ^{22}	tsiŋ^{42}	tsia^{21}	sia^{24}	sia^{22}

	0881 轻	0882 赢	0883 积	0884 惜	0885 席	0886 尺	0887 石	0888 益
	梗开三平清溪	梗开三平清以	梗开三入昔精	梗开三入昔心	梗开三入昔邪	梗开三入昔昌	梗开三入昔禅	梗开三入昔影
广州	heŋ⁵³ 白 heŋ⁵³ 文	ieŋ²¹ 白 ieŋ²¹ 文	tʃek⁵	ʃek³ 白 ʃek⁵ 文	tʃɛk² 草~ tʃek² 主~	tʃʰɛk³	ʃɛk²	iek⁵
番禺	hiaŋ⁵³ 白 heŋ⁵³ 文	iaŋ³¹	tʃek⁵	ʃiak³ 白 ʃek⁵ 文	tʃek²	tʃʰiak³	ʃiak²	iek⁵
增城	heŋ⁴⁴	ieŋ²¹	tsek⁵	sek⁵	tsɛk² 竹~ tsek² 主~	tsʰek³	sɛk²	iek⁵
从化	heŋ⁵⁵	ieŋ²²	tsek⁵	sek⁵	tsek²	tsʰek³	sɛk²	iek⁵
龙门	hiaŋ⁴² 白 heŋ⁴² 文	iaŋ²¹	tsek⁵	sek⁵	tsek⁴³	tsʰiak²³	siak⁴³	zek⁵
莞城	hœŋ²³ 白 hɐŋ²³ 文	iœŋ³¹	tʃək⁵	ʃək⁵	tʃɛk³ 草~ tʃək³ 主~	tʃʰɛ³⁴ 一~把 tʃʰɛ⁴⁴ 一~布	ʃɛk³	iək⁵
宝安	hiɐŋ²³	iɛŋ³³	tʃɐiʔ⁵	ʃɐiʔ⁵	tʃɐiʔ³	tʃʰiɛʔ⁵	ʃɐiʔ³	iɐiʔ⁵
佛山	hɛŋ⁵³ 白 hɐŋ⁵³ 文	ieŋ⁴²	tʃek⁵	ʃɛk³⁴ 白 ʃek⁵ 文	tʃɛk²³ 草~ tʃek²³ 主~	tʃʰɛk³⁴	ʃɛk²³	iek⁵
南海	hiɐŋ⁵¹ 白 heŋ⁵¹ 文	ieŋ³¹	tsek⁵	siɛk³ 白 sek⁵ 文	tsiɛk² 草~ tsek² 主~	tsʰiɛk³	siɛk²	iek⁵
顺德	heŋ⁵³	heŋ⁴²	tʃet⁵	ʃet⁵	tʃet² 草~ tʃɛk² 主~	tʃʰɛk³	ʃɛk²	iet⁵
三水	hiaŋ⁵³ 白 heŋ⁵³ 文	hiaŋ³¹ 白 iaŋ³¹ 文	tsek⁵	sek⁵	tsiak³ 草~ tsek³ 主~	tsʰiak⁴	siak³	iek⁵
高明	hiɐŋ⁴⁵ 白 heŋ⁵⁵ 文	iɛŋ³¹	tʃɛk⁵	ʃɛk⁵	tʃiɛk² 草~ tʃek² 主~	tʃʰiɛk³	ʃiɛk²	iek⁵
佛冈	hiaŋ³³	iaŋ²²	tʃɛk³	ʃɛk⁵	tʃɛk⁵	tʃʰiak³	ʃiak²	iak³
阳山	hiɐŋ⁵¹	iəŋ²⁴¹	tʃiak³⁴	ʃik⁵	tʃiak²³	tʃʰiak³⁴	ʃiak²³	iək⁵
连山	heŋ⁵¹	iaŋ²⁴¹	tɛk⁵	θɛk⁵	θɛk²¹⁵	tʃʰɛk⁵	ʃɛk²¹⁵	ɛk⁵
新兴	hɐŋ⁴⁵	iɐŋ²¹	tsɐt⁴⁵	sɐt⁴⁵	tsɐt⁵²	tsʰɐt⁴⁵	sɐt⁵²	iɐt⁴⁵
罗定	hiɛŋ⁵⁵ 白 heŋ⁵⁵ 文	iɛŋ²¹ 白 ieŋ²¹ 文	tsek⁵	sek⁵	tsek²	tsʰek³	sek²	iek⁵
郁南	hɛŋ⁵⁵ 白 heŋ⁵⁵ 文	ieŋ²¹	tʃek⁵	ʃek⁵	tʃɛk² 草~ tʃek² 主~	tʃʰɛk³	ʃɛk²	iek⁵
石岐	hiaŋ⁵⁵ 白 heŋ⁵⁵ 文	iaŋ⁵¹ 白 eŋ⁵¹ 文	tsek⁵	sek⁵	tsiak³ ~子 tsek³ 主~	tsʰiak³	siak³	ek⁵

	0881 轻	0882 赢	0883 积	0884 惜	0885 席	0886 尺	0887 石	0888 益
	梗开三平清溪	梗开三平清以	梗开三入昔精	梗开三入昔心	梗开三入昔邪	梗开三入昔昌	梗开三入昔禅	梗开三入昔影
肇庆	heŋ⁴⁵白 heŋ⁴⁵文	ieŋ²¹	tʃek⁵	ʃek⁵	tʃek⁴²	tʃʰεk³	ʃεk⁴²	iek⁵
香洲	hiaŋ²¹	ŋiaŋ³⁴³	tsɐk²¹	sɐk²¹	tsɐk³	tsʰiak²¹	siak³	ɐk²¹
斗门	hiaŋ³⁴白 hɔŋ³⁴文	iɔŋ²²	tsək⁵	sək⁵	tsiak³草~ tsək³主~	tʰiak³⁴	siak²¹	iək⁵
新会	hiaŋ²³白 heŋ²³文	iœŋ²²	tsek⁴⁵	sek⁴⁵	tsiak²草~ tsek²主~	tsʰiak²	siak²	iek⁴⁵
台山	hiaŋ³³白 heŋ³³文	jiaŋ²²	tet⁵	ɬet⁵	tet³¹	tsʰiak³①	siak²¹小	jiet⁵
开平	hεŋ³³	jiaŋ¹¹	tɛt⁵	ɬɛt⁵	tɛt²	tʃʰiak³	ʃiak²	iɛt⁵
恩平	hiaŋ³³白 heŋ³³文	iaŋ²²	tʃek⁵	ʃek⁵	tʃiak²草~ tʃek²主~	tʰiak² tʰiak³又	ʃiak²	iek⁵
四会	hiεŋ⁵¹	ieŋ³¹	tʃak⁵	ʃek⁵	tʃiɐk²	tʃʰiɐk³	ʃiɐk²	iɐk⁵
广宁	hiəŋ⁵¹	hiəŋ³¹	tsiək⁵	siək⁴³	tsiək³²³	tsʰiək⁴³	siək³²³	iɐk⁵
怀集	hiεŋ⁴²②	ieŋ²³¹	tʃiɐk⁴⁵	θiɐk⁴⁵	tʃiɐk²⁴	tʃʰiɐk⁴⁵	tʃiɐk²⁴	iɐk⁴⁵
德庆	heŋ⁴⁵⁴	ieŋ²⁴²	tsek⁵	sek⁵	tsɛk²	tsʰek⁵	sɛk²	iek⁵
封开	heŋ⁵⁵	ieŋ²⁴³	tek⁵	ɬek⁵	ɬek²	tʃʰek⁵	tʃek²	iek⁵
阳江	heŋ³³	ieŋ⁴²	tsek³⁵	ɬek³⁵	tsek⁵⁴	tsʰek³⁵	sek⁵⁴	ek³⁵
阳春	həŋ⁴⁵	iən³¹	tsət⁴⁵	ɬət⁴⁵	tsət⁵²	tsʰət⁴⁵	sət⁵²	iət⁴⁵
赤坎	hiaŋ⁴⁵白 heŋ⁴⁵文	iaŋ²¹白 ieŋ²¹文	tsek⁵	sek⁵	tsiaʔ²草~ tsek²主~	tsʰiaʔ³	siaʔ²	iek⁵
吴川	heŋ⁵⁵	ieŋ³¹	tʃeʔ⁵	ɬeʔ⁵	tʃeʔ³¹	tʃʰeʔ⁵	ʃeʔ³¹	ieʔ⁵
廉江	hiεŋ⁵⁵白 heŋ⁵⁵文	iεŋ²¹白 ieŋ²¹文	tsek⁵	ɬek⁵	tsiεk²草~ tsek²主~	tsʰiεk³	siεk²	iek⁵
高州	heŋ⁵³	ieŋ²¹	tʃek⁵³	ɬek⁵	tʃek²¹	tʃʰek⁵	ʃek²¹	iek⁵
化州	heŋ⁵³	ieŋ¹³	tek⁵	ɬek⁵	tek³¹	tʃʰek⁵	ʃek³¹	ek⁵

①又音 tsʰiak²¹，小称调。②~重、~视。

	0881 轻	0882 赢	0883 积	0884 惜	0885 席	0886 尺	0887 石	0888 益
	梗开三平清溪	梗开三平清以	梗开三入昔精	梗开三入昔心	梗开三入昔邪	梗开三入昔昌	梗开三入昔禅	梗开三入昔影
梅州	kʰiaŋ^{44}白 kʰin^{44}文	iaŋ^{21}	tsit^{2}	siak^{2}白 sit^{2}文	tsʰiak^{5}草~ sit^{5}主~	tsʰak^{2}	sak^{5}	it^{2}
兴宁	kʰiaŋ^{24}	ʒaŋ^{13}	tsit^{2}	siak^{2}白 sit^{2}文	tsʰiak^{4}草~ tsʰit^{4}主~	tʃʰak^{2}	ʃak^{4}	ʒit^{2}
五华	kʰiaŋ^{44}	iaŋ^{212}	tsit^{2}	sit^{2}	tsʰiak^{5}草~ tsʰit^{5}主~	tʃʰak^{2}	ʃak^{5}	it^{2}
大埔	kʰiaŋ^{34}	ʒaŋ^{13}	tsit^{2}	sit^{2}	tsʰiak^{5}草~ sit^{5}主~	tʃʰak^{2}	ʃak^{5}	ʒit^{2}
丰顺	kʰiaŋ^{44}	iaŋ^{24}	tsit^{2}	siak^{2}	tsʰiak^{5}草~ sit^{5}主~	tʃʰak^{2}	ʃak^{5}	iak^{2}
揭西	kʰiaŋ^{452}	ʒiaŋ^{24}	tsit^{3}	siak^{3}	tsʰiak^{5}草~ sit^{5}主~	tʃʰak^{3}	ʃak^{5}	ʒak^{3}
陆河	kʰiaŋ^{53}	ʒaŋ^{35}	tsit^{45}	siak^{45}白 sit^{45}文	tsʰiak^{5}草~ sit^{5}主~	tʃʰak^{45}	ʃak^{5}	ʒit^{45}
龙川	kʰiaŋ^{33}	iaŋ^{51}	tsit^{13}	sit^{13}	tsʰiak^{3}草~ tsʰit^{3}主~	tsʰak^{13}	sak^{3}	it^{13}
河源	hiaŋ^{33}	iaŋ^{31}	tsit^{5}	tsʰiet^{5}白 sit^{5}文	tsʰiak^{3}草~ tsʰit^{3}主~	tsʰak^{5}	sak^{3}	it^{5}
连平	tʰaŋ^{24}	iaŋ^{21}	tsit^{3}	siak^{3}白 sit^{3}文	tsʰiak^{5}草~ sit^{5}主~	tsʰak^{3}	sak^{5}	it^{3}
龙岗	kʰiaŋ^{33}	ziaŋ^{21}	tsit^{2}	siak^{2}白 sit^{2}文	tsʰiak^{2}竹~ tsʰit^{5}主~	tsʰak^{2}	sak^{5}	zit^{2}
惠州	hiaŋ^{33}	jiaŋ^{22}	tsət^{45}	sət^{45}	tɕʰiak^{21}草~ tsʰət^{21}主~	tɕʰiak^{45}	ɕiak^{21}	jiət^{45}
博罗	hiaŋ^{44}	zaŋ^{21}	tset^{5}	łet^{5}	tsʰiak^{2}草~ tsʰet^{2}主~	tsʰak^{5}	sak^{2}	zet^{5}
新丰	kʰiaŋ^{44}	zaŋ^{24}	tsit^{2}	sit^{2}	tsʰiak^{4}草~ tsʰit^{4}主~	tsʰak^{2}	sak^{4}	zit^{2}
翁源	kʰiaŋ^{22}	iaŋ^{41}	tsit^{31}	sit^{31}	tsʰiak^{45}草~ sit^{45}主~	tʃʰak^{31}	ʃak^{45}	it^{31}
始兴	tɕʰiaŋ^{22}	iaŋ^{51}	tɕiʔ^{45}	ɕiʔ^{45}	tɕiaʔ^{3}草~ ɕiʔ^{45}主~	tsʰaʔ^{45}	saʔ^{3}	iʔ^{45}
仁化	kʰiaŋ^{33}	iaŋ^{31}	tsiʔ^{5}	siʔ^{5}	siʔ^{5}	tsʰaʔ^{5}	saʔ^{5}	iʔ^{5}
南雄	tɕʰiaŋ^{44}	iaŋ^{21}	tɕieʔ^{5}	siʔ^{5}白 ɕieʔ^{5}文	tɕiaʔ^{42}草~ tɕieʔ^{42}主~	tsʰaʔ^{5}	saʔ^{42}	ieʔ^{5}

	0881 轻	0882 赢	0883 积	0884 惜	0885 席	0886 尺	0887 石	0888 益
	梗开三平清溪	梗开三平清以	梗开三入昔精	梗开三入昔心	梗开三入昔邪	梗开三入昔昌	梗开三入昔禅	梗开三入昔影
皈塘	kʰai²⁴	iai⁴⁵	tʃei⁴¹	ʃei⁴¹	ʃei⁴¹	tʃʰɔ²¹	ʃɔ³³	ei⁴¹
桂头	kʰin⁵¹	in⁴⁵	tsa²¹	sa²¹	tsʰi⁴⁴	tsʰi²¹	si⁴	ia²¹
连州	ha³¹	ia⁵⁵	tsɐt²³	sa²⁴	tsʰa³¹	tsʰa²⁴	sɛʔ²	a²⁴
潮州	kʰiŋ³³	ĩã⁵⁵	tsek²白 / tseʔ²文	sieʔ²	tsʰieʔ⁵草~ / siaʔ²主~	tsʰieʔ²	tsieʔ⁵白,~头 / sieʔ⁵文,~檐	iaʔ²
饶平	kʰiŋ⁴⁴	ĩã⁵⁵	tseʔ²白 / tsek²文	sioʔ²	tsʰioʔ⁵草~ / siaʔ⁵主~	tsʰioʔ²	tsioʔ⁵白 / sioʔ⁵文,~檐	iaʔ²
汕头	kʰiŋ³³	ĩã⁵⁵	tseʔ²白 / tsek²文	sioʔ²	tsʰioʔ⁵草~ / siaʔ⁵主~	tsʰioʔ²	tsioʔ⁵白,沙~ / sioʔ⁵文,~檐	iaʔ²
澄海	kʰiŋ³³	ĩã⁵⁵	tseʔ²	sioʔ²	tsʰioʔ⁵	tsʰioʔ²	tsioʔ⁵	iaʔ²
潮阳	kʰiŋ³¹	ĩã³³	tseʔ³白 / tsek³文	sioʔ³	siaʔ⁵草~ / tsʰioʔ⁵主~	tsʰioʔ³	tsioʔ⁵	iaʔ³
南澳	kʰiŋ³⁴	ĩã⁴⁵⁴	tseʔ²	sioʔ²	tsʰioʔ⁵	tsʰioʔ²	tsioʔ⁵	iaʔ²
揭阳	kʰeŋ³³	ĩã⁵⁵	tseʔ³白 / tsek³文	sioʔ³	tsʰioʔ⁵草~ / siaʔ⁵主~	tsʰioʔ³	tsioʔ⁵白,沙~ / sioʔ⁵文,~檐	iaʔ³
普宁	kʰiŋ³⁵	ĩã⁵⁵	tsek³白 / tseʔ³文	sioʔ³	siaʔ⁵草~ / tsʰioʔ⁵主~	tsʰioʔ³	tsioʔ⁵白 / sioʔ⁵文	iaʔ³
惠来	kʰiŋ³⁴	ĩã⁵⁵	tseʔ³	sioʔ³	tsʰioʔ⁵	tsʰioʔ³	tsioʔ⁵	iaʔ³
海丰	kʰin³³ / kʰeŋ³³又	ĩã⁵⁵	tsek²	sioʔ²	tsʰioʔ⁵草~ / siaʔ⁵主~	tsʰioʔ²	tsioʔ⁵	iaʔ²
陆丰	kʰiŋ³³	ĩã¹³	tsek²	sioʔ²白 / sek²文	tsʰioʔ⁵草~ / siaʔ⁵主~	tsʰioʔ²	tsioʔ⁵	iaʔ²
电白	kʰiŋ³³	ia²²	tsek⁵	sieu⁵³	tsʰieu⁴⁴²草~ / tsek²主~	tsʰieu⁵³	tsieu⁴⁴²	ek⁵
雷州	kʰieŋ²⁴	ʔia²²	tsit⁵	tsʰoi⁵⁴	sia³³	tsʰio⁵⁴	tsio³³白 / sit⁵文	ʔit⁵

	0889 瓶	0890 钉名	0891 顶	0892 厅	0893 听~见	0894 停	0895 挺	0896 定
	梗开四 平青並	梗开四 平青端	梗开四 上青端	梗开四 平青透	梗开四 平青透	梗开四 平青定	梗开四 上青定	梗开四 去青定
广州	pʰɛŋ²¹	tɛŋ⁵⁵	tiŋ³⁵白 tɛŋ³⁵文	tʰɛŋ⁵⁵	tʰɛŋ⁵³	tʰɛŋ²¹	tʰɛŋ³⁵	tɛŋ²²白 tɛŋ²²文
番禺	pʰɛŋ³¹	tiaŋ⁵³	tiaŋ³⁵白 tɛŋ³⁵文	tʰiaŋ⁵⁵	tʰiaŋ⁵³	tʰɛŋ³¹	tʰɛŋ²³	tɛŋ²²
增城	pɛŋ²¹	tɛŋ⁴⁴	tɛŋ³⁵	tʰɛŋ⁴⁴	tʰɛŋ⁴⁴	tʰɛŋ²¹	tʰɛŋ³⁵	tɛŋ²²
从化	pʰɛŋ²²	tɛŋ⁵⁵	tɛŋ⁴⁵	tʰɛŋ⁵⁵	tʰɛŋ⁵⁵	tʰɛŋ²²	tʰɛŋ⁴⁵	tɛŋ³¹
龙门	pʰiaŋ²¹白 pʰɛŋ²¹文	tiaŋ⁵⁵	tiaŋ³⁵白 tɛŋ³⁵文	tʰiaŋ⁵⁵	tʰiaŋ⁴²	tʰɛŋ²¹	tʰɛŋ³⁵	tɛŋ⁵³
莞城	pʰəŋ³¹	tœŋ⁵⁵	tœŋ³⁵白 təŋ³⁵文	tʰœŋ⁵⁵	tʰœŋ²³白 tʰəŋ⁵⁵文	tʰəŋ³¹	tʰəŋ³⁵	tœŋ⁴⁴白 təŋ⁴⁴文
宝安	pʰɐŋ³¹	tiɛŋ⁵⁵	tɛŋ²⁵	tʰiɛŋ⁵⁵	tʰiɛŋ²³	tʰɐŋ³³	tʰɐŋ²⁵	tɐŋ²²
佛山	pen⁴²	tɛŋ⁵⁵	tiŋ³⁵白 tɛŋ³⁵文	hɛŋ⁵⁵	hɛŋ⁵³	hen⁴²	hen¹³	ten¹²
南海	pʰɛŋ³¹	tiɛŋ⁵⁵	tiɛŋ³⁵白 tɛŋ³⁵文	tʰiɛŋ⁵⁵	tʰiɛŋ⁵¹白 tʰɛŋ³³文	tʰɛŋ³¹	tʰɛŋ¹³	tɛŋ²²
顺德	pʰen⁴²	tɛŋ⁵⁵	tɛŋ²⁴白 tɛŋ²⁴文	tʰɛŋ⁵⁵	tʰɛŋ⁵³	tʰen⁴²	tʰen²⁴	ten²¹
三水	pʰɛŋ³¹	tiaŋ⁵⁵白 tɛŋ⁵⁵文	tiaŋ²⁵白 tɛŋ²⁵文	tʰiaŋ⁵⁵	tʰiaŋ⁵³白 tʰɛŋ⁵³文	tʰɛŋ³¹	tʰɛŋ²⁵	tɛŋ³³
高明	pʰɛŋ³¹	tiɛŋ⁴⁵	tiɛŋ²⁴白 tɛŋ²⁴文	tʰiɛŋ⁵⁵	tʰiɛŋ⁴⁵	tʰɛŋ³¹	tʰɛŋ²⁴	tɛŋ³¹
佛冈	pʰɛŋ²²	tiaŋ³¹	tiaŋ³⁵白 tɛŋ³⁵文	tʰiaŋ³³	tʰiaŋ³³	tʰɛŋ²²	tʰɛŋ³⁵	tɛŋ³¹
阳山	piəŋ²⁴¹	tiəŋ⁵¹	tiɛŋ⁵⁵	tʰiəŋ⁵¹	tʰiəŋ³⁴	tiəŋ²⁴¹	tiəŋ²²⁴	tiəŋ²¹⁴
连山	pɛŋ²⁴¹	dɛŋ⁵¹	dɛŋ⁵⁵	tʰɛŋ⁵¹	tʰɛŋ³⁵	tɛŋ²⁴¹	tʰɛŋ⁵⁵	ɛŋ²¹⁵
新兴	pʰɐŋ²¹	tɐŋ⁴⁵	tɐŋ³⁵	tʰɐŋ⁴⁵	tʰɐŋ⁴⁴³	tʰɐŋ²¹	tʰɐŋ²¹	tɐŋ⁵²
罗定	pʰɛŋ²¹	tiɛŋ⁵⁵白 tɛŋ⁵⁵文	tiɛŋ³⁵白 tɛŋ³⁵文	tʰiɛŋ⁵⁵	tʰiɛŋ⁵⁵	tʰɛŋ²¹	tʰɛŋ³⁵	tiɛŋ²¹白 tɛŋ²¹文
郁南	pʰɛŋ²¹	tɛŋ⁵⁵	tɛŋ³⁵白 tɛŋ³⁵文	tʰɛŋ⁵⁵	tʰɛŋ⁵⁵	tʰɛŋ²¹	tʰɛŋ³⁵	tɛŋ²¹白 tɛŋ²¹文
石岐	pʰɛŋ⁵¹	tiaŋ⁵⁵白 tɛŋ⁵⁵文	tiaŋ²¹³白 tɛŋ²¹³文	tʰiaŋ⁵⁵白 tʰɛŋ⁵⁵文	tʰiaŋ⁵⁵白 tʰɛŋ⁵⁵文	tʰen⁵¹	tʰen²¹³	tiaŋ³³白 tɛŋ³³文

	0889 瓶	0890 钉名	0891 顶	0892 厅	0893 听~见	0894 停	0895 挺	0896 定
	梗开四平青並	梗开四平青端	梗开四上青端	梗开四平青透	梗开四平青透	梗开四平青定	梗开四上青定	梗开四去青定
肇庆	pʰɐŋ^{21}	tɛŋ^{45}	tɛŋ^{24}白 tɛŋ^{24}文	tʰɐŋ^{45}	tʰɛŋ^{45}	tʰɐŋ^{21}	tʰɛŋ^{13}	tɛŋ^{52}
香洲	pʰɐŋ^{343}	tiaŋ^{21}	tiaŋ^{35}白 tɛŋ^{35}文	tʰiaŋ^{21}	tʰiaŋ^{21}	tʰɐŋ^{343}	tʰɛŋ^{35}	tɛŋ^{33}
斗门	pʰəŋ^{22}	tiaŋ^{34}	tiaŋ^{45}白 təŋ^{45}文	hiaŋ^{34}	hiaŋ^{34}	həŋ^{22}	həŋ^{21}	təŋ^{42}
新会	pʰeŋ^{22}	tiaŋ^{23}	tiaŋ^{45}白 teŋ^{45}文	hiaŋ^{23}	hiaŋ^{23}	heŋ^{22}	heŋ^{21}	teŋ^{32}
台山	pʰiaŋ^{225}小	en^{33}	iaŋ^{55}白 en^{55}文	hiaŋ^{33}	hiaŋ^{33}	hen^{22}	hen^{21}	en^{31}
开平	pʰɛn^{21}小	ɛn^{33}	ɛn^{45}	hiaŋ^{215}小	hɛn^{33}	hɛn^{11}	hɛn^{21}	ɛn^{31}
恩平	pʰeŋ^{21}	tiaŋ^{33}	tiaŋ^{55}白 teŋ^{55}文	hiaŋ^{33}	hiaŋ^{33}白 heŋ^{33}文	heŋ^{22}	heŋ^{21}	tiaŋ^{21}白 teŋ^{21}文
四会	piɛŋ^{31}	tiɛŋ^{51}	tiɛŋ^{33}	tʰiɛŋ^{51}	tʰiɛŋ^{51}	tiɛŋ^{31}	tiɛŋ^{24}	tiɛŋ^{24}
广宁	piaŋ^{31}	tiaŋ^{51}	tiaŋ^{44}	tʰiaŋ^{51}	tʰiaŋ^{33}	tiaŋ^{31}	tʰiaŋ^{44}	tiaŋ^{323}
怀集	piɛŋ^{231}	tiɛŋ^{42}	tiɛŋ^{54}	tʰiɛŋ^{42}	tʰiɛŋ^{45}	tiɛŋ^{231}	tʰiɛŋ^{54}	tiɛŋ^{225}
德庆	peŋ^{242}	teŋ^{454}	teŋ^{45}	tʰeŋ^{454}	tʰeŋ^{454}	teŋ^{242}白 tʰeŋ^{31}文	tʰeŋ^{23}	teŋ^{31}
封开	peŋ^{243}	teŋ^{55}	teŋ^{334}	tʰeŋ^{55}	tʰeŋ^{51}	teŋ^{243}	teŋ^{223}	teŋ^{21}
阳江	pʰeŋ^{42}	teŋ^{33}	teŋ^{21}	tʰeŋ^{33}	tʰeŋ^{33}	tʰeŋ^{42}	tʰeŋ^{21}	teŋ^{54}
阳春	pʰən^{31}	tən^{45}	tən^{324}	tʰən^{45}	tʰən^{33}	tʰən^{31}	tʰən^{323}	tən^{52}
赤坎	pʰeŋ^{21}	tiaŋ^{45}白 teŋ^{45}文	tiaŋ^{13}白 teŋ^{13}文	tʰiaŋ^{45}	tʰiaŋ^{45}	tʰeŋ^{21}	tʰeŋ^{13}	teŋ^{21}
吴川	pʰeŋ^{31}	ɗeŋ^{55}	ɗeŋ^{35}	tʰeŋ^{55}	tʰeŋ^{31}	tʰeŋ^{31}	tʰeŋ^{35}	ɗeŋ^{31}
廉江	pʰeŋ^{21}	tiɛŋ^{55}白 teŋ^{55}文	teŋ^{25}	tʰiɛŋ^{55}	tʰiɛŋ^{55}白 tʰeŋ^{33}文	tʰeŋ^{21}	tʰeŋ^{23}	teŋ^{21}
高州	pʰeŋ^{21}	teŋ^{53}	teŋ^{24}	tʰeŋ^{53}	tʰeŋ^{33}	tʰeŋ^{21}	tʰeŋ^{13}	teŋ^{31}
化州	pʰeŋ^{31}	ɗeŋ^{53}	ɗeŋ^{35}	tʰeŋ^{53}	tʰeŋ^{33}	tʰeŋ^{13}	tʰeŋ^{13}	ɗeŋ^{31}

	0889 瓶	0890 钉名	0891 顶	0892 厅	0893 听~见	0894 停	0895 挺	0896 定
	梗开四平青並	梗开四平青端	梗开四上青端	梗开四平青透	梗开四平青透	梗开四平青定	梗开四上青定	梗开四去青定
梅州	$p^hia\eta^{21}$	$ta\eta^{44}$	$ta\eta^{31}$白 tin^{31}文	$t^ha\eta^{44}$	$t^ha\eta^{44}$	t^hin^{21}	$t^h\varepsilon n^{31}$白 t^hin^{31}文	t^hin^{52}
兴宁	$p^hia\eta^{13}$白 $p^h\o in^{13}$文	$ta\eta^{24}$	$ta\eta^{31}$白 tin^{31}文	$t^ha\eta^{24}$	$t^ha\eta^{51}$	t^hin^{13}	$t^hi\varepsilon n^{31}$白 t^hin^{31}文	t^hin^{51}
五华	$p^hia\eta^{212}$	$ta\eta^{44}$	$ta\eta^{31}$	$t^hia\eta^{44}$	$t^ha\eta^{51}$	t^hin^{212}	t^hin^{31}	t^hin^{31}
大埔	p^hin^{13}	ten^{34}	ten^{31}白 tin^{31}文	t^hen^{34}	t^hen^{34}	t^hen^{13}	t^hen^{31}	t^hin^{52}
丰顺	p^hen^{24}	ten^{44}	ten^{53}	t^hen^{44}	t^hen^{44}	t^hin^{24}	t^hen^{53}	t^hin^{21}
揭西	$p^h\varepsilon n^{24}$	$t\varepsilon n^{452}$	tin^{31}	$t^h\varepsilon n^{452}$	$t^h\varepsilon n^{452}$	t^hin^{24}	$t^hia\eta^{31}$白 t^hin^{31}文	t^hin^{31}
陆河	$p^hia\eta^{35}$	$ta\eta^{53}$	$ta\eta^{24}$白 tin^{24}文	$t^ha\eta^{53}$	$t^ha\eta^{31}$	t^hin^{35}	$t^hia\eta^{24}$	t^hin^{33}
龙川	$p^hia\eta^{51}$	$tia\eta^{33}$	$tia\eta^{24}$白 tin^{24}文	$t^hia\eta^{33}$	$t^hia\eta^{31}$	t^hin^{51}	t^hin^{24}	t^hin^{33}
河源	$p^hia\eta^{31}$	$tia\eta^{33}$	$tia\eta^{24}$白 tin^{24}文	$t^hia\eta^{33}$	$t^hia\eta^{212}$	t^hin^{31}	t^hin^{24}	t^hin^{54}
连平	$p^hia\eta^{21}$	$tia\eta^{24}$	$tia\eta^{31}$白 tin^{31}文	$t^hia\eta^{24}$	$t^hia\eta^{24}$	t^hin^{21}	t^hin^{31}	t^hin^{53}
龙岗	$p^hia\eta^{21}$	$ta\eta^{33}$	$ta\eta^{33}$白 tin^{31}文	$t^hia\eta^{33}$	$t^ha\eta^{53}$	t^hin^{21}	t^hin^{31}	$t^ha\eta^{53}$白 t^hin^{53}文
惠州	$p^hia\eta^{22}$	$tia\eta^{33}$	$t\ni n^{35}$	$t^hia\eta^{33}$	$t^hia\eta^{23}$	$t^h\ni n^{22}$	$t^h\ni n^{35}$	$t^h\ni n^{31}$
博罗	$p^hia\eta^{21}$	$tia\eta^{44}$	$tia\eta^{35}$白 $ti\varepsilon\eta^{35}$文	$t^hia\eta^{44}$	$t^hia\eta^{24}$	$t^hi\varepsilon\eta^{21}$	$t^hi\varepsilon\eta^{35}$	$t^hi\varepsilon\eta^{41}$
新丰	$p^hia\eta^{24}$	$tia\eta^{44}$	$tia\eta^{31}$白 tin^{31}文	$t^hia\eta^{44}$	$t^hia\eta^{44}$	t^hin^{24}	t^hin^{31}	t^hin^{31}
翁源	p^hin^{41}	$t\varepsilon n^{22}$	$tia\eta^{31}$白,一~ $t\varepsilon n^{31}$白,山~ tin^{31}文,~唔住	$t^h\varepsilon n^{22}$	$t^h\varepsilon n^{22}$白 t^hin^{45}文	t^hin^{41}	t^hin^{41}	t^hin^{31}
始兴	$p^hi\eta^{51}$	$tia\eta^{22}$	$tia\eta^{31}$	$t^hia\eta^{22}$	$t^hia\eta^{22}$	$t^hi\eta^{51}$	$t^hi\eta^{31}$	$t^hi\eta^{33}$
仁化	p^hen^{31}	$tia\eta^{33}$	$tia\eta^{23}$白 ten^{23}文	$t^hia\eta^{33}$	$t^hia\eta^{34}$	t^hen^{31}	t^hen^{23}	t^hen^{33}
南雄	$pi\eta^{21}$	$tia\eta^{21}$	$tia\eta^{24}$白 $ti\eta^{24}$文	$t^hia\eta^{44}$	$t^hia\eta^{32}$	$ti\eta^{21}$	$t^hi\eta^{24}$	$tia\eta^{42}$白 $ti\eta^{42}$文

	0889 瓶	0890 钉名	0891 顶	0892 厅	0893 听~见	0894 停	0895 挺	0896 定
	梗开四 平青並	梗开四 平青端	梗开四 上青端	梗开四 平青透	梗开四 平青透	梗开四 平青定	梗开四 上青定	梗开四 去青定
皈塘	peŋ⁴⁵	tai²⁴	tai³³	tʰai³³	tʰai²¹	tai⁴⁵	tʰai³³	tai²¹
桂头	peŋ⁴⁵	in⁵¹	in³²⁴白 ɐŋ³²⁴文	tʰin⁵¹	tʰin⁴⁴	teŋ⁴⁵	tʰɐŋ³²⁴	tɐŋ⁴⁴
连州	pa⁵⁵	ta³¹	ta⁵³	tʰa³¹	tʰa³¹	ta⁵⁵	（无）	ta³³
潮州	paŋ⁵⁵白 pʰiŋ⁵⁵文	teŋ³³	teŋ⁵³	tʰĩã³³	tʰĩã³³	tʰeŋ⁵⁵	tʰeŋ⁵³	tĩã¹¹白 teŋ³⁵文,水~
饶平	paŋ⁵⁵白 pʰiŋ⁵⁵文	teŋ⁴⁴	teŋ⁵²	tʰĩã⁴⁴	tʰĩã⁴⁴	tʰeŋ⁵⁵	tʰeŋ⁵²	tĩã²¹
汕头	paŋ⁵⁵白 pʰiŋ⁵⁵文	teŋ³³	teŋ⁵¹	tʰĩã³³	tʰĩã³³	tʰeŋ⁵⁵	tʰeŋ⁵¹	tĩã³¹
澄海	pʰiŋ⁵⁵	teŋ³³	teŋ⁵³	tʰĩã³³	tʰĩã³³	tʰeŋ⁵⁵	tʰeŋ⁵³	tĩã²²
潮阳	pʰiŋ³³	teŋ³¹	teŋ⁴⁵⁴	tʰĩã³¹	tʰĩã³¹	tʰeŋ³³	tʰeŋ⁴⁵⁴	tĩã⁴²
南澳	piŋ⁴⁵⁴	teŋ³⁴	teŋ⁵²	tʰĩã³⁴	tʰĩã³⁴	tʰeŋ⁴⁵⁴	tʰeŋ⁵²	tĩã³¹
揭阳	paŋ⁵⁵白 pʰeŋ⁵⁵文	teŋ³³	teŋ⁴¹	tʰĩã³³	tʰĩã³³	tʰeŋ⁵⁵	tʰeŋ⁴¹	tĩã²²
普宁	paŋ⁵⁵白 pʰiŋ⁵⁵文	teŋ³⁵	teŋ⁵²	tʰĩã³⁵	tʰĩã³⁵	tʰeŋ⁵⁵	tʰeŋ⁵²	tĩã³¹白 teŋ²⁴文
惠来	pʰiŋ⁵⁵	teŋ³⁴	teŋ⁵³	tʰĩã³⁴	tʰĩã³⁴	tʰeŋ⁵⁵	tʰeŋ⁵³	tĩã³¹
海丰	paŋ⁵⁵	teŋ³³	teŋ⁵³	tʰĩã³³	tʰĩã³³	teŋ⁵⁵白 tʰeŋ³⁵文	tʰeŋ⁵³	tĩã²¹白 teŋ³⁵文
陆丰	paŋ¹³白 pʰiŋ¹³文	teŋ³³	teŋ⁵⁵	tʰĩã³³	tʰĩã³³	tʰeŋ¹³	tʰeŋ⁵⁵	tĩã²²白 teŋ²²文
电白	pʰeŋ²²	teŋ³³	teŋ²¹	tʰia³³	tʰia³³	tʰeŋ²²	tʰeŋ²¹	teŋ⁴⁴²
雷州	paŋ²²	taŋ²⁴	tiŋ⁴²	tʰia²⁴	tʰia²⁴	tiŋ²²	tʰiŋ⁴²	tia²⁴白 tiŋ³³文

	0897 零	0898 青	0899 星	0900 经	0901 形	0902 壁	0903 劈	0904 踢
	梗开四平青来	梗开四平青清	梗开四平青心	梗开四平青见	梗开四平青匣	梗开四入锡帮	梗开四入锡滂	梗开四入锡透
广州	len^{21}	tʃʰɛŋ^{53}$_{白}$ tʃʰeŋ^{53}$_{文}$	ʃɛŋ^{53}	kɛŋ^{53}	iɛŋ^{21}	pek^{5}	pʰek^{3}	tʰɛk^{3}
番禺	liaŋ^{31}$_{白}$ leŋ^{31}$_{文}$	tʃʰiaŋ^{53}$_{白}$ tʃʰeŋ^{53}$_{文}$	ʃeŋ^{55}	keŋ^{53}	ieŋ^{31}	piak^{3}$_{白}$ pek^{5}$_{文}$	pʰiak^{3}	tʰiak^{3}
增城	leŋ^{21}	tsʰɛŋ^{44}$_{白}$ tsʰeŋ^{44}$_{文}$	seŋ^{44}	keŋ^{44}	ieŋ^{21}	pek^{5}	pʰɛk^{3}	tʰɛk^{3}
从化	leŋ^{22}	tsʰeŋ^{55}	seŋ^{55}	keŋ^{55}	ieŋ^{22}	pek^{5}	pʰɛk^{3}	tʰɛk^{3}
龙门	leŋ^{21}	tsʰiaŋ^{42}$_{白}$ tsʰeŋ^{42}$_{文}$	siaŋ^{55}$_{白}$ seŋ^{55}$_{文}$	keŋ^{42}	zeŋ^{21}	piak^{23}$_{白}$ pek^{5}$_{文}$	pʰiak^{23}	tʰiak^{23}
莞城	ŋeŋ^{31}	tʃʰœŋ^{23}$_{白}$ tʃʰəŋ^{23}$_{文}$	ʃœŋ^{55}$_{白}$ ʃəŋ^{23}$_{文}$	kəŋ^{23}	iəŋ^{31}	pək^{5}	pʰɛ^{34}$_{白}$ pʰək^{5}$_{文}$	tʰɛ^{34}
宝安	lɐŋ^{31}	tʃʰiɛŋ^{23}$_{白}$ tʃʰɐŋ^{23}$_{文}$	ʃiɛŋ^{55}	kɐŋ^{55}	iɛŋ^{31}	pɐiʔ^{5}	pʰiɛʔ^{3}	tʰiɛʔ^{5}
佛山	len^{42}	tʃʰɛŋ^{53}$_{白}$ tʃʰen^{53}$_{文}$	ʃɛŋ^{55}$_{白}$ ʃen^{53}$_{文}$	ken^{53}	ien^{42}	pek^{5}	pʰɛk^{34}	hɛk^{34}
南海	leŋ^{31}	tsʰiɛŋ^{51}$_{白}$ tsʰeŋ^{51}$_{文}$	siɛŋ^{55}$_{白}$ seŋ^{51}$_{文}$	keŋ^{51}	ieŋ^{31}	pek^{3} pek^{5}$_{文}$	pʰiɛk^{3}	tʰiɛk^{3}
顺德	len^{42}	tʃʰɛŋ^{53}$_{白}$ tʃʰen$_{文}$	ʃen^{53}$_{白}$ ʃen^{55}$_{文}$	ken^{53}	ien^{42}	pek^{5}	pʰɛk^{3}	tʰɛk^{3}
三水	leŋ^{31}	tsʰiaŋ^{53}$_{白}$ tsʰeŋ^{53}$_{文}$	seŋ^{53} seŋ^{55}	keŋ^{53} keŋ^{55}$_{文}$	ieŋ^{31}	pek^{5} pek^{4}$_{文}$	pʰiak^{4}$_{白}$ pek^{5}$_{文}$	tʰiak^{4}
高明	leŋ^{31}	tʃʰiɛŋ^{45}$_{白}$ tʃʰeŋ^{45}$_{文}$	ʃeŋ^{55}	keŋ^{55}	ieŋ^{31}	pek^{3}	pʰiɐk^{3}	tʰiɐk^{3}
佛冈	lɛŋ^{22}	tʃʰiaŋ^{33}$_{白}$ tʃʰɛŋ^{33}$_{文}$	ʃɛŋ^{33}	kɛŋ^{33}	iɛŋ^{22}	piak^{3}	pʰiak^{3}	tʰiak^{3}
阳山	liəŋ^{241}	tʃʰiəŋ^{51}	ʃiəŋ^{51}	kiəŋ^{51}	iəŋ^{241}	pik^{5}	pʰiɐk^{34}	tʰiɐk^{34}
连山	lɛŋ^{241}	tʰɛŋ^{51}	θɛŋ^{51}	kɛŋ^{51}	iaŋ^{241}	bɛk^{5}	pʰɛk^{5}	tʰɛk^{5}
新兴	lɐn^{21}	tsʰɐn^{45}	sɐn^{45}	kɐn^{45}	iɐn^{21}	pɐt^{45}	pʰɐt^{45}	tʰɐt^{45}
罗定	liɛŋ^{21}$_{白}$ leŋ^{21}$_{文}$	tsʰiɛŋ^{55} tsʰeŋ^{55}$_{文}$	siɛŋ^{55}$_{白}$ seŋ^{55}$_{文}$	keŋ^{55}	ieŋ^{21}	pek^{5}	pʰɛk^{3}$_{白}$ pʰek^{5}$_{文}$	tʰɛk^{3}
郁南	leŋ^{21}	tʃʰɛŋ^{55}$_{白}$ tʃʰeŋ^{55}$_{文}$	ʃɛŋ^{55}$_{白}$ ʃeŋ^{55}$_{文}$	keŋ^{55}	ieŋ^{21}	pek^{5}	pʰɛk^{3}	tʰɛk^{3}
石岐	liaŋ^{51}$_{白}$ leŋ^{51}$_{文}$	tsʰiaŋ^{55} tsʰeŋ^{55}	siaŋ^{55}$_{白}$ seŋ^{55}$_{文}$	keŋ^{55}	heŋ^{51}	piak^{3}$_{白}$ pek^{5}$_{文}$	pʰiak^{3}$_{白}$ pʰek^{5}$_{文}$	tʰiak^{3}

	0897 零	0898 青	0899 星	0900 经	0901 形	0902 壁	0903 劈	0904 踢
	梗开四平青来	梗开四平青清	梗开四平青心	梗开四平青见	梗开四平青匣	梗开四入锡帮	梗开四入锡滂	梗开四入锡透
肇庆	$leŋ^{21}$	$tʃʰɐŋ^{45}$白 $tʃʰɐŋ^{45}$文	$ʃɐŋ^{45}$	$kɐŋ^{45}$	$iɐŋ^{21}$	$pɛk^{3}$	$pʰɛk^{3}$	$tʰɛk^{3}$
香洲	$lɐŋ^{343}$	$tsʰiaŋ^{21}$白 $tsʰɐŋ^{21}$文	$siaŋ^{21}$白 $sɐŋ^{21}$文	$kɐŋ^{21}$	$ɐŋ^{343}$	$piak^{21}$白 $pɐk^{21}$文	$pʰiak^{21}$	$tʰiak^{21}$
斗门	$ləŋ^{22}$	$tʰəŋ^{34}$	$səŋ^{34}$	$kəŋ^{34}$	$iəŋ^{22}$	$piak^{34}$白 $pək^{5}$文	$pʰiak^{34}$	$tʰiak^{34}$
新会	$leŋ^{22}$	$tsʰiaŋ^{23}$白 $tsʰɐŋ^{23}$文	$siaŋ^{21}$白 $sɐŋ^{23}$文	$kɐŋ^{23}$	$ieŋ^{22}$	pek^{45}	$pʰiak^{45}$	$pʰiak^{23}$
台山	$liaŋ^{22}$	$tʰiaŋ^{33}$白 $tʰɐn^{33}$文	$ɬen^{33}$	ken^{33}	$jien^{22}$	pet^{3}	$pʰiak^{3}$	$pʰiak^{3}$
开平	$lɛŋ^{11}$	$tʰɛn^{33}$	$ɬen^{33}$	ken^{33}	$jien^{11}$	$vɛt^{5}$	$pʰɛt^{5}$	$hiak^{3}$
恩平	$liaŋ^{22}$白 $leŋ^{22}$文	$tʰiaŋ^{33}$白 $tʰɐn^{33}$文	$ʃiaŋ^{21}$白 $ʃɐŋ^{33}$文	ken^{33}	$ieŋ^{22}$	pek^{5}	$pʰiak^{3}$白 $pʰek^{5}$文	$pʰiak^{3}$
四会	$lieŋ^{31}$	$tʃʰieŋ^{51}$	$ʃieŋ^{51}$	$kɐŋ^{51}$	$iɛŋ^{31}$	$pɐk^{5}$	$pʰiɛk^{3}$	$tʰiɛk^{3}$
广宁	$liaŋ^{31}$	$tsʰiəŋ^{51}$	$siaŋ^{51}$	$kiəŋ^{51}$	$iəŋ^{31}$	$piək^{43}$	$pʰiək^{43}$	$tʰiək^{43}$
怀集	$lieŋ^{231}$	$tʃʰieŋ^{42}$	$θieŋ^{42}$	$kieŋ^{42}$	$ieŋ^{231}$	$piɐk^{45}$	$pʰiɐk^{45}$	$tʰiɐk^{45}$
德庆	$leŋ^{242}$	$tsʰeŋ^{454}$	$seŋ^{454}$	$keŋ^{454}$	$ieŋ^{242}$	pek^{5}	$pʰek^{5}$	$tʰek^{5}$
封开	$leŋ^{243}$	$tʰeŋ^{55}$	$ɬeŋ^{55}$	$keŋ^{55}$	$ieŋ^{243}$	pek^{5}	$pʰek^{5}$	$tʰek^{5}$
阳江	$leŋ^{42}$	$tsʰeŋ^{33}$	$ɬeŋ^{33}$	$keŋ^{33}$	$ieŋ^{42}$	pek^{35}	$pʰek^{35}$	$tʰek^{35}$
阳春	$lən^{31}$	$tsʰən^{45}$	$ɬən^{45}$	$kən^{45}$	$iən^{31}$	$pət^{45}$	$pʰət^{45}$	$tʰət^{45}$
赤坎	$liaŋ^{21}$白 $leŋ^{21}$文	$tsʰiaŋ^{45}$白 $tsʰeŋ^{45}$文	$ɬeŋ^{45}$	$keŋ^{45}$	$ieŋ^{21}$	pek^{5}	$pʰiaʔ^{3}$	$tʰiaʔ^{3}$
吴川	$leŋ^{31}$	$tʃʰeŋ^{55}$	$ɬeŋ^{55}$	$keŋ^{55}$	$ieŋ^{31}$	$ɓeʔ^{5}$	$pʰeʔ^{5}$	$tʰɛʔ^{5}$
廉江	$leŋ^{21}$	$tsʰiɛŋ^{55}$白 $tsʰeŋ^{55}$文	$ɬiɛŋ^{55}$白 $ɬeŋ^{55}$文	$keŋ^{55}$	$ieŋ^{21}$	$piɛk^{3}$	$pʰiɛk^{3}$	$tʰiɛk^{2}$
高州	$leŋ^{21}$	$tʃʰeŋ^{53}$	$ɬeŋ^{53}$	$keŋ^{53}$	$ieŋ^{21}$	pek^{5}	$pʰiɛk^{3}$白 $pʰek^{5}$文	$tʰek^{5}$
化州	$leŋ^{31}$	$tʰeŋ^{53}$	$ɬeŋ^{53}$	$keŋ^{53}$	$ieŋ^{13}$	$ɓek^{5}$	$pʰek^{5}$	$tʰek^{5}$

	0897 零	0898 青	0899 星	0900 经	0901 形	0902 壁	0903 劈	0904 踢
	梗开四 平青来	梗开四 平青清	梗开四 平青心	梗开四 平青见	梗开四 平青匣	梗开四 入锡帮	梗开四 入锡滂	梗开四 入锡透
梅州	$laŋ^{21}$	$ts^hiaŋ^{44}$	$saŋ^{44}$白 $sɛŋ^{44}$文	$kaŋ^{44}$白 kin^{44}文	hin^{21}	$piak^{31}$	p^hiak^2	$t^hɛt^2$
兴宁	$laŋ^{13}$	$ts^hiaŋ^{24}$	sin^{24}	$kaŋ^{24}$白 kin^{24}文	$ʃin^{13}$	$piak^2$	p^hiak^2白 $p^høit^2$文	$t^hɪet^2$
五华	$laŋ^{212}$	$ts^hiaŋ^{44}$	sin^{44}	kin^{44}	$ʃin^{212}$	$piak^2$	p^hiak^2	$t^hɛt^2$
大埔	len^{13}	$ts^hiaŋ^{34}$	sen^{34}	$kaŋ^{34}$白 ken^{34}文	hin^{13}	$piak^2$	p^hiak^2	t^het^2
丰顺	len^{24}	$ts^hiaŋ^{44}$	sen^{44}	kin^{44}	hin^{24}	$piak^2$	p^hit^2	t^het^2
揭西	len^{24}	$ts^hiaŋ^{452}$	$sɛn^{452}$	kin^{452}	hin^{24}	$piak^3$	p^hiak^3	$t^hɛt^3$
陆河	$laŋ^{35}$	$ts^hiaŋ^{53}$	$siaŋ^{53}$	$kaŋ^{53}$白 kin^{53}文	hin^{35}	$piak^{45}$	p^hiak^5	$t^hɛt^{45}$
龙川	$liaŋ^{51}$	$ts^hiaŋ^{33}$	sin^{33}	kin^{33}	$ʃin^{51}$	$piak^{13}$	p^hiak^{13}	t^hiak^{13}
河源	$liaŋ^{31}$	$ts^hiaŋ^{33}$	$siaŋ^{33}$白 sin^{33}文	kin^{33}	hin^{31}	$piak^5$	p^hiak^5	t^hiak^5
连平	$liaŋ^{21}$	$ts^hiaŋ^{24}$	sin^{24}	kin^{24}	hin^{21}	$piak^3$	p^hiak^3	t^hiak^3
龙岗	$laŋ^{21}$	$ts^hiaŋ^{33}$	sin^{33}	kin^{33}	hin^{21}	$piak^{31}$	p^hiak^2	t^hiak^2
惠州	$lən^{22}$	$tɕ^hiaŋ^{33}$	$siaŋ^{33}$白 $sən^{33}$文	$kən^{33}$	$hən^{22}$	$piak^{45}$	p^hiak^{45}	t^hiak^{45}
博罗	$liaŋ^{21}$白 $liɛŋ^{21}$文	$ts^hiaŋ^{44}$	$ɬiaŋ^{44}$白 $ɬiɛŋ^{44}$文	$kiɛŋ^{44}$	$hiɛŋ^{21}$	$piak^5$	p^hiak^5	t^hiak^5
新丰	$liaŋ^{24}$	$ts^hiaŋ^{44}$	$siaŋ^{44}$白 $sɛŋ^{44}$文	kin^{44}	sin^{24}	$piak^2$	p^hiak^2	t^hiak^2
翁源	$lɛn^{41}$	$ts^hiaŋ^{22}$	$sɛn^{22}$	kin^{22}	$ʃin^{41}$	$piak^{31}$	p^hiak^{31}	t^hiak^{31}
始兴	$liaŋ^{51}$	$tɕ^hiaŋ^{22}$	$ɕiaŋ^{22}$白 $ɕiŋ^{22}$文	$tɕiŋ^{22}$	$ɕiŋ^{51}$	$piaʔ^{45}$	$p^hiaʔ^{45}$	$t^hiaʔ^{45}$
仁化	len^{31}	$ts^hiaŋ^{33}$	$siaŋ^{23}$白 sen^{33}文	ken^{33}	ien^{31}	$piaʔ^5$	$p^hiaʔ^5$	$t^hiaʔ^5$
南雄	$liaŋ^{21}$	$tɕ^hiaŋ^{44}$	$ɕiaŋ^{21}$白 $siŋ^{44}$文	$tɕiŋ^{44}$	$ɕiŋ^{21}$	$piaʔ^5$	$p^hiaʔ^5$	$t^hiaʔ^5$

	0897 零	0898 青	0899 星	0900 经	0901 形	0902 壁	0903 劈	0904 踢
	梗开四平青来	梗开四平青清	梗开四平青心	梗开四平青见	梗开四平青匣	梗开四入锡帮	梗开四入锡滂	梗开四入锡透
皈塘	lai⁴⁵	tʃʰai²⁴	ʃai²⁴	kai²⁴	hai⁴⁵	pia²¹	pʰia⁴¹	tʰei⁴¹
桂头	lin⁴⁵	tsʰin⁵¹	sɐn⁵¹	kɐn⁵¹	hɐn⁴⁵	pi²¹	pʰɛi²¹白 pʰi²¹文	tʰi²¹
连州	la⁵⁵	tsʰa³¹	sa³¹	ka³¹	ia⁵⁵	pa²⁴	pʰa²⁴	tʰa²⁴
潮州	laŋ⁵⁵白 leŋ⁵⁵文	tsʰɛ̃³³	tsʰɛ̃³³	kiã³³白,~典 kɛ̃³³~布 keŋ³³文,~商	heŋ⁵⁵	piaʔ²	pʰoʔ²白 pʰek²文	tʰak²白 tʰek²文
饶平	laŋ⁵⁵白 leŋ⁵⁵文	tsʰẽ⁴⁴	tsʰẽ⁴⁴	kiã⁴⁴白 keŋ⁴⁴文	heŋ⁵⁵	piaʔ²	pʰek²	tʰak²
汕头	laŋ⁵⁵白 leŋ⁵⁵文	tsʰẽ³³	tsʰẽ³³	kiã³³白 kẽ³³白 keŋ³³文	heŋ⁵⁵	piaʔ²	pʰek²	tʰak²
澄海	leŋ⁵⁵	tsʰẽ³³	tsʰẽ³³	kiã³³白 keŋ³³文	heŋ⁵⁵	piaʔ²	pʰoʔ²白 pʰek²文	tʰak²
潮阳	laŋ³³白 leŋ³³文	tsʰẽ³¹	tsʰẽ³¹	kiã³¹白 keŋ³¹文	heŋ³³	piaʔ³	pʰek³	tʰak³
南澳	leŋ⁴⁵⁴	tsʰẽ³⁴	tsʰẽ³⁴	keŋ³⁴	heŋ⁴⁵⁴	piaʔ²	pʰek²	tʰak²
揭阳	laŋ⁵⁵白 leŋ⁵⁵文	tsʰẽ³³	tsʰẽ³³	kiã³³白,圣~ kẽ³³~布 keŋ³³文,~历	heŋ⁵⁵	piaʔ³	pʰek³	tʰak³
普宁	laŋ⁵⁵白 leŋ⁵⁵文	tsʰẽ³⁵	tsʰẽ³⁵	kiã³⁵白,圣~ kẽ³⁵~布 keŋ³⁵文,~历	heŋ⁵⁵	piaʔ³	pʰek³	tʰak³白 tʰek³文
惠来	leŋ⁵⁵	tsʰẽ³⁴	tsʰẽ³⁴	kiã³⁴白,圣~ keŋ³⁴文,~历	heŋ⁵⁵	piaʔ³	pʰek³	tʰak³
海丰	naŋ⁵⁵白 leŋ⁵⁵文	tsʰẽ³³	tsʰẽ³³	kiã³³白,诗~ kẽ³³白,~丝 keŋ³³文	heŋ⁵⁵	piaʔ²	pʰiʔ²白,~肉 pʰek²文	tʰak²白 tʰek²文
陆丰	laŋ¹³白 leŋ¹³文	tsʰẽ³³	tsʰẽ³³	kiã³³白 kẽ³³白 keŋ³³文	heŋ¹³	piaʔ²	pʰiʔ²白 pʰek²文	tʰak²白 tʰek²文
电白	leŋ²²	tsʰia³³白 tsʰeŋ³³文	tsʰia³³白 seŋ³³文	keŋ³³	heŋ²²	pia⁵³白 pek⁵文	pʰek⁵	tʰek⁵
雷州	liŋ²²	tsʰe²⁴白 tsʰiŋ²⁴文	tsʰe²⁴白 siŋ²⁴文	kiŋ²⁴	hiŋ²²	pia⁵⁴	pʰit⁵	tʰak⁵

	0905 笛	0906 历 农~	0907 锡	0908 击	0909 吃	0910 横 竖	0911 划 计~	0912 兄
	梗开四入锡定	梗开四入锡来	梗开四入锡心	梗开四入锡见	梗开四入锡溪	梗合二平庚匣	梗合二入麦匣	梗合三平庚晓
广州	$tɛk^2$	lek^2	$ʃɛk^3$	kek^5	$hɛk^3$	$uaŋ^{21}$	uak^2	$heŋ^{53}$
番禺	$tiak^2$	lek^2	$ʃiak^3$	kek^5	$hiak^3$	$uaŋ^{31}$	uak^2	$heŋ^{53}$
增城	$tɛk^2$	lek^2	$sɛk^3$	kek^5	$hɛk^3$	$uaŋ^{21}$	uak^2	$heŋ^{44}$
从化	$tɛk^2$	lek^2	$sɛk^3$	kek^5	$hɛk^3$	$uaŋ^{22}$	uak^2	$heŋ^{55}$
龙门	$tiak^{43}$	lek^{43}	$siak^{23}$白 sek^5文	kek^5	$tsʰi^{42}$	$vaŋ^{21}$	vak^{43}	$heŋ^{42}$
莞城	$tək^3$	$ŋək^3$	$ʃɛ^{44}$白 $ʃək^5$文	$kək^5$	$hɛk^3$	$ueŋ^{31}$	$uɛk^3$	$həŋ^{23}$
宝安	tie^{25}	$lɐʔ^3$	$ʃiɛʔ^5$	$kɐʔ^5$	$hɛʔ^5$	$uaŋ^{33}$	$uaʔ^3$	$hɐŋ^{55}$
佛山	$tɛk^{35}$	lek^{23}	$ʃɛk^{34}$	kek^5	$hɛk^{34}$	$uaŋ^{42}$	uak^{23}	$heŋ^{53}$
南海	$tiɛk^2$	lek^2	$siɛk^3$白 sek^3文	kek^5	$hiɛk^3$	$uaŋ^{31}$	uak^2	$heŋ^{51}$
顺德	$tɛk^{24}$	$lɛk^2$	$ʃɛk^3$白 $ʃet^3$文	ket^5	het^3	$uaŋ^{42}$	uak^2	hen^{53}
三水	$tiak^3$ $tiak^{25}$小	lek^3	$siak^4$	kek^5	$hiak^4$	$uaŋ^{31}$	uak^3	$heŋ^{53}$
高明	$tiek^{24}$	$lɛk^2$	$ʃiɐk^3$	kek^5	$hiɐk^3$	$uaŋ^{31}$	uak^2	$heŋ^{45}$
佛冈	$tiak^2$	$lɛk^2$	$ʃiak^2$	$kɛk^3$	hak^3	$uaŋ^{22}$	uak^2	$hɛŋ^{33}$
阳山	$tiək^{23}$	$liək^{23}$	$ʃiək^{34}$	kik^5	$hiək^{34}$	$ueŋ^{241}$	uek^{23}	$hiəŋ^{51}$
连山	$tɛk^{215}$	$lɛk^{215}$	$θɛk^5$	$kɛk^5$	$hɛk^5$	$vaŋ^{241}$	vak^{215}	$hɛŋ^{51}$
新兴	$tɐt^{52}$	$lɐt^{52}$	$sɐt^{45}$	$kɐt^{45}$	$hɐt^{45}$	$ueŋ^{21}$	$uɐk^{52}$	$hɐŋ^{45}$
罗定	$tɛk^2$	lek^2	$sɛk^3$	kek^5		$uaŋ^{21}$	uak^2	$heŋ^{55}$
郁南	$tɛk^2$	lek^2	$ʃɛk^3$	kek^5	$hɛk^3$	$uaŋ^{21}$	$uɐk^2$	$heŋ^{55}$
石岐	$tiak^3$	lek^3	$siak^3$白 sek^5文	kek^5	iak^3	$uaŋ^{51}$	uak^3	$heŋ^{55}$

	0905 笛	0906 历 农~	0907 锡	0908 击	0909 吃	0910 横 竖	0911 划 计~	0912 兄
	梗开四	梗开四	梗开四	梗开四	梗开四	梗合二	梗合二	梗合三
	入锡定	入锡来	入锡心	入锡见	入锡溪	平庚匣	入麦匣	平庚晓
肇庆	tɛk²	lek²	ʃɛk³	kek⁵	hɛk³	uaŋ²¹	uɐk⁴²	heŋ⁴⁵
香洲	tiak³	lɐk³	siak²¹	kɐk²¹	iak²¹ 白 hiak²¹ 文	uaŋ³⁴³	uak³	hɐŋ²¹
斗门	tiak³	lək³	siak³ 白 sək⁵ 文	kək⁵	hiak³⁴	uaŋ²²	uak³	həŋ³⁴
新会	tiak²	lek²	siak²³ 白 sek⁴⁵ 文	kek⁴⁵	hiak²³	uaŋ²²	uak²	heŋ²³
台山	iap³¹	let³¹	ɬiak³	ket⁵	hiak³	ʋaŋ²²	ʋak³¹	hen³³
开平	iɛt²	lɛt²	ɬiat⁵	kɛt⁵	hiak³	vaŋ¹¹	vak²	hɛn³³
恩平	tiak²	lek²	ʃiak³ 白 ʃek⁵ 文	kek⁵	hiak³	vaŋ²²	vak²	heŋ³³
四会	tiɛk²	liɛk²	ʃiɛk³	kɐk⁵	iɛk³	uaŋ³¹	uɐk²	hiɛŋ⁵¹
广宁	tiək³²³	liək³²³	siək⁴³	kɐk⁵	hiək⁴³	uaŋ³¹	uɐk³²	hiəŋ⁵¹
怀集	tiɐk²⁴	liɐk²⁴	θiɐk⁴⁵	kɐk⁵	hiɐk⁴⁵	uɛŋ²³¹	uɛk⁴⁵	hiɛn⁴²
德庆	tek²	lek²	sek⁵	kek⁵	hɐt⁵	uɐŋ²⁴²	uɐk²	heŋ⁴⁵⁴
封开	tek²	lek²	ɬek⁵	kek⁵	hek⁵	uaŋ²⁴³	uak²	heŋ⁵⁵
阳江	tek⁵⁴	lek⁵⁴	ɬek³⁵	kek³⁵	hɐk³⁵	uaŋ⁴²	uaʔ⁵⁴	heŋ³³
阳春	tət⁵²	lət⁵²	ɬət⁴⁵	kət⁴⁵	hət⁴⁵	uaŋ³¹	uak⁵²	hən⁴⁵
赤坎	tiaʔ²	lek²	ɬiaʔ³	kek⁵	hiaʔ³	uaŋ²¹	uaʔ²	heŋ⁴⁵
吴川	ɗeʔ³¹	leʔ³¹	ɬeʔ⁵	keʔ⁵	（无）	uaŋ³¹	uaʔ³¹	heŋ⁵⁵
廉江	tiɛk²	lek²	ɬiɛk³	kek⁵	hɐt⁵	uaŋ²¹	uak²	heŋ⁵⁵
高州	tek²¹	lek²¹	ɬek⁵	kek⁵	hɐt⁵	vaŋ²¹	vak²¹	heŋ⁵³
化州	ɗek³¹	lek³¹	ɬek⁵	kek⁵	hek⁵	uaŋ¹³	uaʔ³¹	heŋ⁵³

	0905 笛	0906 历 农~	0907 锡	0908 击	0909 吃	0910 横 竖	0911 划 计~	0912 兄
	梗开四 入锡定	梗开四 入锡来	梗开四 入锡心	梗开四 入锡见	梗开四 入锡溪	梗合二 平庚匣	梗合二 入麦匣	梗合三 平庚晓
梅州	tʰak⁵	lit⁵	siak²白 sit²文	kit²	tsʰət⁵	vaŋ²	vak⁵	hiuŋ⁴⁴
兴宁	tʰak⁴	lak⁴白 lit⁴文	siak²白 sit²文	kit²	(无)	vaŋ¹³	vak⁴	ʃuŋ²⁴
五华	tʰak⁵	lak⁵	siak²	kit²	(无)	vaŋ²¹²	vak⁵	ʃuŋ⁴⁴
大埔	tʰet⁵	let⁵	siak²白 sit²文	kit²	tʃʰit²	vaŋ¹³	vak⁵	hiuŋ³⁴
丰顺	tʰet⁵	let⁵	siak²	kit²	(无)	vaŋ²⁴	vak⁵	hiuŋ⁴⁴
揭西	tʰɛt⁵	lɛt⁵	siak³	kit³	(无)	vaŋ²⁴	vak⁵	hiuŋ⁴⁵²
陆河	tʰak⁵	lak⁵	siak⁴⁵	kit⁴⁵	(无)	vaŋ³⁵ vaŋ⁵³椅~	vak⁵	hiuŋ⁵³
龙川	tʰiak³	liak³	siak¹³	kit¹³	ʃit³	vaŋ⁵¹	vak³	suŋ³³
河源	tʰiak³	liak³	siak⁵	kʰit⁵	sit³	ʋaŋ³¹	ʋak³	hin³³
连平	tʰiak⁵	liak⁵	siak³	kit³	(无)	uaŋ²¹	uak⁵	ɕiuŋ²⁴
龙岗	tʰiak⁵	lak⁵白 lit⁵文	siak²	kit²	(无)	vaŋ²¹	vak⁵	hiuŋ³³
惠州	(无)	lət²¹	siak⁴⁵	kət⁴⁵	(无)	waŋ²²	wak²¹	hən³³
博罗	tʰak²	liak²白 let²文	ɬiak⁵	ket⁵	(无)	vaŋ²¹	vak⁵	hiɛŋ⁴⁴
新丰	tʰiak⁴	liak⁴	siak²	kit²	(无)	vaŋ²⁴	vak⁴	suŋ⁴⁴
翁源	tʰiɛt⁴⁵	liak⁴⁵	siak³¹	kit³¹	kʰit³¹	vaŋ⁴¹	vak⁴⁵	ʃuŋ²²
始兴	tiʔ⁴⁵	liʔ³	ɕiaʔ⁴⁵	kiʔ⁴⁵	(无)	vaŋ⁵¹	faʔ³	ɕiaŋ²² ɕiuŋ²²又
仁化	tiʔ⁵	liʔ⁵	siaʔ⁵	kiʔ⁵	(无)	vaŋ³¹	vaʔ⁵	xɐŋ³³
南雄	tiaʔ⁴²	leiʔ⁴²	ɕiaʔ⁵	tɕieʔ⁵	tɕʰiaʔ⁴²	vaŋ²¹	faʔ⁴²	ɕiəŋ⁴⁴

	0905 笛	0906 历 农~	0907 锡	0908 击	0909 吃	0910 横 ~竖	0911 划 计~	0912 兄
	梗开四入锡定	梗开四入锡来	梗开四入锡心	梗开四入锡见	梗开四入锡溪	梗合二平庚匣	梗合二入麦匣	梗合三平庚晓
皈塘	（无）	lei³³	ʃei⁴¹	kei⁴¹	（无）	ya⁴⁵	hua²¹	hai²⁴
桂头	ti⁴	li⁴	si²¹	kai²¹	（无）	vin⁴⁵	vi⁴	hoŋ⁵¹
连州	ti³¹	la³¹	sa²⁴	kɐt²³	kʰɐt²³	va⁵⁵	va³¹	fa³¹ ~弟 hɛ³¹ 师~
潮州	tek⁵	leʔ⁵	siaʔ²	kʰek²	ŋɤk²	hũẽ⁵⁵	ueʔ⁵	hĩã³³
饶平	tek⁵	leʔ⁵	siaʔ²	kʰek²	ŋɯk²	hũẽ⁵⁵	ueʔ⁵	hĩã⁴⁴
汕头	tek⁵	leʔ⁵	siaʔ²	kʰek²	ŋɯk²	hũẽ⁵⁵	ueʔ⁵	hĩã³³
澄海	tek²	leʔ⁵	siaʔ²	kʰek²	ŋək²	hũẽ⁵⁵	ueʔ⁵	hĩã³³
潮阳	tek⁵	leʔ⁵	siaʔ³	kʰek³	ŋiak³	hũẽ³³	ueʔ⁵	hĩã³¹
南澳	tek⁵	leʔ⁵	siaʔ²	kʰek²	ŋik²	hũẽ⁴⁵⁴	ueʔ⁵	hĩã³⁴
揭阳	tek⁵	laʔ⁵ 白 leʔ⁵ 文	siaʔ³	kʰek³	（无）	hũẽ⁵⁵	ueʔ⁵	hĩã³³
普宁	tek⁵	laʔ⁵ 白 leʔ⁵ 文	siaʔ³	kʰek³	ŋiak³	hũẽ⁵⁵	ueʔ⁵	hĩã³⁵
惠来	tek⁵	leʔ⁵	siaʔ³	kʰek³	ŋip⁵	hũẽ⁵⁵	ueʔ⁵	hĩã³⁴
海丰	tek⁵	lek⁵	siaʔ²	kek² kʰek² 又	tsʰit⁵	hũẽ⁵⁵ hã⁵⁵ ~栏	ueʔ⁵	hĩã³³
陆丰	tek⁵	lek⁵	siaʔ²	kʰek²	（无）	hũẽ¹³	ueʔ⁵	hĩã³³
电白	tek²	lek²	sia⁵³ 白 sek⁵ 文	kek⁵	（无）	huai²²	ɔi⁴⁴²	hia³³
雷州	tit⁵	le³³	sia³³ 白 sit⁵ 文	kit⁵	（无）	hue²²	hua³³	hia²⁴ 白 hioŋ²⁴ 文

	0913 荣	0914 永	0915 营	0916 蓬~松	0917 东	0918 懂	0919 冻	0920 通
	梗合三平庚云	梗合三上庚云	梗合三平清以	通合一平东并	通合一平东端	通合一上东端	通合一去东端	通合一平东透
广州	ueŋ²¹	ueŋ¹³	ieŋ²¹	foŋ²¹	toŋ⁵³	toŋ³⁵	toŋ³³	tʰoŋ⁵³
番禺	ueŋ³¹	ueŋ²³	ieŋ³¹	pʰoŋ³¹	toŋ⁵³	toŋ³⁵	toŋ³³	tʰoŋ⁵³
增城	ieŋ²¹	ueŋ¹³	ieŋ²¹	feŋ²¹	teŋ⁴⁴	teŋ³⁵	teŋ³³	tʰeŋ⁴⁴
从化	ueŋ²²	ueŋ²³	ieŋ²²	foŋ²²	toŋ⁵⁵	toŋ⁴⁵	toŋ²³	tʰoŋ⁵⁵
龙门	zeŋ²¹	veŋ²³	zeŋ²¹	pʰoŋ²¹	toŋ⁴²	toŋ³⁵	toŋ²³	tʰoŋ⁴²
莞城	iəŋ³¹	uəŋ³⁴	iəŋ³¹	pʰoŋ³¹	toŋ²³	toŋ³⁵	toŋ⁴⁴	tʰoŋ²³
宝安	uɐŋ³¹	uɐŋ²³	iɛŋ³¹	pʰoŋ³³	toŋ⁵⁵	toŋ²⁵	toŋ³³	tʰoŋ⁵⁵
佛山	uen⁴²	uen¹³	ien⁴²	foŋ⁴²	toŋ⁵³	toŋ³⁵	toŋ²⁴	hoŋ⁵³
南海	ueŋ³¹	ueŋ¹³	ieŋ³¹	foŋ³¹	toŋ⁵¹	toŋ³⁵	toŋ³³	tʰoŋ⁵¹
顺德	uen⁴²	uen¹³	ien⁴²	foŋ⁴²	toŋ⁵³	toŋ²⁴	toŋ³²	tʰoŋ⁵³
三水	ueŋ³¹	ueŋ²³	ieŋ³¹	foŋ³¹ pʰoŋ²⁵又	toŋ⁵³ toŋ⁵⁵又	toŋ²⁵	toŋ⁴⁴	tʰoŋ⁵³ tʰoŋ⁵⁵又
高明	ueŋ³¹	ueŋ³³	ieŋ³¹	foŋ³¹	toŋ⁵⁵	toŋ²⁴	toŋ³³	tʰoŋ⁵⁵
佛冈	uɛŋ²²	ueŋ³¹	iɛŋ²²	foŋ²²	toŋ³³	toŋ³⁵	toŋ³³	tʰoŋ³³
阳山	uiəŋ²⁴¹	uiəŋ²²⁴	iəŋ²⁴¹	foŋ²⁴¹	toŋ⁵¹	toŋ⁵⁵	toŋ³⁴	tʰoŋ⁵¹
连山	iaŋ²⁴¹	vɛŋ²¹⁵	iaŋ²⁴¹	foŋ²⁴¹	doŋ⁵¹	doŋ⁵⁵	doŋ³⁵	tʰoŋ⁵¹
新兴	uɐŋ²¹	uɐŋ²¹	iɐŋ²¹	pʰoŋ²¹	toŋ⁴⁵	toŋ³⁵	toŋ⁴⁴³	tʰoŋ⁴⁵
罗定	ueŋ²¹	ueŋ¹³	ieŋ²¹	pʰoŋ²¹	toŋ⁵⁵	toŋ³⁵	toŋ³³	tʰoŋ⁵⁵
郁南	ueŋ²¹	ueŋ¹³	ieŋ²¹	pʰoŋ²¹	toŋ⁵⁵	toŋ³⁵	toŋ³³	tʰoŋ⁵⁵
石岐	eŋ⁵¹	ueŋ²¹³	eŋ⁵¹	hoŋ⁵¹	toŋ⁵⁵	toŋ²¹³	toŋ³³	tʰoŋ⁵⁵

	0913 荣	0914 永	0915 营	0916 蓬~ 松	0917 东	0918 懂	0919 冻	0920 通
	梗合三 平庚云	梗合三 上庚云	梗合三 平清以	通合一 平东并	通合一 平东端	通合一 上东端	通合一 去东端	通合一 平东透
肇庆	ueŋ²¹	ueŋ¹³	ieŋ²¹	foŋ²¹	toŋ⁴⁵	toŋ²⁴	toŋ³³	tʰoŋ⁴⁵
香洲	uɐŋ³⁴³	uɐŋ³⁵	ɐŋ³⁴³	pʰoŋ³⁴³	toŋ²¹	toŋ³⁵	toŋ³³	tʰoŋ²¹
斗门	uəŋ²²	uəŋ²¹	iəŋ²²	foŋ²²	toŋ³⁴	toŋ⁴⁵	toŋ³⁴	hoŋ³⁴
新会	ueŋ²²	ueŋ²¹	ieŋ²²	pʰəŋ²²	təŋ²³	təŋ⁴⁵	təŋ²³	həŋ²³
台山	ʋen²²	ʋen²¹	jien²²	fɤŋ²²	ɤŋ³³	ɤŋ⁵⁵	ɤŋ³³	hɤŋ³³
开平	ʋɛn¹¹	ʋɛn²¹	jian¹¹	foŋ¹¹	oŋ³³	oŋ⁴⁵	oŋ³³	hoŋ³³
恩平	ʋeŋ²²	ʋeŋ²¹	ieŋ²²	pʰoŋ²²	toŋ³³	toŋ⁵⁵	toŋ³³	hoŋ³³
四会	uɛŋ³¹	uɛŋ²⁴	iɛŋ³¹	foŋ³¹	toŋ⁵¹	toŋ³³	toŋ³³	tʰoŋ⁵¹
广宁	uiəŋ³¹	uiəŋ³²³	iəŋ³¹	foŋ³¹	toŋ⁵¹	toŋ⁴⁴	toŋ³³	tʰoŋ⁵¹
怀集	ueŋ²³¹	ueŋ²⁴	ieŋ²³¹ 军~ ueŋ²³¹ ~业	poŋ²³¹	toŋ⁴²	toŋ⁵⁴	toŋ⁴⁵	tʰoŋ⁴²
德庆	ueŋ²⁴²	ueŋ²³	ieŋ²⁴²	poŋ²⁴²	toŋ⁴⁵⁴	toŋ⁴⁵	toŋ⁵³	tʰoŋ⁴⁵⁴
封开	ueŋ²⁴³	ueŋ²²³	ieŋ²⁴³	poŋ²⁴³	toŋ⁵⁵	toŋ³³⁴	toŋ⁵¹	tʰoŋ⁵⁵
阳江	ueŋ⁴²	ueŋ²¹	ueŋ⁴²	pʰoŋ⁴²	toŋ³³	toŋ²¹	toŋ³⁵	tʰoŋ³³
阳春	uəŋ³¹	uəŋ³²³	iəŋ³¹	pʰoŋ³¹	toŋ⁴⁵	toŋ³²⁴	toŋ³³	tʰoŋ⁴⁵
赤坎	ueŋ²¹	ueŋ¹³	ieŋ²¹	pʰoŋ²¹	toŋ⁴⁵	toŋ¹³	toŋ³³	tʰoŋ⁴⁵
吴川	ueŋ³¹	ueŋ²⁴	ieŋ³¹	pʰoŋ³¹	ɗoŋ⁵⁵	ɗoŋ³⁵	ɗoŋ³³	tʰoŋ⁵⁵
廉江	ioŋ²¹	ueŋ²³	ieŋ²¹	pʰoŋ²¹	toŋ⁵⁵	toŋ²⁵	toŋ³³	tʰoŋ⁵⁵
高州	ieŋ²¹	ʋeŋ¹³	ieŋ²¹	pʰuŋ²¹	tuŋ⁵³	tuŋ²⁴	tuŋ³³	tʰuŋ⁵³
化州	ueŋ¹³	ueŋ¹³	ieŋ¹³	pʰoŋ³¹	ɗoŋ⁵³	ɗoŋ³⁵	ɗoŋ³³	tʰoŋ⁵³

	0913 荣	0914 永	0915 营	0916 蓬~松	0917 东	0918 懂	0919 冻	0920 通
	梗合三 平庚云	梗合三 上庚云	梗合三 平清以	通合一 平东并	通合一 平东端	通合一 上东端	通合一 去东端	通合一 平东透
梅州	iuŋ²¹	iun³¹	iaŋ²¹白 / in²¹文	pʰuŋ²¹	tuŋ⁴⁴	tuŋ³¹	tuŋ⁵²	tʰuŋ⁴⁴
兴宁	ʒuŋ¹³	ʒøin²⁴	ʒaŋ¹³	pʰuŋ¹³	tuŋ²⁴	tuŋ³¹	tuŋ⁵¹	tʰuŋ²⁴
五华	in²¹²名字 / iuŋ²¹²光~	iun⁴⁴	iaŋ²¹²	pʰuŋ²¹²	tuŋ⁴⁴	tuŋ³¹	tuŋ⁵¹	tʰuŋ⁴⁴
大埔	ʒuŋ¹³	ʒun³¹	ʒaŋ¹³	pʰuŋ¹³	tuŋ³⁴	tuŋ³¹	tuŋ⁵²	tʰuŋ³⁴
丰顺	iuŋ²⁴	iuŋ⁵³	iaŋ²⁴	pʰuŋ²⁴	tuŋ⁴⁴	tuŋ⁵³	tuŋ⁵³	tʰuŋ⁴⁴
揭西	ʒin²⁴	ʒuŋ³¹	ʒaŋ²⁴	pʰuŋ²⁴	tuŋ⁴⁵²	tuŋ³¹	tuŋ⁴¹	tʰuŋ⁴⁵²
陆河	ʒin³⁵	ʒuŋ³³	ʒaŋ³⁵	pʰuŋ³⁵	tuŋ⁵³	tuŋ²⁴	tuŋ³¹	tʰuŋ⁵³
龙川	in⁵¹	iuŋ³¹	iaŋ⁵¹	pʰuŋ⁵¹	tuŋ³³	tuŋ²⁴	tuŋ³¹	tʰuŋ³³
河源	in³¹	ʋin²¹²	iaŋ³¹	pʰuŋ³¹	tuŋ³³	tuŋ²⁴	tuŋ²¹²	tʰuŋ³³
连平	iuŋ²¹	iun³¹	iaŋ²¹	pʰuŋ²¹	tuŋ²⁴	tuŋ³¹	tuŋ⁵³	tʰuŋ²⁴
龙岗	ziŋ²¹	zuŋ³³	ziaŋ²¹	pʰuŋ²¹	tuŋ³³	tuŋ³¹	tuŋ⁵³	tʰuŋ³³
惠州	jiəŋ²²	wən²³	jiəŋ²²	pʰəŋ²²	təŋ³³	təŋ³⁵	təŋ²³	tʰəŋ³³
博罗	ziɛŋ²¹	viɛŋ²⁴	ziɛŋ²¹	pʰəŋ²¹	təŋ⁴⁴	təŋ³⁵	təŋ²⁴	tʰəŋ⁴⁴
新丰	zin²⁴~耀 / zuŋ²⁴光~	zun³¹	zaŋ²⁴	pʰuŋ²⁴	tuŋ⁴⁴	tuŋ³¹	tuŋ⁵¹	tʰuŋ⁴⁴
翁源	iuŋ⁴¹	iun³¹	iaŋ⁴¹	pʰuŋ⁴¹	tuŋ²²	tuŋ³¹	tuŋ⁴⁵	tʰuŋ²²
始兴	iuŋ⁵¹	iũi³¹	iaŋ⁵¹	pʰuŋ⁵¹	tuŋ²²	tuŋ³¹	tuŋ³³	tʰuŋ²²
仁化	iɐŋ³¹	ven²³	iɐŋ³¹	pʰɐŋ³¹	tɐŋ³³	tɐŋ²³	tɐŋ³⁴	tʰɐŋ³³
南雄	iɐŋ²¹	iɤ̃²⁴	iaŋ²¹	pɐŋ²¹	tɐŋ⁴⁴	tɐŋ²⁴	tɐŋ³²	tʰɐŋ⁴⁴

	0913 荣	0914 永	0915 营	0916 蓬~松	0917 东	0918 懂	0919 冻	0920 通
	梗合三平庚云	梗合三上庚云	梗合三平清以	通合一平东並	通合一平东端	通合一上东端	通合一去东端	通合一平东透
皈塘	iau⁴⁵	ieŋ³³	ieŋ⁴⁵	pau⁴⁵	tau²⁴	tau³³	tau²¹	tʰau²⁴
桂头	ioŋ⁴⁵	iɐŋ³²⁴白 / ioŋ³²⁴文	ieŋ⁴⁵	poŋ⁴⁵	oŋ⁵¹	oŋ³²⁴	oŋ⁴⁴	tʰoŋ⁵¹
连州	ie⁵⁵	veŋ²⁴	ia⁵⁵	pa⁵⁵	tɛ³¹	tɛ⁵³	tɛ¹¹	tʰɛ³¹
潮州	ioŋ⁵⁵	ioŋ⁵³	ĩã⁵⁵白 / ioŋ⁵⁵文	pʰoŋ⁵⁵	taŋ³³白 / toŋ³³文	toŋ⁵³	taŋ²¹³白,肉~ / toŋ²¹³文	tʰaŋ³³白 / tʰoŋ³³文
饶平	ioŋ⁵⁵	ioŋ⁵²	ĩã⁵⁵	pʰoŋ⁵⁵	taŋ⁴⁴白 / toŋ⁴⁴文	toŋ⁵²	toŋ²¹⁴	tʰaŋ⁴⁴白 / tʰoŋ⁴⁴文
汕头	ioŋ⁵⁵	ioŋ⁵¹	ĩã⁵⁵	pʰoŋ⁵⁵	taŋ³³白 / toŋ³³文	toŋ⁵¹	taŋ²¹³白 / toŋ²¹³文	tʰaŋ³³白 / tʰaŋ²¹³白 / tʰoŋ³³文
澄海	ioŋ⁵⁵	ioŋ⁵³	ĩã⁵⁵	pʰoŋ⁵⁵	taŋ³³	toŋ⁵³	toŋ²¹²	tʰoŋ³³
潮阳	ueŋ³³	ueŋ⁴⁵⁴白 / ioŋ⁴⁵⁴文	ĩã³³	pʰoŋ³³	taŋ³¹白 / toŋ³¹文	toŋ⁴⁵⁴	taŋ⁵²白 / toŋ⁵²文	tʰaŋ⁵²白 / tʰoŋ³¹文
南澳	ioŋ⁴⁵⁴	ioŋ⁵²	ĩã⁴⁵⁴	pʰoŋ⁴⁵⁴	taŋ³⁴	toŋ⁵²	toŋ²¹	tʰoŋ³⁴
揭阳	ueŋ⁵⁵	ueŋ⁴¹白 / ioŋ⁴¹文	ĩã⁵⁵白 / ueŋ⁵⁵文	pʰoŋ⁵⁵	taŋ³³白 / toŋ³³文	toŋ⁴¹	taŋ²¹³白 / toŋ²¹³文	tʰoŋ³³
普宁	ueŋ⁵⁵	ueŋ⁵²	ĩã⁵⁵白 / ueŋ⁵⁵文	pʰoŋ⁵⁵	taŋ³⁵白 / toŋ³⁵文	toŋ⁵²	taŋ³¹²白 / toŋ³¹²文	tʰaŋ³⁵白 / tʰoŋ³⁵文
惠来	ueŋ⁵⁵	ueŋ⁵³白 / ioŋ⁵³文	ĩã⁵⁵白 / ueŋ⁵⁵文	pʰoŋ⁵⁵	taŋ³⁴白 / toŋ³⁴文	toŋ⁵³	toŋ³¹	tʰoŋ³⁴
海丰	eŋ⁵⁵	ẽ²¹²白 / eŋ⁵³白 / ioŋ⁵³文	ĩã⁵⁵白 / eŋ⁵⁵文	pʰoŋ⁵⁵	taŋ³³白 / toŋ³³文	toŋ⁵³	taŋ²¹²白 / toŋ²¹²文	tʰoŋ³³
陆丰	eŋ¹³	ẽ²¹³白 / eŋ⁵⁵白 / ioŋ⁵⁵文	ĩã¹³白 / eŋ⁵⁵文	pʰoŋ¹³	taŋ³³白 / toŋ³³文	toŋ⁵⁵	taŋ²¹³白 / toŋ²¹³文	tʰoŋ³³
电白	iaŋ²²	eŋ²¹	ia²²白 / eŋ²²文	pʰɔŋ²²	taŋ³³白 / tɔŋ³³文	tɔŋ²¹	taŋ¹³	tʰɔŋ³³
雷州	iuŋ²²	iuŋ⁴²	ʔa²²白 / iŋ²²文	huŋ²²	taŋ²⁴白 / tuŋ²⁴文	tuŋ⁴²	tuŋ²¹	tʰuŋ²⁴

	0921 桶	0922 痛	0923 铜	0924 动	0925 洞	0926 聋	0927 弄	0928 粽
	通合一 上东透	通合一 去东透	通合一 平东定	通合一 上东定	通合一 去东定	通合一 平东来	通合一 去东来	通合一 去东精
广州	tʰoŋ³⁵	tʰoŋ³³	tʰoŋ²¹	toŋ²²	toŋ²²	loŋ²¹	loŋ²²	tʃoŋ³⁵
番禺	tʰoŋ³⁵	tʰoŋ³³	tʰoŋ³¹	toŋ²²	toŋ²²	loŋ³¹	loŋ²²	tʃoŋ³⁵
增城	tʰeŋ³⁵	tʰeŋ³³	tʰeŋ²¹	teŋ²²	teŋ²²	leŋ²¹	leŋ²²	tseŋ³⁵
从化	tʰoŋ⁴⁵	tʰoŋ²³	tʰoŋ²²	toŋ³¹	toŋ³¹	loŋ²²	loŋ³¹	tsoŋ⁴⁵
龙门	tʰoŋ³⁵	tʰoŋ²³	tʰoŋ²¹	toŋ⁵³	toŋ⁵³	loŋ⁴²	loŋ⁵³	tsoŋ⁵⁵
莞城	tʰoŋ³⁵	tʰoŋ⁴⁴	tʰoŋ³¹	toŋ⁴⁴	toŋ⁴⁴	ŋoŋ³¹	ŋoŋ⁴⁴	tʃoŋ³⁵
宝安	tʰoŋ²⁵	tʰoŋ³³	tʰoŋ³³	toŋ²²	toŋ²²	loŋ³³	loŋ²²	tʃoŋ²⁵
佛山	hoŋ³⁵	hoŋ²⁴	hoŋ⁴²	toŋ¹²	toŋ¹²	loŋ⁴²	loŋ¹²	tʃoŋ²⁴
南海	tʰoŋ³⁵	tʰoŋ³³	tʰoŋ³¹	toŋ²²	toŋ²²	loŋ³¹	loŋ²²	tsoŋ³⁵
顺德	tʰoŋ²⁴	tʰoŋ³²	toŋ⁴²	toŋ²¹	toŋ²¹	loŋ⁴²	loŋ²¹	tʃoŋ²¹
三水	tʰoŋ²⁵	tʰoŋ⁴⁴	tʰoŋ³¹	toŋ³³	toŋ³³	loŋ³¹	loŋ³³	tsoŋ⁴⁴ / tsoŋ²⁵又
高明	tʰoŋ²⁴	tʰoŋ³³	tʰoŋ³¹	toŋ³¹	toŋ³¹	loŋ³¹	noŋ³¹	tʃoŋ³³
佛冈	tʰoŋ³⁵	tʰoŋ³³	tʰoŋ²²	toŋ³¹	toŋ³¹	loŋ²²	loŋ³¹	tʃoŋ³¹
阳山	tʰoŋ⁵⁵	tʰoŋ³⁴	toŋ²⁴¹	toŋ²¹⁴	toŋ²¹⁴	loŋ²⁴¹	loŋ²¹⁴	tʃoŋ³⁴
连山	tʰoŋ⁵⁵	tʰoŋ³⁵	toŋ²⁴¹	toŋ¹⁵	toŋ²¹⁵	loŋ²⁴¹	loŋ²¹⁵	toŋ³⁵
新兴	tʰoŋ³⁵	tʰoŋ⁴⁴³	tʰoŋ²¹	toŋ⁵²	toŋ⁵²	loŋ²¹	loŋ⁵²	tsoŋ⁴⁴³
罗定	tʰoŋ³⁵	tʰoŋ³³	tʰoŋ²¹	toŋ²¹	toŋ²¹	loŋ²¹~哑 loŋ⁵⁵耳~	loŋ²¹① loŋ¹³捉~	tsoŋ³³
郁南	tʰoŋ³⁵	tʰoŋ³³	tʰoŋ²¹	toŋ²¹	toŋ²¹	loŋ²¹	noŋ¹³	tʃoŋ³³
石岐	tʰoŋ²¹³	tʰoŋ³³	tʰoŋ⁵¹	toŋ³³	toŋ³³	loŋ⁵¹	loŋ³³ loŋ²¹³又	tsoŋ³³

①～虚作假。

	0921 桶	0922 痛	0923 铜	0924 动	0925 洞	0926 聋	0927 弄	0928 粽
	通合一上东透	通合一去东透	通合一平东定	通合一上东定	通合一去东定	通合一平东来	通合一去东来	通合一去东精
肇庆	tʰoŋ²⁴	tʰoŋ³³	tʰoŋ²¹	toŋ⁵²	toŋ⁵²	loŋ²¹	loŋ⁵²	tʃoŋ³³
香洲	tʰoŋ³⁵	tʰoŋ³³	tʰoŋ³⁴³	toŋ³³	toŋ³³	loŋ³⁴³	loŋ³³	tsoŋ³³
斗门	hoŋ⁴⁵	hoŋ³⁴	hoŋ²²	toŋ⁴²	toŋ⁴²	loŋ²²	loŋ⁴²	
新会	həŋ⁴⁵	həŋ²³	həŋ²²	təŋ³²	təŋ³²	ləŋ²²	nəŋ³²	tsəŋ³²
台山	hɤŋ⁵⁵	hɤŋ³³	hɤŋ²²	ɤŋ³¹	ɤŋ³¹	lɤŋ²²	nɤŋ³¹	tɤŋ²²⁵小 / tɤŋ²¹小①
开平	hoŋ⁴⁵	hoŋ³³	hoŋ¹¹	oŋ³¹	oŋ³¹	loŋ¹¹	loŋ³¹	toŋ²¹⁵小
恩平	hoŋ⁵⁵	hoŋ³³	hoŋ²²	toŋ²¹	toŋ²¹	loŋ²²	loŋ²¹	tʃoŋ²¹
四会	tʰoŋ³³	tʰoŋ³³	toŋ³¹	toŋ²⁴	toŋ²⁴	loŋ³¹	loŋ²⁴	tʃoŋ³³
广宁	tʰoŋ⁴⁴	tʰoŋ³³	toŋ³¹	toŋ³²³	toŋ³²³	loŋ³¹	loŋ³²³	tsoŋ³³
怀集	tʰoŋ⁵⁴	tʰoŋ⁴⁵	toŋ²³¹	toŋ²⁴	toŋ²²⁵	loŋ²³¹	loŋ²²⁵	tʃoŋ⁴⁵
德庆	tʰoŋ⁴⁵	tʰoŋ⁵³	toŋ²⁴²	toŋ³¹	toŋ³¹	loŋ²⁴²	noŋ³¹	tsoŋ⁵³
封开	tʰoŋ³³⁴	tʰoŋ⁵¹	toŋ²⁴³	toŋ²²³	toŋ²¹	loŋ²⁴³	loŋ²¹	toŋ⁵¹
阳江	tʰoŋ²¹	tʰoŋ³⁵	tʰoŋ⁴²	toŋ⁵⁴	toŋ⁵⁴	loŋ⁴²	noŋ⁵⁴	tsoŋ³⁵
阳春	tʰoŋ³²⁴	tʰoŋ³³	tʰoŋ³¹	toŋ⁵²	toŋ⁵²	loŋ³¹	loŋ⁵²	tsoŋ⁴⁵
赤坎	tʰoŋ¹³	tʰoŋ³³	tʰoŋ²¹	toŋ²¹	toŋ²¹	loŋ²¹	loŋ²¹	tsoŋ³³
吴川	tʰoŋ³⁵	tʰoŋ³³	tʰoŋ³¹	ɗoŋ³¹	ɗoŋ³¹	loŋ³¹	loŋ³¹	tʃoŋ³³
廉江	tʰoŋ²⁵	tʰoŋ³³	tʰoŋ²¹	toŋ²¹	toŋ²¹	loŋ²¹	noŋ³³	tsoŋ³³
高州	tʰuŋ²⁴	tʰuŋ³³	tʰuŋ²¹	tuŋ³¹	tuŋ³¹	luŋ²¹	luŋ³¹	tʃuŋ³³
化州	tʰoŋ³⁵	tʰoŋ³³	tʰoŋ¹³	ɗoŋ³¹	ɗoŋ³¹	loŋ¹³	loŋ³¹	toŋ⁵³

①前者用于"一条~"，后者用于"~叶"。

	0921 桶	0922 痛	0923 铜	0924 动	0925 洞	0926 聋	0927 弄	0928 粽
	通合一上东透	通合一去东透	通合一平东定	通合一上东定	通合一去东定	通合一平东来	通合一去东来	通合一去东精
梅州	$t^huŋ^{31}$	$t^huŋ^{52}$	$t^huŋ^{21}$	$t^huŋ^{44}$白 $t^huŋ^{52}$文	$t^huŋ^{52}$	$luŋ^{44}$	$luŋ^{31}$ $nuŋ^{31}$又	$tsuŋ^{52}$
兴宁	$t^huŋ^{31}$	$t^huŋ^{51}$	$t^huŋ^{13}$	$t^huŋ^{24}$白 $t^huŋ^{51}$文	$t^huŋ^{51}$	$luŋ^{24}$	$luŋ^{51}$	$tsɯŋ^{51}$
五华	$t^huŋ^{31}$	$t^huŋ^{51}$	$t^huŋ^{212}$	$t^huŋ^{44}$白 $t^huŋ^{31}$文	$t^huŋ^{31}$	$luŋ^{44}$	$luŋ^{31}$	$tsɯŋ^{51}$
大埔	$t^huŋ^{31}$	$t^huŋ^{52}$	$t^huŋ^{13}$	$t^huŋ^{34}$白 $t^huŋ^{52}$文	$t^huŋ^{31}$	$luŋ^{34}$	$luŋ^{31}$	$tsuŋ^{52}$
丰顺	$t^huŋ^{53}$	$t^huŋ^{53}$	$t^huŋ^{24}$	$t^huŋ^{44}$白 $t^huŋ^{21}$文	$t^huŋ^{21}$	$luŋ^{44}$	$luŋ^{21}$	$tsuŋ^{53}$
揭西	$t^huŋ^{31}$	$t^huŋ^{41}$	$t^huŋ^{24}$	$t^huŋ^{452}$白 $t^huŋ^{31}$文	$t^huŋ^{31}$	$luŋ^{452}$	$luŋ^{31}$	$tsuŋ^{41}$
陆河	$t^huŋ^{24}$	$t^huŋ^{31}$	$t^huŋ^{35}$	$t^huŋ^{53}$白 $t^huŋ^{33}$文	$t^huŋ^{33}$	$luŋ^{53}$	$luŋ^{33}$	$tsuŋ^{31}$
龙川	$t^huŋ^{24}$	$t^huŋ^{31}$	$t^huŋ^{51}$	$t^huŋ^{33}$	$t^huŋ^{33}$	$luŋ^{33}$	$luŋ^{31}$	$tsuŋ^{31}$
河源	$t^huŋ^{24}$	$t^huŋ^{212}$	$t^huŋ^{31}$	$t^huŋ^{54}$	$t^huŋ^{54}$	$nuŋ^{33}$	$luŋ^{54}$	$tsuŋ^{212}$
连平	$t^huŋ^{31}$	$t^huŋ^{53}$	$t^huŋ^{21}$	$t^huŋ^{24}$白 $t^huŋ^{53}$文	$t^huŋ^{53}$	$luŋ^{24}$	$luŋ^{31}$	$tsuŋ^{53}$
龙岗	$t^huŋ^{31}$	$t^huŋ^{53}$	$t^huŋ^{21}$	$t^huŋ^{33}$白 $t^huŋ^{53}$文	$t^huŋ^{53}$	$luŋ^{33}$	$luŋ^{53}$	$tsuŋ^{53}$
惠州	$t^həŋ^{35}$	$t^həŋ^{23}$	$t^həŋ^{22}$	$t^həŋ^{31}$	$t^həŋ^{31}$	$ləŋ^{22}$	$ləŋ^{31}$	$tsəŋ^{23}$
博罗	$t^həŋ^{35}$	$t^həŋ^{24}$	$t^həŋ^{21}$	$t^həŋ^{41}$	$t^həŋ^{41}$	$ləŋ^{21}$	$ləŋ^{41}$	$tsəŋ^{24}$
新丰	$t^huŋ^{31}$	$t^huŋ^{51}$	$t^huŋ^{24}$	$t^huŋ^{44}$白 $t^huŋ^{31}$文	$t^huŋ^{31}$	$luŋ^{44}$	$luŋ^{31}$	$tsuŋ^{51}$
翁源	$t^huŋ^{31}$	$t^huŋ^{45}$	$t^huŋ^{41}$	$t^huŋ^{22}$白 $t^huŋ^{31}$文	$t^huŋ^{31}$	$luŋ^{22}$	$luŋ^{31}$	$tsuŋ^{45}$
始兴	$t^huŋ^{31}$	$t^huŋ^{33}$	$t^huŋ^{51}$	$t^huŋ^{22}$白 $t^huŋ^{33}$文	$t^huŋ^{33}$	$luŋ^{22}$	$luŋ^{33}$	$tsuŋ^{33}$
仁化	$t^hɐŋ^{23}$	$t^hɐŋ^{34}$	$t^hɐŋ^{31}$	$t^hɐŋ^{33}$	$t^hɐŋ^{33}$	$lɐŋ^{31}$	$lɐŋ^{33}$	$tsɐŋ^{23}$
南雄	$t^həŋ^{24}$	$t^həŋ^{32}$	$təŋ^{21}$	$təŋ^{21}$白 $təŋ^{42}$文	$təŋ^{42}$	$ləŋ^{44}$白 $ləŋ^{21}$文	$ləŋ^{42}$	$tsəŋ^{21}$

	0921 桶	0922 痛	0923 铜	0924 动	0925 洞	0926 聋	0927 弄	0928 粽
	通合一上东透	通合一去东透	通合一平东定	通合一上东定	通合一去东定	通合一平东来	通合一去东来	通合一去东精
皈塘	t^hau^{33}	t^hau^{21}	tau^{45}	tau^{21}	tau^{21}	lau^{45}	lau^{21}	$tʃau^{21}$
桂头	$t^hoŋ^{324}$	$t^hoŋ^{44}$	$toŋ^{45}$	$toŋ^{44}$	$toŋ^{44}$	$loŋ^{45}$	$loŋ^{44}$	$tsoŋ^{4}$
连州	$t^hɛ^{53}$	$t^hɛ^{11}$	$tɛ^{55}$	$tɛ^{33}$	$tɛ^{33}$	$lɛ^{55}$	$lɛ^{33}$	$tsɛ^{11}$
潮州	$t^haŋ^{53}$	$t^hĩã^{213}$白 $t^hoŋ^{213}$文	$taŋ^{55}$	$t^haŋ^{35}$白 $taŋ^{35}$白 $toŋ^{35}$文	$taŋ^{11}$白 $t^hoŋ^{55}$文	$laŋ^{55}$	$loŋ^{35}$	$tsaŋ^{213}$
饶平	$t^haŋ^{52}$	$t^hoŋ^{214}$	$taŋ^{55}$	$taŋ^{25}$白 $toŋ^{25}$文	$taŋ^{21}$	$laŋ^{55}$	$loŋ^{25}$	$tsaŋ^{214}$
汕头	$t^haŋ^{51}$	$t^hĩã^{213}$白 $t^hoŋ^{213}$文	$taŋ^{55}$	$taŋ^{25}$白 $toŋ^{25}$文	$taŋ^{31}$白 $toŋ^{31}$文	$laŋ^{55}$	$loŋ^{25}$	$tsaŋ^{213}$
澄海	$t^haŋ^{53}$	$t^hĩã^{212}$白 $t^hoŋ^{212}$文	$taŋ^{55}$	$t^haŋ^{35}$白 $taŋ^{35}$白 $toŋ^{35}$文	$taŋ^{22}$	$laŋ^{55}$	$loŋ^{35}$	$tsaŋ^{212}$
潮阳	$t^haŋ^{454}$	$t^hoŋ^{52}$	$taŋ^{33}$	$taŋ^{52}$白 $toŋ^{52}$文	$taŋ^{42}$白 $t^hoŋ^{33}$文	$laŋ^{33}$	$loŋ^{52}$	$tsaŋ^{52}$
南澳	$t^haŋ^{52}$	$t^hoŋ^{21}$	$taŋ^{454}$	$toŋ^{35}$	$taŋ^{31}$	$laŋ^{454}$	$loŋ^{35}$	$tsaŋ^{21}$
揭阳	$t^haŋ^{41}$	$t^hoŋ^{213}$	$taŋ^{55}$	$taŋ^{25}$白 $toŋ^{25}$文	$taŋ^{22}$	$laŋ^{55}$	$loŋ^{25}$	$tsaŋ^{213}$
普宁	$t^haŋ^{52}$	$t^hoŋ^{312}$	$taŋ^{55}$	$taŋ^{24}$白 $toŋ^{24}$文	$taŋ^{31}$	$laŋ^{55}$	$loŋ^{24}$	$tsaŋ^{312}$
惠来	$t^haŋ^{53}$	$t^hĩã^{31}$白 $t^hoŋ^{31}$文	$taŋ^{55}$	$taŋ^{25}$白 $toŋ^{25}$文	$taŋ^{31}$	$laŋ^{55}$	$loŋ^{25}$	$tsaŋ^{31}$
海丰	$t^haŋ^{53}$	$t^hoŋ^{212}$	$taŋ^{55}$	$t^haŋ^{35}$白 $toŋ^{35}$文	$taŋ^{21}$	$laŋ^{55}$	$loŋ^{35}$ $noŋ^{35}$又	$tsaŋ^{212}$
陆丰	$t^haŋ^{55}$	$t^hoŋ^{213}$	$taŋ^{13}$白 $t^hoŋ^{13}$文	$taŋ^{22}$白 $toŋ^{22}$文	$taŋ^{22}$	$laŋ^{13}$白 $loŋ^{13}$文	$laŋ^{22}$白 $loŋ^{22}$文	$tsaŋ^{213}$
电白	$t^haŋ^{21}$	t^hia^{13}	$taŋ^{22}$	$toŋ^{442}$	$toŋ^{442}$	$laŋ^{22}$	$loŋ^{442}$	$tsaŋ^{13}$
雷州	$t^haŋ^{24}$	t^hia^{33}	$taŋ^{22}$	$t^haŋ^{33}$白 $tuŋ^{33}$文	$tuŋ^{21}$	$laŋ^{22}$	$luŋ^{21}$ $nuŋ^{54}$又	$tsaŋ^{21}$

	0929 葱	0930 送	0931 公	0932 孔	0933 烘~干	0934 红	0935 翁	0936 木
	通合一 平东清	通合一 去东心	通合一 平东见	通合一 上东溪	通合一 平东晓	通合一 平东匣	通合一 平东影	通合一 入屋明
广州	tʃʰoŋ⁵⁵	ʃoŋ³³	koŋ⁵³	hoŋ³⁵	hoŋ³³	hoŋ²¹	ioŋ⁵⁵	mok²
番禺	tʃʰoŋ⁵⁵	ʃoŋ³³	koŋ⁵³	hoŋ³⁵	hoŋ³³	hoŋ³¹	ioŋ⁵³	mok²
增城	tsʰeŋ⁴⁴	seŋ³³	keŋ⁴⁴	heŋ³⁵	heŋ³³	heŋ²¹	ieŋ⁴⁴	mok²
从化	tsʰoŋ⁵⁵	soŋ²³	koŋ⁵⁵	hoŋ⁴⁵	hoŋ²³	hoŋ²²	ioŋ⁵⁵	mok²
龙门	tsʰoŋ⁵⁵	soŋ²³	koŋ⁴²	kʰoŋ³⁵	hoŋ²³	hoŋ²¹	zoŋ⁴²	mok⁴³
莞城	tʃʰoŋ⁵⁵	ʃoŋ⁴⁴	koŋ²³	kʰoŋ³⁵	kʰoŋ⁴⁴	hoŋ³¹	ioŋ²³	mok³
宝安	tʃʰoŋ⁵⁵	ʃoŋ³³	koŋ²³	kʰoŋ²⁵	hoŋ³³	hoŋ³³	ioŋ⁵⁵	moʔ³
佛山	tʃʰoŋ⁵⁵	ʃoŋ²⁴	koŋ⁵³ 办~ / koŋ⁵⁵ 鸡~	hoŋ³⁵	hoŋ²⁴	hoŋ⁴²	ioŋ⁵⁵	bok²³
南海	tsʰoŋ⁵⁵	soŋ³³	koŋ⁵¹ ~社 / koŋ⁵⁵ ~司	hoŋ³⁵	hoŋ³³	hoŋ³¹	ioŋ⁵⁵ 老~ / ioŋ⁵¹ 姓氏	mok²
顺德	ʃoŋ⁵⁵	ʃoŋ³²	koŋ⁵³	hoŋ²⁴	hoŋ³²	hoŋ⁴²	ioŋ⁵⁵	mok²
三水	tsʰoŋ⁵³ / tsʰoŋ⁵⁵ 又	soŋ⁴⁴	koŋ⁵³ / koŋ⁵⁵ 又	hoŋ²⁵	hoŋ⁴⁴ / hoŋ³³ 又	hoŋ³¹	ioŋ⁵⁵	mok³
高明	tʃʰoŋ⁵⁵	ʃoŋ³³	koŋ⁵⁵	hoŋ²⁴	hoŋ³³	hoŋ³¹	ioŋ⁵⁵	mok²
佛冈	tʃʰoŋ³³	ʃoŋ³³	koŋ³³ 阿~ / koŋ³¹ 老~	kʰoŋ³⁵	hoŋ³³	hoŋ²²	ioŋ³³	mok²
阳山	tʃʰoŋ⁵¹	ʃoŋ³⁴	koŋ⁵¹	kʰoŋ⁵⁵	hoŋ²⁴¹① / hoŋ³⁴ ~干	hoŋ²⁴¹	ioŋ⁵¹	mok²³
连山	tʰoŋ⁵¹	θoŋ³⁵	koŋ⁵¹	kʰoŋ³⁵	hoŋ³⁵	oŋ²⁴¹	oŋ⁵¹	mok²¹⁵
新兴	tsʰoŋ⁴⁵	soŋ⁴⁴³	koŋ⁴⁵	hoŋ³⁵	hoŋ⁴⁴³	hoŋ²¹	ioŋ⁴⁵	mok⁵²
罗定	tsʰoŋ⁵⁵	soŋ³³	koŋ⁵⁵	hoŋ³⁵	hoŋ³³	hoŋ²¹	ioŋ⁵⁵	mok²
郁南	tʃʰoŋ⁵⁵	ʃoŋ³³	koŋ⁵⁵	hoŋ³⁵	hoŋ³³	hoŋ²¹	ioŋ⁵⁵	mok²
石岐	tsʰoŋ⁵⁵	soŋ³³	koŋ⁵⁵	kʰoŋ²¹³	hoŋ³³	hoŋ⁵¹	ioŋ⁵⁵	mok³

①～～地：火力很足的样子。

	0929 葱	0930 送	0931 公	0932 孔	0933 烘~干	0934 红	0935 翁	0936 木
	通合一平东清	通合一去东心	通合一平东见	通合一上东溪	通合一平东晓	通合一平东匣	通合一平东影	通合一入屋明
肇庆	tʃʰoŋ⁴⁵	ʃoŋ³³	koŋ⁴⁵	hoŋ²⁴	hoŋ³³	hoŋ²¹	ioŋ⁴⁵	mok²
香洲	tsʰoŋ²¹	soŋ³³	koŋ²¹	kʰoŋ³⁵	hoŋ³³	hoŋ³⁴³	ioŋ²¹	mok³
斗门	（无）	soŋ³⁴	koŋ³⁴	kʰoŋ⁴⁵	hoŋ⁴²	hoŋ²²	ioŋ³⁴	mok³
新会	tsʰəŋ²¹小	səŋ²³	kəŋ²³	kʰəŋ⁴⁵	həŋ²³	həŋ²²	iəŋ²³	mɔk²
台山	tʰɤŋ²²⁵小	ɬɤŋ³³	kɤŋ³³	kʰɤŋ⁵⁵	hɤŋ³³	hɤŋ²²	ʋɤŋ⁵⁵	mɤk³¹
开平	tʰoŋ²¹⁵小	ɬoŋ³³	koŋ³³	kʰoŋ⁴⁵	hoŋ³³	hoŋ¹¹	jioŋ³³	mok²
恩平	tʰoŋ²¹	ʃoŋ³³	koŋ³³	kʰoŋ⁵⁵	hoŋ³³	hoŋ²²	ioŋ⁵⁵	mbok²
四会	tʃʰoŋ⁵¹	ʃoŋ³³	koŋ⁵¹	hoŋ³³	hoŋ³³	hoŋ³¹	ioŋ⁵¹	mok²
广宁	tsʰoŋ⁵¹	soŋ³³	koŋ⁵¹	kʰoŋ⁴⁴	hoŋ³³	hoŋ³¹	ioŋ⁵¹	mok³²
怀集	tʃʰoŋ⁴²	θoŋ⁴⁵	koŋ⁴²	kʰoŋ⁵⁴	hoŋ⁴⁵	hoŋ²³¹	ioŋ⁴²	mok²⁴
德庆	tsʰoŋ⁴⁵⁴	soŋ⁵³	koŋ⁴⁵⁴	hoŋ⁴⁵	hoŋ⁴⁵⁴	hoŋ²⁴²	oŋ⁴⁵⁴白 ioŋ⁴⁵⁴文	mok²
封开	tʰoŋ⁵⁵	ɬoŋ⁵¹	koŋ⁵⁵	hoŋ³³⁴	hoŋ²¹	hoŋ²⁴³	ioŋ⁵⁵	mok²
阳江	tsʰoŋ³³	ɬoŋ³⁵	koŋ³³	kʰoŋ²¹	hoŋ³⁵	hoŋ⁴²	ioŋ³³	mok⁵⁴
阳春	tsʰoŋ⁴⁵	ɬoŋ³³	koŋ⁴⁵	kʰoŋ³²⁴	hoŋ³³	hoŋ³¹	ioŋ⁴⁵	mok⁵²
赤坎	tsʰoŋ⁴⁵	ɬoŋ³³	koŋ⁴⁵	kʰoŋ¹³	hoŋ³³	hoŋ²¹	ŋioŋ⁴⁵	mok²
吴川	tʃʰoŋ⁵⁵	ɬoŋ³³	koŋ⁵⁵	hoŋ³⁵	hoŋ³³	hoŋ³¹	ioŋ⁵⁵	moʔ³¹
廉江	tsʰoŋ⁵⁵	ɬoŋ³³	koŋ⁵⁵	kʰoŋ²⁵	hoŋ³³	hoŋ²¹	ioŋ⁵⁵	mok²
高州	tʃʰuŋ⁵³	ɬuŋ³³	kuŋ⁵³	kʰuŋ²⁴	hoŋ³³	huŋ²¹	iuŋ⁵³	muk²¹
化州	tʰoŋ⁵³	ɬoŋ³³	koŋ⁵³	hoŋ³⁵	hoŋ³³	hoŋ¹³	ŋioŋ⁵³	mok³¹

	0929 葱	0930 送	0931 公	0932 孔	0933 烘~干	0934 红	0935 翁	0936 木
	通合一平东清	通合一去东心	通合一平东见	通合一上东溪	通合一平东晓	通合一平东匣	通合一平东影	通合一入屋明
梅州	tsʰuŋ⁴⁴	suŋ⁵²	kuŋ⁴⁴	kʰuŋ³¹	fuŋ²¹	fuŋ²¹	vuŋ⁴⁴	muk²
兴宁	tsʰɯŋ²⁴	suŋ⁵¹	kuŋ²⁴	kʰuŋ³¹	fuŋ²⁴	fuŋ¹³	vuŋ²⁴	muk²
五华	tsɿŋ⁴⁴	sɿŋ⁵¹	kuŋ⁴⁴	kʰuŋ³¹	fuŋ²¹²	fuŋ²¹²	vuŋ⁴⁴	muk²
大埔	tsʰuŋ³⁴	suŋ⁵²	kuŋ³⁴	kʰuŋ³¹	fuŋ³⁴	fuŋ¹³	vuŋ³⁴	muk²
丰顺	tsʰuŋ⁴⁴	suŋ⁵³	kuŋ⁴⁴	kʰuŋ⁵³	fuŋ⁴⁴	fuŋ²⁴	vuŋ⁴⁴	muk²
揭西	tsʰuŋ⁴⁵²	suŋ⁴¹	kuŋ⁴⁵²	kʰuŋ³¹	fuŋ⁴⁵²	fuŋ²⁴	vuŋ⁴⁵²	muk³
陆河	tsʰuŋ⁵³	suŋ³¹	kuŋ⁵³	kʰuŋ²⁴	fuŋ³⁵	fuŋ³⁵	vuŋ⁵³	muk⁴⁵
龙川	tsʰuŋ³³	suŋ³¹	kuŋ³³	kʰuŋ²⁴	fuŋ³³	fuŋ⁵¹	vuŋ³³	muk¹³
河源	tsʰuŋ³³	suŋ²¹²	kuŋ³³	kʰuŋ²⁴	huŋ³³	huŋ³¹	ʔuŋ³³	muk³
连平	tsʰuŋ²⁴	suŋ⁵³	kuŋ²⁴	kʰuŋ³¹	huŋ²⁴	fuŋ²¹	uŋ²⁴	muk³
龙岗	tsʰuŋ³³	suŋ⁵³	kuŋ³³	kʰuŋ³¹	fuŋ²¹	fuŋ²¹	vuŋ³³	mbuk²
惠州	tsʰəŋ³³	səŋ²³	kəŋ³³	kʰəŋ³⁵	həŋ²³	həŋ²²	ʔəŋ³³	mək²¹
博罗	tsʰəŋ⁴⁴	ɬəŋ²⁴	kəŋ⁴⁴	kʰəŋ³⁵	həŋ⁴⁴	həŋ²¹	zəŋ⁴⁴	mbək²
新丰	tsʰuŋ⁴⁴	suŋ⁵¹	kuŋ⁴⁴	kʰuŋ³¹	huŋ⁴⁴	fuŋ²⁴／huŋ²⁴又	vuŋ⁴⁴	mbuk²
翁源	tsʰuŋ²²	suŋ⁴⁵	kuŋ²²	kʰuŋ³¹	（无）	fuŋ⁴¹	vuŋ²²	muk³¹
始兴	tsʰuŋ²²	suŋ³³	kuŋ²²	kʰuŋ³¹	kʰuŋ²²	fuŋ⁵¹	vuŋ²²	muʔ⁴⁵
仁化	tsʰɐŋ³³	sɐŋ³⁴	kɐŋ³³	kʰɐŋ²³	kʰɐŋ³⁴	xɐŋ³¹	（无）	mɐuʔ⁵
南雄	tsʰəŋ²¹	səŋ³²	kəŋ⁴⁴	kʰəŋ²⁴	kʰəŋ³²	həŋ²¹	əŋ⁴⁴	mɤʔ⁵

	0929 葱	0930 送	0931 公	0932 孔	0933 烘~干	0934 红	0935 翁	0936 木
	通合一平东清	通合一去东心	通合一平东见	通合一上东溪	通合一平东晓	通合一平东匣	通合一平东影	通合一入屋明
皈塘	tʃʰau²⁴	ʃau²¹	kau²⁴	kʰau³³	heŋ²⁴	hau⁴⁵	au²⁴	mau³³
桂头	tsʰoŋ⁵¹	soŋ⁴⁴	koŋ⁵¹~私 koŋ⁴⁴阿~	kʰoŋ³²⁴	kʰoŋ⁴⁴	hoŋ⁴⁵	voŋ⁵¹	mou⁴
连州	tsʰɛ³¹	sɛ¹¹	ke³¹	kʰe⁵³	（无）	hɛ⁵⁵	vɛ³¹	mɛ³¹
潮州	tsʰaŋ³³	saŋ²¹³	kaŋ³³白 koŋ³³文	kʰoŋ⁵³	hoŋ³³	aŋ⁵⁵白 hoŋ⁵⁵文	aŋ³³白,丈夫 eŋ³³白,姓氏 oŋ³³文	bak⁵
饶平	tsʰaŋ⁴⁴	saŋ²¹⁴	kaŋ⁴⁴白 koŋ⁴⁴文	kʰoŋ⁵²	haŋ⁴⁴白 hoŋ⁴⁴文	aŋ⁵⁵	aŋ⁴⁴白 eŋ⁴⁴白,姓氏 oŋ⁴⁴文	bak⁵
汕头	tsʰaŋ³³	saŋ²¹³	kaŋ³³白 koŋ³³文	kʰoŋ⁵¹	haŋ³³白 hoŋ³³文	aŋ⁵⁵白 hoŋ⁵⁵文	aŋ³³白 eŋ³³白,姓氏 oŋ³³文	bak⁵白 mak⁵文
澄海	tsʰaŋ³³	saŋ²¹²	koŋ³³	kʰoŋ⁵³	hoŋ³³	aŋ⁵⁵	aŋ³³白 eŋ³³白,姓氏 oŋ³³文	bak⁵
潮阳	tsʰaŋ³³	saŋ⁵²	kaŋ³¹白 koŋ³¹文	kʰoŋ⁴⁵⁴	hoŋ³³	aŋ³³	aŋ³¹白 eŋ³¹白,姓氏 oŋ³¹文	bak⁵
南澳	tsʰaŋ³⁴	saŋ²¹	koŋ³⁴	kʰoŋ⁵²	hoŋ³⁴	aŋ⁴⁵⁴白 hoŋ³⁴文	aŋ³⁴白 eŋ³⁴白,姓氏 oŋ³⁴文	bak⁵
揭阳	tsʰaŋ³³	saŋ²¹³	kaŋ³³白 koŋ³³文	kʰoŋ⁴¹	hoŋ⁵⁵	aŋ⁵⁵	aŋ³³白 eŋ³³白,姓氏 oŋ³³文	bak⁵
普宁	tsʰaŋ³⁵	saŋ³¹²	kaŋ³⁵白 koŋ³⁵文	kʰoŋ⁵²	hoŋ⁵⁵	aŋ⁵⁵	aŋ³⁵白 eŋ³⁵白,姓氏 oŋ³⁵	bak⁵
惠来	tsʰaŋ³⁴	saŋ³¹	koŋ³⁴	kʰoŋ⁵³	hoŋ⁵⁵	aŋ⁵⁵	aŋ³⁴白 eŋ³⁴白,姓氏 oŋ³⁴文	bak⁵
海丰	tsʰaŋ²¹²	saŋ²¹²白 soŋ²¹²文	kaŋ³³白 koŋ³⁵文 koŋ³³文	kʰom⁵³大目~ kʰoŋ⁵³	haŋ³³	aŋ⁵⁵白 hoŋ⁵⁵文	aŋ³³白 ioŋ³³文	mbak⁵白 mbok⁵文
陆丰	tsʰaŋ³³	saŋ²¹³白 soŋ²¹³文	kaŋ³³白 koŋ³³文	kʰoŋ⁵⁵	hoŋ¹³	aŋ¹³白 hoŋ¹³文	aŋ³³白 eŋ³³白 oŋ³³文	mbak⁵白 mbok⁵文
电白	tsʰaŋ³³	saŋ¹³	koŋ³³ koŋ⁵³又	kʰoŋ²¹	haŋ¹³	aŋ²²	aŋ³³白 oŋ³³文	mok²
雷州	tsʰaŋ²⁴	saŋ²¹	kuŋ²⁴	kʰaŋ²⁴白 kʰuŋ⁴²文	huŋ⁵⁴	aŋ²²白 huŋ²²文	aŋ²⁴白 uŋ²⁴文	muk³ muk⁵又

	0937 读	0938 鹿	0939 族	0940 谷 稻~	0941 哭	0942 屋	0943 冬~ 至	0944 统
	通合一 入屋定	通合一 入屋来	通合一 入屋从	通合一 入屋见	通合一 入屋溪	通合一 入屋影	通合一 平冬端	通合一 去冬透
广州	tok^2	lok^2	$tʃok^2$	kok^5	hok^5	$ŋok^5$	$toŋ^{53}$	$tʰoŋ^{35}$
番禺	tok^2	lok^2	$tʃʰok^2$	kok^5	hok^5	ok^5	$toŋ^{53}$	$tʰoŋ^{35}$
增城	tok^2	lok^2	$tsok^2$	kok^5	hok^5	ok^5	$teŋ^{44}$	$tʰeŋ^{35}$
从化	tok^2	lok^2	$tsok^2$	kok^5	hok^5	ok^5	$toŋ^{55}$	$tʰoŋ^{45}$
龙门	tok^{43}	lok^{43}	$tsok^{43}$	kok^5	hok^5	ok^5	$toŋ^{42}$	$tʰoŋ^{35}$
莞城	tok^3	$ŋok^3$	$tʃʰok^3$	kok^5	hok^5	$ŋok^5$	$toŋ^{23}$	$tʰoŋ^{35}$
宝安	$toʔ^3$	$loʔ^5$	$tʃoʔ^3$	$koʔ^5$	$hoʔ^5$	$oʔ^5$	$toŋ^{55}$	$tʰoŋ^{25}$
佛山	tok^{23}	lok^{23} lok^{35} 又	$tʃok^{23}$	kok^5	hok^5	gok^5	$toŋ^{53}$	$hoŋ^{35}$
南海	tok^2	lok^2	$tsok^2$	kok^3	hok^5	$ŋok^3$	$toŋ^{51}$	$tʰoŋ^{35}$ ~计 $tʰoŋ^{55}$ ~统
顺德	tok^2	lok^2	$tʃok^2$	kok^3	hok^5	ok^5	$toŋ^{53}$	$tʰoŋ^{24}$
三水	tok^3	lok^{25} lok^3 又	$tsok^3$	kok^5	hok^5	$ŋok^5$	$toŋ^{53}$ $toŋ^{55}$ 又	$tʰoŋ^{25}$
高明	tok^2	lok^2	$tʃok^2$	kok^5	hok^5	ok^5	$toŋ^{55}$	$tʰoŋ^{24}$
佛冈	tok^2	lok^2	$tʃok^2$	kok^5	hok^3	ok^3	$toŋ^{33}$	$tʰoŋ^{35}$
阳山	tok^{23}	lok^{23}	$tʃok^{23}$	kok^5	hok^5	ok^5	$toŋ^{51}$	$tʰoŋ^{55}$
连山	tok^{215}	lok^{215}	$θok^{215}$	kok^5	hok^5	ok^5	$doŋ^{51}$	$tʰoŋ^{55}$
新兴	tok^{52}	lok^{52}	$tsok^{52}$	kok^{45}	$tʰok^{45}$	ok^{45}	$toŋ^{45}$	$tʰoŋ^{35}$
罗定	tok^2	lok^2	$tsok^2$	kok^5	hok^5	ok^5	$toŋ^{55}$	$tʰoŋ^{35}$
郁南	tok^2	lok^2	$tʃok^2$	kok^5	hok^5	ok^5	$toŋ^{55}$	$tʰoŋ^{35}$
石岐	tok^3	lok^3	$tsok^3$	kok^5	hok^5	ok^5	$toŋ^{55}$	$tʰoŋ^{213}$

	0937 读	0938 鹿	0939 族	0940 谷 稻~	0941 哭	0942 屋	0943 冬~ 至	0944 统
	通合一入屋定	通合一入屋来	通合一入屋从	通合一入屋见	通合一入屋溪	通合一入屋影	通合一平冬端	通合一去冬透
肇庆	tok²	lok²	tʃok²	kok⁵	hok⁵	uok⁵	toŋ⁴⁵	tʰoŋ²⁴
香洲	tok³	lok³	tsok³	kok²¹	hok²¹	ok²¹	toŋ²¹	tʰoŋ³⁵
斗门	tok³	lok²¹	tsok³	kok⁵	hok⁵	ok⁵	toŋ³⁴	hoŋ⁴⁵
新会	tək²	lək²	tsək²	kək⁴⁵	hək⁴⁵	ək⁴⁵	təŋ²³	həŋ⁴⁵
台山	ɤk³¹	lɤk³¹	tɤk³¹	kɤk⁵	hɤk³	ɤk⁵	ɤŋ³³	hɤŋ⁵⁵
开平	ok²	lok²	tok²	kok⁵	hok³	ok⁵	oŋ³³	hoŋ⁴⁵
恩平	tok²	lok²	tʃok²	kok⁵	hok⁵	ok⁵	toŋ³³	hoŋ⁵⁵
四会	tok²	lok²	tʃok²	kok⁵	hok⁵	ok⁵	toŋ⁵¹	tʰoŋ³³
广宁	tok³²	lok³²	tsok³²	kok⁵	hok⁵	ok⁵	toŋ⁵¹	tʰoŋ⁴⁴
怀集	tok²⁴	lok²⁴	tʃok²⁴	kok⁵	hok⁵	ok⁵	toŋ⁴²	tʰoŋ⁵⁴
德庆	tok²	lok²	tsok²	kok⁵	kʰok⁵	ok⁵	toŋ⁴⁵⁴	tʰoŋ⁴⁵
封开	tok²	lok²	ɬok²	kok⁵	hok⁵	ok⁵	toŋ⁵⁵	tʰoŋ³³⁴
阳江	tok⁵⁴	lok⁵⁴	tsok⁵⁴	kok³⁵	hok³⁵	ok³⁵	toŋ³³	tʰoŋ²¹
阳春	tok⁵²	lok⁵²	tsok⁵²	kok⁴⁵	hok⁴⁵	ok⁴⁵	toŋ⁴⁵	tʰoŋ³²⁴
赤坎	tok²	lok²	tsok²	kok⁵	hok⁵	ok⁵	toŋ⁴⁵	tʰoŋ¹³
吴川	ɗoʔ³¹	loʔ³¹	tʃoʔ³¹	koʔ⁵	hoʔ⁵	oʔ⁵	ɗoŋ⁵⁵	tʰoŋ³⁵
廉江	tok²	lok²	tsok²	kok⁵	hok⁵	ok⁵	toŋ⁵⁵	tʰoŋ²⁵
高州	tuk²¹	luk²¹	tʃuk²¹	kuk⁵	huk⁵	uk⁵	tuŋ⁵³	tʰuŋ²⁴
化州	ɗok³¹	lok³¹	tʃok³¹	kok⁵	hok⁵	ok⁵	ɗoŋ⁵³	tʰoŋ³⁵

	0937 读	0938 鹿	0939 族	0940 谷稻~	0941 哭	0942 屋	0943 冬~ 至	0944 统
	通合一入屋定	通合一入屋来	通合一入屋从	通合一入屋见	通合一入屋溪	通合一入屋影	通合一平冬端	通合一去冬透
梅州	tʰuk^{5}	luk^{5}	tsʰuk^{5}	kuk^{2}	kʰuk^{2}	vuk^{2}	tuŋ^{44}	tʰuŋ^{31}
兴宁	tʰuk^{4}	luk^{4}	tsʰɯk^{4}	kuk^{2}	kʰuk^{2}	vuk^{2}	tuŋ^{24}	tʰuŋ^{31}
五华	tʰuk^{5}	luk^{5}	tsʰɿk^{5}	kuk^{2}	（无）	vuk^{2}	tuŋ^{44}	tʰuŋ^{31}
大埔	tʰuk^{5}	luk^{5}	tsʰuk^{5}	kuk^{2}	kʰuk^{2}	vuk^{2}	tuŋ^{34}	tʰuŋ^{31}
丰顺	tʰuk^{5}	luk^{5}	tsʰuk^{5}	kuk^{2}	kʰuk^{2}	vuk^{2}	tuŋ^{44}	tʰuŋ^{53}
揭西	tʰuk^{5}	luk^{5}	tsʰuk^{5}	kuk^{3}	kʰuk^{3}	vuk^{3}	tuŋ^{452}	tʰuŋ^{31}
陆河	tʰuk^{5}	luk^{5}	tsʰuk^{5}	kuk^{45}	kʰuk^{45}	vuk^{45}	tuŋ^{53}	tʰuŋ^{24}
龙川	tʰuk^{3}	luk^{3}	tsʰuk^{3}	kuk^{13}	kʰuk^{3}	uk^{13}	tuŋ^{33}	tʰuŋ^{24}
河源	tʰuk^{3}	luk^{3}	tsʰuk^{3}	kuk^{5}	huk^{5}	ʔuk^{5}	tuŋ^{33}	tʰuŋ^{24}
连平	tʰuk^{5}	luk^{5}	tsʰuk^{5}	kuk^{3}	kʰuk^{3}	uk^{3}	tuŋ^{24}	tʰuŋ^{31}
龙岗	tʰuk^{5}	luk^{5}	tsʰuk^{5}	kuk^{2}	kʰuk^{2}	vuk^{2}	tuŋ^{33}	tʰuŋ^{31}
惠州	tʰək^{21}	lək^{21}	tsʰək^{21}	kək^{45}	hək^{45}	ʔək^{45}	təŋ^{33}	tʰəŋ^{35}
博罗	tʰək^{2}	lək^{2}	tsʰək^{2}	kək^{5}	hək^{5}	ək^{5}	təŋ^{44}	tʰəŋ^{35}
新丰	tʰuk^{4}	luk^{4}	tsʰuk^{4}	kuk^{2}	（无）	vuk^{2}	tuŋ^{44}	tʰuŋ^{51}
翁源	tʰuk^{45}	luk^{45}	tsʰuk^{45}	kuk^{31}	kʰuk^{31}	vuk^{31}	tuŋ^{22}	tʰuŋ^{45}
始兴	tʰuʔ^{3}	luʔ^{3}	tsʰuʔ^{3}	kuʔ^{45}	（无）	vuʔ^{45}	tuŋ^{22}	tʰuŋ^{31}
仁化	tʰɐuʔ^{5}	lɐuʔ^{5}	tsʰɐuʔ^{5}	kɐuʔ^{5}	（无）	ɐuʔ^{5}	tɐŋ^{33}	tʰɐŋ^{23}
南雄	tʰəʔ^{42}	ləʔ^{42}	tsəʔ^{42}	kəʔ^{42}	kʰʁʔ^{5}	ʁʔ^{5}	təŋ^{44}	tʰəŋ^{24}

	0937 读	0938 鹿	0939 族	0940 谷稻~	0941 哭	0942 屋	0943 冬~至	0944 统
	通合一入屋定	通合一入屋来	通合一入屋从	通合一入屋见	通合一入屋溪	通合一入屋影	通合一平冬端	通合一去冬透
皈塘	tau^{33}	lau^{33}	$tʃʰau^{33}$	kau^{41}	hau^{41}	au^{41}	tau^{24}	$tʰau^{33}$
桂头	$tʰou^{44}$	lou^{4}	$tsou^{4}$	kou^{4}	hou^{21}	ou^{21}	$oŋ^{51}$	$tʰoŋ^{324}$
连州	$tɛ^{31}$	$lɛ^{31}$	$tsʰɛ^{31}$	ke^{24}	$hɛ^{24}$	$ɛ^{24}$	$tɛ^{31}$	$tʰɛ^{53}$
潮州	$tʰak^{5}$~书 tau^{11}句~	tek^{5}	$tsak^{5}$白,种~ $tsok^{5}$文,民~	kok^{2}	（无）	ok^{2}	$taŋ^{33}$	$tʰoŋ^{53}$
饶平	$tʰak^{5}$	tek^{5}	$dzok^{5}$	kok^{2}	（无）	ok^{2}	$taŋ^{44}$	$tʰoŋ^{52}$
汕头	$tʰak^{5}$	tek^{5}	$tsok^{5}$	kok^{2}	（无）	ok^{2}	$taŋ^{33}$	$tʰoŋ^{51}$
澄海	$tʰak^{5}$	tek^{5}	$tsok^{5}$	kok^{2}	（无）	ok^{2}	$taŋ^{33}$	$tʰoŋ^{53}$
潮阳	$tʰak^{5}$	tek^{5}	$tsok^{5}$	kok^{3}	（无）	ok^{3}	$taŋ^{31}$	$tʰoŋ^{454}$
南澳	$tʰak^{5}$	tek^{5}	$tsok^{5}$	kok^{2}	（无）	ok^{2}	$taŋ^{34}$	$tʰoŋ^{52}$
揭阳	$tʰak^{5}$	tek^{5}	$tsok^{5}$	kok^{3}	（无）	ok^{3}	$taŋ^{33}$白 $toŋ^{33}$文	$tʰoŋ^{41}$
普宁	$tʰak^{5}$	tek^{5}	$tsok^{5}$	kok^{3}	（无）	ok^{3}	$taŋ^{35}$	$tʰoŋ^{52}$
惠来	$tʰak^{5}$	tek^{5}	$tsok^{5}$	kok^{3}	（无）	ok^{3}	$taŋ^{34}$	$tʰoŋ^{53}$
海丰	$tʰak^{5}$	lak^{5}白 $tiok^{5}$文 $liok^{5}$文	$tsok^{5}$	kok^{2}	$kʰok^{2}$	ok^{2}	$taŋ^{33}$白 $toŋ^{33}$文	$tʰoŋ^{53}$
陆丰	$tʰak^{5}$	lok^{5}	$tsok^{5}$	kok^{2}	（无）	ok^{2}	$taŋ^{33}$白 $toŋ^{33}$文	$tʰoŋ^{55}$
电白	$tʰak^{2}$	$tiak^{2}$	$tsɔk^{2}$	（无）	（无）	（无）	$taŋ^{33}$	$toŋ^{21}$
雷州	$tʰak^{3}$	$tiak^{3}$	$tsuk^{3}$	kuk^{5}	（无）	uk^{5}	$taŋ^{24}$白 $tuŋ^{24}$文	$tʰuŋ^{42}$

	0945 脓	0946 松~紧	0947 宋	0948 毒	0949 风	0950 丰	0951 凤	0952 梦
	通合一 平冬泥	通合一 平冬心	通合一 去冬心	通合一 入沃定	通合三 平东非	通合三 平东敷	通合三 去东奉	通合三 去东明
广州	loŋ²¹	ʃoŋ⁵³	ʃoŋ³³	tok²	foŋ⁵³	foŋ⁵³	foŋ²²	moŋ²²
番禺	loŋ³¹	ʃoŋ⁵³	ʃoŋ³³	tok²	foŋ⁵³	foŋ⁵³	foŋ²²	moŋ²²
增城	leŋ²¹	seŋ⁴⁴	seŋ³³	tok²	feŋ⁴⁴	feŋ⁴⁴	feŋ²²	meŋ²²
从化	noŋ²²	soŋ⁵⁵	soŋ²³	tok²	foŋ⁵⁵	foŋ⁵⁵	foŋ³¹	moŋ³¹
龙门	loŋ²¹	soŋ⁴²	soŋ²³	tok⁴³	foŋ⁴²	foŋ⁴²	foŋ⁵³	moŋ⁵³
莞城	noŋ³¹	ʃoŋ²³	ʃoŋ⁴⁴	tok³	foŋ²³	foŋ²³	foŋ⁴⁴	moŋ⁴⁴
宝安	noŋ³³	ʃoŋ⁵⁵	ʃoŋ³³	to?³	foŋ²³	foŋ⁵⁵	foŋ²⁵	moŋ²²
佛山	loŋ¹²	ʃoŋ⁵³	ʃoŋ²⁴	tok²³	foŋ⁵³	foŋ⁵³	foŋ¹² foŋ³⁵ 又	boŋ¹²
南海	noŋ²²	soŋ⁵¹	soŋ³³	tok²	foŋ⁵¹	foŋ⁵¹	foŋ²²	moŋ²²
顺德	loŋ⁴²	ʃoŋ⁵³	ʃoŋ³²	tok²	foŋ⁵³	foŋ⁵³	foŋ²¹	moŋ²¹
三水	loŋ³¹	soŋ⁵³	soŋ⁴⁴	tok³	foŋ⁵³	foŋ⁵³ foŋ⁵⁵ 又	foŋ³³	moŋ³³
高明	noŋ³¹	ʃoŋ⁴⁵	ʃoŋ³³	tok²	foŋ⁴⁵	foŋ⁵⁵	foŋ³¹	moŋ³¹
佛冈	noŋ²²	ʃoŋ³³	ʃoŋ³³	tok²	foŋ³³	foŋ³³	foŋ³¹	moŋ³¹
阳山	（无）	ʃoŋ⁵¹	ʃoŋ³⁴	tok²³	foŋ⁵¹	foŋ⁵¹	foŋ²¹⁴	moŋ²¹⁴
连山	noŋ²⁴¹	θoŋ⁵¹	θoŋ³⁵	tok²¹⁵	foŋ⁵¹	foŋ⁵¹	foŋ²¹⁵	moŋ²¹⁵
新兴	noŋ²¹	soŋ⁴⁵	soŋ⁴⁴³	tok⁵²	foŋ⁴⁵	foŋ⁴⁵	foŋ⁵²	moŋ⁵²
罗定	noŋ²¹	soŋ⁵⁵	soŋ³³	tok²	foŋ⁵⁵	foŋ⁵⁵	foŋ³⁵ ~凰	moŋ²¹
郁南	noŋ²¹	ʃoŋ⁵⁵	ʃoŋ³³	tok²	foŋ⁵⁵	foŋ⁵⁵	foŋ²¹	moŋ²¹
石岐	noŋ⁵¹	soŋ⁵⁵	soŋ³³	tok³	hoŋ⁵⁵	hoŋ⁵⁵	hoŋ³³	moŋ³³

	0945 脓	0946 松~ 紧	0947 宋	0948 毒	0949 风	0950 丰	0951 凤	0952 梦
	通合一 平冬泥	通合一 平冬心	通合一 去冬心	通合一 入沃定	通合三 平东非	通合三 平东敷	通合三 去东奉	通合三 去东明
肇庆	noŋ²¹	ʃoŋ⁴⁵	ʃoŋ³³	tok²	foŋ⁴⁵	foŋ⁴⁵	foŋ⁵²	moŋ⁵²
香洲	noŋ³⁴³	soŋ²¹	soŋ³³	tok³	hoŋ²¹	hoŋ²¹	hoŋ³³	moŋ³³
斗门	noŋ²²	soŋ³⁴	soŋ³⁴	tok³	foŋ³⁴	foŋ³⁴	foŋ⁴²	moŋ⁴²
新会	nəŋ²²	səŋ²³	səŋ²³	tək²	fəŋ²³	fəŋ²³	fəŋ³²	məŋ³²
台山	nɤŋ²²	ɬɤŋ³³	ɬɤŋ³³	ɤk³¹	fɤŋ³³	fɤŋ³³	fɤŋ³¹	mɤŋ³¹
开平	noŋ¹¹	ɬoŋ³³	ɬoŋ³³	ok²	foŋ³³	foŋ³³	foŋ³¹	moŋ³¹
恩平	ndoŋ²²	ʃoŋ³³	ʃoŋ³³	tok²	foŋ³³	foŋ³³	foŋ²¹	mboŋ²¹
四会	loŋ²⁴	ʃoŋ⁵¹	ʃoŋ³³	tok²	foŋ⁵¹	foŋ⁵¹	foŋ²⁴	moŋ²⁴
广宁	noŋ³¹	soŋ⁵¹	soŋ³³	tok³²	foŋ⁵¹	foŋ⁵¹	foŋ³²³	moŋ³²³
怀集	noŋ²²⁵	θoŋ⁴²	θoŋ⁴⁵	tok²⁴	foŋ⁴²	foŋ⁴²	foŋ²²⁵	moŋ²²⁵
德庆	noŋ²⁴²	soŋ⁴⁵⁴	soŋ⁵³	tok²	foŋ⁴⁵⁴	foŋ⁴⁵⁴	foŋ³¹	moŋ³¹
封开	noŋ²⁴³	ɬoŋ⁵⁵	ɬoŋ⁵¹	tok²	foŋ⁵⁵	foŋ⁵⁵	foŋ²¹	moŋ²¹
阳江	noŋ⁴²	ɬoŋ³³	ɬoŋ³⁵	tok⁵⁴	foŋ³³	foŋ³³	foŋ⁵⁴	moŋ⁵⁴
阳春	noŋ³¹	ɬoŋ⁴⁵	ɬoŋ³³	tok⁵²	foŋ⁴⁵	foŋ⁴⁵	foŋ⁵²	moŋ⁵²
赤坎	noŋ²¹	ɬoŋ⁴⁵	ɬoŋ³³	tok²	foŋ⁴⁵	foŋ⁴⁵	foŋ²¹	moŋ²¹
吴川	noŋ³¹	ɬoŋ⁵⁵	ɬoŋ³³	ɗoʔ³¹	foŋ⁵⁵	foŋ⁵⁵	foŋ³¹	moŋ³¹
廉江	noŋ²¹	ɬoŋ⁵⁵	ɬoŋ³³	tok²	foŋ⁵⁵	foŋ⁵⁵	foŋ²¹	moŋ²¹
高州	nuŋ²¹	ɬuŋ⁵³	ɬuŋ³³	tuk²¹	fuŋ⁵³	fuŋ⁵³	fuŋ³¹	muŋ³¹
化州	noŋ¹³	ɬoŋ⁵³	ɬoŋ³³	ɗok³¹	foŋ⁵³	foŋ⁵³	foŋ³¹	moŋ³¹

	0945 脓	0946 松~紧	0947 宋	0948 毒	0949 风	0950 丰	0951 凤	0952 梦
	通合一平冬泥	通合一平冬心	通合一去冬心	通合一入沃定	通合三平东非	通合三平东敷	通合三去东奉	通合三去东明
梅州	nuŋ²¹	suŋ⁴⁴	suŋ⁵²	tʰuk⁵	fuŋ⁴⁴	fuŋ⁴⁴	fuŋ⁵²	muŋ⁵²
兴宁	nuŋ¹³	suŋ²⁴	suŋ⁵¹	tʰuk⁴	fuŋ²⁴	fuŋ²⁴	fuŋ⁵¹	muŋ⁵¹
五华	nuŋ²¹²	sɿŋ⁴⁴	sɿŋ⁵¹	tʰuk⁵	fuŋ⁴⁴	fuŋ⁴⁴	fuŋ³¹	muŋ³¹
大埔	nuŋ¹³	suŋ¹³	suŋ⁵²	tʰuk⁵	fuŋ³⁴	fuŋ³⁴	fuŋ⁵²	muŋ⁵²
丰顺	nuŋ²⁴	suŋ⁴⁴	suŋ⁵³	tʰuk⁵	fuŋ⁴⁴	fuŋ⁴⁴	fuŋ²¹	muŋ²¹
揭西	nuŋ²⁴	suŋ⁴⁵²	suŋ⁴¹	tʰuk⁵	fuŋ⁴⁵²	fuŋ⁴⁵²	fuŋ³¹	muŋ³¹
陆河	nuŋ³⁵	suŋ⁵³	suŋ³¹	tʰuk⁵	fuŋ⁵³	fuŋ⁵³	fuŋ³³	muŋ³³
龙川	nuŋ⁵¹	suŋ³³	suŋ³¹	tʰuk³	fuŋ³³	fuŋ³³	fuŋ³³	muŋ³³
河源	nuŋ³¹	suŋ³³	suŋ²¹²	tʰuk³	huŋ³³	huŋ³³	huŋ⁵⁴	muŋ⁵⁴
连平	nuŋ²¹	suŋ²⁴	suŋ⁵³	tʰuk⁵	fuŋ²⁴	fuŋ²⁴	fuŋ⁵³	muŋ⁵³
龙岗	luŋ²¹	suŋ³³	suŋ⁵³	tʰuk⁵	fuŋ³³	fuŋ³³	fuŋ⁵³	mbuŋ⁵³
惠州	nəŋ²²	səŋ³³	səŋ²³	tʰək²¹	həŋ³³	həŋ³³	həŋ³¹	məŋ³¹
博罗	ndəŋ²¹	ɬəŋ⁴⁴	ɬəŋ²⁴	tʰək²	həŋ⁴⁴	həŋ⁴⁴	həŋ⁴¹	mbəŋ⁴¹
新丰	luŋ²⁴	suŋ⁴⁴	suŋ⁵¹	tʰuk⁴	fuŋ⁴⁴	fuŋ⁴⁴	fuŋ³¹	mbuŋ³¹
翁源	nuŋ⁴¹	suŋ²²	suŋ⁴⁵	tʰuk⁴⁵	fuŋ²²	fuŋ²²	fuŋ³¹	muŋ³¹
始兴	nuŋ⁵¹	suŋ²²	suŋ³³	tʰuʔ³	fuŋ²²	fuŋ²²	fuŋ³³	muŋ³³
仁化	lɐŋ³¹	sɐŋ³³	sɐŋ³⁴	tʰɐuʔ⁵	fɐŋ³³	fɐŋ³³	fɐŋ³³	mɐŋ³³
南雄	nəŋ²¹	səŋ⁴⁴	səŋ³²	təʔ⁴²	fəŋ⁴⁴	fəŋ⁴⁴	fəŋ⁴²	məuŋ⁴²

	0945 脓	0946 松~紧	0947 宋	0948 毒	0949 风	0950 丰	0951 凤	0952 梦
	通合一平冬泥	通合一平冬心	通合一去冬心	通合入沃定	通合三平东非	通合三平东敷	通合三去东奉	通合三去东明
皈塘	nau⁴⁵	ʃau²⁴	ʃau²¹	tau³³	fau²⁴	fau²⁴	fau²¹	mau²¹
桂头	loŋ⁴⁵	soŋ⁵¹	soŋ⁴⁴	tʰou⁴⁴	foŋ⁵¹	foŋ⁵¹	foŋ⁴⁴	moŋ⁴⁴
连州	nɛ⁵⁵	sɛ³¹	sɛ¹¹	tɛ³¹	fɛ³¹	fɛ³¹	fɛ³³	mɛ³³
潮州	laŋ⁵⁵白 loŋ⁵⁵文	soŋ³³	soŋ²¹³	tak⁵	huaŋ³³白 hoŋ³³文	hoŋ³³	hoŋ³⁵	maŋ¹¹
饶平	laŋ⁵⁵白 loŋ⁵⁵文	saŋ⁴⁴白 soŋ⁴⁴文	soŋ²¹⁴	tak⁵	huaŋ⁴⁴白 hoŋ⁴⁴文	hoŋ⁴⁴	hoŋ²⁵	maŋ²¹
汕头	laŋ⁵⁵	saŋ³³白 soŋ³³文	soŋ²¹³	tak⁵	huaŋ³³白 hoŋ³³文	hoŋ³³	hoŋ²⁵	maŋ³¹
澄海	laŋ⁵⁵	soŋ³³	soŋ²¹²	tak⁵	huaŋ³³白 hoŋ³³文	hoŋ³³	hoŋ³⁵	maŋ²²
潮阳	naŋ³³白 loŋ³³文	soŋ³¹	soŋ⁵²	tak⁵	huaŋ³¹白 hoŋ³¹文	hoŋ³¹	hoŋ⁵²	maŋ⁴²
南澳	laŋ⁴⁵⁴	saŋ³⁴	soŋ²¹	tak⁵	hoŋ³⁴	hoŋ³⁴	hoŋ³⁵	baŋ³¹
揭阳	naŋ⁵⁵白 loŋ⁵⁵文	soŋ³³	soŋ²¹³	tak⁵	huaŋ³³白 hoŋ³³文	hoŋ³³	hoŋ²⁵	maŋ²²
普宁	naŋ⁵⁵白 loŋ⁵⁵文	saŋ³⁵白 soŋ³⁵文	soŋ³¹²	tak⁵	huaŋ³⁵白 hoŋ³⁵文	hoŋ³⁵	hoŋ²⁴	maŋ³¹
惠来	loŋ⁵⁵	soŋ³⁴	soŋ³¹	tak⁵	huaŋ³⁴白 hoŋ³⁴文	hoŋ³⁴	hoŋ²⁵	maŋ³¹
海丰	naŋ⁵⁵	saŋ³³白 soŋ³³文	soŋ²¹²	tak⁵白 tok⁵文	huaŋ³³白 hoŋ³³文	hoŋ³³	hoŋ³⁵	maŋ²¹白 moŋ³⁵文
陆丰	laŋ¹³白 loŋ¹³文	saŋ³³	soŋ²¹³	tak⁵白 tok⁵文	hoŋ³³	hoŋ³³	hoŋ²²	mbaŋ²²
电白	laŋ²²	sɔŋ³³	sɔŋ¹³	tak²	huaŋ³³	hɔŋ³³	hɔŋ⁴⁴²	maŋ³³白 mɔŋ⁴⁴²文
雷州	naŋ²²	saŋ²⁴	suŋ²¹	tuk³	huaŋ²⁴	huŋ²⁴	huŋ⁵⁴	maŋ²⁴

	0953 中 当~	0954 虫	0955 终	0956 充	0957 宫	0958 穷	0959 熊	0960 雄
	通合三平东知	通合三平东澄	通合三平东章	通合三平东昌	通合三平东见	通合三平东群	通合三平东云	通合三平东云
广州	$tʃoŋ^{53}$	$tʃʰoŋ^{21}$	$tʃoŋ^{53}$	$tʃʰoŋ^{53}$	$koŋ^{53}$	$kʰoŋ^{21}$	$hoŋ^{21}$	$hoŋ^{21}$
番禺	$tʃoŋ^{53}$	$tʃʰoŋ^{31}$	$tʃoŋ^{53}$	$tʃʰoŋ^{53}$	$koŋ^{53}$	$kʰoŋ^{31}$	$hoŋ^{31}$	$hoŋ^{31}$
增城	$tseŋ^{44}$	$tsʰeŋ^{21}$	$tseŋ^{44}$	$tsʰeŋ^{44}$	$keŋ^{44}$	$kʰeŋ^{21}$	$heŋ^{21}$	$heŋ^{21}$
从化	$tsoŋ^{55}$	$tsʰoŋ^{22}$	$tsoŋ^{55}$	$tsʰoŋ^{55}$	$koŋ^{55}$	$kʰoŋ^{22}$	$hoŋ^{22}$	$hoŋ^{22}$
龙门	$tsoŋ^{42}$	$tsʰoŋ^{21}$	$tsoŋ^{42}$	$tsʰoŋ^{42}$	$koŋ^{42}$	$kʰoŋ^{21}$	$zoŋ^{21}$	$hoŋ^{21}$
莞城	$tʃoŋ^{23}$	$tʃʰoŋ^{31}$	$tʃoŋ^{23}$	$tʃʰoŋ^{23}$	$koŋ^{23}$	$kʰoŋ^{31}$	$ioŋ^{31}$	$hoŋ^{31}$
宝安	$tʃoŋ^{55}$	$tʃʰoŋ^{33}$	$tʃoŋ^{55}$	$tʃʰoŋ^{55}$	$koŋ^{55}$	$kʰoŋ^{33}$	$hoŋ^{31}$	$hoŋ^{31}$
佛山	$tʃoŋ^{53}$	$tʃʰoŋ^{42}$	$tʃoŋ^{53}$	$tʃʰoŋ^{53}$	$koŋ^{53}$	$kʰoŋ^{42}$	$hoŋ^{42}$	$hoŋ^{42}$
南海	$tsoŋ^{51}$	$tsʰoŋ^{31}$	$tsoŋ^{51}$	$tsʰoŋ^{51}$	$koŋ^{51}$	$kʰoŋ^{31}$	$hoŋ^{31}$	$hoŋ^{31}$
顺德	$tʃoŋ^{53}$	$tʃoŋ^{42}$	$tʃoŋ^{53}$	$tʃʰoŋ^{53}$	$koŋ^{53}$	$kʰoŋ^{42}$	$hoŋ^{42}$	$hoŋ^{42}$
三水	$tsoŋ^{53}$ $tsoŋ^{55}$又	$tsʰoŋ^{31}$ $tsʰoŋ^{25}$又	$tsoŋ^{53}$	$tsʰoŋ^{53}$	$koŋ^{53}$ $koŋ^{55}$又	$kʰoŋ^{31}$	$hoŋ^{31}$	$hoŋ^{31}$
高明	$tʃoŋ^{55}$	$tʃʰoŋ^{31}$	$tʃoŋ^{55}$	$tʃʰoŋ^{45}$	$koŋ^{55}$	$kʰoŋ^{31}$	$hoŋ^{31}$	$hoŋ^{31}$
佛冈	$tʃoŋ^{33}$	$tʃʰoŋ^{22}$	$tʃoŋ^{33}$	$tʃʰoŋ^{33}$	$koŋ^{33}$	$kʰoŋ^{22}$	$hoŋ^{22}$	$hoŋ^{22}$
阳山	$tʃoŋ^{51}$	$toŋ^{241}$	$tʃoŋ^{51}$	$tʃʰoŋ^{51}$	$koŋ^{51}$	$koŋ^{241}$	$hoŋ^{241}$	$hoŋ^{241}$
连山	$tʃoŋ^{51}$	$ʃoŋ^{241}$	$tʃoŋ^{51}$	$tʃʰoŋ^{51}$	$koŋ^{51}$	$koŋ^{241}$	$ioŋ^{241}$	$oŋ^{241}$
新兴	$tsoŋ^{45}$	$tsʰoŋ^{21}$	$tsoŋ^{45}$	$tsʰoŋ^{45}$	$koŋ^{45}$	$kʰoŋ^{21}$	$ioŋ^{21}$	$hoŋ^{21}$
罗定	$tsoŋ^{55}$	$tsʰoŋ^{21}$昆~ $tsʰoŋ^{35}$~仔	$tsoŋ^{55}$	$tsʰoŋ^{55}$	$koŋ^{55}$	$kʰoŋ^{21}$	$hoŋ^{21}$	$hoŋ^{21}$
郁南	$tʃoŋ^{55}$	$tʃʰoŋ^{21}$	$tʃoŋ^{55}$	$tʃʰoŋ^{55}$	$koŋ^{55}$	$kʰoŋ^{21}$	$hoŋ^{21}$	$hoŋ^{21}$
石岐	$tsoŋ^{55}$	$tsʰoŋ^{51}$	$tsoŋ^{55}$	$tsʰoŋ^{55}$	$koŋ^{55}$	$kʰoŋ^{51}$	$hoŋ^{51}$	$hoŋ^{51}$

	0953 中_{当~}	0954 虫	0955 终	0956 充	0957 宫	0958 穷	0959 熊	0960 雄
	通合三 平东知	通合三 平东澄	通合三 平东章	通合三 平东昌	通合三 平东见	通合三 平东群	通合三 平东云	通合三 平东云
肇庆	tʃoŋ⁴⁵	tʃʰoŋ²¹	tʃoŋ⁴⁵	tʃʰoŋ⁴⁵	koŋ⁴⁵	kʰoŋ²¹	ioŋ²¹	hoŋ²¹
香洲	tsoŋ²¹	tsʰoŋ³⁴³	tsoŋ²¹	tsʰoŋ²¹	koŋ²¹	kʰoŋ³⁴³	hoŋ³⁴³	hoŋ³⁴³
斗门	tsoŋ³⁴	tʰoŋ²²	tsoŋ³⁴	tʰoŋ³⁴	koŋ³⁴	kʰoŋ²²	hoŋ²²	hoŋ²²
新会	tsəŋ²³	tsʰəŋ²²	tsʰəŋ²³	tsʰəŋ²³	kəŋ²³	kʰəŋ²²	həŋ²²	həŋ²²
台山	tsɤŋ³³	tsʰɤŋ²²	tsɤŋ³³	tsʰɤŋ³³	kɤŋ³³	kʰɤŋ²²	hɤŋ²²	hɤŋ²²
开平	tʃoŋ³³	tʃʰoŋ¹¹	tʃoŋ³³	tʃʰoŋ³³	koŋ³³	kʰoŋ¹¹	hoŋ¹¹	hoŋ¹¹
恩平	tʃoŋ³³	tʰoŋ²²	tʃoŋ³³	tʰoŋ³³	koŋ³³	kʰoŋ²²	hoŋ²²	hoŋ²²
四会	tʃoŋ⁵¹	toŋ³¹	tʃoŋ⁵¹	tʃʰoŋ⁵¹	koŋ⁵¹	koŋ³¹	hoŋ³¹	hoŋ³¹
广宁	tsoŋ⁵¹	toŋ³¹	tsoŋ⁵¹	tsʰoŋ⁵¹	koŋ⁵¹	koŋ³¹	hoŋ³¹	hoŋ³¹
怀集	tʃoŋ⁴²	tʃoŋ²³¹	tʃoŋ⁴²	tʃʰoŋ⁴²	koŋ⁴²	koŋ²³¹	hoŋ²³¹	hoŋ²³¹
德庆	tsoŋ⁴⁵⁴	tsoŋ²⁴²	tsoŋ⁴⁵⁴	tsʰoŋ⁴⁵⁴	koŋ⁴⁵⁴	koŋ²⁴²	hoŋ²⁴²	hoŋ²⁴²
封开	tʃoŋ⁵⁵	tʃoŋ²⁴³	tʃoŋ⁵⁵	tʃʰoŋ⁵⁵	koŋ⁵⁵	koŋ²⁴³	ɲioŋ²⁴³	hoŋ²⁴³
阳江	tsoŋ³³	tsʰoŋ⁴²	tsʰoŋ³³	tsʰoŋ³³	koŋ³³	kʰoŋ⁴²	ioŋ⁴²	hoŋ⁴²
阳春	tsoŋ⁴⁵	tsʰoŋ³¹	tsʰoŋ⁴⁵	tsʰoŋ⁴⁵	koŋ⁴⁵	kʰoŋ³¹	ioŋ³¹	hoŋ³¹
赤坎	tsoŋ⁴⁵	tsʰoŋ²¹	tsoŋ⁴⁵	tsʰoŋ⁴⁵	koŋ⁴⁵	kʰoŋ²¹	hoŋ²¹	hoŋ²¹
吴川	tʃoŋ⁵⁵	tʃʰoŋ³¹	tʃoŋ⁵⁵	tʃʰoŋ⁵⁵	koŋ⁵⁵	kʰoŋ³¹	ioŋ³¹	hoŋ³¹
廉江	tsoŋ⁵⁵	tsʰoŋ²¹	tsoŋ⁵⁵	tsʰoŋ⁵⁵	koŋ⁵⁵	kʰoŋ²¹	ioŋ²¹	hoŋ²¹
高州	tʃuŋ⁵³	tʃʰuŋ²¹	tʃuŋ⁵³	tʃʰuŋ⁵³	kuŋ⁵³	kʰuŋ²¹	iuŋ²¹	huŋ²¹
化州	tʃoŋ⁵³	tʃʰoŋ¹³	tʃoŋ⁵³	tʃʰoŋ⁵³	koŋ⁵³	kʰoŋ¹³	ioŋ¹³	hoŋ¹³

	0953 中当~	0954 虫	0955 终	0956 充	0957 宫	0958 穷	0959 熊	0960 雄
	通合三 平东知	通合三 平东澄	通合三 平东章	通合三 平东昌	通合三 平东见	通合三 平东群	通合三 平东云	通合三 平东云
梅州	tsuŋ⁴⁴	tsʰuŋ²¹	tsuŋ⁴⁴	tsʰuŋ⁴⁴	kiuŋ⁴⁴	kʰiuŋ²¹	iuŋ²¹	hiuŋ²¹
兴宁	tʃuŋ²⁴	tʃʰuŋ¹³	tʃuŋ²⁴	tʃʰuŋ²⁴	kiuŋ²⁴	kʰiuŋ¹³	ʒuŋ¹³ 白 ʃuŋ¹³ 文	ʃuŋ¹³
五华	tʃuŋ⁴⁴	tʃʰuŋ²¹²	tʃuŋ⁴⁴	tʃʰuŋ⁴⁴	kiuŋ⁴⁴	kʰiuŋ²¹²	iuŋ²¹²	ʃuŋ²¹²
大埔	tʃuŋ³⁴	tʃʰuŋ¹³	tʃuŋ³⁴	tʃʰuŋ³⁴	kiuŋ³⁴	kʰiuŋ¹³	hiuŋ¹³	hiuŋ¹³
丰顺	tʃuŋ⁴⁴	tʃʰuŋ²⁴	tsuŋ⁴⁴	tʃʰuŋ⁴⁴	kiuŋ⁴⁴	kʰiuŋ²⁴	iuŋ²⁴	hiuŋ²⁴
揭西	tʃuŋ⁴⁵²	tʃʰuŋ²⁴	tʃuŋ⁴⁵²	tʃʰuŋ⁴⁵²	kiuŋ⁴⁵²	kʰiuŋ²⁴	ʒuŋ²⁴	hiuŋ²⁴
陆河	tuŋ⁵³ 白 tʃuŋ⁵³ 文	tʃʰuŋ³⁵	tʃuŋ⁵³	tʃʰuŋ⁵³	kiuŋ⁵³	kʰiuŋ³⁵	ʒuŋ³⁵	hiuŋ³⁵
龙川	tsuŋ³³	tsʰuŋ⁵¹	tsuŋ³³	tsʰuŋ³³	kuŋ³³	kʰuŋ⁵¹	ʃiuŋ⁵¹	ʃiuŋ⁵¹
河源	tsuŋ³³	tsʰuŋ³¹	tsuŋ³³	tsʰuŋ³³	kuŋ³³	kʰuŋ³¹	iuŋ³¹	huŋ³¹
连平	tsuŋ²⁴	tsʰuŋ²¹	tsuŋ²⁴	tsʰuŋ²⁴	kuŋ²⁴	kʰuŋ²¹	iuŋ²¹ 白 ɕiuŋ²¹ 文	ɕiuŋ²¹
龙岗	tsuŋ³³	tsʰuŋ²¹	tsuŋ³³	tsʰuŋ³³	kiuŋ³³	kʰiuŋ²¹	ziuŋ²¹ 白 hiuŋ²¹ 文	hiuŋ²¹
惠州	tsəŋ³³	tsʰəŋ²²	tsəŋ³³	tsʰəŋ³³	kəŋ³³	kʰəŋ²²	jiəŋ²²	həŋ²²
博罗	tsəŋ⁴⁴	tsʰəŋ²¹	tsəŋ⁴⁴	tsʰəŋ⁴⁴	kəŋ⁴⁴	kʰəŋ²¹	zəŋ²¹	həŋ²¹
新丰	tsuŋ⁴⁴	tsʰuŋ²⁴	tsuŋ⁴⁴	tsʰuŋ⁴⁴	kuŋ⁴⁴	kʰuŋ²⁴	suŋ²⁴	suŋ²⁴
翁源	tʃuŋ²²	tʃʰuŋ⁴¹	tʃuŋ²²	tʃʰuŋ²²	kuŋ²²	kʰiuŋ⁴¹	ʃuŋ⁴¹	ʃuŋ⁴¹
始兴	tsuŋ²²	tsʰuŋ⁵¹	tsuŋ²²	tsʰuŋ²²	kuŋ²²	tɕʰiuŋ⁵¹	ɕiuŋ⁵¹	ɕiuŋ⁵¹
仁化	tsɐŋ³³	tsʰɐŋ³¹	tsɐŋ³³	tsʰɐŋ³³	kɐŋ³³	kʰɐŋ³¹	xɐŋ³¹	xɐŋ³¹
南雄	tsəŋ⁴⁴	tsəŋ²¹	tsəŋ⁴⁴	tsʰəŋ⁴⁴	kəŋ⁴⁴	tɕiəŋ²¹	ɕiəŋ²¹	ɕiəŋ²¹

	0953 中_{当~}	0954 虫	0955 终	0956 充	0957 宫	0958 穷	0959 熊	0960 雄
	通合三平东知	通合三平东澄	通合三平东章	通合三平东昌	通合三平东见	通合三平东群	通合三平东云	通合三平东云
皈塘	tau^{24}_{~心} $tʃau^{24}$_{当~}	$tʃʰau^{45}$	$tʃau^{24}$	$tʃʰau^{24}$	kau^{24}	$kʰau^{45}$	（无）	hau^{45}
桂头	$tsoŋ^{51}$	$tsʰoŋ^{45}$	$tsoŋ^{51}$	$tsʰoŋ^{51}$	$koŋ^{51}$	$kʰoŋ^{45}$	$hoŋ^{45}$	$hoŋ^{45}$
连州	$tsie^{31}$	$tsʰie^{55}$	$tsie^{31}$	$tsʰie^{31}$	ke^{31}	$kʰe^{55}$	ie^{55}_白 $hɛ^{55}$_文	$hɛ^{55}$
潮州	$taŋ^{33}$_白 $toŋ^{33}$_文	$tʰaŋ^{55}$	$tsoŋ^{33}$	$tsʰoŋ^{33}$	$keŋ^{33}$	$keŋ^{55}$_白 $kʰioŋ^{55}$_文	him^{55}	$heŋ^{55}$_白 $hioŋ^{55}$_文
饶平	$taŋ^{44}$_白 $toŋ^{44}$_文	$tʰaŋ^{55}$	$tsoŋ^{44}$	$tsʰoŋ^{44}$	$keŋ^{44}$	$keŋ^{55}$_白 $kʰioŋ^{55}$_文	him^{55}	$hioŋ^{55}$
汕头	$taŋ^{33}$_白 $toŋ^{33}$_文	$tʰaŋ^{55}$	$tsoŋ^{33}$	$tsʰoŋ^{33}$	$keŋ^{33}$	$keŋ^{55}$_白 $kʰioŋ^{55}$_文	him^{55}_白 $hioŋ^{55}$_文	$heŋ^{55}$_白 $hioŋ^{55}$_文
澄海	$taŋ^{33}$_白 $toŋ^{33}$_文	$tʰaŋ^{55}$	$tsoŋ^{33}$	$tsʰoŋ^{33}$	$keŋ^{33}$	$keŋ^{55}$_白 $kʰioŋ^{55}$_文	$hiŋ^{55}$	$hioŋ^{55}$
潮阳	$toŋ^{31}$	$tʰaŋ^{33}$	$tsoŋ^{31}$	$tsʰoŋ^{31}$	$keŋ^{31}$	$keŋ^{33}$_白 $kʰioŋ^{33}$_文	him^{33}	$hioŋ^{33}$
南澳	$toŋ^{34}$	$tʰaŋ^{454}$	$tsoŋ^{34}$	$tsʰoŋ^{34}$	$keŋ^{34}$	$keŋ^{454}$_白 $kʰioŋ^{454}$_文	him^{454}	$hioŋ^{454}$
揭阳	$tã^{33}$_{白，~央} $taŋ^{33}$_{白，心~} $toŋ^{33}$_{文，~心}	$tʰaŋ^{55}$	$tsoŋ^{33}$	$tsʰoŋ^{33}$	$keŋ^{33}$	$keŋ^{55}$_白 $kʰioŋ^{55}$_文	him^{55}	$heŋ^{55}$_白 $hioŋ^{55}$_文
普宁	$taŋ^{35}$_白 $toŋ^{35}$_文	$tʰaŋ^{55}$	$tsoŋ^{35}$	$tsʰoŋ^{35}$	$keŋ^{35}$	$keŋ^{55}$_白 $kʰioŋ^{55}$_文	him^{55}	$heŋ^{55}$_白 $hioŋ^{55}$_文
惠来	$toŋ^{34}$	$tʰaŋ^{55}$	$tsoŋ^{34}$	$tsʰoŋ^{34}$	$keŋ^{34}$	$kʰioŋ^{55}$	him^{55}	$hioŋ^{55}$
海丰	$taŋ^{33}$_白 $tioŋ^{33}$_文	$tʰaŋ^{55}$_白 $tʰioŋ^{55}$_文	$tsioŋ^{33}$	$tsʰioŋ^{33}$	$kioŋ^{33}$	$kʰiau^{55}$_白 $kʰioŋ^{55}$_文	him^{55}	$hioŋ^{35}$
陆丰	$taŋ^{33}$_白 $tioŋ^{33}$_文	$tʰaŋ^{13}$_白 $tʰioŋ^{13}$_文	$tsioŋ^{33}$	$tsʰioŋ^{33}$	$keŋ^{33}$	$kʰiau^{33}$_白 $kʰioŋ^{13}$_文	him^{13}	$hioŋ^{13}$
电白	$tsɔŋ^{33}$	$tʰaŋ^{22}$	$tsɔŋ^{33}$	$tsʰɔŋ^{33}$	$kiaŋ^{33}$_白 $kɔŋ^{33}$_文	$kiaŋ^{22}$	$iaŋ^{22}$	$kɔŋ^{22}$
雷州	$tsuŋ^{24}$	$tʰaŋ^{22}$	$tsuŋ^{24}$	$tsʰuŋ^{24}$	$kuŋ^{24}$	$kʰioŋ^{22}$	$hioŋ^{22}$	$hioŋ^{22}$

	0961 福	0962 服	0963 目	0964 六	0965 宿 住~，~舍	0966 竹	0967 畜~ 生	0968 缩
	通合三 入屋非	通合三 入屋奉	通合三 入屋明	通合三 入屋来	通合三 入屋心	通合三 入屋知	通合三 入屋彻	通合三 入屋生
广州	fok⁵	fok²	mok²	lok²	ʃok⁵	tʃok⁵	tʃʰok⁵	ʃok⁵
番禺	fok⁵	fok²	mok²	lok²	ʃok⁵	tʃok⁵	tʃʰok⁵	ʃok⁵
增城	fok⁵	fok²	mok²	lok²	sok⁵	tsok⁵	tsʰok⁵	sok⁵
从化	fok⁵	fok²	mok²	lok²	sok⁵	tsok⁵	tsʰok⁵	sok⁵
龙门	fok⁵	fok⁴³	mok⁴³	lok⁴³	sok⁵	tsok⁵	tsʰok⁵	sok⁵
莞城	fok⁵	fok³	mok³	ŋok³	ʃok⁵	tʃok⁵	tʃʰok⁵	ʃok⁵
宝安	foʔ⁵	foʔ³	moʔ³	loʔ³	ʃoʔ⁵	tʃoʔ⁵	tʃʰoʔ³	ʃoʔ³
佛山	fok⁵	fok²³	bok²³	lok²³	ʃok⁵	tʃok⁵	tʃʰok⁵	ʃok⁵
南海	fok⁵	fok²	mok²	lok²	sok⁵	tsok⁵	tsʰok⁵	sok⁵
顺德	fok⁵	fok²	mok²	lok²	ʃok⁵	tʃok⁵	tʃʰok⁵	ʃok⁵
三水	fok⁵	fok³	mok³	lok³	sok⁵	tsok⁵	tsʰok⁵	sok⁵
高明	fok⁵	fok²	mok²	lok²	ʃok⁵	tʃok⁵	tʃʰok⁵	ʃok⁵
佛冈	fok³	fok²	mok²	lok²	ʃok⁵	tʃok³	tʃʰok³	ʃok³
阳山	fok⁵	fok²³	mok²³	lok²³	ʃok⁵	tok⁵	tʃʰok⁵	ʃok⁵
连山	fok⁵	fok²¹⁵	mok²¹⁵	lok²¹⁵	θok⁵	tʃok⁵	tʃʰok⁵	ʃok⁵
新兴	fok⁴⁵	fok⁵²	mok⁵²	lok⁵²	sok⁴⁵	tsok⁴⁵	tsʰok⁴⁵	sok⁴⁵
罗定	fok⁵	fok²	mok²	lok²	sok⁵	tsok⁵	tsʰok⁵	sok⁵
郁南	fok⁵	fok²	mok²	lok²	ʃok⁵	tʃok⁵	tʃʰok⁵	ʃok⁵
石岐	hok⁵	hok³	mok³	lok³	sok⁵	tsok⁵	tsʰok⁵	sok⁵

	0961 福	0962 服	0963 目	0964 六	0965 宿 住~，~舍	0966 竹	0967 畜~生	0968 缩
	通合三	通合三	通合三	通合三	通合三	通合三	通合三	通合三
	入屋非	入屋奉	入屋明	入屋来	入屋心	入屋知	入屋彻	入屋生
肇庆	fok⁵	fok²	mok²	lok²	ʃok⁵	tʃok⁵	tʃʰok⁵	ʃok⁵
香洲	hok²¹	hok³	mok³	lok³	sok²¹	tsok²¹	tsʰok²¹	sok²¹
斗门	fok⁵	fok³	mok³	lok³	sok⁵	tsok⁵	tʰok⁵	sok⁵
新会	fək⁴⁵	fək²	mək²	lək²	sək⁴⁵	tsək⁴⁵	tsʰək⁴⁵	sək⁴⁵
台山	fɤk⁵	fɤk³¹	mɤk³¹	lɤk³¹	ɬɤk⁵	tsɤk⁵	tsʰɤk⁵	sɤk³
开平	fok⁵	fok²	mok²	lok²	ɬok⁵	tʃok⁵	tʃʰok⁵	ʃok⁵
恩平	fok⁵	fok²	mbok²	lok²	ʃok⁵	tʃok⁵	tʰok⁵	ʃok⁵
四会	fok⁵	fok²	mok²	lok²	ʃok⁵	tʃok⁵	tʃʰok⁵	ʃok⁵
广宁	fok⁵	fok³²	mok³²	lok³²	sok⁵	tok⁵	tsʰok⁵	sok⁵
怀集	fok⁵	fok²⁴	mok²⁴	lok²⁴	θok⁵	tok⁵	tʃʰok⁵	θok⁵
德庆	fok⁵	fok²	mok²	lok²	sok⁵	tsok⁵	tsʰok⁵	sok⁵
封开	fok⁵	fok²	mok²	lok²	ɬok⁵	tʃok⁵	tʃʰok⁵	ʃiok⁵
阳江	fok³⁵	fok⁵⁴	mok⁵⁴	lok⁵⁴	ɬok³⁵	tsok³⁵	tsʰok³⁵	sok³⁵
阳春	fok⁴⁵	fok⁵²	mok⁵²	lok⁵²	ɬok⁴⁵	tsok⁴⁵	tsʰok⁴⁵	ɬok⁴⁵
赤坎	fok⁵	fok²	mok²	lok²	ɬok⁵	tsok⁵	tsʰok⁵	ɬok⁵
吴川	foʔ⁵	foʔ³¹	moʔ³¹	loʔ³¹	ɬoʔ⁵	tʃoʔ⁵	tʃʰoʔ⁵	ɬoʔ⁵
廉江	fok⁵	fok²	mok²	lok²	ɬok⁵	tsok⁵	tsʰok⁵	ɬok⁵
高州	fuk⁵	fuk²¹	muk²¹	luk²¹	ɬuk⁵	tʃuk⁵	tʃʰuk⁵	ɬuk⁵
化州	fok⁵	fok³¹	mok³¹	lok³¹	ɬok⁵	tʃok⁵	tʃʰok⁵	ɬok⁵

	0961 福	0962 服	0963 目	0964 六	0965 宿 住~,~舍	0966 竹	0967 畜~生	0968 缩
	通合三入屋非	通合三入屋奉	通合三入屋明	通合三入屋来	通合三入屋心	通合三入屋知	通合三入屋彻	通合三入屋生
梅州	fuk²	fuk⁵	muk²白 muk⁵文	liuk²	siuk²	tsuk²	hiuk²	suk²
兴宁	fuk²	fuk⁴	muk²白 muk⁴文	liuk²白 luk²文	siuk²	tʃuk²	tʃʰuk²	suɯk²
五华	fuk²	fuk⁵	muk²	liuk²	siuk²	tʃuk²	ʃuk²	sɿk²
大埔	fuk²	fuk⁵	muk²白,~珠 muk⁵文,节~	liuk²	suk²	tʃuk²	hiuk²	suk²
丰顺	fuk²	fuk⁵	muk²	liuk²	siuk²	tʃuk²	hiuk²	suk²
揭西	fuk³	fuk⁵	muk³白,~珠 muk⁵文,节~	liuk³	siuk³	tʃuk³	hiuk³	suk³
陆河	fuk⁴⁵	fuk⁵	muk⁴⁵	liuk⁴⁵	siuk⁴⁵	tʃuk⁴⁵	tʃʰuk⁴⁵ hiuk⁴⁵又	suk⁴⁵
龙川	fuk¹³	fuk³	muk¹³	luk³	suk¹³	tsuk¹³	tsʰuk¹³	suk¹³
河源	huk⁵	huk³	muk³	luk³	suk⁵	tsuk⁵	tsʰuk⁵	suk⁵
连平	fuk³	fuk⁵	muk³白,~前 muk⁵文,项~	luk³	suk³	tsuk³	ɕiuk³	suk³
龙岗	fuk²	fuk⁵	mbuk²	luk²	suk²	tsuk²	hiuk²	suk²
惠州	hək⁴⁵	hək²¹	mək²¹	lək²¹	sək⁴⁵	tsək⁴⁵	tsʰək⁴⁵	sək⁴⁵
博罗	hək⁵	hək²	mbək²	lək²	łək⁵	tsək⁵	tsʰək⁵	łək⁵
新丰	fuk²	fuk⁴	mbuk²	luk²	suk²	tsuk²	tsʰuk²	suk²
翁源	fuk³¹	fuk⁴⁵	muk³¹	luk³¹	suk³¹	tʃuk³¹	suk³¹	suk³¹
始兴	fuʔ⁴⁵	fuʔ³	muʔ⁴⁵	luʔ⁴⁵	ɕiuʔ⁴⁵	tsuʔ⁴⁵	ɕiuʔ⁴⁵	suʔ⁴⁵
仁化	feuʔ⁵	feuʔ⁵	meuʔ⁵	leuʔ⁵	seuʔ⁵	tseuʔ⁵	tsʰeuʔ⁵	seuʔ⁵
南雄	fɤʔ⁵	fəʔ⁴²	mɤʔ⁵	lei?⁴²	ɕiɤʔ⁵住~ sɤʔ⁵~舍	tsɤʔ⁵	tsʰɤʔ⁵	sɤʔ⁵

	0961 福	0962 服	0963 目	0964 六	0965 宿 住~，~舍	0966 竹	0967 畜~生	0968 缩
	通合三入屋非	通合三入屋奉	通合三入屋明	通合三入屋来	通合三入屋心	通合三入屋知	通合三入屋彻	通合三入屋生
飯塘	fau⁴¹	fau³³~气 fuə⁴⁵~务	mau³³	lau³³	ʃau⁴¹	tau⁴¹	kʰau⁴¹六~ tʃʰau⁴¹~生	ʃau⁴¹
桂头	fou²¹	fou²¹	mou⁴	lou⁴⁴	sou²¹	a⁴	tsʰou²¹	sou²¹
连州	fɛ²⁴	fɛ³¹	mɛ³¹	lɛ³¹	sɛ²⁴	tsie²⁴	tsʰɛ²⁴	sɛ²⁴
潮州	hok²	hok⁵	mak⁵	lak⁵	suaʔ²	tek²	tʰiok²	sok²
饶平	hok²	hok⁵	mak⁵	lak⁵	suaʔ²	tek²	tʰiok²	sok²
汕头	hok²	hok⁵	mak⁵	lak⁵	suaʔ²	tek²	tʰek²白 tʰiok²文	sok²
澄海	hok²	hok⁵	mak⁵	lak⁵	suaʔ²	tek²	tʰek²	sok²
潮阳	hok³	hok⁵	mak⁵	lak⁵	suaʔ³	tek³	tʰek³白 tʰiok³文	sok³
南澳	hok²	hok⁵	mak⁵	lak⁵	suaʔ²	tek²	tʰek²白 tʰiok²文	sok²
揭阳	hok³	hok⁵	mak⁵	lak⁵	suaʔ³	tek³	tʰiok³	sok³
普宁	hok³	hok⁵	mak⁵	lak⁵	suaʔ³	tek³	tʰek³白 tʰiok³文	sok³
惠来	hok³	hok⁵	mak⁵	lak⁵	suaʔ³	tek³	tʰek³	sok³
海丰	hok²	huak⁵白 hok⁵文	mak⁵白 mok⁵文	lak⁵	siok²	tiok²	hiok²	sok²
陆丰	hok²	hok⁵	mbak⁵白 mok⁵文	lak⁵	sok²	tek²	tʰek² hiok²文	sok²
电白	hɔk⁵	hɔk²	mak²白 muk²文	lak²	sɔk²	tip⁵	tsʰɔk⁵	sɔk⁵
雷州	huk⁵	huk³	muk³白 muk⁵文	lak³	suk⁵	tip⁵白 tsuk⁵文	tsʰuk⁵	suk⁵

	0969 粥	0970 叔	0971 熟	0972 肉	0973 菊	0974 育	0975 封	0976 蜂
	通合三入屋章	通合三入屋书	通合三入屋禅	通合三入屋日	通合三入屋见	通合三入屋以	通合三平钟非	通合三平钟敷
广州	$tʃok^5$	$ʃok^5$	$ʃok^2$	iok^2	kok^5	iok^2	$foŋ^{53}$	$foŋ^{55}$
番禺	$tʃok^5$	$ʃok^5$	$ʃok^2$	iok^2	kok^5	iok^2	$foŋ^{53}$	$foŋ^{55}$
增城	$tsok^5$	sok^5	sok^2	iok^2	kok^5	iok^2	$feŋ^{44}$	$feŋ^{44}$
从化	$tsok^2$	sok^5	sok^2	iok^2	kok^5	iok^2	$foŋ^{55}$	$foŋ^{55}$
龙门	$tsok^5$	sok^5	sok^{43}	zok^{43}	kok^5	zok^{43}	$foŋ^{42}$	$foŋ^{42}$
莞城	$tʃok^5$	$ʃok^5$	$ʃok^3$	iok^3	$kʰok^5$	iok^3	$foŋ^{23}$	$foŋ^{23}$
宝安	$tʃoʔ^5$	$ʃoʔ^5$	$ʃoʔ^3$	$ioʔ^3$	$koʔ^3$	$ioʔ^3$	$foŋ^{55}$	$foŋ^{55}$
佛山	$tʃok^5$	$ʃok^5$	$ʃok^{23}$	iok^{23}	kok^5	iok^{23}	$foŋ^{53}$动 $foŋ^{55}$名	$foŋ^{55}$
南海	$tsok^5$	sok^5	sok^2	iok^2	kok^5	iok^2	$foŋ^{51}$动 $foŋ^{55}$名	$foŋ^{55}$
顺德	$tʃok^5$	$ʃok^5$	$ʃok^2$	iok^2	kok^5	iok^2	$foŋ^{53}$	$foŋ^{55}$
三水	$tsok^5$	sok^5	sok^3	iok^3 iok^5又	kok^5	iok^3	$foŋ^{53}$动 $foŋ^{55}$名	$foŋ^{55}$
高明	$tʃok^5$	$ʃok^5$	$ʃok^2$	iok^2	kok^5	iok^2	$foŋ^{45}$	$foŋ^{55}$
佛冈	$tʃok^3$	$ʃok^3$	$ʃok^2$	iok^2	kok^3	iok^2	$foŋ^{33}$	$foŋ^{33}$
阳山	$tʃok^5$	$ʃok^5$	$ʃok^{23}$	iok^{23}	kok^5	iok^5	$foŋ^{51}$	$foŋ^{51}$
连山	$tʃok^5$	$ʃok^5$	$ʃok^{215}$	$ȵiok^{215}$	kok^5	iok^5	$foŋ^{51}$	$foŋ^{51}$
新兴	$tsok^{45}$	sok^{45}	sok^{52}	iok^{52}	kok^{45}	iok^{52}	$foŋ^{45}$	$foŋ^{45}$
罗定	$tsok^5$	sok^5	sok^2	iok^2	kok^5	iok^2	$foŋ^{55}$	$foŋ^{55}$
郁南	$tʃok^5$	$ʃok^5$	$ʃok^2$	iok^2	kok^5	iok^2	$foŋ^{55}$	$foŋ^{55}$
石岐	$tsok^5$	sok^5	sok^3	iok^3	$kʰok^5$	iok^3	$hoŋ^{55}$	$hoŋ^{55}$

	0969 粥	0970 叔	0971 熟	0972 肉	0973 菊	0974 育	0975 封	0976 蜂
	通合三入屋章	通合三入屋书	通合三入屋禅	通合三入屋日	通合三入屋见	通合三入屋以	通合三平钟非	通合三平钟敷
肇庆	$tʃok^5$	$ʃok^5$	$ʃok^2$	iok^2	kok^5	iok^2	$foŋ^{45}$	$foŋ^{45}$
香洲	$tsok^{21}$	sok^{21}	sok^3	iok^3	kok^{21}	iok^3	$hoŋ^{21}$	$hoŋ^{21}$
斗门	$tsok^5$	sok^5	sok^3	$ŋok^3$	kok^5	iok^3	$foŋ^{34}$	$foŋ^{34}$
新会	$tsək^{45}$	$sək^{45}$	$sək^2$	$ŋək^2$	$kək^{45}$	$iək^2$	$fəŋ^{23}$	$fəŋ^{23}$
台山	$tsɤk^5$	$sɤk^5$	$sɤk^{31}$	$ŋɤk^{31}$	$kɤk^5$	$jiɤk^{31}$	$fɤŋ^{33}$	$fɤŋ^{33}$
开平	$tʃok^5$	$ʃok^5$	$ʃok^2$	$ŋok^2$	kok^5	$jiok^2$	$foŋ^{33}$	$foŋ^{33}$
恩平	$tʃok^5$	$ʃok^5$	$ʃok^2$	$ŋgok^2$	kok^5	iok^2	$foŋ^{33}$	$foŋ^{33}$
四会	$tʃok^5$	$ʃok^5$	$ʃok^2$	iok^2	kok^5	iok^3	$foŋ^{51}$	$foŋ^{51}$
广宁	$tsok^5$	sok^5	sok^{32}	iok^{32}	kok^5	iok^{32}	$foŋ^{51}$	$foŋ^{51}$
怀集	$tʃok^5$	$θok^5$	$tʃok^{24}$	$ȵiok^{24}$	kok^5	$ȵiok^5$	$foŋ^{42}$	$foŋ^{42}$
德庆	$tsok^5$	sok^5	sok^2	$ȵiok^2$	kok^5	$ȵiok^2$	$foŋ^{454}$	$foŋ^{454}$
封开	$tʃok^5$	$ʃiok^5$	$tʃok^2$	$ȵiok^2$	kok^5	iok^2	$foŋ^{55}$	$foŋ^{55}$
阳江	$tsok^{35}$	sok^{35}	sok^{54}	iok^{54}	kok^{35}	kok^{54}	$foŋ^{33}$	$foŋ^{33}$
阳春	$tsok^{45}$	sok^{45}	sok^{52}	$ȵiok^{52}$	kok^{45}	iok^{52}	$foŋ^{45}$	$foŋ^{45}$
赤坎	$tsok^5$	sok^5	sok^2	$ȵiok^2$	$kʰok^5$	iok^2	$foŋ^{45}$	$foŋ^{45}$
吴川	$tʃoʔ^5$	$ʃoʔ^5$	$ʃoʔ^{31}$	$ȵioʔ^{31}$	$koʔ^5$	$ioʔ^{31}$	$foŋ^{55}$	$foŋ^{55}$
廉江	$tsok^5$	sok^5	sok^2	$ŋok^2$	$kʰok^5$	$ŋok^2$	$foŋ^{55}$	$foŋ^{55}$
高州	$tʃuk^5$	$ʃuk^5$	$ʃuk^{21}$	$ȵiuk^{21}$	kuk^5	iuk^{21}	$fuŋ^{53}$	$fuŋ^{53}$
化州	$tʃok^5$	$ʃok^5$	$ʃok^{31}$	$ŋok^{31}$	kok^5	iok^{31}	$foŋ^{53}$	$foŋ^{53}$

	0969 粥	0970 叔	0971 熟	0972 肉	0973 菊	0974 育	0975 封	0976 蜂
	通合三入屋章	通合三入屋书	通合三入屋禅	通合三入屋日	通合三入屋见	通合三入屋以	通合三平钟非	通合三平钟敷
梅州	tsuk²	suk²	suk⁵	ŋiuk²	kʰiuk²	iuk²	fuŋ⁴⁴	fuŋ⁴⁴
兴宁	tʃuk²	ʃuk²	ʃuk⁴	niuk²	kʰiuk²	ʒuk²	fuŋ²⁴	fuŋ²⁴
五华	tʃuk²	ʃuk²	ʃuk⁵	ŋiuk²	tʃʰiuk²	iuk²	fuŋ⁴⁴	fuŋ⁴⁴
大埔	tʃuk²	ʃuk²	ʃuk⁵	ŋiuk²	kʰiuk²	ʒuk²	fuŋ³⁴	pʰuŋ³⁴
丰顺	tʃuk²	ʃuk²	ʃuk⁵	ŋiuk²	kʰiuk²	iuk²	fuŋ⁴⁴	pʰuŋ⁴⁴
揭西	tʃuk³	ʃuk³	ʃuk⁵	ŋiuk³	kʰiuk³	ʒuk³	fuŋ⁴⁵²	pʰuŋ⁴⁵²
陆河	tʃuk⁴⁵	ʃuk⁴⁵	ʃuk⁵	ŋiuk⁴⁵	kʰiuk⁴⁵	hiuk⁴⁵	fuŋ⁵³	pʰuŋ⁵³
龙川	tsuk¹³	suk¹³	suk³	ŋiuk¹³	kʰuk¹³	iuk¹³	fuŋ³³	fuŋ³³
河源	tsuk⁵	suk⁵	suk³	ŋiuk³	kuk⁵	iuk⁵	huŋ³³	huŋ³³
连平	tsuk³	suk³	suk⁵	ŋiuk³	kʰuk³	iuk³	fuŋ²⁴	fuŋ²⁴
龙岗	tsuk²	suk²	suk⁵	ŋgiuk²	kʰiuk²	ziuk²	fuŋ³³	fuŋ³³
惠州	tsək⁴⁵	sək⁴⁵	sək²¹	ŋiək²¹	kək⁴⁵	jiək⁴⁵	həŋ³³	həŋ³³
博罗	tsək⁵	sək⁵	sək²	zək²	kʰək⁵	zək²	həŋ⁴⁴	həŋ⁴⁴
新丰	tsuk²	suk²	suk⁴	ŋgiuk²	kʰuk²	zuk²	fuŋ⁴⁴	fuŋ⁴⁴
翁源	tʃuk³¹	ʃuk³¹	ʃuk⁴⁵	ɲiuk³¹	kʰiuk³¹	iuk³¹	fuŋ²²	fuŋ²²
始兴	tsuʔ⁴⁵	suʔ⁴⁵	suʔ³	ŋiuʔ⁴⁵	tɕʰiuʔ⁴⁵	iuʔ⁴⁵	fuŋ²²	fuŋ²²
仁化	tsɐuʔ⁵	sɐuʔ⁵	sɐuʔ⁵	ŋɐuʔ⁵	kʰɐuʔ⁵	ŋɐuʔ⁵	fɐŋ³³	fɐŋ³³
南雄	tsɤʔ⁵	səʔ⁴² 白 sɤʔ⁵ 文	səʔ⁴²	ŋiɤʔ⁵	tɕʰiəʔ⁴²	iəʔ⁴²	fəŋ⁴⁴	fəŋ⁴⁴

	0969 粥	0970 叔	0971 熟	0972 肉	0973 菊	0974 育	0975 封	0976 蜂
	通合三入屋章	通合三入屋书	通合三入屋禅	通合三入屋日	通合三入屋见	通合三入屋以	通合三平钟非	通合三平钟敷
皈塘	tʃau⁴¹	ʃau⁴¹	ʃau³³	niau³³	kʰau⁴¹	niɔu³³	fau²⁴	pʰau²⁴ 白 fau²⁴ 文
桂头	tsou²¹	sou⁴	sou⁴⁴	lou⁴⁴	kʰou⁴	iou⁴	foŋ⁵¹	foŋ⁵¹
连州	tsie²⁴	sie²⁴	sie³¹	ŋie³¹	ke²⁴	ŋie³¹	fɛ³¹	pʰɛ³¹ 白 fɛ³¹ 文
潮州	tsok⁵ 白 kiok² 文	tsek² 白 sok² 文	sek⁵	nek⁵	kek²	iok⁵	huaŋ³³ 白 hoŋ³³ 文	pʰaŋ³³ 白 hoŋ³³ 文
饶平	kiok²	tsek²	sek⁵	nek⁵	kek²	iok⁵	huaŋ⁴⁴ 白 hoŋ⁴⁴ 文	pʰaŋ⁴⁴
汕头	tsok⁵	tsek²	sek⁵	nek⁵	kek²	iok⁵	huaŋ³³ 白 hoŋ³³ 文	pʰaŋ³³ 白 hoŋ³³ 文
澄海	（无）	tsek²	sek⁵	nek⁵	kek²	iok⁵	hoŋ³³	pʰaŋ³³
潮阳	kiok³	tsek³	sek⁵	nek⁵	kek³	iok⁵	huaŋ³¹ 白 hoŋ⁴² 文	pʰaŋ³¹
南澳	tsok⁵	tsek² 白 sok² 文	sek⁵	nek⁵	kek²	iok⁵	hoŋ³⁴	pʰaŋ³⁴
揭阳	tsok⁵	tsek³	sek⁵	nek⁵	kek³	iok⁵	huaŋ³³ 白 hoŋ³³ 文	pʰaŋ³³
普宁	tsok⁵	tsek³	sek⁵	nek⁵	kek³	iok⁵	huaŋ³⁵ 白 hoŋ³⁵ 文	pʰaŋ³⁵
惠来	kiok³	tsek³	sek⁵	nek⁵	kek³	iok⁵	huaŋ³⁴ 白 hoŋ³⁴ 文	pʰaŋ³⁴
海丰	tsok⁵	tsiok²	siok⁵	niok⁵	kiok²	iok⁵	hoŋ³³	pʰaŋ³³ 白 hoŋ³³ 文
陆丰	tsok⁵	tsek²	sek⁵	nek⁵	kek²	iok⁵	hoŋ³³	pʰaŋ³³ 白 hoŋ³³ 文
电白	tsɔk⁵	tsip⁵	siak²	hip²	kɔk⁵ 白 jiak⁵ 文	jiak² 白 jiak⁵ 文	hɔŋ³³	pʰɔŋ³³
雷州	tsuk⁵	tsip⁵ 白 suk⁵ 文	siak³	hip³	kʰuk⁵	iuk⁵	huŋ²⁴	pʰaŋ²⁴ 白 huŋ²² 文

	0977 缝 条~	0978 浓	0979 龙	0980 松~ 树	0981 重 轻~	0982 肿	0983 种~ 树	0984 冲
	通合三 去钟奉	通合三 平钟泥	通合三 平钟来	通合三 平钟邪	通合三 上钟澄	通合三 上钟章	通合三 去钟章	通合三 平钟昌
广州	$foŋ^{22}$	$loŋ^{21}$	$loŋ^{21}$	$tʃʰoŋ^{21}$	$tʃʰoŋ^{13}$	$tʃoŋ^{35}$	$tʃoŋ^{33}$	$tʃʰoŋ^{53}$
番禺	$foŋ^{31}$	$loŋ^{31}$	$loŋ^{31}$	$tʃʰoŋ^{31}$	$tʃʰoŋ^{23}$	$tʃoŋ^{35}$	$tʃoŋ^{33}$	$tʃʰoŋ^{53}$
增城	$feŋ^{21}$	$leŋ^{21}$	$leŋ^{21}$	$tsʰeŋ^{21}$	$tsʰeŋ^{13}$	$tseŋ^{35}$	$tseŋ^{33}$	$tsʰeŋ^{44}$
从化	$foŋ^{22}$	$noŋ^{22}$	$loŋ^{22}$	$tsʰoŋ^{22}$	$tsʰoŋ^{23}$	$tsoŋ^{45}$	$tsoŋ^{23}$	$tsʰoŋ^{55}$
龙门	$foŋ^{21}$	$loŋ^{21}$	$loŋ^{21}$	$tsʰoŋ^{21}$	$tsʰoŋ^{23}$	$tsoŋ^{35}$	$tsoŋ^{23}$	$tsʰoŋ^{42}$
莞城	$foŋ^{31}$	$noŋ^{31}$	$ŋoŋ^{31}$	$tʃʰoŋ^{31}$	$tʃʰoŋ^{34}$ 白 $tʃoŋ^{44}$ 文	$tʃoŋ^{35}$	$tʃoŋ^{44}$	$tʃʰoŋ^{23}$
宝安	$foŋ^{31}$	$ioŋ^{33}$	$loŋ^{33}$	$tʃʰoŋ^{31}$	$tʃʰoŋ^{23}$	$tʃoŋ^{25}$	$tʃoŋ^{33}$	$tʃʰoŋ^{55}$
佛山	$foŋ^{42}$	$loŋ^{12}$	$loŋ^{42}$	$tʃʰoŋ^{42}$	$tʃʰoŋ^{13}$	$tʃoŋ^{35}$	$tʃoŋ^{24}$	$tʃʰoŋ^{53}$
南海	$foŋ^{31}$	$noŋ^{31}$	$loŋ^{31}$	$tsʰoŋ^{31}$	$tsʰoŋ^{13}$	$tsoŋ^{35}$	$tsoŋ^{33}$	$tsʰoŋ^{51}$
顺德	$foŋ^{21}$	$loŋ^{42}$	$loŋ^{42}$	$tʃʰoŋ^{42}$	$tʃʰoŋ^{13}$	$tʃoŋ^{24}$	$tʃoŋ^{32}$	$tʃʰoŋ^{53}$
三水	$foŋ^{31}$	$loŋ^{31}$	$loŋ^{31}$ $loŋ^{25}$ 又	$tsʰoŋ^{31}$	$tsʰoŋ^{25}$ 白 $tsoŋ^{33}$ 文	$tsoŋ^{25}$	$tsoŋ^{44}$	$tsʰoŋ^{53}$ $tsʰoŋ^{55}$ 又
高明	$foŋ^{31}$	$noŋ^{31}$	$loŋ^{31}$	$tʃʰoŋ^{31}$	$tʃʰoŋ^{33}$	$tʃoŋ^{24}$	$tʃoŋ^{33}$	$tʃʰoŋ^{45}$
佛冈	$foŋ^{22}$	$noŋ^{22}$	$loŋ^{22}$	$tʃʰoŋ^{22}$	$tʃʰoŋ^{33}$	$tʃoŋ^{35}$	$tʃoŋ^{33}$	$tʃʰoŋ^{33}$
阳山	$foŋ^{214}$	$loŋ^{241}$	$loŋ^{241}$	$tʃoŋ^{241}$	$toŋ^{224}$ 白 $tʃʰoŋ^{224}$ 文	$tʃoŋ^{55}$	$tʃoŋ^{34}$	$tʃʰoŋ^{51}$
连山	（空）	$noŋ^{241}$	$loŋ^{241}$	$θoŋ^{241}$	$ʃoŋ^{15}$	$tʃoŋ^{55}$	$tʃoŋ^{35}$	$tʃʰoŋ^{51}$
新兴	$foŋ^{21}$	$noŋ^{21}$	$loŋ^{21}$	$tsʰoŋ^{21}$	$tsʰoŋ^{21}$	$tsoŋ^{35}$	$tsoŋ^{443}$	$tsʰoŋ^{45}$
罗定	$foŋ^{21}$	$oŋ^{21}$	$loŋ^{21}$	$tsʰoŋ^{21}$	$tsʰoŋ^{35}$	$tsoŋ^{35}$	$tsoŋ^{33}$	$tsʰoŋ^{55}$
郁南	$foŋ^{21}$	$ioŋ^{21}$ 白 $noŋ^{21}$ 文	$loŋ^{21}$	$tʃʰoŋ^{21}$	$tʃʰoŋ^{13}$	$tʃoŋ^{35}$	$tʃoŋ^{33}$	$tʃʰoŋ^{55}$
石岐	$hoŋ^{51}$	$noŋ^{51}$	$loŋ^{51}$	$tsʰoŋ^{51}$	$tsʰoŋ^{213}$	$tsoŋ^{213}$	$tsoŋ^{33}$	$tsʰoŋ^{55}$

	0977 缝 条~	0978 浓	0979 龙	0980 松 ~树	0981 重 轻~	0982 肿	0983 种 ~树	0984 冲
	通合三去钟奉	通合三平钟泥	通合三平钟来	通合三平钟邪	通合三上钟澄	通合三上钟章	通合三去钟章	通合三平钟昌
肇庆	foŋ²¹	noŋ²¹	loŋ²¹	tʃʰoŋ²¹	tʃʰoŋ¹³	tʃoŋ²⁴	tʃoŋ³³	tʃʰoŋ⁴⁵
香洲	hoŋ³⁴³	noŋ³⁴³	loŋ³⁴³	tsʰoŋ³⁴³	tsʰoŋ³⁵	tsoŋ³⁵	tsoŋ³³	tsʰoŋ²¹
斗门	foŋ²²	noŋ²²	loŋ²²	tʰoŋ²²	tʰoŋ²¹	tsoŋ⁴⁵	tsoŋ³⁴	tʰoŋ³⁴
新会	fəŋ²²	nəŋ²²	ləŋ²²	tsʰəŋ²²	tsʰəŋ²¹	tsəŋ⁴⁵	tsəŋ²³	tsʰəŋ²³
台山	fɤŋ²²	ŋɤŋ²²	lɤŋ²²	tʰɤŋ²²	tsɤŋ³¹	tsɤŋ⁵⁵	tsɤŋ³³	tsʰɤŋ³³
开平	foŋ¹¹	ŋoŋ¹¹	loŋ¹¹	tʰoŋ¹¹	tʃʰoŋ³³	tʃoŋ⁴⁵	tʃoŋ³³	tʃʰoŋ³³
恩平	（无）	ŋgoŋ²²	loŋ²²	tʰoŋ²²	tʰoŋ³³	tʃoŋ⁵⁵	tʃoŋ	tʰoŋ³³
四会	foŋ³¹	loŋ³¹	loŋ³¹	tʃoŋ³¹	tʃoŋ²⁴	tʃoŋ³³	tʃoŋ³³	tʃʰoŋ⁵¹
广宁	foŋ³¹	noŋ³¹	loŋ³¹	tsoŋ³¹	toŋ³²³	tsoŋ⁴⁴	tsoŋ³³	tsʰoŋ⁵¹
怀集	foŋ²³¹	noŋ²³¹	loŋ²³¹	tʃoŋ²³¹	tʃoŋ²⁴	tʃoŋ⁵⁴	tʃoŋ⁴⁵	tʃʰoŋ⁴²
德庆	foŋ²⁴²	noŋ²⁴²	loŋ²⁴²	tsoŋ²⁴²	tsʰoŋ²³	tsoŋ⁴⁵	tsoŋ⁵³	tsʰoŋ⁴⁵⁴
封开	foŋ³³⁴	ȵioŋ²⁴³	loŋ²⁴³	ɬoŋ²⁴³	tʃoŋ²²³	tʃoŋ³³⁴	tʃoŋ⁵³	tʃʰoŋ⁵⁵
阳江	foŋ⁴²	noŋ⁴²	loŋ⁴²	tsʰoŋ⁴²	tsʰoŋ²¹白 tsoŋ⁵⁴文	tsoŋ²¹	tsoŋ³⁵	tsʰoŋ³³
阳春	foŋ³¹	ȵioŋ³¹	loŋ³¹	tsʰoŋ³¹	tsʰoŋ³²³白 tsoŋ⁵²文	tsoŋ³²⁴	tsoŋ³³	tsʰoŋ⁴⁵
赤坎	foŋ²¹	noŋ²¹	loŋ²¹	tsʰoŋ²¹	tsʰoŋ¹³	tsoŋ¹³	tsoŋ³³	tsʰoŋ⁴⁵
吴川	foŋ³¹	noŋ³¹	loŋ³¹	tʃʰoŋ³¹	tʃʰoŋ²⁴	tʃoŋ³⁵	tʃoŋ³³	tʃʰoŋ⁵⁵
廉江	foŋ²¹	noŋ²¹	loŋ²¹	tsʰoŋ²¹	tsʰoŋ²³	tsoŋ²⁵	tsoŋ³³	tsʰoŋ⁵⁵
高州	fuŋ²¹	ȵiuŋ²¹	luŋ²¹	tʃʰuŋ²¹	tʃʰuŋ¹³	tʃuŋ²⁴	tʃuŋ³³	tʃʰuŋ⁵³
化州	foŋ¹³	noŋ¹³	loŋ¹³	tʰoŋ³¹	tʃʰoŋ¹³	tʃoŋ³⁵	tʃoŋ³³	tʃʰoŋ⁵³

	0977 缝 一条~	0978 浓	0979 龙	0980 松 ~树	0981 重 轻~	0982 肿	0983 种 ~树	0984 冲
	通合三 去钟奉	通合三 平钟泥	通合三 平钟来	通合三 平钟邪	通合三 上钟澄	通合三 上钟章	通合三 去钟章	通合三 平钟昌
梅州	pʰuŋ^{52}	ŋiuŋ^{21}白 nuŋ^{21}文	liuŋ^{21}	tsʰiuŋ^{21}	tsʰuŋ^{44}白 tsʰuŋ^{52}文	tsuŋ^{31}	tsuŋ^{52}	tsʰuŋ^{44}
兴宁	pʰuŋ^{51}	nuŋ^{13}	liuŋ^{13}	tsʰiuŋ^{13}	tʃʰuŋ^{24}白 tʃʰuŋ^{51}文	tʃuŋ^{31}	tʃuŋ^{51}	tʃʰuŋ^{24}
五华	pʰuŋ^{51}	ŋiuŋ^{212}	liuŋ^{212}	tsʰiuŋ^{212}	tʃʰuŋ^{44}白 tʃʰuŋ^{31}文	tʃuŋ^{31}	tʃuŋ^{51}	tʃʰuŋ^{44}
大埔	pʰuŋ^{52}	ŋiuŋ^{13}白 nuŋ^{13}文	liuŋ^{13}	tsʰiuŋ^{13}	tʃʰuŋ^{34}白 tʃʰuŋ^{52}文	tʃuŋ^{31}	tʃuŋ^{52}	tʃʰuŋ^{34}
丰顺	pʰuŋ^{21}	nuŋ^{24}	liuŋ^{24}	tsʰiuŋ^{24}	tʃʰuŋ^{44}	tʃuŋ^{53}	tʃuŋ^{53}	tʃʰuŋ^{44}
揭西	pʰuŋ^{31}	ŋiuŋ^{24}	liuŋ^{24}	tsʰiuŋ^{24}	tʃʰuŋ^{452}白 tʃʰuŋ^{31}文	tʃuŋ^{31}	tʃuŋ^{41}	tʃʰuŋ^{452}
陆河	pʰuŋ^{33}	ŋiuŋ^{35}	liuŋ^{35}	tsʰiuŋ^{35}	tʃʰuŋ^{53}白 tʃʰuŋ^{33}文	tʃuŋ^{24}	tʃuŋ^{31}	tsʰiuŋ^{53}白 tʃʰuŋ^{53}文
龙川	fuŋ^{51}	ŋiuŋ^{51}	luŋ^{51}	tsʰuŋ^{51}	tsʰuŋ^{31}	tsuŋ^{24}	tsuŋ^{31}	tsʰuŋ^{33}
河源	huŋ^{31}	ŋiuŋ^{31}	luŋ^{31}	tsʰuŋ^{31}	tsʰuŋ^{212}	tsuŋ^{24}	tsuŋ^{212}	tsʰuŋ^{33}
连平	fuŋ^{53}	ŋiuŋ^{21}	luŋ^{21}	tsʰuŋ^{21}	tsʰuŋ^{24}	tsuŋ^{31}	tsuŋ^{53}	tsʰuŋ^{24}
龙岗	fuŋ^{53}	ŋgiuŋ^{21}	luŋ^{21}	tsʰuŋ^{21}	tsʰuŋ^{33}白 tsʰuŋ^{53}文	tsuŋ^{31}	tsuŋ^{53}	tsʰuŋ^{33}
惠州	（无）	nəŋ^{22}	ləŋ^{22}	tsʰəŋ^{22}	tsʰəŋ^{23}	tsəŋ^{35}	tsəŋ^{23}	tsʰəŋ^{33}
博罗	（无）	zəŋ^{21}	ləŋ^{21}	tsʰəŋ^{21}	tsʰəŋ^{24}	tsəŋ^{35}	tsəŋ^{24}	tsʰəŋ^{44}
新丰	fuŋ^{24}	ŋgiuŋ^{24}	luŋ^{24}	tsʰuŋ^{24}	tsʰuŋ^{44}	tsuŋ^{31}	tsuŋ^{51}	tsʰuŋ^{44}
翁源	（无）	ŋiuŋ^{41}	luŋ^{41}	tsʰuŋ^{41}	tʃʰuŋ^{22}	tʃuŋ^{31}	tʃuŋ^{45}	tʃʰuŋ^{22}
始兴	fuŋ^{33}	ŋiuŋ^{51}	luŋ^{51}	tɕʰiuŋ^{51}	tsʰuŋ^{22}	tsuŋ^{31}	tsuŋ^{33}	tsʰuŋ^{22}
仁化	feŋ^{31}	leŋ^{31}	leŋ^{31}	tsʰɐŋ^{31}	tsʰɐŋ^{34}	tsɐŋ^{23}	tsɐŋ^{34}	tsʰɐŋ^{33}
南雄	fəŋ^{42}	ŋiəŋ^{21}	liəŋ^{21}	tɕiəŋ^{21}	tsəŋ^{21}	tsəŋ^{24}	tsəŋ^{32}	tsʰəŋ^{44}

	0977 缝 一条~	0978 浓	0979 龙	0980 松~ 树	0981 重 轻~	0982 肿	0983 种~ 树	0984 冲
	通合三 去钟奉	通合三 平钟泥	通合三 平钟来	通合三 平钟邪	通合三 上钟澄	通合三 上钟章	通合三 去钟章	通合三 平钟昌
皈塘	fau²¹	niau⁴⁵	lau⁴⁵	tʃʰau⁴⁵	tʃʰau³³	tʃau³³	tʃau²¹	tʃʰau²⁴ ~锋 ʃau²⁴ 地名
桂头	（无）	loŋ⁴⁵	loŋ⁴⁵	tsʰoŋ⁴⁵	tsʰoŋ²¹	tsoŋ³²⁴	tsoŋ⁴⁴	tsʰoŋ⁵¹
连州	（无）	ŋie⁵⁵	lɛ⁵⁵	tsʰɛ⁵⁵	tsʰie²⁴ 轻~ tsʰie³³ 敬~	tsie⁵³	tsie¹¹	tsʰie³¹
潮州	pʰaŋ¹¹	loŋ⁵⁵	leŋ⁵⁵	seŋ⁵⁵ 白 soŋ⁵⁵ 文	taŋ³⁵ 白 toŋ³⁵ 文	tseŋ⁵³	tseŋ²¹³	tsʰoŋ³³
饶平	pʰaŋ²¹	loŋ⁵⁵	leŋ⁵⁵	soŋ⁵⁵	taŋ²⁵ 白 toŋ²⁵ 文	tseŋ⁵²	tseŋ²¹⁴	tsʰoŋ⁴⁴
汕头	pʰaŋ³¹	loŋ⁵⁵	leŋ⁵⁵	seŋ⁵⁵ 白 soŋ⁵⁵ 文	taŋ²⁵ 白 toŋ²⁵ 文	tseŋ⁵¹	tseŋ²¹³	tsʰoŋ³³
澄海	pʰaŋ²²	loŋ⁵⁵	leŋ⁵⁵	soŋ⁵⁵	taŋ³⁵	tseŋ⁵³	tseŋ²¹²	tsʰoŋ³³
潮阳	pʰaŋ⁴²	loŋ³³	leŋ³³	soŋ³³	taŋ⁵²	tseŋ⁴⁵⁴	tseŋ⁵²	tsʰoŋ³¹
南澳	pʰaŋ³¹	loŋ⁴⁵⁴	leŋ⁴⁵⁴	soŋ⁴⁵⁴	taŋ³⁵	tseŋ⁵²	tseŋ²¹	tsʰoŋ³⁴
揭阳	pʰaŋ²²	loŋ⁵⁵	leŋ⁵⁵	seŋ⁵⁵ 白 soŋ⁵⁵ 文	taŋ²⁵ 白 toŋ²⁵ 文	tseŋ⁴¹	tseŋ²¹³	tsʰoŋ³³
普宁	pʰaŋ³¹	loŋ⁵⁵	leŋ⁵⁵	soŋ⁵⁵	taŋ²⁴ 白 toŋ²⁴ 文	tseŋ⁵²	tseŋ³¹²	tsʰoŋ³⁵
惠来	pʰaŋ³¹	loŋ⁵⁵	leŋ⁵⁵	soŋ⁵⁵	taŋ²⁵	tseŋ⁵³	tseŋ³¹	tsʰoŋ³⁴
海丰	pʰaŋ²¹²	loŋ⁵⁵	lioŋ⁵⁵	sioŋ⁵⁵	taŋ³⁵ 白 tioŋ³⁵ 文	tsioŋ⁵³	tsioŋ²¹²	tsʰioŋ³³
陆丰	pʰaŋ²²	loŋ¹³	leŋ¹³	sioŋ¹³	taŋ²² 白 tioŋ²² 文	tseŋ⁵⁵	tseŋ²¹³	tsʰioŋ³³
电白	hoŋ²²	noŋ²²	liaŋ²² 白 loŋ²² 文	tsʰoŋ²²	taŋ⁴⁴²	tsiaŋ²¹	tsiaŋ¹³	tsʰoŋ³³
雷州	huŋ²²	nuŋ²²	liaŋ²² 白 luŋ²² 文	suŋ²²	taŋ³³	tsiaŋ⁴²	tsiaŋ²¹	tsʰuŋ²⁴

	0985 恭	0986 共	0987 凶 吉~	0988 拥	0989 容	0990 用	0991 绿	0992 足
	通合三平钟见	通合三去钟群	通合三平钟晓	通合三上钟影	通合三平钟以	通合三去钟以	通合三入烛来	通合三入烛精
广州	koŋ⁵³	koŋ²²	hoŋ⁵³	ioŋ³⁵	ioŋ²¹	ioŋ²²	lok²	tʃok⁵
番禺	koŋ⁵³	koŋ²²	hoŋ⁵³	ioŋ³⁵	ioŋ³¹	ioŋ²²	lok²	tʃok⁵
增城	keŋ⁴⁴	keŋ²²	heŋ⁴⁴	ieŋ³⁵	ieŋ²¹	ieŋ²²	lok²	tsok⁵
从化	koŋ⁵⁵	koŋ³¹	hoŋ⁵⁵	ioŋ⁴⁵	ioŋ²²	ioŋ³¹	lok²	tsok⁵
龙门	koŋ⁴²	koŋ⁵³	hoŋ⁴²	zoŋ³⁵	zoŋ²¹	zoŋ⁵³	lok⁴³	tsok⁵
莞城	koŋ²³	koŋ⁴⁴	hoŋ²³	ŋoŋ³⁵白 ioŋ³⁵文	ioŋ³¹	ioŋ⁴⁴	ŋok³	tʃok⁵
宝安	koŋ⁵⁵	koŋ²²	hoŋ²³	ioŋ²⁵	ioŋ³¹	ioŋ²²	loʔ³	tʃoʔ⁵
佛山	koŋ⁵³	koŋ¹²	hoŋ⁵³	ioŋ³⁵	ioŋ⁴²	ioŋ¹²	lok²³	tʃok⁵
南海	koŋ⁵¹	koŋ²²	hoŋ⁵¹	ioŋ³⁵	ioŋ³¹	ioŋ²²	lok²	tsok⁵
顺德	koŋ⁵³	koŋ²¹	hoŋ⁵³	ioŋ²⁴	ioŋ⁴²	ioŋ²¹	lok²	tʃok⁵
三水	koŋ⁵³	koŋ³³	hoŋ⁵³	ioŋ²⁵	ioŋ³¹	ioŋ³³	lok³	tsok⁵
高明	koŋ⁴⁵	koŋ³¹	hoŋ⁵⁵	ioŋ²⁴	ioŋ³¹	ioŋ³¹	lok²	tʃok⁵
佛冈	koŋ³³	koŋ³¹	hoŋ³³	ioŋ³⁵	ioŋ²²	ioŋ³¹	lok²	tʃok³
阳山	koŋ⁵¹	koŋ²¹⁴	hoŋ⁵¹	ioŋ⁵⁵	ioŋ²⁴¹	ioŋ²¹⁴	lok²³	tʃok⁵
连山	koŋ⁵¹	koŋ²¹⁵	hoŋ⁵¹	ioŋ⁵⁵	ioŋ²⁴¹	ioŋ²¹⁵	lok²¹⁵	tʃok⁵
新兴	koŋ⁴⁵	koŋ⁵²	hoŋ⁴⁵	ioŋ³⁵	ioŋ²¹	ioŋ⁵²	lok⁵²	tsok⁴⁵
罗定	koŋ⁵⁵	koŋ²¹	hoŋ⁵⁵	ioŋ³⁵	ioŋ²¹	ioŋ²¹	lok²	tsok⁵
郁南	koŋ⁵⁵	koŋ²¹	hoŋ⁵⁵	ioŋ³⁵	ioŋ²¹	ioŋ²¹	lok²	tʃok⁵
石岐	koŋ⁵⁵	koŋ³³	hoŋ⁵⁵	ioŋ²¹³	ioŋ⁵¹	ioŋ³³	lok³	tsok⁵

	0985 恭	0986 共	0987 凶 吉~	0988 拥	0989 容	0990 用	0991 绿	0992 足
	通合三	通合三	通合三	通合三	通合三	通合三	通合三	通合三
	平钟见	去钟群	平钟晓	上钟影	平钟以	去钟以	入烛来	入烛精
肇庆	koŋ⁴⁵	koŋ⁵²	hoŋ⁴⁵	ioŋ²⁴	ioŋ²¹	ioŋ⁵²	lok²	tʃok⁵
香洲	koŋ²¹	koŋ³³	hoŋ²¹	ioŋ³⁵	ioŋ³⁴³	ioŋ³³	lok³	tsok²¹
斗门	koŋ³⁴	koŋ⁴²	hoŋ³⁴	oŋ⁴⁵ 白 ioŋ⁴⁵ 文	ioŋ²²	ioŋ⁴²	lok³	tsok⁵
新会	kəŋ²³	kəŋ³²	həŋ²³	iəŋ⁴⁵	iəŋ²²	iəŋ³²	lək²	tsək⁴⁵
台山	kɤŋ³³	kɤŋ³¹	hɤŋ³³	jiɤŋ⁵⁵	jiɤŋ²²	jiɤŋ³¹	lɤk³¹	tɤk⁵
开平	koŋ³³	koŋ³¹	hoŋ³³	jioŋ⁴⁵	jioŋ¹¹	jioŋ³¹	lok²	tok⁵
恩平	koŋ³³	koŋ²¹	hoŋ³³	ioŋ⁵⁵	ioŋ²²	ioŋ²¹	lok²	tʃok⁵
四会	koŋ⁵¹	koŋ²⁴	hoŋ⁵¹	ioŋ³³	ioŋ³¹	ioŋ²⁴	lok²	tʃok⁵
广宁	koŋ⁵¹	koŋ³²³	hoŋ⁵¹	ioŋ⁴⁴	ioŋ³¹	ioŋ³²³	lok³²	tsok⁵
怀集	koŋ⁴²	koŋ²²⁵	hoŋ⁴²	ioŋ⁵⁴	ioŋ²³¹	ioŋ²²⁵	lok²⁴	tʃok⁵
德庆	koŋ⁴⁵⁴	koŋ³¹	hoŋ⁴⁵⁴	ioŋ⁴⁵	ioŋ²⁴²	ioŋ³¹	lok²	tsok⁵
封开	koŋ⁵⁵	koŋ²¹	hoŋ⁵⁵	ŋioŋ³³⁴	ioŋ²⁴³	ioŋ²¹	lok²	tok⁵
阳江	koŋ³³	koŋ⁵⁴	hoŋ³³	ioŋ²¹	ioŋ⁴²	ioŋ⁵⁴	lok⁵⁴	tsok³⁵
阳春	koŋ⁴⁵	koŋ⁵²	hoŋ⁴⁵	ioŋ³²⁴	ioŋ³¹	ioŋ⁵²	lok⁵²	tsok⁴⁵
赤坎	koŋ⁴⁵	koŋ²¹	hoŋ⁴⁵	ioŋ¹³	ioŋ²¹	ioŋ²¹	lok²	tsok⁵
吴川	koŋ⁵⁵	koŋ³¹	hoŋ⁵⁵	ioŋ³⁵	ioŋ³¹	ioŋ³¹	loʔ³¹	tʃoʔ⁵
廉江	koŋ⁵⁵	koŋ²¹	hoŋ⁵⁵	ioŋ²⁵	ioŋ²¹	ioŋ²¹	lok²	tsok⁵
高州	kuŋ⁵³	kuŋ³¹	huŋ⁵³	ŋiuŋ²⁴	iuŋ²¹	iuŋ³¹	luk²¹	tʃuk⁵
化州	koŋ⁵³	kʰoŋ³¹ koŋ³¹ ~同	hoŋ⁵³	ioŋ³⁵	ioŋ¹³	ioŋ³¹	lok³¹	tok⁵

	0985 恭	0986 共	0987 凶吉~	0988 拥	0989 容	0990 用	0991 绿	0992 足
	通合三平钟见	通合三去钟群	通合三平钟晓	通合三上钟影	通合三平钟以	通合三去钟以	通合三入烛来	通合三入烛精
梅州	kiuŋ^{44}	kʰiuŋ^{52}	hiuŋ^{44}	iuŋ^{31}	iuŋ^{21}	iuŋ^{52}	liuk^{5}	tsiuk^{2}
兴宁	kiuŋ^{24}	kʰiuŋ^{51}	ʃuŋ^{24}	ʒuŋ^{31}	ʒuŋ^{13}	ʒuŋ^{51}	liuk^{4}	tsiuk^{2}
五华	kiuŋ^{44}	kʰiuŋ^{31}	ʃuŋ^{44}	iuŋ^{51}	iuŋ^{212}	iuŋ^{31}	liuk^{5}	tsiuk^{2}
大埔	kiuŋ^{34}	kʰuŋ^{52}	hiuŋ^{34}	ʒuŋ^{31}	ʒuŋ^{13}	ʒuŋ^{52}	liut^{5}	tsiuk^{2}
丰顺	kiuŋ^{44}	kʰiuŋ^{21}	hiuŋ^{44}	iuŋ^{53}	iuŋ^{24}	iuŋ^{21}	liuk^{5}	tsiuk^{2}
揭西	kiuŋ^{452}	kʰiuŋ^{31}	hiuŋ^{452}	ʒuŋ^{452}	ʒuŋ^{24}	ʒuŋ^{31}	liuk^{5}	tsiuk^{3}
陆河	kiuŋ^{53}	kʰiuŋ^{33}	hiuŋ^{53}	ʒuŋ^{31}	ʒuŋ^{35}	ʒuŋ^{33}	liuk^{5}	tsiuk^{45}
龙川	kuŋ^{31}	kʰuŋ^{33}白 / kuŋ^{31}文	ʃiuŋ^{33}	iuŋ^{24}	iuŋ^{51}	iuŋ^{33}	luk^{3}	tsuk^{13}
河源	kuŋ^{33}	kʰuŋ^{54}	huŋ^{33}	ʔuŋ^{212}	iuŋ^{31}	iuŋ^{54}	luk^{3}	tsuk^{5}
连平	kuŋ^{24}	kʰuŋ^{53}	ɕiuŋ^{24}	iuŋ^{31}	iuŋ^{21}	iuŋ^{53}	luk^{5}	tsiuk^{3}
龙岗	kiuŋ^{33}	kʰiuŋ^{53}白 / kʰuŋ^{53}文	hiuŋ^{33}	ziuŋ^{33}	ziuŋ^{33}	ziuŋ^{53}	luk^{5}	tsuk^{2}
惠州	kəŋ^{33}	kʰəŋ^{31}	həŋ^{33}	jiəŋ^{35}	jiəŋ^{22}	jiəŋ^{31}	lək^{21}	tsək^{45}
博罗	kəŋ^{44}	kʰəŋ^{41}	həŋ^{44}	zəŋ^{35}	zəŋ^{21}	zəŋ^{41}	lək^{2}	tsək^{5}
新丰	kuŋ^{44}	kʰuŋ^{31}	suŋ^{44}	iuŋ^{51}	zuŋ^{24}	zuŋ^{31}	luk^{4}	tsuk^{2}
翁源	kuŋ^{22}	kʰuŋ^{31}	ʃuŋ^{22}	iuŋ^{45}	iuŋ^{41}	iuŋ^{31}	luk^{45}	tsuk^{31}
始兴	kuŋ^{22}	tɕʰiuŋ^{33}白 / kʰuŋ^{33}文	ɕiuŋ^{22}	iuŋ^{22}	iuŋ^{51}	iuŋ^{33}	luʔ^{3}	tɕiuʔ^{45}
仁化	kəŋ^{33}	kʰɐŋ^{33}	xɐx^{33}	iɐi^{23}	iɐi^{31}	ɕɐi^{33}	lɐuʔ^{5}	tsɐuʔ^{5}
南雄	kəŋ^{44}	tɕiəŋ^{42}白 / kəŋ^{42}文	ɕiəŋ^{44}	iəŋ^{24}	iəŋ^{21}	iəŋ^{42}	liɤʔ^{42}	tɕiɤʔ^{5}

	0985 恭	0986 共	0987 凶_{吉~}	0988 拥	0989 容	0990 用	0991 绿	0992 足
	通合三 平钟见	通合三 去钟群	通合三 平钟晓	通合三 上钟影	通合三 平钟以	通合三 去钟以	通合三 入烛来	通合三 入烛精
皈塘	kau^{24}	k^hau^{21}	hau^{24}	$ioŋ^{33}$	iau^{45}	iau^{21}	lau^{33}	$tʃau^{41}$
桂头	$koŋ^{51}$	$k^hoŋ^{44}$	$hoŋ^{51}$	$ioŋ^{324}{}_{\sim护}$ $ioŋ^{51}{}_{\sim军}$	$ioŋ^{45}$	$ioŋ^{44}$	lou^4	$tsou^{21}$
连州	ke^{31}	k^he^{33}	$hɛ^{31}$	ie^{24}	ie^{55}	$nɛ^{33}ie^{33}$	$lɛ^{31}$	$tsɛ^{24}$
潮州	$kioŋ^{33}$	$kaŋ^{11}$	$hioŋ^{33}$	$ioŋ^{213}{}_{\sim有}$ $oŋ^{35}{}_{\sim呀\sim}$	$ioŋ^{55}$	$eŋ^{11}{}_{白,作\sim}$ $ioŋ^{35}{}_{文,人名}$	lek^5	$tsok^2$
饶平	$kioŋ^{44}$	$kaŋ^{21}$	$hioŋ^{44}$	$ioŋ^{214}$	$ioŋ^{55}$	$eŋ^{21}$	lek^5	$tsok^2$
汕头	$kioŋ^{33}$	$kaŋ^{31}$	$hioŋ^{33}$	$ioŋ^{213}$	$ioŋ^{55}$	$eŋ^{31}$	lek^5	$tsok^2$
澄海	$kioŋ^{33}$	$kaŋ^{22}$	$hioŋ^{33}$	$ioŋ^{212}$	$ioŋ^{55}$	$eŋ^{22}$	lek^5	$tsok^2$
潮阳	$kioŋ^{31}$	$kaŋ^{42}$	$hioŋ^{31}$	$ioŋ^{52}$	$ioŋ^{33}$	$eŋ^{42}{}_{白}$ $ioŋ^{52}{}_{文}$	lek^5	$tsok^3$
南澳	$kioŋ^{34}$	$kaŋ^{31}$	$hioŋ^{34}$	$ioŋ^{21}$	$ioŋ^{454}$	$eŋ^{31}$	lek^5	$tsok^2$
揭阳	$kioŋ^{33}$	$kaŋ^{22}$	$hioŋ^{33}$	$ioŋ^{213}$	$ioŋ^{55}$	$eŋ^{22}$	lek^5	$tsok^3$
普宁	$kioŋ^{35}$	$kaŋ^{31}$	$hioŋ^{35}$	$ioŋ^{312}$	$ioŋ^{55}$	$eŋ^{31}$	lek^5	$tsok^3$
惠来	$kioŋ^{34}$	$kaŋ^{25}$	$hioŋ^{34}$	$ioŋ^{31}$	$ioŋ^{55}$	$eŋ^{31}$	lek^5	$tsok^3$
海丰	$kioŋ^{33}$	$kaŋ^{21}{}_{白}$ $kioŋ^{35}{}_{文}$	$hioŋ^{33}$	$ioŋ^{212}$	$ioŋ^{55}$	$ioŋ^{21}{}_{白}$ $ioŋ^{35}{}_{文}$	$liok^5$	$tsok^2$
陆丰	$kioŋ^{33}$	$kaŋ^{22}{}_{白}$ $kioŋ^{22}{}_{文}$	$hioŋ^{33}$	$ioŋ^{213}$	$ioŋ^{13}$	$ioŋ^{22}{}_{白}$ $eŋ^{22}{}_{文}$	lek^5	$tsok^2$
电白	$koŋ^{33}$	$koŋ^{442}$	$hoŋ^{33}$	$oŋ^{21}$	$iaŋ^{22}$	$iaŋ^{442}$	$liak^2$	$tsɔk^5$
雷州	$kuŋ^{24}$	$kuŋ^{33}$	$huŋ^{24}$	$ʔuŋ^{42}$	$iuŋ^{22}$	$iuŋ^{22}$	$liak^3{}_{白}$ $luk^5{}_{文}$	$tsuk^5$

	0993 烛	0994 赎	0995 属	0996 褥	0997 曲~折.歌~	0998 局	0999 玉	1000 浴
	通合三入烛章	通合三入烛船	通合三入烛禅	通合三入烛日	通合三入烛溪	通合三入烛群	通合三入烛疑	通合三入烛以
广州	tʃok⁵	ʃok²	ʃok²	iok²	kʰok⁵	kok²	iok²	iok²
番禺	tʃok⁵	ʃok²	ʃok²	iok²	kʰok⁵	kok²	iok²	iok²
增城	tsok⁵	sok²	sok²	iok²	kʰok⁵	kok²	iok²	iok²
从化	tsok⁵	sok²	sok²	iok²	kʰok⁵	kok²	iok²	iok²
龙门	tsok⁵	sok⁴³	sok⁴³	zok⁴³	kʰok⁵	kok⁴³	zok⁴³	zok⁴³
莞城	tʃok⁵	ʃok³	ʃok³	iok³	kʰok⁵	kʰok³	iok³	iok³
宝安	tʃoʔ⁵	ʃoʔ³	ʃoʔ³	ioʔ²⁵	kʰoʔ⁵	kʰoʔ³	ioʔ⁵	ioʔ³
佛山	tʃok⁵	ʃok²³	ʃok²³	iok³⁵	kʰok⁵	kok²³	iok³⁵ iok²³ 又	iok²³
南海	tsok⁵	tsok² sok² 又	sok²	iok²	kʰok⁵	kok²	iok²	iok²
顺德	tʃok⁵	tʃok²	ʃok²	iok²	kʰok⁵	kok²	iok²	iok²
三水	tsok⁵	tsok³ sok³ 又	sok³	iok³ iok²⁵ 又	kʰok⁵	kok³	iok³	iok³
高明	tʃok⁵	ʃok²	ʃok²	iok²	kʰok⁵	kok²	iok²	iok²
佛冈	tʃok³	ʃok²	ʃok²	iok²	kʰok³	kok²	iok²	iok²
阳山	tʃok⁵	ʃok²³	ʃok²³	iok²³	kʰok⁵	kok²³	iok²³	iok²³
连山	tʃok⁵	ʃok²¹⁵	ʃok²¹⁵	（无）	kʰok⁵	kok²¹⁵	ŋiok²¹⁵	iok²¹⁵
新兴	tsok⁴⁵	sok⁵²	sok⁵²	iok⁵²	kʰok⁴⁵	kok⁵²	iok⁵²	iok⁵²
罗定	tsok⁵	sok²	sok²	iok²	kʰok⁵	kok²	iok²	iok²
郁南	tʃok⁵	ʃok²	ʃok²	iok²	kʰok⁵	kok²	iok²	iok²
石岐	tsok⁵	sok³	sok³	iok³	kʰok⁵	kok³	iok³	iok³

	0993 烛	0994 赎	0995 属	0996 褥	0997 曲 ~折,歌~	0998 局	0999 玉	1000 浴
	通合三入烛章	通合三入烛船	通合三入烛禅	通合三入烛日	通合三入烛溪	通合三入烛群	通合三入烛疑	通合三入烛以
肇庆	tʃok⁵	ʃok²	ʃok²	iok²	kʰok⁵	kok²	iok²	iok²
香洲	tsok²¹	sok³	sok³	iok³	kʰok²¹	kok³	iok³	iok³
斗门	tsok⁵	sok³	sok³	iok³	kʰok⁵	kok³	ŋok³	iok³
新会	tsək²	sək²	sək²	iək²	kʰək⁴⁵	kək²	ŋək²	iək²
台山	tsɤk⁵	sɤk³¹	sɤk³¹	jiɤk³¹	kʰɤk⁵	kɤk³¹	ŋɤk³¹	jiɤk³¹
开平	tʃok⁵	ʃok²	ʃok²	jiok²	kʰok⁵	kok²	ŋok²	jiok²
恩平	tʃok⁵	ʃok²	ʃok²	ŋgok²	kʰok⁵	kok²	ŋgok²	iok²
四会	tʃok⁵	ʃok²	ʃok³	iok²	kʰok⁵	kok²	iok²	iok²
广宁	tsok⁵	sok³²	sok³²	iok³²	kʰok⁵	kok³²	iok³²	iok³²
怀集	tʃok⁵	tʃok²⁴	θok²⁴	ȵiok²⁴	kʰok⁵	kok²⁴	ȵiok²⁴	ȵiok²⁴
德庆	tsok⁵	sok²	sok²	ȵiok²	kʰok⁵	kok²	ȵiok²	ȵiok²
封开	tʃok⁵	tʃok²	tʃok²	ȵiok²	kʰok⁵	kok²	ȵiok²	iok²
阳江	tsok³⁵	sok⁵⁴	sok⁵⁴	iok⁵⁴	kʰok³⁵	kok⁵⁴	iok⁵⁴	iok⁵⁴
阳春	tsok⁴⁵	sok⁵²	sok⁵²	iok⁵²	kʰok⁴⁵	kok⁵²	ȵiok⁵²	iok⁵²
赤坎	tsok⁵	sok²	sok²	iok²	kʰok⁵	kok²	ȵiok²	iok²
吴川	tʃoʔ⁵	ʃoʔ³¹	ʃoʔ³¹	ioʔ³¹	kʰoʔ⁵	koʔ³¹	ȵioʔ³¹	ioʔ³¹
廉江	tsok⁵	sok²	sok²	iok²	kʰok⁵	kok²	ŋok²	iok²
高州	tʃuk⁵	ʃuk²¹	ʃuk²¹	iuk²¹	kʰuk⁵	kuk²¹	ȵiuk²¹	iuk²¹
化州	tʃok⁵	ʃok³¹	ʃok³¹	iok³¹	kʰok⁵	kok⁵	ŋok⁵	iok³¹

	0993 烛	0994 赎	0995 属	0996 褥	0997 曲 ~折, 歌~	0998 局	0999 玉	1000 浴
	通合三入烛章	通合三入烛船	通合三入烛禅	通合三入烛日	通合三入烛溪	通合三入烛群	通合三入烛疑	通合三入烛以
梅州	tsuk²	suk⁵	suk⁵	ŋiuk⁵	kʰiuk²	kʰiuk⁵	ŋiuk⁵	iuk⁵
兴宁	tʃuk²	ʃuk⁴	ʃuk⁴	ʒuk⁴	kʰiuk²	kʰiuk⁴	niuk⁴	ʒuk⁴
五华	tʃuk²	ʃuk⁵	ʃuk⁵	iuk²	kʰiuk²	kʰiuk⁵	ȵiuk⁵	iuk⁵
大埔	tʃuk²	ʃuk⁵	ʃuk⁵	ʒuk⁵	kʰiuk²	kʰiuk⁵	ŋiuk⁵	ʒuk⁵
丰顺	tʃuk²	ʃuk⁵	ʃuk⁵	iuk⁵	kʰiut²~折 kʰiuk²歌~	kʰiuk⁵	ȵiuk⁵	iuk⁵
揭西	tʃuk³	ʃuk⁵	ʃuk⁵	ʒuk⁵	kʰiuk³	kʰiuk⁵	ȵiuk⁵	ʒuk⁵
陆河	tʃuk⁴⁵	ʃuk⁵	ʃuk⁵	ʒuk⁵	kʰiuk⁴⁵	kʰiuk⁵	ȵiuk⁵	ʒuk⁵
龙川	tsuk¹³	suk³	suk³	iuk³	kʰuk¹³	kʰuk³	ŋiuk³	iuk¹³
河源	tsuk⁵	suk³	suk³	iuk³	kʰuk⁵	kʰuk³	ŋuk³	iuk³
连平	tsuk³	suk⁵	suk⁵	iuk⁵	kʰuk³	kʰuk⁵	ȵiuk⁵	iuk⁵
龙岗	tsuk²	suk⁵	suk⁵	ziuk⁵	kʰiuk²	kʰiuk⁵	ŋgiuk⁵	ziuk⁵
惠州	tsək⁴⁵	sək²¹	sək²¹	ŋiək²¹	kʰək⁴⁵	kʰək²¹	ȵiək²¹	jiək²¹
博罗	tsək⁵	sək²¹	sək²	zək²	kʰək⁵	kʰək²	ŋgək²	zək²
新丰	tsuk²	suk⁴	suk⁴	zuk⁴	kʰuk²	kʰuk⁴	ŋgiuk⁴	zuk⁴
翁源	tʃuk³¹	ʃuk⁴⁵	ʃuk⁴⁵	（无）	kʰiuk³¹	kʰiuk⁴⁵	ȵiuk⁴⁵	iuk⁴⁵
始兴	tsuʔ⁴⁵	suʔ³	suʔ³	（无）	tɕʰiuʔ⁴⁵	tɕʰiuʔ³	ȵiuʔ³	iuʔ⁴⁵
仁化	tsɐuʔ⁵	sɐuʔ⁵	sɐuʔ⁵	（无）	kʰɐuʔ⁵	kʰɐuʔ⁵	ŋɐuʔ⁵	ŋɐuʔ⁵
南雄	tsɤʔ⁵	səʔ⁴²	səʔ⁴²	iəʔ⁴²	tɕʰɤʔ⁵~折 tɕʰiəʔ⁴²歌~	tɕiəʔ⁴²	ŋiɤʔ⁴²	iəʔ⁴²

	0993 烛	0994 赎	0995 属	0996 褥	0997 曲~折,歌~	0998 局	0999 玉	1000 浴
	通合三入烛章	通合三入烛船	通合三入烛禅	通合三入烛日	通合三入烛溪	通合三入烛群	通合三入烛疑	通合三入烛以
飯塘	tʃau⁴¹	ʃau³³	ʃau⁴¹	（无）	kʰau⁴¹	kʰau⁴¹	y²¹	（无）
桂头	tsou²¹	sou⁴⁴	sou⁴⁴	（无）	kʰou⁴白 kʰou²¹文	kʰou⁴	iou⁴	y⁴⁴
连州	tsie²⁴	sie³¹	sie³¹	ŋie³¹	kʰe²⁴	kʰe³¹	ŋie³¹	ŋie³¹
潮州	tsek²	sok⁵	sok⁵	dzok⁵	kʰek²白 kʰiok⁵文	kek⁵	gek⁵	ek⁵白 iok⁵文
饶平	tsek²	sok⁵	sok⁵	dzok⁵	kʰek²白 kʰiok²文	kek⁵	gek⁵	ek⁵白 iok⁵文
汕头	tsek²	sok⁵	sok⁵	dzok⁵	kʰek²	kek⁵	gek⁵	ek⁵
澄海	tsek²	sok⁵	sok⁵	zok⁵	kʰek²	kek⁵	gek⁵	ek⁵
潮阳	tsek³	sok⁵	sok³	ziok⁵	kʰek³	kek⁵	gek⁵	ek⁵
南澳	tsek²	sok⁵	sok⁵	dziok⁵	kek²	kek⁵	gek⁵	ek⁵
揭阳	tsek³	sok⁵	sok⁵	zok⁵	kʰek³白 kʰiok³文	kek⁵	gek⁵	ek⁵白 iok⁵文
普宁	tsek³	sok⁵	sok⁵	ziok⁵	kʰek³白 kʰiok³文	kek⁵	gek⁵	ek⁵白 iok⁵文
惠来	tsek³	sok⁵	sok⁵	dziok⁵	kʰek³白 kʰiok³文	kek⁵	gek⁵	ek⁵白 iok⁵文
海丰	tsiok²	siok⁵	siok⁵	ndziok⁵	kʰiok²	kiok⁵	ŋgiok⁵	iok⁵
陆丰	tsek²	siok⁵	siok⁵	ndziok⁵	kʰek²白 kʰiok²文	kek⁵	ŋgek⁵白 ŋgiok⁵文	ek⁵白 iok⁵文
电白	tsiak⁵	siak²	sɔk²	（无）	kʰiak⁵	kɔk²	ŋɔk²	jiɔk²
雷州	tsiak⁵	siak³	suk³	iuk⁵	kʰiak⁵	kʰuk³	iak³ iuk⁵	iuk⁵

附　录

一、广东省汉语方言各调查点发音合作人信息表

方言点	序号	姓名	性别	出生年月	文化程度	备注（承担任务）
广州荔湾	1	周参	男	1949 年 10 月	大专	方言老男
	2	张德君	男	1981 年 10 月	本科	方言青男，口头文化发音人
	3	罗佩容	女	1954 年 2 月	高中	方言老女，口头文化发音人
	4	高惠兰	女	1984 年 10 月	本科	方言青女
	5	程新容	女	1960 年 7 月	高中	口头文化发音人
	6	黎少颜	女	1965 年 6 月	高中	口头文化发音人
	7	贾志坤	男	1954 年 11 月	大专	口头文化发音人
	8	张炽生	男	1944 年 6 月	初中	口头文化发音人
广州番禺	1	龚但家	男	1955 年 4 月	大专	方言老男，口头文化发音人
	2	郭瀚炫	男	1991 年 10 月	本科	方言青男，口头文化发音人
	3	王雁容	女	1960 年 7 月	大专	方言老女
	4	余咏诗	女	1989 年 11 月	本科	方言青女
	5	黄树楠	男	1961 年 8 月	本科	口头文化发音人
广州增城	1	黄灿添	男	1958 年 8 月	高中	方言老男，口头文化发音人
	2	黄劲宗	男	1983 年 11 月	大专	方言青男
	3	黄桂多	女	1962 年 6 月	高中	方言老女，口头文化发音人
	4	杨苏琼	女	1986 年 11 月	大专	方言青女，口头文化发音人
	5	黄栋荣	男	1956 年 12 月	大专	口头文化发音人

续表

方言点	序号	姓名	性别	出生年月	文化程度	备注（承担任务）
惠州龙门	1	刘国超	男	1958 年 6 月	高中	方言老男，口头文化发音人
	2	刘志辉	男	1985 年 9 月	大专	方言青男
	3	刘细霞	女	1965 年 7 月	初中	方言老女
	4	廖美霞	女	1988 年 9 月	中专	方言青女，口头文化发音人
	5	钟金娣	女	1954 年 9 月	初一	口头文化发音人
	6	廖日敬	女	1955 年 9 月	小学	口头文化发音人
	7	苏广林	男	1965 年 9 月	大专	口头文化发音人
东莞莞城	1	何洪高	男	1959 年 6 月	高中	方言老男，口头文化发音人
	2	张国强	男	1983 年 3 月	大学本科	方言青男
	3	邓庆联	女	1951 年 1 月	中专	方言老女
	4	周静怡	女	1988 年 9 月	大学本科	方言青女
	5	范志明	男	1957 年 11 月	小学	口头文化发音人
	6	陈淑娟	女	1958 年 7 月	小学	口头文化发音人
	7	范嘉华	男	1985 年 8 月	研究生	口头文化发音人
	8	李丽君	女	1983 年 10 月	大学本科	口头文化发音人
深圳宝安	1	黄茂彬	男	1949 年 12 月	初中	方言老男，口头文化发音人
	2	梁凤莲	女	1958 年 4 月	小学	方言老女，口头文化发音人
	3	郑海聪	男	1989 年 4 月	大学本科	方言青男
	4	张玉萍	女	1994 年 9 月	大学本科	方言青女
佛山禅城	1	麦德佳	男	1961 年 7 月	初中	方言老男，口头文化发音人
	2	冯锦新	男	1983 年 6 月	大专	方言青男
	3	陈淑瀛	女	1947 年 9 月	小学（扫盲班）	方言老女
	4	庞晓颖	女	1983 年 11 月	本科	方言青女
佛山南海	1	伦　镇	男	1958 年 5 月	初中	方言老男，口头文化发音人
	2	何兆彬	男	1988 年 10 月	大专	方言青男
	3	卢绮霞	女	1953 年 9 月	初小	方言老女
	4	萧婉仪	女	1988 年 10 月	大学本科	方言青女
	5	庞活玲	女	1970 年 6 月	初中	口头文化发音人

续表

方言点	序号	姓名	性别	出生年月	文化程度	备注（承担任务）
佛山顺德	1	冯国亮	男	1953 年 5 月	初中	方言老男，口头文化发音人
	2	郭汝深	男	1982 年 10 月	大专	方言青男
	3	杜敏玲	女	1960 年 10 月	高中	方言老女，口头文化发音人
	4	龙嘉滢	女	1988 年 11 月	大专	方言青女
	5	黄银彩	女	1953 年 11 月	无	口头文化发音人
	6	黄福彩	女	1946 年 9 月	无	口头文化发音人
佛山三水	1	李瑞昭	男	1950 年 4 月	高中	方言老男
	2	陆达鸿	男	1990 年 9 月	本科	方言青男，口头文化发音人
	3	刘慧勤	女	1950 年 11 月	小学	方言老女，口头文化发音人
	4	谭锦玲	女	1989 年 8 月	大专	方言青女
	5	陈颖欣	女	1997 年 6 月	本科	口头文化发音人
佛山高明	1	谭超雄	男	1952 年 7 月	小学	方言老男
	2	严俊	男	1990 年 4 月	本科	方言青男
	3	罗洁珍	女	1954 年 1 月	初中	方言老女
	4	杨文燕	女	1987 年 6 月	本科	方言青女，口头文化发音人
	5	严建明	男	1964 年 3 月	初中	口头文化发音人
	6	谭晓荣	男	1984 年 9 月	本科	口头文化发音人
	7	谢浩基	男	1939 年 10 月	初中	口头文化发音人
清远佛冈	1	李巨文	男	1955 年 8 月	高中	方言老男
	2	宋健文	男	1992 年 9 月	中专	方言青男
	3	黄金常	女	1958 年 1 月	高中	方言老女
	4	易素萍	女	1985 年 10 月	大专	方言青女
	5	宋丽萍	女	1980 年 6 月	本科	口头文化发音人
	6	何俊聪	男	1996 年 8 月	本科	口头文化发音人
	7	黄嘉裕	女	1996 年 12 月	大专	口头文化发音人
	8	黄焜文	男	1941 年 12 月	高中	口头文化发音人
	9	曾少俊	男	1982 年 5 月	本科	口头文化发音人
	10	黄建军	男	1982 年 7 月	本科	口头文化发音人
	11	李子良	男	1975 年 9 月	大专	口头文化发音人

续表

方言点	序号	姓名	性别	出生年月	文化程度	备注（承担任务）
清远阳山	1	黄环	男	1956 年 7 月	大专	方言老男，口头文化发音人
	2	毛武健	男	1988 年 7 月	高中	方言青男
	3	李细好	女	1955 年 9 月	高中	方言老女
	4	黄斯华	女	1981 年 7 月	大专	方言青女
清远连山	1	郭成军	男	1953 年 11 月	中专	方言老男，口头文化发音人
	2	邓德强	男	1984 年 5 月	初中	方言青男
	3	邓月芳	女	1955 年 3 月	初一	方言老女，口头文化发音人
	4	邓美平	女	1991 年 5 月	大专	方言青女，口头文化发音人
云浮新兴	1	方健强	男	1951 年 5 月	高中	方言老男
	2	叶剑锋	男	1991 年 11 月	大专	方言青男
	3	严丽容	女	1961 年 12 月	高中	方言老女
	4	顾振琦	女	1986 年 11 月	中专	方言青女
	5	曾炳辉	男	1973 年 3 月	大专	口头文化发音人
	6	冯锦兰	女	1965 年 11 月	高中	口头文化发音人
云浮罗定	1	江志刚	男	1962 年 1 月	高中	方言老男，口头文化发音人
	2	张才洪	男	1987 年 3 月	大专	方言青男
	3	陈玉娥	女	1963 年 7 月	高中	方言老女
	4	陈晓媚	女	1995 年 1 月	大专	方言青女
	5	陈大远	男	1944 年 6 月	高中	口头文化发音人
	6	陈煜辉	男	1999 年 10 月	大学	口头文化发音人
云浮郁南	1	陈卫华	男	1962 年 8 月	高中	方言老男
	2	李星辉	男	1993 年 2 月	大专	方言青男，口头文化发音人
	3	欧淑明	女	1955 年 12 月	高中	方言老女
	4	黄小文	女	1985 年 4 月	大专	方言青女
	5	李章汉	男	1962 年 1 月	高中	口头文化发音人
	6	杨健	男	1992 年 4 月	硕士研究生	口头文化发音人

续表

方言点	序号	姓名	性别	出生年月	文化程度	备注（承担任务）
中山石岐	1	欧广潮	男	1950年7月	高中	方言老男，口头文化发音人
	2	黄瑞威	男	1986年11月	大专	方言青男
	3	杨美娟	女	1955年7月	中专	方言老女
	4	杨怡	女	1986年12月	本科	方言青女
	5	缪文森	男	1935年8月	大学	口头文化发音人
	6	黄小燕	女	1961年11月	小学	口头文化发音人
	7	欧钧伟	男	1979年4月	大学	口头文化发音人
肇庆端州	1	欧宏基	男	1959年4月	中师	方言老男
	2	李结泉	男	1992年7月	本科	方言青男
	3	高洁	女	1960年4月	大专	方言老女，口头文化发音人
	4	赵慧伦	女	1990年2月	本科	方言青女
	5	杨燕平	女	1973年12月	本科	口头文化发音人
珠海香洲	1	冯康玉	男	1949年9月	高中	方言老男，口头文化发音人
	2	李伟光	男	1983年5月	大专	方言青男
	3	肖洁霞	女	1950年10月	小学肄业	方言老女，口头文化发音人
	4	黄卉露	女	1984年1月	本科	方言青女
珠海斗门	1	周荣中	男	1955年8月	高中	方言老男，口头文化发音人
	2	邝永乐	男	1989年5月	大学本科	方言青男
	3	黄丽贤	女	1962年8月	高中	方言老女，口头文化发音人
	4	邝弟玲	女	1986年10月	中专	方言青女
	5	梁伟文	男	1948年2月	大专	口头文化发音人
江门新会	1	谭瑞祺	男	1956年6月	高中	方言老男
	2	许永祥	男	1983年9月	中专	方言青男
	3	范秀芳	女	1950年6月	高小	方言老女，口头文化发音人
	4	谭金兰	女	1981年10月	本科	方言青女
	5	袁丽荷	女	1951年7月	高小	口头文化发音人

续表

方言点	序号	姓名	性别	出生年月	文化程度	备注（承担任务）
江门台山	1	李德裕	男	1953 年 8 月	高中	方言老男
	2	邝羡超	男	1988 年 8 月	高中	方言青男
	3	李剑昌	男	1943 年 5 月	大专	口头文化发音人
	4	谭美英	女	1951 年 12 月	小学	方言老女，口头文化发音人
	5	李慧敏	女	1985 年 11 月	大专	方言青女
江门开平	1	关锦旋	男	1964 年 12 月	初中	方言老男
	2	司徒丽雅	女	1963 年 2 月	高中	方言老女
	3	关华康	男	1993 年 6 月	中专	方言青男
	4	司徒巧贤	女	1985 年 11 月	中专	方言青女
	5	张巨山	男	1944 年 10 月	初中	口头文化发音人
	6	梁淑苗	女	1981 年 11 月	本科	口头文化发音人
江门恩平	1	吴若洪	男	1951 年 4 月	初中	方言老男
	2	吴水金	男	1991 年 7 月	大学本科	方言青男
	3	陈虾女	女	1958 年 4 月	初中	方言老女，口头文化发音人
	4	冯茵婷	女	1991 年 11 月	大专	方言青女，口头文化发音人
	5	陈云燕	女	1975 年 10 月	大学本科	口头文化发音人
	6	岑省军	男	1954 年 1 月	高中	口头文化发音人
	7	吴水金	男	1991 年 7 月	大学本科	口头文化发音人
肇庆四会	1	欧宏健	男	1956 年 8 月	高中	方言老男
	2	邵杰	男	1986 年 3 月	本科	方言青男
	3	陈美梅	女	1951 年 10 月	初中	方言老女，口头文化发音人
	4	黎雪霞	女	1981 年 8 月	本科	方言青女，口头文化发音人
	5	莫家达	男	1987 年 3 月	大专	口头文化发音人
	6	林开根	男	1945 年 1 月	大专	口头文化发音人
肇庆广宁	1	郑国宗	男	1946 年 12 月	大学本科	方言老男，口头文化发音人
	2	郑水莲	女	1955 年 3 月	小学	方言老女，口头文化发音人
	3	陈英华	男	1982 年 5 月	大学本科	方言青男，口头文化发音人
	4	陈韵敏	女	1987 年 7 月	大学本科	方言青女

续表

方言点	序号	姓名	性别	出生年月	文化程度	备注（承担任务）
肇庆怀集	1	吴泽江	男	1955 年 6 月	高中	方言老男，口头文化发音人
	2	刘龙明	男	1988 年 2 月	本科	方言青男
	3	王雪友	女	1963 年 8 月	小学	方言老女，口头文化发音人
	4	周妫英	女	1985 年 11 月	大专	方言青女，口头文化发音人
	5	陈日清	男	1962 年 10 月	大专	口头文化发音人
	6	林行弟	女	1958 年 6 月	小学	口头文化发音人
肇庆德庆	1	温伟康	男	1963 年 11 月	中师	方言老男，口头文化发音人
	2	王宇劲	男	1991 年 6 月	中专	方言青男，口头文化发音人
	3	温莲英	女	1962 年 2 月	初中	方言老女
	4	戴鸿晶	女	1992 年 5 月	本科	方言青女
	5	谢尚荣	男	1962 年 3 月	初中	口头文化发音人
肇庆封开	1	李钦泉	男	1948 年 6 月	小学	方言老男
	2	刘钦添	男	1986 年 2 月	高中	方言青男
	3	林彩凤	女	1939 年 1 月	初中	方言老女
	4	邓惠	女	1987 年 7 月	大学	方言青女
	5	陈楚源	男	1957 年 7 月	大专	口头文化发音人
	6	梁草蝉	女	1931 年 2 月	文盲	口头文化发音人
	7	莫祀华	男	1848 年 8 月	大专	口头文化发音人
	8	李旭均	男	1963 年 6 月	高中	口头文化发音人
	9	陈月莲	女	1964 年 8 月	小学	口头文化发音人
	10	莫亚土	男	1967 年 1 月	初中	口头文化发音人
阳江江城	1	张振田	男	1954 年 9 月	初中	方言老男
	2	谭智镇	男	1986 年 8 月	初中	方言青男
	3	程卫贞	女	1957 年 9 月	初中	方言老女
	4	谭智鹰	女	1985 年 1 月	初中	方言青女
	5	韩东海	男	1947 年 8 月	初中	口头文化发音人

续表

方言点	序号	姓名	性别	出生年月	文化程度	备注（承担任务）
阳江阳春	1	张宗广	男	1957 年 7 月	高中	方言老男
	2	方亦柱	男	1990 年 3 月	中专	方言青男
	3	陈永珍	女	1963 年 9 月	初中	方言老女
	4	阮敏	女	1990 年 9 月	本科	方言青女
	5	陈建华	男	1958 年 8 月	大专	口头文化发音人
	6	严仕珍	女	1959 年 5 月	中专	口头文化发音人
	7	张升芳	女	1952 年 8 月	初中	口头文化发音人
	8	陈祖湖	男	1950 年 10 月	研究生	口头文化发音人
湛江赤坎	1	陈华福	男	1951 年 11 月	初中	方言老男，口头文化发音人
	2	陈永聪	男	1990 年 5 月	本科	方言青男，口头文化发音人
	3	吴媛	女	1960 年 2 月	初中	方言老女，口头文化发音人
	4	谢晓媚	女	1992 年 10 月	本科	方言青女
	5	邹树养	男	1957 年 10 月	大专	口头文化发音人
	6	曹思伟	男	1981 年 11 月	本科	口头文化发音人
湛江吴川	1	李观胜	男	1952 年 6 月	高中	方言老男，口头文化发音人
	2	白淞升	男	1993 年 8 月	高中	方言青男
	3	龙亚女	女	1963 年 4 月	初中	方言老女
	4	钟碧杏	女	1991 年 5 月	高中	方言青女
	5	陈海	男	1968 年 11 月	大学	口头文化发音人
	6	康华生	男	1945 年 9 月	初中	口头文化发音人
湛江廉江	1	林文昌	男	1952 年 9 月	高中	方言老男
	2	林剑烽	男	1980 年 2 月	本科	方言青男
	3	黄汉平	女	1960 年 12 月	大专	方言老女
	4	梁丹霞	女	1981 年 5 月	本科	方言青女
	5	廖日理	男	1948 年 9 月	大专	口头文化发音人
	6	钟珠	男	1948 年 9 月	大专	口头文化发音人
	7	徐华年	男	1945 年 8 月	中专	口头文化发音人

续表

方言点	序号	姓名	性别	出生年月	文化程度	备注（承担任务）
茂名高州	1	张燕安	男	1953 年 2 月	初中	方言老男，口头文化发音人
	2	杨健	女	1954 年 10 月	初中	方言老女，口头文化发音人
	3	马博文	男	1992 年 11 月	本科	方言青男
	4	伍媚	女	1990 年 11 月	高中	方言青女
	5	梁东兴	男	1945 年 7 月	小学	口头文化发音人
茂名化州	1	黄振超	男	1957 年 11 月	初中	方言老男
	2	黄榆琪	男	1986 年 11 月	大学	方言青男
	3	曾琼容	女	1955 年 8 月	中师	方言老女
	4	颜微微	女	1986 年 11 月	大学	方言青女
	5	庞琼东	男	1956 年 3 月	中师	口头文化发音人
	6	宋昌标	男	1948 年 9 月	初中	口头文化发音人
	7	黄志生	男	1957 年 8 月	高中	口头文化发音人
梅州梅江	1	彭丰元	男	1951 年 6 月	初中	方言老男，口头文化发音人
	2	罗志欣	男	1979 年 1 月	大专	方言青男
	3	古琪琪	女	1958 年 3 月	高中	方言老女
	4	温莉芬	女	1981 年 6 月	本科	方言青女，口头文化发音人
	5	杨谊	女	1963 年 2 月	高中	口头文化发音人
	6	陈昭典	男	1943 年 9 月	初中	口头文化发音人
梅州兴宁	1	罗亮宏	男	1951 年 10 月	初中	方言老男，口头文化发音人
	2	罗科	男	1983 年 10 月	本科	方言青男
	3	黄小娟	女	1964 年 2 月	高中	方言老女，口头文化发音人
	4	谢倩	女	1987 年 3 月	大专	方言青女，口头文化发音人
	5	钟伟华	男	1958 年 3 月	初中	口头文化发音人
	6	黄秋霞	女	1978 年 3 月	高中	口头文化发音人

续表

方言点	序号	姓名	性别	出生年月	文化程度	备注（承担任务）
梅州五华	1	邓俊枢	男	1956 年 9 月	高中	方言老男，口头文化发音人
	2	曾文宾	男	1992 年 7 月	大专	方言青男
	3	曾添友	女	1960 年 7 月	初中	方言老女，口头文化发音人
	4	邓丽娇	女	1993 年 6 月	大专	方言青女
	5	张伯成	男	1971 年 6 月	大专	口头文化发音人
梅州大埔	1	刘千潜	男	1953 年 8 月	初中	方言老男，口头文化发音人
	2	巫有胜	男	1981 年 5 月	本科	方言青男
	3	何志文	女	1961 年 2 月	中专	方言老女，口头文化发音人
	4	何文君	女	1987 年 9 月	本科	方言青女，口头文化发音人
	5	蓝圳业	男	1947 年 1 月	中学	口头文化发音人
	6	罗皎明	男	1962 年 10 月	中专	口头文化发音人
	7	陈援平	女	1954 年 9 月	中专	口头文化发音人
梅州丰顺	1	徐历靠	男	1949.11	初中	方言老男，口头文化发音人
	2	徐佳权	男	1994.04	大专	方言青男
	3	徐美芝	女	1961.10	高中	方言老女，口头文化发音人
	4	徐惠萍	女	1994.03	高中	方言青女
	5	丁丽琼	女	1955.06	高小	口头文化发音人
	6	陈秀芝	女	1954.03	初中	口头文化发音人
揭阳揭西	1	张少雄	男	1957 年 11 月	高中	方言老男
	2	张嘉良	男	1987 年 6 月	初中	方言青男
	3	张雪花	女	1957 年 8 月	高中	方言老女，口头文化发音人
	4	蔡嘉嘉	女	1993 年 4 月	大学本科	方言青女
	5	刘就得	男	1954 年 1 月	高中	口头文化发音人
	6	张伟耀	男	1942 年 7 月	初中	口头文化发音人
	7	黄松喜	男	1966 年 2 月	初中	口头文化发音人
	8	彭玉娥	女	1963 年 6 月	高中	口头文化发音人
	9	彭成象	男	1965 年 5 月	初中	口头文化发音人
	10	彭秋燕	女	1965 年 4 月	高中	口头文化发音人

续表

方言点	序号	姓名	性别	出生年月	文化程度	备注（承担任务）
汕尾陆河	1	罗新焕	男	1957 年 8 月	中师	方言老男，口头文化发音人
	2	彭少柯	男	1992 年 5 月	高中	方言青男
	3	李雪琼	女	1955 年 9 月	高中	方言老女
	4	罗惠娜	女	1991 年 11 月	本科	方言青女
河源龙川	1	陈兰贵	男	1954 年 7 月	初中	方言老男，口头文化发音人
	2	苏创	男	1991 年 1 月	本科	方言青男
	3	黄秉英	女	1959 年 10 月	高中	方言老女，口头文化发音人
	4	邹莉文	女	1983 年 1 月	中专	方言青女
	5	古乐颂	男	1949 年 9 月	大专	口头文化发音人
	6	杨圣玉	女	1949 年 1 月	初中	口头文化发音人
	7	陈德钦	男	1967 年 1 月	初中	口头文化发音人
河源源城	1	黎爱民	男	1952 年 9 月	初中	方言老男，口头文化发音人
	2	邝羽君	男	1988 年 9 月	高中	方言青男
	3	傅雪花	女	1954 年 6 月	高中	方言老女，口头文化发音人
	4	刘安安	女	1988 年 3 月	中专	方言青女，口头文化发音人
	5	李文化	男	1960 年 1 月	高中	口头文化发音人
	6	李龙儿	男	1952 年 5 月	高中	口头文化发音人
	7	苏瑞国	男	1954 年 2 月	高中	口头文化发音人
	8	曾金莲	女	1962 年 8 月	大专	口头文化发音人
河源连平	1	胡小江	男	1957 年 11 月	高中	方言老男，口头文化发音人
	2	曾群国	男	1985 年 11 月	中专	方言青男
	3	梁金凤	女	1955 年 6 月	初中	方言老女，口头文化发音人
	4	颜燕媚	女	1986 年 3 月	高中	方言青女
	5	黄穗萍	女	1968 年 11 月	大专	口头文化发音人
	6	张秀媚	女	1955 年 1 月	初中	口头文化发音人
	7	谢文书	男	1964 年 8 月	小学	口头文化发音人

续表

方言点	序号	姓名	性别	出生年月	文化程度	备注（承担任务）
深圳龙岗	1	邹水茂	男	1961年9月	本科	方言老男，口头文化发音人
	2	张凯诚	男	1990年3月	大专	方言青男，口头文化发音人
	3	黄碧英	女	1949年12月	小学	方言老女，口头文化发音人
	4	黄嫚丽	女	1989年12月	大专	方言青女，口头文化发音人
	5	余造荣	男	1953年7月	初中	口头文化发音人
	6	曾学军	男	1969年4月	初中	口头文化发音人
惠州惠城	1	曾佛荣	男	1953年7月	初中	方言老男
	2	吴招娣	女	1951年9月	小学	方言老女
	3	郑杰	男	1991年8月	大学	方言青男
	4	胡静雯	女	1991年5月	大专	方言青女
	5	魏耀平	男	1944年7月	初中	口头文化发音人
惠州博罗	1	李永荣	男	1947年8月	初中	方言老男
	2	杨飞	男	1980年10月	中专	方言青男
	3	蔡月琼	女	1954年5月	高小	方言老女
	4	谢莹	女	1983年7月	中专	方言青女
	5	彭天锡	男	1947年7月	大专	口头文化发音人
韶关新丰	1	罗卫国	男	1957年9月	高中	方言老男，口头文化发音人
	2	潘智基	男	1992年2月	本科	方言青男
	3	陈奎娣	女	1955年3月	高中	方言老女
	4	罗萍静	女	1988年8月	本科	方言青女
	5	潘怡	男	1938年8月	中专	口头文化发音人
	6	张红	女	1973年10月	大专	口头文化发音人
韶关翁源	1	黎胜建	男	1959年11月	高中	方言老男
	2	林冠科	男	1983年1月	初中	方言青男
	3	高源花	女	1952年1月	小学	方言老女，口头文化发音人
	4	何美娟	女	1989年12月	本科	方言青女
	5	陈福燕	男	1944年10月	初中	口头文化发音人

续表

方言点	序号	姓名	性别	出生年月	文化程度	备注（承担任务）
韶关始兴	1	刘龙林	男	1961 年 7 月	初中	方言老男
	2	黄德巍	男	1988 年 6 月	中专	方言青男
	3	梁富球	女	1951 年 12 月	初中	老女发音人，口头文化发音人
	4	陈瑶	女	1989 年 3 月	大专	方言青女
韶关仁化	1	林有泉	男	1952.01	高中	方言老男，口头文化发音人
	2	刘炳辉	男	1988.09	中专	方言青男
	3	陈敬兰	女	1963.02	大专	方言老女
	4	梁彤	女	1989.11	大专	方言青女
	5	黄利香	女	1951.11	小学	口头文化发音人
韶关南雄	1	王汉兴	男	1953 年 8 月	高中	方言老男
	2	施其亮	男	1990 年 3 月	大专	方言青男
	3	李月梅	女	1952 年 12 月	中专	方言老女
	4	吴世勤	女	1991 年 5 月	本科	方言青女
	5	姚继美	女	1966 年 8 月	中专	口头文化发音人
	6	陈汉新	男	1953 年 5 月	大专	口头文化发音人
韶关乐昌皈塘	1	李圹太	男	1950.7	小学	方言老男，口头文化发音人
	2	李全	男	1986.8	初中	方言青男
	3	李细娥	女	1957.4	大专	方言老女，口头文化发音人
	4	吴平凤	女	1981.9	小学	方言青女
韶关乳源桂头	1	马辉	男	1954 年 6 月	中专	方言老男，口头文化发音人
	2	欧金海	男	1987 年 3 月	初中	方言青男
	3	马友凤	女	1957 年 8 月	小学	方言老女
	4	邓惠珍	女	1989 年 10 月	中专	方言青女
	5	欧西阳	男	1954 年 8 月	小学	口头文化发音人

续表

方言点	序号	姓名	性别	出生年月	文化程度	备注（承担任务）
清远连州	1	廖有道	男	1955 年 12 月	大专	方言老男，口头文化发音人
	2	廖思伟	男	1987 年 10 月	中专	方言青男
	3	廖雪梅	女	1962 年 9 月	中专	方言老女，口头文化发音人
	4	廖华思	女	1995 年 8 月	大专	方言青女
	5	黄传得	男	1944 年 11 月	小学	口头文化发音人
	6	黄记福	男	1944 年 4 月	小学	口头文化发音人
潮州湘桥	1	沈增强	男	1957 年 4 月	本科（函授）	方言老男
	2	曾煌	男	1981 年 10 月	中师	方言青男
	3	郑爱珍	女	1956 年 6 月	初中	方言老女
	4	沈翘	女	1987 年 4 月	本科	方言青女
	5	郑舜英	女	1962 年 7 月	大专	口头文化发音人
	6	林少红	女	1932 年 3 月	初小	口头文化发音人
	7	林朝虹	女	1970 年 2 月	本科；硕士	口头文化发音人
	8	陈欢勤	女	1973 年 9 月	初中	口头文化发音人
	9	洪银浩	男	1986 年 3 月	大专	口头文化发音人
潮州饶平	1	吴喜胜	男	1957 年 6 月	高中	方言老男
	2	余鹏辉	男	1982 年 1 月	初中	方言青男
	3	余惠君	女	1959 年 4 月	小学	方言老女，口头文化发音人
	4	余少徽	女	1983 年 1 月	大学本科	方言青女，口头文化发音人
	5	刘树钊	男	1972 年 12 月	大专	口头文化发音人
	6	刘焕吉	女	1998 年 9 月	初中	口头文化发音人
汕头金平	1	钟勇	男	1954.10	高中	方言老男
	2	李锦荣	男	1986.03	大学本科	方言青男
	3	陈森丽	女	1954.05	小学	方言老女，口头文化发音人
	4	郑扬欢	女	1987.10	大学本科	方言青女
	5	李丽椿	女	1956.05	小学	口头文化发音人

续表

方言点	序号	姓名	性别	出生年月	文化程度	备注（承担任务）
汕头澄海	1	陈志强	男	1954 年 22 月	高中	方言老男
	2	王宇麟	男	1992 年 8 月	本科	方言青男
	3	黄佩琴	女	1954 年 3 月	高中	方言老女
	4	黄杨	女	1987 年 5 月	本科	方言青女
	5	叶志浩	男	1957 年 12 月	中专	口头文化发音人
汕头潮阳	1	刘佐坚	男	1952 年 1 月	初中	方言老男，口头文化发音人
	2	吴桦	男	1985 年 6 月	本科	方言青男，口头文化发音人
	3	萧碧娟	女	1959 年 4 月	高中	方言老女，口头文化发音人
	4	黄丹妮	女	1988 年 4 月	本科	方言青女，口头文化发音人
	5	黄银珍	女	1958 年 10 月	高中	口头文化发音人
汕头南澳	1	曾凯忠	男	1951 年 11 月	高中	方言老男，口头文化发音人
	2	林欢哲	男	1986 年 4 月	大专	方言青男
	3	何耀仙	女	1953 年 10 月	文盲	方言老女
	4	周玉辉	男	1984 年 7 月	高中	方言青女，口头文化发音人
	5	陈伟名	男	1945 年 9 月	大专	口头文化发音人
	6	吴占才	男	1945 年 7 月	高中	口头文化发音人
	7	李少华	男	1965 年 10 月	大专	口头文化发音人
	8	黄克强	男	1957 年 11 月	大专	口头文化发音人
揭阳榕城	1	林建龙	男	1959 年 4 月	高中	方言老男
	2	林泽嘉	男	1990 年 6 月	高中	方言青男
	3	孙瑶华	女	1950 年 5 月	小学	方言老女，口头文化发音人
	4	陈晓	女	1987 年 12 月	高中	方言青女
	5	孙凌燕	女	1986 年 4 月	大学本科	口头文化发音人
	6	马锦生	男	1956 年 10 月	高中（初中文凭）	口头文化发音人

续表

方言点	序号	姓名	性别	出生年月	文化程度	备注（承担任务）
揭阳普宁	1	陈锡丰	男	1956 年 1 月	高中	方言老男
	2	陈耿填	男	1985 年 8 月	初中	方言青男
	3	陈惠如	女	1957 年 10 月	小学（三年）	方言老女，口头文化发音人
	4	陈清容	女	1985 年 4 月	小学	方言青女，口头文化发音人
揭阳惠来	1	王和生	男	1956.05	中专	方言老男
	2	方遒铮	男	1983.04	大专	方言青男，口头文化发音人
	3	方瑞英	女	1960.07	高中	方言老女，口头文化发音人
	4	方赛君	女	1985.02	大专	方言青女，口头文化发音人
汕尾海丰	1	罗志海	男	1954 年 12 月	中专、函授本科	方言老男，口头文化发音人
	2	庄剑彬	男	1985 年 9 月	研究生	方言青男，口头文化发音人
	3	陈晓棠	女	1963 年 5 月	高中	方言老女，口头文化发音人
	4	吴浩蓝	女	1983 年 10 月	本科	方言青女，口头文化发音人
汕尾陆丰	1	颜锦锡	男	1953 年 1 月	初中	方言老男，口头文化发音人
	2	陈海佳	男	1991 年 7 月	初中	方言青男，口头文化发音人
	3	王碧婵	女	1955 年 1 月	小学	方言老女
	4	吴雨青	女	1989 年 4 月	大专	方言青女
	5	陆丰市皮影剧团				口头文化发音人
茂名电白	1	陈朝明	男	1955.2	高中	方言老男，口头文化发音人
	2	陈冠郁	男	1993.7	大学本科	方言青男
	3	高　定	女	1952.7	小学	方言老女，口头文化发音人
	4	李小敏	女	1984.10	中专	方言青女，口头文化发音人
	5	黄文珍	女	1957.8	夜校	口头文化发音人
湛江雷州	1	林中乔	男	1956-10	函授大专	方言老男
	2	洪德成	男	1986-05	大学本科	方言青男
	3	许娟珍	女	1959-06	函授大专	方言老女，口头文化发音人
	4	陈文晓	女	1991-10	大学本科	方言青女
	5	林礼学	男	1961-05	初中	口头文化发音人
	6	柳屏	女	1989-07	大专	口头文化发音人

二、广东省汉语方言各调查点其他情况信息表

序号	调查点	调查人姓名	其他调查人1	其他调查人2	其他调查人3	其他调查人4	协助调查人	录音话筒	录音声卡	摄像机	调查时间
1	广州	郑媛	谢小丽				李晓云、蒋双林、钟颖瑜、周松龄	SAMSON C03U	话筒内置声卡	松下 HM85	2016年7月
2	番禺	王茂林	陶罗琪	邓秋玲	黄秋艳	岳媛	陈惠珍	SAMSON CO3U	话筒内置声卡	SONY FOR-AX30	2017年7月28日至8月23日
4	从化	陈卫强	刘莉芳	刘奕华	李桔		黄栋荣	山逊 c03u	话筒内置声卡	佳能 5d3、罗技摄像头	2016年7月至12月
5	龙门	李冬香	毛俊杰	易惠媚	张琦	肖小乔	刘镜光,苏光林	铁三角 AT2035	AVID Fast Track Solo	索尼摄录一体机 PXW-X160	2019年3月5日至7月20日
6	莞城	李宁	姚琼姿	彭庆雄	朱华飞		莞城街道办,市教育局,市档案局,范嘉华及其家人	舒尔 SM86	德国坦克火龙6	索尼 HDR-CX900E	2016年6月1日至11月1日
7	宝安	郭小春	吴玉峰	贝先明	姚亭	贾柯	池广友	SAMSON CO3U USB MULTI-PATTERN CONDENSER	话筒内置声卡	SONY HXR-MC1500C	2018年7月19日至8月22日
8	佛山	马蔚彤	彭咏梅	邝永辉	许结玲	陈国韶	任远英谭翠嫦张肖冰	SAMSON CO3U	话筒内置声卡	松下 AJ-PX-298MC	2016年6月28日至2017年2月18日

续表

序号	调查点	调查人姓名	其他调查人1	其他调查人2	其他调查人3	其他调查人4	协助调查人	录音话筒	录音声卡	摄像机	调查时间
9	南海	彭咏梅	张静芬	甘于恩	邝永辉	董一博	陈卫强，萧湘源，潘志翔，徐荣木，孔德志，何家瑜，何晓彤	舒尔（shure）PG42 SAMSON CO3U	艾肯（icon）USB 外置声卡	语保摄录机、罗技 C930e 高清摄像头	2018年6月9日至7月15日
10	顺德	谢小丽	耿淑艳	梁擎昊	冯炜晴	无	无	SAMSON C03U	Speak/HP（Realtek high Defni）（电脑自带）	SONY 索尼 HXR-MC2500	2017年7月10日至10月29日
11	三水	向柠	贝先明	周忠昊	郭小春	龙凤华	罗嘉幸，张友菊，陆万权	SAMSON C03U	话筒内置声卡	索尼 HDR-CX760	2016年7月1日至11月30日
12	高明	向柠	岳拥华	周忠昊	陆达鸿	陶玲艳	廖志明	SAMSON C03U	话筒内置声卡	索尼 HDR-CX760	2019年6月至11月
13	佛冈	贝先明	向柠	周忠昊	郑淑珍	何俊聪	黄海珍，潘水秀	SAMSON C03U	话筒内置声卡	Panasonic AVCCAM	2016年7月7日至30日
14	阳山	余鹏					吴丽华，阳山县教育局语委办副主任	舒尔 SM58	Terratec DMX Fire		2017年7月至10月
15	连山	李冬香	毛俊杰	易惠媚	秦绿叶	林明芳	唐丙才，虞伟力，黄利，赵代媛	铁三角 AT2035	AVID Fast Track Solo	索尼摄录一体机 PXW-X160	2018年6月5日至8月20日
16	新兴	李立林	翁砺锋	陆芷璇	伍海丰	何俊聪	陆洁红	Samson C03U	话筒内置声卡	SONY HDR-CX900E	2018年7月2日至10月8日

续表

序号	调查点	调查人姓名	其他调查人1	其他调查人2	其他调查人3	其他调查人4	协助调查人	录音话筒	录音声卡	摄像机	调查时间
17	罗定	秦绿叶	许成果	邓旭婷	梁施乐	苏芷莹	杨冬梅、谭国锋	山逊 X7	AKG C214	索尼 HDR-CX700E	2019年5月至6月
18	郁南	徐国莉	王婧	张澈	吴洁薇	姚琼姿	陈小红	SAMSON C03U	话筒内置声卡	罗技（Logitech）高清摄像头 C930e；索尼 FDR-AX100E	2018年6月至10月
19	石岐	张舸	黎意	杜嘉文	梁施乐	傅文臻，吴慧珊	曾庆文，冉正钧，罗福军	SAMSON C03U	话筒内置声卡	摄像头罗技（Logitech）Pro C920	2016年7月14日至7月23日
20	肇庆	董光柱	洪佳婉	罗琼	温文华	刘梦琳	张叶	SAMSON C03U	话筒内置声卡	语保摄录机	2019年8月
21	香洲	黎意	杜嘉文	梁施乐	姚晨雨	吴希华	吴希华，卢兰青，钟伟锋	SAMSON C03U	话筒内置声卡	SONY NEX-EA50CK	2017年7月11日至7月27日
22	斗门	李宁	吴若凡	邓秋玲			邝永乐及其家人，斗门区教育局，市广播电视台	SAMSON C03U	话筒内置声卡	罗技 C930e、索尼 DSC-RX100M5A	2019年6月14日至10月10日
23	新会	梁嘉乐	许婉虹	梁敏泽	杨昊诚		游昌富	SAMSON CO3U	话筒内置声卡	SNOY HXR-NX3	2017年7月17日至8月12日
24	台山	邵慧君	秦绿叶	张健雅	符芳雅	邓惠林	余惠珍	SAMSON C03U	话筒内置声卡	HDR-CX520E	2016年6月20日至12月14日
25	开平	郭小春	唐培林	董光柱	崔志超	张琳	林小瑜	SAMSON CO3U USB MULTI-PATTERN CONDENSER	话筒内置声卡	SONY HXR-MC1500C	2019年7月9日至8月22日

续表

序号	调查点	调查人姓名	其他调查人1	其他调查人2	其他调查人3	其他调查人4	协助调查人	录音话筒	录音声卡	摄像机	调查时间
26	恩平	黄敏	吴灏飚	梁施乐	曾钶锜	郑天翔	郑添强,聂华明	SAMSON	话筒内置声卡	索尼摄录机	2018年5月8日至7月26日
27	四会	向柠	周忠昊	陆达鸿	汤小康	黄细云	潘桂平	SAMSON C03U	话筒内置声卡	索尼 HDR-CX760	2018年6月27至11月30日
28	广宁	侯兴泉	李敏敏	方思倩	李焕哲	曾娣佳	陈宇,高艺峰	SONY ECM-443	M-Audio Fast Track II Avid Recording Studio	Sony HDR-PJ260E	2017年7月13日至7月27日
29	怀集	刘燕婷	邓秋玲	吴若凡	张雪婷	颜颖荃	李发侃,杨壁菀,黄锦强,黄怡辛	SAMSON C03U 多指向型 USB 电容话筒	话筒内置声卡	SONY HDR CX900E	2018年7月6日至7月24日
30	德庆	李洁玲	刘德嘉	黄鹤	张翠玲	林华青	张海明	blue yeti pro	话筒内置声卡	sony x280	2019年7月12日至8月17日
31	封开	侯兴泉	邓德崇	李焕哲	方思倩	李敏敏	陈楚源	SONY ECM-443	M-Audio Fast Track II Avid Recording Studio	Sony HDR-PJ260E	2016年6月27日至7月12日
32	阳江	容慧华	刘伟民	谢汝赞	毛毛绮	许小娟	徐健华,黎嘉嵘	山逊	话筒内置声卡	松下 P2	2016年7月至8月
33	阳春	容慧华	李霞	黄秀凤	林云香	刘伟民	刘向雄,蔡水权	山逊	话筒内置声卡	松下 P2	2018年6月至12月
34	赤坎	张静芬	罗言发	焦磊			黄高飞	舒尔（Shure）PG42	艾肯 usb 外置声卡	索尼 FDR-AX30	2017年6月30日至7月22日

续表

序号	调查点	调查人姓名	其他调查人1	其他调查人2	其他调查人3	其他调查人4	协助调查人	录音话筒	录音声卡	摄像机	调查时间
35	吴川	赵越	秦绿叶	邓旭婷	许成果	邓倩莹，杨映	何小翠，林华炎	得胜X7	AKG C214	索尼HDR-cx700E	2018年7月15日至8月20日
36	廉江	林华勇	马喆	钟蔚苹	李敏盈	熊娟，刘铸慧，张海红	陈治伦	舒尔	坦克	罗技摄像头	2016年8月1日至8月15日
37	高州	朱华飞	游春嫦	黄玉清	周美玲		梁剑亮	Samson C03U	话筒内置声卡	索尼NEX-FS700R、语保摄录一体软件、罗技高清摄像头c930e	2016年7月2日至8月25日
38	化州	陈李茂	谭颖诗	李婉怡	曾春燕	杨顺顺	姚国通、彭华燕	SamSon C03U	话筒内置声卡	Song FDR-AX30数码4K摄录一体机	2018年5月13日至8月22日
39	梅州	侯小英	黄婷婷	林芳	谢宇恒		温昌衍	舒尔SM86电容话筒	罗兰DUO-CAPTUR EEXUA22	AG-AC130AMC	2016年7月14日至7月30日
40	兴宁	魏慧斌	严修鸿	王亚桥			温佛君	SAMSON C03U	话筒内置声卡	松下AG至FC100MC	2018年7月16日至27日
41	五华	张倩	莫嘉琪	汤畅			邓娇峰	Samson C03V.Shure	Terratec DMX 6fire	Sony存储卡摄录一体机 HXR至NX100	2018年7月15日至7月28日
42	大埔	侯小英	黄婷婷	黄映琼	饶静	温惠玲	赖得营、饶建玲	舒尔SM86电容话筒	福克斯特Focusrit e2i4二代专业外置声卡	索尼FDR至AX100E高清数码摄像机	2017年7月18日至8月8日

续表

序号	调查点	调查人姓名	其他调查人1	其他调查人2	其他调查人3	其他调查人4	协助调查人	录音话筒	录音声卡	摄像机	调查时间
43	丰顺	赵越	许成果	胡寅婧	梁施乐	叶东丽	刘展辉	SAMSON C03U	AKG C214	索尼 HDR 至 CX700E	2019年5月22日至8月19日
44	揭西	邱春安	阮祚崟	王亚桥	丘周赞	鲁佳鹭	邹芯	SAMSON C03U	话筒内置声卡	松下 AG 至 FC100MC	2018年7月20日至8月7日
45	陆河	叶从容	邱韵琳	李煜	刘健彤	杨婷	陈石豪	SHURE SM86 人声话筒	Komplete Audio6 外置声卡	松下 AG 至 FC100MC 广播级数字摄录一体机	2018年6月至12月
46	龙川	刘立恒	巫雄鹏	丘丽丹	邓舒尹			SAMSON C03U	话筒内置声卡	索尼 PXW 至 X160 高清摄像机	2018年6月1日至10月30日
47	河源	刘立恒	巫雄鹏	张思慧	李丽文			SAMSON C03U	话筒内置声卡	索尼 PXW 至 X160 高清摄像机	2016年6月1日至10月30日
48	连平	石佩璇	姚琼姿	徐凤翎	蚁瑾乔	唐睿	曾毅峰	SHURE SM58 人声话筒	TASCAM US 至 144 MKII	罗技 C930e 为主，佳能摄像机辅助	2019年7月20日至8月10日
49	龙岗	魏慧斌	严修鸿	王亚桥			陈佳	SANSON C03U	话筒内置声卡	松下 AG 至 FC100 MC	2017年7月6日至26日
50	惠州	陈淑环	王健海	钟秀妍	无	无	范瑾、李晓茹、张活活、钟政、罗阳艳、黄铭坚、黎晓堂、赖昱全、冯颖诗、叶泽坤	SAMAON	话筒内置声卡	SONY 280X	2016年4月15日至11月15日

续表

序号	调查点	调查人姓名	其他调查人1	其他调查人2	其他调查人3	其他调查人4	协助调查人	录音话筒	录音声卡	摄像机	调查时间
51	博罗	李立林	谭昭予	聂熙晟	程丰荣	史素昭		SAMSON C03U	话筒内置声卡	SONYHDR-CX900E	2017年7月2日至11月20日
52	新丰	徐国莉	吴洁薇	张澂	王婧	冯冬梅	刘丽华	SAMSON C03U	话筒内置声卡	罗技（Logitech）高清摄像头C930e；索尼FDR至AX100E	2018年6至10月
53	翁源	吴碧珊	董一博	陈燕辉	甘于恩	彭咏梅	吴庆威	SAMSON CO3U	话筒内置声卡	罗技高清网络摄像头C930e	2018年6月1至8月7日
54	始兴	张倩	莫嘉琪	萧阳			钟秋梅	SAMSON C03U	话筒内置声卡	索尼HDR至PJ790E	2017年7月25日至8月10日
55	仁化	徐红梅	毛俊杰	易惠媚	江斯羽	汤淑霞	陈秀珍	SAMSON C03U	Fast Track Solo UR22专业外置USB接口	索尼（SONY）HDR至PJ670	2019年5月7日至7月8日
56	南雄	李莉亚	黄年丰	彭庆雄	邓秋玲	戴玉敏	罗金清、王春明	Shure SM86人声话筒	Terra TecDMX6 Fire usb	SonyFDR至Axp35	2016年4月20日至11月20日
57	畈塘	李宁	邓秋玲	李莉亚	吴若凡	刘大伟	李国华、李松田	SAMSON C03U	话筒内置声卡	罗技C903e，SONY PJ675	2017年6月17日至11月7日
58	桂头	刘大伟	李宁	邓秋玲	李莉文	邝新妹	邓其学	SAMSON C03U	话筒内置声卡	索尼PXW至X160	2018年4月至12月

续表

序号	调查点	调查人姓名	其他调查人1	其他调查人2	其他调查人3	其他调查人4	协助调查人	录音话筒	录音声卡	摄像机	调查时间
59	连州	魏慧斌	严修鸿	梁逸云	王亚桥			SAMSON C03U	话筒内置声卡	松下 AG 至 FC100 MC	2019 年 7 月 16 日至 28 日，10 月 2 日至 7 日，2020 年 1 月 16 日至 20 日
60	潮州	林朝虹	杜奋	余铋珍			洪映东	铁三角 ATR2500 电容麦克风	雷神笔记本 G150TH 至 471016 GSIT 内置声卡	Canon EOS 60 配 EF24 至 70mm 镜头	2016 年 6 月 5 日至 2016 年 8 月 10 日
61	饶平	徐馥琼	武晔卿	樊红蕾	刘媛媛	董盼盼	李枝竞、黄珊环、张晓红	SAMSON C03U	话筒内置声卡	索尼 HXR 至 NX100	2017 年 7 月 22 日至 8 月 12 日
62	汕头	钟蔚苹	陈焕茂	苏思思	熊娟		郭少燕	SAMSON C03U	话筒内置声卡	索尼 HDR 至 CX900E	2017 年 7 月 26 日至 8 月 19 日
63	澄海	林晴	洪英				黄婉芝、黄桂蓉	森海塞尔 e830	Scarlett 2i2 usb 外置声卡	罗技 C920e	2017 年 7 至 8 月
64	潮阳	张静芬	罗言发	陈永聪	罗婉静		吴逸玲	森海塞尔 MK4	艾肯 usb 外置声卡	索尼 FDR 至 AX60	2018 年 7 月 14 日至 31 日
65	南澳	林春雨	甘于恩	赵越			李泽群、吴文华、林楚南、刘子明	SAMSON C03U	苹果 MacBook Pro 自带声卡	罗技 C930e、SONY 数码 HD 摄录一体机（型号：HXR 至 NX5C186）	2016 年 7 月 13 日至 8 月 8 日

续表

序号	调查点	调查人姓名	其他调查人1	其他调查人2	其他调查人3	其他调查人4	协助调查人	录音话筒	录音声卡	摄像机	调查时间
66	揭阳	姚琼姿	黄燕旋	谢润姿			程丰荣、陈金泉	shure SM86人声话筒	TerraTec DMX 6fire usb外置声卡	索尼（SONY）HDR至CX900E高清数码摄像机、罗技（Logitech）C930e商务高清网络摄像头	2016年5月至12月
67	普宁	黄燕旋	张坚	温东芳	徐晓娴	洪妍		shure SM86人声话筒	TerraTec DMX 6fire usb外置声卡	罗技（Logitech）（930e商务高清网络摄像头)	2017年06月02日至12月27日
68	惠来	谢润姿	杨春旭	黄楚勇	谢若秋		林喜松	Takstar/得胜SGC至568；SAMSON C03U	Takstar/得胜SGC至568；SAMSON C03U	罗技高清摄像头C930e	2017年7月28日至8月18日
69	海丰	严修鸿	王亚桥	贝先明	翁柱东			SAMSON C03U	苹果电脑内置	索尼HD高清摄录机HDR至CX760	2016年7月12日至10月30日
70	陆丰	李洁玲	张翠玲	刘德嘉	谭清	钟蔚苹	张学东	舒尔（Shure)SM86	德国坦克（TreeaTec)DMX6fire	Sony nex至ea50ch	2017年7月12日至8月10日
71	电白	陈云龙	谭颖诗	李婉怡	符承彪	叶钰茹	何晓云	SAMSON C03U	话筒内置声卡	sony For至Ax30/数码4k摄录一体机	2018年7月10日至8月28日
72	雷州	黄高飞	谢明亮	谭颖诗	李婉怡		宋承赋、陈佐	SAMSON C03U	话筒内置声卡	SONY FDR至AX30	2018年6月至8月

参考文献

北京大学中文系语言学教研室：《汉语方音字汇》（第二版重排本），语文出版社 2003
年版。

曹志耘主编：《汉语方言地图集》，商务印书馆 2008 年版。

甘于恩：《广东四邑方言语法研究》，暨南大学出版社 2010 年版。

广东省地方史志编纂委员会编：《广东省志·方言志》，广东人民出版社 2004 年版。

李如龙、张双庆主编：《客赣方言调查报告》，厦门大学出版社 1992 年版。

李如龙主编：《粤西客家方言调查报告》，暨南大学出版社 1999 年版。

李新魁：《广东的方言》，广东人民出版社 1994 年版。

李新魁、黄家教、施其生、麦耘、陈定方：《广州方言研究》，广东人民出版社 1995
年版。

李新魁、林伦伦：《潮汕方言词考释》，广东人民出版社 1992 年版。

林伦伦：《澄海方言研究》，汕头大学出版社 1996 年版。

林伦伦：《粤西闽语雷州话研究》，中华书局 2006 年版。

林伦伦：《潮汕方言历时研究》，暨南大学出版社 2015 年版。

林伦伦、陈小枫：《广东闽方言语音研究》，汕头大学出版社 1996 年版。

罗美珍、林立芳、饶长溶主编：《客家话通用词典》，中山大学出版社 2004 年版。

罗志海：《海丰方言辞典》，广东人民出版社 2009 年版。

邵慧君：《粤西湛茂地区粤语语音研究》，中山大学出版社 2016 年版。

杨必胜、潘家懿、陈建民：《海丰方言研究》，语文出版社 1996 年版。

詹伯慧、张日昇主编：《粤北十县市粤方言调查报告》，暨南大学出版社 1994 年版。

詹伯慧、张日昇主编：《粤西十县市粤方言调查报告》，暨南大学出版社 1998 年版。

詹伯慧主编：《广东粤方言概要》，暨南大学出版社 2002 年版。

张双庆主编：《乐昌土话研究》，厦门大学出版社 2000 年版。

张双庆主编：《连州土话研究》，厦门大学出版社 2004 年版。

张振兴：广东省雷州半岛的方言分布，《方言》1986 第 3 期。

中国社会科学院与澳大利亚人文科学院：《中国语言地图集》B13 "广东省的汉语
方言"，香港朗文（远东）出版有限公司，1987 年版。

庄初升：《粤北土话音韵研究》，中国社会科学出版社 2004 年版。